Ries (Hrsg.)

Praxis- und Formularbuch zum Registerrecht

RWS-Formularbuch

Praxis- und Formularbuch zum Registerrecht

4. Auflage

Herausgegeben von
RiAG Prof. Dr. Peter Ries, Berlin

Bearbeitet von
Dipl.-Rpfl. Rita Bauer, Prof. Dr. Peter Ries,
Dipl.-Rpfl. Sven Rudolph, Dr. Dr. Christian Schulte M.A.

RWS Verlag Kommunikationsforum GmbH & Co. KG · Köln

Zusätzlicher Service im Internet
Die Vertragsmuster sind im Internet für Sie abrufbar. Die Adresse finden Sie am Ende des Stichwortverzeichnisses auf der Seite 673.

Die Deutsche Nationalbibliothek verzeichnet diese Publikation in der Deutschen Nationalbibliografie; detaillierte bibliografische Daten sind im Internet über http://dnb.d-nb.de abrufbar.

© 2019 RWS Verlag Kommunikationsforum GmbH & Co. KG
Postfach 27 01 25, 50508 Köln
E-Mail: info@rws-verlag.de, Internet: http://www.rws-verlag.de

Satz und Datenverarbeitung: SEUME Publishing Services GmbH, Erfurt
Druck und Verarbeitung: CPI books GmbH, Leck

Vorwort zur 4. Auflage

Seit der 3. Auflage dieses Buches sind fünf Jahre vergangen. Seitdem sind eine Fülle von Entscheidungen ergangen und zahlreiche Literaturbeiträge erschienen, die jetzt in der 4. Auflage berücksichtigt werden.

Das Werk ist vor allem an Praktiker gerichtet, die in Ihrer Arbeit mit dem Handelsregister zu tun haben. Zur Arbeit in der Praxis dienen die zahlreichen Musterformulare, die aktualisiert und ergänzt wurden, zum Beispiel zum Genehmigten Kapital bei der GmbH. Eine Garantie, dass diese Musterformulare von allen Registergerichten in der Bundesrepublik akzeptiert werden, kann verständlicherweise nicht übernommen werden. Es kann aber versprochen werden, dass die Musterformulare nach besten Wissen und Gewissen gefertigt wurden.

Gesetzgebung und Literatur sind bis zum 6. Juli 2019 berücksichtigt. Die Autoren sind – wie immer – für Hinweise und Anregungen zur Optimierung dieses Buchs dankbar.

Berlin, Oktober 2019

Peter Ries
Rita Bauer
Sven Rudolph
Christian Schulte

Inhaltsverzeichnis

	Rz.	Seite

Bearbeiterverzeichnis

Rita Bauer
Diplom-Rechtspflegerin (FH)   Teil 7
Bundesministerium der Justiz und für Verbraucherschutz

Prof. Dr. Peter Ries
Richter am Amtsgericht Berlin-Charlottenburg   Teile 3, 4
Professor an der Hochschule für Wirtschaft und Recht Berlin

Sven Rudolph
Diplom-Rechtspfleger (FH)   Teile 1, 2, 5, 6, 8, 9
Amtsgericht Berlin-Mitte

Dr. Dr. Christian Schulte M.A.
Richter am Amtsgericht Berlin-Charlottenburg   Teil 10

Literaturverzeichnis

Arens/Tepper
Praxisformularbuch Gesellschaftsrecht, 4. Aufl., 2013

Bartodziej
Vereinsrecht, 2012

Baumbach/Hopt
Handelsgesetzbuch (HGB), Kommentar, 38. Aufl., 2018
(zit.: Baumbach/Hopt/*Bearbeiter*, HGB)

Baumbach/Hueck
Gesetz betreffend die Gesellschaften mit beschränkter Haftung (GmbHG),
Kommentar, 21. Aufl., 2017
(zit.: Baumbach/Hueck/*Bearbeiter*, GmbHG)

Beuthien
Genossenschaftsgesetz (GenG), 16. Aufl., 2018
(zit.: Beuthien/*Bearbeiter*, GenG)

Binz/Sorg
Die GmbH und Co. KG, 12. Aufl., 2017

Canaris
Handelsrecht, 24. Aufl., 2006

Ebenroth/Boujong/Joost/Strohn
Handelsgesetzbuch (HGB), 3. Aufl., 2015
(zit.: Ebenroth/Boujong/Joost/Strohn/*Bearbeiter*, HGB)

Gassen/Wegerhoff
Elektronische Beglaubigung und elektronische Handelsregisteranmeldung
in der Praxis, 2. Aufl., 2009

Ganske
Das Recht der Europäischen wirtschaftlichen Interessenvereinigung (EWIV), 1988
(zit.: *Ganske*, EWIV)

Geßler
Aktiengesetz (AktG), Loseblatt-Kommentar, Stand: 12/03
(zit.: Geßler/*Bearbeiter*, AktG)

Glanegger/Kimberger/Kusterer u. a.
Heidelberger Kommentar zum HGB, 7. Aufl., 2007
(zit.: HK-*Bearbeiter*, HGB)

Großkommentar Aktiengesetz
5. Aufl., 2016 ff.
(zit.: Großkomm-*Bearbeiter*, AktG)

Gustavus
Handelsregister-Anmeldungen, 9. Aufl., 2017
(zit.: Gustavus/Bearbeiter, Handelsregister-Anmeldungen)

Habersack/Wicke
Umwandlungsgesetz (UmwG), Kommentar, 2019
(zit.: Habersack/Wicke/*Bearbeiter*, UmwG)

Heckschen
Private Limited Company, 2. Aufl., 2007

Heidinger
Gutachten zur Euroumstellung im Gesellschaftsrecht, 2001

Henssler
Partnerschaftsgesellschaftsgesetz (PartGG), 2. Aufl., 2008

Henssler/Strohn
Gesellschaftsrecht, 3. Aufl., 2016
(zit.: Henssler/Strohn/*Bearbeiter*, GesellschaftsR)

Herberger/Martinek/Rüßmann/Weth/Würdinger
jurisPK-BGB, 8. Aufl., 2017

Heymann
Handelsgesetzbuch (HGB), Großkommentar, 2. Aufl.
(zit.: Heymann/*Bearbeiter*, HGB)

Hildebrandt/Kessler
Berliner Kommentar zum Genossenschaftsgesetz, 2. Aufl., 2010
(zit.: *Bearbeiter*, in: Berliner Komm. GenG)

Hirte/Bücker
Grenzüberschreitende Gesellschaften, 2. Aufl., 2006
(zit.: Hirte/Bücker/*Bearbeiter*, Grenzüberschreitende Gesellschaften)

Hüffer/Koch
Aktiengesetz (AktG), Kommentar, 13. Aufl., 2018

Jansen
FGG, Gesetz über die Angelegenheiten der freiwilligen Gerichtsbarkeit, Großkommentar, 3. Aufl., 2006
(zit.: Jansen/*Bearbeiter*, FGG)

Just
Die englische Limited in der Praxis, 4. Aufl., 2012

Kallmeyer
Umwandlungsgesetz, Kommentar, 6. Aufl., 2017
(zit.: Kallmeyer/*Bearbeiter*, UmwG)

Keidel
FamFG, Kommentar zum Gesetz über das Verfahren in Familiensachen und die Angelegenheiten der freiwilligen Gerichtsbarkeit, 19. Aufl., 2017
(zit.: Keidel/*Bearbeiter*, FamFG)

Kiem
Unternehmensumwandlung, Mustertexte zu Verschmelzung, Spaltung, Formwechsel, 2008

Koller/Roth/Morck
Handelsgesetzbuch (HGB), Kommentar, 8. Aufl., 2015

Kölner Kommentar
zum Aktiengesetz, 3. Aufl., 2009 ff.
(zit.: *Bearbeiter*, in: Kölner Komm z. AktG)

Krafka/Kühn
Registerrecht, 10. Aufl., 2017

Kroiß/Everts/Poller
   GmbH-Registerrecht, 2009

Lang/Weidmüller
   Genossenschaftsgesetz (GenG), 39. Aufl., 2019
   (zit.: Lang/Weidmüller/*Bearbeiter*, GenG)

Limmer
   Handbuch der Unternehmensumwandlung, 5. Aufl., 2016
   (zit.: *Bearbeiter*, in: Limmer)

Lutter
   Umwandlungsgesetz, Kommentar, 5. Aufl., 2014
   (zit.: Lutter/*Bearbeiter*, UmwG)

Lutter/Hommelhoff
   GmbH-Gesetz, Kommentar, 19. Aufl., 2016
   (zit.: Lutter/Hommelhoff/*Bearbeiter*, GmbHG)

Michalski/Römermann
   Partnerschaftsgesellschaftsrecht (PartGG), 4. Aufl., 2013

Meilicke/von Westphalen/Hoffmann/Lenz/Wolff
   Partnerschaftsgesellschaftsgesetz (PartGG), 3. Aufl., 2015
   (zit.: Meilicke/von Westphalen/Hoffmann/Lenz/Wolff/*Bearbeiter*, PartGG)

Melchior/Schulte
   Handelsregisterverordnung, 2. Aufl., 2009

Müller
   Kommentar zum Genossenschaftsgesetz (GenG), 2. Aufl., 1991 ff.

Münchener Handbuch des Gesellschaftsrechts
   4. Aufl., 2015

Münchener Kommentar
   zum Aktiengesetz (AktG), 4. Aufl., 2013 ff.
   (zit.: MünchKommAktG/*Bearbeiter*)

Münchener Kommentar
   zum Bürgerlichen Gesetzbuch (BGB), 8. Aufl., 2018
   (zit.: MünchKommBGB/*Bearbeiter*)

Münchener Kommentar
   zum Handelsgesetzbuch (HGB), 4. Aufl., 2016 ff.
   (zit.: MünchKommHGB/*Bearbeiter*)

Münchener Vertragshandbuch
   Band 1: Gesellschaftsrecht, 8. Aufl., 2018
   (zit.: Bearbeiter, in: Münchener Vertragshandbuch, Bd. 1)

Oetker
   Handelsgesetzbuch (HGB), Kommentar, 5. Aufl., 2017
   (zit.: Oetker/*Bearbeiter*, HGB)

Prütting/Helms
   FamFG, 4. Aufl., 2018

Reichert
   Handbuch des Vereins- und Verbandsrecht, 14. Aufl., 2018
   (zit.: Vereins- und Verbandsrecht)

Röcken
Vereinssatzungen, 2. Aufl., 2015

Roth/Altmeppen
Gesetz betreffend die Gesellschaften mit beschränkter Haftung (GmbHG),
8. Aufl., 2015

Sauter/Schweyer/Waldner
Der eingetragene Verein, 20. Aufl., 2016

Schmidt, Karsten
Gesellschaftsrecht, 4. Aufl., 2002

Schmidt-Kessel/Leutner/Müther
Handelsregisterrecht, 2010
(zit.: *Bearbeiter*, in: Schmidt-Kessel/Leutner/Müther, HRegR)

Scholz
Kommentar zum GmbH-Gesetz, Bd. 1–3, 11. und 12. Aufl., 2013, 2015, 2018
(zit.: Scholz/*Bearbeiter*, GmbHG)

Schröder
Die Reform des GmbH-Rechts, 2009
(zit.: *Bearbeiter*, in: Schröder, die Reform des GmbH-Rechts)

Schwedhelm
Die Unternehmensumwandlung, Verschmelzung, Spaltung, Formwechsel,
Einbringung, 8. Aufl., 2016

Semler/Stengel
Umwandlungsgesetz (UmwG), 3. Aufl., 2012
(zit.: Semler/Stengel/*Bearbeiter*, UmwG)

Staub
Handelsgesetzbuch (HGB), Großkommentar, 5. Aufl., 2014
(zit.: Staub/*Bearbeiter*, HGB)

Stöber/Otto
Handbuch zum Vereinsrecht, 11. Aufl., 2016
(zit.: Vereinsrecht)

Sudhoff
Personengesellschaften, 8. Aufl., 2005
(zit.: Sudhoff/*Bearbeiter*, Personengesellschaften)

Ulbert
Die GmbH im Handelsregisterverfahren, 1997

Ulmer/Habersack/Löbbe
GmbHG – Gesetz betreffend die Gesellschaften mit beschränkter Haftung:
GmbH Großkommentar, 2. Aufl., 2013
(zit.: GmbHG Großkommentar/*Bearbeiter*)

Widmann/Mayer
Umwandlungsrecht, Kommentar Umwandlungsgesetz, Umwandlungssteuergesetz,
Stand September 2013
(zit.: *Bearbeiter*, in: Widmann/Mayer, Umwandlungsrecht)

Winkler
Beurkundungsgesetz (BeurkG), 18. Aufl., 2017

Teil 1: Allgemeines

Literatur: *Ammon*, Die Anmeldung zum Handelsregister, DStR 1993, 1025; *Apfelbaum/Bettendorf*, Die elektronische beglaubigte Abschrift im Handelsregisterverkehr, RNotZ 2007, 89; *Auer*, Die antizipierte Anmeldung bei der GmbH, DNotZ 2000, 498; *Bärwaldt*, Maßgeblicher Zeitpunkt für die Vertretungsbefugnis bei Anmeldung zum Registergericht, GmbHR 2004, 1581; *Böcker*, Anmeldung einer in Zukunft liegenden Geschäftsführerbestellung, MittRhNotK 2000, 61; *Britz*, Noch einmal – Anmeldung einer in der Zukunft liegenden Geschäftsführerbestellung, MittRhNotK 2000, 197; *Gustavus*, Die Vollmacht zu Handelsregisteranmeldungen bei Personengesellschaften und Gesellschaften mit beschränkter Haftung, GmbHR 1978, 219; *Jeep/Wiedemann*, Die Praxis der elektronischen Handelsregisteranmeldung, NJW 2007, 2439; *Kallrath*, Zur Wirksamkeit einer Handelsregisteranmeldung durch einen noch nicht bestellten GmbH-Geschäftsführer, DNotZ 2000, 533; *Kögel*, Sind geographische Zusätze in Firmennamen entwertet?, GmbHR 2002, 642; *Kanzleiter*, Zur Unterscheidungskraft und Kennzeichnungskraft einer Firma bei der Verwendung von Ortszusätzen bei Gattungsbezeichnungen, DNotZ 2008, 393; *Keilbach*, Die Prüfungsaufgaben der Registergerichte, MittRhNotK 2000, 365; *Krafka* Nachträgliche Korrekturmöglichkeiten im Registerverfahren bei Gesellschaftsvertragsänderungen, MittBayNot 2002, 365, *Melchior/Böhringer* Sportweetbetrug, Gesellschafterliste und Eintragungsbescheinigung: Drei (Groß-)Baustellen im Handelsregister, GmbHR 2017, 1074; *Melchior/Schulte*, Die Vertretungsbescheinigung nach § 21 BNotO in der Handelsregisterpraxis, NotBZ 2003, 344; *Möller*, Das neue Firmenrecht in der Rechtsprechung – Eine kritische Bestandsaufnahme, DNotZ 2000, 830; *von Olshausen*, Aufstieg und Ausstieg eines eingetragenen Kleinbauern, die Beweislastregel des § 1 Abs. 2 HGB und die Übergangsvorschrift Art. 38 Abs. 1 EGHGB, Rpfleger 2001, 53; *Peters*, Die Haftung des Kommanditisten, RNotZ 2002, 425; *Schaub*, Stellvertretung bei Handelsregisteranmeldungen, MittBayNot 1999, 539; *Rudolph/Melchior*, Vollmachten zur Handelsregister-Anmeldung bei Personenhandelsgesellschaften, NotBZ 2007, 350; *K. Schmidt*, Das Handelsrechtsreformgesetz, NJW 1998, 2161; *Schoene*, Wrdlbrmpfd e. K. – Zur Eintragungsfähigkeit von Buchstabenkombinationen als Firma, GWR 2009, 137; *Schwerin*, Die Behandlung der Urschrift einer Handelsregisteranmeldung nach Einführung des elektronischen Registerverkehrs durch das EHUG, RNotZ 2007, 27; *Seifert*, Die sog. Internet-Domain als Bestandteil der Handelsfirma, Rpfleger 2001, 395; *Sikora/Schwab*, Das EHUG in der notariellen Praxis, MittBayNot 2007, 1; *Waldner*, Handelsregisteranmeldung infolge der Streichung von § 36 HGB, MittBayNot 2000, 13; *ders.*, Handelsregisteranmeldungen auf Vorrat, ZNotP 2000, 188.

A. Handelsregister – mit Berücksichtigung von Aspekten des Genossenschafts- und Partnerschaftsregisters

Seit nunmehr 1.1.2007 werden sowohl das Handelsregister (§ 8 Abs. 1 HGB) wie auch das Genossenschafts- (§ 156 Abs. 1 GenG) und Partnerschaftsregister (§ 5 Abs. 1 PartGG) von den Gerichten elektronisch geführt. Das Handelsregister wird nach der Handelsregisterverordnung (= HRV) geführt und besteht aus den Abteilungen HRA und HRB (§§ 3, 39 HRV). **1.1**

Im **HRA** werden eingetragen: **1.2**

– Einzelkaufmann

– Offene Handelsgesellschaft

– Kommanditgesellschaft

– Europäische wirtschaftliche Interessenvereinigung

– juristische Person i. S. d. § 33 HGB.

Im **HRB** werden eingetragen: **1.3**

– Gesellschaft mit beschränkter Haftung (einschließlich Unternehmergesellschaft)

– Aktiengesellschaft

– Kommanditgesellschaft auf Aktien

– Versicherungsverein auf Gegenseitigkeit

– Societas Europae (Europäische Gesellschaft).

1.4 Im Genossenschaftsregister **GnR** werden eingetragen

– Genossenschaft e. G.

– Europäische Genossenschaft (Societas Cooperativa Europaea, SCE).

1.5 Im Partnerschaftsregister **PR** werden eingetragen:

– Partnerschaftsgesellschaften i. S. v. § 1 PartGG

– der Partnerschaftsgesellschaft vergleichbare Rechtsformen ausländischen Rechts (§ 5 Abs. 2 PartGG i. V. m. § 13d HGB).[1]

1.6 Für jedes Unternehmen werden **Registerakten** geführt (§ 8 HRV). Die Registerakten enthalten:

– Verfügungen und Beschlüsse des Gerichts

– Schreiben der Beteiligten und des Gerichts

– Gutachten und Auskünfte der Industrie- und Handelskammern, der Handwerkskammern, der Finanzbehörden usw.

– Kostenrechnungen, Kostenvorschussrechnungen, Zahlungsanzeigen und Mitteilungen der Justizzahlstellen.

1.7 Die Registerakten werden zunächst weiterhin grundsätzlich in Papierform geführt. Sie können aber auch elektronisch geführt werden (§ 14 FamFG). Die Landesjustizverwaltung kann die elektronische Führung der Registerakten anordnen,[2] wovon in den Bundesländern, die dem Entwicklungsverbund „AUREG" angehören, seit 1.1.2007 bereits Gebrauch gemacht wird.[3] Zukünftig soll mit der weiter vorangehenden Vorbereitung des elektronischen Rechtsverkehrs aus den Verbundlösungen Aureg und Regisstar mit dem Registerfachverfahren „Auregis" ein gemeinschaftliches Produkt entstehen, welches mit einer elektronischen Aktenhaltung verbunden wird.

1.8 Für jeden eingetragenen Rechtsträger wird nach § 9 HRV ein **Registerordner** angelegt, der alle zum Handelsregister eingereichten und nach § 9 Abs. 1 HGB der unbeschränkten Einsicht unterliegenden Dokumente enthält, zum Beispiel also Anmeldungen zur Eintragung, Gesellschaftsverträge und Satzungen bei Kapitalgesellschaften, Gesellschafterlisten gem. § 40 GmbHG sowie Listen über die Zusammensetzung des Aufsichtsrats bei Aktiengesellschaften (§ 106 AktG). Diese bis 31.12.2006 als Sonderband geführten Akten werden den Auskunftssuchenden online[4] zur Einsicht zur Verfügung gestellt. Nach § 9 Abs. 1 S. 2 HRV sind die eingereichten Dokumente daher in der zeitlichen Folge ihres Eingangs und nach der Art des Dokuments abrufbar zu halten. Bereits vor dem 1.1.2007 eingereichte Dokumente können zur Ersetzung der Urschrift unter Berücksichtigung des § 9 Abs. 4 HRV in ein elektronisches Dokument übertragen und in den Registerordner eingestellt werden (§ 9 Abs. 2 S. 1 HRV). Zwingend erforderlich ist dies allerdings erst dann, wenn ein Antrag auf Übertragung gestellt wird für ein Dokument, dessen Einreichung weniger als 10 Jahre zurückliegt (§ 9 Abs. 2 HGB) oder bei einem Antrag auf elektronische Übermitt-

---

1) *Müther*, in: Schmidt-Kessel/Leutner/Müther, HRegR, 2010, § 13d HGB Rz. 67.

2) § 8 Abs. 3 HRV.

3) Aktuelle Fassung für Berlin: Anordnung des Präsidenten des Amtsgerichts Charlottenburg zur Führung der elektronischen Registerakte in Handels- Genossenschafts- und Partnerschaftsregistersachen vom 22.12.2012, ABl Bln 2012, 2205.

4) www.handelsregister.de.

lung nach § 9 Abs. 2 HGB (§ 9 Abs. 2 S. 2 HRV). Eine Überleitung der bereits vor dem 1.1.2007 elektronisch erfassten Dokumente sieht § 9 Abs. 5 HRV vor.[5]

Diese Vorschriften sind auf die Führung des **Partnerschafts- und des Genossenschafts-** **registers entsprechend anwendbar** (§ 1 PRV; § 1 GenRegV). **1.9**

Zum Inhalt des Registerordners gehören daher z. B. Satzungen und Prüfbescheinigungen **1.10** bei Genossenschaften und Versicherungsbescheinigungen bei Partnerschaftsgesellschaften mit beschränkter Berufshaftung.

B. Zuständigkeit

I. Sachliche Zuständigkeit

Das Handelsregister wird von den **Amtsgerichten** geführt (§ 8 Abs. 1 HGB, § 23a Abs. 2 **1.11** Ziff. 3 GVG n. F.).

Das Handelsregister wird von dem Amtsgericht geführt, in dessen Bezirk ein Landgericht **1.12** seinen Sitz hat, und zwar für sämtliche Amtsgerichte in diesem Landgerichtsbezirk (§ 8 HGB, § 377 FamFG, § 1 HRV). Durch landesrechtliche Bestimmungen kann anderen oder zusätzlichen Amtsgerichten die Registerführung übertragen werden. Ebenso können die Registerbezirke abweichend festgelegt werden, wenn dies der schnelleren und rationelleren Führung des Handelsregisters dient (§ 376 FamFG).

II. Örtliche Zuständigkeit

Sie richtet sich beim Einzelkaufmann nach seiner **Handelsniederlassung** (§ 29 HGB), bei **1.13** den Personenhandelsgesellschaften nach ihrem **Sitz** (§ 106 Abs. 1, § 161 Abs. 2 HGB).

III. Funktionelle Zuständigkeit

Die Geschäfte in Handelssachen sind grundsätzlich dem Rechtspfleger vorbehalten (§ 3 **1.14** Nr. 2d) RPflG). Die dem Richter vorbehaltenen Geschäfte sind einzeln aufgeführt (§ 17 RPflG).

Der **Rechtspfleger** ist danach zuständig für alle Eintragungen im HR A (= Einzelkaufleute, **1.15** OHG und KG), nahezu alle Eintragungen im Partnerschafts- und Genossenschaftsregister sowie für die deklaratorischen Eintragungen im HR B (= GmbH, AG), z. B. Bestellung und Abberufung von Geschäftsführern.

Der **Richter** ist zuständig für die konstitutiven Eintragungen im HR B, z. B. **1.16**

– Ersteintragung

– Eintragung von Satzungsänderungen (z. B. Erhöhung und Herabsetzung des Kapitals; Sitzlegung; Firmenänderung).

Die dem Richtervorbehalt unterliegenden **Tätigkeiten können auf den Rechtspfleger über-** **1.17** **tragen werden** (§ 19 Abs. 1 S. 1 Nr. 6 RPflG). Davon haben die Bundesländer Baden-Württemberg,[6] Niedersachsen,[7] Rheinland-Pfalz[8] und Thüringen[9] Gebrauch gemacht.

---

5) Zu Bedenken ist jedoch, dass für die Übertragung in ein elektronisches Dokument eine Gebühr von 2 €/Seite bzw. mindestens 25 € entsteht, GebVZ 5007 HRegGebV.
6) § 1 VO vom 3.12.2004, GBl, 919.
7) § 16h der VO zur Regelung von Zuständigkeiten i. d. F. vom 19.7.2005, GVBl, 258.
8) VO vom 15.5.2008, GVBl 2008, 81.
9) VO vom 20.10.2008, GVBl 2008, 426.

1.18 Der Rechtspfleger/Richter darf die mit seiner Aufgabenerledigung verbundenen Geschäfte des Urkundsbeamten jederzeit mit erledigen, was sich vor allem dann anbietet, wenn die vom Rechtspfleger/Richter bedienten DV-Programme dieses automatisch bewirken. Die Aufgaben des **Urkundsbeamten der Geschäftsstelle** bestehen dann darin, Abschriften und Ausdrucke zu erteilen oder die elektronische Übermittlung der Eintragungsnachrichten und der zum Register eingereichten Schriftstücke und Dokumente zu erledigen (§ 29 Abs. 1 Nr. 1 HRV) sowie Bescheinigungen nach § 9 Abs. 5 HGB oder § 32 GBO zu erteilen (§ 29 Abs. 1 Nr. 2 HRV). Ferner sehen § 29 Abs. 1 Nr. 3 und 4 HRV vor, dass die Insolvenzvermerke und die inländische Geschäftsanschrift vom Urkundsbeamten der Geschäftsstelle eingetragen werden können.

1.19 Dem Rechtspfleger/Richter bleibt zumindest theoretisch die Möglichkeit, die Registereintragung nicht selbst im DV-Programm vorzunehmen, sondern die Eintragung und Bekanntmachung durch den Urkundsbeamten zu verfügen (§ 27 HRV). In Zweifelsfällen entscheidet der Rechtspfleger/Richter über die Zuständigkeit (§ 7 RPflG).

C. Eintragungsfähigkeit

1.20 Das Handelsregisterrecht unterscheidet zwischen eintragungspflichtigen, eintragungsfähigen und eintragungsunfähigen Tatsachen.[10] Mit Tatsachen sind nicht nur tatsächliche Sachumstände gemeint, sondern auch Rechtsverhältnisse, die sich aus der rechtlichen Beurteilung tatsächlicher Vorgänge ergeben.[11]

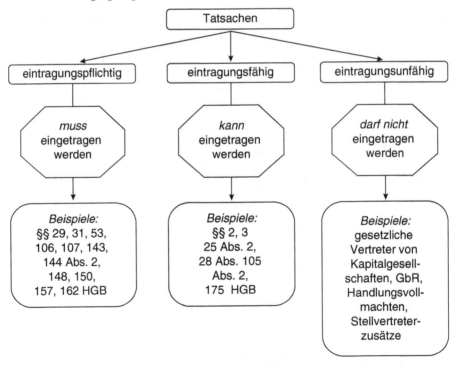

---

10) *Ammon*, DStR 1993, 1025.
11) Oetker/*Preuß*, HGB, § 8 Rz. 18 ff.; Staub/*Koch*, HGB, § 8 Rz. 33; *Müther*, in: Schmidt-Kessel/Leutner/ Müther, HRegR § 8 HGB Rz. 8.

Rudolph

Eintragungsfähig sind grundsätzlich nur Tatsachen, die vom **Gesetz** zur Eintragung bestimmt und zugelassen sind. Der Kreis der eintragungsfähigen Tatsachen ist damit gesetzlich abschließend geregelt. Was das Gesetz zur Eintragung nicht zulässt, darf grundsätzlich nicht eingetragen werden.[12] **1.21**

Eintragungsfähig sind aber auch ohne ausdrückliche gesetzliche Vorschrift solche Tatsachen, deren Eintragung **Sinn und Zweck des Handelsregisters** erfordern.[13] Entscheidend dafür sind die Sicherheit des Rechtsverkehrs und die Überlegung, dass die Rechtsverhältnisse zutreffend wiederzugeben sind. Ein sachliches Bedürfnis für die Eintragungsfähigkeit einer Tatsache auch ohne gesetzliche Fixierung kann sich insbesondere aus einem Vergleich der Aussagekraft des Handelsregisters mit und ohne den entsprechenden Vermerk ergeben. **1.22**

Eintragungsfähig sind demnach beispielsweise: **1.23**

- Pachtverhältnisse bei einzelkaufmännischen Unternehmen und Personenhandelsgesellschaften;[14]
- Sonder- und Gesamtrechtsnachfolge bei einem Kommanditanteil;[15]
- Befugnis des Prokuristen zur Veräußerung und Belastung von Grundstücken;[16]
- Befreiung des Komplementärs einer KG von den Beschränkungen des § 181 BGB;
- Befreiung des Geschäftsführers einer GmbH von den Beschränkungen des § 181 BGB;[17]
- akademische Grade von einzutragenden Personen;[18]
- Gewinn- und Beherrschungsverträge bei Personenhandelsgesellschaften;[19]
- Testamentsvollstreckung am Kommanditanteil, wenn es sich um eine Dauertestamentsvollstreckung handelt.[20]

Nicht eintragungsfähig sind beispielsweise: **1.24**

- Gesellschaften bürgerlichen Rechts als Unternehmensform;[21]
- Berufsbezeichnung „Steuerberater" des Prokuristen;[22]
- die Geschäftsführungsbefugnis bei Personenhandelsgesellschaften;[23]
- Testamentsvollstreckung im Falle der Abwicklungsvollstreckung;[24]
- Nießbrauch am Kommanditanteil;[25]

---

12) RGZ 132, 138, 140; BayObLGZ 1971, 55, 56; BayObLGZ 1973, 205, 210; BayObLGZ 1978, 182, 186; Staub/*Koch*, HGB, § 8 Rz. 31.
13) KG DR 1943, 982; Baumbach/Hopt/*Hopt*, HGB, § 8 Rz. 5; BGH DNotZ 2006, 135–137.
14) H. M. Baumbach/Hopt/*Hopt* HGB, § 31 Rz. 5; a. A. LG Darmstadt Rpfleger 1982, 228.
15) RG DNotZ 1944, 195; OLG Köln DNotZ 1953, 435.
16) BayObLG NJW 1971, 810.
17) BGHZ 87, 59; BayObLG BB 1980, 597.
18) LG Heidelberg BWNotZ 1980, 43.
19) LG Mannheim AG 1995, 142–143; OLG Hamburg AG 2006, 48–51.
20) BGH Rpfleger 2012, 390–391.
21) BGH Rpfleger 2001, 598–599.
22) A. A. LG Augsburg Mitt-BayNot 1989, 228.
23) OLG Frankfurt/M. GmbHR 2006, 265, a. A. BFH GmbHR 1996, 947–950.
24) Umkehrschluss aus BGH Rpfleger 2012, 390–391.
25) *Str.* OLG München NZG 2016, 2538 ff., mit abl. Anm. *Wachter*, GmbHR 2016, 1271–1273 a. A: OLG Oldenburg, NZG 2015, 643; OLG Stuttgart NZG 2013, 432; LG Köln RNotZ 2001, 170.

- Nacherbschaft;[26]
- privatrechtliches Treuhandverhältnis;[27]
- Gegenstand des Unternehmens einer OHG oder KG;[28]
- Familienstand; Beschränkungen der Geschäftsfähigkeit, Vormundschaft, Betreuung, Pflegschaft; güterrechtliche Tatsachen;
- Befristungen und auflösende Bedingungen.

1.25 Sollen **Tatsachen** im Handelsregister eingetragen werden, deren Wirksamkeit erst zu einem **zukünftigem Zeitpunkt** (z. B. Auflösung der Gesellschaft zum 31.12.2014 oder Prokurabestellung zum 1.1.2015) oder bei Eintritt einer **aufschiebenden Bedingung** (z. B. Prokurabestellung für B unter der Bedingung, dass Prokura für A widerrufen wird) eintreten soll, so kann die Anmeldung dieser Tatsachen zwar bereits davor erklärt, unterzeichnet und notariell beglaubigt werden, die Einreichung beim Registergericht kann jedoch erst nach Eintritt des zukünftigen Zeitpunkts oder der aufschiebenden Bedingung erfolgen. Entscheidend für das Wirksamwerden der Anmeldung ist nämlich der Zugang beim Registergericht, d. h. bei elektronischen Dokumenten der Zeitpunkt, in dem das Dokument auf dem für das Gericht betriebenen Server für die Entgegennahme elektronischer Dokumente eingegangen ist:

Prüfprotokoll

Zusammenfassung

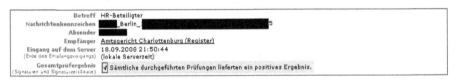

1.26 Zum Zeitpunkt des Zugangs beim Registergericht liegen dann keine zukünftigen bzw. aufschiebend bedingten Tatsachen mehr vor.[29]

D. Anmeldung

1.27 Eintragungen in das Handelsregister erfolgen i. d. R. nur auf Anmeldung.

I. Rechtsnatur

1.28 Nach heute h. M. ist die Anmeldung eine **Verfahrenserklärung** gegenüber dem Registergericht und keine rechtsgeschäftliche Willenserklärung.[30] Mit dem verfahrensrechtlichen Charakter der Anmeldung ist es nicht vereinbar, dass sie **auflösend bedingt** oder durch einen **Endzeitpunkt** befristet ist (§§ 158 ff. BGB); auch kann sie wegen Willensmängeln

---

26) OLG München JFG 22, 89.
27) OLG Hamm NJW 1963, 1554; **a. A.** bei Verwaltung durch Treuhandanstalt: OLG Naumburg ZIP 1993, 1500.
28) KG JW 1934, 1730.
29) OLG Hamm RNotZ 2007, 289; FGPrax 2002, 126; *Waldner*, ZNotP 2000, 188.
30) BayObLG ZNotP 2000, 242; BayObLGZ 1977, 76, 78; BayObLG DB 1985, 1223, 1224; *Ammon*, DStR 1993, 1025, 1026; *Auer*, DNotZ 2000, 498, 499.

nicht angefochten werden (§§ 119 ff. BGB) und § 181 BGB ist nicht anwendbar.[31] Das Fehlen oder die Unwirksamkeit einer Anmeldung hat wegen ihres Verfahrenscharakters **keinen Einfluss auf die materielle Rechtslage.**

> **Beispiel:** Wird ein kleines Unternehmen (z. B. Tante-Emma-Laden) aufgrund einer unwirksamen, weil auflösend bedingten Anmeldung im HR eingetragen, so entsteht mit der konstitutiven Eintragung die Kaufmannseigenschaft trotzdem.

Eine **aufschiebend bedingte** oder mit einem **Anfangszeitpunkt** versehene Anmeldung kann erst dann dem Registergericht vorgelegt und von diesem vollzogen werden, wenn die aufschiebende Bedingung eingetreten oder der Anfangszeitpunkt erreicht ist.[32] Eine Handelsregisteranmeldung kann auch bereits erklärt, unterzeichnet und notariell beglaubigt werden, wenn die materielle Tatsache bereits eingetreten ist, aber noch dem Registergericht vorzulegende **Anlagen fehlen**, z. B. die Abgabe der Anmeldung einer bereits beschlossenen Geschäftsführerbestellung beim Notar, wenn der dem Registergericht vorzulegende Gesellschafterbeschluss darüber (§ 39 Abs. 2 GmbHG) nicht bei der Anmeldung vorlag; die Vorlage der notariell beglaubigten Anmeldung beim Registergericht kann jedoch nur zusammen mit dem Gesellschaftsbeschluss erfolgen.[33]   1.29

Bestritten ist die Frage, ob eine Anmeldung bereits erklärt, unterzeichnet und notariell beglaubigt werden kann hinsichtlich solcher **Tatsachen, die materiell erst noch beschlossen, vereinbart usw. werden müssen** (z. B. die Bestellung eines Prokuristen einer KG oder eines Geschäftsführers einer GmbH). Das OLG Düsseldorf[34] verneint dies und hält eine entsprechende Anmeldung für unwirksam. Dem ist zu widersprechen.[35] **Denn eine Anmeldung zum Handelsregister wird mit ihrem Zugang beim Registergericht wirksam.** Für die Frage, ob eine Anmeldung wirksam ist, kommt es folglich auf den Zeitpunkt an, in dem sie mit dem Willen des Erklärenden in den Rechtsverkehr gelangt. Hat der Erklärende die Anmeldung selbst in Händen, liegt die Abgabe erst im Zeitpunkt des Absendens vor; befindet sich die Anmeldung beim Notar, ist sie dann abgegeben, wenn sie aufgrund der Anweisung des Erklärenden in den Rechtsverkehr gelangt und dieser keine Möglichkeit hat, die Erklärung noch zurückzuhalten.   1.30

Die Erklärung und notarielle Beglaubigung der Anmeldung ist deshalb streng zu trennen von ihrer Abgabe und ihrem Zugang durch Vorlage beim Registergericht. Liegen im Zeitpunkt des Zugangs beim Registergericht die einzutragenden Tatsachen materiell wirksam vor, ist die Anmeldung wirksam, auch wenn die Anmeldung schon erklärt wurde zu einem Zeitpunkt, in dem die einzutragenden Tatsachen materiell noch gar nicht existent waren. Bei der Anmeldung und Versicherung (§ 39 Abs. 3 GmbHG) des „zukünftigen" GmbH-Geschäftsführers wäre es auch möglich, dass der Notar die Anmeldung und Versicherung zunächst erklären und unterzeichnen lässt und erst nach wirksamer Beschlussfassung die Unterschrift beglaubigt, wenn er sich noch positiv an den Vorgang der Vollziehung der Unterschrift erinnert.[36] Im Beglaubigungsvermerk muss der Notar nicht den Tag der   1.31

---

31) *Müther*, in: Schmidt-Kessel/Leutner/Müther, HRegR, § 12 HGB Rz. 5; *Ammon*, DStR 1993, 1025, 1026; BayObLG DNotZ 1971, 107.
32) OLG Hamm RNotZ 2007, 289.
33) *Waldner*, ZNotP 2000, 188, 189 f.
34) NZG 2000, 262 = DNotZ 2000, 529 = MittRhNotK 2000, 77 = ZNotP 2000, 200.
35) So auch OLG Hamm FGPrax 2002, 16; LG München I MittBayNot 2004, 462 = GmbHR 2004, 1580 m. insoweit zust. Anm. *Bärwaldt*; *Krafka*, MittBayNot 2002, 365; *Auer*, DNotZ 2000, 498; *Kallrath*, DNotZ 2000, 533; *Britz*, MittRhNotK 2000, 197; *Waldner*, ZNotP 2000, 188.
36) *Waldner*, ZNotP 2000, 188, 191.

Vollziehung der Unterschriftsleistung angeben. Wird danach die notariell beglaubigte Anmeldung einschließlich des Gesellschafterbeschlusses (§ 39 Abs. 2 GmbHG) dem Registergericht vorgelegt, liegt zu diesem Zeitpunkt, auf den es ankommt, eine wirksame Anmeldung vor. Eine weitere Möglichkeit für die notarielle Praxis, der Anmeldung eines noch zu bestellenden Geschäftsführers zum Erfolg zu verhelfen, wird darin gesehen, auf dem noch beizufügenden Gesellschafterbeschluss kein Datum anzugeben, so dass nicht ersichtlich ist, ob er vor oder nach der Erklärung, Unterzeichnung und notariellen Beglaubigung der Anmeldung erfolgt ist.[37]

1.32 Die Anmeldung besteht aus der Antragserklärung und dem Sachvortrag.

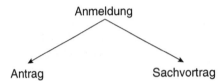

1.33 Der **Antrag** ist somit ein Teil der Anmeldung. Das Wort „beantragen" muss nicht verwendet werden; es genügt vielmehr jede Erklärung, aus der sich ergibt, dass eine Eintragung im HR gewollt ist.

1.34 Üblich sind folgende **Formulierungen**:

> „Es wird zur Eintragung in das Handelsregister beantragt: ..."

> „Wir melden folgendes zur Eintragung in das Handelsregister an: ..."

1.35 Der zweite Teil der Anmeldung ist der sog. **Sachvortrag**. Darin müssen die Antragsziele dargestellt werden, z. B.

- Eintragung einer OHG;
- Eintragung einer Einzelprokura;
- Eintragung eines Haftungsausschlusses.

II. Anmeldeberechtigung und -verpflichtung

1.36 Zur Anmeldung verpflichtet oder berechtigt sind der „Einzelkaufmann" (§§ 29, 31 HGB) bzw. bei den Personenhandelsgesellschaften (OHG, KG) in der Regel „sämtliche Gesellschafter" (vgl. §§ 108 Abs. 1, 143 Abs. 1, 2, 148 Abs. 1, 161 Abs. 2 HGB) oder „sämtliche Liquidatoren" (§§ 157 Abs. 1, 161 Abs. 2 HGB).

1.37 Die Anmeldeberechtigung bzw. -verpflichtung muss vorliegen **zum Zeitpunkt des Eingangs der Anmeldung beim Registergericht**, noch nicht bei Erklärung oder Unterzeichnung oder der notariellen Beglaubigung der Anmeldung.[38] Deshalb kann der „künftige" alleinvertretungsberechtigte Geschäftsführer einer GmbH die Anmeldung seiner Bestellung in notariell beglaubigter Form erklären; die Einreichung beim Registergericht kann jedoch erst nach seiner wirksamen Bestellung unter Vorlage der Beschlussfassung (§ 39 Abs. 2 GmbHG) erfolgen.[39]

---

37) *Waldner*, ZNotP 2000, 188, 191.

38) *Böcker*, MittRhNotK 2000, 61.

39) *Böcker*. MittRhNotK 2000, 61; *Waldner*, ZNotP 2000, 188; a. A. OLG Düsseldorf NZG 2000, 262 = ZNotP 2000, 200 = MittRhNotK 2000, 61.

Rudolph

III. Inhalt

Der Inhalt der Anmeldung richtet sich nach den anzumeldenden Tatsachen und den hier- **1.38** für einschlägigen gesetzlichen Vorschriften, auf denen die Eintragungsfähigkeit mit oder ohne Anmeldepflicht beruht, z. B. **§ 106 Abs. 2 HGB**. Als Grundlage der Handelsregistereintragung muss die Anmeldung einen klaren und bestimmten Inhalt haben. Bestimmte, im Gesetz verwendete Formulierungen brauchen aber nicht verwendet zu werden.[40] Als Verfahrenserklärung ist die **Anmeldung auslegungsfähig**.

- Meldet der bisherige Prokurist eines Einzelkaufmannes einen Inhaberwechsel auf ihn an, kann darin zugleich die Anmeldung des Erlöschens seiner Prokura gesehen werden.[41]

- Wird bei einem Inhaberwechsel das Bestehenbleiben einer Prokura angemeldet, so kann darin die Anmeldung des Erlöschens und der Neuerteilung der Prokura gesehen werden.[42]

Durch das Gesetz zur Modernisierung des GmbH-Rechts und zur Bekämpfung von Miss- **1.39** bräuchen[43] ist die Verpflichtung geschaffen worden, mit der Anmeldung eines einzelkaufmännischen Unternehmens (§ 29 HGB) bzw. einer Personenhandelsgesellschaft (§ 106 Abs. 2 Nr. 2 HGB) eine **aktuelle Geschäftsanschrift** zur Eintragung in das Handelsregister anzumelden. Die in das Register eingetragene Anschrift nimmt am öffentlichen Glauben des Registers teil. Das Scheitern einer Zustellung an der eingetragenen Geschäftsanschrift eröffnet – anders als bei den Kapitalgesellschaften – jedoch nicht die Möglichkeit der öffentlichen Zustellung nach § 185 Nr. 2 ZPO.

Die Verpflichtung zur Anmeldung einer Geschäftsanschrift gilt auch für einzelkaufmän- **1.40** nische Unternehmen und Personenhandelsgesellschaften, die vor dem Inkrafttreten des MoMiG eingetragen worden sind, Art. 64 S. 2 EGHGB. Anders als bei der früheren formlosen Mitteilung zur Lage der Geschäftsräume bzw. deren Änderung bedarf es zur ersten Eintragung bzw. Änderung der Geschäftsanschrift nunmehr der elektronischen Übermittlung einer öffentlich beglaubigten Anmeldung (§ 12 Abs. 1 HGB).

Die Anmeldung der in das Register einzutragenden Geschäftsanschrift bzw. die erfolgte **1.41** Eintragung der Geschäftsanschrift macht es entbehrlich, zusätzlich die Lage der Geschäftsräume nach § 24 Abs. 2 HRV mitzuteilen.

Wegen der immer größer werdenden Zahl eingetragener Gesellschafter, Geschäftsführer **1.42** und anderer Personen war es erforderlich, ihre eindeutige Identifizierung sicherzustellen. Anstelle des Berufs, der früher angegeben werden musste, ist das **Geburtsdatum** anzumelden (§ 387 Abs. 2 FamFG, § 24 Abs. 1 HRV). Die Verpflichtung zur Angabe des Geburtsdatums trat am 1.1.1999 in Kraft (Art. 29 Abs. 2 i. V. m. Art. 23 Nr. 3 HRefG). Da insoweit Übergangsvorschriften fehlen, wurden eingetragene Personen nicht erfasst. Jedoch sollte bei anmeldepflichtigen Veränderungen, etwa bei Änderungen der Vertretungsbefugnis von Geschäftsführern oder Einlageveränderung von Kommanditisten, das Geburtsdatum angemeldet werden.

Zusätzlich ist in jeder Anmeldung der Gegenstand des Unternehmens mitzuteilen, sofern **1.43** sich dieser nicht eindeutig aus der Firma ergibt, § 24 Abs. 4 HRV. Um Unklarheiten vor-

---

40) KG NZG 2018, 1263; BayObLG DNotZ 1978, 661.
41) LG Düsseldorf MittRhNotK 1979, 134.
42) BayObLG DNotZ 1971, 191.
43) Gesetz zur Modernisierung des GmbH-Rechts und zur Bekämpfung von Missbräuchen (MoMiG), BGBl I 2008, 2026 ff.

zubeugen, ob sich der Unternehmensgegenstand der Firma entnehmen lässt, sollte er stets in der Anmeldung enthalten sein.

IV. Vertretung

1. Allgemeines

1.44 Die Anmeldung kann auch von einem Vertreter vorgenommen werden, da die durch § 10 Abs. 2 FamFG geltenden Beschränkungen auf das Verfahren zur Herbeiführung einer Registereintragung bei öffentlich-beglaubigten Anmeldungen nicht anwendbar sind (§ 378 Abs. 1 FamFG). Zur Vornahme der Anmeldung durch einen Vertreter bedarf es der Vorlage einer Vollmacht.

1.45 Die Erteilung der Vollmacht erfolgt nach § 167 Abs. 1 BGB durch Erklärung gegenüber dem Vertreter oder dem Registergericht. Die Vollmacht muss gem. § 12 Abs. 1 S. 2 HGB elektronisch in öffentlich beglaubigter Form eingereicht werden. Das Erfordernis der öffentlichen Beglaubigung aus § 12 Abs. 1 HGB ist stärker als die nach § 11 FamFG vorgeschriebene Schriftform. Die Vollmacht zur Anmeldung kann auch schon im Gesellschaftsvertrag enthalten sein. Sie muss aber auch in diesem Fall in öffentlich beglaubigter Form nachgewiesen sein.[44] Bevollmächtigte können nach Maßgabe des § 10 Abs. 3 Nr. 1 FamFG grundsätzlich natürliche und juristische Personen sein. Da aber juristische Personen selbst nicht handlungsfähig sind, ist die Vollmacht dahingehend auszulegen, dass sie sich auf die zur gesetzlichen Vertretung berufenen natürlichen Personen bezieht.[45] Ebenso ist eine den „jeweiligen Geschäftsführern" des Komplementärs einer GmbH & Co. KG erteilte Vollmacht dahingehend auszulegen, dass sie dem „jeweiligen persönlich haftenden Gesellschafter" erteilt ist und damit auch nach einem Wechsel des persönlich haftenden Gesellschafters weiterhin gilt.

1.46 Die Vollmacht zur Anmeldung kann auch einem Prokuristen erteilt werden.[46] Liegen dem Registergericht aufgrund einer früheren Anmeldung schon beglaubigte Abschriften einer öffentlich beglaubigten Vollmacht vor, darf bei einer späteren Anmeldung der Nachweis des Fortbestandes der Vollmacht nur verlangt werden, wenn Anhaltspunkte für einen Widerruf vorliegen.[47] Dies gilt umso mehr im elektronischen Rechtsverkehr und macht es entbehrlich, dass bei einer Folgeanmeldung nochmals sämtliche Vollmachten als neuerliche beglaubigte Abschrift elektronisch eingereicht werden müssen.[48]

1.47 Ist die Vollmacht wirksam erteilt, fällt sie nicht für später notwendig werdende Anmeldungen dadurch weg, dass der bei der Erteilung handelnde gesetzliche Vertreter die Vertretungsmacht verliert.[49] Hierzu ist ein Widerruf durch den neuen oder einen anderen gesetzlichen Vertreter erforderlich.[50] Die Geschäftsunfähigkeit oder der Tod des Vollmachtgebers nach Erteilung der Vollmacht führt grundsätzlich nicht zum Erlöschen der Vollmacht (§§ 672, 675 BGB); jedoch ist dies beim Tod des Bevollmächtigten der Fall (§§ 673, 675 BGB). Bei der Vollmacht kann es sich um eine Spezialvollmacht zur Han-

---

44) BayObLG DB 1975, 1162; OLG Frankfurt/M. BB 1973, 722.
45) BayObLG DB 1975, 1162; KG WM 1964, 844; Staub/*Koch*, HGB, § 12 Rz. 52.
46) BayObLGZ 1982, 198.
47) BayObLG DB 1975, 1162; *Müther*, in: Schmidt-Kessel/Leutner/Müther, HRegR, § 12 HGB Rz. 26; *Schaub*, MittBayNot 1999, 539, 540; *Ammon*, DStR 1993, 1025, 1027.
48) *Rudolph/Melchior*, NotBZ 2007, 350, 355.
49) OLG Düsseldorf NZG 2018, 381.
50) BayObLG BB 1974, 1089; Heymann/*Sonnenschein/Weitemeyer*, HGB, § 12 Rz. 9.

delsregisteranmeldung oder um eine Generalvollmacht handeln.[51] Eine Vollmacht, die zur Vornahme „aller" oder „sämtlicher" Handelsregisteranmeldungen ermächtigt, kann beispielhafte Aufzählungen von Anmeldetatbeständen beinhalten, ohne damit andere Anmeldetatbestände auszuschließen.[52] Die ältere Auffassung,[53] wonach sich eine Vollmacht in der Regel nicht auf Anmeldungen erstrecken kann, die die eigene Beteiligung des Vollmachtgebers betreffen (z. B. sein Ausscheiden), wird damit nicht mehr zu halten sein; nicht zuletzt auch vor der Entscheidung des BayObLG,[54] wonach diese Einschränkung nicht für eine Anmeldung der Erhöhung der Kommanditeinlage gelten soll.

Muss bei der GmbH gem. § 78 GmbH die Anmeldung durch sämtliche Geschäftsführer erfolgen (in den Fällen der §§ 7, 57, 58 GmbHG), soll eine Vertretung unzulässig sein.[55] Dem ist insoweit zuzustimmen, als in der Anmeldung eine Versicherung abzugeben ist, bei der falsche Angaben mit Strafe bedroht sind.[56] Dabei muss eine Bevollmächtigung ausscheiden, weil die Versicherung höchstpersönlich zu erbringen ist.[57]   **1.48**

Strittig ist die Frage, wann die Vertretungsbefugnis gegeben sein muss, wenn die Anmeldung zum Handelsregister durch einen Vertreter (z. B. Geschäftsführer einer GmbH) abgegeben wird. Die Rechtsprechung stellt für die Vertretungsbefugnis auf den Zeitpunkt der Erklärung der Anmeldung ab.[58] So wurde es als ausreichend angesehen, dass vertretungsberechtigte Geschäftsführer einer GmbH die Anmeldung einer Kapitalerhöhung beim Notar erklären, obwohl zum Zeitpunkt des Eingangs dieser Anmeldung beim Registergericht die Anmeldenden nicht Geschäftsführer waren, sondern inzwischen neue bestellt worden waren.[59] Dagegen wurde es beanstandet, dass ein nicht alleinvertretungsberechtigter Geschäftsführer einer GmbH eine Anmeldung beim Notar erklärte, obwohl er zum Zeitpunkt des Eingangs dieser Anmeldung beim Registergericht alleinvertretungsberechtigt war.[60] Dieser Auffassung ist zu widersprechen.[61] Die Vertretungsbefugnis des Erklärenden muss beim Wirksamwerden der Erklärung vorliegen. Die Anmeldung zum Handelsregister als reine Verfahrenserklärung wird wirksam mit dem Eingang beim Registergericht.[62] Zu diesem Zeitpunkt muss die Vertretungsbefugnis des Anmeldenden vorliegen. Solange der Erklärende seine Anmeldung noch zurückhalten kann, hat er noch keine Erklärung abgegeben. Sollte das Original einer Handelsregisteranmeldung wie im Regelfall zunächst treuhänderisch beim Notar verbleiben, so ist es Bestandteil des Treuhandauftrags an den Notar, dass dieser vor der Einreichung der Anmeldung die Notariatsnebenakte auf Anhaltspunkte dafür durchzusehen hat, das die Vertretungsbefugnis der Unterzeichner noch bzw. erstmals besteht.[63]   **1.49**

---

51) BayObLG DB 1975, 1162; LG Frankfurt/M. BB 1972, 512; *Müther*, in: Schmidt-Kessel/Leutner/Müther, HRegR, § 12 HGB Rz. 25; *Ammon*, DStR 1993, 1025, 1027.
52) BayObLG DB 2004, 647; *Rudolph/Melchior*, NotBZ 2007, 350, 354.
53) KG OLGZ 1976, 29; LG Berlin BB 1975, 250; *Gustavus*, GmbHR 1978, 219, 224.
54) BayObLGZ 1975, 140.
55) BayObLG NJW 1987, 136; Oetker/*Preuß*, HGB, § 12 Rz. 42 f.
56) § 8 Abs. 2 und 3, § 57 Abs. 2 i. V. m. § 82 Abs. 1 GmbHG.
57) BGHZ 116, 190 = ZIP 1992, 174; *Schaub*, MittBayNot 1999, 539, 542; *Ammon*, DStR 1993, 1025, 1028.
58) BayObLG ZIP 2003, 2361; LG München I MittBayNot 2004, 462.
59) LG München I MittBayNot 2004, 462.
60) BayObLG ZIP 2003, 2361.
61) Ebenso *Bärwaldt*, GmbHR 2004, 1581 f.
62) Vgl. Rz. 1.61.
63) *Bärwaldt*, GmbHR 2004, 1581, 1582.

2. Gesetzliche Vertreter

1.50 Minderjährige eheliche Kinder werden durch Vater und Mutter gemeinschaftlich vertreten (§ 1626 Abs. 1, § 1629 Abs. 1 S. 2 BGB). Das nichteheliche minderjährige Kind wird von seiner Mutter vertreten (§ 1626a Abs. 2 BGB). Die gesetzlichen Vertreter nehmen Anmeldungen zum Handelsregister kraft der ihnen verliehenen Vertretungsmacht vor.[64] Nur bei begründeten Zweifelsfällen kann das Registergericht die Vorlage von Geburtsurkunden verlangen.[65] Bei der Alleinvertretung eines ehelichen Kindes muss der Elternteil den Nachweis für seine Alleinvertretungsberechtigung erbringen.[66] Vormund, Pfleger und Nachlasspfleger weisen sich durch Vorlage der Bestallungsurkunde (§§ 1791, 1915, 1985 BGB), der Betreuer durch seine Bestellungsurkunde (§ 290 FamFG) aus. Erfordert das zugrunde liegende Rechtsgeschäft eine familien- oder betreuungsgerichtliche Genehmigung (§§ 1643, 1821, 1822 BGB), ist deren Vorliegen und Wirksamwerden (§ 1828 BGB) ebenso nachzuweisen wie das Wirksamwerden des Rechtsgeschäfts nach § 1829 BGB.[67] Ist der Minderjährige nach § 112 BGB zum selbständigen Betrieb eines Erwerbsgeschäfts ermächtigt, umfasst die insoweit bestehende Geschäftsfähigkeit auch spätere Anmeldungen zum Handelsregister.[68]

3. Handelsgesellschaften

1.51 Sie werden durch ihre Organe gesetzlich vertreten. Diese sind kraft ihrer Vertretungsmacht befugt, Anmeldungen zum Handelsregister vorzunehmen.[69] Personenhandelsgesellschaften (= OHG, KG) können gesetzlich durch einen persönlich haftenden Gesellschafter vertreten werden (§§ 125 Abs. 1, 161 Abs. 2 HGB). Bei vertraglich geregelter unechter Gesamtvertretung (§ 125 Abs. 3 S. 1 HGB) kann die Anmeldung durch einen vertretungsberechtigten Gesellschafter in Gemeinschaft mit einem Prokuristen erfolgen.[70] Auch bei Kapitalgesellschaften genügt, dass die gesetzlichen Vertreter (z. B. Geschäftsführer bei der GmbH) in einer zur Vertretung berechtigenden Zahl die Anmeldung vornehmen.

1.52 Der Nachweis der Vertretungsmacht bei Handelsgesellschaften kann erfolgen durch

- ein gerichtliches Eintragungszeugnis (§ 9 Abs. 3 S. 2 HGB);
- einen beglaubigten Handelsregisterauszug (§ 9 Abs. 2 HGB);
- eine Notarbescheinigung nach § 21 BNotO;
- Bezugnahme auf die Registerakten, wenn sie bei demselben Amtsgericht geführt werden (§ 34 GBO analog).

1.53 Eine Bezugnahme auf das Registergericht und die Registernummer ist in entsprechender Anwendung von § 34 GBO ausreichend.[71] Bei inländischen Gesellschaften kann dem Anmeldenden nach Einführung des elektronischen Registers nicht mehr aufgegeben werden

---

64) *Ammon*, DStR 1993, 1025, 1027.
65) *Schaub*, MittBayNot 1999, 539, 544.
66) Oetker/*Preuß*, HGB, § 12 Rz. 50.
67) *Schaub*, MittBayNot 1999, 539, 544; *Ammon*, DStR 1993, 1025, 1027.
68) *Schaub*, MittBayNot 1999, 539, 544; Staub/*Koch*, HGB, § 12 Rz. 57.
69) *Schaub*, MittBayNot 1999, 539, 544; *Müther*, in: Schmidt-Kessel/Leutner/Müther, HRegR, § 12 HGB Rz. 28.
70) RGZ 134, 303, 307; BayObLG DNotZ 1974, 42; LG Aachen MittRhNotK 2000, 354; *Schaub*, MittBayNot 1999, 539, 545.
71) Oetker/*Preuß*, HGB, § 12 Rz. 49; Staub/*Koch*, HGB, § 12 Rz. 55; *Krafka/Kühn*, Registerrecht, Rz. 118.

kann, die Anmeldebefugnis durch entsprechende Nachweise in Form von amtlichen Registerauszügen zu legitimieren. Es handelt sich dabei um Informationen, die dem Registergericht im Wege der Amtsermittlung (§ 26 FamFG) ohne viel Mühe selbst über das gemeinsame Registerportal zugänglich sind, obgleich sie damit auch noch authentischer und aktueller sind[72] als Bescheinigungen, die auf eine Einsichtnahme zu einem früheren Zeitpunkt zurückgehen.

Bei einer Vor-GmbH kann der Vertretungsnachweis durch Vorlage der beglaubigten Abschriften der notariellen Gründungsurkunden erfolgen.[73]   **1.54**

4. Partei kraft Amtes

Der Testamentsvollstrecker,[74] Insolvenzverwalter[75] und Nachlassverwalter ist kraft seines   **1.55**
Amtes befugt, Anmeldungen zum Handelsregister vorzunehmen. Zwar hat auch dieser
Personenkreis seine Berechtigung dem Registergericht nachzuweisen (§ 56 Abs. 2 InsO
bzw. § 2368 BGB), ein Formzwang besteht aber hier nicht.[76]

5. Prokurist

Durch höchst- und obergerichtliche Rechtsprechung ist es mittlerweile gefestigte Meinung,   **1.56**
dass Prokuristen Anmeldungen zum Handelsregister für Beteiligungen bei anderen Handelsgesellschaften, vornehmen können.[77] Ferner besteht eine Einschränkung dahingehend,
dass ein Prokurist Anmeldungen zum HR nicht vornehmen kann, die seine eigene Prokura
betreffen.

6. Notar

Gem. **§ 378 Abs. 2 FamFG** gilt der Notar als ermächtigt, im Namen des zur Anmeldung   **1.57**
Verpflichteten die Eintragung zu beantragen, wenn er die zur Eintragung erforderliche
Erklärung beurkundet oder beglaubigt hat. Insoweit handelt es sich um eine widerlegbare
Vermutung, dass der Notar Vollmacht hat. Er muss also nicht nachweisen, dass ihn die
Beteiligten zur Antragstellung ermächtigt haben.

Unter der **„zu der Eintragung erforderlichen Erklärung"** ist für den Bereich des HR A   **1.58**
(= Einzelkaufmann, OHG, KG) die Anmeldung zu verstehen. Materiell-rechtliche Verträge, Bescheinigungen der Vertretungsbefugnisse oder die Beglaubigung von Vollmachten oder sonstige Erklärungen fallen nicht darunter, weil sie für das Eintragungsverfahren
nicht benötigt werden. Anders ist dies beim HR B (= GmbH und AG), wo z. B. für die
Errichtung oder Satzungsänderung ein notariell beurkundeter Beschluss der Gesellschafter
erforderlich ist.[78]

---

72) *Rudolph/Melchior*, NotBZ 2007, 350, 351.
73) *Schaub*, MittBayNot 1999, 539, 545.
74) BGH NJW 1989, 3152; KG NJW-RR 1991, 835.
75) OLG Düsseldorf MDR 1979, 425.
76) BayObLG DNotZ 1971, 107; *Ammon*, DStR 1993, 1025, 1027.
77) BGHZ 116, 190 = ZIP 1992, 174 = NJW 1992, 975, OLG Düsseldorf GmbHR 2012, 690–691, OLG Frankfurt/M. FGPrax 2005, 135.
78) Keidel/*Heinemann*, FamFG, § 378 Rz. 5 ff.

1.59 Durch die Neuregelung von § 378 FamFG gegenüber der alten Regelung des § 129 FamFG besteht das Antragsrecht des Notars sowohl bei eintragungspflichtigen, wie auch bei eintragungsfähigen, aber nicht eintragungspflichtige Tatsachen.[79]

1.60 Der Notar sollte insbesondere bei der Einreichung einer Anmeldung über das elektronische Gerichts- und Verwaltungspostfach (EGVP) ausdrücklich angeben, ob er selbst einen Antrag gem. § 378 FamFG als **Vertreter** stellen will oder nur die Anmeldung mit darin enthaltenen Beteiligtenanträge als **Bote** vorlegen will.[80] Dafür bietet sich regelmäßig das Mitteilungsfeld des EGVP an. Legt der Notar eine Anmeldung nur als Bote vor, so kann er keinen Antrag zurücknehmen, erhält er keine Eintragungsmitteilung oder Zwischenverfügung und ist auch nicht beschwerdeberechtigt.

1.61 Von einer Vertretertätigkeit ist bei folgenden **Formulierungen** auszugehen:

Gemäß § 378 FamFG wird zur Eintragung beantragt ...

Gemäß § 378 FamFG wird vorgelegt ...

Zur Eintragung im Handelsregister wird beantragt ...

1.62 Eine Botentätigkeit liegt dagegen bei folgenden **Formulierungen** vor:

Beilegende Anmeldung lege ich zum Vollzug vor:

Folgende Anmeldung reiche ich zur weiteren Veranlassung ein:

1.63 Stellt der **Notar den Eintragungsantrag** gem. § 378 FamFG und enthält die Anmeldung auch **Anträge der Beteiligten**, so liegt nur der Antrag des Notars vor. Die Beteiligten stellen die Anträge nur rein vorsorglich für den Fall, dass der Notar nicht tätig wird.

1.64 Aus der Ermächtigung zur Antragstellung ergibt sich für den Notar auch die Ermächtigung, dass er gegen eine ablehnende Entscheidung des Gerichts ohne Vollmachtsnachweis **Beschwerde**,[81] nicht aber **Rechtsbeschwerde** einlegen kann.[82]

1.65 Hat der Notar allein den **Eintragungsantrag** gestellt, so kann er diesen bis zum Vollzug ohne Vollmachtsnachweis und Mitwirkung eines Antragsberechtigten **zurücknehmen** (§ 24 Abs. 3 BNotO). Die Rücknahmeerklärung muss mit Unterschrift und Amtssiegel des Notars versehen sein. Auch ein Antragsberechtigter kann den von einem Notar für ihn gestellten Antrag zurücknehmen. Hat der Notar nur einen Beteiligtenantrag als Bote vorgelegt, kann er diesen nicht zurücknehmen. Hat ein Beteiligter einen Eintragungsantrag gestellt und hat sich der Notar diesem gem. § 378 FamFG angeschlossen, so kann der Notar als jetzt handelnder Vertreter den Antrag ohne Mitwirkung des Antragsberechtigten zurückzunehmen.

1.66 Durch das „Gesetz zur Neuordnung der Aufbewahrung und zur Einrichtung des Elektronischen Urkundenarchivs bei der Bundesnotarkammer sowie zur Änderung weiterer Gesetze"[83] ist § 378 FamFG um einen neuen Absatz ergänzt worden, wonach u. a. bei Handels- und Vereinsregistersachen ein Notar die Anmeldung auf seine Eintragungsfähigkeit hin prüfen muss. Unklar bleibt, welche Rechtswirkungen das Fehlen einer solchen notariellen Bescheinigung haben mag. Denn die Beurteilung, ob eine Anmeldung eintragungsfähig ist

---

79) Keidel/*Heinemann*, FamFG, § 378 Rz. 4.
80) *Schaub*, MittBayNot 1999, 539, 543.
81) Keidel/*Heinemann*, FamFG, § 378 Rz. 14.
82) Keidel/*Heinemann*, FamFG, § 378 Rz. 16.
83) BGBl I 2017, 1396 ff.

Rudolph

oder nicht, obliegt allein dem Registergericht, dessen Prüfungspflicht sich aus § 26 FamFG ableitet. Vielmehr umfasst die Prüfungspflicht nur die Anmeldung nicht als solches, nicht aber die der Anmeldung beizufügenden Unterlagern (z. B. Gesellschafterbeschlüsse oder Vertretungsnachweise).[84] Diese Prüfungspflicht verdrängt allerdings nicht die Aufklärungs- und Belehrungspflicht aus § 17 Abs. 1 BeurkG, so dass § 378 Abs. 3 FamG nur dann einschlägig sein dürfte, wenn die Anmeldung nicht von dem beglaubigenden Notar entworfen worden ist.[85] Demnach dürfte der Hinweis auf die erfolgte Prüfung nach § 378 Abs. 3 FamFG entbehrlich sein, wenn es sich um einen eignen Entwurf des beglaubigenden Notars handelt und im Umkehrschluss dessen der Hinweis nur dann erforderlich sein, wenn der Anmeldungsentwurf von dem Notar nicht entworfen worden ist, weil die Beteiligten den Entwurf selbst mitgebracht haben, der Entwurf von einem anderen Notar stammt oder von einem Mitgesellschafter angefertigt worden ist.

Formulierungsvorschlag für die Bescheinigung der Eintragungsfähigkeit

„Die vorstehend unterschriebene Anmeldung habe ich nach § 378 Abs. 3 S. 1 FamFG auf Eintragungsfähigkeit geprüft."

E.   Form

I.   Anmeldungen zur Eintragung (§ 12 Abs. 1 S. 1 HGB)

Sie sind elektronisch in öffentlich beglaubigter Form einzureichen. Damit bleibt die öffentliche – bis auf weiteres papiergebundene – Beglaubigung (§ 129 BGB) als solche erhalten. Statt jedoch die Anmeldung auf dem Postweg an das Registergericht zu senden, muss diese zwingend elektronisch übermittelt werden. Dies bedeutet eine Umstellung im Einreichungsverfahren, lässt aber die notarielle Formulierungs- und Gestaltungsaufgabe unberührt.[86] Grundsätzlich unzulässig sind sowohl der Versand von Datenträgern (Diskette, CD-ROM) an das Gericht als auch die Kommunikation mittels E-Mail.[87] Die Erklärung der Anmeldung muss nach § 129 Abs. 1 S. 1 BGB, §§ 39, 40 BeurkG schriftlich abgefasst und die Unterschrift desjenigen, der die Erklärung abgibt, von einem Notar beglaubigt werden. Der Vermerk muss den Vollzug oder die Anerkennung der Unterschrift bezeugen sowie die Person bezeichnen, welche die Unterschrift vollzogen oder anerkannt hat. Ferner muss er Siegel und Unterschrift der Urkundsperson (Notar) enthalten. Eine Identitätprüfung muss vorgenommen werden, weil § 40 Abs. 4 BeurkG keine Verweisung auf § 10 Abs. 2 S. 2 BeurkG enthält, so dass eine Beglaubigung unzulässig ist, wenn Zweifel über die Identität der Beteiligten bestehen. Hingegen hat die Urkundsperson grundsätzlich nicht zu prüfen, ob die als Unterschriftszeichner identifizierte Person auch sachlich antrags- und zeichnungsberechtigt ist. Dies zu ermitteln, ist nach § 26 FamFG ggf. Aufgabe des Registergerichts. Zuständig zur Beglaubigung sind die Notare (§ 40 Abs. 1 BeurkG), einschließlich der Notare in Baden-Württemberg (§ 64 BeurkG), ferner die nach der Gesetzgebung einzelner Länder für zuständig erklärten Personen oder Stellen (§ 63 BeurkG, § 486 FamFG) und schließlich für Beglaubigungen im Ausland gem. § 10 KonsG[88] die Konsulatsbeamten. Nachträgliche Änderungen im Text einer unterschriftsbeglaubigten

1.67

---

84) *Melchior/Böhringer*, GmbHR 2017, 1074–1082.

85) *Melchior/Böhringer*, a. a. O.

86) *Sikora/Schwab*, MittBayNot 2007, 1.

87) *Sikora/Schwab*, MittBayNot 2007, 1, 3.

88) Konsulargesetz vom 11.9.1974, BGBl I, 2317.

Handelsregisteranmeldung durch den Notar sind mit Zustimmung des Unterzeichnenden möglich und beeinträchtigen nicht die Form der Unterschriftsbeglaubigung.[89] Bei der öffentlichen Beglaubigung einer Anmeldung zur Eintragung im Handelsregister durch Personen, die der deutschen Sprache nicht kundig sind, ist es weder erforderlich, dass der beigezogene Dolmetscher vereidigt wird, noch muss dieser die Anmeldung unterschreiben.[90]

1.68 Die öffentliche Beglaubigung wird nach § 129 Abs. 2 BGB durch die **notarielle Beurkundung** ersetzt. Dies gilt auch dann, wenn der Notar eine von ihm selbst beglaubigte Erklärung als bevollmächtigter Vertreter durch eine Eigenurkunde berichtigt, ergänzt oder registerrechtlichen Erfordernissen anpasst.[91]

1.69 Weil an die Stelle der notariellen Beurkundung auch der **gerichtlich protokollierte Vergleich** treten kann (§ 127a BGB), ersetzt auch dieser die öffentliche Beglaubigung.

1.70 Ist die Verpflichtung zur Mitwirkung an einer Handelsregisteranmeldung durch eine rechtskräftige oder vollstreckbare Entscheidung des Prozessgerichts gegen eine Person festgestellt, tritt das Urteil an die Stelle der zur Anmeldung verpflichteten Person, § 16 HGB. Um eine Eintragung in das Handelsregister zu bewirken, ist die gerichtliche Feststellung zur Mitwirkung an einer Handelsregisteranmeldung ausreichend; es bedarf weder einer Vollstreckung nach § 888 ZPO noch einer Verurteilung zur Abgabe einer Willenserklärung nach § 894 ZPO.

1.71 Schließlich wird eine öffentliche Beglaubigung nicht für notwendig gehalten, wenn eine Anmeldung von einer **juristischen Person des öffentlichen Rechts** (§ 36 HGB) in einer von ihr als öffentliche Behörde ausgestellten Urkunde eingereicht wird.[92] Daran könnten allerdings Zweifel bestehen, weil die ein Handelsgewerbe betreffenden Anmeldungen regelmäßig nicht in behördlicher Eigenschaft vorgenommen werden.[93]

II. Vollmachten (§ 12 Abs. 1 S. 2 HGB)

1.72 Sie sind dem Registergericht ausschließlich elektronisch in öffentlich beglaubigter Form vorzulegen. Der Notar muss sich die Urschrift oder Ausfertigung der Registervollmacht vorlegen lassen und unter Hinweis darauf dem Registergericht, sofern er nicht von der Möglichkeit des § 12 Abs. 1 S. 3 HGB Gebrauch macht, eine elektronisch beglaubigte Abschrift übermitteln. Das Registergericht kann den Fortbestand der Vollmacht (§§ 170–172 BGB) nicht mehr selbst prüfen, sondern muss sich vielmehr auf die Feststellungen des Notars verlassen.[94]

1.73 **Formulierungsvorschlag für vorzulegende Vollmachten:**

> „Ich beglaubige hiermit die Übereinstimmung dieser elektronischen Aufzeichnung mit der mir in Urschrift/Ausfertigung vorliegenden Vollmacht von … vom … .“

1.74 Eine Vollmacht, für eine Gesellschaft (z. B. GmbH) Handelsregisteranmeldungen vorzunehmen, erlischt nicht, auch wenn die Vertretungsbefugnis der Vollmacht erteilenden Person (z. B. Abberufung des Geschäftsführers) endet.[95]

---

89) LG Kassel MittBayNot 2002, 526 = RNotZ 2003, 147.
90) OLG Karlsruhe RNotZ 2002, 593.
91) BGHZ 78, 36.
92) BayObLG DB 1975, 1936.
93) *Ammon*, DStR 1993, 1025, 1027.
94) *Sikora/Schwab*, MittBayNot 2007, 1, 6; *Rudolph/Melchior*, NotBZ 2007, 350, 356 m. w. Hinweisen.
95) OLG Hamm GmbHR 2012, 903.

Rudolph

III. Notarbestätigung für Vollmachten (§ 12 Abs. 1 S. 3 HGB)

Durch das Gesetz zur Übertragung von Aufgaben im Bereich der freiwilligen Gerichts- **1.75**
barkeit auf Notare vom 26.6.2013[96] ist mit Wirkung zum 1.9.2013 durch den neuen § 12
Abs. 1 S. 3 HGB nunmehr auch die Möglichkeit geschaffen, dass die Vollmachtsurkunden
nicht mehr beim Registergericht eingereicht werden müssen, sondern der Notar gem. § 21
Abs. 3 BNotO bestätigt, dass er die Bevollmächtigung des Anmeldenden geprüft hat. Sofern der Notar von dieser Möglichkeit Gebrauch macht, entfällt die Vorlagepflicht beim
Registergericht. Dabei ist auch die Abgabe einer sog. „Globalerklärung" ausreichend, mit
welcher der Notar bestätigt, dass ihm sämtliche Vollmachten vorliegen. Eine einzelne
Aufzählung aller vorliegenden Vollmachten ist entbehrlich.

Die Prüfungspflicht einer vollständigen Bevollmächtigung der Anmeldenden wird vom Re- **1.76**
gistergericht auf den Notar verlagert. Dieses könnte – insbesondere bei sog. Massenkom-
manditgesellschaften – eine Beschleunigung der Handelsregistereintragungen bewirken,
da das zeitaufwändige Vollmachtenprüfen entfällt.

Formulierungsvorschlag für eine Vollmachtenbestätigung: **1.77**

„Aufgrund meiner Einsicht in die mir vorliegenden Vollmachten der anmeldenden
Gesellschafter bestätige ich, dass *Name, Vorname, Geburtsdatum, Wohnort*
zur Anmeldung der zuvor genannten Tatsachen berechtigt ist.

IV. Rechtsnachfolge (§ 12 Abs. 1 S. 4 HGB)

Rechtsnachfolger eines Beteiligten haben die Rechtsnachfolge grundsätzlich durch **öffent-** **1.78**
liche Urkunden nachzuweisen. Der Zweck der Regelung besteht darin, Anmeldungen zum
HR durch die materiell berechtigten Personen sicherzustellen.[97] Hauptanwendungsfall ist
die Gesamtrechtsnachfolge, d. h. die **Erbfolge**.[98] Der Erbe hat sein Erbrecht in der Regel
(insbesondere bei gesetzlicher Erbfolge oder einem nur privatschriftlichen Testament)
durch Erbschein (§ 2353 BGB) nachzuweisen,[99] auch wenn er nur für Grundbuchzwecke
erteilt ist.[100] Die beglaubigte Abschrift eines Erbscheins war wegen der Möglichkeit, dass
das Original zwischenzeitlich nach § 2361 BGB eingezogen worden ist, nicht anzuerkennen;
notwendig war die Ausfertigung des Erbscheins.[101] Weil jedoch Papierausfertigungen gem.
§ 12 HGB nicht mehr vorgelegt werden können und elektronische Ausfertigungen von
Erbscheinen ebenfalls (noch) nicht möglich sind, ist eine elektronisch beglaubigte Abschrift (§ 39a BeurkG) des Erbscheins an das Registergericht zu übermitteln. Es genügt,
wenn die Ausfertigung dem Notar vorgelegt und die elektronisch beglaubigte Abschrift
an das Registergericht übermittelt wird. Die Prüfung des Bestehens eines Erbscheins wird
damit auf den Notar verlagert.[102]

---

96) BGBl I 2013, 1800.
97) Staub/*Koch*, HGB, § 12 Rz. 60.
98) Staub/*Koch*, HGB, § 12 Rz. 62.
99) OLG Hamm Rpfleger 1986, 139.
100) OLG Frankfurt/M. NJW-RR 1994, 10.
101) OLG Hamm DNotZ 1986, 128; KG MittRhNotK 2000, 397, 399; Heymann/*Sonnenschein/Weitemeyer*,
    HGB, § 12 Rz. 23; *Ammon*, DStR 1993, 1025, 1029.
102) Regierungsbegründung zum EHUG, BT-Drucks.16/960, S. 45; *Sikora/Schwab*, MittBayNot 2007, 1, 6.

1.79 Formulierungsvorschlag:

> „Ich beglaubige hiermit die Übereinstimmung dieser elektronischen Aufzeichnung mit dem mir in Ausfertigung vorliegenden Erbschein des Amtsgerichts … Nachlassgericht … vom … Gz.… ."

1.80 Die Erbfolge kann entsprechend § 35 GBO auch durch eine öffentliche Verfügung von Todes wegen mit Niederschrift über deren Eröffnung nachgewiesen werden.[103] Dies gilt auch beim Vorliegen mehrerer notariell beurkundeter Verfügungen von Todes wegen.[104] Das Registergericht hat die letztwilligen Verfügungen auszulegen. Die Urkunden reichen als Nachweis der Erbenstellung nur dann nicht aus, wenn bei der Auslegung der letztwilligen Verfügung Zweifel verbleiben und eine abschließende Würdigung nicht möglich ist, weil etwa Ermittlungen in tatsächlicher Hinsicht anzustellen sind.[105] Nicht ausreichend ist nur eine Eröffnungsniederschrift, in der die Beteiligten Erklärungen darüber abgegeben haben, welche Personen zu welcher Quote Erbe geworden sind.[106] Auch durch Personenstandsurkunden kann der Erbfolgenachweis nicht erbracht werden.[107]

1.81 Der Urkundennachweis ist entbehrlich, soweit er **untunlich** ist (§ 12 Abs. 1 S. 3 HGB). Es steht im Ermessen des Gerichts, auch andere Beweismittel genügen zu lassen.[108] Der Urkundennachweis ist z. B. untunlich, wenn sich die Erbfolge aus den Nachlassakten ergibt, die bei demselben Gericht geführt werden. In diesem Fall genügt dann die Bezugnahme auf die Nachlassakten.[109] Die Beschaffung eines Erbscheins ist aber nicht schon wegen des damit verbundenen Kosten) und Zeitaufwandes untunlich.[110] Auch ein vorgelegtes Testamentsvollstreckerzeugnis lässt die Notwendigkeit eines Erbscheins nicht entfallen.[111] Bei der Anmeldung des Ausscheidens des verstorbenen Kommanditisten und des Eintritts seiner Erben in die Gesellschaft ist die Vorlage eines Erbscheins zum Nachweis einer auf privatschriftlichem Testament beruhenden Erbfolge auch dann erforderlich, wenn die Anmeldung durch einen Bevollmächtigten des verstorbenen Kommanditisten aufgrund einer über den Tod hinaus erteilten Generalvollmacht erfolgt.[112]

V. Einreichung elektronischer Dokumente (§ 12 Abs. 2 S. 1 HGB)

1.82 Dokumente sind ausschließlich elektronisch zum Registergericht einzureichen. Bei der Zusammenstellung der Dokumente sollte sich der Notar am späteren Abruf der Dokumente im Registerportal orientieren.[113] Allgemein gilt: Jedes Papierdokument ist als gesonderte Bild- oder Textdatei zu übermitteln. Mehrseitige Papierdokumente sind in einer Datei zusammenzufassen.

1.83 Neben der Einreichung von Bilddateien im Format *.tiff* besteht auch die Möglichkeit der Einreichung von sog. „codierten Dateiformaten", d. h. von Dateien in Formaten, die erst

---

103) KG RNotZ 2007, 49; KG MittRhNotK 2000, 397, 398; OLG Hamm Rpfleger 1986, 139.

104) KG DNotZ 2006, 551.

105) KG NZG 2018, 1150; RNotZ 2007, 49.

106) BayObLG DNotZ 1984, 44.

107) OLG Hamm MittRhJotK 1886, 128.

108) LG Berlin JR 1950, 688; *Müther*, in: Schmidt-Kessel/Leutner/Müther, HRegR, § 12 HGB Rz. 47.

109) KG MittRhNotK 2000, 397, 398; BayObLG DNotZ 1984, 44.

110) KG MittRhNotK 2000, 397, 398; OLG Frankfurt/M. NJW-RR 1994, 10; OLG Hamm Rpfleger 1986, 139.

111) OLG Köln RNotZ 2004, 590 = Rpfleger 2005, 145; KG MittRhNotK 2000, 397.

112) KG FGPrAx 2003, 424.

113) *Sikora/Schwab*, MittBayNot 2007, 1, 6.

durch die Interpretation eines bekannten Standardschlüssels in lesbare Texte umgewandelt werden können.[114] Insofern ist es aufgrund der Rechtsverordnungen der Länder[115] auch möglich, Dokumente in den Formaten *.txt, .rtf, .pdf,* bzw. *.doc* oder *.docx (ohne aktive Inhalte)* einzureichen. Wegen der einfachen Abänderbarkeit von Dokumenten in codierten Dateiformaten wird diese jedoch weitgehend abgelehnt[116] und für den elektronischen Rechtsverkehr die Verwendung des Dateiformates .tiff favorisiert. Obwohl Bilddateien mit jedem Bildbearbeitungsprogram im Lieferumfang eines Standardbetriebssystems verändert werden können, wird die elektronische Aufzeichnung als Bilddatei, also eine Art elektronische Fotokopie, insbesondere in den Formaten tiff und pdf (mit ausschließlichem Grafik-Inhalt) favorisiert, die entweder durch das Einscannen einer Papiervorlage oder unmittelbar elektronisch mit Hilfe eines sog. pdf- oder tiff-Druckers erzeugt werden kann.[117]

1. Urschriften, einfache Abschriften, Schriftform (§ 12 Abs. 2 S. 2 Halbs. 1 HGB)

Ist eine Urschrift oder eine einfache Abschrift einzureichen oder ist für das Dokument die Schriftform bestimmt, genügt die Übermittlung einer elektronischen Aufzeichnung. Es ist keine Signatur erforderlich.[118] Dies betrifft vor allem von den Geschäftsführern erstellte Listen der GmbH-Gesellschafter (§ 40 Abs. 1 GmbHG) oder Aufsichtsratsmitgliedern (§ 106 AktG), den Gesellschafterbeschluss über die Bestellung oder Abberufung von Geschäftsführern nach § 39 Abs. 2 GmbHG, die Einwilligung zur Firmenfortführung nach §§ 22, 24 HGB, die neue vollständige Satzung einer Genossenschaft nach Änderung (§ 16 Abs. 5 S. 2 GenG) oder die Prüfbescheinigung des genossenschaftlichen Prüfverbandes (§ 59 Abs. 2 GenG).   **1.84**

2. Notariell beurkundete oder beglaubigte Dokumente (§ 12 Abs. 2 S. 2 Halbs. 2 HGB)

Ist ein notariell beurkundetes oder beglaubigtes Dokument einzureichen, ist ein mit einem einfachen elektronischen Zeugnis (§ 39a BeurkG) versehenes Dokument zu übermitteln. Soweit bisher die Ausfertigung einer notariellen Urkunde oder eine beglaubigte Abschrift einzureichen war, ist nunmehr eine elektronisch beglaubigte Abschrift gem. § 39a BeurkG zu übermitteln. Dies gilt für die Handelsregisteranmeldung als solches und die Gründungsurkunde einer GmbH (§ 8 Abs. 1 Nr. 1 GmbHG) oder einer AG (§ 37 Abs. 4 Nr. 1 AktG). In entsprechender Anwendung von § 12 Abs. 2 S. 2 Halbs. 2 HGB gilt dies auch für ausländische öffentliche Urkunden sowie sonstige öffentliche Vermerke wie etwa Apostillen. Ist beispielsweise bei der Errichtung der Zweigniederlassung einer englischen Limited das Bestehen der Gesellschaft als solches nachzuweisen, sind sämtliche hierzu erforderlichen Dokumente in elektronisch beglaubigter Abschrift dem Gericht vorzulegen.[119]   **1.85**

Für die Erstellung einer Handelsregisteranmeldung sind zwei Arbeitsschritte zu unterscheiden.[120]   **1.86**

---

114) *Gassen/Wegerhoff,* Elektronische Beglaubigung und elektronische Handelsregisteranmeldung in der Praxis, Rz. 166 ff.
115) Für Berlin: § 2 Abs. 3 der Verordnung über den elektronischen Rechtsverkehr mit der Justiz im Land Berlin (ERVJustizV), GVBl Bln 2006, 1183.
116) *Sikora/Schwab,* MittBayNot 2007, 1, 4.
117) *Sicora/Schwab,* MittBayNot 2007, 1, 4; *Gassen/Wegerhoff,* Rz. 162 ff.
118) OLG Düsseldorf NZG 2012, 958.
119) *Sikora/Schwab,* MittBayNot 2007, 1, 6.
120) *Apfelbaum/Bettendorf,* RNotZ 2007, 89, 90.

1.87 In einem ersten Schritt wird die in **Papierform** vorliegende Handelsregisteranmeldung vom Antragsteller eigenhändig unterzeichnet. Zusätzlich errichtet der Notar in Papierform den Unterschriftsbeglaubigungsvermerk. In einem zweiten Schritt ist diese Papierurkunde in die **elektronische Form** zu überführen. Dies geschieht durch die Fertigung einer elektronisch beglaubigten Abschrift. Hierbei sind zwei Teile zu unterscheiden: die Herstellung der elektronischen Abschrift des Originals der Papierurkunde und die Erstellung des elektronischen Zeugnisses über die Abschriftsbeglaubigung.

1.88 Die Herstellung einer **elektronischen Abschrift der Papierurkunde** kann auf zwei Wegen erfolgen, je nachdem, auf welche Weise eine Abbildung der Hauptschrift erzeugt wird.[121] Entweder wird das Ausgangsdokument eingescannt oder die Datei, aus der das Ausgangsdokument durch Ausdrucken generiert wurde, wird um die Unterschriften und das Siegel ergänzt. Anders als bei der eingescannten Urkunde, die ein optisches Abbild des Ausgangsdokumentes darstellt, werden die Unterschriftszeichnungen und das Siegel lediglich umschreibend wiedergegeben. Bei den Unterschriften geschieht dies in der Regel durch die Worte „gez. (Name des Unterschreibenden)", beim Siegel durch die Abkürzung „L. S." (Locum Sigulum). Bei der Fertigung einer **elektronischen beglaubigten Abschrift** einer Handelsregisteranmeldung ist **allein der inhaltliche Gleichlaut mit der Urschrift maßgeblich**. Die elektronische Abschrift muss keine mit dem Original bildlich identische Abbildung des Dienstsiegels und der Unterschriften enthalten.[122]

1.89 Soll eine elektronische beglaubigte Abschrift gefertigt werden, muss auch der **Beglaubigungsvermerk** in elektronischer Form erzeugt werden. Dies hat nach den Vorgaben der §§ 39a, 42 BeurkG zu geschehen. Da bei der elektronischen Urkunde aus technischen Gründen weder die Unterschrift noch das Siegel beigefügt werden können, hat der Gesetzgeber an die Stelle der eigenhändigen Unterschrift und des Siegels funktionsgleiche elektronische Äquivalente gesetzt. Erforderlich ist demnach zweierlei, nämlich die qualifizierte elektronische Signatur i. S. v. § 2 Nr. 3 SigG des Notars (§ 39a Satz 2 BeurkG) einschließlich des Nachweises der Notareigenschaft (§ 39a Satz 4 BeurkG) durch das Notarattribut und die Fertigung des Beglaubigungstextes.[123] Die qualifizierte elektronische Signatur ist das Äquivalent der eigenhändigen Unterschrift (§ 126a BGB). Durch den Nachweis der Notareigenschaft soll – vergleichbar zum Siegel – sichergestellt werden, dass dauerhaft nachgeprüft werden kann, ob die Urkunde von einem Notar stammt und somit hoheitlichen Charakter hat. Technisch wird dies dadurch realisiert, dass das die Notareigenschaft bestätigende Notarattribut Bestandteil des qualifizierten Zertifikats des Notar ist. Damit wird es beim Signieren eines Dokuments automatisch zum Bestandteil der Signaturdatei.[124] Weiter erfordert ein Beglaubigungsvermerk einen Beglaubigungstext, in dem der Notar die inhaltlich Übereinstimmung der Abschrift mit dem Ausgangsdokument feststellt. Auch bei der elektronischen Urkunde muss der Beglaubigungsvermerk visualisiert werden, um den Gedankeninhalt für den Rechtsverkehr erkennbar zu machen. Dies geschieht dadurch, dass der Beglaubigungsvermerk als zusätzliche Seite der signierten Datei beim Signiervorgang

---

121) *Apfelbaum/Bettendorf*, RNotZ 2007, 89, 94; *Gassen/Wegerhoff*, Rz. 16.

122) LG Chemnitz RNotZ 2007, 165 = NotBZ 2007, 146; LG Regensburg MittBayNot 2007, 522; *Apfelbaum/ Bettendorf*, RNotZ 2007, 89, 95.

123) *Apfelbaum/Bettendorf*, RNotZ 2007, 89, 96.

124) *Apfelbaum/Bettendorf*, RNotZ 2007, 89, 91.

hinzugefügt wird.[125] Der Notar hat im Beglaubigungsvermerk zum Ausdruck zu bringen, ob ihm eine Urschrift, eine Ausfertigung oder eine beglaubigte Abschrift vorgelegen hat.[126]

Formulierungsvorschlag: 1.90

„Ich beglaubige hiermit die Übereinstimmung dieser elektronischen Aufzeichnung mit der mir vorliegenden Urschrift/Ausfertigung/beglaubigten Abschrift".

Nachdem der Notar die elektronische beglaubigte Abschrift gem. § 39a BeurkG hergestellt 1.91 hat, wird das **Original der Handelsregisteranmeldung** jedenfalls für registerliche Zwecke nicht mehr benötigt. Wurden aber wie regelmäßig lediglich die Unterschriften unter der Handelsregisteranmeldung in der Form eines Vermerks gem. § 39 BeurkG beglaubigt, bestimmt § 45 Abs. 3 BeurkG, dass die Urschrift den Beteiligten auszuhändigen ist. Der Zweck der Aushändigung liegt jedoch gerade darin, dass die Urschrift für den Rechtsverkehr bestimmt ist. Im Falle der elektronischen Einreichung ist aber nicht die Urschrift, sondern die elektronische beglaubigte Abschrift der Handelsregisteranmeldung für den Rechtsverkehr (respektive für den Registerverkehr) bestimmt. Der Notar sollte daher die Urschrift in seiner Urkundensammlung verwahren.[127]

Ferner wird über § 378 Abs. 4 FamFG in Verbindung mit den dazu erlassenen Rechtsver- 1.92 ordnungen die Verpflichtung für den Notar begründet, zusammen mit der Anmeldung strukturierte Daten in maschinenlesbarer Form zu übermitteln. Damit wird der Weg für die Datenübermittlung des auf Basis von XJustiz[128] entwickelten Standards geebnet. Diese Datenübermittlung trägt bei geschickter Nutzung ihrer technischen Möglichkeiten – und gleichzeitiger richtiger Befüllung auf notarieller Seite – zu einer beschleunigten Aktenvorlage an den über die Eintragung zuständigen Entscheidenden bei.

VI. Rücknahme der Anmeldung

Sie ist **formlos** zulässig.[129] Bei der elektronischen Aktenführung soll eine Rücknahme der 1.93 Anmeldung in Papierform nicht möglich sein.[130] Dem ist zu widersprechen, weil für die Rücknahme die Form des § 12 HGB nicht gilt. Fragwürdig bleibt auch die Auffassung, dass eine zurückgenommene Handelsregisteranmeldung bei fortbestehendem Sachverhalt nicht erneut angemeldet werden könne.[131] Insbesondere bei deklaratorischen Eintragungen, die ggf. auch zwangsgeldbewärt sind, erschließt es sich nicht, warum einer nach Rücknahme neuerlichen Anmeldung das Rechtsschutzbedürfnis fehle.[132] Die Rücknahme der Rücknahme muss öffentlich beglaubigt werden, weil die Erklärung als neue Anmeldung zu werten ist.[133]

F. Prüfungspflicht

Das Registergericht ist verpflichtet, die Anmeldung zu prüfen. Neben seiner sachlichen 1.94 und örtlichen **Zuständigkeit** hat es vor allem die **Eintragungsfähigkeit** der angemeldeten Tatsachen zu untersuchen.[134]

125) *Apfelbaum/Bettendorf*, RNotZ 2007, 89, 96.
126) *Sikora/Schwab*, MittBayNot 2007, 1, 6.
127) *Schwerin*, RNotZ 2007, 27; *Jeep/Wiedemann*, NJW 2007, 2439, 2444; *Winkler*, BeurkG, § 45 Rz. 17.
128) www.xjustiz.de.
129) BayObLG GmbHR 1992, 672; Oetker/*Preuß*, HGB, § 12 Rz. 8.
130) LG Frankfurt/M. NZG 2003, 626.
131) BGH NZG 2013, 951.
132) Vgl. auch Anm. *Mayer*, ZEV 2012, 685.
133) KG OLGE 43, 299, 301; *Ammon*, DStR 1993, 1025, 1027.
134) *Müther*, in: Schmidt-Kessel/Leutner/Müther, HRegR, § 8 HGB Rz. 114.

1.95 Die Pflicht zur **formellen Prüfung** folgt aus der Notwendigkeit, ein ordnungsgemäßes Verfahren einzuhalten.[135] Insbesondere wird geprüft:[136]

- Beteiligtenfähigkeit (§ 8 FamFG);

- Verfahrensfähigkeit (§ 9 FamFG);

- Vertretung (§§ 378; 10 FamFG);

- Anmeldeverpflichtung (z. B. § 108 Abs. 1 HGB);

- Inhalt der Anmeldung (z. B. § 106 Abs. 2 HGB);

- Form (§ 12 HGB).

1.96 Hinsichtlich der **materiellen Prüfung** gilt: Eine Prüfung, ob die angemeldete Tatsache richtig ist (z. B. ob die Erteilung oder das Erlöschen einer Prokura wirksam erfolgt ist oder ob der Gesellschaftsvertrag wirksam zustande gekommen ist bzw. ob der Eintritt oder das Ausscheiden eines Gesellschafters tatsächlich stattgefunden hat), erfolgt **in der Regel nicht.**[137] Das Registergericht kann davon ausgehen, dass angemeldete Tatsachen richtig sind.[138] Es ist somit nach dem ersten Anschein davon auszugehen, dass die Beteiligten (Betroffenen) nur solche Tatsachen und Rechtsverhältnisse anmelden, die der Rechtswirklichkeit entsprechen.[139] Was schlüssig dargelegt und nach der Lebens- und Geschäftserfahrung in sich glaubwürdig ist, ist daher nicht weiter auf seine Richtigkeit zu prüfen.[140] Unzulässige und damit auch unrichtige Eintragungen hat das Registergericht jedoch zum Schutz des Rechtsverkehrs möglichst zu vermeiden.[141] Daher sind die Anmeldungen im Einzelfall auf ihre Richtigkeit zu prüfen, wenn die eintragungsfähigen Tatsachen nicht schlüssig dargelegt sind oder das Angemeldete nach der Lebens- und Geschäftserfahrung in sich nicht glaubwürdig ist,[142] insbesondere wenn begründete Zweifel an der Richtigkeit angemeldeter Tatsachen bestehen.[143]

1.97 Immer ist die rechtliche Zulässigkeit einer angemeldeten **Firma** von Amts wegen zu prüfen.[144] Pflicht und Recht des Registergerichts zu materieller Nachprüfung in solchen Fällen sind mit der Amtsermittlung nach § 26 FamFG wahrzunehmen. § 23 S. 2 HRV sieht hierfür insbesondere die Einholung eines Gutachtens der Industrie- und Handelskammer vor.

1.98 Ist ein **Minderjähriger**, Mündel, Pflegling, Betreuter bei den angemeldeten Rechtsverhältnissen beteiligt, hat das Registergericht stets von Amts wegen zu prüfen:

- ordnungsgemäße Vertretung;

- familien- oder betreuungsgerichtliche Genehmigung.

---

135) Staub/*Koch*, HGB, § 2 Rz. 79.

136) Vgl. *Keilbach*, MittRhNotK 2000, 365, 366.

137) BayObLG DNotZ 1975, 230, 232; *Keilbach*, MittRhNotK 2000, 365.

138) BayObLGZ 1982, 198, 202.

139) BayObLGZ 1977, 76, 78, 79 = DNotZ 1977, 683, 684.

140) Staub/*Koch*, HGB, § 8 Rz. 86; *Keilbach*, MittRhNotK 2000, 365.

141) BayObLGZ 1981, 266, 269; BGH NJW 1983, 222.

142) Staub/*Koch*, HGB, § 8 HGB Rz. 86.

143) BGH NJW 1952, 742; RGZ 140, 174, 180; KG JFG 4, 202; BayObLGZ 1973, 158, 159 und 1973, 168, 170 = DNotZ 1934, 42; BayObLGZ 1977, 76; *Keilbach*, MittRhNotK 2000, 365.

144) BayObLGZ 1978, 182, 184 = DNotZ 1978, 692.

G. Entscheidungen

I. Eintragung

Mit dem FGG-Reformgesetz[145] ist in § 38 FamFG normiert worden, dass die Endentschei- **1.99** dung zu einem Verfahrensgegenstand im Beschlusswege zu ergehen hat. Abweichend hiervon erfolgt im Registerverfahren die Stattgabe eines Eintragungsantrages (gemeint ist hier wohl „Anmeldung") durch Vollzug der Eintragung im Register, § 38 Abs. 1 S. 2 i. V. m. § 382 Abs. 1 S. 1 FamFG.

Die Eintragung wird gem. § 382 Abs. 1 und 2 FamFG in der Regel vom Rechtspfleger/ **1.100** Richter selbst vorgenommen werden (§ 27 Abs. 1 HRV). Dabei bleibt es dem Rechtspfleger/Richter als gleichwertige Alternative vorbehalten, die Registereintragung nicht selbst im DV-Programm vorzunehmen (und damit u. U. einen Teil der Aufgaben des Urkundsbeamten mit zu erledigen), sondern die Eintragung und Bekanntmachung durch den Urkundsbeamten schriftlich zu verfügen (§ 27 Abs. 2 HRV). Zu der Aufgabe des Richters/ Rechtspflegers gehört es ebenfalls, die Dokumente zu bestimmen, die infolge der Registereintragung der uneingeschränkten Einsicht nach § 9 Abs. 1 HGB unterliegen.[146] Diese sind sodann in den elektronisch geführten Registerordner (§ 9 HRV) aufzunehmen; ferner bedarf es einer Anordnung, welche dieser Dokumente zusätzlich mit der Eintragungsnummer und dem Eintragungsdatum zu versehen sind. Das Verschieben in den Registerordner und die Zuordnung von Eintragungsdatum und Eintragungsnummer kann von dem Rechtspfleger/Richter selbst vorgenommen oder von ihm unter Bezeichnung der entsprechenden Dokumente verfügt und durch den Urkundsbeamten ausgeführt werden.

Zuständigkeitsabgrenzungen zwischen der Tätigkeit des Richters und des Rechtspflegers **1.101** werden im Zweifelsfall durch den Richter entschieden, § 7 RPflG. Werden zugleich mehrere Eintragungen angemeldet, die zu einem Teil in die Zuständigkeit des Richters und zum anderen Teil in die Zuständigkeit des Rechtspflegers fallen (z. B. gleichzeitige Anmeldung einer Gesellschaftsvertragsänderung und einer Geschäftsführerbestellung bei einer GmbH), wird wegen des engen Sachzusammenhangs die Anmeldung abschließend durch den Richter bearbeitet (§ 6 RPflG).

Die Fassung des Eintragungstextes wird durch den Rechtspfleger/Richter bestimmt, dabei ist **1.102** er nicht an den Text aus der Anmeldung oder einen Eintragungsvorschlag eines Beteiligten gebunden.[147]

Die Eintragung im Register wird mit einer einfachen elektronischen Signatur i. S. d. § 2 **1.103** Nr. 1 SigG abgeschlossen, § 28 HRV. Da für das Erstellen von elektronischen Beschlüssen nach § 14 Abs. 3 FamFG i. V. m. § 130b ZPO und für das Erstellen von amtlichen Dokumenten i. S. v. § 9 Abs. 3 S. 2 HGB qualifizierte elektronische Signaturen i. S. d. § 2 Nr. 3 SigG einzusetzen sind, können zur Realisierung eines einheitlichen Signaturniveaus im Registergericht auch die Registereintragungen mit einer qualifizierten Signatur versehen werden. Der Einsatz eines höheren Signaturverfahrens, wird durch die Bestimmung des einfachen Signaturniveaus nicht ausgeschlossen.[148]

---

145) Gesetz zur Reform des Verfahrens in Familiensachen und in den Angelegenheiten der freiwilligen Gerichtsbarkeit, BGBl I 2008, 2586 ff.

146) *Krafka/Kühn*, Registerrecht, Rz. 44; a. A. *Melchior/Schulte*, HRV, § 9 Rz. 7.

147) OLG Köln Rpfleger 2004, 356; KG FGPrax 2000, 248; OLG Düsseldorf MittRhNotK 1997, 437; BayObLG MittBayNot 1978, 17.

148) *Melchior/Schulte*, HRV, § 28 Rz. 2.

II. Zurückweisung

1.104 Liegt ein **nicht behebbares Eintragungshindernis** vor (z. B. mangelnde Eintragungsfähigkeit), so ist die Anmeldung zurückzuweisen (§ 26 S. 1 HRV).

> **Beispiel:**
> – Haftungsausschluss gem. § 25 Abs. 2 HGB soll nach fünf Monaten eingetragen werden;
> – Testamentsvollstreckung an einem einzelkaufmännischen Unternehmen;
> – Geschäftsführungsbefugnis eines Kommanditisten.

III. Androhungsverfügung

1.105 Liegt ein behebbares Hindernis vor, für das eine **Anmeldepflicht** besteht, muss mittels einer Androhungsverfügung (Zwangsgeld!) auf Beseitigung gedrängt werden (§ 14 HGB, §§ 388 ff. FamFG).

> **Beispiel:** Fehlende Anmeldung eines Gesellschafters bei Neugründung einer OHG.

IV. Zwischenverfügung

1.106 Liegt ein sonstiges durch den Antragsteller **behebbares Hindernis** vor, ist eine Zwischenverfügung zu erlassen (§ 382 Abs. 4 FamFG, § 26 S. 2 HRV) und die Behebung des Eintragungshindernisses unter Fristsetzung aufzugeben.

> **Beispiel:** Fehlende famliengerichtliche Genehmigung.

V. Aussetzung des Eintragungsverfahrens

1.107 Besteht über einen Gesellschafterbeschluss, der Grundlage einer Handelsregistereintragung werden soll, zwischen den Gesellschaftern ein streitiges Klageverfahren, kann das Registergericht von dem Recht des § 381 FamFG Gebrauch machen und das Eintragungsverfahren bis zum Abschluss des Klageverfahrens aussetzen. Hierfür ist es allerdings zwingend erforderlich, wenn das streitige Rechtsverhältnis vorgreiflich ist.[149]

1.108 Die Aussetzung steht im pflichtgemäßen Ermessen des Registergerichts und kann nur aus besonders triftigen, sachlichen und im Einzelnen darzulegenden Gründen erfolgen.[150] Bei der Entscheidung über die Aussetzung sind insbesondere die sachlichen Gründe abzuwägen, die für oder gegen die Zurückstellung der Eintragung sprechen.[151]

H. Bekanntmachung

I. Bekanntmachung an Antragsteller

1.109 Jede Eintragung ist demjenigen, der sie beantragt hat, bekannt zu geben (§ 383 Abs. 1 FamFG); dieses ist nach § 7 Abs. 1 FamFG auf jeden Fall der Antragsteller.

1.110 Bekannt zu machen sind dem Antragsteller und den sonstigen Beteiligten ferner die Zurückweisung der Eintragung (mit Gründen) und der Erlass von Zwischenverfügungen (§ 26 HRV). Hat der Notar einen Antrag nach § 378 FamFG gestellt, sind Eintragungsnachricht, Zurückweisung und Zwischenverfügung an ihn zu richten, auch wenn daneben noch ein Antragsberechtigter selbst einen Eintragungsantrag gestellt hat. Die Benachrich-

---

149) KG ZIP 2018, 2070.
150) OLG München NZG 2018, 588; OLG Hamm FGPrax 1998, 190.
151) OLG Zweibrücken NZG 2013, 107.

tigung nur des Antragsberechtigten ist in diesen Fällen unwirksam. Hat der Notar den Eintragungsantrag nur als Bote dem Registergericht zugeleitet, erhält nicht er, sondern der Antragsteller eine Eintragungsnachricht (Zurückweisung oder Zwischenverfügung).

Dabei ist zu beachten, dass im Registerverfahren als Antragsteller stets diejenigen zu be-   1.111
rücksichtigen sind, die zur Vornahme einer Anmeldung berechtigt oder verpflichtet sind. Dieses führt dazu, dass bei Personenhandelsgesellschaften aufgrund des Konsensprinzips im Anmeldeverfahren (§ 108 HGB) sämtliche Gesellschafter als Antragsteller zu qualifizieren sind und demnach eigentlich auch sämtliche Gesellschafter zu benachrichtigen wären. Hierbei kann es nur sachgerecht sein, die Beteiligtenfähigkeit der Gesellschaft nach § 8 Nr. 2 FamFG heranzuziehen und die Eintragungsnachricht (Zwischenverfügung, Zurückweisung) an die Gesellschaft zu richten.

II. Veröffentlichung

Handelsregisterbekanntmachungen erfolgen in dem elektronischen Bekanntmachungs-   1.112
system der Bundesländer (§ 10 S. 1 HGB), das seinen Betrieb unter der Internet-Adresse „www.handelsregister-bekanntmachungen.de" aufgenommen hat. Grundsätzlich ist immer der gesamte Eintragungsinhalt zu veröffentlichen (§ 10 S. 2 HGB). Beispiele nicht vollständiger Bekanntmachungen enthalten §§ 162 Abs. 2 und 3, 175 S. 2 HGB bzw. § 32 Abs. 2 HGB. Zusatztexte zu den Bekanntmachungen sieht u. a. die HRV (§§ 34 ff.) und das UmwG (§ 22) vor.

I. Rechtsmittel

Die Handelsregistereintragung ist nicht anfechtbar, § 383 Abs. 3 FamFG. Die die Eintra-   1.113
gungen im Handelsregister kennzeichnende Publizitätswirkung tritt mit dem Vollzug der Eintragung so endgültig ein, dass sie nicht durch Aufhebung im Beschwerdeverfahren rückgängig gemacht werden kann. Eine Eintragung kann deshalb nur im Wege der Amtslöschung nach den §§ 395 ff. FamFG beseitigt werden. Als eine Eintragung in diesem Sinne ist auch eine Löschung anzusehen.[152]

Die **Zurückweisung**, die **Zwischenverfügung** und die Verfügung, mit der ein Verfahren aus-   1.114
gesetzt wird, sind anfechtbar (§ 382 Abs. 4 S. 2 FamFG).

Gegen die Zurückweisung der Anmeldung ist das Rechtsmittel der Beschwerde (§ 58 FamFG)   1.115
gegeben. Der Zurückweisungsbeschluss bedarf einer Rechtsbehelfsbelehrung, § 39 FamFG. Da auch die Zwischenverfügung mit der Beschwerde anfechtbar ist, gilt gleiches für sie.

Die Beschwerde ist innerhalb eines Monats nach Bekanntgabe (§ 63 Abs. 1 FamFG) ein-   1.116
zulegen. Um die Frist in Gang zu setzen, ist die formgerechte Zustellung der Zwischenverfügung bzw. des Zurückweisungsbeschlusses erforderlich. Beschwerdeberechtigt ist, wer durch den Erlass des Beschlusses (bzw. der Zwischenverfügung) in seinen Rechten beeinträchtigt ist, § 59 Abs. 1 FamFG und im Antragsverfahren derjenige, dessen Antrag nicht entsprochen worden ist, § 59 Abs. 2 FamFG. Die Zustellung der Verfügung oder des Beschlusses muss daher an den beschwerdeberechtigten Personenkreis bewirkt werden. Im Falle einer Antragstellung durch einen Notar (§ 378 FamFG) genügt die Bekanntgabe (mit Nachweis des Zugangs) an diesen. Kann der Zugang des Zurückweisungsbeschlusses bzw. der Zwischenverfügung nicht festgestellt werden oder erfolgte die Bekanntgabe formlos, beginnt die Beschwerdefrist fünf Monate nach dem Erlass, § 63 Abs. 3 S. 2 FamFG. Nach

---

152) Keidel/*Heinemann*, FamFG, § 383 Rz. 22.

dem Ablauf von sechs Monaten ist in diesen Fällen die Zwischenverfügung bzw. der Zurückweisungsbeschluss rechtskräftig. Werden beanstandete Mängel nach diesem Zeitpunkt behoben, kann eine Würdigung der neu vorgebrachten Tatsachen nicht mehr zur Aufhebung des Zurückweisungsbeschlusses führen; es bedarf vielmehr einer erneuten Anmeldung.

1.117 Einer begründeten Beschwerde kann das Gericht, dessen Entscheidung angefochten wird, abhelfen, § 68 Abs. 1 S. 1 FamFG, andernfalls ist über die „Nichtabhilfe" zu entscheiden[153]und über die Beschwerde hat dann nach § 119 Abs. 1 Nr. 1 lit. b) GVG das Oberlandesgericht zu befinden.[154]

1.118 Nach Zulassung durch das Beschwerdegericht ist die Rechtsbeschwerde zum BGH (§ 133 GVG) statthaft, wenn die Rechtssache grundsätzliche Bedeutung hat oder aus Gründen der Rechtsfortbildung oder Wahrung einer einheitlichen Rechtsprechung einer Entscheidung durch den BGH bedarf, § 70 Abs. 2 Nr. 1 und 2 FamFG. Das Rechtsbeschwerdegericht ist an die Zulassung der Rechtsbeschwerde gebunden, kann diese aber mit knapper Begründung zurückweisen, § 74a FamFG.

J. Handelsregistereinsicht

1.119 Die Einsicht in das **Handelsregister** und in die dort eingereichten Dokumente, die nach § 9 HRV in den **Registerordner** eingestellt werden, ist jedem zu Informationszwecken gestattet (§ 9 Abs. 1 S. 1 HGB), also ohne Nachweis eines besonderen Interesses. Dazu sollen auch z. B. Bankbelege gehören, die vom Geschäftsführer einer GmbH auf Anforderung durch das Registergericht zum Nachweis der Einzahlung des Stammkapitals eingereicht worden sind.[155] Dies dürfte jedoch im Hinblick darauf, dass die Einreichung von Einzahlungsbelegen zum Stammkapital nicht durch das Gesetz vorgeschrieben ist, sondern im Wege der Amtsermittlung zur Würdigung eines angemeldeten Sachverhalts dient, unzutreffend sein.

1.120 Die Einsichtnahme in den Registerordner erfolgt regelmäßig durch einen automatisierten Datenabruf („online-Einsicht") gem. § 9 Abs. 1 HGB und § 22 HRV. Zur Durchführung einer möglichen Kontrolle der ordnungsgemäßen Nutzung der Einsichtnahmemöglichkeit werden die elektronischen Abrufe gem. § 53 HRV protokolliert. Sind Dokumente nur im Papierform vorhanden, kann die elektronische Übermittlung nur für solche Schriftstücke verlangt werden, die weniger als 10 Jahre vor dem Zeitpunkt der Antragstellung zum Handelsregister eingereicht worden sind (§ 9 Abs. 2 HGB).

1.121 Für die Einsicht in die **Registerakten**, also den bis Ende 2006 unter der Bezeichnung „Hauptband" geführten Teil der Akten (§ 8 HRV), gilt § 13 FamFG, so dass seitens Dritter stets ein berechtigtes Interesse vorliegen muss.[156] Über die Einsichtnahme entscheidet der zuständige Rechtspfleger/Richter. Die Entscheidung der Versagung einer Einsicht in die Registerakten ist der Beschwerde fähig.

1.122 Von den Eintragungen und den eingereichten Dokumenten kann ein **Ausdruck** verlangt werden (§ 9 Abs. 4 S. 1 HGB). Von den zum Handelsregister eingereichten Schriftstücken, die nur in Papierform vorliegen, kann eine Abschrift abgefordert werden (§ 9 Abs. 4 S. 2 HGB). Die Abschrift ist von der Geschäftsstelle zu beglaubigen und der Ausdruck als amtlicher Ausdruck zu fertigen, wenn nicht auf die Beglaubigung verzichtet wird (§ 9 Abs. 4 S. 3 HGB).

---

153) OLG Düsseldorf NZG 2018, 755.
154) In Berlin: Kammergericht, § 1 Ziff. 1 AGGVG Bln, GVBl Bln 1992, 73.
155) OLG Hamm NotBZ 2007, 65.
156) *Krafka/Kühn*, Registerrecht, Rz. 51; *Melchior/Schulte*, HRV, § 10 Rz. 10; zum berechtigten Interesse zur Akteneinsicht durch die Presse: OLG Hamm NZG 2013, 822.

Anstelle des Ausdrucks kann auch das elektronische Dokument als Datei übermittelt werden 1.123 (§ 9 Abs. 3 S. 1 HGB), welche auf Antrag zu beglaubigen ist. Zur Beglaubigung muss eine qualifizierte Signatur verwendet werden (§ 9 Abs. 3 S. 2 HGB i. V. m. § 2 Nr. 3 SigG).

K.   Beteiligung der IHK

Nach § 23 HRV kann die IHK **in Zweifelsfällen** angehört werden. Die Beteiligung der Kam- 1.124 mern ist also stark eingeschränkt. Die Registergerichte können ein langes Eintragungsver- fahren regelmäßig nicht mehr mit einer gesetzlich gebotenen Beteiligung der Kammern begründen. Andererseits müssen die Notare jetzt selbständig und zweckmäßigerweise *vor* der Registeranmeldung die Firma auf ihre Zulässigkeit hin prüfen. Dies sollte in enger Ab- sprache mit den IHK erfolgen, was auch im Hinblick auf die Umsetzung der aktuellen Tendenzen im Firmenrecht geboten ist.

L.   Kosten in Handelsregistersachen

I.   Kosten für Eintragungen und Dokumenteneinreichungen

Die Kostenerhebung für Eintragungen in das Handelsregister basiert auf § 58 GNotKG und 1.125 der Handelsregistergebührenverordnung.[157] Mit der Handelsregistergebührenverordnung hat der Gesetzgeber die „Fantask"-Entscheidung des EuGH[158] in nationales Recht umge- setzt. Gebühren für Handelsregistereintragungen dürfen nämlich nur aufwandsbezogen erhoben und nicht am Kapitalwert des Unternehmens oder einer Beteiligung orientiert sein, da die Abhängigkeit vom Kapitalwert einer indirekten Besteuerung gleichkomme.

Die mit der Gebührenverordnung ermittelten Festbeträge werden wiederkehrend durch 1.126 Ermitteln des Zeitbedarfs für Handelsregistereintragungen überprüft. Die Verordnungs- ermächtigung erlaubt es dem Bundesjustizministerium, die Gebührentatbestände nach ver- änderten Arbeitsaufwänden im Registergericht anzupassen, ohne das GNotKG ändern zu müssen.[159] Eine solche Anpassung erfolgte zuletzt durch Artikel 4 des zweiten Kosten- rechtsmodernisierungsgesetzes.[160]

Die Aufwandsbezogenheit der zu erhebenden Gebühren bewirkt, dass z. B. die Eintragung 1.127 einer Kommanditeinlage von 500.000 € in etwa ein Zehntel der Kosten für die Eintragung von 10 Kommanditeinlagen von je 50 € kostet, da der Prüfungs- und Bearbeitungsaufwand unabhängig von dem Kapitalwert der Eintragung ist.

Neben den Kosten für die Handelsregistereintragungen sieht die Handelsregistergebüh- 1.128 renverordnung auch Kosten für die Entgegennahme von Dokumenten vor, die nicht ein- getragen, aber vom Registergericht zu beauskunften sind. Hierbei handelt es sich z. B. um GmbH-Gesellschafterlisten und Aufsichtsratslisten oder auch um die Kosten für die Über- führung von Papierdokumenten in die elektronische Form.

Auslagen für die Veröffentlichungen fallen nicht mehr an, weil nach Kostenverzeichnis 1.129 31004 (Anlage 1 zu § 3 Abs. 2 GNotKG) für die Bekanntmachungen der Eintragung im elektronischen Informationssystem keine Auslagen erhoben werden, da bei diesen Ver-

---

157) Handelsregistergebührenverordnung vom 30.9.2004 (BGBl I, 2562), zuletzt geändert durch Artikel 2 der Verordnung vom 28.12.2007 (BGBl I, 3283).
158) Rechtssache C-188/9, Sammlung der EuGH Rechtsprechung 1997 S. I-06783.
159) Regierungsbegründung BR-Drucks. 622/03, S. 1.
160) BGBl I 2013, 2586.

öffentlichungen kein Entgelt für den Einzelfall oder ein einzelnes Verfahren berechnet werden.

II. Kosten für die Erteilung von Informationen aus den Registern

1.130 Der Abruf von Daten auf der Geschäftsstelle des Registergerichts ist kostenfrei, Vorbemerkung 1.1.4 zu § 4 Abs. 1 JVKostG. Im Übrigen ist die Erteilung von Abschriften und Ausdrucken gebührenpflichtig und bedenklicherweise sehr unübersichtlich geregelt. Die tatsächliche Höhe der Auslagen für Abschriften und Ausdrucke hängt im Wesentlichen davon ab, in welcher Form das zu beauskunftende Dokument vorliegt und wo es angefordert wird. Dies sollen die nachstehenden beiden Graphiken verdeutlichen:

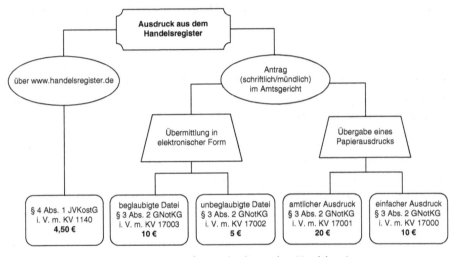

Abbildung 1   Kosten für Ausdrucke aus dem Handelsregister

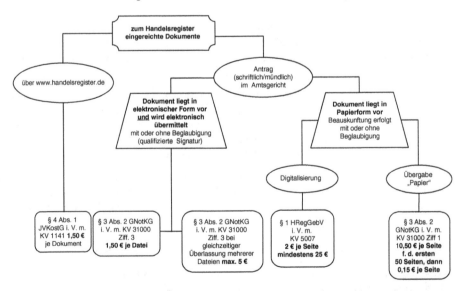

Abbildung 2   Kosten für die Übermittlung zum Handelsregister eingereichter Dokumente

Teil 2: Handelsregister A

Literatur: *Bauerfeind/Tamcke*: Die Limited & Co. KG im Brexit: Rechtsrisiken trotz Austrittsabkommens – oder: die Geister, die ich rief, GmbHR 2019, 11; *Bergmann*, Die BGB-Gesellschaft als persönlich-haftender Gesellschafter in oHG und KG, ZIP 2003, 2231; *Binz/Mayer*, Die ausländische Kapitalgesellschaft & Co. KG im Aufwind?, GmbHR 2003, 249; *Bokelmann*, Zur Frage, ob es zur Eintragung der Sonderrechtsnachfolge in einen Kommanditistenanteil im Handelsregister einer „Abfindungsversicherung" bedarf, DNotZ 1988, 522; *Eckardt*, Das Ausscheiden des Komplementärs aus der zweigliedrigen KG, NZG 2000, 449; *Frey/von Bredow*, Der Wegfall des einzigen Komplementärs nach der HGB-Reform, ZIP 1998, 1621; *Früchtl*, Die Gesellschaft bürgerlichen Rechts in der KG, NotBZ 2001, 441; *Gustavus*, Vollmachten im Handelsregister, GmbHR 1978, 219; *ders*, Änderungen bei Handelsregister-Anmeldungen durch das ERJuKoG (Gesetz über elektronische Register und Justizkosten für Telekommunikation), NotBZ 2002, 77; *Gerono*: Anmerkung zur Entscheidung des OLG Jena vom 22.3.2013 (Az: 2 WF 26/13) – „Zur Frage der Genehmigungsbedürftigkeit der Übertragung eines Kommanditanteils an eine minderjährige Person"; *Heckschen*, Firmenbildung und Firmenverwertung – aktuelle Tendenzen, NotBZ 2006, 346; *Kögel*, „Partner"-Zusätze in Firmennamen – eine aktuelle Bestandsaufnahme, Rpfleger 2007, 590; *Jeschke*, Der Rechtsnachfolgevermerk im Handelsregister bei der Übertragung von Mitgliedschaftsrechten an Kommanditgesellschaften, DB 1983, 541; *Kanzleiter*, Der Kommanditanteil, ein möglicher Bestandteil des Gesamtguts der Gütergemeinschaft!, DNotZ 2003, 422; *Kowalski/Borman*, Beteiligung einer ausländischen juristischen Person als Komplementärin einer deutschen KG, GmbHR 2005, 1045; *Kruse*, Nießbrauch an der Beteiligung an einer Personengesellschaft, RNotZ 2002, 69; *Lamprecht*, Gelöschte englische Limited in Deutschland – Die Spaltungstheorie im Zeitalter der Niederlassungsfreiheit, ZEuP 2008, 289; *Limmer*, Die Anteilsveräußerung bei der GmbH & Co KG, ZNotP 2000, 297; *Lindemeier*, Die Eintragung des Nießbrauchs am Kommanditanteil im Handelsregister, RNotZ 2001, 155; *Maier-Reimer/Marx*, Die Vertretung Minderjähriger beim Erwerb von Gesellschaftsbeteiligungen, NJW 2005, 3025; *Marotzke*, Haftungsverhältnisse und Probleme der Nachlaßverwaltung bei der Beerbung des einzigen Komplementärs durch den einzigen Kommanditisten, ZHR 156 (1992), 19; *Mayer/Manz* Der Brexit und seine Folgen auf den Rechtsverkehr zwischen der EU und dem Vereinigten Königreich, BB 2016, 1731; *Michel*, Ist für die Eintragung einer Kommanditanteilsübertragung eine Versicherung gegenüber dem Registergericht erforderlich?, DB 1988, 1985; *Miras*, Aktuelle Fragen zur Unternehmergesellschaft (haftungsbeschränkt), NZG 2012, 486; *Mülsch/Nohlen*, Die ausländische Kapitalgesellschaft und Co KG mit Verwaltungssitz im EG-Ausland, ZIP 2008, 1358; *Müther*, Zum Nachweis der Sonderrechtsnachfolge in einen Kommanditanteil, Rpfleger 2006, 129; *von Olshausen*, Aufstieg und Ausstieg eines eingetragenen Kleinbauern, die Beweislastregel des § 1 Abs. 2 HGB und die Übergangsvorschrift Art 38 Abs 1 EGHGB, Rpfleger 2001, 53; *Peters*, Die Haftung des Kommanditisten, RNotZ 2002, 425; *Priester*, Handelsrechtsreformgesetz – Schwerpunkte aus notarieller Sicht, DNotZ 1998, 691; *Reinmann*, Der Minderjährige in der Gesellschaft – Kautelarjuristische Überlegungen aus Anlaß des Minderjährigenhaftungsbeschränkungsgesetzes, DNotZ 1999, 204, *ders.*, Zur Zulässigkeit der Testamentsvollstreckung für einen Kommanditanteil, DNotZ 1990, 190; *Röder*, Die Eintragung der Übertragung eines Kommanditanteils auf den persönlich haftenden Gesellschafter der Kommanditgesellschaft im Handelsregister, MittBayNot 1983, 207; *Rohrbeck*, Die Gesellschaft bürgerlichen Rechts nach dem Inkrafttreten des Handelsrechtsreformgesetzes, NZG 1999, 104; *Ries*, Elektronisches Handels- und Unternehmensregister, Rpfleger 2006, 235; *ders.*, Auswirkungen der Rechtsprechung zur Rechts- und Kommanditistenfähigkeit der Gesellschaft bürgerlichen Rechts auf das Handelsregister, RpflStud 2002, 152; *Rudolph/Melchior*, Vollmachten zur Handelsregister-Anmeldung bei Personenhandelsgesellschaften, NotBZ 2007, 350; *Rust*: Die Beteiligung von Minderjährigen im Gesellschaftsrecht-Vertretung, familien-/vormundschaftsgerichtliche Genehmigung und Haftung des Minderjährigen (Teil 1), DStR 205, 1942–1949; *Schaefer*, Das Handelsrechtsreformgesetz nach dem Abschluß des parlamentarischen Verfahrens, DB 1998, 1269; *Schlitt*, Die Auswirkungen des Handelsrechtsreformgesetzes auf die Gestaltung von GmbH & Co KG-Verträgen, NZG 1998, 584; *K. Schmidt*, Die Vor-GmbH als Unternehmerin und als Komplementärin, NJW 1981, 1345; *ders.*, Handelsregisterpublizität und Kommanditistenhaftung, ZIP 2002, 413; *Schmidt/Bierly*, Gesellschaft bürgerlichen Rechts als Gesellschafterin einer Personenhandelsgesellschaft, NJW 2004, 1210; *Schön*, Die vermögensverwaltende Personenhandelsgesellschaft – Ein Kind der HGB-Reform, DB 1998, 1169; *Schröter/Nemeczek*, „Brexit", aber „rEEAmain"? Die Auswirkungen des EU-Austritts auf die EWR-Mitgliedschaft des Vereinigten Königreichs, JZ 2017, 713; *Schulte*, Zwei Jahre MoMiG – aktuelle Problemfelder im Handelsregisterverfahren, GmbHR 2010, 1128; *Schulz*, Die Verteilung von inländischem Restvermögen aufgelöster ausländischer Gesellschaften, NZG 2005, 415; *Siems*, Die Vermögensverwaltung im HGB – Gewerbebegriff und Vermögensverwaltungsgesellschaften, NZG 2001, 738; *Steinbeck*, Die Gesellschaft bürgerlichen Rechts als Gesellschafterin einer Personenhandelsgesellschaft, DStR 2001, 1162; *Terbrack*, Kommanditistenwechsel und Sonderrechtsnachfolgevermerk, Rpfleger 2003, 105; *Ulmer*, Testamentsvollstreckung am Kommanditanteil – Voraussetzungen und Rechtsfolgen, NJW 1990, 76; *Wachter*, Zur Rechtsform der

Ltd & Co KG, EWiR 2005, 541; *ders.*, Aktuelle Probleme bei der Ltd. & Co. KG, GmbHR 2006, 79; *Waldner.* Praktische Fälle – Handelsregisteranmeldungen auf Vorrat, ZNotP 2000, 188; *ders.*, Anmerkung zu einer Entscheidung des OLG München, Beschluss vom 8.8.2016 (31 Wx 204/16) – Zur Eintragungsfähigkeit des Nießbrauchs an einem Kommanditanteil im Handelsregister, GmbHR 2016, 1271; *ders.*, Zur höchstpersönlichen Registeranmeldung bei Übertragung eines Kommanditanteils im Wege der Sonderrechtsnachfolge, Rpfleger 2002, 156; *ders* zur Abgrenzung des Handelsgewerbes vom freien Beruf, EWiR 2013, 319; *Weller/Thomale/Benz*, Englische Gesellschaften und Unternehmensinsolvenzen in der Post-Brexit-EU, NJW 2016, 2378; *Werner*, Die Ltd. & Co. KG – eine Alternative zur GmbH & Co. KG?, GmbHR 2005, 288; *Westermeier*, Die Befreiung von den Beschränkungen des § 181 BGB bei der GmbH & Co KG, MittBayNot 1998, 155; *Wilhelm*, Mängel bei der Neuregelung des NastraG zu den Bekanntmachungen über die Kommanditisten, DB 2002, 1979; *Wolfsteiner*, Handelsregister-Eintragung bei ausgeschiedenem Kommanditisten, BB 1985, 1217.

A. Einzelkaufmann

I. Kaufmannsbegriff

2.1 Kaufmann ist, wer ein Handelsgewerbe betreibt (§ 1 Abs. 1 HGB).

1. Gewerbe

2.2 Für die Begründung der Kaufmannseigenschaft ist maßgebliches Kriterium der Umstand, dass überhaupt ein „Gewerbe" betrieben wird, also jedenfalls eine Tätigkeit, die selbständig, auf Dauer angelegt und planmäßig betrieben wird, auf dem Markt erkennbar nach außen hervortritt und nicht gesetzes- oder sittenwidrig ist.[1] Nach der traditionell von der Rechtsprechung und Rechtsliteratur vertretenen Auslegung bleiben die Freien Berufe vom Gewerbebegriff ausgenommen.[2] Für eine Reihe von freien Berufen ist schon in den Berufsordnungen von Gesetzes wegen bestimmt, dass sie keine gewerblichen Tätigkeiten darstellen. Dazu gehören Rechtsanwälte, Notare, Wirtschaftsprüfer, Architekten und öffentlich bestellte Vermessungsingenieure. Ansonsten ist der Kreis der freien Berufe eng zu ziehen. Alle Tätigkeiten sind im Zweifel als gewerblich anzusehen, die nicht dem Bereich der klassischen, historisch überlieferten, in der Regel durch besondere Berufsordnungen geltenden freien Berufe angehören bzw. in ihrer unmittelbaren Nähe anzusiedeln sind, oder nicht eindeutig durch eine individuelle, künstlerische oder wissenschaftliche Leistung geprägt sind. Zu den freien Berufen gehören daher nicht zwingend alle in § 1 Abs. 2 PartGG genannten Berufsgruppen, da z. B. bei Ingenieuren diese Einordnung offensichtlich auf steuerrechtlichen Aspekten beruht bzw. von dort übernommen worden ist.

Beispiele:
– Bei Ingenieuren, die in der Entwicklung von Software tätig sind, ist die Erstellung von Programmcodes zwar als eine hochwertige geistige Leistung anzusehen. Es darf aber nicht außer Acht gelassen werden, dass viele Programme den Leistungsanforderungen des Marktes nicht gerecht werden und wieder verschwinden oder ein Schattendasein führen. Außerdem darf die Leistungsverwertung nicht außer Betracht bleiben, welche bei Software-Programmen eine entscheidende Rolle spielt. Denn nur bei entsprechender Vermarktung lassen sich die Entwicklungskosten amortisieren. Dafür ist ein marktnahes, wettbewerbsorientiertes Verhalten erforderlich, das sich vom Marktauftritt freier Berufe wesentlich unterscheidet und sich am Marktverhalten von Gewerbetreibenden orientiert.[3]

– Ähnlich verhält es sich mit Erbringung von Ingenieurleistungen, die im Bereich der technischen Gebäudeausrüstung, der Energieberatung oder der Wärmedämmung von Immobilien tätig sind. Hier steht aller meistens weniger eine ingenieur-technische bzw. wissen-

---

1) Baumbach/Hopt/*Hopt*, HGB, § 1 Rz. 11–18.
2) Baumbach/Hopt/*Hopt*, HGB, § 1 Rz. 19, 20.
3) BayObLG FGPrax 2002, 133.

Rudolph

schaftliche Leistung im Vordergrund, sondern vielmehr der kommerzielle Erfolg, der mit der Erstellung bzw. dem Verkauf eines Energieausweises für eine Immobilie verbunden ist.[4]

– Bei einem Verein, dessen Zweck darauf gerichtet ist, „das Bergsteigen und alpine Sportarten vor allem in den Alpen und den deutschen Mittelgebirgen, besonders für die Jugend und die Familien zu fördern und zu pflegen, die Schönheit und Ursprünglichkeit der Bergwelt zu erhalten, die Kenntnisse über die Gebirge zu erweitern und dadurch die Bindung zur Heimat zu pflegen", handelt es sich um einen Gewerbebetrieb, wenn dieser Verein eine Kletterhalle errichtet, die nicht nur Vereinsmitgliedern offen steht, sondern auch Dritte, also Nicht-Vereinsmitglieder, für sportliche Aktivitäten, Kindergeburtstage oder Betriebsfeiern gegen Entgelt nutzen können.[5]

2. Vollkaufmännisches Handelsgewerbe

Rechtstechnische Anknüpfung für die Regelung des Kaufmannsbegriffs ist die Definition des „Handelsgewerbes" in § 1 Abs. 2 HGB: Handelsgewerbe ist jedes gewerbliche Unternehmen, es sei denn, dass es nach Art oder Umfang einen in kaufmännischer Weise eingerichteten Geschäftsbetrieb nicht erfordert. Im Interesse der Rechtssicherheit ist die Definition des „Handelsgewerbes" – als „es sei denn" Formel – ausdrücklich als gesetzliche **Beweislastregel** ausgestaltet: Es gilt die (widerlegbare) Vermutung, dass bei Vorliegen eines Gewerbes grundsätzlich auch von der Eigenschaft als Handelsgewerbe – und damit vom Kaufmannstatus – ausgegangen werden kann.[6] Ein Gewerbetreibender, der sich im Geschäfts- und Rechtsverkehr darauf beruft, sein Gewerbebetrieb erfordere nach Art oder Umfang keinen in kaufmännischer Weise eingerichteten Geschäftsbetrieb und sei deshalb nicht kaufmännisch, trägt dafür auch die Darlegungs- und Beweislast.[7]

2.3

Die Grenze des § 1 Abs. 2 HGB ist unter Berücksichtigung von Art und Umfang der Geschäftstätigkeit zu beurteilen.[8] Es kommt nicht darauf an, ob eine kaufmännische Einrichtung tatsächlich vorhanden ist, sondern ob sie den Umständen nach erforderlich ist. Nach gefestigter Rechtsprechung ist auf sämtliche relevanten Umstände des Einzelfalls abzustellen: Hinsichtlich der **Art der Geschäftstätigkeit** z. B. auf die Vielfalt der Erzeugnisse und Leistungen, die Inanspruchnahme und Gewährung von Kredit, die Teilnahme am Wechselverkehr, die aktive oder passive Teilnahme am Frachtverkehr, eine grenzüberschreitende Tätigkeit, umfangreiche Werbung, größere Lagerhaltung oder dergleichen. Hinsichtlich des **Umfangs der Geschäftstätigkeit** sind Umsatzvolumen, Anlage- und Betriebskapital, Zahl und Funktion der beschäftigten Mitarbeiter sowie die Zahl und Organisation der Betriebsstätten zu berücksichtigen.[9] Die überregionale Tätigkeit eines Unternehmens spricht ebenfalls für die Erforderlichkeit eines kaufmännischen Geschäftsbetriebs.[10] Dagegen ist die Größe des Büros und der Lagerräume für die Frage, ob eine kaufmännische Einrichtung erforderlich ist, nicht entscheidend. Im Zeitalter der modernen Informationstechnologie kann auch in Räumen geringer Größe eine erhebliche geschäftliche Tätigkeit ausgeübt werden.[11] Maßgebend ist stets das Gesamtbild des Betriebs.[12] Auf die jährliche Umsatz-

2.4

---

4) OLG Zweibrücken NZG 2013, 105 mit Anm. *Wachter*, EWiR 2013, 319, vgl. auch Rz. 8.1.

5) OLG Frankfurt/M., Beschl. v. 24.1.2017 – 20 W 290/17, juris.

6) Vgl. ausführlich dazu *von Olshausen*, Rpfleger 2001, 53, 55 f.

7) Baumbach/Hopt/*Hopt*, HGB, § 1 Rz. 25.

8) Baumbach/Hopt/*Hopt*, HGB, § 1 Rz. 23.

9) Baumbach/Hopt/*Hopt*, HGB, § 1 Rz. 23.

10) OLG Dresden NotBZ 2001, 268.

11) OLG Dresden NotBZ 2001, 268.

12) BGH BB 1960, 917; BayObLG NJW 1985, 983.

zahl kommt es nicht allein an, wenn der Betrieb in der Lage ist, in Spitzenzeiten Aufträge erheblichen Umfangs auszuführen.[13]

Beispiele für die Erforderlichkeit einer kaufmännischen Einrichtung:

- Ländliche Zimmerei mit 250.000 € Umsatz;[14]
- Optiker mit 85.000 € Umsatz und der Notwendigkeit komplizierter Abrechnungen;[15]
- Grundstücksmakler mit 100.000 € Umsatz;[16]
- Damenoberbekleidungsgeschäft mit 115.000 € Umsatz, 51.000 € Warenbestand und 3.000 € Anlagevermögen.[17]

2.5 Bei **Neugründungen** ist es naturgemäß schwierig, bereits von Anfang an das Erfordernis kaufmännischer Einrichtung zu beurteilen. Dies muss zumindest prognostizierbar sein, d. h. es müssen genügend zuverlässige Anhaltspunkte dafür gegeben sein, dass das Unternehmen eine entsprechende Ausgestaltung in Kürze erfahren wird.[18]

3. Kleingewerbetreibende

2.6 Allen Kleingewerbetreibenden, deren Unternehmen nach Art oder Umfang einen in kaufmännischer Weise eingerichteten Geschäftsbetrieb nicht erfordert, wird die Möglichkeit eingeräumt, die (Voll-)Kaufmannseigenschaft durch freiwillige Eintragung in das Handelsregister zu erwerben, und zwar sowohl als Einzelkaufleute als auch im Zusammenschluss zur Personenhandelsgesellschaft (OHG, KG). Dies wird in § 2 HGB für einzelkaufmännische Unternehmen geregelt und in § 105 Abs. 2 HGB für den fakultativen Zugang zur Gründung einer OHG (und kraft Verweisung in § 161 Abs. 2 HGB auch zur Gründung einer KG). Die Kleinbetriebe unterhalb der „Schwelle" von § 1 Abs. 2 HGB werden damit – in der Terminologie der traditionellen Kaufmanns-Dogmatik – zu „Kannkaufleuten".

2.7 Im Ergebnis wird mit dem Wahlrecht nach § 2 HGB auch das Handelsregister-Eintragungsverfahren ganz erheblich vereinfacht und beschleunigt: Zwar ist das Kriterium des „in kaufmännischer Weise eingerichteten Geschäftsbetriebs" nach wie vor von Bedeutung, wenn es um die Entscheidung des Registergerichts geht, ob die Anmeldung eines gewerblichen Unternehmens zum Handelsregister nach § 14 HGB zu erzwingen ist. Aber das Kriterium ist ohne Bedeutung, wenn das Unternehmen angemeldet wird: Da auch die freiwillige Eintragung von Kleinbetrieben nach §§ 2, 105 Abs. 2 HGB zulässig ist, **kommt es im Eintragungsverfahren auf die Betriebsgröße überhaupt nicht mehr an.** Eine gutachterliche Äußerung der IHK zu dieser Frage (§ 23 S. 2 HRV) ist entbehrlich.

2.8 Hervorzuheben ist weiter, dass die freiwillige Entscheidung der Kleingewerbebetreibenden für die Anmeldung zum Handelsregister nicht unwiderruflich ist. Nach § 2 S. 3 HGB findet eine **Löschung** des eingetragenen Klein-Unternehmens nämlich auch dann statt, wenn der Unternehmer sie beantragt, selbstverständlich unter der Voraussetzung, dass das Unternehmen inzwischen nicht oberhalb der „Schwelle" des neuen § 1 Abs. 2 HGB rangiert, also einen in kaufmännischer Weise eingerichteten Geschäftsbetrieb erfordert. Wird die Löschung eines Unternehmens nach § 2 S. 3 HGB angemeldet, hat das Registergericht nach § 26 FamFG von Amts wegen zu prüfen, ob das Unternehmen einen in kaufmännischer Weise

---

13) OLG Dresden NotBZ 2001, 268.
14) OLG Celle MDR 1974, 235.
15) OLG Hamm DB 1969, 386.
16) OLG Frankfurt/M. BB 1983, 335.
17) OLG Koblenz BB 1988, 2408.
18) BGHZ 10, 91, 96; BayObLG NJW 1985, 983.

eingerichteten Geschäftsbetrieb erfordert. Kommt es dabei zum Ergebnis, dass sich weder die Großgewerblichkeit noch die Kleingewerblichkeit mit Sicherheit feststellen lässt, hat es die angemeldete Löschung in Anwendung der sich aus § 1 Abs. 2 Halbs. 2 HGB ergebenden Feststellungslast (objektive Beweislast) zurückzuweisen;[19] gleiches gilt natürlich, wenn sich objektiv herausstellt, dass es sich inzwischen um ein vollkaufmännisches Unternehmen handelt.

4. Kannkaufmann (§ 3 HGB)

a)   § 3 Abs. 2 HGB

Voraussetzungen für das Entstehen der Kaufmannseigenschaft sind: 2.9

– Land- oder forstwirtschaftliches Unternehmen;

– Vollkaufmannseigenschaft;

– Handelsregistereintragung (= konstitutiv).

Beispiele: Ackerbau, Obstbau, Weinbau, Holzwirtschaft.

Nach der Handelsregistereintragung kann der Kannkaufmann seine Löschung nicht mehr   2.10 verlangen, solange er eine vollkaufmännische Einrichtung benötigt (§§ 3 Abs. 2, 29 HGB); erst nach dem Herabsinken zum Kleingewerbe kann er seine Löschung im Handelsregister anmelden.[20] Hat ein Land- oder Forstwirt keine Vollkaufmannseigenschaft, sondern betreibt er nur ein **Kleingewerbe,** kann er trotzdem Kaufmann werden nach § 2 HGB durch konstitutive Handelsregistereintragung.[21] Erlangt er nach der Handelsregistereintragung die Vollkaufmannseigenschaft, ist bestritten, ob er seine Kaufmannseigenschaft durch Löschung im Handelsregister wieder ablegen kann. Dieses Recht wird ihm zu Recht aufgrund von § 2 S. 3 HGB abgesprochen,[22] wonach sich allgemein ein kleingewerblicher, erst durch konstitutive Handelsregistereintragung zum Kaufmann aufgestiegener Unternehmer sich nach Erlangung der Vollkaufmannseigenschaft nicht mehr im Handelsregister löschen lassen kann. Früheren Kleingewerblern wird der Ausstieg aus dem Kaufmannsstatus nach § 2 S. 3 HGB dann verwehrt, wenn die Voraussetzung des § 1 Abs. 2 HGB eingetreten ist.

b)   § 3 Abs. 3 HGB

Voraussetzungen für die Berücksichtigung der Kaufmannseigenschaft sind: 2.11

– Nebengewerbe des land- oder forstwirtschaftlichen Unternehmens;

– Vollkaufmannseigenschaft;

– Handelsregistereintragung (= konstitutiv).

Beispiele:
– Forstwirt betreibt Sägewerk;
– Weinbauer betreibt Weinlokal;
– Landwirt betreibt Brennerei, Brauerei.

---

19) *von Olshausen,* Rpfleger 2001, 53, 55.

20) Vgl. Baumbach/Hopt/*Hopt,* HGB, § 3 Rz. 8.

21) Baumbach/Hopt/*Hopt,* HGB, § 3 Rz. 2; *K. Schmidt,* ZHR 163 (1999), 87, 91; *von Olshausen,* Rpfleger 2001, 53.

22) MünchKommHGB/*K. Schmidt,* § 3 Rz. 27; *Canaris,* Handelsrecht, § 3 Rz. 31; **a. A.** *von Olshausen,* Rpfleger 2001, 53, 54.

5. Handelsregistereintragung

2.12 Für den Kaufmannstatbestand in § 1 HGB ist die Eintragung im Handelsregister **deklaratorisch**. Das hat zur Folge, dass alle Gewerbetreibenden, bei denen ein Handelsgewerbe vorliegt, kraft Gesetzes, also „automatisch" zu Kaufleuten, entsprechende BGB-Gesellschaften zu Offenen Handelsgesellschaften werden, unabhängig davon, ob sie im Handelsregister eingetragen sind oder eine Eintragung beantragt haben. Auf die Anordnung der konstitutiven Wirkung der Registereintragung für den „Sollkaufmann" i. S. d. § 2 HGB a. F. kommt es seit dem Inkrafttreten des Handelsrechtsreformgesetz[23] nicht mehr an.

2.13 Von der rein deklaratorischen Wirkung der Registereintragung zu unterscheiden ist allerdings die in den neuen §§ 2 und 105 Abs. 2 HGB vorgesehene Option für Kleingewerbetreibende, die kein Handelsgewerbe i. S. d. § 1 Abs. 2 HGB betreiben, freiwillig die Eintragung in das Handelsregister und damit die Kaufmannseigenschaft als Einzelkaufmann oder als Personenhandelsgesellschaft herbeizuführen. Für den Kaufmannsstatus dieses Personenkreises ist die Registereintragung von **konstitutiver Wirkung**, ebenso wie bisher schon für die land- und forstwirtschaftlichen Betriebe als Kannkaufleute nach § 3 HGB.

II. Firma (§ 18 HGB)

2.14 Sie ist der **Name des Unternehmens** (§ 17 Abs. 1 HGB); unter seiner Firma kann der Einzelkaufmann auch klagen oder verklagt werden (§ 17 Abs. 2 HGB).

2.15 1.) Das infolge des Handelsrechtsreformgesetzes[24] geänderte Firmenbildungsrecht geht von den wesentlichen Funktionen der Firma aus, nämlich der **Unterscheidungskraft** und der damit einhergehenden **Kennzeichnungswirkung**, sowie der Ersichtlichkeit des Gesellschaftsverhältnisses und der Offenlegung der Haftungsverhältnisse. Jede Firma, die diese Kriterien erfüllt – und auch nicht irreführend ist – ist grundsätzlich eintragungsfähig. Dabei steht allen Unternehmen unabhängig von der Rechtsform, also Einzelkaufleuten, Personenhandelsgesellschaften, Kapitalgesellschaften und Genossenschaften, die Wahl offen, ob sie sich für eine Personen- oder eine Sachfirma entscheiden wollen. Auch die Wahl einer reinen „Fantasiefirma", die nicht dem Unternehmensgegenstand entnommen ist, ist zulässig, soweit sie nur hinreichend unterscheidungskräftig ist, um die Namensfunktion für das betroffene Unternehmen zu erfüllen. Die Firma muss zur Kennzeichnung des Kaufmanns geeignet sein und Unterscheidungskraft besitzen, § 18 HGB. Dieser Grundsatz gilt kraft der Verweisung in § 6 Abs. 1 HGB auch für die Firmen von OHG, KG, AG und GmbH, im Übrigen auch für Genossenschaften (§ 17 Abs. 2 GenG). Bloßen Gattungsbezeichnungen (z. B. brillenshop), die nur Art und Gegenstand des Unternehmens anzeigen, fehlt die Unterscheidungskraft; auch die Verwendung von Internet-Domains führt nicht zu einer hinreichenden Unterscheidungskraft.[25]

2.16 2.) Führt der Kaufmann eine Sach- oder Phantasiefirma ohne einen klarstellenden Hinweis in der Firma, wüsste der Rechtsverkehr nicht, wer hinter der Firma steht und wer für die Verbindlichkeiten des Unternehmens einzustehen hat. Daher muss die Firma – auch wenn sie nach §§ 21, 22, 24 HGB oder nach anderen gesetzlichen Vorschriften fortgeführt wird – einen **Rechtsformzusatz** tragen, bei Einzelkaufleuten die Bezeichnung „eingetragener Kaufmann", „eingetragene Kauffrau" oder eine allgemein verständliche Abkürzung dieser

---

23) 1.7.1998, BGBl I, 1474.
24) Handelsrechtsreformgesetzes (BGBl I 1998, 1474), in Kraft getreten zum 1.7.1998.
25) LG Köln Rpfleger 2008, 425.

Bezeichnung enthalten, insbesondere „e. K.", „e. Kfm." oder „e. Kfr.", § 19 Abs. 1 Nr. 1 HGB. Der Zusatz bewirkt, dass die Firma eines Einzelkaufmanns auch im Fall einer Sach- oder Fantasiefirma umgehend und eindeutig als solche identifiziert werden kann.

3.) § 18 Abs. 2 HGB enthält nicht nur ein Täuschungsverbot für Firmenzusätze, sondern   2.17
ausdrücklich ein umfassendes Irreführungsverbot für sämtliche Firmenbestandteile einschließlich der Firma als Ganzes.[26] In Anlehnung an die moderne Formulierung des Irre-
führungstatbestandes in § 3 UWG darf die Firma **keine irreführenden Angaben über
geschäftliche Verhältnisse** enthalten. Das Gesetz enthält jedoch zwei Einschränkungen
des Irreführungsverbotes, einmal in materiell-rechtlicher und zum anderen in verfahrens-
rechtlicher Hinsicht.

Erstens dürfen nach § 18 Abs. 2 S. 1 HGB nur solche Angaben als zur Irreführung geeignet   2.18
beanstandet werden, die geschäftliche Verhältnisse betreffen, die „**für die angesprochenen
Verkehrskreise wesentlich**" sind. Dabei kommt es auf zweierlei an: Zum einen muss die
Angabe von einiger wettbewerblicher Relevanz sein, d. h. für die angesprochenen Kunden-
kreise bzw. Geschäftspartner in ihrer Wertschätzung für den Unternehmensträger von
Gewicht sein. Zum anderen ist die Sicht des durchschnittlichen Angehörigen des betroffenen
Personenkreises maßgeblich. Hierbei ist, um europäischen Standards gerecht zu werden,
auf mutmaßliche Erwartungen eines durchschnittlich informierten, aufmerksamen und
verständigen Durchschnittsverbrauchers bzw. Geschäftspartners abzustellen.[27] Eine Irreführung durch eine Angabe bzw. Aussage ist dann anzunehmen, wenn sie bei den maßgeblichen Verkehrskreisen eine unrichtige Vorstellung hervorruft. Hierfür ist entscheidend,
dass die Angabe zur Täuschung geeignet ist, nicht, dass eine Täuschung tatsächlich eingetreten ist. Irreführend sind in der Regel Angaben, die einen objektiv falschen Tatbestand
behaupten.

Zweitens wird die Irreführungseignung nach § 18 Abs. 2 S. 2 HGB im Verfahren vor dem   2.19
Registergericht nur dann berücksichtigt, wenn sie „**ersichtlich**" ist. Auf diese Weise sollen
nur solche Firmen oder Firmenbestandteile, bei denen die Täuschungseignung nicht allzu
fern liegt und bei denen sie ohne umfangreiche Beweisaufnahme bejaht werden kann, von
der Eintragung ausgeschlossen werden dürfen. Diese Einschränkung gilt auch im registergerichtlichen Firmenmissbrauchsverfahren nach § 37 Abs. 1 HGB i. V. m. § 392 FamFG
und im Amtslöschungsverfahren nach § 395 FamFG, nicht hingegen für zivilrechtliche Un-
terlassungsklagen Dritter nach § 37 Abs. 2 HGB oder nach § 3 UWG. Durch die Beschränkung auf die Ersichtlichkeit der Täuschungseignung wird der Prüfungsmaßstab des registergerichtlichen Verfahrens auf eine kursorische Prüfung beschränkt. Zweifel an der Zulässigkeit der Firma, die sich jenseits der Offensichtlichkeit befinden, werden den späteren
wettbewerbsrechtlichen Unterlassungsstreitigkeiten (§ 3 UWG) zugewiesen, wodurch Maß-
stabsdivergenzen zwischen registerrechtlichem und wettbewerbsrechtlichem Verfahren zur
Vereinfachung der Firmenbildung bewusst in Kauf genommen wurden. Die Verwendung
des Namens eines „Nicht-Gesellschafters", bzw. „Nicht-Inhabers", also z. B. eines fiktiven
Namens oder des Namens des Urgroßvaters eines Gesellschafters verstößt daher grundsätzlich nicht gegen das Irreführungsgebot,[28] auch wenn dadurch eine Personenfirma suggeriert
werden könnte.

---

26) LG Landshut MittBayNot 2000, 333.
27) Vgl. EuGH EuZW 1998, 528.
28) OLG Düsseldorf NZG 2017, 350.

Beispiele:

1. Der Umstand, dass der **Fantasiezusatz** (z. B. MEDITEC) bei einer zulässigen Personenfirma eines eingetragenen Einzelkaufmanns geeignet sein kann, auf verschiedene Unter-
nehmensgegenstände hinzuweisen (hier: Medizintechnik oder Medienbereich), bedeutet
keine ersichtliche Irreführung über geschäftliche Verhältnisse, die für die angesprochenen
Verkehrskreise wesentlich sind.[29]

2. Hinsichtlich der Irreführung i. S. v. § 18 Abs. 2 HGB gilt, dass ein **Fantasiezusatz** (z. B.
FRISCHHUT e. K.) auch dann nicht täuscht, wenn man ihn für einen Familiennamen
halten könnte. Im Übrigen wäre eine Täuschung unschädlich, weil sich bei der deutschen
Personenfirma niemand darauf verlassen kann, dass die in der Firma genannte Person noch
Gesellschafter ist.[30]

3. **Geographische Zusätze** sind grundsätzlich irreführend, wenn sie über den Bereich, auf den
sich die ausgeübte Tätigkeit bezieht, hinausgehen.[31] Firmenbezeichnungen wie „EURO"
oder „EUROPEAN" sind aber unbedenklich i. S. v. § 18 Abs. 2 HGB, auch wenn das
Unternehmen keinen bedeutsamen europäischen Bezug hat.[32] Dies ergibt sich daraus,
dass in den letzten Jahren geradezu eine Flut von Unternehmen mit dem „EURO"-
Zusatz auf dem Markt in Erscheinung getreten sind, wodurch die Bedeutung dieses Zusatzes
derartig verwässert wurde, dass ihm keine irreführende Bedeutung mehr beizumessen
ist.[33] Bedenklich bleibt der Zusatz „EUROPEAN" oder „EUROPÄISCH" ohne einen
europäischen Bezug des Unternehmens, da damit absichtlich Größenverhältnisse vorgespielt
werden, die nicht den Tatsachen entsprechen.[34] Der Europäische Bezug kann aber bereits
als gegeben angesehen werden, wenn das Unternehmen einen europaweiten Versandhandel
– auch ohne Auslandsfilialen – betreibt.[35] Für den Zusatz „INTERNATIONAL" wird
keine überdurchschnittliche Bedeutung im internationalen Verkehr verlangt,[36] auch Niederlassungen im Ausland sind nicht erforderlich.[37] Die Anführung eines Ortsnamens in
der Firma soll selbst dann keine wesentliche Irreführung i. S. d. § 18 Abs. 2 HGB darstellen, wenn das Unternehmen keine führende Stellung an diesem Ort hat; erkennbar
sei in der Verwendung des Ortsnamens nur der Sitz des Unternehmens.[38] Da seit dem
MoMiG[39] bei Kapitalgesellschaften Satzung- und Verwaltungssitzung auch tatsächlich
auseinandernfallen dürfen, kann bei Kapitalgesellschaften eine Irreführung durch die Aufnahme einer Ortsangabe in die Firma nicht mehr angenommen werden. Lediglich bei Personenhandelsgesellschaften und Genossenschaften könnte es (noch) beachtenswert sein,
dass der Sitz des Unternehmens mit der gleichen oder einer politisch selbständigen Nach-
bargemeinde in der Region übereinstimmt.[40]

4. Die Bildung einer Namensfirma (z. B. SCHÖLLER KG) unter Verwendung nur eines
Teils eines Doppelnamens (z. B. Schöller – Langnese) ist nicht zur Irreführung i. S. v.
§ 18 Abs. 2 HGB geeignet.[41]

---

29) BayObLG NZG 1999, 761; **a. A.** *Möller*, DNotZ 2000, 830, 836 f.

30) LG Landshut MittBayNot 2000, 333; **a. A.** *Möller*, DNotZ 2000, 830, 835 f.

31) OLG Frankfurt/M. Rpfleger 2001, 428; vgl. auch *Kögel*, GmbHR 2002, 642, 645.

32) OLG Hamm DNotZ 1999, 842.

33) **A. A.** *Kögel*, Rpfleger 2000, 255, 259.

34) *Möller*, DNotZ 2000, 830, 834 f.

35) OLG Frankfurt/M. NZG 2011, 1234.

36) LG Stuttgart BB 2000, 1213.

37) LG Darmstadt GmbHR 1999, 482; **a. A.** zu Recht *Kögel*, GmbHR 2002, 642, 644.

38) KG DNotZ 2008, 392; LG Heilbronn Rpfleger 2002, 158; **a. A.** zu Recht *Kögel*, GmbHR 2002, 642,
644; kritisch auch *Kanzleiter*, DNotZ 2008, 393.

39) Gesetz zur Modernisierung des GmbH-Rechts und zur Bekämpfung von Missbräuchen (MoMiG),
BGBl I 2008, 2026 ff.

40) Vgl. OLG Stuttgart Rpfleger 2001, 186; LG München I DB 2004, 375, OLG Hamm NZG 2013, 996.

41) LG Passau Rpfleger 2000, 397; *Möller*, DNotZ 2000, 830, 836.

Rudolph

5. Bei einem Neugründer, der als Einzelkaufmann ein Geschäft führt, besteht kein schutzwürdiges Interesse, in seiner Firma (z. B. „Y...Söhne e. K.") ein **Gesellschafterverhältnis** anklingen zu lassen, auch wenn er nachfolgend durch den Rechtsformzusatz „e. K" wahrheitsgemäß auf die Einzelkaufmannseigenschaft hinweist.[42]

6. Die in das Handelsregister einzutragende Firma muss aus allgemein gebräuchlichen Schriftzeichen bestehen. Das **Sonderzeichen** @ (z. B. in „Met@box ...") wird mittlerweile im Einzelfall, nicht als Alleinstellung, wohl aber im Sinne eines „wortersetzenden Zeichens", auch als eintragungsfähig angesehen.[43]

7. Neuerdings zulässig sind neben aussprechbaren Bezeichnungen, die zur Individualisierung einer Person oder eines Gegenstandes dienen und Namensfunktion erfüllen, auch **nicht aussprechbare Buchstabenfolgen** ohne Wortcharakter und ohne Verkehrsgeltung,[44] z. B. „AAA AAA AAA Waschmaschinendienst e. K.

8. Zulässig ist auch die Bildung von unterschiedlichen Firmen, die sich lediglich durch **Nummern** unterscheiden.[45]

9. Der **graphischen Gestaltung des Schriftbildes** einer Firma (z. B. nur Großbuchstaben) kommt keine namensrechtliche und damit firmenrechtliche Bedeutung zu. Die vom Firmenträger gewählte Schreibweise oder sonstige graphische Gestaltung wird daher nicht Firmenbestandteil, auf deren Eintragung er einen Anspruch hätte. Die in einer Firmenanmeldung enthaltene Schreibweise der Firma stellt lediglich einen Vorschlag zur Fassung des Eintragungsvermerks dar, an den das Registergericht nicht gebunden ist. Vielmehr bleibt es dem Gericht überlassen, nach pflichtgemäßem Ermessen die Art und Weise der Eintragung einschließlich ihrer Schreibweise zu bestimmen.[46]

10. Beim Firmenbestandteil „Floratec" soll es sich nicht um eine rein beschreibende und damit firmenrechtlich unzulässige **Gattungsbezeichnung** handeln, sondern um einen fantasievoll zusammengesetzten Begriff, der seiner Art nach geeignet erscheint, sich im Verkehr als schlagwortartiger Hinweis auf ein Unternehmen durchzusetzen.[47] Dagegen sind Firmierungen mit „e-com" und „http://www.patent.de" mangels Unterscheidungskraft nicht zulässig.[48]

11. **Bezeichnungen, die gegen Sitte und Moral verstoßen** (z. B. „Baby Leder Spielzeug Sex e. K.") sind als Firma nicht zulässig.[49]

12. Der Firmenbestandteil „Company e. K" für einen Einzelkaufmann ist irreführend, da unter dem Begriff **Company** die angesprochenen Verkehrskreise eine Gesellschaft und keine Einzelperson vermuten.[50]

13. Die Firma „**Profi-Handwerker** e. K." ist mangels hinreichender Unterscheidungskraft unzulässig.[51]

14. Die Firma „Dolmetscher-**Institut** e. K." ist geeignet, über wesentliche geschäftliche Verhältnisse des Unternehmens irrezuführen, weil sich der gewerbliche Charakter des „In-

---

42) OLG Düsseldorf MittRhNotK 2000, 298; a. A. *Koller/Roth/Morck*, HGB, § 18 Rz. 15.

43) LG Berlin NJW-RR 2004, 835; LG Cottbus CR 2002, 134–135; *Heckschen*, NotBZ 2006, 346; *Seifert*, Rpfleger 2001, 395; weiter diffenzierend MünchKommHGB/*Heidinger*, § 18 Rz. 13; a. A. BayObLG Rpfleger 2001, 427; *Mankowski*, Anm. OLG Braunschweig EWiR 2001, 275; LG Leipzig NotBZ 2002, 112; *Möller*, DNotZ 2000, 830, 842.

44) BGH ZIP 2009, 168 = WM 2009, 235; *Schoene*, GWR 2009, 137.

45) KG MDR 2013, 920–921, OLG Hamm NZG 2013, 997; a. A. AG Frankfurt/M. Rpfleger 1980, 388–388.

46) KG MittRhNotK 2000, 396; BayObLG NJW 1968, 364; OLG Karlsruhe DNotZ 1970, 702.

47) OLG Saarbrücken NJWE-WettR 1999, 258.

48) *Möller*, DNotZ 2000, 830, 833 mit Hinweisen auf nicht veröffentlichte Rspr.

49) *Möller*, DNotZ 2000, 830, 839 mit Hinweis auf nicht veröffentlichte Rspr.

50) AG Augsburg Rpfleger 2001, 187.

51) BayObLG Rpfleger 2003, 589.

stituts" nicht hinreichend deutlich ergibt.[52] Ebenso ist die Firma „Deutsche Vorsorge-institut" für ein Inkassounternehmen unzulässig.[53]

15. Die Firma **„Hessen Naussauische Grundbesitz** AG" ist wegen fehlender Unterschei-dungskraft und Verstoßes gegen das Irreführungsverbot unzulässig.[54] Der Firmenbe-standteil „Grundbesitz" stellt eine bloße Gattungs- und Branchenbezeichnung dar und besitzt originär keine Unterscheidungskraft (§ 18 Abs. 1 HGB). Die Bezeichnung „Hessen Nassau" verstößt gegen das Irreführungsverbot des § 18 Abs. 2 HGB. Hierbei handelt es sich um den Namen einer der elf ehemaligen preußischen Provinzen, die seit dem En-de des zweiten Weltkrieges nicht mehr existieren. Die Verwendung des Namens würde einen historischen Bezug des Unternehmens implizieren und den Eindruck erwecken, es handele sich um ein traditionsreiches Unternehmen, welches bereits zu preußischer Zeit gegründet wurde. Dies wäre ein falscher, aber für das Wirtschaftsleben bedeutsamer Eindruck. Keine Beanstandungen begegneten jedoch der daraus abgeleiteten Phantasie-firma „HNG-AG.de".

16. § 11 Abs. 1 S. 1 PartGG untersagt es allen Gesellschaften mit einer anderen Rechtsform als der der Partnerschaft, also auch Kapitalgesellschaften wie der GmbH, die nach dem In-Kraft-Treten des PartGG gegründet oder umbenannt werden, die Zusätze **„Partner-schaft"** bzw. **„und Partner"** zu führen.[55] Das Verbot gilt auch für die Verwendung des Substantivs **„Partners"** in der englischen Pluralform in der Firma einer GmbH, auch wenn diese zusätzlich den für sie zutreffenden Rechtsformzusatz „GmbH" führt.[56] oder die englische Schreibweise **„partners"** verwendet wird.[57] Der Name einer nach § 11 Abs. 1 S. 3 PartGG bestandsgeschützten Gesellschaft kann im Rahmen des § 18 HGB in die Firma einer neuen Gesellschaft, die keine Partnerschaftsgesellschaft ist, aufgenommen werden.[58] Die Firma „Großverbraucher-Partner GmbH & Co. KG ist zulässig, da der Begriff „Partner" lediglich als Bestandteil eines zusammengesetzten Wortes verwendet wird.[59]

III. Anmeldung

2.20 Vollkaufmännische Kaufleute (§ 1 Abs. 2 HGB) müssen zur Eintragung im Handelsregister angemeldet werden (§ 29 HGB). Kleingewerbetreibende (§ 2 HGB) und Kannkaufleute (§ 3 HGB) können angemeldet werden. Erlangt das Registergericht Kenntnis von einem Gewerbetreibenden, der nicht im Handelsregister eingetragen ist, so hat es von Amts wegen zu prüfen (§ 26 FamFG), ob insoweit Eintragungspflicht nach §§ 1 Abs. 2, 29 HGB besteht oder nur Eintragungsfähigkeit gem. § 2 HGB. Kommt es zu dem Ergebnis, dass eine kauf-männische Einrichtung nach § 1 Abs. 2 HGB erforderlich ist, hat es den Unternehmer unter Androhung von **Zwangsgeld** zur Anmeldung aufzufordern (§ 14 HGB). Gleiches gilt aufgrund der Wertung in § 1 Abs. 2 Halbs. 2 HGB auch dann, wenn sich trotz Amts-ermittlung weder die Erforderlichkeit noch die Entbehrlichkeit kaufmännischer Einrich-tungen feststellen lässt; der Unternehmer müsste im Einspruchsverfahren notfalls das Vor-liegen eines Kleingewerbes nachweisen.[60]

---

52) OLG Düsseldorf Rpfleger 2004, 570.
53) OLG Hamm, Beschl. v. 8.3.2017 – 27 W 179/16, juris.
54) OLG Frankfurt/M. Rpfleger 2005, 366.
55) BGHZ 135, 257; ausführlich dazu *Kögel*, Rpfleger 2007, 590.
56) KG Rpfleger 2004, 633; OLG Frankfurt/M. Rpfleger 2005, 264.
57) KG NZG 2018, 1235.
58) LG Koblenz MittBayNot 2004, 203 m. zust. Anm. *Westermeier*.
59) OLG München DNotZ 2007, 149.
60) *von Olshausen*, Rpfleger 2001, 53, 55 f.

Rudolph

Die Anmeldung hat zu beinhalten: 2.21

– Firma

– Ort der Niederlassung

– Familienname, Vorname, Geburtsdatum und Wohnort

– Geschäftsanschrift

– Gegenstand des Unternehmens[61]

– Lage der Geschäftsräume,[62] sofern keine Geschäftsanschrift angemeldet wird.

Muster 1: Errichtung eines einzelkaufmännischen Unternehmens   2.22

Amtsgericht *Registergericht*

Handelsregister

PLZ Ort

zu RegNeu (HRA)

Zur Eintragung in das Handelsregister melde ich an:

Ich betreibe unter der Firma *Firma* ein einzelkaufmännisches Unternehmen.

Die Geschäftsanschrift lautet: *Anschrift*.

Gegenstand des Unternehmens ist *Angabe des Unternehmensgegenstandes*

gez. ... *Unterschrift*

Nr. ... der Urkundenrolle für ...

Die vorstehende Unterschrift des ..., dem Notar persönlich bekannt, auf der von mir entworfenen Anmeldung[63] beglaubige ich öffentlich als echt und als heute vor mir eigenhändig vollzogen. Ich habe das Mitwirkungsverbot nach § 3 Abs. 1 Nr. 7 Beurkundungsgesetz erläutert. Meine Frage, ob eine Vorbefassung im Sinne dieser Vorschrift vorliege, wurde verneint.

Zudem habe ich die vorstehend unterschriebene Anmeldung nach § 378 Abs. 3 S. 1 FamFG auf Eintragungsfähigkeit geprüft.[64]

Berlin, den ... ..., Notar L. S.

Ich beglaubige hiermit die Übereinstimmung dieser elektronischen Aufzeichnung mit der mir vorliegenden Urschrift.

Berlin, den ... ..., Notar

---

61) § 24 Abs. 4 HRV.

62) Seit 1.11.2008, Art. 25 MoMiG, BGBl I 2008, 2026.

63) Vgl. Fußnote 64.

64) Eintragungsfähigkeitsbescheinigung nur dann, wenn die Anmeldung **nicht** vom beglaubigenden Notar entworfen worden ist.

2.23 Muster 2: Eintragung eines einzelkaufmännischen Unternehmens

- Wiedergabe des aktuellen Registerinhalts -

Amtsgericht Charlottenburg

Ausdruck   - Handelsregister Abteilung A -   HRA 39102 B

Aktueller Ausdruck   **HRA 39102 B**

Handelsregister Abteilung A
Amtsgericht Charlottenburg

1. Anzahl der bisherigen Eintragungen
   1 Eintragung(en)

2.a) Firma
   Dr. Heinrich Schönfelder e.K.

  b) Sitz, Niederlassung, inländische Geschäftsanschrift, Zweigniederlassungen
   Berlin
   Unter den Linden 105, 10117 Berlin

3.b) Inhaber, persönlich haftende Gesellschafter, Geschäftsführer, Vorstand, Vertretungsberechtigte und besondere Vertretungsbefugnis

   Inhaber:

   Dr. Schönfelder, Heinrich, *26.07.1955, Berlin

5.a) Rechtsform, Beginn und Satzung
   Einzelunternehmen

6. Tag der letzten Eintragung
   30.01.2009

Amtsgericht Charlottenburg, 04.02.2009 17:35 Uhr

04.02.2009   Seite 1 von 1

IV. Eintragungsfähigkeit

Neben der Erstanmeldung (§§ 29, 2, 3 HGB) sind eintragungspflichtig:

2.24

- Firmenänderung (§ 31 Abs. 1 HGB)
- Verlegung der Niederlassung (§ 31 Abs. 1 HGB)
- Änderung der Geschäftsanschrift (§ 31 Abs. 1 HGB)
- Erlöschen der Firma (§ 31 Abs. 2 S. 1 HGB).

Muster 3: Anmeldung von Änderungen bei einem eingetragenen Kaufmann

2.25

Amtsgericht *Registergericht*

Handelsregister

PLZ Ort

zu HRA*

Zur Eintragung in das Handelsregister melde ich an:[65]

- Die Firma ist geändert in *Firma*
- Der Sitz ist verlegt nach *Ort*. Die Geschäftsanschrift lautet nunmehr: *Geschäftsanschrift*

Die Geschäftsanschrift[66]

- lautet unverändert: *Geschäftsanschrift*
- ist geändert und lautet nunmehr: *Geschäftsanschrift*

gez. ... *Unterschrift*

Unterschriftsbeglaubigung des Inhabers und Eintragungsfähigkeitsbescheinigung [siehe Muster 1]

Übereinstimmungsvermerk der elektronischen Abschrift mit dem Papierdokument [siehe Muster 1]

V. Zweigniederlassung

Der Inhaber eines einzelkaufmännischen Unternehmens kann weitere Niederlassungen errichten. Diese sind als Zweigniederlassungen i. S. v. § 13 Abs. 1 HGB zu qualifizieren, wenn sie auf Dauer so eingerichtet ist, dass sie auch ohne die Hauptniederlassung als eigenständiges Unternehmen weitergeführt werden könnten.[67] Die Selbständigkeit einer Zweigniederlassung ist insbesondere an folgenden Kriterien festzumachen:

2.26

- Betrieb sachlich gleicher Geschäfte mit denen der Hauptniederlassung;
- räumliche Trennung von der Hauptniederlassung;
- selbständiges Auftreten im Geschäftsverkehr, also keine reinen Lager oder Vertriebsstätten der Hauptniederlassung;

---

65) Jeder der nachfolgend bezifferten Punkte kann allein, oder auch gemeinsam mit anderen Ziffern angemeldet werden.
66) Bei der Anmeldung der Sitzverlegung entfällt dieser Punkt.
67) BayObLG BB 1980, 335.

– organisatorische Selbständigkeit mit gesonderter Buchführung;[68]

– personelle Selbständigkeit mit einem Leiter, der Geschäfte selbständig abschließen kann;

– Gebundenheit in wesentlichen Punkten an die Weisungen der Hauptniederlassung.

2.27 Liegen diese Voraussetzungen nicht in allen Punkten vor, handelt es sich in der Regel um eine unselbständige Betriebsstätte der Hauptniederlassung, die jedoch nicht als Zweigniederlassung i. S. v. § 13 Abs. 1 HGB zu qualifizieren ist.

2.28 Die Firma der Zweigniederlassung kann mit der Firma der Hauptniederlassung übereinstimmen.[69] Es ist aber auch möglich, dass die Zweigniederlassung die Firma der Hauptniederlassung mit einem Filialzusatz führt[70] oder dass die Zweigniederlassung eine von der Hauptniederlassung abweichende, eigenständige Firma wählt; nicht mehr erforderlich ist in diesem Fall ein Firmenzusatz, der die Zugehörigkeit zur Hauptniederlassung kenntlich macht.[71] Bei einer Firmenidentität zwischen der Firma der Hauptniederlassung und der Firma der Zweigniederlassung führt die Änderung der Firma der Hauptniederlassung automatisch zur Änderung der Firma der Zweigniederlassung.[72] Unterscheiden sich die Firmen der Haupt- und der Zweigniederlassung, können Prokuren auf bestimmte Niederlassungen beschränkt werden, § 50 Abs. 3 HGB.[73]

2.29 Die Errichtung einer Zweigniederlassung ist vom Inhaber des Unternehmens anzumelden. In der Anmeldung sind die Firma der Zweigniederlassung, der Ort der Niederlassung sowie die Geschäftsanschrift der Zweigniederlassung anzugeben.

2.30 Die Zweigniederlassung wird gem. § 13 Abs. 2 HGB beim Register der Hauptniederlassung in Spalte 2 b) vermerkt, einer gesonderten Eintragung beim Registergericht am Ort der Niederlassung bedarf es nicht mehr.[74]

2.31 Die Änderung (§ 13 Abs. 1 S. 2 HGB) oder die Aufhebung (§ 13 Abs. 3 HGB) einer Zweigniederlassung ist wie ihre Errichtung von dem Inhaber zur Eintragung anzumelden.

2.32 Muster 4: Anmeldung der Errichtung einer Zweigniederlassung

Amtsgericht *Registergericht*

Handelsregister

PLZ Ort

zu HRA*

Zur Eintragung in das Handelsregister melde ich an:[75]

Es wurde in *PLZ, Ort* eine Zweigniederlassung errichtet. Die Geschäftsanschrift der Zweigniederlassung lautet *Anschrift der Zweigniederlassung*.

---

68) BGH NJW 1972, 1860.

69) RGZ 113, 213–219.

70) RGZ 113, 213–219.

71) Oetker/*Preuß*, HGB, § 13 Rz. 31; Staub/*Koch*, HGB, § 13 Rz. 84; *Koller/Roth/Morck*, HGB, § 13 Rz. 8.

72) BayObLG Rpfleger 1990, 422.

73) Näheres zu Filialprokuren siehe Rz. 6.13.

74) *Ries*, Rpfleger 2006, 235.

75) Jeder der nachfolgend bezifferten Punkte kann allein, oder auch gemeinsam mit anderen Ziffern angemeldet werden.

Die Firma der Zweigniederlassung ist

- identisch mit der Firma der Hauptniederlassung.

- identisch mit der Firma der Hauptniederlassung und führt den Zusatz: Zweigniederlassung *Ort*

☐ lautet wie folgt: *Firma der Zweigniederlassung*

Die Geschäftsanschrift der Hauptniederlassung

- lautet unverändert: *Geschäftsanschrift*

- ist geändert und lautet nunmehr: *Geschäftsanschrift*

Unterschriftsbeglaubigung des Inhabers und Eintragungsfähigkeitsbescheinigung [siehe Muster 1]

Übereinstimmungsvermerk der elektronischen Abschrift mit dem Papierdokument [Muster 1]

Muster 5: Anmeldung der Änderung einer Zweigniederlassung 2.33

Amtsgericht *Registergericht*

Handelsregister

PLZ Ort

zu HRA*

Zur Eintragung in das Handelsregister melde ich an:[76]

Der Sitz der Zweigniederlassung in *PLZ, Ort* wurde nach *PLZ Ort* verlegt. Die Geschäftsräume der Zweigniederlassung befinden sich nunmehr in *Anschrift der Zweigniederlassung*.

- Die Firma der Zweigniederlassung wurde geändert. Sie

  - ist nunmehr identisch mit dem Namen der Hauptniederlassung

  - ist nunmehr identisch mit dem Namen der Hauptniederlassung und führt den Zusatz: Zweigniederlassung *Ort*

- lautet nunmehr wie folgt: *Name der Zweigniederlassung*

Die Geschäftsanschrift der Hauptniederlassung

- lautet unverändert: *Geschäftsanschrift*

- ist geändert und lautet nunmehr: *Geschäftsanschrift*

Unterschriftsbeglaubigung des Inhabers und Eintragungsfähigkeitsbescheinigung [siehe Muster 1]

Übereinstimmungsvermerk der elektronischen Abschrift mit dem Papierdokument [Muster 1]

---

76) Jeder der nachfolgend bezifferten Punkte kann allein, oder auch gemeinsam mit anderen Ziffern angemeldet werden.

2.34 Muster 6: Anmeldung der Aufhebung einer Zweigniederlassung

Amtsgericht *Registergericht*

Handelsregister

PLZ Ort

zu HRA*

Zur Eintragung in das Handelsregister melde ich an:

Die in *PLZ, Ort* eingetragene Zweigniederlassung wurde aufgehoben.

Die Geschäftsanschrift der Hauptniederlassung

- lautet unverändert in *Geschäftsanschrift*

- ist geändert und lautet nunmehr: *Geschäftsanschrift*

Unterschriftsbeglaubigung des Inhabers und Eintragungsfähigkeitsbescheinigung [siehe Muster 1]

Übereinstimmungsvermerk der elektronischen Abschrift mit dem Papierdokument [Muster 1]

VI. Erlöschen der Firma

2.35 Dazu kommt es durch

- Veräußerung des Gewerbetriebes ohne Firma;

- Aufgabe des Gewerbebetriebes;

- Erbgang, wenn die Erben das Geschäft mit neuer Firma fortführen.

2.36 Das Erlöschen der Firma ist vom bisherigen Inhaber bzw. dem Veräußerer bzw. den Erben anzumelden.

2.37 Geht der Umfang des Gewerbebetriebes eines Einzelkaufmanns auf einen kleingewerblichen Umfang zurück, so sind die Inhaber bzw. Gesellschafter nicht mehr verpflichtet, das Erlöschen der Firma anzumelden (§ 31 HGB). Es steht in ihrem Belieben, ob sie – in Ausübung der Eintragungsoption für Kleingewerbetreibende – im Register eingetragen bleiben wollen oder die Löschung vorziehen. Deshalb kann die Löschung nicht mehr gegen ihren Willen im Zwangsgeldverfahren oder von Amts wegen erfolgen.

Muster 7: Erlöschen der Firma 2.38

Amtsgericht *Registergericht*

Handelsregister

PLZ Ort

zu HRA*

Zur Eintragung in das Handelsregister melde ich an:

Die Firma ist erloschen.

gez. ... *Unterschrift*

Unterschriftsbeglaubigung des Inhabers und Eintragungsfähigkeitsbescheinigung [siehe Muster 1]

Übereinstimmungsvermerk der elektronischen Abschrift mit dem Papierdokument [siehe Muster 1]

B. Offene Handelsgesellschaft

I. Eintragungspflicht

Eine Eintragungspflicht besteht für folgende Tatsachen: 2.39

- Neugründung (§ 106 Abs. 1 HGB);

- Firmenänderung (§ 107 HGB);

- Sitzverlegung (§ 107 HGB);

- Änderung der Geschäftsanschrift (§ 107 HGB);

- Eintritt eines Gesellschafters (§ 107 HGB);

- Änderung der Vertretungsmacht (§ 107 HGB);

- Ausscheiden eines Gesellschafters (§ 143 Abs. 2 und 1 HGB);

- Auflösung (§ 143 Abs. 1 HGB);

- Fortsetzung (§ 144 Abs. 2 HGB);

- Liquidatoren und ihre Vertretungsmacht (§ 148 Abs. 1 HGB);

- Erlöschen der Firma (§ 157 Abs. 1 HGB).

II. Entstehen

1. Voraussetzungen

a) Gesellschaftsvertrag (§ 105 Abs. 3 HGB, § 705 BGB)

Er ist grundsätzlich formfrei möglich, es sei denn, er enthält ein formbedürftiges Leistungs- 2.40
versprechen, z. B. die Einbringung eines Grundstücks; dann ist die notarielle Beurkundung
erforderlich (§ 311b BGB).

b) Gesellschafterbegriff

Gesellschafter einer OHG können zunächst natürliche und juristische Personen sein. Bei 2.41
Minderjährigen bedarf der Abschluss eines Gesellschaftsvertrages zunächst auch der Ge-

nehmigung durch das Familiengericht, § 1822 Nr. 2 Alt. 2 i. V. m. § 1643 Abs. 1 BGB). Gesamthandsgesellschaften in der Form der OHG bzw. KG können ebenfalls Gesellschafterin sein.[77] Die Erwägungen, die zur Eintragungsfähig der **BGB-Außengesellschaft** als Kommanditistin geführt haben (§ 162 Abs. 1 S. 2 HGB), sollen auch auf die Stellung eines persönlich haftenden Gesellschafters übertragbar sein, so dass in der Ausgestaltung der Außen-GbR die Komplementäreigenschaft zu bejahen ist.[78] In diesem Fall sind deren Gesellschafter entsprechend § 106 Abs. 2 Nr. 1 HGB und spätere Änderungen in der Zusammensetzung der Gesellschafter sind zur Eintragung anzumelden.[79]

2.42 Angemeldet werden muss dann aber auch entsprechend § 106 Abs. 2 Nr. 4 HGB die Vertretungsregelung bei der GbR sowie ein entsprechender Haftungsbeschränkungszusatz bei der Firma in analoger Anwendung von § 19 Abs. 2 HGB.[80]

c) Handelsgewerbe (§ 105 Abs. 1 und 2 HGB)

2.43 Der am Gewerbe und an der Betriebsgröße ausgerichtete Kaufmannsbegriff hat unmittelbare Auswirkungen auf die Handelsgesellschaften. Die Gesellschafter, die gemeinsam ein Kleingewerbe betreiben, bilden keine Handelsgesellschaft. Wird die **Größengrenze von § 1 Abs. 2 HGB** erreicht, sind sie jenseits des Handelsregisters OHG. Dies gilt auch für die bereits am 30.6.1998[81] gewerblich tätigen BGB-Gesellschaften, die über den Rahmen eines Kleingewerbes hinausgingen und in eine Gesellschaftsform kamen, die sie nicht gewollt hatten.[82]

2.44 Die **kleingewerbliche Gesellschaft** hat ebenso wie der kleingewerbliche Einzelunternehmer die Möglichkeit, durch konstitutive Eintragung uneingeschränkt zur Handelsgesellschaft zu werden, wie § 105 Abs. 2 HGB bestimmt.

2.45 Außerdem können nicht nur kleingewerbliche, sondern auch nichtgewerbliche Gesellschaften für den Fall zur Handelsgesellschaft werden, dass sie die **Vermögensverwaltung** betreiben. Namentlich die Betriebsaufspaltung in Besitz- und Verwaltungsgesellschaft oder etwa Immobilienfonds werden davon erfasst.[83] Ob die Eintragungsfähigkeit der vermögensverwaltenden Gesellschaften davon abhängt, dass sie tatsächlich „nur" eigenes Vermögen verwalten,[84] oder ob jede nicht-gewerbliche Gesellschaft (z. B. Freiberufler-Personenhandelsgesellschaft) den Status einer OHG bzw. KG erwerben kann,[85] ist nach den Intentionen des Gesetzgebers im ersten Sinn zu beantworten. Denn den nach früherem Recht nicht eintragungsfähigen Vermögensverwaltungsgesellschaften sollte die Möglichkeit eröffnet werden, als Personenhandelsgesellschaft im Handelsregister eingetragen zu werden.

---

77) H. M., vgl. Henssler/Strohn/*Röthel*, GesellschaftsR, § 105 HGB Rz. 49.

78) LG Berlin NotBZ 2003, 398; *Schmidt/Bierly*, NJW 2004, 1210; *Bergmann*, ZIP 2003, 2231; *Früchtl*, NotBZ 2001, 441; *Steinbeck*, DStR 2001, 1162; *Ries*, RpflStud 2002, 152; Henssler/Strohn/*Röthel*, GesellschaftsR, § 105 HGB Rz. 49 m. w. N.

79) § 162 Abs. 1 S. 2 HGB; zuvor bereits BGH FGPrax 2001, 251 = Rpfleger 2001, 598.

80) LG Berlin NotBZ 2003, 398, welches dabei aber verkennt, dass der Haftungsbeschränkungszusatz nur notwendig wäre, wenn keine natürliche Personen Gesellschafter der GbR wären.

81) = Inkrafttreten des Handelsrechtsreformgesetzes (BGBl I 1998, 1474).

82) *Rohrbeck*, NZG 1999, 104.

83) Henssler/Strohn/*Röthel*, GesellschaftsR, § 105 HGB Rz. 29.

84) So *Priester*, DNotZ 1998, 691, 702; *Schön*, DB 1998, 1169, 1174; *Schaefer*, DB 1998, 1269, 1273; ähnlich *Siems*, NZG 2001, 738.

85) So *K. Schmidt*, NJW 1998, 2161, 2165.

Folgerichtig können nach neuerer Rechtsprechung Rechtsanwälte, Steuerberater oder Wirtschaftsprüfer keinen Geschäftsbetrieb in der Rechtsform einer Personenhandelsgesellschaft – auch nicht über den Umweg der Umwandlung aus einer Kapitalgesellschaft in eine Personenhandelsgesellschaft – führen.[86] **2.46**

Umstritten ist ebenfalls die Frage, ob die Ehepaar-Grundstücks-Verwaltungs-GbR als OHG in das Handelsregister eingetragen werden kann;[87] dies muss verneint werden, da Vermögensverwalter nur eintragungsfähig sind, wenn sie sie entgeltliche Leistungen anbieten.[88] **2.47**

Die Eintragungsfähigkeit der rein vermögensverwaltenden Gesellschaft eröffnet zudem die Möglichkeit, eine Personengesellschaft „auf Vorrat" zu gründen. Die vom BGH vor dem Handelsrechtsreformgesetz zugelassene Vorratsgründung betraf zunächst die Gründung von Kapitalgesellschaften.[89] Vorratsgesellschaften sind auch im Bereich der Personengesellschaften nichtgewerbliche Gesellschaften, die lediglich die Verwaltung des eigenen Vermögens betreiben, und erfüllen folglich die Voraussetzungen nach § 105 Abs. 2 HGB. Erst durch den Eintritt von weiteren Gesellschaftern und ggf. dem Ausscheiden der Gründungsgesellschafter wird in der Regel eine gewerbliche Tätigkeit aufgenommen. Damit entsteht ein Gewerbebetrieb (§ 105 Abs. 1 HGB). Die Zulässigkeit der Vorratsgesellschaft ist nicht zuletzt durch die Feststellung ihrer IHK-Beitragspflichtigkeit sowie die gängige Registerpraxis anerkannt.[90] **2.48**

d) Gemeinschaftliche Firma (§ 105 Abs. 1 HGB)[91]

Ob der firmenrechtlich zulässige Name gewählt wird oder nicht, ist für das materielle Entstehen einer OHG völlig unbeachtlich; auch bei einer unzulässigen gemeinschaftlichen Firma entsteht eine OHG. Allerdings wird das Registergericht dies in seinem formellen Verfahren beanstanden (§ 37 Abs. 1 HGB). **2.49**

Nach § 19 Abs. 1 Nr. 2 HGB muss die Firma die Bezeichnung „offene Handelsgesellschaft" oder eine allgemein verständliche Abkürzung enthalten (z. B. „oHG", „OHG", „oH" oder „OH"). **2.50**

Die vor dem Inkrafttreten des Handelsrechtsreformgesetzes gebildeten Firmen dürfen mit Ergänzung eines Rechtsformzusatzes weitergeführt werden. Die Ergänzung des Rechtsformzusatzes bedarf nach Art. 38 EGHGB[92] „nicht der Eintragung zum Handelsregister". Gemeint ist wohl damit, dass für die Ergänzung des Rechtsformzusatzes bei Altfirmen **2.51**

---

86) BGH ZIP 2011, 1664 = DB 2011, 2027; KG NZG 2013, 1313.

87) Bejahend *K. Schmidt*, NJW 1998, 2161, 2165; verneinend *Priester*, DNotZ 1998, 691, 702 Fn. 85; *Schön*, DB 1998, 1169, 1174.

88) BT-Drucks. 13/8444, S. 41.

89) BGHZ 117, 323 = ZIP 1992, 689.

90) VG Stade, Urt. v. 12.7.2004 – 6 a 694/03, juris.

91) Zur Firmenbildung allgemein vgl. zunächst Abschn. A II. Rz. 2.14 ff.

92) Art. 38 EGHGB in der Fassung des Handelsrechtsreformgesetzes (BGBl I 1998, 1474) sah neben der Formerleichterung auch den Bestandsschutz für Altfirmen vor. Er wurde durch Art. 209 des Ersten Gesetzes über die Bereinigung von Bundesrecht im Zuständigkeitsbereich des Bundesministeriums der Justiz (BGBl I 2006, 866) mit Wirkung zum 25.4.2006 aufgehoben und durch Art. 5 des Gesetzes zur Reform des Versicherungsvertragsgesetzes vom 23.11.2007 (BGBl I 2007, 2631) in seiner jetzigen Fassung rückwirkend (!) zum 25.4.2006 wieder eingeführt, allerdings ohne Normierung des Bestandsschutzes.

keine Anmeldung i. S. v. § 12 HGB erforderlich, sondern die formlose Mitteilung der Gesellschafter ausreichend ist[93] und für die Vornahme dieser Eintragung gebührenfrei[94] ist.

2. Anmeldung

a) Verpflichtung

2.52 Die Anmeldung muss von **sämtlichen Gesellschaftern** vorgenommen werden (§ 108 Abs. 1 HGB), und zwar in öffentlich beglaubigter Form (§ 12 HGB). Anzumelden haben somit auch die nicht vertretungsberechtigten Gesellschafter. Der Gesellschaftsvertrag der OHG braucht nicht zum HR eingereicht zu werden.

b) Inhalt

2.53 Gem. **§ 106 Abs. 2 HGB** muss die Anmeldung beinhalten:

– Familienname, Vorname, Geburtsdatum und Wohnort jedes Gesellschafters, bei Gesellschaften deren Firma und Sitz

– Firma

– Sitz der Gesellschaft und die inländische Geschäftsanschrift

– Vertretungsmacht der Gesellschafter.

2.54 Die Vertretungsbefugnis der persönlich haftenden Gesellschafter muss vollständig und generell angemeldet werden, auch wenn sie mit der gesetzlichen Regelung übereinstimmt (vgl. § 125 Abs. 1 HGB). Zur Eintragung der abstrakten Vertretungsbefugnis reicht der Hinweis auf die Einzelvertretungsmacht jedes persönlich haftenden Gesellschafters aus. Eine Verweisung auf die grundsätzlich bestehende Möglichkeit einer abweichenden gesellschaftsvertraglichen Regelung ist nicht erforderlich.[95] Abweichende Vertretungsregelungen zu einzelnen Gesellschaftern sind konkret anzugeben.[96] Die Begriffe „Alleinvertretungsbefugnis" und „Einzelvertretungsbefugnis" sind synonym.[97]

2.55 Bei bereits am 31.12.2001 eingetragenen Offenen Handelsgesellschaften (ebenso KG) muss die Anmeldung und Eintragung einer dem gesetzlichen Regelfall entsprechenden Vertretungsmacht der persönlich haftenden Gesellschafter und der Liquidatoren erst erfolgen, wenn eine vom gesetzlichen Regelfall abweichende Bestimmung des Gesellschaftsvertrags über die Vertretungsmacht angemeldet und eingetragen wird oder wenn erstmals die Liquidatoren zur Eintragung angemeldet und eingetragen werden. Das Registergericht kann die Eintragung einer dem gesetzlichen Regelfall entsprechenden Vertretungsmacht auch von Amts wegen vornehmen (Art. 52 EGHGB).

2.56 Gem. **§ 24 Abs. 4 HRV** muss die Anmeldung auch den Geschäftszweig angeben, soweit er nicht bereits aus der Firma ersichtlich ist. Die Mitteilung der Lage der Geschäftsräume ist entbehrlich, soweit eine Geschäftsanschrift i. S. d. § 106 Abs. 2 Nr. 2 HGB angemeldet wird.

---

93) (str.) Baumbach/Hopt/*Hopt*, zu Art. 38 EGHGB Rz. 1 hält nicht einmal eine formlose Mitteilung an das Registergericht für notwendig.

94) AG Charlottenburg, Beschl. v. 20.4.2009 – HRA 11893 B, juris.

95) OLG Köln MittBayNot 2005, 56.

96) *Gustavus*, NotBZ 2002, 77.

97) BGH NotBZ 2007, 211.

Rudolph

Muster 8: Anmeldung einer OHG (Neugründung)   2.57

Amtsgericht *Registergericht*

Handelsregister

PLZ Ort

zu RegNeu (HRA)

Zur Eintragung in das Handelsregister melden wir an:

Wir haben unter der Firma*Firma* eine offene Handelsgesellschaft errichtet.

Sitz der Gesellschaft ist *Ort*.

Gegenstand der Gesellschaft ist *Angabe des Unternehmensgegenstandes*

Die Geschäftsanschrift lautet: *Anschrift*.

Persönlich haftende Gesellschafter sind:

1.   *Vorname Nachname, Geburtsdatum, Wohnanschrift*

2.   *Vorname Nachname, Geburtsdatum, Wohnanschrift*

3.   *Vorname Nachname, Geburtsdatum, Wohnanschrift*.

Jeder persönlich haftende Gesellschafter vertritt die Gesellschaft allein (oder eine andere Vertretungsregelung).

gez. ... *Unterschrift*

gez. ... *Unterschrift*

gez. ... *Unterschrift*

Unterschriftsbeglaubigung für sämtliche persönlich haftende Gesellschafter und Eintragungsfähigkeitsbescheinigung [siehe Muster 1]

Übereinstimmungsvermerk der elektronischen Abschrift mit dem Papierdokument [siehe Muster 1]

2.58 Muster 9: Eintragung einer OHG

- Wiedergabe des aktuellen Registerinhalts -

Amtsgericht Charlottenburg
- Handelsregister Abteilung A -

Ausdruck

HRA 39101 B

Aktueller Ausdruck   **HRA 39101 B**

Handelsregister Abteilung A
Amtsgericht Charlottenburg

1. Anzahl der bisherigen Eintragungen
   1 Eintragung(en)

2.a) Firma
   Dr. Heinrich Schönfelder OHG

b) Sitz, Niederlassung, inländische Geschäftsanschrift, Zweigniederlassungen
   Berlin
   Unter den Linden 105, 10117 Berlin

3.a) Allgemeine Vertretungsregelung
   Jeder persönlich haftende Gesellschafter vertritt die Gesellschaft allein.

b) Inhaber, persönlich haftende Gesellschafter, Geschäftsführer, Vorstand, Vertretungsberechtigte und besondere Vertretungsbefugnis
   Persönlich haftender Gesellschafter:
   Dr. Palandt, Otto, *15.05.1970, Berlin
   Dr. Sartorius, Carl, *12.02.1943, Berlin
   Dr. Schönfelder, Heinrich, *26.07.1955, Berlin

5.a) Rechtsform, Beginn und Satzung
   Offene Handelsgesellschaft

6. Tag der letzten Eintragung
   30.01.2009

Amtsgericht Charlottenburg, 04.02.2009 17:38 Uhr

04.02.2009

Rudolph

Muster 10: Anmeldung einer OHG (Aufnahme einer Person in bereits bestehendes von Einzelkaufmann betriebenes Handelsgeschäft unter Fortführung der Firma des Einzelkaufmannes) 2.59

Amtsgericht *Registergericht*

Handelsregister

PLZ Ort

zu HRA

Zur Eintragung in das Handelsregister melden wir an:

In das unter der oben genannten Firma betriebene Handelsgeschäft ist

Vorname Nachname, Geburtsdatum, Wohnanschrift

als persönlich haftender Gesellschafter eingetreten.

Die offene Handelsgesellschaft führt die Firma mit dem Zusatz OHG fort. Die Firma ist entsprechend geändert in:

Firma

Der bisherige Inhaber willigt in die Fortführung der Firma ein.

Die Haftung der Gesellschaft für alle im Betriebe des Geschäfts des früheren Inhabers entstandenen Verbindlichkeiten ist ausgeschlossen.

Sitz der Gesellschaft ist *Ort*.

Jeder persönlich haftende Gesellschafter vertritt die Gesellschaft allein (oder eine andere Vertretungsregelung).

Der Gegenstand des Unternehmens ist ...

Die Geschäftsanschrift[98)]

- lautet unverändert: *Geschäftsanschrift*

- ist geändert und lautet nunmehr: *Geschäftsanschrift*

gez. ... *Unterschrift*

gez. ... *Unterschrift*

Unterschriftsbeglaubigung für sämtliche persönlich haftende Gesellschafter und Eintragungsfähigkeitsbescheinigung [siehe Muster 1]

Übereinstimmungsvermerk der elektronischen Abschrift mit dem Papierdokument [siehe Muster 1]

Muster 11: Anmeldung von Änderungen bei einer OHG 2.60

Amtsgericht *Registergericht*

Handelsregister

PLZ Ort

zu HRA

---

98) Bei der Anmeldung der Sitzverlegung entfällt dieser Punkt.

Zur Eintragung in das Handelsregister melden wir an:[99]

- Die Firma der Gesellschaft ist geändert in *Firma*

- Der Sitz ist verlegt nach *Ort*. Die Geschäftsanschrift lautet nunmehr: *Geschäftsanschrift*

- Die Vertretungsregelung der Gesellschaft lautet nunmehr wie folgt: *Vertretungsregelung*

Die Geschäftsanschrift[100]

- lautet unverändert: *Geschäftsanschrift*

- ist geändert und lautet nunmehr: *Geschäftsanschrift*

gez. ... *Unterschrift*

gez. ... *Unterschrift*

gez. ... *Unterschrift*

Unterschriftsbeglaubigung für sämtliche persönlich haftende Gesellschafter und Eintragungsfähigkeitsbescheinigung [siehe Muster 1]

Übereinstimmungsvermerk der elektronischen Abschrift mit dem Papierdokument [siehe Muster 1]

III. Gesellschafterwechsel

1. Eintritt eines Gesellschafters

2.61   Er erfolgt durch einen Aufnahmevertrag sämtlicher Gesellschafter mit dem Eintretenden. Der Eintritt ist nach § 107 HGB zur Eintragung in das Handelsregister anzumelden, und zwar in öffentlich beglaubigter Form (§ 12 HGB). Die Anmeldung muss den Familiennamen, Vornamen, das Geburtsdatum und den Wohnort des Neugesellschafters enthalten (vgl. § 106 Abs. 2 Nr. 1 HGB). Sie muss von sämtlichen Gesellschaftern vorgenommen werden, den bisherigen und dem neuen (§ 108 HGB). Nicht vorgelegt werden muss dabei der Aufnahmevertrag. Soll der eintretende Gesellschafter nicht oder nicht allein zur Vertretung berechtigt sein, ist auch dies zum HR anzumelden (§ 125 Abs. 4 HGB).

2. Ausscheiden eines Gesellschafters (§ 131 Abs. 3 HGB)

2.62   Als **Gründe** für das Ausscheiden eines Gesellschafters kommen in Betracht:

- Tod,

- Insolvenz,

- Kündigung,

- Beschluss,

2.63   Ein Ausscheiden ist von sämtlichen Gesellschaftern zur Eintragung im HR **anzumelden** (§ 143 Abs. 2 und 1 HGB), und zwar auch von dem Ausgeschiedenen bzw. seinen Erben.[101]

---

99) Jeder der nachfolgend bezifferten Punkte kann allein, oder auch gemeinsam mit anderen Ziffern angemeldet werden.

100) Bei der Anmeldung der Sitzverlegung entfällt dieser Punkt.

101) Henssler/Strohn/*Klöhn*, GesellschaftsR, § 143 Rz. 9.

In § 131 Abs. 3 HGB werden die in der Person eines Gesellschafters liegenden Gründe – **2.64** Beschluss der Gesellschafter, Tod, Insolvenz seines Vermögens, Kündigung durch den Gesellschafter oder seinen Gläubiger – als Gründe für sein Ausscheiden aufgeführt: Die Gesellschaft wird unter den übrigen Gesellschaftern fortgesetzt. Die Erben haben lediglich einen Anspruch nach § 105 Abs. 3 HGB i. V. m. § 738 Abs. 1 S. 2 BGB auf Abfindung, wobei mangels abweichender vertraglicher Regelung der volle anteilige Unternehmenswert einschließlich stiller Rücklagen zu zahlen ist, und zwar sofort. Entsprechendes gilt bei Kündigung durch den Gesellschafter oder einen Privatgläubiger oder bei Insolvenzeröffnung über das Vermögen des Gesellschafters (§ 131 Abs. 3 Nr. 2–4 HGB). Diese Regelung erfordert neue Überlegungen beim Abschluss von Gesellschaftsverträgen und bei der Überprüfung bestehender Verträge. Ob sie dem typischen Gesellschafterwillen entspricht, muss bezweifelt werden, denn die **Zahlung des vollen Abfindungswertes** belastet die Gesellschafter in hohem Maße und kann die Absicht des Gesetzgebers, die Fortführung der Gesellschaft beim Tod eines Teilhabers sicherzustellen, zunichtemachen. Ohne ergänzende Regelungen des Vertrages gefährdet § 131 HGB den Bestand des Unternehmens und reduziert jedenfalls dessen Eigenkapitalbasis.[102] Angesichts dieser Schwierigkeiten liegt es nahe, die gesetzliche Regelung des § 131 Abs. 3 Nr. 1 HGB dahin abzuändern, dass beim Tod des Gesellschafters seine Erben in die Gesellschaft eintreten und die Gesellschaft mit ihnen fortgesetzt wird.

Bei der **Nachfolgeklausel** ist zwischen der einfachen und qualifizierten zu unterscheiden: **2.65** Im ersten Fall treten der Alleinerbe oder alle Miterben in die OHG ein, im zweiten Fall nur ein oder einige (aber nicht alle!) Miterben. Gemeinsam ist beiden Klauseln, dass der Verstorbene ausscheidet und die Restgesellschafter die OHG mit dem (den) Erben fortsetzen. Ist nur ein Erbe vorhanden, rückt dieser mit dem Tod des Erblassers automatisch in dessen Gesellschafterstellung ein. Sollen mehrere Erben Nachfolger werden, erwirbt jeder Miterbe durch „Sondererbfolge" einen seiner Erbquote entsprechenden Anteil an der Gesellschafterstellung, d. h. es erfolgt eine Aufspaltung der Gesellschafterstellung.[103] Die Erbengemeinschaft als solche kann nicht Gesellschafter sein, weil die für sie geltende beschränkte Haftung (vgl. § 2059 Abs. 1 BGB) mit § 128 HGB nicht vereinbar ist. Bei der erbrechtlichen Nachfolge sind sowohl das Ausscheiden des verstorbenen Gesellschafters (§ 143 Abs. 2 HGB) als auch der Eintritt der Erben (§ 107 HGB) zur Eintragung in das HR anzumelden. Ist die beim Tode eines Gesellschafters nachfolgeberechtigte Person im Zeitpunkt des Erbfalls bereits als Mitgesellschafter an der OHG beteiligt, ist insoweit nur das Ausscheiden des Erblassers anzumelden. **Anmeldepflichtig** sind alle Gesellschafter einschließlich aller Erben des verstorbenen Gesellschafters (§ 143 Abs. 2 und 1, § 108 Abs. 1 HGB), und zwar unabhängig davon, ob eine Nachfolgeklausel vorliegt oder nicht.[104] Die Mitwirkung der Erben ist jedoch gem. § 143 Abs. 3 HGB entbehrlich, wenn ihr besondere Hindernisse (z. B. Unerreichbarkeit) entgegenstehen.

3. Übertragung der Gesellschafterstellung

Trotz § 105 Abs. 3 HGB, § 719 BGB kann ein Gesellschafter seinen Anteil auf einen Dritten **2.66** übertragen.[105] Neben dem Übertragungsvertrag zwischen altem und neuem Gesellschafter bedarf es der Zustimmung der übrigen Gesellschafter. Der Vorgang wird registertechnisch

---

102) *Priester*, DNotZ 1998, 691, 704.
103) BGHZ 22, 186; BGHZ 68, 225.
104) BayObLG DNotZ 1979, 109; BayObLG DNotZ 1994, 28; OLG Stuttgart DB 1993, 474.
105) BGHZ 44, 229; BGHZ 71, 296; BGHZ 81, 82.

als **Ausscheiden** des bisherigen Gesellschafters gem. § 143 Abs. 2 und 1 HGB (vgl. dazu Abschn. Rz. 2.62 ff) und **Eintritt** des neuen Gesellschafters nach §§ 107, 108 HGB (vgl. dazu Rz. 2.61) behandelt. Die Tatsache der Rechtsnachfolge ist nicht anzumelden und einzutragen, weil dies ohne Auswirkungen auf die ohnedies persönliche Haftung des Eintretenden bleibt.[106]

4. Grundsatz der Firmenbeständigkeit (§ 24 HGB)

2.67 Eine Firma kann fortgeführt werden, wenn

- in ein einzelkaufmännisches Unternehmen ein Gesellschafter aufgenommen wird und damit eine OHG/KG entsteht (jedoch muss ein Zusatz „offene Handelsgesellschaft" oder eine allgemein verständliche Abkürzung, z. B. „oHG", „OHG", „oH" oder „OH" bzw. „Kommanditgesellschaft" oder eine allgemein verständliche Abkürzung, z. B. KG, angegeben werden, § 19 Abs. 1 Nr. 2 und 3 HGB);
- ein neuer Gesellschafter in eine OHG/KG eintritt;
- ein Gesellschafter aus einer OHG/KG ausscheidet.

2.68 Wenn aus einer **Zwei-Personen-Gesellschaft** ein Gesellschafter ausscheidet und damit ein einzelkaufmännisches Unternehmen entsteht, muss ein Gesellschaftszusatz nicht entfallen; jedoch muss die nunmehr gegebene Rechtsform durch einen Nachfolgezusatz mit der nach § 19 Abs. 1 Nr. 1 HGB erforderlichen Bezeichnung (z. B. „e. K.") offengelegt werden.[107]

2.69 Scheidet ein **namensgebender Gesellschafter** aus der OHG/KG aus, darf die Firma nur mit seiner ausdrücklichen Einwilligung fortgeführt werden (§ 24 Abs. 2 HGB).

2.70 Die vor dem Handelsrechtsreformgesetz[108] **eingetragenen und nach § 24 HGB fortgeführten Firmen** benötigen einen Rechtsformzusatz, vgl. Art. 38 Abs. 1 EGHGB a. F.[109] i. V. m. § 19 Abs. 1 Nr. 2 HGB.

IV. Weitere Änderungen

1. Sitzverlegung im Inland

2.71 Die Verlegung des Sitzes innerhalb der Bundesrepublik Deutschland ist nach § 13h HGB beim Registergericht des bisherigen Sitzes anzumelden.

2.72 Ist für den neuen Sitz ein anderes Registergericht zuständig, werden vom bisherigen Registergericht alle Vorgänge an das nunmehr zuständige Registergericht abgegeben. Das bisherige Registergericht hat zu prüfen, ob die Anmeldung ordnungsgemäß bewirkt ist; das Registergericht am neuen Sitz hat zu prüfen, ob dort ein Sitz der Gesellschaft tatsächlich begründet worden ist und kann hierzu eine Stellungnahme der Organe des Handelsstandes (IHK; § 23 HRV) einholen. Dabei ist bei Personengesellschaften nach wie vor davon auszugehen, dass sich der Sitz am tatsächlichen Ort der Unternehmensführung befinden muss,

106) **A. A.** MünchKommHGB/*K. Schmidt*, § 143 Rz. 7.
107) OLG Hamm DNotZ 1999, 839; BayObLG NZG 2000, 641; *Meyer*, RNotZ 2004, 323; **a. A.** *Möller*, DNotZ 2000, 830, 838.
108) BGBl I 1998, 1474, mit Wirkung zum 1.7.1998.
109) Beachte zu Art. 38 EGHGB Rz. 2.51.

ein Auseinanderfallen von statuarischem und tatsächlichem Sitz wird nicht zugelassen.[110] Kann bei einer Sitzverlegung am neuen Sitz die Erreichbarkeit der Gesellschaft nicht festgestellt werden, hat keine wirksame Sitzverlegung stattgefunden und es hat die Zurückweisung der Anmeldung der Sitzverlegung zu erfolgen.[111]

Es kommt zu einer Neueintragung der Gesellschaft unter einer neuen Registernummer beim **2.73** Registergericht des neuen Sitzes, wenn die tatsächliche Sitzverlegung durch das Registergericht festgestellt werden kann. Das neue Registergericht übersendet von Amts wegen eine Eintragungsmitteilung an das Registergericht des bisherigen Sitzes, wo das Registerblatt unter Hinweis auf die Sitzverlegung geschlossen wird (§ 20 HRV).

Verbleit es für die Zuständigkeit des neuen Sitzes beim bisherigen Registergericht, wird **2.74** bei Eintragungsreife die Änderung des Sitzes lediglich unter einer neuen laufenden Nummer auf demselben Registerblatt eingetragen.

2. Änderung der inländischen Geschäftsanschrift

Die Änderung der Geschäftsanschrift stellt eine eintragungspflichtige Tatsache dar. Die An- **2.75** meldung muss daher formgerecht von sämtlichen Gesellschaftern (§ 108 HGB) erbracht werden (vgl. Rz. 2.52). Eine Ausnahme dazu bildet die Änderung der inländischen Geschäftsanschrift, welche durch die gesetzlichen Vertreter in vertretungsberechtigter Zahl, nicht aber nur durch einen Prokuristen[112] angemeldet werden kann (§ 108 S. 2 HGB).

Die inländische Geschäftsanschrift muss sich zwingend am Sitz der Gesellschaft befinden, **2.76** ein Auseinanderfallen von Sitz und Geschäftsanschrift ist nicht zulässig.[113]

Muster 12: Anmeldung zum Ausscheiden eines persönlich haftenden Gesellschafters **2.77**

Amtsgericht *Registergericht*

Handelsregister

PLZ Ort

zu HRA*

Zur Eintragung in das Handelsregister melden wir an:

Der persönlich haftende Gesellschafter

Vorname Nachname, Geburtsdatum, Wohnanschrift

ist aus der Gesellschaft ausgeschieden.

• Die Firma der Gesellschaft ist geändert in *Firma*[114]

• Der ausgeschiedene Gesellschafter willigt in die Fortführung der Firma ein.

---

110) Henssler/Strohn/*Steitz*, GesellschaftsR, § 106 HGB Rz. 13.

111) KG NZG 2012, 1346.

112) AG Charlottenburg ZIP 2017, 2303.

113) KG FGPrax 2012, 172; Henssler/Strohn/*Steitz*, GesellschaftsR, § 106 HGB Rz. 14.

114) Die Änderung der Firma ist erforderlich, wenn der ausscheidende Gesellschafter namensgebend war und nicht in die Fortführung der Firma einwilligt.

Die Geschäftsanschrift

- lautet unverändert: *Geschäftsanschrift*

- ist geändert und lautet nunmehr: *Geschäftsanschrift*

gez. ... *Unterschrift*

gez. ... *Unterschrift*

gez. ... *Unterschrift*

Unterschriftsbeglaubigung für sämtliche persönlich haftende Gesellschafter und Eintragungsfähigkeitsbescheinigung [siehe Muster 1]

Übereinstimmungsvermerk der elektronischen Abschrift mit dem Papierdokument [siehe Muster 1]

2.78 **Muster 13: Anmeldung zum Ausscheiden eines persönlich haftenden Gesellschafters durch Tod eines Gesellschafters (Gesellschaft bleibt bestehen)**

Amtsgericht *Registergericht*

Handelsregister

PLZ Ort

zu HRA*

Zur Eintragung in das Handelsregister melden wir an:

Der persönlich haftende Gesellschafter

Vorname Nachname, Geburtsdatum

ist durch Tod aus der Gesellschaft ausgeschieden.

- Die Firma der Gesellschaft ist geändert in *Firma*[115]

- Die Erben des verstorbenen Gesellschafters willigen in die Fortführung der Firma ein.

Die Geschäftsanschrift

- lautet unverändert: *Geschäftsanschrift*

- ist geändert und lautet nunmehr: *Geschäftsanschrift*

Als Erbnachweis fügen wir bei:

gez. ... *Unterschrift*

gez. ... *Unterschrift*

gez. ... *Unterschrift*

gez. ... *Unterschrift*

Unterschriftsbeglaubigung für sämtliche persönlich haftende Gesellschafter und die Erben des verstorbenen Gesellschafters und Eintragungsfähigkeitsbescheinigung [siehe Muster 1]

Übereinstimmungsvermerk der elektronischen Abschrift mit dem Papierdokument [siehe Muster 1]

---

115) Die Änderung der Firma ist erforderlich, wenn der verstorbene Gesellschafter namensgebend war und die Erben nicht in die Fortführung der Firma einwilligen.

Muster 14: Anmeldung zum Ausscheiden eines persönlich haftenden Gesellschafters   2.79
durch Tod eines Gesellschafters mit Auflösung der Gesellschaft

Amtsgericht *Registergericht*

Handelsregister

PLZ Ort

zu HRA*

Zur Eintragung in das Handelsregister melden wir an:

Der persönlich haftende Gesellschafter

Vorname Nachname, Geburtsdatum

ist durch Tod aus der Gesellschaft ausgeschieden.

Die Gesellschaft ist dadurch aufgelöst.

Liquidator der Gesellschaft ist:

• der bisherige persönlich haftende Gesellschafter *Vorname Nachname*

oder

• *Vorname Nachname, Geburtsdatum, Anschrift*.

Die Vertretung der Gesellschaft bestimmt sich wie folgt: Die Liquidatoren vertreten die Gesellschaft gemeinschaftlich. Einzelvertretungsbefugnis kann erteilt werden. Der Liquidator *Vorname Nachname* vertritt allein.

Die Geschäftsanschrift

• lautet unverändert: *Geschäftsanschrift*

• ist geändert und lautet nunmehr: *Geschäftsanschrift*

Als Erbnachweis fügen wir bei: ...

gez. ... *Unterschrift*

gez. ... *Unterschrift*

gez. ... *Unterschrift*

gez. ... *Unterschrift*

Unterschriftsbeglaubigung für sämtliche persönlich haftende Gesellschafter und die Erben des verstorbenen Gesellschafters und Eintragungsfähigkeitsbescheinigung [siehe Muster 1]

Übereinstimmungsvermerk der elektronischen Abschrift mit dem Papierdokument [siehe Muster 1]

Muster 15: Anmeldung zum Ausscheiden eines persönlich haftenden Gesellschafters   2.80
durch Tod mit verschiedenen Fortsetzungsmöglichkeiten

Amtsgericht *Registergericht*

Handelsregister

PLZ Ort

zu HRA*

Zur Eintragung in das Handelsregister melden wir an:

Der persönlich haftende Gesellschafter *Vorname Nachname, Geburtsdatum*

ist durch Tod aus der Gesellschaft ausgeschieden.

- Als Erben des verstorbenen Gesellschafters sind in die Gesellschaft eingetreten:[116]
    1. *Vorname Nachname, Geburtsdatum, Wohnanschrift*
    2. *Vorname Nachname, Geburtsdatum, Wohnanschrift*
- Als persönlich haftende Gesellschafter sind eingetreten:[117]
    1. *Vorname Nachname, Geburtsdatum, Wohnanschrift*
    2. *Vorname Nachname, Geburtsdatum, Wohnanschrift*
- Die Firma der Gesellschaft ist geändert in *Firma*[118]
- Die Erben des verstorbenen Gesellschafters willigen in die Fortführung der Firma ein.

Die Geschäftsanschrift

- lautet unverändert: *Geschäftsanschrift*
- ist geändert und lautet nunmehr: *Geschäftsanschrift*

Als Erbnachweis fügen wir bei: ...

gez. ... *Unterschrift*

gez. ... *Unterschrift*

gez. ... *Unterschrift*

gez. ... *Unterschrift*

Unterschriftsbeglaubigung für sämtliche persönlich haftende Gesellschafter und die Erben des verstorbenen Gesellschafters und Eintragungsfähigkeitsbescheinigung [siehe Muster 1]

Übereinstimmungsvermerk der elektronischen Abschrift mit dem Papierdokument [siehe Muster 1]

2.81 Muster 16: Anmeldung der rechtsgeschäftlichen Übertragung des Gesellschaftsanteils an einen Dritten mit Bestimmung der Vertretungsbefugnis

Amtsgericht *Registergericht*

Handelsregister

PLZ Ort

zu HRA*

Zur Eintragung in das Handelsregister melden wir an:

Der persönlich haftende Gesellschafter

---

116) Der Gesellschaftsvertrag sieht die Fortsetzung mit allen oder bestimmten Erben vor.

117) Der Gesellschaftsvertrag sieht keine Fortsetzung mit den Erben vor, sondern räumt den Erben ein Eintrittsrecht ein.

118) Die Änderung der Firma ist erforderlich, wenn der verstorbene Gesellschafter namensgebend war und die Erben nicht in die Fortführung der Firma einwilligen.

Rudolph

Vorname Nachname, Geburtsdatum

ist aus der Gesellschaft ausgeschieden.

Als persönlich haftender Gesellschafter ist eingetreten:

Vorname Nachname, Geburtsdatum, Wohnanschrift

- Für den eintretenden Gesellschafter gilt die allgemeine Vertretungsbefugnis.

- Für den eintretenden Gesellschafter gilt folgende besondere Vertretungsbefugnis:
  Er ist von den Beschränkungen des § 181 BGB befreit.

- Die allgemeine Vertretungsbefugnis ist wie folgt geändert:
  Jeder persönlich haftende Gesellschafter vertritt gemeinsam mit einem anderen persönlich haftenden Gesellschafter oder mit einem Prokuristen.[119)]

- Die Firma der Gesellschaft ist geändert in *Firma*[120)]

- Der ausgeschiedene Gesellschafter willigt in die Fortführung der Firma ein.

Die Geschäftsanschrift

- lautet unverändert: *Geschäftsanschrift*

- ist geändert und lautet nunmehr: *Geschäftsanschrift*

gez. ... *Unterschrift*

gez. ... *Unterschrift*

gez. ... *Unterschrift*

Unterschriftsbeglaubigung für sämtliche persönlich haftende Gesellschafter (auch ein- und austretende) [siehe Muster 1]

Übereinstimmungsvermerk der elektronischen Abschrift mit dem Papierdokument [siehe Muster 1]

V. Zweigniederlassung

Offene Handelsgesellschaften können Zweigniederlassungen errichten. Die rechtliche Selbständigkeit einer Zweigniederlassung ist wie beim einzelkaufmännischen Unternehmen zu qualifizieren. Es gelten die gleichen Grundsätze.[121)]   **2.82**

Die Errichtung einer Zweigniederlassung ist von den persönlich haftenden Gesellschaftern in vertretungsberechtigter Zahl unter Angabe der Firma der Zweigniederlassung, des Ortes der Zweigniederlassung sowie der Geschäftsanschrift der Zweigniederlassung zur Eintragung in das Handelsregister anzumelden. Zuständig ist das Registergericht am Ort der Hauptniederlassung (§ 13 Abs. 2 HGB); entsprechend ist bei der Änderung (§ 13 Abs. 1 S. 2 HGB) oder der Aufhebung einer Zweigniederlassung zu verfahren.   **2.83**

---

119) Oder eine andere Vertretungsregelung.
120) Die Änderung der Firma ist erforderlich, wenn der ausscheidende Gesellschafter namensgebend war und nicht in die Fortführung der Firma einwilligt.
121) Siehe Abschn. A V, Rz. 2.26 ff.

2.84 Muster 17: Anmeldung der Errichtung einer Zweigniederlassung

Amtsgericht *Registergericht*

Handelsregister

PLZ Ort

zu HRA *

Zur Eintragung in das Handelsregister melden wir an:

Es wurde in *PLZ, Ort* eine Zweigniederlassung errichtet. Die Geschäftsräume der Zweigniederlassung befinden sich in *Anschrift der Zweigniederlassung*.

Die Firma der Zweigniederlassung ist

- identisch mit der Firma der Hauptniederlassung.

- identisch mit der Firma der Hauptniederlassung und führt den Zusatz: Zweigniederlassung *Ort*

- lautet wie folgt: *Firma der Zweigniederlassung*

Die Geschäftsanschrift der Hauptniederlassung

- lautet unverändert: *Geschäftsanschrift*

- ist geändert und lautet nunmehr: *Geschäftsanschrift*

Unterschriftsbeglaubigung für die persönlich haftenden Gesellschafter in vertretungsberechtigter Zahl und Eintragungsfähigkeitsbescheinigung [Muster 1]

Übereinstimmungsvermerk der elektronischen Abschrift mit dem Papierdokument [Muster 1]

2.85 Muster 18: Anmeldung der Änderung einer Zweigniederlassung

Amtsgericht *Registergericht*

Handelsregister

PLZ Ort

zu HRA*

Zur Eintragung in das Handelsregister melden wir an:[122]

Der Sitz der Zweigniederlassung in *PLZ, Ort* wurde nach *PLZ Ort* verlegt. Die Geschäftsräume der Zweigniederlassung befinden sich nunmehr in *Anschrift der Zweigniederlassung*.

Die Firma der Zweigniederlassung wurde geändert. Sie

- ist nunmehr identisch mit dem Namen der Hauptniederlassung

- ist nunmehr identisch mit dem Namen der Hauptniederlassung und führt den Zusatz: Zweigniederlassung *Ort*

- lautet nunmehr wie folgt: *Name der Zweigniederlassung*

---

122) Jeder der nachfolgend bezifferten Punkte kann allein, oder auch gemeinsam mit anderen Ziffern angemeldet werden.

Rudolph

Die Geschäftsanschrift der Hauptniederlassung

- lautet unverändert *Geschäftsanschrift*

- ist geändert und lautet nunmehr: *Geschäftsanschrift*

*Unterschriftsbeglaubigung für die persönlich haftenden Gesellschafter in vertretungsberechtigter Zahl und Eintragungsfähigkeitsbescheinigung * [Muster 1]

Übereinstimmungsvermerk der elektronischen Abschrift mit dem Papierdokument [Muster 1]

Muster 19: Anmeldung der Aufhebung einer Zweigniederlassung   2.86

Amtsgericht *Registergericht*

Handelsregister

PLZ Ort

zu HRA*

Zur Eintragung in das Handelsregister melden wir an:

Die in *PLZ, Ort* eingetragene Zweigniederlassung wurde aufgehoben.

Die Geschäftsanschrift der Hauptniederlassung

- lautet unverändert: *Geschäftsanschrift*

- ist geändert und lautet nunmehr: *Geschäftsanschrift*

*Unterschriftsbeglaubigung für die persönlich haftenden Gesellschafter in vertretungsberechtigter Zahl und Eintragungsfähigkeitsbescheinigung * [Muster 1]

Übereinstimmungsvermerk der elektronischen Abschrift mit dem Papierdokument [Muster 1]

VI. Beendigung

1. Auflösung (§§ 131–137, 144 HGB)

Sie ist gem. § 143 Abs. 1 HGB **eintragungspflichtig.**   2.87

Als **Auflösungsgründe** kommen nach § 131 Abs. 1 HGB in Betracht: 2.88

- Zeitablauf bei einer befristeten OHG;

- Beschluss der Gesellschafter;

- Insolvenzeröffnung über das Vermögen der OHG;

- gerichtliche Entscheidung (§ 133 HGB);

- Sitzverlegung ins Ausland.[123]

---

123) Str. bejahend Oetker/*Weitemeyer*, HGB, § 105 Rz. 108; Sudhoff/*van Randenborgh*, Personengesellschaften, § 4 Rz. 24; a. A. (Nichtigkeit des Beschlusses über die Sitzverlegung, keine Auflösung) MünchKommHGB/*Krafka*, § 13h Rz. 15; (Zulässigkeit des Wegzugs ins Ausland, sofern kollisionsrechtlich zulässig): Henssler/Strohn/*Servatius*, GesellschaftsR, IntGEs Rz. 37.

2.89 Ferner sind Gesellschaften ohne natürliche Person als persönlich haftenden Gesellschafter aufgelöst durch:

– die rechtskräftige Abweisung eines Antrages auf Eröffnung des Insolvenzverfahrens über das Vermögen der Gesellschaft mangels einer die Kosten des Verfahrens deckenden Masse;

– die Löschung wegen Vermögenslosigkeit nach § 394 Abs. 4 FamFG.

2.90 Nach h. M. ist auch der Auflösungsgrund anzumelden, damit eine Nachprüfung durch das Gericht möglich ist.[124] Da aber der Auflösungsgrund nicht in das Handelsregister eingetragen wird und sämtliche Gesellschafter die Anmeldung vornehmen müssen (§ 143 Abs. 1 HGB), erscheint dies aber entbehrlich.[125]

2.91 Die Anmeldung der Auflösung ist von **sämtlichen Gesellschaftern,** auch den nicht vertretungsberechtigten, vorzunehmen (§ 143 Abs. 1 HGB).

2. Liquidation (§§ 145–158 HGB)

2.92 Neben der Auflösung sind auch die **Liquidatoren** und deren Vertretungsmacht zur Eintragung anzumelden (§ 148 Abs. 1 S. 1 HGB). Bei der Anmeldung ist darauf zu achten, dass die Vertretungsmacht nicht nur konkret für den bestellten Liquidator, sondern auch abstrakt für künftige Liquidatorenbestellungen angemeldet ist.[126] Wird nur ein Liquidator bestellt, so hat dieser notwendigerweise Einzelvertretungsrecht. Bei der (ggf. nachträglichen) Bestellung mehrerer Liquidatoren haben diese ein Gesamtvertretungsrecht nach § 150 HGB, es sei denn, durch Vertrag oder Beschluss ist Abweichendes bestimmt, z. B. Einzelvertretung.

2.93 Das Erlöschen der bisherigen Vertretungsmacht der persönlich haftenden Gesellschafter ist nicht gesondert anzumelden, sondern folgt aus der Auflösung der Gesellschaft.

2.94 Ferner ist jede **Änderung** in den Personen der Liquidatoren oder ihrer Vertretungsmacht anzumelden (§ 148 Abs. 1 S. 2 HGB).

2.95 Anmeldeverpflichtet sind sämtliche Gesellschafter gemeinschaftlich (§ 148 Abs. 1 HGB).

2.96 **Muster 20: Anmeldung der Auflösung mit Liquidatorenbestellung**

Amtsgericht *Registergericht*

Handelsregister

PLZ Ort

zu HRA*

Zur Eintragung in das Handelsregister melden wir an:

Die Gesellschaft ist durch Beschluss der Gesellschafter[127] aufgelöst.

Liquidator der Gesellschaft ist:

• der bisherige persönlich haftende Gesellschafter *Vorname Nachname*

---

124) OLG Köln DNotZ 1979, 54; Henssler/Strohn/*Klöhn*, GesellschaftsR, § 143 HGB Rz. 11.

125) Vgl. *Gustavus*, GmbHR 1978, 219, 220.

126) Vgl. bei der GmbH BGH GmbHR 2007, 877–878.

127) Oder ein anderer Auflösungsgrund.

oder

- *Vorname Nachname, Geburtsdatum, Anschrift*.

Die Vertretung der Gesellschaft bestimmt sich wie folgt: Die Liquidatoren vertreten die Gesellschaft gemeinschaftlich. Einzelvertretungsbefugnis kann erteilt werden. Der Liquidator *Vorname Nachname* vertritt allein.

Die Geschäftsanschrift der Gesellschaft

- lautet unverändert: *Geschäftsanschrift*

- ist geändert und lautet nunmehr: *Geschäftsanschrift*

*Unterschriftsbeglaubigung für sämtliche persönlich haftenden Gesellschafter und Eintragungsfähigkeitsbescheinigung * [Muster 1]

Übereinstimmungsvermerk der elektronischen Abschrift mit dem Papierdokument [Muster 1]

Muster 21: Anmeldung der Änderung eines Liquidators   2.97

Amtsgericht *Registergericht*

Handelsregister

PLZ Ort

zu HRA*

Zur Eintragung in das Handelsregister melden wir an:

Vorname Nachname ist nicht mehr Liquidator.

Neuer Liquidator der Gesellschaft ist:

- der bisherige persönlich haftende Gesellschafter *Vorname Nachname*

oder

- *Vorname Nachname, Geburtsdatum, Anschrift*.

Der Liquidator, *Vorname Nachname, Geburtsdatum, Anschrift* vertritt

- entsprechend der allgemeinen Vertretungsbefugnis.

- stets allein.

Die Geschäftsanschrift der Gesellschaft

- lautet unverändert: *Geschäftsanschrift*

- ist geändert und lautet nunmehr: *Geschäftsanschrift*

*Unterschriftsbeglaubigung für sämtliche persönlich haftende Gesellschafter und Eintragungsfähigkeitsbescheinigung * [Muster 1]

Übereinstimmungsvermerk der elektronischen Abschrift mit dem Papierdokument [Muster 1]

3. Fortsetzung

2.98 Grundsätzlich kann jede durch Gesellschaftsbeschluss bzw. Zeitablauf aufgelöste Gesellschaft fortgesetzt werden.[128] Besonderheiten sieht in § 144 HGB für den Fall vorgesehen, dass die Auflösung durch die Eröffnung des Insolvenzverfahrens erfolgt ist. Über den Wortlaut des § 144 HGB ist die Fortsetzung nicht nur dann möglich, wenn das Verfahren auf Antrag des Schuldners eingestellt worden oder ein Insolvenzplan bestätigt worden ist, der den Fortbestand der Gesellschaft vorsieht, sondern auch dann, wenn das Verfahren nach Wegfall der Eröffnungsgrundes eingestellt worden ist (§ 212 InsO).[129]

2.99 Dagegen verbieten sich Fortsetzungsmöglichkeiten bei allen anderen Fällen der Insolvenzverfahrenseinstellung.

2.100 Die Fortsetzung muss von sämtlichen Gesellschaftern zur Eintragung angemeldet werden. Die Anmeldung der Fortsetzung ist im Übrigen dahingehend der Auslegung fähig, dass die Liquidatoren abberufen sind. Zugleich muss aber die bisherige – oder eine von den Gesellschaftern neu beschlossene – Vertretungsregelung für die persönlich haftenden Gesellschafter angemeldet werden.

2.101 Muster 22: Anmeldung der Fortsetzung

Amtsgericht *Registergericht*

Handelsregister

PLZ Ort

zu HRA*

Zur Eintragung in das Handelsregister melden wir an:

Die aufgelöste Gesellschaft wird fortgesetzt. Die Liquidation war noch nicht abgeschlossen. *Vorname Nachname* ist nicht mehr Liquidator.

Die Vertretungsregelung der Gesellschaft lautet nunmehr wie folgt: *Vertretungsregelung*

Die Geschäftsanschrift der Gesellschaft

- lautet unverändert: *Geschäftsanschrift*

- ist geändert und lautet nunmehr: *Geschäftsanschrift*

*Unterschriftsbeglaubigung für sämtliche persönlich haftende Gesellschafter und Eintragungsfähigkeitsbescheinigung * [Muster 1]

Übereinstimmungsvermerk der elektronischen Abschrift mit dem Papierdokument [Muster 1]

4. Erlöschen

2.102 Nach **Beendigung der Liquidation** ist das Erlöschen der Firma anzumelden (§ 157 Abs. 1 HGB). Nach überwiegender Ansicht ist die Liquidation beendet, wenn kein aktives Gesellschaftsvermögen mehr vorhanden ist, sei es, dass überhaupt kein Vermögen vorhanden war, oder dass das vorhanden gewesene Vermögen an die Gläubiger oder Gesellschafter

---

128) MünchKommHGB/*K. Schmidt*, § 144 Rz. 3.
129) MünchKommHGB/*K. Schmidt*, § 144 Rz. 3.

Rudolph

verteilt worden ist.[130] Das Vorhandensein von Gesellschaftsschulden soll auf die Beendigung der Liquidation ohne Einfluss sein.[131] Für den Eintritt der Vollbeendigung einer **vollkaufmännischen Gesellschaft** mit einem Handelsgewerbe nach § 1 Abs. 2 HGB ist die Löschung der Firma im HR weder erforderlich noch ausreichend; sie hat nur deklaratorische Wirkung.[132]

Das Erlöschen der Firma ist von **sämtlichen Liquidatoren** anzumelden (§ 157 Abs. 1 HGB). Inhalt der Anmeldung ist nicht die Beendigung der Liquidation, sondern das Erlöschen der Firma. Weder anzumelden noch einzutragen ist der Zeitpunkt der Beendigung der Liquidation. Ob die Liquidation wirklich beendet ist, prüft das Registergericht nur, wenn begründete Zweifel daran bestehen.[133]
2.103

Das Registergericht kann die Eintragung der Auflösung und des Erlöschens der Firma nicht davon abhängig machen, dass zugleich die Liquidatoren zur Eintragung ins Handelsregister angemeldet werden.[134] Das Erlöschen der Firma setzt bei Personengesellschaften eine Liquidation und damit das Vorhandensein von Liquidatoren nicht zwingend voraus. Das Registergericht ist im Rahmen der Eintragung des Erlöschens nicht gehalten nachzuforschen, ob die Durchführung einer Liquidation erforderlich war. Der Umstand, dass die Anmeldung des Erlöschens von sämtlichen Liquidatoren vorzunehmen ist (§ 157 Abs. 1 HGB), rechtfertigt keine andere Beurteilung. Zum einen ist auch die Anmeldung durch sämtliche Gesellschafter ausreichend.[135] Zum anderen sind i. d. R. keine Anhaltspunkte dafür ersichtlich, dass nicht sämtliche Gesellschafter zugleich gem. § 146 Abs. 1 S. 1 HGB auch die Liquidatoren sind.
2.104

Zum liquidationslosen Erlöschen der Gesellschaft kommt es auch dann, wenn der vorletzte Gesellschafter ohne einen Nachfolger ausscheidet.[136] Eine Liquidation findet in diesem Fall nicht statt; es kommt zur Anwachsung im Vermögen des letzten Gesellschafters, § 105 Abs. 3 i. V. m. § 738 BGB. In diesem Fall ist zugleich das Ausscheiden des vorletzten Gesellschafters, die Auflösung und das Erlöschen der Firma anzumelden.[137]
2.105

Das liquidationslose Erlöschen tritt ferner auch dann ein, wenn alle Gesellschafter ausscheiden und ihre Gesellschaftsanteile auf einen Dritten übertragen, ohne dass dieser Dritte selbst Gesellschafter wird. In diesem Fall kann die Eintragung des Übernehmers der Gesellschaftsanteile als Gesellschafter nicht erzwungen werden, es ist vielmehr erforderlich, das Ausscheiden der Gesellschafter infolge der Übertragung der Gesellschafterstellung auf den Dritten und das dadurch bedingte Erlöschen der Gesellschaft zum Handelsregister anzumelden und dieses dann entsprechend einzutragen.[138]
2.106

Eine Fortsetzung der durch Vermögensanwachsung aufgelösten und erloschenen Gesellschaft ist nach Vollzug der Vermögensanwachsung nicht mehr möglich.[139]
2.107

---

130) RG JW 1926, 1432, 1433; KG WM 1955, 893; OLGE 9, 257, 259; OLG Zweibrücken Rpfleger 2002, 83; BayObLG BB 1983, 82; Baumbach/Hopt/*Roth*, HGB, § 157 Rz. 1.

131) Str. Henssler/Strohn/*Klöhn*, GesellschaftsR, § 157 HGB Rz. 5.

132) BGH NJW 1979, 1987; BayObLG BB 1983, 82.

133) Henssler/Strohn/*Klöhn*, GesellschaftsR, § 157 HGB Rz. 8.

134) BayObLG FGPrax 2001, 160.

135) BayObLG FGPrax 2001, 160, 161; Baumbach/Hopt/*Roth*, HGB, § 157 Rz. 2.

136) BGHZ 113, 132–139; BGHZ 65, 79.

137) Zur gleichen Rechtslage bei der Partnerschaftsgesellschaft: KG NZG 2007, 665–667.

138) KG, Beschl. v. 30.11.2018 – 22 W 69/18, juris; OLG München NZG 2010, 1305–1306.

139) OLG Oldenburg BB 1955, 237.

2.108 Muster 23: Erlöschen der Firma

Amtsgericht *Registergericht*

Handelsregister

PLZ Ort

zu HRA*

Zur Eintragung in das Handelsregister wird angemeldet:

Die Liquidation ist beendet.

Die Firma ist erloschen.

Die Bücher und Schriften der Gesellschaft werden von dem Liquidator *Vorname Nachname* verwahrt.[140]

*Unterschriftsbeglaubigung für sämtliche Liquidatoren und Eintragungsfähigkeitsbescheinigung * [Muster 1]

Übereinstimmungsvermerk der elektronischen Abschrift mit dem Papierdokument [Muster 1]

2.109 Muster 24: Anmeldung der endgültigen Einstellung des Geschäftsbetriebes der OHG ohne Liquidation

Amtsgericht *Registergericht*

Handelsregister

PLZ Ort

zu HRA*

Zur Eintragung in das Handelsregister melden wir an:

Die Gesellschaft ist durch Beschluss sämtlicher Gesellschafter aufgelöst.

Der Geschäftsbetrieb wurde ohne Liquidation endgültig eingestellt. Es ist kein Vermögen vorhanden.

Die Firma ist erloschen.

*Unterschriftsbeglaubigung für sämtliche persönlich haftende Gesellschafter und Eintragungsfähigkeitsbescheinigung * [Muster 1]

Übereinstimmungsvermerk der elektronischen Abschrift mit dem Papierdokument [Muster 1]

---

140) Oder eine andere Person, Angabe mit Anschrift.

Rudolph

Muster 25: Anmeldung des Ausscheidens eines von zwei Gesellschaftern einer OHG 2.110
mit Fortführung durch den verbliebenen Gesellschafter

Amtsgericht *Registergericht*

Handelsregister

PLZ Ort

zu HRA*

Zur Eintragung in das Handelsregister melden wir an:

Der persönlich haftende Gesellschafter ..., geboren am ..., ist aus der Gesellschaft ausgeschieden.

Die Gesellschaft ist dadurch aufgelöst.

☐ Das Geschäft wird von dem verbleibenden Gesellschafter ... mit allen Aktiven und Passiven übernommen und als einzelkaufmännisches Unternehmen unter der Firma ... fortgeführt.[141]

Die Geschäftsanschrift

• lautet unverändert *Geschäftsanschrift*

• ist geändert und lautet nunmehr: *Geschäftsanschrift*

☐ Das Geschäft wird von dem verbleibenden Gesellschafter ... mit allen Aktiven und Passiven übernommen und als einzelkaufmännisches Unternehmen fortgeführt unter der neuen Firma .... Die neue Firma wird mit einer gesonderten Anmeldung zur Eintragung angemeldet.[142] Die Firma ist erloschen.[143]

☐ Das Geschäft wird von dem verbleibenden Gesellschafter mit allen Aktiven und Passiven übernommen. Ein in kaufmännischer Weise eingerichteter Geschäftsbetrieb ist nicht mehr erforderlich. Die Firma ist erloschen.[144]

*Unterschriftsbeglaubigung für sämtliche persönlich haftende Gesellschafter und Eintragungsfähigkeitsbescheinigung * [Muster 1]

Übereinstimmungsvermerk der elektronischen Abschrift mit dem Papierdokument [Muster 1]

Muster 26: Anmeldung des Ausscheidens aller Gesellschafter durch Übertagung der 2.111
Anteile auf einen Dritten mit Auflösung und Erlöschen

Amtsgericht *Registergericht*

Handelsregister

PLZ Ort

zu HRA*

---

141) Die bisherige Firma wird im Wesentlichen beibehalten; Änderung des Rechtsformzusatzes erforderlich.
142) Siehe Muster 1.
143) Die bisherige Firma wird nicht beibehalten.
144) Das Geschäft wird als kleingewerbliches Unternehmen ohne Handelsregistereintragung weiterbetrieben.

Zur Eintragung in das Handelsregister melden wir an:

Die persönlich haftende Gesellschafter ..., geboren am ..., und ..., geboren am ..., sind aus der Gesellschaft ausgeschieden. Sie haben ihre Gesellschaftsanteile auf ..., geboren am ..., wohnhaft in ... übertragen.

Die Gesellschaft ist dadurch aufgelöst.

Die Firma ist erloschen.

*Unterschriftsbeglaubigung für sämtliche persönlich haftende Gesellschafter und Eintragungsfähigkeitsbescheinigung * [Muster 1]

Übereinstimmungsvermerk der elektronischen Abschrift mit dem Papierdokument [Muster 1]

5. Nachtragsliquidation

2.112 Stellt sich nachträglich das Vorhandensein von Gesellschaftsvermögen heraus, so steht fest, dass die Gesellschaft nur scheinbar zu existieren aufgehört hat.[145] Die Eintragung des Erlöschens der Firma kann nach § 395 FamFG von Amts wegen wieder gelöscht werden.[146] Die Liquidation ist fortzusetzen. Die Vertretungsbefugnis der bisherigen Liquidatoren besteht fort.[147] Eine Wiedereintragung an das Handelsregister erfolgt nur bei längerem oder umfangreichem noch bestehendem Abwicklungsbedarf.[148] Das neuerliche Erlöschen der Firma ist nach § 157 HGB anzumelden und einzutragen. Sind nur noch einzelne Abwicklungsmaßnahmen erforderlich (z. B. Abgabe von Löschungsbewilligungen), macht dies allein keine Nachtragsliquidation erforderlich. Diejenigen, die die Bücher und Papiere nach § 157 Abs. 2 HGB verwahren, sind als ermächtigt anzusehen, solche Erklärungen für die gelöschte OHG abzugeben.[149]

2.113 Ist die OHG bereits längere Zeit gelöscht, kommt anstelle des Auflebens der Vertretungsbefugnis der Liquidatoren und der Fortsetzung der Liquidation durch dieselben die Bestellung eines Nachtragsliquidators in entsprechender Anwendung von § 273 Abs. 4 AktG in Betracht.[150] Dieses soll zumindest dann gelten, wenn sich das Bedürfnis der Nachtragsliquidation einer OHG erst sehr lange Zeit (mehr als 100 Jahre!) nach der Löschung im Handelsregister ergibt und es unklar ist, ob zu diesem Zeitpunkt die Gesellschafter überhaupt noch existieren und auffindbar sowie zur Fortsetzung der Liquidation bereit und in der Lage sind.

2.114 Betrieb die OHG nur ein **kleingewerbliches Unternehmen** oder eine reine **Vermögensverwaltung** nach § 105 Abs. 2 HGB, führte die konstitutive Eintragung im HR zum Entstehen der OHG. Die Eintragung des Erlöschens der Firma aufgrund Anmeldung der Liquidatoren muss deshalb auch wieder zum Verlust der OHG-Eigenschaft führen. Soweit noch Gesellschaftsvermögen vorhanden sein sollte, steht dies einer BGB-Gesellschaft, bestehend aus den bisherigen OHG-Gesellschaftern, zu.

---

145) BGH NJW 1979, 1987; RG JW 1926, 1432; BayObLG BB 1983, 82; OLG Karlsruhe Rpfleger 1977, 176.
146) Henssler/Strohn/*Klöhn*, GesellschaftsR, § 157 HGB Rz. 9.
147) BGH NJW 1979, 1987; Henssler/Strohn/*Klöhn*, GesellschaftsR, § 155 HGB Rz. 18.
148) Vgl. Gustavus/*Böhringer*, Handelsregister-Anmeldungen, A 56.
149) Henssler/Strohn/*Klöhn* GesellschaftsR, § 155 HGB Rz. 19 m. w. N.
150) OLG Saarbrücken NZG 2018, 1185.

Rudolph

C. Kommanditgesellschaft

I. Eintragungspflicht

Zur Eintragung im HR sind anzumelden:　　　　　　　　　　　　　　　　　　　　**2.115**

– Ersteintragung (§§ 161 Abs. 2, 106; § 162 Abs. 1 HGB)

– Firmenänderung (§§ 161 Abs. 2, 107 HGB)

– Sitzverlegung und Änderung der Geschäftsanschrift (§§ 161 Abs. 2, 107 HGB)

– Eintritt eines Komplementärs (§§ 161 Abs. 2, 107 HGB)

– Ausscheiden eines Komplementärs (§§ 161 Abs. 2, 143 Abs. 2 HGB)

– Änderung der Vertretungsmacht eines Komplementärs (§§ 161 Abs. 2, 107 HGB)

– Eintritt/Austritt eines Kommanditisten (§ 162 Abs. 3 HGB)

– Erhöhung und Herabsetzung einer Kommanditeinlage (§ 175 S. 1 HGB)

– Auflösung (§§ 161 Abs. 2, 143 Abs. 1 HGB)

– Liquidatoren und deren Vertretungsmacht (§§ 11 Abs. 2, 148 Abs. 1 HGB)

– Erlöschen der Firma (§§ 161 Abs. 2, 157 Abs. 1 HGB).

II. Materielle Besonderheiten

Die KG hat gem. § 161 Abs. 1 HGB zwei Arten von Gesellschaftern: den unbeschränkt haf- **2.116** tenden **Komplementär** und den nach den §§ 171–176 HGB beschränkt haftenden **Kommanditisten**. Der Komplementär wird wie ein persönlich haftender Gesellschafter einer OHG behandelt. Besonderheiten ergeben sich beim Kommanditisten:

Von der **Geschäftsführung** ist der Kommanditist ausgeschlossen (§ 164 HGB). Durch **2.117** Gesellschaftsvertrag kann jedoch abweichendes vereinbart werden und eine Geschäftsführungsbefugnis rechtsgeschäftlich eingeräumt werden. Die Geschäftsführungsbefugnis eines Kommanditisten ist nicht anmelde- und nicht eintragungsfähig.[151]

Zur **Vertretung** der KG ist der Kommanditist nicht berechtigt (§ 170 HGB). Abweichendes **2.118** kann auch im Gesellschaftsvertrag nicht vereinbart werden. Jedoch kann ein Kommanditist zum Prokuristen der KG bestellt werden.

Auch eine **Gesellschaft bürgerlichen Rechts** kann in der Erscheinungsform der **BGB-Au-** **2.119** **ßengesellschaft** Kommanditistin sein (§ 162 Abs. 1 S. 2 HGB). In diesem Fall sind deren Gesellschafter entsprechend § 106 Abs. 2 Nr. 1 HGB und spätere Änderungen in der Zusammensetzung der Gesellschafter zur Eintragung anzumelden.[152] Die Anerkennung der Grundbuchfähigkeit der GbR unter ihrem Namen[153] ändert nichts daran, dass aufgrund der eindeutigen gesetzlichen Regelung in § 162 Abs. 1 HGB die GbR stets mit ihren Gesellschaftern und nicht nur unter ihrem Namen und Sitz im Handelsregister einzutragen ist.

---

151) OLG Frankfurt/M. GmbHR 2006, 265–266; a. A. BFH GmbHR 1996, 947–950.

152) § 162 Abs. 1 S. 2 HGB; zuvor bereits BGH FGPrax 2001, 251 = Rpfleger 2001, 598.

153) BGH DB 2009, 109–112.

2.120 Die nicht nach außen am Markt teilnehmende **BGB-Innengesellschaft**[154] wie auch die eheliche Gütergemeinschaft[155] kann nicht Kommanditistin sein. Ebenso ist die Eintragung eines „nasciturus" als Kommanditisten zu verneinen, da bis zur Geburt unsicher ist, ob er überhaupt Kommanditist werden kann.[156]

III. Formelle Besonderheiten

1. Firma[157]

2.121 Nach § 19 Abs. 1 Nr. 3 HGB muss die Firma die Bezeichnung „Kommanditgesellschaft" oder eine allgemein verständliche Abkürzung enthalten (z. B. **KG**). Die Verwendung des Namens des Kommanditisten ist zulässig.[158]

2.122 Zur Ergänzung eines Rechtsformzusatzes für Firmen, die vor dem Handelsrechtsformgesetz eingetragen gelten die Ausführungen zur OHG.[159]

2. Anmeldung

2.123 Sie hat jeweils von **sämtlichen Gesellschaftern** zu erfolgen, also von den Komplementären und Kommanditisten (§§ 161 Abs. 2, 108 Abs. 1, 143 Abs. 1, 148 Abs. 1, 175 S. 1 HGB). Das Erlöschen der Firma ist von sämtlichen Liquidatoren anzumelden (§§ 161 Abs. 2, 157 Abs. 1 HGB). Die **Vertretungsberechtigung** der Komplementäre muss abstrakt (nicht nur konkret!) angemeldet werden (§§ 161 Abs. 2, 106 Abs. 2 Nr. 4 HGB), und zwar auch dann, wenn nur einer vorhanden ist (Einzelvertretungsberechtigung:[160] *„Die persönlich haftenden Gesellschafter vertreten jeweils einzeln"*. Eine weiter gehende Anmeldung für den Fall des Hinzutretens weiterer Komplementäre ist nicht notwendig, da sich an der gesetzlichen Einzelvertretungsberechtigung dadurch nichts ändert.[161] Entgegen dem Gesetzeswortlaut von § 106 Abs. 2 Nr. 4 HGB ist die fehlende Vertretungsberechtigung von Kommanditisten, die schließlich auch Gesellschafter sind, nicht anzumelden. vgl. § 40 Nr. 5 Abs. 2 lit. d HRV. Kommt es allerdings zur Auflösung der KG, werden alle Gesellschafter vertretungsberechtigte Liquidatoren, also auch die Kommanditisten (§§ 161 Abs. 2, 146 Abs. 1 HGB). In diesem Fall muss deshalb auch die Vertretungsmacht der Kommanditisten – sowohl abstrakt wie auch konkret[162] – als geborene Liquidatoren angemeldet werden.[163]

2.124 Zusätzlich zum sonstigen **Inhalt** der Anmeldung gem. §§ 161 Abs. 2, 106 Abs. 2 HGB, § 24 Abs. 2 HRV (vgl. dazu Rz. 2.52) müssen die Personalien der Kommanditisten und deren Einlagen angegeben werden (§ 162 Abs. 1 HGB).

---

154) Henssler/Strohn/*Gummert*, GesellschaftsR, § 162 HGB Rz. 5.
155) OLG Nürnberg NZG 2017, 1026; BayObLG DNotZ 2003, 454; **a. A.** mit beachtlichen Gründen *Kanzleiter*, DNotZ 2003, 422.
156) OLG Celle NZG 2018, 303.
157) Zur Firmenbildung allgemein vgl. zunächst Abschn. A II, Rz. 2.14 ff.
158) OLG Saarbrücken NZG 2006, 586.
159) Vgl. Rz. 2.51.
160) Vgl. DNotI-Report 2003, 169.
161) *Gustavus*, NotBZ 2002, 77, 78.
162) Bei der GmbH: BGH GmbHR 2007, 877–878 = ZIP 2007, 1367.
163) *Gustavus*, NotBZ 2002, 77, 79.

Rudolph

Muster 27: Anmeldung einer KG (Neugründung) 2.125

Amtsgericht *Registergericht*

Handelsregister

PLZ Ort

zu RegNeu (HRA)

Zur Eintragung in das Handelsregister melden wir an:

Wir haben unter der Firma *Firma* eine Kommanditgesellschaft errichtet.

Sitz der Gesellschaft ist *Ort*.

Gegenstand der Gesellschaft ist *Angabe des Unternehmensgegenstandes*

Die Geschäftsanschrift lautet: *Anschrift*.

Persönlich haftende Gesellschafter sind:

1.   *Vorname Nachname, Geburtsdatum, Wohnanschrift*

2.   *Vorname Nachname, Geburtsdatum, Wohnanschrift*

Kommanditisten sind:

1.   *Vorname Nachname, Geburtsdatum, Wohnanschrift*. mit einer Einlage von ... €

2.   *Vorname Nachname, Geburtsdatum, Wohnanschrift*. mit einer Einlage von ... €

Jeder persönlich haftende Gesellschafter vertritt die Gesellschaft allein (oder eine andere Vertretungsregelung).

gez. ... *Unterschrift*

gez. ... *Unterschrift*

gez. ... *Unterschrift*

gez. ... *Unterschrift*

*Unterschriftsbeglaubigung für sämtliche Gesellschafter und Eintragungsfähigkeitsbescheinigung * [siehe Muster 1]

Übereinstimmungsvermerk der elektronischen Abschrift mit dem Papierdokument [siehe Muster 1]

2.126 Muster 28: Handelsregistereintragung einer KG

- Wiedergabe des aktuellen Registerinhalts -

	Amtsgericht Charlottenburg	
Ausdruck	- Handelsregister Abteilung A -	HRA 39099 B

Aktueller Ausdruck   HRA 39099 B

Handelsregister Abteilung A
Amtsgericht Charlottenburg

1. Anzahl der bisherigen Eintragungen
   1 Eintragung(en)

2.a) Firma
   Dr. Heinrich Schönfelder KG

b) Sitz, Niederlassung, inländische Geschäftsanschrift, Zweigniederlassungen
   Berlin
   Unter den Linden 105, 10117 Berlin

3.a) Allgemeine Vertretungsregelung
   Die persönlich haftenden Gesellschafter Dr. Heinrich Schönfelder und Dr. Carl Sartorius vertreten
   die Gesellschaft gemeinschaftlich oder jeder von ihnen gemeinsam mit einen Prokuristen.

b) Inhaber, persönlich haftende Gesellschafter, Geschäftsführer, Vorstand, Vertretungsberechtigte und besondere Vertretungsbefugnis

   Persönlich haftender Gesellschafter:
   Dr. Sartorius, Carl, *12.02.1943, Berlin
   Dr. Schönfelder, Heinrich, *26.07.1955, Berlin

   Persönlich haftender Gesellschafter:
   von der Vertretung ausgeschlossen
   Dr. Palandt, Otto, *15.05.1950, Berlin

5.a) Rechtsform, Beginn und Satzung
   Kommanditgesellschaft

c) Kommanditisten, Mitglieder
   1. Meier, Klaus, *17.07.1955, Berlin   500 EUR

6. Tag der letzten Eintragung
   30.01.2009

Amtsgericht Charlottenburg, 04.02.2009 17:35 Uhr

Muster 29: Anmeldung einer GbR & Co. KG (Neugründung) 2.127

Amtsgericht *Registergericht*

Handelsregister

PLZ Ort

zu RegNeu (HRA)

Zur Eintragung in das Handelsregister melden wir an:

Wir haben unter der Firma *Firma* eine Kommanditgesellschaft errichtet.

Sitz der Gesellschaft ist *Ort*.

Gegenstand der Gesellschaft ist *Angabe des Unternehmensgegenstandes*

Die Geschäftsanschrift lautet: *Anschrift*.

Persönlich haftende Gesellschafterin ist die ...-GbR mit Sitz in Berlin. Sie besteht aus:

1.   *Vorname Nachname, Geburtsdatum, Wohnanschrift*

2.   *Vorname Nachname, Geburtsdatum, Wohnanschrift*

Kommanditisten sind

1.   *Vorname Nachname, Geburtsdatum, Wohnanschrift*. mit einer Einlage von ... €

2.   *Vorname Nachname, Geburtsdatum, Wohnanschrift*. mit einer Einlage von ... €

Jeder persönlich haftende Gesellschafter vertritt die Gesellschaft allein.[164]

Die persönlich haftende Gesellschafterin ...-GbR darf Rechtsgeschäfte mit sich selbst und mit sich als Vertreterin Dritter abschließen.[165]

Die persönlich haftende Gesellschafterin ...-GbR wird durch sämtliche Gesellschafter gemeinschaftlich vertreten.[166]

gez. ... *Unterschrift*

gez. ... *Unterschrift*

gez. ... *Unterschrift*

gez. ... *Unterschrift*

*Unterschriftsbeglaubigung für sämtliche Gesellschafter und für sämtliche Gesellschafter der als persönlich haftenden Gesellschafterin eingetragenen GbR und Eintragungsfähigkeitsbescheinigung * [siehe Muster 1]

Übereinstimmungsvermerk der elektronischen Abschrift mit dem Papierdokument [siehe Muster 1]

---

164) Oder eine andere Vertretungsregelung.

165) Konkrete Vertretungsbefugnis nur, wenn sie von der allgemeinen Vertretungsregelung abweicht.

166) Hier muss die Vertretungsbefugnis für die GbR angegeben werden, abweichende Regelungen sind möglich.

2.128 Muster 30: Anmeldung einer KG (Aufnahme eines Kommanditisten in ein bereits bestehendes Einzelunternehmen oder eine bereits bestehende OHG)

Amtsgericht *Registergericht*

Handelsregister

PLZ Ort

zu HRA

Zur Eintragung in das Handelsregister melden wir an:

[167] Ich, ..., geboren am ..., bin bereits als Inhaber des Handelsgeschäfts eingetragen. In das unter der oben genannten Firma betriebene Handelsgeschäft ist *Vorname Nachname, Geburtsdatum, Wohnanschrift* als Kommanditist mit einer Einlage von ... € eingetreten.

Die Kommanditgesellschaft führt die Firma mit dem Zusatz KG fort. Die Firma ist entsprechend geändert in: ... KG.

Der bisherige Inhaber willigt in die Firmenfortführung ein.

[168] Zur Eintragung in das Handelsregister melden wir an, dass *Vorname Nachname, Geburtsdatum, Wohnanschrift* als Kommanditist mit einer Einlage von ... € eingetreten ist.

Die Kommanditgesellschaft führt die Firma der OHG mit dem Zusatz KG fort. Die Firma ist entsprechend geändert in: ... KG.

Die bisherigen Gesellschafter willigen in die Firmenfortführung ein.

Sitz der Gesellschaft ist *Ort*.

Gegenstand der Gesellschaft ist *Angabe des Unternehmensgegenstandes*

Jeder persönlich haftende Gesellschafter vertritt die Gesellschaft allein (oder eine andere Vertretungsregelung).

Die Geschäftsanschrift

- lautet unverändert: *Geschäftsanschrift*

- ist geändert und lautet nunmehr: *Geschäftsanschrift*

gez. ... *Unterschrift*

gez. ... *Unterschrift*

gez. ... *Unterschrift*

*Unterschriftsbeglaubigung für sämtliche Gesellschafter und Eintragungsfähigkeitsbescheinigung * [Muster 1]

Übereinstimmungsvermerk der elektronischen Abschrift mit dem Papierdokument [siehe Muster 1]

---

167) Eintritt in ein bereits bestehendes Einzelunternehmen.

168) Eintritt in eine bereits bestehende OHG.

Muster 31: Anmeldung des Eintritts von Erben eines OHG-Gesellschafters als Kommanditisten 2.129

Amtsgericht *Registergericht*

Handelsregister

PLZ Ort

zu HRA

Zur Eintragung in das Handelsregister melden wir an:

Der persönlich haftende Gesellschafter *Vorname Nachname* ist durch Tod aus der Gesellschaft ausgeschieden.

In die Gesellschaft sind als Kommanditisten dessen Erben *Vorname Nachname, Geburtsdatum, Wohnanschrift* mit einer Einlage von ... € und *Vorname Nachname, Geburtsdatum, Wohnanschrift* mit einer Einlage von ... € eingetreten.

Die Gesellschaft wird als Kommanditgesellschaft unter der Firma mit dem Zusatz KG fortgesetzt und ist entsprechend geändert in *Firma*.

Die Erben des verstorbenen Gesellschafters willigen in die Firmenfortführung ein.

Sitz der Gesellschaft ist *Ort*.

Gegenstand der Gesellschaft ist *Angabe des Unternehmensgegenstandes*

Jeder persönlich haftende Gesellschafter vertritt die Gesellschaft allein.[169]

Die Geschäftsanschrift

- lautet unverändert: *Geschäftsanschrift*

- ist geändert und lautet nunmehr: *Geschäftsanschrift*

gez. ... *Unterschrift*

gez. ... *Unterschrift*

gez. ... *Unterschrift*

*Unterschriftsbeglaubigung für sämtliche Gesellschafter und Eintragungsfähigkeitsbescheinigung * [Muster 1]

Übereinstimmungsvermerk der elektronischen Abschrift mit dem Papierdokument [Muster 1]

3. Gesellschafterwechsel

a) Rechtsgeschäftliche Übertragung einer Kommanditbeteiligung

Dies ist mit Zustimmung der übrigen Gesellschafter (vgl. §§ 161 Abs. 2, 105 Abs. 3 HGB, 2.130
§ 719 BGB) möglich.[170] Anzumelden ist in diesem Fall das **Ausscheiden** des bisherigen Kommanditisten (§§ 161 Abs. 2, 143 Abs. 2 HGB) und der **Eintritt** des neuen Kommanditisten (§§ 161 Abs. 2, 107 HGB).

---

169) Oder eine andere Vertretungsregelung.
170) RG DNotZ 1944, 195; BGHZ 44, 229; BGHZ 71, 296; BGHZ 81, 82.

2.131 Würde nur das Ausscheiden und der Eintritt der Kommanditisten isoliert eingetragen, d. h. ohne einen Vermerk über die **Sonderrechtsnachfolge**, würde zwar der neue Kommanditist nicht haften, wenn sein Rechtsvorgänger die Haftsumme eingezahlt hatte (§§ 173, 171 Abs. 1 Halbs. 2 HGB). Es würde jedoch zu einer Haftung des ausscheidenden Kommanditisten kommen (vgl. §§ 172 Abs. 4, 171 Abs. 1 Halbs. 1 HGB), weil das Recht, sich auf die Einlageleistung zu berufen, mit der Anteilsübertragung auf den neuen Kommanditisten übergangen ist.[171] Wird ein Vermerk über die Sonderrechtsnachfolge im Handelsregister eingetragen, kommt es weder zu einer Haftung des neuen noch des alten Kommanditisten, denn der neue tritt in diejenige Rechtsposition ein, die der alte innehatte (§ 171 Abs. 1 Halbs. 2 HGB). Dies rechtfertigt und verlangt die Eintragung eines auf die Sonderrechtsnachfolge hinweisenden Vermerks.[172] Durch die Änderung von §§ 162 Abs. 2, 175 S. 2 HGB durch das NaStraG vom 18.1.2001[173] ist im Falle des Eintritts eines Kommanditisten in eine bestehende KG sowie bei Änderung der Hafteinlage keine Bekanntmachung mehr erforderlich. § 15 HGB wird in diesem Zusammenhang ausdrücklich für nicht anwendbar erklärt. Daraus wird geschlossen, dass sich die Frage der Verdoppelung der Haftsumme für die Altgläubiger bei der Anteilsübertragung als Austritt und Eintritt von Kommanditisten ohne besonderen Nachfolgevermerk erledigt hat; letzterer werde nicht mehr benötigt.[174] Da sich die Haftungsverdoppelung nicht auf § 15 HGB stützt, sondern als unabhängiges Richterrecht die Rechtsprechung des BGH dazu weiter gilt, muss jedoch weiterhin von der Notwendigkeit des Rechtsnachfolgevermerks ausgegangen werden.[175]

2.132 Damit das Registergericht prüfen kann, ob das Ausscheiden und der Neueintritt des Kommanditisten durch Sonderrechtsnachfolge verknüpft sind, wird eine sog. **negative Abfindungsversicherung** verlangt, die beinhaltet, dass der ausscheidende Kommanditist von Seiten der Gesellschaft keine Abfindung aus dem Gesellschaftsvermögen erhalten oder versprochen bekommen hat.[176] Die Versicherung muss nicht in öffentlich beglaubigter Form nach § 12 HGB abgegeben werden, sondern es genügt Schriftform.[177] Diese Versicherung ist von den vertretungsberechtigten Gesellschaftern (für die KG) sowie dem übertragenden Kommanditisten zu erklären, nicht jedoch von dem eintretenden Kommanditisten, da dieser darüber keine Nachforschung anstellen kann.[178] Nach überwiegender Ansicht ist bei der Abgabe der Abfindungsversicherung Stellvertretung ausgeschlossen, denn nur dadurch sei sichergestellt, dass diejenigen, denen die internen Vorgänge bekannt sind, auch die persönliche Verantwortung für die Richtigkeit der Angaben gegenüber dem Registergerecht übernehmen.[179] Dem ist zu widersprechen. Die negative Abfindungsversicherung ist überflüssig. Sie kann weder den Veräußerer noch den Erwerber der Kommanditeinlage vor einer

---

171) BGHZ 82, 82 = DNotZ 1982, 490; *Limmer*, ZNotP 2000, 297; Henssler/Strohn/*Gummert*, GesellschaftsR, § 162 HGB Rz. 9.

172) RG DNotZ 1944, 195; BayObLG DNotZ 1977, 683; MittBayNot 1983, 22; OLG Köln DNotZ 1953, 435; OLG Nürnberg NZG 2012, 1270–1271.

173) BGBl I 2001, 123.

174) *K. Schmidt*, ZIP 2002, 413, 417; *Wilhelm*, DB 2002, 1979.

175) OLG Hamm DNotZ 2005, 229; OLG Köln ZIP 2004, 505; *Krafka/Kühn*, Registerrecht, Rz. 748; *Terbrack*, Rpfleger 2003, 105; *Peters*, RNotZ 2002, 425, 438; DNotI-Report 2002, 113.

176) BGH Rpfleger 2006, 129; OLG Nürnberg NZG 2012, 1270–1271; BayObLG DB 1983, 384; OLG Zweibrücken FGPrax 2000, 208; OLG Köln BB 1992, 1742; a. A. KG MittBayNot 2004, 459 (Auffassung wird nicht mehr vertreten); AG Berlin-Charlottenburg DNotZ 1988, 519; *Jeschke*, DB 1983, 541; *Michel*, DB 1988, 1985.

177) KG NZG 2009, 905 *Krafka/Kühn* Registerrecht Rz. 750; a. A. *Müther* Rpfleger 2006, 129.

178) *Bokelmann* DNotZ 1988, 522, 525; *Michel* DB 1988, 1895.

179) KG ZIP 2009, 1571, OLG Zweibrücken Rpfleger 2002, 156; OLG Oldenburg DNotZ 1992, 186, 187.

Rudolph

Inanspruchnahme durch Gesellschaftsgläubiger schützen, wenn die haftungsrechtlichen Voraussetzungen gegeben sind.[180] Durch die geforderte Höchstpersönlichkeit bei der Abgabe der Erklärung werden die Anforderungen an sie noch höher geschraubt, ohne dass dadurch ein höherer Vertrauensgewinn erzielt werden kann. Eine höchstpersönliche, die rechtsgeschäftliche Stellvertretung ausschließende Anmeldung ist immer nur dann erforderlich, wenn mit der Anmeldung zusätzliche Erklärungen oder Versicherungen abzugeben sind, die – wenn sie unrichtig sind – eine persönliche Haftung des falsch Erklärenden nach sich ziehen, und/oder wenn die falsche Erklärung mit Kriminalstrafe bedroht ist.[181] Keiner dieser Gesichtspunkte trifft auf die Abfindungsversicherung zu. Eine falsche Versicherung hat weder eine zivilrechtliche noch eine strafrechtliche Folge, sondern führt lediglich dazu, dass der ausgeschiedene Kommanditist den Gesellschaftsgläubigern bis zur Höhe seiner Haftungssumme haftet. Deshalb ist bei der Abgabe der Abfindungsversicherung Stellvertretung zulässig.[182]

aa) Übertragung an Minderjährige

Bei der Übertragung eines Kommanditanteils an einen Minderjährigen ist die Entgeltlichkeit des Erwerbvorgangs entscheidend. Denn grundsätzlich bedarf der Minderjährige für diesen Erwerbsvorgang der Vertretung durch seine Eltern, wenn der Erwerb entgeltlich erfolgt, die Einlage nicht vollständig erbracht ist oder der Minderjährige wegen § 176 Abs. 2 HGB für den Zeitraum zwischen dem Beitritt zur Gesellschaft und seiner Eintragung unbeschränkt haftet. Wird der Kommanditanteil zudem von einem vertretungsberechtigten Elternteil erworben, tritt auch noch ein Vertretungsausschluss ein (§§ 181, 1795 BGB) und es wird die Bestellung eines Ergänzungspflegers (§ 1909 BGB) erforderlich. Erfolgt die Übertragung an mehrere Minderjährige gleichzeitig, soll es ausreichen, für alle Minderjährigen einen gemeinsamen Ergänzungspfleger zu bestellen, weil lediglich Rechtsbeziehungen zwischen dem Minderjährigen und den bisherigen Gesellschaftern begründet werden.[183] Dieses bleibt zu hinterfragen, denn die Ausgestaltung des Eintrittsvertrages und die mit dem Gesellschaftseintritt verbundenen vertraglichen Pflichten müssen nicht für alle eintretenden Gesellschafter gleich sein und müssen ggf. individuell für jeden einzelnen Minderjährigen geprüft werden. Ein Vertretungsausschluss besteht ferner für den Gesellschafterbeschluss zur Aufnahme des Minderjährigen als neuen Gesellschafter, wenn die Eltern selbst Gesellschafter sind.[184]

2.133

bb) Familienrechtliche Genehmigungspflichten

Ob der Erwerb eines Kommanditanteils im Rahmen der zuvor genannten Erwerbsvorgänge einer familiengerichtlichen Genehmigung bedarf, wird im Wesentlichen davon abhängig gemacht, ob die Gesellschaft nur vermögensverwaltend i. S. d. § 105 Abs. 2 HGB ist oder ein Erwerbsgeschäft betreibt. Für den Fall des Betreibens eines Erwerbsgeschäfts, sei es, ob es nach § 105 Abs. 1 HGB oder durch konstitutiven Eintrag errichtet ist, besteht die Genehmigungspflicht nach § 1822 Nr. 3 BGB. Bei rein vermögensverwaltenden Gesellschaf-

2.134

---

180) *Henssler/Strohn-Gummert* Gesellschaftsrecht § 162 HGB Rz. 9.

181) BayObLGZ 1986, 203.

182) *Krafka/Kühn*, Registerrecht, Rz. 750; *Müther*, Rpfleger 2006, 129; *Terbrack*, Rpfleger 2003, 105, 109; *Waldner*, Rpfleger 2002, 156; a. A. *Gustavus*, GmbHR 1978, 219 ff. (insbes. Fn. 21); *Rudolph/Melchior*, NotBZ 2007, 350.

183) OLG München NZG 2010, 862; *Maier-Reimer/Marx*, NJW 2005, 3025 ff.

184) *Reinmann*, DNotZ 1999, 204.

ten kommt dieser Genehmigungstatbestand nicht in Betracht,[185] so dass in diesen Fällen jedoch der Tatbestand der Übernahme einer fremden Verbindlichkeit i. S. d. § 1822 Nr. 10 BGB[186] zumindest zu prüfen bleibt.

cc) Abgrenzungen zum Vertretungsausschluss und lediglich rechtlicher Vorteil (§ 107 BGB)

2.135 Kann der Erwerb des Kommanditanteils jedoch als lediglich rechtlich vorteilhaft qualifiziert werden, kommt es zu keinem gesetzlichen Vertretungsausschluss. Dabei wird neuerdings der unentgeltliche Erwerb eines volleingezahlten Kommanditanteils unter der aufschiebenden Bedingung der Eintragung als eben ein solcher rechtlicher Vorteil behandelt;[187] die mit dem Gesellschaftsbeitritt verbunden gesellschaftsrechtlichen Treuepflichten treten bei dieser Gesamtbewertung des Erwerbsvorgangs in den Hintergrund. Dieser lediglich rechtliche Erwerbsvorgang soll dann auch dann eine Genehmigungspflicht nach § 1822 Nr. 3 BGB entfallen lassen.[188]

2.136 Ein Vertretungsausschluss liegt ferner dann nicht vor, wenn sowohl der Minderjährige wie auch ein Elternteil bereits Kommanditist sind und ein Dritter als Gesellschafter aufgenommen werden soll.[189] Die mit der Aufnahme des Dritten einhergehende Gesellschaftsvertragsveränderung wirkt lediglich im Verhältnis des Dritten zu den bisherigen Gesellschaftern und nicht zwischen den bisherigen Gesellschaftern untereinander.

b) Nießbrauch

2.137 Die Bestellung eines Nießbrauchs an einem Kommanditanteil ist zulässig.[190] Eine Eintragungsfähigkeit des Nießbrauchs im Handelsregister in Weiterentwicklung der Rechtsprechung des Bundesgerichtshofs[191] zur Eintragungsfähigkeit der Testamentsvollstreckung ist abzulehnen, da das Register im Sinne der Übersichtlichkeit und Registerklarheit von Eintragungen, an denen es nur partiell denkbare Interessen gibt, freizuhalten ist.[192]

c) Vererbung einer Kommanditbeteiligung

2.138 Durch den Tod eines Kommanditisten wird eine KG nicht aufgelöst. Der Kommanditanteil ist vielmehr kraft Gesetzes vererblich (§ 177 HGB). Ein Alleinerbe erwirbt durch „Gesamtrechtsnachfolge" die Kommanditbeteiligung. Mehrere Erben werden nicht in Erbengemeinschaft Kommanditisten, sondern im Wege der „Sondererbfolge" jeweils einzeln mit einem dem jeweiligen Erbanteil entsprechenden Anteil der Kommanditeinlage.[193] Anzumelden ist das **Ausscheiden** des verstorbenen Kommanditisten (§§ 161 Abs. 2, 143 Abs. 2 HGB) und der **Eintritt** des (der) neuen Kommanditisten (§§ 161 Abs. 2, 107 HGB). Glei-

---

185) OLG Dresden NZG 2018, 1108–1109; OLG München NZG 2009, 104 f.
186) *Rust*, DStR. 2005, 1992.
187) BGH BB 1975, 295 ff.; OLG Köln NZG 2018, 1187; OLG Bremen NZG 2008, 746–748.
188) OLG Köln, a. a. O.; OLG Jena FamRZ 2014, 140–142 mit krit. Anm. *Gerono*, MittBayBot 2013, 389 f.
189) BayObLGZ 77, 80.
190) *Krafka/Kühn*, Registerrecht, Rz. 770; BGH NJW 1999, 571.
191) BGH NJW-RR 2012, 730.
192) OLG München NZG 2016, 2538 ff. mit abl. Anm. *Wachter*, GmbHR 2016, 1271–1273; a. A. OLG Oldenburg NZG 2015, 643–644; OLG Stuttgart NZG 2013, 432–433.
193) KG MittRhNotK 2000, 397; RG DR 1943, 1228; MünchKommHGB/*K. Schmidt*, § 177 Rz. 16; *Binz/Sorg*, Die GmbH & Co. KG, § 6 Rz. 35.

ches gilt auch für die Tatsache der **Gesamtrechtsnachfolge oder Sondererbfolge**, damit die Haftung mit nur einer Einlage kenntlich gemacht wird.[194] Nicht erforderlich ist in diesem Fall die Versicherung, dass der ausscheidende Kommanditist (bzw. seine Erben) von Seiten der KG keinerlei Abfindung aus dem Gesellschaftsvermögen erhalten oder versprochen bekommen hat.[195] Wollen die Gesellschafter beim Tod eines Kommanditisten die Gesellschaft nicht mit dessen Erben weiterführen, kann die Fortsetzung der Gesellschaft bei Ausscheiden des betroffenen Kommanditisten vorgesehen werden. Auch kann für den Fall des Todes eines Kommanditisten statt der Fortsetzung die Auflösung der Gesellschaft vorgesehen werden. Die Gesellschafter können alternativ bestimmen, dass die Gesellschaft beim Tod eines Kommanditisten bloß kündbar wird. Große Bedeutung werden auch weiterhin die qualifizierten Nachfolgeklauseln behalten, die bei Vorhandensein mehrerer Erben nur das Einrücken eines oder einzelner Erben in die Kommanditistenstellung vorsehen, während die unberücksichtigt gebliebenen Erben abzufinden sind. Das Ausscheiden eines verstorbenen Kommanditisten und der Eintritt seiner Erben in die Gesellschaft sind auch bei nachfolgender Übertragung der Kommanditanteile der Erben auf einen Miterben in das Handelsregister einzutragen. Dies ergibt sich aus dem Zweck des Handelsregisters, die die Gesellschaft betreffenden Tatsachen vollständig, d. h. insbesondere lückenlos, wiederzugeben.[196]

d) Exkurs: Testamentsvollstreckung am Kommanditanteil

Besondere Beachtung verdient die Rechtsnachfolge am Kommanditanteil bei angeordneter Testamentsvollstreckung. Die Testamentsvollstreckung an einem Kommanditanteil ist grundsätzlich zulässig.[197] — 2.139

Im Falle einer Verwaltungstestamentsvollstreckung (§ 2209 S. 1 Halbs. 1 BGB) bzw. einer Dauertestamentsvollstreckung (§ 2209 S. 1 Halbs. 2 BGB) soll die Zulässigkeit davon abhängig sein, dass der Gesellschaftsvertrag die Testamentsvollstreckung zulässt oder zumindest durch Zustimmung der übrigen Gesellschafter eine konkludente Gesellschaftsvertragsänderung herbeigeführt wird[198] oder die freie Übertragbarkeit der Kommanditanteile durch den Gesellschaftsvertrag zugelassen ist.[199] — 2.140

Die dem Testamentsvollstrecker in Bezug auf den Kommanditanteil zustehen Befugnisse sind stark abhängig von der Ausgestaltung der Testamentsvollstreckung. — 2.141

Im Falle einer **Auseinandersetzungs-** oder **Abwicklungsvollstreckung** mit den sich aus §§ 2203–2207 BGB ergebenden Befugnissen sind die im Wege der Gesamtrechtsnachfolge eintretenden Erben und **nicht der Testamentsvollstrecker** anmeldebefugt.[200] Die Anmeldebefugnis für Erben, die aufgrund einer sog. qualifizierten Nachfolgeklausel nicht Kommanditisten werden, wird von dem Testamentsvollstrecker wahrgenommen.[201] Im Falle der Nachlassauseinandersetzung bzw. der Nachlassabwicklung ist der Testamentsvollstrecker ausnahmsweise dann anmeldebefugt, wenn der Kommanditanteil einem Vermächtnisnehmer zusteht und der Testamentsvollstrecker mit der Anmeldung der Gesamtrechts- — 2.142

194) KG MittRhNotK 2000, 397; RG DNotZ 1944, 195.
195) LG Frankenthal Rpfleger 1992, 254.
196) OLG Düsseldorf NJW-RR 2018, 166; KG NZG 2018, 1150–1151; KG MittRhNotK 2000, 397.
197) BGHZ 108, 187 = ZIP 1989, 1186; Henssler/Strohn/*Gummert*, GesellschaftsR, § 177 HGB Rz. 9.
198) BGHZ 108, 187 = ZIP 1989, 1186.
199) *Ulmer*, NJW 1990, 76.
200) OLG Hamm NZG 2011, 437; KG NJW-RR 1991, 835–837.
201) OLG Düsseldorf, a. a. O.

nachfolge auf die Erben zugleich die Einzelrechtsnachfolge auf den Vermächtnisnehmer anmeldet[202]) oder Vor- und Nacherbfolge angeordnet ist und der Testamentsvollstrecker nach dem Eintritt der Nacherbfolge (zuerst noch) die Vorerbfolge anmeldet.[203]

2.143 Im Falle einer **Verwaltungs- oder Dauertestamentsvollstreckung** ist zur Anmeldung der Erbfolge **nur der Testamentsvollstrecker** und nicht der Erbe befugt.[204] Anmeldungen, die von der Verwaltungsbefugnis des Testamentsvollstreckers gedeckt sind, können von dem Testamentsvollstrecker allein vorgenommen werden. Dieses gilt z. B. für eine Sitzverlegung oder eine Firmenänderung.[205]

2.144 Da der Testamentsvollstrecker nur den Nachlass, nicht aber den Erben persönlich verpflichten kann, kann er materiell-rechtlich eine Erhöhung der Hafteinlage, die nicht aus Nachlassmitteln erfolgt, nur mit Zustimmung des Erben vornehmen.[206] Wegen des Haftungsrisikos aus § 172 Abs. 4 HGB bei der Einlagenherabsetzung soll auch hierfür die Zustimmung des Erben erforderlich sein.[207] „Kernbereiche" der Mitgliedschaft, wie z. B. die Auflösung der Gesellschaft, das Ausscheiden bzw. der Eintritt von (anderen) Gesellschaftern soll der Testamentsvollstrecker ebenfalls nicht ohne die Zustimmung der Erben treffen können.[208] Die zuvor geforderte Erben-Zustimmung zu einer Handelsregisteranmeldung des Testamentsvollstreckers kann im formell-rechtlichen Anmeldeverfahren dadurch erreicht werden, dass die Erben die Handelsregisteranmeldung ebenfalls formgerecht vornehmen oder die Erben vom Registergericht als Beteiligte (§ 7 Abs. 2 Nr. 1 FamFG) hinzugezogen werden und vor dem Vollzug der Anmeldung angehört werden.[209]

2.145 Die Testamentsvollstreckung an einem Kommanditanteil geht dann ins Leere, wenn der Erbe zuvor selbst Gesellschafter war. Eine Aufspaltung des Kommanditanteils kommt nicht in Betracht,[210] so dass sich in diesem Fall die Einlage des Erben ohne Verwirklichung der Testamentsvollstreckung vergrößert.

2.146 Im Falle der Anordnung einer Dauertestamentsvollstreckung ist auf entsprechende Anmeldung hin die Eintragung eines entsprechenden Vermerks zulässig.[211] Damit wird – vollkommen systemwidrig – nicht das Haftungsverhältnis des Kommanditisten, sondern seine Beschränkung in der Verfügungsbefugnis Gegenstand der Registereintragung.

2.147 Die Eintragung würde wie folgt lauten:

Es ist Testamentsvollstreckung angeordnet.

e) **Übergang einer Kommanditbeteiligung auf den Komplementär und umgekehrt**[212]

2.148 Ist ein Komplementär Erbe eines Kommanditisten oder wird ihm ein Kommanditanteil rechtsgeschäftlich übertragen, so wird er trotzdem nicht Kommanditist, da derselbe Ge-

---

202) KG MittRhNotK 2000, 397.
203) LG Mainz MittRhNotK 1982, 118.
204) BGHZ 108, 187 = ZIP 1989, 1186; OLG Düsseldorf NZG 2017; KG NJW-RR 1991, 835–837.
205) *Krafka/Kühn*, Registerrecht, Rz. 768.
206) BGHZ 108, 187 = ZIP 1989, 1186; Henssler/Strohn/*Gummert*, GesellschaftsR, § 177 HGB Rz. 9.
207) Vgl. BGHZ 108, 187 = ZIP 1989, 1186.
208) LG Mannheim NZG 1999, 824, str.
209) *Krafka/Kühn*, Registerrecht, Rz. 768.
210) BGHZ 24, 106–115; *Krafka/Kühn*, Registerrecht, Rz. 768; a. A. Hennsler/Strohn/*Gummert*, GesellschaftR, § 177 HGB Rz. 9.
211) BGH NJW-RR 2012, 730 = ZIP 2012, 623; a. A. OLG München NZG 2012, 391; KG NJW-RR 1996, 228; BayObLG Rpfleger 1983, 442.
212) Vgl. dazu DNotI-Report 1998, 105.

sellschafter nicht zugleich Komplementär und Kommanditist sein kann.[213] Zum Handelsregister anzumelden ist in diesem Fall daher **nur das Ausscheiden des Kommanditisten** (§§ 161 Abs. 2, 143 Abs. 2 HGB), nicht aber eine Änderung der Rechtsstellung des Komplementärs. Ebenso ist nach überwiegender Ansicht kein Vermerk über die Gesamt- oder Sonderrechtsnachfolge eintragbar.[214] Gleiches gilt, wenn ein Kommanditist Erbe eines Komplementärs wird oder ihm der Gesellschaftsanteil des Komplementärs rechtsgeschäftlich übertragen wird: Es ist **nur das Ausscheiden eines Komplementärs** einzutragen. Ist im Gesellschaftsvertrag bestimmt, dass die Gesellschaft im Falle des Todes eines Komplementärs mit dessen Erbe fortgesetzt werden soll, und wird der Komplementär nach seinem Tode von einem Kommanditisten beerbt, so vereinigen sich die Einlage des Erblassers und des Erben zu einer einheitlichen Beteiligung; der bisherige Kommanditist wird Komplementär, allerdings mit der Maßgabe einer möglichen Haftungsbeschränkung nach § 139 Abs. 4 HGB

f) Beteiligungsumwandlungen

Die Umwandlung der **Stellung eines Komplementärs in die eines Kommanditisten** und umgekehrt wird im HR als Ausscheiden des Komplementärs bzw. Kommanditisten (§§ 161 Abs. 2, 143 Abs. 2 HGB) und Eintritt des Kommanditisten bzw. Komplementärs eingetragen (§§ 161 Abs. 2, 107 HGB). Eine Anmeldung in dieser Form ist aber nicht erforderlich; es genügt eine Anmeldung, dass der **Kommanditist die Rechtsstellung eines Komplementärs** erlangt hat.[215]   2.149

4. Erhöhung der Kommanditeinlage

Sie ist gem. § 175 S. 1 HGB zur Eintragung in das Handelsregister anzumelden. Mit Zwangsgeld nach § 14 HGB kann die Anmeldung jedoch nicht erzwungen werden (§ 175 S. 3 HGB).   2.150

Eine Erhöhung der Kommanditeinlage kann auch dadurch eintreten, dass ein **Kommanditist seinen Anteil auf einen anderen Kommanditisten überträgt** oder ein Kommanditist **Erbe eines verstorbenen Kommanditisten wird**. In diesen Fällen ist das Ausscheiden des einen Kommanditisten (§§ 161 Abs. 2, 143 Abs. 2 HGB) und die Erhöhung der Hafteinlage des erwerbenden Kommanditisten (§ 175 S. 1 HGB) anzumelden. Dass der Kommanditist mit der erhöhten Einlage die Rechtsstellung des ausgeschiedenen Kommanditisten einnimmt und sich somit an der Haftung nichts ändert, muss durch den Eintrag eines Vermerks über die Sonderrechtsnach-, Gesamtrechtsnach- oder Sondererbfolge zum Ausdruck gebracht werden. Im Falle der Sonderrechtsnachfolge ist die sog. Abfindungsversicherung erforderlich.[216]   2.151

5. Wegfall des einzigen Komplementärs

Der Tod, die Kündigung oder die Insolvenz eines Komplementärs führt grundsätzlich zu seinem Ausscheiden (§§ 161 Abs. 2, 131 Abs. 3 HGB). Soweit diese Fälle jedoch den einzigen Komplementär betreffen, ist zu unterscheiden: 2.152

---

213) BGH BB 1963, 1076; KG JW 1936, 2933; OLG Hamm OLGZ 1982, 139.

214) BayObLG MittBayNot 1983, 49; OLG Köln BB 1992, 1742; LG Stuttgart Rpfleger 1989, 414; a. A. LG Aachen Rpfleger 1983, 356; Henssler/Strohn/*Gummert*, GesellschaftsR, § 162 HGB Rz. 11; *Wolfsteiner*, BB 1985, 1217; *Röder*, MittBayNot 1983, 207.

215) BayObLG BB 1970, 940; BayObLG WM 1988, 710.

216) Vgl. Abschn. C III 3 a), Rz. 2.130 ff.

2.153 Hatte die KG auch **nur einen Kommanditisten** kommt es zum Ausscheiden des Komplementärs und zur liquidationslosen Vollbeendigung der KG unter Gesamtrechtsnachfolge des Kommanditisten; er haftet für Gesellschaftsverbindlichkeiten nur mit dem übergegangenen Vermögen.[217]

2.154 Hatte die KG dagegen **mehrere Kommanditisten**, so wird die KG aufgelöst; der Komplementär oder sein Erbe scheiden nicht aus, sondern werden Komplementär der KG i. L.; § 131 Abs. 3 HGB ist insoweit teleologisch zu reduzieren.[218] Zum Ausscheiden des einzigen Komplementärs kommt es jedoch dann, wenn die verbleibenden Kommanditisten die Gesellschaft werbend fortsetzen. Geschieht dies, wird die bisherige KG zwingend zur OHG mit der Folge der vollen persönlichen Haftung der Gesellschafter, und zwar auch für die Altverbindlichkeiten.[219]

6. Unternehmensfortführung durch einen Gesellschafter oder einen Dritten

2.155 Dies ist dann der Fall, wenn **alle Gesellschafter bis auf einen ausscheiden**, entweder isoliert oder durch Übertragung sämtlicher Gesellschaftsanteile auf einen Gesellschafter. Das Ausscheiden aller Gesellschafter (§§ 131 Abs. 3 Nr. 6, 143 Abs. 2 HGB) bis auf einen führt zur Anwachsung des Gesellschaftsvermögens auf diesen (§ 738 BGB) und zur liquidationslosen Vollbeendigung der Gesellschaft.[220] Nach obergerichtlicher Auffassung ist in das Handelsregister neben dem Ausscheiden der Gesellschafter auch die Auflösung der Gesellschaft und ggf. das Erlöschen der Firma einzutragen; die Eintragung der Auflösung kann nicht entfallen und es kann auch nicht das Erlöschen der Gesellschaft eingetragen werden.[221] In das Handelsregister wäre danach einzutragen:

> Der Kommanditist ... mit einer Einlage von ... € ist aus der Gesellschaft ausgeschieden, indem er seine Einlage im Wege der Sonderrechtsnachfolge auf ... übertragen hat.

> Der Kommanditist ... mit einer Einlage von ... € ist aus der Gesellschaft ausgeschieden, indem er seine Einlage im Wege der Sonderrechtsnachfolge auf ... übertragen hat.

> Der persönlich haftende Gesellschafter ... ist aus der Gesellschaft ausgeschieden.

> Die Gesellschaft ist damit aufgelöst.

> Die Firma ist geändert (Die Firma ist erloschen).

2.156 Die Auflösung der Gesellschaft und das Erlöschen der Firma durch das Ausscheiden aller Gesellschafter bis auf einem kann durch den späteren Eintritt weiterer Gesellschafter nicht wieder rückgängig gemacht werden. Die Fortsetzung der hierdurch aufgelösten Gesellschaft ist demnach nicht möglich.[222]

---

217) BGH NJW 2004, 276; *K. Schmidt*, NJW 1998, 2160; *Lieb*, ZGR 1991, 572; *Marotzke*, ZHR 156 (1992), 19; Gutachten in DNotI-Report 2005, 153.

218) *Frey/von Bredow*, ZIP 1998, 1621; vgl. auch BayObLG NZG 2000, 641.

219) *Eckardt*, NZG 2000, 449.

220) Str. OLG Düsseldorf Rpfleger 1998, 27; BayObLG NZG 2001, 889; Henssler/Strohn/*Klöhn*, GesellschaftsR, § 157 HGB Rz. 3; Oetker/*Kamanabrou*, HGB, § 143 Rz. 2.

221) OLG Düsseldorf RPfleger 1998, 27; BayObLG NZG 2001, 889; Oetker/*Kamanabrou*, HGB, § 143 Rz. 2; **a. A.** Staub/*Schäfer*. HGB, § 143 Rz. 11; MünchKommHGB/*K. Schmidt*, § 143 Rz. 4; Henssler/Strohn/*Klöhn*, GesellschaftsR, § 157 HGB Rz. 3.

222) OLG Oldenburg BB 1955, 237.

Die gleichen Rechtswirkungen treten ein, wenn alle Gesellschafter ausscheiden und ihre An-   **2.157**
teile auf einen Dritten übertragen, welcher dann – ohne selbst Gesellschafter zu werden –
das Unternehmen als Rechtsnachfolger fortführt. In einem solchen Fall ist daher neben dem
Ausscheiden der Gesellschafter die Rechtsnachfolge auf den Dritten in das Handelsregister
einzutragen.[223]

7. Euro-Währung

Die Umstellung von auf DM lautenden Kommanditeinlagen ist im Wesentlichen rechne-   **2.158**
rischer Art, da eine automatische Umrechnung in Euro nach dem festgelegten Kurs (1 Euro
= 1,95583 DM) zum 1.1.2002 eingetreten ist. Dieses führt in der Regel zu „krummen"
Eurobeträgen. Diese Umrechnung der Kommanditanteile stellt keine Änderung des Gesellschaftsvertrages dar und kann nach Art. 45 Abs. 1 EGHGB ohne notarielle Beglaubigung
zur Eintragung angemeldet werden.[224] Glättungen stellen jedoch eine Erhöhung oder
Herabsetzung der Kommanditeinlage dar, die infolge der Änderung des Gesellschaftsvertrags
eine formbedürftige Anmeldung erfordern (§ 175 S. 1 HGB).

**Muster 32: Anmeldung der Veränderungen von Kommanditeinlagen durch Ein-   2.159
und Ausscheiden von Kommanditisten**

Amtsgericht *Registergericht*

Handelsregister

PLZ Ort

zu HRA*

Zur Eintragung in das Handelsregister melden wir an:

☐ Der Kommanditist *Vorname Name*, (Nr. ...) ist aus der Gesellschaft ausgeschieden.[225] Er hat seine Einlage unter Umstellung auf Euro[226] im Wege der Einzelrechtsnachfolge übertragen auf *Vorname Name* und auf *Vorname Name* welche mit folgenden
Kommanditeinlagen in die Gesellschaft eingetreten sind:

   Vorname Nachname, Geburtsdatum, Wohnanschrift, Einlage: ... €

   Vorname Nachname, Geburtsdatum, Wohnanschrift, Einlage: ... €

   Vorname Nachname, Geburtsdatum, Wohnanschrift, Einlage: ... €

Der persönlich haftende Gesellschafter und der ausscheidende Kommanditist versichern,
dass dem ausscheidenden Kommanditisten keine Abfindung aus dem Gesellschaftsvermögen
gezahlt oder versprochen worden ist.

---

223) Vgl. Rz. 2.107.
224) OLG Stuttgart, Urt. v. 31.10.2012 – 14 U 19/12, juris; zur Euroumstellung im Übrigen ausführlich in den
     Vorauflagen.
225) Der Kommanditist hat durch Rechtsgeschäft seine Kommanditeinlage übertragen auf zwei Nicht-Kom-
     manditisten.
226) Wenn Kommanditeinlage noch in DM eingetragen ist.

☐ Der Kommanditist *Vorname Nachname*, (Nr. ...)[227] ist aus der Gesellschaft ausgeschieden.[228] Er hat seine Einlage im Wege der Einzelrechtsnachfolge übertragen auf den bereits eingetragenen Kommanditisten (Nr. ...) *Vorname Nachname*, dessen Einlage sich dadurch erhöht auf ... €.

Der persönlich haftende Gesellschafter und der ausscheidende Kommanditist versichern, dass dem ausscheidenden Kommanditisten keine Abfindung aus dem Gesellschaftsvermögen gezahlt oder versprochen worden ist.

☐ Der Kommanditist *Vorname Nachname*, (Nr. ...)[229] ist aus der Gesellschaft ausgeschieden.[230]

Er hat seine Kommanditeinlage unter Umstellung auf Euro[231] im Wege der Einzelrechtsnachfolge übertragen auf

a) den bereits unter der laufenden Nr. ... eingetragenen Kommanditisten *Nachname, Vorname, Geburtsdatum, Wohnanschrift*, dessen Einlage dadurch um ... € erhöht ist auf ... €

b) den dadurch mit der nach genannten Einlage neu in die Gesellschaft eingetragenen Kommanditisten: *Nachname, Vorname, Geburtsdatum, Wohnanschrift*, Einlage: ... €

☐ Der Kommanditist *Vorname Name*, (Nr. ...)[232] ist durch Tod aus der Gesellschaft ausgeschieden.[233]

Er ist beerbt worden von *Vorname Name* zu *Erbquote* und von *Vorname Name* zu *Erbquote*. Die Kommanditeinlage ist unter Umstellung auf Euro[234] im Wege der Gesamtrechtsnachfolge übergegangen auf folgende neu in die Gesellschaft eingetretene Kommanditisten:

a) *Nachname, Vorname, Geburtsdatum, Wohnanschrift* mit einer Einlage von ... €

b) *Nachname, Vorname, Geburtsdatum, Wohnanschrift* mit einer Einlage von ... €

Als Erbnachweis fügen wir bei: ...

Der Kommanditist *Vorname Name*, (Nr. ...)[235] ist durch Tod aus der Gesellschaft ausgeschieden.[236]

---

227) Lfd. Nr. des Kommanditisten.
228) Der Kommanditist hat durch Rechtsgeschäft seine Kommanditeinlage auf einen bereits eingetragenen Kommanditisten übertragen.
229) Lfd. Nr. des Kommanditisten.
230) Der Kommanditist scheidet aus und übertragt seine Einlage an einen bereits eingetragenen und einen neu eintretenden Kommanditisten.
231) Wenn die Kommanditeinlage noch in DM eingetragen ist.
232) Lfd. Nr. des Kommanditisten.
233) Der Kommanditist ist verstorben, die Erben sind noch nicht Kommanditisten.
234) Wenn die Kommanditeinlage noch in DM eingetragen ist.
235) Lfd. Nr. des Kommanditisten.
236) Der Kommanditist ist verstorben, ein Erbe ist bereits Kommanditist, ein Erbe ist noch nicht Kommanditist.

Rudolph

Er ist beerbt worden von *Vorname Nachname* zu *Erbquote* und von *Vorname Nachname* zu *Erbquote*. Die Kommanditeinlage ist daher unter Umstellung auf Euro[237] im Wege der Gesamtrechtsnachfolge übergegangen auf

a)   den bereits unter der laufenden Nr. ... eingetragenen Kommanditisten *Nachname, Vorname, Geburtsdatum, Wohnanschrift*, dessen Einlage dadurch um ... € erhöht ist auf ... €

b)   den dadurch mit der nachgenannten Einlage neu in die Gesellschaft eingetragenen Kommanditisten: *Nachname, Vorname, Geburtsdatum, Wohnanschrift*, Einlage: ... €

Als Erbnachweis fügen wir bei:

Die Geschäftsanschrift

- lautet unverändert *Geschäftsanschrift*

- ist geändert und lautet nunmehr: *Geschäftsanschrift*

gez. ... *Unterschrift*

gez. ... *Unterschrift*

gez. ... *Unterschrift*

*Unterschriftsbeglaubigung für sämtliche Gesellschafter und Eintragungsfähigkeitsbescheinigung * [siehe Muster 1]

Übereinstimmungsvermerk der elektronischen Abschrift mit dem Papierdokument [Muster 1]

Muster 33: Anmeldung der Teilübertragung einer Kommanditeinlage   2.160

Amtsgericht *Registergericht*

Handelsregister

PLZ Ort

zu HRA*

Zur Eintragung in das Handelsregister melden wir an:

Der Kommanditist *Vorname, Name*, (Nr. ...) hat im Wege der Einzelrechtsnachfolge unter Umstellung auf Euro[238] seine Einlage herabgesetzt auf ... € und

- ein Teilbetrag von ... € auf den bereits eingetragenen[239] Kommanditisten (Nr. ...) *Vorname, Name* übertragen, dessen Einlage sich dadurch erhöht auf ... €.

- ein Teilbetrag von ... € auf folgende, damit neu in die Gesellschaft eingetretene Kommanditisten übertragen:[240]

    a)   *Nachname, Vorname, Geburtsdatum, Wohnanschrift*mit einer Einlage von ... €

    b)   *Nachname, Vorname, Geburtsdatum, Wohnanschrift* mit einer Einlage von ... €

---

237) Wenn die Kommanditeinlage noch in DM eingetragen ist.
238) Wenn Einlage noch in DM eingetragen ist.
239) Teilübertragung auf bereits eingetragenen Kommanditisten.
240) Teilübertragung auf neu einzutragenden Kommanditisten.

- Teilbeträge seiner Einlage wie folgt übertragen:[241]

    a) Einen Teil von ... € auf den bereits eingetragenen Kommanditisten (Nr. ...) *Vorname Name*, dessen Einlage sich dadurch erhöht auf ... €

    b) Einen Teil von ... € auf folgenden, damit neu in die Gesellschaft eingetretenen Kommanditisten übertragen *Nachname, Vorname, Geburtsdatum, Wohnanschrift* mit einer Einlage von ... €

Der persönlich haftende Gesellschafter und der seine Einlage herabsetzende Kommanditist versichern, dass für die Herabsetzung der Kommanditeinlage keine Abfindung aus dem Gesellschaftsvermögen gezahlt oder versprochen worden ist.

Die Geschäftsanschrift

- lautet unverändert: *Geschäftsanschrift*

- ist geändert und lautet nunmehr: *Geschäftsanschrift*

gez. ... *Unterschrift*

gez. ... *Unterschrift*

gez. ... *Unterschrift*

*Unterschriftsbeglaubigung für sämtliche Gesellschafter und Eintragungsfähigkeitsbescheinigung * [Muster 1]

Übereinstimmungsvermerk der elektronischen Abschrift mit dem Papierdokument [Muster 1]

2.161 Muster 34: Anmeldung der Erbfolge, Miterbe ist bereits persönlich haftender Gesellschafter

Amtsgericht *Registergericht*

Handelsregister

PLZ Ort

zu HRA*

Zur Eintragung in das Handelsregister melden wir an:

Der Kommanditist *Vorname, Name* ist durch Tod aus der Gesellschaft ausgeschieden. Seine Einlage ist durch Erbfolge auf seine Erben *Vorname, Name, Geburtsdatum* und *Vorname, Name, Geburtsdatum* übergegangen.

Der bereits als Miterbe *Vorname, Name* eingetragene persönlich haftende Gesellschafter bleibt persönlich haftender Gesellschafter.

Der Miterbe *Vorname, Name, Geburtsdatum* ist unter Umstellung der Kommanditeinlager auf Euro im Wege der Gesamtrechtsnachfolge mit einer Einlage von ... € als Kommanditist in die Gesellschaft eingetreten.

Als Erbnachweis fügen wir bei ...

---

241) Teilübertragung auf neue und bereits eingetragene Kommanditisten.

Rudolph

Die Geschäftsanschrift

- lautet unverändert: *Geschäftsanschrift*

- ist geändert und lautet nunmehr: *Geschäftsanschrift*

gez. ... *Unterschrift*

gez. ... *Unterschrift*

gez. ... *Unterschrift*

*Unterschriftsbeglaubigung für sämtliche Gesellschafter und Eintragungsfähigkeitsbescheinigung * [Muster 1]

Übereinstimmungsvermerk der elektronischen Abschrift mit dem Papierdokument [Muster 1]

Muster 35: Anmeldung der Erhöhung oder Herabsetzung einer Kommanditeinlage   2.162

Amtsgericht *Registergericht*

Handelsregister

PLZ Ort

zu HRA*

Zur Eintragung in das Handelsregister melden wir an:

- Die Einlage des Kommanditisten ... (Nr. ...) ist um ... auf ... € erhöht.

- Die Einlage des Kommanditisten ... (Nr. ...) ist um ... auf ... € herabgesetzt.

Die Geschäftsanschrift

- lautet unverändert: *Geschäftsanschrift*

- ist geändert und lautet nunmehr: *Geschäftsanschrift*

gez. ... *Unterschrift*

gez. ... *Unterschrift*

gez. ... *Unterschrift*

*Unterschriftsbeglaubigung für sämtliche Gesellschafter und Eintragungsfähigkeitsbescheinigung * [Muster 1]

Übereinstimmungsvermerk der elektronischen Abschrift mit dem Papierdokument [Muster 1]

Muster 36: Anmeldung der Übertragung von Kommanditanteilen auf   2.163
Komplementäre mit Fortbestand der KG

Amtsgericht *Registergericht*

Handelsregister

PLZ Ort

zu HRA*

Zur Eintragung in das Handelsregister melden wir an:

☐ Der bisherige Kommanditist *Vorname, Name* (Nr. …) ist nunmehr persönlich haftender Gesellschafter.[242]

☐ Der Kommanditist *Vorname, Name* (Nr. …) ist aus der Gesellschaft ausgeschieden. Das Geschäft wird von den persönlich haftenden Gesellschaftern übernommen.[243]

☐ Der Kommanditist *Vorname, Name* (Nr. …) ist aus der Gesellschaft ausgeschieden. Er hat seine Kommanditeinlage auf den persönlich haftenden Gesellschafter *Vorname, Name* übertragen. Das Geschäft wird von diesem und dem weiteren persönlich haftenden Gesellschafter übernommen.[244]

Die Firma wird mit dem Zusatz OHG fortgeführt und entsprechend geändert in *Firma*.

Die Geschäftsanschrift

• lautet unverändert: *Geschäftsanschrift*

• ist geändert und lautet nunmehr: *Geschäftsanschrift*

gez. … *Unterschrift*

gez. … *Unterschrift*

gez. … *Unterschrift*

*Unterschriftsbeglaubigung für sämtliche Gesellschafter und Eintragungsfähigkeitsbescheinigung * [Muster 1]

Übereinstimmungsvermerk der elektronischen Abschrift mit dem Papierdokument [Muster 1]

2.164 Muster 37: Anmeldung des Ausscheidens des letzten Kommanditisten mit Auflösung der KG und Fortführung durch die persönlich haftenden Gesellschafter

Amtsgericht *Registergericht*

Handelsregister

PLZ Ort

zu HRA

Zur Eintragung in das Handelsregister melden wir an:

Der bisherige Kommanditist *Vorname, Name* (Nr. …) ist ausgeschieden.

☐ Das Geschäft wird von den verbleibenden persönlich haftenden Gesellschaftern … mit allen Aktiven und Passiven übernommen und als offene Handelsgesellschaft unter der Firma fortgeführt.[245]

---

242) Einziger Kommanditist wird Komplementär.

243) Einziger Kommanditist scheidet aus, die verbleibenden Komplementäre führen die Firma fort.

244) Einziger Kommanditisten scheidet aus, Fortführung der Firma durch rechtsgeschäftliche Übertragung des gesamten Kommanditanteils auf einen von zwei Komplementären.

245) Die bisherige Firma wird im Wesentlichen beibehalten; Änderung des Rechtsformzusatzes erforderlich.

Die Geschäftsanschrift[246)]

* lautet unverändert: *Geschäftsanschrift*

* ist geändert und lautet nunmehr: *Geschäftsanschrift*

☐ Das Geschäft wird von den verbleibenden Gesellschaftern *Vorname, Name* und *Vorname, Name* mit allen Aktiven und Passiven übernommen und als offene Handelsgesellschaft fortgeführt unter der neuen Firma *Firma*. Die neue Firma wird mit einer gesonderten Anmeldung zur Eintragung angemeldet.[247)] Die Firma ist erloschen.[248)]

☐ Das Geschäft wird von den verbleibenden Gesellschaftern in Gesellschaft bürgerlichen Rechts mit allen Aktiven und Passiven übernommen. Ein in kaufmännischer Weise eingerichteter Geschäftsbetrieb ist nicht mehr erforderlich. Die Firma ist erloschen.[249)]

*Unterschriftsbeglaubigung für sämtliche persönlich haftenden Gesellschafter und Eintragungsfähigkeitsbescheinigung * [Muster 1]

Übereinstimmungsvermerk der elektronischen Abschrift mit dem Papierdokument [Muster 1]

Muster 38: Anmeldung des Ausscheidens des letzten Kommanditisten mit Fortführung durch den verbliebenen einzigen Komplementär   2.165

Amtsgericht *Registergericht*

Handelsregister

PLZ Ort

zu HRA*

Zur Eintragung in das Handelsregister melden wir an:

Der bisherige Kommanditist *Vorname, Name* (Nr. ...) ist ausgeschieden. Die Gesellschaft ist aufgelöst.

☐ Das Geschäft wird von dem verbleibenden persönlich haftenden Gesellschafter ... mit allen Aktiven und Passiven übernommen und als einzelkaufmännisches Unternehmen unter der Firma ... fortgeführt.[250)]

Die Geschäftsanschrift[251)]

* lautet unverändert: *Geschäftsanschrift*

* ist geändert und lautet nunmehr: *Geschäftsanschrift*

☐ Das Geschäft wird von dem verbleibenden Gesellschafter ... mit allen Aktiven und Passiven übernommen und als einzelkaufmännisches Unternehmen fortgeführt unter der neuen Firma ... . Die neue Firma wird mit einer gesonderten Anmeldung zur Eintragung angemeldet.[252)] Die Firma ist erloschen.[253)]

---

246) Bei der Anmeldung der Sitzverlegung entfällt dieser Punkt.
247) Siehe Muster 1.
248) Die bisherige Firma wird nicht beibehalten.
249) Das Geschäft wird als kleingewerbliches Unternehmen ohne Handelsregistereintragung weiterbetrieben.
250) Die bisherige Firma wird im Wesentlichen beibehalten; Änderung des Rechtsformzusatzes erforderlich.
251) Bei der Anmeldung der Sitzverlegung entfällt dieser Punkt.
252) Siehe Muster 1.
253) Die bisherige Firma wird nicht beibehalten.

□ Das Geschäft wird von dem verbleibenden Gesellschafter mit allen Aktiven und Passiven übernommen. Ein in kaufmännischer Weise eingerichteter Geschäftsbetrieb ist nicht mehr erforderlich. Die Firma ist erloschen.[254]

*Unterschriftsbeglaubigung für sämtliche persönlich haftenden Gesellschafter und Eintragungsfähigkeitsbescheinigung * [Muster 1]

Übereinstimmungsvermerk der elektronischen Abschrift mit dem Papierdokument [Muster 1]

2.166 Muster 39: Anmeldung des Ausscheidens des einzigen Komplementärs mit Fortführung durch den einzigen Kommanditisten

Amtsgericht *Registergericht*

Handelsregister

PLZ Ort

zu HRA *

Zur Eintragung in das Handelsregister melden wir an:

Der bisherige Komplementär *Vorname, Name* ist ausgeschieden. Die Gesellschaft ist aufgelöst.

□ Das Geschäft wird von dem Kommanditisten *Vorname, Name* mit allen Aktiven und Passiven übernommen und als einzelkaufmännisches Unternehmen unter der Firma *Firma* fortgeführt.[255]

Die Geschäftsanschrift[256]

- lautet unverändert: *Geschäftsanschrift*

- ist geändert und lautet nunmehr: *Geschäftsanschrift*

□ Das Geschäft wird von dem Kommanditisten *Vorname, Name* mit allen Aktiven und Passiven übernommen und als einzelkaufmännisches Unternehmen fortgeführt unter der neuen Firma *Firma*. Die neue Firma wird mit einer gesonderten Anmeldung zur Eintragung angemeldet.[257] Die Firma ist erloschen.[258]

□ Das Geschäft wird von dem Kommanditisten *Vorname Name* mit allen Aktiven und Passiven übernommen. Ein in kaufmännischer Weise eingerichteter Geschäftsbetrieb ist nicht mehr erforderlich. Die Firma ist erloschen.[259]

*Unterschriftsbeglaubigung für sämtliche persönlich haftenden Gesellschafter und Eintragungsfähigkeitsbescheinigung * [Muster 1]

Übereinstimmungsvermerk der elektronischen Abschrift mit dem Papierdokument [Muster 1]

---

254) Das Geschäft wird als kleingewerbliches Unternehmen ohne Handelsregistereintragung weiterbetrieben.

255) Die bisherige Firma wird im Wesentlichen beibehalten; Änderung des Rechtsformzusatzes erforderlich.

256) Bei der Anmeldung der Sitzverlegung entfällt dieser Punkt.

257) Siehe Muster 1.

258) Die bisherige Firma wird nicht beibehalten.

259) Das Geschäft wird als kleingewerbliches Unternehmen ohne Handelsregistereintragung weiterbetrieben.

Muster 40: Anmeldung des Ausscheidens aller Gesellschafter mit Fortsetzung durch einen Dritten   2.167

Amtsgericht *Registergericht*

Handelsregister

PLZ Ort

zu HRA*

Zur Eintragung in das Handelsregister melden wir an:

Der bisherige Komplementär *Vorname, Name* und die bisherigen Kommanditisten *Vorname, Name* sind ausgeschieden. Die Gesellschaft ist aufgelöst.

☐ Das Geschäft wird von *Vorname, Name* mit allen Aktiven und Passiven übernommen und als einzelkaufmännisches Unternehmen unter der Firma *Firma* fortgeführt.[260]

Die Geschäftsanschrift[261]

- lautet unverändert: *Geschäftsanschrift*

- ist geändert und lautet nunmehr: *Geschäftsanschrift*

☐ Das Geschäft wird von *Vorname, Name* mit allen Aktiven und Passiven übernommen und als einzelkaufmännisches Unternehmen fortgeführt unter der neuen Firma *Firma*. Die neue Firma wird mit einer gesonderten Anmeldung zur Eintragung angemeldet.[262] Die Firma ist erloschen.[263]

☐ Das Geschäft wird von *Vorname Name* mit allen Aktiven und Passiven übernommen. Ein in kaufmännischer Weise eingerichteter Geschäftsbetrieb ist nicht mehr erforderlich. Die Firma ist erloschen.[264]

☐ Das Geschäft wird von der Firma *Vorname Name* mit allen Aktiven und Passiven übernommen und im dortigen Geschäftsbetrieb fortgeführt.[265]

*Unterschriftsbeglaubigung für sämtliche persönlich haftenden Gesellschafter und Eintragungsfähigkeitsbescheinigung * [Muster 1]

Übereinstimmungsvermerk der elektronischen Abschrift mit dem Papierdokument [Muster 1]

IV. Die GmbH & Co. KG

1. Begriff und Zulässigkeit

Es handelt sich um dabei eine **Kommanditgesellschaft**, bei der klassischer Weise eine **GmbH** 2.168 der einzige **Komplementär** ist. Ebenso wie natürliche Personen haftet dann die GmbH uneingeschränkt mit ihrem ganzen Gesellschaftsvermögen. Es gibt keine natürliche Person

---

260) Die bisherige Firma wird im Wesentlichen beibehalten; Änderung des Rechtsformzusatzes erforderlich.

261) Bei der Anmeldung der Sitzverlegung entfällt dieser Punkt.

262) Siehe Muster 1.

263) Die bisherige Firma wird nicht beibehalten.

264) Das Geschäft wird als kleingewerbliches Unternehmen ohne Handelsregistereintragung weiterbetrieben.

265) Das Geschäft wird von einer Handelsgesellschaft (z. B. GmbH) weiterbetrieben.

mit unbeschränkter Haftung. Trotzdem ist die Zulässigkeit der GmbH & Co. KG heute allgemein anerkannt.[266]

2.169   Auch die Unternehmergesellschaft (haftungsbeschränkt) kann Komplementär einer Kommanditgesellschaft sein. Probleme können sich jedoch dann ergeben, wenn der Gesellschaftsvertrag der KG vorsieht, dass die Komplementärin keinen Kapitalanteil hält und nicht am Gewinn der KG beteiligt wird. Diese – individuell zutreffende – Bestimmung im Gesellschaftsvertrag schließt die Gewinnerzielungsmöglichkeit für die UG (haftungsbeschränkt) aus. Diese Bestimmung würde der Gewinnrücklagenbildungspflicht der UG aus § 5a Abs. 3 GmbHG zuwiderlaufen.[267] Diese Bedenken hat das Kammergericht bei Frage der Ausgestaltung des Rechtsformzusatzes für eine „UG (haftungsbeschränkt) & Co. KG" jedoch nicht geteilt.[268]

2.   Erscheinungsformen

a)   Personengleiche GmbH & Co. KG

2.170

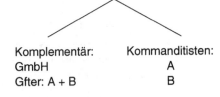

b)   Nicht personengleiche GmbH & Co. KG

2.171

c)   Einmann-GmbH & Co. KG

2.172

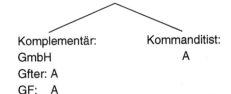

2.173   A gründet zunächst eine Einmann-GmbH (vgl. § 1 GmbHG), ernennt sich zum alleinigen Geschäftsführer und bestimmt wegen § 35 Abs. 4 GmbHG in der Satzung der GmbH, dass ihm Selbstkontrahieren erlaubt ist (§ 181 BGB). Anschließend gründet er im Wege des Insichgeschäfts mit der GmbH eine KG, wobei der GmbH die Stellung des Komplemen-

---

266) RGZ 105, 104; BGH GmbHR 1957, 41; BayObLGZ 1966, 276, 278; BayObLGZ 1966, 337, 342.
267) *Wicke*, in: Schröder, Die Reform des GmbH-Rechts, S. 35; *Schulte*, GmbHR 2010, 1128.
268) KG NZG 2009, 683.

tärs und ihm die Stellung des Kommanditisten eingeräumt wird. Dabei entsteht eine KG nur aus einer natürlichen Person.

3. Gründung

a) GmbH-Gründung

– Notariell beurkundeter Gesellschaftsvertrag (§ 2 Abs. 1 GmbHG);

2.174

– Eintragung im HR (§ 11 Abs. 1 GmbHG).

b) KG-Gründung

– Gesellschaftsvertrag (§ 161 Abs. 2, § 105 Abs. 3 HGB, § 705 BGB);

2.175

– Handelsgewerbe (§ 161 Abs. 1 HGB) bzw. Vermögensverwaltung i. S. v. §§ 161 Abs. 2, 105 Abs. 2 HGB;

– Gemeinschaftliche Firma (§ 161 Abs. 1 HGB);

– Komplementär (= GmbH) und Kommanditist (§ 161 Abs. 1 HGB).

c) Vor-GmbH als Komplementär

Wird die KG mit einer Vor-GmbH[269] errichtet, was zulässig ist,[270] so kann die KG auch schon vor Eintragung der GmbH zum HR angemeldet und eingetragen werden.[271] Für die Eintragung der Vor-GmbH sind folgende Nachweise zu erbringen:

2.176

– Bestellung der Geschäftsführer;

– Ermächtigung der Geschäftsführer von allen Gesellschaftern der Vor-GmbH zur Errichtung der KG vor Eintragung der GmbH;

– Weiterbetreiben der GmbH-Eintragung ins HR;

– Keine Behinderung der GmbH-Eintragung durch eine Vorbelastung des Anfangskapitals der GmbH infolge der Beteiligung an der bereits beginnenden KG.

4. Sitz

Nachdem durch das MoMiG die Wahl des Satzungssitzes bei den Kapitalgesellschaften vom Ort der tatsächlichen Leitung und Geschäftsführung entkoppelt worden ist (vgl. § 5 AktG, § 4a GmbHG), hat der Gesetzgeber davon Abstand genommen, diese Wahlfreiheit auch den Personenhandelsgesellschaften zu eröffnen. Demnach hängen sie weiterhin der Sitztheorie an; der Sitz muss sich demnach weiterhin am Ort der tatsächlichen Leitung und Geschäftsführung befinden.[272] Damit ist auch billigend in Kauf zu nehmen, dass der Sitz der KG zwar identisch mit dem Verwaltungssitz der Komplementärgesellschaft, aber dennoch abweichend von deren Satzungssitz bei einem anderen Registergericht sein kann.

2.177

---

269) = nach notariell beurkundetem Gesellschaftsvertrag.
270) BGHZ 80, 129 = ZIP 1981, 394; *K. Schmidt*, NJW 1981, 1345.
271) BGH WM 1985, 165.
272) *Oetker/Weitemeyer*, HGB, § 106 Rz. 22.

5. Firma

2.178 Musste die Firma einer Personenhandelsgesellschaft vor dem Handelsrechtsreformgesetz[273] den Namen wenigstens eines ihrer Gesellschafter aufweisen, ist es jetzt ausreichend, wenn die Firma nur noch unterscheidungskräftig ist und keine irreführenden Angaben enthält, die für die angesprochenen Verkehrskreise wesentlich sind (§ 18 HGB). Damit können fortan auch die Gesellschafter einer GmbH & Co. KG bei der Firmenbildung frei zwischen einer **Personen-, Sach- oder einer Fantasiebezeichnung** wählen.

2.179 Nicht ausdrücklich regelt das Gesetz die Frage, ob künftig auch die Aufnahme von **Namen von Kommanditisten oder gar von Nichtgesellschaftern** in die Firma erlaubt ist. Im Hinblick auf die angestrebte Liberalisierung des Firmenrechts sind aber entsprechende Firmenbildungen als zulässig anzusehen.[274]

2.180 Dennoch bliebe eine Firma „LAVATEC AG WÄSCHEREIMASCHINEN GMBH & Co. KG" mit der GmbH als Komplementärin und der AG als einzige Kommanditistin irreführend nach § 18 Abs. 2 HGB, weil nicht erkenntlich wird, ob die AG oder die GmbH die Komplementärin ist und damit die Haftung auf das Vermögen einer AG oder einer GmbH begrenzt ist; der Zusatz AG muss daher in der Firma der KG entfallen.[275]

2.181 Nach § 19 Abs. 1 Nr. 3 HGB hat die Firma einer GmbH & Co. KG die Bezeichnung „**Kommanditgesellschaft**" oder eine allgemein verständliche Abkürzung zu enthalten. Welche Abkürzung konkret zu verwenden ist, schreibt das Gesetz zwar nicht vor. Nachdem aber kein Streit darüber herrscht, dass die bislang verbreitete Firmierung „GmbH & Co" jedenfalls in Zukunft unzulässig ist, ist die Auswahl der noch in Betracht kommenden Rechtsformzusätze gering. Denkbar sind Rechtsformzusätze wie etwa „**GmbH & Co KG**" oder „GmbH & Co Kommanditgesellschaft". Sind nur Unternehmergesellschaften Komplementär, muss der Haftungsbeschränkungszusatz in etwa mit „**UG (haftungsbeschränkt) & Co. KG**" lauten, die Angabe „GmbH & Co. KG" ist in diesem Fall unzulässig.[276]

2.182 Ferner bedarf es nach § 19 Abs. 2 HGB eines Haftungsbeschränkungszusatzes, wenn in einer KG keine natürliche Person persönlich haftet. Dieser ist dann entbehrlich, wenn auf irgendeiner Stufe einer der persönlich haftenden Gesellschafter eine natürliche Person ist.[277]

2.183 § 30 Abs. 1 HGB ist auch im Verhältnis der GmbH zur KG anwendbar. Die **Firma der KG muss sich von der Firma der Komplementär-GmbH deutlich unterscheiden**, wenn beide ihren Sitz an demselben Ort oder in derselben Gemeinde haben. Der Zusatz „& Co. KG" reicht dazu nicht aus.[278] Unterscheidungskräftig ist ein Zusatz bei der Firma wie „X-GmbH & Co. Verwaltungs-KG" (auch: Vertriebs-, Geschäftsführungs-, Besitz- oder Beteiligungs-KG).

2.184 Unterscheidungskraft i. S. v. § 30 HGB besitzen auch GmbH & Co. KGs, die sich lediglich durch eine nicht ausgeschriebene, sondern mit Ziffern bezeichnete Zahlenangabe unterscheiden:

Beispiel:
ABC Vermögensverwaltung 1 GmbH & Co. KG

ABC Vermögensverwaltung 2 GmbH & Co. KG

---

273) Handelsrechtsreformgesetz BGBl I 1998, 1474 ff.
274) OLG Karlsruhe GmbHR 2010, 1096–1098.
275) OLG Stuttgart FGPrax 2001, 28.
276) KG NZG 2009, 1159.
277) So bereits BayObLGZ 1994, 252.
278) BGH DNotZ 1966, 687; BayObLG BB 1980, 68; OLG Frankfurt/M. Rpfleger 1973, 252.

6. Innenverhältnis

Geschäftsführer der KG ist die Komplementär-GmbH (§§ 161 Abs. 2, 114, 115 HGB),   **2.185**
wobei letzte durch ihre Geschäftsführer gemeinsam vertreten wird (§§ 6, 35 ff. GmbHG).
Die Kommanditisten sind nicht zur Geschäftsführung berechtigt (§ 164 HGB).

Bei der **Beschlussfassung** innerhalb der Komplementär-GmbH gilt das Mehrheitsprinzip   **2.186**
(§ 47 Abs. 1 GmbHG), während bei der KG das Einstimmigkeitsprinzip gilt (§§ 161 Abs. 2,
119 Abs. 1 HGB).

Das **Mehrheitsprinzip** berechnet sich bei der Komplementär-GmbH nach den Kapitalan-   **2.187**
teilen (§ 47 Abs. 2 GmbHG), bei der KG nach Kopfteilen (§§ 161 Abs. 2, 119 Abs. 2 HGB).

7. Vertretung

Die KG wird durch die **Komplementär-GmbH** allein vertreten (§§ 161 Abs. 2, 125 Abs. 1   **2.188**
HGB); die GmbH wiederum durch ihre Geschäftsführer gemeinsam (§§ 6; 35 ff. GmbHG).
Die Kommanditisten sind nicht zur Vertretung berechtigt (§ 170 HGB).

> **Beispiel:**
> Bei der „A Verwaltungs GmbH & Co. KG" ist die Vertretung im HR wie folgt eingetragen:
> „Zur Vertretung der Gesellschaft ist nur die persönlich haftende Gesellschafterin A Verwaltungs
> GmbH befugt.
> Diese ist befugt, die Gesellschaft bei der Vornahme von Rechtsgeschäften mit sich selbst im
> eigenen Namen oder als Vertreter eines Dritten zu vertreten."

Die Befreiung der Komplementär-GmbH von § 181 BGB ist unstrittig eintragungsfähig.[279]   **2.189**
Zur Eintragung im HR der KG wird nun angemeldet:

> 1. Alt.: „Die jeweiligen Geschäftsführer der Komplementär-GmbH sind befugt, die Gesellschaft
> bei der Vornahme von Rechtsgeschäften mit sich selbst im eigenen Namen oder als Vertreter
> eines Dritten zu vertreten."

Auch die Eintragungsfähigkeit der Befreiung der Geschäftsführer der Komplementär-GmbH   **2.190**
von § 181 BGB im HR der KG wird bejaht.[280] Die Eintragung hat eine Warnfunktion, die
den Rechtsverkehr auf die Gefahr hinweisen soll, dass zwischen Gesellschaft und Geschäftsführer Vermögen verlagert und die rechtliche Zuordnung bewusst unklar gehalten
werden kann.

> 2. Alt.: „Die jeweiligen Geschäftsführer der Komplementär-GmbH sind befugt, die Gesellschaft
> bei der Vornahme von Rechtsgeschäften mit sich selbst im eigenen Namen oder als Vertreter
> eines Dritten zu vertreten, falls diese bei der GmbH ebenfalls von den Beschränkungen des
> § 181 BGB befreit sind."

Diese Vertretungsregelung ist nicht eintragungsfähig.[281] Im Interesse der Klarheit und   **2.191**
Erhöhung der Schnelligkeit des Geschäftsverkehrs ist eine Vertretungsregelung nur eintragungsfähig, die ohne Zuziehung anderer Registerblätter oder eingereichter Urkunden
verständlich ist. Die vorliegende Anmeldung lässt ohne Einsicht in die Registerakten oder
das Registerblatt der Komplementär-GmbH nicht erkennen, welche Geschäftsführer konkret
von den Beschränkungen des § 181 BGB befreit sind.

> 3. Alt.: „Der derzeitige Geschäftsführer der Komplementär-GmbH, Herr XY, ist befugt, die
> Gesellschaft bei der Vornahme von Rechtsgeschäften mit sich selbst im eigenen Namen oder
> als Vertreter eines Dritten zu vertreten."

---

279) OLG Hamm Rpfleger 1983, 280.
280) *Westermeier*, MittBayNot 1998, 155; BayObLG MittBayNot 2000, 241.
281) BayObLG MittBayNot 2000, 53 = DNotZ 2000, 527.

2.192 Auch diese Vertretungsregelung ist nicht eintragungsfähig.[282] Sie ist nämlich nur möglich, wenn die Vertretungsregelung nicht durch Eintragungen in anderen Registerblättern – hier das Registerblatt der GmbH – unrichtig werden kann. Dies ist bei der angemeldeten Befreiung vom Verbot des Selbstkontrahierens nicht der Fall. Das Registerblatt der KG kann nämlich keine verlässliche Aussage darüber erteilen, ob XY tatsächlich noch Geschäftsführer der Komplementär-GmbH ist.

2.193 Eine abstrakte Befreiung von § 181 BGB könnte lauten:

„Jeder persönlich haftende Gesellschafter ist einzeln vertretungsberechtigt und befugt die Gesellschaft bei der Vornahme von Rechtsgeschäften mit sich selbst im eigenen Namen und als Vertreter eines Dritten zu vertreten. Die jeweiligen Geschäftsführer der Komplementär-GmbH sind befugt, die Gesellschaft bei der Vornahme von Rechtsgeschäften mit sich selbst im eigenen Namen und als Vertreter eines Dritten zu vertreten."

2.194 Eine konkrete Befreiung von § 181 BGB könnte lauten:

„Jeder phG ist einzeln vertretungsberechtigt. Die … GmbH ist befugt, die Gesellschaft bei der Vornahme von Rechtsgeschäften mit sich selbst im eigenen Namen und als Vertreter eines Dritten zu vertreten. Die jeweiligen Geschäftsführer der … GmbH sind befugt, die Gesellschaft bei der Vornahme von Rechtsgeschäften mit sich selbst im eigenen Namen und als Vertreter eines Dritten zu vertreten".

8. Anmeldung

2.195 Die KG ist von allen Gesellschaftern zur Eintragung im HR anzumelden (§§ 161 Abs. 2, 108 Abs. 1 HGB), d. h. auch von den Kommanditisten. Für die Komplementär-GmbH haben ihre Geschäftsführer in vertretungsberechtigter Zahl (§ 35 GmbHG) anzumelden;[283] bei unechter Gesamtvertretung kann die Anmeldung auch durch einen Geschäftsführer in Gemeinschaft mit einem Prokuristen erfolgen.

2.196 Muster 41: Anmeldung einer GmbH & Co. KG (Neugründung)

Amtsgericht *Registergericht*

Handelsregister

PLZ Ort

zu RegNeu (HRA)

Zur Eintragung in das Handelsregister melden wir an:

Wir haben unter der Firma *Firma* eine Kommanditgesellschaft errichtet.

Sitz der Gesellschaft ist *Ort*.

Gegenstand der Gesellschaft ist *Angabe des Unternehmensgegenstandes*.

Die Geschäftsanschrift lautet: *Anschrift*.

---

282) BayObLG MittBayNot 2000, 330 = MittRhNotK 2000, 260.
283) BayObLG Rpfleger 1974, 359; OLG Düsseldorf OLGZ 1966, 346.

Persönlich haftende Gesellschafterin ist:

1.   *Firma, Sitz, Anschrift, Registergericht und Registernummer*

Kommanditisten sind

1.   *Vorname, Nachname, Geburtsdatum, Wohnanschrift*. mit einer Einlage von ... €

2.   *Vorname, Nachname, Geburtsdatum, Wohnanschrift*. mit einer Einlage von ... €

Jeder persönlich haftende Gesellschafter vertritt die Gesellschaft allein.

Die persönlich haftende Gesellschafterin und ihre jeweiligen Geschäftsführer sind von den Beschränkungen des § 181 BGB befreit(oder eine andere Vertretungsregelung).[284]

Zum Nachweis der Existenz und der Vertretungsbefugnis der persönlich haftenden Gesellschafterin fügen wir bei:[285]

–   Registerauszug des Amtsgerichts ...

–   Vertretungsbescheinigung des Notars ... vom ...

gez. ... *Unterschrift*

gez. ... *Unterschrift*

gez. ... *Unterschrift*

gez. ... *Unterschrift*

*Unterschriftsbeglaubigung für sämtliche Gesellschafter und Eintragungsfähigkeitsbescheinigung * [Muster 1]

Übereinstimmungsvermerk der elektronischen Abschrift mit dem Papierdokument [Muster 1]

---

284) Oder eine andere Vertretungsregelung.

285) Die Vorlage eines Registerauszuges ist i. d. R. nur erforderlich, wenn die persönlich haftende Gesellschafterin und die Kommanditgesellschaft nicht bei dem gleichen Registergericht eingetragen werden.

2.197 Muster 42: Eintragung einer GmbH & Co. KG

- Wiedergabe des aktuellen Registerinhalts -

| Ausdruck | Amtsgericht Charlottenburg
- Handelsregister Abteilung A - | HRA 39100 B |

Aktueller Ausdruck   **HRA 39100 B**

Handelsregister Abteilung A
Amtsgericht Charlottenburg

1. Anzahl der bisherigen Eintragungen
    1 Eintragung(en)

2.a) Firma
    Dr. Heinrich Schönfelder GmbH & Co. Vertriebs KG

b) Sitz, Niederlassung, inländische Geschäftsanschrift, Zweigniederlassungen
    Berlin
    Unter den Linden 105, 10117 Berlin

3.a) Allgemeine Vertretungsregelung
    Jeder persönlich haftende Gesellschafter vertritt die Gesellschaft allein.

b) Inhaber, persönlich haftende Gesellschafter, Geschäftsführer, Vorstand, Vertretungsberechtigte und besondere Vertretungsbefugnis

Persönlich haftender Gesellschafter:
mit der für sich sowie ihre Geschäftsführer geltenden Befugnis Rechtsgeschäfte mit sich selbst oder als Vertreter Dritter abzuschließen
    Dr. Heinrich Schönfelder GmbH, Berlin (Amtsgericht Charlottenburg, HRB 105107 B)

5.a) Rechtsform, Beginn und Satzung
    Kommanditgesellschaft

c) Kommanditisten, Mitglieder
    1. Meier, Klaus, *17.07.1955, Berlin   500 EUR

6. Tag der letzten Eintragung
    30.01.2009

Amtsgericht Charlottenburg, 04.02.2009 17:39 Uhr

04.02.2009   Seite 1 von 1

9. „Tod" der Komplementär-GmbH

In einer GmbH & Co KG gewinnt die Ausscheidensregelung bei „Tod" der Komplementär-   2.198
GmbH an Bedeutung (§ 131 Abs. 3 Nr. 1 HGB). Nach allgemeiner Meinung entspricht
jedenfalls die **Vollbeendigung der Komplementär-GmbH** dem Tod einer natürlichen
Person.[286]

Fraglich ist indessen, ob auch die bloße **Auflösung der Komplementär-GmbH** (z. B. durch   2.199
Ablehnung der Insolvenzeröffnung mangels Masse, § 60 Abs. 1 Nr. 5 GmbHG) zu ihrem
Ausscheiden aus der Gesellschaft nach § 131 Abs. 3 Nr. 1 HGB führt. Die herrschende
Meinung lehnt dies zu Recht ab.[287] Danach steht dem Tod einer natürlichen Person nicht
bereits die Auflösung der GmbH, sondern erst deren Vollbeendigung gleich. Die Liquida-
tions-Komplementär-GmbH behält weiterhin die Vertretungsmacht für die KG. Wollen
die Gesellschafter die Rechtsfolge, dass die Komplementär-GmbH erst mit ihrer Vollbeendigung aus der Gesellschaft ausscheidet, vermeiden, kann im Gesellschaftsvertrag ohne weiteres vorgesehen werden, dass das Ausscheiden der Komplementär-GmbH bereits an ihre
Auflösung geknüpft ist. Dabei ist jedoch zu bedenken, dass die KG von den übrigen Gesellschaftern nur dann als GmbH & Co KG fortgesetzt werden kann, wenn die Kommanditisten einen neuen Komplementär finden oder eine eigens zu diesem Zweck gegründete
Komplementär-GmbH aufnehmen. Auch im Übrigen lässt der § 131 Abs. 3 Nr. 1 HGB
abweichende Gestaltungen zu. So kann etwa bestimmt werden, dass die Auflösung bzw.
die Beendigung der Komplementär-GmbH nicht zu ihrem Ausscheiden aus der Gesellschaft,
sondern zur Auflösung der KG führt.

10. Beendigung[288]

Wird die Komplementär-GmbH im Handelsregister gelöscht und besteht noch Abwick-   2.200
lungsbedarf für die KG, tritt keine Vollbeendigung der GmbH ein,[289] und es bedarf der
Bestellung eines Nachtragsliquidators in entsprechender Anwendung von § 273 Abs. 4
AktG, da die Vertretungsbefugnis der Liquidatoren nicht ohne weiteres auflebt.[290] Diesem
obliegt in seiner Eigenschaft als Nachtragsliquidator der Komplementärin auch die Vertretung der KG. Die Vertretungsmacht des zu bestellenden Nachtragsliquidators kann auf
bestimmte Aufgaben beschränkt werden.[291]

Sind sowohl die KG wie auch die Komplementärs-GmbH im Handelsregister gelöscht und   2.201
besteht noch Abwicklungsbedarf für die Kommanditgesellschaft, bedarf es der Bestellung
eines Nachtragsliquidators für die GmbH, nicht für die KG.[292] Zu beachten ist ferner, dass
die Löschung der KG wegen Vermögenslosigkeit ihre Auflösung bewirkt, §§ 161 Abs. 2,
131 Abs. 2 Nr. 2 HGB. Sofern sich danach noch Abwicklungsbedarf ergibt, steht die Vertretung der Gesellschaft bei fehlender gesellschaftsvertraglicher Regelung allen Gesellschaftern und auch den Kommanditisten zu. Der noch erforderliche Abwicklungsbedarf recht-

---

286) Str., OLG Hamburg NJW 1987, 1986.
287) BGHZ 75, 178, 181; BGHZ 96, 154; OLG Hamburg NJW 1987, 1896; Baumbach/Hopt/*Roth*, HGB,
§ 177a Anh. Rz. 45; *Schlitt*, NZG 1998, 584; a. A. Henssler/Strohn/*Klöhn*, GesellschaftsR, HGB, § 131
Rz. 24.
288) Vgl. zunächst Abschn. B VI, Rz. 2.87 ff.
289) OLG Düsseldorf Rpfleger 1995, 257; OLG Frankfurt/M. GmbHR 2005, 1137.
290) BGHZ 155, 121–127 m w. N.
291) KG DB 1998, 2009; OLG München GmbHR 2008, 821–824; a. A. OLG Koblenz NZG 2007, 431.
292) HK-*Stuhlfelner*, HGB, § 146 Rz. 1.

fertigt sogar die Bestellung eines Nachtragsliquidators für eine gelöschte GmbH, die Kommanditistin der KG war.[293]

2.202 Handelt es sich bei der GmbH & Co. KG um eine sog. **Publikumsgesellschaft**, endet mit der Löschung der KG im Handelsregister A auch das Amt deren Liquidatoren und für die Bestellung von Nachtragsliquidatoren für die KG ist in entsprechender Anwendung des § 273 Abs. 4 AktG nur das Gericht zuständig.[294] Bei einer Publikumsgesellschaft handelt es sich wirtschaftlich um eine Kapitalgesellschaft im rechtlichen Kleid einer Personenhandelsgesellschaft, die zur Kapitalsammlung eine unbestimmte Vielzahl rein kapitalistisch beteiligter Kommanditisten als Anlagegesellschafter aufnimmt.[295]

11. Insolvenzverfahren

a) Kommanditgesellschaft

2.203 Die **Eröffnung des Insolvenzverfahrens** über das Vermögen der GmbH & Co. KG führt zu deren Auflösung (§§ 161 Abs. 2, 131 Abs. 1 Nr. 3 HGB). Die Tatsache der Auflösung und ihr Grund sind von Amts wegen im Handelsregister bei der KG einzutragen (§§ 161 Abs. 2, 143 Abs. 1 S. 2 und 3 HGB). Da dies noch nicht zur Vollbeendigung der KG führt, kommt vor Abschluss der Liquidation der Gesellschaft die Eintragung des Erlöschens ihrer Firma nicht in Betracht.[296]

2.204 Mit der Rechtskraft des Beschlusses, durch den die **Eröffnung des Insolvenzverfahrens mangels Masse abgelehnt** worden ist (§ 26 InsO), ist die GmbH & Co. KG ebenfalls aufgelöst (§§ 161 Abs. 2, 131 Abs. 2 S. 1 Nr. 1 HGB). Auch in diesem Fall wird die Auflösung und ihr Grund von Amts wegen in das Handelsregister der KG eingetragen (§§ 161 Abs. 2, 143 Abs. 1 S. 2 und 3 HGB). Die ggf. noch erforderliche Liquidation obliegt – sofern im Gesellschaftsvertrag nicht abweichend geregelt – sämtlichen Gesellschaftern, mithin also auch den Kommanditisten (§§ 146 Abs. 1, 161 Abs. 2 HGB). Hiervon Abweichendes müsste von den Gesellschaftern zur Eintragung angemeldet werden. Nach Abschluss der Liquidation kommt eine Löschung der KG wegen Vermögenslosigkeit gem. § 394 FamFG von Amts wegen in Betracht.[297] Hingegen rechtfertigen allein rückständige IHK-Beträge nicht die Annahme der Vermögenslosigkeit.[298]

b) Komplementär-GmbH

2.205 Durch die **Eröffnung des Insolvenzverfahrens** gegen die Komplementär-GmbH wird diese aufgelöst (§ 60 Abs. 1 Nr. 4 GmbHG). Die Auflösung der GmbH und ihr Grund werden von Amts wegen in das Handelsregister der GmbH eingetragen (§ 65 Abs. 1 S. 2 und 3 GmbHG). Die Auflösung der GmbH hat grundsätzlich ihr Ausscheiden aus der KG zur Folge (§§ 161 Abs. 2, 131 Abs. 3 S. 1 Nr. 2 HGB). Hatte die KG nur einen einzigen Kommanditisten, so kommt es daneben zur liquidationslosen Vollbeendigung der KG unter

---

293) OLG München GmbHR 2008, 821–824.
294) BGH DNotZ 2003, 773; BayObLG NZG 2000, 833; BayObLGZ 1992, 328; OLG Hamm OLGZ 1991, 13.
295) Vgl. ausführlich Henssler/Strohn/*Servatius*, GesellschaftsR, Anhang HGB; *Binz/Sorg*, Die GmbH und Co. KG, § 13.
296) OLG Hamm Rpfleger 2003, 665.
297) Jansen/*Steder*, FGG, § 141 Rz. 28 ff.
298) OLG Düsseldorf NZG 2013, 108.

Gesamtrechtsnachfolge des Kommanditisten; er haftet für Gesellschaftsverbindlichkeiten nur mit dem übergegangenen Vermögen.[299] Beim Vorhandensein mehrerer Kommanditisten kommt es dagegen zur Auflösung der KG. Dies alles ist anmeldepflichtig (§§ 161 Abs. 2, 143 HGB).

Mit der Rechtskraft des Beschlusses, durch den die **Eröffnung des Insolvenzverfahrens mangels Masse abgelehnt** worden ist (§ 26 InsO), wird die GmbH ebenfalls aufgelöst (§ 60 Abs. 1 Nr. 5 GmbHG). Auch in diesem Fall werden die Auflösung und ihr Grund von Amts wegen in das Handelsregister der GmbH eingetragen (§ 65 Abs. 1 S. 2 und 3 GmbHG). Es kommt aber grundsätzlich nicht zum Ausscheiden der GmbH aus der KG, weil die Ablehnung der Insolvenzeröffnung nicht als „Tod der GmbH" nach §§ 161 Abs. 2, 131 Abs. 3 S. 1 Nr. 1 HGB anzusehen ist. Es kommt auch nicht zur Auflösung der KG, wenn die GmbH der einzige Komplementär ist. Die aufgelöste Komplementär-GmbH behält vielmehr die Alleinvertretungsbefugnis bei der GmbH & Co. KG.[300] **2.206**

V. Andere Rechtsformen als Komplementär der KG – insbesondere Ltds.

1. Begriff und Zulässigkeit

Komplementär einer Personenhandelsgesellschaft kann nicht nur die Gesellschaft mit beschränkter Haftung, sondern nahezu jede Form einer juristischen Person sein. Die Einräumung der Stellung eines persönlich haftenden Gesellschafters für inländische juristische Personen, z. B. Aktiengesellschaften, Stiftungen, eingetragene Vereine oder Kommanditgesellschaften auf Aktien, ist hinreichend anerkannt. Die besonderen Bestimmungen für Gesellschaften ohne natürliche Person als persönlich haftender Gesellschafter (z. B. § 19 Abs. 2 HGB) gelten für sie gleichermaßen. **2.207**

Neben inländischen juristischen Personen steht es aber auch ausländischen Gesellschaften frei, sich als persönlich haftender Gesellschafter zu betätigen. Hierbei ist darauf abzustellen, dass die Rechtsfähigkeit im jeweiligen Heimatstaat von der Bundesrepublik Deutschland anerkannt worden ist. Es bestehen auch keine grundsätzlichen Bedenken, dass ausländische Gesellschaften mit Verwaltungssitz im Gründungsland sich an einer in Deutschland befindlichen Kommanditgesellschaft beteiligen können.[301] Darüber hinaus können im EU-Ausland gegründete Gesellschaften von der Niederlassungsfreiheit der Art. 49–55 AEUV Gebrauch machen und auch ihren Verwaltungssitz nach Deutschland ohne Aberkennung ihrer Rechtsfähigkeit verlegen. **2.208**

Von praktischer Relevanz ist diese Niederlassungsfreiheit besonders für nach englischem Recht wirksam errichtete private limited companies by shares (im Folgenden: Limited bzw. Ltd)[302] wie auch die Public Limited Company (PLC), von denen eine Vielzahl auch ihren (tatsächlichen) Verwaltungssitz nach Deutschland verlegt haben.[303] **2.209**

Die Auswirkungen des „Brexits" – des Austritts Großbritanniens aus der Europäischen Union zum voraussichtlich 30. September 2019 – konnten aufgrund der unklaren Rechts- **2.210**

299) BGH NJW 2004, 276 = NotBZ 2004, 276 = RNotZ 2004, 338.

300) BGHZ 75, 181; BGHZ 96, 154 = ZIP 1986, 25; OLG Hamburg NJW 1987, 1896; Baumbach/Hopt/ Roth, HGB, § 177a Anhang Rz. 45; Schlitt, NZG 1998, 584.

301) Binz/Sorg, § 25 Rz. 85 ff.

302) OLG Frankfurt/M. GmbHR 2008, 707–709; BayObLG NJW 1986, 3029; Wachter, EWiR 2005, 541; Kowalski/Bormann, GmbHR 2005, 1045; Binz/Mayer, GmbHR 2003, 249; Werner, GmbHR 2005, 288; a. A. AG Bad Oeynhausen GmbHR 2005, 1045.

303) Miras, NZG 2012, 486.

lage im Vereinigten Königreich zum Zeitpunkt der Bearbeitung noch nicht abschließend berücksichtigt werden. Aufgrund der damit verbunden vielen Ungewissheiten sollte bei einer Kommanditgesellschaft auf jeden Fall davon Abstand genommen werden, eine Ltd. als einzigen persönlich haftenden Gesellschafter einzusetzen und den Verwaltungssitz der Ltd. aus dem Vereinigten Königreich in ein anderes Land zu verlegen. Aber auch die Beibehaltung eines Verwaltungssitzes im Vereinigten Königreich wird für eine inländische Kommanditgesellschaft auf praktische Probleme stoßen und viele rechtliche Unsicherheiten mit sich bringen.

2.211 Für die Gründung einer Ltd & Co. KG bedarf es daher zunächst der Errichtung einer Ltd nach den Vorschriften des companies act.[304] Dabei ist zu beachten, dass in der Übernahme der Stellung eines persönlich haftenden Gesellschafters nicht ohne weiteres die Schaffung einer selbständigen Organisationseinheit im Ausland für die Limited gesehen werden kann[305] und dieses für sich genommen nicht eine faktische Verlegung des Verwaltungssitzes nach Deutschland bedeuten muss, umgekehrt aber auch nicht, dass sich Sitz der Kommanditgesellschaft unzulässiger Weise im Ausland befindet.[306] Die Komplementärgesellschaft kann zumindest theoretisch für die Wahrnehmung der Geschäftsführungsaufgaben in der KG weitgehend auf die sachliche Ausstattung und Organisation am Ort der Kommanditgesellschaft zurückgreifen.[307] Die Gründung der Kommanditgesellschaft erfolgt nach dem im vorherigen Abschnitt beschriebenen Wege.

2. Firma

2.212 Die Firma der KG muss unterscheidungskräftig sein und darf keine irreführenden Angaben enthalten. Sie kann frei zwischen einer **Personen-, Sach- oder einer Fantasiebezeichnung** gewählt sein.[308]

2.213 Die Aufnahme eines Haftungsbeschränkungszusatzes nach § 19 Abs. 2 HGB ist jedoch zwingend. Ein Hinweis auf die Haftungsbeschränkung in deutscher Sprache ist nicht erforderlich. Umstritten ist jedoch, ob die Haftungsbeschränkung bereits die konkrete Herkunft des Rechtsträgers erkennen lassen muss. Aus Gründen der Eindeutigkeit und Registerklarheit sollte die Stellung einer Limited als persönlich haftender Gesellschafter durch eine entsprechende Firmierung (z. B. „ABC private company limited by shares & Co. KG") bzw. eine allgemein verständliche Abkürzung wie **„Ltd & Co. KG"** kenntlich gemacht werden.[309] Diese Eindeutigkeit wird sich allerdings nicht bei allen ausländischen Gesellschaften erreichen lassen (z. B. österreichische GmbH, schweizerische AG). Hier sollte die gesetzgeberische Intention bei der Reform § 19 Abs. 2 HGB berücksichtigt werden, wonach dem Haftungsbeschränkungszusatz eine Warnfunktion für den Rechtsverkehr vor Personengesellschaften ohne natürliche Person als persönlich haftenden Gesellschafter zukommt.[310] Dieser Warnfunktion wird auch die Firmierung als „GmbH & Co. KG" gerecht, die Ablehnung einer entsprechenden Firmierung wird daher nur schwer möglich sein.

---

304) Companies Act 2006, zu finden unter http://www.legislation.gov.uk/ukpga/2006/46/contents.
305) Hirte/Bücker/*Mankowski*, Grenzüberschreitende Gesellschaften, § 12 Rz. 11; *Wachter*, GmbHR 2006, 79, 80; *Roth/Altmeppen*, GmbHG, § 4 a Rz. 48.
306) So aber *Mülsch/Nohlen*, ZIP 2008, 1358.
307) OLG Frankfurt/M. GmbHR 2008, 707–709 = ZIP 2008, 1286.
308) Es gelten die allgemeinen firmenrechtlichen Anforderungen vgl. Abschn. IV 5, Rz. 2.175 ff.
309) *Just*, Die englische Limited in der Praxis, Rz. 357.
310) Vgl. Regierungsbegründung zum Handelsrechtsreformgesetz BR-Drucks. 340/97, S. 56.

Rudolph

3. Vertretung

Die KG wird durch die Komplementärin allein vertreten (§§ 161 Abs. 2, 125 Abs. 1 HGB), **2.214**
im Falle der Ltd. durch die für sie vertretungsberechtigte Person, den directors. Dessen
Vertretungsbefugnis ist im Handelsregister der KG nicht eintragungsfähig, weil es sich um
die Vertretungsregelung für die limited handelt. Diese ergibt sich entweder aus den beim
companies house eingereichten Unterlagen oder dem Register der Zweigniederlassung nach
§§ 13d, 13e HGB, sofern eine solche errichtet ist.[311]

Auch die ausländische Gesellschaft kann in ihrer Funktion als persönlich haftender Gesell- **2.215**
schafter von den Beschränkungen des § 181 BGB befreit werden. Es handelt sich nämlich um
eine deutsche Gesellschaft (Kommanditgesellschaft), für die die Beschränkungen (bzw.
Befreiungen) des deutschen Zivilrechts uneingeschränkt gelten. Die Befreiung kann daher
abstrakt wie auch konkret ausgestaltet sein[312] und auch – wie bei inländischen Gesellschaften
– für das jeweilige Organ des persönlich haftenden Gesellschafters erteilt werden.[313]

4. Anmeldung

Die KG ist von allen Gesellschaftern zur Eintragung im Handelsregister anzumelden (§§ 161 **2.216**
Abs. 2, 108 Abs. 1 HGB), für die Komplementärin müssen gesetzliche Vertreter in vertretungsberechtigter Zahl mitwirken.[314] Bei einer Ltd ergibt sich die Vertretungsregelung in
der Regel aus der Satzung (articles of incorporation), andernfalls gilt Gesamtvertretung sämtlicher Direktoren.[315]

Bei der Anmeldung einer solchen KG ist zugleich ein Existenz- und Vertretungsnachweis **2.217**
für den ausländischen Gesellschafter zu führen. Bei der Ltd. lässt sich ein Existenznachweis relativ einfach, aktuell und gebührenfrei durch eine Statusprüfung im „webcheck"
durchführen.[316] Bei dem Vertretungsnachweis ist zu beachten, dass das britische Handelsregister keine Auskunft in Bezug auf die Vertretungsverhältnisse beinhaltet. Die Vertretungsmacht muss durch eine Instanz bestätigt werden, die die Dokumente der Gesellschaft wie den Gesellschaftsvertrag nebst möglicherweise eingetretenen Änderungen eingesehen und geprüft hat, dieses erfolgt – sofern vorhanden[317] – durch den companies secretary[318] oder durch eine andere öffentliche (ausländische) Stellen in analoger Anwendung von
§ 21 BNotO. Erstellen inländische Notare Vertretungsbescheinigungen nach § 21 BNotO,
ist zu beachten, dass das britische Handelsregister kein dem deutschen Register vergleichbares, mit öffentlichem Glauben ausgestattetes Register ist[319] und diese Bescheinigung
nicht die gleiche Bedeutung wie eine Vertretungsbescheinigung aus einem inländisch geführten Register haben kann.

---

311) LG Berlin GmbHR 2008, 431 mit Anm. *Rudolph/Melchior*; a. A. LG Chemnitz GmbHR 2007, 263 mit
　　Anm. *Wachter* und LG Stade GmbHR 2007, 1160.
312) Ausführlich Abschnitt IV 7, Rz. 2.184.
313) OLG Frankfurt/M. GmbHR 2006, 1949–1950.
314) Zur Prüfung der Partei- und Prozessfähigkeit der anmeldenden Gesellschaft: LG Berlin NZG 2004, 1014.
315) *Heckschen*, Private Limited Company, Rz. 283.
316) www.companieshouse.gov.uk.
317) Art. 270 (1) companies act 2006 sieht vor, dass der Sekretär auch entfallen kann.
318) *Heckschen*, Private Limited Company, Rz. 321.
319) *Melchior/Schulte*, NotBZ 2003, 344.

2.218 Sofern fremdsprachliche Dokumente eingereicht werden, ist diesen eine Übersetzung durch einen vereidigten Übersetzer beizufügen.[320] Die Echtheit ausländischer Urkunden ist mittels einer Legalisation bzw. einer Apostille nachzuweisen.[321] Für Bescheinigungen aus der Behörde des Britischen Registerbeamten, dem registrar of companies, kann es im pflichtgemäßen Ermessen des Registergerichts liegen, die Echtheit einer solchen Urkunde gem. § 438 Abs. 1 ZPO auch ohne Apostille anzuerkennen.[322]

2.219 Sofern sich die Vertretungsverhältnisse nicht geändert haben, kann auf die einmal eingereichten Vertretungsnachweise Bezug genommen werden; ein erneuter Nachweis ist dann entbehrlich.

2.220 **Muster 43: Anmeldung einer Ltd & Co. KG (Neugründung)**

Amtsgericht *Registergericht*

Handelsregister

PLZ Ort

zu RegNeu (HRA)

Zur Eintragung in das Handelsregister melden wir an:

Wir haben unter der Firma *Firma* eine Kommanditgesellschaft errichtet.

Sitz der Gesellschaft ist *Ort*.

Gegenstand der Gesellschaft ist *Angabe des Unternehmensgegenstandes*.

Die Geschäftsanschrift lautet: *Anschrift*.

Persönlich haftende Gesellschafter sind:

*Firma, Sitz, Anschrift, registriert beim Companies House Cardiff unter der Nummer.

Kommanditisten sind:

1.   *Vorname, Nachname, Geburtsdatum, Wohnanschrift*. mit einer Einlage von ... €

2.   *Vorname, Nachname, Geburtsdatum, Wohnanschrift*. mit einer Einlage von ... €

Jeder persönlich haftende Gesellschafter vertritt die Gesellschaft allein.

Die persönlich haftende Gesellschafterin.[323]

Zum Nachweis der Existenz und der Vertretungsbefugnis der persönlich haftenden Gesellschafterin fügen wir bei:

–   Bescheinigung des Registrar of Companies vom ... nebst Übersetzung durch einen vereidigten Übersetzer

–   Bescheinigung des companies secretary vom ... nebst Übersetzung durch einen vereidigten Übersetzer

gez. ... *Unterschrift*

---

320) § 181 GVG: Die Gerichtssprache ist deutsch.

321) Zu beachten sind jedoch ferner diverse zwischenstaatliche Abkommen, die die im anderen Land ausgestellte Urkunde einer inländischen Urkunde gleichstellen.

322) LG Berlin NZG 2004, 1014 mit kritischer Anm. *Ries*, ZIP 2004, 2382.

323) Oder eine andere Vertretungsregelung.

gez. ... *Unterschrift*

gez. ... *Unterschrift*

gez. ... *Unterschrift*

*Unterschriftsbeglaubigung für sämtliche Gesellschafter und Eintragungsfähigkeitsbescheinigung * [Muster 1]

Übereinstimmungsvermerk der elektronischen Abschrift mit dem Papierdokument [Muster 1]

5. Auswirkungen des Brexits auf bereits bestehende Ltd & Co. KGs

Die Rechtslage ist unübersichtlich und außerordentlich schwierig. Bei dem Abschluss eines Abkommens über den Austritt des Vereinigten Königreichs aus der Europäischen Union (deal) könnte aufgrund des vom Bundestag beschlossenen Brexit-Übergangsgesetzes[324] davon ausgegangen werden, dass zumindest für einen Übergangszeitraum eine Ltd. weiterhin persönlich haftende Gesellschaft sein kann. Aber bereits hierfür besteht die Unsicherheit, ob es überhaupt ein Austrittsabkommen gibt, nachdem die britische Legislative den entsprechenden Regierungsentwurf abgelehnt hat. Denkbar wäre alternativ ein zwischenstaatliches Abkommen, das die Rechtsfähigkeit im anderen Vertragsstaat gegründeter Gesellschaften gegenseitig anerkennt. **2.221**

Im Falle eines Brexits ohne Austrittsabkommen, nach Ablauf des Übergangszeitraums oder Staatsvertrages über die gegenseitige Anerkennung von Kapitalgesellschaft sollte im Wesentlichen darauf abgestellt werden, ob sich der Verwaltungssitz der Ltd im Vereinigten Königreich oder außerhalb befindet. Bei einem Verwaltungssitz der Ltd. im Vereinigten Königreich ist davon auszugehen, dass diese als rechtsfähige ausländische Kapitalgesellschaft die Funktion eines persönlich haftenden Gesellschafters genauso übernehmen kann wie z. B. eine schweizerische oder in Hong Kong befindliche Komplementärin.[325] **2.222**

Hat hingegen eine Ltd. ihren Verwaltungssitz außerhalb des Vereinigten Königreichs, ist darauf abzustellen, dass mit dem Brexit die Niederlassungsfreiheit für sie entfallen ist und die Sitztheorie in den Vordergrund rücken dürfte. Dabei ist regelmäßig davon auszugehen, dass eine ausländische Kapitalgesellschaft, deren Tätigkeit sich auf die Komplementärstellung einer deutschen KG beschränkt, ihren tatsächlichen Verwaltungssitz auch in Deutschland hat.[326] Sofern eine Ltd also keine weiteren Geschäftsfelder hat und z. B. keine eigene geschäftliche Tätigkeit im Vereinigten Königreich entwickelt hat, ist von dem tatsächlichen Verwaltungssitz in Deutschland auszugehen. **2.223**

Mit der Wiedereinführung der Sitztheorie würde für eine entsprechende Ltd. gelten, dass sie in dem Land, in dem sie nunmehr ihren Verwaltungssitz hat, rechtsfehlerhaft gegründet wurde. Für einen in Deutschland befindlichen Verwaltungssitz dieser rechtsfehlerhaften Gesellschaft hätte dieses zur Folge, dass sie unter die deutschen Gesellschaftsformen kategorisiert werden muss (numerus clausus – Prinzip) und – wie in allen anderen Fällen der fehlerhaften Gesellschaft – sodann die Rechtform einer offenen Handelsgesellschaft oder – sofern kein Handelsgewerbe betrieben wird – einer Gesellschaft bürgerlichen Rechts in **2.224**

---

324) BrexitÜG, BT-Drucks. 19/7087.
325) *Binz/Sorg*, § 25 Rz. 103; *Mayer/Manz*, BB 2016, 1734, **a. A.** *Bauerfeind/Tamcke*, GmbHR 2019, 11.
326) *Binz/Sorg*, § 25 Rz. 123.

Betracht kommt.[327] Beide Gesellschaftsformen können Komplementär oder Kommanditist einer Kommanditgesellschaft sein, so dass sich in einem solchen Fall eine dem deutschen Recht nicht unbekannte Änderung der Rechtsform außerhalb des Registers vollzieht. Hierbei ist aber zu beachten, dass sich dabei die Haftungsverhältnisse der Gesellschafter grundlegend ändern und eine **persönliche Haftung der Gesellschafter** eintritt (§ 128 HGB, § 735 BGB).[328] Diese Änderung der Rechtsform des Komplementärs kann allerdings nicht die Amtslöschung der Gesellschaft, sondern lediglich ein Zwangsgeldverfahren zur Herbeiführung einer Anmeldung in Bezug auf diese Änderungen nach sich ziehen.[329]

2.225 Einer solchen Aufhebung der bestehenden Haftungsbeschränkung könnte mit folgenden Versuchen begegnet werden:[330]

– Umwandlung nach Maßgabe des extra dafür geschaffenen § 122m UmwG, wobei die Mitwirkung des companies house bei der Erstellung der dafür erforderlichen Bescheinigungen wohl tatsächlich schwierig ist;

– Umwandlung durch Verlegung des Satzungssitzes der Ltd und gleichzeitigem Rechtsformwechsel (z. B. in eine GmbH) nach §§ 190 ff UmwG mit den wie vorgenannt erwähnten Schwierigkeiten;

– Abwicklung der Ltd. und rechtsgeschäftliche Übertragung alle Ansprüche und Forderungen auf eine neu zu gründende (im Inland/EU) befindliche Kapitalgesellschaft;

– Realisierung einer Gesamtrechtsnachfolge nach Maßgabe der vom Kammergericht entwickelten Grundsätze, wonach eine neu gegründete KG (mit einem in Inland/EU befindlichen Komplementär) nach dem Ausscheiden aller anderen Gesellschafter in eine Gesamtrechtsnachfolge eintritt, ohne selbst Gesellschafter der Alt-KG zu werden.[331]

6. Beendigung[332]

2.226 Sämtliche Formen der (un)freiwilligen Auflösung der Limited lassen ihre Existenz als solches unberührt; es ist daher davon auszugehen, dass die aufgelöste Limited – vergleichbar mit dem Meinungsstand zur GmbH[333] – auch als Abwicklungsgesellschaft KG-Komplementärin sein kann.

2.227 Anders als im deutschen Gesellschaftsrecht erlischt eine Limited mit Verwaltungssitz im Vereinigten Königreich mit der Bekanntmachung ihrer Löschung (Art. 1000 Abs. 6 companies act = CA) unabhängig vom Vorhandensein restlichen Aktivvermögens, sie verliert ihre Rechts- und Parteifähigkeit (Art. 1028 Abs. 1 CA). Im Vereinigten Königreich belegenes Restvermögen fällt an die Krone (Art. 1012 Abs. 1a CA). Hinsichtlich des im Ausland belegenen Vermögens kommt es – wenn eine Wiedereintragung der Limited nicht möglich ist – zum Entstehen einer **Spalt-Ltd.**[334]

---

327) *Binz/Sorg*, § 25 Rz. 121, unter Hinweis auf BGH GmbHR 2002, 1021 und weitere Rechtspr.

328) *Bauerfeind/Tamcke*, GmbHR 2019, 11.

329) **A. A.** *Bauerfeind/Tamcke*, GmbHR 2019, 11.

330) *Bauerfeind/Tamcke*, GmbHR 2019, 11, [16 f.], Abschn. V, jeweils m. w. N.

331) Vgl. Rz. 2.106.

332) Vgl. Abschn. IV 10, Rz. 2.197.

333) Vgl. Abschn. IV 11 b), Rz. 2.202.

334) *Schulz*, NZG 2005, 415; OLG Jena NZG 2007, 637; KG GmbHR 2010, 316–317; OLG Düsseldorf NZG 2010, 1226.

Zum Entstehen der Spalt-Ltd. kommt es ferner bei noch erforderlichem Abwicklungsbedarf. Dieser ist – wie bei der GmbH[335] – zu bejahen, wenn die Ltd. noch KG-Komplementärin ist.[336] Mangels Fortbestehen der Vertretungsmacht des directors für die Spalt-Ltd. ist die Bestellung eines Nachtragsliquidators in analoger Anwendung von § 273 Abs. 4 AktG, § 66 Abs. 5 GmbHG erforderlich,[337] welchem damit auch die Vertretung der Kommanditgesellschaft obliegt. Auf Ltds mit dem Verwaltungssitz in Deutschland finden nach Wirksamwerden des Brexits die für die OHG bzw. GbR maßgeblichen Vorschriften Anwendung. **2.228**

Unzulässig ist die Einleitung einer Abwesenheitspflegschaft (§ 1911 BGB) für die Limited durch das Betreuungsgericht als Zuweisungssache nach § 340 FamFG. Infolge der Aufhebung[338] von § 10 des Zuständigkeitsergänzungsgesetzes[339] können seit dem 25.4.2006 keine Abwesenheitspflegschaften für juristische Personen, die innerhalb des Geltungsbereichs des Grundsatzes nicht erreichbar sind, geführt werden.[340] **2.229**

7. Insolvenzverfahren

a) Kommanditgesellschaft

Bei dem Insolvenzverfahren über die Ltd. & Co. KG ergeben sich keine Unterschiede zur GmbH & Co. KG.[341] **2.230**

b) Komplementär-Limited

Sofern nach dem Austritt des Vereinigten Königreichs aus der Europäischen Union die Anwendbarkeit der Europäischen Insolvenzverordnung entfällt, bleib für die Insolvenz der Ltd. das britische Insolvenzrecht (insolvenzcy act) maßgeblich, nach dem sich die Abwicklung in Bezug auf das im Vereinigten Königreich belegenem Vermögen richtet. Sofern davon auszugehen ist, dass aus der Ltd. mit Verwaltungssitz in Deutschland eine OHG oder GbR entstanden ist, ergeben sich keine besonderen Schwierigkeiten. **2.231**

Bei Komplementärgesellschaften aus dem EU-Ausland bleibt gem. Art. 3 Abs. 1 S. 1 EuInsVO für die Eröffnung des Insolvenzverfahrens bei grenzüberschreitenden Sachverhalten das Gericht zuständig, in dessen Gebiet der Schuldner den Mittelpunkt seiner hauptsächlichen Interessen hat, denkbar ist in diesem Fall die Eröffnung des Insolvenzverfahrens im EU-Ausland. Auch diese **Insolvenzverfahrenseröffnung** bewirkt grundsätzlich das **Ausscheiden aus der KG** (§§ 161 Abs. 2, 131 Abs. 3 S. 1 Nr. 2 HGB); hatte die KG nur einen einzigen Kommanditisten, kommt es zur liquidationslosen Vollbeendigung der KG unter Gesamtrechtsnachfolge des Kommanditisten; er haftet für Gesellschaftsverbindlichkeiten nur mit dem übergegangenen Vermögen.[342] Beim Vorhandensein mehrerer Kom- **2.232**

---

335) Vgl. OLG Frankfurt/M. GmbHR 2005, 1137.
336) *Lamprecht*, ZEuP 2008, 289, 303.
337) OLG Jena NZG 2007, 637; a. A. *Lamprecht*, ZEuP 2008, 289, 303, der sich für das Fortbestehen der Vertretungsmacht des Direktors ausspricht.
338) Art. 48 des Ersten Gesetzes über die Bereinigung von Bundesrecht im Zuständigkeitsbereich des Bundesministeriums der Justiz, v. 19.4.2006, BGBl I, 866.
339) Gesetz zur Ergänzung von Zuständigkeiten auf den Gebieten des Bürgerlichen Rechts, des Handelsrechts und des Strafrechts vom 7.8.1952, BGBl I, 407.
340) *Lamprecht*, ZEuP 2008, 289.
341) Vgl. Abschn. IV 11 a), Rz. 2.200–2.203.
342) BGH NJW 2004, 276 = NotBZ 2004, 276 = RNotZ 2004, 338.

manditisten kommt es dagegen zur Auflösung der KG. Dies alles ist anmeldepflichtig (§§ 161 Abs. 2, § 143 HGB).

2.233 Die rechtskräftige **Ablehnung der Insolvenzeröffnung** über das Komplementärsvermögen durch das international zuständige deutsche Insolvenzgericht bewirkt wie bei einer Komplementär-GmbH ihr Ausscheiden aus der KG nur, wenn dieses im Gesellschaftsvertrag vereinbart worden war. Andernfalls bleibt sie vertretungsberechtigte Gesellschafterin bei der GmbH & Co. KG.[343]

2.234 Neben der Eröffnung eines Hauptinsolvenzverfahrens kommt die Eröffnung eines isolierten Partikularinsolvenzverfahrens i. S. d. Art. 3 Abs. 4 EuInsVO in Betracht, wenn die Eröffnung des Hauptinsolvenzverfahrens nach Art. 3 Abs. 1 EuInsVO nach dem Recht des für die Eröffnung des Hauptinsolvenzverfahrens zuständigen Mitgliedsstaats nicht möglich ist oder wenn die Eröffnung des Partikularverfahrens von einem Gläubiger beantragt wird, der seinen Wohnsitz, seinen gewöhnlichen Aufenthalt oder seinen Sitz in dem Mitgliedstaat hat, in dem sich die betreffende Niederlassung befindet, oder dessen Forderung auf einer sich aus dem Betrieb dieser Niederlassung ergebenden Verbindlichkeit beruht, Art. 3 Abs. 4 lit. b EuInsVO.

2.235 Das Partikularinsolvenzverfahren ist auf das im Inland befindliche Vermögen beschränkt und erfüllt nicht den gesetzlichen Ausscheidenstatbestand des §§ 161 Abs. 2, 131 Abs. 3 S. 1 Nr. 2 HGB.

D. EWIV

I. Allgemeines und Rechtsgrundlagen

2.236 Die Europäische wirtschaftliche Interessenvereinigung (EWIV) ist eine Rechtsform, die nicht durch nationales Recht geschaffen wurde, sondern durch die Gesetzgebung der Europäischen Gemeinschaft.

2.237 Aus Art. 308 EGV[344] leitete die Europäische Kommission die Ermächtigung zum Erlass der Verordnung (EWG) Nr. 2137/85 über die Schaffung einer Europäischen wirtschaftlichen Interessenvereinigung (EWIV)[345] ab. Die unmittelbare Wirkung der EWIV-VO in allen Mitgliedsstaaten hat zur Folge, dass die EWIV lange Zeit die einzige Gesellschaftsform war, die in allen Staaten des Europäischen Wirtschaftsraumes[346] existieren konnte. In Deutschland sind die nach Art. 39, 41 EWIV-VO zu erlassenen nationalen Ausführungsvorschriften im EWIV-Ausführungsgesetz[347] geregelt und gelten für EWIV mit Satzungssitz in Deutschland. Das EWIV-AG normiert in § 1 u. a. die subsidiäre Anwendbarkeit des OHG-Rechts. Für die EWIV gilt demnach ein dreistufiger Gesetzesaufbau: Maßgeblich ist allem voran

---

343) Zur Rechtslage bei der GmbH & Co. KG: BGHZ 75, 181; BGHZ 96, 154 = ZIP 1986, 25; OLG Hamburg NJW 1987, 1896; Baumbach/Hopt/*Roth*, HGB, § 177a Anhang 45; *Schlitt*, NZG 1998, 584.

344) Art. 308 des Vertrages zur Gründung der Europäischen Gemeinschaft (Nizza konsolidierte Fassung) bzw. Art. 235 der konsolidierten Fassung des EWG Vertrag, ABl C 325 v. 24.12.2002, S. 153–153; ABl Nr. C 340 v. 10/11/1997, S. 0301.

345) Verordnung (EWG) Nr. 2137/85 des Rates vom 25.7.1985 über die Schaffung einer Europäischen wirtschaftlichen Interessenvereinigung (EWIV), ABl Nr. L 199 v. 31/07/1985, S. 0001–0009.

346) Hierunter sind die Mitgliedsstaaten der Europäischen Union sowie die Länder des Europäischen Wirtschaftsraumes zu verstehen, aktuelle Fassung des EWR-Abkommens nach Ratifizierung durch das Fürstentum Lichtenstein unter http://www.llv.li/pdf-llv-sewr-316-ewra_deutsch.

347) Gesetz zur Ausführung der EWG-Verordnung über die Europäische wirtschaftliche Interessenvereinigung, BGBl I 1988, 514, zuletzt geändert durch Art. 16 G v. 23.10.2008 I 2026.

Rudolph

die europäische EWIV-VO, danach das nationale EWIV-AG und letztendlich §§ 105 ff. HGB, soweit diese der EWIV-VO nicht entgegenstehen.

Die EWIV stellt in ihrer Struktur eine Mischung aus Personen- und Kapitalgesellschaft dar. **2.238** Sie entspricht weitgehend einer offenen Handelsgesellschaft. Der Inhalt des Gründungsvertrages unterliegt – mit Ausnahme des Pflichtinhalts – der Gestaltungsfreiheit der Mitglieder. Im Grundsatz ist daher davon auszugehen, dass die personengesellschaftrechtlichen Grundzüge bei Fragen der Beitragsaufbringung (§ 706 BGB), der Verlustbeteiligung (§§ 721 ff. BGB) sowie bei Treue- und Mitwirkungspflichten der Mitglieder auch für die EWIV gelten. Wenn für die EWIV auch keine Mindestkapitalausstattung erforderlich ist, hat sie doch mit den Kapitalgesellschaften den Grundsatz der Fremdorganschaft gemein. Denn nach Art. 19, 20 EWIV-VO wird die EWIV nicht zwingend von den Mitgliedern geleitet, sondern von einem oder mehreren von Ihnen bestellten Geschäftsführern.

Die Verbreitung der EWIV ist eher übersichtlich: So sind im Registergericht des Amtsge- **2.239** richts Berlin-Charlottenburg in der Zeit von 1989 bis 2018 68 EWIV eingetragen und 20 gelöscht worden, so dass sich der Gesamtbestand nach gut 25 Jahren EWIV auf 48 summiert, wovon 23 erst in den letzten fünf Jahren eingetragen worden sind. Im „europäischen Vergleich" zur EWIV sind seit 2005 im Amtsgericht Berlin-Charlottenburg bereits 59 europäische Aktiengesellschafen (SE) eingetragen.

Die Gesamtzahl der EWIV in der Bundesrepublik Deutschland beträgt 482, wovon aller- **2.240** dings 91 gelöscht sind.[348] Über das gemeinsame Registerportal der Länder[349] sind zum Stand 1.2.2018 Informationen zu 316 nicht gelöschten EWIV abrufbar.

II. Abschluss eines Gründungsvertrages

Die EWIV entsteht durch konstitutive Registereintragung, Art. 1 Abs. 1 S. 2 EWIV-VO. **2.241** Zuvor bedarf es des Abschlusses eines Gründungsvertrages. Bis zur Eintragung besteht eine Vor-EWIV, auf die die Grundsätze der BGB-Gesellschaft Anwendung finden.[350] Für den Vertragsabschluss ist grundsätzlich OHG-Recht anwendbar, § 1 EWIV-AG i. V. m. § 105 Abs. 2 HGB, §§ 705 ff. BGB. Der Vertrag muss in Schriftform geschlossen sein. Den Mindestinhalt des Gründungsvertrages bestimmt im Wesentlichen § 5 EWIV-VO:

1. Firma

Für die Firmierung gilt bei einem Sitz in Deutschland grundsätzlich nationales Firmen- **2.242** recht, so dass die Firma nach den Kriterien der §§ 17 ff. HGB zu bilden ist.[351] Die Aufnahme der Angabe „Europäische Wirtschaftliche Interessenvereinigung" oder der Abkürzung „EWIV" in die Firma entspricht § 19 Abs. 1 HGB.

2. Sitz

Der Sitz der EWIV (Art. 5 lit. b EWIV-VO) wird durch Art. 12 EWIV-VO bestimmt. Dem- **2.243** nach muss der Sitz innerhalb der Europäischen Union belegen sein und sich am Ort der

---

348) EWIV-Statistik des Europäischen EWIV-Forschungszentrums, Stand 26.8.2018, veröffentlicht unter: http://www.libertas-institut.com/wp-content/uploads/2018/08/ewiv-statistik.pdf.

349) www.handelsregister.de.

350) Ebenroth/Boujoung/Joost/Strohn/*Hakenberg*, HGB, Rz. 11 EWIV.

351) OLG Frankfurt/M. DB 1997, 221, zu den Einzelheiten der Firmenbildung siehe Teil 2, Abschn. B II c, Rz. 2.49 – 2.51.

Hauptverwaltung der EWIV oder der Hauptverwaltung bzw. dem Haupttätigkeitorts eines seiner Mitglieder befinden. Damit hängt die EWIV der Sitztheorie an; ein Verstoß hiergegen kann die Auflösung der EWIV nach sich ziehen, Art. 32 EWIV-VO.

3. Gegenstand der EWIV

2.244 Der Gegenstand der EWIV muss im Vertrag bezeichnet sein, Art. 5 lit. c EWIV-VO. Da die EWIV auf die Förderung der wirtschaftlichen Betätigung ihrer Mitglieder gerichtet ist und ihre Mitglieder bei der Zusammenarbeit auf europäischer Ebene unterstützen soll, darf sie nicht auf Gewinnerzielung angelegt sein. Der Gegenstand ist daher stets an dem beratenden, die Mitglieder fördernden und unterstützenden Charakter auszurichten. Ferner darf die EWIV nach Art. 3 Abs. 2 EWIV-VO keine Konzernleitungsfunktion innehaben. Sie darf nicht als Holding fungieren, indem sie z. B. Anteile ihrer Mitglieder hält. Sie darf nicht mehr als 500 Mitarbeiter beschäftigen (wohl aber die Mitglieder) und nur unter bestimmten Umständen (Art. 3 Abs. 2 lit. d EWIV-VO) Darlehen an ihre Organe ausgeben.

4. Mitglieder

2.245 Im Gründungsvertrag sind zudem die EWIV-Mitglieder zu bezeichnen, Art. 5 lit. d EWIV-VO. Die EWIV als „supranationale" Gesellschaft muss aus mindestens zwei Personen aus unterschiedlichen Mitgliedsstaaten der Europäischen Union bzw. des Europäischen Wirtschaftsraumes bestehen.[352] Soweit ersichtlich, ist davon auszugehen, dass mit dem Brexit, dem Austritt des Vereinigten Königreichs aus der Europäischen Union auch die Mitgliedschaft im Europäischen Wirtschaftsraum endet[353] und künftig keine britischen Mitglieder haben kann. Mitglieder können sowohl natürliche als auch juristische Personen bzw. Personenhandelsgesellschaften sein. Eine EWIV darf jedoch nicht Mitglied einer anderen EWIV sein, Art. 3 Abs. 2 lit. e EWIV-VO. Eine Beschränkung der Mitgliederzahl bzw. ein Ausschluss bestimmter Personengruppen (Art. 4 Abs. 3 und 4 EWIV-VO) ist in Deutschland durch den nationalen Gesetzgeber nicht erfolgt.

2.246 Juristische Personen sind mit ihrer Firma, ihrem Sitz und dem Ort ihrer Registrierung und der Registernummer zu benennen, natürliche Personen mit ihrem Namen, ihrem Geburtsdatum und ihrem Wohnort.

5. Dauer

2.247 Eine zeitliche Beschränkung der EWIV muss ggf. ebenfalls in den Vertrag aufgenommen werden, Art. 5 lit. e EWIV-VO.

III. Bestellung von Geschäftsführern

2.248 Die organschaftliche Vertretungsbefugnis kommt den Geschäftsführern zu. Diese werden im Gründungsvertrag oder durch einen einstimmigen Beschluss der Mitglieder bestellt. Geschäftsführer können nur natürliche Personen sein, Art. 19 Abs. 1 EWIV-VO, Amtsausschlussgründe ergeben sich ebenfalls aus Art. 19 Abs. 1 EWIV-VO, wenn einer Person durch eine Verwaltungsentscheidung die Leitung untersagt worden ist.

---

352) Zum Begriff der Personen vgl. Rz. 2.41–2.42.
353) Str. *Weller/Thomale/Benz*, NJW 2016, 2378 m. w. N.; a. A. Schroeter/Nemeczek, JZ 2017, 713.

Die Vertretung der EWIV bestimmt sich durch Art. 20 EWIV-VO, wonach sämtliche Ge- **2.249** schäftsführer einzelvertretungsberechtigt sind, wenn der Gründungsvertrag keine gemeinschaftliche Vertretungsbefugnis vorsieht. Eine Bestellung von Prokuristen ist bei der EWIV grundsätzlich möglich. Da aber die Vertretung der EWIV ausschließlich durch die Geschäftsführer zu erfolgen hat, scheidet die sog. „unechte Gesamtvertretung" (vgl. § 125 Abs. 3 HGB) aus. Eine Befreiung von den Beschränkungen des § 181 BGB kann erteilt werden.[354]

Muster 44: Gründungsvertrag einer EWIV   **2.250**

Gründungsvertrag der ... EWIV

I.
Allgemeine Vorschriften

§ 1
Name, Sitz, Mitglieder, Geschäftsjahr

(1) Die Vereinigung führt den Namen *Name*.

(2) Die Vereinigung hat ihren Sitz in *Ort*.

(3) Mitglieder der Vereinigung sind:

     a) *Name, Vorname, Wohnort, Land*

     b) *Name, Vorname, Wohnort, Land*

     c) *Name, Vorname, Wohnort, Land*

(4) Das Geschäftsjahr der Vereinigung ist das Kalenderjahr.

§ 2
Unternehmensgegenstand

Der Gegenstand der Vereinigung ist die Zusammenarbeit der Mitglieder im Bereich *Gegenstandsbeschreibung*

Hierzu zählen insbesondere:

a) die Durchführung von Fortbildungsveranstaltungen,

b) die Schaffung von gemeinsamen Einkaufsmöglichkeiten,

c) der Aufbau eines europäischen Kommunikationsnetzwerkes.

§ 3
Mitgliedschaft

(1) Mitglieder der Vereinigung können werden:

     a) natürliche Personen

     b) juristische Personen

     c) andere juristische Einheiten (z. B. Gesellschaften des bürgerlichen Rechts oder Personenhandelsgesellschaften)

---

354) Ebenroth/Boujong/Joost/Strohn/*Hakenberg*, HGB, Rz. 37 EWIV.

(2) Über die Aufnahme entscheiden die Mitglieder einstimmig. Die Entscheidung kann im schriftlichen Verfahren getroffen werden.

(3) Die Mitgliedschaft endet:

a) mit dem Tod (natürliche Person) oder der Auflösung (juristische Person, andere juristische Einheit) des Mitglieds

b) durch Kündigung (§ 10)

c) durch Ausschluss aus der Vereinigung (§ 11)

d) wenn über das Vermögen des Mitgliedes ein Insolvenzverfahren bzw. ein vergleichbares Verfahren im Ausland eröffnet worden ist.

II.
Kapital, Einlagen
§ 4
Kapital, Einlagen, Beteiligung an Gewinn und Verlust

(1) Die Vereinigung hat ein Kapital von ... €.

(2) Jedes Mitglied hat eine Einlage von ... € unverzüglich nach Eintragung der Vereinigung im Handelsregister zu leisten.

(3) Die Mitglieder nehmen an Gewinn und Verlust der Vereinigung entsprechend ihrer Beteiligung am Kapital der Vereinigung teil.

III.
Geschäftsführer, Geschäftsführung, Vertretung
§ 5
Bestellung, Entlassung, Anstellung und Kündigung von Geschäftsführern

(1) Die Geschäftsführer werden von der Mitgliederversammlung bestellt und entlassen. Die Bestellung der Geschäftsführer ist jederzeit widerruflich.

(2) Die Mitgliederversammlung entscheidet über die Bestellung und Entlassung Geschäftsführern mit der Mehrheit der abgegebenen Stimmen.

§ 6
Geschäftsführung und Vertretung

(1) Die Vereinigung hat zwei Geschäftsführer.

(2) Jeder Geschäftsführer vertritt die Vereinigung allein.

IV.
Mitgliederversammlungen, Mitgliederbeschlüsse
§ 7
Mitgliederversammlung

(1) Die Mitgliederversammlung ist zuständig für alle Aufgaben, soweit sie nicht der Geschäftsführung übertragen sind.

(2) Die ordentliche Mitgliederversammlung findet im ... eines jeden Jahres statt.

(3) Die Mitgliederversammlungen werden durch die Geschäftsführer einberufen.

(4) Die Einberufung erfolgt durch schriftliche Mitteilung an jedes Mitglied unter Angabe von Ort, Tag, Zeit und Tagesordnung mit einer Frist von vier Wochen bei ordentlichen Mitgliederversammlungen und von mindestens zwei Wochen bei außerordentlichen Mitgliederversammlungen.

(5) Die Mitgliederversammlungen sollen grundsätzlich am Sitz der Vereinigung stattfinden.

(6) Sind sämtliche Mitglieder anwesend und mit der Beschlussfassung einverstanden, können Beschlüsse auch dann gefasst werden, wenn die für die Einberufung und Ankündigung geltenden gesetzlichen oder vertraglichen Vorschriften nicht eingehalten worden sind.

§ 8
Mitgliederbeschlüsse

(1) Jedes Mitglied hat eine Stimme. Die Beschlüsse der Mitglieder werden in Versammlungen gefasst.

(2) Die Mitgliederversammlung ist, soweit die Beschlüsse der Mitglieder nach den Vorschriften der EWIV-Verordnung nicht mit den Stimmen sämtlicher Mitglieder (einstimmig) gefasst werden müssen, nur dann beschlussfähig, wenn mindestens die Hälfte der Mitglieder anwesend ist.

(3) Beschlüsse der Mitglieder, die nach den Vorschriften der EWIV-Verordnung oder diesem Vertrag nicht einstimmig gefasst werden müssen, werden mit der Mehrheit der abgegebenen Stimmen gefasst.

(4) Über die Beschlüsse der Mitglieder ist von den Geschäftsführern unverzüglich eine Niederschrift anzufertigen, welche den Tag und die Form der Beschlussfassung, den Inhalt des Beschlusses und die Stimmabgaben anzugeben hat. Die Niederschrift ist von den Geschäftsführern jedem Mitglied unverzüglich zuzusenden.

§ 9
Änderung des Gründungsvertrages

Die Änderung dieses Vertrages wird mit einer Mehrheit von zwei Dritteln der abgegebenen Stimmen gefasst, soweit sie nach den Vorschriften der EWIV -Verordnung nicht einstimmig gefasst werden müssen.

V.
Kündigung, Ausschluss, Auflösung

§ 10
Kündigung

(1) Jedes Mitglied kann die Vereinigung mit einer Frist von 6 Monaten zum Ende eines Geschäftsjahres kündigen.

(2) Die Kündigung bedarf der Schriftform und ist einem Geschäftsführer der Vereinigung gegenüber auszusprechen.

(3) Das kündigende Mitglied scheidet mit Ablauf der Kündigungsfrist aus der Vereinigung aus.

§ 11
Ausschluss

Ein Mitglied kann aus der Vereinigung ausgeschlossen werden, falls es grob gegen seine Pflichten verstoßen oder wenn es schwere Störungen der Arbeit der Vereinigung verursacht hat oder zu verursachen droht.

§ 12
Auflösung

Die Vereinigung kann durch Beschluss, der einer Mehrheit von drei Vierteln der Stimmen aller Mitglieder bedarf, zum Ende eines Geschäftsjahres aufgelöst werden.

Ort, Datum

Übereinstimmungsvermerk der elektronischen Abschrift mit dem Papierdokument
[siehe Muster 1]

IV. Anmeldung und Eintragung

1. Anmeldung

2.251 Die EWIV ist bei dem Registergericht am satzungsmäßigen Sitz zur Eintragung anzumelden, § 2 Abs. 1 EWIV-AG.

2. Zur Anmeldung verpflichtete Personen

2.252 Die Anmeldung ist von sämtlichen Geschäftsführern vorzunehmen, § 3 Abs. 1 EWIV-AG. Zugleich haben die Geschäftsführer zu versichern, dass keine Bestellungshindernisse nach Art. 19 EWI-VO vorliegen.

3. Inhalt, § 2 Abs. 2 EWIV-AG

2.253 Die Anmeldung muss folgende Punkte umfassen, § 2 Abs. 2 EWIV-AG:

- Firma

- Sitz

- Unternehmensgegenstand

- Mitglieder der EWIV. Natürliche Personen sind mit ihrem Namen, Geburtsdatum und Wohnort, juristische Personen sind mit der Rechtsform, der Firma, dem Sitz, dem Ort und der Nummer ihrer Registrierung zu benennen.

- Geschäftsführer mit Namen, Geburtsdatum und Wohnort

- Vertretungsbefugnis der Geschäftsführer in allgemeiner und konkreter Form

- zeitliche Begrenzung, sofern beschlossen.

4. Beizufügende Unterlagen

2.254 Beim Registergericht einzureichen ist die **Anmeldung** mit der **Versicherung** der Geschäftsführer, dass keine Bestellungshindernisse nach Art. 19 der EWIV-VO bestehen, § 3 Abs. 3 EWIV-AG. Außerdem müssen die anmeldenden Geschäftsführer versichern, dass sie über ihre unbeschränkte Auskunftspflicht gegenüber dem Registergericht belehrt worden sind.

Seit dem Inkrafttreten des MoMiG[355] ist es nunmehr auch möglich, dass die Belehrung nach § 53 Abs. 2 BZRG auch schriftlich, durch einen ausländischen Notar, einen Angehörigen eines rechtsberatenden Berufes oder einen Konsularbeamten erfolgen kann. Das Erfordernis einer persönlichen Belehrung durch einen deutschen Notar ist damit entfallen.

Des Weiteren ist der **Gründungsvertrag** zur Hinterlegung einzureichen, Art. 7 EWIV-VO. **2.255** Erfolgte die Bestellung der ersten Geschäftsführer nicht in dem Gründungsvertrag, so ist der **Bestellungsbeschluss** ebenfalls einzureichen.

Ferner bedarf es der **Mitteilung der Lage der Geschäftsräume**, § 24 HRV. Weder ist die **2.256** Anmeldung einer inländischen Geschäftsanschrift (§ 2 Abs. 2 EWIV-AG) noch deren Eintragung (§ 40 Ziff. 2 lit. b HRV) gesetzlich vorgesehen.[356]

Die Unterlagen sind elektronisch einzureichen, da § 12 HGB Anwendung findet. **2.257**

Von an der Vereinigung beteiligten juristischen Personen ist ein Existenz- und Vertretungs- **2.258** nachweis beizufügen nebst einer Übersetzung durch einen amtlich zugelassenen Übersetzer, wenn der Nachweis nicht in deutscher Sprache abgefasst ist, § 181 GVG.

5. Eintragung

Nach Prüfung des für die Eintragung der EWIV erforderlichen Inhalts des Gründungsver- **2.259** trages sowie der weiteren eingereichten Unterlagen ist bei Eintragungsreife die EWIV im Handelsregister A mit dem aus § 2 Abs. 2 EWIV-AG ersichtlichen Umfang in das Handelsregister einzutragen (vgl. § 40 HRV). Zu beachten ist, dass die Mitglieder der EWIV nicht wie persönlich haftende Gesellschafter in Spalte 2b), sondern in Spalte 5c) einzutragen sind.

6. Bekanntmachung

Die Eintragung wird vom Registergericht im elektronischen Informations- und Kommu- **2.260** nikationssystem (§ 10 HGB) bekannt gemacht. Zusätzlich ist die Bekanntmachung dem Amt für amtliche Bekanntmachungen der Europäischen Union mit speziell vorgesehenen Formularen über das eigens eingerichtete Portal mitzuteilen, welche die Gründung der EWIV wiederum im Amtsblatt der Europäischen Union bekanntmacht, Art. 11 EWIV-VO.

---

355) Gesetz zur Modernisierung des GmbH-Rechts und zur Bekämpfung von Missbräuchen (MoMiG), BGBl I 2008, 2026 ff.

356) Die Eintragung einer inländischen Geschäftsanschrift kann auch nicht über § 2 EWIV-AG i. V. m. § 106 Abs. 2 S. 2 HGB begründet werden. Eine Angleichung des EWIV-AG an die durch das MoMiG geänderten Bestimmungen des HGB und des GmbHG ist durch Art. 16 des Gesetzes zur Modernisierung des GmbH-Rechts und zur Bekämpfung von Missbräuchen (MoMiG), BGBl I 2008, 2026 ff. erfolgt, ein Erfordernis zur Anmeldung und Eintragung wurde in diesem Zusammenhang allerdings geschaffen.

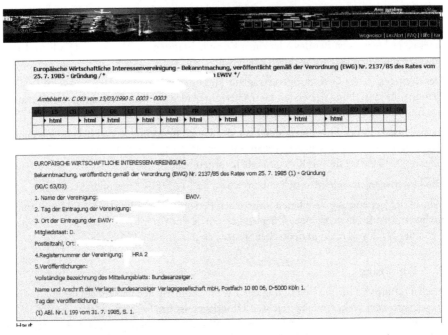

Abbildung 1   Bekanntmachung im Amtsblatt der Europäischen Union unter: www.eur-lex.europa.eu

2.261 Muster 45: Anmeldung einer EWIV

Amtsgericht *Registergericht*

Handelsregister

PLZ Ort*

RegNeu (HRA)

Zur Eintragung in das Handelsregister melden wir an:

Es wurde unter der Firma *Firma* eine Europäische Wirtschaftliche Interessenvereinigung (EWIV) errichtet.

Sie hat ihren Sitz in *Ort*.

Sie ist auf unbestimmte Zeit abgeschlossen.

Gegenstand der Vereinigung ist *Angabe des Unternehmensgegenstandes*

Mitglieder der Vereinigung sind:

a)   *Vorname, Name, Geburtsdatum, Anschrift, Land*

b)   *Firma, Sitz, Registerbehörde und Registernummer*

Die Vereinigung bat einen oder mehrere Geschäftsführer. Ist nur ein Geschäftsführer bestellt, vertritt er die Vereinigung allein. Sind mehrere Geschäftsführer bestellt, wird die Vereinigung durch zwei Geschäftsführer vertreten.

Zum Geschäftsführer wurde *Vorname, Name, Geburtsdatum, Anschrift* bestellt.

Der Geschäftsführer versichert, dass keine Umstände vorliegen, die nach Art. 19 Abs. 1 der Verordnung EWG Nr. 2137/85 des Rates vom 25. Juli 1985 über die Schaffung einer Europäischen wirtschaftlichen Interessensvereinigung (EWIV) seiner Bestellung zum Geschäftsführer entgegenstehen. Ihm ist bekannt, dass nach dieser Bestimmung der EWIV-VO Geschäftsführer einer Vereinigung nicht Personen sein können, die nach dem auf sie anwendbaren Recht oder nach dem innerstaatlichen Recht der Bundesrepublik, in der die Vereinigung ihren Sitz hat, oder aufgrund einer in einem Mitgliedstaat ergangenen oder anerkannten gerichtlichen Entscheidung oder Verwaltungsentscheidung dem Verwaltungs- oder Leitungsorgan von Gesellschaften nicht angehören dürfen oder nicht als Geschäftsführer einer Europäischen wirtschaftlichen Interessenvereinigung handeln dürfen. Durch einen solchen Umstand ist seine Bestellung zum Geschäftsführer nicht ausgeschlossen. Er versichert ebenso, dass er über seine unbeschränkte Auskunftpflicht gegenüber dem Gericht durch den Notar[357] belehrt worden ist.

Die Geschäftsräume befinden sich in *Anschrift*.

Als Anlage wird beigefügt:

- der Gründungsvertrag der Vereinigung
- der Beschluss der Mitglieder der Vereinigung über die Bestellung des ersten Geschäftsführers

gez. ... *Unterschrift*

*Unterschriftsbeglaubigung der Geschäftsführer der EWIV und Eintragungsfähigkeitsbescheinigung * [Muster 1]

Übereinstimmungsvermerk der elektronischen Abschrift mit dem Papierdokument [Muster 1]

---

357) Die Belehrung kann auch gesondert schriftlich und/oder durch einen beliebigen in- oder ausländischen Notar, Vertreter vergleichbaren rechtsberatenden Berufs oder einen Konsularbeamten erfolgen.

2.262 Muster 46: Eintragung einer EWIV

- Wiedergabe des aktuellen Registerinhalts -

	Amtsgericht Charlottenburg	
Ausdruck	- Handelsregister Abteilung A -	HRA 39097 B

Aktueller Ausdruck

HRA 39097 B

Handelsregister Abteilung A
Amtsgericht Charlottenburg

1. Anzahl der bisherigen Eintragungen
   2 Eintragung(en)

2.a) Firma
   Independent Lawyers EWIV

   b) Sitz, Niederlassung, inländische Geschäftsanschrift, Zweigniederlassungen
   Berlin

   c) Gegenstand des Unternehmens
   Die Zusammenarbeit zwischen ihren Mitgliedern, insbesondere die Förderung ihrer Leistungen auf dem europäischen Markt

3.a) Allgemeine Vertretungsregelung
   Ist ein Geschäftsführer bestellt, vertritt er die Gesellschaft allein. Sind mehrere Geschäftsführer bestellt, wird die Gesellschaft gemeinschaftlich durch zwei Geschäftsführer vertreten.

   b) Inhaber, persönlich haftende Gesellschafter, Geschäftsführer, Vorstand, Vertretungsberechtigte und besondere Vertretungsbefugnis

   Geschäftsführer:

   Dr. Schönfelder, Heinrich, *26.07.1955, Berlin

5.a) Rechtsform, Beginn und Satzung
   Europäische wirtschaftliche Interessenvereinigung

   c) Kommanditisten, Mitglieder
   1. Henk, van Buryk, *12.04.1970, Den Haag/Niederlande
   2. Meier, Klaus, *19.07.1955, Berlin
   3. Smith, John, *25.08.1961, London/Großbritannien

6. Tag der letzten Eintragung
   04.02.2009

Amtsgericht Charlottenburg, 04.02.2009 17:33 Uhr

04.02.2009

V. Anzumeldende Änderungen

Bei einer eingetragenen EWIV müssen nach Art. 7 S. 2 lit. a EWIVO i. V. m. § 2 Abs. 3   **2.263**
EWIV-AG die Änderungen des Gründungsvertrages, sofern sie eintragungspflichtige Tatsachen betreffen (einschließlich Veränderungen im Mitgliederbestand sowie der Sitzverlegung) wie auch die Änderungen bei den Geschäftsführern und ihrer Vertretungsbefugnis
zur Eintragung angemeldet werden.

1. Änderungen des Gründungsvertrages

Änderungen des Gründungsvertrages sind insbesondere nur dann zur Eintragung anzumel-   **2.264**
den, wenn eintragungspflichtige Tatsachen, wie die Firma, der Gegenstand, die allgemeine
Vertretungsbefugnis oder eine zeitliche Begrenzung der EWIV geändert werden sollen.
Für die Änderungen gelten die gleichen Grundsätze wie bei der Gründung.[358] Eine Ver-
pflichtung zur Anmeldung sämtlicher Vertragsänderungen, d. h. auch bezüglich nicht im
Register eingetragener Bestimmungen, besteht nicht, da die Handelsregisterverordnung die
Eintragung des Gründungsvertrages bzw. seiner Änderungen im Handelsregister nicht vor-
sieht.[359]

Für die Änderung ist nach Art. 17 Abs. 2 EWIV-VO ein einstimmiger Beschluss der Mit-   **2.265**
glieder erforderlich. Abweichend hiervon kann im Gründungsvertrag eine Beschlussfassung
durch Stimmenmehrheit festgelegt werden.

Die Änderung des Gründungsvertrages ist von den Geschäftsführern in vertretungsberech-   **2.266**
tigter Zahl anzumelden, § 3 Abs. 1 EWIV-VO. Beizufügen ist der Änderungsbeschluss der
Mitglieder. Um die gesamtheitliche Beauskunftung des geänderten Gründungsvertrages
zu ermöglichen, ist der Anmeldung außerdem eine vollständige Fassung mat den geänderten
Vertragsbestimmunfen einzureichen.[360]

Die Änderung des zwingenden Gründungsvertragsbestandteils[361] ist nach der Eintragung   **2.267**
nach § 10 HGB bekanntzumachen, Art. 8 EWIV-VO.

Muster 47: Anmeldung der Änderung des Gründungsvertrages bei einer EWIV   **2.268**

Amtsgericht *Registergericht*

Handelsregister

PLZ Ort

HRA*

Zur Eintragung in das Handelsregister wird angemeldet:[362]

Durch Beschluss der Mitglieder vom *Datum* ist der Gründungsvertrag geändert in § ...
(*schlagwortmäßige Bezeichnung*).

---

358) Rz. 2.232–2.240.
359) *Krafka/Kühn*, Registerrecht Rz. 899; **a. A.** Anmeldepflicht für sämtliche Vertragsänderungen *Ganske*,
    EWIV, § 11 Abschn. I.
360) *Ganske*, EWIV, § 11 Abschn. I.
361) Vgl. Rz. 2.232–2.240.
362) Jeder der nachfolgenden Punkte kann einzeln oder zusammen mit anderen Punkten angemeldet werden.

Dadurch ist

- die Firma der Vereinigung geändert in *Firma*.

- der Gegenstand der Vereinigung geändert in *Gegenstand*.

- die zeitliche Begrenzung der Vereinigung ist geändert auf den *Datum*.

- [363] der Sitz verlegt nach *Ort*. Die Geschäftsräume befinden sich nunmehr in *Geschäftsanschrift*.

- die Vertretungsregelung der Vereinigung geändert. Sie lautet nunmehr wie folgt: *Vertretungsregelung*

Die Lage der Geschäftsräume[364]

- ist unverändert in *Geschäftsanschrift*

- ist geändert und nunmehr in *Geschäftsanschrift*

Als Anlage wird beigefügt:

- der Beschluss der Mitglieder der Vereinigung über die Änderung des Gründungsvertrages

- eine vollständige Fassung des Gründungsvertrages mit den geänderten Bestimmungen

*Unterschriftsbeglaubigung der Geschäftsführar der EWIV in vertretungsberechtigter Zahl und Eintragungsfähigkeitsbescheinigung * [Muster 1]

Übereinstimmungsvermerk der elektronischen Abschrift mit dem Papierdokument [Muster 1]

2. Sitzverlegung im Inland

2.269 Die Änderung des Sitzes einer EWIV ist eine besondere Form der Änderung des Gründungsvertrages. Sie ist **innerhalb des Inlandes** nach Maßgabe des Art. 13 EWIV-VO, § 2 Abs. 3 Nr. 1 i. V. m. § 2 Abs. 2 Nr. 2 EWIV-AG und § 13h HGB möglich durch eine Anmeldung beim Registergericht des bisherigen Sitzes. Der Anmeldung sind der Mitgliederbeschluss sowie eine vollständige Satzungsfassung mit den geänderten Bestimmungen beizufügen.

2.270 Das Registergericht des bisherigen Sitzes gibt seine Dokumente an das Registergericht am neuen Sitz der Vereinigung ab, welches die tatsächliche Sitzverlegung zu prüfen hat. Nach Eintragung der Sitzverlegung am Registergericht des neuen Sitzes übermittelt dieses eine Eintragungsnachricht an das Registergericht des bisherigen Sitzes. Dieses übernimmt die Eintragung des neuen Sitzes und schließt daraufhin sein Registerblatt.

3. Sitzverlegung ins Ausland

2.271 Eine Besonderheit der EWIV bietet sich in der Möglichkeit der **Sitzverlegung innerhalb des Europäischen Wirtschaftsraumes**, ohne dass es einer Auflösung nach nationalen Rechtsvorschriften und der Neugründung im europäischen Ausland bedarf. Hierzu bedarf es der Erstellung eines Verlegungsplans, der beim (bisher zuständigen) Registergericht einzureichen und bekanntzumachen ist, Art. 14 Abs. 1 EWIV-VO. Zwei Monate nach der Bekanntma-

---

363) Nur für Sitzverlegung im Inland.
364) Bei der Anmeldung der Sitzverlegung entfällt dieser Punkt.

chung kann durch einen einstimmigen Mitgliederbeschluss der Sitz ins Ausland verlegt werden. Bei der für die Registrierung am neuen Sitz zuständigen Stelle ist die Sitzverlegung unter Beifügung eines Nachweises über die Bekanntmachung des Sitzverlegungsplans und des Satzungsänderungsbeschlusses anzumelden; Einzelheiten hierzu richten sich nach dem nationalen Recht des neuen Sitzes. Die Sitzverlegung wird mit der Eintragung im Register am neuen Sitz wirksam. Beim Registergericht am bisherigen Sitz ist nunmehr die Sitzverlegung mit einem Nachweis über die Registrierung am neuen Sitz anzumelden, Art. 14 Abs. 2 EWIV-VO. Das Registerblatt wird geschlossen. Eine Unterrichtung des Registergerichts des bisherigen Sitzes durch die neue Registrierungsstelle ist nicht vorgesehen.

4. Änderungen im Mitgliederbestand

Ein Mitglied **scheidet aus** durch seinen Tod (Art. 28 Abs. 1 EWIV-VO), die Eröffnung des   **2.272** Insolvenzverfahrens über sein Vermögen (Art. 28 Abs. 1 EWIV-VO, § 8 EWIV-AG), seine Kündigung (Art. 27 EWIV-VO), den Ausschluss aus der EWIV oder durch das Entfallen der Voraussetzungen für seine Beteiligung an einer EWIV (Art. 28 Abs. 1 EWIV-VO, Art. 4 Abs. 1 EWIV-VO).

Durch das Ausscheiden eines Mitgliedes bleibt der Fortbestand der EWIV mangels abwei-   **2.273** chender vertraglicher Regelung unberührt, Art. 30 EWIV-VO. Im Falle des Ausscheidens einer natürlichen Person infolge Todes kommt es mangels abweichender Regelung im Gründungsvertrag zu keinem Eintritt der Erben, Art. 28 Abs. 2 EWIV-VO. Mit Zustimmung der übrigen Mitglieder kann ein Mitglied seine Beteiligung ganz oder teilweise an ein anderes Mitglied oder einen dadurch eintretenden Dritten übertragen, Art. 22 EWIV-VO. Im Fall der Vollübertragung kommt es zum Ausscheiden.

Ein **neues Mitglied** kann gem. Art. 26 EWIV-VO in eine EWIV aufgenommen werden   **2.274** durch eine Vereinbarung des eintretenden mit den übrigen Mitglieder. Das neue Mitglied haftet grundsätzlich auch für die vor seinem Eintritt begründeten Verbindlichkeiten der EWIV, Art. 24 Abs. 1, Art. 26 Abs. 2 EWIV-VO. Im Gründungsvertrag oder in der Beitrittsvereinbarung kann abweichend hiervon vereinbart werden, dass die **Haftung für die vor dem Beitritt begründeten Verbindlichkeiten ausgeschlossen** wird. Der Haftungsausschluss entfaltet Außenwirkung erst mit seiner Eintragung im Handelsregister und der Bekanntmachung, Art. 7 lit. j, Art. 8 lit. c, Art. 9 Abs. 1 EWIV-VO.

Die Anmeldungen zum Ausscheiden oder Eintritt eines Mitglieds sind von den Geschäfts-   **2.275** führern vorzunehmen. Zur Anmeldung des Ausscheidens eines Mitgliedes sind alle Beteiligten berechtigt, § 3 Abs. 2 EWIV-AG; die Klausel zur Haftungsbeschränkung nach Art. 26 EWIV-VO kann auch von dem Eintretenden allein angemeldet werden, § 3 Abs. EWIV-AG.

In der Anmeldung muss ein neu eintretendes Mitglied mit den für die Eintragung erfor-   **2.276** derlichen Angaben (§ 40 Nr. 5 lit. c HRV bezeichnet sein: Name, Vorname, Geburtsdatum und Wohnort bei natürlichen Personen, Firma, Sitz, Registrierungsstelle und Registerzeichen bei juristischen Personen. Darüber hinaus sind der Anmeldung ein geänderter Gründungsvertrag, der Beschluss über die Aufnahme des neuen Mitgliedes, bei einer Abtretung der Beteiligung der Abtretungsvertrag sowie bei juristischen Personen ein Existenz- und Vertretungsnachweis beizufügen.

2.277 **Muster 48: Anmeldung des Ausscheidens und/oder Eintritts von Mitgliedern ohne Anteilsübertragung**

Amtsgericht *Registergericht*

Handelsregister

PLZ Ort

HRA*

Zur Eintragung in das Handelsregister wird angemeldet:[365]

☐ Aus der Vereinigung ist als Mitglied ausgeschieden *Vorname, Name, Anschrift* oder *Firma, Sitz*

Die Firma der Vereinigung ist geändert in *Firma*.[366]

Das ausgeschiedene Mitglied willigt in die Fortführung der Firma ein.

Als Anlage wird beigefügt:

–   die Vereinbarung aller Mitglieder über das Ausscheiden/

–   Kündigungsschreiben des Mitgliedes ...

☐ Als neues Mitglied ist in die Vereinigung eingetreten:

a)   *Vorname Name, Geburtsdatum, Anschrift, Land*

b)   *Firma, Sitz, Registerbehörde und Registernummer*

Die Haftung des neu in die Vereinigung eintretenden Mitgliedes für die vor seinem Beitritt entstandenen Verbindlichkeiten ist ausgeschlossen.

Als Anlage wird beigefügt:

–   die Vereinbarung aller Mitglieder über den Eintritt des neuen Mitgliedes

–   *Name*

Die Lage der Geschäftsräume

☐ ist unverändert in *Geschäftsanschrift*

☐ ist geändert und nunmehr in *Geschäftsanschrift*

gez. ... *Unterschrift*

*Unterschriftsbeglaubigung der Geschäftsführer der EWIV in vertretungsberechtigter Zahl und Eintragungsfähigkeitsbescheinigung * [Muster 1]

Übereinstimmungsvermerk der elektronischen Abschrift mit dem Papierdokument [siehe Muster 1 Rz. 2.22]

---

365) Jeder der nachfolgenden Punkte kann einzeln oder zusammen mit anderen Punkten angemeldet werden.

366) Die Änderung der Firma ist erforderlich, wenn das ausscheidende Mitglied namensgebend war und nicht in die Fortführung der Firma einwilligt.

Rudolph

**Muster 49: Anmeldung des Ausscheidens und/oder Eintritts von Mitgliedern mit   2.278
Anteilsübertragung**

Amtsgericht *Registergericht*

Handelsregister

PLZ Ort

HRA*

Zur Eintragung in das Handelsregister wird angemeldet:[367]

☐ Das nachfolge Mitglied der Vereinigung ist verstorben und daher ausgeschieden:[368]
Vorname Name, Anschrift

Als Erben des verstorbenen Mitgliedes sind in die Vereinigung eingetreten:

1.   * Vorname Nachname, Geburtsdatum, Wohnanschrift*

2.   * Vorname Nachname, Geburtsdatum, Wohnanschrift*

☐ Die Firma der Vereinigung ist geändert in *Firma*[369]

☐ Die Erben des verstorbenen Mitgliedes willigten in die Fortführung der Firma ein.

Als Anlage wird beigefügt:

–   Erbnachweis

–   Zustimmung der übrigen Mitglieder zur Fortführung der Vereinigung mit den Erben

☐ Das Mitglied *Vorname Name, Geburtsdatum, Anschrift, Land* hat seine Beteiligung
an der Vereinigung an *Vorname Name, Geburtsdatum, Anschrift, Land* abgetreten.
Das bisherige Mitglied ist aus der Vereinigung ausgeschieden.[370]

Als Anlage wird beigefügt:

–   Vertrag über die Abtretung des Anteils an der Vereinigung zwischen

–   Zustimmung aller Mitglieder zur Abtretung des Anteils

Die Lage der Geschäftsräume

☐ ist unverändert in *Geschäftsanschrift*

☐ ist geändert und nunmehr in *Geschäftsanschrift*

gez. … *Unterschrift*

*Unterschriftsbeglaubigung der Geschäftsführer der EWIV in vertretungsberechtigter
Zahl*[371] und Eintragungsfähigkeitsbescheinigung [Muster 1]

Übereinstimmungsvermerk der elektronischen Abschrift mit dem Papierdokument
[Muster 1]

---

367) Jeder der nachfolgenden Punkte kann einzeln oder zusammen mit anderen Punkten angemeldet werden.

368) Das Mitglied ist verstorben, es sind Erben als Rechtsnachfolger in die Vereinigung eingetreten.

369) Die Änderung der Firma ist erforderlich, wenn der verstorbene Gesellschafter namensgebend war und
die Erben nicht in die Fortführung der Firma einwilligen.

370) Das Mitglied hat seinen Anteil mit Zustimmung der übrigen Mitglieder an neu aufzunehmendes Mitglied übertragen.

371) Wegen der Höchstpersönlichkeit der Versicherung zum Ausschluss der Amtsunfähigkeitsgründe
muss der neu bestellte Geschäftsführer an der Anmeldung mitwirken, andernfalls muss die von ihm
abgegebene Erklärung in einer gesonderten Urkunde eingereicht werden.

5. Änderungen der Geschäftsführer

2.279 Änderungen in den Personen der Geschäftsführer sowie deren konkret ausgestalte Vertretungsbefugnis sind zur Eintragung anzumelden, § 2 Abs. 3 Nr. 1 i. V. m. § 2 Abs. 2 Nr. 5 EWIV-AG. Die Bestellung und Abberufung erfolgt durch einstimmigen Mitgliederbeschluss bzw. Mehrheitsbeschluss bei entsprechender Ausgestaltung des Gründungsvertrags. Das Amt des Geschäftsführers ist grundsätzlich jederzeit widerruflich, § 7 EWIV-AG. Zu den Voraussetzungen der Geschäftsführerbestellung gilt das zu Rz. 2.239 gesagte.[372]

2.280 Die Abberufung und Neubestellung von Geschäftsführern ist von den Geschäftsführern in vertretungsberechtigter Zahl beim Registergericht **anzumelden**. Die Anmeldung hat die **Versicherung** der neu bestellten Geschäftsführer zu enthalten, dass keine Bestellungshindernisse nach Art. 19 der EWIV-VO bestehen, § 3 Abs. 3 und 4 EWIV-AG. Außerdem müssen sie versichern, über ihre unbeschränkte Auskunftpflicht gegenüber dem Registergericht belehrt worden zu sein, welche auch schriftlich, durch einen ausländischen Notar, einen Angehörigen eines rechtsberatenden Berufes oder einen Konsularbeamten erfolgen kann.

2.281 Der Anmeldung beizufügen ist eine Abschrift des Mitgliederbeschlusses über die Bestellung bzw. Abberufung des Geschäftsführers, Art. 7 lit. d EWIV-VO.

2.282 **Muster 50: Anmeldung zur Bestellung und Abberufung von Geschäftsführern**

Amtsgericht *Registergericht*

Handelsregister

PLZ Ort

HRA*

Zur Eintragung in das Handelsregister wird angemeldet:[373]

☐ Der Geschäftsführer *Vorname, Name Geburtsdatum* wurde abberufen.

☐ Zum neuen Geschäftsführer wurde *Vorname Name, Geburtsdatum, Anschrift* bestellt.

Er vertritt die Vereinigung allein und darf Rechtsgeschäfte mit sich selbst oder mit sich als Vertreter Dritter abschließen.[374]

Der neu bestellte Geschäftsführer versichert, dass keine Umstände vorliegen, die nach Art. 19 Abs. 1 der Verordnung EWG Nr. 2137/85 des Rates vom 25. Juli 1985 über die Schaffung einer Europäischen wirtschaftlichen Interessenvereinigung (EWIV) seiner Bestellung zum Geschäftsführer entgegenstehen. Ihm ist bekannt, dass nach dieser Bestimmung der EWIV-VO Geschäftsführer einer Vereinigung nicht Personen sein können, die nach dem auf sie anwendbaren Recht oder nach dem innerstaatlichen Recht der Bundesrepublik oder aufgrund einer in einem Mitgliedstaat ergangenen oder anerkannten gerichtlichen Entscheidung oder Verwaltungsentscheidung dem Verwaltungs- oder Leitungsorgan von Gesellschaften nicht angehören dürfen oder nicht als Geschäftsführer einer Europäischen wirtschaftlichen Interessenvereinigung handeln dürfen. Durch einen solchen Umstand ist seine Bestellung zum Geschäftsführer nicht ausgeschlossen. Er versichert ebenso, dass

---

372) Vgl. Rz. 2.238–2.239.

373) Jeder der nachfolgenden Punkte kann einzeln oder zusammen mit anderen Punkten angemeldet werden.

374) Oder eine andere, von der allgemeinen Vertretungsbefugnis abweichende Vertretungsregelung.

er über seine unbeschränkte Auskunftspflicht gegenüber dem Gericht durch den Notar[375] belehrt worden ist.

Die Lage der Geschäftsräume

☐ ist unverändert in *Geschäftsanschrift*

☐ ist geändert und nunmehr in *Geschäftsanschrift*

Als Anlage wird beigefügt:

– der Beschluss der Mitglieder der Vereinigung über die Bestellung und Abberufung der Geschäftsführer

gez. ... *Unterschrift*

Unterschriftsbeglaubigung der Geschäftsführer der EWIV in vertretungsberechtigter Zahl[376] und Eintragungsfähigkeitsbescheinigung [Muster 1]

Übereinstimmungsvermerk der elektronischen Abschrift mit dem Papierdokument [Muster 1]

6. Auswirkungen des Brexit auf EWIV mit Sitz in Deutschland

Die Mitglieder der EWIV müssen im Europäischen Wirtschaftsraum angesiedelt sein. Wenn nun das Vereinigte Königreich mit der Europäischen Union auch den Europäischen Wirtschaftsraum verlassen sollte, ändert sich für britische Mitglieder einer EWIV solange nichts, wie für einen Übergangszeitraum die Fortgeltung des Rechts der Europäischen Union in Bezug auf das Vereinigte Königreich fingiert wird. Nach Ablauf dieses Übergangszeitraums oder bei einem Brexit „ohne Deal" scheiden Mitglieder mit Wohnort oder Sitz im Vereinigten Königreich aus der EWIV aus, dieses ist als Entfallen der Voraussetzungen für eine Beteiligung an einer EWIV (Art. 28 Abs. 1 EWIV-VO, Art. 4 Abs. 1 EWIV-VO) zu werten. Registermäßig ist das Ausscheiden dieses Mitgliedes von den Geschäftsführern anzumelden.[377] Sofern dieser Umstand von Amts wegen bekannt wird, käme auch ein Zwangsgeldverfahren nach § 1 EWIV-AG i. V. m. § 143 Abs. 2 HGB und § 14 HGB in Betracht. Als letzte Möglichkeit bliebe auch ein Amtslöschungsverfahren bezüglich des betroffenen Gesellschafters nach § 395 FamFG, welches auch bei EWIV möglich ist.[378] Zu beachten ist ferner, dass das Ausscheiden der im Vereinigten Königreich beheimateten EWIV-Mitglieder zur Auflösung der EWIV führen kann, wenn infolge dieses Umstandes die Zahl der Mitglieder unter zwei sinkt oder die EWIV-Mitglieder alle im gleichen Vertragsstaat des Europäischen Wirtschaftsraumes beheimatet sind.[379]

2.283

Bei Gesellschaften mit Satzungssitz im Vereinigten Königreich und Verwaltungssitz in Deutschland ist es denkbar, dass diese nunmehr in der Rechtsform der OHG bzw. GbR existent sind und als solche auch Mitglied der EWIV bleiben können. Hier käme eine Berichtigung der Eintragung in Betracht, welche von den Geschäftsführern formlos bean-

2.284

---

375) Die Belehrung kann auch gesondert schriftlich und/oder durch einen beliebigen in- oder ausländischen Notar, Vertreter eines vergleichbaren rechtsberatenden Berufs oder einen Konsularbeamten erfolgen.

376) Wegen der Höchstpersönlichkeit der Versicherung zum Ausschluss der Amtsunfähigkeitsgründe muss der neu bestellte Geschäftsführer an der Anmeldung mitwirken, andernfalls muss die von ihm abgegebene Erklärung in einer gesonderten Urkunde eingereicht werden.

377) Vgl. Ziff. 4 dieses Abschnitts.

378) Keidel/*Heinemann*, FamFG, § 395 Rz. 3.

379) Vgl. hierzu lit. VI dieses Abschnitts.

tragt werden kann. Allerdings wäre ein Nachweis über die Unrichtigkeit (d. h. ein Nachweis für die Begründung des Verwaltungssitzes in Deutschland) erforderlich. Es handelt sich hierbei um kein Anmeldeverfahren nach § 1 EWIV-AG i. V. m. § 107 HGB, sondern um eine Berichtigung unrichtiger Eintragungen i. S. d. § 17 HRV.[380] Dabei ist zu beachten, dass die Mitglieder weiterhin in zwei verschiedenen Staaten des Europäischen Wirtschaftsraums beheimatet sein müssen.

VI. Nichtigkeit, Auflösung und Löschung

1. Auflösung

2.285 Die Auflösung erfolgt freiwillig durch Mitgliederbeschluss, bzw. unfreiwillig durch eine gerichtlich angeordnete Auflösung aufgrund Zeitablaufs oder anderer im Gründungsvertrag vereinbarter Gründe (Art. 31 Abs. 2 lit. a EWIV-VO). Ferner kommt es zur Auflösung beim Verbleib von weniger als zwei Mitgliedern bzw. im Falle der Beheimatung der Mitglieder in weniger als zwei Staaten des Europäischen Wirtschaftsraums (Art. 31 Abs. 3, Art. 32 Abs. 1, Art. 4 Abs. lit. a EWIV-VO) sowie infolge Sitzverlegung außerhalb des Europäischen Wirtschafsraums (Art. 32 Abs. 1, Art. 12 EWIV-VO).

2.286 An die Auflösung der EWIV schließt sich die Abwicklung nach Maßgabe der §§ 145 ff. HGB (i. V. m. Art. 35 Abs. 2 EWIV-VO und § 1 EWIV-AG). Abwickler der EWIV sind die Geschäftsführer als „geborene Liquidatoren", sofern der Gründungsvertrag oder ein Mitgliederbeschluss keine abweichenden Bestimmungen trifft. Für Abwickler gelten die gleichen Amtsausschlussgründe wie für Geschäftsführer (§ 10 Abs. 2 EWIV-AG i. V. m. Art. 19 Abs. 1 EWIV-VO). Hinsichtlich der Vertretung gilt Art. 20 EWIV-VO fort, wonach Abwickler grundsätzlich einzelvertretungsberechtigt sind.

2.287 Die Auflösung der EWIV, die Abwickler sowie ihre Vertretungsbefugnis in allgemeiner und ggf. abweichender konkret ausgestalteter Form sind von den Abwicklern in vertretungsberechtigter Zahl zur Eintragung in das Handelsregister **anzumelden**, § 2 Abs. 3 Nr. 4 und § 3 Abs. 1 EWIV-AG.

2.288 Mit der Anmeldung haben die Liquidatoren zu versichern, dass keine Bestellhindernisse nach Art. 19 EWIV-VO bestehen, § 10 Abs. 2 i. V. m. § 3 Abs. 3 EWIV-AG. Zudem müssen sie versichern, dass sie über ihre unbeschränkte Auskunftpflicht gegenüber dem Registergericht belehrt worden sind.[381] Bei der Auflösung durch Mitgliederbeschluss ist der Anmeldung eine elektronische Abschrift des entsprechenden Beschlusses beizufügen.

2.289 **Muster 51: Anmeldung der Auflösung einer EWIV**

Amtsgericht *Registergericht*

Handelsregister

PLZ Ort

HRA*

Zur Eintragung in das Handelsregister wird angemeldet:

Die Vereinigung ist durch Beschluss der Mitglieder aufgelöst.

---

380) Vgl. OLG Hamm NZG 2010, 631.
381) Zu den Einzelheiten der Versicherung vgl. Rz. 2.243.

Die Vertretungsbefugnis des Geschäftsführers ist beendet.

Die allgemeine Vertretungsbefugnis ist geändert und lautet nunmehr wie folgt: Die Vereinigung hat einen oder mehrere Abwickler. Ist nur ein Abwickler bestellt, vertritt er die Vereinigung allein. Sind mehrere Abwickler bestellt, wird die Vereinigung durch zwei Abwickler vertreten. Einzelvertretungsbefugnis kann erteilt werden.[382]

Zum Abwickler wurde *Vorname Name, Geburtsdatum, Anschrift* bestellt.

Er vertritt die Vereinigung allein und darf Rechtsgeschäfte mit sich selbst oder mit sich als Vertreter Dritter abschließen.[383]

Der Abwickler versichert, dass keine Umstände vorliegen, die nach Art. 19 Abs. 1 der Verordnung EWG Nr. 2137/85 des Rates vom 25. Juli 1985 über die Schaffung einer Europäischen wirtschaftlichen Interessenvereinigung (EWIV) seiner Bestellung zum Abwickler entgegenstehen. Ihm ist bekannt, dass nach dieser Bestimmung der EWIV-VO Abwickler einer Vereinigung nicht Personen sein können, die nach dem auf sie anwendbaren Recht oder nach dem innerstaatlichen Recht der Bundesrepublik, oder aufgrund einer in einem Mitgliedstaat ergangenen oder anerkannten gerichtlichen Entscheidung oder Verwaltungsentscheidung dem Verwaltungs- oder Leitungsorgan von Gesellschaften nicht angehören dürfen oder nicht als Abwickler einer Europäischen wirtschaftlichen Interessenvereinigung handeln dürfen. Durch einen solchen Umstand ist seine Bestellung zum Abwickler nicht ausgeschlossen. Er versichert ebenso, dass er über seine unbeschränkte Auskunftpflicht gegenüber dem Gericht durch den Notar[384] belehrt worden ist.

Die Lage der Geschäftsräume

☐ ist unverändert in *Geschäftsanschrift*

☐ ist geändert und nunmehr in *Geschäftsanschrift*

Als Anlage wird beigefügt:

– der Beschluss der Mitglieder der Vereinigung über die Auflösung und die Bestellung der Abwickler

gez. ... *Unterschrift*

Unterschriftsbeglaubigung der Abwickler der EWIV in vertretungsberechtigter Zahl[385] und Eintragungsfähigkeitsbescheinigung [Muster 1]

Übereinstimmungsvermerk der elektronischen Abschrift mit dem Papierdokument [Muster 1]

Änderungen in den Personen der Abwickler sowie in der Vertretungsbefugnis sind zur Eintragung **anzumelden**, § 10 Abs. 2 EWIV-AG i. V. m. § 2 Abs. 3 Nr. 5 EWIV-AG.[386] **2.290**

---

382) Oder eine andere Vertretungsregelung.

383) Oder eine andere, von der allgemeinen Vertretungsbefugnis abweichende Vertretungsregelung.

384) Die Belehrung kann auch gesondert schriftlich und/oder durch einen beliebigen in- oder ausländischen Notar, Vertreter eines vergleichbaren rechtsberatenden Berufs oder einen Konsularbeamten erfolgen.

385) Wegen der Höchstpersönlichkeit der Versicherung zum Ausschluss der Amtsunfähigkeitsgründe müssen alle Abwickler an der Anmeldung mitwirken, andernfalls muss die abgegebene Erklärung in einer gesonderten Urkunde eingereicht werden.

386) Die abzugebenden Versicherungen und beizufügenden Unterlagen sind identisch mit denen bei der Anmeldung der ersten Abwickler.

2.291 Im Falle der Auflösung der EWIV infolge der **Insolvenzverfahrenseröffnung** wird die Insolvenzverfahrenseröffnung mit der damit verbundenen Rechtsfolge der Auflösung vom Registergericht von Amts wegen eingetragen; § 1 EWIV-AG i. V. m. § 131 Abs. 1 Nr. 3 HGB. Einer Anmeldung bedarf es in diesem Fall nicht.

2. Nichtigkeit

2.292 Wird durch eine gerichtliche Entscheidung die Nichtigkeit der EWIV festgestellt (Art. 15 Abs. 1 EWIV-VO), zieht dieses die Abwicklung nach sich, Art. 15 Abs. 2 EWIV-VO und Art. 35 EWIV-VO. Die Nichtigkeit ist unter Beifügung einer elektronischen Aufzeichnung des entsprechenden Urteils von den Geschäftsführern in vertretungsberechtigter Zahl zur Eintragung anzumelden, §§ 3 Abs. 1, 2 Abs. 3 Nr. 2 EWIV-AG. Die Anmeldung der Abwickler ist identisch mit der entsprechenden Anmeldung infolge Auflösung.[387]

3. Fortsetzung

2.293 Bis zur Beendigung der Abwicklung kann durch einen einstimmigen Mitgliederbeschluss die Fortsetzung der EWIV beschlossen werden, dieses folgt aus der Anwendbarkeit des OHG-Rechts (Art. 35 EWIV-VO, Art. 1 EWIV-AG).

2.294 Die Fortsetzung ist von sämtlichen Geschäftsführern anzumelden, welche die Versicherung über ihre Amtsbefähigung nach Art. 19 Abs. 1 EWIV-VO beinhalten muss. Beizufügen ist der entsprechende Mitgliederbeschluss.

4. Beendigung der Abwicklung

2.295 Nach der Beendigung der Abwicklung haben sämtliche Abwickler den Schluss der Abwicklung und das Erlöschen der Vereinigung zur Eintragung in das Handelsregister anzumelden, §§ 2 Abs. 3 Nr. 5, 10 Abs. 2, 3 Abs. 3 und 4 EWIV-AG.

2.296 Wie bei der Errichtung ist auch der Schluss der Abwicklung nach der Bekanntmachung der Handelsregistereintragung (§ 10 HGB) zusätzlich im Amtsblatt der Europäischen Union bekanntzumachen, Art. 11 EWIV-VO.[388]

2.297 **Muster 52: Anmeldung zur Löschung einer EWIV**

Amtsgericht *Registergericht*

Handelsregister

PLZ Ort

HRA*

Zur Eintragung in das Handelsregister wird angemeldet:[389]

Die Abwicklung ist beendet.

---

387) Vgl. Rz. 2.276–2.278.
388) Vgl. hierzu Rz. 2.251.
389) Anmeldung durch sämtliche Abwickler.

Die Vereinigung ist erloschen.

Unterschrift

Unterschriftsbeglaubigung der Abwickler der EWIV in vertretungsberechtigter Zahl[*390)] und Eintragungsfähigkeitsbescheinigung [Muster 1]

Übereinstimmungsvermerk der elektronischen Abschrift mit dem Papierdokument [Muster 1]

E. Juristische Personen

Durch das Handelsrechtsreformgesetz[391)] sind nunmehr auch Unternehmen der öffentlich-rechtlichen Gebietskörperschaften mit Rücksicht auf den Gegenstand oder auf die Art und den Umfang ihres Gewerbebetriebs anzumelden (§§ 29, 33 Abs. 1 S. 1 HGB) und einzutragen. Über den Wortlaut des § 33 HGB hinaus sind von der Eintragungsverpflichtung nicht nur selbständige juristische Personen erfasst, sondern auch Unternehmen, die von öffentlich-rechtlichen Gebietskörperschaften außerhalb der allgemeinen Verwaltung, jedoch ohne eigene Rechtspersönlichkeit betrieben werden. Dieses betrifft insbesondere rechtlich unselbständige wirtschaftliche Eigenbetriebe von Kommunen, soweit sie ein Handelsgewerbe betreiben.[392)]   **2.298**

Aber auch bei Vereinen, die ein Handelsgewerbe betreiben, kommt die Eintragung als juristische Person i. S. d. § 33 BGB in Betracht. Abgrenzungsfragen, ob von einem im Vereinsregister eingetragenem Verein lediglich ein nicht im Handelsregister eintragungsfähiges Nebengewerbe ausgeübt wird oder dieses „Nebengewerbe" dazu führt, den Verein insgesamt als „wirtschaftlich" einzustufen, können praktisch sehr schwierig sein.[393)]   **2.299**

Die praktische Relevanz dieser Rechtsformen ist eher gering. So sind im Amtsgericht Berlin-Charlottenburg im Handelsregister A etwa 19.000 Unternehmen eingetragen, wovon 14 auf die Eintragung als juristische Person i. S. d. § 33 HGB entfallen.[394)] Verlässliche Zahlen für die gesamte Bundesrepublik liegen nicht vor, da es sich hierbei um die Zusammenfassung verschiedener Rechtsformen handelt.   **2.300**

Folgende Tatbestände sind bei juristischen Personen eintragungspflichtig: **2.301**

–   Gründung/Errichtung (§ 33 Abs. 1 HGB);

–   Änderungen der Satzung (§ 34 Abs. 1 HGB);

–   Errichtung, Änderung und Aufhebung einer Zweigniederlassung (§ 33 HGB i. V. m. § 13 HGB);

–   Eintritt und Ausscheiden von Mitgliedern des vertretungsberechtigten Organs (§ 34 Abs. 1 i. V. m. § 33 Abs. 2 S. 2 HGB);

–   Auflösung (§ 34 Abs. 1 HGB);

---

390) Wegen der Höchstpersönlichkeit der Versicherung zum Ausschluss der Amtsunfähigkeitsgründe müssen alle Abwickler an der Anmeldung mitwirken, andernfalls muss die abgegebene Erklärung in einer gesonderten Urkunde eingereicht werden.

391) Handelsrechtsreformgesetz BGBl I 1998, 1474 ff.

392) BT-Drucks. 13/8444 S. 34, 57 f.

393) Betrieb einer Kletterhalle: OLG Frankfurt/M. npoR 2017, 250; Betrieb eines Fitnessstudios: OLG Köln npoR 2017, 152.

394) Quelle: AG Charlottenburg.

- Liquidatoren und ihre Vertretungsmacht (§ 34 Abs. 1 HGB);
- Erlöschen der Firma (§ 31 Abs. 2 HGB).

I. Voraussetzung für eine Eintragung im Handelsregister

2.302 Bei der Anmeldung einer juristischen Person sind insbesondere die nachfolgenden Punkte beachtlich:

1. Gewerbeeigenschaft

2.303 Eintragungsvoraussetzung der juristischen Person ist die Ausübung eines Handelsgewerbes i. S. v. § 1 HGB.[395]

2.304 Da diese Voraussetzung für die Unternehmen des privaten (z. B. privatrechtliche Stiftungen und wirtschaftliche Vereine) wie auch des öffentlichen Rechts gilt, bedarf es auch bei den einzutragenden Betrieben der öffentlichen Hand einer Gewinnerzielungsabsicht. Wenn die Gewinnerzielungsabsicht fehlt, der Betrieb aber nach kaufmännischen Grundsätzen geführt wird und die Ausgaben durch regelmäßige Einnahmen gedeckt werden, kann die Gewerbeeigenschaft bejaht werden. Da z. B. Theater, Schulen, oder Bibliotheken der öffentlichen Hand weder eine Gewinnerzielungsabsicht haben noch über regelmäßige Einnahmen verfügen können, kommt eine Eintragung für sie nicht in Betracht.[396] Dagegen werden Betriebe, die einen Ertrag für den Gemeinde-, Landes- oder Bundeshaushalt erzielen sollen, wie z. B. Stadtreinigungsbetriebe, Wasserwerke, oder Kindertagesbetreuungsbetriebe eintragungspflichtig sein. Dies gilt jedoch nicht für die Bundesbank und die Landeszentralbanken (§§ 8, 29 Abs. 3 BBankG).

2. Firma

2.305 Als Firma ist die satzungsmäßige Bezeichnung der juristischen Person bzw. bei Betrieben der öffentlichen Hand dessen Bezeichnung zur Kennzeichnung des Unternehmens geeignet, nicht der Name des Rechtsträgers (z. B. „Berliner Stadtreinigung" und nicht „Land Berlin").

2.306 Ein Rechtsformzusatz ist nicht vorgesehen.[397] Allerdings bestehen keine Bedenken bei einer „freiwilligen" Beifügung eines Rechtsformzusatzes, wie z. B. „AöR" für eine Anstalt des öffentlichen Rechts.[398]

3. Sitz und Geschäftsanschrift

2.307 Der Sitz des Unternehmens bestimmt sich bei juristischen Personen aus der Satzung, bei Betrieben der öffentlichen Hand nach dem Ort der Hauptverwaltung, welcher in Flächenstaaten nicht mit der Landeshauptstadt übereinstimmen muss. Sparkassen können einen Doppel- oder Mehrfachsitz begründen; sie sind allerdings nur beim Registergericht an einem Sitz unter Nennung aller Orte des Hauptsitzes einzutragen.[399]

---

395) Vgl. Rz. 2.3–2.5.
396) *Waldner*, MittBayNot 2000, 13.
397) Ebenroth/Boujong/Joost/Strohn/*Zimmer*, HGB, § 33 Rz. 7.
398) OLG Zweibrücken Rpfleger 2011, 91.
399) BayObLG FGPrax 2000, 209.

Die Anmeldung einer inländischen Geschäftsanschrift sieht das HGB nicht vor. Die Lage **2.308** der Geschäftsräume ist aber zusammen mit der Anmeldung mitzuteilen, § 24 Abs. 2 HRV.

4. Unternehmensgegenstand

Der Gegenstand des Unternehmens ist der Satzung zu entnehmen und soll aus sich heraus **2.309** allein verständlich sein. Eine Bezugnahme auf den Zweck, die Selbstdefinition oder die betreffenden öffentlich-rechtlichen Vorschriften (Bekanntmachung in einem Gesetz- und Verordnungsblatt) für das Unternehmen sollte unterbleiben, da sie den Unternehmensgegenstand nicht aus sich heraus verständlich macht.

5. Allgemeine Vertretungsbefugnis

In Spalte 3a) ist eine allgemeine Vertretungsbefugnis einzutragen. Diese ist der Satzung **2.310** des Unternehmens oder der entsprechenden Veröffentlichung in einem Gesetz- und Verordnungsblatt zu entnehmen. Sie muss aus sich heraus verständlich sein. Auf die Einhaltung von z. B. sparkassenrechtlichen Vorschriften zur rechtsverbindlichen Zeichnung von Urkunden durch ihren Vorstand kann kein Bezug genommen werden.[400]

6. Gesetzliche Vertreter und besondere Vertretungsbefugnis

Die zur Vertretung berechtigten Organe sind als solche einzutragen. Die Satzung bestimmt **2.311** in der Regel, ob die gesetzlichen Vertreter als „Vorstand" oder „Geschäftsführer" zu bezeichnen sind, und die Art der Vertretungsmacht. Sie kann auch Ermächtigungen zur Erteilung einer von der allgemeinen Vertretungsbefugnis abweichenden konkreten Vertretungsbefugnis (z. B. Einzelvertretung) beinhalten. Kann – wie z. B. bei Stiftungen – durch die Aufsichtsbehörde der juristischen Person die Vertretungsmacht der gesetzlichen Vertreter in öffentlicher Form nachgewiesen werden,[401] bedarf es keines weiteren Nachweises über die Bestellung der gesetzlichen Vertreter.

Bei Eigenbetrieben von Gebietsköperschaften, wie z. B. Wasser- oder Gaswerken, ist unter **2.312** dem Vorstand i. S. d. § 33 Abs. 2 HGB die „Werksleitung" bzw. das nach den betreffenden öffentlich-rechtlichen Vorschriften bestimmte Leitungsorgan für das Unternehmen zu verstehen und nicht der gesetzliche Vertreter der Gebietskörperschaft (Regierender Bürgermeister, Oberbürgermeister oder Erster Bürgermeister, etc.).[402]

Sog. „Verhinderungsvertreter" sind nicht eintragungsfähig, da sie – anders als z. B. die **2.313** stellvertretenden Vorstände von Aktiengesellschaften – durch Bestimmungen des öffentlichen Rechts stark eingeschränkt werden können, so dass eine aus dem Register von sich heraus verständliche Vertretungsregelung nicht dokumentiert werden kann.[403]

7. Eintragung sonstiger Rechtsverhältnisse

Die Rechtsform ist in der Handelsregisterspalte 5a)[404] zu vermerken (z. B. Anstalt öffent- **2.314** lichen Rechts). Die Bezugnahme auf eine vorhandene Satzung und ihre Änderungen oder

400) BayObLG DNotZ 2001, 76–78.
401) Z. B. § 11 Abs. 2 Berliner Stiftungsgesetz (StiftG Bln) in der Fassung vom 22.7.2003 (GVBl, 293).
402) BayObLG Rpfleger 2002, 316–318; OLG Frankfurt/M. DB 2002, 369–370.
403) OLG Frankfurt/M., Beschl. v. 10.12.2009 – 20 W 150/09, juris; OLG Düsseldorf Rpfleger 2000, 396–397.
404) § 40 Nr. 5 lit a. HRV.

eine öffentlich-rechtliche Vorschrift zum Entstehen des Unternehmens (Entstanden durch das Gesetz vom …) ist in der Spalte 5b) einzutragen.[405] Ebenso wäre hier eine in der Satzung bestimmte Zeitdauer (§ 33 Abs. 2 Nr. 3 HGB) einzutragen.

II. Ersteintragung

1. Zur Anmeldung Verpflichtete

2.315 Entsprechend der Regelung bei den Kapitalgesellschaften sind sämtliche Vorstände (§ 33 Abs. 1 HGB) zur Anmeldung beim Registergericht am Ort der Hauptniederlassung verpflichtet.

2. Anmeldeinhalt

2.316 Die Anmeldung muss nach § 33 Abs. 2 HGB die vorgehend unter Nr. 1 genannten Angaben enthalten.

2.317 Zusätzlich sind folgende Unterlagen formgerecht einzureichen:

- eine öffentlich beglaubigte elektronische Aufzeichnung der Satzung;
- bei juristischen Personen des privaten Rechts ein Existenznachweis (z. B. Vereinsregisterauszug, Genehmigung der Stiftungsaufsichtsbehörde gem. § 80 BGB oder Verleihungsurkunde nach § 22 BGB), bei juristischen Personen des öffentlichen Rechts die Fundstelle der Bekanntmachung des entsprechenden Gesetzes in einem Gesetz- und Verordnungsblatt;
- ein Nachweis über die Bestellung des Vorstandes, sofern sich diese nicht aus der Bescheinigung einer anderen amtlichen Stelle (z. B. Vereinsregisterauszug, Bescheinigung der Stiftungsaufsichtsbehörde) ergibt.

3. Form

2.318 Die Eintragung hat aufgrund einer formgerechten Anmeldung zu erfolgen. Erfolgt die Anmeldung durch eine Behörde mittels einer von ihr im Rahmen der sie betreffenden Amtsbefugnisse gesiegelten Urkunde, ist hierdurch die öffentlich beglaubigte Form des § 12 Abs. 1 S. 1 HGB gewahrt. Damit die Anmeldung jedoch wirksam in elektronischer Form eingereicht werden kann, muss das Dokument mit einer qualifizierten elektronischen Signatur der Anmeldenden versehen sein und die Behördeneigenschaft durch ein Attributszertifikat erkennen lassen (§§ 3a Abs. 2, 37 VwVfG). Die Herstellung einer elektronischen Abschrift einer in Papierform vorliegenden und gesiegelten Anmeldung ist – wie bei notariellen Urkunden[406] – mit einem Überführungs- und Beglaubigungsvermerk nach § 33 Abs. 5 VwVfG möglich.

2.319 **Muster 53: Anmeldung einer juristischen Person**

Amtsgericht *Registergericht*

Handelsregister

PLZ Ort

zu RegNeu (HRA)

---

405) § 40 Nr. 5 lit b. HRV.
406) Vgl. Rz. 1.67 – 1.91.

Zur Eintragung in das Handelsregister wird angemeldet:

Durch das Gesetz über ... vom ... (Fundstelle) ist unter der Firma ... eine Körperschaft des öffentlichen Rechts errichtet.

Der Geschäftsbetrieb der Körperschaft erfordert einen in kaufmännischer Weise eingerichteten Geschäftsbetrieb.

Die Körperschaft hat ihren Sitz in *Ort*.

Die Körperschaft hat zum Gegenstand: *Angabe des Unternehmensgegenstandes*

Die Vertretung der Körperschaft ist nach § ... des Gesetzes (s. o.) wie folgt geregelt:

Ist ein Vorstandsmitglied bestellt, vertritt es die Gesellschaft allein. Sind mehrere Vorstandsmitglieder bestellt, wird die Gesellschaft durch zwei Vorstandsmitglieder gemeinschaftlich vertreten.

Durch Beschluss des Verwaltungsrates[407] ist zum Vorstand bestellt:

Vorname Name, Geburtsdatum und Anschrift

Er vertritt satzungsgemäß.[408]

Zum Nachweis der Bestellung des Vorstandes fügen wir bei: ...

Die Geschäftsräume befinden sich in *Anschrift*.

gez. ... *Unterschrift*

[409] Nr. ... der Urkundenrolle für ...

Die vorstehende Unterschrift des ..., dem Notar persönlich bekannt, auf der von mir entworfenen Anmeldung[410] beglaubige ich öffentlich als echt und als heute vor mir eigenhändig vollzogen. Ich habe das Mitwirkungsverbot nach § 3 Abs. 1 Nr. 7 Beurkundungsgesetz erläutert. Meine Frage, ob eine Vorbefassung im Sinne dieser Vorschrift vorliege, wurde verneint.

Zudem habe ich die vorstehend unterschriebene Anmeldung nach § 378 Abs. 3 S. 1 FamFG auf Eintragungsfähigkeit geprüft.[411]

Berlin, den ... ..., Notar L. S.

Ich beglaubige hiermit die Übereinstimmung dieser elektronischen Aufzeichnung mit der mir vorliegenden Urschrift.

Berlin, den ... ..., Notar

---

407) Oder ein anderes Bestellungsgremium.

408) Oder eine abweichende besondere Vertretungsbefugnis.

409) Neben der Möglichkeit der notariellen Unterschriftsbeglaubigung tritt bei Behörden die Möglichkeit der Erstellung von Eigenurkunden nach Maßgabe des § 34 VwVfg.

410) Vgl. Fußnote 411.

411) Eintragungsfähigkeitsbescheinigung nur dann, wenn die Anmeldung **nicht** vom beglaubigenden Notar entworfen worden ist.

2.320 Muster 54: Eintragung einer Anstalt des öffentlichen Rechts

- Wiedergabe des aktuellen Registerinhalts -

Amtsgericht Charlottenburg

Ausdruck   - Handelsregister Abteilung A -   HRA 39104 B

Aktueller Ausdruck   HRA 39104 B

Handelsregister Abteilung A
Amtsgericht Charlottenburg

1. Anzahl der bisherigen Eintragungen
   5 Eintragung(en)

2.a) Firma
   Zentrum für landeseigene Datenverarbeitungsdienste

b) Sitz, Niederlassung, inländische Geschäftsanschrift, Zweigniederlassungen
   Berlin

c) Gegenstand des Unternehmens
   Die Anstalt berät und organisiert den Einsatz von elektronischen Datenverarbeitungsanlagen im
   Land Berlin. Bei der Erledigung dieser Aufgaben gelten die für den Datenverarbeitungseinsatz
   erlassenen Verwaltungsvorschriften des Landes Berlin.

3.a) Allgemeine Vertretungsregelung
   Ist ein Vorstandsmitglied bestellt, so vertritt es die Gesellschaft allein. Sind mehrere
   Vorstandsmitglieder bestellt, wird die Gesellschaft durch zwei Vorstandsmitglieder
   gemeinschaftlich vertreten.

**b) Inhaber, persönlich haftende Gesellschafter, Geschäftsführer, Vorstand,
   Vertretungsberechtigte und besondere Vertretungsbefugnis**

   Vorstand:

   Zuse, Konrad, *15.08.1960, Berlin

5.a) Rechtsform, Beginn und Satzung
   Körperschaft öffentlichen Rechts

b) Sonstige Rechtsverhältnisse
   Errichtet durch das Gesetz über das Zentrum für landeseigene Datenverarbeitungsdienste vom
   18.10.2006

6. Tag der letzten Eintragung
   04.02.2009

Amtsgericht Charlottenburg, 04.02.2009 18:05 Uhr

---

4. Veränderungen bei eingetragenen Unternehmen

Änderungen bei eingetragenen juristischen Personen sind nach § 34 Abs. 1 HGB anmel- **2.321**
depflichtig. Dieses bezieht sich auf die Firma, den Sitz, den Gegenstand, die allgemeine
Vertretungsbefugnis, die gesetzlichen Vertreter und ihre ggf. besondere Vertretungsmacht
sowie die Zeitdauer. Darüber hinaus ist auch eine Satzungsänderung in anderen als den im
Register eingetragenen Tatsachen anmeldepflichtig, § 34 Abs. 2 HGB. Zur Anmeldung
verpflichtet ist der Vorstand in vertretungsberechtigter Zahl. Diese sind bei einer Änderung
in den Personen des Vorstands die neu bestellten Vorstandmitglieder, nicht die bisherigen.

In entsprechender Anwendung von § 33 Abs. 2 S. 1 HGB ist wie bei den Kapitalgesellschaf- **2.322**
ten der Änderungsbeschluss über die Satzungsänderung ebenfalls einzureichen. Bei der
Bestellung von neuen Vorstandsmitgliedern ist in entsprechender Anwendung von § 33
Abs. 2 S. 1 HGB die Abberufung bzw. Bestellung mittels Urkunden zu belegen.

Für die Eintragung von Zweigniederlassungen gilt § 33 Abs. 3 i. V. m. §§ 13 ff. HGB, wonach **2.323**
die Errichtung, Änderung oder Aufhebung vom Vorstand anzumelden ist.

Muster 55: Anmeldung von Satzungsänderungen u. Ä. bei einer juristischen Person **2.324**

Amtsgericht *Registergericht*

Handelsregister

PLZ Ort

zu HRA

Zur Eintragung in das Handelsregister wird angemeldet:[412]

Durch das Gesetz über ... vom ... (Fundstelle) ist

☐ die Firma geändert in *Firma*.

☐ der Gegenstand geändert. Er lautet nunmehr wie folgt: *Gegenstand*

☐ die Vertretungsregelung der Körperschaft geändert und lautet nunmehr wie folgt:
Vertretungsregelung

Die Geschäftsräume

☐ befinden sich unverändert in *Geschäftsanschrift*

☐ sind geändert und befinden sich nunmehr in *Geschäftsanschrift*.

gez. ... *Unterschrift*

Unterschriftsbeglaubigung für die neu bestellten Vorstände und Eintragungsfähigkeitsbescheinigung [siehe Muster 54]

Übereinstimmungsvermerk der elektronischen Abschrift mit dem Papierdokument [Mus-
ter 1]

---

412) Jeder der nachfolgend bezifferten Punkte kann allein oder auch gemeinsam mit anderen Ziffern angemeldet werden.

III. Anmeldung zu Änderungen im Leitungsorgan einer juristischen Person

2.325 **Muster 56: Anmeldung zu Änderungen im Leitungsorgan einer juristischen Person**

Amtsgericht *Registergericht*

Handelsregister

PLZ Ort

zu HRA*

Zur Eintragung in das Handelsregister wird angemeldet:

Durch Beschluss des Verwaltungsrates[413] ist zum Vorstand bestellt:

Vorname Name, Geburtsdatum und Anschrift

Er vertritt satzungsgemäß.[414]

Zum Nachweis der Bestellung des Vorstandes fügen wir bei: ...

Vorname Name, Wohnort ist nicht mehr Vorstand.

Zum Nachweis fügen wir bei:[415] ...

Die Geschäftsräume

☐ befinden sich unverändert in *Geschäftsanschrift*

☐ sind geändert und befinden sich nunmehr in *Geschäftsanschrift*.

gez. ... *Unterschrift*

*Unterschriftsbeglaubigung für die neu bestellten Vorstände und Eintragungsfähigkeitsbescheinigung * [siehe Muster 54]

Übereinstimmungsvermerk der elektronischen Abschrift mit dem Papierdokument [Muster 1]

IV. Auflösung und Löschung

2.326 Die Auflösung durch Zeitablauf, einen Beschluss der Mitglieder im wirtschaftlichen Verein oder den Entzug der Rechtsfähigkeit durch die Aufsichtsbehörde ist von den Vorstandsmitgliedern zur Eintragung anzumelden, § 34 Abs. 1 HGB. Zugleich sind die ernannten Liquidatoren sowie ihre Vertretungsmacht zur Eintragung anzumelden. Das Gleiche gilt für einen Wechsel der Liquidatoren und eine Änderung ihrer Vertretungsmacht. Diese Veränderungen sind – soweit möglich – mittels Urkunden zu belegen.

2.327 Nach Beendigung der Liquidation ist das Erlöschen der Firma gem. § 31 Abs. 2 HGB zur Eintragung in das Handelsregister anzumelden. Das Erlöschen der Firma tritt ohne Erlöschen der juristischen Person ein, wenn von der juristischen Person keine handelsrechtliche Relevanz mehr ausgeht, diese aber weiterhin noch existent bleibt.[416]

2.328 Die Eintragung der Auflösung infolge der Insolvenzverfahrenseröffnung erfolgt von Amts wegen, § 34 Abs. 5 HGB; dieses betrifft aber nicht die Eintragung von Liquidatoren bzw. das Erlöschen der Firma nach Abschluss eines Insolvenzverfahrens.

---

413) Oder ein anderes Bestellungsgremium.
414) Oder eine abweichende besondere Vertretungsbefugnis.
415) Z. B. Abberufungsbeschluss, Niederlegungsschreiben mit Zugangsnachweis beim Bestellungsorgan, etc.
416) Ebenroth/Boujong/Joost/Strohn/*Zimmer*, HGB, § 34 Rz. 5.

Rudolph

Muster 57: Anmeldung der Auflösung einer juristischen Person 2.329

Amtsgericht *Registergericht*

Handelsregister

PLZ Ort

zu HRA*

Zur Eintragung in das Handelsregister melden wir an:

Die Körperschaft ist durch das Gesetz über ... vom ... (Fundstelle)[417] aufgelöst.

Liquidator der Gesellschaft ist:

☐ der bisherige Vorstand *Vorname Nachname*

oder

☐ *Nachname, Vorname, Geburtsdatum, Anschrift*.

Die Vertretung der Körperschaft bestimmt sich wie folgt: Die Liquidatoren vertreten die Gesellschaft gemeinschaftlich. Einzelvertretungsbefugnis kann erteilt werden. Der Liquidator *Vorname Nachname* vertritt allein.

Die Geschäftsräume

☐ befinden sich unverändert in *Geschäftsanschrift*

☐ sind geändert und befinden sich nunmehr in *Geschäftsanschrift*

gez. ... *Unterschrift*

*Unterschriftsbeglaubigung für den Liquidator und Eintragungsfähigkeitsbescheinigung * [siehe Muster 54]

Übereinstimmungsvermerk der elektronischen Abschrift mit dem Papierdokument [Muster 1]

Muster 58: Anmeldung des Erlöschens der Firma einer juristischen Person 2.330

Amtsgericht *Registergericht*

Handelsregister

PLZ Ort

zu HRA*

Zur Eintragung in das Handelsregister wird angemeldet:

☐ Die Liquidation ist beendet. Die Firma ist erloschen.

☐ Ein in kaufmännischer Weise eingerichtetes Geschäft wird nicht mehr betrieben. Die Firma ist infolge der Einstellung des Geschäftsbetriebs erloschen.

gez. ... *Unterschrift*

*Unterschriftsbeglaubigung für die neu bestellten Vorstände und Eintragungsfähigkeitsbescheinigung * [siehe Muster 54]

Übereinstimmungsvermerk der elektronischen Abschrift mit dem Papierdokument [Muster 1]

---

417) Oder ein anderer Auflösungsgrund.

Teil 3: Die GmbH

Literatur: *Altmeppen*, Abschied von der „unwiderlegbar vermuteten" Mitgliedschaft des Scheingesellschafters in der Kapitalgesellschaft, ZIP 2009, 345; *ders.*, Schutz vor „europäischen" Aktiengesellschaften, NJW 2004, 97; *ders.*, Zur Verwendung eines „alten" GmbH-Mantels, DB 2003, 2050; *Bacher*, Die Abdingbarkeit des Stimmverbots nach § 47 Abs. 4 GmbHG in der Satzung, GmbHR 2001, 133; *Bandehzadeh*, Die nachträgliche Verlagerung des tatsächlichen Sitzes einer GmbH, NZG 2002, 803; *Barwaldt/Balda*, Praktische Hinweise für den Umgang mit Vorrats- und Mantelgesellschaften, GmbHR 2004, 50, 350; *Bärwaldt/Günzel*, Der GmbH-Gesellschafterbeschluß und die Form der Stimmrechtsvollmacht, GmbHR 2002, 1112; *Bayer*, Privatschriftliche Abtretungen deutscher GmbH-Anteile in der Schweiz, DNotZ 2009, 887; *Benecke*, Existenzvernichtender Eingriff statt qualifizierter faktischer Konzern: Die neuere Rechtsprechung des BGH zur Haftung von GmbH-Gesellschaftern, BB 2003, 1190; *Beninger*, Die Unternehmergesellschaft (haftungsbeschränkt) Sachkapitalerhöhungsverbot und Umwandlungsrecht, GmbHR 2010, 63; *Blasche*, Die Vertretungsbefugnis des verbleibenden Geschäftsführers bei Verhinderung oder Fortfall aller anderen Geschäftsführer, GmbHR 2017, 123; *Bormann*, Die Kapitalaufbringung nach dem Regierungsentwurf des MoMiG, GmbHR 2007, 901; *Borsch*, Die Zulässigkeit des inländischen Doppelsitzes für Gesellschaften mit beschränkter Haftung, GmbHR 2003, 258; *Braun*, Einziehung von GmbH-Geschäftsanteilen nach MoMiG, GmbHR 2010, 82; *Burg*, Existenzvernichtungsschutz in der Private Limited Company, GmbHR 2004, 1379; *Buß*, Der letzte echt gesamtvertretungsberechtigte GmbH-Geschäftsführer, GmbHR 2002, 374; *Cramer*, Das Prüfungsrecht des Registergerichts bei fehlenden oder fehlerhaften Prozentangaben in der GmbH-Gesellschafterliste, NZG 2018, 721; *Emde*, Vorratsgesellschaft und Kapitalaufbringung – Oder: Wer gezahlt hat, hat gezahlt. Antwort auf Bormann, Halaczinsky, GmbHR 2000, 1022, GmbHR 2000, 1193; *Ettinger/Reiff*, Heilungsmöglichkeiten der fehlerhaften Kapitalaufbringung bei Vorrats-GmbH, GmbHR 2005, 324; *Fichtelmann*, Die Fortsetzung einer aufgelösten GmbH, GmbHR 2003, 67; *Forsthoff*, Abschied von der Sitztheorie. Anmerkung zu den Schlussanträgen des GA Dámaso Ruiz-Jarabo Colomer in der Rs. Überseering, BB 2002, 318; *Frank/Wachter*, Ungelöste Folgefragen der Euro-Umstellung bei der GmbH, GmbHR 2001, 898; *Fuchs*, Die Neuregelung zur verdeckten Sacheinlage durch das MoMiG und ihre Rückwirkung, BB 2009, 170; *Gasteyer*, Die Unternehmergesellschaft (haftungsbeschränkt). Praktische Umsetzung des § 5a GmbHG aus anwaltlicher Sicht, NZG 2009, 1364; *Geißler*, Die Kassation anfechtbarer Gesellschafterbeschlüsse im GmbH-Recht, GmbHR 2002, 520 ff.; *Gustavus*, Probleme mit der GmbH ohne Geschäftsführer, GmbHR 1992, 15; *Habel*, Abtretung künftiger Aufstockungsbeträge bei Kapitalerhöhungen. Eine Gestaltungsfalle der Euro-Umstellung, GmbHR 2000, 267; *Halm*, Aktuelle Zweifelsfragen bei der Begründung und Beendigung von Unternehmensverträgen mit der GmbH als Untergesellschaft, NZG 2001, 728 ff.; *Happ/Holler*, „Limited" statt GmbH, DStR 2004, 730; *Hasselmann*, Die Gesellschafterliste nach dem MoMiG – Überblick und Gesellschaftsgründung, NZG 2009, 409; *ders.*, Die GmbH-Reform ist durch!, AnwBl 2008, 659; *Heckschen*, Gründungserleichterungen nach dem MoMiG – Zweifelsfragen in der Praxis, DStR 2009, 166; *ders.*, Deutsche GmbH vor dem Aus?, GmbHR 2004, R 25; *Heidinger*, Gutachten zur Euroumstellung im Gesellschaftsrecht, 2001; *ders.*, Teilung von Geschäftsanteilen einer GmbH nach Euro-Glättung, DNotZ 2000, 329; *ders.*, Die Euroumstellung der Aktiengesellschaft durch Kapitalherabsetzung, DNotZ 2000, 661; *ders.*, Neues zur Kapitalaufbringung bei der Kapitalerhöhung, GmbHR 2002, 1045 ff.; *ders.*, Der Kapitalschutz der GmbH auf dem Prüfstand, DNotZ 2005, 97; *ders.* Die Haftung und die Vertretung in der Gründungsphase der GmbH im Vergleich zur (kleinen) Aktiengesellschaft, GmbHR 2003, 189; *Henrichs*, Die UG (haftungsbeschränkt), Reichweite des Sacheinlageverbots und gesetzliche Rücklage, NZG 2009, 1161; *Henze*, Die Rechtsprechung des BGH zu den Kapitalaufbringungsgrundsätzen im GmbH- und Aktienrecht, DB 2001, 1469; *Herchen*, Vorratsgründung, Mantelverwendung und geräuschlose Beseitigung der GmbH, DB 2003, 2211; *Herrler*, Kapitalaufbringung nach dem MoMiG, DB 2008, 2347; *ders.*, Fehlgeschlagene Gründung im vereinfachten Verfahren als herkömmliche GmbH-Gründung, GmbHR 2010, 960; *Hoger*, Offene Rechtsfragen zur Eintragung der inländischen Zweigniederlassung einer Kapitalgesellschaft mit Sitz im Ausland, NZG 2015, 1219; *Hülsmann*, Rechtspraktische Probleme beim Austritt von Gesellschaftern aus der GmbH, GmbHR 2003, 198; *Joussen*, Die Kündigung von Beherrschungsverträgen bei Anteilsveräußerung. Hinweise zur Vertragsgestaltung, GmbHR 2000, 221; *Kindler*, Auf dem Weg zur Europäischen Briefkastengesellschaft, NJW 2003, 1037; *ders.*, Keine Geltung des Ortsstatuts für Geschäftsanteilsabtretungen im Ausland, BB 2010, 74; *Knopp*, Zwingende Anerkenntnis von ausländischen Gesellschaften?, DNotZ 2003, 85; *Kögel*, Die Not mit der Notgeschäftsführung bei der GmbH, NZG 2000, 20; *ders.*, Vermögenslose GmbH – offene Fragen zu ihrem Ende, GmbHR 2003, 460; *König*, Doppelsitz einer Kapitalgesellschaft – gesetzliches Verbot oder zulässiges Hilfsmittel der Gestaltung einer Fusion?, AG 2000, 18; *Kort*, Offene Fragen zu Gesellschafterliste, Gesellschafterstellung und gutgläubigem Anteilserwerb (§§ 40 und 16 GmbHG n. F.), GmbHR 2009, 169; *Lange*, Wenn die UG erwachsen werden soll – Umwandlung in die GmbH, NJW 2010, 3686; *Lehmann/Richter*, (K)ein Ende in Sicht? – Zum zeitlichen Umfang der wirtschaftlichen Neugründung einer GmbH, GWR 2010, 389; *Leible/Hoffmann*, „Überseering" und das deutsche Gesellschaftskollisionsrecht, ZIP 2003, 925; *Lohr*, Der Stimmrechtsausschluss des GmbH-Gesellschafters (§ 47 IV GmbHG), NZG 2002, 551 ff.; *Loritz*, Rechtsfragen der notariellen Beurkundung bei Verkauf und Abtretung von GmbH-Geschäftsanteilen, DNotZ 2000, 90; *Maul/Schmidt*, Inspire Art, Quo vadis Sitztheorie?, BB 2003, 2297; *Meckbach*, Wahl des Satzungssitzes der Kapitalgesellschaft: Forum Shopping bei inländischen Gesellschaften, NZG 2014, 526; *Meister*, Die Auswirkungen des MoMiG auf das Umwandlungsrecht, NZG 2008, 767; *Mertens*, Die stille Beteiligung an der GmbH und ihre Überleitung bei Umwandlung in die AG, AG 2000, 32; *Müller/Wolff*, Verlagerung von Zuständigkeiten auf den Beirat der GmbH, GmbHR 2003, 810; *Müther*, Zur Nichtigkeit führende Fehler bei der Einberufung der GmbH-Gesellschafterversammlung, GmbHR 2000, 966; *Niemeier*, Zahlreich, unterkapitalisiert und jeder dritte Gründer vorbelastet: Die Unternehmergesellschaft führt eindrucksvoll im „Race to the Bottom", Status Recht 2009, 184; *Nolting*, Registerrechtliche Gründungsprüfung beim Erwerb von Mantel- und Vorratsgesellschaften, ZIP 2003, 651; *Paefgen*, Auslandsgesellschaften und Durchsetzung deutscher Schutzinteressen nach „Überseering", DB 2003, 487; *Peetz*, Anmeldung einer Anteilsabtretung, GmbHR 2006, 852; *Pentz*, Verdeckte Sacheinlagen nach dem MoMiG und prozessuale Folgen des Übergangsrechts, GmbHR 2009, 126; *Philippi/Neveling*, Unterjährige Beendigung von Gewinnabführungsverträgen im GmbH-Konzern, Beendigungsgründe und Rechtsfolgen, BB 2003, 1685; *Pilger*, Die Unwirksamkeit der Beurkundung der Abtretung von Geschäftsanteilen in der Schweiz, BB 2005, 1285; *Priester*, Unwirksamkeit der Satzungsänderung bei Eintragungsfehlern, BB 2002, 26, 13; *Reymann*, Die Kapitalherabsetzung bei der GmbH unter der Geltung des MoMiG, GmbHR 2009, 349; *Ries*, Der Euro und die GmbH – Probleme aus der Sicht der handelsregisterrechtlichen Praxis, GmbHR 2000, 264; *ders.*, Das Ende der GmbH?, AnwBl 2005, 53; *ders.*, Was bringt das MoMiG Neues?, AnwBl 2008, 695; *Schall*, Englischer Gläubigerschutz bei der Limited in Deutschland, ZIP 2005, 965; *Schaub*, Ausländische Handelsgesellschaften und deutsches Registerverfahren, NZG 2000, 953; *Schneider*, Die Anpassung des GmbH-Rechts bei Einführung des Euro, NJW 1998, 3158; *Schöpflin*, Die Lehre von der verdeckten Sacheinlage – eine gelungene Rechtsfortbildung?, GmbHR 2003, 57; *Schuhmann*, Zur Amtsniederlegung eines GmbH-Geschäftsführers, NZG 2002, 706 ff.; *Seibert*, Die Umsetzung der Zweigniederlassungs-Richtlinie der EG in deutsches Recht, GmbHR 1992, 738; *Sieger/Schulte*, Vereinbarungen über Satzungsänderungen, GmbHR 2002, 1050 ff.; *Stieb*, BGH versetzt der Sitztheorie einen harten Schlag, GmbHR 2002, R 377; *ders.*, Anfang vom Ende der Sitztheorie, GmbHR 2002, R 473; *Swoboda*, Die Anwendung der Vorschriften zur „verschleierten Sachgründung" im Zusammenhang mit der „wirtschaftlichen Neugründung" von Vorratsgesellschaften, GmbHR 2005, 649; *Thaeter/Meyer*, Vorratsgesellschaften – Folgerungen für die Praxis aus der Entscheidung des BGH vom 9.12.2002, DB 2003, 539; *Ulrich*, Gewinnabführungsverträge im GmbH-Konzern, GmbHR 2004, 1000; *Theusinger/Andrä*, Die Aktivierung unternehmensloser Gesellschaften – Praktische Hinweise zur Verwendung von Vorrats- und Mantelgesellschaften, ZIP 2014, 1916; *Wachter*, Amtsniederlegung von GmbH-Geschäftsführern, GmbHR 2001, 1129; *ders.*, Ausländer als GmbH-Gesellschafter und -Geschäftsführer, ZIP 1999, 1577; *ders.*, Existenz- und Vertretungsnachweise bei der englischen Private Limited Company, DB 2004, 2795; *ders.*, Errichtung, Publizität, Haftung und Insolvenz von Zweigniederlassungen ausländischer Kapitalgesellschaften nach „Inspire Art", GmbHR 2003, 1254; *ders.*, Auswirkungen des EuGH-Urteils „Inspire Art" auf Beratungspraxis und Gesetzgebung, GmbHR 2004, 88; *ders.*, Aktuelle Rechtsprechung zum MoMiG, GmbHR 2009, 785; *ders.*, Aktuelle Praxisprobleme mit der neuen Gesellschafterliste, NZG 2009, 1001; *Waldenberger/Sieber*, Die Unternehmergesellschaft (haftungsbeschränkt) jenseits der „Existenzgründer", GmbHR 2009, 114; *Wälzholz*, Das MoMiG kommt. Ein Überblick über die neuen Regelungen, GmbHR 2008, 841; *Weller*, Nochmals: Zur formwirksamen GmbH-Anteilsabtretung in der Schweiz, BB 2005, 1807; *Werner*, Der unbekannte oder unerreichbare GmbH-Gesellschafter, GmbHR 2014, 357; *ders.*, Voreinzahlungen auf Stammeinlagen bei GmbH-Gründung und Kapitalerhöhung, GmbHR 2002, 530 ff.; *ders.*, Präsenz anwaltlicher Berater in der Gesellschafterversammlung der GmbH, GmbHR 2006, 871; *Wicke*, Gründung, Satzungsgestaltung und Anteilsabtretung nach der GmbH-Reform, NotBZ 2009, 1; *Zeilinger*, Die Einberufung der Gesellschafterversammlung – Fallstricke für die Wirksamkeit von Gesellschafterbeschlüssen, GmbHR 2001, 541; *ders.*, Vertretungsfragen bei der Gründung einer Einpersonen-GmbH, GmbHR 2003, 660.

A. Gründung

I. Phasen

Bis zur Entstehung der GmbH sind folgende Phasen zu unterscheiden:　　3.1

Vorgründungsvertrag　　　　　　　　　　　Gründungsphase

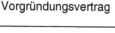

selten　　　　　　　　　GmbH in Gründung　　　　GmbH
OHG oder GbR　　　　　Anmeldung

Abschluss des　　　　　　　　　　　　　　Eintragung
notariellen Gründungsvertrags

Abbildung 1　Phasen zur Entstehung der GmbH

II. Gründer

Es sind Ein-Personen- oder Mehrpersonen-Gründungen möglich.　　3.2

Gründer kann zunächst jede natürliche oder juristische Person sein, und zwar auch ein　3.3
Minderjähriger (nachfolgend auch „MJ"). MJ werden grundsätzlich von ihren Eltern vertreten, es sei denn, die Eltern sind Mit-Gründer. In diesen Fällen ist für jedes MJ Kind ein
Ergänzungspfleger zu bestellen, §§ 1795, 181, 1909 BGB. Schließlich ist auch noch die familiengerichtliche Genehmigung nach §§ 1643 bzw. § 1915 i. V. m. § 1822 Nr. 3 und 10 BGB
einzuholen.

Auch Personengesellschaften wie die Gesellschaft bürgerlichen Rechts, die OHG, die KG,　3.4
die Partnerschaft und die Europäische Wirtschaftliche Interessenvereinigung (EWIV)
können Gründer sein. Auch der Verein und die Erbengemeinschaft können Gründer einer
GmbH sein.

Umstritten ist, ob der Testamentsvollstrecker Gründer sein kann. Die wohl h. M. lässt dies　3.5
nicht zu, da der Testamentsvollstrecker nicht persönlich für die Einlageschuld haftet.[1]

Bezüglich ausländischen Gründern gilt Folgendes: Ausländische natürliche Personen können　3.6
selbst dann Gründer sein, wenn sie gegen Aufenthaltsbeschränkungen verstoßen.[2]

Ausländische juristische Personen können Gründer sein, wenn sie rechtsfähig sind. Bezüglich　3.7
der Beurteilung der Rechtsfähigkeit zieht man zunächst zwischenstaatliche Verträge heran,
die u. U. die Anerkennung der Rechtsfähigkeit regeln (z. B. Freundschafts-, Handels- und
Schifffahrtsvertrag zwischen der BRD und USA vom 29.10.1952). Gibt es keinen zwischen-
staatlichen Vertrag, richtet sich die Anerkennung der Rechtsfähigkeit nach Folgendem:

Nach der (noch) in Deutschland, Belgien, Frankreich, Österreich, Portugal, Spanien und　3.8
Luxemburg vorherrschenden sog. „Sitztheorie" bestimmt sich die Beurteilung der Rechtsfähigkeit als Kapitalgesellschaft danach, wo sie ihren effektiven Verwaltungs- bzw. Be-
triebssitz hat.[3]

---

1)　Vgl. Baumbach/Hueck/*Fastrich*, GmbHG, § 1 Rz. 45 ff.
2)　*Wachter*, ZIP 1999, 1577.
3)　BGHZ 25, 144; der tatsächliche Verwaltungssitz kann für deutsche Kapitalgesellschaften auch im Aus-
　　land liegen, vgl. § 4a GmbHG, § 5 AktG (s. u.).

3.9 Danach wurden ausländische Briefkastenfirmen, wie z. B. Kapitalgesellschaften in England oder auf den Kanalinseln, die Zweigniederlassungen oder Tochtergesellschaften in Deutschland zu errichten versuchten, aber auf den Kanalinseln keinen effektiven Sitz, sondern nur einen Briefkasten hatten, nicht als Kapitalgesellschaften anerkannt, da sie nicht mit einer deutschen GmbH vergleichbar sind.

3.10 Zweigniederlassungen oder Tochtergesellschaften dieser Briefkastenfirmen würden nicht in ein deutsches Handelsregister eingetragen. Allerdings wurden „versehentlich" trotzdem eingetragene Tochtergesellschaften nicht gelöscht.[4]

3.11 In anderen Staaten (USA, England, Niederlande, Italien, Dänemark, Schweiz) wird die sog. „Gründungstheorie" vertreten. Danach ist für die Beurteilung der Rechtsfähigkeit einer Kapitalgesellschaft allein auf das Recht abzustellen, das für die Gründung dieser Gesellschaft gilt. Wenn eine Kapitalgesellschaft nach englischem Recht wirksam gegründet ist, müsste nach der Gründungstheorie dies auch von dem deutschen Registergericht akzeptiert werden.

3.12 In seinem Urteil vom 1.7.2002[5] näherte sich der BGH zum ersten Mal der Gründungstheorie an und stellte ausdrücklich fest, dass eine ausländische „Briefkastenfirma", wenn sie nicht als „GmbH" anzusehen ist, zumindest als eine (rechtsfähige) Gesellschaft bürgerlichen Rechts zu beurteilen ist.

3.13 Der EuGH hat sich erstmals in einer Entscheidung, die eine englische Kapitalgesellschaft ohne Geschäftstätigkeit in England mit einer Niederlassung in Dänemark betraf, der Gründungstheorie angenähert, weil er in der Verweigerung der Eintragung einer Zweigniederlassung einen Verstoß gegen Art. 43, 48 EGV (jetzt Art. 49, 54 AEUV, Niederlassungsfreiheit) sah,[6] allerdings ohne in seiner Entscheidung auf seine frühere Entscheidung „Daily Mail" einzugehen,[7] in der er die Sitztheorie noch nicht ablehnte.

3.14 In seiner Entscheidung vom 5.11.2002,[8] basierend auf einem Vorlagebeschluss des BGH,[9] stellt der EuGH fest, dass es mit der in Art. 43 und 48 EGV garantierten Niederlassungsfreiheit nicht zu vereinbaren ist, wenn ein Mitgliedsstaat der EU sich weigert, die Rechtsfähigkeit einer Gesellschaft anzuerkennen, nur weil die Rechtsfähigkeit der Gesellschaft, die nach dem Recht eines Mitgliedsstaates wirksam gegründet worden ist, nach dem Recht des Staates beurteilt wird, in dem die Gesellschaft ihren tatsächlichen Verwaltungssitz hat.

3.15 Allerdings berücksichtigte der EuGH nicht die vorgenannte Entscheidung des BGH vom 1.7.2002, in der der BGH die Rechtsfähigkeit ausländischer Briefkastenfirmen bejaht. Er führt sogar ausdrücklich aus, dass zwingende Gründe des Gemeinwohls eine Einschränkung der Niederlassungsfreiheit rechtfertigen können.[10]

3.16 In seinem Urteil vom 30.9.2003 „Inspire Art"[11] bestätigt der EuGH seine o. g. Auffassung und verlangt zudem auch die Anerkennung der ausländischen Rechtsform.

---

4) OLG Frankfurt/M. DB 2002, 316.

5) BGH ZIP 2002, 1763 = DB 2002, 2039, dazu EWiR 2002, 971 *(Emde)*; siehe dazu auch *Stieb*, GmbHR 2002, R 377.

6) EuGH NJW 1999, 2072: „Centros".

7) EuGH NJW 1989, 2186.

8) EuGH ZIP 2002, 2037 = GmbHR 2002, 1137, dazu EWiR 2002, 1003 *(Neye)*, Überseering ./. NCC.

9) BGH ZIP 2000, 967, dazu EWiR 2000, 793 *(Roth)*.

10) Vgl. zu dem diesem EuGH-Urteil auch *Stieb*, GmbHR 2002, R 473; *Leible/Hoffmann*, ZIP 2003, 925 ff., *Paefgen*, DB 2003, 487; *Knapp*, DNotZ 2003, 85 ff.

11) EuGH DB 2003, 2219.

Ob damit die in Deutschland mehrheitlich noch vertretene Sitztheorie hinfällig ist, insbe- **3.17**
sondere bezüglich Briefkastengesellschaften aus dem Raum außerhalb der EU, USA bzw.
EFTA (die Gesellschaften aus dem EFTA-Raum – mit Ausnahme der Schweiz – werden vom
BGH auch anerkannt),[12] ist auch nach der vorgenannten EuGH-Entscheidung unklar.
Der BGH will die Sitztheorie grundsätzlich weiter anwenden.[13]

III. Einzelheiten zur Gründung

1. Gesellschaftsvertrag

a) Bedeutung

Der Gesellschaftsvertrag stellt zum einen zusammen mit der Übernahme der Geschäfts- **3.18**
anteile gegen Einlagen das Errichtungsgeschäft dar. Er ist zum anderen die körperschaftliche Satzung der GmbH und bindet auch später eintretende Gesellschafter.

Vom Gesellschaftsvertrag spricht man auch bei der sog. „Ein-Mann-GmbH", obwohl eine **3.19**
Person natürlich keinen Gesellschaftsvertrag abschließt, aber sich für die GmbH eine körperschaftliche Satzung geben kann.

Bei Beteiligung von Minderjährigen ist zu beachten, dass die gesetzlichen Vertreter als **3.20**
Mitgesellschafter vom Abschluss des Gesellschaftsvertrages ausgeschlossen sind, § 1795,
§ 181 BGB. Es muss also ein Ergänzungspfleger für den Abschluss des Gesellschaftsvertrages
bestellt werden, § 1909 BGB.

Zudem ist auch die Genehmigung des Familiengerichts erforderlich. Dies ergibt sich zum **3.21**
einen aus §§ 1915, 1822 Nr. 3 BGB und zum anderen u. U. aus §§ 1915, 1822 Nr. 10 BGB.
Die letzte Vorschrift ist einschlägig, wenn der Minderjährige gem. § 24 GmbHG u. U. für die
nicht eingezahlten Stammeinlagen/Geschäftsanteile seiner Mitgesellschafter haftet, also
u. U. eine fremde Verbindlichkeit i. S. d. § 1822 Nr. 10 BGB übernimmt. Wenn die Eltern
nicht von der Vertretung ausgeschlossen sind, gilt § 1822 BGB über § 1643 BGB. Die Genehmigung kann bei Vertretungsausschluss der Eltern auch an den Ergänzungspfleger zugestellt werden, um wirksam zu werden, § 41 Abs. 3 FamFG.[14]

b) Form und Vertretung

§ 2 des GmbHG sieht die notarielle Beurkundung des Gesellschaftsvertrages und die Un- **3.22**
terzeichnung des Gesellschaftsvertrages durch sämtliche Gesellschafter vor. Da es sich bei
dem Gesellschaftsvertrag um Willenserklärungen handelt, richtet sich die Beurkundung
nach §§ 8 ff. BeurkG.

Der Notar muss also eine Niederschrift über die Verhandlung aufnehmen, die die Be- **3.23**
zeichnung des Notars und der Beteiligten sowie die Erklärungen der Beteiligten beinhaltet (§ 9 BeurkG) und die in Gegenwart des Notars den Beteiligten vorgelesen, von ihnen

---

12) BGH ZIP 2005, 1869.

13) BGH BB 2009, 14 (Schweizerische Aktiengesellschaft) und BGH ZIP 2008, A 85; vgl. auch OLG
Hamburg DB 2007, 1245 für Anwendung der Sitztheorie bei Gesellschaft von der Isle of Man; vgl.
auch KG DB 2003, 2695; BayObLG Rpfleger 2003, 242; OLG Celle GmbHR 2003, 532; OLG Zweibrücken GmbHR 2003, 530; *Kindler*, NJW 2003, 1073 ff.; zu den Gefahren der Flucht in das ausländische Gesellschaftsrecht vgl. *Wachter*, GmbH 2004, 88 ff.; *Heckschen*, GmbHR 2004, R 25; *Altmeppen*,
NJW 2004, 97 ff.; *Maul/Schmidt*, BB 2003, 2217 ff.; *Happ/Holler*, DStR 2004, 730 ff.; *Burg*, GmbHR
2004, 1379 ff.

14) *Menzel/Wolf*, MittBayNot 2010, 187.

genehmigt und eigenhändig von den Beteiligten und von dem Notar unterschrieben worden ist (§ 13 BeurkG).

3.24 Der gesamte Inhalt des Gesellschaftsvertrages ist zu beurkunden, also alle Klauseln, die unter Abs. 1 und 2 des § 3 GmbHG fallen oder darüber hinaus körperschaftliche Wirkung entfalten. Dies gilt auch für nachträgliche Änderungen des Gesellschaftsvertrages in der Gründungsphase, die von allen Gesellschaftern vorgenommen werden müssen (zum Problem der Anmeldung der Änderungen vgl. auch Rz. 3.310).

3.25 Die fehlerhafte oder fehlende Beurkundung wird durch die Eintragung der GmbH geheilt.

3.26 § 2 Abs. 1a GmbHG[15] sieht eine Kostenprivilegierung (§ 41d KostO) der notariellen Gründung vor, wenn höchstens drei Gesellschafter (mit je 1 Anteil), egal ob natürliche oder juristische Person, und ein Geschäftsführer vorhanden sind, eine Bargründung vorgenommen wird und ein vom Gesetzgeber vorgegebenes Musterprotokoll, das den Gesellschaftsvertrag, den Geschäftsführerbestellungsbeschluss und die Gesellschafterliste mit enthält, verwendet wird.

3.27 Auch nur geringfügige Abweichungen vom Musterprotokoll führen zum Verlust der Kostenprivilegierung und zur Notwendigkeit einer „normalen" Gründung,[16] d. h., eine separate Gesellschafterliste ist einzureichen.[17] Abweichungen im Einleitungstext der Urkunde oder bezüglich Satzzeichen und Satzstellung schaden nicht.[18] Gleiches gilt für Angaben zum Güterstand.[19]

3.28 Bei Änderung des im Musterprotokoll enthaltenen Gesellschaftsvertrages müssen die §§ 53 ff. GmbHG (insbesondere § 54 Abs. 1 S. 2 GmbHG) eingehalten werden, auch wenn es sich nur um Änderungen der ausfüllungsfähigen Teile des Musterprotokolls (Firma, Sitz, Gegenstand) handelt.[20] Unklar ist, ob bei Änderungen der ausfüllungsfähigen Teile die Kostenprivilegierung weiter gilt.[21]

3.29 Die Gründer können sich beim Abschluss des Gesellschaftsvertrages auch vertreten lassen. Für die Vollmacht bzw. nachträgliche Genehmigung (auch für Änderungen des Gesellschaftsvertrages im Gründungsstadium[22]) ist allerdings die notarielle Beglaubigung erforderlich, § 2 Abs. 2 GmbHG.

Achtung: Bei Ein-Mann-Gründungen durch vollmachtlose Vertreter ist eine Genehmigung überhaupt nicht möglich (§ 180 BGB).[23] Vollmachtlos handelt dabei auch der, der nur eine schriftliche, nicht aber notariell beglaubigte Vollmacht vorlegt.

c) Obligatorischer Inhalt des Gesellschaftsvertrages

3.30 Der obligatorische Inhalt des Gesellschaftsvertrages ist in § 3 GmbHG geregelt.

---

15) Eingeführt durch das MoMiG vom 23.10.2008, BGBl I, 2026; vgl. hierzu *Wälzholz*, GmbHR 2008, 841; *Hasselmann*, AnwBl 2008, 659; *Ries*, AnwBl 2008, 695.
16) Vgl. OLG Düsseldorf GmbHR 2011, 1319.
17) Nach OLG München NZG 2010, 795 ist sogar ein neuer Gesellschaftsvertrag mit Befreiung von den Beschränkungen des § 181 BGB einzureichen; a. A. *Herrler*, GmbHR 2010, 960.
18) LG Chemnitz 2009, 378; OLG München NZG 2011, 29.
19) OLG München, v. 2.10.2013 – 31 Wx 367/13.
20) Bejahend OLG Düsseldorf GmbHR 2010, 757; *Heckschen*, DStR 2009, 168; *Wicke*, NotBZ 2009, 10.
21) Vgl. dazu *Heckschen*, DStR 2009, 168.
22) Vgl. OLG Köln GmbHR 1995, 725.
23) OLG Frankfurt/M. ZIP 2017, 920, dazu EWiR 2017, 459 *(Kubik/Nordholtz)*; OLG Stuttgart GmbHR 2015, 487; KG NZG 2011, 353.

aa) Firma

Bezüglich der Firma gilt zunächst § 4 GmbHG, wonach der Zusatz Gesellschaft mit be- **3.31** schränkter Haftung oder eine allgemein verständliche Abkürzung (wie z. B. „… GmbH", „…-gesellschaft mbH", „…ges.mbH") in die Firma mit aufgenommen werden muss.

Für die durch das MoMiG neu eingeführte Unterform der GmbH, die „Unternehmerge- **3.32** sellschaft",[24] ist der Zusatz „UG (haftungsbeschränkt)" oder „Unternehmergesellschaft (haftungsbeschränkt)" erforderlich, § 5a Abs. 1 GmbHG.

Weiter gelten die Vorschriften des HGB zur Firma, also die §§ 17 ff. HGB. Die Firma **3.33** muss also nach § 30 HGB unterscheidbar sein, wobei der Rechtsformzusatz alleine noch kein Unterscheidungskriterium darstellt.

Die Firma muss weiter nach § 18 Abs. 1 HGB Unterscheidungs- und Kennzeichnungskraft **3.34** haben und darf keine Angaben enthalten, die geeignet sind, über geschäftliche Verhältnisse, die für die angesprochenen Verkehrskreise wesentlich sind, irrezuführen. Hierzu kann auf die Ausführungen zu Rz. 2.17 ff. verwiesen werden.

Folgende Besonderheiten sind noch zu beachten: Gemeinnützige GmbH, die vom Finanz- **3.35** amt eine Bestätigung über die Anerkennung der Gemeinnützigkeit erhalten haben, dürfen sich auch „… gGmbH" nennen, vgl. § 4 GmbHG.[25] Der Rechtsformzusatz „… und Partner GmbH" ist für neue Firmen wegen des Vorrangs des PartGG nicht zulässig.[26]

Alte Firmen, die schon vor Inkrafttreten des PartGG diesen Zusatz führten, genießen Be- **3.36** standsschutz bis zur Aufgabe der Firma. Änderungen eines untergeordneten Firmenbestandteils beeinträchtigen diesen Bestandsschutz nicht.[27]

bb) Sitz

Sitz der Gesellschaft ist der Ort im Inland, der im Gesellschaftsvertrag benannt ist. Durch **3.37** das MoMiG ist die Verlegung des Verwaltungssitzes ohne Änderung des Gesellschaftsvertrages, auch ins Ausland, ermöglicht worden, § 4a GmbHG.

Doppelsitze von Gesellschaften in verschiedenen Gerichtsbezirken sind nur aus historischen **3.38** Gründen (Allianz, Siemens) oder in Fusionsfällen mit zwei traditionsreichen Unternehmen als Beteiligte zulässig.[28]

Bei sog. „Vorrats"-GmbH, die ihren Sitz z. B. in einem Anwaltsbüro haben und nicht am **3.39** Markt tätig sind, wird der Sitz in dem Anwaltsbüro akzeptiert.

Bei nachträglichem Auseinanderfallen von satzungsmäßigen und tatsächlichen Geschäfts- **3.40** sitz fand vor dem MoMiG kein Amtsauflösungsverfahren statt.[29] Nach der Änderung des § 4a GmbHG durch das MoMiG können Satzungs- und Verwaltungssitz auseinanderfallen.

---

24) Vgl. hierzu *Waldenberger/Sieber*, GmbHR 2009, 114 ff.; zu Problemen mit der UG im Umwandlungsrecht *Meister*, NZG 2008, 767; *Gasteyer*, NZG 2009, 1367 f.

25) A. A. noch OLG München GmbHR 2007, 267. Nicht anwendbar auf gemeinnützige UG, KG NZG 2019, 864.

26) BGHZ 135, 257 = ZIP 1997, 1109 = GmbHR 1997, 644, dazu EWIR 1997, 715 (*Bärwaldt/Schabacker*); OLG Stuttgart ZIP 2000, 1108, dazu EWIR 2000, 581 (*Ring*); Gleiches gilt für Zusatz „partners", KG NZG 2018, 1235; a. A. OLG Hamburg NZG 2019, 744.

27) BayObLG ZIP 2003, 1295.

28) BayObLG AG 1986, 48; *König*, AG 2000, 18; a. A. *Borsch* GmbHR 2003, 258 ff.

29) BayObLG BB 2002, 907; LG Mannheim GmbHR 2000, 874; str.; a. A. jetzt rechtshistorisch BGH GmbHR 2008, 991; *Bandehzadeh*, NZG 2002, 803.

cc) Gegenstand

3.41 Der Gegenstand der Gesellschaft kann wirtschaftlicher oder ideeller Natur sein. Er muss individualisiert sein. „Handel mit Waren aller Art" ist nicht individualisiert genug und praktisch unmöglich.[30]

3.42 Der Gegenstand der Gesellschaft muss rechtlich zulässig sein, § 1 GmbHG.

3.43 Falls ein Erlaubnistatbestand vorliegt, musste für die Eintragung vor dem MoMiG die entsprechende auf die Gesellschaft ausgestellte staatliche Genehmigung bzw. Vorabbescheinigung vorliegen.

3.44 Der Gesetzgeber hat mit dem MoMiG § 8 Abs. 1 Nr. 6 GmbHG gestrichen. Die Vorlage einer evtl. erforderlichen staatlichen Genehmigung (bis auf Genehmigungen nach dem KWG) ist nicht mehr Eintragungsvoraussetzung.

3.45 Hauptfälle vor dem MoMiG: § 33i Gewerbeordnung, § 34c Gewerbeordnung, § 2 Gaststättengesetz (wohl nur, wenn der Betrieb einer konkreten Gaststätte Gegenstand war).[31] Das Registergericht war dabei an die Entscheidung des Ordnungs- und Gewerbeamtes über die Nichterforderlichkeit der Genehmigung gebunden.[32]

3.46 Der Gegenstand einer „Vorrats"-GmbH ist regelmäßig die Verwaltung eigenen Vermögens. Auch dieser Gegenstand wird zugelassen.[33]

3.47 Nicht GmbH können sein: Apotheken (§§ 7, 8 ApothekenG), Banken, Versicherungen, Sparkassen

dd) Stammkapital

3.48 Das Stammkapital ist das Haftkapital, also das, was bei der Gründung an Reinvermögen den Gläubigern der Gesellschaft mindestens zur Verfügung steht.

Beispiel (für gedecktes Stammkapital):

Aktiva		Passiva	
Kasse:	10.000	Stammkapital:	25.000
Forderungen:	45.000	Verbindlichkeiten:	30.000

3.49 Das Stammkapital der GmbH muss mindestens 25.000 € betragen, § 5 GmbHG. Für die Unternehmergesellschaft reicht ein Stammkapital von 1 €, wobei zur Sicherung von Gläubigern eine Thesaurierungspflicht (nicht gleichbedeutend Gewinnerzielungspflicht[34]) vorgesehen ist, solange nicht durch Kapitalerhöhung ein Stammkapital von 25.000 € erreicht ist, vgl. § 5a GmbHG.[35] Im Gründungsstadium kann die GmbH durch einstimmigen notariell beurkundeten Beschluss zur UG gemacht werden.[36] Das GmbHG enthält eine Fülle von Vorschriften, die den Schutz des Stammkapitals bezwecken, vgl. § 24, § 30 f., § 64 GmbHG.

---

30) Vgl. OLG Düsseldorf BB 2010, 2706.

31) OLG Frankfurt/M. DB 1980, 75.

32) BayObLG GmbHR 2000, 872.

33) BGHZ 118, 179 = ZIP 1992, 808 = NJW 1992, 1834, dazu EWiR 1992, 1071 (*Eckert*).

34) Vgl. *Gasteyer*, NZG 2009, 1366; *Hennrichs*, NZG 2009, 924.

35) Zur „Seriosität" der UG vgl. *Niemeier*, Status Recht 2009, 184.

36) OLG Frankfurt/M. GmbHR 2011, 984 mit abl. Anm. *Wachter*.

Ries

ee) Stammeinlagen/Geschäftsanteile

Stammeinlage[37] ist der Betrag, der von jedem Gesellschafter auf das Stammkapital eingezahlt werden muss. Die Stammeinlage stellt also eine Verpflichtung der einzelnen Gesellschafter zur Erbringung ihres Teils des Stammkapitals einer Gesellschaft dar. **3.50**

Jede Stammeinlage (und damit jeder Geschäftsanteil) muss nach dem MoMiG mindestens 1 € betragen und auf volle Euro lauten, § 5 Abs. 2 S. 1 GmbHG; Geschäftsanteile müssen nummeriert werden, § 8 Abs. 1 Nr. 3 GmbHG. **3.51**

Jeder Gesellschafter darf nach dem MoMiG jetzt auch mehrere (allerdings nicht bei Gründung durch Musterprotokoll) Geschäftsanteile übernehmen (§ 5 Abs. 2 S. 2 GmbHG). Dies gilt wohl auch bei Sachgründungen (siehe unten), obwohl §§ 9 und 5 Abs. 4 GmbHG nur von dem (1) Geschäftsanteil sprechen. **3.52**

Die Summe der Nennbeträge der Geschäftsanteile muss das Stammkapital ergeben, § 5 Abs. 3 S. 2 GmbHG. **3.53**

Im Gesellschaftsvertrag sind die Namen des Gesellschafters und der Betrag des auf jeden Gesellschafter entfallenden Geschäftsanteils anzugeben. **3.54**

Mit der Eintragung der GmbH in das Handelsregister wird die Einlage zum Geschäftsanteil, § 14 GmbHG, und erst dann kann der Geschäftsanteil auch abgetreten werden. Der Geschäftsanteil verkörpert die Rechte und Pflichten des Gesellschafters aus der Mitgliedschaft in der GmbH. **3.55**

Sonderfall Sacheinlage: Der/Die Gesellschafter kann/können auch Sacheinlagen (allerdings nicht bei der UG und bei Gründung mit Musterprotokoll) in die Gesellschaft einbringen. Sacheinlagefähig sind alle Vermögensgegenstände, deren wirtschaftlicher Wert messbar ist, wie z. B. Grundstücke, Forderungen (nicht aber Forderungen gegen Gesellschafter,[38] außer im Rahmen des § 19 Abs. 5 GmbHG), Fahrzeuge, Anteile an anderen Gesellschaften (selbst wenn kapitalerhöhende Gesellschaft dort Mehrheitsgesellschafterin ist).[39] Nutzungsüberlassungen (falls Mindestlaufzeit vorgesehen ist; Beispiel: Unternehmen darf den Namen eines Sportvereines nutzen),[40] nicht aber Dienstleistungen, vgl. BGH GmbHR 2009, 540 (§ 27 Abs. 2 AktG analog), oder good will. **3.56**

Der Gegenstand der Sacheinlage, der Gesellschafter, der diese Sacheinlage einbringt und der Nennbetrag des Geschäftsanteils, auf den sich die Sacheinlage bezieht, sind im Gesellschaftsvertrag genau zu bezeichnen, § 5 Abs. 4 GmbHG. Zusätzlich ist die Werthaltigkeit der Sacheinlage durch einen Gutachter/Wirtschaftsprüfer nachzuweisen (§ 8 Abs. 1 Nr. 5 GmbHG) und ein Sachgründungsbericht durch alle Gründer vorzulegen (§ 5 Abs. 4 GmbHG). **3.57**

Bei der Einbringung eines Unternehmens sind daneben auch die letzten zwei Jahresergebnisse anzugeben, § 5 Abs. 4 GmbHG. Ein gutgläubiger Erwerb der Sacheinlage durch die GmbH ist möglich, wobei auf die Gutgläubigkeit von Gründern und Geschäftsführern abzustellen ist.[41] **3.58**

---

37) Dieser Begriff wird nach dem MoMiG nur noch in § 3 Abs. 1 Nr. 4 GmbHG genannt, im Folgendem in diesem Buch aber teilweise noch alternativ mit aufgenommen, da er bislang als Definition für die Verpflichtung des Gesellschafters zur Einlageleistung verwendet wurde.
38) Baumbach/Hueck/*Fastrich*, GmbHG, § 5 Rz. 24; KG GmbHR 2005, 929 mit Anm. *Priester* in EWiR 2005, 673.
39) OLG Jena NZG 2018, 1391.
40) BGH GmbHR 2000, 870.
41) OLG Köln DB 2002, 1433.

3.59 Der Übergang von der Sach- zur Bargründung (und vice versa) ist vor der Anmeldung durch Änderung des Gesellschaftsvertrages, ggf. unter Einhaltung der Sachgründungsvorschriften, mit Zustimmung aller Gründer möglich.[42]

3.60 Oft besteht der Verdacht einer sog. „verdeckten Sachgründung".[43] Diese liegt z. B. dann vor, wenn zwar die Stammeinlageverpflichtung durch Barzahlung erfüllt wird, das eingezahlte Geld aber kurz danach (bis ca. sechs Monate) von der GmbH als Vergütung für die Überlassung von Gegenständen der Gesellschafter an die Gesellschafter zurückgezahlt wird, d. h. es muss ein unmittelbarer zeitlicher und sachlicher Zusammenhang bestehen, der dann auch den zusätzlich erforderlichen subjektiven Tatbestand der „Vorabsprache" indiziert.[44]

3.61 Dies ist z. B. oft dann der Fall, wenn das Unternehmen vor der Gründung der GmbH als einzelkaufmännisches Unternehmen geführt worden ist, z. B. bei kleineren Handwerksbetrieben. Allerdings wäre es zulässig, den Kaufpreis oder die Pacht für die Gegenstände aus Gewinnen der GmbH zu tilgen.

3.62 Bestehen Indizien für die Annahme einer „verdeckten" Sachgründung, kann das Gericht eine Versicherung der Beteiligten verlangen, dass das eingezahlte Geld eben nicht zur Bezahlung von überlassenen Gegenständen verwendet wird bzw. verwandt wurde. Sollte diese Versicherung nicht abgegeben werden können, sind die Sachgründungsvorschriften anwendbar bzw. ist im Fall der Rückzahlung eine Bareinzahlung vorzunehmen.[45]

3.63 Obligatorisches Verpflichtungsgeschäft und dingliches Erfüllungsgeschäft waren vor dem MoMiG nichtig.[46] Die eventuell geleistete Bareinlage führte nicht zur Erfüllung der Stammeinlageverpflichtung, sondern diese blieb weiter bestehen. Der Gesellschafter hatte nur einen insolvenzgefährdeten Kondiktionsanspruch.

3.64 Eine Heilung der „verdeckten" Sachgründung vor der Eintragung ist durch Einhaltung der Sachgründungsvorschriften möglich.[47]

3.65 Nach der Eintragung ist eine Heilung durch Änderung des Gesellschaftsvertrages (Einlage statt in Geld durch Sacheinlage), Sachgründungsbericht, Werthaltigkeitsnachweis und entsprechende Versicherung der Geschäftsführer (im Folgenden: GF) möglich.[48]

3.66 Nach der Eintragung der (nicht geheilten) verdeckten Sacheinlage war vor dem MoMiG diese als Bargründung mit den oben genannten Konsequenzen wirksam (§ 19 Abs. 2 und 5 GmbHG-alt).[49] Heilung kann nach dem MoMiG durch erneute Einzahlung erfolgen, wird aber nicht eingetragen.[50]

---

42) Baumbach/Hueck/*Fastrich*, GmbHG, § 5 Rz. 52; Scholz/*Veil*, GmbHG, § 5 Rz. 106 ff.; Lutter/Hommelhoff/*Bayer*, GmbHG, § 5 Rz. 37.

43) Vgl. dazu *Schöpflin*, GmbHR 2003, 57 ff.

44) BGH DB 2002, 2369 f.; GmbHR 1996, 351, 353; OLG Köln ZIP 1999, 399 = DB 1999, 1846; Baumbach/Hueck/*Fastrich*, GmbHG, § 5 Rz. 17 und § 19 Rz. 45; Scholz/*Veil*, GmbHG, § 19 Rz. 128 ff.; Lutter/Hommelhoff/*Bayer*, GmbHG, § 5 Rz. 43 und § 19 Rz. 58.

45) Vgl. im Einzelnen Baumbach/Hueck/*Fastrich*, GmbHG, § 5 Rz. 18, § 19 Rz. 30 ff.

46) BGH BB 2003, 1922.

47) BGHZ 132, 141 ff. = ZIP 1996, 668, dazu EWiR 1996, 509 (*Weipert*).

48) BGHZ 132, 141 ff.; *Henze*, DB 2001, 1469 ff.; Gleiches sollte auch für anders motivierte Umwandlung von Geld- zu Sacheinlagen gelten; KG GmbHR 2005, 95; LG Stuttgart GmbHR 2004, 666.

49) BGHZ 132, 141 ff.

50) OLG München GmbHR 2012, 1299.

Durch das MoMiG ist das Problem der „verdeckten Sachgründung" entschärft.[51] Der **3.67** Gesetzgeber sieht zwar weiter die Bareinlageverpflichtung nicht als erfüllt an, hält aber die Verträge über die Leistung der Sacheinlage für wirksam und erlaubt nun eine Anrechnung des Wertes des Vermögensgegenstands zum Zeitpunkt der Anmeldung bzw. zum Zeitpunkt der Überlassung des Gegenstands (falls die Überlassung nach Anmeldung stattfindet), d. h. der Wert der Sacheinlage wird auf die fortbestehende Einzahlungspflicht angerechnet („wirtschaftliche Betrachtungsweise"), § 19 Abs. 4 GmbHG.

Die Anrechnung erfolgt automatisch nach der Eintragung, wobei die Beweislast für den Wert **3.68** beim Inferenten liegt. Das Registergericht kann also die Eintragung noch ablehnen. Die Verträge über die Sacheinlage und die Rechtshandlungen zu ihrer Ausführung bleiben nach § 19 Abs. 4 S. 2 GmbHG wirksam.

Zu beachten ist allerdings, dass Versicherungen nach § 8 Abs. 2 GmbHG bei verdeckten **3.69** Sachgründungen unrichtig sind und die Strafbarkeit begründen können. Soweit der Wert der „verdeckten" Sacheinlage nicht die übernommene Einlage erreicht, bleibt die Zahlungspflicht des Gesellschafters in Höhe der Differenz bestehen. Ob § 19 Abs. 4 GmbHG auch für die UG, bei der keine Sacheinlage möglich ist, gilt, ist umstritten.[52]

Kein Fall der verdeckten Sachgründung, aber ein Fall der fehlenden Tilgung der Einlage- **3.70** schuld lag vor dem MoMiG vor, wenn dem Gesellschafter einer GmbH das Kapital zeitnah nach der Eintragung als Darlehen zur Verfügung gestellt wurde, da dann kein erlaubtes Verkehrsgeschäft, sondern ein Umgehungsgeschäft vorlag. Dies sollte selbst dann gelten, wenn das Darlehen zurückgezahlt wurde und nicht auf die/den Stammeinlage/Geschäftsanteil geleistet wurde.[53]

Der BGH[54] sah in der Zahlung auf die „Darlehensschuld" in Wahrheit eine befreiende Zah- **3.71** lung auf die Einlageschuld. Auch hier hat das MoMiG die Problematik entschärft; danach ist ein vor der Einlage vereinbartes „Hin- und Herzahlen" erlaubt, wenn (nicht: „soweit") ein vollwertiger (zum Zeitpunkt der „Her"-Zahlung[55]) Rückgewähranspruch besteht, der jederzeit fällig ist oder fällig gestellt werden kann, was in der Versicherung nach § 8 Abs. 2 GmbHG vor der Eintragung[56] offengelegt werden muss,[57] § 19 Abs. 5 GmbHG.

ff) Zeitliche Beschränkung des Unternehmens

Zeitliche Beschränkung des Unternehmens gem. § 3 Abs. 2 GmbHG bedeutet z. B.: „bis **3.72** zum Tod eines Gesellschafters", „bis zum Ablauf eines gewerblichen Schutzrechts".

---

51) Zur verfassungsrechtlich problematischen Rückwirkung der Neuregelung nach § 3 Abs. 4 EGGmbHG auf Fälle vor dem 1.11.2008 vgl. *Pentz*, GmbHR 2009, 130 und *Fuchs*, BB 2009, 170; der BGH (GWR 2010, 266) verneint die Verfassungswidrigkeit des § 3 Abs. 4 EGGmbHG.

52) Verneinend *Bormann*, GmbHR 2007, 901; *Gasteyer*, NZG 2009, 1365; bejahend *Waldenberger/Sieber*, GmbHR 2009, 117 und *Herrler*, DB 2008, 2349.

53) Vgl. OLG Schleswig GmbHR 2005, 357 unter dem Stichwort „Hin- und Herzahlen" bzw. „Her- und Hinzahlen"; hierzu *Ettinger/Reiff*, GmbHR 2005, 324 ff. und *Emde*, GmbHR 2000, 1193, der das vom o. g. Gericht gefundene Ergebnis, nämlich doppelte Zahlung – zum einen auf das Darlehen und zusätzlich auf die Stammeinlageverpflichtung – als nicht sachgerecht darstellt, vgl. a. BGH DB 2004, 1199 und OLG Hamburg GmbHR 2005, 164.

54) DB 2006, 1878 und DB 2005, 2743.

55) *Herrler*, DB 2008, 2349.

56) OLG Stuttgart BB 20011, 2897; nach OLG München DB 2011, 581 sogar unter Vorlage von Nachweisen.

57) Die Offenlegung ist Voraussetzung für Erfüllung der Einlageschuld, BGH GmbHR 2009, 543, und 926.

gg) Sonderpflichten der Gesellschafter

3.73 Sonderpflichten der Gesellschafter gegenüber der Gesellschaft gem. § 3 Abs. 2 GmbHG sind: Nachschusspflichten, Wettbewerbsverbote.

hh) Sonderrechte der Gesellschafter

3.74 Sonderrechte der Gesellschafter gem. § 3 Abs. 2 GmbHG analog sind: Geschäftsführungsrecht, Warenbezugsrecht.

d) Nicht obligatorischer aber formbedürftiger Inhalt des Gesellschaftsvertrages, § 3 Abs. 2 GmbHG

3.75 Folgende Punkte können, müssen aber nicht, im Gesellschaftsvertrag geregelt werden. Wenn sie im Gesellschaftsvertrag geregelt werden, müssen sie mit beurkundet werden:

- Gründungskostenregelung: Wenn die Gesellschaft die Kosten der Gründung tragen soll, ist der Betrag der Gründungskosten zumindest geschätzt und beziffert anzugeben,[58] wobei diese Kosten auch angemessen sein müssen,[59] im Falle der Unternehmergesellschaft aber auch die Höhe des Stammkapitals erreichen können.[60] Die Kosten der „Umwandlung" einer Unternehmergesellschaft in eine „Regel"-GmbH durch Kapitalerhöhung sind allerdings keine Gründungskosten.[61] Eine nachträgliche Übernahme der Gründungskosten durch die Gesellschaft ist nicht möglich. Die Gründungskostenregelung, die die Tragung der Kosten durch die Gesellschaft vorsieht, muss im Gesellschaftsvertrag mindestens zehn Jahre ab der Eintragung beibehalten werden (§ 26 AktG analog).[62] Bei Aktivierung von Vorrats-GmbH wird hiergegen oft verstoßen.

- Regelung der Vertretungsbefugnis der GF,

- Publizitätsorgan der Gesellschaft,

- Geschäftsjahr,

- Jahresabschluss, Ergebnisverwendung,

- Beschlussfassung, Stimmrecht,

- Regelungen zur Abtretung, Vorkaufsrechte,

- Nachfolgeregelungen bezüglich der Gesellschafter,

- Regelungen zur Einziehung von Geschäftsanteilen (beachte: das Einziehungsentgelt muss für vergleichbare Fälle der Einziehung gleich geregelt sein und darf nicht Gläubiger benachteiligen),[63]

- Gerichtsstand: Die Vereinbarung eines Schiedsgerichts für Beschlussmängelstreitigkeiten war nach früher h. M. jedenfalls dann nicht möglich, wenn der Schiedsspruch

---

58) OLG Düsseldorf GmbHR 1991, 20; OLG Zweibrücken ZIP 2014, 623; nach OLG Celle NZG 2016, 586 müssen die Kosten sogar näher spezifiert aufgelistet werden.
59) OLG Celle ZIP 2014, 2387; i. d. R. 10 % des Stammkapitals.
60) KG ZIP 2015, 1923, dazu EWiR 2016, 11 (Cramer).
61) OLG Celle NZG 2018, 261.
62) LG Berlin GmbHR 1993, 590.62) OLG Celle GmbHR 2018, 372 = ZIP 2018, 654; OLG Oldenburg NZG 2016, 1265 = ZIP 2016, 2118.
63) BGHZ 144, 365 = ZIP 2000, 1294 = DB 2000, 1702 = AG 2000, 515, dazu EWiR 2000, 943 (Casper).

keine inter omnes – Wirkung hat.[64] Nach neuerer BGH-Rechtsprechung[65] ist eine Schiedsklausel aber zulässig, wenn alle Gesellschafter zustimmen, über Einleitung und Verlauf des Schiedsverfahrens informiert werden und an Auswahl und Bestellung der Schiedsrichter mitwirken können (wenn diese nicht von neutraler Stelle bestellt werden), und wenn alle denselben Streitgegenstand betreffenden Streitigkeiten bei einem Schiedsgericht konzentriert werden.

– Aufsichtsrat/Beirat: Beachte: auch bei mitbestimmten Unternehmen kann der Aufsichtsrat erst nach der Eintragung der GmbH gebildet werden.[66] Eine gerichtliche Bestellung von Aufsichtsrats-/Beiratsmitgliedern nach § 104 AktG analog kommt bei einem fakultativen Aufsichtsrat nicht in Betracht,[67] insbesondere nicht im Gründungsstadium.[68] Für den fakultativen Aufsichtsrat gelten die aktienrechtlichen Vorschriften über § 52 GmbHG entsprechend. Dies gilt wohl auch für einen eventuell bestellten Beirat, jedenfalls wenn dieser aufsichtsratsähnliche Funktionen hat.[69]

e) Nicht obligatorischer und nicht formbedürftiger Inhalt

Fakultative Regelungen im Gesellschaftsvertrag sind nicht formbedürftig, wenn sie nur für die Gründungsgesellschafter, nicht aber für zukünftige Gesellschafter bindend sein sollen.[70] **3.76**

2. Anmeldung

Die Gesellschaft ist bei dem Handelsregister des Amtsgerichts, in dessen Bezirk ein Landgericht seinen Sitz hat, zur Eintragung anzumelden, § 7 GmbHG, § 8 HGB, § 376 FamFG. Alle GF (zu deren Bestellung und Eigenschaften vgl. Rz. 3.476 ff.) haben die GmbH anzumelden, § 78 Halbs. 2 GmbHG. Nach § 12 HGB muss die Anmeldung notariell beglaubigt sein. **3.77**

Die Anmeldung darf bei Bargründungen „normaler" (25.000 €) GmbHs durch mehrere Gründer erst erfolgen, wenn auf jede/jeden Stammeinlage/Geschäftsanteil mindestens ¼ eingezahlt ist und insgesamt mindestens 12.500 € eingezahlt sind, vgl. § 7 Abs. 2 S. 1 und 2 GmbHG. Für die Unternehmergesellschaft ist in § 5a GmbHG eine Volleinzahlungspflicht vorgesehen. **3.78**

Bei Bargründungen mit einem Gesellschafter müssen ebenfalls ¼, mindestens aber 12.500 € eingezahlt sein. Vor dem MoMiG musste bei Ein-Mann-Gründungen für den ausstehenden Teil der Geldeinlage eine Sicherung, z. B. in Form einer Bankbürgschaft, bestellt werden; dies ist nicht mehr erforderlich. **3.79**

Bei Bareinzahlungen durch den Ein-Mann-Gesellschafter muss die Einzahlung so geschehen, dass die Zugehörigkeit zum Gesellschaftsvermögen objektiv erkennbar ist. Dies bedeutet, **3.80**

---

64) BGHZ 132, 278 = ZIP 1996, 830, dazu EWiR 1996, 481 (*Timm/Witzorrek*); OLG Celle NZG 1999, 167; zum Streitstand vgl. Baumbach/Hueck/*Zöllner/Noack*, GmbHG, Anh. zu § 47 Rz. 36 ff.; s. a. BGH GmbHR 2004, 1214 ff.

65) BGH, Urt. v. 6.4.2009 – II ZR 255/08, NZG 2009, 620 = ZIP 2009, 1003.

66) BayObLG ZIP 2000, 1445 = DB 2000, 1955 = AG 2001, 89, dazu EWiR 2001, 21 (*Kort*).

67) BGH NZG 2014, 462; OLG Hamm AG 2000, 467.

68) BayObLG GmbHR 2001, 89.

69) Baumbach/Hueck/*Zöllner/Noack*, GmbHG, § 52 Rz. 22.

70) Scholz/*Cramer*, GmbHG, § 2 Rz. 13; Lutter/Hommelhoff/*Bayer*, GmbHG, § 2 Rz. 17.

dass der eingezahlte Betrag getrennt vom Vermögen des Ein-Mann-Gesellschafters verwahrt werden muss.[71]

3.81 Zahlungen vor Beurkundung des Gesellschaftsvertrages befreien grundsätzlich nicht, es sei denn für die Vorauszahlung liegt eine klare Zweckbestimmung vor und der geleistete Betrag ist nach Beurkundung noch als ausscheidbarer Vermögensgegenstand vorhanden.[72]

3.82 Bei unwirksamen Voreinzahlungen besteht aber u. U. ein Kondiktionsanspruch, der als Sacheinlage eingebracht werden kann.

3.83 Bei Sachgründungen sind die Sacheinlagen vollständig zu bewirken, § 7 Abs. 3 GmbHG. Bezüglich Grundstücken reicht wohl die Eintragung der Vormerkung.[73] Bei „gemischter" Einlage (= teilweise Bareinlage, teilweise Sacheinlage) ist bezüglich des auf die Sacheinlage fallenden Teils die Sacheinlage vollständig zu bewirken.[74] Bei Zahlungen an Dritte muss die Drittforderung werthaltig und bestimmt sein und eine ausdrückliche Tilgungsbestimmung vorliegen.[75]

3.84 Bezüglich des auf die Bareinlage entfallenden Teils muss auf jede/jeden Stammeinlage/Geschäftsanteil ein Viertel eingezahlt sein.[76] Geleistete Sacheinlage und Bareinlage müssen zusammen mindestens einen Wert von 12.500 € erreichen, § 7 Abs. 2 S. 2 GmbHG.

3.85 Der Inhalt der Anmeldung und die der Anmeldung beizufügenden Anlagen sind in § 8 GmbHG genannt. Danach sind als Anlagen der Anmeldung beizufügen:

– Gesellschaftsvertrag,

– Beschluss über die Geschäftsführerbestellung (falls dieser nicht im Gesellschaftsvertrag bestellt wurde; bei Gründung mit Musterprotokoll im Protokoll enthalten) mit Namen, Vornamen, Geburtsdatum und Wohnort der Geschäftsführer (§§ 43 Nr. 4, 24 HRV),

– Gesellschafterliste mit Namen, Vornamen, Wohnort und Geburtsdatum der Gesellschafter, mit der Höhe und Nummer der jeweils übernommenen Geschäftsanteile und der jeweiligen prozentualen Beteiligung am Stammkapital, bei mehreren Anteilen eines Gesellschafters zusätzlich mit der prozentualen Gesamtbeteiligung dieses Gesellschafters am Stammkapital,[77] unterschrieben von allen GF (bei Gründung mit Musterprotokoll im Protokoll enthalten),

– bei Sachgründungen die Verträge über die Einbringung der Sacheinlagen, der Sachgründungsbericht und das Wertgutachten über die eingebrachte Sache.

3.86 Nach § 8 Abs. 2 GmbHG müssen alle GF die Versicherung abgeben, wie viel jeder Gesellschafter auf seine/seinen Stammeinlage/Geschäftsanteil eingezahlt hat bzw. welche Sacheinlage er geleistet hat, und dass die eingezahlten Beträge bzw. die eingebrachten Ge-

---

71) Vgl. OLG Hamburg BB 2001, 2182.
72) OLG Frankfurt/M. GmbHR 2005, 681; OLG Stuttgart GmbHR 1995, 118.
73) Vgl. Baumbach/Hueck/*Fastrich*, GmbHG, § 7 Rz. 14; **a. A.** OLG Naumburg v. 22.5.2017 – 5 Wx 5/17, das auf den Tag der Eigentumsumschreibung abstellt.
74) OLG Celle NZG 2016, 300.
75) OLG München ZIP 2016, 2361.
76) OLG Celle NZG 2016, 300.
77) S. dazu auch im Detail die GesLV v. 20.6.2018, BGBl I 2018, 870 und OLG München NZG 2018, 63 = ZIP 2017, 2475.

genstände bei Sachgründungen den GF als Vertretungsorgan der Gesellschaft endgültig zur freien Verfügung stehen.

Falls das Stammkapital voll eingezahlt ist, muss nicht angegeben werden, wie viel jeder Gesellschafter eingezahlt hat; es reicht vielmehr aus, dass die Volleinzahlung versichert wird und dass der eingezahlte Betrag endgültig zur freien Verfügung steht.[78] **3.87**

Die Hin- und Herüberweisung des Einlagebetrages innerhalb weniger Tage (z. B. zur Gewährung eines Darlehens an einen Gesellschafter oder an ein mit diesem verbundenen Unternehmen) ist, außer im Fall des § 19 Abs. 5 GmbHG, keine wirksame Leistung der Stammeinlage, da diese Leistung nicht endgültig zur freien Verfügung steht.[79] **3.88**

Wird aber in der Versicherung das Hin- und Herzahlen offengelegt, tritt Erfüllungswirkung ein, wenn ein werthaltiger und liquider Rückforderungsanspruch besteht, § 19 Abs. 5 GmbHG. Falls Vorbelastungen bestehen, die von der GmbH übernommen werden sollen, ist dies zusätzlich in die Versicherung mitaufzunehmen.[80] **3.89**

Da Einzahlungen meist erst nach der Anmeldung erfolgen, empfiehlt es sich für den Notar, die Anmeldung mit einem Treuhandauftrag versehen zu lassen, der berücksichtigt, dass die Anmeldung erst dann bei Gericht eingereicht werden soll, wenn die Einzahlungsbelege vorliegen. **3.90**

Maßgeblicher Zeitpunkt für die Richtigkeit der Angaben in der Versicherung ist der Zeitpunkt des Eingangs des Eintragungsantrags beim Registergericht.[81] **3.91**

Bei erheblichen Zweifeln an der Richtigkeit der Versicherung kann das Registergericht Einzahlungsnachweise verlangen; § 8 Abs. 2 S. 2 GmbHG. Dies kann bei Gesellschaftern, die die eidesstattliche Versicherung abgegeben haben, über deren Vermögen das Insolvenzverfahren eröffnet wurde oder die ihren Wohnsitz außerhalb der EU haben, der Fall sein. **3.92**

Nach § 8 Abs. 3 GmbHG müssen alle GF, und zwar jeder für sich allein,[82] versichern (wobei auch die Worte „erklären" oder „angeben" ausreichen[83]), dass sie vom Notar (auch ausländischer Notar bzw. vergleichbarer rechtsberatender Beruf oder Konsularbeamter) über die unbeschränkte Auskunftspflicht belehrt worden sind, sie nicht wegen vorsätzlicher Verletzung einer Straftat bezüglich Insolvenzverschleppung, § 82 GmbHG, §§ 399 f. AktG, § 331 HGB, § 313 UmwG, § 17 PublG, §§ 263–264a oder 265b–266a StGB (bei Freiheitsstrafen von mindestens einem Jahr) und §§ 283–283d StGB oder vergleichbarer ausländischer Straftaten in einem Zeitraum von fünf Jahren seit Rechtskraft des Urteils verurteilt worden sind und ihnen nicht durch gerichtliches Urteil oder durch vollziehbare Entscheidung einer Verwaltungsbehörde die Ausübung eines Berufs, Berufszweiges, Gewerbes oder Gewerbezweiges untersagt worden ist (§ 8 Abs. 3 i. V. m. § 6 Abs. 2 S. 2 Nr. 2 und 3 sowie S. 3 GmbHG). **3.93**

78) LG Hannover GmbHR 2000, 1103.
79) BGH v. 10.12.2007 – II ZR 180/06; BGH ZIP 2003, 211; BGH ZIP 2001, 1997 = BB 2001, 2282, dazu EWiR 2001, 1149 (Keil).
80) Vgl. KG BB 1997, 172.
81) LG Gießen GmbHR 2003, 543.
82) OLG Frankfurt/M. NZG 2016, 918.
83) OLG Karlsruhe NZG 2012, 598.

3.94 Der Wortlaut des § 6 Abs. 2 S. 2 Nr. 2 und 3 sowie S. 3 GmbHG ist dabei zu wiederholen. Eine pauschale Bezugnahme auf § 6 Abs. 2 GmbHG reicht nicht aus.[84] Auch eine Verwarnung mit Strafvorbehalt und ein Strafbefehl stellen eine Verurteilung dar.[85] Die pauschale Versicherung, im In- und Ausland gar nicht vorbestraft zu sein, war umstritten. Der BGH lässt das ausreichen.[86] Eine ausdrückliche Erwähnung des § 265e StGB ist entbehrlich, da dieser keinen eigenen Straftatbestand enthält.[87] Es wird auch vertreten, auf die neuen Straftaten nach §§ 265c–e StGB gar nicht Bezug nehmen zu müssen.[88]

3.95 Gem. § 8 Abs. 4 GmbHG ist in der Anmeldung[89] die genaue inländische Geschäftsanschrift. Eine c/o-Adresse reicht aus, wenn die Zustellung dort möglich ist.[90] Weiter ist die Vertretungsbefugnis der GF anzugeben. Dabei ist sowohl anzugeben, wie die Vertretungsbefugnis abstrakt im Gesellschaftsvertrag geregelt ist, als auch wie die einzelnen GF konkret vertreten sollen.[91] Dass der GF bei einer mit Musterprotokoll gegründeten GmbH (stets) einzeln vertritt, kann aber nicht angemeldet werden.[92]

3.96 Bei Fehlen einer gesellschaftsvertraglichen und konkreten Regelung der Vertretungsbefugnis ist die dann geltende gesetzliche Vertretungsbefugnis anzumelden und einzutragen.[93] Bei der Gründung mit Musterprotokoll muss die im Muster genannte Vertretungsbefugnis und die abstrakte gesetzliche Vertretungsbefugnis angemeldet werden.[94]

3. Eintragung

a) Prüfung durch das Registergericht

3.97 Das Gericht prüft gem. § 9c GmbHG, ob die GmbH formell und materiell rechtlich ordnungsgemäß errichtet worden ist, wobei die Prüfung der Bestimmungen des Gesellschaftsvertrages auf die Einhaltung zwingender, Gläubiger schützender, im öffentlichen Interesse liegender oder zur Nichtigkeit führender Vorschriften begrenzt ist (im Gegensatz zum weitergehenden Prüfungsrecht des Gerichts bei nachfolgenden Änderungen des Gesellschaftsvertrages!). Bezüglich der Versicherung zur Einzahlung der Einlagen reicht die Angabe der Mindestbeträge, auch wenn im Gesellschaftsvertrag Volleinzahlung vorgeschrieben ist.[95]

---

84) H. M. BayObLG RPfleger 1982, 150; OLG München NZG 2009, 717; a. A. OLG Stuttgart GmbHR 2013, 91 = ZIP 2013, 671.

85) OLG Naumburg ZIP 2017, 1519; KG NZG 2019, 31 = ZIP 2019, 71.

86) BGH NZG 2010, 829; genauso auch OLG Hamm NZG 2011, 710 und OLG Karlsruhe GmbHR 2010, 643; weitergehend noch OLG Stuttgart GmbHR 2013, 91, wonach reine Bezugnahme auf § 6 Abs. 2 GmbHG ausreichen soll. Versichert GF, niemals verurteilt worden zu sein, wurde aber tatsächlich vor 10 Jahren wegen eines Vergehens nach § 266a StGB verurteilt, muss er eine neue Versicherung abgeben, OLG Oldenburg NZG 2019, 64 = ZIP 2019, 375.

87) OLG Oldenburg NZG 2018, 264 = ZIP 2018, 278.

88) OLG Hamm NZG 2019, 29 = ZIP 2018, 2270.

89) Formlose Mitteilung reicht nicht, LG Gera v. 26.2.2009 – 2 HK T 3/09.

90) OLG Hamm NZG 2015, 833 = ZIP 2015, 1630; OLG Rostock GmbHR 2011, 30.

91) OLG Hamm DStR 2009, 1193.

92) OLG Hamm NZG 2011, 705.

93) BayObLG ZIP 1997, 1106 = BB 1997, 1327.

94) OLG Stuttgart GmbHR 2009, 827; OLG Bremen NZG 2009, 1193.

95) OLG Stuttgart NZG 2011, 993.

Ries

Das Gericht prüft weiter, ob eine ordnungsgemäße Anmeldung vorliegt und ob die Sach-   3.98
einlagen zum Stichtag der Eintragung[96] nicht überbewertet worden sind, wobei unwe-
sentliche Überbewertungen nach dem MoMiG kein Eintragungshindernis darstellen.

Eine Prüfung der Bareinzahlung ist im Gesetz nicht ausdrücklich vorgesehen. Ein Einzah-   3.99
lungsnachweis ist nur bei erheblichen Zweifeln an der Richtigkeit der Versicherungen
vorzulegen, § 8 Abs. 2 S. 2 GmbHG.

In der Praxis wurde vor dem MoMiG bei einer Ein-Mann-Gründung eine solche Prüfung   3.100
vorgenommen.[97] Auch wenn die Gesellschafter ihren Wohnsitz außerhalb der EU haben,
wurde die Volleinzahlung der/des Stammeinlage/Geschäftsanteils vom Gericht geprüft.
Schließlich wurde bei Mehrpersonengründungen routinemäßig eine Anfrage beim Schuldnerverzeichnis und/oder bei der Insolvenzabteilung gestellt, ob die Gründungsgesellschafter
dort verzeichnet waren. Falls dies der Fall war, wurde die Volleinzahlung der Einlage und
deren Nachweis verlangt. Ob dies alles nach dem MoMiG auch gilt, ist unklar. Jedenfalls
kann ein Nachweis der Volleinzahlung nur bei der UG verlangt werden.

Ebenso unklar ist, ob das Registergericht in Fällen des § 19 Abs. 5 GmbHG die Werthal-   3.101
tigkeit und Liquidität des Rückforderungsanspruchs prüfen muss.

Wenn seit der Versicherung der GF über die endgültige freie Verfügbarkeit der Einlagen   3.102
ein längerer Zeitraum vergangen ist (drei Monate), verlangt das Registergericht regelmäßig
eine neue Versicherung über die endgültige freie Verfügbarkeit der geleisteten Einlagen
oder eine aktuelle Zwischenbilanz, aus der sich ergibt, dass das Vermögen der Gesellschaft
in Höhe des vorgesehenen Stammkapitals weiter erhalten ist.

b)   Eintragungsinhalt

Der Eintragungsinhalt ergibt sich aus § 10 GmbHG und § 43 der HRV. Danach sind Firma,   3.103
Sitz der Gesellschaft, inländische Geschäftsanschrift (für Altgesellschaften gilt § 3 Abs. 1
EGGmbH, wonach – mangels Anmeldung einer inländischen Geschäftsanschrift – die be-
reits mitgeteilte Lage der Geschäftsräume ab 1.11.2009 von Amts wegen nachgetragen
wird und als inländische Geschäftsanschrift gilt), Gegenstand des Unternehmens, Höhe des
Stammkapitals, Tag des Abschlusses des Gesellschaftsvertrages, genehmigtes Kapital (nach
ARUG)[98] und die Personen der GF und deren Vertretungsbefugnis anzugeben.

Bezüglich der Personen der GF sind Vorname, Name, Geburtsdatum und Wohnort an-   3.104
zugeben. Bezüglich der Vertretungsbefugnis sind sowohl die abstrakte Vertretungsbefugnis
als auch die konkrete Vertretungsbefugnis einzutragen bzw. bei Fehlen entsprechender
Regelungen die gesetzlich geltende Vertretungsbefugnis.[99]

Enthält der Gesellschaftsvertrag eine Bestimmung über die Zeitdauer der Gesellschaft, so   3.105
ist auch diese Bestimmung einzutragen, § 10 Abs. 2 GmbHG. Gleiches gilt bezüglich
eines evtl. bestellten Empfangsberechtigten, wobei diese Eintragung Rechtsscheinwirkung
hat, § 10 Abs. 2 GmbHG. Nicht eingetragen wird die Gesellschafterstellung.

---

96) H. M.; vgl. BGHZ 80, 136 ff.; richtig ist wohl der Zeitpunkt der Anmeldung, vgl. Baumbach/Hueck/
     Fastrich, GmbHG, § 9c Rz. 8; Scholz/*Veil*, GmbHG, § 9c Rz. 34.33.
97) Vgl. BayObLG DNotZ 1999, 439.
98) Gesetz zur Umsetzung der Aktionärsrechterichtlinie, abzurufen unter www.bmj.de.
99) BayObLG ZIP 1997, 1106.

c) Wirkungen der Eintragung

3.106 Mit der Eintragung endet die Existenz der Vor-GmbH und beginnt die Existenz der GmbH, nach einer Entscheidung des KG selbst dann, wenn ein Gründungsgesellschafter bei der Errichtung der Gesellschaft geschäftsunfähig war.[100)] Die Forderungen und Verbindlichkeiten der GmbH i. G. gehen auf die GmbH über, vgl. § 13 GmbHG. Grundsätzlich erlischt mit der Eintragung die Haftung der Gründungsgesellschafter und GF (Ausnahmen: unten Rz. 3.128 ff.).

3.107 Muster 59: Neuanmeldung GmbH (Regelfall)

An das

Amtsgericht ...

In der Handelsregistersache

... GmbH in Gründung

– Neuanmeldung –

überreiche ich, der unterzeichnende Geschäftsführer:

[→ Rz. 3.77 ff.]

1.   eine Ausfertigung des Gesellschaftsvertrages vom ..., UR-Nr. .../..., des Notars in ...,

2.   die Liste der Gesellschafter

und melde die Gesellschaft und meine Bestellung zum Geschäftsführer zur Eintragung in das Handelsregister an.

Die Gesellschaft hat einen oder mehrere Geschäftsführer. Ist nur ein Geschäftsführer bestellt, so vertritt dieser die Gesellschaft allein; sind mehrere Geschäftsführer bestellt, so vertreten jeweils zwei Geschäftsführer oder ein Geschäftsführer zusammen mit einem Prokuristen die Gesellschaft gemeinsam.

Die Gesellschafterversammlung kann jedoch einen einzelnen Geschäftsführer zum Alleinvertreter berufen.

Ich vertrete die Gesellschaft allein. Ich bin von den Beschränkungen des § 181 BGB befreit. Ich versichere, dass vom Gesellschafter ... € vollständig an die Gesellschaft gezahlt sind und sich der eingezahlte Betrag endgültig in meiner freien Verfügung als Geschäftsführer befindet und nicht an den Gesellschafter zurückgezahlt ist und wird. Ich versichere ferner, dass das Anfangskapital der Gesellschaft mit Ausnahme der Gründungskosten nicht durch Schulden vorbelastet ist.

[Alternativ für § 19 Abs. 5 GmbHG-Fälle: Ich versichere, dass vom Gesellschafter ... EUR ... als Einlage vollständig in die Gesellschaft eingezahlt sind, sich der eingezahlte Betrag endgültig in meiner freien Verfügung als Geschäftsführer befindet und aufgrund eines Vertrages zwischen der Gesellschaft und ihrem Gesellschafter an diesen ... EUR als mit ... % zu verzinsendes Darlehen zurückgewährt werden. Der Vertrag sieht vor, dass der Rückgewähranspruch der Gesellschaft jederzeit durch fristlose Kündigung fällig ge-

---

100) KG ZIP 2000, 2253 = BB 2001, 110: in diesem Fall ist auch keine Amtslöschung nach §§ 395, 397 FaM FG möglich.

Ries

stellt werden kann. Aufgrund der Vermögensverhältnisse des Übernehmers ist der Rückgewähranspruch vollwertig.]

Weiter versichere ich, dass keine Umstände vorliegen, die meiner Bestellung als Geschäftsführer nach § 6 Abs. 2 S. 2 Nr. 2 und 3 sowie S. 3 GmbHG entgegenstehen. Ich wurde niemals wegen vorsätzlich begangener Straftaten bezüglich Insolvenzverschleppung, § 82 Abs. 1 GmbHG, §§ 399 f. AktG, § 331 HGB, § 313 UmwG, § 17 PublG, §§ 263 bis 264a, §§ 265b bis 266a StGB und §§ 283 bis 283d StGB oder vergleichbarer ausländischer Straftaten verurteilt und mir ist weder durch gerichtliches Urteil noch durch die vollziehbare Entscheidung einer Verwaltungsbehörde die Ausübung eines Berufes, eines Berufszweiges, Gewerbes oder Gewerbezweiges untersagt worden.

Ich versichere auch, dass ich durch den Notar … darüber belehrt wurde, dass ich dem Registergericht gegenüber nach § 53 Abs. 2 BZRG zur unbeschränkten Auskunft hierüber verpflichtet bin. Die inländische Geschäftsanschrift befindet sich in … .

Berlin, den … … (Unterschrift)

UR-Nr. …/…

Hiermit beglaubige ich die vorstehende, heute vor mir vollzogene Unterschrift unter der Anmeldung von …, ausgewiesen durch Vorlage des gültigen Personalausweises, als echt.

Ich habe auch das Mitwirkungsverbot nach § 3 Abs. 1 Nr. 7 BeurkG erläutert. Meine Frage, ob eine Vorbefassung im Sinne dieser Vorschrift vorliege, wurde verneint.

Berlin, den … …, Notar L. S.

Muster 60: Gründung und Gesellschaftsvertrag GmbH (Regelfall, nicht Musterprotokoll)

3.108

Nr. … der Urkundenrolle

Vor mir, dem Notar …, Berlin, erschien:

… (Name), geboren am …, wohnhaft …, ausgewiesen durch amtlichen Personalausweis.

Der Erschienene verneinte die Frage des Notars nach einer Vorbefassung im Sinne von § 3 Abs. 1 Nr. 7 BeurkG.

Der Erschienene erklärte: [→ Rz. 3.18 ff.]

Ich errichte hiermit eine Gesellschaft mit beschränkter Haftung und stelle den Gesellschaftsvertrag wie folgt fest:

§ 1
Firma und Sitz

(1) Die Firma der Gesellschaft lautet … GmbH.

(2) Der Sitz der Gesellschaft ist … .

§ 2
Gegenstand

Gegenstand des Unternehmens ist die Verwaltung eigener Vermögenswerte.

§ 3
Stammkapital

(1) Das Stammkapital beträgt 25.000 €.

(2) Der Gesellschafter ... übernimmt den Geschäftsanteil in Höhe von 25.000 € (Nr. 1).

§ 4
Geschäftsführer

(1) Die Gesellschaft hat einen oder mehrere Geschäftsführer.

(2) Ist nur ein Geschäftsführer bestellt, so vertritt dieser die Gesellschaft allein.

(3) Sind mehrere Geschäftsführer bestellt, so vertreten jeweils zwei Geschäftsführer die Gesellschaft gemeinsam oder ein Geschäftsführer in Gemeinschaft mit einem Prokuristen. Die Gesellschafterversammlung kann jedoch einzelnen Geschäftsführern jeweils Einzelvertretungsbefugnis und Befreiung von den Beschränkungen des § 181 BGB erteilen.

(4) Vorstehende Absätze gelten für Liquidatoren entsprechend.

§ 5
Geschäftsjahr

Geschäftsjahr ist das Kalenderjahr. Das erste Geschäftsjahr ist ein Rumpfgeschäftsjahr und endet am 31.12. des Jahres der Eintragung der Gesellschaft in das Handelsregister.

§ 6
Bekanntmachungen

Bekanntmachungen der Gesellschaft erfolgen ausschließlich im elektronischen Bundesanzeiger.

§ 7
Gründungskosten

Die Gründungskosten (Rechtsanwalts-, Notar- und Gerichtskosten) bis zu ... € trägt die Gesellschaft.

Der Notar hat darauf hingewiesen, dass

die Gesellschaft erst mit der Eintragung in das Handelsregister entsteht (§ 11 Abs. 1 GmbHG) und davor die Handelnden haften;

der Gesellschafter auch bei Eintragung für einen bei der Eintragung entstandenen Fehlbetrag haftet;

eine Geldeinlage, die bei wirtschaftlicher Betrachtungsweise und aufgrund einer im Zusammenhang mit der Übernahme der Geldeinlage getroffenen Abrede ganz oder teilweise als verdeckte Sacheinlage zu bewerten ist, nur unter den Voraussetzungen des § 19 Abs. 4 GmbHG zum Erlöschen der Einlageschuld führt;

eine Vereinbarung, der zufolge die Gesellschaft einem Gesellschafter eine Leistung schuldet, die wirtschaftlich einer Rückzahlung der Einlage entspricht, der Erfüllung der Einlageschuld nur unter den Voraussetzungen des § 19 Abs. 5 GmbHG nicht entgegen steht und in der Anmeldung offenzulegen ist;

zur Aufnahme der Geschäftstätigkeit der GmbH behördliche Genehmigungen erforderlich sein können;

die vorher in ihrem Namen abgeschlossenen Geschäfte mit der Eintragung auf die Gesellschaft übergehen;

der Gesellschafter bei falschen Angaben oder Schädigung der Gesellschaft durch Einlagen oder Gründungsaufwand unter Umständen ersatzpflichtig und strafrechtlich verantwortlich ist (§ 9a, 82 GmbHG);

das zur Erhaltung des Stammkapitals erforderliche Gesellschaftsvermögen nur nach Maßgabe des § 30 GmbHG zurückgewährt werden darf;

der Gesellschafter auch für den Fall seines etwaigen Ausscheidens aus der Gesellschaft neben dem Erwerber seines Geschäftsanteils für die Volleinzahlung des Geschäftsanteils gesamtschuldnerisch haftet (§ 21 Abs. 3 GmbHG).

Der Notar wies weiter darauf hin, dass er nicht beauftragt war, die steuerlichen Folgen dieser Urkunde zu prüfen und daher auch keine steuerliche Beratung durch den Notar mit dieser Beurkundung verbunden ist.

Die inländische Geschäftsanschrift der Gesellschaft befindet sich in … .

Diese Niederschrift wurde dem Erschienenen vom Notar vorgelesen, von ihm genehmigt und wie folgt eigenhändig unterschrieben:

… (Unterschrift)

Berlin, den … …, Notar L. S.

Muster 61: Liste der Gesellschafter   3.109

Liste der Gesellschafter [→ Rz. 3.85]

der

… GmbH

nebst dem übernommenen Geschäftsanteil

… Familienname, Vorname, Geburtsdatum, Wohnanschrift … € (Nr. 1), 100 % Beteiligung

Berlin, den … … (Unterschrift Geschäftsführer)

Muster 62: Beschluss der Gesellschafterversammlung der … GmbH i. G. über die   3.110
Bestellung eines Geschäftsführers

Der … ist alleiniger Gesellschafter der am … mit notarieller Urkunde UR-Nr. … des Notars … in … gegründeten … GmbH

– nachfolgend auch „Gesellschaft" genannt. [→ Rz. 3.85]

Unter Verzicht auf sämtliche für die Einberufung und Durchführung einer Gesellschafterversammlung geltenden Form- und Fristvorschriften beschließt … im Rahmen einer Gesellschafterversammlung Folgendes:

Zum Geschäftsführer der Gesellschaft wird … (Name, Vorname, Geburtsdatum, Wohnanschrift) bestellt.

Dem Geschäftsführer wird Einzelvertretungsbefugnis erteilt. Er ist von den Beschränkungen des § 181 BGB befreit.

Weitere Beschlüsse werden nicht gefasst.

Berlin, den ... ... (Unterschrift)

3.111 Muster 63: Handelsregistereintragung einer GmbH

Amtsgericht Charlottenburg		HRB 9999					
Nummer der Eintragung	a) Firma b) Sitz, Niederlassung, inländische Geschäftsanschrift, empfangsberechtigte Person, Zweigniederlassungen c) Gegenstand des Unternehmens	Grund- oder Stammkapital	a) Allgemeine Vertretungsregelung b) Vorstand, Leitungsorgan, geschäftsführende Direktoren, persönlich haftende Gesellschafter, Geschäftsführer, Vertretungsberechtigte und besondere Vertretungsbefugnis	Prokura	a) Rechtsform, Beginn, Satzung oder Gesellschaftsvertrag b) Sonstige Rechtsverhältnisse	a) Tag der Eintragung b) Bemerkungen
1	2	3	4	5	6	7
1	a) Avalon Glücksspiel GmbH b) Berlin Sigmaringer Straße 21 10713 Berlin c) Betreiben von Spielhallen	25.000 €	a) Ist ein Geschäftsführer bestellt, vertritt er die Gesellschaft alleine. Sind mehrere Geschäftsführer bestellt, wird die Gesellschaft durch zwei Geschäftsführer gemeinsam oder durch einen Geschäftsführer zusammen mit einem Prokuristen vertreten. Alleinvertretungsbefugnis kann erteilt werden. b) Anatol Putin, geboren am 20.3.1971, Kiew, Ukraine		a) Gesellschaft mit beschränkter Haftung. Der Gesellschaftsvertrag ist am 20.3.2009 abgeschlossen.	a) 26.3.2009 Müller

IV. Haftung in der Gründungsphase[101]

Gem. § 11 Abs. 1, § 13 Abs. 1 entsteht die GmbH als solche erst mit ihrer Eintragung und erst ab diesem Zeitpunkt haftet nur noch das Vermögen der GmbH für die Verbindlichkeiten der Gesellschaft, § 13 Abs. 2 GmbHG.   **3.112**

Fraglich ist, wer mit welchem Vermögen wem in welcher Höhe bis zum Zeitpunkt der Eintragung haftet. Denn es ist sehr wohl möglich, dass im Zeitpunkt bis zur Eintragung bereits Verbindlichkeiten eingegangen werden, z. B. in Form von Notar- und Gerichtskosten und Verpflichtungen aus Mietverträgen.   **3.113**

1. „Unechte Vorgesellschaft"

Zunächst ist der (Ausnahme-)Fall zu beachten, in dem die Gründer von vornherein eine Eintragung der GmbH nicht beabsichtigen bzw. die Eintragung der GmbH nicht ernsthaft betreiben. Hier spricht man von einer sog. „unechten Vorgesellschaft". Bei dieser ist allgemein anerkannt, dass die Gründungsgesellschafter Dritten gegenüber gem. § 128 HGB unbeschränkt mit ihrem Privatvermögen haften.[102]   **3.114**

Nach einer Entscheidung des OLG Bremen[103] sollen die Gesellschafter allerdings der Vor-GmbH gegenüber haften, wobei die Gläubiger diesen Anspruch pfänden können.[104]   **3.115**

2. Regelfall

Der Regelfall ist, dass die Gründer eine Eintragung der GmbH beabsichtigen und auch ernsthaft betreiben. In diesem Fall stellt sich die Haftung wie folgt dar: **3.116**

a) Haftung der GmbH in der Gründungsphase bis zur Eintragung[105]

Die Rechtsnatur der GmbH in Gründung wird wie folgt beurteilt:[106] Die GmbH in Gründung ist eine Personengesellschaft eigener Art, die parteifähig und vermögensfähig ist. Die GmbH-Vorschriften werden auf die GmbH in Gründung analog angewandt (also auch die Liquidationsvorschriften),[107] soweit nicht die Rechtsfähigkeit vorausgesetzt wird.   **3.117**

Als Personengesellschaft ist die GmbH in Gründung eine Gesamthandsgemeinschaft. Die GmbH in Gründung wird von den zukünftigen GF vertreten. Es ist anerkannt, dass die GmbH in Gründung Vorbelastungen und Verpflichtungen eingehen kann. Das Gesellschaftsvermögen der GmbH in Gründung haftet den Dritten.   **3.118**

b) Haftung der Gründungsgesellschafter bis zur Eintragung

Es war lange strittig, wie die Gründungsgesellschafter bis zur Eintragung haften.   **3.119**

---

101) S. dazu *Heidinger*, GmbHR 2003, 189 ff.
102) Vgl. BGH ZIP 2002, 2309; OLG München NZG 2017, 1106 = ZIP 2017, 2101; Baumbach/Hueck/*Fastrich*, GmbHG, § 11 Rz. 32 f. m. w. N.; Scholz/*Schmidt*, GmbHG, § 11 Rz. 99 f.; Lutter/Hommelhoff/*Bayer*, GmbHG, § 11 Rz. 20 ff.
103) OLG Bremen GmbHR 2000, 1266.
104) Hiergegen zu Recht *Schmidt*, GmbHR 2001, 27 ff.
105) Vgl. dazu *Heidinger*, GmbHR 2003, 189 ff.
106) Vgl. nur Scholz/*Schmidt*, GmbHG, § 11 Rz. 79 ff.
107) Baumbach/Hueck/*Fastrich*, GmbHG, § 11 Rz. 31.

3.120 Nach einem Urteil des BGH[108] sollten die Gründungsgesellschafter bis zur Höhe ihrer Einlageschuld den Gläubigern direkt haften („Beschränkte Außenhaftung"). Der BGH ging dabei davon aus, dass durch die Bezeichnung „GmbH in Gründung" dem Rechtsverkehr klar würde, dass eben nur eine beschränkte Haftung der Gründungsgesellschafter in Betracht kommt. Wenn die Einlage geleistet war, war die Haftung der Gründungsgesellschafter nach diesem Urteil ausgeschlossen.

3.121 Die heute h. M., vertreten vom BGH in seinem Urteil vom 27.1.1997,[109] sieht eine anteilige, der Höhe nach unbeschränkte, Innenhaftung der Gründungsgesellschafter gegenüber der GmbH in Gründung vor.

3.122 Danach müssen die Gläubiger in der Gründungsphase erst gegen die GmbH in Gründung vorgehen. Die GmbH in Gründung hat allerdings einen Regressanspruch gegenüber den Gründungsgesellschaftern, die insofern der GmbH in Gründung unbeschränkt haften. Die Gläubiger können dann den Regressanspruch der GmbH in Gründung gegen die Gründungsgesellschafter pfänden und sich überweisen lassen.

3.123 Dieser Anspruch folgt denselben Regeln wie der Anspruch auf Leistung der Einlage, also grundsätzlich keine Aufrechnungsmöglichkeit.[110] Zur Haftung der Erwerber von GmbH-Mänteln vgl. Rz. 3.180, 3.183.

3.124 Dies bedeutet, dass die Gläubiger in der Gründungsphase grundsätzlich keinen direkten Anspruch gegen die Gründungsgesellschafter haben. Die Realisierung von Ansprüchen kann sich daher in die Länge ziehen und u. U. besonders schwierig sein.

3.125 Nur ausnahmsweise hat der BGH einen direkten Durchgriff der Gläubiger auf die Gründungsgesellschafter in der Gründungsphase (und nicht nach der Eintragung)[111] zugelassen, nämlich dann, wenn die GmbH in Gründung vermögenslos ist[112] oder wenn die GmbH in Gründung keinen GF hat oder wenn es sich um eine Ein-Mann-GmbH in Gründung handelt.

c) Haftung der „Handelnden" bis zur Eintragung

3.126 Gem. § 11 Abs. 2 GmbHG haften die „Handelnden" Dritten gegenüber persönlich und solidarisch, wenn vor der Eintragung im Namen der Gesellschaft gehandelt worden ist. Als „Handelnde" sind nur die GF, nicht aber die Prokuristen anzusehen.[113]

d) Erlöschen der Haftung, Ausnahmen

3.127 Mit der Eintragung gehen das Vermögen und die mit Ermächtigung der Gesellschafter begründeten Verbindlichkeiten der GmbH in Gründung auf die GmbH über, was zum Erlöschen der Haftung der Gründungsgesellschafter, der „Handelnden" und der GmbH in Gründung führt, § 13 Abs. 2 GmbHG.[114]

---

108) BGHZ 80, 129 ff. = ZIP 1981, 394.
109) BGHZ 134, 333 = ZIP 1997, 679 = DB 1997, S. 867 ff., dazu EWiR 1997, 463 (*Fleischer*); siehe zuletzt auch OLG Bremen GmbHR 2000, 1266.
110) BGH GmbHR 2006, 482.
111) BGH GmbHR 2006, 88.
112) Vgl. hierzu auch BAG GmbHR 2001, 919, dazu EWiR 2001, 759 (*Henze*).
113) Baumbach/Hueck/*Fastrich*, GmbHG, § 11 Rz. 47; Scholz/*Schmidt*, GmbHG, § 11 Rz. 112, 116, 105; Lutter/Hommelhoff/*Bayer*, GmbHG, § 11 Rz. 30.
114) Vgl. auch OLG Celle ZIP 2000, 1981 = GmbHR 2000, 1265.

Ausnahmsweise erlischt die Haftung nicht und besteht nach der Eintragung weiter in fol- **3.128**
genden Fällen:

aa) Differenzhaftung der Gesellschafter gegenüber der GmbH

Soweit das Stammkapital durch Eingehung von Verbindlichkeiten bis zur Gründung an- **3.129**
gegriffen ist, haften die Gesellschafter der GmbH gegenüber auch nach der Eintragung anteilig auf Ausgleich, und zwar unbegrenzt.[115]

Der Grund für diese sog. Differenzhaftung ist darin zu sehen, dass nach h. M. (siehe oben **3.130**
Rz. 3.118) die GmbH in Gründung schon Vorbelastungen eingehen darf. Gleichzeitig soll
aber zum Zeitpunkt des Entstehens der GmbH (also zum Zeitpunkt der Eintragung) das
Stammkapital wertmäßig erhalten sein. Dann sollen aber auch die Gesellschafter der GmbH
auf Ausgleich für das durch die Vorbelastungen angegriffene Stammkapital (mit Ausnahme
des im Gesellschaftsvertrag festgesetzten Gründungsaufwands) haften.

Die Beweislast für das Bestehen der Ansprüche liegt bei der GmbH. Eine Umkehr dieser **3.131**
Beweislast tritt ein, wenn keine Unterlagen und keine Bilanz existieren und hinreichende
Anhaltspunkte für das Bestehen eines Anspruchs der GmbH bestehen.[116]

bb) §§ 19, 24 GmbHG

Nach § 19 GmbHG haften die Gesellschafter nach der Eintragung auf Erbringung der noch **3.132**
nicht gezahlten Einlagen. Nach § 24 GmbHG haften die Gründungsgesellschafter nach der
Eintragung der GmbH auch dafür, dass Einlageforderungen, die nicht realisiert werden
können, eingezahlt werden.

cc) Durchgriffshaftung

Ausnahmsweise haften die Gesellschafter nach der Eintragung Gläubigern, wenn eine Be- **3.133**
rufung der Gesellschafter auf das Trennungsprinzip (Trennung des Privatvermögens des
Gesellschafters vom Vermögen der GmbH) gegen Treu und Glauben verstößt.[117]

Beispiele:
- Bis 2008 Unterkapitalisierung (mit BGH BB 2008, 1697 als Haftungsgrundlage aufgegeben),
- Vermischen von Vermögen der GmbH und Vermögen der Gesellschafter bei unklarer
  Buchführung,
- Vorschieben der GmbH zum Empfang von Schmiergeldern,
- Ein-Mann-Konzern zur Gläubigertäuschung,
- Sittenwidrige Schädigungsabsicht,[118]
- Bis 2007 „existenzvernichtender Eingriff"[119]

---

115) BGHZ 80, 129 ff.
116) BGH DB 2003, 760.
117) BGHZ 22, 230; vgl. auch Baumbach/Hueck/*Fastrich*, GmbHG, § 13 Rz. 10 ff.; Scholz/*Bitter*, GmbHG,
    § 13 Rz. 131 ff.; Lutter/Hommelhoff/*Bayer*, GmbHG, § 13 Rz. 19.
118) BGH GmbHR 2001 „Bremer Vulkan" und *Kessler*, GmbHG 2002, 945; *Benecke*, BB 2003, 1190 ff.
119) BGH GmbHR 2002, 902, jetzt aber nach BGH NJW 2007, 2689 („Trihotel") und BGH ZIP 2008, 455,
    nur noch Binnenhaftung, gestützt auf § 826 BGB.

3.134

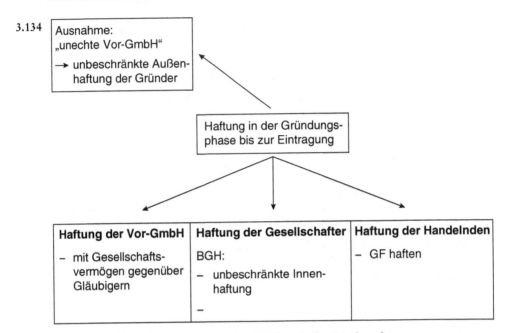

Abbildung 2 Durchgriffshaftung in der Gründungphase

B. Geschäftsanteil: Abtretung, Vererbung, Erwerb eigener Anteile, Einziehung, Ausschluss/Austritt

I. Definition/Abgrenzung

3.135 Wie bei der Gründung erwähnt, gibt es bis zur Eintragung der Gesellschaft nur Stamm-einlagen. Die Stammeinlage ist dabei die Verpflichtung zur Leistung eines Geldbetrages oder einer Sachleistung an die GmbH, § 3 Abs. 1 Nr. 4 GmbHG. Erst ab der Eintragung der Gesellschaft gibt es Geschäftsanteile.

3.136 Diese verkörpern die Mitgliedschaftsrechte und die Mitgliedschaftspflichten. Ihre Höhe bestimmt sich nach der Höhe der übernommenen Einlage, § 14 GmbHG. Die Mitglied-schaftsrechte sind insbesondere in §§ 29, 47, 72 GmbHG geregelt, die Mitgliedschafts-pflichten insbesondere in §§ 24, 31 Abs. 3, § 26 Abs. 2 und 3 GmbHG.

3.137 Aus dem oben Gesagten ergibt sich, dass vor der Eintragung Geschäftsanteile nicht exis-tieren. Die Abtretung von „Geschäftsanteilen" noch nicht eingetragener GmbHs bezieht sich im Zweifel also nicht auf die Anteile an der GmbH in Gründung, sondern auf die künftigen mit der Eintragung der GmbH entstehenden Geschäftsanteile.

3.138 Die Übertragung von Gründeranteilen im Gründungsstadium kann nur durch Änderung des Gesellschaftsvertrages in der Weise erfolgen, dass der Abtretende aus der Gründeror-ganisation ausscheidet und der Abtretungsempfänger an seine Stelle tritt,[120] wobei dann auch entsprechende neue Versicherungen zu den Einzahlungen abgegeben werden müssen.

3.139 Zum Zeitpunkt der Eintragung kann nach dem MoMiG jeder Gesellschafter jetzt auch mehrere Geschäftsanteile haben. Dies ergibt sich aus § 14 i. V. m. § 5 Abs. 2 GmbHG.

---

120) BGHZ 134, 333; OLG Jena notar 2013, 176.

Ries

II. Übertragung von Geschäftsanteilen

1. Veräußerung durch Verpflichtungs- und Verfügungsgeschäft

Die Gesellschafterstellung in der GmbH wechselt in der Regel durch Veräußerung. Ein **3.140**
Gesellschafter veräußert seinen Geschäftsanteil an eine andere Person. Die Veräußerung
erfolgt dabei in der Regel durch Verpflichtungsgeschäft und durch Verfügungsgeschäft.

a) Verpflichtungsgeschäft

Verpflichtungsgeschäft ist meistens ein Kaufvertrag. Dieses Verpflichtungsgeschäft (in- **3.141**
klusive aller Nebenabreden) bedarf gem. § 15 Abs. 4 GmbHG der notariellen Form (notarielle Beurkundung). Allerdings wird auch ein formunwirksam geschlossenes Verpflichtungsgeschäft durch formgültiges Verfügungsgeschäft geheilt (§ 15 Abs. 4 S. 2 GmbHG),
wobei das Verfügungsgeschäft (= Abtretung) auch noch voll wirksam sein muss, d. h.
eventuell vereinbarte Bedingungen (z. B. Kaufpreiszahlung) müssen eingetreten sein.[121]

b) Verfügungsgeschäft

Das Verfügungsgeschäft ist regelmäßig die Abtretung des Geschäftsanteils, die sich nach **3.142**
§§ 413, 398 BGB vollzieht. Der Abtretungsvertrag (inklusive aller Nebenabreden) bedarf
eines in notarieller Form (notarielle Beurkundung) geschlossenen Vertrages, § 15 Abs. 3
GmbHG. Eine getrennte Beurkundung von Angebot und Annahme ist möglich, wobei das
getrennt beurkundete Angebot nur wirksam wird, wenn dem Erklärungsempfänger eine
Ausfertigung der Urkunde zugeht.[122]

Bei der Abtretung ist der Bestimmtheitsgrundsatz zu beachten, d. h. der abgetretene Ge- **3.143**
schäftsanteil muss eindeutig bestimmbar und definierbar sein. Gegen den Bestimmtheitsgrundsatz wurde vor der Einführung der Nummerierungspflicht durch das MoMiG oft verstoßen, was zur Nichtigkeit der Abtretung führte.[123] Da durch das MoMiG (§§ 8 Abs. 1
Nr. 3, 40 Abs. 1 GmbHG) die Nummerierung der Anteile vorgesehen ist, dürfte die Be-
stimmbarkeit der Geschäftsanteile problemlos sein.

Muster 64: Übertragung von Geschäftsanteilen **3.144**

Nr. ... der Urkundenrolle ...

Verhandelt zu Berlin am ... .

Vor dem unterzeichneten Notar im Bezirke des Kammergerichts Berlin,

...,

mit dem Amtssitz in Berlin

erschienen heute:

1. ..., nachfolgend „Veräußerer",

2. ..., nachfolgend „Erwerber".

---

121) *Loritz*, DNotZ 2000, 90.
122) BGH DNotZ 1996, 967 ff.
123) *Loritz*, DNotZ 2000, 90.

Die Erschienenen sind dem Notar persönlich bekannt. Sie bestätigten nach Erläuterung der Vorschrift des § 3 Abs. 1 Nr. 7 BeurkG durch den beurkundenden Notar, dass der beurkundende Notar nicht vorbefasst im Sinne des § 3 Abs. 1 Nr. 7 BeurkG ist.

Die Erschienenen erklärten:

Der Veräußerer ist Inhaber eines Geschäftsanteils von ... € (Nr. ...) an der ... GmbH. Er verkauft diesen Anteil an den Erwerber zu einem Kaufpreis von ... €. Der Erwerber nimmt dieses Angebot an.

Der Veräußerer tritt mit sofortiger Wirkung den oben genannten Anteil an den Erwerber ab. Dieser nimmt die Abtretung an.

Das Protokoll ist den Erschienenen vom Notar vorgelesen, von ihnen genehmigt und wie folgt eigenhändig unterschrieben worden:

... (Unterschriften)

Berlin, den ... ..., Notar L. S.

2. Teilung/§ 19 Abs. 4 GmbHG-alt

3.145 Bis zum Erlass des MoMiG war die Teilung von Geschäftsanteilen in § 17 GmbHG geregelt und erforderte die Genehmigung durch die Gesellschaft und Einhaltung der früher geltenden Stückelungsvorschriften. Nach altem Recht war auch die gleichzeitige Übertragung mehrerer Teile von Geschäftsanteilen an einen Erwerber unzulässig, § 17 Abs. 5 GmbHG-alt.

3.146 Nach der Erleichterung der Stückelung durch das MoMiG (volle Euro, mehrere Anteile in der Hand eines Gesellschafters) wurde § 17 GmbHG überflüssig. Der Anteilsinhaber kann also seinen Anteil unter Beachtung des § 5 GmbHG teilen.

3.147 Im Innenverhältnis ist die Teilung eines Geschäftsanteils in § 46 Nr. 4 GmbHG als Aufgabe der Gesellschafter festgelegt. Um dem Problem aus dem Weg zu gehen, dass § 46 Nr. 4 GmbHG nach dem Wegfall des § 17 GmbHG nun als Norm mit Außenwirkung angesehen werden könnte, kann diese Vorschrift im Gesellschaftsvertrag diesbezüglich abbedungen werden.

3.148 Desweiteren ist durch das MoMiG die Regelung des § 19 Abs. 4 GmbHG-alt abgeschafft, nach der bei Entstehen einer Ein-Mann-GmbH im Zeitraum von drei Jahren nach der Eintragung die Volleinzahlung bzw. Leistung einer Sicherheit bzw. Abtretung eines Teilanteils erforderlich war. Nach dem MoMiG ist auch bei Ein-Mann-Gründungen keine Volleinzahlung nötig (siehe oben Rz. 3.79).

3. Genehmigung des Familiengerichts

a) Genehmigungspflicht nach §§ 1643, 1822 Nr. 3 BGB

3.149 Bei Beteiligung von Minderjährigen an einer GmbH ist fraglich, ob der Erwerb oder die Veräußerung von Geschäftsanteilen nach §§ 1643, 1915, 1822 Nr. 3 BGB genehmigungspflichtig ist. Nach diesen Vorschriften wäre der entgeltliche Erwerb oder die Veräußerung eines Erwerbsgeschäfts genehmigungspflichtig. Die h. M. nimmt aber eine Genehmigungs-

Ries

pflicht nur für die Fälle an, in denen ein Großteil (50 % + x) der Anteile oder alle Anteile an einer GmbH erworben bzw. veräußert wird.[124]

Der Erwerb von Anteilen stellt keinen Abschluss eines Gesellschaftsvertrages i. S. d. §§ 1643, 1915, 1822 Nr. 3 BGB dar. Im Unterschied zum Recht der Personenhandelsgesellschaften wird man Gesellschafter einer GmbH durch Erwerb eines Geschäftsanteils, nicht aber durch Abschluss eines Gesellschaftsvertrages. Der Gesellschaftsvertrag der GmbH ist sozusagen das „Innenrecht" der GmbH, das der Erwerber eines Geschäftsanteils bei dem Erwerb des Anteils so akzeptieren muss.   **3.150**

b)   Genehmigungspflicht nach §§ 1643, 1822 Nr. 10 BGB

Es kommt auch eine Genehmigungspflicht nach §§ 1643, 1915, 1822 Nr. 10 BGB in Betracht. Denn durch den Erwerb des Anteils und den Eintritt in die Gesellschafterstellung kann der Minderjährige u. U. eine fremde Verbindlichkeit übernehmen, nämlich dann, wenn ein Mitgesellschafter des Minderjährigen seine Einlage nicht geleistet hat und diese auch nicht mehr erlangt werden kann, vgl. § 24 GmbHG.   **3.151**

4.   Erschwerung der Abtretung im Gesellschaftsvertrag

Gem. § 15 Abs. 5 kann durch den Gesellschaftsvertrag die Abtretung der Geschäftsanteile an weitere Voraussetzungen geknüpft werden. Eine nachträgliche Aufnahme von Beschränkungen ist allerdings nach h. M. nur mit Zustimmung aller Gesellschafter möglich.[125]   **3.152**

In der Praxis kommen oft Beschränkungen dergestalt vor, dass die Abtretung des Geschäftsanteils von der Genehmigung der Gesellschaft (vertreten durch den bzw. die vertretungsberechtigten GF) und/oder von der Genehmigung der Gesellschafter abhängt.   **3.153**

Selbst der gänzliche Ausschluss der Abtretung ist denkbar, da auch bei einem gänzlichen Ausschluss das Kündigungsrecht des Gesellschafters aus wichtigem Grund unberührt bleibt.[126] Erschwerungen der Abtretbarkeit haben bei der Ein-Mann-GmbH keine Wirkungen.[127]   **3.154**

5.   Selbständigkeit der Geschäftsanteile

Auch nach der Abtretung bleiben die Geschäftsanteile selbständig, § 15 Abs. 2 GmbHG. Eine Zusammenlegung von Geschäftsanteilen ist grds. nur dann möglich, wenn die zusammenzulegenden Geschäftsanteile voll eingezahlt sind und keine Nachschusspflicht besteht.[128] Die Zusammenlegung erfolgt durch einfachen Gesellschafterbeschluss (§ 46 Nr. 4 GmbHG), wobei der betroffenen Gesellschafter zustimmen muss.   **3.155**

---

124) BGH DNotZ 2004, 152; Baumbach/Hueck/*Fastrich*, GmbHG, § 15 Rz. 3 f.; Scholz/*Seibt*, GmbHG, § 15 Rz. 244; Lutter/Hommelhoff/*Bayer*, GmbHG, § 15 Rz. 8.
125) Baumbach/Hueck/*Fastrich*, GmbHG, § 15 Rz. 40.
126) BayObLG ZIP 1989, 638 = DB 1989, 214 ff., dazu EWiR 1989, 427 (*Crezelius*).
127) BGH NJW-RR 1991, 927.
128) KG Berlin GmbHR 2000, 1154; BGHZ 63, 118; verwirrend und gegen die h. M. allerdings die Begründung des Regierungsentwurfs zum MoMiG, S. 102 (zu § 46 GmbHG), wonach die Zusammenlegung auch ohne Zustimmung des Betroffenen und ohne Volleinzahlung möglich sein soll.

6. Gutgläubiger Erwerb

3.156 Die Neufassung des § 16 GmbHG (beachte Übergangsvorschrift des § 3 Abs. 3 EGGmbHG) ermöglicht einen gutgläubigen (rechtsgeschäftlichen) Erwerb von Geschäftsanteilen vom Nichtberechtigten nach einer Wartezeit von drei Jahren mit gutem Glauben an die beim Handelsregister aufgenommene (mindestens drei Jahre unrichtige) Gesellschafterliste. Bei noch nicht drei Jahren unrichtigen Listen ist gutgläubiger Erwerb möglich, wenn die Unrichtigkeit dem Berechtigten zurechenbar ist. Der gute Glaube wird durch einen Widerspruch gegen die Liste (zu erwirken mit Zustimmung des in der Liste Stehenden oder durch einstweilige Verfügung;[129] bei Zuordnung eines Widerspruchs vor Ablauf der Dreijahresfrist muss die konkrete Gefahr eines gutgläubigen Erwerbs vorgetragen werden[130]) oder durch positive Kenntnis bzw. grob fahrlässige Unkenntnis des Erwerbers von der mangelnden Berechtigung zerstört. Der Widerspruch kann nur mit Zustimmung des durch den Widerspruch Begünstigten gelöscht werden.[131]

3.157 Durch die vorgenannte Neuregelung soll die bislang bestehende Unsicherheit an der Berechtigung am Geschäftsanteil beseitigt werden. Die Neuregelung ist problematisch. Schon die Anknüpfung an die Gesellschafterliste ist bedenklich. Die Gesellschafterliste wird oft von den (angeblichen) Geschäftsführern gefertigt (und nicht von öffentlichen Stellen) und sie wird nach § 12 Abs. 2 HGB als einfache elektronische Aufzeichnung ohne Signatur zum Handelsregister eingereicht, was Streit über die Richtigkeit und Authentizität der Liste vorprogrammiert.

3.158 Zwar sieht die Neufassung des § 40 GmbHG auch die Fertigung der Gesellschafterliste durch den Notar, der an der Übertragung eines Anteils, einer Kapitalmaßnahme oder Maßnahmen nach dem UmwG mitwirkt, vor. Dieser übernimmt aber keine vollständige Gewähr für die Richtigkeit der Liste, sondern bestätigt nur, dass die geänderten Eintragungen in der Liste den Veränderungen entsprechen, an denen er mitgewirkt hat, und die übrigen Eintragungen mit dem Inhalt der zuletzt im Handelsregister aufgenommenen Liste übereinstimmen. Mehr kann er auch nicht versichern.

3.159 Wird die Liste z. B. im Erb- oder Einziehungsfall oder bei Beurkundung durch ausländische Notare von den (angeblichen) Geschäftsführern erstellt, besteht schon keine Sicherheit, ob diese Geschäftsführer auch wirklich wirksam zum Geschäftsführer bestellt worden sind.

3.160 Weiter ist oft fraglich, ob die Geschäftsführer auch wirklich wissen, was sie in die Gesellschafterliste schreiben. So ganz abwegig ist die Gefahr nicht, dass flächendeckend von kriminellen Personen Gesellschafterlisten eingereicht werden, die „falsche" Gesellschafter ausweisen, und im Anschluss daran Geschäftsanteile an Gutgläubige veräußert werden.

3.161 Durch die Möglichkeit des gutgläubigen Erwerbs wird auch in unverhältnismäßigem Maße in die Satzungsautonomie der Gesellschafter eingegriffen, wenn die Eintragung in die Liste der Gesellschafter unter Missachtung von gesellschaftsvertraglichen Vinkulierungsklauseln gem. § 15 Abs. 5 GmbHG erfolgt ist. Diese haben entgegen § 137 S. 1 BGB dingliche Wirkung. Die Neufassung des § 16 GmbHG stellt solche Klauseln in Frage. Liegt grobe Fahr-

---

129) Streitig ist, ob auch gegen „richtige" Listen ein Widerspruch möglich ist, z. B. bei bedingten Veräußerungen zum Schutz des Erwerbers, bejahend LG Köln ZIP 2009, 1915; verneinend OLG München ZIP 2011, 612; vgl. dazu auch *Wicke*, NotBZ 2009, 15 f.
130) OLG Nürnberg GmbHR 2014, 1153 = ZIP 2014, 1881.
131) KG NZG 2013, 755.

lässigkeit, die den gutgläubigen Erwerb ausschließt, schon vor, wenn ein potenzieller Erwerber den Gesellschaftsvertrag nicht einsieht?

Unklar ist auch, was beim bedingten Erwerb von Anteilen passiert. Wenn der Notar erst **3.162** bei Eintritt der Bedingung eine neue Liste einreichen muss, riskiert hier der anwartschaftsberechtigte bedingte Erwerber durch Zwischenverfügungen den Verlust seines Rechts.[132] Aus diesem Grund hatte sich die notarielle Praxis entwickelt, Listen, in denen zwar keine Veränderungen der Gesellschafter aber die aufschiebende Bedingung vermerkt war, einzureichen. Solche Listen sind nicht zulässig und werden nicht in den Registerordner verschoben.[133] Ein gutgläubiger Zwischenerwerb analog § 161 Abs. 3 BGB ist nach BGH nicht möglich.[134]

Die Praxis rügt zu Recht, dass der lastenfreie gutgläubige Erwerb nicht möglich ist, obwohl **3.163** Geschäftsanteile häufig verpfändet sind.[135] Weiter ist der Dreijahreszeitraum der Gutgläubigkeit zum einen zu lang[136] und hilft Erwerbern, die noch nicht drei Jahre gutgläubig sind, nichts, wenn der gute Glaube zerstört wird; zum anderen knüpft er an den Zeitpunkt der Unrichtigkeit der eingereichten Liste, der nur schwer verifizierbar ist.[137] Schließlich ist der gutgläubige Erwerb von nicht existenten Geschäftsanteilen nicht möglich.

7. Gesellschafterliste

Bei jeder Veränderung hinsichtlich der Personen der Gesellschafter und des Umfangs ihrer **3.164** Beteiligung sind die GF verpflichtet, unverzüglich eine neue von den GF[138] in vertretungsberechtigter Zahl (allerdings nicht von Prokuristen im Rahmen unechter Gesamtvertretungsberechtigung[139]) unterschriebene Gesellschafterliste einzureichen, § 40 Abs. 1 GmbHG, und zwar elektronisch via EGVP, § 8 Abs. 5 GmbHG. Die Geschäftsanteile sind zu nummerieren, wobei auch eine Unternummerierung (1.1, 1.2 ...) zulässig ist.[140] Zum weiteren Inhalt der Gesellschafterliste siehe oben Rz. 3.85.

Die Erfüllung dieser Pflicht kann durch Zwangsgeld durchgesetzt werden, § 14 HGB. **3.165** Außerdem machen sich die GF, die ihrer Pflicht nach § 40 GmbHG nicht nachkommen, schadensersatzpflichtig, § 40 Abs. 3 GmbHG. Die Änderung der Gesellschafterliste erfolgt auf Mitteilung und Nachweis, die der GF nach pflichtgemäßen Ermessen prüfen muss, § 40 Abs. 1 S. 4 GmbHG. Eine Berichtigung der vom GF eingereichten Liste durch die GF selbst soll dann nicht möglich sein, wenn der Betroffene widerspricht.[141]

---

132) *Hamann*, NZG 2007, S. 493.

133) OLG München GmbHR 2009, 825; OLG Hamburg NZG 2010, 1157.

134) BGH ZIP 2011, 2141.

135) *Wulfetange*, BB-Spezial Nr. 7/2006, S. 22; *Rau*, DStR 2006, S. 1898, 1899; *Heckschen*, NotBZ 2006, S. 385; *Noack*, DB 2006, S. 1478; *Schockenhoff/Höder*, ZIP 2006, S. 1844; *Hamann*, NZG 2007, S. 494.

136) Für Drei-Monats-Frist *Centrale für GmbH Dr. Otto Schmidt*, GmbHR 2006, S. 980; für sechs bzw. zwölf Monate *Heckschen*, NotBZ 2006, S. 385 und *Wulfetange*, BB-Special Nr. 7/2006, S. 22; für gar keine Wartefrist bei rechtsgeschäftlicher Übertragung *Schockenhoff/Höder*, ZIP 2006, S. 1845.

137) So auch *Heckschen*, NotBZ 2006, S. 385 und *Müller*, GmbHR 2006, S. 957 f.; vgl. zu dieser Problematik auch *Hamann*, NZG 2007, S. 493.

138) Nach KG ZIP 2018, 2072, müssen diese im Handelsregister eingetragen sein.

139) OLG Jena NZG 2011, 909.

140) OLG München, v. 25.4.2016 – 31 Wx 129/16; LG Stendal NZG 2010, 393; OLG Düsseldorf NZG 2010, 677 und LG Augsburg NZG 2009, 1032, die allerdings die Beibehaltung der Nummer bei Abtretungen verlangen.

141) OLG München NZG 2015, 1272 = ZIP 2015, 2420.

3.166 Der Notar, der eine Anteilsabtretung, Kapitalmaßnahme oder Maßnahmen nach dem UmwG[142] nach Inkrafttreten des MoMiG[143] beurkundet, muss nach der Neufassung des § 40 GmbHG durch das MoMiG nach Wirksamwerden der Veränderung anstelle der GF unverzüglich eine neue Gesellschafterliste fertigen und zum Handelsregister einreichen. Er muss dabei bestätigen, dass die geänderten Eintragungen in der Liste den Veränderungen entsprechen, an denen er mitgewirkt hat, und die übrigen Eintragungen mit dem Inhalt der zuletzt im Handelsregister aufgenommenen[144] Liste übereinstimmen. Eine Unterschrift unter der Liste und unter die Bestätigung reicht dabei aus.[145] Doppelunterschriften (durch Geschäftsführer und Notar) werden zugelassen.[146] Der Notar muss die Liste in elektronisch beglaubigter Form, § 39a BeurkG, einreichen.[147] Ob die Erfüllung der Einreichungspflicht des Notars durch Zwangsgeld nach § 14 HGB durchgesetzt werden kann, ist unklar. Eine Pflichtverletzung führt aber zu Schadensersatzpflichten.

3.167 Folgende besondere Fallgestaltungen bei der Mitwirkung von Notaren sind zu beachten: Bei Beurkundung von Abtretungen durch ausländische Notare kann neben dem GF auch der (gleichwertige) ausländische Notar die neue Liste einreichen.[148] Bei getrennter Beurkundung von Angebot und Annahme der Abtretung ist jeder der beteiligten Notare berechtigt, bei Wirksamwerden der Abtretung eine neue Liste einzureichen.[149] Bei auflösend bedingten Abtretungen muss der GF im Fall des Eintritts der Bedingung die neue Liste einreichen.[150] Eine „Mitwirkung" des Notars i. S. d. § 40 Abs. 2 GmbHG soll nicht vorliegen, wenn der Gesellschafterwechsel erst durch Genehmigung einer Abtretung eintritt.[151] Bei Teilung und gleich nachfolgender Abtretung müssen zwei Gesellschafterlisten eingereicht werden, wenn aus der Liste bezüglich der Abtretung die vorher erfolgte Teilung nicht hervorgeht. Der einreichungspflichtige Notar soll mit Zwangsgeld zur Einreichung gezwungen werden können.[152] Der GF ist zur Korrektur einer unrichtigen Notar-Gesellschafterliste befugt.[153] Der Notar kann die von ihm eingereichte Liste berichtigen,[154] wenn die falsche Liste schon aufgenommen ist, allerdings nur mit Berichtigungsvermerk nach § 44a BeurkG.[155] Eine „Löschung" der Liste nach § 395 FamFG kommt nicht in Betracht.[156] Das Registergericht muss sich bei gleichzeitiger Einreichung von Gesellschafterlisten bei der Verschiebung der Listen an die Reihenfolge halten, die der Notar vorgibt.[157]

3.168 Im Verhältnis zur GmbH gilt nur der als Gesellschafter, der als Gesellschafter in der eingereichten und im Registerordner aufgenommenen Gesellschafterliste eingetragen ist, § 16

---

142) Bzgl. Maßnahmen nach dem UmwG streitig, **a. A.** *Roth/Altmeppen*, GmbHG, § 40 Rz. 23.

143) KG NZG 2012, 587.

144) Damit ist die aktuellste Liste, unabhängig vom konkreten Aufnahmedatum, gemeint, OLG München NZG 2012, 588.

145) OLG München GmbHR 2009, 825.

146) OLG Hamm FGPrax 2010, 198.

147) OLG Jena GmbHR 2010, 760.

148) BGH ZIP 2013, 458; OLG Düsseldorf NJW 2011, 1370; **a. A.** OLG München BB 2013, 449.

149) OLG München BeckRS 2012, 22006.

150) OLG Brandenburg NZG 2013, 507.

151) OLG Hamm NZG 2014, 585.

152) OLG Köln NZG 2013, 1431.

153) BGH ZIP 2014, 216.

154) KG notar 2016, 125.

155) OLG Nürnberg ZIP 2018, 1372.

156) KG ZIP 2016, 1383.

157) OLG Düsseldorf NZG 2019, 821.

Abs. 1 GmbHG, selbst wenn der Gesellschafter laut Gesellschaftsvertrag ausgeschieden ist,[158] wenn Widerspruch gegen die Liste erwirkt ist,[159] wenn der Anteil eines Gesellschafters wirksam eingezogen ist[160] oder wenn die aufgenommene Liste formelle Fehler aufweist. Diese Legitimationswirkung gilt sowohl bezüglich der ersten bei der Gründung gefertigten Liste als auch bezüglich Listen, die anlässlich einer Veränderung gefertigt werden[161] und begründet gegenüber der Gesellschaft die unwiderlegbare Vermutung, dass der Erwerber Gesellschafter ist, und ermöglicht so erst, dass der Erwerber seine Gesellschafterrechte ausüben kann. Auch alte „Papier"-Listen haben Legitimationswirkung.[162] Es wird vertreten, dass bei unrichtigen Listen eine Legitimationswirkung nur bestehen soll, wenn die Unrichtigkeit dem Betroffenen zurechenbar ist.[163]

Übt der Erwerber (rechtsgeschäftlicher oder gesetzlicher)[164] eines Anteils seine Rechte bereits vor Einreichung der Gesellschafterliste aus, werden Rechtshandlungen nur wirksam, wenn die Liste unverzüglich nachgereicht und im Registerordner aufgenommen wird, § 16 Abs. 1 S. 2 GmbHG. Zur Vermeidung von Problemen (wegen „Unverzüglichkeit") sollte der Veräußerer dem Erwerber eine Stimmrechtsvollmacht einräumen.[165]   **3.169**

Die Registergerichte prüfen in der Regel weder Richtigkeit noch Authentizität der Liste, sondern verschieben diese unverzüglich in den Registerordner. Wenn überhaupt, steht den Registergerichten nur ein formelles Prüfungsrecht (z. B. bezüglich Unterschrift, Nummerierung, Prozentangaben, Einreichungsberechtigter[166] und ein Prüfungsrecht bezüglich offensichtlicher Fehler (z. B. „krumme" Anteile, Summe der Geschäftsanteile stimmt nicht mit dem Stammkapital überein[167]) zu.[168] Bemerkungsspalten in den Listen sind zulässig, wenn Sie den Grund der Veränderung angeben, vgl. GesLV, zwingend aber nur im Fall des § 2 Abs. 2 GesLV.[169] Nicht zulässig ist der Zusatz, dass Testamentsvollstreckung angeordnet ist.[170]   **3.170**

Die vorgenannten Konsequenzen der Neuregelung des § 16 GmbHG (Abs. 1 und 3) werfen die Frage auf, wie sich einerseits der in der Gesellschafterliste eingetragene (Schein-) Gesellschafter und andererseits der wahre Gesellschafter schützen können.   **3.171**

---

158) OLG Düsseldorf GWR 2016, 486.
159) OLG Frankfurt/M. ZIP 2017, 1273.
160) BGH ZIP 2019, 316.
161) Ob die Legitimationswirkung auch für „alte" Listen, die vor dem MoMiG gefertigt worden sind und unter Umständen nur in Papierform existieren gilt, ist unklar; bejahend *Wicke*, NotBZ 2009, 12; verneinend OLG Dresden ZIP 2017, 80. Die Registerpraxis bejaht dies teilweise. Um Unklarheiten zu vermeiden, sollten tunlichst neue Listen (mit nummerierten Anteilen) an die Registergerichte geschickt werden.
162) So die Begründung zum Regierungsentwurf des MoMiG, S 84 ff.; a. A. OLG Dresden ZIP 2017, 80 und LG München GmbHR 2010, 149.
163) Baumbach/Hueck/*Fastrich*, GmbHG, § 16 Rz. 12a.
164) Vgl. *Hasselmann*, NZG 2009, 411.
165) Vgl. *Wicke*, NotBZ 2009, 12.
166) Z. B. ob einreichender GF im Register eingetragen ist, KG ZIP 2018, 2072.
167) Bei Listen, die eine vor dem MoMiG gefertigte Liste korrigieren, muss in der neuen Liste die Summe der Geschäftsanteile allerdings nicht unbedingt mit dem Stammkapital übereinstimmen, OLG München NZG 2012, 349.
168) *Wachter*, NZG 2009, 1002 f.; OLG München NZG 2009, 797 f.; OLG Jena ZIP 2010, 831.
169) KG ZIP 2019, 861.
170) BGH DB 2015, 914; s. auch *Cramer*, NZG 2018, 721.

3.172 Der in der Gesellschafterliste eingetragene (Schein-)Gesellschafter und der wahre Gesellschafter[171)] werden gegen die Gesellschaft[172)] und auch gegen den Geschäftsführer[173)] einen Anspruch auf Löschung des (Schein-)Gesellschafters aus der Liste haben.

3.173 Der wahre Gesellschafter und die Gesellschaft werden gegen den (Schein-) Gesellschafter einen Anspruch auf Duldung der Löschung haben, wobei der eingetragene (Schein-) Gesellschafter aber analog § 67 Abs. 5 AktG vor der Löschung angehört werden muss.[174)] Eine Aussetzung der Einstellung der Liste in den Registerordner bei Streit über die wahre Gesellschafterstellung kommt nicht in Betracht.[175)] Eine einstweilige Verfügung gegen die Einreichung einer Liste ist möglich; wird gegen die einstweilige Verfügung verstoßen, soll die Wirkung des § 16 Abs. 1 GmbHG nicht eintreten.[176)]

8. Mantelerwerb

3.174 Es ist zu unterscheiden zwischen der sog. „Mantelverwendung" und der „Vorrats-GmbH".

a) „Mantelverwendung"[177)]

3.175 Unter einer „Mantelverwendung" ist Folgendes zu verstehen: Gelegentlich versuchen Gesellschafter einer vermögenslosen oder nicht mehr als Unternehmen im Geschäftsverkehr tätigen GmbH diese wenigstens dadurch noch gewinnbringend zu nutzen, dass sie ihre Geschäftsanteile veräußern.

3.176 Der Erwerber, der mit der Gesellschaft einen völlig anderen Geschäftsbetrieb betreiben will, spart dadurch den Zeit- und Geldaufwand für eine Neugründung und umgeht die Gründerhaftung. Dabei geht häufig eine im wesentlichen wertlose „Hülse" der juristischen Person über.

3.177 Dieses Verfahren ist bedenklich, weil der Erwerber damit die gesamten für eine Gesellschaftsgründung in Form einer GmbH vorgesehenen Sicherungen umgehen könnte. Insbesondere wird der Grundsatz der vollständigen Aufbringung eines Mindestkapitals von 25.000 € verletzt.

3.178 Der Erwerb eines „Mantels" wird trotzdem von der h. M. nicht als nichtig angesehen; jedoch muss der Erwerber einer vermögenslosen GmbH mit einer erneuten Pflicht zur vollständigen Kapitalaufbringung nach §§ 7, 19 GmbHG rechnen, wobei ein Prüfungsrecht des Gerichts regelmäßig dann angenommen wird, wenn gleichzeitig der Gesellschaftsvertrag (insbesondere bezüglich Firma und Gegenstand) abgeändert, die GF ausgewechselt und die Geschäftsanteile zu einem symbolischen Kaufpreis übertragen werden.[178)]

---

171) *Altmeppen*, ZIP 2009, 353.
172) KG NZG 2019, 913; *Kort*, GmbHR 2009, 172 f.
173) Regierungsentwurf zum MoMiG, S. 38.
174) *Altmeppen*, ZIP 2009, 353.
175) OLG Hamburg ZIP 2014, 2296.
176) KG NZG 2018, 660.
177) Vgl. a. *Swoboda*, GmbHR 2005, 649 ff. und *Nolting*, ZIP 2003, 651 ff.
178) BGHZ 117, 323 = ZIP 1992, 689, dazu EWiR 1992, 673 *(Kraft)*; OLG Brandenburg GmbHR 2002, 851, dazu EWiR 2002, 875 *(Keil)*; OLG Frankfurt/M. GmbHR 1999, 32, dazu EWiR 1999, 359 *(Keil)*; LG Dresden GmbHR 2000, 1151; LG Frankfurt/O. DB 2001, 692; str., zuletzt anders BayObLG DNotZ 2000, 227, dazu EWiR 1999, 647 *(Heublein)*.

Ries

Nach der Rechtsprechung des BGH[179] soll für das Prüfungsrecht sogar allein die Wieder-   **3.179**
aufnahme einer wirtschaftlichen Tätigkeit („Ingangsetzung") ausreichen. Auch im Liquidationsstadium kommen Grundsätze zur wirtschaftlichen Neugründung zur Anwendung,
wenn eine Mantelverwendung vorliegt; Abwicklungsmaßnahme stehen der Annahme einer
Mantelverwendung aber entgegen.[180]

Der BGH verlangt in den vorgenannten Entscheidungen zudem eine erneute Versicherung   **3.180**
der GF über die Bewirkung der Leistungen und über deren freie Verfügbarkeit.[181] Zudem
besteht für die Erwerber bis zu der Offenlegung (= Anmeldung beim Handelsregister;
nicht: Eintragung, wie bei der Gründung[182]) der Mantelverwendung und der vorgenannten
Versicherung das Risiko der „Gründerhaftung",[183] wobei es darauf ankommt, ob es im
Zeitpunkt der Ingangsetzung eine Deckungslücke zwischen dem Vermögen der Gesellschaft
und dem satzungsmäßigen Stammkapital gab.[184]

b) „Vorrats-GmbH"

„Vorrats-GmbHs" werden nur zu dem Zweck gegründet, für ihre Klienten eine juristische   **3.181**
Person vorzuhalten. Der Gegenstand dieser GmbH ist meist nur die Verwaltung eigenen
Vermögens.

Der Sitz der Gesellschaft liegt oft z. B. im Büro einer Rechtsanwaltskanzlei. Die Recht-   **3.182**
mäßigkeit der Vorrats-GmbHs ist heutzutage weitgehend unumstritten, insbesondere sind
der Gegenstand des Unternehmens und der Sitz zulässig. Allerdings hält der BGH auch
für die Ingangsetzung einer Vorrats-GmbH eine erneute Anwendung der Gründungsvorschriften mit entsprechender Versicherung der GF (siehe oben bei der Mantelverwendung)
für erforderlich.[185]

Zur Haftung der Gründer von Vorrats-GmbH auf Zahlung der Stammeinlage siehe oben   **3.183**
Rz. 3.180.

9. Vererbung

a) Freie Vererbbarkeit

Gem. § 15 Abs. 1 GmbHG sind Geschäftsanteile vererblich. Die Vererblichkeit darf im Ge-   **3.184**
sellschaftsvertrag nicht erschwert oder ausgeschlossen werden. Dies ergibt sich im Umkehrschluss aus § 15 Abs. 5 GmbHG, wo nur die Möglichkeit vorgesehen ist, im Gesellschaftsvertrag die Abtretung der Geschäftsanteile zu erschweren.

Allerdings sind im Gesellschaftsvertrag Klauseln zur Nachfolgeregelung in der Form zulässig,   **3.185**
dass nach dem Erbfall das Stimmrecht der Erben ruht, der/die Erben den Geschäftsanteil
an Mitgesellschafter abtreten müssen oder der Geschäftsanteil eingezogen werden kann,

---

179) BGH GmbHR 2003, 227 und 1125; vgl. a. OLG Celle GmbHR 2005, 1496.

180) BGH ZIP 2014, 418 = DB 2014, 410.

181) Vgl. *Theusinger/Andrae*, ZIP 2014, 1917; *Thaeter/Meyer*, DB 2003, 539 ff.; kritisch *Kallmeyer*, GmbHR 2003, 322 ff. und *Altmeppen*, DB 2003, 2050.

182) Hierzu kritisch *Heidinger*, DNotZ 2005, 108; vgl. auch *Lehmann/Richter*, GWR 2010, 389.

183) S. a. BGH DB 2003, 2055; kritisch hierzu KG NZG 2010, 387; *Ulrich*, GmbHR 2005, 900; aber nach OLG Jena DB 2006, 2625 keine Haftung bei Aktivierung vor dem 7.7.2003; s. a. *Altmeppen*, DB 2003, 2050 ff.; *Bärwaldt/Balda*, GmbHR 2004, 50 ff. und 350 ff.; *Herchen*, DB 2003, 2211.

184) BGH ZIP 2012, 817.

185) Vgl. BGH DB 2003, 2055; OLG Celle GmbHR 2005, 1496; a. A. BayObLG DNotZ 2000, 227 m. w. N.

wenn er nicht abgetreten wird. Im letzteren Fall ist dann an die Erben eine Abfindung zu zahlen (vgl. hierzu Rz. 3.204 ff.). Oben genannte Klauseln sind deshalb zugelassen, um Familiengesellschaften vor dem Eintritt außenstehender Dritter zu schützen.

3.186 Die Rechtsnachfolge wird dem GF in der Regel durch Erbschein oder notarielles Testament mit Eröffnungsverhandlung nachgewiesen, § 40 Abs. 1 S. 4 GmbHG, § 12 Abs. 1 S. 4 HGB, es sei denn die Nachlassakte befindet sich bei Gericht und kann ohne weiteres beigezogen werden. Der GF fertigt dann unverzüglich eine neue Gesellschafterliste und reicht diese beim Registergericht ein, § 40 Abs. 1 GmbHG. Vor Aufnahme der neuen Lise in den Registerordner können die Erben keine Gesellschafterrechte geltend machen.[186]

b) Mehrere Erben

3.187 Mehrere Erben erben den Geschäftsanteil in Erbengemeinschaft. Sie können die Rechte aus demselben nur gemeinschaftlich ausüben, § 18 Abs. 1 GmbHG, es sei denn der Beschluss unterfällt der laufenden Verwaltung des Nachlasses, §§ 2038, 745 BGB.[187] Für Rechtshandlungen, die gegenüber den Erben als Gesellschafter vorzunehmen sind, reicht es, wenn diese Handlung auch nur einem gegenüber vorgenommen wird und bereits ein Monat seit dem Anfall der Erbschaft vergangen ist (§ 18 Abs. 3 GmbHG).

c) Auseinandersetzung

3.188 Um jeden Miterben selbständige Gesellschafterrechte zu verschaffen, ist eine Auseinandersetzung hinsichtlich des ererbten Anteils erforderlich. Der ererbte Anteil muss dann geteilt und die entsprechenden Teile an die einzelnen Erben veräußert werden. Dabei sind die Vorschriften der §§ 15 und 5 GmbHG einzuhalten.

3.189 Ist ein Minderjähriger in der Erbengemeinschaft und will die Erbengemeinschaft die ererbten Geschäftsanteile veräußern, ist nach einer Entscheidung des OLG Hamm hierzu eine familiengerichtliche Genehmigung nach §§ 1643, 1915, 1822 Nr. 3 BGB erforderlich, da die gesamthänderische Bindung in der Erbengemeinschaft dazu führt, dass der Minderjährige als Mitberechtigter am ganzen Handelsgeschäft angesehen wird.[188]

3.190 Dies kann m. E. nur dann gelten, wenn es sich bei den ererbten Anteilen um den Großteil (50 % + x) der Anteile an der GmbH handelt.

d) Testamentsvollstreckung

3.191 Der Geschäftsanteil kann der Testamentsvollstreckung unterliegen. Ist Testamentsvollstreckung angeordnet, kann der Testamentsvollstrecker mangels anderweitiger Regelungen des Erblassers die Rechte als Vertreter der Erben des Gesellschafters[189] geltend machen.[190] Bei Abwicklungsvollstreckung endet die Befugnis des Testamentsvollstreckers mit Ausschluss der Auseinandersetzung durch die Miterben.[191]

---

186) OLG Naumburg ZIP 2016, 2217.
187) OLG Naumburg NZG 2014, 1106; OLG Jena GWR 2012, 325.
188) OLG Hamm WM 1984, S. 1314.
189) BGHZ 201, 216 = NZG 2014, 945 = ZIP 2014, 1422.
190) BGH NJW 1959, 1820.
191) OLG Nürnberg GWR 2010, 272.

10. Erwerb eigener Anteile durch die GmbH

a) Zweck

Die GmbH kann eigene Geschäftsanteile erwerben, § 33 GmbHG. Der Zweck des Erwerbs **3.192** eigener Geschäftsanteile kann z. B. darin liegen, bei Ausscheiden eines Gesellschafters die Proportionalität bei den verbleibenden Gesellschaftern beizubehalten.

b) Voraussetzungen

Voraussetzung für den Erwerb eigener Anteile durch die GmbH ist nach § 33 GmbHG **3.193** zunächst, dass der Geschäftsanteil voll eingezahlt ist. Grund hierfür ist, dass mit dem Erwerb des Anteils durch die GmbH die Stammeinlageforderung erlöschen würde; die GmbH kann nicht gleichzeitig Gläubigerin und Schuldnerin sein. Weiter darf das Entgelt für den Erwerb des Anteils das Stammkapital nicht angreifen. Schließlich muss für den Erwerb die Form des § 15 GmbHG eingehalten sein.

c) Rechtsfolgen

Ein wirksamer Erwerb des Anteils durch die GmbH bewirkt,[192] dass das Stimmrecht aus **3.194** dem Anteil ruht, d. h. die auf den Anteil fallenden Stimmen zählen bei Abstimmungen nicht mit. Der Anteil besteht weiter, kann also später auch wieder an Dritte veräußert werden.

Bezüglich des erworbenen Anteils gibt es keinen Gewinnanspruch; die Gesellschaft hat kei- **3.195** nen Gewinnanspruch gegen sich selbst. Dieser Anspruch wächst aber auch den übrigen Gesellschaftern nicht automatisch zu.[193] Der auf den erworbenen Anteil entfallende Gewinn bleibt also im Gesellschaftsvermögen.

11. Einziehung

Auch die Einziehung von Geschäftsanteilen ist möglich, § 34 GmbHG. **3.196**

a) Voraussetzungen

Voraussetzungen für eine wirksame Einziehung ist es zunächst, dass der einzuziehende **3.197** Anteil voll eingezahlt ist. Weiter muss die Zulässigkeit der Einziehung im Gesellschaftsvertrag vorgesehen sein.

Im Gesellschaftsvertrag kann die freiwillige Einziehung vorgesehen sein. In diesem Fall **3.198** muss auch der betroffene Gesellschafter der Einziehung seines Geschäftsanteils – formlos – zustimmen. Die Zustimmung ist gegenüber der GmbH oder den Mitgesellschaftern zu erklären.[194]

Im Gesellschaftsvertrag kann darüber hinaus auch festgelegt sein, dass eine Zwangsein- **3.199** ziehung auch ohne Zustimmung des betroffenen Gesellschafters bei Vorliegen genau bestimmter wichtiger Gründe möglich ist.

---

192) Vgl. Baumbach/Hueck/*Fastrich*, GmbHG, § 33 Rz. 22 ff.; Scholz/*Westermann*, GmbHG, § 33 Rz. 32 ff.; Lutter/Hommelhoff/*Lutter*, GmbHG, § 33 Rz. 39.
193) Eine solche Regelung ist aber möglich; vgl. BGH ZIP 1995, 374 = NJW 1995, 1027 f., dazu EWiR 1995, 369 (*W. Müller*).
194) Baumbach/Hueck/*Fastrich*, GmbHG, § 34 Rz. 6; Scholz/*Westermann*, GmbHG, § 34 Rz. 12; Lutter/Hommelhoff/*Kleindiek*, GmbHG, § 34 Rz. 23.

3.200 Wichtiger Grund kann z. B. die Insolvenz eines Gesellschafters, der Erbfall oder die Kündigung eines Gesellschafters sein. Eine nachträgliche Einführung der Möglichkeit der Zwangseinziehung ist nur mit Zustimmung aller betroffenen Gesellschafter zulässig.[195]

3.201 Die Entscheidung, ob ein Geschäftsanteil eingezogen wird, trifft die Gesellschafterversammlung formlos mit einfacher Mehrheit (falls der Gesellschaftsvertrag nichts anderes bestimmt), § 46 Nr. 4 GmbHG.[196] Nur für den Fall, dass der Geschäftsanteil eines Mehrheitsgesellschafters eingezogen wird, soll eine ¾-Mehrheit erforderlich sein, da dies mit der Auflösung der Gesellschaft vergleichbar ist.[197]

3.202 Der betroffene Gesellschafter hat Stimmrecht, es sei denn die Einziehung erfolgt aus wichtigem Grund (§ 47 Abs. 4 GmbHG analog).[198] Der Beschluss bedarf auch dann keiner notariellen Beurkundung, wenn gleichzeitig die Einziehung und die Übertragung an die verbleibenden Gesellschafter beschlossen werden.[199]

b) Rechtsfolgen

3.203 Der eingezogene Geschäftsanteil wird vernichtet. Das Stammkapital bleibt aber unverändert (strittig). Es ist zulässig, nach der Regierungsbegründung zum MoMiG[200] wegen der Neufassung des § 5 Abs. 3 S. 2 GmbHG sogar zwingend, die anderen Geschäftsanteile entweder aufzustocken oder einen neuen Geschäftsanteil zu bilden bzw. eine Kapitalherabsetzung durchzuführen.[201] Bei Divergenz zwischen der Summe der Nennbeträge der Geschäftsanteile und der Höhe des Stammkapitals soll nach BGH[202] der Einziehungsbeschluss allerdings wirksam sein.

3.204 Eine Einziehung kann nie ohne Abfindung erfolgen.[203] Die Einziehung ist schon vor Zahlung der Abfindung wirksam, es sei denn es steht von vornherein fest, dass die Abfindung nicht aus freien Rücklagen gezahlt werden kann.[204]

3.205 Die Berechnung der Höhe der Abfindung ist meist im Gesellschaftsvertrag geregelt. Es kommen Buchwert- oder Verkehrswertklauseln in Betracht. Eine Art der Ermittlung der Abfindung kann auch das sog. „Stuttgarter Verfahren" sein. Bei von Anfang an bestehendem „groben Missverhältnis" zwischen Abfindungshöhe und Anteilswert ist die Abfindungsklausel nichtig und eine Abfindung nach dem Verkehrswert zu zahlen.[205]

---

195) Baumbach/Hueck/*Fastrich*, GmbHG, § 34 Rz. 8.

196) LG Köln GmbHR 2000, 141; Baumbach/Hueck/*Fastrich*, GmbHG, § 34 Rz. 6, 14.

197) BGHZ 9, 157.

198) Vgl. Baumbach/Hueck/*Zöllner*, GmbHG, § 47 Rz. 88; differenzierend Scholz/*Westermann*, GmbHG, § 34 Rz. 43; Lutter/Hommelhoff/*Kleindiek*, GmbHG, § 34 Rz. 43.

199) OLG Karlsruhe GmbHR 2003, 1482.

200) S. 69.

201) Vgl. auch LG Essen GWR 2010, 349; Baumbach/Hueck/*Fastrich*, GmbHG, § 34 Rz. 20; Scholz/*Westermann*, GmbHG, § 34 Rz. 62 f., 66; BayObLG DB 1991, 2537; vgl. auch *Braun*, GmbHR 2010, 82; **a. A.** LG Dortmund GWR 2012, 326; zweifelnd OLG Saarbrücken NZG 2012, 180, das konkludent Aufstockung der Geschäftsanteile annimmt.

202) BGH NJW 2015, 1385.

203) BGH NZG 2014, 820; Ausnahme: gesellschaftsvertraglicher Abfindungsausschluss im Fall der Einziehung bei Erbfall, vgl. Baumbach/Hueck/*Fastrich*, GmbHG, § 34 Rz. 34a.

204) BGH ZIP 2012, 817 und BGH ZIP 2011, 1104 = NJW 2011, 2294; OLG Frankfurt/M., v. 12.10.2010 – 5 U 189/09; KG DB 2005, 2744.

205) BGHZ 116, 359 ff. = ZIP 1992, 237, dazu EWiR 1992, 321 (*Wiedemann*).

Ries

Bei der Beurteilung des „groben Missverhältnisses" sind die Interessen des betroffenen Gesellschafters und das Bestandsinteresse der Gesellschaft gegeneinander abzuwägen.[206)] Bei erst nachträglich entstehendem „groben Missverhältnis" bleibt die Abfindungsklausel zwar wirksam; im Wege der ergänzenden Vertragsauslegung wird aber nach Treu und Glauben und Abwägung aller Interessen dem betroffenen Gesellschafter eine angemessene Abfindung zugebilligt.[207)] **3.206**

Zu beachten ist, dass bei einer vertraglichen Regelung der Abfindung Gläubiger nicht benachteiligt werden dürfen.[208)] Dies bedeutet, dass für vergleichbare Einziehungsfälle nicht verschieden hohe Abfindungen vereinbart sein dürfen, z. B. für den Fall, dass der Anteil wegen Insolvenz des Gesellschafters eingezogen wird und für den Fall, dass eine Abfindung an die Erben, die zur Duldung der Einziehung verpflichtet sind, gezahlt wird. **3.207**

Weiter zu beachten ist, dass die Abfindung nicht aus dem Stammkapital gezahlt werden darf, § 34 Abs. 3, § 30 Abs. 1 GmbHG. Schließlich ist für den Fall, dass im Gesellschaftsvertrag keine Abfindungsregelung getroffen ist, als Abfindung der Verkehrswert zu zahlen, also der Wert, den ein Dritter für den Anteil zahlen würde. **3.208**

12. Ausschluss/Austritt[209)]

Ausschluss und Austritt sind gesetzlich nicht generell geregelt. Sie können im Gesellschaftsvertrag geregelt werden. Ohne gesellschaftsvertragliche Regelung sind Ausschluss und Austritt zulässig, wenn ein wichtiger Grund vorliegt, weniger einschneidende Maßnahmen nicht möglich sind, der Geschäftsanteil des betroffenen Gesellschafters voll eingezahlt ist und eine zu zahlende Abfindung nicht das Stammkapital angreift.[210)] **3.209**

Der Ausschluss erfolgt durch Ausschlussklage der Gesellschaft unter vorhergehendem Beschluss der Gesellschafter, der mit ¾ Mehrheit ohne den betroffenen Gesellschafter gefasst wird.[211)] Der Austritt erfolgt durch einseitige Erklärung des Gesellschafters, wobei der Austritt nicht durch unzulässig niedrige Abfindungsregelungen beschränkt werden darf.[212)] **3.210**

Nach Ausschluss bzw. Austritt des Gesellschafters bleibt der Gesellschafter zunächst Inhaber des Geschäftsanteils (mit Stimmrecht bezüglich Angelegenheiten, die die Abfindung betreffen können,[213)] es sei denn, im Gesellschaftsvertrag ist für diesen Fall das Ruhen des Stimmrechts oder das Ausscheiden vor Zahlung der Abfindung vorgesehen[214)]) bis zur Verwertung des Geschäftsanteils nach Wahl der Gesellschaft durch Einziehung (auch ohne Zustimmung des Betroffenen und ohne gesellschaftsvertragliche Regelung) oder durch Übertragung des Geschäftsanteils.[215)] **3.211**

---

206) BGHZ 116, 359 ff.
207) BGHZ 126, 226 ff. = ZIP 1994, 1173, dazu EWiR 1994, 973 (Wiedemann).
208) BGHZ 144, 365; Baumbach/Hueck/Fastrich, GmbHG, § 34 Rz. 30; Scholz/Westermann, GmbHG, § 34 Rz. 30; Lutter/Hommelhoff/Kleindiek, GmbHG, § 34 Rz. 96.
209) Vgl. hierzu Heidinger/Blath, GmbHR 2007, 1184 ff. und Hülsmann, GmbHR 2003, 198 ff.
210) Baumbach/Hueck/Fastrich, GmbHG, § 34 Anh. Rz. 2, 11 ff.; BGH Rpfleger 2006, 80 f.; BGH DB 2003, 1214.
211) BGH DB 2003, 494; str., vgl. Baumbach/Hueck/Fastrich, GmbHG, § 34 Anh. Rz. 9.
212) BGHZ 126, 226 ff.
213) BGH ZIP 2010, 324.
214) Vgl. BGH BB 2003, 1749.
215) Baumbach/Hueck/Fastrich, GmbHG, § 34 Anh. Rz. 10 und 26; a. A. Heidinger/Blath, GmbHR 2007, 1187 f., die sofortige Wirksamkeit bei Ausschluss/Austritt aufgrund Regelung im Gesellschaftsvertrag vertreten.

C.   Gesellschafterbeschlüsse

I.   Grundsatz

3.212   Die Gesellschafter sind „Herrscher" des Unternehmens. Sie können die GF bestellen und abberufen, sie können im Innenverhältnis den GF Beschränkungen aller Art auferlegen und ihnen Weisungen erteilen. Weiter können sie die Grundlagen der Gesellschaftsverhältnisse abändern, insbesondere den Gesellschaftsvertrag abändern und die Gesellschaft durch Beschluss auflösen.

II.   Kompetenzen

3.213   Die Kompetenzen der Gesellschafter sind im GmbHG verstreut geregelt. Die wichtigsten Vorschriften sind die §§ 46, 53, 55 ff., § 60 Abs. 1 Nr. 2, § 66 GmbHG. Weitere Kompetenzen sind im Umwandlungsgesetz geregelt, wonach die Gesellschafter Verschmelzungen, Ausgliederungen und Umwandlungen der GmbH zustimmen müssen.

3.214   Schließlich gilt auch für die Eingehung von Unternehmensverträgen (insbesondere Beherrschungs- und Gewinnabführungsverträgen) ein Zustimmungsvorbehalt der Gesellschafter (siehe unten Rz. 3.568 ff.).

3.215   Grundsätzlich besteht eine Allzuständigkeit der Gesellschafter. Allerdings dürfen die Gesellschafter nicht in den Kernbestand der GF-Aufgaben eingreifen, d. h. die GF dürfen nicht reine Marionetten der Gesellschafter sein.

3.216   Andererseits müssen die GF für außergewöhnliche Geschäfte, insbesondere strukturändernde Maßnahmen, die Zustimmung der Gesellschafter einholen,[216] wobei ein Verstoß gegen dieses Zustimmungserfordernis das Geschäft nicht automatisch unwirksam macht, aber zu Schadensersatzansprüchen gegen den/die GF oder zur Abberufung des/der GF führen kann.[217]

3.217   Nach dem MoMiG sind Gesellschafter bei Führungslosigkeit (= Fehlen eines GF) der GmbH auch berechtigt, Insolvenzantrag zu stellen, wenn die Führungslosigkeit glaubhaft gemacht wird, § 15 InsO.

3.218   Nach § 15a InsO besteht sogar eine Antragspflicht der Gesellschafter (mit Strafandrohung) im Falle der Führungslosigkeit, es sei denn der Gesellschafter hat von der Überschuldung/Zahlungsunfähigkeit oder Führungslosigkeit keine Kenntnis.

III.   Formalien der Einberufung

3.219   Die Gesellschafter entscheiden in Gesellschafterversammlungen, § 48 Abs. 1 GmbHG. Diese müssen ordnungsgemäß einberufen werden. Hierzu sind besondere Bestimmungen einzuhalten:

1.   Regelung im Gesellschaftsvertrag

3.220   Zunächst ist im Gesellschaftsvertrag zu prüfen, ob bestimmte Bedingungen für die Einberufung der Gesellschafterversammlung getroffen wurden. Falls im Gesellschaftsvertrag keine Regelung getroffen ist, gelten für die Einberufung die §§ 49 ff. GmbHG.

---

216) Vgl. BGHZ 83, 122 = ZIP 1982, 568 = NJW 1982, 1703 („Holzmüller").

217) Vgl. BGH DNotI-Report 2019, 68 und BGH ZIP 2004, 993; *Bungert*, BB 2004, 1345 ff. und *Barta*, GmbHR 2004, R 289 ff., der Kompetenz der Gesellschafterversammlung annimmt, wenn 80 % des Gesellschaftsvermögens betroffen sind; BGHZ 83, 122 („Holzmüller") und OLG Celle ZIP 2001, 613 = AG 2001, 357, dazu EWiR 2001, 651 *(Windbichler)*, und OLG München ZIP 2001, 700 = AG 2001, 364, dazu EWiR 2001, 459 *(Mutter)*.

2. Einberufungsorgan

Grundsätzlich werden die Gesellschafterversammlungen von den GF (auch zu Unrecht eingetragener GF[218]) einberufen, § 49 Abs. 1 GmbHG. Es genügt dabei, dass ein GF, auch wenn dieser nur gesamtvertretungsberechtigt ist, die Gesellschafterversammlung einberuft.[219]   **3.221**

Von der gesetzlichen Regelung des § 49 Abs. 1 GmbHG kann im Gesellschaftsvertrag nicht verschärfend (z. B. Einberufung durch alle GF und Gesellschafter) abgewichen werden.[220] Allerdings können die Gesellschafter auch selbst einberufen, wenn alle Gesellschafter damit einverstanden sind.[221]   **3.222**

Nach § 50 Abs. 1 GmbHG haben aber auch *Minderheitsgesellschafter*, deren Geschäftsanteile zusammen mindestens 10 % des Stammkapitals entsprechen, ein Recht, die Berufung der Versammlung unter Angabe des Zweckes (= Tagesordnung) und der Gründe (für die Eilbedürftigkeit) zu verlangen.   **3.223**

Nach § 50 Abs. 3 GmbHG können diese Minderheitsgesellschafter die Versammlung unter Mitteilung des Sachverhältnisses (= Darlegung der Voraussetzungen für das Vorliegen des Einberufungsrechts) selbst einberufen, wenn kein GF vorhanden ist oder wenn der GF die Versammlung trotz Verlangen nicht einberuft.   **3.224**

Im letzten Fall steht das (Selbsthilfe-)Recht den Minderheitsgesellschaftern also erst nach erfolglosem Einberufungsverlangen zu.[222] Die Rechte nach § 50 GmbHG können im Gesellschaftsvertrag nicht zu Lasten der Minderheit abbedungen werden.[223]   **3.225**

Schließlich hat auch ein fakultativer oder obligatorischer Aufsichtsrat ein Einberufungsrecht nach § 52 GmbHG i. V. m. § 111 Abs. 3 AktG analog.   **3.226**

3. Art und Weise der Einberufung

Gesellschafterversammlungen sind zunächst in den vom Gesellschaftsvertrag vorgesehenen Fällen einzuberufen und darüber hinaus in den Fällen, in denen es im Interesse der Gesellschaft erforderlich erscheint, § 49 Abs. 2 GmbHG.   **3.227**

Wenn sich aus der aktuellen Bilanz ergibt, dass die Hälfte des Stammkapitals verloren ist, ist die Gesellschafterversammlung unverzüglich einzuberufen, § 49 Abs. 3 GmbHG (gilt bei UG nur bei drohender Zahlungsunfähigkeit, vgl. § 5a Abs. 4 GmbHG).   **3.228**

Die gesetzliche Form der Einberufung regelt § 51 Abs. 1 GmbHG. Danach muss die Einladung mittels eingeschriebenen Brief erfolgen. Der Brief muss dabei nicht unbedingt vom Einberufenden unterschrieben sein, sondern nur die Person des Einberufenden erkennen lassen.[224] Einwurf-Einschreiben ist wohl nicht ausreichend.[225]   **3.229**

---

218) Scholz/*Schmidt*/*Seibt*, GmbHG, § 49 Rz. 5; **a. A.** aber BGHZ 212, 342 = NZG 2017, 182.

219) BayObLG ZIP 1999, 1597, dazu EWiR 1999, 1007 (*Fabis*); Baumbach/Hueck/*Zöllner*, GmbHG, § 49 Rz. 3; Scholz/*Schmidt*/*Seibt*, GmbHG, § 49 Rz. 4; Lutter/Hommelhoff/*Bayer*, GmbHG, § 49 Rz. 2.

220) *Müther*, GmbHR 2000, 966.

221) OLG München BB 2002, 2196.

222) Vgl. BGHZ 87, 3.

223) Baumbach/Hueck/*Zöllner*/*Noack*, GmbHG, § 50 Rz. 2; Scholz/*Schmidt*/*Seibt*, GmbHG, § 50 Rz. 6; Lutter/Hommelhoff/*Bayer*, GmbHG, § 50 Rz. 4.

224) *Müther*, GmbHR 2000, 966; **a. A.** Lutter/Hommelhoff/*Bayer*, GmbHG, § 51 Rz. 16; Baumbach/Hueck/*Zöllner*, GmbHG, § 51 Rz. 11, Unterschrift erforderlich.

225) Baumbach/Hueck/*Zöllner*, GmbHG, § 51 Rz. 12; **a. A.** LG Mannheim NZG 2008, 111.

3.230 Gem. § 51 Abs. 2 GmbHG ist der Zweck der Versammlung in der Einberufung anzukündigen. Darunter versteht man die Angabe der Tagesordnungspunkte.

3.231 In der Ladung ist der Zeitpunkt der Versammlung anzugeben. Vor Beginn der Durchführung der Versammlung ist eine Wartefrist einzuhalten.[226]

3.232 Die Gesellschafterversammlung ist grundsätzlich am Sitz der Gesellschaft abzuhalten, § 121 Abs. 5 AktG analog.

3.233 Die Frist für die Einberufung ergibt sich aus §§ 51 Abs. 1 GmbHG, § 187 ff. BGB, soweit nicht im Gesellschaftsvertrag eine andere Frist vorgesehen ist. Eine Abkürzung der gesetzlichen Frist ist aber nicht möglich.[227] Für das Nachschieben von Tagesordnungspunkten gilt die Frist des § 51 Abs. 4 GmbHG.

3.234 Nach den vorgenannten gesetzlichen Bestimmungen ist eine Ladungsfrist von einer Woche einzuhalten. Die Frist beginnt (§ 187 Abs. 1 BGB) mit dem Tag des Zugangs der Einladung beim letzten Gesellschafter.

3.235 Die h. M. unterstellt in den Fällen, in denen ein Zugang nicht nachgewiesen werden kann, eine Postlaufzeit von zwei Tagen[228] und fingiert damit den Zugang der Einladung zwei Tage nach Absendung der Einladung.

3.236 Fristende ist eine Woche nach Zugang der Einladung, § 188 Abs. 2 BGB. § 193 BGB wird von der h. M. nicht (analog) angewandt, da Zweck der Frist nur die Gewährung einer Überlegungszeit von einer Woche ist.[229]

> **Beispiel** bei fiktivem Zugang:[230]
> – Briefaufgabe: 7.1.2019
> – Zugang: 9.1.2019
> – Fristbeginn: 10.1.2019, 0.00 Uhr, § 187 Abs. 1 BGB
> – Fristende: 16.1.2019, 24.00 Uhr, § 188 Abs. 2 BGB
> – Gesellschafterversammlung: ab 17.1.2019

4. Einzuladende Personen

3.237 Alle Gesellschafter müssen geladen werden. Bei Abtretungen gilt derjenige als Gesellschafter, der gem. § 16 Abs. 1 GmbHG in der beim Handelsregister aufgenommenen Gesellschafterliste geführt ist.[231]

3.238 Bei unbekanntem Aufenthalt (nach eventueller Anfrage beim Einwohnermeldeamt) kommt in Betracht, durch öffentliche Zustellung[232] oder durch Ladung eines zu bestellenden Abwesenheitspflegers zu laden.[233] Letzteres ist problematisch, da die Bestellung eines Abwesenheitspflegers ein Fürsorgebedürfnis voraussetzt, das jedenfalls bei einem Gesellschafter,

---

226) OLG Dresden GmbHR 2000, 435.
227) OLG Naumburg NZG 2000, 44.
228) BGHZ 100, 267 f.; vgl. Scholz/*Schmidt/Seibt*, GmbHG, § 51 Rz. 14; auch für nachgeschobene Tagesordnungspunkte, OLG Jena NZG 2018, 992.
229) Baumbach/Hueck/*Zöllner/Noack*, GmbHG, § 51 Rz. 20; teilw. abweichend Scholz/*Schmidt/Seibt*, GmbHG, § 51 Rz. 13; Lutter/Hommelhoff/*Bayer*, GmbHG, § 51 Rz. 13.
230) Nach BGHZ 100, 267 f.
231) Vgl. hierzu oben Rz. 3.168.
232) Kritisch hierzu *Werner*, GmbHR 2014, 361.
233) *Müther*, GmbHR 2000, 966; vgl. auch unten Rz. 3.273.

der sich um nichts kümmert (z. B. seine Anschriftenänderung nicht mitteilt), nicht angenommen werden kann.[234] Fraglich ist, ob eine Ladung ganz entbehrlich ist, wenn von vornherein klar ist, dass der Gesellschafter nicht geladen werden kann (z. B. Entführungsfall).
In diesem Fall dürfte in Eilfällen die Ladung entbehrlich sein und ansonsten die Bestellung
eines Abwesenheitspflegers zulässig sein.

Bei minderjährigen Gesellschaftern geht die Ladung an deren gesetzlichen Vertreter (bei   **3.239**
Vertretungsausschluss an Ergänzungspfleger[235])), bei unter Pflegschaft stehenden Gesell-
schaftern an den Pfleger und bei Gesellschaftern, über deren Vermögen die Eröffnung des
Insolvenzverfahrens angeordnet ist, an den Insolvenzverwalter.[236]

5. Vollversammlung

Auch bei nicht ordnungsgemäßer Einberufung der Versammlung (Form-, Fristverstoß;   **3.240**
fehlende Kompetenz zur Einladung) können Beschlüsse gefasst werden, wenn sämtliche
Gesellschafter anwesend sind, sog. „Vollversammlung" (§ 51 Abs. 3 GmbHG).

Die reine körperliche Anwesenheit reicht zur Annahme einer Vollversammlung nicht aus.   **3.241**
Vielmehr ist es notwendig, dass die anwesenden Gesellschafter auch konkludent der Abhaltung der Versammlung zustimmen.[237] So liegt z. B. keine Vollversammlung i. S. d. § 51
Abs. 3 GmbHG vor, wenn ein anwesender Gesellschafter (konkludent) der Beschlussfassung
wegen Einberufungsmängeln widerspricht, da dann dieser Gesellschafter mit der Abhaltung
der Versammlung zum Zwecke der Beschlussfassung nicht einverstanden ist.[238]

6. Entbehrlichkeit der Versammlung

In bestimmten Fällen muss eine Gesellschafterversammlung nicht abgehalten werden. Gem.   **3.242**
§ 48 Abs. 2 GmbHG ist keine Gesellschafterversammlung nötig, wenn sich sämtliche Gesellschafter in Textform mit dem Inhalt des zu treffenden Gesellschafterbeschlusses oder mit
der schriftlichen Abgabe der Stimmen einverstanden erklären. Gem. § 48 Abs. 3 GmbHG
ist bei der Ein-Mann-GmbH die förmliche Beschlussfassung nicht notwendig; vielmehr
reicht hier die Fertigung eines schriftlichen Protokolls.

Schließlich kann auch durch eine Klausel im Gesellschaftsvertrag eine Abweichung von den   **3.243**
strengen Vorschriften der §§ 49 ff. GmbHG (bis auf die oben genannten Ausnahmen) erreicht werden. So kann im Gesellschaftsvertrag die Abhaltung einer telefonischen Gesellschafterversammlung zugelassen werden.[239]

7. Terminsverlegung

Die Verlegung eines Termins für eine Gesellschafterversammlung enthält einen Doppeltat-   **3.244**
bestand, nämlich einerseits die Aufhebung des alten Termins und andererseits die Einladung
zur Abhaltung einer Gesellschafterversammlung an einem neuen Termin. Dies bedeutet,
dass bezüglich der neuen Einladung die Vorschriften der §§ 49 ff. GmbHG eingehalten

---

234) *Werner*, GmbHR 2014, 361.
235) *Burger*, RNotZ 2006, 170.
236) *Zeilinger*, GmbHR 2001, 543.
237) BGH DB 2009, 556.
238) Vgl. BHGZ 100, 270; OLG München GmbHR 2000, 486 ff.
239) OLG München BB 1978, 471.

werden müssen, insbesondere dass die Frist und die Formalien für die Einberufung beachtet werden müssen.

IV. Teilnahmerecht, Vertretung, Organisation

3.245 Jeder Gesellschafter hat ein Recht zur Teilnahme an den Gesellschafterversammlungen, und zwar solange er in der bei Gericht aufgenommenen Gesellschafterliste steht, § 16 Abs. 1 GmbHG.

3.246 Dies wird z. B. dann wichtig, wenn sein Geschäftsanteil unter einer Bedingung abgetreten worden ist und diese Bedingung noch nicht eingetreten ist.

3.247 Nicht-Gesellschaftern steht ein Teilnahmerecht grundsätzlich nur bei Gestattung im Gesellschaftsvertrag zu. Ohne Gestattung kommt für Nicht-Gesellschafter ein Teilnahmerecht nur aus den Grundsätzen der Treuepflicht bei besonders schwerwiegenden Entscheidungen in Betracht, z. B. bei der Hinzuziehung eines Beraters bei schwerwiegenden Entscheidungen.[240]

3.248 Es besteht nur ein Teilnahmerecht, nicht aber eine Teilnahmepflicht. Allerdings kann im Gesellschaftsvertrag eine Teilnahmepflicht vorgesehen sein. Ein Ausschluss von der Teilnahme bei der Gesellschafterversammlung ist nur in besonderen Ausnahmefällen möglich, z. B. wenn ein Gesellschafter den anderen Gesellschaftern nach dem Leben trachtet.

3.249 Die Gesellschafter können sich in der Gesellschafterversammlung auch vertreten lassen. Hierfür ist erforderlich, aber auch ausreichend, eine Vollmacht in Textform (auch Telefax, E-Mail[241]) gem. § 47 Abs. 3 GmbHG. Streitig ist, ob auch eine unwiderrufliche Vollmacht zulässig ist.[242]

3.250 Auf Verlangen der Mitgesellschafter muss die Vollmacht vorgelegt werden. Dabei kann das Verlangen auch noch im unmittelbaren Anschluss nach der Beschlussfassung gestellt werden; anderenfalls wäre auch der ohne Textform-Vollmacht gefasste Beschluss wirksam, vgl. Rechtsgedanke der § 180 S. 2, § 174 BGB.

3.251 Falls nur eine mündliche Vollmacht erteilt wurde, können die Mitgesellschafter den Vertreter zulassen. Es reicht auch aus, wenn die mündliche Vollmachtserteilung sämtlichen Gesellschaftern bekannt ist und niemand Widerspruch erhebt.[243]

3.252 Falls der Abstimmende gar keine Vollmacht des Gesellschafters hatte, kann der an sich unwirksame Beschluss (wenn es auf die Stimme des Vollmachtgebers ankommt) immer noch durch Genehmigung des nicht wirksam vertretenen Gesellschafters wirksam werden (nicht aber bei Ein-Mann-GmbH, vgl. § 180 BGB).

3.253 Das GmbHG enthält keine Bestimmung über die Organisation in der Gesellschafterversammlung selbst. In der Praxis hat er sich aber als sinnvoll erwiesen, dass im Gesellschaftsvertrag Regelungen über die Organisation der Gesellschafterversammlung getroffen werden, insbesondere dazu, wer den Vorsitz in der Gesellschafterversammlung führt und auch, von wem und in welcher Form ein Protokoll über die Versammlung aufgenommen werden soll. Sinnvoll ist ein Versammlungsleiter, dessen Person und Befugnisse entweder im Gesellschaftsvertrag oder ad hoc bestimmt werden.[244]

---

240) OLG Düsseldorf GmbHR 2002, 67; *Werner*, GmbHR 2006, 871 ff.
241) Vgl. *Bärwaldt/Günzel*, GmbHR 2002, 1112 ff., die Textform als Legitimationsnachweis sehen.
242) Vgl. Baumbach/Hueck/*Zöllner/Noack*, GmbHG, § 47 Rz. 50.
243) BGHZ 49, 194.
244) KG GWR 2016, 184; OLG Brandenburg GmbHR 2017, 408.

V. Beschlussfähigkeit, Abstimmung

Oft findet sich im Gesellschaftsvertrag eine Klausel, die regelt, wann eine Gesellschafter- **3.254**
versammlung beschlussfähig ist, z. B. dann, wenn mehr als 50 % der Gesellschafter zur
Gesellschafterversammlung erschienen sind. Falls im Gesellschaftsvertrag hierzu keine Regelung getroffen worden ist, ist die Gesellschafterversammlung schon dann beschlussfähig,
wenn nur ein Gesellschafter anwesend ist.

Die Beschlussfassung erfolgt durch Abstimmung. Die Abstimmung ist dabei in der Regel **3.255**
formfrei, es sei denn der Gesellschaftsvertrag oder das Gesetz sehen eine bestimmte Form
vor, wie z. B. § 53 Abs. 2 GmbHG für die Beschlussfassung über Änderungen des Gesellschaftsvertrages.

Grundsätzlich reicht die einfache Mehrheit der abgegebenen Stimmen, es sei denn, im Ge- **3.256**
sellschaftsvertrag oder im Gesetz ist eine höhere Mehrheit vorgesehen (vgl. § 47 Abs. 1
GmbHG, § 53 Abs. 2 GmbHG).

Nach neuem Recht (§ 47 Abs. 2 GmbHG) gewähren je 1 € eines Geschäftsanteils eine Stim- **3.257**
me (früher 50 € und noch früher 100 DM). Allerdings ist es möglich, im Gesellschaftsvertrag eine unterschiedliche Stimmkraft der einzelnen Gesellschafter zu vereinbaren.

Jeder Gesellschafter einer GmbH hat Stimmrecht, solange er nach § 16 GmbHG in der beim **3.258**
Handelsregister aufgenommenen Gesellschafterliste eingetragen ist, vgl. Rz. 3.168). Jeder
Gesellschafter kann seine Stimme nur einheitlich abgeben,[245] d. h. ein Gesellschafter mit
einem Geschäftsanteil von 500 € kann nicht 499 Ja- und eine Nein-Stimme abgeben, sondern muss entweder 500 Ja- oder 500 Nein-Stimmen abgeben. Stimmenthaltungen gelten als
nicht abgegebene Stimmen.

Einzelne Gesellschafter können u. U. von der Abstimmung ausgeschlossen sein. Zum einen **3.259**
kann der Gesellschafter gem. § 181 BGB von der Abstimmung ausgeschlossen sein mit der
Folge, dass eine entgegen § 181 BGB abgegebene Stimme zur Unwirksamkeit der Stimmabgabe und bei der Ein-Mann-GmbH sogar zur Unwirksamkeit und nicht nur Anfechtbarkeit des Beschlusses führt.[246]

§ 181 BGB wird auf die Beschlussfassung bei Gesellschafterversammlungen einer GmbH **3.260**
angewandt, jedenfalls bei Beschlüssen, die den Gesellschaftsvertrag ändern und durch die
Vertreter zum GF bestellt werden,[247] allerdings nicht bei der Ein-Mann-GmbH, soweit
der Ein-Mann-Gesellschafter selbst und nicht sein Vertreter abstimmt.[248]

§ 181 BGB soll einen Interessenkonflikt eines Gesellschafters gegenüber den Mitgesell- **3.261**
schaftern vermeiden. Falls also ein Gesellschafter sowohl im eigenen Namen als auch im
Namen eines Mitgesellschafters auftritt, greift § 181 BGB ein.

§ 181 BGB soll auch für den Testamentsvollstrecker gelten, der sich selbst zum GF be- **3.262**
stellen will,[249] und ebenso für gesetzliche Vertreter, Betreuer, Pfleger und Verwalter.[250]

---

245) BGH GmbHR 1965, 32.
246) BayObLG GmbHR 2001, 728.
247) Vgl. BGHZ 112, 339 = ZIP 1991, 25; Baumbach/Hueck/*Zöllner/Noack*, GmbHG, § 47 Rz. 60; differenzierend Scholz/*Schmidt*, GmbHG, § 47 Rz. 178 ff.
248) Vgl. Baumbach/Hueck/*Zöllner/Noack*, GmbHG, § 47 Rz. 60 a. E.
249) BGHZ 51, 216 f.; BGHZ 108, 21 = ZIP 1989, 913, dazu EWiR 1989, 1103 (*Roth*).
250) BayObLG GmbHR 2001, 72 – Bestellung eines Vorstands der Alleingesellschafterin zum GF der GmbH;
vgl. Scholz/*Schmidt*, GmbHG, § 47 Rz. 181.

3.263 Die Anwendbarkeit des § 181 BGB bedeutet, dass in den oben genannten Fällen der Abstimmende von den Beschränkungen des § 181 BGB befreit werden muss oder der Beschluss nachträglich von dem vertretenen Gesellschafter genehmigt werden muss. Allerdings wird man in der Erteilung der Vollmacht bzw. in der Anordnung von Testamentsvollstreckung konkludent eine Befreiung von den Beschränkungen des § 181 BGB sehen können.

3.264 Ist der vertretene Gesellschafter selbst eine Kapitalgesellschaft, können die Gesellschafter bzw. der Aufsichtsrat dieser Kapitalgesellschaft das ausgeschlossene Vertretungsorgan befreien Alternativ kann ein anderes (nicht ausgeschlossenes) Vertretungsorgan handeln bzw. es wird die Genehmigung durch ein anderes vertretungsberechtigtes Organ dieser Gesellschaft oder in Ermangelung eines solchen durch die Gesellschafterversammlung bzw. durch den Aufsichtsrat dieser Kapitalgesellschaft erteilt.

3.265 Ein Stimmrechtsverbot kommt auch gem. § 47 Abs. 4 GmbHG in Betracht. Diese Vorschrift ist als lex specialis zu § 181 BGB zu sehen. § 47 Abs. 4 GmbHG soll Interessenkonflikte zwischen dem Gesellschafter und der GmbH vermeiden.[251] Daher sind Gesellschafter bzw. eine diesen Gesellschafter vertretende (auch Testamentsvollstrecker[252]) bzw. beherrschende Person,[253] welche durch die Beschlussfassung entlastet oder von einer Verbindlichkeit befreit werden sollen, vom Stimmrecht ausgeschlossen.

3.266 Gleiches gilt von der Beschlussfassung, welche die Vornahme eines Rechtsgeschäfts oder die Einleitung oder Erledigung eines Rechtsstreits gegenüber einem Gesellschafter oder einer diesen Gesellschafter beherrschenden Person[254] betrifft.

3.267 In diesen Fällen würde der Gesellschafter praktisch in eigener Sache mitentscheiden. Daher rechtfertigt sich das Verbot nach § 47 Abs. 4 GmbHG. § 47 Abs. 4 GmbHG wird auch auf die Fälle (analog) angewandt, in denen ein Gesellschafter, der gleichzeitig auch GF ist, aus wichtigem Grund als GF abberufen wird.[255]

3.268 Schließlich ist § 47 Abs. 4 GmbHG auch auf den Erwerber eines Geschäftsanteils anwendbar, wenn die Abtretung des Geschäftsanteils den Zweck hatte, das Stimmverbot des Veräußerers zu umgehen.[256] Keine Anwendung findet § 47 Abs. 4 GmbHG bei einer Ein-Mann-GmbH und bei Abberufungen des Gesellschafters/GF ohne wichtigen Grund.

3.269 In den Fällen, in denen trotz Stimmrechtsverbot abgestimmt worden ist, sind die entgegen dem Verbot abgegebenen Stimmen nichtig.[257]

3.270 Nach h. M. kann das Stimmrechtsverbot nach § 47 Abs. 4 GmbHG nicht im Gesellschaftsvertrag abbedungen werden, es sei denn es handelt sich um ein Stimmrechtsverbot bzgl. des Abschlusses eines Rechtsgeschäfts.[258]

---

251) Baumbach/Hueck/*Zöllner/Noack*, GmbHG, § 47 Rz. 60; vgl. umfassend auch *Lohr*, NZG 2002, 551 ff.

252) BGH NZG 2014, 945.

253) KG NZG 2015, 198 = ZIP 2014, 2505; *Bacher*, GmbHR 2002, 143 ff.

254) OLG Brandenburg GmbHR 2001, 624.

255) Baumbach/Hueck/*Zöllner/Noack*, GmbHG, § 47 Rz. 85; Scholz/*Schmidt*, GmbHG, § 47 Rz. 141.

256) BGH DNotZ 2009, 72; OLG Düsseldorf DB 2001, 2035.

257) Baumbach/Hueck/*Zöllner/Noack*, GmbHG, § 47 Rz. 104; Scholz/*Schmidt*, GmbHG, § 47 Rz. 175: „unwirksam"

258) BGH GmbHR 1989, 239; OLG Hamm GmbHR 2003, 415; *Lohr*, NZG 2002, 561 f.; dagegen *Bacher*, GmbHR 2001, 134.

Ries

VI. Nichtigkeit von Beschlüssen

Bei Verstößen gegen die Formalien der Einberufung von Gesellschafterversammlungen **3.271** und gegen materielles Recht kommen Nichtigkeit und Anfechtbarkeit der dort getroffenen Gesellschafterbeschlüsse in Betracht. Fraglich ist, wann ein Gesellschafterbeschluss nichtig und wann er anfechtbar ist.

Das GmbHG enthält hierzu keine Regelungen. Die Rechtsprechung wendet zur Beurteilung **3.272** der Frage, ob Nichtigkeit oder Anfechtbarkeit vorliegt, die §§ 241 ff. AktG analog an.[259] Die folgenden Verstöße führen zur Nichtigkeit von Gesellschafterbeschlüssen:

1. Nichtigkeitsgründe

Der Beschluss ist nichtig, wenn nicht alle Gesellschafter zur Gesellschafterversammlung **3.273** eingeladen worden sind, § 241 Nr. 1 AktG analog, oder ganz grobe Ladungsfehler vorliegen, die der Nichtladung gleichkommen.[260] An dieser Stelle ist vom Registergericht anhand der letzten Gesellschafterliste zu prüfen, wer zum Zeitpunkt des Gesellschafterbeschlusses als Gesellschafter galt und ob diese Gesellschafter auch zur Gesellschafterversammlung geladen worden sind.[261] Eine ordnungsgemäße Ladung führt dann zur Nichtigkeit des Beschlusses, wenn klar war, dass Ladung den Gesellschafter nicht erreicht, man ihn in der Vergangenheit anders erreicht hatte und ihn auch jetzt anders hätte erreichen können.[262]

Der Beschluss ist auch nichtig, wenn die unzuständige Person geladen hat, also z. B. der **3.274** Prokurist statt des GF (§ 241 Nr. 1 AktG analog), wenn die Beschlussfassung nicht notariell beurkundet worden ist, obwohl dies notwendig gewesen wäre, § 241 Nr. 2 AktG analog, oder wenn der Gesellschafterbeschluss gegen Vorschriften verstößt, die Gläubiger schützen oder im öffentlichen Interesse liegen oder dem Wesen der GmbH widersprechen, § 241 Nr. 3 AktG analog.

Gläubigerschutzvorschriften sind z. B. alle Vorschriften, die der Kapitalerhaltung dienen **3.275** (§§ 5, 19, 21, 24, 30–33, 55 Abs. 4 GmbHG). Beschlüsse, die gegen die guten Sitten verstoßen, sind ebenfalls nichtig, § 241 Nr. 4 AktG analog.

Schließlich können auch Kompetenzüberschreitungen zur Nichtigkeit führen, z. B. dann, **3.276** wenn die Gesellschafter den GF bestellen, obwohl die GmbH nach dem MitbestG mitbestimmt ist oder der Gesellschaftsvertrag vorsieht, dass der GF vom Aufsichtsrat/Beirat berufen werden muss (unten Rz. 3.486 ff.).

2. Heilung der Nichtigkeit

Die Nichtigkeit kann geheilt werden, nämlich bei Ladungsfehlern durch Abhaltung einer **3.277** Vollversammlung (oben Rz. 3.240 f.) oder aber durch analoge Anwendung des § 242 AktG.[263] Nach § 242 Abs. 1 AktG analog wird ein wegen fehlender Beurkundung nichtiger Beschluss geheilt, wenn er in das Handelsregister eingetragen worden ist.

---

259) BGHZ 134, 364 = ZIP 1997, 732 = GmbHR 1997, 655.
260) Z. B. Ladung per E-Mail am Vorabend der Gesellschafterversammlung, BGH NZG 2006, 349; vgl. auch OLG Stuttgart BeckRS 2018, 21664, wo bei nicht formgerechter Ladung nur Anfechtbarkeit angenommen wurde, weil rechtzeitig per e-mail geladen wurde.
261) Vgl. zum Prüfungsrecht des Registergerichts OLG Düsseldorf BB 2001, 1408, und OLG Hamm ZIP 2001, 1918.
262) OLG Düsseldorf NZG 2019, 148 = ZIP 2018, 1783.
263) BGHZ 144, 365 = ZIP 2000, 1294.

3.278 Für Beschlüsse, die aus anderen Gründen nichtig sind, gilt § 242 Abs. 2 S. 1 AktG analog, d. h. die Nichtigkeit kann dann nicht mehr geltend gemacht werden, wenn der Beschluss in das Handelsregister eingetragen worden ist und seit dieser Eintragung drei Jahre verstrichen sind.[264]

3.279 Schließlich kommt für den Fall, dass ein Gesellschafter nicht richtig geladen worden ist, eine Heilung nach § 242 Abs. 2 S. 4 AktG analog in Betracht, wenn der nicht geladene (oder nicht ordnungsgemäß geladene) Gesellschafter den Beschluss genehmigt.[265]

3. Geltendmachung der Nichtigkeit

3.280 Die Nichtigkeit kann von jedermann, also nicht nur vom betroffenen Dritten oder Gesellschafter geltend gemacht werden, soweit ein Rechtsschutzbedürfnis besteht. Die Geltendmachung erfolgt durch Klage gegen die Gesellschaft, §§ 249, 246 Abs. 2 AktG analog.

4. Vorgehen des Registergerichts

3.281 Falls der zuständige Rechtspfleger oder Richter Nichtigkeit annimmt, darf er die angemeldete Änderung nicht eintragen. Falls er trotzdem einträgt, kommt eine Löschung gem. § 398 FamFG in Betracht, wenn der Beschluss seinem Inhalt nach zwingende Vorschriften des Gesetzes verletzt und seine Beseitigung im öffentlichen Interesse erforderlich erscheint.

VII. Anfechtbarkeit von Beschlüssen

3.282 Alle Verstöße, die nicht zur Nichtigkeit führen, können zur Anfechtbarkeit des bis zum rechtskräftigen kassatorischen Anfechtungsurteil wirksamen Beschlusses führen.

1. Anfechtbarkeit bei „relevanten" Verstößen

3.283 Folgende Anfechtungsgründe kommen zunächst in Betracht:

- Einberufungsmängel bezüglich Form[266] und Frist,
- schriftliche Abstimmung ohne Zustimmung aller Gesellschafter,
- Abweichung von der Tagesordnung,[267]
- Verletzung von Informations- und Teilnahmerechten,
- Nichteinhaltung der Wartefrist,[268]
- Verstöße bei Beschlussfeststellung durch einen hierfür von den Gesellschaftern bestellten Versammlungsleiter[269] (z. B. Zählfehler, Berücksichtigung ungültiger Stimmen, Zugrundelegung falscher Mehrheitserfordernisse).

---

264) Vgl. BGHZ 144, 365 = ZIP 2000, 1294, der § 242 Abs. 2 AktG auch auf nichtige Bestimmungen im Gründungsgesellschaftsvertrag analog anwendet.
265) Vgl. Baumbach/Hueck/*Zöllner/Noack*, GmbHG, Anh. § 47 Rz. 77.
266) *Müther*, GmbHR 2000, 970; Scholz/*Schmidt/Seibt*, GmbHG, § 51 Rz. 26; **a. A.**: Baumbach/Hueck/*Zöllner/ Noack*, GmbHG, § 51 Rz. 28, der Nichtigkeit annimmt.
267) Nach OLG München, Urt. v. 9.1.2019 – 7 U 1509/18, soll das sogar zur Nichtigkeit führen.
268) OLG Dresden GmbHR 2000, 435.
269) Vgl. KG GWR 2016, 184.

In den vorgenannten Fällen muss allerdings zwischen dem Mangel und dem darauf fol- **3.284** genden Beschluss „Relevanz" vorliegen, d. h. der Beschluss muss zumindest möglicherweise auf den vorgenannten Verstößen beruhen.[270]

Beispiel:
Wird die Gesellschafterversammlung einberufen und ist dabei die Wochenfrist nicht gewahrt, so führt dies nur dann zu einem Anfechtungsgrund, wenn der Gesellschafterbeschluss möglicherweise wegen der Nichteinhaltung der Frist zustande gekommen ist. Die Kausalität wäre z. B. dann zu verneinen, wenn die Gesellschafterversammlung auch bei Einhaltung der Frist den selben Beschluss gefasst hätte.

2. Weitere Anfechtungsgründe

Neben den oben genannten Anfechtungsgründen gibt es aber noch weitere Anfechtungs- **3.285** gründe, die auch ohne „Relevanz" zwischen Mangel und Beschluss einen Anfechtungsgrund liefern, nämlich folgende:

– Willkürliche Ungleichbehandlung: Eine solche liegt z. B. dann vor, wenn die Gesellschafterversammlung ohne vernünftigen Grund verschiedene Gesellschafter, z. B. bei der Gewinnverteilung, völlig ungleich behandelt,

– Missbrauch der Mehrheitsherrschaft: Wenn die Mehrheitsgesellschafter unter Ausnutzung ihrer Mehrheit den Gesellschaftsvertrag dahingehend abändern, dass die Minderheitsgesellschafter ein schwächeres Stimmrecht haben sollen, stellt dies einen Missbrauch der Mehrheitsherrschaft dar, der zur Anfechtbarkeit durch die Minderheitsgesellschafter führt,

– Verstöße gegen Regelungen des Gesellschaftsvertrages,

– § 243 Abs. 2 AktG analog: Danach kann der Gesellschafterbeschluss angefochten werden, wenn ein Gesellschafter für sich oder einen Dritten Sondervorteile zum Schaden der Gesellschaft oder anderer Gesellschafter zu erlangen sucht.

3. Heilung der Anfechtbarkeit

Wegen Verfahrensfehler anfechtbare Beschlüsse können durch Bestätigung in einem neuen **3.286** Beschluss geheilt werden, § 244 AktG analog.[271] Ladungsmängel werden auch durch eine Vollversammlung geheilt, § 51 Abs. 3 GmbHG.

4. Geltendmachung der Anfechtbarkeit

Zur Anfechtung befugt sind nicht jedermann, sondern nur die Gesellschafter und die Ge- **3.287** schäftsführung, wobei § 245 AktG analog angewandt wird. War der anfechtende Gesellschafter in der Gesellschafterversammlung anwesend, musste er gegen den Beschluss Widerspruch zur Niederschrift erklären, § 245 Nr. 1 AktG analog.

Nicht erschienene Gesellschafter haben ein Anfechtungsrecht, wenn sie zur Gesellschaf- **3.288** terversammlung zu Unrecht nicht zugelassen worden sind oder die Versammlung nicht ordnungsgemäß einberufen (Form, Frist, Tagesordnung) worden ist.

---

270) Vgl. BGH ZIP 1998, 22 = GmbHR 1998, 136 f., dazu EWiR 1998, 895 *(Sernetz)*, und BGH WM 1987, 1013; *Geißler*, GmbHR 2002, 522.
271) Vgl. LG München DB 2003, 1268.

3.289 Die Anfechtungsklage muss, falls keine Frist im Gesellschaftsvertrag vorgesehen ist, binnen eines Monats nach der Beschlussfassung gegen die Gesellschaft erhoben werden, § 246 Abs. 1 AktG analog.[272] Für den Beginn der Frist ist dabei der Zugang des Beschlusses bei dem Anfechtenden ausschlaggebend.

5. Vorgehen des Registergerichts

3.290 Liegt dem Registergericht eine Anmeldung mit einem anfechtbaren Beschluss vor, so muss es bei einer Anfechtung dieses Beschlusses wie folgt verfahren:

3.291 Bevor ein Urteil bezüglich der Anfechtung ergangen ist, muss entschieden werden, ob das Registergericht einträgt oder das Verfahren nach §§ 21, 381 FamFG aussetzt. Dabei wird das Registergericht die Erfolgsaussichten der Anfechtungsklage abschätzen und bei überwiegender Erfolgsaussicht das Verfahren bis zur rechtskräftigen Entscheidung aussetzen.

3.292 Soweit der Gesellschafterbeschluss durch rechtskräftiges Urteil nach einer Anfechtung für nichtig erklärt ist, wirkt das Urteil für und gegen alle Gesellschafter und Geschäftsführer, § 248 AktG analog. Der GF hat nach dieser Vorschrift das Urteil unverzüglich zum Handelsregister einzureichen. War der Beschluss in das Handelsregister eingetragen, so ist auch das Urteil einzutragen und in gleicher Weise wie der Beschluss bekannt zu machen.

D. Gesellschaftsvertragsänderungen

I. Definition

3.293 Eine Änderung des Gesellschaftsvertrages liegt dann vor, wenn der Wortlaut des Gesellschaftsvertrages in materiell rechtlicher Hinsicht geändert wird. Sog. „unechte" Bestandteile des Gesellschaftsvertrages gehören zwar formell zum Text des Gesellschaftsvertrages, nicht aber materiell rechtlich. Die Änderung solcher Bestimmungen stellt keine Änderung des Gesellschaftsvertrages dar.

3.294 „Unechte" Bestandteile des Gesellschaftsvertrages sind die Teile des Gesellschaftsvertrages, die keine körperschaftliche Bindung zwischen den Gesellschaftern schaffen sollen, z. B. eine Regelung im Gesellschaftsvertrag über die Höhe des GF-Gehalts oder die Bestellung des GF (es sei denn, es wird gleichzeitig ein „Sonderrecht" gewährt; siehe unter Rz. 3.490); diese „unechten" Bestandteile können von den Gesellschaftern auch ohne Einhaltung der Form- und Mehrheitsvorschrift des § 53 Abs. 2 GmbHG geändert werden.

3.295 Auch die Bestellung des GF im Musterprotokoll und die dort vorgesehene Befreiung von den Beschränkungen des § 181 BGB dürfte nur als unechter Bestandteil des Gesellschaftsvertrages anzusehen sein, so dass ein Geschäftsführerwechsel durch einfachen Gesellschafterbeschluss möglich ist.

II. Form der Änderungen des Gesellschaftsvertrages

3.296 Der (materiell-rechtliche) Inhalt des Gesellschaftsvertrages kann nur durch Gesellschafterbeschluss geändert werden. Werden Bestimmungen mit korporativem Charakter geändert, bedarf der Beschluss gem. § 53 Abs. 2 S. 1 GmbHG der notariellen Beurkundung.[273]

---

272) BGH DStR 2009, 2113.
273) Vgl. OLG Brandenburg GmbHR 2001, 624; *Sieger/Schulte*, GmbHR 2002, 1050.

Die Beurkundung erfolgt dabei nach §§ 36, 37 BeurkG.[274] In der Urkunde müssen daher   **3.297**
die Bezeichnung des Notars und der Bericht über seine Wahrnehmungen angegeben sein;
die Urkunde ist vom Notar zu unterschreiben.[275]

Die in der Praxis erfolgende Beurkundung nach §§ 6 ff. BeurkG (Beurkundung von Wil-   **3.298**
lenserklärungen) ist aber auch zulässig.[276] Die Aufhebung von Änderungsbeschlüssen ist
bis zur Eintragung wohl mit einfacher Mehrheit ohne notarielle Beurkundung möglich,
nach der Eintragung aber nur noch unter Beachtung des § 53 Abs. 2 GmbHG.[277]

III. Stellvertretung

1. Form der Vollmacht

Die Stellvertretung bei der Beschlussfassung ist zulässig. Vollmachten bedürfen nicht der   **3.299**
notariellen Beglaubigung, § 167 Abs. 2 BGB. Streitig ist, ob wegen § 47 Abs. 3 GmbHG
zumindest die Einhaltung der Textform i. S. d. § 126 b BGB Voraussetzung für die Gültigkeit
der Vollmacht ist.[278] Allerdings ist es schon zu Beweiszwecken angeraten, die Vollmacht
in Textform vorzulegen.

2. § 181 BGB

Bei der Bevollmächtigung taucht regelmäßig das Problem des § 181 BGB auf, nämlich dann,   **3.300**
wenn ein Mitgesellschafter einen anderen Gesellschafter zur Stimmabgabe bevollmächtigt.
§ 181 BGB ist nach h. M. nicht nur auf Willenserklärungen zur Gründung der GmbH,
sondern auch auf die Stimmabgabe bei der Beschlussfassung zur Änderung des Gesellschaftsvertrages anzuwenden.[279]

Danach ist § 181 BGB für den Fall einschlägig, dass ein Mitgesellschafter den anderen Ge-   **3.301**
sellschafter bevollmächtigt. In der Vollmacht sollte daher ausdrücklich auch die Befreiung
des Bevollmächtigten von den Beschränkungen des § 181 BGB mit aufgenommen sein.
Allerdings ist in der unbeschränkten Bevollmächtigung eines Mitgesellschafters zur Stimmabgabe in einer bestimmten Gesellschafterversammlung regelmäßig die stillschweigende Befreiung von den Beschränkungen des § 181 BGB zu sehen.[280]

3. Vollmacht bei Ein-Mann-GmbH

Wird bei einer Ein-Mann-GmbH die Änderung des Gesellschaftsvertrages durch einen voll-   **3.302**
machtlosen Vertreter des alleinigen Gesellschafters beschlossen, ist der Beschluss zunächst
unwirksam, § 180 S. 1 BGB.

Um diese Nichtigkeit zu vermeiden, sollte der Vertreter nicht als vollmachtloser Vertre-   **3.303**
ter auftreten, sondern als zumindest mündlich Bevollmächtigter, vgl. § 167 Abs. 2 BGB.
Es wird auch vertreten, dass – im Gegensatz zur Gründung – eine Genehmigung der Stimmabgabe durch den vollmachtlosen Vertreter möglich ist.[281]

---

274) OLG Celle NZG 2017, 422 = ZIP 2017, 1623.
275) Scholz/*Priester*, GmbHG, § 53 Rz. 69.
276) Scholz/*Priester*, GmbHG, § 53 Rz. 70; Lutter/Hommelhoff/*Bayer*, GmbHG, § 53 Rz. 16.
277) Baumbach/Hueck/*Zöllner/Noack*, GmbHG, § 53 Rz. 65.
278) Vgl. Baumbach/Hueck/*Zöllner/Noack*, GmbHG, § 47 Rz. 65; Scholz/*Schmidt*, GmbHG, § 47 Rz. 85.
279) Oben Rz. 3.260 und Baumbach/Hueck/*Zöllner/Noack*, GmbHG, § 47 Rz. 51 f.
280) BGHZ 66, 82, oben Rz. 3.263.
281) OLG München DB 2010, 2438; OLG Frankfurt/M. DB 2003, 654.

IV. Anmeldung von Gesellschaftsvertragsänderungen

1. Anmeldeverpflichtete

3.304 Die Änderungen des Gesellschaftsvertrages sind von den GF in vertretungsberechtigter Zahl anzumelden § 78 GmbHG. Ausnahmsweise müssen alle GF anmelden, wenn Änderungen bezüglich der Höhe des Stammkapitals beschlossen worden sind.

3.305 Sieht der Gesellschaftsvertrag unechte Gesamtvertretung vor, können auch Prokuristen gemeinsam mit einem GF die Änderung des Gesellschaftsvertrages anmelden. Da die Änderung des Gesellschaftsvertrages erst mit der Eintragung wirksam wird (§ 54 Abs. 3 GmbHG),[282] besteht keine mit Zwangsmitteln (§ 14 HGB) erzwingbare Pflicht zur Anmeldung, § 79 Abs. 2 GmbHG.

3.306 Auch Bevollmächtigte können anmelden, es sei denn, es sind auch (höchstpersönliche) Versicherungen (wie z. B. bei der Kapitalerhöhung) abzugeben; die Vollmacht bedarf aber der notariellen Beglaubigung, § 12 Abs. 1 S. 2 HGB.

2. Inhalt der Anmeldung

3.307 Der Wortlaut der neu gefassten Bestimmungen ist in der Anmeldung nicht inhaltlich wiederzugeben. Grundsätzlich reicht eine Bezugnahme auf die beizufügende Änderungsurkunde aus, § 54 Abs. 2 S. 1 GmbHG. Allerdings müssen Änderungen von Firma, Sitz, Geschäftsanschrift, Gegenstand, Stammkapital-Ziffer, Vertretungsregelungen und Regelungen über die Dauer der Gesellschaft in der Anmeldung angegeben werden, § 54 Abs. 2 S. 1 GmbHG.

3.308 Dies gilt auch bei einer völligen Neufassung des Gesellschaftsvertrages.[283]

3. Anlagen zur Anmeldung

3.309 Neben dem Beschluss über die Änderung des Gesellschaftsvertrages (zur Überprüfung, ob § 53 Abs. 2 GmbHG eingehalten worden ist) ist der Anmeldung der vollständige Wortlaut des Gesellschaftsvertrages beizufügen, der mit der Bescheinigung eines Notars versehen ist, dass die geänderten Bestimmungen des Gesellschaftsvertrages mit dem Beschluss über die Änderung des Gesellschaftsvertrages und die unveränderten Bestimmungen mit dem zuletzt zum Handelsregister eingereichten vollständigen Wortlaut des Gesellschaftsvertrages übereinstimmen (§ 54 Abs. 1 S. 2 GmbHG).

3.310 Das gilt nach bestrittener Auffassung selbst dann, wenn der Gesellschaftsvertrag vollständig neu gefasst ist und als Anlage dem Änderungsbeschluss beigefügt ist, oder wenn der Gesellschaftsvertrag im Gründungsstadium geändert wird.[284]

V. Prüfungskompetenz des Registergerichts

3.311 Das Registergericht prüft die Wirksamkeit des angemeldeten Beschlusses. Die bloße Anfechtbarkeit des angemeldeten Beschlusses ist noch kein Eintragungshindernis (u. U. aber Aussetzung des Verfahrens, oben Rz. 3.291).

---

282) Vgl. zur Wirksamkeit von falschen Eintragungen *Priester*, BB 2002, 2613.

283) Vgl. OLG Frankfurt/M. GmbHR 2003, 1273; OLG Hamm GmbHR 2002, 64.

284) Scholz/*Priester*, GmbHG, § 54 Rz. 16; OLG Jena NZG 2016, 152 = ZIP 2016, 526; **a. A.** OLG Zweibrücken GmbHR 2001, 1117; LG Naumburg NotBZ 2004, 445 und *Krafka/Kühn*, Registerrecht, Rz. 972 und 973, wo für Änderungen im Gründungsstadium weder Anmeldung noch Notarbescheinigung nach § 54 Abs. 1 S. 2 GmbHG für erforderlich gehalten werden.

Ries

Demnach prüft das Registergericht, ob der Beschluss wirksam gefasst ist und keine Nich- **3.312** tigkeitsgründe (oben Rz. 3.273 ff.) vorliegen. Insbesondere wird nachgeprüft, ob alle Gesellschafter (die in der bei Gericht aufgenommenen Gesellschafterliste stehen) wirksam geladen worden sind und der Beschluss inhaltlich nicht gegen Gläubigerschutzvorschriften oder Vorschriften, die im öffentlichen Interesse liegen, verstößt.

Muster 65: Gesellschafterbeschluss über die Änderung des Gesellschaftsvertrages   **3.313**

Nr. ... der Urkundenrolle ...

Verhandelt zu Berlin am ... .

Vor dem unterzeichneten Notar im Bezirke des Kammergerichts Berlin,

...,

mit dem Amtssitz in Berlin

erschienen heute:

1. ...,

2. ... .

Die Erschienenen sind dem Notar persönlich bekannt. Sie bestätigten nach Erläuterung der Vorschrift des § 3 Abs. 1 Nr. 7 BeurkG durch den beurkundenden Notar, dass der beurkundende Notar nicht vorbefasst im Sinne des § 3 Abs. 1 Nr. 7 BeurkG ist.

Die Erschienenen erklärten: [→ Rz. 3.296 ff.]

Wir sind alleinige Gesellschafter der ... GmbH und wollen eine Gesellschafterversammlung abhalten. Wir verzichten auf Fristen und Formen für die Einberufung dieser Gesellschafterversammlung und beschließen:

Der Gesellschaftsvertrag wird geändert in §§ ... und lautet wie folgt:

§ ... .

§ ... .

Sämtliche Beschlüsse wurden einstimmig gefasst.

Das Protokoll ist den Erschienenen in Gegenwart des Notars vorgelesen, von ihnen genehmigt und eigenhändig unterschrieben worden.

... (Unterschriften) Berlin, den ... ..., Notar L. S.

Muster 66: Anmeldung einer Abänderung des Gesellschaftsvertrages   **3.314**

... GmbH   Berlin, den ...

...

... Berlin

An das

Amtsgericht Charlottenburg

Amtsgerichtsplatz

Berlin-Charlottenburg

HRB ...

Als Geschäftsführer der ... GmbH überreichen wir eine Ausfertigung der notariellen Verhandlung betreffend die Gesellschafterversammlung vom ... und melden die in dieser Versammlung beschlossenen Änderungen des Gesellschaftsvertrages, insbesondere die Änderungen in §§ ..., zur Eintragung in das Handelsregister an. Wir fügen ein Exemplar des aktuellen Gesellschaftsvertrages in vollständigem Wortlaut und mit Notarbescheinigung nach § 54 Abs. 1 S. 2 GmbHG bei. [→ Rz. 3.304 ff.]

Berlin, den ... ... (Unterschriften)

Nr. ... der Urkundenrolle ...

Es wird hiermit amtlich beglaubigt, dass am ... Herr ... und Frau ... die am Schluss der Anmeldung befindlichen Namensunterschriften in meiner Gegenwart eigenhändig vollzogen haben. Herr ... und Frau ... haben nach Erläuterung der Vorschrift des § 3 Abs. 1 Nr. 7 BeurkG bestätigt, dass ich nicht vorbefasst im Sinne des § 3 Abs. 1 Nr. 7 BeurkG bin.

Berlin, den ... ..., Notar L. S.

VI. Beispiele für Gesellschaftsvertragsänderungen

1. Firmenänderung

3.315 Wird die Firma einer GmbH geändert, müssen die firmenrechtlichen Vorschriften eingehalten werden, insbesondere die §§ 18 ff. HGB, § 4 GmbHG. Die neue Firma muss also unterscheidbar, kennzeichnend und unterscheidungskräftig sein und darf nicht irreführen (oben Rz. 2.15 ff.).

3.316 Eine Täuschung kann dabei insbesondere beim sog. „Firmentausch" vorliegen, nämlich dann, wenn nach Aufgabe einer bestimmten Firma diese Firma sogleich von einem anderen Unternehmen angenommen wird.[285]

3.317 Nach Ablauf einer Frist von einem Jahr seit Aufgabe der Firma wird eine Täuschung aber wohl auszuschließen sein.

3.318 Ein unzulässiger Firmentausch liegt auch nicht bei Umwandlungsvorgängen und bei zulässiger Firmenfortführung vor, z. B. wenn Firma und Unternehmen zusammen veräußert wurden.

3.319 Die GmbH kann den Namen eines Gesellschafters in der Firma auch nach dessen Ausscheiden ohne dessen ausdrückliche Einwilligung beibehalten; § 24 Abs. 2 HGB gilt für die GmbH nicht.[286]

3.320 Eine Firmenfortführung i. S. d. § 13 Abs. 3 GmbHG, § 22 HGB, § 4 GmbHG ist möglich, verlangt allerdings die im Kern unveränderte Fortführung der Firma; das Hinzufügen oder Weglassen einzelner Bestandteile der Firma ist – soweit nicht wegen Täuschungsgefahr geboten – grundsätzlich unzulässig.[287]

---

285) OLG Hamburg OLGZ 87, 191.

286) BGHZ 58, 322; BGHZ 85, 221 = ZIP 1983, 193.

287) Baumbach/Hueck/*Fastrich*, GmbHG, § 4 Rz. 26.

Nachfolgezusätze sind immer zulässig (aber nicht nötig). Änderungen in der fortgeführten Firma sind zulässig, wenn schutzwürdige Interessen der Gesellschafter wie z. B. nachträgliche Änderungen der geschäftlichen Verhältnisse dies gerechtfertigt erscheinen lassen.[288]   **3.321**

2. Gegenstandsänderung

Bei Gegenstandsänderungen war vor dem MoMiG bei Einführung von genehmigungspflichtigen Gegenständen die jeweils notwendige staatliche Genehmigung bzw. Vorabbescheinigung vorzulegen. Die Genehmigungsurkunde bzw. Vorabbescheinigung musste dabei auf die Gesellschaft lauten. Nach dem MoMiG ist die Vorlage einer Genehmigung (bis auf Genehmigungen nach dem KWG) zur Eintragung nicht mehr erforderlich.   **3.322**

Die Ausgliederung von Tätigkeitsbereichen, die im Gegenstand des Unternehmens genannt sind, stellt dann eine Änderung des Gesellschaftsvertrages dar, wenn kein Teilbereich dieser Tätigkeit bei der Gesellschaft verbleibt.[289]   **3.323**

Gegenstandsänderungen können auch dazu führen, dass die Firma geändert werden muss, nämlich dann, wenn die Firma einen Sachzusatz enthält, der keine Grundlage im neuen Gegenstand findet. Ansonsten würde nämlich der Rechtsverkehr getäuscht sein, weil die Firma dann dem (neuen) Gegenstand nicht mehr entlehnt ist.   **3.324**

Beispiel:
„ABC Betonmischwerke GmbH" soll als Gegenstand statt Herstellung von Beton nur noch Holding – Funktionen haben.

3. Gründungsaufwand

Eine Bestimmung, dass die GmbH den Gründungsaufwand tragen soll, kann nicht nachträglich in den Gesellschaftsvertrag mit aufgenommen werden, § 26 Abs. 3 S. 2 AktG analog (häufiger Fehler bei Verwendung von Vorrats-GmbH). Allerdings können die Kosten der wirtschaftlichen Neugründung auf die Gesellschaft umgelegt werden.[290] Falls im Gesellschaftsvertrag eine Bestimmung über den von der Gesellschaft zu tragenden Gründungsaufwand von vornherein vorgesehen war, kann diese Bestimmung frühestens fünf Jahre nach der Eintragung geändert oder beseitigt werden.[291]   **3.325**

4. Angaben über Sacheinlagen, Gründer und Stammeinlagen/Geschäftsanteile

Die Angaben über die Leistung von Sacheinlagen sind nach h. M. mindestens fünf Jahre nach Eintragung beizubehalten und können erst danach geändert oder beseitigt werden.[292]   **3.326**

Nach der Eintragung einer GmbH in das Handelsregister können bei einer Neufassung der Satzung die Angaben über die Stammeinlagen/Geschäftsanteile und die Person ihrer Übernehmer nach der einen Auffassung auch dann entfallen, wenn die Stammeinlagen/Ge-   **3.327**

---

288) LG München GmbHR 1991, 322.
289) OLG Stuttgart BB 2001, 794 ff.
290) OLG Stuttgart GmbHR 2012, 1301.
291) OLG Oldenburg NZG 2016, 1265 = ZIP 2016, 2118: 10 Jahre; LG Berlin GmbHR 1993, 590.
292) § 27 Abs. 5, § 26 Abs. 4 AktG analog; Baumbach/Hueck/*Fastrich*, GmbHG, § 5 Rz. 49; Scholz/*Veil*, GmbHG, § 5 Rz. 86.

schäftsanteile noch nicht voll eingezahlt sind,[293] nach der anderen Auffassung aber spätestens nach Volleinzahlung der Stammeinlagen/Geschäftsanteile.[294]

3.328 Sie können allerdings auch weiterhin genannt werden, d. h. der Gesellschaftsvertrag muss nicht abgeändert werden, wenn Geschäftsanteile abgetreten worden sind.

5. Änderung des Geschäftsjahres

3.329 Eine rückwirkende Änderung des Geschäftsjahres ist im Außenverhältnis nicht möglich,[295] wobei für die Beurteilung der Frage, ob eine rückwirkende Änderung vorliegt, auf den Zeitpunkt des Eingangs der Anmeldung beim Registergericht abzustellen ist.[296] Das bedeutet, dass eine Änderung des laufenden Geschäftsjahres nur für einen Zeitpunkt nach Eingang der Anmeldung beim Registergericht möglich ist. Bisweilen wird verlangt, dass ein (neues) Rumpfgeschäftsjahr vor dessen Ablauf eingetragen sein muss.[297]

3.330 Um eine unzulässige rückwirkende Änderung des Geschäftsjahres zu verhindern, sollte in dem Gesellschafterbeschluss das neu geltende Geschäftsjahr immer ohne Jahresangaben angegeben werden, z. B. wie folgt: „Das Geschäftsjahr läuft vom 1.7. eines Jahres bis zum 30.6. des Folgejahres".

3.331 Registergerichte werden eine solche Änderung dahingehend auslegen, dass nicht das bereits bestehende Geschäftsjahr rückwirkend geändert werden soll, sondern die Neuregelung erst für die Zukunft gelten soll. Eine solche Regelung ist aber immer auch mit den Finanzämtern vorher abzusprechen, damit die Änderung des Gesellschaftsvertrages zu dem gewünschten Zeitpunkt auch steuerrechtlich anerkannt wird.

6. Nachschusspflichten und Bekanntmachungsorgan

3.332 Die nachträgliche Vereinbarung von Nachschusspflichten bedarf eines einstimmigen notariell beurkundeten Beschlusses der Gesellschafter.[298] Bei Änderungen des Bekanntmachungsorgans nach dem 1.4.2005 war vor der Neuregelung des § 12 GmbHG klar zu stellen, ob der Papier-Bundesanzeiger oder der elektronische Bundesanzeiger als Bekanntmachungsorgan gewählt wird.[299]

3.333 Durch die Neufassung des § 12 GmbHG ist der elektronische Bundesanzeiger auch dann Bekanntmachungsorgan, wenn im Gesellschaftsvertrag „nur" der Bundesanzeiger genannt ist.

7. Gewinnverwendung

3.334 Für vor dem 1.1.1986 in das Handelsregister eingetragene GmbH, die in ihrem Gesellschaftsvertrag keine Gewinnverwendungsregelung vorgesehen haben, die dem § 29 GmbHG entspricht, besteht eine „Registersperre".

---

293) H. M., vgl. BayObLG ZIP 1996, 2109 = DB 1997, 33, dazu EWiR 1997, 263 *(Bokelmann)*; *Krafka/Kühn*, Registerrecht, Rz. 1016.

294) LG Wuppertal MittRhNotK 1987, 31.

295) OLG Frankfurt/M. GmbHR 2014, 592 = ZIP 2014, 433; Baumbach/Hueck/*Zöllner/Noack*, GmbHG, § 53 Rz. 60; Scholz/*Priester*, GmbHG, § 53 Rz. 187; Lutter/Hommelhoff/*Bayer*, GmbHG, § 53 Rz. 45; GmbHG Großkommentar/*Ulmer/Casper*, § 53 Rz. 125, 29.

296) OLG Karlsruhe RPfleger 1975, 178; str.: vgl. LG Essen GmbHR 2002, 1032.

297) OLG Frankfurt/M. GmbHR 1999, 484.

298) OLG München GmbHR 2000, 981, dazu EWiR 2000, 631 *(Bork)*; KG GmbHR 2000, 981; KG GmbHR 2000, 981.

299) OLG München DB 2005, 2291.

Dies bedeutet, dass Änderungen des Gesellschaftsvertrages erst eingetragen werden, **3.335** wenn auch eine Gewinnverwendungsregelung in den Gesellschaftsvertrag aufgenommen wird, wobei für diese Gewinnverwendungsregelung ein Verweis auf § 29 GmbHG genügt, vgl. zu allem Artikel 12 § 7 zur Änderung des Gesetzes betreffend die Gesellschaften mit beschränkter Haftung und andere handelsrechtliche Vorschriften vom 4.7.1980, geändert durch Bilanzrichtlinien – Gesetz vom 19.12.1985.

Fraglich ist, auf welchen Zeitpunkt bei Gesellschaften abzustellen ist, die vor dem 1.7.1990 in **3.336** den neuen Bundesländern entstanden sind; denn das Bilanzrichtliniengesetz galt zunächst nur für Gesellschaften in den alten Bundesländern.

In den neuen Bundesländern gilt das Bilanzrichtliniengesetz erst seit dem 1.7.1990. Für die **3.337** Anwendung der Registersperre wird man also auch auf diesen Tag zurückgreifen müssen. Alle zuvor in das Handelsregister eingetragenen Gesellschaften fallen also unter die Registersperre, wenn sie noch keine entsprechende Gewinnverwendungsregelung in den Gesellschaftsvertrag aufgenommen haben.

8. Kapitalerhöhung[300]

a) Beschluss der Gesellschafter

Für die Erhöhung des Stammkapitals ist ein Gesellschafterbeschluss notwendig. Da jede **3.338** Kapitalerhöhung gleichzeitig auch eine Änderung des Gesellschaftsvertrag darstellt (nämlich bezüglich der zwingenden Bestimmungen über das Stammkapital und die Stammeinlagen/Geschäftsanteile), sind die Vorschriften der §§ 53, 54 GmbHG einzuhalten.

Der Beschluss muss also notariell beurkundet sein und in das Handelsregister eingetragen **3.339** werden, bevor er wirksam werden kann. Zugleich mit dem Kapitalerhöhungsbeschluss ist der Wortlaut des Gesellschaftsvertrages bezüglich des neuen Stammkapitals entsprechend anzupassen.

Dabei ist zu beachten, dass nicht nur die Höhe des Stammkapitals geändert wird, sondern **3.340** auch die Bestimmung zu den einzelnen Geschäftsanteilen, wenn aus dem Gesellschaftsvertrag noch nicht klar wird, dass es sich bei den Angaben zu den Geschäftsanteilen um die Geschäftsanteile bei der Gründung handelt.

Die neuen Geschäftsanteile müssen zusammen mit den schon bestehenden Geschäfts- **3.341** anteilen den neuen Stammkapitalbetrag ergeben. Der Kapitalerhöhungsbeschluss muss also Folgendes beinhalten:

- Die ausdrückliche Änderung des Gesellschaftsvertrages bezüglich der Höhe des Stammkapitals und bezüglich der Stammeinlagen/Geschäftsanteile ist zwar möglich, aber nicht zwingend.[301] Die Änderung ergibt sich zumindest – konkludent – als automatische Folge des Erhöhungsbeschlusses und ist im neuen Wortlaut des Gesellschaftsvertrages zu berücksichtigen.[302]

- Der Betrag der Erhöhung ist zu nennen. Dieser muss mindestens 1 € betragen und auf volle Euro lauten, § 55 Abs. 4, § 5 Abs. 2 und 3 GmbHG.

---

300) Wohl auch im Liquidations- und Insolvenzstadium zulässig, vgl. Scholz/*Priester*, GmbHG, § 55 Rz. 31 ff.
301) Baumbach/Hueck/*Zöllner/Fastrich*, GmbHG, § 55 Rz. 12; Scholz/*Priester/Veil*, GmbHG, § 55 Rz. 37.
302) GmbHG Großkommentar/*Ulmer/Casper*, § 55 Rz. 17, 25.

- Die Übernehmer der neuen Anteile müssen auch dann nicht im Beschluss genannt werden, falls die neuen Einlagen noch nicht voll geleistet sind.[303]

- Die Festlegung eines Maximal- oder Minimalbetrages ist möglich.[304]

- Ein eventuell zu zahlendes Aufgeld ist anzugeben.

- Der Ausschluss von Bezugsrechten der Gesellschafter ist vorzusehen,[305] wobei das Bezugsrecht meist konkludent durch Zulassung eines fremden Übernehmers ausgeschlossen wird.

- Bei minderjährigen Gesellschaftern ist keine gerichtliche Genehmigung nach § 1822 Nr. 3 BGB erforderlich, da der Kapitalerhöhungsbeschluss (nur) eine Änderung des Gesellschaftsvertrages darstellt. Auch eine Genehmigung nach § 1822 Nr. 10 BGB ist nicht erforderlich, da eine eventuelle Haftung nach §§ 24, 31 GmbHG nicht Folge des Erhöhungsbeschlusses, sondern Ausfluss der Gesellschafterstellung ist.[306]

b) Übernahme der neuen Geschäftsanteile/Aufstockung bereits bestehender Geschäftsanteile

3.342 Gem. § 55 Abs. 2 GmbHG erfolgt die Kapitalerhöhung durch Übernahme neuer Geschäftsanteile, die mit der Eintragung der Kapitalerhöhung entstehen. Dabei kommt es zu einem Vertrag zwischen dem Übernehmenden, der Gesellschafter oder Dritter sein kann, und der Gesellschaft, wonach zwar der Übernehmer zur Erbringung der vorgesehenen Einlage verpflichtet ist, nicht aber einen Anspruch auf Erwerb der Mitgliedschaft hat.

3.343 Für die Annahme der Übernahmeerklärung ist auf Seiten der Gesellschaft die Gesellschafterversammlung und nicht der GF zuständig, da es sich um ein gesellschaftsrechtliches Innengeschäft handelt.[307]

3.344 Falls ein Minderjähriger einen neuen Geschäftsanteil übernehmen soll, muss ein Ergänzungspfleger bestellt werden, wenn ein Elternteil bereits Gesellschafter ist.[308] Ob der Übernahmevertrag in diesem Fall wegen des Umfangs der erworbenen Beteiligung (50 % + x, vgl. oben Rz. 3.149) nach § 1822 Nr. 3 1. Alt. BGB genehmigungspflichtig ist, ist streitig.[309]

3.345 Eine Genehmigungspflicht nach § 1822 Nr. 10 BGB scheidet bezüglich des minderjährigen Übernehmers, der bereits Gesellschafter ist, aus, weil eine eventuelle Haftung nach §§ 24, 31 GmbHG nicht Folge des Übernahmevertrages, sondern Ausfluss seiner Gesellschafterstellung ist.[310]

3.346 Mit der Eintragung der Kapitalerhöhung in das Handelsregister wird diese wirksam und entsteht kraft Gesetzes das Mitgliedschaftsrecht.[311]

---

303) Scholz/*Priester*, GmbHG, § 55 Rz. 29; GmbHG Großkommentar/*Ulmer/Casper*, § 55 Rz. 25.

304) Baumbach/Hueck/*Zöllner/Fastrich*, GmbHG, § 55 Rz. 11.

305) Siehe dazu Baumbach/Hueck/*Zöllner/Fastrich*, GmbHG, § 55 Rz. 25.

306) *Gustavus*, GmbHR 1992, 16; **a. A.** *Krafka/Kühn*, Registerrecht, Rz. 1041.

307) Baumbach/Hueck/*Zöllner/Fastrich*, GmbHG, § 55 Rz. 34.

308) Vgl. §§ 1795, 1909 BGB.

309) Bejahend GmbHG Großkommentar/*Ulmer/Casper*, § 55 Rz. 63 f.; verneinend Scholz/*Priester*, GmbHG, § 55 Rz. 107.

310) *Gustavus*, GmbHR 1992, 17.

311) BGHZ 140, 258 = ZIP 1999, 310 = DNotZ 1999, 753, dazu EWiR 1999, 323 (*Wilhelm*).

Die Übernahmeerklärung muss dabei beinhalten: die Firma der GmbH, den Inhalt und **3.347** Tag des Kapitalerhöhungsbeschlusses und die Höhe des übernommenen Anteils. Wird die Übernahmeerklärung während der notariellen Verhandlung über die Kapitalerhöhung erklärt und in derselben Urkunde aufgenommen, genügt eine Bezugnahme auf den vorangegangenen Beschluss.

Die Übernahmeerklärung muss entweder notariell beurkundet (§§ 8 ff. BeurkG) oder nur **3.348** notariell beglaubigt sein, § 55 Abs. 1 GmbHG, wobei der Mangel der Form nach der Eintragung der Kapitalerhöhung nicht mehr geltend gemacht werden kann.[312] Um die Kosten für den Mandanten gering zu halten, sollte die Übernahmeerklärung daher getrennt vom Beurkundungsbeschluss über die Kapitalerhöhung und die Änderung des Gesellschaftsvertrages gefasst werden.

Die Übernahmeerklärung ist ein Vertragsangebot, das der Annahme durch die GmbH, hier **3.349** ausnahmsweise vertreten durch die Gesellschafter, bedarf.[313] Für die Annahmeerklärung ist keine besondere Form vorgeschrieben. Sie wird, falls der Übernehmer beim Kapitalerhöhungsbeschluss anwesend ist, in der Regel konkludent erklärt.

Nach zutreffender Auffassung sind bei einer Ein-Mann-GmbH § 35 Abs. 3 GmbHG und **3.350** § 181 BGB auf den Übernahmevertrag nicht anzuwenden.[314]

Jeder Übernehmer kann auch mehrere neue Geschäftsanteile übernehmen, § 55 Abs. 4 **3.351** GmbHG (der Verweis nur auf die „Bestimmungen über die Nennbeträge" dürfte ein Redaktionsversehen sein). Der Übernehmer des Geschäftsanteils kann sich bei der Übernahmeerklärung auch vertreten lassen. Auf die Vollmacht wird § 2 Abs. 2 GmbHG analog angewandt; sie bedarf also der notariellen Beglaubigung.

Eine Kapitalerhöhung kann nicht nur durch Bildung neuer Geschäftsanteile erfolgen, sondern **3.352** dern auch durch Aufstockung bereits bestehender Geschäftsanteile, allerdings nur dann, wenn es sich um originär bei der Gründung oder bei einer früheren Kapitalerhöhung erworbene Anteile des Gesellschafters handelt oder die Anteile voll eingezahlt sind und eine Nachschusspflicht nicht besteht oder der Rechtsvorgänger wegen Ablauf der Frist nach § 22 Abs. 3 GmbHG nicht mehr haftet.[315]

Auch bei der Aufstockung ist eine Übernahmeerklärung erforderlich.[316] Die Gesamteinlage, **3.353** also der aufgestockte Geschäftsanteil, muss auf volle Euro lauten. Auch mehrere Anteile eines Gesellschafters können aufgestockt werden.[317]

c) Anmeldung

Die Kapitalerhöhung ist durch sämtliche GF anzumelden, § 78 GmbHG 2. Alt. Diese **3.354** müssen in der Anmeldung gem. §§ 57 Abs. 2, 7 Abs. 2 S. 1 und Abs. 3 GmbHG versichern, dass die Einlagen bewirkt sind und dass der Gegenstand der Leistungen sich endgültig in der freien Verfügung der GF befindet.

---

312) BGH NZG 2018, 29 = ZIP 2017, 2295.

313) Baumbach/Hueck/*Zöllner/Fastrich*, GmbHG, § 55 Rz. 34.

314) Baumbach/Hueck/*Zöllner/Fastrich*, GmbHG, § 55 Rz. 35; Scholz/*Priester*, GmbHG, § 55 Rz. 77; Lutter/Hommelhoff/*Bayer*, GmbHG, § 55 Rz. 38.

315) BGHZ 63, 116; BayObLG DB 1986, 738; Baumbach/Hueck/*Zöllner/Fastrich*, GmbHG, § 55 Rz. 46.

316) BayObLG BB 2002, 852.

317) LG Dortmund BB 1992, 89.

3.355 Der BGH lässt es mit entsprechender Versicherung auch ausreichen, dass die Einlagen nach dem Erhöhungsbeschluss zur endgültigen freien Verfügung des Geschäftsführers geleistet wurden und in der Folge nicht an den Inferenten zurückgeleistet sind (letzteres ist nach dem MoMiG unter den Voraussetzungen des § 19 Abs. 5 GmbHG aber zulässig, siehe unten Rz. 3.383).[318] Die Bezahlung von Schulden der GmbH ist dann eine wirksame Einlageleistung, wenn die GF dem zustimmen und Forderungen der Gläubiger werthaltig waren.[319]

3.356 Sacheinlagen sind nach den oben genannten Vorschriften vollständig zu bewirken, Bareinlagen zu ¼ (vor dem MoMiG war bei Ein-Mann-GmbH noch Volleinzahlung oder zumindest Sicherheitsleistung erforderlich), bei Aufstockung ¼ des Aufstockungsbetrags.[320] Bei Barkapitalerhöhung einer UG bis 24.999 € müssen die Beträge voll,[321] bei Erhöhung auf 25.000 € mindestens in Höhe von 12.500 € (wobei in dieser Summe das bereits geleistete Kapital enthalten ist) geleistet werden.[322] Die Versicherung zum Kapital muss sich nur auf den neu übernommenen Anteil beziehen.[323]

3.357 Die vorgenannte Versicherung kann nicht durch Bevollmächtigte abgegeben werden, sondern ist immer höchstpersönlich von allen GF abzugeben (im Gegensatz zur reinen Anmeldung).

3.358 Problematisch sind die Fälle, in denen Zahlungen vor einem Kapitalerhöhungsbeschluss geleistet worden sind. Hier wäre die Versicherung der GF über die endgültige freie Verfügbarkeit des geleisteten Betrages grundsätzlich unrichtig.

3.359 Denn Zahlungen vor einem Kapitalerhöhungsbeschluss können nach h. M.[324] nur dann auf die Einlageverpflichtung angerechnet werden, wenn die Zahlung ausdrücklich auf die künftige Einlage erfolgt, dies in Beschluss und Anmeldung offen gelegt wird und die geleisteten Geldbeträge der Gesellschaft zumindest zum Zeitpunkt des Kapitalerhöhungsbeschlusses[325] noch unverbraucht zur Verfügung stehen.

3.360 Voreinzahlungen auf debitorische Konten befreien grundsätzlich nicht.[326]

3.361 Ungeklärt war lange, ob Voreinzahlungen, die vor dem Erhöhungsbeschluss schon verbraucht waren, ausnahmsweise die Einlageschuld dann tilgen konnten, wenn die GmbH sich zur Zeit der Zahlung in einer Krise befand.[327]

3.362 Nach BGH[328] soll Tilgungswirkung in diesem Fall (unter der Beachtung der sonstigen vorgenannten Voraussetzungen) nur dann eintreten, wenn zwischen der Vorauszahlung und dem Kapitalerhöhungsbeschluss ein enger zeitlicher Zusammenhang besteht (im Re-

---

318) BGH ZIP 2002, 799 und *Heidinger*, GmbHR 2002, 1045 ff.

319) BGH ZIP 2012, 1101.

320) BGH NZG 2013, 866; OLG Köln NZG 2013, 181.

321) *Heckchen*, DStR 2009, 170.

322) OLG Hamm, v. 5.5.2011 – 27 W 24/11, ZIP 2011, 2151 (Ls.).

323) OLG Celle NZG 2017, 1222 = ZIP 2017, 1805.

324) BGH BB 2006, 2707 und BGH GmbHR 2004, 637; BGH ZIP 1995, 28 = GmbHR 1995, 113 = NJW 1995, 460, dazu EWiR 1995, 107 *(v. Gerkan)*; OLG Köln ZIP 2001, 1243 = BB 2001, 1423, dazu EWiR 2001, 1093 *(v. Gerkan)*; *Werner*, GmbHR 2002, 530 ff.

325) Vgl. BGH DB 2016, 762; BGH BB 2006, 2707 und BGH GmbHR 2004, 637; BGH GmbHR 2000, 1198 für Sacheinlage; vgl. auch *Heidinger*, DNotZ 2001, 341 ff. (Urteilsanm.), der auf den Zeitpunkt des Entstehens der Einlageverpflichtung (= Übernahmeerklärung) abstellt.

326) BGH BB 2004, 957; dagegen *Priester*, EWiR 2004, 851 ff.; vgl. auch *Heidinger*, DNotZ 2005, 110.

327) So früher BGH GmbHR 1995, 113; *Werner* GmbHR 2002, 530 ff.

328) BGH BB 2006, 2707.

gelfall muss die Gesellschafterversammlung, die über die Kapitalerhöhung beschließen soll, bei der Einzahlung bereits einberufen sein) und eine akute „Sanierungslage" vorliegt, also wenn anders die Überschuldung nicht abgewendet werden kann.[329]

Weiter problematisch ist die Versicherung bei Leistungen auf debitorische Konten der GmbH. Auf debitorische Konten eingezahlte Geldbeträge stehen der Geschäftsführung jedenfalls dann zur endgültigen freien Verfügung, wenn die Geschäftsführung weiterhin über einen – auch stillschweigend[330] – eingeräumten Kreditrahmen mindestens in Höhe der eingezahlten Einlage zuzüglich des vorhandenen Debet-Saldos verfügt.[331] **3.363**

Nach BGH[332] reicht es aus, wenn die Bank der Gesellschaft mit Rücksicht auf die Kapitalerhöhung auf einem anderen Konto einen Kredit zur Verfügung stellt, der den Einlagebetrag erreicht oder übersteigt. **3.364**

Auch für den Fall, dass der Gesellschafter bei einer Kapitalerhöhung seine Einlageverpflichtung mit Geld erfüllt, das ihm die GmbH darlehensweise gewährt hatte, kann die Geschäftsführung über den Betrag nicht frei verfügen, da der GmbH tatsächlich kein frisches Kapital zufließt.[333] **3.365**

Als Anlagen zur Anmeldung sind beizufügen: **3.366**

– Übernahmeerklärung,

– Beschluss über die Erhöhung und die Änderung des Gesellschaftsvertrages in Ausfertigung oder beglaubigter Abschrift,

– Liste der Übernehmer der Geschäftsanteile, unterschrieben von allen GF,

– Neuer Wortlaut des Gesellschaftsvertrages mit Bescheinigung nach § 54 Abs. 1 S. 2 GmbHG.

Die neue Gesellschafterliste (§ 40 GmbHG), unterschrieben vom Notar, ist erst nach der Eintragung einzureichen. Manche Registergerichte akzeptieren vorher eingereichte Listen, wenn vermerkt ist, dass die Liste erst mit Eintragung wirksam wird.[334] **3.367**

d) Sonderfall: Kapitalerhöhung gegen Sacheinlagen

Bei Kapitalerhöhungen gegen Sacheinlagen (nicht möglich bei der UG, wenn nur Erhöhung bis 24.999 €;[335] möglich aber bei Erhöhung auf mindestens 25.000 €[336]) gelten zusätzlich die §§ 56, 56a GmbHG. Danach sind der Gegenstand der Sacheinlage und der Betrag des **3.368**

---

329) S. dazu auch *Wülfing*, GmbHR 2007, 1125; zur Haftung des Notars, der nicht auf das Risiko der Voreinzahlung hinweist BGH NotBZ 2008, 309.

330) BGH GmbHR 2005, 229.

331) BGH DB 2005, 155; BGH ZIP 1991, 445 = GmbHR 1991, 152, dazu EWiR 1991, 377 (*Roth*); BayObLG DNotZ 1999, 231, dazu EWiR 1998, 1133 (*Bähr*).

332) BGH BB 2002, 957.

333) OLG Frankfurt/M. AG 1991, 402.

334) Weitergehend OLG Jena DB 2010, 2044, wonach auch ohne entsprechenden Vermerk eine Fertigung der Liste vor der Eintragung möglich ist.

335) *Berninger*, GmbHR 2010, 65 f.; *Heckschen*, DStR 2009, 170 f.; **a. A.** und differenzierend *Waldenberger/ Sieber*, GmbHR 2009, 119; *Hennrichs*, NZG 2009, 1161.

336) Da sonst ungerechtfertigte Ungleichbehandlung gegenüber „normaler" GmbH, BGH ZIP 2011, 955; vgl. auch *Gasteyer*, NZG 2009, 1366 und *Lange*, NJW 2010, 3686; strenger noch OLG München ZIP 2010, 1991, das die Sondervorschrift des § 5a GmbHG erst dann nicht mehr anwendet, wenn die Kapitalerhöhung (bar oder aus Gesellschaftsmitteln) auf 25.000 € eingetragen ist, dazu EWiR 2010, 709 (*Blasche*).

Geschäftsanteils, auf den sich die Sacheinlage bezieht, in den Erhöhungsbeschluss und in die Übernahmeerklärung aufzunehmen.

3.369 Bezüglich der Sacheinlagefähigkeit von Vermögensgegenständen und des gutgläubigen Erwerbs von Sacheinlagen wird nach oben (Rz. 3.56 ff.) verwiesen. Entgegen dem Parallelfall der Sachgründung ist der Gegenstand der Sacheinlage allerdings nicht in den Gesellschaftsvertrag mit aufzunehmen.

3.370 Fraglich ist, ob durch die GF[337] ein Sacherhöhungsbericht gefertigt werden muss; zumindest bei Einbringung von Unternehmen wird dies unerlässlich sein.[338]

3.371 Auf jeden Fall sind auch bei Sacherhöhungen analog § 8 Abs. 1 Nr. 5 GmbHG Wertnachweise über die Werthaltigkeit der eingebrachten Vermögenswerte vorzulegen.[339] Der maßgebliche Zeitpunkt für die Beurteilung der Werthaltigkeit wird der Zeitpunkt der Anmeldung sein[340]

3.372 Gegenstände und Sachwerte, die der GmbH bereits vor dem Kapitalerhöhungsbeschluss überlassen worden sind, können nur dann als Sacheinlage eingebracht werden, wenn sie zumindest im Zeitpunkt des Kapitalerhöhungsbeschlusses noch gegenständlich im Gesellschaftsvermögen vorhanden sind.[341] Ist das nicht der Fall, kommt als Sacheinlage nur eine dem Übernehmer zustehende Erstattungs- oder Ersatzforderung in Betracht.[342]

3.373 Oft liegen auch eine „verdeckte Sacheinlage" oder ein Hin- und Herzahlen vor.

3.374 Beurkundet und angemeldet wurde eine Barerhöhung, geleistet wurde in bar, in Wahrheit liegt aber eine Sacherhöhung vor, das heißt die Barmittel stehen der Gesellschaft nicht endgültig zur Verfügung, oder das Geld wird wieder zurückgezahlt. Folgende Fallgruppen sind denkbar:

- Lieferung von Waren oder Erbringung von Dienstleistungen durch den Erhöher, dessen Vergütungsanspruch dann mit dem Anspruch der Gesellschaft auf Zahlung der neuen Einlage verrechnet wird.

- Geplante Rückzahlung: Rückzahlung der Einlage zur Begleichung von Vergütungsansprüchen des Gesellschafters aus gleichzeitiger oder geplanter Sacheinlage. Für ein solches geplantes „Rückzahlen" spricht der unmittelbare zeitliche Zusammenhang beider Geschäfte (bis zu sechs Monate). Der Gesellschafter muss dann nachweisen, dass es an einem inneren Zusammenhang zwischen den beiden Zahlungsvorgängen fehlt; der innere Zusammenhang indiziert dann auch den von der wohl h. M. zusätzlich verlangten subjektiven Tatbestand der „Vorabsprache bei oder vor dem Erhöhungsbeschluss".[343]

---

337) So Scholz/*Priester*, GmbHG, § 56 Rz. 40; nach OLG Stuttgart, GmbHR 1982, 112 müssen auch Gesellschafter Sachgründungsbericht unterzeichnen.

338) Vgl. Baumbach/Hueck/*Zöllner*, GmbHG, § 56 Rz. 17; a. A. LG München DB 2005, 1731.

339) BayObLGZ 1995, 117.

340) BGH WM 1996, 679; Baumbach/Hueck/*Zöllner/Fastrich*, GmbHG, § 57a Rz. 11; Scholz/*Priester*, GmbHG, § 57a Rz. 15; Lutter/Hommelhoff/*Bayer*, GmbHG, § 57a Rz. 3; a. A. GmbHG Großkommentar/*Ulmer/Casper*, § 57a Rz. 21, der auf den Tag der Einbringung abstellt, vgl. aber für Barerhöhung BGH ZIP 2002, 799, in dem auf den Tag der Erhöhungsbeschlusses abgestellt wird, dazu auch *Heidinger*, GmbHR 2002, 1048, der die Rechtsprechung des BGH nicht auf die Sacherhöhung überträgt.

341) BGHZ 145, 150 ff. = ZIP 2000, 2021, dazu EWiR 2001, 325 (*Rawert*).

342) BGH GmbHR 2000, 1198.

343) BGH DB 2002, 2369 f.; BGH ZIP 1996, 595 = GmbHR 1996, 283, dazu EWiR 1996, 457 (*Trölitzsch*); BGHZ 132, 141 = GmbHR 1996, 351, 352; OLG Köln ZIP 1999, 399.

- Verrechnung von Darlehensrückzahlungsansprüchen des Gesellschafters gegen die Gesellschaft mit der Einlageverpflichtung des Gesellschafters.
- „Hin- und Herzahlen" = Zur Verfügung stellen des eingezahlten Geldes als Darlehen nur bei Zahlung auf positives Konto; bei Zahlung auf debitorisches Konto liegt eine verdeckte Sacheinlage vor.[344)]

Bis zum MoMiG kam der verdeckten Sacheinlage keine Erfüllungswirkung zu. Obligatorisches und dingliches Rechtsgeschäft waren nichtig.[345)] Die Einlageverpflichtung war nicht erfüllt und bestand in Höhe des Umgehungsgeschäftes fort, d. h. der Gesellschafter musste noch einmal zahlen.   **3.375**

Erfolgte (unwirksame) Einzahlungen gaben dem Einzahler nur einen Rückforderungsanspruch, mit dem er aber nicht gegen den fortbestehenden Einlageanspruch der Gesellschaft aufrechnen konnte. Der Rückforderungsanspruch des Gesellschafters bezüglich seiner verdeckten Sacheinlage war im Falle der Insolvenz der Gesellschaft oft wertlos.   **3.376**

Die verdeckte Sacheinlage kann vor der Eintragung durch Einhaltung der Vorschriften über die Sachkapitalerhöhung geheilt werden.   **3.377**

Nach der Eintragung ist Heilung durch satzungsändernden Gesellschafterbeschluss (statt Geldeinlage jetzt Sacheinlage, wobei nicht der Kondiktionsanspruch auf Rückzahlung der fehlgeschlagenen Bareinlage, sondern die „verdeckte" Sacheinlage eingebracht wurde,)[346)] Sacherhöhungsbericht, Wertgutachten (Stichtag: Zeitpunkt der Heilung)[347)] und Versicherung der Geschäftsführer über Werthaltigkeit und endgültiger freien Verfügung möglich.[348)]   **3.378**

Aus der gesellschaftsrechtlichen Treuepflicht besteht ein Anspruch auf Mitwirkung an der Heilung.[349)] Nach der Eintragung der (nicht geheilten) verdeckten Sacheinlage wird diese als Barerhöhung mit den oben genannten Konsequenzen wirksam.[350)]   **3.379**

Durch das MoMiG ist das Problem der „verdeckten Sacherhöhung" entschärft.   **3.380**

Denn der Gesetzgeber sieht nun die Wirksamkeit der Verträge über die Sacheinlage und eine Anrechnung des Wertes des Vermögensgegenstandes zum Zeitpunkt der Anmeldung bzw. zum Zeitpunkt der Überlassung des Gegenstandes (falls die Überlassung nach Anmeldung stattfindet) vor, d. h. der Wert der Sacheinlage wird auf die fortbestehende Einzahlungspflicht angerechnet („wirtschaftliche Betrachtungsweise"), § 56 Abs. 2 i. V. m. § 19 Abs. 4 GmbHG.   **3.381**

Die Anrechnung erfolgt automatisch nach der Eintragung, wobei die Beweislast für den Wert beim Inferenten liegt. Das Registergericht kann also die Eintragung noch ablehnen. Zur Problematik der Wirksamkeit der Rechtsgeschäfte und zur Versicherung siehe oben Rz. 3.68 f.   **3.382**

Beim Hin- und Herzahlen nahm die Rechtsprechung bislang ebenfalls an, dass die Einlageleistung nicht erfüllt ist. Das MoMiG hat auch die Problematik des „Hin- und Herzahlens" entschärft. Nach § 56a GmbHG i. V. m. § 19 Abs. 5 GmbHG ist ein vor der Einlage   **3.383**

---

344) BGH GmbHR 2009, 540 „Quivive" und BGH GmbHR 2009, 928 „Cashpool II".
345) BGH BB 2003, 1922.
346) BGH ZIP 2003, A 63.
347) BGHZ 132, 141, 144 = ZIP 1996, 668.
348) BGHZ 132, 141 ff.; *Henze*, DB 2001, 1469 ff.; gleiches gilt für anderweitige Umwidmung LG Stuttgart GmbHR 2004, 666.
349) BGH ZIP 2003, A 63.
350) BGHZ 132, 141 ff. = ZIP 1996, 668.

vereinbartes „Hin- und Herzahlen" erlaubt, wenn ein vollwertiger (zum Zeitpunkt des „Herzahlens") Rückgewähranspruch besteht, der jederzeit fällig ist oder fällig gestellt werden kann, was in der Versicherung offengelegt werden muss (vgl. Rz. 3.71).

3.384 Eine besondere Form der (verdeckten) Sachkapitalerhöhung kann das „Schütt-aus-hol-zurück-Verfahren" darstellen. Hier wird die stehen gelassene oder zeitnah (bis zu sechs Monate) ausgeschüttete Dividende zur Kapitalerhöhung verwendet.

3.385 Wird die Kapitalerhöhung nicht als Erhöhung im „Schütt-aus-hol-zurück-Verfahren" bezeichnet, liegt eine verdeckte Sacheinlage vor, für die die Regeln über die Sachkapitalerhöhung gelten, vorausgesetzt, es besteht eine Umgehungsabrede, die einen zeitlichen und sachlichen Zusammenhang erfordert.[351] Wenn die Kapitalerhöhung als Erhöhung im „Schütt-aus-hol-zurück-Verfahren" offen gelegt (also beschlossen und angemeldet) wird, gelten hingegen nach BGHZ 135, 381 ff. die Vorschriften über die Erhöhung aus Gesellschaftsmitteln analog (dazu unten Rz. 3.389 ff.).

3.386 Bei der Anmeldung einer Sachkapitalerhöhung sind zusätzlich zu den oben genannten Unterlagen die Verträge, die den Festsetzungen über die Sacheinlagen zugrunde liegen oder zu ihrer Ausführung geschlossen worden sind, (eventuell) der Sacherhöhungsbericht und ein Wertgutachten als Anlage beizufügen.

3.387 Muster 67: Kapitalerhöhungsbeschluss mit Bar- und Sacheinlagen und Übernahmeerklärungen

Nr. ... der Urkundenrolle ...

Verhandelt zu Berlin am ... .

Vor dem unterzeichneten Notar im Bezirke des Kammergerichts Berlin,

...,

mit dem Amtssitz in Berlin

erschienen heute:

1. ...,

2. ...,

3. ... .

Die Erschienenen sind dem Notar persönlich bekannt. Sie bestätigten nach Erläuterung der Vorschrift des § 3 Abs. 1 Nr. 7 BeurkG durch den beurkundenden Notar, dass der beurkundende Notar nicht vorbefasst im Sinne des § 3 Abs. 1 Nr. 7 BeurkG ist.

Die Erschienenen erklärten: [→ Rz. 3.338 ff.]

Wir sind alleinige Gesellschafter der ... GmbH und wollen eine Gesellschafterversammlung abhalten. Wir verzichten auf Fristen und Formen für die Einberufung dieser Gesellschafterversammlung und beschließen:

1. Das Stammkapital der Gesellschaft wird um 50.000 € auf 100.000 € erhöht.

2. Die neuen Geschäftsanteile werden zum Nennwert ausgegeben und nehmen am Gewinn der Gesellschaft vom ... ab teil.

---

351) BGHZ 113, 335 ff. = ZIP 1991, 511, dazu EWiR 1991, 1213 *(Frey)*; OLG Dresden NZG 2017, 985 = ZIP 2017, 2355.

3. Auf das erhöhte Stammkapital sind Geldeinlagen in Höhe von 10.000 € zu leisten, zu deren Übernahme mit 5.000 € (Nr. ...) der Gesellschafter ... und mit 5.000 € (Nr. ...) der Gesellschafter ... zugelassen werden.

4. Ferner ist auf das erhöhte Stammkapital eine Sacheinlage von 40.000 € (Nr. ...) dergestalt zu leisten, dass der Gesellschafter ... ein Kraftfahrzeug Marke ..., amtliches Kennzeichen ..., Fahrgestellnummer ... in die Gesellschaft einbringt.

5. Der Gesellschaftsvertrag wird geändert in § ... (Stammkapital) und lautet wie folgt:

§ ... .

Sämtliche Beschlüsse wurden einstimmig gefasst.

Daraufhin erklärten die Gesellschafter ..., dass sie die Geschäftsanteile von je 5.000 € (Nr. ... und Nr. ...) übernehmen. Der Gesellschafter ... erklärte die Übernahme des Geschäftsanteils in Höhe von 40.000 € (Nr. ...) in Form der Einbringung des Kraftfahrzeuges Marke ..., amtliches Kennzeichen ..., Fahrgestellnummer ..., [Hinweis: Für die Übernahmeerklärung reicht die Form der notariellen Beglaubigung. Aus Kostengründen sollte die Übernahmeerklärung gesondert erfolgen.]

Der Notar wies darauf hin, dass:

eine Geldeinlage, die bei wirtschaftlicher Betrachtungsweise und aufgrund einer im Zusammenhang mit der Übernahme der Geldeinlage getroffenen Abrede ganz oder teilweise als verdeckte Sacheinlage zu bewerten ist, nur unter den Voraussetzungen des § 19 Abs. 4 GmbHG Erfüllungswirkung hat;

eine Vereinbarung, der zufolge die Gesellschaft einem Gesellschafter eine Leistung schuldet, die wirtschaftlich einer Rückzahlung der Einlage entspricht, der Erfüllung der Einlageschuld nur unter den Voraussetzungen des § 19 Abs. 5 GmbH nicht entgegen steht und in der Anmeldung offenzulegen ist;

Voreinzahlungen nur in besonderen Ausnahmesituationen erfüllungstauglich sind;

das zur Erhaltung des Stammkapitals erforderliche Gesellschaftsvermögen nur nach Maßgabe des § 30 GmbHG zurückgewährt werden darf;

der Gesellschafter auch für den Fall seines etwaigen Ausscheidens aus der Gesellschaft neben dem Erwerber seines Geschäftsanteils für die Volleinzahlung des Geschäftsanteils gesamtschuldnerisch haftet (§ 21 Abs. 3 GmbHG).

Der Notar wies weiter darauf hin, dass er nicht beauftragt war, die steuerlichen Folgen dieser Urkunde zu prüfen und daher auch keine steuerliche Beratung durch den Notar mit dieser Beurkundung verbunden ist.

Das Protokoll ist den Erschienenen in Gegenwart des Notars vorgelesen, von ihnen genehmigt und eigenhändig unterschrieben worden.

... (Unterschriften)

Berlin, den ... ..., Notar L. S.

3.388 Muster 68: Anmeldung der Erhöhung des Stammkapitals bei Geld- und Sacheinlagen

... GmbH   Berlin, den ...

...

... Berlin

An das

Amtsgericht Charlottenburg

Amtsgerichtsplatz

Berlin-Charlottenburg

HRB ...

Als Geschäftsführer der ... GmbH überreichen wir: [→ Rz. 3.354 ff.]

1.   Ausfertigung der notariellen Verhandlung betreffend die Gesellschafterversammlung vom ..., aus der sich die Erhöhung des Stammkapitals und die Änderung des Gesellschaftsvertrages ergibt, nebst den dort enthaltenen Übernahmeerklärungen dreier Übernehmer von neuen Geld- und Sacheinlagen.

2.   Liste der Personen, die die neuen Geschäftsanteile übernommen haben.

3.   Wertgutachten des öffentlich bestellten und vereidigten Sachverständigen ... über den Wert der Sacheinlage.

4.   Übereignungsvertrag und beglaubigte Kopie des KFZ-Briefes, aus denen sich ergibt, dass die GmbH Eigentümerin des eingebrachten Kraftfahrzeuges geworden ist.

5.   Sacheinlagebericht.

6.   Exemplar des aktuellen Gesellschaftsvertrages in vollständigem Wortlaut und mit Notarbescheinigung nach § 54 Abs. 1 S. 2 GmbHG.

Eine neue Gesellschafterliste wird nach Eintragung eingereicht.

Wir versichern, dass auf jede neue Geldeinlage in Höhe von je 5.000 € der Gesellschafter ... und der Gesellschafter ... je ein Viertel eingezahlt haben, dass der Gesellschafter ... die Sacheinlage vollständig geleistet hat, und dass die eingezahlten Beträge und das Kraftfahrzeug sich endgültig in der freien Verfügung der Geschäftsführer befinden und in der Folge nicht zurückgeleistet wurden und werden (vgl. auch schon BGH ZIP 2002, 799 (Rz. 3.355).

[Alternativ in Fällen des §§ 56a, 19 Abs. 5 GmbHG bei Barerhöhungen: Wir versichern, dass vom Gesellschafter ... EUR ... als Einlage vollständig in die Gesellschaft eingezahlt sind, sich der eingezahlte Betrag endgültig in meiner freien Verfügung als Geschäftsführer befindet und aufgrund eines Vertrages zwischen der Gesellschaft und ihrem Gesellschafter an diesen ... EUR als mit ... % zu verzinsendes Darlehen zurückgewährt werden. Der Vertrag sieht vor, dass der Rückgewähranspruch der Gesellschaft jederzeit durch fristlose Kündigung fällig gestellt werden kann. Aufgrund der Vermögensverhältnisse des Übernehmers ist der Rückgewähranspruch vollwertig].

Wir melden die Erhöhung des Stammkapitals um 50.000 € auf 100.000 € und die Änderung des Gesellschaftsvertrages in § ... (Stammkapital) zur Eintragung in das Handelsregister an.

Berlin, den ... ... (Unterschriften)

Nr. ... der Urkundenrolle ...

Es wird hiermit amtlich beglaubigt, dass am ... Herr ... und Frau ... die am Schluss der Anmeldung befindlichen Namensunterschriften in meiner Gegenwart eigenhändig vollzogen haben. Herr ... und Frau ... haben nach Erläuterung der Vorschrift des § 3 Abs. 1 Nr. 7 BeurkG bestätigt, dass ich nicht vorbefasst im Sinne des § 3 Abs. 1 Nr. 7 BeurkG bin.

Berlin, den ... ..., Notar L. S.

e) Sonderfall: Kapitalerhöhung aus Gesellschaftsmitteln, §§ 57c ff. GmbHG

Es gelten zunächst die Vorschriften über die Änderung des Gesellschaftsvertrages (§§ 53, 54 GmbHG). Daneben gelten die §§ 57c ff. GmbHG. **3.389**

Danach kann die Erhöhung aus Gesellschaftsmitteln erst beschlossen werden, nachdem der letzte Jahresabschluss festgestellt und über die Ergebnisverwendung beschlossen worden ist, § 57c Abs. 2 GmbHG (Ausnahme: § 57n Abs. 2 GmbHG). **3.390**

Dem Beschluss über die Erhöhung aus Gesellschaftsmitteln ist eine Bilanz mit uneingeschränktem Bestätigungsvermerk (§ 57f Abs. 2 GmbHG) zugrunde zu legen (§ 57c Abs. 3 GmbHG). Diese kann der letzte Jahresabschluss (§ 57e GmbHG) oder eine Zwischenbilanz (§ 57f GmbHG) sein, wobei der Stichtag der zugrunde liegenden Bilanz höchstens acht Monate vor der Anmeldung liegen darf, § 57e Abs. 1, § 57f Abs. 1 GmbHG. Eine vorläufige Bilanz, testiert durch einen Steuerberater, reicht nicht, evtl. erfolgende Beschlüsse und Eintragungen sind nichtig.[352] **3.391**

Als Erhöhungsbeträge sind nur Kapital- und Gewinnrücklagen umwandlungsfähig; diese müssen in der Bilanz als solche ausgewiesen sein oder im Beschluss über die Ergebnisverwendung als Zuführung zu diesen Rücklagen ausgewiesen sein, § 57d Abs. 1 GmbHG. **3.392**

Zweckbestimmte Gewinnrücklagen sind nur umwandlungsfähig, wenn sich dies mit ihrem Zweck vereinbaren lässt, § 57d Abs. 3 GmbHG. Unvereinbarkeit liegt z. B. bei Rücklagen vor, die vermögensmindernden Aufwendungen dienen sollen; diese Rücklagen können nicht umgewandelt werden. Rücklagen, die aktivierungsfähige Aufwendungen bezwecken (also für Investitionszwecke bestimmt sind), sind dagegen umwandlungsfähig.[353] **3.393**

Soweit in der Bilanz ein Verlust oder Verlustvortrag ausgewiesen ist, kommt eine Umwandlung von Rücklagen überhaupt nicht in Betracht, § 57d Abs. 2 GmbHG. **3.394**

Die Kapitalerhöhung aus Gesellschaftsmitteln wird durch Bildung neuer Geschäftsanteile (nur bei voll eingezahlten Geschäftsanteilen, vgl. § 57l Abs. 2 S. 2 GmbHG) oder Aufstockung des Nennbetrags der bestehenden Geschäftsanteile durchgeführt. **3.395**

Im Erhöhungsbeschluss ist die Art der Erhöhung anzugeben; die neuen Geschäftsanteile bzw. die erhöhten Geschäftsanteile müssen mindestens 1 € betragen und auf volle Euro lauten, § 57h Abs. 1 GmbHG. **3.396**

Die neuen Geschäftsanteile stehen den Gesellschaftern im Verhältnis ihrer bisherigen Geschäftsanteile zu, § 57j GmbHG; ein hiervon abweichender (auch einstimmiger) Gesellschafterbeschluss ist nichtig. **3.397**

---

352) OLG Jena GmbHR 2016, 291 = ZIP 2016, 867.
353) *Baumbach/Hueck/Zöllner/Fastrich*, GmbHG, § 57d Rz. 10; *Scholz/Priester*, GmbHG, § 57d Rz. 14; *Lutter/Hommelhoff/Kleindiek*, GmbHG, § 57d Rz. 9 ff.

3.398 Alle GF haben die Kapitalerhöhung aus Gesellschaftsmitteln anzumelden und zu erklären, dass nach ihrer Kenntnis seit dem Stichtag der zugrunde gelegten Bilanz bis zum Tage der Anmeldung keine Vermögensminderung eingetreten ist, die der Kapitalerhöhung entgegenstünde, wenn sie am Tage der Anmeldung beschlossen worden wäre, §§ 78, 57i Abs. 1 S. 2 GmbHG.

3.399 Der Anmeldung ist zusätzlich zu den oben (Rz. 3.366) genannten Unterlagen (außer Übernahmeerklärung und Übernehmerliste) die zugrunde gelegte Bilanz als Anlage beizufügen. Falls eine Zwischenbilanz zugrunde gelegt wird, ist auch die letzte Jahresbilanz mit einzureichen, § 57i Abs. 1 S. 1 GmbHG. Bgzl. der neuen Gesellschafterliste gelten die Ausführungen zu Rz. 3.367.

3.400 Eine gleichzeitige Kapitalerhöhung aus Bar-/Sachmitteln und aus Gesellschaftsmitteln in einem einheitlichen Beschluss ist nach herrschender Meinung unzulässig.[354]

3.401 **Muster 69: Beschluss über die Erhöhung des Stammkapitals aus Gesellschaftsmitteln**

> Nr. ... der Urkundenrolle ...
>
> Verhandelt zu Berlin am ... .
>
> Vor dem unterzeichneten Notar im Bezirke des Kammergerichts Berlin,
>
> ...,
>
> mit dem Amtssitz in Berlin
>
> erschienen heute:
>
> 1. ...,
>
> 2. ... .
>
> Die Erschienenen sind dem Notar persönlich bekannt. Sie bestätigten nach Erläuterung der Vorschrift des § 3 Abs. 1 Nr. 7 BeurkG durch den beurkundenden Notar, dass der beurkundende Notar nicht vorbefasst im Sinne des § 3 Abs. 1 Nr. 7 BeurkG ist.
>
> Die Erschienenen erklärten: [→ Rz. 3.390 ff.]
>
> Wir sind alleinige Gesellschafter der ... GmbH, haben die Geschäftsanteile voll eingezahlt und wollen eine Gesellschafterversammlung abhalten. Wir verzichten auf Fristen und Formen für die Einberufung dieser Gesellschafterversammlung und beschließen:
>
> 1. Der den Erschienenen bekannte Jahresabschluss des Geschäftsjahres ... wird festgestellt. Der in der geprüften Bilanz ... ausgewiesene Reingewinn von ... € wird nach den Verhältnissen der Geschäftsanteile verteilt.
>
> 2. Das Stammkapital der Gesellschaft wird aus Gesellschaftsmitteln um 50.000 € auf 100.000 € erhöht. Die Bilanz ist dieser Niederschrift in der Anlage beigefügt. Die Bilanz trägt den uneingeschränkten Bestätigungsvermerk der ... als der von den Gesellschaftern der ... GmbH gewählten Abschlussprüferin.

---

354) Baumbach/Hueck/*Zöllner/Fastrich*, GmbHG, § 57c Rz. 8.

Die Kapitalerhöhung erfolgt in der Weise, dass neue Geschäftsanteile ausgegeben werden, von denen zustehen:

... € (Nr. ...) ...,

... € (Nr. ...) ... .

Die neuen Geschäftsanteile werden ab dem ... am Gewinn beteiligt.

3. Der Gesellschaftsvertrag wird geändert in § ... (Stammkapital) und lautet wie folgt:

§ ... .

Sämtliche Beschlüsse wurden einstimmig gefasst.

Das Protokoll ist den Erschienenen in Gegenwart des Notars vorgelesen, von ihnen genehmigt und eigenhändig unterschrieben worden.

... (Unterschriften)

Berlin, den ... ..., Notar L. S.

Muster 70: Anmeldung der Erhöhung des Stammkapitals aus Gesellschaftsmitteln   3.402

... GmbH   Berlin, den ...

...

... Berlin

An das

Amtsgericht Charlottenburg

Amtsgerichtsplatz

Berlin-Charlottenburg

HRB ...

Als Geschäftsführer der ... GmbH überreichen wir: [→ Rz. 3.398 f.]

1. Ausfertigung der notariellen Verhandlung betreffend die Gesellschafterversammlung vom ..., aus der sich die Erhöhung des Stammkapitals aus Gesellschaftsmitteln und die Änderung des Gesellschaftsvertrages ergeben.

2. Ein Exemplar des aktuellen Gesellschaftsvertrags in vollständigem Wortlaut und mit Notarbescheinigung nach § 54 Abs. 1 S. 2 GmbHG.

3. Bilanz, welche der Kapitalerhöhung aus Gesellschaftsmitteln zugrunde gelegt wurde, mit dem Bestätigungsvermerk des Abschlussprüfers [und die letzte Jahresbilanz, wenn der Kapitalerhöhung eine Zwischenbilanz zugrunde gelegt wird].

Eine neue Gesellschafterliste wird nach Eintragung eingereicht.

Wir versichern, dass nach unserer Kenntnis seit dem Stichtag der zugrunde gelegten Bilanz bis zum Tage der Anmeldung keine Vermögensminderung eingetreten ist, die der Kapitalerhöhung entgegenstünde, wenn sie am Tage der Anmeldung beschlossen worden wäre.

Wir melden die Erhöhung des Stammkapitals aus Gesellschaftsmitteln um 50.000 € auf 100.000 € und die Änderung des Gesellschaftsvertrages in § ... zur Eintragung in das Handelsregister an.

Berlin, den ... ... (Unterschriften)

Nr. ... der Urkundenrolle ...

Es wird hiermit amtlich beglaubigt, dass am ... Herr ... und Frau ... die am Schluss der Anmeldung befindlichen Namensunterschriften in meiner Gegenwart eigenhändig vollzogen haben. Herr ... und Frau ... haben nach Erläuterung der Vorschrift des § 3 Abs. 1 Nr. 7 BeurkG bestätigt, dass ich nicht vorbefasst im Sinne des § 3 Abs. 1 Nr. 7 BeurkG bin.

Berlin, den ... ..., Notar L. S.

9. Kapitalherabsetzung

a) Zweck

3.403 Zweck der Kapitalherabsetzung kann es sein, Stammkapital zurückzuzahlen, Einlageverpflichtungen zu erlassen oder Unterbilanzen zu beseitigen.

3.404 All dies ist für Gläubiger der Gesellschaft gefährlich und daher ausführlich im GmbHG geregelt.

b) Gleichzeitige Änderung des Gesellschaftsvertrages

3.405 Kapitalherabsetzungen sind gleichzeitig auch immer Änderungen des Gesellschaftsvertrages bezüglich der zwingenden Bestimmung über das Stammkapital, die gem. §§ 53, 54 GmbHG zu ihrer Wirksamkeit einen notariell beurkundeten Beschluss und Eintragung in das HR erfordern.

c) Arten der Kapitalherabsetzung

3.406 Das Gesetz kennt zwei Formen von Kapitalherabsetzungen, nämlich die ordentliche Kapitalherabsetzung nach § 58 GmbHG und die vereinfachte Kapitalherabsetzung nach §§ 58a ff. GmbHG.

aa) Ordentliche Kapitalherabsetzung, § 58 GmbHG

3.407 Es ist ein Kapitalherabsetzungsbeschluss zu fassen, in dem der Herabsetzungsbetrag festzustellen ist. Es genügt die Angabe eines Höchstbetrages der Herabsetzung, solange dieser aufgrund des Beschlusses bestimmbar ist.[355]

3.408 Eine Herabsetzung unter das gesetzlich vorgeschriebenen Mindestkapital in Höhe von 25.000 € ist nicht zulässig, § 58 Abs. 2 S. 1 GmbHG. Daher kann eine Regel-GmbH auch nicht durch Kapitalherabsetzung zur UG werden.

3.409 In dem Beschluss ist Art und Zweck der ordentlichen Kapitalherabsetzung mit aufzunehmen, § 222 Abs. 3 und 4 AktG analog.[356] Bei mehreren Zwecken ist auch die Rangfolge der Zwecke anzugeben.

---

355) Baumbach/Hueck/*Zöllner/Haas*, GmbHG, § 58 Rz. 18; Scholz/*Priester*, GmbHG, § 58 Rz. 34; GmbHG Großkommentar/*Casper*, § 58 Rz. 27.

356) Vgl. Baumbach/Hueck/*Zöllner/Haas*, GmbHG, § 58 Rz. 20; *Krafka/Kühn*, Registerrecht, Rz. 1073; Scholz/*Priester*, GmbHG, § 58 Rz. 37; GmbHG Großkommentar/*Casper*, § 58 Rz. 28.

Schließlich kann, muss aber nicht ausdrücklich, in dem Beschluss der Gesellschaftsvertrag 3.410
bezüglich der Höhe des Stammkapitals und der Geschäftsanteile angepasst werden. Diese
Änderung ergibt sich – konkludent – als automatische Folge des Herabsetzungsbeschlusses und ist im neuen Wortlaut des Gesellschaftsvertrages zu berücksichtigen.[357]

Eine Anpassung der Nennwerte der Geschäftsanteile ist nur notwendig, wenn vom Regel- 3.411
fall der quotalen Kürzung aller Geschäftsanteile abgewichen werden soll. Denn im Regelfall der quotalen Kürzung verändern sich die Geschäftsanteile automatisch mit der Eintragung der Kapitalherabsetzung anteilig in demselben Verhältnis, in dem sich die Stamm-
kapitalziffer verändert.[358]

Erfolgt die Herabsetzung jedoch zum Zweck der Rückzahlung oder des Erlasses von Ein- 3.412
lageverpflichtungen oder auch zur Beseitigung einer Unterbilanz,[359] müssen die Nennbeträge mindestens 1 € betragen und auf volle Euro lauten, § 58 Abs. 2 S. 2 i. V. m. § 5 Abs. 2
GmbHG.

Ist dies nicht automatisch der Fall, müssen die notwendigen Anpassungen ebenfalls in dem 3.413
Kapitalherabsetzungsbeschluss beschlossen werden.[360] Die Nennwerte der Geschäftsanteile
müssen nicht unbedingt verhältniswahrend herabgesetzt werden. Wenn der betroffene
Gesellschafter zustimmt, können die Geschäftsanteile unterschiedlich herabgesetzt werden.
Ein Geschäftsanteil kann sogar auf Null herabgesetzt werden, was zur Vernichtung des
Anteils und zum Ausscheiden des Gesellschafters führt.[361]

Nach dem Kapitalherabsetzungsbeschluss müssen die GF den Kapitalherabsetzungsbe- 3.414
schluss nach dem ARUG statt wie früher dreimal nur noch einmal in den Gesellschaftsblättern bekannt machen und die Gläubiger in der Bekanntmachung auffordern, sich bei
der Gesellschaft zu melden, § 58 Abs. 1 Nr. 1 GmbHG. Gläubiger, die der Gesellschaft
bekannt sind, sind zusätzlich durch gesonderte Mitteilung zur Anmeldung ihrer Forderungen aufzufordern. Der Zweck der Herabsetzung muss in der Bekanntmachung nicht
angegeben werden.[362]

Die Gläubiger, die der Kapitalherabsetzung nicht zustimmen, sind zu befriedigen oder si- 3.415
cherzustellen, § 58 Abs. 1 Nr. 2 GmbHG.

Erst nach Ablauf eines Jahres seit der öffentlichen Bekanntmachung des Kapitalherabset- 3.416
zungsbeschlusses haben alle GF den Herabsetzungsbeschluss zur Eintragung im Handelsregister anzumelden, §§ 78, 58 Abs. 1 Nr. 3 GmbHG.

In der Anmeldung haben die GF zu versichern, dass die Gläubiger, die sich bei der Gesell- 3.417
schaft gemeldet und der Herabsetzung nicht zugestimmt haben, befriedigt oder sichergestellt sind. Haben sich keine der Herabsetzung widersprechende Gläubiger gemeldet, ist
auch diese Tatsache zu versichern.

---

357) Scholz/*Priester*, GmbHG, § 58 Rz. 36; GmbHG Großkommentar/*Casper*, § 58 Rz. 31.
358) Baumbach/Hueck/*Zöllner/Haas*, GmbHG, § 58 Rz. 19.
359) Vgl. *Reymann*, GmbHR 2009, 351.
360) Vgl. Scholz/*Priester*, GmbHG, § 58 Rz. 35; GmbHG Großkommentar/*Casper*, § 58 Rz. 30; *Ulbert*, S. 166.
361) *Ulbert*, S. 166 f.
362) LG Augsburg MittBayNotK 1979, 129.

3.418 Die Versicherung ist höchstpersönlich von den GF abzugeben; eine Bevollmächtigung ist nicht möglich. Der Anmeldung sind als Anlagen beizufügen:

- die Ausfertigung oder beglaubigte Abschrift der notariellen Niederschrift über den Herabsetzungsbeschluss;

- die Belege über die Bekanntmachung des Herabsetzungsbeschlusses (beglaubigte Abschrift reicht);

- Nachweise über die Mitteilung der Herabsetzung an Gläubiger, die der Gesellschaft bekannt sind, sind nicht erforderlich;[363]

- neuer Wortlaut des Gesellschaftsvertrages mit Notarbescheinigung nach § 54 Abs. 1 S. 2 GmbHG;

Eine neue Gesellschafterliste, unterschrieben vom Notar, ist erst nach Eintragung einzureichen, § 40 GmbHG. Manche Registergerichte akzeptieren vorher eingereichte Listen, wenn vermerkt ist, dass die Liste erst mit Eintragung wirksam wird.

3.419 Muster 71: Beschluss über die Herabsetzung des Stammkapitals

Nr. ... der Urkundenrolle ...

Verhandelt zu Berlin am ... .

Vor dem unterzeichneten Notar im Bezirke des Kammergerichts Berlin,

...,

mit dem Amtssitz in Berlin

erschienen heute:

1. ...,

2. ... .

Die Erschienenen sind dem Notar persönlich bekannt. Sie bestätigten nach Erläuterung der Vorschrift des § 3 Abs. 1 Nr. 7 BeurkG durch den beurkundenden Notar, dass der beurkundende Notar nicht vorbefasst im Sinne des § 3 Abs. 1 Nr. 7 BeurkG ist.

Die Erschienenen erklärten: [→ Rz. 3.407 ff.]

Wir sind alleinige Gesellschafter der ... GmbH und wollen eine Gesellschafterversammlung abhalten. Wir verzichten auf Fristen und Formen für die Einberufung dieser Gesellschafterversammlung und beschließen:

Das Stammkapital der Gesellschaft wird zum Zwecke der Rückzahlung von Teilen des Stammkapitals und des Erlasses eines Teils der geschuldeten Einlage um 50.000 € auf 50.000 € herabgesetzt, und zwar in der Weise, dass der Nennbetrag sämtlicher Geschäftsanteile nur noch 50 % seiner bisherigen Höhe beträgt. Die Kapitalherabsetzung erfolgt in der Weise, dass von dem voll eingezahlten Geschäftsanteil die Hälfte zurückgezahlt wird und bezüglich des halb eingezahlten Geschäftsanteils die andere Hälfte der geschuldeten Einlage erlassen wird. Die Geschäftsanteile betragen nunmehr:

... € (Nr. ...) ...,

... € (Nr. ...) ... .

---

[363] BayObLG BB 1974, 1362.

Der Gesellschaftsvertrag wird geändert in § ... (Stammkapital) und lautet wie folgt:

§ ....

Sämtliche Beschlüsse wurden einstimmig gefasst.

Das Protokoll ist den Erschienenen in Gegenwart des Notars vorgelesen, von ihnen genehmigt und eigenhändig unterschrieben worden.

... (Unterschriften)

Berlin, den ... ..., Notar L. S.

Muster 72: Anmeldung der Herabsetzung des Stammkapitals   3.420

... GmbH   Berlin, den ...

...

... Berlin

An das

Amtsgericht Charlottenburg

Amtsgerichtsplatz

Berlin-Charlottenburg

HRB ...

Als Geschäftsführer der ... GmbH überreichen wir: [→ Rz. 3.416 ff.]

1. Ausfertigung der notariellen Verhandlung betreffend die Gesellschafterversammlung vom ..., aus der sich die Herabsetzung des Stammkapitals und die Änderung des Gesellschaftsvertrages ergeben.

2. Die Nummer ... des elektronischen Bundesanzeigers vom ..., welche die Bekanntmachung des Herabsetzungsbeschlusses enthält.

3. Ein Exemplar des aktuellen Gesellschaftsvertrages in vollständigem Wortlaut und mit Notarbescheinigung nach § 54 Abs. 1 S. 2 GmbHG bei.

Eine neue Gesellschafterliste wird nach Eintragung eingereicht.

Wir versichern, dass diejenigen Gläubiger, welche sich bei der Gesellschaft gemeldet und der Herabsetzung nicht zugestimmt haben, befriedigt oder sichergestellt sind.

Wir melden die Herabsetzung des Stammkapitals um 50.000 € auf 50.000 € und die Änderung des Gesellschaftsvertrages in § ... zur Eintragung in das Handelsregister an.

Berlin, den ... ... (Unterschriften)

Nr. ... der Urkundenrolle ...

Es wird hiermit amtlich beglaubigt, dass am ... Herr ... und Frau ... die am Schluss der Anmeldung befindlichen Namensunterschriften in meiner Gegenwart eigenhändig vollzogen haben. Herr ... und Frau ... haben nach Erläuterung der Vorschrift des § 3 Abs. 1 Nr. 7 BeurkG bestätigt, dass ich nicht vorbefasst im Sinne des § 3 Abs. 1 Nr. 7 BeurkG bin.

Berlin, den ... ..., Notar L. S.

bb) Vereinfachte Kapitalherabsetzung, §§ 58a–f GmbHG

3.421 Da die ordentliche Kapitalherabsetzung zeitintensiv ist (Sperrjahr!), sieht der Gesetzgeber in den §§ 58a–f GmbHG eine vereinfachte Kapitalherabsetzung vor.

3.422 Vereinfacht ist diese Kapitalherabsetzung deshalb, weil die für die ordentliche Kapitalherabsetzung angeordneten Gläubigerschutzvorschriften (Bekanntmachung des Kapitalherabsetzungsbeschlusses, Befriedigung bzw. Sicherstellung der Gläubiger während des Sperrjahres) nicht eingehalten werden müssen.

3.423 Die Gläubiger werden bei der vereinfachten Kapitalherabsetzung durch eine verschärfte Vermögensbindung (Ausschüttungssperren nach Durchführung der Kapitalherabsetzung), §§ 58b ff. GmbHG, geschützt.

3.424 Die vereinfachte Kapitalherabsetzung dient nur zum Ausgleich von Wertminderungen oder zur Deckung sonstiger Verluste, § 58a Abs. 1 GmbHG. Durch sie wird eine Unterbilanz sofort beseitigt, selbst wenn das Stammkapital völlig aufgebraucht ist. In Verbindung mit einer gleichzeitigen Kapitalerhöhung werden Sanierungen erheblich erleichtert.

3.425 Voraussetzung für die vereinfachte Kapitalherabsetzung ist zunächst die Auflösung etwaiger Gewinn- und Kapitalrücklagen, soweit diese zusammen 10 % des nach der Herabsetzung verbleibenden Stammkapitals übersteigen, § 58a Abs. 2 S. 1 GmbHG. Ferner ist ein etwaig bestehender Gewinnvortrag vorab zu beseitigen, § 58a Abs. 2 S. 2 GmbHG.

3.426 Diese Maßnahmen müssen vor Fassung des Herabsetzungsbeschlusses durch Umbuchung durchgeführt werden. Die Rücklagenauflösung und die Verwendung eines Gewinnvortrags erfordern weiter einen Gesellschafterbeschluss, der mit dem Herabsetzungsbeschluss verbunden werden kann.[364]

3.427 Eine besondere Kapitalherabsetzungsbilanz, in der die Gewinn- und Kapitalrücklagen bereits als (weitgehend) aufgelöst ausgewiesen werden, ist allerdings nicht erforderlich.[365]

3.428 Wird das Stammkapital auf einen Betrag unter 25.000 € herabgesetzt (möglich bei gleichzeitiger Barkapitalerhöhung auf mindestens 25.000 €, vgl. unten Rz. 3.430), berechnet sich der übersteigende Betrag der Gewinn- und Kapitalrücklagen nicht von 10 % des nach der Herabsetzung verbleibenden Stammkapitals, sondern von 10 % des Mindeststammkapitals nach § 5 Abs. 1 GmbHG, d. h., Kapital- und Gewinnrücklagen, die zusammen 2.500 € übersteigen, müssen vorab aufgelöst werden, vgl. § 58b Abs. 2 S. 2 GmbHG.

3.429 Verbleibt nach den oben genannten Maßnahmen weiter ein Verlust, steht zu dessen Deckung die vereinfachte Kapitalherabsetzung zur Verfügung. Der noch auszugleichende Verlust muss weder in einer Bilanz ausgewiesen sein noch bereits eingetreten sein.[366] Es genügt, wenn der Eintritt des Verlustes so wahrscheinlich ist, dass für ihn Rückstellungen zu bilden wären.[367]

3.430 Der Beschluss über die vereinfachte Kapitalherabsetzung muss enthalten:
- Zweck der vereinfachten Kapitalherabsetzung.
- Erklärung, dass Herabsetzung in vereinfachter Form erfolgt (Analogie zu § 229 Abs. 3, § 222 Abs. 4 S. 3 AktG).[368]

364) Scholz/*Priester*, GmbHG, § 58a Rz. 9; Baumbach/Hueck/*Zöllner/Haas*, GmbHG, § 58a Rz. 12; **vgl. auch** Lutter/Hommelhoff/*Kleindiek*, GmbHG, § 58a Rz. 13.
365) Lutter/Hommelhoff/*Kleindiek*, GmbHG, § 58a Rz. 13.
366) *Ulbert*, S. 169.
367) BGHZ 119, 305 = ZIP 1992, 1542 = WM 1992, 1902 ff., dazu EWiR 1993, 3 (*Hammen*).
368) OLG Hamm GmbHR 2011, 256; Scholz/*Priester*, GmbHG, § 58a Rz. 20; Lutter/Hommelhoff/*Kleindiek*, GmbHG, § 58a Rz. 22.

- Nennbetrag des herabgesetzten Stammkapitals, der bei der vereinfachten Kapitalherabsetzung geringer als 25.000 €, ja sogar 0 € sein kann, wenn gleichzeitig eine Barkapitalerhöhung auf mindestens 25.000 € erfolgt und beide Beschlüsse binnen drei Monaten nach Beschlussfassung in das Handelsregister eingetragen sind, § 58a Abs. 4 GmbHG. Fraglich ist, ob auch eine Herabsetzung auf einen Betrag unter 0 € möglich ist, wenn gleichzeitig eine Erhöhung auf mindestens 25.000 € beschlossen wird. Bezüglich der Kapitalerhöhung gebietet es die gesellschaftsrechtliche Treuepflicht nicht ohne weiteres, den Gesellschaftern eine Kleinstbeteiligung einzuräumen.[369]

- Anpassung der Nennbeträge der herabgesetzten Geschäftsanteile, die mindestens 1 € betragen müssen und auf volle Euro lauten müssen, § 58a Abs. 3 GmbHG. Bei nicht verhältniswahrender Anpassung müssen die betroffenen Gesellschafter zustimmen. Bezüglich einer eventuell gleichzeitigen Kapitalerhöhung gelten die oben genannten Voraussetzungen (Bildung neuer Geschäftsanteile oder Aufstockung vorhandener – auch 0-€-Anteile!).[370]

- Änderung des Gesellschaftsvertrages bezüglich Stammkapital und evtl. der Geschäftsanteile (bei gleichzeitiger Erhöhung reicht Angabe des endgültigen Stammkapitalbetrags).

Die vereinfachte Kapitalherabsetzung ist von den GF in vertretungsberechtigter Zahl zur Eintragung in das Handelsregister anzumelden (§ 58a Abs. 5, § 54 GmbHG).[371] Die gleichzeitige Kapitalerhöhung ist von allen GF anzumelden, § 78 GmbHG.   **3.431**

Der Anmeldung sind eine Ausfertigung oder eine beglaubigte Abschrift des Herabsetzungsbeschlusses, ein neuer Wortlaut des Gesellschaftsvertrages mit Notarbescheinigung nach § 54 Abs. 1 S. 2 GmbHG beizufügen, bei gleichzeitiger Kapitalerhöhung auch die Unterlagen nach § 57 Abs. 3 GmbHG.   **3.432**

Eine neue Gesellschafterliste, zu unterschreiben vom Notar (§ 40 GmbHG), ist erst nach der Eintragung einzureichen. Manche Registergerichte akzeptieren allerdings vorher eingereichte Listen, wenn vermerkt ist, dass die Liste erst mit Eintragung wirksam wird.   **3.433**

Eine Kapitalherabsetzungsbilanz muss nur bei begründeten Zweifeln des Gerichts am Vorliegen der besonderen Voraussetzungen für eine vereinfachte Kapitalherabsetzung vorgelegt werden. Mit der Eintragung wird die vereinfachte Kapitalherabsetzung wirksam.   **3.434**

Ausnahmsweise können nach §§ 58e, 58f GmbHG die vereinfachte Kapitalherabsetzung (und eine eventuell gleichzeitig erfolgende Barkapitalerhöhung) mit Rückwirkung für das letzte vor der Beschlussfassung über die Herabsetzung abgelaufene Geschäftsjahr beschlossen werden, d. h. in der Bilanz für dieses (letzte vor der Beschlussfassung über die Herabsetzung abgelaufene) Geschäftsjahr können das Stammkapital und die Kapital- und Gewinnrücklagen so ausgewiesen sein, als wäre die Kapitalherabsetzung schon am Bilanzstichtag wirksam gewesen.   **3.435**

Allerdings muss der Jahresabschluss durch Beschluss der Gesellschafter (und nicht eines anderen – z. B. durch den Gesellschaftsvertrag bestimmten – Organs) festgestellt werden, am besten zusammen mit dem Herabsetzungs- (und Erhöhungs)beschluss.   **3.436**

---

369) BGH DB 2005, 1267; allerdings fraglich nach Einführung der Möglichkeit von 1-€-Anteilen durch das MoMiG.

370) *Lutter/Hommelhoff/Kleindiek*, GmbHG, § 58a Rz. 26.

371) *Lutter/Hommelhoff/Kleindiek*, GmbHG, § 58a Rz. 30; *Scholz/Priester*, GmbHG, § 58a Rz. 32; a. A. Baumbach/Hueck/*Zöllner/Haas*, GmbHG, § 58a Rz. 30, die § 78 Halbs. 2 GmbHG analog anwenden.

3.437 Bezüglich der gleichzeitigen Barkapitalerhöhung müssen bei Beschlussfassung die Übernahmeerklärungen bereits vorliegen und die Mindesteinzahlungen bereits geleistet sein. Beides ist dem Notar nachzuweisen und von diesem zweckmäßigerweise in der Urkunde zu vermerken.[372]

> **Achtung:** Die Beschlüsse (Herabsetzung, Feststellung des Jahresabschlusses, Erhöhung) über die Rückwirkung müssen binnen drei Monaten nach Beschlussfassung in das Handelsregister eingetragen werden; sonst sind sie nichtig, §§ 58e Abs. 3, 58 f. Abs. 2 GmbHG (Heilung durch Eintragung und Ablauf von drei Jahren, § 242 Abs. 3 AktG analog).

3.438 Muster 73: Beschluss über die vereinfachte Herabsetzung des Stammkapitals mit gleichzeitiger Erhöhung des Stammkapitals

Nr. ... der Urkundenrolle ...

Verhandelt zu Berlin am ... .

Vor dem unterzeichneten Notar im Bezirke des Kammergerichts Berlin,

...,

mit dem Amtssitz in Berlin

erschienen heute:

1. ...,

2. ....

Die Erschienenen sind dem Notar persönlich bekannt. Sie bestätigten nach Erläuterung der Vorschrift des § 3 Abs. 1 Nr. 7 BeurkG durch den beurkundenden Notar, dass der beurkundende Notar nicht vorbefasst im Sinne des § 3 Abs. 1 Nr. 7 BeurkG ist.

Die Erschienenen erklärten: [→ Rz. 3.430]

Wir sind alleinige Gesellschafter der ... GmbH mit voll eingezahlten Geschäftsanteilen von jeweils 25.000 € (Nr. ... und Nr. ...) und wollen eine Gesellschafterversammlung abhalten. Wir verzichten auf Fristen und Formen für die Einberufung dieser Gesellschafterversammlung und beschließen:

1. Der Jahresabschluss für das Geschäftsjahr ... wird festgestellt. Danach besteht kein Gewinnvortrag. Die Kapital- und Gewinnrücklagen, die über 2.500 € hinausgehen, sind aufgelöst.

2. Das Stammkapital der Gesellschaft wird in vereinfachter Weise um 25.000 € auf 25.000 € herabgesetzt, und zwar zum Zwecke der Deckung von Verlusten der Gesellschaft, die nach Auflösung der Kapital- und Gewinnrücklagen, soweit sie 2.500 € übersteigen, verblieben sind. Die Herabsetzung erfolgt in der Weise, dass der Nennbetrag sämtlicher Geschäftsanteile nur noch 50 % ihrer bisherigen Höhe beträgt. Die Geschäftsanteile betragen nunmehr:

   12.500 € ... (Nr. ...)

   12.500 € ... (Nr. ...)

3. Gleichzeitig wird das Stammkapital der Gesellschaft um 25.000 € auf 50.000 € erhöht, und zwar durch Ausgabe zweier neuer Geschäftsanteile in Höhe von je 12.500 €

---

372) *Ulbert*, S. 172.

(Nr. ... und Nr. ...), die zum Nennwert ausgegeben werden und am Gewinn der Gesellschaft vom ... ab teilnehmen. Zur Übernahme der neuen Geschäftsanteile werden ... und ... zugelassen.

4. Der Gesellschaftsvertrag wird geändert in § ... (Stammkapital) und lautet wie folgt:

§ ... .

Sämtliche Beschlüsse wurden einstimmig gefasst.

Daraufhin erklären die Gesellschafter ..., dass sie die Geschäftsanteile von je 12.500 € (Nr. ... und Nr. ...) übernehmen. [Hinweis: für die Übernahmeerklärung ist nur die Form der notariellen Beglaubigung erforderlich; aus Kostengründen sollte die Übernahmeerklärung gesondert erfolgen.] Die Mindesteinzahlungen sind geleistet, was der beurkundende Notar bestätigt.

Das Protokoll ist den Erschienenen in Gegenwart des Notars vorgelesen, von ihnen genehmigt und eigenhändig unterschrieben worden.

... (Unterschriften)

Berlin, den ... ..., Notar L. S.

3.439

Muster 74: Anmeldung der vereinfachten Herabsetzung des Stammkapitals und der gleichzeitigen Erhöhung des Stammkapitals

... GmbH   Berlin, den ...

...

... Berlin

An das

Amtsgericht Charlottenburg

Amtsgerichtsplatz

Berlin-Charlottenburg

HRB ...

Als Geschäftsführer der ... GmbH überreichen wir: [→ Rz. 3.431 f.]

1. Ausfertigung der notariellen Verhandlung betreffend die Gesellschafterversammlung vom ..., aus der sich die vereinfachte Herabsetzung des Stammkapitals, die gleichzeitige Erhöhung des Stammkapitals mit Übernahmeerklärungen und die Änderung des Gesellschaftsvertrages ergeben;

2. eine Liste mit den Übernehmern der Geschäftsanteile;

3. ein Exemplar des aktuellen Gesellschaftsvertrages in vollständigem Wortlaut und mit Notarbescheinigung nach § 54 Abs. 1 S. 2 GmbHG;

4. Die Bilanz für das Geschäftsjahr ... .

Eine neue Gesellschafterliste wird nach Eintragung eingereicht.

Wir versichern, dass Kapital- und Gewinnrücklagen über 2.500 € und ein Gewinnvortrag nicht bestehen. Wir versichern weiter, dass auf jeden neuen Geschäftsanteil mindestens ein Viertel eingezahlt ist und sich die eingezahlten Beträge endgültig in der freien Verfügung der Geschäftsführer befinden. Es wurde und wird nichts zurückgezahlt (Ausnahme § 19 Abs. 5 GmbHG).

Wir melden die vereinfachte Herabsetzung des Stammkapitals um 25.000 € auf 25.000 €, die gleichzeitige Erhöhung des Stammkapitals um 25.000 € auf 50.000 € und die Änderung des Gesellschaftsvertrages in § ... zur Eintragung in das Handelsregister an.

Berlin, den ... ... (Unterschriften)

Nr. ... der Urkundenrolle ...

Es wird hiermit amtlich beglaubigt, dass am ... Herr ... und Frau ... die am Schluss der Anmeldung befindlichen Namensunterschriften in meiner Gegenwart eigenhändig vollzogen haben. Herr ... und Frau ... haben nach Erläuterung der Vorschrift des § 3 Abs. 1 Nr. 7 BeurkG bestätigt, dass ich nicht vorbefasst im Sinne des § 3 Abs. 1 Nr. 7 BeurkG bin.

Berlin, den ... ..., Notar L. S.

10. Kapitalmaßnahmen und Euro

a) Erhöhung in DM

3.440 Für Gesellschaften, die ihr Stammkapital und ihre Geschäftsanteile noch auf DM ausweisen, gilt § 1 EGGmbHG, Nach dieser Vorschrift konnte bis zum 31.12.2001 noch in DM erhöht werden.

b) Umrechnung und Glättung

3.441 Für Kapitaländerungsmaßnahmen, die erst nach dem 31.12.2001 eingetragen werden, muss § 1 Abs. 1 S. 4 EGGmbHG beachtet werden. Das Stammkapital muss demnach auf Euro umgestellt werden.

3.442 Nach dem vor dem MoMiG geltenden § 86 Abs. 1 S. 4 GmbHG mussten zusätzlich die Nennbeträge der Geschäftsanteile mindestens 50 € betragen und durch 10 teilbar sein. Für die reine Umrechnung von Stammkapital und Geschäftsanteilen gelten Form- und Mehrheitserleichterungen nach § 1 Abs. 3 S. 1 und 2 EGGmbHG.

3.443 Bei der Umrechnung kann auf volle Cent gerundet werden.[373] Im Zuge der Kapitaländerungsmaßnahme sind die Geschäftsanteile zu „glätten" (§ 1 Abs. 3 S. 3 Halbs. 2 EGGmbHG, der in seiner alten Fassung (= § 86 Abs. 3 S. 3 Halbs. 2 GmbHG) auf § 86 Abs. 1 S. 4 GmbHG-alt und dort auf glatte Eurobeträge verwies, und nicht nur für Kapitalherabsetzungen sondern auch für Kapitalerhöhungen galt)[374].

3.444 Zur Glättung bietet sich sinnvollerweise – nach einer eventuellen Zusammenlegung von Geschäftsanteilen – nur die Barkapitalerhöhung an, was sich in der Praxis so auch weitgehend durchgesetzt hat. Die anderen vom Gesetz vorgesehenen Möglichkeiten zur Glättung erscheinen aus folgenden Gründen nicht praktikabel:

- Eine ordentliche Kapitalherabsetzung ist wegen der Erforderlichkeit des Gläubigeraufrufes und des Sperrjahres ungeeignet.

---

373) Art. 5 Euro-EinführungsVO Nr. 1103/97, der wohl auch auf die Geschäftsanteile, die im Zuge der nachfolgenden Glättung erhöht werden, angewandt werden muss.

374) *Ries*, GmbHR 2000, 264 ff.

Ries

- Eine vereinfachte Kapitalherabsetzung zur Verlustdeckung scheidet aus, da die Herabsetzung nicht zum Zwecke der Verlustdeckung erfolgt.

- Die vom Gesetzgeber in § 1 Abs. 3 S. 3 Halbs. 2 EGGmbHG vorgesehene erleichterte Kapitalherabsetzung erscheint sinnlos, da mit der Herabsetzung zugleich eine Barkapitalerhöhung auf mindestens das alte Stammkapital bei Volleinzahlung erforderlich ist.

- Eine Kapitalerhöhung aus Gesellschaftsmitteln ist unpraktikabel, da hierzu eine testierte Bilanz erforderlich ist, die umwandlungsfähigen Rücklagen in der Bilanz gesondert auszuweisen sind und der Grundsatz der Wahrung der Beteiligungsverhältnisse gilt (vgl. §§ 57c ff. GmbHG).

Für die Glättung der Geschäftsanteile und die Barkapitalerhöhung gelten neben § 1 EGGmbHG auch die Bestimmungen der §§ 55 ff. GmbHG. Sinnvollerweise sollte das Stammkapital durch Aufstockung der vorhandenen Geschäftsanteile (um einen zwangsläufig krummen Euro-Betrag)[375] soweit erhöht werden, dass ein voller Euro-Betrag entsteht. **3.445**

Vor dem MoMiG war eine Aufstockung auf einen glatten Zehnerbetrag erforderlich, was zu Problemen bezüglich der Teilbarkeit führte (vgl. § 17 Abs. 4 i. V. m. § 5 Abs. 1 und 3 GmbHG-alt[376]). **3.446**

Fraglich ist, ob eine Aufstockung auch auf einen höheren vollen Euro-Betrag als den nächst höheren zulässig ist. Meines Erachtens ist eine Erhöhung auf mehr als den nächst höheren vollen Euro-Betrag zulässig, da die Erhöhung gesetzlich vorgeschrieben ist.[377] **3.447**

Fraglich ist, ob die Aufstockung nicht voll eingezahlter Geschäftsanteile, die nicht von den Gründern gehalten werden (oben Rz. 3.352), zulässig ist. Meines Erachtens ist dies möglich, da die Glattung vom Gesetzgeber vorgesehen ist. **3.448**

Die Praxis zeigt allerdings, dass sich die Gesellschafter nicht mit einer Aufstockung auf die oben genannten Beträge zufrieden geben, sondern die Geschäftsanteile auf Beträge von hundert oder sogar tausend glatt ziehen. Zu der Frage, ob dies bei nicht voll eingezahlten Geschäftsanteilen zulässig ist, gibt es noch keine obergerichtliche Rechtsprechung. **3.449**

Neben der Aufstockung zur gesetzlich vorgeschriebenen Glättung wird nach dem MoMiG, das die Übernahme mehrerer Geschäftsanteile erlaubt, auch eine zusätzliche Kapitalerhöhung durch Ausgabe neuer Geschäftsanteile möglich sein. **3.450**

Die Glättung durch Kapitalerhöhung kann unter Wahrung der Beteiligungsverhältnisse oder ohne Wahrung der Beteiligungsverhältnisse durchgeführt werden. Bei der verhältniswahrenden Glättung werden auf die Beteiligten u. U. Rechenaufgaben zukommen.[378] **3.451**

Zudem wird bei gewissen Beteiligungsverhältnissen (z. B. bei Gesellschaften mit Gesellschaftern, die unterschiedlich große Geschäftsanteile halten) auf die Beteiligten ein höherer Kapitalerhöhungsbedarf zukommen, der eine verhältniswahrende Glättung erschwert oder gar verhindert. **3.452**

---

375) Vgl. LG Bonn GmbHR 2000, 875; nach OLG Hamm GmbHR 2003, 899 soll auch die Bildung eines neuen „krummen" Geschäftsanteils zulässig sein, wenn dieser mit dem alten Geschäftsanteil sofort zusammengelegt wird.

376) Zur Frage, wie nach der Glättung auf einen 10er Betrag der Geschäftsanteil geteilt werden konnte *Frank/Wachter*, GmbHR 2001, 902 und *Heidinger*, DNotZ 2000, 329, wonach der abgetretene Teilgeschäftsanteil auf 50 lauten musste, während der verbleibende Teilgeschäftsanteil auf zehn lauten konnte.

377) Ähnlich *Frank/Wachter*, GmbHR 2001, 902, 904.

378) Vgl. *Schneider*, NJW 1998, 3161; vgl. auch die Rechenhilfe auf der Homepage der GmbHR, die unter www.gmbhr.de aufzurufen ist.

3.453 Bei der nicht verhältniswahrenden Glättung ist der Kapitalerhöhungsbedarf nur gering und relativ einfach zu berechnen. Allerdings wird eine solche Glättung faktisch nur einstimmig erfolgen können, da das Bezugsrecht eines Gesellschafters beeinträchtigt werden kann und dies nur mit Zustimmung des Betroffenen zulässig ist.

3.454 Ob der gesetzlich vorgesehene Zwang zur Glättung den einzelnen Gesellschafter aus den Grundsätzen der gesellschaftsrechtlichen Treuepflicht zur Zustimmung zur nicht verhältniswahrenden Glättung zwingt, erscheint fraglich.

3.455 In der Praxis taucht bisweilen das Problem auf, in welcher Reihenfolge die Umrechnung auf Euro und die Glättung erfolgen müssen. Der Gesetzgeber fasst sich in § 1 Abs. 3 S. 3 EGGmbHG neutral („werden mit der Umstellung weitere Maßnahmen verbunden ...").

3.456 Daraus ließe sich entnehmen, dass die Glättung auch vor der Umrechnung erfolgen kann. Dagegen spricht allerdings der gleichzeitige Verweis auf § 1 Abs. 1 S. 4 EGGmbHG, in dem ausdrücklich festgelegt ist, dass Kapitalmaßnahmen nur eingetragen werden, wenn Stammkapital und Geschäftsanteile umgerechnet werden.

3.457 Die meisten Urkunden sehen daher zuerst die Umrechnung und dann die Kapitaländerung vor. Bisweilen ist im Text der Urkunde aber auch ausdrücklich die umgekehrte Reihenfolge oder die Gleichzeitigkeit von Umrechnung und Kapitaländerung vorgesehen. Die gleichzeitige Umrechnung und Kapitaländerung dürfte vom Wortlaut des § 1 Abs. 1 S. 4 EGGmbHG noch gedeckt sein, die Kapitaländerung vor der Umrechnung allerdings wohl nicht.

3.458 In eine ähnliche Richtung geht der Beschluss des LG Bremen vom 12.5.1999,[379] in dem die Glättung durch Erhöhung um einen „krummen" DM-Betrag bei gleichzeitiger Umstellung von Stammkapital und Geschäftsanteilen auf „glatte" Euro-Beträge zugelassen wurde.

3.459 Die Abtretung eines aufgestockten „geglätteten" Geschäftsanteils ist erst nach der Eintragung der Umstellung und Erhöhung sinnvoll, da die Kapitalerhöhung erst dann wirksam wird.

3.460 Bei Abtretung vor der Eintragung scheitert die Kapitalerhöhung, da der „krumme" Aufstockungsbetrag wegen § 5 Abs. 2 GmbHG nicht als eigener Geschäftsanteil angesehen werden kann, der im Zeitpunkt der Eintragung entstehen und eine juristische Sekunde später übertragen werden könnte, und deshalb die Kapitalerhöhung wegen § 5 Abs. 3 S. 2 GmbHG unwirksam ist.

3.461 Eine Heilung ist in diesem Fall nur dergestalt denkbar, dass mit der Abtretung des umgerechneten Geschäftsanteils auch das Bezugsrecht bezüglich des Erhöhungsbetrages oder der Übernahmevertrag auf den Erwerber mit übertragen wird.[380]

3.462 Im Zuge der Umstellung auf Euro sollten auch andere Bestimmungen des Gesellschaftsvertrages angepasst werden, insbesondere zum Stimmrecht für den Fall, dass nach der Glättung nur auf volle Euro lautende Anteile entstehen.[381] Hierzu ist eine Änderung des Gesellschaftsvertrages erforderlich, die nur bei der reinen Umrechnung der DM-Beträge gem. § 1 Abs. 3 S. 1 EGGmbHG privilegiert ist.

---

379) LG Bremen GmbHR 2000, 287.
380) *Habel*, GmbHR 2000, 267 ff.
381) *Frank/Wachter*, GmbHR 2001, 900.

Ries

Muster 75: Beschluss über Umstellung auf Euro, Kapitalerhöhung nebst Übernahmeerklärung und Glättung von Geschäftsanteilen und Änderungen des Gesellschaftsvertrages   3.463

Nr. ... der Urkundenrolle ...

Verhandelt zu Berlin am ... .

Vor dem unterzeichneten Notar im Bezirke des Kammergerichts Berlin,

...,

mit dem Amtssitz in Berlin

erschienen heute:

1. ...,

2. ... .

Die Erschienenen sind dem Notar persönlich bekannt. Sie bestätigten nach Erläuterung der Vorschrift des § 3 Abs. 1 Nr. 7 BeurkG durch den beurkundenden Notar, dass der beurkundende Notar nicht vorbefasst im Sinne des § 3 Abs. 1 Nr. 7 BeurkG ist.

Die Erschienenen erklärten:

Wir sind alleinige Gesellschafter der ... GmbH, deren Stammkapital derzeit noch 50.000 DM beträgt. Wir sind mit voll eingezahlten Geschäftsanteilen von je 25.000 DM (Nr. 1 und Nr. 2) an dieser Gesellschaft beteiligt.

Wir wollen eine Gesellschafterversammlung abhalten. Wir verzichten auf Fristen und Formen für die Einberufung dieser Gesellschafterversammlung und beschließen:
[→ Rz. 3.441 ff.]

1. Die von uns gehaltenen Geschäftsanteile und das Stammkapital werden wie folgt auf € umgestellt:

    Gesellschafter ...: 12.782,30 € [bei allen Beträgen wurde auf volle Cents gerundet, vgl. Art. 5 Euro-EinführungsVO, VO Nr. 1103/97 des Rates vom 17. Juni 1997]

    Gesellschafter ...: 12.782,30 €

    Das Stammkapital beträgt 25.564,60 €

2. Sodann erhöhen wir das Stammkapital um 35,40 € auf 25.600 €, wobei die Stammkapitalerhöhung nicht durch Ausgabe neuer Geschäftsanteile, sondern durch Aufstockung der Nennbeträge der von uns gehaltenen Geschäftsanteile um jeweils 17,70 € erfolgt.

3. Wir, die Erschienenen werden zur Übernahme der Nennbetragserhöhung der vorhandenen Geschäftsanteile nach Maßgabe des Vorstehenden zugelassen. Die Einlagen sind in Höhe der Nennbetragsaufstockung zu je ¼ einzuzahlen.

4. Der Gesellschaftsvertrag wird geändert in § 3 (Stammkapital und Geschäftsanteile) und § „...." (Stimmrecht).

    § ... lautet wie folgt:

    § ... Stammkapital und Geschäftsanteile

    Das Stammkapital beträgt 25.600 €.

Der Gesellschafter hält ... einen Geschäftsanteil von 12.800 € (Nr. 1) und der Gesellschafter ... einen Geschäftsanteil von 12.800 € (Nr. 2).

§ ... lautet wie folgt: ...

§ ... Stimmrecht

Je 1 € gewähren eine Stimme.

Sämtliche Beschlüsse wurden einstimmig gefasst.

Daraufhin erklären die Gesellschafter ..., dass sie die Einlagen von je 17,70 € übernehmen. [Hinweis: Die Übernahmeerklärung bedarf nur der notariellen Beglaubigung; aus Kostengründen sollte die Übernahmeerklärung separat gefertigt werden.]

Das Protokoll ist den Erschienenen in Gegenwart des Notars vorgelesen, von ihnen genehmigt und eigenhändig unterschrieben worden.

... (Unterschriften)

Berlin, den ... ..., Notar L. S.

11. Genehmigtes Kapital

3.464 Auf Vorschlag des Bundesrats ist durch das MoMiG für die GmbH das aus dem Aktienrecht bekannte „Genehmigte Kapital" eingeführt worden. Nach § 55a GmbHG kann die Geschäftsführung im Gesellschaftsvertrag für höchstens fünf Jahre nach Eintragung des genehmigten Kapitals von den Gesellschaftern ermächtigt werden, das Stammkapital ohne notariell zu beurkundenden (und damit teuren) Gesellschafterbeschluss bis zu einem Betrag, der die Hälfte des zum Zeitpunkt der Ermächtigung vorhandenen Stammkapitals nicht übersteigt, zu erhöhen.

3.465 Die Schaffung des genehmigten Kapitals und die Ausnutzung des genehmigten Kapitals (verbunden mit der dann notwendigen Änderung des Gesellschaftsvertrages) müssen angemeldet werden; bei Schaffung des genehmigten Kapitals reicht wohl die Anmeldung durch die Vertretungsorgane in vertretungsberechtigter Zahl, bei Ausnutzung des genehmigten Kapitals müssen aber wegen der abzugebenden Versicherungen alle Geschäftsführer (analog § 78 2. Alt. GmbHG) anmelden. Wie bei der normalen Kapitalerhöhung sind Übernahmeerklärungen erforderlich (vgl. Rz. 3.342 ff.). In der Anmeldung müssen Versicherungen zur Leistung abegegeben werden; eine Übernehmerliste ist mit einzureichen (vgl. Rz. 3.354 ff.)

3.466 Die Gesellschafter können (analog § 179 AktG durch Gesellschafterbeschluss mit ¾ Mehrheit und mit notarieller Beurkundung) die Geschäftsführung ermächtigen, nach Ausnutzung des genehmigten Kapitals die Fassung der Satzung zu ändern.[382]

3.467 Der Gesetzgeber hat sowohl bezüglich der Anmeldung als auch bezüglich der Ermächtigung zur Fassungsänderung eine Regelung vergessen. Zur Sicherheit sollte bei der Schaffung des genehmigten Kapitals auch eine Ermächtigung der Geschäftsführung zur Fassungsänderung mit aufgenommen werden. Die GF können hierzu und zum Ausschluss des Bezugsrechts der Alt-Gesellschafter ermächtigt werden.[383] Unklar ist, wer die neue Gesell-

---

382) Die Bundesregierung sieht die Ermächtigung zur Satzungsänderung bereits (konkludent) in der Ermächtigung zur Durchführung der genehmigten Kapitalerhöhung, vgl. Gegenäußerung der Bundesregierung zur Stellungnahme des Bundesrats zum ARUG, BT-Drucks. 16/11642, S. 103.

383) OLG München NZG 2012, 426.

Ries

schafterliste nach Ausnutzung des genehmigten Kapitals einzureichen hat. Ein Notar wirkt hier nur bei der Beglaubigung der Anmeldung mit, nicht aber bei der Beschlussfassung. Demnach sollte der GF die neue Liste fertigen und einzureichen. Aus Sicherheitsgründen empfiehlt sich jedoch eine Doppelunterschrift durch GF und Notar.

Muster 76: Gesellschafterbeschluss über die Schaffung eines genehmigten Kapitals   3.467a

Nr. ... der Urkundenrolle ...

Verhandelt zu Berlin am ... .

Vor dem unterzeichneten Notar im Bezirke des Kammergerichts Berlin,

...,

mit dem Amtssitz in Berlin

erschienen heute:

1.   ...,

2.   ... .

Die Erschienenen sind dem Notar persönlich bekannt. Sie bestätigten nach Erläuterung der Vorschrift des § 3 Abs. 1 Nr. 7 BeurkG durch den beurkundenden Notar, dass der beurkundende Notar nicht vorbefasst im Sinne des § 3 Abs. 1 Nr. 7 BeurkG ist.

Die Erschienenen erklärten: [→ Rz. 3.464 ff.]

Wir sind alleinige Gesellschafter der ... GmbH und wollen eine Gesellschafterversammlung abhalten. Wir verzichten auf Fristen und Formen für die Einberufung dieser Gesellschafterversammlung und beschließen:

Der Gesellschaftsvertrag wird ergänzt um § ..., der wie folgt lautet:

§ ... (Genehmigtes Kapital) Die Geschäftsführer sind ermächtigt, das Stammkapital bis zum ... (nicht später als fünf Jahre nach der Eintragung der Änderung) um bis zu ... € (nicht mehr als 50 % des eingetragenen Stammkapitals) zu erhöhen (Genehmigtes Kapital .../I). Die Geschäftsführer sind ermächtigt, das Bezugsrecht der Alt-Gesellschafter auszuschließen und den Gesellschaftsvertrag nach Ausnutzung des Genehmigten Kapitals anzupassen.

Sämtliche Beschlüsse wurden einstimmig gefasst.

Das Protokoll ist den Erschienenen in Gegenwart des Notars vorgelesen, von ihnen genehmigt und eigenhändig unterschrieben worden.

... (Unterschriften) Berlin, den ... ..., Notar L. S.

3.467b Muster 77: Anmeldung der Ausnutzung eines genehmigten Kapitals

... GmbH Berlin, den ...

...

... Berlin

An das

Amtsgericht Charlottenburg

Amtsgerichtsplatz

Berlin-Charlottenburg

HRB ...

[→ Rz. 3.354 ff., 3.467]

Als Geschäftsführer der ... GmbH überreichen wir eine Ausfertigung des Protokolls über die Ausnutzung des Genehmigten Kapitals .../I und der Anpassung des Gesellschaftsvertrages vom ..., eine Übernehmerliste vom ... und notariell beglaubigte Übernahmeerklärungen der ... vom ... . Wir melden die Erhöhung des Stammkapitals aus dem Genehmigten Kapital .../I um ... € auf ... € und die Änderung des Gesellschaftsvertrages in § ... (Stammkapital) und § ...(Genehmigtes Kapital) zur Eintragung in das Handelsregister an. Das Genehmigte Kapital .../I beträgt noch ... €.

Wir versichern, dass auf jede neue Geldeinlage der ... und die ... mindestens ¼ eingezahlt haben und dass die eingezahlten Beträge zu unserer endgültigen freien Verfügung stehen und nicht zurückgleistet wurden und werden.

Wir fügen ein Exemplar des aktuellen Gesellschaftsvertrages in vollständigem Wortlaut und mit Notarbescheinigung nach § 54 Abs. 1 S. 2 GmbHG bei. [→ Rz. 3.304 ff.]

Berlin, den ... ... (Unterschriften)

Nr. ... der Urkundenrolle ...

Es wird hiermit amtlich beglaubigt, dass am ... Herr ... und Frau ... die am Schluss der Anmeldung befindlichen Namensunterschriften in meiner Gegenwart eigenhändig vollzogen haben. Herr ... und Frau ... haben nach Erläuterung der Vorschrift des § 3 Abs. 1 Nr. 7 BeurkG bestätigt, dass ich nicht vorbefasst im Sinne des § 3 Abs. 1 Nr. 7 BeurkG bin.

Berlin, den ... ..., Notar L. S.

12. Sitzverlegung

3.468 Bei einer Verlegung des Satzungssitzes (der Verwaltungssitz kann ohne Änderung des Gesellschaftsvertrages verlegt werden, § 4a GmbHG, wobei aber die neue Geschäftsanschrift im Inland angemeldet werden muss) der GmbH ist eine Änderung des Gesellschaftsvertrages durch notariell beurkundeten Gesellschafterbeschluss erforderlich, da eine zwingende Bestimmung des Gesellschaftsvertrages, nämlich die Bestimmung über den Sitz der Gesellschaft, geändert wird.

3.469 Die Satzungssitzverlegung ist beim Gericht des bisherigen Sitzes von den GF in vertretungsberechtigter Zahl anzumelden, § 13h Abs. 1 HGB. Das Gericht des Ursprungssitzes prüft nur nach, ob die Anmeldung ordnungsgemäß ist. Ist dies der Fall, werden die Akten an das Gericht des neuen Sitzes versandt, das dann die Ordnungsgemäßheit der Sitzverlegung, des Gesellschafterbeschlusses und der Firma (Unterscheidbarkeit) prüft. Nach § 13h Abs. 2 S. 4 HGB hat das Gericht des neuen Sitzes die mitgeteilten Eintragungen ohne weitere Prüfung zu übernehmen, auch die falschen.[384]

Um rechtsmissbräuchliche (z. B. wegen Gläubigerbenachteiligung) Satzungssitzverlegun- **3.470**
gen z. B. von zahlungsunfähigen Gesellschaften zu verhindern, fragt das Gericht des neuen Sitzes regelmäßig beim Gericht des alten Sitzes an, ob die Gesellschaft dort im Schuldnerverzeichnis oder Insolvenzverzeichnis verzeichnet ist.[385] Zur Beschleunigung der Registereintragung können diese Auskünfte schon vorab von den Antragstellern besorgt werden. Im Liquidationsstadium sollen Satzungssitzverlegungen nicht liquidationsdienlich sein.[386]

Eine Satzungssitzverlegung ins Ausland führt nach h. M. grundsätzlich zur Auflösung.[387] **3.471**
Eine identitätswahrende Verlegung des Satzungssitzes unter gleichzeitigem Formwechsel in das EU-Ausland ist aber möglich,[388] auch wenn der Verwaltungssitz nicht mit verlegt wird.[389]

Das MoMiG lässt die Verlegung des Verwaltungssitzes ins Ausland zu, § 4a GmbHG,[390] **3.472**
wobei bei Verlegung ins EU-Ausland wegen der Zweigniederlassungsrichtlinie u. U. eine Zweigniederlassung angemeldet werden muss.

Auch ohne spezielle Regelungen zur EU-Sitzverlegung war eine grenzüberschreitende Sitz- **3.473**
verlegung vom Gericht zu bearbeiten.[391]

E. Geschäftsführung, Vertretung

I. Abgrenzung

Zunächst ist wie bei allen Gesellschaften abzugrenzen zwischen Geschäftsführung, die **3.474**
das Innenverhältnis betrifft (§§ 46 ff. GmbHG) und Vertretung, die das Außenverhältnis betrifft (§§ 35 ff. GmbHG).

Die GF sind die gesetzlichen Vertretungsorgane der Gesellschaft. Im Unterschied zu Per- **3.475**
sonenhandelsgesellschaften können auch Dritte gesetzliche Vertretungsorgane werden. Man spricht bei der GmbH daher auch von „Fremdorganschaft". Die gesetzliche Vertretung ist von der rechtsgeschäftlichen Vertretung (z. B. Prokurist) zu unterscheiden.

---

384) OLG München GmbHR 2011, 143.
385) Kritisch hierzu *Meckbach*, NZG 2014, 526.
386) KG NZG 2018, 1197 = ZIP 2019, 34.
387) OLG München DB 2007, 2530; OLG Brandenburg GmbHR 2005, 484; BayObLG GmbHR 2004, 490; BayObLGZ 1992, 113 ff.; OLG Hamm ZIP 2001, 791 = BB 2001, 744; OLG Düsseldorf ZIP 2001, 790 = GmbHR 2001, 438, dazu EWiR 2001, 581 *(Niesert)*; **a. A.** für die Aktiengesellschaft *Hüffer*, AktG, § 5 Rz. 12; differenzierend *Bandehzahdeh*, NZG 2002, 806 f.
388) EuGH DB 2012, 1614, „Vale"; OLG Frankfurt/M. ZIP 2017, 611 (Wegzug nach Italien); OLG Nürnberg GmbHR 2014, 96 (Zuzug nach Deutschland).
389) EuGH „Polbud" ZIP 2017, 2145.
390) Was europarechtlich nicht erforderlich war, vgl. EuGH BB 2009, 11 („Cartesio").
391) OLG Düsseldorf ZIP 2017, 2052; zur Bearbeitung vgl. Checkliste in www.gmbhr.de; inzwischen gibt es eine Richtlinie der EU zur grenzüberschreitenden Sitzverlegung (COM (2018) 241), die noch in nationales Recht umzusetzen ist.

II. Persönliche Eigenschaften des Geschäftsführers

3.476 Wer GF werden kann, ist teilweise im § 6 GmbHG geregelt. Danach muss der GF eine unbeschränkt geschäftsfähige natürliche Person sein. Auch Gesellschafter können GF werden, § 6 Abs. 3 GmbHG.

3.477 GF dürfen nicht Betreute sein, die bei der Besorgung ihrer Vermögensangelegenheiten ganz oder teilweise einem Einwilligungsvorbehalt unterliegen.

3.478 GF kann auch nicht werden, wer aufgrund eines Strafgerichtsurteils, das noch nicht länger als fünf Jahre rechtskräftig ist, wegen vorsätzlich begangener Straftaten bezüglich Insolvenzverschleppung (unterlassener oder nicht rechtzeitiger[392]) Insolvenzantrag), den §§ 283–283d StGB (Insolvenzstraftaten), § 82 GmbHG, §§ 399 f. AktG, § 331 HGB, § 313 UmwG, § 17 PublG, §§ 263–264a oder 265b–266a StGB (bei Freiheitsstrafen von mindestens einem Jahr, wobei Einzelstrafen zusammengezählt werden[393]), oder vergleichbaren ausländischen Straftaten (nicht: Ordnungswidrigkeiten[394]) verurteilt worden ist. Verwarnung mit Strafvorbehalt reicht aus,[395] genauso ein Strafbefehl.[396]

3.479 Schließlich kann auch nicht GF werden, wem durch gerichtliches Urteil oder durch vollziehbare Entscheidung einer Verwaltungsbehörde die Ausübung eines Berufs, Berufszweiges, Gewerbes oder Gewerbezweiges untersagt worden ist. Die Untersagung muss sich auf eine Tätigkeit richten, die zumindest teilweise dem Gegenstand des Unternehmens entspricht.

3.480 Nach § 6 Abs. 5 GmbHG haften Gesellschafter, die vorsätzlich oder grob fahrlässig eine Person zum Geschäftsführer bestellen, der disqualifiziert ist, der GmbH gegenüber für Schäden, die ein disqualifizierter Geschäftsführer infolge einer Verletzung einer gegenüber der Gesellschaft bestehenden Obliegenheitsverpflichtung verursacht.

3.481 Bezüglich Ausländern als GF gilt Folgendes: EU-Ausländer können jederzeit GF einer deutschen GmbH werden.

3.482 Nicht EU-Ausländer, die ihren Wohnsitz nicht in Deutschland haben, konnten nach früherer Registerpraxis nur GF einer GmbH sein, wenn sie jederzeit in die BRD einreisen können,[397] selbst wenn es noch einen zweiten GF gab, der diese Voraussetzungen erfüllte.[398] Dies war auch dann gewährleistet, wenn der GF für Aufenthalte bis zu drei Monaten keiner Visumspflicht unterlag.[399]

3.483 Für GF aus bestimmten Staaten war und ist die Einreise nach der Verordnung der EU 539/2001 vom 15.3.2001 (Amtsblatt der Europäischen Gemeinschaften L 81 vom 21.3.2001) jederzeit möglich.

3.484 Alle anderen Nicht-EU-Ausländer mussten nach früherer Registerpraxis eine Aufenthaltsberechtigung/-erlaubnis nachweisen; zumindest durfte ihnen nicht durch einen Sperrvermerk im Pass die Ausübung einer selbständigen oder quasi – selbständigen Tätigkeit (= vergleichbar zur Tätigkeit eines GF) verboten sein. Nach LG Berlin[400] und OLG Dresden[401]

---

392) OLG Celle GmbHR 2013, 1140.
393) LG Leipzig, Beschl. v. 12.10.2016 – 15 Qs 148/16, juris.
394) OLG München NZG 2014, 1150.
395) OLG Naumburg ZIP 2017, 1519.
396) KG NZG 2019, 31 = ZIP 2019, 71.
397) OLG Celle ZIP 2007, 1157; OLG Köln BB 1999, 493, dazu EWiR 1999, 461 *(Rawert)*.
398) OLG Hamm ZIP 1999, 1919 = DNotZ 2000, 235.
399) OLG Frankfurt/M. DB 2001, 1028, dazu EWiR 2001, 813 *(Mankowski)*.
400) GmbHR 2004, 951.
401) GmbHR 2003, 537 (mit zustimmender Anmerkung von Wachter).

soll aber die Einreisemöglichkeit keine Voraussetzung mehr für die Bestellung des GF sein. Nachdem das MoMiG die Verwaltung und Leitung einer GmbH auch aus dem Ausland zulässt, sollte man auf Vorlage von Visa bzw. Aufenthaltstitel ganz verzichten.[402]

III. Bestellung des Geschäftsführers

1. Bestellung durch Gesellschafterbeschluss oder durch Aufsichtsrat/Beirat

In der Regel werden GF durch Beschluss der Gesellschafter bestellt, § 46 Nr. 5, §§ 47 ff. **3.485** GmbHG.

Bei zwingend mitbestimmten GmbH gelten die Mitbestimmungsgesetze und damit das **3.486** Erfordernis zur Bildung eines Aufsichtsrates. Die Bestellung und Abberufung der GF obliegt in den Fällen der Mitbestimmung nach dem MitbestG (>2000 Arbeitnehmer) zwingend dem Aufsichtsrat (§ 31 Abs. 1 MitbestG).

In den Fällen der Mitbestimmung nach dem Drittelbeteiligungsgesetz (>500 Arbeitneh- **3.487** mer) obliegt die Bestellung und die Abberufung der GF aber weiter den Gesellschaftern. § 84 AktG ist nicht entsprechend anzuwenden. Allerdings kann im Gesellschaftsvertrag die Bestellung der GF dem Aufsichtsrat übertragen werden.[403]

Gleiches wie bei der Mitbestimmung nach Drittelbeteiligungsgesetz (früher BetrVG 1952) **3.488** gilt, wenn die Gesellschafter „fakultativ", also ohne zwingend mitbestimmt zu sein, einen Aufsichtsrat oder Beirat gebildet haben, § 52 GmbHG.[404]

2. Bestellung im Gesellschaftsvertrag, § 6 Abs. 3 S. 2 GmbHG

Der GF kann im Gesellschaftsvertrag selbst bestellt werden (bei Verwendung des Mus- **3.489** terprotokolls im Musterprotokoll). Dabei kann im Gesellschaftsvertrag über die reine Bestellung auch ein sog. „Sonderrecht" eingeräumt werden.

Darunter versteht man, dass der GF im Gesellschaftsvertrag nicht nur bestellt wird, sondern **3.490** ihm darüber hinaus eine GF-Stellung z. B. auf Lebenszeit oder auf die Zeit seiner Gesellschafterstellung eingeräumt wird. Falls ein solches Sonderrecht im Gesellschaftsvertrag vereinbart wird, ist die „ordentliche" Abberufung (also ohne wichtigen Grund) des GF nur möglich, wenn dieser zustimmt und der Gesellschaftsvertrag abgeändert wird.

3. Bestellung durch das Gericht

a) Gesetzliche Grundlage

Der GF kann ausnahmsweise auch vom Gericht bestellt werden, nämlich als Notgeschäfts- **3.491** führer. Das GmbHG kennt für diesen Fall keine Regelung. Umstritten ist, welche Regelung zur Bestellung eines Notgeschäftsführers durch das Gericht analog herangezogen werden kann. Es bieten sich § 85 AktG und § 29 BGB an.

Die h. M. lehnt eine analoge Anwendung des § 85 AktG ab, da die Bestellung von Vertre- **3.492** tungsorganen bei der Aktiengesellschaft (durch den Aufsichtsrat) mit der Bestellung der Vertretungsorgane bei der GmbH (durch die Gesellschafter) nicht vergleichbar ist.[405]

---

402) So auch OLG München NZG 2010, 157; OLG Düsseldorf ZIP 2009, 1074, dazu EWiR 2009, 573 (*Lamsa*).
403) Siehe zum Ganzen Baumbach/Hueck/*Zöllner/Noack*, GmbHG, § 52 Rz. 251.; Scholz/*Schneider*, GmbHG, § 52 Rz. 167.
404) Scholz/*Schneider*, GmbHG, § 52 Rz. 167; *Müller/Wolff*, GmbHR 2003, 810 ff.
405) BGHZ 6, 232: BayObLG NJW 1981, 995.

3.493 Die Wahl der Vertretungsorgane beim Verein (durch die Vereinsmitglieder) ist mit der Wahl der Vertretungsorgane bei der GmbH (durch die Gesellschafter) vergleichbar. Deshalb kann § 29 BGB analog angewandt werden.

b) Voraussetzungen

3.494 Voraussetzung für die Bestellung eines Notgeschäftsführers durch das Gericht ist zunächst, dass es keinen (oder nicht genügend) GF gibt oder der/die GF für unbestimmte Zeit verhindert ist/sind. Letzteres ist nicht der Fall, wenn der GF in Untersuchungshaft sitzt.[406] Bei unklarer Vertretung wegen Beschlussmängelstreitigkeiten kommt die Bestellung eines Not-GF in Betracht.[407]

3.495 Weiter ist ein Antrag eines Beteiligten (= Gesellschafter, Gläubiger, Schuldner, auch [Vollstreckungs-]Gericht zur Bewirkung von Zustellungen, die allerdings nach § 35 Abs. 1 S. 2 GmbH bei Führungslosigkeit auch an Gesellschafter bewirkt werden können)[408] erforderlich.

3.496 Das Gericht wird nur tätig, wenn ein dringender Fall vorliegt. Ein solcher liegt vor, wenn Schaden für die GmbH droht oder eine Handlung unbedingt vorgenommen werden muss. Kein dringender Fall liegt vor, wenn für das Insolvenzverfahren der Gesellschaft ein Verfahrenspfleger bestellt ist[409] oder wenn die Gesellschafter vertreten können/müssen, § 35 Abs. 1 S. 2 GmbHG.

3.497 Das Registergericht wird nur in Ausnahmefällen tätig. Dies bedeutet, dass das Registergericht einen NotGF nur bestellt, wenn die Gesellschafter nicht in der Lage sind, selbst einen GF zu bestellen. Die Gesellschafter müssen also erst alle Versuche unternommen haben, selbst einen GF zu bestellen.[410]

3.498 Eine Bestellung durch das Gericht kommt auch nicht in Betracht, wenn ein weniger schwerwiegender Eingriff möglich ist, z. B. die Bestellung eines Prozesspflegers.[411]

3.499 Vor der Bestellung sind alle Betroffenen (z. B. Mitgesellschafter) zu hören, insbesondere zu dem von den Beteiligten oder vom Gericht vorgeschlagenen NotGF. Der potenzielle NotGF muss auch die Fähigkeit und Bereitschaft haben, GF zu werden. Die Voraussetzungen des § 6 Abs. 2 GmbHG müssen also genauso vorliegen, wie eine Erklärung des NotGF, dass er das Amt des NotGF auch annimmt.

3.500 Weiter muss der NotGF erklären, dass er gegenüber dem Land auf Auslagen- und Kostenersatz verzichtet. Schließlich ist ein Kostenvorschuss von derzeit 1.332 € zu zahlen.

3.501 Die Bestellung des NotGF erfolgt durch Beschluss, der dem Bestellten zuzustellen ist. Gem. § 67 Abs. 2 BGB analog wird der NotGF von Amts wegen in das Handelsregister

---

406) OLG Frankfurt/M. NZG 2014, 391.

407) OLG Düsseldorf NZG 2016, 1068.

408) LG Leipzig (Beschl. v. 13.6.2000 – 14 T 1861/01; nicht veröffentlicht); nicht die Staatsanwaltschaft, wenn der GF in Untersuchungshaft sitzt, OLG Frankfurt/M. NZG 2014, 391.

409) OLG Zweibrücken ZIP 2001, 973 = GmbHR 2001, 571, dazu EWiR 2002, 223 *(Pape)*.

410) Vgl. OLG Frankfurt/M. NZG 2011, 1277; OLG Frankfurt/M. DB 2001, 472 f., wonach auch das Argument der Gesellschafter, keinen GF zu finden, nicht eine gerichtliche Bestellung rechtfertigt; OLG Frankfurt/M. NZG 2014, 391, wonach auch bei Untersuchungshaft der Gesellschafter ein Bestellungsbeschluss möglich ist.

411) OLG Dresden GmbHR 2002, 163.

eingetragen. Er ist wohl alleinvertretungsberechtigt, selbst wenn der Gesellschaftsvertrag für die GF Gesamtvertretungsbefugnis vorsieht.[412]

Der NotGF kann von den Beschränkungen des § 181 BGB befreit werden, wenn dies im Gesellschaftsvertrag für GF vorgesehen ist und für die Befreiung ein sachliches Bedürfnis besteht.[413] Sein Amt endet automatisch mit der Bestellung eines anderen GF durch die Gesellschafter oder mit Wegfall der Verhinderung (vgl. § 29 BGB).   3.502

Das Gericht (nicht Gesellschafter!) kann auf Antrag den NotGF auch abberufen, wenn ein wichtiger Grund in seiner Person oder in seinem Verhalten vorliegt.[414] Der NotGF kann ohne wichtigen Grund sein Amt durch Erklärung gegenüber dem Gericht niederlegen.   3.503

Auch Befristungen sind denkbar. Einschränkungen des Wirkungskreises des NotGF sind zwar möglich, betreffen aber nur das Innenverhältnis.[415]   3.504

Der NotGF darf auch bei einer Ein-Mann-GmbH grundsätzlich nicht gegen seinen Willen bestellt werden.[416]   3.505

4. Folgendes ist bei der Bestellung von Geschäftsführern immer zu beachten

Zur Wirksamkeit der Bestellung ist die Annahme der Bestellung durch den GF erforderlich. Die Bestellung wird wirksam mit Zugang des Bestellungsbeschlusses beim GF.   3.506

Die Eintragung des GF in das Handelsregister ist nur deklaratorisch. Bei Wegfall aller GF existiert die GmbH als solche weiter. Die Gesellschafter können nicht gezwungen werden, einen GF zu bestellen (vgl. § 14 HGB), werden aber bei Führungslosigkeit ersatzzuständig, § 35 Abs. 1 S. 2 GmbHG und insolvenzantragspflichtig, § 15a InsO.   3.507

Neben dem organschaftlichen Bestellungsakt wird zwischen GF und Gesellschaft ein Anstellungsvertrag abgeschlossen. Für den Abschluss, die Änderung und die Kündigung dieses Vertrages ist die Gesellschafterversammlung zuständig. Falls ein Gesellschafter GF werden soll, ist dieser nach h. M. für den Abschluss des Anstellungsvertrages nicht vom Stimmrecht ausgeschlossen.[417]   3.508

IV. Vertretungsbefugnis

Folgendes ist zu unterscheiden: 3.509

1. Vertretungsbefugnis nach dem Gesetz

Die Vertretungsbefugnis nach dem Gesetz gilt, wenn im Gesellschaftsvertrag nichts vorgesehen ist. Sie bestimmt sich nach § 35 GmbHG. Danach sind „aktiv" vertretungsbefugt sämtliche GF, § 35 Abs. 2 S. 1 GmbHG.   3.510

Beim Abschluss von Verträgen müssen also alle GF mitwirken. „Passiv" vertretungsbefugt ist nach § 35 Abs. 2 S. 2 GmbHG jeder GF alleine, d. h. Erklärungen gegenüber der   3.511

---

412) Str.; wohl bejahend BayObLG GmbHR 1998, 1123; verneinend Scholz/*Schneider*, GmbHG, § 6 Rz. 103 für den Fall, dass der Gesellschaftsvertrag mehrere GF vorsieht; unklar *Kögel*, NZG 2000, 22.
413) OLG Düsseldorf GmbHR 2002, 158.
414) OLG Düsseldorf GmbHR 2002, 158.
415) BayObLG NZG 2000, 42.
416) KG GmbHR 2001, 252, betreffend Nachtragsliquidator; dazu auch unten Rz. 3.642 ff.
417) Vgl. zum Ganzen *Meier*, GmbHR 2001, 913 ff. m. w. N.

Gesellschaft und Zustellungen an die Gesellschaft sind wirksam, wenn sie gegenüber einem GF abgegeben werden.

3.512 Für den Fall der „Führungslosigkeit" der Gesellschafter (kein GF vorhanden) sieht § 35 Abs. 1 S. 2 GmbHG eine (passive) Ersatzzuständigkeit der Gesellschafter vor.

3.513 An die Vertreter der Gesellschaft (= Geschäftsführer und im Falle des Fehlens von Geschäftsführern die Gesellschafter) können unter der eingetragenen Geschäftsanschrift Willenserklärungen abgegeben und Zustellungen bewirkt werden. Unabhängig davon, können Willenserklärungen und Zustellungen gegenüber evtl. vorhandenen und eingetragenen Empfangsbevollmächtigten unter deren eingetragener Anschrift (§ 10 Abs. 2 S. 2 GmbHG) vorgenommen werden, § 35 Abs. 2 S. 4 GmbHG.

3.514 Eine öffentliche Zustellung ist bei juristischen Personen (GmbH, AG, Ltd.) jetzt nicht nur für prozessuale Erklärungen (§ 185 ZPO) sondern auch für rechtsgeschäftliche Willenserklärungen nach § 15a HGB möglich, wenn eine Zustellung an die Vertreter bzw. die Empfangs- und Zustellungsbevollmächtigten (siehe oben Rz. 3.105) gescheitert ist und ohne Ermittlungen keine andere inländische Geschäftsanschrift bekannt ist.

3.515 Bei Rechtsgeschäften zwischen der GmbH und dem GF selbst oder dem GF als Vertreter Dritter ist § 181 BGB zu beachten, selbst dann wenn es sich um eine Ein-Mann-GmbH handelt, in der der einzige Gesellschafter GF ist, vgl. § 35 Abs. 3 GmbHG. Der GF ist in diesem Fall durch gesellschaftsvertragliche Regelung von den Beschränkungen des § 181 BGB zu befreien.[418]

3.516 Bei Gründung durch Musterprotokoll ist eine Befreiung des einzigen Geschäftsführers von den Beschränkungen des § 181 BGB vorgesehen, die wohl auch bei Bestellung eines zweiten GF weiter gilt,[419] nicht aber wenn der erste GF geborener Liquidator wird.[420]

2. Vertretungsbefugnis nach dem Gesellschaftsvertrag

3.517 Regelmäßig wird die Vertretungsbefugnis im Gesellschaftsvertrag geregelt. Üblich sind folgende Regelungen:

a) Regelungen für den Fall, dass mehrere Geschäftsführer bestellt sind

3.518 Hier kommt die Regelung sog. „echter" und „unechter" Gesamtvertretungsbefugnis in Betracht. Unter „echter" Gesamtvertretungsbefugnis versteht man eine Klausel, die vorsieht, dass zwei (oder mehrere) GF zusammen vertreten sollen.

3.519 Bei Wegfall (das bedeutet mehr als nur die zeitweise Verhinderung) eines von zwei nach dem Gesellschaftsvertrag gesamtvertretungsberechtigten GF wird der verbleibende GF jedenfalls dann nicht automatisch einzelvertretungsberechtigt, wenn der Gesellschaftsvertrag stets mindestens zwei oder mehrere GF vorsieht; vielmehr muss in diesem Fall ein neuer GF bestellt werden[421] oder der Gesellschaftsvertrag abgeändert werden. Falls Alleinvertretungs-

---

418) Baumbach/Hueck/*Zöllner/Noack*, GmbHG, § 35 Rz. 140; Scholz/*Schneider*, GmbHG, § 35 Rz. 162.; Lutter/Hommelhoff/*Kleindiek*, GmbHG, § 35 Rz. 53 f.; OLG Hamm GmbHR 1998, 683; BayObLG DNotZ 1986, 170, wonach Befreiung durch Gesellschafterbeschluss bei entsprechender Ermächtigung im Gesellschaftsvertrag ausreicht.

419) **A. A.** OLG Nürnberg, Beschl. v. 15.7.2015 – 12 W 1209/15.

420) OLG Frankfurt/M. GWR 2012, 323.

421) Str.; offen gelassen in BGHZ 34, 27; vgl. *Blaschke*, GmbHR 2017, 128; *Buß*, GmbHR 2002, 374 ff.

befugnis im Gesellschaftsvertrag vorgesehen ist, ist ein Erstarken zur Alleinvertretungsbefugnis möglich.[422]

Unter „unechter" Gesamtvertretungsbefugnis versteht man eine Regelung, wonach ein GF **3.520**
zusammen mit einem Prokuristen vertreten soll. Im letzten Fall ist zu beachten, dass der
einzige GF in seiner Vertretungsbefugnis nicht an den Prokuristen gekoppelt werden darf,
d. h., wenn die GmbH nur einen GF hat und zu haben braucht, kann nicht vorgesehen sein,
dass dieser GF nur zusammen mit einem Prokuristen vertreten darf.[423]

Neben unechter Gesamtvertretung muss immer auch echte Gesamtvertretung gegeben sein **3.521**
oder Alleinvertretungsbefugnis eines GF. Es muss stets gewährleistet sein, dass der/die
GF auch ohne Prokuristen vertreten können. Grund hierfür ist die Tatsache, dass der GF
gesetzliches Vertretungsorgan ist und die gesetzliche Vertretungsmacht nicht durch Koppelung an einen rechtsgeschäftlichen Vertreter eingeschränkt werden kann.[424]

b) Alleinvertretungsbefugnis, § 181 BGB

Häufig anzutreffen in Gesellschaftsverträgen ist auch eine Regelung, die es den Gesell- **3.522**
schaftern ermöglicht, den GF – auch bei Vorhandensein mehrerer GF – Alleinvertretungsbefugnis zu erteilen und/oder die GF von den Beschränkungen des § 181 BGB (auch beschränkt auf bestimmte Rechtsgeschäfte oder bestimmte Geschäftspartner[425]) zu befreien.

Synonym zum Begriff „Alleinvertretungsbefugnis" wird auch der Begriff „Einzelvertre- **3.523**
tungsbefugnis" verwendet. Beides bedeutet, dass ein GF stets alleine vertritt.[426] Die Ermächtigung des einzigen GF zur Alleinvertretungsbefugnis ist auch möglich, wenn im Gesellschaftsvertrag diese Ermächtigung nur für den Fall vorgesehen ist, dass es mehrere GF
gibt.[427] Bei Gründung durch Musterprotokoll ist eine Befreiung des ersten Geschäftsführers
von den Beschränkungen des § 181 BGB vorgesehen.

3. Konkrete Vertretungsbefugnis

Unter konkreter Vertretungsbefugnis versteht man die konkret einem bestimmten GF durch **3.524**
Gesellschafterbeschluss (oder im Gesellschaftsvertrag) eingeräumte Vertretungsbefugnis.

Zu beachten ist dabei, dass die konkrete Vertretungsbefugnis eines bestimmten GF auch ihre **3.525**
Grundlage in der im Gesellschaftsvertrag geregelten abstrakten Vertretungsbefugnis finden
muss.[428] Dies bedeutet, dass dem GF konkret nicht mehr an Vertretungsbefugnis eingeräumt werden kann, als im Gesellschaftsvertrag vorgesehen ist.

So ist insbesondere stetige Alleinvertretungsberechtigung oder die Befreiung von den Be- **3.526**
schränkungen des § 181 BGB konkret nur möglich, wenn im Gesellschaftsvertrag eine solche

---

422) BGH GmbHR 2007, 824; OLG Schleswig GmbHR 2011, 253, das es auch für erforderlich hält, Allein-
Vertretungsbefugnis anzumelden.
423) OLG München ZIP 2017, 1855.
424) BGHZ 26, 333.
425) Vgl. *Simon*, GmbHR 1999, 588 ff., solange Reichweite der Befreiung ohne Weiteres aus dem Handelsregister ersichtlich ist, OLG Stuttgart DB 2007, 2422.
426) BGH DB 2007, 1244: OLG Brandenburg DB 2006, 1551; abweichend LG Neubrandenburg NotBZ
2000, 198 f., mit zu Recht abl. Anm. *Gustavus*.
427) OLG Zweibrücken NZG 2013, 1069.
428) OLG München ZIP 2017, 1855, jedenfalls wenn die konkrete Vertretungsbefugnis permanent sein soll,
OLG Köln NZG 2019, 306.

Möglichkeit vorgesehen ist, wobei diese gleichzeitig mit der konkreten Befreiung beschlossen werden kann.[429] Dies gilt selbst für die Ein-Mann-GmbH, bei der sich der einzige Gesellschafter zum alleinigen GF bestellt hat.[430] Eine Anmeldung der Befreiung von <u>der</u> Beschränkung des § 181 BGB ist zu unbestimmt.[431]

3.527 Bei Verwendung des Musterprotokolls müsste bei Bestellung eines zweiten GF, der stets alleine vertreten soll und von den Beschränkungen des § 181 BGB befreit sein soll, erst eine entsprechende Ermächtigung durch Ergänzung des Gesellschaftsvertrages geschaffen werden.[432] Das Gleiche gilt, wenn der erste GF weiter alleine vertreten soll. Die Befreiung des ersten GF von den Beschränkungen des § 181 BGB wird allerdings auch nach Bestellung eines weiteren GF bestehen bleiben.[433]

3.528 Eine Ad-hoc-Befreiung der GF von den Beschränkungen des § 181 BGB durch die Gesellschafter für den Einzelfall ist möglich.[434] Auch eine Befristung ist wohl möglich.[435]

4. Delegation von Geschäftsführungsbefugnis

3.529 Ein GF kann seinen Mitgeschäftsführer ermächtigen, allerdings nicht, um dadurch eine vorgesehene Gesamtvertretungsbefugnis zu umgehen.[436] Die Ermächtigung darf also nicht zur faktischen Alleinvertretungsbefugnis des Ermächtigten führen.

3.530 Ein GF kann auch Nicht-GF Vollmacht erteilen. Dabei ist aber zu beachten, dass ein GF Nicht-GF nicht unwiderrufbare Generalvollmacht erteilen kann. Die gesamte Vertretungsmacht ist also nicht delegierbar, selbst dann nicht, wenn sämtliche Gesellschafter zustimmen.[437]

5. Eintragung der Vertretungsbefugnis

3.531 Gem. § 10 Abs. 1 S. 2 GmbHG ist sowohl die konkrete als auch die abstrakte Vertretungsbefugnis in das Handelsregister einzutragen. Einzutragen ist demnach auch die konkrete Befreiung der GF von den Beschränkungen des § 181 BGB.

3.532 Die Praxis vieler Amtsgerichte unterlässt es aber, die abstrakte Möglichkeit der Befreiung von den Beschränkungen des § 181 BGB einzutragen. Bei Fehlen einer gesellschaftsvertraglichen Regelung der Vertretungsbefugnis ist die dann geltende gesetzliche Vertretungsbefugnis anzumelden und einzutragen, z. B. bei Gründung mit Musterprotokoll.[438]

3.533 Der „stellvertretende" GF (vgl. § 44 GmbHG) wird ohne Stellvertreterzusatz eingetragen.[439] Die Funktion als „Sprecher" der Geschäftsführung kann nicht eingetragen werden.[440]

---

429) KG DB 2006, 126.
430) BayObLG DB 1984, 1517.
431) OLG Nürnberg NZG 2015, 886 = ZIP 2015, 522.
432) OLG Hamm GmbHR 2011, 87.
433) A. A. OLG Stuttgart DB 2009, 1121 mit abl. Anm. *Wachter*, GmbHR 2009, 791, und OLG Nürnberg, Beschl. v. 15.7.2015 – 12 W 1209/15.
434) KG GmbHR 2002, 327.
435) Scholz/*Schneider*, GmbHG, § 38 Rz. 3.
436) Baumbach/Hueck/*Zöllner/Noack*, GmbHG, § 35 Rz. 121.
437) BGH GmbHR 2002, 972 und BGH GmbHR 1977, 5.
438) BayObLG ZIP 1997, 1106.
439) BGH ZIP 1998, 152 = GmbHR 1998, 181.
440) OLG München ZIP 2012, 672.

Nicht eintragungsfähig ist die konkrete Bestimmung, dass der GF nur GF sein soll, solange **3.534**
er Gesellschafter ist. Dies folgt daraus, dass die Gesellschafterstellung nicht in das Register
eingetragen wird und demnach für den Rechtsverkehr jedenfalls aus dem Register nicht
ersichtlich ist, ob ein GF noch Gesellschafter ist oder nicht. Auch eine Befristung wird nicht
eingetragen.

Beachte: Missbraucht der GF seine Vertretungsmacht und ist dies für den Dritten erkennbar bzw. musste sich dies dem Dritten aufdrängen, führt dies zur Unwirksamkeit
des Rechtsgeschäfts, auch wenn nicht zum Nachteil der GmbH gehandelt wird.[441]

V. Aufgaben/Haftung des Geschäftsführers

Hauptaufgabe des GF ist die Vertretung der Gesellschaft nach außen, wobei der GF erken- **3.535**
nen lassen muss, dass er für die GmbH auftritt. In diesem Fall wird dann nur die GmbH
verpflichtet und berechtigt, § 164 BGB. Weitere Aufgabe des GF ist es, Veränderungen
bei der GmbH anzumelden (§§ 78 GmbHG).

Dies gilt grundsätzlich auch dann, wenn über das Vermögen der GmbH das Insolvenzver- **3.536**
fahren eröffnet ist und die GF „geborene" Liquidatoren sind. Nur ausnahmsweise ist in
diesem Fall der Insolvenzverwalter zur Anmeldung verpflichtet, nämlich dann, wenn es um
eine Angelegenheit geht, die im Zusammenhang mit seinen Befugnissen steht, z. B. die Anmeldung einer Firmenänderung bei einer Veräußerung der bisherigen Firma.[442]

Der GF muss bei Änderungen im Gesellschafterbestand eine neue Gesellschafterliste einrei- **3.537**
chen, soweit nicht ein Notar mitgewirkt hat, vgl. § 40 GmbHG. Der GF ist verpflichtet,
die Bücher der GmbH zu führen, § 41 GmbHG.

Bei Überschuldung bzw. Zahlungsunfähigkeit ist der GF verpflichtet, spätestens drei Wo- **3.538**
chen nach Eintritt von Überschuldung bzw. Zahlungsunfähigkeit Insolvenzantrag zu stellen
(§ 15a InsO).

Falsche Angaben des GF und Pflichtverletzungen können zu zivilrechtlichen und strafrecht- **3.539**
lichen Haftungstatbeständen führen, vgl. §§ 9a, 11, 79 ff. GmbHG.

VI. Ausscheiden von Geschäftsführern

1. Abberufung

GF können von den Gesellschaftern abberufen werden. Es gilt der Grundsatz der freien Ab- **3.540**
berufbarkeit, d. h. die Gesellschafter können durch einfachen Beschluss (§ 46 Nr. 5, 47 ff.
GmbHG) den GF abberufen. Falls der betroffene GF Gesellschafter ist, hat er bei der
Abberufung auch ein Stimmrecht (Ausnahme: Abberufung aus wichtigem Grund, unten
Rz. 3.544).

Bei der Abberufung durch Gesellschafterbeschluss ist der Abberufungsbeschluss dann wirk- **3.541**
sam, wenn er dem GF kundgegeben wird.[443] Der einzige Gesellschafter, der gleichzeitig
GF ist, muss vor seiner Abberufung einen neuen GF bestellen.[444]

---

441) BGH GmbHR 2006, 876.
442) OLG Köln ZIP 2001, 1553 = BB 2001, 2180.
443) OLG München DB 1994, 1972.
444) OLG München NZG 2011, 432; OLG Zweibrücken DB 2006, 662; allerdings ist eine Abberufung des
   unter Betreuung stehenden Alleingesellschafters/Allein-GF zulässig, OLG Dresden NZG 2015, 391.

3.542 Der Grundsatz der freien Abberufbarkeit kann durch Gesellschaftsvertrag eingeschränkt werden, § 38 Abs. 2 GmbHG. Insbesondere kann die Abberufbarkeit auf wichtige Gründe beschränkt werden oder durch Vereinbarung eines Sonderrechts im Gesellschaftsvertrag eingeschränkt sein.

3.543 Bei Einräumung eines Sonderrechts ist eine „ordentliche" Abberufung nur mit Zustimmung des betroffenen GF und mit Änderung des Gesellschaftsvertrages möglich.

3.544 Die Abberufung aus wichtigem Grund ist aber auch bei Vorliegen eines Sonderrechts jederzeit möglich. Bezüglich seiner Abberufung aus wichtigem Grund hat der betroffene GF kein Stimmrecht (§ 47 Abs. 4 GmbHG analog).[445]

3.545 Um den betroffenen GF (der gleichzeitig Gesellschafter ist) zu schützen, verlangt die Rechtsprechung für das Vorliegen eines wichtigen Grundes für die Abberufung nicht nur die Glaubhaftmachung dieses Grundes,[446] sondern sogar das Vorliegen des wichtigen Grundes.[447]

2. Niederlegung

3.546 Das GF-Amt endet auch durch Niederlegung.[448] Mangels abweichender Regelung im Gesellschaftsvertrag gilt, dass der GF jederzeit (aber nicht zur Unzeit wie z. B. im Fall der wirtschaftlichen Krise der Gesellschaft) sein Amt niederlegen kann, also auch fristlos und ohne wichtigen Grund.[449]

3.547 Die Niederlegung muss dabei dem Bestellungsorgan, also den Gesellschaftern bzw. der Gesellschafterversammlung oder ausnahmsweise bei mitbestimmten GmbH und/oder entsprechender Regelung im Gesellschaftsvertrag dem Aufsichtsrat, zugehen (und damit wirksam werden), was entweder durch Quittierung des Niederlegungsschreibens oder durch Rückschein/Zustellungsurkunde in der Form des § 39 Abs. 2 GmbHG nachgewiesen werden muss;[450] bei Niederlegung gegenüber den Gesellschaftern reicht dabei der Zugang bei einem Gesellschafter.[451] Ein Telefax an einen ausländischen Gesellschafter reicht aus.[452]

3.548 Falls der GF gleichzeitig Gesellschafter ist, muss er die Niederlegung gegenüber dem Mitgesellschafter erklären.[453] Die Niederlegungserklärung des Not-GF muss dem Gericht zugehen.

3.549 Ausnahmsweise ist die Amtsniederlegung rechtsmissbräuchlich, nämlich dann, wenn bei einer Ein-Mann-GmbH der Allein- oder Mehrheitsgesellschafter und Alleingeschäftsführer

---

445) OLG Stuttgart GmbHR 1995, 228, dazu EWiR 1994, 885 *(Kort)*.

446) BGHZ 86, 177 ff. = ZIP 1983, 155.

447) BGH NZG 2017, 700.

448) *Wachter*, GmbHR 2001, 1129 f.; *Schuhmann*, NZG 2002, 706 ff.

449) BGHZ 121, 257 = ZIP 1993, 430 = GmbHR 1993, 216, dazu EWiR 1993, 461 *(Miller)*.

450) Vgl. OLG Jena NZG 2011, 28; OLG Hamburg NZG 2010, 1235; OLG Düsseldorf ZIP 2004, 2007.

451) So die h. M.; vgl. BGH ZIP 2001, 2227 = GmbHR 2002, 26, dazu EWiR 2002, 67 *(Wagner)*; OLG Hamm NZG 2010, 114 lässt die Niederlegung gegenüber dem GF, der gleichzeitig Gesellschafter ist, zu; OLG Düsseldorf GmbHR 2005, 932; OLG Naumburg GmbHR 2001, 569; Scholz/*Schneider*, GmbHG, § 38 Rz. 91; Lutter/Hommelhoff/*Kleindiek*, GmbHG, § 38 Rz. 47; GmbHG Großkommentar/*Paefgen*, § 38 Rz. 276.

452) BGH NZG 2011, 907.

453) OLG Frankfurt/M. DB 2006, 2003.

sein Amt niederlegt, ohne gleichzeitig einen neuen GF zu bestellen.[454] Gleiches gilt auch für die Zwei-Mann-GmbH, wenn die zwei einzigen Gesellschafter/GF niederlegen.[455]

Zu beachten ist, dass die Niederlegung des GF-Amtes auch dann möglich ist, wenn der **3.550** GF durch Anstellungsvertrag an die GmbH gebunden ist. Hier ist strikt das Anstellungsverhältnis vom Organverhältnis zu trennen. Das Organverhältnis kann unabhängig vom Anstellungsverhältnis beendet werden.

3. Amtsunfähigkeit, Zeitablauf, Eintritt einer Bedingung

Das Amt des GF endet auch mit Eintritt der Amtsunfähigkeit, Ablauf einer Befristung oder **3.551** Eintritt einer Bedingung.[456] Bei Alt-GF kann sich nach dem Inkrafttreten des MoMiG Amtsunfähigkeit ergeben, wenn einer der neu eingeführten Inhabilitätstatbestände vorliegt und ein entsprechendes Strafverfahren vor dem Inkrafttreten des MoMiG noch nicht rechtskräftig abgeschlossen war, § 3 Abs. 2 EGGmbHG.

In diesem Fall kommt dann eine Löschung nach § 395 FamFG in Betracht,[457] wobei bei **3.552** Fehlen eines weiteren Geschäftsführers die GmbH nach § 35 Abs. 1 S. 2 GmbHG wohl über ihre Gesellschafter beteiligt werden kann.[458]

VII. Änderung der Vertretungsbefugnis des Geschäftsführers

Die Vertretungsbefugnis eines GF kann durch Gesellschafterbeschluss geändert werden. **3.553** Dabei ist zu beachten, dass auch die geänderte konkrete Vertretungsbefugnis mit der abstrakt im Gesellschaftsvertrag geregelten Vertretungsbefugnis übereinstimmt.

Eine Änderung der Vertretungsbefugnis kommt auch für den Fall in Betracht, dass zwei GF **3.554** vorhanden sind, diese nur gemeinsam vertreten sollen und ein GF stirbt bzw. sein Amt niederlegt. In diesem Fall erstarkt dann die Gesamtvertretungsbefugnis des verbleibenden GF automatisch zur Alleinvertretungsbefugnis,[459] es sei denn, der Gesellschaftsvertrag sieht ausdrücklich vor, dass die Gesellschaft immer zwei oder mehrere GF haben muss.

VIII. Anmeldung der Bestellung/Abberufung des Geschäftsführers und der Änderung der Vertretungsberechtigung

In der Gründungsphase erfolgt die Anmeldung durch alle GF gem. §§ 6–8 GmbHG (oben **3.555** Rz. 3.77). Nach der Gründung gilt für die Anmeldung § 39 GmbHG.

Neue GF haben dieselben Versicherungen zu ihrer Person abzugeben wie die GF bei der **3.556** Gründung (§ 39 Abs. 3 GmbHG; oben Rz. 3.93). Die Anmeldung ist von den GF in vertretungsberechtigter Zahl vorzunehmen, § 78 GmbHG.

Für die Form der Anmeldung gilt § 12 Abs. 1 HGB, also notarielle Beglaubigung. Als An- **3.557** lage ist der Anmeldung der Beschluss über die Abberufung/Bestellung des GF beizufügen

---

454) OLG Bamberg ZIP 2017, 1466; OLG Düsseldorf NZG 2015, 1158; KG, v. 8.8.2013 – 12 W 77/13; OLG München NZG 2012, 739; OLG Köln BB 2008, 638; OLG Düsseldorf ZIP 2001, 25 = GmbHR 2001, 144 mit abl. Anm. *Hohlfeld*; BayObLG ZIP 1999, 1599; OLG Hamm ZIP 1988, 1048 = GmbHR 1989, 35, dazu EWiR 1988, 795 *(Fleck)*.

455) KG GmbHR 2001, 147.

456) BGH Rpfleger 2006, 83; Baumbach/Hueck/*Zöllner/Noack*, GmbHG, § 38 Rz. 82; Scholz/*Schneider*, GmbHG, § 38 Rz. 8 f.; Lutter/Hommelhoff/*Kleindiek*, GmbHG, § 38 Rz. 40.

457) OLG Düsseldorf NZG 2013, 1183.

458) Str., vgl. BGH NZG 2011, 26.

459) BGH GmbHR 2007, 824; BGH BB 1960, 880; str.

(Beschluss ist allerdings nicht erforderlich, wenn sich der einzige Gesellschafter selbst zum allein vertretungsberechtigten Geschäftsführer bestellt hat[460]), nicht aber ein Nachweis über den Zugang des Beschlusses.[461] Bei einer Niederlegung sind Niederlegungserklärung und Zugangsnachweis vorzulegen.

3.558 Der alleinige GmbH-GF, der sein Amt wirksam und in zulässiger Weise niedergelegt hat, ist nach einer Entscheidung des LG Berlin ausnahmsweise in unmittelbarem zeitlichen Zusammenhang nach seiner Niederlegung auch zur Anmeldung seines Ausscheidens zum Handelsregister befugt.[462]

3.559 Hintergrund für diese Entscheidung war, dass das Ausscheiden des AlleinGF u. U. nicht angemeldet wird, wenn die Gesellschafter keine neuen GF berufen.

3.560 Zu beachten sind allerdings obergerichtliche Entscheidungen,[463] die dem ausgeschiedenen Alleingeschäftsführer ein Anmelderecht nicht zugestehen. Um Problemen aus dem Weg zu gehen, sollte in der Praxis der Alleingeschäftsführer seine Niederlegung immer unter der Bedingung erklären, dass die Niederlegung erst wirksam werden soll, wenn das Ausscheiden im Register eingetragen ist.[464] Durch eine solche Gestaltung ist der ausscheidende GF bis zur Eintragung ins Handelsregister GF und kann dementsprechend die Anmeldung noch selbst vornehmen.

3.561 Die Anmeldung der Bestellung bzw. Abberufung von GF und der Änderung ihrer Vertretungsbefugnis ist erzwingbar, § 14 HGB.

3.562 Muster 78: Abberufung und Bestellung von neuen Geschäftsführern

Protokoll der Versammlung der Gesellschafter der ... GmbH am ... in ...:

Anwesend: Sämtliche Gesellschafter mit folgenden Anteilen:

1. ...,

2. ...,

3. ... .

Zum Versammlungsleiter wurde Herr ... gewählt.

Die Anwesenden verzichten auf die Einhaltung aller Fristen und Formen für die Abhaltung einer Gesellschafterversammlung und beschließen: [→ Rz. 3.485, 3.540 f.]

1. Der Geschäftsführer ... wird abberufen.

2. Zum neuen Geschäftsführer wird Herr ..., geboren am ..., wohnhaft ..., bestellt. Er vertritt die Gesellschaft stets einzeln und darf Rechtsgeschäfte mit sich selbst oder mit sich als Vertreter Dritter abschließen.

Die Beschlüsse wurden einstimmig gefasst.

..., den ... ... (Unterschriften)

---

460) Vgl. ThürOLG Rpfleger 2003, 34.
461) OLG Hamm DB 2003, 331.
462) LG Berlin GmbHR 1993, 291; vgl. auch OLG Köln GmbHR 1998, 183.
463) Vgl. z. B. OLG Bamberg NZG 2012, 1106; OLG Frankfurt/M. DB 2006, 2003; OLG Zweibrücken GmbHR 1999, 479.
464) OLG Hamm, Beschl. v. 22.10.2013 – 27 W 159/12 und 20.12.2012 – 27 W 159/12, beide juris.

Muster 79: Anmeldung der Abberufung und Bestellung von Geschäftsführern   3.563

... GmbH   Berlin, den ...

...

Berlin

An das

Amtsgericht Charlottenburg

– Registergericht –

Amtsgerichtplatz 1

Berlin-Charlottenburg

HRB ..., ... GmbH [→ Rz. 3.555 ff.]

Unter Überreichung einer öffentlich beglaubigten Abschrift des Gesellschafterbeschlusses vom ... melde ich an, dass der bisherige Geschäftsführer ... abberufen ist und ich als neuer Geschäftsführer bestellt bin.

Ich vertrete die Gesellschaft stets allein und darf Rechtsgeschäfte mit mir selbst oder mit mir als Vertreter Dritter abschließen.

Ich versichere, dass mich der Notar ... über meine unbeschränkte Auskunftspflicht gegenüber dem Registergericht belehrt hat, dass ich nicht wegen vorsätzlicher Verletzung einer Straftat bezüglich Insolvenzverschleppung, der § 82 GmbHG, §§ 399 f. AktG, § 331 HGB, § 313 UmwG, § 17 PublG, §§ 263 bis 264a, §§ 265b bis 266a StGB und §§ 283 bis 283d StGB oder vergleichbarer ausländischer Straftaten vorbestraft bin und dass mir weder durch gerichtliches Urteil noch durch vollziehbare Entscheidung einer Verwaltungsbehörde die Ausübung eines Berufs, Berufszweiges, Gewerbes oder Gewerbezweiges untersagt ist.

Berlin, den ... ... (Unterschrift)

Nr. ... der Urkundenrolle für ...

Ich beglaubige hiermit die Echtheit der vorstehenden, vor mir vollzogenen Unterschrift von Herrn .... Herr ... hat nach Erläuterung der Vorschrift des § 3 Abs. 1 Nr. 7 BeurkG bestätigt, dass ich nicht vorbefasst im Sinne des § 3 Abs. 1 Nr. 7 BeurkG bin.

Berlin, den ... ..., Notar L. S.

F.   Unternehmensverträge

Die GmbH kann Partei eines Unternehmensvertrages sein, sei es als abhängige, sei es als   3.564
herrschende Gesellschaft.[465] Die UG kann beherrschte Partei eines Unternehmensvertrages sein; die gesetzliche Thesaurierungspflicht geht dabei der vertraglichen Gewinnabführungsverpflichtung vor.[466]

Da das GmbHG die Problematik von Unternehmensverträgen nicht regelt, muss teilweise   3.565
auf die Vorschriften der §§ 291 ff. AktG (analog) zurückgegriffen werden. Die für die GmbH relevanten Entscheidungen finden sich in BGHZ 105, 324 ff. „Supermarkt", BGH

---

465) Vgl. umfassend *Ulrich*, GmbHR 2004, 1000 ff.; *Halm*, NZG 2001, 728 ff.
466) *Waldenberger/Sieber*, GmbHR 2009, 119 f.

GmbHR 1992, 254 „Siemens" und BGHZ 116, 37 „Stromlieferung". Ob die dort entwickelten und unten Rz. 3.567 ff. näher besprochenen Grundsätze auch für Teilgewinnabführungsverträge gelten, ist höchstrichterlich noch nicht geklärt.[467] Gleiches gilt bezüglich Betriebspachtverträgen.[468]

I. Arten von Unternehmensverträgen

3.566 Als Arten von Unternehmensverträgen kommen in Betracht:

- Gewinnabführungsverträge,
- Beherrschungsverträge,
- Betriebspacht- und Betriebsüberlassungsverträge,
- Teilgewinnabführungsverträge,[469]
- Gewinngemeinschaften.

II. Voraussetzungen für die Wirksamkeit von Unternehmensverträgen

1. Unternehmensvertrag

3.567 Der Unternehmensvertrag selbst kann einfach schriftlich abgeschlossen werden. Für die beteiligten Gesellschaften handeln jeweils ihre Vertretungsorgane, wobei insbesondere § 181 BGB beachtet werden muss.

2. Gesellschafterbeschluss auf Seiten der beherrschten Gesellschaft

3.568 Unternehmensverträge greifen in das Grundgefüge der beherrschten, zur (Teil-) Gewinnabführung, zur Verpachtung oder zur Betriebsüberlassung verpflichteten Gesellschaft ein und kommen daher einer Änderung des Gesellschaftsvertrages gleich.

3.569 Für den Abschluss derartiger Verträge ist deshalb auf Seiten der abhängigen Gesellschaft zur Wirksamkeit ein gesellschaftsvertragsändernder Gesellschafterbeschluss erforderlich, der notariell beurkundet werden muss, § 53 GmbHG (analog).[470]

3.570 Bei Abschluss eines Beherrschungs- und Gewinnabführungsvertrages wird auf Seiten der abhängigen GmbH sogar die Zustimmung aller Gesellschafter verlangt, es sei denn, in dem Gründungsgesellschaftsvertrag ist eine andere Mehrheit vorgesehen.[471] Dem Zustimmungsbeschluss muss dabei der Unternehmensvertrag als Anlage beigefügt sein.[472] Ob bei der

---

467) Nach KG vom 24.3.2014 – 12 W 43/12; OLG München ZIP 2011, 811; BayObLG GmbHR 2003, 534 (mit abl. Anm. *Weigl*) und AG Charlottenburg GmbHR 2006, 258 nicht eintragungsfähig; zum Streitstand in der Literatur *Mertens*, AG 2000, 32 ff.

468) OLG Zweibrücken GmbHR 2014, 251 verneint diesbezüglich analoge Anwendung des § 296 Abs. 1 AktG.

469) Nach KG NZG 2014, 668; OLG München ZIP 2001, 811; BayObLG GmbHR 2003, 534 (mit abl. Anm. *Weigl*) und AG Charlottenburg GmbHR 2006, 258 nicht eintragungsfähig; zum Streitstand in der Literatur *Mertens*, AG 2000, 32 ff.

470) BGHZ 105, 324 ff. = ZIP 1989, 29, dazu EWiR 1989, 59 (*Schulze-Osterloh*) („Supermarkt"); BGH GmbHR 1992, 254 („Siemens"); BGHZ 116, 37 = ZIP 1992, 29, dazu EWiR 1992, 425 (*Geuting*) („Stromlieferung").

471) Baumbach/Hueck/*Zöllner/Beurskens*, Schl. Anh. KonzernR, Rz. 106 m. w. N.; Scholz/*Emmerich*, GmbHG, Anh. § 13 Konzernrecht Rz. 143 ff. m. w. N.; a. A. *Halm*, NZG 2001, 731 ff.

472) Scholz/*Emmerich*, GmbHG, Anh. § 13 Konzernrecht Rz. 149, jedenfalls bezüglich Zustimmungsbeschluss der Gesellschafter der herrschenden Gesellschaft.

Beschlussfassung die herrschende Gesellschaft nach § 47 Abs. 4 GmbHG vom Stimmrecht ausgeschlossen ist, ist streitig.[473]

3. Gesellschafterbeschluss auf Seiten der herrschenden Gesellschaft

Bei Beherrschungs- und Gewinnabführungsverträgen ist auch auf Seiten der herrschenden GmbH ein Gesellschafterbeschluss erforderlich, da die herrschende GmbH auch Pflichten, wie z. B. die Verlustausgleichspflicht, treffen, vgl. § 293 Abs. 2 AktG analog.[474]   **3.571**

Der Beschluss ist wohl nicht notariell zu beurkunden und auch nicht zur Eintragung in das Handelsregister anzumelden,[475] bedarf aber einer ¾ Mehrheit (des bei Beschlussfassung vertretenen Stammkapitals).[476] Dem Beschluss ist als Anlage der Unternehmensvertrag beizufügen.   **3.572**

4. Unternehmensvertragsbericht, Unternehmensvertragsprüfung

Unternehmensvertragsbericht und Unternehmensvertragsprüfung sind nicht erforderlich, da nach h. M. die §§ 293a–g AktG nicht analog angewandt werden.[477]   **3.573**

5. Eintragung

Der Unternehmensvertrag muss im Handelsregister der abhängigen Gesellschaft eingetragen sein, um wirksam zu werden, § 294 Abs. 2 AktG analog, § 54 Abs. 3 GmbHG.[478] Eine Eintragung des Unternehmensvertrages bei der herrschenden Gesellschaft ist nach h. M. nicht nur nicht erforderlich, sondern auch nicht möglich.[479]   **3.574**

6. Rückwirkung

Bei Beherrschungsverträgen ist eine Rückwirkung nicht denkbar, da es eine rückwirkende Unterstellung unter fremde Leitung tatsächlich nicht geben kann.[480] Eine Rückwirkung von Gewinnabführungsverträgen auf das Vorjahr ist nicht mehr möglich, vgl. § 14 KStG.   **3.575**

III. Änderung von Unternehmensverträgen

Die Änderung von Unternehmensverträgen folgt allen für den Abschluss von Unternehmensverträgen geltenden Regeln.[481] Dabei reicht es, dass nur die Änderung selbst, nicht aber der gesamte geänderte Unternehmensvertrag vorgelegt wird.[482]   **3.576**

---

473) Bejahend Baumbach/Hueck/*Zöllner/Beurskens*, Schl. Anh. KonzernR, Rz. 107; **verneinend** OLG Hamburg DB 2000, 314 ff.; *Lohr*, NZG 2002, 558 ff.; vgl. auch Scholz/*Emmerich*, GmbHG, Anh § 13. Konzernrecht Rz. 147 m. w. N.

474) BGHZ 105, 324 ff. („Supermarkt"); OLG Zweibrücken AG 1999, 328.

475) BGHZ GmbHR 1992, 254 („Siemens").

476) So BGHZ 105, 324 ff. („Supermarkt").

477) Baumbach/Hueck/*Zöllner/Beurskens*, Schl. Anh. KonzernR, Rz. 104.

478) Vgl. auch BGHZ 116, 37 („Stromlieferung").

479) Baumbach/Hueck/*Zöllner/Beurskens*, Schl. Anh. KonzernR, Rz. 110.

480) *Hüffer/Koch*, AktG, § 294 Rz. 19.

481) Scholz/*Emmerich*, GmbHG, Anh. § 13 Konzernrecht Rz. 185 ff.; Baumbach/Hueck/*Zöllner/Beurskens*, Schl. Anh. KonzernR, Rz. 124.

482) AG Leipzig NotBZ 2000, 202 f.

3.577 Bezüglich der Arten der Änderung von Unternehmensverträgen, der Auswirkungen von Umwandlungsvorgängen auf Unternehmensverträge und der entsprechenden Geltung der Vorschriften für den Abschluss von Unternehmensverträgen vgl. auch Rz. 4.547 ff.

IV. Beendigung von Unternehmensverträgen

1. Arten und allgemeine Voraussetzungen der Beendigung

3.578 Unternehmensverträge enden durch Fristablauf, Kündigung aus wichtigem Grund, vertraglich vereinbarte ordentliche Kündigung, Insolvenz eines Vertragspartners, Erlöschen der Untergesellschaft (z. B. durch Verschmelzung) oder durch Aufhebungsvereinbarung.

3.579 Für die Kündigungserklärung ist die Schriftform zu beachten, § 297 Abs. 3 AktG analog. Zu beachten ist weiter § 296 AktG (analog), wonach eine unterjährige Aufhebung (ohne wichtigen Grund) nicht möglich ist.[483]

3.580 Eine „Kündigung" nur des Ergebnisabführungsteils eines Beherrschungs- und Gewinnabführungsvertrages ist nicht möglich, da inhaltlich nur eine einseitige Änderung des Beherrschungs- und Gewinnabführungsvertrages vorliegt.[484]

2. Besondere Voraussetzungen für Kündigung und Aufhebungsvereinbarung

3.581 Fraglich ist, ob bezüglich Kündigung und Aufhebungsvereinbarung die selben Regeln wie beim Abschluss eines Unternehmensvertrages gelten.

3.582 Die wohl h. M. verlangt für die Wirksamkeit der Aufhebungsvereinbarung bzw. Kündigung auf Seiten der beherrschten Gesellschaft zwar einen notariell beurkundeten Gesellschafterbeschluss (mit ¾ Mehrheit, wobei der herrschende Gesellschafter nicht vom Stimmrecht ausgeschlossen ist[485]), nicht aber die Zustimmung aller Gesellschafter und auch keine Eintragung in das Handelsregister. Der Zustimmungsbeschluss kann Rückwirkung haben.[486]

3.583 Allerdings ist für die ordentliche Kündigung und Aufhebungsvereinbarung nach § 296 Abs. 2 und § 297 Abs. 2 AktG analog eine Zustimmung solcher Minderheitsgesellschafter erforderlich, die Ausgleichsansprüche haben.[487] Eine Zustimmung der Gesellschafter der herrschenden GmbH zur Kündigung und zur Aufhebung dürfte wohl nicht erforderlich sein.

3.584 Die Beendigung (nicht die Kündigung bzw. Aufhebung, die zeitlich vor der Beendigung liegen können) ist in das Handelsregister einzutragen. Die Eintragung hat nach dem oben Gesagten nur deklaratorische Wirkung.

3.585 Bei der Kündigung des Unternehmensvertrages aus wichtigem Grund, die nur innerhalb angemessener Frist nach Kenntnis des Kündigungsgrundes erfolgen kann,[488] ist noch Folgendes zu beachten:

---

483) BGH ZIP 2015, 1483; OLG München NZG 2012, 590; **str.** bezüglich Aufhebungsvereinbarung Baumbach/Hueck/Zöllner/*Beurskens*, Schl. Anh. KonzernR, Rz. 134; S. ausführlich *Philippi/Neveling*, BB 2003, 1685 ff.

484) OLG Karlsruhe GmbHR 2001, 523.

485) BGH NZG 2011, 902.

486) OLG München GmbHR 2015, 368 = ZIP 2015, 274, dazu EWiR 2015, 307 (*Giedinghagen*).

487) Vgl. Baumbach/Hueck/Zöllner/*Beurskens*, Schl. Anh. KonzernR, Rz. 130; Scholz/*Emmerich*, GmbHG, Anh. § 13 Konzernrecht Rz. 191, 195; *Lutter/Hommelhoff*, GmbHG, Anh. zu § 13 Rz. 89; BayObLG DB 2003, 761; OLG Karlsruhe ZIP 1994, 1022 = AG 1995, 38, dazu EWiR 1995, 69 (*Henze*); **a. A.** *Halm*, NZG 2001, 737; OLG Oldenburg GmbHR 2000, 1267, die §§ 53 f. GmbHG analog anwenden.

488) OLG Zweibrücken NZG 2011, 1183.

Ries

Ein wichtiger Grund nach § 297 Abs. 1 S. 2 AktG analog liegt für die abhängige GmbH   3.586
vor, wenn das herrschende Unternehmen nicht mehr in der Lage ist, seine Pflichten aufgrund
des Vertrages zu erfüllen, insbesondere also, wenn wirtschaftliche Schwierigkeiten bei
dem herrschenden Unternehmen den von diesem Unternehmen geschuldeten Verlustaus-
gleich (vgl. § 302 AktG) gefährden.

Hingegen stellt es für das herrschende Unternehmen keinen wichtigen Kündigungsgrund   3.587
dar, wenn es seine Beteiligung an der abhängigen GmbH ganz oder teilweise veräußert hat[489]
oder wenn sich die Ertragslage der abhängigen GmbH schlechter als erwartet entwickelt,
da das herrschende Unternehmen für diese Entwicklung selbst die Verantwortung trägt.

Eine andere Beurteilung kommt allenfalls dann in Betracht, wenn der Fortbestand des Be-   3.588
herrschungsvertrages geradezu die Lebensfähigkeit einer der beteiligten Gesellschaften bedroht.[490]

Nach dem oben Gesagten sind also eine fristlose Kündigung aus wichtigem Grund und damit   3.589
eine unterjährige Beendigung des Unternehmensvertrages jedenfalls für das herrschende
Unternehmen nicht möglich, wenn es seine Beteiligung an der abhängigen GmbH veräußert.
Deshalb ist es sinnvoll, die Beteiligungsveräußerung ausdrücklich als wichtigen Grund in den
Unternehmensvertrag mit aufzunehmen, um auch eine unterjährige Beendigung des Un-
ternehmensvertrages zu ermöglichen.[491]

Hinweis: Muster bezüglich Unternehmensverträge sind im Kapitel zu der Aktiengesellschaft zu finden. Bei Aktiengesellschaften kommen Unternehmensverträge häufiger vor
als bei GmbHs. Die Muster zu den Unternehmensverträgen bei Aktiengesellschaften
können entsprechend bei Unternehmensverträgen mit Beteiligung von GmbHs übernommen werden.

G. Zweigniederlassung

Zu unterscheiden sind selbständige und unselbständige Zweigniederlassungen. Selbstän-   3.590
dige Zweigniederlassungen haben im Gegensatz zur unselbständigen Zweigniederlassung
eine eigene Buchführung und sind räumlich und organisatorisch von der Hauptniederlassung getrennt. Nur die selbständigen Zweigniederlassungen werden in das Handelsregister eingetragen. Es gelten dabei §§ 13 ff. HGB.

Die selbständige Zweigniederlassung ist beim Registergericht des Hauptsitzes zur Eintra-   3.591
gung von den GF in vertretungsberechtigter Zahl anzumelden, § 13 Abs. 1 S. 1 HGB. Die
Anmeldung muss Ort, inländische Geschäftsanschrift und Firma der Zweigniederlassung
beinhalten.

Für die Aufhebung von Zweigniederlassungen gelten die Vorschriften über die Errich-   3.592
tung von Zweigniederlassungen entsprechend, § 13 Abs. 3 HGB.

Für Zweigniederlassungen von ausländischen Kapitalgesellschaften gelten §§ 13d ff. HGB.[492]   3.593
Die „Flucht" in das ausländische (insbes. englische) Gesellschaftsrecht kann gefährlich

---

489) OLG Düsseldorf ZIP 1994, 1602 = GmbHR 1994, 805; OLG Oldenburg GmbHR 2000, 1267; nach
    MünchKommAktG/*Altmeppen*, § 297 Rz. 30, 38 f., liegt aber in diesem Fall ein wichtiger Grund zur
    Kündigung für die beherrschte Gesellschaft vor.
490) Scholz/*Emmerich*, GmbHG, Anh. § 13 Konzernrecht Rz. 192 ff.
491) BGHZ 122, 211 = ZIP 1993, 751 = GmbHR 1993, 446, dazu EWiR 1993, 529 (*Priester*); *Joussen*, GmbHR
    2000, 223 ff.
492) Hierzu mit einer Checkliste für die bei Gericht einzureichenden Unterlagen *Ries*, AnwBl 2005, 53 ff.,
    Wachter, GmbHR 2003, 1254 ff. und NotBZ 2004, 41 ff.; *Seibert*, GmbHR 1992, 738 ff.; vgl. auch *Hoger*,
    NZG 2015, 1219.

sein, da für die Jahresabschlüsse und die Verantwortlichkeit der Organe (strengeres) ausländisches (insbes. englisches) Recht gelten kann.[493] Anzumelden sind Zweigniederlassungen ausländischer Kapitalgesellschaften beim Gericht, das für die Zweigniederlassung zuständig ist.

3.594 Muster 80: Anmeldung einer Zweigniederlassung einer deutschen GmbH

... GmbH   Berlin, den ...

...

... Berlin

An das

Amtsgericht Charlottenburg

Amtsgerichtsplatz

Berlin-Charlottenburg

Als Geschäftsführer der ... GmbH melden wir zur Eintragung in das Handelsregister an: [→ Rz. 3.591]

Wir haben in ... unter der Firma ... GmbH Zweigniederlassung ... eine Zweigniederlassung errichtet. Unter Beschränkung auf den Betrieb der Zweigniederlassung haben wir ... Einzelprokura erteilt.

Die inländische Geschäftsanschrift der Zweigniederlassung befindet sich in ... .

Berlin, den ...   ...   (Unterschriften)

Nr. ... der Urkundenrolle für ...

Ich beglaubige hiermit die Echtheit der vorstehenden, vor mir vollzogenen Unterschrift von ... und von ... . Diese haben nach Erläuterung der Vorschrift des § 3 Abs. 1 Nr. 7 BeurkG bestätigt, dass ich nicht vorbefasst im Sinne des § 3 Abs. 1 Nr. 7 BeurkG bin.

Berlin, den ...   ..., Notar L. S.

3.595 Muster 81: Anmeldung der Zweigniederlassung einer Ltd.[494]

Amtsgericht Charlottenburg

Registergericht

...

In der neuen Handelsregistersache

X Ltd.

---

493) Vgl. nur *Maul/Schmidt*, BB 2003, 2217 ff.; *Wachter*, GmbHR 2004, 88 ff.; *Heckschen*, GmbHR 2004, R 25; *Altmeppen*, NJW 2004, 97 ff.; *Burg*, GmbHR 2004, 1379 ff.; *Happ/Holler*, DStR 2004, 730 ff.; *Schall*, ZIP 2005, 965.
494) Für dieses Muster und die Hinweise wird Herrn RiAG i. R. *Horstkotte* gedankt, der dieses Muster entworfen und mit Hinweisen versehen hat.

melden wir,[495] die unterzeichnenden directors der ... Ltd.[496] mit satzungsmäßigem Sitz in ...[497] UK England, gegründet am ...,[498] eingetragen im Handelsregister Companies House Cardiff zu Nr. ...[499]

zur Eintragung in das Handelsregister an:

1. Die Gesellschaft hat eine Zweigniederlassung in Berlin errichtet.[500]

2. Die Firma der Zweigniederlassung lautet: ... Ltd.[501]

3. Der Gegenstand der Gesellschaft[502] lautet gemäß Ziffer der Articles of Association: ...

4. Gegenstand der Zweigniederlassung[503] ist ...

5. Die inländische Geschäftsanschrift der Zweigniederlassung befindet sich in ...[504]

6. Die abstrakte Vertretungsbefugnis der Gesellschaft lautet wie folgt:[505]

   Ist nur ein director bestellt, vertritt dieser die Gesellschaft allein, sind mehrere directors bestellt, wird die Gesellschaft durch diese gemeinsam vertreten. Einzelvertretungsbefugnis kann erteilt werden.

7. Die konkrete Vertretungsbefugnis ist wie folgt festgelegt.[506]

   a) Der director A vertritt die Gesellschaft allein. Herrn A wurde durch Beschluss der Gesellschafterversammlung vom ... Einzelvertretungsbefugnis erteilt.[507], [508]

   b) Der director B vertritt die Gesellschaft gemeinsam mit den übrigen bestellten directors.

---

495) Alle directors müssen anmelden, da sie auch Versicherungen abgeben müssen, § 13g Abs. 2 S. 2, Abs. 5 HGB.

496) Die Firma der Gesellschaft ist anzugeben, § 13g Abs. 3 HGB i. V. m. § 10 Abs. 1 GmbHG; Gleiches gilt für die Rechtsform, § 13e Abs. 2 S. 4 Nr. 2 HGB.

497) Der statutarische Sitz ist zu bezeichnen, § 13g Abs. 3 HGB i. V. m. § 10 Abs. 1 GmbHG.

498) Das Datum der Gründung ist anzugeben, § 13g Abs. 3 HGB i. V. m. § 10 Abs. 1 GmbHG; dies ist das Datum der Registrierung nach Maßgabe des Certificate of Incorporation.

499) Der Nachweis der ausländischen Registrierung ist gem. § 13e Abs. 2 S. 2 HGB zu führen; aus § 13 e Abs. 2 S. 4 Nr. 1 HGB folgt die Verpflichtung zur Angabe der Registrierungsdaten.

500) Die Anmeldepflicht ergibt sich aus § 13 e Abs. 2 S. 1 HGB; zur Anmeldung verpflichtet sind alle gesetzlichen Vertreter der Gesellschaft, da sie auch Versicherungen abgeben müssen (§ 13e Abs. 2 S. 1 HGB, § 13g Abs. 2, Abs. 5 HGB); für die Form der öffentlichen Beglaubigung gilt § 12 HGB.

501) Die Firma der Zweigniederlassung kann sich von der Firma der Gesellschaft unterscheiden; sie muss dies, wenn die Firma der Gesellschaft z. B. wegen Verstoßes gegen §§ 30, 18 HGB im Widerspruch zu deutschem Firmenrecht steht. Ein Zusatz „Zweigniederlassung" muss in die Firmierung nicht aufgenommen werden.

502) Die Angabe des Gegenstandes der Gesellschaft ist gem. § 13g Abs. 3 HGB i. V. m. § 10 Abs. 1 GmbHG erforderlich, allerdings nur dann möglich, wenn von den Model Articles abgewichen wird.

503) Vgl. § 13e Abs. 2 S. 3 HGB; der Gegenstand der Zweigniederlassung ist konkret zu bezeichnen.

504) Vgl. § 13e Abs. 2 S. 3 HGB.

505) Vgl. § 13g Abs. 2 S. 2 HGB i. V. m. § 8 Abs. 4 GmbHG.

506) Vgl. § 13g Abs. 2 S. 2 HGB i. V. m. § 8 Abs. 4 GmbHG.

507) Die Eintragung einer Befreiung der directors von den Beschränkungen des § 181 BGB erfolgt nicht, da das auf die Vertretungsbefugnis der directors anwendbare britische Gesellschaftsrecht kein dem § 181 BGB entsprechendes Verbot kennt (OLG München GmbHR 2005, S. 1955). Dementsprechend enthält die Anmeldung keine Angaben zu § 181 BGB.

508) Nach anwendbarem britischem Gesellschaftsrecht kann die Einzelvertretungsbefugnis auf einer entsprechenden Festlegung der Gesellschafterversammlung als Organ der Bestellung oder einer Ermächtigung durch Akt der gesamten Geschäftsführung („board of directors") beruhen.

8. Ständiger Vertreter für die Geschäfte der Zweigniederlassung gem. § 13e Abs. 2 Nr. 3 HGB ist Herr ..., geboren am ..., wohnhaft ... . Er hat Einzelvertretungsbefugnis und ist von den Beschränkungen des § 181 BGB befreit.[509], [510]

9. Wir erklären gemäß § 13g HGB:

Die Dauer der Gesellschaft ist nicht beschränkt.[511]

Das ausgegebene Stammkapital der Gesellschaft beträgt ... englische Pfund, das genehmigte Kapital ... englische Pfund.[512]

Wir versichern, nachdem wir von dem beglaubigenden Notar über unsere unbeschränkte Auskunftspflicht belehrt worden sind: Wir wurden niemals wegen vorsätzlich begangener Straftaten bezüglich § 82 GmbHG, §§ 399 f. AktG, § 331 HGB, § 313 UmwG, § 17 PublG, Insolvenzverschleppung, §§ 283 bis 283d, 263 bis 264a, 265b bis 266a StGB oder vergleichbarer ausländischer Straftaten verurteilt und uns ist weder durch gerichtliches Urteil noch durch die vollziehbare Entscheidung einer Verwaltungsbehörde die Ausübung eines Berufes, eines Berufszweiges, Gewerbes oder Gewerbezweiges untersagt worden.

Wir fügen dieser Anmeldung bei:

1. Certificate of Incorporation, ausgestellt von Companies House, Cardiff am ... in öffentlich beglaubigter Abschrift.[513]

2. Memorandum und Articles of Association vom ... in öffentlich beglaubigter Abschrift nebst beglaubigter Übersetzung in die deutsche Sprache[514], falls von Model Articles abgewichen wird.

3. Beschluss der Gesellschafterversammlung vom ..., der die Bestellung der directors und die Festlegung ihrer Vertretungsbefugnis zum Gegenstand hat.[515]

Weiterhin erteilen wir hiermit, mit der Befugnis Untervollmacht zu erteilen und unter Befreiung von den Beschränkungen des § 181 BGB, den Notariatsfachangestellten ... sämtlich dienstansässig am Amtssitz des Notars, jeweils einzeln Vollmacht, in unserem Namen diese Anmeldung zu ändern und zu ergänzen und alle für den Vollzug dieser Anmeldung notwendigen Erklärungen – auch teilweise – abzugeben, zu ändern und zurückzunehmen.

---

509) Der Anmeldung eines ständigen Vertreters für die Geschäfte der Zweigniederlassung bedarf es nur, wenn (a.) dieser nicht zugleich director ist oder (b.) er zwar als director bestellt ist, in dieser Eigenschaft jedoch über keine Einzelvertretungsbefugnis verfügt, eine solche Befugnis jedoch bezogen auf die Geschäfte der Zweigniederlassung haben soll. Daraus folgt, dass eine „Doppeleintragung" eines directors zugleich als ständiger Vertreter für die Geschäfte der Zweigniederlassung dann nicht erfolgt, wenn seine Vertretungsbefugnis unmittelbar aus seiner Bestellung als director folgt und er nicht über eine „überschießende" Vertretungsbefugnis als ständiger Vertreter verfügt, vgl. auch OLG Karlsruhe GmbHR 2011, 1324. Das OLG Frankfurt/M. GmbHR 2015, 648, will aber die Eintragung der Alleinvertretungsbefugnis, bezogen nur auf die Zweigniederlassung, zulassen.

510) Da es sich bei dem ständigen Vertreter für die Geschäfte der Zweigniederlassung um eine „besondere Art" Prokurist handelt (so Baumbach/Hopt/*Hopt*, HGB, § 13e, Rz. 3), gilt für seine Vertretungsbefugnis deutsches Recht und damit auch § 181 BGB. Soll er von dieser gesetzlichen Beschränkung befreit sein, bedarf es entsprechender Anmeldung und Eintragung.

511) Vgl. § 13g Abs. 3 HGB i. V. m. § 10 Abs. 2 GmbHG.

512) Vgl. § 13g Abs. 3 HGB i. V. m. § 10 Abs. 1 GmbHG; dabei ist das **ausgegebene** Kapital („issued share-capital") anzugeben, das „**authorized share-capital**" ähnelt unserem genehmigten Kapital.

513) Vgl. § 13e Abs. 2 S. 2 HGB.

514) Vgl. § 13g Abs. 2 S. 1 HGB.

515) Vgl. § 13g Abs. 2 S. 2 HGB i. V. m. § 8 Abs. 1 Nr. 2 GmbHG, soweit die Bestellung der Directors nicht aus dem Gründungsakt ersichtlich ist.

...

...

Ich beglaubige hiermit die Echtheit der vorstehenden, vor mir vollzogenen Unterschriften von ... und von ... . Diese haben nach Erläuterung der Vorschrift des § 3 Abs. 1 Nr. 7 BeurkG bestätigt, dass ich nicht vorbefasst im Sinne des § 3 Abs. 1 Nr. 7 BeurkG bin.

Berlin, den ... ..., Notar L. S.

H. Auflösung, Fortsetzung, Löschung, Nachtragsliquidation

I. Auflösung

1. Auflösungsgründe

Die Gründe für eine Auflösung einer GmbH sind in § 60 GmbHG genannt. Hauptgründe   **3.596**
für eine Auflösung sind Auflösungsbeschluss der Gesellschafter, § 60 Abs. 1 Nr. 2 GmbHG, und Auflösung kraft Gesetzes gem. § 60 Abs. 1 Nr. 4 und 5 GmbHG bei Eröffnung eines Insolvenzverfahrens (hier erlischt auch die Prokura, § 117 InsO; von Amts wegen einzutragen[516]) oder bei rechtskräftiger Ablehnung des Antrags auf Eröffnung eines Insolvenzverfahrens.

2. Insbesondere Auflösungsbeschluss

Ein Auflösungsbeschluss bedarf gem. § 60 Abs. 1 Nr. 2 GmbHG einer Mehrheit von ¾ der   **3.597**
abgegebenen Stimmen. Diese Mehrheit ist abdingbar, wobei auch eine geringere Mehrheit als 75 % vereinbart werden kann.[517]

Ausnahmsweise ist aber eine Mehrheit von ¾ (unabdingbar) erforderlich, wenn die Auf-   **3.598**
lösung gleichzeitig auch eine Änderung des Gesellschaftsvertrages darstellt (§ 53 Abs. 2 GmbHG). Dies ist z. B. dann der Fall, wenn im Gesellschaftsvertrag eine bestimmte Zeitdauer der GmbH festgelegt ist und die GmbH vor Ablauf dieser Zeitdauer aufgelöst werden soll.

Der Beschluss ist nur dann formbedürftig, wenn er gleichzeitig eine Änderung des Gesell-   **3.599**
schaftsvertrages darstellt (§ 53 Abs. 2 GmbHG).

3. Liquidatoren

Wenn keine Liquidatoren bestellt sind, sind die GF (außer im Fall der Eröffnung des In-   **3.600**
solvenzverfahrens) „geborene" Liquidatoren. Die Gesellschafter können aber (außer im Insolvenzverfahren) „gekorene" Liquidatoren bestellen.

Da sich die Verweisung in § 66 Abs. 4 GmbHG nicht auf § 6 Abs. 2 S. 1 GmbHG erstreckt,   **3.601**
können auch juristische Personen Liquidatoren sein. Ansonsten gelten für die Fähigkeit, Liquidator zu sein, dieselben Erwägungen wie beim GF (§ 66 Abs. 4, § 6 Abs. 2 S. 2 und 3 GmbHG, vgl. Rz. 3.477 ff.).

Die Gesellschafter können den Liquidatoren eine bestimmte Vertretungsbefugnis geben,   **3.602**
§ 68 Abs. 1 GmbHG. Diese konkrete Vertretungsbefugnis muss aber eine Grundlage im

---

516) *Krafka/Kühn*, Registerrecht, Rz. 1144.
517) Baumbach/Hueck/*Haas*, GmbHG, § 60 Rz. 17.

Gesellschaftsvertrag oder im Gesetz haben.[518] Auch die Anordnung unechter Gesamtvertretung (Liquidator vertritt mit Prokurist) – neben echter Gesamtvertretung – soll möglich sein.[519]

3.603 Für die „geborenen" Liquidatoren gilt nicht automatisch die Vertretungsbefugnis der GF, sondern mangels anderer gesellschaftsvertraglicher Regelung § 68 Abs. 1 S. 2 GmbHG.[520]

3.604 Für den Fall der Führungslosigkeit (kein Liquidator vorhanden), werden die Gesellschafter ersatzzuständig sein, Rechtsgedanke des § 35 Abs. 1 S. 2 GmbHG.

3.605 Liquidatoren können auf Antrag von Gesellschaftern, die mindestens eine Beteiligung von 10 % des Stammkapitals halten, auch durch das Gericht bestellt werden, wenn ein „wichtiger Grund" (z. B. Unfähigkeit eines Liquidators, Streitigkeiten zwischen Liquidatoren) vorliegt, § 66 Abs. 2 GmbHG. Daneben kann das Gericht auch einen Not-Liquidator bestellen. Zu den Voraussetzungen einer solchen Bestellung gelten die Ausführungen zum NotGF entsprechend, vgl. Rz. 3.491 ff.[521]

3.606 Die Liquidatoren können ihr Amt niederlegen. Bei von den Gesellschaftern bestellten Liquidatoren ist die Niederlegung gegenüber den Gesellschaftern, bei vom Gericht bestellten Liquidatoren gegenüber dem Gericht zu erklären.

3.607 Die Liquidatoren können auch abberufen werden, die von den Gesellschaftern bestellten durch die Gesellschafter, die vom Gericht bestellten vom Gericht, wobei dieselben Voraussetzungen wie für die Bestellung gelten (§ 66 Abs. 3 GmbHG).

4. Anmeldung und Eintragung der Auflösung und der Liquidatoren

3.608 Im Falle der Auflösung wegen Insolvenz (Eröffnung oder Ablehnung) erfolgt die Eintragung der Auflösung von Amts wegen, also ohne Anmeldung. Die Eintragung der Auflösung ist grundsätzlich rein deklaratorisch, d. h. die Auflösung wird z. B. mit dem Auflösungsbeschluss wirksam.

3.609 Ausnahmsweise ist die Eintragung konstitutiv, nämlich dann, wenn die Auflösung gleichzeitig auch eine Änderung des Gesellschaftsvertrages darstellt (§ 54 Abs. 3 GmbHG, oben Rz. 3.305).

3.610 Die Auflösung ist im Falle des Auflösungsbeschlusses grundsätzlich von den Liquidatoren in vertretungsberechtigter Zahl zur Eintragung in das Handelsregister anzumelden (§ 65 GmbHG, § 78 GmbHG), da die Auflösung mit dem Beschluss wirksam wird und mit der Auflösung das Amt des GF endet und die Liquidatoren vertretungsberechtigt werden.

3.611 Wenn die Auflösung ausnahmsweise erst mit der Eintragung wirksam wird (oben Rz. 3.609), sind die GF in vertretungsberechtigter Zahl zur Anmeldung der Auflösung verpflichtet. Der Auflösungsgrund ist mit anzugeben.[522]

3.612 Gleichzeitig mit der Auflösung sind auch die („geborenen" oder „gekorenen") Liquidatoren und deren Vertretungsbefugnis anzumelden, § 67 GmbHG. § 67 Abs. 1 GmbHG spricht dabei irreführend von „Geschäftsführern", die die Liquidatoren und deren Vertretungsbe-

---

518) OLG Düsseldorf NZG 2016, 1424 = ZIP 2016, 2270; OLG Köln NZG 2016, 1314 = ZIP 2017, 79.

519) Baumbach/Hueck/*Haas*, GmbHG, § 68 Rz. 8; Scholz/*Schmidt*, GmbHG, § 68 Rz. 6; Lutter/Hommelhoff/*Kleindiek*, GmbHG, § 68 Rz. 2.

520) BGH NotBZ 2009, 97.

521) Vgl. auch OLG Düsseldorf ZIP 2019, 659.

522) Baumbach/Hueck/*Haas*, GmbHG, § 65 Rz. 10.

Ries

fugnis anmelden müssen. Nach den obigen Ausführungen sind im Regelfall immer die Liquidatoren in vertretungsberechtigter Zahl anmeldeverpflichtet.[523]

Es ist sowohl die abstrakte als auch die konkrete Vertretungsbefugnis der Liquidatoren 3.613
anzumelden, auch wenn es nur einen Liquidator gibt.[524]

Im Fall der Auflösung wegen Insolvenzeröffnung entfällt eine Anmeldung der Liquidato- 3.614
ren. Im Fall der gerichtlichen Bestellung von Liquidatoren werden diese von Amts wegen,
ohne Anmeldung, eingetragen § 67 Abs. 4 GmbHG.

Die Liquidatoren haben gem. § 67 Abs. 3 GmbHG die gleichen Versicherungen abzugeben 3.615
wie GF, es sei denn, sie haben diese Versicherungen kurz zuvor abgegeben.[525]

Das Ende der Vertretungsbefugnis der bisherigen GF ergibt sich aus der Eintragung der 3.616
Auflösung; dies muss daher nicht gesondert angemeldet werden.[526]

Muster 82: Auflösungsbeschluss 3.617

Protokoll über die Gesellschafterversammlung der ... GmbH vom ... in ...

Es erschienen:

1. ...,

2. ....

Zum Versammlungsleiter und Protokollführer wurde bestimmt: ... .

Es wurde festgestellt, dass sämtliche Gesellschafter durch eingeschriebenen, am ... bei der
Post aufgegebenen Brief, also rechtzeitig, unter Angabe des Zweckes der heutigen Gesellschafterversammlung eingeladen worden sind. Vorsorglich verzichten die Erschienenen
auf die Einhaltung von Form- und Fristvorschriften bezüglich der Ladung zur Gesellschafterversammlung.

Die Erschienenen vertreten das gesamte Stammkapital der Gesellschaft mit Geschäftsanteilen von je ... €.

Es wurde einstimmig beschlossen: [→ Rz. 3.597 ff.]

1. Die Gesellschaft wird mit sofortiger Wirkung aufgelöst.

2. Herr ..., geboren am ..., wohnhaft ..., wird zum Liquidator bestellt. Er vertritt die
    Gesellschaft allein, solange er einziger Liquidator ist.

3. Die Bücher und Schriften der Gesellschaft werden nach Beendigung der Liquidation
    bei ... in Verwahrung gegeben, welche die Verwahrung übernimmt.

..., den ... ... (Unterschriften)

---

523) BayObLG GmbHR 1994, 478.
524) OLG München GmbHR 2011, 144; BGH DB 2007, 1580; **a. A.** Scholz/*Schmidt*, GmbHG, § 67 Rz. 3.
525) BayObLG ZIP 1987, 1182 = BB 1987, 1625, dazu EWiR 1987, 905 (*Miller*).
526) *Krafka/Kühn*, Registerrecht, Rz. 1126; teilweise **a. A.** Baumbach/Hueck/*Haas*, GmbHG, § 67 Rz. 4;
    Scholz/*Schmidt*, GmbHG, § 67 Rz. 8; GmbHG Großkommentar/*Paura*, § 67 Rz. 6, die Anmeldung des
    Wegfalls der Vertretungsberechtigung der GF verlangen, wenn andere Personen als die GF Liquidatoren
    werden.

3.618 Muster 83: Anmeldung der Auflösung und des Liquidators

... GmbH   Berlin, den ...

...

... Berlin

An das

Amtsgericht Charlottenburg

Amtsgerichtsplatz

Berlin-Charlottenburg

HRB ...

Als Liquidator der ... GmbH überreiche ich eine öffentlich beglaubigte Abschrift des Protokolls über die Gesellschafterversammlung vom ... und melde Folgendes an: [→ Rz. 3.608 ff.]

1.   Die Gesellschaft ist aufgelöst.

2.   Herr ... ist zum Liquidator bestellt. Er vertritt die Gesellschaft allein, solange er einziger Liquidator ist. Sind mehrere Liquidatoren bestellt, vertreten zwei gemeinschaftlich oder einer zusammen mit einem Prokuristen.

Ich versichere, dass mich der Notar ... über meine unbeschränkte Auskunftpflicht gegenüber dem Registergericht belehrt hat, dass ich nicht wegen einer vorsätzlich begangenen Straftat der Insolvenzverschleppung, der § 82 GmbHG, §§ 399 f. AktG, § 331 HGB, § 313 UmwG, § 17 PublG, §§ 263 bis 264a, §§ 265b bis 266a StGB und §§ 283 bis 283d StGB oder vergleichbarer ausländischer Straftaten vorbestraft bin und dass mir weder durch gerichtliches Urteil noch durch vollziehbare Entscheidung einer Verwaltungsbehörde die Ausübung eines Berufs, Berufszweiges, Gewerbes oder Gewerbezweiges untersagt ist.

Berlin, den ... ...   (Unterschrift)

Nr. ... der Urkundenrolle für ...

Ich beglaubige hiermit die Echtheit der vorstehenden, vor mir vollzogenen Unterschrift von Herrn .... Herr ... hat nach Erläuterung der Vorschrift des § 3 Abs. 1 Nr. 7 BeurkG bestätigt, dass ich nicht vorbefasst im Sinne des § 3 Abs. 1 Nr. 7 BeurkG bin.

Berlin, den ... ..., Notar L. S.

5.   Bekanntmachung der Auflösung

3.619   Die Auflösung ist von den Liquidatoren in den Publikationsorganen der Gesellschaft nach dem ARUG nur noch einmal statt wie früher dreimal bekannt zu machen; in der Bekanntmachung sind zugleich die Gläubiger der Gesellschaft aufzufordern, sich bei der Gesellschaft zu melden (§ 65 Abs. 2 GmbHG).

Muster 84: Gläubigeraufruf 3.620

Gläubigeraufruf

... GmbH

Durch Beschluss der Gesellschafterversammlung vom ... ist die Gesellschaft aufgelöst. Die Gläubiger der Gesellschaft werden aufgefordert, ihre Ansprüche bei der Gesellschaft anzumelden.

Berlin, den ...   ...   (Unterschrift)

Der Liquidator

6. Abwicklung

Während der Abwicklung ist auf den Geschäftsbriefen anzugeben, dass sich die Gesell- 3.621
schaft in Liquidation befindet, § 71 Abs. 5 GmbHG. In der Liquidation sind Ansprüche von Gläubigern zu befriedigen, Forderungen der GmbH einzuziehen und das Vermögen der Gesellschaft in Geld umzusetzen, § 70 GmbHG.

Bleibt danach etwas übrig, wird es an die Gesellschafter verteilt, das aber in jedem Fall erst 3.622
ein Jahr nach der Bekanntmachung und wenn alle Verbindlichkeiten erfüllt sind, §§ 72, 73 GmbHG.

Keine „Abwicklung" findet bei der Eröffnung des Insolvenzverfahrens statt. Hier gehen Ver- 3.623
waltungs- und Verfügungsbefugnis auf den Insolvenzverwalter über, § 80 Abs. 1 InsO. Der Liquidator bleibt allerdings anmeldeverpflichtet und -befugt[527] und vertretungsbefugt.[528]

Firmenänderungen, Gegenstandsänderungen und Sitzverlegung im Liquidationsstadium 3.624
sind wohl nur ausnahmsweise zulässig, wenn sie liquidationsdienlich sind, z. B. bei Hinzufügen des Firmenzusatzes „... in Liquidation"; Änderungen des Gegenstands/Kapitalerhöhung sind zusammen mit einem Fortsetzungsbeschluss oder bei Veräußerung des Unternehmens mit der Firma zulässig.[529] Im Insolvenzverfahren kann die Firma geändert werden, wenn der Insolvenzverwalter zustimmt, wobei er die Rechte der Gesellschafter wahrnimmt.[530] Der Insolvenzverwalter kann auch das Geschäftsjahr durch Anmeldung oder Mitteilung gegenüber dem Registergericht innerhalb des ersten Jahres seit Eröffnung des Insolvenzverfahrens ändern.[531]

II. Fortsetzung

1. Voraussetzungen

Bevor die GmbH gelöscht ist, kann die Fortsetzung der aufgelösten Gesellschaft beschlos- 3.625
sen werden.[532] Gesetzlich geregelt ist die Fortsetzung in § 60 Abs. 1 Nr. 4 GmbHG. An-

---

527) OLG Hamm NZI 2017, 403 = ZIP 2017, 820; BayObLG GmbHR 2004, 669; OLG Köln DB 2001, 1982. Ausnahme s. Rz. 3.536.
528) OLG Düsseldorf GmbHR 2011, 252.
529) KG NZG 2018, 1197 = ZIP 2019, 34; LG Frankfurt/O. DB 2003, 494; vgl. Baumbach/Hueck/*Haas*, GmbHG, § 69 Rz. 23; Scholz/*Schmidt*, GmbHG, § 69 Rz. 13, 38; GmbHG Großkommentar/*Paura*, § 69 Rz. 67 f.; Lutter/Hommelhoff/*Kleindiek*, GmbHG, § 69 Rz. 13.
530) OLG Hamm ZIP 2018, 596 und KG, Beschl. v. 6.7.2017 – 22 W 47/17, juris; **a. A.:** noch OLG München ZIP 2016, 1368 (mit abl. Anm. *Horstkotte*), das Mitwirkung der Gesellschafter verlangt.
531) BGH GmbHR 2017, 479.
532) KG ZIP 2018, 2029; vgl. auch *Fichtelmann* GmbHR 2003, 67 ff.

erkannt wird die Fortsetzungsmöglichkeit aber auch, wenn ein Auflösungsbeschluss vorangegangen ist oder die Gesellschaft wegen Zeitablauf aufgelöst ist.

3.626 Für eine Fortsetzung ist zunächst ein formfreier Fortsetzungsbeschluss der Gesellschafter erforderlich. Im Fall der Fortsetzung nach Zeitablauf ist notarielle Beurkundung erforderlich, da dann eine Satzungsänderung vorliegt, § 53 Abs. 2 GmbHG.

3.627 Der Beschluss bedarf einer ¾ Mehrheit bzw. der im Gesellschaftsvertrag vorgesehenen höheren Mehrheit (§ 274 Abs. 1 S. 2 und 3 AktG analog).[533]

3.628 Zusammen mit dem Fortsetzungsbeschluss sind die Liquidatoren abzuberufen und neue GF zu bestellen. Die Fortsetzung wird mit dem Beschluss wirksam, nicht erst mit der Eintragung; diese ist nur deklaratorischer Natur.[534] Bei Fortsetzung nach Zeitablauf ist allerdings die Eintragung konstitutiv, da eine Änderung des Gesellschaftsvertrages vorliegt (§ 54 Abs. 3 GmbHG).

3.629 Eine Fortsetzung der Gesellschaft ist nur möglich, wenn noch nicht mit der Verteilung des Vermögens der GmbH begonnen worden ist und die Aktiva der GmbH deren Verbindlichkeiten übersteigen.[535] Würden die Aktiva nicht deren Verbindlichkeiten übersteigen, wäre die GmbH u. U. insolvent und würde deshalb u. U. gleich wieder aufgelöst. Strittig ist, ob darüber hinaus auch das Stammkapital erhalten sein muss.

3.630 Eine Fortsetzung der Gesellschaft ist nicht möglich bei Auflösung durch behördliche Entscheidung (§ 62 GmbHG), Auflösung nach rechtskräftiger Ablehnung des Antrags auf Eröffnung des Insolvenzverfahrens (§ 60 Abs. 1 Nr. 5 GmbHG[536]), nach Schlussverteilung im Insolvenzverfahren,[537] nach Löschung der Gesellschaft,[538] oder nach Aufhebung eines Insolvenzplanverfahrens bei fehlender Fortführungsplanung.[539]

2. Anmeldung

3.631 Die Anmeldung der Fortsetzung erfolgt durch die GF in vertretungsberechtigter Zahl (§ 78 GmbHG), nicht durch die (abberufenen) Liquidatoren, da die Fortsetzung bereits mit Beschlussfassung wirksam wird (oben Rz. 3.628).

3.632 Auch die Vertretungsbefugnis der GF ist anzumelden. Die GF haben in der Anmeldung zu versichern, dass mit der Verteilung des Vermögens noch nicht begonnen worden ist und dass die Aktiva der Gesellschaft deren Verbindlichkeiten übersteigen. Sie müssen auch die Versicherungen zu ihrer Person abgeben (§ 39 Abs. 3 GmbHG), es sei denn, sie haben Versicherungen kurz zuvor abgegeben.

---

533) Baumbach/Hueck/*Haas*, GmbHG, § 60 Rz. 92; Scholz/*Schmidt/Bitter*, GmbHG, § 60 Rz. 88; GmbHG Großkommentar/*Casper*, § 60 Rz. 134 f.; Lutter/Hommelhoff/*Kleindiek*, GmbHG, § 60 Rz. 29.

534) Baumbach/Hueck/*Haas*, GmbHG, § 60 Rz. 92a.

535) Baumbach/Hueck/*Haas*, GmbHG, § 60 Rz. 91; vgl. auch analog § 274 AktG.

536) KG ZIP 2017, 178; OLG Köln NZG 2010, 507; a. A. *Kallweit*, NZG 2009, 1416.

537) BGH NZG 2015, 872 = ZIP 2015, 1533, dazu EWiR 2015, 567 (*Muñoz*); OLG Schleswig NZG 2014, 698.

538) KG ZIP 2018, 2029; OLG Celle DB 2008, 288.

539) OLG Celle ZIP 2019, 611.

Muster 85: Fortsetzungsbeschluss vor Löschung   3.633

Protokoll über die Gesellschafterversammlung der ... GmbH vom ... in ...:

Es erschienen: [→ Rz. 3.625 ff.]

1.   ...,

2.   ... .

Zum Versammlungsleiter und Protokollführer wurde bestimmt: ... .

Es wurde festgestellt, dass sämtliche Gesellschafter durch eingeschriebenen, am ... bei
der Post aufgegebenen Brief, also rechtzeitig, unter Angabe des Zweckes der heutigen
Gesellschafterversammlung eingeladen worden sind. Vorsorglich verzichten die Erschienenen auf die Einhaltung von Form- und Fristvorschriften bezüglich der Ladung zur Gesellschafterversammlung.

Die Erschienenen vertreten das gesamte Stammkapital der Gesellschaft mit Geschäftsanteilen von je ... €. Sie versichern, dass mit der Verteilung des Vermögens der Gesellschaft
noch nicht begonnen wurde und die Aktiva der Gesellschaft deren Verbindlichkeiten übersteigen.

Es wurde einstimmig beschlossen:

1.   Der Auflösungsbeschluss vom ... wird aufgehoben. Die Gesellschaft wird mit so-
     fortiger Wirkung als werbende Gesellschaft fortgesetzt.

2.   Der Liquidator ... wird abberufen.

3.   Zum Geschäftsführer wird Herr ..., geboren am ..., wohnhaft ..., bestellt. Er vertritt
     die Gesellschaft stets alleine und darf Rechtsgeschäfte mit sich selbst oder mit sich
     als Vertreter Dritter abschließen.

Berlin, den ... ... (Unterschriften)

Muster 86: Anmeldung der Fortsetzung der Gesellschaft   3.634

...GmbH   Berlin, den ...

...

... Berlin

An das

Amtsgericht Charlottenburg

Amtsgerichtsplatz

Berlin-Charlottenburg

HRB ...

Als Geschäftsführer der ... GmbH überreiche ich eine öffentlich beglaubigte Abschrift des
Protokolls über die Gesellschafterversammlung vom ... und melde Folgendes an:
[→ Rz. 3.631 f.]

1.   Die Gesellschaft wird fortgesetzt.

2.   Herr ... ist als Liquidator abberufen.

3.   Ich bin zum Geschäftsführer bestellt. Ich vertrete die Gesellschaft stets alleine und darf Rechtsgeschäfte mit mir selbst oder mit mir als Vertreter Dritter abschließen. Sind mehrere Geschäftsführer bestellt, vertreten zwei gemeinschaftlich oder einer zusammen mit einem Prokuristen. Alleinvertretungsbefugnis kann erteilt werden.

Ich versichere, dass mich der Notar ... über meine unbeschränkte Auskunftspflicht gegenüber dem Registergericht belehrt hat, dass ich nicht wegen einer vorsätzlich begangenen Straftat der Insolvenzverschleppung, § 82 GmbHG, §§ 399 f. AktG, § 331 HGB, § 313 UmwG, § 17 PublG, §§ 263 bis 264a, §§ 265b bis 266a StGB und §§ 283 bis 283d StGB oder vergleichbarer ausländischer Straftaten vorbestraft bin und dass mir weder durch gerichtliches Urteil noch durch vollziehbare Entscheidung einer Verwaltungsbehörde die Ausübung eines Berufs, Berufszweiges, Gewerbes oder Gewerbezweiges untersagt ist.

Ich versichere weiter, dass mit der Verteilung des Vermögens der Gesellschaft noch nicht begonnen wurde und die Aktiva der Gesellschaft deren Verbindlichkeiten übersteigen.

Berlin, den ... ... (Unterschrift)

Nr. ... der Urkundenrolle für ...

Ich beglaubige hiermit die Echtheit der vorstehenden, vor mir vollzogenen Unterschrift von Herrn .... Herr ... hat nach Erläuterung der Vorschrift des § 3 Abs. 1 Nr. 7 BeurkG bestätigt, dass ich nicht vorbefasst im Sinne des § 3 Abs. 1 Nr. 7 BeurkG bin.

Berlin, den ... ..., Notar L. S.

III. Löschung

3.635 Nach Beendigung der Abwicklung[540] und Ablauf des Sperrjahres ist von den Liquidatoren Schlussrechnung zu legen und der Schluss der Liquidation zur Eintragung in das Handelsregister anzumelden, worauf dann die Firma gelöscht wird (§ 74 GmbHG).

3.636 Ausnahmsweise muss das Sperrjahr nicht abgewartet werden, wenn die GmbH vermögenslos ist, weil das Vermögen durch Befriedigung der Gläubiger verbraucht ist und daher keine Verteilung an die Gesellschafter mehr möglich ist.[541]

3.637 In diesem Fall ist eine Amtslöschung nach § 394 FamFG wegen Vermögenslosigkeit möglich.[542] Ein Beharren auf die Einhaltung des Sperrjahres ist dann obsolet. Ein Löschungsverfahren droht auch bei faktisch nicht kapitalisierten UG, da das faktisch fehlende Kapital Indiz für Vermögenslosigkeit sein kann.

3.638 Allerdings ist zu beachten, dass vom Registergericht vor einer Löschung immer die Zustimmung des Finanzamtes für Körperschaften, der IHK und evtl. bekannter Gläubiger eingeholt wird.

3.639 Diese Zustimmungen können zur Beschleunigung auch vom Antragsteller eingeholt werden. Die Beteiligung an einer GmbH & Co. KG steht einer Löschung nach § 394 FamFG

---

540) S. dazu LG Frankfurt/M. GmbHR 2006, 94 und OLG Hamm NZG 2015, 153 (keine Beendigung, falls noch Steuerverfahren läuft) und OLG Düsseldorf NZG 2015, 1161 (bei Zweifeln keine Löschung); differenzierend aber OLG Düsseldorf NZG 2017, 663: Steuernachforderung des Finanzamtes alleine ist kein Löschungshindernis.
541) OLG Hamm GmbHR 2017, 930; Baumbach/Hueck/*Haas*, GmbHG, § 74 Rz. 2; Scholz/Schmidt/*Bitter*, GmbHG, § 74 Rz. 1.
542) Vgl. hierzu *Kögel*, GmbHR 2003, 460 ff.

entgegen, wenn die GmbH & Co. KG noch nicht abgewickelt ist.[543] Fehlende Mitwirkung im Löschungsverfahren kann Löschungsgrund nach § 394 FamFG rechtfertigen.[544]

Nur bei Vermögenslosigkeit und mit Eintragung der Löschung endet die Existenz der Gesellschaft, d. h. reine Vermögenslosigkeit oder alleine die Löschung reicht für die Beendigung der Gesellschaft nicht aus (Lehre vom Doppeltatbestand).[545] **3.640**

Muster 87: Anmeldung der Beendigung der Liquidation und des Erlöschens der Firma **3.641**

... GmbH Berlin, den ...

...

... Berlin

An das

Amtsgericht Charlottenburg

Amtsgerichtsplatz

Berlin-Charlottenburg

HRB ...

Als Liquidator der ... GmbH melde ich an, dass die Liquidation beendet, Schlussrechnung gelegt und die Firma erloschen ist. In der Nummer ... des elektronischen Bundesanzeigers vom ..., worüber ich das Belegblatt beifüge, wurde die Auflösung bekannt gemacht und die Gläubiger der Gesellschaft aufgefordert, sich bei der Gesellschaft zu melden. Die Bücher und Schriften wurden der ... zur Verwahrung übergeben.

Berlin, den ... ... (Unterschrift)

Nr. ... der Urkundenrolle für ...

Ich beglaubige hiermit die Echtheit der vorstehenden, vor mir vollzogenen Unterschrift von Herrn .... Herr ... hat nach Erläuterung der Vorschrift des § 3 Abs. 1 Nr. 7 BeurkG bestätigt, dass ich nicht vorbefasst im Sinne des § 3 Abs. 1 Nr. 7 BeurkG bin.

Berlin, den ... ..., Notar L. S.

IV. Nachtragsliquidation

1. Voraussetzungen

Stellt sich nach der Löschung der GmbH heraus, dass noch Abwicklungsbedarf besteht oder die GmbH doch noch über Vermögen verfügt, wird zwar nicht die Eintragung der Löschung gelöscht; es kommt aber die Bestellung eines Nachtragsliquidators durch das Registergericht in Betracht.[546] Gleiches soll auch bezüglich Zweigniederlassungen auslän- **3.642**

---

543) OLG Celle ZIP 2018, 2222; OLG Frankfurt/M. ZIP 2005, 2157.

544) KG, v. 1.7.2013 – 12 W 87/12.

545) Vgl. Baumbach/Hueck/*Haas*, GmbHG, § 60 Rz. 6 f.; *Schmelz*, NZG 2007, 135; BGH NZG 2015, 952 = ZIP 2015, 1334, dazu EWiR 2015, 629 *(Baumann)*; OLG München NZG 2017, 1071; OLG Koblenz NZG 2016, 750 = ZIP 2016, 1799; OLG Stuttgart ZIP 1986, 647 f., dazu EWiR 1986, 593 *(Günther)*.

546) OLG Hamm BB 2001, 1701; ausnahmsweise aber Löschung der Löschung, wenn im Löschungsverfahren wesentliche Verfahrensfehler begangen wurden: OLG München DB 2005, 2185; OLG Zweibrücken DB 2002, 1206; KG DB 2004, 2313 wegen fehlender Anhörung, die Löschung verhindert hätte.

discher Unternehmen gelten, wenn das ausländische Unternehmen gelöscht ist, aber noch Vermögen im Inland hat.[547] Auch bei Anhaltspunkten, dass der Schluss der Liquidation bewusst zu Unrecht angemeldet wurde, kommt die Bestellung eines Nachtragsliquidators in Betracht.[548] Ausnahmsweise kommt bei relevanten Verfahrensfehlern im Löschungsverfahren die Löschung der Löschung in Betracht.[549]

3.643 Eine Bestellung eines Nachtragsliquidators kommt nicht in Betracht, wenn es einen Prozessbevollmächtigten für die GmbH gibt.[550]

3.644 Als Gesetzesgrundlagen stehen bei Abwicklungsbedarf § 273 Abs. 4 AktG analog und bei Auftauchen von Vermögen § 66 Abs. 5 GmbHG zur Verfügung.

3.645 Zur Bestellung eines Nachtragsliquidators muss ein Antrag eines Beteiligten (= ehemalige Gesellschafter oder Liquidatoren, GF, Gläubiger, Schuldner, auch [Vollstreckungs-]Gericht zur Bewirkung von Zustellungen[551]) mit genauer Bezeichnung der gewünschten Tätigkeit des Nachtragsliquidators vorliegen.

3.646 Das Registergericht wird eine Erklärung des potenziellen Nachtragsliquidators erfordern, dass dieser bereit ist, das Amt anzunehmen, dass keine Hinderungsgründe gegen seine Bestellung bestehen (evtl. Versicherungen analog Liquidator/GF) und dass er auf Kosten- und Auslagenersatz gegenüber dem Land verzichtet.

3.647 Weiter wird das Registergericht den konkreten Vortrag[552] und die Glaubhaftmachung von Abwicklungsbedarf (z. B. durch Vorlage des Steuererstattungsbescheides) bzw. Vermögen der Gesellschaft (z. B. durch Vorlage eines Grundbuchauszuges)[553] verlangen, ehemaligen Gesellschaftern bezüglich der vorgeschlagenen Person des Nachtragsliquidators rechtliches Gehör gewähren und die Zahlung eines Kostenvorschusses von 1.332 € verlangen.

3.648 Zu beachten ist, dass der frühere Alleingesellschafter/GF nicht zur Übernahme des Amtes gezwungen werden kann, es sei denn, er alleine kann den offenen Anspruch erfüllen, z. B. bei Zeugniserteilung.[554]

2. Bestellung/Abberufung/Niederlegung

3.649 Die Bestellung des Nachtragsliquidators erfolgt durch das Gericht. Dabei wird der Wirkungskreis im Bestellungsbeschluss genau eingegrenzt. Eine Eintragung des Nachtragsliquidators kommt nicht in Betracht.[555]

3.650 Der Beschluss über die Bestellung wird dem Bestellten zugestellt und ist nach Ende der Nachtragsliquidation an das Gericht zurückzusenden. Bezüglich der Niederlegung und Abberufung gelten obige Ausführungen zum Liquidator (Rz. 3.606 f.).[556]

---

547) KG NZG 2014, 90; KG GmbHR 2010, 316; OLG Düsseldorf ZIP 2010, 1852.

548) OLG Düsseldorf AG 2013, 469.

549) OLG Düsseldorf NZG 2017, 745 = ZIP 2017, 1717; OLG Düsseldof ZIP 2017, 329 und OLG Düsseldorf ZIP 2016, 1068; OLG München DB 2005, 2185; OLG Zweibrücken DB 2002, 1206 und KG DB 2004, 2313 wegen fehlender Anhörung, die Löschung verhindert hätte.

550) BayOblG DB 2004, 2258.

551) LG Leipzig, Beschl. v. 13.6.2000 – 14 T 1861/00.

552) KG DB 2007, 851.

553) OLG Düsseldorf NZG 2015, 1026; OLG Frankfurt/M. DB 2005, 2185.

554) KG GmbHR 2001, 252.

555) OLG München NZG 2011, 38.

556) Vgl. auch OLG Köln DB 2003, 874.

Muster 88: Antrag auf Bestellung eines Nachtragsliquidators　　　　3.651

An das

Amtsgericht – Handelsregister –

...

Die ... GmbH ist im Handelsregister HRB ... gelöscht worden. Es hat sich nach der Löschung herausgestellt, dass der Gesellschaft noch Steuererstattungsansprüche zustehen.

Ich beantrage als ehemaliger Geschäftsführer, ... zum Nachtragsliquidator mit dem Wirkungskreis „Abwicklung Steuererstattungsansprüche" zu bestellen. [→ Rz. 3.642 ff.]

Eine Erklärung des ..., dass dieser zur Übernahme des Amtes bereit ist, das Amt übernehmen kann und auf Kosten- und Auslagenersatz gegenüber dem Land ... verzichtet, ist beigefügt, genauso wie eine beglaubigte Kopie des Bescheides des Finanzamtes ... . Kostenmarken in Höhe von 1.332 € füge ich ebenfalls bei.

Berlin, den ... ... (Unterschrift)

I.　Auslandsberührung

I.　Ausländische Beurkundungen und Beglaubigungen

1.　Gründung/Gesellschaftsvertrag/Umwandlung/Anmeldung

Gem. § 2 GmbHG bedarf der Gesellschaftsvertrag der notariellen Form in Form der notariellen Beurkundung. Gleiches gilt für den Beschluss über die Änderung des Gesellschaftsvertrages, § 53 Abs. 2 GmbHG, und viele Vorgänge nach dem UmwG.　3.652

Für die Vertretung bei der Gründung verlangt § 2 Abs. 2 GmbHG zumindest notarielle Beglaubigung der Vollmacht. Gleiches gilt für die Anmeldung nach § 12 HGB. Sollen Beurkundungen und Beglaubigungen im Ausland erfolgen, ist fraglich, ob dies im Inland anerkannt wird.　3.653

a)　Konsularbeamte

Eine Beurkundung durch deutsche Konsularbeamte ist möglich, wenn eine entsprechende Ermächtigung vorliegt (§ 10 KonsularG). Gleiches gilt im Übrigen auch für Beglaubigungen (z. B. für die Vollmacht zur Gründung, § 2 Abs. 2 GmbHG), die sogar von Honorarkonsulen vorgenommen werden können. Es liegt dann eine deutsche Urkunde vor.　3.654

b)　Ausländische Notare

Fraglich ist, ob der Gesellschaftsvertrag einer deutschen GmbH bzw. der Beschluss über die Änderung des Gesellschaftsvertrages oder Umwandlungsvorgänge auch durch ausländische Notare beurkundet werden können.　3.655

Dies wird von der h. M. bejaht, wenn die Beurkundung durch den ausländischen Notar einer Beurkundung durch einen deutschen Notar gleichwertig ist (es gilt das „Wirkungsstatut" Art. 11 Abs. 1, Alt. 1 EGBGB).[557] Hierbei wird darauf abgestellt, ob der ausländische Notar nach Vorbild und Stellung im Rechtsleben eine dem deutschen Notar entspre-　3.656

---

557) Vgl. Baumbach/Hueck/*Zöllner/Noack*, GmbHG, § 2 Rz. 9, § 53 Rz. 75; Scholz/*Cramer*, GmbHG, § 2 Rz. 16 ff.; Lutter/Hommelhoff/*Bayer*, GmbHG, § 2 Rz. 27.

chende Funktion ausübt und ein in den Grundsätzen dem deutschen Recht entsprechendes Beurkundungsrecht anwendet.[558]

3.657 Grundsätzlich ist das „Lateinische Notariat" dem deutschen Notariat gleichwertig. Von manchen Registergerichten werden daher Beurkundungen von Notaren aus der Schweiz, Österreich, Frankreich, Dänemark, Niederlande, Belgien, Spanien und Italien anerkannt.[559]

3.658 Gleiches gilt im Übrigen auch für Beglaubigungen (z. B. für die Vollmacht zur Gründung, § 2 Abs. 2 GmbHG) durch ausländische Notare.

3.659 Die vorgenannten Grundsätze sind zumindest für Abtretungen relativ unstreitig.[560] Was für die Gründung einer GmbH, die Änderung des Gesellschaftsvertrages und Umwandlungsvorgänge gilt, ist aber noch nicht abschließend geklärt.[561] Sollten diese im Ausland beurkundet werden, empfiehlt sich eine vorherige Rücksprache mit dem deutschen Registergericht.

3.660 Bei dem „Nicht-Lateinischen" Notariat, insbesondere im US-amerikanischen Raum, wird eine Beurkundung durch die dort tätigen Notare („notary public") nicht als gleichwertig anerkannt.

3.661 Ob gleiches für die Beglaubigung durch den notary public gilt, erscheint fraglich, da bei der Beglaubigung nur die Identität des Unterzeichnenden festgestellt wird und dies auch durch einen „notary public" erfolgen könnte.[562] Beglaubigungen durch ausländische Notare werden unabhängig von deren Qualifikation von Registergerichten regelmäßig anerkannt.

3.662 Ausländische Urkunden müssen übersetzt werden, da sie Inhalt der von der Öffentlichkeit einsehbaren Akte werden. Sie müssen zudem als echt anerkannt werden. Dazu ist grundsätzlich eine Legalisation, also die Bestätigung der Echtheit der Urkunde durch die deutsche Auslandsvertretung, erforderlich.

3.663 Ausnahmsweise ist eine Legalisation aufgrund bilateraler Verträge nicht erforderlich. Derartige Verträge bestehen z. B. mit Belgien, Frankreich, Italien, Dänemark, Griechenland, Österreich, Schweiz, Spanien und Großbritannien (hier aber nicht bezüglich Gerichts- und Notariatsurkunden).

3.664 Schließlich ist statt einer Legalisation der Urkunde eine sog. „Apostille" ausreichend, wenn der ausländische Staat, in dem die Urkunde ausgestellt worden ist, Mitgliedstaat des Haager Übereinkommens vom 5.10.1961 ist. Die Apostille wird dabei von einer Stelle erteilt, die dieser Staat bestimmt. Die aktuellen Mitgliedstaaten des oben genannten Haager Übereinkommens findet man unter www.hcch.net.[563]

2. Übertragung von Geschäftsanteilen

3.665 Für Abtretungen von Geschäftsanteilen an einer GmbH und für die zugrunde liegenden Verpflichtungsgeschäfte gilt ebenfalls das Erfordernis der notariellen Beurkundung (vgl.

---

558) BGHZ 80, 76 = ZIP 1981, 402.

559) Vgl. *Saenger/Scheuch*, BB 2008, 65 ff.; a. A. *Pilger*, BB 2005, 1285.

560) Vgl. OLG Frankfurt/M.2005, 764; zweifelnd LG Frankfurt/M. BB 2009, 2500, da § 40 Abs. 2 GmbHG nur für deutsche Notare gilt; vgl. dazu auch *Bayer*, DNotZ 2009, 887 und *Peters*, DB 2010, 97.

561) Vgl. *Brück*, DB 2004, 2409 ff.; bejahend für die Gründung einer GmbH durch Berner Notar KG NZG 2018, 304 = ZIP 2018, 323.

562) Vgl. *Schaub*, NZG 2000, 956.

563) Hierzu *Pilger*, BB 2005, 1285.

Ries

§ 15 Abs. 3 und 4 GmbHG für Verpflichtungs- und Verfügungsgeschäft). Für Beurkundungen von Abtretungen und den zugrunde liegenden Verpflichtungsgeschäften gilt das oben Gesagte.

Daneben reicht aber nach wohl h. M.[564] – im Gegensatz zur Gründung und Änderung des Gesellschaftsvertrages – die Einhaltung der Ortsform, da das Ortsstatut (Art 11 Abs. 1, Alt. 2 EGBGB) neben dem Wirkungsstatut (Art. 11 Abs. 1, Alt. 1 EGBGB) Anwendung findet. **3.666**

Soweit das Ortsrecht eine Übertragung von Geschäftsanteilen kennt, reicht es aus, dass die Übertragung von Geschäftsanteilen in der Form vorgenommen wird, die der betreffende Staat für die Abtretung vorsieht, zumindest wenn die Beteiligten in dem betreffenden Staat ihren Wohnsitz haben oder Bürger dieses Staates sind. **3.667**

II. Nachweis der Existenz und Vertretungsberechtigung bei ausländischen Gesellschaften

Wenn ausländische Kapitalgesellschaften, die Geschäftsanteile an einer deutschen GmbH halten, als Gesellschafter Gesellschafterbeschlüsse fassen oder eine Zweigniederlassung im Inland errichten, wird von den Registergerichten regelmäßig ein Nachweis verlangt, dass die ausländische Kapitalgesellschaft existiert und von den handelnden Personen ordnungsgemäß vertreten wird. **3.668**

Diese Nachweise werden am besten durch einen beglaubigten Registerauszug der ausländischen Kapitalgesellschaft mit dessen Übersetzung und ggf. Echtheitsnachweis (oben Rz. 3.662 ff.) erbracht. **3.669**

Dem deutschen Handelsregister vergleichbare Register (die von den meisten deutschen Registergerichten daher auch anerkannt werden) werden z. B. in Österreich, der Schweiz, Belgien, Dänemark, Frankreich, Italien, Spanien, Portugal und den Niederlanden geführt.[565] **3.670**

In anderen Staaten wie z. B. den USA oder England ist ein Handelsregister entweder überhaupt nicht vorhanden oder dem deutschen Handelsregister nicht vergleichbar. In diesen Fällen ist der Nachweis der Existenz und der Vertretungsberechtigung nur schwer zu führen. Es bietet sich folgender Weg an, der am Beispiel einer US-amerikanischen Kapitalgesellschaft, die Gesellschafterin einer deutschen GmbH ist, dargestellt wird. **3.671**

Beispiel:

Zunächst muss nachgewiesen werden, dass die US-amerikanische Kapitalgesellschaft existiert. Dies ist möglich durch Vorlage eines „Certificate of incorporation" verbunden mit einem „certificate of good standing", das von der staatlichen Stelle, die für die Registrierung von US-amerikanischen Kapitalgesellschaften zuständig ist, ausgestellt wird. Alternativ kann eine Bestätigung des „corporate secretary" mit Siegel der Gesellschaft („corporation seal") vorgelegt werden, in dem dieser bestätigt, dass die Gesellschaft ordnungsgemäß errichtet ist und existiert. Der „corporate secretary" ist im US-amerikanischen Rechtskreis eine relative unabhängige Person, die für den obigen Nachweis für die Gesellschaft auftritt.

Weiter muss der Nachweis geführt werden, dass die Personen, die für die US-amerikanische Kapitalgesellschaft gehandelt haben, vertretungsberechtigt waren. Dies geschieht zum einen

---

564) Vgl. *Peters*, DB 2010, 98; *Saenger/Scheuch*, BB 2008, 65 ff.; *Weller*, BB 2005, 1807; *Loritz*, DNotZ 2000, 105, m. w. N.; OLG Stuttgart NZG 2001, 43; OLG München BB 1998, 119, dazu EWiR 1998, 309 *(Mankowski)*; andeutungsweise BGHZ 80, 76; a. A. *Kindler*, BB 2010, 74; *Pilger*, BB 2005, 1285 und *Dingas*, GmbHR 2005, 139 ff.

565) Siehe im Einzelnen *Schaub*, NZG 2000, 958 ff.

durch Vorlage der „Articles of incorporation", die dem deutschen Gesellschaftsvertrag entsprechen und meist auch eine Vertretungsregelung enthalten. Weiter muss zum Nachweis der konkreten Vertretungsbefugnis eine Bestätigung des „corporate secretary" mit Siegel der Gesellschaft („corporation seal") vorgelegt werden, in dem dieser nicht nur bestätigt, dass die Gesellschaft ordnungsgemäß errichtet ist und existiert, sondern dass die handelnden Personen die Gesellschaft vertreten konnten. Teilweise wird darüber hinaus die Vorlage des Bestellungsbeschlusses verlangt.[566]

Alle oben genannten Unterlagen (certificate of incorporation, certificate of good standing, corporate secretary certificate, articles of incorporation) müssen übersetzt sein, von einem „notary public" beglaubigt sein und mit einer „Apostille" versehen sein.[567]

3.672 Wie oben dargestellt, fällt der Nachweis der Existenz und der Vertretungsberechtigung von Kapitalgesellschaften gerade aus dem angelsächsischen Rechtskreis oft schwer. Die Existenz einer englischen Gesellschaft könnte auch durch kostenlosen Blick in das Internet (www.companieshouse.gov.uk) erforscht werden.

3.673 Weiter sollte es auch ausreichen, wenn die Existenz und die Vertretungsbefugnis allein durch Bestätigung des secretary oder durch eine Stellungnahme eines ausländischen Rechtsanwalts („expert opinion") oder Notars (zumindest in England) nachgewiesen werden (vergleichbar einer Bestätigung nach § 21 BNotO).[568] Die Bestätigung eines deutschen Notars nach § 21 BNotO allein durch Einsicht in das englische Register reicht aber nicht.[569]

3.674 Das LG Berlin[570] lässt bei englischen Gesellschaften auch eine gesonderte Bescheinigung des „Registrar of Companies" (ohne Apostille) als Nachweis ausreichen Dies wird aber wahrscheinlich nicht von allen Registergerichten so gesehen.[571]

---

566) OLG Dresden DB 2007, 2084.

567) Weniger formalistisch OLG Schleswig GmbHR 2012, 800 und KG NZG 2012, 1352, die auf Übersetzung, Beglaubigung und Legalisierung dieser Beweismittel im Rahmen des § 26 FamFG verzichten.

568) Ähnlich auch *Wachter*, GmbHR 2007, 1159, OLG Schleswig GmbHR 2012, 800 und OLG Dresden DB 2007, 2084.

569) OLG Nürnberg GmbHR 2015, 196.

570) DB 2004, 2628.

571) Ablehnend auch *Wachter*, DB 2004, 2795 ff. und *Heckschen*, NotBZ 2005, 24 ff.

Teil 4: Die Aktiengesellschaft

Literatur: *Albrecht/Lange*, Zur Fehlerhaftigkeit eines „Um-bis-zu-Kapitalerhöhungsbeschlusses", BB 2010, 142; *Beyer*, Neue Grenzen der gerichtlichen Bestellung von Aufsichtsratsmitgliedern, NZG 2014, 61; *Bezzenberger*, Das Bezugsrecht der Aktionäre und sein Ausschluss, ZIP 2002, 1917; *Böttcher*, Die kapitalschutzrechtlichen Aspekte der Aktionärsrechterichtlinie, NZG 2008, 481; *Bungert*, Vorstandsbericht bei Bezugsrechtsausschluss bei Genehmigtem Kapital – Siemens/Nold in der Praxis, BB 2001, 742; *Bunke*, Fragen der Vollmachtserteilung zur Stimmrechtsausübung nach §§ 134, 135 AktG, AG 2002, 57; *Cahn*, Die Anpassung der Satzung der Aktiengesellschaft an Kapitalerhöhungen, AG 2001, 181; *Dormann/Fromholzer*, Offene Fragen der Nachgründung nach dem NaStraG, AG 2001, 242; *Drinhausen/Keinath*, Auswirkungen des ARUG auf die künftige Hauptversammlungs-Praxis, BB 2009, 2323; *dies.*, Nutzung eines bedingten Kapitals bei Ausgabe von Wandelschuldverschreibungen gegen Sachleistung, BB 2011, 1736; *Ekkenga*, Das Organisationsrecht des genehmigten Kapitals, AG 2001, 567 ff. und 615 ff.; *Emde*, Vorratsgesellschaft und Kapitalaufbringung – Oder: Wer gezahlt hat, hat gezahlt. Antwort auf Bormann, Halaczinsky, GmbHR 2000, 1022, GmbHR 2000, 1193; *Goedecke*, NaStraG: Erster Schritt zur Öffnung des Aktienrechts für moderne Kommunikationstechniken, BB 2001, 369; *Götze*, Keine Angabe des Ausgabebetrags im Zeichnungsschein bei Sachkapitalerhöhungen in der AG?, AG 2002, 76; *Groß*, Hauptversammlungen 2003, Bekanntmachung der Einberufung nur im elektronischen Bundesanzeiger?, DB 2003, 867; *Hartmann/Barcaba*, Die Anforderungen an den Bericht des Aufsichtsrats im Nachgründungsverfahren. Zugleich eine Auslegung des neuen § 52 AktG nach dem NaStraG, AG 2001, 437; *Heidinger*, Gutachten zur Euroumstellung im Gesellschaftsrecht, 2001; *ders.*, Die Euroumstellung der Aktiengesellschaft durch Kapitalherabsetzung, DNotZ 2000, 661; *ders.*, Neues zur Kapitalaufbringung, GmbHR 2002, 1045 ff; *Heise/Dreier*, Wegfall der Klagebefugnis bei Verlust der Aktionärseigenschaft im Anfechtungsprozess, BB 2004, 1126; *Henze*, Pünktlich zur Hauptversammlungssaison: Ein Rechtsprechungsüberblick zu Informations- und Auskunftsrechten, BB 2002, 893 ff.; *Jäger*, Die Nachgründungsproblematik aus Sicht der Holding-AG, NZG 1998, 370; *Janzen*, Vorzeitige Beendigung von Vorstandsamt und -vertrag, NZG 2003, 468; *Jerczynski*, Beschränkungen des Frage- und Rederechts der Aktionäre in der Hauptversammlung, NJW 2010, 1566; *Joussen*, Die Kündigung von Beherrschungsverträgen bei Anteilsveräußerung. Hinweise zur Vertragsgestaltung, GmbHR 2000, 221; *Kästner*, Aktienrechtliche Probleme der D&O-Versicherung, AG 2000, 113; *Kiethe*, Persönliche Haftung von Organen der AG und der GmbH – Risikovermeidung durch D&O-Versicherung, BB 2003, 537; *Knott*, Nachgründung im Anschluss an Börsengänge, BB 1999, 806; *König*, Doppelsitz einer Kapitalgesellschaft – gesetzliches Verbot oder zulässiges Hilfsmittel der Gestaltung einer Fusion?, AG 2000, 18; *Linnerz*, Ort, Terminierung, Dauer einer Hauptversammlung, NZG 2006, 208; *Mertens*, Bedarf der Abschluß einer D&O-Versicherung durch die Aktiengesellschaft der Zustimmung der Hauptversammlung?, AG 2000, 447; *Mülbert*, Anwendung der Nachgründungsvorschriften auf die Sachkapitalerhöhung?, AG 2003, 136; *Müller*, Auswirkungen von Umstrukturierungen nach dem Umwandlungsgesetz auf Beherrschungs- und Gewinnabführungsverträge, BB 2002, 598; *Natterer*, Materielle Kontrolle von Kapitalherabsetzungsbeschlüssen? Die Sachsenmilch-Rechtsprechung, AG 2001, 629; *ders.*, Kontrolle und Berichtpflichten beim genehmigten Kapital- Nold ./. Siemens abermals auf dem Weg durch die Instanzen?, ZIP 2002, 1672 ff.; *Noack*, ARUG: das nächste Stück der Aktienrechtsreform in Permanenz, NZG 2008, 441 ff.; *ders.*, Das neue Recht der Gegenanträge nach § 126 AktG, BB 2003, 1393; *ders.*, Hauptversammlung der Aktiengesellschaft und moderne Kommunikationstechnik, aktuelle Bestandsaufnahme und Ausblick, NZG 2003, 241; *Pikó/Preissler*, Die Online-Hauptversammlung bei Publikumsaktiengesellschaften mit Namensaktien, AG 2002, 223 ff.; *Priester*, Neue Regelungen zur Nachgründung. Die Entschärfung des § 52 AktG, DB 2001, 467; *ders.*, Aufgaben und Funktionen des Notars in der Hauptversammlung, DNotZ 2001, 661; *Reichert/Harbarth*, Stimmrechtsvollmacht, Legitimationszession und Stimmrechtsausschlussvertrag in der AG, AG 2001, 447; *Richter*, Aktienoptionen für den Aufsichtsrat, BB 2004, 949; *Rodewald*, Die Angemessenheit des Ausgabebetrags für neue Aktien bei börsennotierten Gesellschaften, BB 2004, 613 ff.; *Rodloff*, Zum Kontrollmaßstab des Bezugsrechtsausschlusses, ZIP 2003, 1076; *Schaub*, Ausländische Handelsgesellschaften und deutsches Registerverfahren, NZG 2000, 953; *Schmidt/Seipp*, Berechnung der Vergütung von Miet- und Leasingverträgen im Rahmen der Nachgründung gemäß § 52 Abs. 1 AktG, ZIP 2000, 2089; *Schockenhoff/Topf*, Formelle Wirksamkeitsanforderungen an die Abberufung eines Vorstandsmitglieds und die Kündigung seines Anstellungsvertrages, DB 2005, 539; *Schüppen*, To comply or not to comply – that's the question, ZIP 2002, 1269 ff.; *ders.*, Die sukzessive Durchführung von ordentlichen Kapitalerhöhungen. Eine Gestaltung auf der Grenzlinie zum genehmigten Kapital, AG 2001, 125; *Schüppen/Sanna*, D&O-Versicherung: Gute und schlechte Nachrichten!, ZIP 2002, 550; *Schürmann*, Euro und Aktienrecht, NJW 1998, 3162; *Schwab*, Die Vertretung der Aktiengesellschaft gegenüber ausgeschiedenen Vorstandsmitgliedern im Liquidationsstadium, ZIP 2006, 1478; *Schwartzkopff/Hoppe*, Notwendiger Inhalt von Beschlüssen der Schaffung von bedingten Kapital bei der Ausgabe von Wandelschuldverschreibungen gegen Sacheinlage, NZG 2014, 378; *Schwennicke*, Der Ausschluß der Verbriefung der Aktien bei der kleinen Aktiengesellschaft, AG 2001, 118; *Seibert*, Die Umsetzung

Ries

der Zweigniederlassungs-Richtlinie der EG in deutsches Recht, GmbHR 1992, 738; *Spiering/Grabke*, Bedingtes Kapital und Wandelschuldverschreibungen – Mindestausgabebetrag und Errechnungsgrundlagen im Rahmen des § 193 Abs. 2 Nr. 3 AktG, AG 2004, 914; *Spitzbart*, Die Europäische Aktiengesellschaft (Societas Europaea – SE), RNotZ 2006, 369 ff.; *Stadler/Berner*, Das Ende des dreiköpfigen Aufsichtsrats?, AG 2004, 27; *Vetter*, Aktienrechtliche Probleme der D&O-Versicherung, AG 2000, 453; *Wicke*, Die Leitung der Hauptversammlung einer Aktiengesellschaft – Praxisrelevante Fragen und neuere Entwicklungen, NZG 2007, 771; *Witte/Wunderlich*, Die Nachgründungsproblematik bei „jungen Aktiengesellschaften", BB 2000, 2213.

A. Gründung

I. Errichtung und Feststellung der Satzung, §§ 23 ff. AktG

1. Gründer

4.1 Für die Errichtung der Aktiengesellschaft reicht ein Gründer aus, § 2 AktG. Die Feststellung des „Gesellschaftsvertrages" (= Satzung) erfolgt dabei durch Errichtungsakt des einzigen Gründers.

4.2 Gründer können juristische und natürliche Personen sein. Auch Minderjährige (nachfolgend auch „MJ") können Gründer sein. Sie werden grundsätzlich von ihren Eltern vertreten, es sei denn, die Eltern sind Mit-Gründer. In diesen Fällen ist für jedes MJ Kind ein Ergänzungspfleger zu bestellen, §§ 1795, 181, 1909 BGB. Schließlich ist auch noch die familiengerichtliche Genehmigung nach §§ 1915, 1643, 1822 Nr. 3 BGB einzuholen.

4.3 Auch Personengesellschaften wie die Gesellschaft bürgerlichen Rechts,[1] die Vor-GmbH, die Vor-AG,[2] die OHG, die KG, die Partnerschaft und die EWIV können Gründer einer AG sein, genauso auch der nicht eingetragene Verein.[3]

4.4 Streitig ist, ob die Erbengemeinschaft und Gütergemeinschaft Gründer sein können.[4]

4.5 Bezüglich Ausländern als Gründer einer AG gilt Folgendes: Ausländische natürliche Personen können Gründer sein, auch wenn sie keine Aufenthaltsberechtigung/-genehmigung haben oder ein Verstoß gegen Aufenthaltsbeschränkungen vorliegt.[5]

4.6 Ausländische Gesellschaften können Gründer sein, falls sie rechtsfähig sind. Bezüglich der Beurteilung der Rechtsfähigkeit ausländischer juristischer Personen wird auf die Ausführungen zur GmbH (Rz. 3.7 ff.) verwiesen.

2. Form und Vertretung bei der Gründung, Inhalt der Gründungsurkunde

4.7 Gem. § 23 Abs. 1 S. 1 AktG i. V. m. §§ 8 ff. BeurkG muss die Gründungsurkunde und der Gesellschaftsvertrag notariell beurkundet sein. Rechtsgeschäftliche Vertretung bei der Gründung ist möglich.

4.8 Die Vollmacht bedarf aber der notariell beglaubigten Form (§ 23 Abs. 1 S. 2 AktG). Eine Ein-Personen-Gründung durch vollmachtlose Vertreter oder nicht formgerecht vertretende Vertreter kann nicht genehmigt werden (§ 180 BGB).

---

1) BGHZ 126, 234 f. = ZIP 1994, 1173.
2) *Hüffer/Koch*, AktG, § 2 Rz. 10.
3) *Hüffer/Koch*, AktG, § 2 Rz. 10.
4) Nein: *Dauner-Lieb*, in: Kölner Komm. z. AktG, § 2 Rz. 11 f.; *Geßler/Eckardt*, AktG, § 2 Rz. 24; ja: *Hüffer/Koch*, AktG, § 2 Rz. 11; Großkomm-*Brändel*, AktG, § 2 Rz. 29.
5) *Wachter*, ZIP 1999, 1577; *Hüffer/Koch*, AktG, § 2 Rz. 7; *Dauner-Lieb*, in: Kölner Komm. z. AktG, § 2 Rz. 6; Großkomm-*Bachmann*, AktG, § 2 Rz. 21; *Geßler/Eckardt*, AktG, § 2 Rz. 25.

Die Gründungsurkunde muss zunächst die Erklärung der Aktienübernahme (§ 23 Abs. 2 **4.9** AktG) enthalten. Dabei sind anzugeben:

- Namen der Gründer,

- Bei Nennbetragsaktien der Nennbetrag der Aktien, bei Stückaktien die Zahl der Aktien, die jeder Gründer übernimmt. Die Übernahmeerklärung muss dabei bestimmt, unbefristet und unbedingt sein,

- Ausgabebetrag (Nennbetrag + evtl. Aufgeld),

    Achtung: Für einen geringeren Betrag als den Nennbetrag oder den auf die einzelne Stückaktie entfallenden anteiligen Betrag des Grundkapitals dürfen die Aktien nicht ausgegeben werden, § 9 AktG.

    Wenn Aktien vor der vollen Leistung des Ausgabebetrags ausgegeben werden, müssen die Aktien auf den Namen lauten, § 10 Abs. 2 AktG,

- Gattung der Aktien, falls mehrere Aktiengattungen (z. B. Vorzugsaktien) bestehen,

- Der eingezahlte Betrag des Grundkapitals.

Weiter ist in der Gründungsurkunde die Satzung festzustellen, wobei eine Bezugnahme aus- **4.10** reicht. Zum Inhalt der Satzung gleich nachfolgend Rz. 4.11 ff.

3. Satzung

a) Firma

Bezüglich der Firma gelten § 4 AktG, §§ 18 ff. HGB: **4.11**

Die Firma muss unterscheidbar sein. Der Rechtsformzusatz allein ist noch kein Unterschei- **4.12** dungskriterium. Die Firma muss Unterscheidungskraft und Kennzeichnungskraft haben und darf keine Angaben enthalten, die ersichtlich geeignet sind, über geschäftliche Verhältnisse, die für die angesprochenen Verkehrskreise wesentlich sind, zu täuschen; dazu näher oben Rz. 2.17 ff.

Als Besonderheit ist anzumerken, dass „ProVidentia Rechtsanwalts-AG" für eine Rechts- **4.13** anwalts AG nicht beanstandet[6] wurde.

Die Firma muss den Rechtsformzusatz „Aktiengesellschaft" oder eine allgemein verständ- **4.14** liche Abkürzung hierfür (z. B. „AG") enthalten (§ 4 AktG). Der Rechtsformzusatz „... und Partner AG" ist für neue Firmen wegen des Vorrangs des PartGG nicht zulässig.[7] Alte Firmen, die schon vor Inkrafttreten des PartGG diesen Zusatz führten, genießen Bestandsschutz bis zur Aufgabe der Firma (vgl. auch oben zur GmbH Rz. 3.36).

b) Sitz: § 5 AktG

Sitz der Gesellschaft ist der Ort im Inland, den die Satzung bestimmt. Die Verlegung des **4.15** Verwaltungssitzes, auch in das Ausland, ist ohne Satzungsänderung möglich.

---

6) BayObLG ZIP 2000, 835 ff.; aber standesrechtlich unzulässig nach OLG Nürnberg NJW 2003, 2245, dazu EWiR 2003, 813 *(A. Hoffmann)*; vgl. aber § 9 Berufsordnung für Rechtsanwälte (BORA), die Fantasiefirma zulässt.

7) BGHZ 135, 257 = ZIP 1997, 1109; OLG Stuttgart ZIP 2000, 1108.

4.16 Ein Doppelsitz von Gesellschaften ist nur aus historischen Gründen oder in Fusionsfällen bei Beteiligung zweier traditionsreicher Unternehmen zulässig.[8]

4.17 Bei nachträglichem Auseinanderfallen von satzungsmäßigen und tatsächlichen Geschäftssitz fand früher kein Amtsauflösungsverfahren statt.[9] Heute ist das Auseinanderfallen von Satzungs- und Verwaltungssitz unproblematisch.

c)   Gegenstand des Unternehmens

4.18 Der Gegenstand des Unternehmens muss konkretisiert sein.[10]

4.19 Eventuell erforderliche staatliche Genehmigungen für den Tätigkeitsbereich der Gesellschaft waren vor dem MoMiG vorzulegen, wobei die Vorlage einer Vorabbescheinigung ausreichte.

4.20 Durch das MoMiG wurde § 37 Abs. 3 Nr. 5 AktG aufgehoben. Die staatliche Genehmigung ist danach zwar weiter für den Betrieb erforderlich, aber (bis auf die Genehmigungen nach dem KWG und dem VAG) nicht mehr Eintragungsvoraussetzung.

> **Beispiele** für Genehmigungen, die vor dem MoMiG Eintragungsvoraussetzung waren:
> - §§ 30 ff. GewO,
> - § 34c GewO,
> - GüKG,
> - StBerG,
> - WPO.

4.21 Grundsätzlich ist jede erlaubte, nicht sittenwidrige Tätigkeit möglich. Ausnahme: Apotheker (§§ 7, 8 Apothekengesetz) können nicht die Rechtsform der Aktiengesellschaft wählen.

4.22 Vorrats-AGs, die als Gegenstand die „Verwaltung eigenen Vermögens" haben, sind zulässig.[11]

d)   Höhe des Grundkapitals

4.23 Das Grundkapital, das als Haftungsmasse den Gläubigern anfangs zur Verfügung steht, muss mindestens 50.000 € betragen, § 7 AktG. Es muss ein konkreter Betrag für das Grundkapital angegeben werden, § 6 AktG.

4.24 DM-Gründungen waren nach dem 31.12.1998 bis zum 31.12.2001 noch unproblematisch möglich, wenn Stückaktien vorgesehen waren (vgl. § 2 EGAktG).

e)   Zerlegung des Grundkapitals

4.25 Es können entweder Nennbetragsaktien oder Stückaktien vorgesehen sein, § 8 Abs. 1 AktG. Falls Nennbetragsaktien vorgesehen sind, muss für die Aktien ein bestimmter Nennbetrag vorgesehen sein.

4.26 Die Zahl der Aktien jeden Nennbetrags muss festgelegt sein. Die Summe der Nennbeträge muss das Grundkapital ergeben. Der Nennbetrag muss mindestens einen Euro betragen und auf volle Euro lauten.

---

8) BayObLG AG 1986, 48; *König*, AG 2000, 18; **a. A.** *Borsch* GmbHR 2003, 258 ff.
9) BayObLG BB 2002, 907; LG Mannheim GmbHR 2000, 874, für die GmbH; str.; **a. A.** rechtshistorisch BGH GmbHR 2008, 991.
10) Vgl. OLG Düsseldorf BB 2010, 2706.
11) BGHZ 118, 179 = ZIP 1992, 808.

Ries

Wegen § 3 EGAktG waren bei Nennbetragsaktien DM-Neugründungen zwischen dem **4.27** 31.12.1998 und dem 31.12.2001 nur in „krummen" DM-Beträgen möglich!

Sind Stückaktien gewollt, muss die Zahl der Aktien angegeben werden. Stückaktien haben **4.28** keinen Nennbetrag. Der auf die einzelne Stückaktie entfallende anteilige Betrag des Grundkapitals muss mindestens einen Euro betragen (§ 8 Abs. 3 AktG). Die Summe der „anteiligen Werte" am Grundkapital muss das Grundkapital ergeben.

Da die Stückaktie nur einen anteiligen Wert am Grundkapital ohne bestimmten Nennbetrag **4.29** verkörpert, waren bei Stückaktien Neugründungen in „glatten" DM-Beträgen zwischen dem 31.12.1998 und dem 31.12.2001 möglich (vgl. §§ 2, 3 EGAktG)!

Es gilt das Verbot des Nebeneinanders von Stückaktien und Nennbetragsaktien. **4.30**

Die Gattung der Aktien und die Zahl der Aktien jeder Gattung müssen angegeben werden, **4.31** wenn mehrere Gattungen, z. B. Stammaktien (mit Stimmrecht) und Vorzugsaktien (ohne Stimmrecht, vgl. §§ 139 ff. AktG), ausgegeben werden sollen. Die Rechte und Pflichten bezüglich der Vorzugsaktien sind dabei zu beschreiben.[12]

f) Namens- oder Inhaberaktien

Die Satzung muss bestimmen, ob Namens- oder/und Inhaberaktien vorgesehen sind. Na- **4.32** mens- und Inhaberaktien können auch nebeneinander zugelassen werden.

Nur Namensaktien sind vorzusehen, wenn die Aktien vor voller Einzahlung ausgegeben **4.33** werden, § 10 Abs. 2 AktG, vinkulierte Aktien vorgesehen sind, § 68 Abs. 2, ein Entsendungsrecht vorgesehen ist, § 101 Abs. 2 S. 2 AktG, Zwischenscheine ausgegeben werden, § 10 Abs. 4, § 8 Abs. 6 AktG, oder Aktien von Steuerberatungsgesellschaften (§ 50 Abs. 5 S. 1 StBerG), WP-Gesellschaften und Buchführungsgesellschaften (§ 28 Abs. 5, § 130 Abs. 2 WPO) vorliegen.

Namensaktien sind in das Aktienregister einzutragen, § 67 AktG. Inhaberaktien sind mög- **4.34** lich, wenn die Gesellschaft börsennotiert ist oder der Anspruch auf Einzelverbriefung ausgeschlossen ist und die Sammelurkunde bei einer Wertpapiersammelbank hinterlegt ist, § 10 Abs. 1 S. 2 AktG.

g) Vorstand

Die Zahl der Mitglieder des Vorstands oder die Regeln, nach denen diese Zahl festgestellt **4.35** wird (z. B.: „Die Zahl der Vorstandsmitglieder wird durch den Aufsichtsrat bestimmt"), sind in die Satzung mit aufzunehmen. Dabei ist § 76 Abs. 2 AktG zu beachten, wonach bei mehr als 3 Mio. € Grundkapital mindestens zwei Vorstandsmitglieder vorzusehen sind, es sei denn, die Satzung bestimmt etwas anderes.

h) Bekanntmachungsorgan

Die Satzung hat das Bekanntmachungsorgan anzugeben, § 23 Abs. 4 AktG. Diese Vorschrift **4.36** erfasst nur freiwillige Bekanntmachungen, die Gesetz oder Satzung zwar vorschreiben, für die aber kein spezielles Publikationsorgan vorgeschrieben ist (vgl. z. B. § 63 Abs. 1 S. 2 AktG).

---

12) *Hüffer/Koch*, AktG, § 23 Rz. 29; Geßler/*Eckardt*, AktG, § 23 Rz. 75, § 11 Rz. 27.

4.37 Das Bekanntmachungsorgan für Pflichtbekanntmachungen (= die vom Gesetz bestimmten Bekanntmachungen; vgl. §§ 20 Abs. 6, 64 Abs. 2, 97 Abs. 1, 121 Abs. 4 S. 1 AktG) ist der elektronische Bundesanzeiger, § 25.

i) Sondervorteile

4.38 Sondervorteile (z. B. Warenbezugsrecht, Anspruch auf Umsatzprovision), die von der Gesellschaft an Aktionäre oder Dritte gewährt werden, sind in die Satzung aufzunehmen, § 26 Abs. 1 AktG, wobei der Sondervorteil und der Berechtigte genau bezeichnet werden müssen.

j) Gründungsaufwand

4.39 Der von der Gesellschaft zu tragende Gründungsaufwand ist in der Satzung anzugeben, § 26 Abs. 2 AktG. Gründungsaufwand umfasst die Gründungsentschädigung (= Gebühren für Notar und Gericht, Honorar für externen Gründungsprüfer ...) und den Gründerlohn (= Tätigkeitsvergütung). Es ist die Angabe eines Gesamtbetrags erforderlich: „... bis zu ... Euro" reicht dafür aus.

k) Sacheinlagen/Sachübernahmen

aa) Bei Sacheinlagen/Sachübernahmen ist Folgendes zu beachten, vgl. § 27 AktG

4.40 Eine Sacheinlage ist gegeben, wenn die Leistung des Aktionärs nicht in Geld, sondern in der Leistung einer Sache oder eines Rechts oder einer Forderung besteht.

4.41 Eine Sachübernahme liegt vor, wenn die Gesellschaft vorhandene oder herzustellende Vermögensgegenstände gegen Zahlung einer Vergütung, nicht aber gegen Gewährung von Aktien übernimmt,

4.42 Der Gegenstand der Sacheinlage bzw. Sachübernahme muss aktivierungsfähig sein. Dienstleistungen sind nicht sacheinlagefähig (§ 27 Abs. 2 AktG), dazu näher unten Rz. 4.67.

4.43 In der Satzung muss festgesetzt sein (§ 27 Abs. 1 AktG):

- Gegenstand der Sacheinlage/Sachübernahme,

- Person, die diese Sacheinlage übernimmt,

- Nennbetrag bzw. Stückzahl der Aktien, die der Leistende für seine Sacheinlage erhält bzw. die Vergütung bei Sachübernahmen und evtl. zusätzliche Vergütung („gemischte Sacheinlage", unten Rz. 4.75),

- Eventuell § 206 AktG bei genehmigten Kapital.

4.44 **Achtung:** Falls Sondervorteile und Gründungsaufwand nicht in die Satzung aufgenommen wurden, sind Verträge gegenüber der Gesellschaft unwirksam; auch tritt keine Heilung durch Eintragung oder Satzungsänderung nach der Eintragung ein, § 26 Abs. 3 AktG.

4.45 Satzungsbestimmungen über Sacheinlagen/Sachübernahmen, Sondervorteile und Gründungsaufwand können erst fünf Jahre nach der Eintragung geändert werden, § 26 Abs. 4, § 27 Abs. 5 AktG, und erst 30 Jahre nach der Eintragung gestrichen werden, § 26 Abs. 5, § 27 Abs. 5 AktG.

Ries

bb) Fakultativer Inhalt der Satzung

Voraussetzung für die Zulässigkeit weiterer Klauseln in der Satzung ist zum einen, dass **4.46** Abweichungen vom AktG ausdrücklich zugelassen sein müssen, also nicht von zwingenden Normen des AktG abgewichen werden kann, und zum anderen, dass das AktG bezüglich einer geplanten Satzungsergänzung keine abschließende Norm enthält, § 23 Abs. 5 AktG.

Beispiele für zusätzliche Regelungen sind:

- Regelungen zum Ablauf der Hauptversammlung,
- Regelungen zum Aufsichtsrat (nachfolgend auch „AR"): Dabei ist § 95 AktG zu beachten. Danach muss eine „bestimmte" Zahl von AR festgelegt werden: „drei", „sechs", „neun" ... AR Mitglieder ist zulässig; „bis zu drei" (sechs, neun ...), „höchstens drei ...", „wenigstens drei ..." ist unzulässig,[13]
- Vinkulierung von Namensaktien, § 68 Abs. 2 AktG,
- Wettbewerbsverbot,
- Beirat,
- Vertretungsregelung,
- Ausschluss oder Einschränkung der Verbriefung, § 10 Abs. 5 AktG.[14]

cc) Änderungen der Satzung

Änderungen der Satzung sind bis zur Eintragung nur einstimmig durch alle Gründer und **4.47** in notariell beurkundeter Form möglich.[15]

4. Übernahme der Aktien

Mit der Übernahme aller Aktien durch die Gründer ist die Aktiengesellschaft (als „Vor- **4.48** AG") errichtet, § 29 AktG. Die Übernahme muss in notariell beurkundeter Form erfolgen, § 23 Abs. 2 AktG. Am besten erfolgt die Übernahme in der Gründungsurkunde (oben Rz. 4.9).

II. Bestellung des Aufsichtsrats, des Abschlussprüfers und des Vorstands

1. Bestellung des Aufsichtsrats und des Abschlussprüfers

Die Bestellung des Aufsichtsrats und des Abschlussprüfers erfolgt durch die Gründer in **4.49** notariell beurkundeter Form, § 30 Abs. 1 AktG. Die Bestellung ist auch getrennt von der Gründungsverhandlung möglich. Falls die Bestellung in der Gründungsverhandlung erfolgt, reicht die einfache Mehrheit aus, soweit die Satzung nichts anderes bestimmt.[16]

Der erste Aufsichtsrat besteht nur aus Vertretern der Anteilseigner, § 30 Abs. 2 AktG. Es **4.50** gelten § 95 bezüglich der Zahl der AR, § 100 bezüglich der persönlichen Voraussetzungen und § 101 Abs. 3 AktG (keine Stellvertreter, aber Ersatzmitglieder für die AR möglich).

Bei Sachgründung durch Einbringung eines Unternehmens oder Unternehmensteils ist **4.51** § 31 AktG zu beachten. § 31 AktG ist erst anwendbar, wenn ein Unternehmen/Unternehmensteil eingebracht wurde.

---

13) Vgl. BAG NJW 1990, 361.
14) Vgl. hierzu *Schwennicke*, AG 2001, 118 ff.
15) *Hüffer/Koch*, AktG, § 41 Rz. 7.
16) H. M.; vgl. *Hüffer/Koch*, AktG, § 30 Rz. 2; Großkomm-*Röhricht/Schall*, AktG, § 30 Rz. 4; Geßler/*Eckardt*, AktG, § 30 Rz. 7; *Dauner-Lieb*, in: Kölner Komm. z. AktG, § 30 Rz. 7.

4.52 Nach § 31 AktG dürfen die Gründer nur so viele AR bestellen, wie sie meinen, ohne Beteiligung der Arbeitnehmer bestellen zu können. Es müssen aber mindestens drei AR bestellt werden.

4.53 Das Registergericht kann die Ansicht der Gründer über die Anwendbarkeit des entsprechenden Mitbestimmungsgesetzes nicht beanstanden.[17] Nach Einbringung des Unternehmens/Unternehmensteils ist ein Statusverfahren nach §§ 96 ff. AktG durchzuführen.

4.54 Die Amtsperiode des ersten Aufsichtsrats der Anteilseigner läuft bis zur Beendigung der Hauptversammlung, die über die Entlastung für das erste (Rumpf-) Geschäftsjahr beschließt, § 30 Abs. 3 AktG, § 31 Abs. 5 AktG.

2. Bestellung des ersten Vorstands, § 30 Abs. 4 AktG

4.55 Die Bestellung erfolgt durch Beschluss des Aufsichtsrats. Der Beschluss bedarf keiner besonderen Form. Einfache Schriftform ist aber zu Beweiszwecken empfehlenswert (§ 107 Abs. 2 AktG).

4.56 Telefonische, andere vergleichbare Formen der Beschlussfassung oder ein Beschluss im Umlaufverfahren sind möglich, wenn – vorbehaltlich einer näheren Regelung in der Satzung oder in der Geschäftsordnung des AR – kein Aufsichtsrat widerspricht (§ 108 Abs. 4 AktG).

4.57 Für den Beschluss reicht einfache Mehrheit wohl aus, § 108 AktG. Auch durch die Satzung kann keine höhere Mehrheit festgelegt werden.[18]

4.58 Die Besetzung des Vorstands und seine Vertretungsbefugnis müssen mit der Satzung korrespondieren. Bezüglich der Einzelheiten zur Vertretungsbefugnis, insbesondere zur Problematik des § 112 AktG, wird auf Rz. 4.457 ff. verwiesen.

4.59 Für die Amtszeit des Vorstands gilt § 84 AktG. Die Amtszeit beträgt demnach fünf Jahre und ist verlängerbar.

4.60 Nach § 76 Abs. 2 AktG muss ein Vorstandsmitglied eine unbeschränkt geschäftsfähige natürliche Person sein. Er darf nicht in Vermögensangelegenheiten betreut (mit Einwilligungsvorbehalt) sein. Er darf nicht innerhalb der letzten fünf Jahre wegen einer vorsätzlich begangenen Straftat bezüglich Insolvenzverschleppung, §§ 283–283d StGB, § 82 GmbHG, §§ 399 f. AktG, § 331 HGB, § 313 UmwG, § 17 PublG, §§ 263–264a oder 265b–266a StGB (bei Freiheitsstrafen von mindestens einem Jahr) oder vergleichbaren ausländischen Straftaten rechtskräftig verurteilt worden sein.

4.61 Er darf keinem Berufs-, Berufszweig-, Gewerbe-, Gewerbezweigverbot bezüglich des Gegenstandes bzw. eines Teiles des Gegenstandes des Unternehmens unterliegen.

III. Einzahlung, Leistung von Sacheinlagen

1. Einzahlung des eingeforderten Geldbetrages

a) Zeitpunkt der Einzahlung

4.62 Die Einzahlung des eingeforderten Geldbetrages hat bei Bareinlagen nach Bestellung des Vorstands zu erfolgen, da dieser die zu leistenden Beträge einfordert (§ 63 Abs. 1 S. 1 AktG) und entgegennimmt. Der Geldbetrag muss vor Erstellung des Gründungsberichtes

---

17) *Krafka/Kühn*, Registerrecht, Rz. 1297.
18) Vgl. *Hüffer/Koch*, AktG, § 30 Rz. 12.

geleistet sein, da in diesem die Einzahlung des Betrages festgestellt sein muss (vgl. § 399 Abs. 1 Nr. 1 AktG).

Achtung: Voreinzahlungen vor der Gründung befreien grundsätzlich[19] nicht! Der Kon- **4.63** diktionsanspruch kann aber als Sacheinlage eingebracht werden.

b) Höhe des Einzahlungsbetrages

Es müssen mindestens ¼ des Nennbetrages bzw. ¼ des anteiligen Betrages des Grundkapitals **4.64** und das gesamte eventuell vorgesehene Aufgeld gezahlt sein (§§ 9, 36 Abs. 2, § 36a Abs. 1 AktG).

c) Art und Weise der Einzahlung: § 54 Abs. 3 AktG

Es kann nur bar oder per Überweisung auf Konten bei inländischen Kreditinstituten oder **4.65** inländischen Zweigstellen ausländischer Kreditinstitute, die Bankgeschäfte betreiben, gezahlt werden, und zwar in Euro (bis 31.12.2001 in DM).

Falls das empfangende Kreditinstitut selbst Aktionär ist, soll eine Zahlung bzw. Überweisung **4.66** auf ein Konto dieses Kreditinstituts zulässig sein.[20]

2. Leistung von Sacheinlagen

a) Gegenstand der Sacheinlage

Gegenstand der Sacheinlage kann jeder Vermögensgegenstand mit einem feststellbaren wirt- **4.67** schaftlichen Wert sein. Streitig ist, ob auch nicht aktivierungsfähige Vermögenspositionen sacheinlagefähig sind.[21]

Beispiele für sacheinlagefähige Vermögenswerte:

- Sachen,
- beschränkt dingliche Rechte,
- Immaterialgüterrechte: Patente, Lizenzen (z. B. aus Sponsorenverträgen, d. h., wenn der Sponsor eines Sportvereines die Lizenz hat, den Namen dieses Vereines für eine bestimmte Zeitdauer zu nutzen, ist diese Lizenz sacheinlagefähig),[22]
- Know-how,
- Mitgliedschaftsrechte, Anteile,
- Sach- und Rechtsgesamtheiten (inklusive Goodwill),
- obligatorische Nutzungsrechte, falls eine Mindestdauer festgelegt ist,[23]
- nicht: Dienstleistungen (§ 27 Abs. 2 AktG); Forderungen gegen Gesellschafter.[24]

---

19) Ausn. vgl. GmbH-Recht oben Rz. 3.81.
20) Vgl. *Hüffer/Koch*, AktG, § 54 Rz. 17; Großkomm-*Henze*, AktG, § 54 Rz. 95 f.; Geßler/*Bungeroth*, AktG, § 54 Rz. 49; abweichend *Lutter*, in: Kölner Komm. z. AktG, § 54 Rz. 37.
21) Vgl. *Hüffer/Koch*, AktG, § 27 Rz. 14; *Arnold*, in: Kölner Komm. z. AktG, § 27 Rz. 44f.; Geßler/*Eckardt*, AktG, § 27 Rz. 8; Großkomm-*Schall*, AktG, § 27 Rz. 111 ff.
22) BGH GmbHR 2000, 870.
23) BGH GmbHR 2000, 870; str.
24) KG GmbHR 2005, 929.

b) Art und Weise der Leistung

4.68 Sacheinlagen sind voll zu leisten, § 36a Abs. 2 S. 1 AktG.

c) Zeitpunkt der Leistung

4.69 Falls eine Verpflichtung zur Übertragung (= Übereignung, Abtretung) eines Vermögensgegenstandes besteht, reicht es aus, dass das Erfüllungsgeschäft spätestens fünf Jahre nach der Eintragung in das Handelsregister vollzogen ist, § 36a Abs. 2 S. 2 AktG.

4.70 Besteht die Einlage in einer Gebrauchsüberlassung, muss der Gebrauch schon bei der Anmeldung überlassen sein, § 36a Abs. 2 S. 1 AktG.

d) Wert der Sacheinlage

4.71 Der Wert der Sacheinlage muss den geringsten Ausgabebetrag und ein eventuell vereinbartes Aufgeld umfassen (§ 36a Abs. 2 S. 3, § 9 AktG). Die Bewertung erfolgt grds. durch einen externen Gründungsprüfer (Rz. 4.491 ff.).

4.72 Sacheinlagen dürfen nicht überbewertet werden (§ 9 Abs. 1, § 34 Abs. 1 Nr. 2, § 36a Abs. 2 S. 3, § 38 Abs. 2 AktG). Eine Unterbewertung ist ebenfalls unzulässig, da gem. § 253 Abs. 5 HGB die willkürliche Bildung stiller Reserven unzulässig ist.[25]

4.73 Bei der Bewertung ist der Zeitwert entscheidend. Maßgeblicher Zeitpunkt der Bewertung ist der Zeitpunkt der Anmeldung.[26] Sinkt danach der Wert, besteht zwar keine Nachmeldepflicht der Anmeldenden; das Gericht kann aber bei Kenntnis vom Absinken des Wertes die Eintragung ablehnen.[27]

4.74 Die Werthaltigkeitsprüfung durch das Gericht erfolgt nach § 38 Abs. 2 AktG.

e) Sonderformen

4.75 **Gemischte Sacheinlage:** eine gemischte Sacheinlage liegt vor, wenn der Gründer für die von ihm eingebrachte Sache teilweise Aktien und teilweise Geld erhält. Hier sind die Sachgründungsvorschriften anwendbar, d. h. in die Satzung ist aufzunehmen, dass der Gründer einen Anspruch auf Barvergütung hat, wobei die exakte Höhe der zusätzlichen Barvergütung nicht angegeben werden braucht.[28]

4.76 **Mischeinlage:** von einer Mischeinlage wird gesprochen, wenn teils eine Bar- und teils eine Sachgründung vorliegt. Hier sind Bargründungs- und Sachgründungsvorschriften einzuhalten.

4.77 **„Verdeckte Sacheinlage":** diese liegt vor, wenn eine Bargründung beurkundet und angemeldet wurde, bar geleistet wurde, in Wahrheit aber eine Sachgründung vorliegt, d. h. die Barmittel stehen der Gesellschaft nicht endgültig zur Verfügung. Folgende Fallgruppen der „verdeckten" Sacheinlage sind denkbar:

– Lieferung von Waren oder Erbringung von Dienstleistungen durch den Gründer, dessen Vergütungsanspruch dann mit dem Anspruch der Gesellschaft auf Zahlung der Einlage verrechnet wird.

---

25) Großkomm-*Schall*, AktG, § 27 Rz. 193; Geßler/*Eckardt*, AktG, § 27 Rz. 36.
26) *Hüffer/Koch*, AktG, § 27 Rz. 20; *Arnold*, in: Kölner Komm. z. AktG, § 38 Rz. 7; Großkomm-*Röhricht*, AktG, § 38 Rz. 13.
27) Kritisch Großkomm-*Röhricht/Schall*, AktG, § 38 Rz. 15.
28) Großkomm-*Schall*, AktG, § 27 Rz. 218.

– Geplantes „Rückzahlen": Rückzahlung der Einlage zur Begleichung von Vergütungsansprüchen des Aktionärs aus gleichzeitiger oder geplanter Sacheinlage. Für ein solches
geplantes „Rückzahlen" sprechen der unmittelbare zeitliche und sachliche Zusammenhang beider Geschäfte (bis zu sechs Monate); der Gesellschafter muss dann nachweisen,
dass es an einem inneren Zusammenhang zwischen den beiden Zahlungsvorgängen fehlt;
der innere Zusammenhang indiziert dann auch den von der wohl h. M. zusätzlich verlangten subjektiven Tatbestand der „Vorabsprache".[29]

– Verrechnung von Darlehensrückzahlungsansprüchen des Aktionärs gegen die Gesellschaft mit der Einlageverpflichtung des Aktionärs.

Der „verdeckten" Sacheinlage kommt keine Erfüllungswirkung zu, d. h. die Bareinzah-   **4.78**
lungsverpflichtung bleibt in Höhe des Umgehungstatbestands weiter bestehen und der
Aktionär muss noch einmal zahlen.

Erfolgte (unwirksame) Bareinzahlungen geben dem Einzahler nur einen Bereicherungsan-   **4.79**
spruch, mit dem er vor dem ARUG[30] aber nicht gegen den fortbestehenden Einlageanspruch der Gesellschaft aufrechnen konnte. Der Rückforderungsanspruch des Aktionärs
bezüglich seiner geleisteten verdeckten Sacheinlage war im Falle der Insolvenz der Gesellschaft meist wertlos. Die „verdeckte" Sacheinlage kann allerdings durch Satzungsänderung
und Einhaltung der Sachgründungsvorschriften vor der Eintragung geheilt werden.[31] Durch
das ARUG ist § 27 Abs. 3 AktG neu gefasst worden und enthält jetzt eine dem § 19 Abs. 4
GmbHG entsprechende Vorschrift (Anrechnungslösung).[32] Hierzu s. oben Rz. 3.67 ff.

Zwar keine verdeckte Sacheinlage aber ein Fall des „Hin- und Herzahlens", das die Einla-   **4.80**
geschuld nicht tilgte, lag vor dem ARUG[33] vor, wenn dem Aktionär das Kapital zeitnah nach
der Eintragung als Darlehen zur Verfügung gestellt wird, selbst wenn dieser später das
Darlehen zurückgezahlt hat.[34] Zu Recht nahm der BGH[35] an, dass mit der Tilgung der
„Darlehensschuld" in Wahrheit die Tilgung der Einlageschuld gemeint ist. Allerdings sind
nach dem MoMiG Zahlungen bei Bestehen eines Beherrschungs- oder Gewinnabführungsvertrages oder bei Bestehen eines vollwertigen (zum Zeitpunkt der Rückzahlung)
Gegenleistungs- oder Rückgewähranspruchs unschädlich, § 57 Abs. 1 AktG. Durch die
Neufassung des § 27 Abs. 4 AktG ist zudem eine dem § 19 Abs. 5 GmbH entsprechende
Regelung eingeführt, die ein „Hin- und Herzahlen" unter gewissen Voraussetzungen er-
laubt. Hierzu s. oben Rz. 3.71.

IV. Gründungsbericht, interne und externe Gründungsprüfung

1. Gründungsbericht, § 32 AktG

a) Ersteller

Alle Gründer müssen den Gründungsbericht erstellen und unterschreiben (§ 126 BGB),   **4.81**
wobei die Unterschriften auch im Umlaufverfahren eingeholt werden können.

---

29) Für die GmbH vgl. BGH DB 2002, 2369 f.; BGH ZIP 1996, 595; BGHZ 132, 141 ff. = ZIP 1996, 668,
    dazu EWiR 1996, 509 *(Weipert)*; OLG Köln ZIP 1999, 399.
30) S. dazu *Noack*, NZG 2008, 441 ff.
31) Für die GmbH BGHZ 132, 141 ff.
32) S. dazu *Böttcher*, NZG 2008, 481 ff.
33) Gesetz zur Umsetzung der Aktionärsrechterichtlinie, abzurufen unter www.bmjv.de.
34) Vgl. Schleswig-Holsteinisches OLG DB 2000, 2361 ff.; kritisch hierzu zu Recht Emde GmbHR 2000,
    1193, der das vom o. g. Gericht gefundene Ergebnis, nämlich doppelte Zahlung – zum einen auf das
    Darlehen und zusätzlich auf die Stammeinlageverpflichtung – als nicht sachgerecht darstellt.
35) DB 2005, 2743.

4.82 Eine rechtsgeschäftliche Vertretung bei der Erstellung ist nicht möglich,[36] wohl aber eine gesetzliche Vertretung durch die gesetzlichen Vertreter in vertretungsberechtigter Zahl (z. B. wenn MJ oder andere Kapitalgesellschaften als Gründer auftreten).

b) Form

4.83 Der Gründungsbericht bedarf der Schriftform.

c) Inhalt

4.84 Der Gründungsbericht muss Feststellungen enthalten, dass die Gründung den gesetzlichen Vorschriften entspricht, d. h. er muss folgende Angaben enthalten:

(1) Name (Firma) und Anschrift der Gründer,

(2) Tag der Beurkundung der Feststellung der Satzung,

(3) Firma, Sitz,

(4) Höhe und Einteilung des Grundkapitals,

(5) Besonderheiten der Aktien,

(6) Übernahme der Aktien,

(7) Höhe des eingeforderten Betrags,

(8) Art und Weise der Einzahlung,

(9) Aufsichtsrat, Vorstand, Abschlussprüfer,

(10) Aktien/Sondervorteile/Entschädigung/Belohnung für Vorstand/AR,

(11) Gründungsaufwand,

(12) bei Sacheinlagen/Sachübernahmen müssen angegeben werden:

– die wesentlichen Umstände für die Angemessenheit der Leistungen;

– die vorausgegangenen Geschäfte, die auf den Erwerb durch die Gesellschaft gezielt haben;

– die Anschaffungs- und Herstellungskosten aus den letzten beiden Jahren;

– bei Unternehmenseinbringung sind die Betriebserträge aus den letzten beiden Geschäftsjahren anzugeben.

d) Zeitpunkt

4.85 Der Gründungsbericht ist nach Leistung der Einlagen und nach Bestellung des Vorstands, aber vor dem Gründungsprüfungsbericht durch Vorstand und Aufsichtsrat zu erstellen.[37]

2. Interner Gründungsprüfungsbericht, § 33 Abs. 1 AktG

a) Ersteller

4.86 Alle Aufsichtsräte und Vorstände müssen den internen Gründungsprüfungsbericht erstellen und unterschreiben (§ 126 BGB), wobei auch eine Unterschriftsleistung im Umlaufverfahren möglich ist. Rechtsgeschäftliche Stellvertretung[38] ist nicht möglich.

---

36) *Hüffer/Koch*, AktG, § 32 Rz. 2; *Arnold*, in: Kölner Komm. z. AktG, § 32 Rz. 3; Großkomm-*Röhricht/Schall*, AktG, § 32 Rz. 3; Geßler/*Eckardt*, AktG, § 32 Rz. 4.

37) *Hüffer/Koch*, AktG, § 33 Rz. 2; *Baumbach*, AktG, § 32 Rz. 1.

38) *Hüffer/Koch*, AktG, § 33 Rz. 2; *Arnold*, in: Kölner Komm. z. AktG, § 33 Rz. 7; Großkomm-*Röhricht/Schall*, AktG, § 33 Rz. 3; Geßler/*Eckardt*, AktG, § 33 Rz. 10.

b)   Form

Der interne Gründungsprüfungsbericht bedarf der Schriftform.   **4.87**

c)   Inhalt

Die Prüfung erstreckt sich auf den gesamten Hergang der Gründung.   **4.88**

Die Richtigkeit und Vollständigkeit der Angaben der Gründer über die Übernahme der   **4.89**
Aktien, Einlagen, Sondervorteile, von der Gesellschaft zu tragenden Gründungsaufwand
und Sacheinlagen/Sachübernahmen werden geprüft (§ 34 Abs. 1 Nr. 1 AktG). Weiter wird
geprüft, ob der Wert der Sacheinlagen/Sachübernahmen den geringsten Ausgabebetrag/Wert
der dafür zu gewährenden Aktien/Leistungen erreicht (§ 34 Abs. 1 Nr. 2, § 9 AktG). Anzugeben sind der Gegenstand der Sacheinlage/Sachübernahme und die Bewertungsmethode,
§ 34 Abs. 2 AktG, es sei denn es liegt ein Fall des § 33a AktG vor.

d)   Zeitpunkt

Der interne Gründungsprüfungsbericht ist nach dem Gründungsbericht zu erstellen.   **4.90**

3.   Externer Gründungsprüfungsbericht, § 33 Abs. 2–4 AktG

a)   Notwendigkeit

Ein externer Gründungsprüfungsbericht durch einen externen Gründungsprüfer ist er-   **4.91**
forderlich, wenn einer der Gründer gleichzeitig Vorstand oder Aufsichtsrat ist oder wenn
bei der Gründung für Vorstand oder Aufsichtsrat Aktien übernommen wurden oder wenn
ein Sondervorteil bzw. eine Entschädigung/Belohnung für die Gründung an den Vorstand
oder an den Aufsichtsrat gewährt wurden oder wenn Sachübernahmen
vorgesehen sind (§ 33 Abs. 2 Nr. 1–4 AktG).

Durch das ARUG ist die externe Gründungsprüfung für Sachgründungen nicht mehr er-   **4.92**
forderlich, wenn für die Bewertung der eingebrachten Gegenstände eindeutige Anhaltspunkte (z. B. Börsenkurs für Wertpapiere, früheres Wertgutachten) vorliegen (§ 33a AktG
n. F.), was dann in der Anmeldung auch entsprechend dargestellt werden muss (§ 37a AktG
n. F.). Zum eingeschränkten Prüfungsrecht des Registerrechts vgl. KG ZIP 2016, 161.

Auch wenn ein Vertretungsorgan einer Gründungsgesellschafterin Vorstand oder Aufsichts-   **4.93**
rat der Gesellschaft werden soll, ist ein externer Gründungsprüfungsbericht erforderlich.[39]

b)   Bestellung des externen Gründungsprüfers

Falls nicht – in den Ausnahmefällen des § 33 Abs. 2 Nr. 1 und 2 AktG – die Gründer den   **4.94**
beurkundenden Notar mit der externen Gründungsprüfung beauftragen, ist ein externer
Gründungsprüfer auf Antrag (einfache Schriftform) aller Gründer und/oder des Vorstands[40]
durch das Registergericht unter möglicher Anhörung der IHK zu bestellen.

Für die Bestellung ist eine Erklärung des vorgeschlagenen Gründungsprüfers vorzulegen,   **4.95**
dass dieser bereit ist, das Amt anzunehmen, keine Hinderungsgründe für seine Bestellung

---

39) *Hüffer/Koch*, AktG, § 33 Rz. 4; *Arnold*, in: Kölner Komm. z. AktG, § 33 Rz. 13; Großkomm-*Röhricht/
     Schall*, AktG, § 33 Rz. 11; Geßler/*Eckardt*, AktG, § 33 Rz. 17.
40) Str.; vgl. *Hüffer/Koch*, AktG, § 33 Rz. 7.

bestehen, § 33 Abs. 5, § 143 Abs. 2 AktG, er nicht mit der Bewertung einer eventuell einzubringenden Sacheinlage vorbefasst war und er auf Kosten- und Auslagenersatz gegenüber dem Land verzichtet. Schließlich sind noch 1.332 € Kostenvorschuss zu zahlen.

c) Inhalt

4.96 Der externe Gründungsprüfungsbericht hat dieselben Angaben zu enthalten wie der interne Gründungsprüfungsbericht.

d) Zeitpunkt

4.97 Der Antrag auf Bestellung eines externen Gründungsprüfers ist nach der Gründungsverhandlung, aber vor der Anmeldung zu stellen.

V. Anmeldung, §§ 36 ff. AktG

1. Anmeldeverpflichtete, § 36 Abs. 1 AktG

4.98 Da die Anmeldung eine höchstpersönliche Pflicht ist, haben alle Gründer (bei der Gesellschaft bürgerlichen Rechts als Gründerin alle Gesellschafter dieser Gesellschaft bürgerlichen Rechts), alle Vorstände und alle Aufsichtsräte persönlich die Gesellschaft zur Eintragung anzumelden.

4.99 Wenn nach der Anmeldung weitere Vorstände/Aufsichtsräte bestellt werden, müssen auch diese anmelden. Eine rechtsgeschäftliche Bevollmächtigung zur Anmeldung ist wegen der Notwendigkeit der Abgabe von höchstpersönlichen Versicherungen nicht möglich.[41]

2. Zeitpunkt

4.100 Anzumelden ist nach Durchführung der Gründungsprüfung und nach Einzahlung der eingeforderten Beträge, § 36 Abs. 2 AktG. Bei Bareinlagen ist mindestens ¼ des geringsten Ausgabebetrags und das gesamte eventuell vorgesehene Aufgeld einzuzahlen, § 36a Abs. 1 AktG. Das Geld muss auf ein Bankkonto eingezahlt werden, § 54 Abs. 3 AktG.

4.101 Bei einer Ein-Mann-Gründung musste vor dem MoMiG für den noch nicht eingezahlten Teil eine Sicherung (z. B. Bankbürgschaft ...) gestellt werden, § 36 Abs. 2 S. 2 AktG a. F.; diese Bestimmung ist gestrichen worden.

4.102 Bei Sacheinlagen ist die volle Leistung erforderlich, wobei bei Übertragung eines Vermögensgegenstands die Erfüllung des Verpflichtungsgeschäfts erst spätestens fünf Jahre nach der Eintragung erfolgen muss, § 36a Abs. 2 S. 2 AktG.

4.103 Der Wert der Sacheinlage muss dabei den Nennbetrag der dafür zu gewährenden Aktien bzw. den anteiligen Betrag des Grundkapitals und den Betrag des evtl. zu zahlenden Aufgelds erreichen.

4.104 Der Geldbetrag muss zur endgültigen freien Verfügung des Vorstands stehen; dies ist nicht gegeben, wenn eine Rückzahlungsvereinbarung besteht, auf ein gepfändetes Konto gezahlt wird oder auf ein debitorisches Konto geleistet wird, sofern die Kreditlinie überschritten ist.[42]

---

41) BayObLGZ 1986, 205.
42) BGH NJW 1991, 226 f.

Der Vorstand darf schon vor der Anmeldung über das eingezahlte Geld frei verfügen, solange nur zum Zeitpunkt der Anmeldung ein gleichwertiges Surrogat im Vermögen der Gesellschaft steht.[43] **4.105**

3. Inhalt der Anmeldung, §§ 37, 37a AktG

Die Anmeldung hat eine Erklärung der Anmeldenden zu enthalten, dass die Einzahlung bzw. Leistung der Sacheinlagen ordnungsgemäß erfolgte und endgültig zur freien Verfügung des Vorstands steht. **4.106**

Dabei sind der Ausgabebetrag, der von jedem Gründer auf den Ausgabebetrag gezahlte Betrag und eventuell bestehende Vorbelastungen zu nennen. Bei Sachgründungen ist zu erklären, dass der Wert der Sacheinlage den geringsten Ausgabebetrag und ein eventuelles Aufgeld abdeckt, welcher Gründer welche Sacheinlage geleistet hat und ob die Leistung vor oder nach der Anmeldung bewirkt wird, wobei bei einer Leistung vor der Anmeldung zusätzlich zu versichern ist, dass die Sacheinlage zur endgültigen freien Verfügung steht (§ 36a Abs. 2 AktG).[44] Bei Sacheinlagen ohne externe Gründungsprüfung sind die Angaben nach § 37a Abs. 1 und 2 AktG zu machen. **4.107**

Weiter muss bei Bargründungen ein Nachweis vorgelegt werden, dass der Betrag endgültig zur freien Verfügung des Vorstands steht. Dieser Nachweis erfolgt in der Regel durch Bestätigung der kontoführenden Bank und muss nach dem Namensaktiengesetz (NaStraG) nicht mehr schriftlich geführt werden. **4.108**

In der Anmeldung haben die Vorstände zu versichern, dass keine Bestellungshindernisse nach § 76 Abs. 3 S. 2 Nr. 2 und 3 sowie S. 3 AktG (Verurteilung wegen vorsätzlich begangener Straftaten bzgl. Insolvenzverschleppung, §§ 283–283d StGB [Insolvenzstraftaten] § 82 GmbHG, §§ 399 f. AktG, § 331 HGB, § 313 UmwG, § 17 PublG, §§ 263–264a oder 265b–266a StGB [bei Freiheitsstrafen von mindestens einem Jahr] oder vergleichbaren ausländischen Straftaten, Berufs-, Berufszweig-, Gewerbe- oder Gewerbezweigverbot bezüglich [eines Teils] des Gegenstands des Unternehmens) bestehen und dass sie über ihre unbeschränkte Auskunftpflicht belehrt wurden. **4.109**

In der Versicherung sind die einzelnen Bestellungshindernisse konkret zu verneinen. Eine Bezugnahme auf § 76 Abs. 3 S. 2 Nr. 2 und 3 sowie S. 3 AktG allein reicht nicht aus (vgl. Ausführungen zum Geschäftsführer der GmbH Rz. 3.94). **4.110**

In der Anmeldung ist nach § 37 Abs. 3 Nr. 2 AktG die Vertretungsbefugnis anzugeben, und zwar die abstrakte Vertretungsbefugnis, wie sie in der Satzung geregelt oder im Gesetz (§ 78 AktG) vorgesehen ist, und die konkrete Vertretungsbefugnis, wie die einzelnen Vorstandsmitglieder nach dem Aufsichtsratsbeschluss konkret vertreten sollen.[45] **4.111**

Die konkrete Vertretungsbefugnis muss durch die abstrakte Vertretungsbefugnis gedeckt sein. Vorname, Name, Geburtsdatum und Wohnort der Vorstandsmitglieder sind anzugeben (vgl. §§ 24, 43 Nr. 4 HRV). **4.112**

---

43) BGHZ 119, 177 = ZIP 1992, 1387.
44) Vgl. *Hüffer/Koch*, AktG, § 37 Rz. 4; *Geßler/Eckardt*, AktG, § 37 Rz. 18.
45) Nach *Hüffer/Koch*, AktG, § 37 Rz. 8, *Arnold*, in: Kölner Komm. z. AktG, § 37 Rz. 35 f. sowie Großkomm-*Schall*, AktG, § 37 Rz. 52 f, ist die konkrete Vertretungsbefugnis nur dann anzugeben, wenn einzelne Vorstandsmitglieder unterschiedlich vertreten sollen.

4.113 Name, Vorname und Wohnort der einzelnen Gründer sind in der Anmeldung zu nennen. Weiter ist angegeben, wer Vorsitzender und wer Stellvertretender Vorsitzender des Aufsichtsrats ist, § 107 Abs. 1 S. 2 AktG.

4.114 Die inländische Geschäftsanschrift und ein evtl. vorhandener Empfangs- und Zustellungsbevollmächtigter (wird mit Rechtsscheinwirkung eingetragen), §§ 37 Abs. 3 Nr. 1, 39 Abs. 1 S. 2 AktG, sind ebenfalls anzumelden.

4.115 Als Anlagen sind der Anmeldung beizufügen:

- Satzung und Gründungsurkunde,

- Gründungsbericht,

- Prüfungsberichte des externen und internen Gründungsprüfers; bei Sachgründungen ohne externe Gründungsprüfung die Unterlagen nach § 37a Abs. 3 AktG,

- Verträge über Sondervorteile, Sacheinlagen/Sachübernahmen,

- Berechnung des Gründungsaufwands,

- Urkunden über die Bestellung des Aufsichtsrats und des Vorstands,

- Liste der Aufsichtsratsmitglieder mit Name, Vorname, ausgeübten Beruf und Wohnort,

- Bankbestätigung über Einzahlung und endgültige freie Verfügbarkeit des eingezahlten Geldes oder wenn dies nicht möglich ist, ein entsprechend anderer Nachweis (BayObLG AG 2002, 397).

4. Prüfung durch das Gericht, § 38 AktG

4.116 Das Gericht prüft zum einen die ordnungsgemäße Errichtung und Anmeldung der Gesellschaft und die Richtigkeit der Gründungs- und Prüfungsberichte. Im Rahmen der Prüfung der ordnungsgemäßen Errichtung überprüft das Gericht Bestimmungen der Satzung dahingehend, ob diese gegen zwingendes Recht oder Vorschriften verstoßen, die Gläubiger schützen oder im öffentlichen Interesse liegen, oder ob diese aus sonstigen Gründen nichtig sind (vgl. § 241 AktG).

4.117 Das Gericht prüft weiter die Werthaltigkeit der Sacheinlagen. Nach § 38 Abs. 2 S. 2 AktG findet nur eine Prüfung statt, ob der Wert der Sacheinlage nicht unwesentlich hinter dem geringsten Ausgabebetrag der dafür zu gewährenden Aktien (nicht: Aufgeld) zurückbleibt. Strittig ist, ob dies ein Redaktionsversehen ist, insbesondere weil § 36a Abs. 2 S. 3 AktG vorsieht, dass der Wert der Sacheinlage den Nennbetrag und das Aufgeld erreichen muss.[46]

4.118 Streitig ist, welcher Zeitpunkt für die Prüfung der Werthaltigkeit anzusetzen ist. Die h. M.[47] stellt auf den Eintragungszeitpunkt ab. Richtigerweise muss auf den Zeitpunkt der Anmeldung abgestellt werden.[48] Bei Sachgründungen ohne externe Gründungsprüfung ist § 38 Abs. 3 AktG zu beachten.

4.119 Eine Prüfung der Bareinzahlung ist durch Vorlage der Bankbestätigung vorgesehen. In der Praxis wurde vor dem MoMiG bei einer Ein-Mann-Gründung eine Prüfung der Voll-

---

46) Großkomm-*Schall*, AktG, § 27 Rz. 209.
47) BGHZ 80, 136 f.
48) Vgl. für die GmbH oben Rz. 3.98 und Großkomm-*Röhricht/Schall*, AktG, § 38 Rz. 15.

Ries

einzahlung bzw. der Bestellung einer Sicherheit vorgenommen, was nach Streichung des § 36 Abs. 2 S. 2 AktG a. F. durch das MoMiG nicht mehr möglich ist.

Auch wenn die Gesellschafter ihren Wohnsitz außerhalb der EU haben, wurde vor dem **4.120** MoMiG die Volleinzahlung der Aktien vom Gericht geprüft. Schließlich wurde bei Mehrpersonengründungen routinemäßig eine Anfrage beim Schuldnerverzeichnis und/oder Insolvenzabteilung gestellt, ob die Gründungsgesellschafter dort verzeichnet sind.

Falls dies der Fall war, wurde die Volleinzahlung der Einlage und deren Nachweis ver- **4.121** langt. Auch nach dem MoMiG wird diese Praxis erlaubt sein, da das MoMiG eine dem § 8 Abs. 2 S. 2 GmbHG entsprechende Vorschrift im Aktienrecht nicht eingeführt hat.

Wenn seit der Versicherung der Anmeldenden über die endgültige freie Verfügbarkeit der **4.122** Einlagen ein längerer Zeitraum vergangen ist (drei Monate), verlangt das Registergericht regelmäßig eine neue Versicherung über die endgültige freie Verfügbarkeit der geleisteten Einlagen oder eine aktuelle Zwischenbilanz, aus der sich ergibt, dass das Vermögen der Gesellschaft in Höhe des vorgesehenen Grundkapitals weiter erhalten ist.

Hinweis: Die Muster zur Gründung einer AG lehnen sich an Muster der FORIS AG an. **4.123**

Muster 89: Neuanmeldung Aktiengesellschaft   4.124

... AG i. G.   Berlin, den ...

In der Handelsregistersache

... AG

– Neuanmeldung –

melden wir als Gründer und Vorstand sowie als Mitglieder des Aufsichtsrats die ... AG zur Eintragung in das Handelsregister an. [→ Rz. 4.98]

I.
Allgemeines

1. Die Gesellschaft wurde mit Urkunde des Notars ... in ... am ..., UR-Nr. .../..., errichtet.

2. Die inländische Geschäftsanschrift der Gesellschaft befindet sich in ... .

3. Zu Mitgliedern des ersten Aufsichtsrats sind bestellt:

    a) ... (Beruf, Name Vorname, Wohnort) als Aufsichtsratsvorsitzender,

    b) ... (Beruf, Name Vorname, Wohnort) als stellvertretender Aufsichtsratsvorsitzender,

    c) ... (Beruf, Name Vorname, Wohnort) als einfaches Mitglied des Aufsichtsrats.

4. Alleiniges Mitglied des Vorstands ist: ... (Name Vorname, Geburtsdatum, Wohnort).

II.
Ausgabe der Aktien und Zahlung der Einlagen.

1. Das Grundkapital der Gesellschaft beträgt 50.000 €.

2. Es ist eingeteilt in 50.000 € nennwertlose Stückaktien (Namens-Stammaktien) im Ausgabebetrag von je 1 €.

3. Alleiniger Gründer ist … . Der Gründer … hat sämtliche Aktien der Gesellschaft gegen Bareinlage übernommen und den Ausgabebetrag von 50.000 € durch Einzahlung auf das Konto der Gesellschaft mit der Nummer … bei der … Bank vollständig geleistet.

4. Der eingezahlte Betrag steht endgültig zur freien Verfügung des Vorstands der Gesellschaft. Steuern und Gebühren sind von dem eingezahlten Betrag nicht bezahlt worden; es bestehen bis auf die Gründungskosten keine Vorbelastungen. Es wurde und wird nichts zurückgezahlt (Alternativ für Fälle des § 27 Abs. 4 AktG wie Rz. 3.107 bei § 19 Abs. 5 GmbHG-Fall).

III.
Versicherung gemäß § 37 Abs. 2 AktG

Ich, …, als erstes Mitglied des Vorstands, versichere, dass keine Umstände vorliegen, die meiner Bestellung nach § 76 Abs. 3 S. 2 Nr. 2 und 3 sowie S. 3 AktG entgegenstehen. Ich bin weder wegen vorsätzlich begangener Straftaten bezüglich Insolvenzverschleppung, §§ 283–283d StGB (Bankrott, Verletzung der Buchführungspflicht, Gläubigerbegünstigung), § 82 GmbHG, §§ 399 f. AktG, § 331 HGB, § 313 UmwG, § 17 PublG, §§ 263–264a, 265b–266a StGB oder vergleichbaren ausländischer Straftaten verurteilt worden, noch ist mir die Ausübung eines Berufs, Berufszweigs, Gewerbes oder Gewerbezweigs durch gerichtliches Urteil oder vollziehbare Entscheidung einer Verwaltungsbehörde untersagt worden. Durch den beglaubigenden Notar bin ich über die unbeschränkte Auskunftpflicht gegenüber dem Gericht belehrt worden.

IV.
Vertretungsbefugnis der Vorstandsmitglieder

1. Abstrakte Vertretungsbefugnis

    Die Gesellschaft wird durch zwei Mitglieder des Vorstands oder durch ein Mitglied des Vorstands gemeinsam mit einem Prokuristen gesetzlich vertreten. Ist nur ein Vorstandsmitglied bestellt, vertritt es die Gesellschaft allein. Der Aufsichtsrat kann einzelnen oder mehreren Vorstandsmitgliedern Alleinvertretungsbefugnis erteilen.

2. Konkrete Vertretungsbefugnis

    … vertritt die Gesellschaft allein und darf Rechtsgeschäfte mit sich als Vertreter Dritter abschließen.

V.
Anlagen

Wir fügen der Anmeldung folgende Unterlagen in beglaubigter Ablichtung bei:

1. Gründungsurkunde UR-Nr. …/… vom … des Notars … in … mit der Errichtung der Gesellschaft, der Feststellung der Satzung, der Übernahme der Aktien durch den Gründer und der Bestellung der Mitglieder des ersten Aufsichtsrats und des Abschlussprüfers (Anlage 1).

2. Bestätigung der … Bank vom … über die Einzahlung des vorerwähnten Betrags von 50.000 € auf das genannte Konto (Anlage 2).

3. Protokoll der ersten Aufsichtsratssitzung mit dem Beschluss über die Bestellung des Vorstands vom … (Anlage 3).

Ries

4. Gründungsbericht des Gründers vom … (Anlage 4).

5. Prüfungsbericht der Mitglieder des Vorstands und des Aufsichtsrats vom … (Anlage 5).

6. Berechnung des der Gesellschaft zur Last fallenden Gründungsaufwands (§ 37 Abs. 4 Nr. 2 AktG) (Anlage 6).

7. Liste der Aufsichtsratsmitglieder (Anlage 7)

Die Erstellung eines Gründungsprüfungsberichts gemäß § 33 Abs. 2 AktG ist nicht erforderlich.

VI.
Anmeldung von Änderungen

Wir bevollmächtigen den Vorsitzenden des Aufsichtsrats, …, etwaige vom Registergericht verlangte Änderungen der Fassung der Satzung allein vorzunehmen und anzumelden.

… (Unterschriften)

UR-Nr. …/…

Die vorstehenden, vor mir geleisteten Unterschriften von …, ausgewiesen durch ihre mit Lichtbild versehenen Personalausweise, beglaubige ich hiermit.

Ich habe das Mitwirkungsverbot nach § 3 Abs. 1 Nr. 7 BeurkG erläutert. Meine Frage, ob eine Vorbefassung im Sinne dieser Vorschrift vorliege, wurde verneint.

Berlin, den … …, Notar L. S.

Muster 90: Gründungsverhandlung Aktiengesellschaft 4.125

Nr. … der Urkundenrolle

Vor mir, dem unterzeichnenden Notar …, Berlin, erschien heute Herr …, dem Notar persönlich bekannt.

Der Erschienene verneinte die Frage des Notars nach einer Vorbefassung im Sinne des § 3 Abs. 1 Nr. 7 BeurkG.

Der Erschienene erklärte: [→ Rz. 4.9]

Ich errichte hiermit eine Aktiengesellschaft mit der Firma … AG (nachfolgend „Gesellschaft"). Sitz der Gesellschaft ist Berlin. Alleiniger Gründer bin ich.

Ich stelle die Satzung der Gesellschaft in der aus der Anlage zu diesem Errichtungsprotokoll ersichtlichen Fassung fest.

Von dem Grundkapital der Gesellschaft in Höhe von 50.000 € übernehme ich alle 50.000 Namensstückaktien. Der Ausgabebetrag beträgt 1 € je Stückaktie. Der eingezahlte Betrag beträgt 50.000 €.

Zu Mitgliedern des Aufsichtsrats werden bestellt: …, … und … . Die Bestellung erfolgt bis zur Beendigung der Hauptversammlung, die über die Entlastung für das erste Voll- oder Rumpfgeschäftsjahr beschließt.

Zum Abschlussprüfer für das erste Voll- oder Rumpfgeschäftsjahr wird … bestellt.

Die Kosten dieser Verhandlung und ihrer Durchführung trägt die Gesellschaft.

Der Notar wies darauf hin, dass die Gesellschaft erst mit Eintragung in das Handelsregister entsteht, dass die Handelnden vor der Eintragung haften können, dass der Gründer auch bei Eintragung der Gesellschaft für einen bei der Eintragung bestehenden Fehlbetrag haftet, dass verdeckte Sacheinlagen nur unter den Voraussetzungen des § 27 Abs. 3 AktG auf die Einlageschuld angerechnet werden und dass das Hin- und Herzahlen von Einlagen nur unter den Voraussetzungen des § 27 Abs. 4 AktG erfüllungstauglich ist.

Diese Niederschrift wurde dem Erschienenen von dem Notar vorgelesen, von ihm genehmigt und wie folgt eigenhändig unterschrieben.

... (Unterschrift)

Berlin, den ... ..., Notar/in L. S.

4.126 Muster 91: Satzung AG

Satzung

der ... AG [→ Rz. 4.11]

§ 1
Firma, Sitz und Geschäftsjahr

(1) Die Gesellschaft führt die Firma

   ... AG.

(2) Sitz der Gesellschaft ist ... .

(3) Geschäftsjahr ist das Kalenderjahr.

§ 2
Gegenstand des Unternehmens der Gesellschaft

Gegenstand des Unternehmens der Gesellschaft ist die Verwaltung eigener Vermögenswerte aller Art. Tätigkeiten, die nach der Gewerbeordnung oder dem Kreditwesengesetz einer Erlaubnis bedürfen, sind ausgeschlossen.

§ 3
Grundkapital

Das Grundkapital der Gesellschaft beträgt 50.000 €.

§ 4
Aktien

(1) Das Grundkapital ist eingeteilt in 50.000 Stück nennwertlose Stückaktien. Die Aktien lauten auf den Namen.

(2) Die Form der Aktienurkunden und Gewinnanteilscheine bestimmt der Vorstand.

(3) Die Verbriefung mehrerer Aktien in einer Globalaktienurkunde ist zulässig. Ein Anspruch des Aktionärs auf Einzelverbriefung mehrerer von ihm gehaltener Aktien ist ausgeschlossen.

§ 5
Vorstand

(1) Der Vorstand der Gesellschaft besteht aus einer oder mehreren Personen. Die Anzahl der Mitglieder des Vorstands wird durch den Aufsichtsrat bestimmt.

(2) Ist nur ein Vorstandsmitglied bestellt, so vertritt dieses die Gesellschaft allein. Sind mehrere Vorstandsmitglieder bestellt, wird die Gesellschaft durch zwei Vorstandsmitglieder oder durch ein Vorstandsmitglied in Gemeinschaft mit einem Prokuristen vertreten. Der Aufsichtsrat kann einzelnen oder mehreren Vorstandsmitgliedern Alleinvertretungsbefugnis erteilen und diese ermächtigen, Rechtsgeschäfte mit sich als Vertreter Dritter abzuschließen.

§ 6
Hauptversammlung

(1) Die Hauptversammlung kann außer an dem Sitz der Gesellschaft auch an dem Sitz einer deutschen Wertpapierbörse abgehalten werden.

(2) Die Abstimmung in der Hauptversammlung erfolgt durch Abgabe von Stimmkarten.

§ 7
Aufsichtsrat

Die Gesellschaft hat einen Aufsichtsrat, der aus drei Mitgliedern besteht, es sei denn, das Gesetz bestimmt etwas anderes. [Evtl.: Folgende Maßnahmen der Geschäftsführung bedürfen der Zustimmung des Aufsichtsrats: ...]

§ 8
Gründungskosten

Die Gründungskosten der Gesellschaft bis zu ... € trägt die Gesellschaft.

Muster 92: Beschluss in der ersten Aufsichtsratssitzung 4.127

Protokoll der ersten Sitzung des Aufsichtsrats der ... AG

Ort der Sitzung: ... .

Zeit der Sitzung: ... .

Teilnehmer:

...

Der Gründer der ... AG, ..., hat in der Gründungsurkunde UR-Nr. .../... des Notars ... in ... die oben bezeichneten Personen zu den Mitgliedern des ersten Aufsichtsrats der Gesellschaft bestellt; diese haben ihre Bestellung angenommen.

Dies vorausgeschickt, beschließt der Aufsichtsrat hiermit was folgt:

1. Zum Vorsitzenden des Aufsichtsrats wird ...,

2. Zum stellvertretenden Vorsitzenden des Aufsichtsrats wird ... gewählt.

   Der Aufsichtsratsvorsitzende und sein Stellvertreter nehmen die Wahl an.

3. Zum Vorstand der Gesellschaft wird ... bestellt. [→ Rz. 4.55]

4. Er vertritt die Gesellschaft stets allein und darf Rechtsgeschäfte mit sich als Vertreter Dritter abschließen.

Die Entscheidungen erfolgten einstimmig.

Berlin, den ...

Der Aufsichtsrat ... (Unterschriften)

4.128 Muster 93: Bericht der Gründer über die Gründung der Aktiengesellschaft nach § 32 AktG

Der Gründer der ... AG – nachfolgend „die Gesellschaft",

...,

erstattet über den Hergang der Gründung folgenden Bericht: [→ Rz. 4.81]

1. Die Satzung wurde am ... durch notarielle Urkunde UR-Nr. .../... des Notars ... in ... – nachfolgend „Gründungsurkunde" – festgestellt.

2. Das Grundkapital beträgt 50.000 € und ist eingeteilt in 50.000 nennwertlose Stückaktien, die zu einem Betrag von jeweils 1 € ausgegeben wurden. Die Aktien lauten auf den Namen. Der Gründer der Gesellschaft hat die Aktien vollständig übernommen.

3. Der Gründer hat auf die nach der Gründungsurkunde von ihm vollständig übernommenen Kapitalanteile folgende Einzahlungen geleistet:

   Zahlungseingang: ... Einzahler: ... Betrag: 50.000 €

   Somit ist das von dem Gründer übernommene Kapital vollständig eingezahlt.

4. Der eingezahlte Betrag befindet sich auf dem Konto der Gesellschaft bei der ... Bank mit der Nummer ... und steht endgültig zur freien Verfügung des Vorstands. Es bestehen bis auf die Gründungskosten keine Vorbelastungen.

5. Bei der Gründung wurden keine Aktien für Rechnung eines Mitglieds des Vorstands oder des Aufsichtsrats übernommen. Kein Mitglied des Vorstands und des Aufsichtsrats hat sich einen besonderen Vorteil oder für die Gründung oder ihre Vorbereitung eine Entschädigung oder Belohnung ausbedungen (§ 32 Abs. 3 AktG).

6. Als Mitglieder des ersten Aufsichtsrats wurden im notariell beurkundeten Gründungsprotokoll bestellt:

   ...,

   Zum Vorsitzenden des Aufsichtsrats wurde ..., zu dessen Stellvertreter ... bestellt.

7. Der Aufsichtsrat hat durch schriftlichen Beschluss vom ... im Umlaufverfahren ... zum Vorstand bestellt.

8. Zum Abschlussprüfer für das erste Voll- oder Rumpfgeschäftsjahr haben die Gründer ... bestellt.

9. Eine Gründungsprüfung durch Gründungsprüfer gemäß § 33 Abs. 2 AktG ist entbehrlich, weil keine der dort genannten Voraussetzungen vorliegt.

... AG

Berlin, den ... ... (Unterschrift des Gründers)

Muster 94: **Prüfungsbericht der Vorstands- und Aufsichtsratsmitglieder der Aktiengesellschaft nach § 33 AktG**   4.129

Wir, die unterzeichnenden Mitglieder des Vorstands und des Aufsichtsrats der in Gründung befindlichen ... AG, erstatten hiermit folgenden Prüfungsbericht über den Hergang der Gründung. [→ Rz. 4.86]

Uns liegen vor:

1.   Die notarielle Niederschrift über die Gründung der Aktiengesellschaft vom ..., UR-Nr. .../... des Notars ... in ..., in der auch der Aufsichtsrat bestellt ist.

2.   Das Protokoll der ersten Aufsichtsratssitzung mit dem Beschluss über die Bestellung des Aufsichtsratsvorsitzenden und seines Stellvertreters sowie die Bestellung des Vorstands der Gesellschaft.

3.   Der Nachweis der ... Bank in Berlin vom ..., wonach der Gründer 50.000 € auf das Konto der Gesellschaft eingezahlt hat und der Vorstand in der Verfügung über den vorgenannten Betrag nicht beschränkt ist.

4.   Der Gründungsbericht der Gründer vom ... nebst Anlagen.

Wir haben den Hergang der Gründung geprüft und sind zu dem Ergebnis gekommen, dass sie den gesetzlichen Vorschriften entspricht. Die von den Gründern gemachten Angaben sind vollständig und richtig. Die gesetzlichen Mindesteinzahlungen auf das Grundkapital sind geleistet. Die Satzung enthält keine Festsetzungen über besondere Vorteile für einzelne Aktionäre oder über Entschädigungen oder Belohnungen für die Gründung oder ihre Vorbereitung. Gemäß § 8 der Satzung hat die Gründungskosten der Gesellschaft diese selbst übernommen. Gegen den Ansatz der Gründungskosten bestehen keine Einwände.

Berlin, den ...

Der Aufsichtsrat ... (Unterschrift Aufsichtsratsvorsitzender)

... (Unterschrift stellvertretender Aufsichtsratsvorsitzender)

... (Unterschrift einfaches Aufsichtsratsmitglied)

Der Vorstand ... (Unterschrift Vorstand)

Muster 95: **Berechnung der Kosten**   4.130

Berechnung der Kosten [→ Rz. 4.115]

Die für die Gründung der Aktiengesellschaft ... entstehenden Kosten berechnen sich wie folgt:

1.   Notar- und Gerichtskosten ... €

2.   Veröffentlichungskosten ... €

Berlin, den ... (Unterschrift)

4.131 Muster 96: Aufsichtsratsliste

Liste der Aufsichtsratsmitglieder [→ Rz. 4.115]

1. … (Name Vorname, Wohnort, Beruf), Vorsitzender,

2. … (Name Vorname, Wohnort, Beruf), Stellvertretender Vorsitzender,

3. … (Name Vorname, Wohnort, Beruf).

Berlin, den … (Unterschrift)

4.132 Muster 97: Handelsregistereintragung einer AG

Amtsgericht Charlottenburg

Nummer der Eintragung	a) Firma b) Sitz, Niederlassung, inländische Geschäftsanschrift, empfangsberechtigte Person, Zweigniederlassungen c) Gegenstand des Unternehmens	Grund- oder Stammkapital	a) Allgemeine Vertretungsregelung b) Vorstand, Leitungsorgan, geschäftsführende Direktoren, persönlich haftende Gesellschafter, Geschäftsführer, Vertretungsberechtigte und besondere Vertretungsbefugnis	Prokura	a) Rechtsform, Beginn, Satzung oder Gesellschaftsvertrag b) Sonstige Rechtsverhältnisse	a) Tag der Eintragung b) Bemerkungen
1	2	3	4	5	6	7
1	a) Avalon Glücksspiel AG b) Berlin Pfalzburger Straße 13, 10719 Berlin c) Betreiben von Spielhallen	50.000 €	a) Ist ein Vorstand bestellt, vertritt er die Gesellschaft alleine. Sind mehrere Vorstandsmitglieder bestellt, wird die Gesellschaft durch zwei Vorstandsmitglieder gemeinsam vertreten. b) Anatol Putin, geboren am 20.3.1971, Kiew, Ukraine		a) Aktiengesellschaft Die Satzung ist am 21.3.2007 festgestellt.	a) 26.3.2007 Müller

B. Nachgründung

I. Änderungen durch das NaStraG

4.133 Die Nachgründungsproblematik ist durch das Namensaktiengesetz – „NaStraG", das u. a. auch § 52 AktG abänderte, entschärft. Die Entschärfungen gelten rückwirkend zum 1.1.2000.

Ries

Durch die Neufassung des § 11 EGAktG ist vorgesehen, dass die Unwirksamkeit gem. § 52 **4.134** AktG eines vor dem 1.1.2000 abgeschlossenen Vertrages nach dem 1.1.2002 nur noch nach der neuen Fassung des § 52 AktG geltend gemacht werden kann.

Nachgründungsgeschäfte, die bereits vor der Verkündung des NaStraG (24.1.2001) endgültig **4.135** unwirksam sind, werden von der Rückwirkung ausgenommen sein und weiter unwirksam bleiben.[49]

II. Voraussetzungen für das Vorliegen eines Nachgründungstatbestands nach § 52 AktG

1. Vertrag, Sacheinlagen, Umwandlungsvorgänge

Ein Nachgründungstatbestand liegt in den folgenden Fällen vor: **4.136**

a) Die AG schließt einen Vertrag, nach dem diese vorhandene oder herzustellende Anlagen oder andere Vermögensgegenstände (nicht: Dienstleistungen)[50] für eine den zehnten Teil des (eingetragenen) Grundkapitals übersteigende Vergütung erwerben soll.

Ein „einheitlicher" wirtschaftlicher Vorgang darf dabei nicht künstlich in mehrere Teile zerlegt werden, um dadurch die 10 %-Grenze zu umgehen.[51]

Ob auch Mietverträge unter den Nachgründungstatbestand fallen, ist streitig.[52] Falls der Vertrag durch eine Tochtergesellschaft geschlossen wird, liegt u. U. eine Umgehung vor, nämlich dann, wenn die Gründung des Tochterunternehmens nur zur Umgehung des § 52 AktG dient.[53]

Es fallen nur noch Verträge mit Gründern und mit mehr als 10 % an der Gesellschaft beteiligten Aktionären unter den Nachgründungstatbestand (vgl. § 52 Abs. 1 AktG n. F.). Nachfolgendes Ausscheiden der betreffenden Personen bzw. Absinken der Beteiligungsquote unter 10 % lässt den Nachgründungstatbestand unberührt.[54]

Bei Vorrats-AG werden wohl die ersten Verwender, also die ersten Erwerber der Aktien, als Gründer anzusehen sein.[55] Bei der Berechnung der 10 %igen Beteiligung werden wohl auch indirekte Beteiligungen zugerechnet werden.[56]

b) Das Grundkapital wird mit Sacheinlagen erhöht, und zwar innerhalb der ersten zwei Jahre nach der Eintragung und in einem Umfang von mehr als 10 % des bisherigen Grundkapitals.[57] Es wird vertreten, dass nur noch Sacherhöhungen durch Gründer oder Aktionäre, die mit mehr als 10 % an der Gesellschaft beteiligt sind, unter § 52 AktG fallen.[58]

c) Es liegen Verschmelzungen und Umwandlungen nach §§ 67, 125 UmwG vor.

---

49) *Dormann/Fromholzer*, AG 2001, 246 ff.

50) Str.; vgl. *Hüffer/Koch*, AktG, § 52 Rz. 4; *Witte/Wunderlich*, BB 2000, 2213 ff.

51) *Witte/Wunderlich*, BB 2000, 2215.

52) Bejahend *Schmidt/Seipp*, ZIP 2000, 2089 ff., mit der Konsequenz, dass als „Vergütung" der Mietzins innerhalb der festen Mietzeit anzusetzen ist.

53) *Witte/Wunderlich*, BB 2000, 2214.

54) *Dormann/Fromholzer*, AG 2001, 242 ff.; *Hartmann/Barcaba*, AG 2001, 441.

55) *Priester*, DB 2001, 468; **a. A.** *Dormann/Fromholzer*, AG 2001, 242 ff.

56) Siehe im Einzelnen *Priester*, DB 2001, 468.

57) OLG Oldenburg AG 2002, 620; *Hüffer/Koch*, AktG, § 52 Erz. 11; kritisch *Witte/Wunderlich*, BB 2000, 2218; Dhoti-Report 2001, 2 ff.; **a. A.** *Müllberg* AG 2003, 136 ff.

58) *Hartmann/Barcaba*, AG 2001, 441.

4.137 Nicht als Nachgründungsvorgang gilt die Gründung eines 100 % Tochterunternehmens,[59] da dabei keine Gefährdung des Vermögens der Gesellschaft besteht (reiner Aktivtausch), jedenfalls dann, wenn nur der Nennwert der Anteile bezahlt wird.

2. Zwei-Jahresfrist

4.138 Der Nachgründungstatbestand muss innerhalb der ersten zwei Jahre nach der Eintragung eintreten. Entscheidend ist dabei die Eingehung der Verbindlichkeit, nicht deren Erfüllbarkeit oder Fälligkeit.[60]

4.139 Bei Vorrats-AG wird die Meinung vertreten, dass die Frist erst mit dem ersten Erwerb der Aktien oder sogar erst mit der ersten Satzungsänderung zu laufen beginnt.[61]

3. Keine Privilegierung nach § 52 Abs. 9 AktG

4.140 Ein Nachgründungstatbestand liegt nicht vor, wenn der Erwerb im Wege der Zwangsvollstreckung oder an der Börse erfolgt, § 52 Abs. 9 AktG. Auch Verträge im Rahmen laufender Geschäfte sind privilegiert. Unter „laufende Geschäfte" fallen Geschäfte zum Aufbau der unternehmerischen Tätigkeit und zum Betrieb der Gesellschaft.[62]

III. Rechtsfolgen bei Vorliegen eines Nachgründungstatbestands

4.141 Der Vertrag bedarf der Schriftform. Der Aufsichtsrat muss vor der Beschlussfassung der Hauptversammlung über die Zustimmung zum Nachgründungsvertrag einen schriftlichen Nachgründungsbericht erstellen, § 52 Abs. 3 AktG. Bezüglich des Inhalts gelten § 32 Abs. 2 und 3 AktG analog.

4.142 Alle Mitglieder des Aufsichtsrats müssen den Bericht unterschreiben, wobei Unterschriftsleistung im Umlaufverfahren ausreicht (§ 126 BGB). Falsche Angaben im Bericht führen zur Strafbarkeit nach § 399 Abs. 1 Nr. 2 AktG.

4.143 Weiter ist vor der Beschlussfassung der Hauptversammlung über die Zustimmung zum Nachgründungsvertrag eine externe Nachgründungsprüfung erforderlich, § 52 Abs. 4 AktG (nach dem ARUG in bestimmten Fällen aber nicht, vgl. oben externer Gründungsprüfungsbericht Rz. 4.91 ff.).

4.144 Hierzu muss auf schriftlichen Antrag des Vorstands ein Nachgründungsprüfer bestellt werden; es gelten die Ausführungen zum externen Gründungsprüfer entsprechend (oben Rz. 4.94 f.). Bei dem Nachgründungstatbestand der Sachkapitalerhöhung innerhalb der ersten zwei Jahre nach der Eintragung ist daneben auch ein Sacherhöhungsprüfer zu bestellen.

4.145 Weiter ist ein Hauptversammlungsbeschluss über die Zustimmung zum Nachgründungsvertrag nach Erläuterung durch den Vorstand, § 52 Abs. 2 S. 6 AktG, herbeizuführen. Hierfür ist eine ¾-Mehrheit des vertretenen Kapitals (im ersten Jahr nach der Eintragung zusätzlich ¼ des gesamten Grundkapitals) erforderlich, § 52 Abs. 5 AktG.

---

59) Str., vgl. *Jäger*, NZG 1998, 370 ff.; *Witte/Wunderlich*, BB 2000, 2214, die § 52 AktG auch dann anwenden, wenn die Aktiengesellschaft nur Mitgesellschafterin wird.

60) *Witte/Wunderlich*, BB 2000, 2215.

61) So *Priester*, DB 2001, 468; a. A. *Dormann/Frühholze*, AG 2001, 242 ff.

62) Vgl. *Schmidt/Seipp*, ZIP 2000, 2089 ff.; *Hartmann/Barcaba*, AG 2001, 441; *Dormann/Frühholze*, AG 2001, 242 ff., die § 116 HGB als Auslegungshilfe heranziehen; a. A: *Priester*, DB 2001, 470, der Investitionen nicht zu den „laufenden Geschäften" zählt.

Dieses Mehrheitserfordernis ist durch Satzung nicht verringerbar. Der Hauptversamm- **4.146** lungsbeschluss muss notariell beurkundet werden, § 130 Abs. 1 AktG. Der Nachgründungsvertrag ist als Anlage der Urkunde beizufügen, § 52 Abs. 2 S. 7 AktG.

Der Nachgründungsvertrag ist durch den Vorstand in vertretungsberechtigter Zahl anzu- **4.147** melden.[63] §§ 37a und 38 Abs. 3 AktG gelten entsprechend. Die Eintragung im Handelsregister ist Wirksamkeitsvoraussetzung für den Vertrag, § 52 Abs. 1 AktG. Bis zur Eintragung ist der Vertrag schwebend unwirksam. Allerdings hat der Vertragspartner kein Widerrufsrecht nach § 178 BGB.[64] Mit der Eintragung im Handelsregister wird der Vertrag dann rückwirkend wirksam (§ 184 BGB).

Achtung: Vorsicht beim Erwerb von Vorrats-AG, dort öfter Nachgründungproble- **4.148** matik.[65]

C. Hauptversammlungsbeschlüsse, Nichtigkeit und Anfechtbarkeit

I. Allgemeines

Die Aktionäre üben Ihre Rechte in der Hauptversammlung (nachfolgend auch „HV") aus, **4.149** § 118 Abs. 1 AktG. Sie haben ein Teilnahmerecht, das nur ganz ausnahmsweise, z. B. bei groben Pflichtverstößen, versagt werden kann. Nach dem ARUG ist es möglich, auch über Internet und Briefwahl Rechte auszuüben, wenn das in der Satzung vorgesehen ist (§ 118 AktG).

II. Kompetenzen der Aktionäre in der Hauptversammlung

Die Kompetenzen der Hauptversammlung sind zunächst in § 119 AktG genannt. Diese **4.150** Vorschrift ist zwingend. Weitere Kompetenzen der Hauptversammlung sind z. B. in den §§ 52, 103, 147, 179a[66] und 293 AktG festgelegt.

In die Kompetenz der HV fallen auch Zustimmungen zu Umwandlungs-, Verschmelzungs- **4.151** und Ausgliederungsvorgängen nach dem Umwandlungsgesetz und zur Übernahme von Geldbußen für pflichtwidrig handelnde Vorstände.[67]

Schließlich ist die HV zuständig für die Zustimmung zu Geschäftsführungsmaßnahmen von **4.152** grundlegender Bedeutung und zu strukturändernden Geschäftsführungsvorhaben, wobei ein Verstoß gegen diese Kompetenzregelung die Wirksamkeit der Geschäftsführungsmaßnahme unberührt lässt, allerdings zu Schadensersatzpflichten des Vorstands oder zu dessen Abberufung führen kann.[68]

---

63) Im DNotI-Report 2001, 5, werden für den Nachgründungsfall der Sachkapitalerhöhung innerhalb der ersten zwei Jahre nach der Eintragung sogar zwei getrennte Anmeldungen verlangt, da der Nachgründungsvertrag erst mit der Eintragung wirksam wird; eine gemeinsame Anmeldung mit nachfolgender gemeinsamer Eintragung müsste aber genügen.

64) So die h. M.; vgl. OLG Celle AG 1996, 370 f.

65) Vgl. *Ries*, GmbHR 2000, R 110 f.

66) Siehe dazu BVerfG ZIP 2000, 1670 = AG 2001, 42 ff., dazu EWiR 2000, 913 *(Neye)*, zum Schutz der Minderheitsaktionäre bei übertragender Auflösung durch angemessene Abfindung gemäß § 306 AktG analog.

67) BGH ZIP 2014, 1728, dazu EWiR 2014, 609 *(Maier-Reimer)*.

68) Vgl. BGH ZIP 2004, 993, *Bungert* BB 2004, 1345 und *Barta* GmbHR 2004, R 289 f., der Kompetenz der HV annimmt, wenn 80 % des Gesellschaftsvermögens betroffen ist; s. a. BGHZ 83, 122 („Holzmüller"); OLG Celle ZIP 2001, 613 = AG 2001, 357, dazu EWiR 2001, 651 *(Windbichler)*; OLG München ZIP 2001, 700 = AG 2001, 364, dazu EWiR 2001, 459 *(Mutter)*.

Beispiele:

Übertragung wesentlicher Teile des Gesellschaftsvermögens auf eine Beteiligungsgesellschaft, Veräußerung von Anteilen an einer Tochtergesellschaft,[69] Aufgabe der Mehrheit an einer Tochtergesellschaft, **nicht:** Freiwilliges Delisting;[70] Einbringung einer Beteiligung in eine Tochtergesellschaft.[71]

III. Einberufung der Hauptversammlung, § 121 AktG

1. Zeitpunkt: § 121 Abs. 1 AktG

4.153 Die HV ist in den durch Gesetz oder Satzung bestimmten Fällen einzuberufen, wobei es genügt, wenn eine Maßnahme ansteht, für die die HV zuständig ist. Weiter ist die HV einzuberufen, wenn das Wohl der Gesellschaft es erfordert oder wenn 50 % des Grundkapitals verbraucht sind, § 92 Abs. 1 AktG.

2. Einberufungsberechtigter: § 121 Abs. 2 AktG

4.154 Zunächst entscheidet der Vorstand durch Mehrheitsbeschluss über die Einberufung, wobei einfache Mehrheit ausreicht. Als Vorstand gilt der, der zum Zeitpunkt der Einberufung (= Tag der Bekanntmachung in den Gesellschaftsblättern) im Handelsregister eingetragen war (unwiderlegbare Vermutung).

4.155 Zu beachten ist, dass der Vorstand in Vollbesetzung entscheidet. Eine Einberufung durch einen entgegen der Satzung unterbesetzten Vorstand führt zur Nichtigkeit des nachher gefassten HV-Beschlusses.[72]

4.156 Der Aufsichtsrat muss im Fall des § 111 Abs. 3 AktG einberufen.

4.157 Gerichtlich ermächtigte Aktionäre können gem. § 122 Abs. 3 AktG einberufen, wenn sie mindestens 5 % des Grundkapitals (oder 500.000 € im Fall des § 122 Abs. 2 AktG zur Bekanntmachung bestimmter Tagesordnungspunkte) halten, und zwar 90 Tage vor dem Tag des Zugangs des Verlangens an den Vorstand kontinuierlich bis zur Entscheidung des Gerichts.[73] Der Antrag auf Ermächtigung zur Einberufung kann rechtsmissbräuchlich sein, für die Annahme eines Rechtsmissbrauchs werden allerdings strenge Anforderungen gestellt.[74]

4.158 Die Abwickler können gem. § 268 Abs. 2 AktG die HV einberufen. Schließlich können in der Satzung bestimmte Personen zur Einberufung ermächtigt werden.

3. Art und Weise der Einberufung[75]

4.159 Die Einberufung erfolgt nach § 121 Abs. 4 S. 1 AktG grundsätzlich durch Bekanntmachung in den Gesellschaftsblättern (im „elektronischen" Bundesanzeiger reicht aus, selbst wenn

---

69) LG Frankfurt/M. DB 2001, 751 ff.
70) BGH DStR 2013, 2526.
71) OLG Karlsruhe DB 2002, 1094.
72) BGH ZIP 2002, 172 = AG 2002, 241 („Sachsenmilch" AG); siehe zu diesem Urteil auch Anmerkung von *Henze*, BB 2002, 847.
73) Vgl. OLG Düsseldorf DB 2004, 752.
74) OLG Karlsruhe ZIP 2015, 125, dazu EWiR 2015, 43 (*Theusinger/Kraft*); KG ZIP 2012, 1029 = NZG 2011, 1429; OLG München NZG 2019, 745 nimmt Rechtsmissbrauch an, wenn die ordentliche HV absehbar ist.
75) S. zu den Neuerungen durch das ARUG *Noack* NZG 2008, 441 ff.

Satzung nur Bundesanzeiger in Schriftform erwähnt.[76] Bei börsennotierten Aktiengesellschaften, die nicht ausschließlich Namensaktien ausgegeben haben oder nach § 121 Abs. 4 S. 2 und 3 AktG laden, muss in solchen Medien geladen werden, bei denen davon ausgegangen werden kann, dass sie die Informationen in der gesamten EU verbreiten, § 121 Abs. 4a AktG. Ob hierzu auch der elektronische Bundesanzeiger gehört, ist umstritten, aber zu bejahen.[77]

Die Bekanntmachung muss als Mindestinhalt die Firma, den Sitz, die genaue Zeit und den genauen Ort der HV enthalten sowie bei börsennotierten Gesellschaften zusätzlich nach § 123 Abs. 3 S. 3 AktG die Bedingungen der Teilnahme und der Ausübung des Stimmrechts, den Nachweisstichtag und dessen Bedeutung, das Verfahren über die Stimmabgabe, die Rechte der Aktionäre nach §§ 122 Abs. 2, 126 Abs. 1, 127, 131 Abs. 1 AktG und die Internetseite der Gesellschaft, über die Informationen nach § 124a AktG zugänglich sind. Weiter sind die Tagesordnungspunkte (nachfolgend auch „TOP") anzugeben, § 121 Abs. 3 S. 2, § 124 AktG. Bei der Bekanntmachung der Tagesordnung (§ 124 AktG) ist Folgendes zu beachten: **4.160**

- Bei der Wahl des AR ist die Angabe erforderlich, nach welchen Vorschriften der AR sich zusammensetzt und ob die HV an Wahlvorschläge gebunden ist oder nicht, § 124 Abs. 2 S. 1 AktG.

- Der Inhalt der Satzungsänderungen bzw. der Verträge, denen zugestimmt werden soll, ist anzugeben, § 124 Abs. 2 S. 2 AktG. Dies gilt auch für die Zustimmung zu Verträgen, die der Vorstand gem. § 119 Abs. 2 AktG der HV zur Zustimmung vorlegt.[78]

- Beschlussvorschläge des Aufsichtsrats (und evtl. des Vorstands, bzgl. Abschlussprüfer aber nur des Aufsichtsrats, sonst Anfechtbarkeit[79]) sind mit aufzunehmen, vgl. § 124 Abs. 3 AktG.

- Falls ein Bezugsrechtsausschluss bei der Kapitalerhöhung geplant ist, muss dies in die Bekanntmachung mit aufgenommen werden, § 186 Abs. 4 AktG, genauso wie der nach § 186 Abs. 4 S. 2 AktG erforderliche Vorstandsbericht, § 124 Abs. 2 AktG analog.[80]

Der Inhalt der Einberufung und die sonstigen Informationen nach § 124a AktG sind bei börsennotierten Gesellschaften auch auf der Internetseite der Gesellschaft zugänglich zu machen.

Wenn alle Aktionäre namentlich bekannt sind, kann die Ladung auch durch eingeschriebenen Brief erfolgen, § 121 Abs. 4 S. 2 AktG (nur sinnvoll bei Namensaktien). Daneben ist aber immer noch die Einberufung nach § 121 Abs. 4 S. 1 AktG möglich und sogar zwingend, wenn die Satzung dies vorsieht. **4.161**

Die Einberufungsfrist bestimmt sich nach § 123 Abs. 1 AktG. Danach ist die HV mindestens 30 Tage vor dem Tag der HV einzuberufen. Die Frist berechnet sich nach §§ 121 Abs. 7, 123 Abs. 1 S. 2 AktG. **4.162**

---

76) Vgl. *Groß* DB 2003, 867 ff.
77) Vgl. *Drinhausen/Keinath*, BB 2009, 2323.
78) BGH ZIP 2001, 416 = BB 2001, 483 ff.; LG Frankfurt/M. DB 2001, 751 ff.
79) BGH ZIP 2003, 290.
80) BGHZ 120, 155 f.; vgl. zu anderen Mitteilungspflichten *Henze*, BB 2002, 893 ff.

Beispiel:

HV am 10.2.; 10.2. zählt nicht mit, § 121 Abs. 7 AktG; Zurückzählen vom 9.2. um 30 Tage, spätestens am 9.1. muss die Einberufung erfolgt sein, da der Tag der Einberufung nicht mitzählt, § 123 Abs. 1 S. 2 AktG. Fällt der 9.1. auf einen Sonn- oder Feiertag bzw. Sonnabend, bleibt es beim 9.1., da §§ 187 ff. BGB nicht analog angewandt werden, § 121 Abs. 7 AktG.

4. Ort der HV[81]

4.163 Die HV findet mangels anderer Regelung in der Satzung am Sitz der Gesellschaft statt (oder bei börsennotierten Gesellschaften am Sitz der Börse), § 121 Abs. 5 AktG. Andere Orte können nur vorgesehen werden, wenn dies sinnvoll ist, z. B. wenn ein anderer Ort für die Aktionäre besser erreichbar ist.[82]

4.164 Falls ein anderer Ort für die Abhaltung der HV sinnvoll ist, können in der Satzung auch mehrere Orte oder generelle Beschreibungen wie „Stadt in Westfalen" vorgesehen werden.[83] Eine Abhaltung der HV im Ausland ist wohl nicht zulässig,[84] es sei denn, die Satzung sieht dies vor, die Abhaltung der HV im Ausland ist auch sinnvoll und es wird auch keine zu große Zahl weit auseinanderliegender Orte vorgesehen.[85]

5. Zeitpunkt der HV

4.165 Der Zeitpunkt für die Abhaltung der HV muss zumutbar sein. Zumindest bei Publikumsgesellschaften sollte die HV daher nicht an Sonn- oder Feiertagen, nicht vor 8 Uhr und nicht über Mitternacht abgehalten werden.[86]

6. Absage der HV

4.166 Die HV kann auch im Fall des § 122 Abs. 1 AktG nur durch den bzw. die direkt Einberufenden abgesagt werden; ab Beginn der HV endet allerdings die Befugnis des einberufenden Vorstands, die HV abzusagen.[87] Für die Absage ist keine bestimmte Form vorgesehen.[88] Vielmehr reicht es aus, wenn alles getan wird, alle Aktionäre zu erreichen.

7. Verlegung der HV

4.167 Die Verlegung der HV ist zum einen die Absage der ursprünglich geplanten HV und zum anderen die neue Einberufung einer HV. Für beides gelten die obigen Ausführungen.

8. Teilnahmeberechtigte

4.168 An der HV dürfen alle, auch die nicht stimmberechtigten Aktionäre, teilnehmen. Jeder Aktionär muss sich legitimieren. Bei unverkörperten Aktien ist der Erwerb der Mitgliedschaft durch Abtretungsurkunde oder durch Erbschein nachzuweisen.

---

81) *Linnerz*, NZG 2006, 208 ff.
82) BGH AG 1985, 188 f., dazu EWiR 1985, 301 *(Miller)*.
83) Str.; *Hüffer/Koch*, AktG, § 121 Rz. 13; *Geßler/Eckardt*, AktG, § 121 Rz. 40.
84) Hanseatisches OLG Hamburg OLGZ 1994, 42 ff.
85) BGH NZG 2015, 18; *Hüffer/Koch*, AktG, § 121 Rz. 13 ff.; *Geßler/Eckardt*, AktG, § 121 Rz. 42; Großkomm-*Butzke*, AktG, § 121 Rz. 122.
86) *Hüffer/Koch*, AktG, § 121 Rz. 17; *Geßler/Eckardt*, AktG, § 121 Rz. 45 ff.; Großkomm-*Butzke*, AktG, § 121 Rz. 130 ff.
87) BGH NZG 2015, 1227 = ZIP 2015, 2069, dazu EWiR 2015, 661 *(Bayer/Scholz)*.
88) Str.; vgl. *Hüffer/Koch*, AktG, § 121 Rz. 18.

Bei verkörperten Namensaktien schafft die Eintragung im Aktienregister eine unwider- **4.169** legbare Vermutung für die Aktionärseigenschaft, § 123 Abs. 5, § 67 Abs. 2 AktG, und zwar zugunsten der Gesellschaft und der Eingetragenen bzw. deren Erben, unabhängig von Gut- bzw. Bösgläubigkeit.[89)]

Ein zusätzliches Hinterlegungserfordernis zur Legitimation bei einer HV erscheint nicht **4.170** sinnvoll, es sei denn die Namensaktien wurden übertragen und der immer noch im Aktienregister eingetragene Aktionär soll von der Teilnahme an der HV ausgeschlossen sein.

Bei verkörperten Inhaberaktien (möglich nur bis 2015 oder bei börsennotierten AG) er- **4.171** folgt die Legitimation zunächst durch die Aktie selbst oder bei börsennotierten AG durch Berechtigungsnachweis (Stichtag: 21 Tage vor HV) in Textform durch das depotführende Institut, selbst wenn Satzung dies nicht vorsieht, § 123 Abs. 4, 3 AktG. Der Nachweis muss der Gesellschaft mindestens sechs Tage vor der HV zugehen. Zusätzlich kann durch Satzung auch Hinterlegung der Aktien vorgesehen sein. Bei nicht-börsennotierten AG kann die Satzung die Art der Legitimation regeln oder – bei Fehlen einer Satzungsregelung oder unverbrieften Aktien – der Aktionär sich durch eine Bescheinigung der depotführenden Bank legitimieren.[90)]

Die Satzung kann vorschreiben, dass sich die Aktionäre anmelden müssen.[91)] Die Anmel- **4.172** dung muss mindestens sechs Werktage vor der HV der Gesellschaft zugehen, wobei der Tag des Zugangs nicht mitzurechnen ist, § 123 Abs. 2 AktG. Diese Frist kann durch die Satzung verkürzt, nicht aber verlängert werden.

Zur Fristberechnung ansonsten s. oben, insbesondere § 121 Abs. 7 AktG und § 16 EGAktG **4.173** als Übergangsvorschrift.

9. Mitteilungen über geplante HV, Tagesordnung, eventuelle Gegenanträge von Aktionären durch den Vorstand für die Aktionäre und die Aufsichtsratsmitglieder, §§ 125 ff. AktG

Der Vorstand hat nach § 125 ff. AktG bestimmte Mitteilungspflichten gegenüber den dort **4.174** genannten Aktionären, Kreditinstituten, Aktionärsvereinigungen und Aufsichtsratsmitgliedern. Nach diesen, durch das NaStraG und das ARUG neu gefassten Vorschriften werden die im Aktienregister eingetragenen Namensaktionäre vom Vorstand oder, falls sie nicht selbst registriert sind, von dem für sie registrierten Kreditinstitut informiert, und zwar auch auf elektronischem Weg, vgl. § 128 Abs. 1 AktG.

Weisungen des Aktionärs an das Kreditinstitut können auch auf dem elektronischen Weg **4.175** erfolgen, § 135 Abs. 1 a. E. AktG, selbst noch in der HV.[92)] Erleichterung bei der Kommunikation sieht das Transparenz- und Publizitätsgesetz vom 17.5.2002 vor.[93)] Auch durch das ARUG ist die elektronische Kommunikation zwischen Gesellschaft und Aktionären weiter gefördert werden.

---

89) OLG Jena AG 2004, 268.
90) Vgl. *Hüffer/Koch*, AktG, § 123 Rz. 3 ff.
91) Wird der Aktionär trotz Nichteinhaltung der zwingenden Anmeldefrist zur HV zugelassen, führt dies zur Anfechtbarkeit des Beschlusses wegen Verstoß gegen den Gleichbehandlungsgrundsatz, BGH ZIP 2019, 322.
92) Vgl. *Gedecke*, BB 2001, 372.
93) Insbesondere bzgl. der elektronischen Kommunikation, vgl. *Schüppen*, ZIP 2002, 1269 ff.; zu Gegenanträgen in elektronischer Form vgl. *Noack*, BB 2003, 1393 ff. und NZG 2003, 241 ff. Zum Aktionärsforum im Internet vgl. § 127a AktG und *Wilsing*, ZIP 2004, 1082.

10. Heilung von Einberufungsmängeln

4.176 Einberufungsmängel können nach § 121 Abs. 6 AktG durch Abhaltung einer „Vollversammlung" geheilt werden. Hierzu müssen alle Aktionäre erscheinen bzw. vertreten sein. Kein Aktionär darf der Beschlussfassung widersprechen, d. h. alle Aktionäre müssen bewusst mit der Beschlussfassung einverstanden sein, z. B. konkludent dadurch, dass sie mit abstimmen.

4.177 **Muster 98: Einberufung einer Hauptversammlung (nicht börsennotiert)**

Einberufung der Hauptversammlung [→ Rz. 4.153]

... AG, Wertpapierkennnummer ...

Sitz ...

Hiermit laden wir unsere Aktionäre zu der am ..., um ... Uhr, in ... stattfindenden ordentlichen Hauptversammlung ein.

Tagesordnung:

1. Vorlage des Jahresabschlusses zum ... nebst Gewinn- und Verlustrechnung und der Berichte von Aufsichtsrat und Vorstand.

2. Beschlussfassung über die Verwendung des Bilanzgewinns für das Geschäftsjahr .... Es wird vorgeschlagen, den Bilanzgewinn in Höhe von ... € wie folgt zu verwenden: ....

3. Beschlussfassung über Entlastung von Aufsichtsrat und Vorstand für das Geschäftsjahr .... Es wird vorgeschlagen, Aufsichtsrat und Vorstand zu entlasten.

4. Wahlen zum Aufsichtsrat. Der Aufsichtsrat setzt sich nach den Vorschriften des ... zusammen. Die Hauptversammlung ist nicht an Wahlvorschläge gebunden. Es wird vorgeschlagen, als Vertreter der Aktionäre folgende Personen in den Aufsichtsrat zu wählen: ....

5. Wahl des Abschlussprüfers für das Geschäftsjahr. Es wird vorgeschlagen, ... zum Abschlussprüfer für das Geschäftsjahr ... zu bestellen.

6. Änderung der Satzung. Es wird vorgeschlagen, § ... der Satzung wie folgt zu ändern: ....

Berlin, den ...

Der Vorstand ... (Unterschriften)

IV. Abhaltung der Hauptversammlung[94]

1. Teilnehmer

4.178 Teilnahmeberechtigt sind alle Aktionäre, auch die ohne Stimmrecht (oben Rz. 4.149). Bezüglich teilnehmender und vertretener Aktionäre ist ein Teilnehmerverzeichnis aufzustellen und zugänglich zu machen, § 129 Abs. 1 und 4 AktG. Auch eine Online-Teilnahme kann durch Satzungsregelung erlaubt werden, § 118 Abs. 1 AktG.[95] Die Satzung kann regeln,

---

94) *Wicke*, NZG 2007, 771 ff.
95) S. dazu *Noack*, NZG 2008, 443 f.

dass der Versammlungsleiter das Rede- und Fragerecht der Aktionäre in der HV zeitlich angemessen beschränkt, § 131 Abs. 2 S. 2 AktG.[96]

Vorstand und AR sollen an der HV teilnehmen, § 118 Abs. 3 AktG. Falls sie nicht teilnehmen, gibt dies kein Anfechtungsrecht. U. U. führt die fehlende Teilnahme zu Schadensersatzpflichten (§§ 93, 116 AktG) und zu einem Abberufungsgrund (§ 84 Abs. 3, § 103 Abs. 3 AktG). Eine Teilnahmepflicht des Abschlussprüfers besteht nur im Fall des § 176 Abs. 2 AktG. **4.179**

Die HV ist nicht öffentlich. Die Gestattung des Zutritts Dritter ist aber möglich. Bild- und Tonübertragungen können durch Satzung oder Geschäftsordnung nach § 129 Abs. 1 AktG zugelassen werden. **4.180**

2. Wahl eines Versammlungsleiters

Die Wahl eines Versammlungsleiters ist in der Satzung regelbar. Falls nichts in der Satzung geregelt ist, wählen die Aktionäre den Versammlungsleiter. Vorstandsmitglieder und beurkundender Notar können nicht zum Versammlungsleiter gewählt werden.[97] Verstoß führt zur Anfechtbarkeit.[98] Der Versammlungsleiter ist zuständig für Beschränkung der Redezeit/Auskunftsrechte und für die Ausübung des Hausrechts.[99] Das Gericht kann nach § 122 Abs. 3 AktG einen Versammlungsleiter bestellen, wenn gegen den satzungsmäßig vorgesehenen Versammlungsleiter Schadensersatzansprüche gestellt werden.[100] **4.181**

3. Niederschrift, § 130 AktG

a) Allgemeines

Die Niederschrift über die HV ist grundsätzlich beurkundungspflichtig, es sei denn, die Gesellschaft ist nicht börsennotiert und es handelt sich um keinen Grundlagenbeschluss, d. h. es ist eine gesetzliche (auch wenn diese dispositiv ist) Mehrheit von weniger als ¾ des vertretenen Grundkapitals (nicht: der abgegebenen Stimmen) für den Beschluss notwendig. Diese ¾-Mehrheit ist u. a. erforderlich in den Fällen von § 129 Abs. 1 S. 1, § 179 Abs. 2 S. 1, § 179a Abs. 1, § 182 Abs. 1 S. 1, § 193 Abs. 1 S. 1, § 202 Abs. 2, § 207 Abs. 2, § 221 Abs. 1 S. 2, § 222 Abs. 1 S. 1, § 229 Abs. 3, § 237 Abs. 1 S. 2, § 262 Abs. 1 Nr. 2, § 274 Abs. 1 S. 2, § 293 Abs. 1 S. 2, § 319 Abs. 2 S. 2 AktG, § 65 Abs. 1 S. 1, § 233 Abs. 2 S. 1, § 240 Abs. 1 S. 1 UmwG. **4.182**

Zustimmungsbeschlüsse zu gravierenden Geschäftsführungsmaßnahmen des Vorstands („Holzmüller") beziehen sich auf die Geschäftsführungsbefugnis des Vorstands und fallen schon deshalb nicht unter § 130 Abs. 1 AktG, der auf die Tatbestände des § 119 Abs. 1 AktG abstellt. Diese Zustimmungsbeschlüsse müssen schon deshalb nicht beurkundet werden.[101] **4.183**

Bei sog. „gemischten" HV (beurkundungspflichtige und nicht beurkundungspflichtige Tagesordnungspunkte) ist es streitig, ob die gesamte HV beurkundet werden muss.[102] Auf jeden Fall ist es sinnvoll, die gesamte HV notariell zu beurkunden. **4.184**

---

96) BGH NZG 2010, 423; hierzu *Jerczynski*, NJW 2010, 1566.

97) *Hüffer/Koch*, AktG, § 129 Rz. 20.

98) *Wicke*, NZG 2007, 771 ff.

99) *Wicke*, NZG 2007, 771 ff.

100) OLG Köln AG 2015, 716 = ZIP 2015, 1585, dazu EWiR 2015, 599 *(Schatz)*.

101) A. A. *Hüffer/Koch*, AktG, § 130 Rz. 14c; LG Karlsruhe ZIP 1998, 385.

102) Ablehnend BGH ZIP 2015, 1429.

b) Angaben in der Niederschrift

4.185 In der notariellen, aber auch in der privatschriftlichen Niederschrift sind anzugeben:[103]

- Ort und Tag der Verhandlung,

- Beschlüsse: Sach-, Verfahrens- und Wahlbeschlüsse,

- Name des Notars bei notarieller Niederschrift, nach einer Mindermeinung[104] auch dessen Vorname,

- Art[105] und Ergebnis der Abstimmung und die Feststellung des Vorsitzenden über die Beschlussfassung, auch wenn der Antrag abgelehnt wird,[106] Art wie Ergebnis ermittelt wurde.[107] Bei börsennotierten Gesellschaften sind die Detailangaben nach § 130 Abs. 2 S. 2 AktG erforderlich (mit anschließender Veröffentlichung auf der Internetseite der Gesellschaft, § 130 Abs. 6 AktG), die allerdings entbehrlich sind, wenn kein Aktionär diese Angaben verlangt.

- Minderheitsverlangen,

- Auskunftsverweigerung, § 131 Abs. 5 AktG,

- Widersprüche von Aktionären,

- fakultativ: Beginn und Ende der HV, Person des HV-Leiters.

c) Art der Niederschrift

4.186 Es ist eine Niederschrift anzufertigen. Stenografische Niederschrift reicht dabei aus, nicht aber nur ein Tonbandmitschnitt. Als zeitliche Reihenfolge bietet sich folgende Abfolge an:

- Feststellung der Erschienenen,

- Eröffnung der HV,

- Feststellung der ordnungsgemäßen Ladung,

- Unterzeichnung des Teilnehmerverzeichnisses ist nach dem NaStraG nicht mehr erforderlich, § 129 Abs. 4 AktG,

- Erläuterung des Verfahrens über Wortmeldungen und Abstimmung,

- TOP und Abstimmung über TOP,

- Schließen der HV.

4.187 Die Niederschrift ist vom Notar zu unterschreiben. Die Amtsbezeichnung „Notar" soll beigefügt werden, § 13 Abs. 3 BeurkG.

4.188 **Achtung:** Vorlesen, Genehmigen und Unterschreiben der Aktionäre (vgl. GmbH-Gesellschafterversammlung) sind nicht erforderlich.

---

103) Vgl. hierzu *Priester*, DNotZ 2001, 661 ff.; OLG Düsseldorf EWiR 2003, 737, wo LG Wuppertal ZIP 2002, 1621 = DB 2002, 2041 (dazu EWIR 2002, 645, *Priester*) aufgehoben wurde.
104) Geßler/*Eckardt*, AktG, § 130 Rz. 15.
105) BGH AG 2018, 28 = ZIP 2017, 2245.
106) Vgl. Geßler/*Eckardt*, AktG, § 130 Rz. 42; Großkomm-*Mülbert*, AktG, § 130 Rz. 95 ff.
107) LG München NZG 2012, 1311.

Inhaltliche Berichtigungen sind bis zur Unterschrift des Notars zulässig; danach können **4.189** Berichtigungen nur noch nach § 319 ZPO analog, § 44a Abs. 2 BeurkG bei offensichtlichen Unrichtigkeiten vorgenommen werden.[108]

d) Anlagen zur Niederschrift

Folgende Anlagen sind der Niederschrift beizufügen: **4.190**

– Bis zum Inkrafttreten des NaStraG war der Niederschrift ein Teilnehmerverzeichnis beizufügen. Heute muss dieses nicht mehr beigefügt werden, vgl. § 130 Abs. 3 AktG.

– Belege über die Einberufung (bei Einberufung im elektronischen Bundesanzeiger reicht Internetausdruck), es sei denn, diese sind in die Niederschrift aufgenommen oder es handelt sich um eine Ein-Mann-AG.

– Nachgründungsverträge, Verträge nach dem Umwandlungsgesetz, Unternehmensverträge, Vorstandsberichte, Prüfungsberichte.

– Stimmrechtsvollmachten und Jahresabschluss müssen nicht mehr beigefügt werden.

4. Stimmrecht, Stimmabgabe, §§ 118 Abs. 2, 133 f. AktG

Das Stimmrecht der Aktionäre bestimmt sich bei Nennbetragsaktien nach den Nennbe- **4.191** trägen, bei Stückaktien nach der Zahl der Aktien. Bei nicht börsennotierten AG kann durch die Satzung das Stimmrecht eines Inhabers mehrerer Aktien beschränkt werden. Mehrstimmrechte werden nur ausnahmsweise zugelassen, vgl. § 12 Abs. 2 AktG, § 5 Abs. 1 EGAktG.

Die Beschlüsse der HV bedürfen stets der Mehrheit der abgegebenen Stimmen, soweit nicht **4.192** Gesetz oder Satzung eine größere Mehrheit erfordern. Stimmenthaltungen zählen als nicht abgegebene Stimmen.[109] Nach § 118 Abs. 2 AktG kann die Satzung schriftliche oder elektronische Abstimmung vorsehen.[110]

Ein Aktionär ist vom Stimmrecht ausgeschlossen (nicht: Ausschluss des Teilnahmerechts!), **4.193** falls über die Entlastung des Betroffenen oder den Verzicht aus einem Vertrag mit dem Betroffenen bzw. die Erhebung einer Klage gegen den Betroffenen beschlossen wird, § 136 AktG. Dies gilt nicht bei der Ein-Mann-AG.[111]

Falls eine juristische Person Aktionärin ist, genügt es für den Stimmrechtsausschluss, dass **4.194** das Vertretungsorgan dieser Aktionärin in den Personenkreis des § 136 AktG fällt.[112]

Ein Aktionär kann Stimmrechtsvollmacht erteilen. Nach § 134 Abs. 3 AktG bedarf die **4.195** Vollmacht der Textform, wenn in der Satzung oder in der Einberufung aufgrund einer Ermächtigung durch die Satzung nicht etwas anderes (z. B. Vollmachtserteilung per Internet)[113] und bei börsennotierten Gesellschaften nicht eine Erleichterung bestimmt ist (Be-

---

108) *Hüffer/Koch*, AktG, § 130 Rz. 11a; *Zöllner*, in: Kölner Komm. z. AktG, § 130 Rz. 78; *Geßler/Eckardt*, AktG, § 130 Rz. 62 ff.; Großkomm-*Mülbert*, AktG, § 130 Rz. 68 ff.; vgl. auch BGH AG 2018, 28 = ZIP 2017, 2245.
109) BGHZ 129, 136 = ZIP 1995, 819 = NJW 1995, 1739, dazu EWiR 1995, 525 (*Ritter*).
110) S. dazu *Noack*, NZG 2008, 443 ff.
111) BGH ZIP 2011, 1508 = NZG 2011, 950.
112) OLG Karlsruhe ZIP 2000, 1578 = DB 2000, 1653, dazu EWiR 2000, 1085 (*Pötter*).
113) Siehe dazu *Bunke*, AG 2002, 57 ff. und *Pikó/Preissler*, AG 2002, 223 ff.

sonderheiten bei Stimmrechtsvollmachten an Kreditinstitute und Aktionärsvereinigungen: § 135 AktG).

4.196 Unwiderrufliche Stimmrechtsvollmachten sind wegen des gesellschaftsrechtlichen Abspaltungsverbots (kein Stimmrecht ohne Aktie) grundsätzlich unzulässig.[114]

5. Einreichung beim Handelsregister

4.197 Der Vorstand muss die Niederschrift samt Anlagen unverzüglich nach der HV zum Handelsregister einreichen, § 130 Abs. 5 AktG.

4.198 **Achtung:** Die Pflicht zur Einreichung des HV-Protokolls ist zwangsgeldbewehrt, § 14 HGB!

V. Nichtigkeit von Beschlüssen, § 241 f. AktG

1. Nichtigkeitsgründe

4.199 Als Nichtigkeitsgründe kommen in Betracht:

- – fehlende Ladung,

- – Ladung durch unzuständige Person,

- – Fehlen von Mindestangaben in der Bekanntmachung nach § 121 Abs. 3 S. 1 AktG.

- – Übergehen von Aktionären, falls die Einladung nicht durch Bekanntmachung erfolgt,

- – Beurkundungsmängel: Fehlende Beurkundung, Fehlen der Essentialia nach § 130 Abs. 2 S. 1 AktG, Fehlen der Unterschrift des Notars,

- – der Beschluss ist mit dem Wesen der Aktiengesellschaft nicht vereinbar,

- – der Beschluss verstößt gegen Gläubiger schützende (§§ 57, 58 Abs. 4, §§ 71 ff., 225, 233, 303, 321 AktG) oder im öffentlichen Interesse (§§ 25 ff. MitbestG) liegende Normen,

- – der Inhalt (nicht: Beweggründe, Zustandekommen, Zweck) des Beschlusses ist sittenwidrig; z. B.: Verzicht der HV auf Schadensersatzansprüche gegen den Vorstand nach Eintritt der Insolvenzreife,

- – rechtskräftiges Anfechtungsurteil.

2. Heilung der Nichtigkeit

4.200 Die Nichtigkeit wird geheilt durch Eintragung in das Handelsregister bei fehlender oder fehlerhafter Beurkundung, § 242 Abs. 1 AktG, durch Eintragung in das Handelsregister und Ablauf von drei Jahren seit der Eintragung bei sonstigen Nichtigkeitsgründen (außer Anfechtungsurteil), § 242 Abs. 2 AktG, oder durch Genehmigung der nicht geladenen Aktionäre, § 242 Abs. 2 S. 4 AktG – allerdings nur in den Fällen der direkten Ladung der Aktionäre (§ 121 Abs. 4 S. 2 AktG).

4.201 Die Heilung hat materiell-rechtliche Rückwirkung.[115] Die Möglichkeit der Löschung von Beschlüssen, die wegen fehlender oder fehlerhafter Ladung, wegen Sittenwidrigkeit bzw. wegen Verletzung von wesentlichen aktienrechtlichen, Gläubiger schützenden oder im

---

114) Vgl. *Reichert/Harbarth*, AG 2001, 447 ff.

115) *Hüffer/Koch*, AktG, § 242 Rz. 7; Großkomm-*Schmidt*, AktG, § 242 Rz. 13.

Ries

öffentlichen Interesse liegenden Normen nichtig sind, bleibt aber weiter möglich (§ 398 FamFG).

3. Geltendmachung der Nichtigkeit und Vorgehen des Registergerichts

Die Nichtigkeit eines HV-Beschlusses stellt ein Eintragungshindernis dar. Zur Geltend- **4.202** machung der Nichtigkeit oben Rz. 3.280. Allerdings besteht die Möglichkeit des Freigabe-verfahrens, §§ 249 Abs. 1, 246a AktG, bei Klagen gegen HV-Beschluss über Kapitalmaß-nahmen und Unternehmensverträge.

Dieses Verfahren ist durch das ARUG, u. a. durch Schaffung eines Bagatellquorums **4.203** (1.000 Euro) und Prüfung nur noch durch das OLG/KG, weiter gestrafft werden.

VI. Anfechtbarkeit von Beschlüssen, § 243 AktG

1. Anfechtungsgründe

Als Anfechtungsgründe kommen alle Verstöße gegen Gesetz oder Satzung in Betracht, **4.204** die nicht zur Nichtigkeit führen. § 243 Abs. 3 AktG begrenzt die Anfechtbarkeit.

a) Verfahrensfehler

Hier ist die „potenzielle Kausalität" (Relevanz) des Fehlers für das Beschlussergebnis er- **4.205** forderlich. Wäre der Beschluss auch ohne den Verfahrensfehler so gefasst worden, scheidet die Anfechtung des Beschlusses aus.[116]

Die Beweislast für die Relevanz des Verstoßes liegt bei der Gesellschaft, die die Möglichkeit **4.206** der Kausalität des Verfahrensverstoßes für den Beschluss ausräumen muss.

Beispiele für Verfahrensfehler:

- Nichteinhaltung von Fristen, Zulassung verspätet angemeldeter Aktionäre zur Beschluss-fassung,[117] mangelhafte Ankündigung der Tagesordnung, nicht erforderliche oder un-verhältnismäßige Ordnungsmaßnahmen, Verletzung von Informationspflichten: Relevanz ist hier in der Regel gegeben. Bei Anfechtung von Entlastungsbeschlüssen müssen aber Rechtsverstöße erkennbar sein und innerhalb der Anfechtungsfrist vorgebracht werden.[118]

- Fehlerhafte Feststellung des Abstimmungsergebnisses: Relevanz ist nicht gegeben, wenn der Beschluss auch ohne die „falschen" Stimmen zustande gekommen wäre.

- Relevanz fehlt bei fehlerhafter Angabe der für eine Vollmacht notwendigen Form in der Einladung.[119]

- NICHT: Verstoß gegen Corporate Governance Codex;[120] Fehlende Übertragung in Nebenräume.[121]

b) Inhaltsfehler

Die „materielle Beschlusskontrolle" durch das Streitgericht ist allgemein anerkannt,[122] endet **4.207** aber dort, wo das Gesetz Eingriffe in die Mitgliedschaftsrechte der Aktionäre zulässt.

---

116) BGHZ 86, 1 ff. = ZIP 1983, 163; BGH ZIP 2002, 172; vgl. auch *Henze*, BB 2002, 893, 900.
117) BGH ZIP 2019, 322.
118) OLG Stuttgart GWR 2010, 600.
119) KG BB 2009, 2730 (hier: Verlangen der Schriftform für Vollmachten nach § 135 Abs. 1 AktG).
120) BGH ZIP 2019, 322.
121) BGH ZIP 2013, 2257 = NZG 2013, 1430.
122) BGHZ 103, 184 ff. = ZIP 1988, 301, dazu EWiR 1988, 529 *(Drygala)*.

Beispiele für Inhaltsfehler:

– Verstoß gegen Treuepflichten, z. B. Beschluss über Bezugsrechtsausschluss,[123]
– Verstoß gegen das Gleichbehandlungsgebot (§ 53a AktG),
– Wahl eines AR, der nicht die in der Satzung festgesetzten Voraussetzungen erfüllt.

c) Verstoß gegen Stimmbindungsverträge

4.208 Ein Verstoß gegen Stimmbindungsverträge ist wohl nur dann ein Anfechtungsgrund, wenn die Stimmbindung in der Satzung festgelegt ist oder sich alle Aktionäre derart gebunden haben.[124]

2. Heilung der Anfechtbarkeit, § 244 AktG

4.209 Ein wegen Verfahrensfehlern anfechtbarer HV-Beschluss wird durch Bestätigung mittels eines neuen wirksamen HV-Beschlusses geheilt.[125]

4.210 Ist der Bestätigungsbeschluss selbst anfechtbar, tritt die Heilungswirkung erst mit Ablauf der Anfechtungsfrist und bei fehlender Anfechtung ein. Die Heilung wirkt grundsätzlich nur ex nunc.[126]

3. Geltendmachung der Anfechtbarkeit und Vorgehen des Registergerichts

4.211 Das Vorliegen eines Anfechtungsgrunds ist zwar kein Eintragungshindernis, aber in der Regel wird das Eintragungsverfahren ausgesetzt, §§ 21, 381 FamFG, jedenfalls dann, wenn die Anfechtungsklage nicht völlig aussichtslos ist. Zur Geltendmachung der Anfechtbarkeit oben Rz. 3.287 ff.[127]

4.212 Allerdings besteht die Möglichkeit des Freigabeverfahrens, § 246a AktG, bei Klagen gegen HV-Beschluss über Kapitalmaßnahmen und Unternehmensverträge.

D. Änderungen der Satzung

I. Ausnahmefall: Änderung der Satzung durch den Aufsichtsrat, § 179 Abs. 1 S. 2 AktG

4.213 Durch Beschluss der HV kann dem AR insgesamt (nicht: einzelnen AR-Mitgliedern) die Befugnis zur Satzungsänderung übertragen werden. Diese Ermächtigung wird oft in die Gründungssatzung mit aufgenommen.

4.214 Falls die Ermächtigung nicht in die Gründungssatzung mit aufgenommen ist, bedarf es nach h. M. keiner Ergänzung der Satzung, sondern nur eines HV-Beschlusses, allerdings mit der Mehrheit des § 179 Abs. 2 AktG, also ¾ des vertretenen Kapitals bzw. mit der satzungsgemäß vorgesehenen (und auch gesetzlich erlaubten) Mehrheit.[128]

---

123) BGHZ 71, 40 ff.
124) BGH ZIP 1987, 293 = NJW 1987, 1890, dazu EWiR 1987, 53 *(Riegger)*.
125) LG München DB 2002, 1268.
126) BGH NJW 1972, 1320.
127) Nach LG Mainz BB 2004, 1132 ist aber Aktionärseigenschaft bis zur gerichtlichen Entscheidung erforderlich; differenzierend dazu *Heise/Dreier*, DB 2004, 1126 ff.
128) *Hüffer/Koch*, AktG, § 179 Rz. 11; Geßler/*Hefermehl/Bungeroth*, AktG, § 179 Rz. 153.

Die Änderung der Satzung durch den AR darf aber nur die Fassung betreffen, also nur **4.215** sprachliche, nicht aber inhaltliche Änderungen umfassen (Beispiel: Änderung der Bestimmung über das Grundkapital nach Ausnützung eines genehmigten Kapitals; unten Rz. 4.315, 4.332; Streichung nicht ausgenutzten bedingten Kapitals)[129].

Der AR beschließt die Satzungsänderung nach §§ 107 f. AktG. Die Beschlussfassung muss **4.216** also nicht notariell beurkundet werden. Es reicht eine einfache Niederschrift und eine einfache Mehrheit.

II. Regelfall: Änderung der Satzung durch HV-Beschluss

1. Verfahren, § 179 AktG

a) Beschluss

Die HV beschließt mit ¾-Mehrheit des bei Beschlussfassung vertretenen (und mit „ja" **4.217** oder „nein" abstimmenden) Kapitals, § 179 Abs. 2 AktG (sog. „Kapitalmehrheit"; wichtig bei Mehrstimmrechtsaktien, Stimmrechtsbeschränkungen und teileingezahlten Aktien, vgl. § 134 AktG)[130] und zusätzlich mit einfacher Mehrheit der abgegebenen Stimmen, § 133 Abs. 1 AktG.

Die Satzung kann andere Mehrheiten vorsehen, geringere Mehrheiten aber nur, soweit das **4.218** Gesetz nicht zwingend eine höhere Mehrheit vorschreibt (vgl. § 97 Abs. 2 S. 4, § 98 Abs. 4 S. 2, § 113 Abs. 1 S. 4, § 179 Abs. 2 S. 2, § 182 Abs. 1 S. 2, § 202 Abs. 2 S. 3, § 222 Abs. 1 S. 2 AktG).

b) Zustimmung von einzelnen betroffenen Aktionären

Die in der Regel formfreie (Ausnahme: §§ 141, 138 AktG, oben Rz. 4.182). Zustimmung **4.219** von einzelnen betroffenen Aktionären ist erforderlich, wenn

– die Satzungsänderung den Aktionären Nebenverpflichtungen auferlegt oder die Vinkulierung von Namensaktien oder Zwischenscheinen einführt (§ 180 AktG),

– in ein Sonderrecht (z. B. Entsendungsrecht bezüglich Entsendung eines Aufsichtsrats) eingegriffen wird, vgl. § 35 BGB,

– gegen den Gleichbehandlungsgrundsatz verstoßen wird (§ 53a AktG); so ist bei der Umwandlung von Stammaktien in Vorzugsaktien die Zustimmung auch nicht betroffener Aktionäre wegen § 53a AktG erforderlich,[131]

– erstmals Vorzugsaktien eingeführt werden; hier ist die Zustimmung der Stammaktionäre, die Vorzüge erhalten, erforderlich,[132]

– der Vorzug aufgehoben oder beschränkt wird (§ 141 Abs. 1 AktG) oder neue Vorzugsaktien ausgegeben werden (§ 141 Abs. 2 AktG), § 141 AktG ist dabei lex specialis zu § 179 AktG,

---

129) OLG München NZG 2014, 1105 = ZIP 2014, 1783.
130) Vgl. BGH NJW 1975, 212.
131) *Hüffer/Koch*, AktG, § 139 Rz. 16.
132) BGHZ 70, 117 ff.

- Vorzugsaktien in Stammaktien umgewandelt werden, hier ist ein Beschluss der Stammaktionäre nach § 179 Abs. 3 AktG und ein Beschluss der Vorzugsaktionäre nach § 141 Abs. 1 AktG erforderlich,[133]

oder

- die Änderung der Satzung unmittelbar nachteilig in die Rechte einer Aktiengattung (z. B. Vorzugsaktien) eingreift, § 179 Abs. 3 AktG. Ein Nachteil liegt vor, wenn gattungsspezifische Rechte beschränkt oder beseitigt werden, egal, ob gleichzeitig auch Vorteile gewährt werden.[134]

In diesem Fall ist ein Sonderbeschluss der betroffenen Aktionäre mit ¾-Mehrheit gem. § 179 Abs. 2 AktG und einfacher Mehrheit gem. §§ 138, 133 Abs. 1 AktG und unter Heranziehung der Vorschriften über die HV (§§ 121 ff., 130 ff. AktG) erforderlich, vgl. § 138 AktG. Keine Benachteiligung liegt vor, wenn eine andere Gattung denselben Vorteil erhält.[135]

c) Beschlussfassung, Form des Beschlusses

4.220 Oben Rz. 4.182.

d) Anmeldung der Satzungsänderung, § 181 AktG

4.221 Der Vorstand in vertretungsberechtigter Zahl meldet die Satzungsänderung an.

4.222 Eine Bevollmächtigung zur Anmeldung ist nur zulässig, wenn keine höchstpersönlichen Erklärungen (z. B. Angaben und Versicherungen im Rahmen von Kapitalerhöhungen) abzugeben sind. Für Kapitalmaßnahmen gelten Besonderheiten, die unten Rz. 4.245 ff. näher beschrieben werden.

4.223 Es besteht keine Anmeldepflicht gegenüber dem Registergericht, da die Satzungsänderung erst mit der Eintragung wirksam wird, § 181 Abs. 3 AktG. Es sind daher keine Zwangsmaßnahmen nach § 14 HGB vorgesehen, § 407 Abs. 2 AktG.

4.224 Der Vorstand ist aber aus dem Organverhältnis gegenüber der Gesellschaft verpflichtet, die Änderung der Satzung anzumelden.

4.225 Mit der Anmeldung sind die Beschlüsse der HV, eventuell erforderliche Zustimmungen und Sonderbeschlüsse und der aktuelle Satzungswortlaut mit Notarbescheinigung nach § 181 Abs. 1 S. 2 AktG einzureichen.

4.226 Die Satzungsänderung wird erst wirksam mit der Eintragung (§ 181 Abs. 3 AktG).

2. Beispiele

a) Firma

4.227 Für die neue Firma müssen die Vorschriften der § 18 ff. HGB, § 4 AktG eingehalten werden (oben Rz. 4.11, 2.15 ff.).

---

133) OLG Köln ZIP 2001, 2049 = AG 2002, 244 f.
134) *Hüffer/Koch*, AktG, § 179 Rz. 44 f.; Geßler/*Hefermehl/Bungeroth*, AktG, § 179 Rz. 166 ff.
135) OLG Celle DB 2003, 493.

Eine Täuschung kann dabei insbesondere beim sog. „Firmentausch" vorliegen, nämlich **4.228** dann, wenn nach Aufgabe einer bestimmten Firma diese Firma sogleich von einem anderen Unternehmen angenommen wird.[136]

Nach Ablauf einer Frist von einem Jahr seit Aufgabe der Firma wird eine Täuschung aber **4.229** wohl auszuschließen sein. Der Erwerb einer Firma zusammen mit einem Handelsgeschäft im Rahmen eines Unternehmenskaufs stellt keinen unzulässigen Firmentausch dar.

b) Sitz

Die Verlegung des Satzungssitzes (der Verwaltungssitz kann gem. § 5 AktG ohne Satzungs- **4.230** änderung verlegt werden; es muss nur die neue inländische Geschäftsanschrift angemeldet werden) richtet sich nach § 45 AktG.

Sie ist beim Gericht des alten Sitzes anzumelden, das nur die Ordnungsgemäßheit der **4.231** Anmeldung prüft und dann die Akten an das Gericht des neuen Sitzes verschickt.

Dieses Gericht prüft dann die Eintragungsvoraussetzungen, insbesondere die Unterscheid- **4.232** barkeit der Firma und die Ordnungsgemäßheit des HV-Beschlusses.

Um rechtsmissbräuchliche (z. B. wegen Gläubigerbenachteiligung) Satzungssitzverlegungen **4.233** z. B. von zahlungsunfähigen Gesellschaften zu verhindern, wird das Gericht des neuen Sitzes regelmäßig beim Gericht des alten Sitzes anfragen, ob die Gesellschaft dort im Schuldnerverzeichnis oder im Insolvenzverzeichnis verzeichnet ist.[137]

Zur Beschleunigung der Registereintragung können diese Auskünfte schon vorab von den **4.234** Antragstellern besorgt werden.

Eine Satzungssitzverlegung ins Ausland ist grundsätzlich nicht eintragbar und führt nach **4.235** h. M. zur Auflösung.[138] Allerdings ist eine Satzungssitzverlegung ins EU-Ausland ohne Auflösung möglich.[139]

Das MoMiG lässt aber die Verlegung des Verwaltungssitzes ins Ausland zu, § 5 AktG,[140] **4.236** wobei bei einer Verlegung ins EU-Ausland wegen der Zweigniederlassungsrichtlinie dann dort u. U. eine Zweigniederlassung angemeldet werden muss.

Zur grenzüberschreitenden Sitzverlegung im Bereich der EU siehe oben Rz. 3.473. **4.237**

c) Gegenstand

Die Ausgliederung von Tätigkeitsbereichen, die im Gegenstand des Unternehmens ge- **4.238** nannt sind, stellt dann eine Änderung der Satzung dar, wenn kein Teilbereich dieser Tätigkeit bei der Gesellschaft verbleibt.[141]

---

136) OLG Hamburg OLGZ 87, 191.
137) Kritisch hierzu Meckbach, NZG 2014, 526.
138) OLG München DB 2007, 2530; BayObLG GmbHR 2004, 490; OLG Brandenburg GmbHR 2005, 484; OLG Hamm ZIP 2001, 791; OLG Düsseldorf ZIP 2001, 790 = GmbHR 2001, 438, dazu EWiR 2001, 581 (Niesert); BayObLGZ 1992, 113 ff.; a. A.: Hüffer/Koch, AktG, § 5 Rz. 13, der Nichtigkeit des Beschlusses annimmt.
139) EuGH BB 2012, 1614 „Vale"; OLG Nürnberg GmbHR 2014, 96 (Zuzug nach Deutschland), vgl. näher dazu auch Rz. 3.471–3.473.
140) Was europarechtlich nicht notwendig ist, vgl. EUGH BB 2009, 11(„Cartesio").
141) OLG Stuttgart BB 2001, 794 ff., für die GmbH.

4.239 Auch die Kündigung eines Beteiligungsvertrages kann eine Satzungsänderung darstellen, nämlich dann, wenn der einzige Gegenstand des Unternehmens gerade die Beteiligung am Vertragspartner des Beteiligungsvertrages ist.[142]

4.240 Eventuell erforderliche staatliche Genehmigungen/Vorabbescheinigungen sind nicht mehr mit einzureichen. § 181 Abs. 1 S. 3 AktG ist durch das ARUG aufgehoben.

d) Einführung der Stückaktie

4.241 **Achtung:** Bei der Einführung der Stückaktie sind nicht nur die Bestimmungen über die Zerlegung des Grundkapitals zu ändern, sondern auch die Bestimmungen über Stimmrechte und „alte" genehmigte und bedingte Kapitalia (Verbot des Nebeneinanders von Stückaktien und Nennbetragsaktien).

Der Anteil am Grundkapital für jede einzelne Stückaktie darf nicht unter 1 € liegen. Es muss in der Satzung weiter eine Bestimmung enthalten sein, ob die (Stück-)Aktien auf den Inhaber oder auf den Namen lauten (wird in der Praxis bisweilen übersehen).

e) Grundkapital und Einteilung des Grundkapitals

4.242 Dazu nachfolgend Rz. 4.245 ff.

4.243 **Muster 99: Protokoll der Hauptversammlung[143] (u. a. Satzungsänderung)**

Nr. ... der Urkundenrolle ...

Verhandelt zu Berlin am ... .

Der unterzeichnete Notar

...

mit Amtssitz in Berlin

hat sich heute, den ..., um ... Uhr in die Räume der ... AG in ... begeben, um dort auf Ersuchen des Vorstands das Protokoll über die dorthin einberufene Hauptversammlung aufzunehmen.

Es waren erschienen: ... . [→ Rz. 4.178 ff.]

Der Notar wies auf das Mitwirkungsverbot nach § 3 Abs. 1 Nr. 7 BeurkG hin. Die Erschienenen verneinten eine Vorbefassung des Notars im Sinne dieser Vorschrift.

... übernahm als Vorsitzende des Aufsichtsrats den Vorsitz der Hauptversammlung und eröffnete diese um ... Uhr. Der Vorsitzende stellte fest, dass die Hauptversammlung rechtzeitig und ordnungsgemäß einberufen war. Er legte zum Nachweis hierfür den Bundesanzeiger Nr. ... vom ... vor, in welchem auf Seite ... die Einberufung der Hauptversammlung durch folgende Bekanntmachung veröffentlicht ist: ... .

Der Vorsitzende legte ein Verzeichnis der erschienenen bzw. vertretenen Aktionäre vor der ersten Beschlussfassung zur Einsicht aus, machte dieses allen Teilnehmern zugänglich

---

142) OLG Köln DB 2000, 2465.

143) Die nachfolgenden Muster gelten für nicht börsennotierte Aktiengesellschaften; bei börsennotierten Aktiengesellschaften ist § 130 Abs. 2 S. 2 und Abs. 6 AktG zu beachten.

und gab dies auch bekannt. Danach sind insgesamt nominal ... € Aktien vertreten. Dies gab der Vorsitzende bekannt.

Der Vorsitzende gab bekannt, dass die Abstimmungen, wie in § 6 der Satzung vorgesehen, durch Abgabe von Stimmkarten durchgeführt werden.

Danach stellte der Vorsitzende die einzelnen Punkte der Tagesordnung wie folgt zur Diskussion und Beschlussfassung:

Punkt 1 der Tagesordnung

Der Vorsitzende legte den Jahresabschluss zum ... nebst Gewinn- und Verlustrechnung sowie die Berichte von Aufsichtsrat und Vorstand vor. Er gab bekannt, dass diese Unterlagen während der gesetzlich vorgeschriebenen Frist in den Geschäftsräumen der Gesellschaft zur Einsicht der Aktionäre ausgelegen haben und dass der Jahresabschluss unter Einbeziehung der Buchführung und des Geschäftsberichts des Vorstands bestimmungsgemäß von ... in ... geprüft und mit dem uneingeschränkten Prüfungsvermerk versehen worden ist. Der Jahresabschluss zum ... nebst Gewinn- und Verlustrechnung sowie die Berichte von Aufsichtsrat und Vorstand sind dieser Niederschrift als Anlage 1 beigefügt.

Der Vorsitzende gab bekannt, dass der vom Vorstand vorgelegte Jahresabschluss und Lagebericht vom Aufsichtsrat gebilligt und damit festgestellt ist.

Punkt 2 der Tagesordnung

Entsprechend dem Vorschlag von Vorstand und Aufsichtsrat beschloss die Hauptversammlung durch Abgabe von Stimmkarten mit ... Stimmen gegen ... Stimmen, den Bilanzgewinn in Höhe von ... € wie folgt zu verwenden: ... .

Der Vorsitzende stellte die Art und das Ergebnis der Abstimmung fest. Der Beschluss wurde durch den Vorsitzenden festgestellt und verkündet, nämlich dass der Beschluss angenommen/abgelehnt wurde.

Punkt 3 der Tagesordnung

In getrennten Abstimmungen beschloss die Hauptversammlung durch Abgabe von Stimmkarten mit ... Stimmen gegen ... Stimmen Aufsichtsrat und Vorstand für das Geschäftsjahr ... zu entlasten. Hierbei stimmten die jeweils betroffenen Mitglieder von Aufsichtsrat und Vorstand nicht mit.

Der Vorsitzende stellte die Art und das Ergebnis der Abstimmung fest. Der Beschluss wurde durch den Vorsitzenden festgestellt und verkündet, nämlich dass der Beschluss angenommen/abgelehnt wurde.

Punkt 4 der Tagesordnung

Der Aufsichtsrat der Gesellschaft setzt sich gemäß § 7 der Satzung aus drei Aufsichtsratsmitgliedern zusammen. Wahlen zum Aufsichtsrat: Als Vertreter der Aktionäre wählt die Hauptversammlung einstimmig durch Abgabe von Stimmkarten folgende Personen in den Aufsichtsrat: ... .

Der Vorsitzende stellte die Art und das Ergebnis der Abstimmung fest. Der Beschluss wurde durch den Vorsitzenden festgestellt und verkündet, nämlich dass der Beschluss angenommen wurde.

Punkt 5 der Tagesordnung

Die Hauptversammlung bestellt einstimmig durch Abgabe von Stimmkarten ... zum Abschlussprüfer für das Geschäftsjahr ... .

Der Vorsitzende stellte die Art und das Ergebnis der Abstimmung fest. Der Beschluss wurde durch den Vorsitzenden festgestellt und verkündet, nämlich dass der Beschluss angenommen wurde.

Punkt 6 der Tagesordnung

Auf Vorschlag des Vorstands beschließt die Hauptversammlung einstimmig durch Abgabe von Stimmkarten § ... der Satzung wie folgt zu ändern: ... .

Der Vorsitzende stellte die Art und das Ergebnis der Abstimmung fest. Der Beschluss wurde durch den Vorsitzenden festgestellt und verkündet, nämlich dass der Beschluss angenommen wurde.

Nachdem die Tagesordnung erledigt war und keine weiteren Anträge gestellt wurden, schloss der Vorsitzende die Hauptversammlung um ... Uhr.

Berlin, den ... ..., Notar L. S.

4.244 Muster 100: Anmeldung der Satzungsänderung

An das

Amtsgericht – Registergericht

... AG

HRB ...

In der Anlage überreichen wir die 1. Ausfertigung des Protokolls der Hauptversammlung vom ... (UR-Nr. .../... des Notars ...) sowie den vollständigen Wortlaut der Satzung mit Notarbescheinigung nach § 181 Abs. 1 S. 2 AktG.

Wie melden zur Eintragung in das Handelsregister an, dass § ... der Satzung geändert ist. [→ Rz. 4.221 ff.]

... (Unterschriften)

UR-Nr. .../...

Die vorstehenden Unterschriften der ... beglaubige ich öffentlich als echt und als heute vor mir eigenhändig vollzogen. Ich habe auf das Mitwirkungsverbot nach § 3 Abs. 1 Nr. 7 BeurkG hingewiesen. Die Erschienenen verneinten eine Vorbefassung des Notars in im Sinne dieser Vorschrift.

Berlin, den ... ..., Notar L. S.

E. Kapitalmaßnahmen

I. Kapitalerhöhung gegen Einlagen

1. Allgemeines

4.245 Die Kapitalerhöhung ist Satzungsänderung; es sind also die Vorschriften zur Satzungsänderung einzuhalten, soweit nicht die Vorschriften zur Kapitalerhöhung etwas anderes bestimmen.[144]

---

144) *Hüffer/Koch*, AktG, § 182 Rz. 3; *Lutter*, in: Kölner Komm. z. AktG, § 182 Rz. 3; Geßler/*Hefermehl*/ *Bungeroth*, AktG, § 182 Rz. 3.

Die Kapitalerhöhung ist ausgeschlossen, solange noch ausstehende Einlagen auf das bis- **4.246** her eingetragene Grundkapital erlangt werden können, § 182 Abs. 4 AktG. Eine Ausnahme gilt für Versicherungsgesellschaften. Ein Verstoß gegen § 182 Abs. 4 AktG stellt keinen Nichtigkeitsgrund dar, wohl aber einen Anfechtungsgrund und ein Eintragungshindernis.[145]

Eine Kapitalerhöhung im Liquidationsstadium ist zulässig, wenn die neuen Mittel der Be- **4.247** friedigung der Gläubiger dienen sollen[146] oder wenn die Fortsetzung der Gesellschaft vorbereitet werden soll.[147]

Ein vor der Liquidation gefasster Erhöhungsbeschluss kann nach dem Liquidationsbeschluss **4.248** weiter verfolgt werden. Wird er nicht weiter verfolgt, so ist der Erhöhungsbeschluss durch den Liquidationsbeschluss konkludent aufgehoben.[148]

Eine Kapitalerhöhung nach Insolvenzeröffnung ist wohl nicht zulässig.[149] **4.249**

2. HV-Beschluss und Sonderbeschluss über Kapitalerhöhung, §§ 182 f. AktG

a) Mehrheit

Die HV beschließt mit ¾-Mehrheit des vertretenen Grundkapitals oder mit der in der Sat- **4.250** zung vorgesehenen Mehrheit, die allerdings bei der geplanten Ausgabe von Vorzugsaktien ohne Stimmrecht nur eine größere Mehrheit vorsehen kann, § 182 Abs. 1 AktG. Stimmenthaltungen zählen als nicht abgegebene Stimmen.[150] Zusätzlich ist die einfache Mehrheit der abgegebenen Stimmen erforderlich, § 133 Abs. 1 AktG.

b) Sonderbeschluss

Bei Vorhandensein mehrerer Aktiengattungen (mit stimmberechtigten Aktien) ist ein Son- **4.251** derbeschluss über die Zustimmung der Aktionäre der jeweiligen Gattung notwendig, § 182 Abs. 2, § 138 AktG. Mehrheit und Verfahren: wie HV-Beschluss

c) Zwingender Inhalt des Erhöhungsbeschlusses

Der Erhöhungsbeschluss muss enthalten:[151] **4.252**

(1) Den Betrag, um den das Grundkapital erhöht wird. Ausreichend ist die Angabe eines **4.253** Mindest- und Höchstbetrags (muss schon in TOP genannt sein[152]) oder nur die Angabe eines Höchstbetrags.[153] In diesem Fall muss dann aber auch der Zeitraum festgelegt werden (ca. sechs Monate), in dem Zeichnungen vorgenommen werden können.[154] Eine suk-

---

145) *Hüffer/Koch*, AktG, § 182 Rz. 29 f.; teilweise abweichend *Lutter*, in: Kölner Komm. z. AktG, § 182 Rz. 40 f., und Großkommentar/*Wiedemann* AktG, § 182 Rz. 91 f.; Geßler/*Hefermehl/Bangert*, AktG, § 182 Erz. 94 f., die Anfechtbarkeit ablehnen, Eintragungshindernis aber bejahen.

146) BGHZ 24, 279 ff.; Geßler/*Hefermehl/Bangert*, AktG, § 182 Rz. 98.

147) *Hüffer/Koch*, AktG, § 182 Rz. 31.

148) BGHZ 24, 279 ff.; *Hüffer/Koch*, AktG, § 182 Rz. 31; Großkomm-*Wiedemann*, AktG, § 182 Rz. 93; Geßler/*Hefermehl/Bangert*, AktG, § 182 Rz. 99.

149) OLG Hamm AG 1981, 53; **a. A.** *Hüffer/Koch*, AktG, § 182 Rz. 32; Großkomm-*Wiedemann*, AktG, § 182 Rz. 96; Geßler/*Hefermehl/Bangert*, AktG, § 182 Rz. 100 f.

150) *Hüffer/Koch*, AktG, § 179 Rz. 14.

151) Vgl. *Hüffer/Koch*, AktG, § 182 Rz. 11 f.; *Lutter*, in: Kölner Komm. z. AktG, § 182 Rz. 16 ff.; Großkomm-*Wiedemann*, AktG, § 182 Rz. 55 ff.; Geßler/*Hefermehl/Bungeroth*, AktG, § 182 Rz. 51 ff.

152) OLG Frankfurt/M. AG 2005, 167.

153) RGZ 55, 65; RGZ 85, 205 ff.; OLG Hamburg AG 2000, 326 f.

154) OLG München ZIP 2009, 1954; LG Hamburg AG 1995, 92 f.; *Schüppen*, AG 2001, 125, der sich hier auch zur umstrittenen Möglichkeit der sukzessiven Durchführung der ordentlichen Kapitalerhöhung äußert.

zessive Durchführung der Kapitalerhöhung ist nicht möglich.[155] Bis zum 31.12.2001 konnte bei DM-Gesellschaften noch in DM erhöht werden, danach nicht mehr (vgl. § 3 Abs. 5 EGAktG und unten Rz. 4.416).

4.254 (2) Nennbetrag bzw. Stückzahl, Art (Inhaber- oder Namensaktien) und Gattung der Aktien (falls verschiedene Gattungen vorhanden sind). Wird eine neue Aktiengattung geschaffen, so sind gattungsbestimmende Rechte und Pflichten (z. B. Art des Vorzugs) zu beschreiben.[156]

4.255 (3) Bei Stückaktien muss sich die Zahl der Aktien im selben Verhältnis wie das Grundkapital erhöhen, § 182 Abs. 1 S. 5 AktG. Diese Regelung ist wegen § 23 Abs. 5 AktG auch nicht abdingbar.

4.256 (4) Falls der Ausgabebetrag höher sein soll als der Nennbetrag bzw. bei Stückaktien als der anteilige Betrag des Grundkapitals, ist im Beschluss als Mindest-Ausgabebetrag der Nennbetrag bzw. bei Stückaktien der anteilige Betrag des Grundkapitals anzugeben, § 182 Abs. 3 AktG. Eine Ausgabe von Aktien unter dem geringsten Ausgabebetrag ist verboten.[157] Falls kein Ausgabebetrag genannt ist, gilt Ausgabe zum Nennbetrag bzw. bei Stückaktien zum anteiligen Betrag des Grundkapitals.[158]

4.257 (5) Bei Sacheinlagen sind zusätzlich der Gegenstand, die Person, von der die Gesellschaft den Gegenstand erwirbt, und der Nennbetrag bzw. die Zahl der zu gewährenden Aktien anzugeben, § 183 Abs. 1 AktG.

4.258 (6) Bezugsrechtsausschluss: Grundsätzlich haben Alt-Aktionäre (nicht aber die Gesellschafter der Alt-Aktionäre[159]) ein Bezugsrecht bezüglich neuer Aktien gem. § 186 AktG (Anmerkung: § 186 AktG wird nicht analog angewandt auf Teilgewinnabführungsverträge[160]). Das Bezugsrecht kann aber (auch konkludent, z. B. durch Benennung der Zeichner im Kapitalerhöhungsbeschluss oder durch Überlassen der Zuteilung an den Vorstand)[161] unter folgenden Voraussetzungen ausgeschlossen werden:

– Der Ausschluss des Bezugsrechts erfordert eine ¾-Mehrheit des vertretenen Kapitals. Die Satzung kann keine niedrigere Mehrheit vorsehen, § 186 Abs. 3 AktG.

– Die Ausschließungsabsicht muss in der Ladung mit bekannt gemacht worden sein, § 186 Abs. 4 S. 1 AktG.

– Der Vorstand hat einen Bericht über den Grund des Ausschlusses (auch elektronisch) zugänglich zu machen (§ 186 Abs. 4 S. 2 AktG), dessen „wesentlicher Inhalt"[162] in der Ladung bekannt zu machen (§ 124 Abs. 2 S. 3 AktG) und analog § 175 Abs. 2 AktG in den Geschäftsräumen auszulegen bzw. auf Verlangen den Aktionären zuzusenden[163] ist.

– Der Ausschluss des Bezugsrechts muss sachlich gerechtfertigt sein, d. h. im Interesse (= Fördern des Gesellschaftszwecks im Rahmen des Unternehmensgegenstands; Kon-

---

155) OLG München ZIP 2009, 1954; KG, v. 5.8.2010 – 1 W 354/10.
156) *Hüffer/Koch*, AktG, § 182 Rz. 13.
157) *Hüffer/Koch*, AktG, § 182 Rz. 23.
158) BGHZ 33, 175 ff.; vgl. Geßler/*Hefermehl/Bungeroth*, AktG, § 182 Rz. 72 ff.
159) LG Kassel DB 2002, 1097 (n. rkr.).
160) LG Berlin DB 2000, 2466.
161) Vgl. *Hüffer/Koch*, AktG, § 186 Rz. 20; Großkomm-*Wiedemann*, AktG, § 186 Rz. 110; Geßler/*Hefermehl/Bungeroth*, AktG, § 186 Rz. 89.
162) BGH NJW 1993, 400.
163) *Hüffer/Koch*, AktG, § 186 Rz. 23; Großkomm-*Wiedemann*, AktG, § 186 Rz. 120 f.; Geßler/*Hefermehl/Bungeroth*, AktG, § 186 Rz. 102; fraglich ist, ob dies nach dem ARUG, das generell das „Zugänglichmachen" ausreichen lässt, noch so gilt.

zerninteresse reicht wohl nicht aus)[164] der Gesellschaft liegen und zur Erreichung des beabsichtigten Zwecks geeignet, erforderlich und verhältnismäßig sein.[165]

Beispiele für sachliche Rechtfertigung:

- Mitarbeiteraktien,[166]
- Sanierungszweck,[167]
- Börseneinführung,
- Zusammenarbeit mit anderer Gesellschaft,[168]
- Sacheinlage, wenn Gegenstand nicht anders erworben werden kann.[169]

- Das Bezugsrecht kann ausnahmsweise auch ohne sachliche Rechtfertigung unter den Voraussetzungen des § 186 Abs. 3 S. 4 AktG ausgeschlossen werden, nämlich wenn das Grundkapital um nicht mehr als 10 % des eingetragenen Grundkapitals in bar erhöht wird, die Aktien zum Börsenhandel zugelassen sind und der Ausgabebetrag den Börsenpreis nicht wesentlich unterschreitet (3–5 %).[170]

- Kein Bezugsrechtsausschluss liegt vor, wenn ein Emissionsunternehmen die Aktien mit der Verpflichtung übernimmt, sie den Aktionären anzubieten, § 186 Abs. 5 AktG. Dieser gesetzlich als Ausnahmefall vorgesehene Fall ist in der Praxis der Regelfall geworden!

d) Fakultativer Inhalt des Erhöhungsbeschlusses

Der Beschluss der HV kann enthalten:

4.259

- Frist zur Durchführung der Kapitalerhöhung;

- Ermächtigung des AR zur Fassungsänderung der Satzung (bezüglich Grundkapitalziffer und Einteilung des Grundkapitals); ohne diese Ermächtigung müsste HV die Satzung durch Beschluss ändern, da diese unrichtig wird, wenn die Kapitalerhöhung durchgeführt ist;[171]

- Beginn der Gewinnberechtigung der neuen Aktien;

- Vinkulierung der neuen Aktien.

e) Aufhebung und Änderung des Beschlusses

Der Kapitalerhöhungsbeschluss kann bis zur Eintragung des Erhöhungsbeschlusses mit einfacher Mehrheit aufgehoben werden (§ 133 Abs. 1 AktG), da bis zur Eintragung der Beschluss noch nicht bindend ist.[172]

4.260

---

164) *Hüffer/Koch*, AktG, § 186 Rz. 26; *Geßler/Hefermehl/Bungeroth*, AktG, § 186 Rz. 111.

165) BGHZ 125, 239 = ZIP 1994, 529 = NJW 1994, 1410, dazu EWiR 1994, 425 *(Wiedemann)*; kritisch *Bezzenberger*, ZIP 2002, 1917 ff.; *Rodloff*, ZIP 2003, 1076 ff.

166) BGH GmbHR 2000, 871; BGHZ 83, 319 = ZIP 1982, 689 = NJW 1982, 2444.

167) BGHZ 83, 319.

168) BGHZ 83, 319.

169) BGH NJW 1978, 1316.

170) Vgl. Großkomm-*Wiedemann*, AktG, § 186 Rz. 152.

171) *Hüffer/Koch*, AktG, § 182 Rz. 15; Großkomm-*Wiedemann*, AktG, § 182 Rz. 79; *Geßler/Hefermehl/Bungeroth*, AktG, § 182 Rz. 79; **a. A.** *Cahn*, AG 2001, 181 ff., der den Vorstand für berechtigt hält, die Anpassung des Satzungstexts vorzunehmen und diese Berichtigungen zur Eintragung in das Handelsregister anzumelden.

172) *Hüffer/Koch*, AktG, § 182 Rz. 16.

4.261 Nach der Eintragung des Beschlusses aber vor der Eintragung der Durchführung der Kapitalerhöhung kann der Kapitalerhöhungsbeschluss nur mit ¾-Mehrheit des vertretenen Grundkapitals aufgehoben werden, § 222 Abs. 1 AktG analog.[173]

4.262 Änderungen des Erhöhungsbeschlusses sind bis zur Eintragung der Durchführung der Kapitalerhöhung möglich, und zwar mit derselben Mehrheit wie beim Erhöhungsbeschluss.

4.263 Nach der Eintragung der Durchführung der Kapitalerhöhung kann die Erhöhung nur durch Kapitalherabsetzung rückgängig gemacht werden.

3. Anmeldung des Erhöhungsbeschlusses

4.264 Die Anmeldung erfolgt durch den Vorstand in vertretungsberechtigter Zahl und durch den AR-Vorsitzenden, § 184 AktG. Es ist keine rechtsgeschäftliche Bevollmächtigung oder Mitwirkung des Prokuristen möglich, da die nachfolgend genannten strafbewehrten (§ 399 AktG) Erklärungen abzugeben sind.[174]

4.265 In der Anmeldung ist anzugeben, welche Einlagen auf das bisherige Grundkapital noch nicht geleistet sind und warum sie nicht erlangt werden können, § 184 Abs. 1 S. 2 AktG. Falls eine Prüfung einer Sacheinlage nicht erforderlich ist (s. unten Rz. 4.289), § 183a AktG, ist eine nach § 184 Abs. 1 S. 3 AktG eingeschränkte Versicherung abzugeben.

4.266 Folgende Anlagen sind der Anmeldung beizufügen:

- HV-Protokoll (§ 130 Abs. 5 AktG),

- Eventuell erforderliche Sonderbeschlüsse (§ 182 Abs. 2 AktG),

- Bericht über die Sacheinlagenprüfung oder die in § 37a Abs. 3 AktG bezeichneten Anlagen, falls eine Sacherhöhungsprüfung nicht erforderlich ist (§ 184 Abs. 2 AktG).

4. Durchführung der Kapitalerhöhung

a) Zeichnung der neuen Aktien, § 185 AktG

4.267 Derjenige, der Aktien aus der Kapitalerhöhung erwerben will, schließt mit der Gesellschaft einen Zeichnungsvertrag ab. Sein Erwerbswillen, also sein Angebot, wird durch den schriftlichen Zeichnungsschein (unten Rz. 4.269 f.) bekundet.

4.268 Jeder Aktionär hat ein Bezugsrecht auf neue Aktien entsprechend seinem bisherigen Anteil am Grundkapital, es sei denn, das Bezugsrecht ist wirksam ausgeschlossen, § 186 AktG.

4.269 Für den Zeichnungsschein ist Schriftform erforderlich. Ein Verstoß gegen das Schriftformerfordernis führt zur unheilbaren Nichtigkeit.[175] U. U. verhält sich der Zeichner aber bei Berufung auf die fehlende Einhaltung der Schriftform treuwidrig, wenn die Durchführung der Kapitalerhöhung eingetragen ist und im Übrigen die Voraussetzungen des § 185 Abs. 3 AktG (dazu gleich näher unten Rz. 4.270) vorliegen.[176] Der Zeichnungsschein muss doppelt ausgestellt sein.

---

173) *Lutter*, in: Kölner Komm. z. AktG, § 184 Rz. 4, § 189 Rz. 3.

174) Großkomm-*Wiedemann*, AktG, § 184 Rz. 11; *Geßler/Hefermehl/Bungeroth*, AktG, § 184 Rz. 11; a. A. bezüglich Mitwirkung des Prokuristen bei unechter Gesamtvertretung *Krafka/Kühn*, Registerrecht, Rz. 1401; *Hüffer/Koch*, AktG, § 184 Rz. 3, und *Lutter*, in: Kölner Komm. z. AktG, § 184 Rz. 5.

175) Str.; vgl. *Hüffer/Koch*, AktG, § 185 Rz. 21; wohl auch *Lutter*, in: Kölner Komm. z. AktG, § 185 Rz. 51.

176) *Hüffer/Koch*, AktG, § 185 Rz. 21; Großkomm-*Wiedemann*, AktG, § 185 Rz. 58.

Der Zeichnungsschein muss enthalten: **4.270**

- die Person des Zeichners,[177]
- die Gesellschaft als Adressatin der Zeichnung,[178]
- den Tag, an dem die Erhöhung des Grundkapitals beschlossen wurde,
- die Zahl, den Nennbetrag und die Gattung der Aktien,
- den Ausgabebetrag (auch bei Sacherhöhungen)[179] und das eventuell vorgesehene zusätzliche Aufgeld,
- bei Sacheinlagen die Festsetzungen nach § 183 Abs. 1 AktG,
- den Zeitpunkt, in dem die Zeichnung unverbindlich wird: Es muss ein konkretes oder kalendermäßig bestimmbares Datum angegeben sein, das für alle Zeichner gleich sein muss.[180]

Achtung: Fehlen Angaben oder enthält der Zeichnungsschein Beschränkungen über das Unverbindlichkeitsdatum hinaus, ist die Zeichnung nichtig, § 185 Abs. 2 AktG. Allerdings tritt „Heilung" durch Eintragung der Durchführung der Kapitalerhöhung in das Register und durch Erfüllung von Verpflichtungen als Aktionär bzw. Ausübung von Aktionärsrechten ein, § 185 Abs. 3 AktG. Zusätzlich muss die Kapitalerhöhung dann noch einmal angemeldet werden.[181]

Bei Ablauf des Unverbindlichkeitsdatums im Zeichnungsschein ist bei neuer Zeichnung   **4.271**
zu beachten, dass auch eventuell bestehende zeitliche Begrenzungen zur Kapitalerhöhung im Erhöhungsbeschluss abgeändert werden.

Beschränkungen außerhalb des Zeichnungsscheins sind der Gesellschaft gegenüber un-   **4.272**
wirksam, § 185 Abs. 4 AktG.

b) Voreinzahlungen

Voreinzahlungen (vor dem Beschluss über die Kapitalerhöhung; eher wohl vor der Zeich-   **4.273**
nung) sind nur zulässig, wenn die Mittel entsprechend § 36 Abs. 2 AktG geleistet sind. Weiter müssen die Zahlungen als Vorleistung auf die Kapitalerhöhung gekennzeichnet und die Voreinzahlungen in dem Erhöhungsbeschluss und in der Anmeldung offen gelegt sein und die Geldbeträge zum Zeitpunkt des Erhöhungsbeschlusses (eher wohl Zeitpunkt der Zeichnung) noch unverbraucht zur Verfügung stehen.[182]

Voreinzahlungen auf debitorische Konten sind grundsätzlich nicht schuldbefreiend.[183]   **4.274**

---

177) *Hüffer/Koch*, AktG, § 185 Rz. 10; *Lutter*, in: Kölner Komm. z. AktG, § 185 Rz. 38; Geßler/*Hefermehl/Bungeroth*, AktG, § 185 Rz. 15.
178) RGZ 85, 284 ff.
179) Vgl. *Götze*, AG 2002, 76.
180) *Hüffer/Koch*, AktG, § 185 Rz. 14; *Lutter*, in: Kölner Komm. z. AktG, § 185 Rz. 42; Großkomm-*Wiedemann*, AktG, § 185 Rz. 21; Geßler/*Hefermehl/Bungeroth*, AktG, § 185 Rz. 30.
181) OLG Stuttgart GWR 2012, 249.
182) BGH DB 2016, 762 (für GmbH); *Lutter*, in: Kölner Komm. z. AktG, § 188 Rz. 25; GmbH Großkommentar/*Ulmer*, § 56a Rz. 23.
183) Vgl. für die GmbH BGH BB 2004, 957.

4.275 Unklar war, ob auf Konten voreingezahlte Beträge, die vor dem Erhöhungsbeschluss (eher wohl vor dem Zeitpunkt der Zeichnung) verbraucht sind, schuldbefreiend geleistet sind, wenn eine Krisensituation vorlag.[184]

4.276 Nach BGH[185] ist eine solche Leistung (unter Beachtung der sonstigen o. g. Voraussetzungen) dann tilgend, wenn die Kapitalerhöhung zum Zeitpunkt der Zahlung konkret geplant war und die Kapitalerhöhung anschließend mit aller gebotenen Beschleunigung beschlossen und durchgeführt wird (eine Beschlussfassung drei Monate nach Voreinzahlung ist zu spät[186]) und eine „akute Sanierungslage" besteht, also anders die Insolvenz nicht abgewendet werden kann.[187]

c) Ausgabe der Aktien

4.277 Erst nach der Eintragung der Durchführung der Kapitalerhöhung (unten Rz. 4.284) dürfen neue Aktien ausgegeben werden, § 191 AktG. Inhaberaktien dürfen erst nach der vollen Leistung des Ausgabebetrages ausgegeben werden, § 10 Abs. 2 AktG.

5. Anmeldung und Eintragung der Durchführung der Kapitalerhöhung und der Satzungsänderung

4.278 Die gleichzeitige Anmeldung des Kapitalerhöhungsbeschlusses und der Durchführung dieser Kapitalerhöhung ist möglich, § 188 Abs. 4 AktG (zur Bevollmächtigung und Mitwirkung des Prokuristen oben Rz. 4.264).

4.279 Die Anmeldung erfolgt durch den Vorstand in vertretungsberechtigter Zahl und durch den AR-Vorsitzenden. Die Anmeldung darf erst erfolgen, wenn der Erhöhungsbetrag vollständig gezeichnet ist.[188]

4.280 Auf jede Aktie ist bei Geldeinlagen mindestens ¼ des geringsten Ausgabebetrags und das gesamte Aufgeld (gemeint ist „echtes" Agio, also die Verpflichtung des Neuaktionärs gegenüber der Gesellschaft, nicht Verpflichtungen von Neu-Aktionären gegenüber Altaktionären[189]) zu leisten, § 188 Abs. 2, 36 Abs. 2, 36a Abs. 1 AktG.

4.281 Für Sacheinlagen gilt § 36a Abs. 2 AktG. In der Anmeldung sind die Erklärungen abzugeben, dass die Voraussetzungen der § 36 Abs. 2 und § 36a AktG erfüllt sind, §§ 188 Abs. 2, 37 Abs. 1 AktG. Zur Verwendung des Einzahlungsbetrages nach Zeichnung aber vor Anmeldung vgl. oben Rz. 3.355.

4.282 Gleichzeitig mit der Durchführung der Kapitalerhöhung ist die Änderung der unrichtig gewordenen Satzung anzumelden, wobei streitig ist, ob diesbezüglich eine Anmeldpflicht oder nur ein Anmelderecht besteht.[190]

---

184) Vgl. BGH GmbHR 1995, 113; *Werner*, GmbHR 2002, 530 ff.

185) BB 2006, 2708.

186) BGH ZIP 1995, 28 = NJW 1995, 460 f.

187) Vgl. auch *Wülfing*, GmbHR 2007, 1125 zur GmbH.

188) *Hüffer/Koch*, AktG, § 188 Rz. 4; *Lutter*, in: Kölner Komm. z. AktG, § 188 Rz. 8; *Geßler/Hefermehl/Bungeroth*, AktG, § 188 Rz. 11.

189) Vgl. *Becher*, NZG 2003, 510 ff.

190) Vgl. zum Streitstand *Schüppen*, AG 2001, 127, m. w. N., der sich hier auch zur Anmeldung bei sukzessiver Kapitalerhöhung äußert.

Folgende Anlagen sind der Anmeldung beizufügen: **4.283**

- Bankbestätigung über die Einzahlung der Bareinlage und die endgültige freie Verfügbarkeit derselben, § 188 Abs. 2 S. 1, § 37 Abs. 1 S. 3 AktG, oder falls dies nicht möglich ist, ein anderer geeigneter Nachweis,[191]

- Verträge, die den Sacheinlagen zugrunde liegen, § 188 Abs. 3 Nr. 2 AktG,

- Berechnung der Kosten,

- Zeichnungsschein(e),

- Verzeichnis der Zeichner mit Angabe der von jedem Zeichner gezeichneten Aktien und geleisteten Einlagen,

- Beschluss des AR über die Fassungsänderung der Satzung (bzgl. der Bestimmung zum Grundkapital und zur Einteilung des Grundkapitals) oder, falls ein solcher Beschluss des AR nicht vorgesehen ist, Beschluss der HV über die Änderung der Satzung (bezüglich der Bestimmung zum Grundkapital und zur Einteilung des Grundkapitals),

- Neufassung der Satzung, § 181 Abs. 1 S. 2 AktG,

- eventuell erforderlicher Sonderbeschluss.

Erst mit der Eintragung der Durchführung ist das Kapital erhöht, § 189 AktG. **4.284**

6. Sonderfall: Sachkapitalerhöhung

a) Allgemeines

Es gelten zunächst die Ausführungen zur Barkapitalerhöhung (bzgl. Beschlussfassung, **4.285** Anmeldung, Durchführung, Anmeldung der Durchführung).

Sacheinlagefähig sind alle Vermögensgegenstände, deren wirtschaftlicher Wert feststellbar **4.286** ist, z. B. Sachen, Patente, Lizenzrechte aus Sponsorenverträgen,[192] nicht aber Dienstleistungen (§ 27 AktG), Forderungen gegen Gesellschafter,[193] eigene Aktien.[194]

b) Besonderheiten

Zusätzlich ist bei der Sachkapitalerhöhung Folgendes zu beachten: **4.287**

Falls die Sacherhöhung innerhalb der ersten zwei Jahre nach der Eintragung erfolgt, liegt **4.288** eventuell ein Nachgründungstatbestand vor (oben Rz. 4.136). Daher ist neben der Sacherhöhungsprüfung (unten Rz. 4.289) u. U. auch eine Nachgründungsprüfung erforderlich.

Nach § 183 Abs. 3 AktG ist grundsätzlich eine Sacherhöhungsprüfung (u. U. neben der **4.289** Nachgründungsprüfung) durchzuführen. § 183a AktG sieht aber den Verzicht auf eine Prüfung unter den Voraussetzungen des § 33a AktG (s. oben Rz. 4.92) vor, was durch eine qualifizierte Minderheit von Aktionären nach § 183a Abs. 3 AktG durch Antrag auf Bestellung von Prüfern gerichtlich überprüft werden kann. Der Vorstand hat nach § 183a Abs. 2 AktG das Datum des Erhöhungsbeschlusses und Angaben nach § 37a Abs. 1 und 2 in den Gesellschaftsblättern bekannt zu machen. Die Durchführung der Kapitalerhöhung darf

---

191) BayObLG ZIP 2002, 1398 = AG 2002, 397.
192) BGH GmbHR 2000, 870.
193) KG GmbHR 2005, 929.
194) BGH GWR 2011, 518.

nicht vor Ablauf von vier Wochen seit der Bekanntmachung eingetragen werden (Register-sperre). Bei der Anmeldung der Durchführung der Kapitalerhöhung ist ein Nachweis über die vorgenannte Bekanntmachung vorzulegen.

4.290   Falls eine Prüfung der Sacheinlage erforderlich ist, ist zuerst vom Gericht auf Antrag des Vorstands[195] ein externer Sacherhöhungsprüfer zu bestellen, für den die § 33 Abs. 4–5, § 34, § 35 AktG (externer Gründungsprüfer) analog gelten.

4.291   Das Gericht kann vor der Bestellung eine Stellungnahme der IHK einholen. Weiter ist vor der Bestellung eine Erklärung des vorgeschlagenen Sacherhöhungsprüfers vorzulegen, dass dieser bereit ist, das Amt anzunehmen, dass keine Hinderungsgründe für seine Be-stellung bestehen, § 33 Abs. 5, § 143 Abs. 2 AktG, dass er nicht mit der Bewertung der einzubringenden Sacheinlage vorbefasst war und dass er auf Kosten- und Auslagenersatz gegenüber dem Land verzichtet. Schließlich ist ein Kostenvorschuss von 1.332 € zu zahlen.

4.292   Im Prüfungsbericht muss überprüft werden, ob der Wert der Sacheinlagen den geringsten Ausgabebetrag der für die Sacheinlage gewährten Aktien erreicht. Nach h. M. wird geprüft, ob darüber hinaus der Wert eines zusätzlich zu zahlenden Aufgeldes erreicht wird.[196]

4.293   Anzugeben ist der Gegenstand der Sacheinlage und die Bewertungsmethode.

4.294   Nach § 184 Abs. 3 AktG kann das Gericht die Eintragung nur ablehnen, wenn der Wert der Sacheinlage nicht unwesentlich hinter dem geringsten Ausgabebetrag (+ evtl. Aufgeld!) der dafür zu gewährenden Aktien zurückbleibt.[197]

c)   „Verdeckte" Sacheinlage", „Hin- und Herzahlen"

4.295   Zur „verdeckten" Sacheinlage gelten die Ausführungen zu Rz. 4.77 ff., vgl. § 183 Abs. 2 AktG.

4.296   Zum „Hin- und Herzahlen" gelten die Ausführungen zu Rz. 4.80, vgl. § 183 Abs. 2 AktG. Vgl. auch Ausführungen zum GmbH-Recht, Rz. 3.368 ff.

4.297   Eine besondere Form der (verdeckten) Sachkapitalerhöhung kann das „Schütt-aus-hol-zu-rück-Verfahren" darstellen. Hier wird die stehen gelassene oder zeitnah (= bis zu sechs Mo-nate) ausgeschüttete Dividende zur Kapitalerhöhung verwendet.

4.298   Wird die Kapitalerhöhung nicht als Erhöhung im „Schütt-aus-hol-zurück-Verfahren" be-zeichnet, liegt eine verdeckte Sacheinlage vor, für die die Regeln über die Sachkapitaler-höhung gelten.[198]

4.299   Wirtschaftlich bringt der Gesellschafter (verdeckt) seinen Gewinnanspruch ein. Wenn die Kapitalerhöhung als Erhöhung im „Schütt-aus-hol-zurück-Verfahren" offen gelegt (also

---

195) Str., vgl. *Hüffer/Koch*, AktG, § 183 Rz. 17; Großkomm-*Wiedemann*, AktG, § 183 Rz. 80; Geßler/ *Hefermehl/Bungeroth*, AktG, § 183 Rz. 86.

196) BGH NZG 2012, 69; *Hüffer/Koch*, AktG, § 183 Rz. 16; Großkomm-*Wiedemann*, AktG, § 183 Rz. 82, zu Recht mit dem Hinweis auf Art. 27 Abs. 2 S. 3 der Zweiten Kapitalrichtlinie 77/91 EWG, in der ausdrücklich von einer Prüfung des zu zahlenden „Mehrbetrages" durch den Prüfer die Rede ist.

197) BGH a. a. O.; *Hüffer/Koch*, AktG, § 183 Rz. 18; Großkomm-*Wiedemann*, AktG, § 183 Rz. 85, der zu Recht ein Redaktionsversehen in § 183 Abs. 3 S. 3 AktG a. F. annimmt, und zwar unter Hinweis auf §§ 188, 36a Abs. 2 S. 3 AktG, wonach für die Anmeldung die Einlagen nicht nur den Nennwert, son-dern auch ein evtl. zu zahlendes Aufgeld erreichen müssen; a. A. Geßler/*Hefermehl/Bungeroth*, AktG, § 183 Rz. 97 ff.

198) BGH DB 2002, 2361 f.; BGHZ 113, 335 ff. = ZIP 1991, 511 ff.

beschlossen und angemeldet) wird, gelten hingegen nach BGHZ 135, 381 ff. die Vorschriften über die Erhöhung aus Gesellschaftsmitteln analog.[199]

Muster 101: Protokoll der Hauptversammlung (ordentliche Kapitalerhöhung)   4.300

Nr. ... der Urkundenrolle ...

Verhandelt zu Berlin am ... .

Der unterzeichnete Notar

...

mit Amtssitz in Berlin

hat sich heute, den ..., um ... Uhr in die Räume der ... AG in ... begeben, um dort auf Ersuchen des Vorstands das Protokoll über die dorthin einberufene Hauptversammlung aufzunehmen.

Es waren erschienen: ... .

Der Notar wies auf das Mitwirkungsverbot nach § 3 Abs. 1 Nr. 7 BeurkG hin. Die Erschienenen verneinten eine Vorbefassung des Notars im Sinne dieser Vorschrift.

... übernahm als Vorsitzender des Aufsichtsrats den Vorsitz der Hauptversammlung und eröffnete diese um ... Uhr. Der Vorsitzende stellte fest, dass die Hauptversammlung rechtzeitig und ordnungsgemäß einberufen war. Er legte zum Nachweis hierfür den Bundesanzeiger Nr. ... vom ... vor, in welchem auf Seite ..., wie der Notar bestätigt, die Einberufung der Hauptversammlung durch folgende Bekanntmachung veröffentlicht ist: ... .

Der Vorsitzende legte das Verzeichnis der erschienenen bzw. vertretenen Aktionäre vor der ersten Beschlussfassung zur Einsicht aus, machte dieses allen Teilnehmern zugänglich und gab dies auch bekannt. Danach sind insgesamt nominal ... € Aktien vertreten. Dies gab der Vorsitzende bekannt.

Der Vorsitzende gab bekannt, dass die Abstimmungen, wie in § 6 der Satzung vorgesehen, durch Abgabe von Stimmkarten durchgeführt werden.

Danach stellte der Vorsitzende die einzelnen Punkte der Tagesordnung wie folgt zur Diskussion und Beschlussfassung: [→ Rz. 4.250 ff.]

Punkt 1 der Tagesordnung

... (Jahresabschluss)

Punkt 2 der Tagesordnung

... (Gewinnverwendung)

Punkt 3 der Tagesordnung

... (Entlastung)

Punkt 4 der Tagesordnung

... (Aufsichtsrat)

---

199) Dazu unten Rz. 4.362 ff.; vgl. auch Großkomm-*Hirte*, AktG, § 207 Rz. 8 ff.

Punkt 5 der Tagesordnung

... (Abschlussprüfer)

Punkt 6 der Tagesordnung

Der Vorsitzende erläuterte die Gründe, die es erforderlich machen, das Grundkapital von ... € um ... € auf ... € zu erhöhen.

Nach Diskussion beschließt die Hauptversammlung durch Abgabe von Stimmkarten mit ... Stimmen gegen ... Stimmen das Grundkapital von ... € um ... € auf ... € zu erhöhen, und zwar durch Ausgabe von ... auf den Namen lautender Stückaktien zum Ausgabebetrag von ... € und mit Gewinnberechtigung ab ... unter Einräumung eines mittelbaren Bezugsrechts dergestalt, dass die Aktionäre die neuen Aktien zum Kurs von ... beziehen können. Der Vorsitzende machte darauf aufmerksam, dass die neuen Aktien von ... mit der Verpflichtung übernommen werden, sie für die Aktionäre zum Bezug nach den Bedingungen des vorstehenden Beschlusses zur Verfügung zu stellen. Neue Aktien, die von den Aktionären nicht bezogen werden, werden nach den Weisungen der ... verwertet. Der aus der Veräußerung erzielte Erlös ist der Gesellschaft insoweit zu vergüten, als er über den für die Aktien gezahlten Gegenwert hinausgeht. Die durch die Ausgabe der neuen Aktien entstehenden Kosten werden von der Gesellschaft getragen.

Der Vorsitzende stellte die Art und das Ergebnis der Abstimmung fest. Der Beschluss wurde durch den Vorsitzenden festgestellt und verkündet, nämlich dass der Beschluss angenommen/abgelehnt wurde.

Punkt 7 der Tagesordnung

Es wurde durch Abgabe von Stimmkarten mit ... Stimmen gegen ... Stimmen beschlossen, § ... der Satzung (Höhe und Einteilung des Grundkapitals) wie folgt zu ändern: ... .

Der Vorsitzende stellte die Art und das Ergebnis der Abstimmung fest. Der Beschluss wurde durch den Vorsitzenden festgestellt und verkündet, nämlich dass der Beschluss angenommen/abgelehnt wurde.

Nachdem die Tagesordnung erledigt war und keine weiteren Anträge gestellt wurden, schloss der Vorsitzende die Hauptversammlung um ... Uhr.

Berlin, den ... ..., Notar L. S.

4.301 **Muster 102: Anmeldung des Beschlusses und der Durchführung der ordentlichen Kapitalerhöhung und der Satzungsänderung**

An das

Amtsgericht – Registergericht

... AG

HRB ...

Wir melden zur Eintragung in das Handelsregister an: [→ Rz. 4.278]

1. Durch Beschluss der Hauptversammlung vom ... ist das Grundkapital von ... € um ... € auf ... € erhöht.

2. Die Kapitalerhöhung ist durchgeführt.

3. Die Satzung ist entsprechend geändert in § ... .

Wir versichern, dass das bisherige Grundkapital voll eingezahlt ist. Die neuen Aktien werden zum Kurs von ... ausgegeben. Die auf jede Aktie zu leistende Einzahlung ist durch Gutschrift in Höhe von ... € auf das Konto der Gesellschaft bei der ... erfolgt. Der eingezahlte Betrag steht zur endgültigen freien Verfügung des Vorstands der Gesellschaft. Es wurde und wird nichts zurückgezahlt. Alternativ für Fälle des § 27 Abs. 4 AktG wie Rz. 3.107 bzgl. § 19 Abs. 5 GmbHG-Fall.

Als Anlagen überreichen wir:

1. Ausfertigung des Protokolls der Hauptversammlung vom ... (UR-Nr. .../... des Notars ...).

2. Zweitschrift des von ... ausgestellten Zeichnungsscheins über die Zeichnung von ... Stückaktien.

3. Vom Vorstand unterschriebenes Verzeichnis, das den Zeichner, die auf ihn entfallenden Aktien, den Ausgabebetrag und die geleisteten Zahlungen wiedergibt.

4. Berechnung der durch die Kapitalerhöhung anfallenden Kosten, die von der Gesellschaft zu tragen sind.

5. Bestätigung der ..., dass die genannte Einzahlung durch Gutschrift auf das Gesellschaftskonto erfolgt ist und dem Vorstand zur endgütigen freien Verfügung steht.

6. Vollständiger Wortlaut der Satzung mit Notarbescheinigung nach § 181 Abs. 1 S. 2 AktG.

Der Vorstand ... Der Vorsitzende des Aufsichtsrats ... (Unterschriften)

UR-Nr. .../...

Die vorstehenden Unterschriften der ... beglaubige ich öffentlich als echt und als heute vor mir eigenhändig vollzogen. Ich habe auf das Mitwirkungsverbot nach § 3 Abs. 1 Nr. 7 BeurkG hingewiesen. Die Erschienenen verneinten eine Vorbefassung des Notars im Sinne dieser Vorschrift.

Berlin, den ... ..., Notar L. S.

Muster 103: Zeichnungsschein

4.302

[→ Rz. 4.267]

Die ordentliche Hauptversammlung der ... AG hat am ... beschlossen, das Grundkapital von ... € um ... € auf ... € zu erhöhen. Die auszugebenden neuen ... auf den Namen lautenden Stückaktien sind vom ... an gewinnberechtigt. Der Ausgabekurs für die neuen Aktien beträgt ... .

Wir zeichnen ... neue Aktien zum Ausgabekurs von ... gegen Barzahlung. Die Einzahlung von ... € haben wir durch Gutschrift auf das Konto der Gesellschaft bei der ... geleistet.

Unsere Zeichnung wird unverbindlich, wenn die Durchführung der Kapitalerhöhung nicht bis zum ... in das Handelsregister eingetragen ist.

Berlin, den ... gez. ... (Unterschriften)

4.303 Muster 104: Berechnung der Kosten

Für die von der Hauptversammlung am ... beschlossene und durchgeführte Kapitalerhöhung der ... AG entstehen folgende Kosten: [→ Rz. 4.283]

1. Notar- und Gerichtskosten: ca. ... €

2. Veröffentlichungskosten: ca. ... €

3. Druck der Aktienurkunden: ca. ... €

Berlin, den ... ... (Unterschrift)

4.304 Muster 105: Verzeichnis der Zeichner

Verzeichnis der Zeichner

der ... Aktien mit Gewinnberechtigung vom ... an aus der Kapitalerhöhung vom ... der ... Aktiengesellschaft

Zeichner	Nennbetrag/geringster Ausgabebetrag oder Stückzahl der gezeichneten Aktien	Ausgabekurs [optional]	Geleistete Einzahlung (bei Sacheinlagen: geleistete Sacheinlage)
...	...	...	...
...	...	...	...
...	...	...	...
...	...	...	...
...			

Der Vorstand

II. Genehmigtes Kapital, §§ 202 ff. AktG

1. Zweck

4.305 Zweck des genehmigten Kapitals ist die erleichterte schnelle Kapitalbeschaffung durch den hierzu ermächtigten Vorstand ohne HV-Beschluss und die erleichterte Schaffung von Mitarbeiteraktien.[200]

2. Voraussetzungen für die Schaffung von genehmigten Kapital, §§ 202 ff. AktG

a) Genehmigtes Kapital als Satzungsbestandteil

4.306 Der Vorstand kann schon in der Gründungssatzung ermächtigt werden, das Kapital zu erhöhen. Die Einführung des genehmigten Kapitals ist aber auch durch Satzungsänderung möglich.

---

200) Vgl. umfassend *Ekkenga*, AG 2001, 567 ff., 615 ff.

Hierzu sind ein HV-Beschluss und eine Anmeldung mit nachfolgender Eintragung erforderlich. Die §§ 179–181 AktG gelten (oben Rz. 4.217 ff.), sofern nicht §§ 202 ff. AktG Besonderes bestimmen. **4.307**

Falls mehrere Aktiengattungen bestehen, ist gem. § 202 Abs. 2 S. 4, § 182 Abs. 2 AktG zusätzlich ein Sonderbeschluss der Aktionäre jeder Gattung notwendig, (vgl. hierzu § 138 AktG). **4.308**

Es sind auch mehrere genehmigte Kapitalia zulässig, z. B. „Genehmigtes Kapital I" für Barerhöhungen und „Genehmigtes Kapital II" bei Ausschluss des Bezugsrechts und für Sacherhöhungen. **4.309**

b) Inhalt der Satzungsermächtigung

Die Ermächtigung kann nur für höchstens fünf Jahre seit der Eintragung der Gesellschaft bzw. der Eintragung der Satzungsänderung vorgesehen werden, § 202 Abs. 1 AktG. **4.310**

Die Angabe eines konkreten Datums oder der Berechnungsgrundlagen („... von der Eintragung an zwei Jahre ...") ist erforderlich.[201] Innerhalb des Ermächtigungszeitraums muss die Kapitalerhöhung durchgeführt sein, § 203 Abs. 1, § 189 AktG. **4.311**

Die Ermächtigung muss einen bestimmten Nennbetrag enthalten, bis zu dem der Vorstand das Grundkapital erhöhen darf.[202] Dieser Nennbetrag darf bezüglich aller vorhandener genehmigter (nicht: bedingter) Kapitalia die Hälfte des zur Zeit der Ermächtigung vorhandenen Grundkapitals nicht übersteigen, § 202 Abs. 3 AktG. **4.312**

Maßgebend ist dabei der Tag der Eintragung des Grundkapitals oder der Ermächtigung. Nachfolgende Kapitalherabsetzungen schaden nicht.[203] **4.313**

Bei der Berechnung kann eine gleichzeitige Eintragung einer durchgeführten Kapitalerhöhung mitberücksichtigt werden. Bei Stückaktien muss sich die Aktienzahl im selben Verhältnis erhöhen wie das Grundkapital, § 202 Abs. 3 S. 3, § 182 Abs. 1 S. 5 AktG. **4.314**

Fakultativ kann in der Satzungsermächtigung vorgesehen sein: **4.315**

– In der Satzungsermächtigung kann die Möglichkeit der Erhöhung mit Sacheinlagen vorgesehen werden, vgl. hierzu § 205 AktG, mit analoger Anwendung des § 27 Abs. 3 AktG. Ebenfalls analog gelten § 27 Abs. 4 AktG und § 183a AktG (s. dazu Rz. 4.289), wobei anstelle des Datums des Erhöhungsbeschlusses die Entscheidung über die Ausgabe neuer Aktien gegen Sacheinlagen bekannt zu machen ist.

– Weiter kann in der Satzungsermächtigung selbst das Bezugsrecht der Aktionäre ausgeschlossen sein, § 203 Abs. 1, § 186 Abs. 3 und 4 AktG (z. B. auch bei genehmigten Kapital für Mitarbeiteraktien, § 202 Abs. 4 AktG). Nach BGHZ 136, 133 ff. muss der Bezugsrechtsausschluss (im Fall der Sachkapitalerhöhung; wohl auch bei Barkapitalerhöhung)[204] bei generell-abstrakter Beurteilung im Interesse der Gesellschaft liegen. Nicht erforderlich ist, dass der Ausschluss zur Förderung des Gesellschaftszweckes

---

201) *Hüffer/Koch*, AktG, § 202 Rz. 11; *Lutter*, in: Kölner Komm. z. AktG, § 202 Rz. 13; Großkomm-*Hirte*, AktG, § 202 Rz. 143.

202) *Hüffer/Koch*, AktG, § 202 Rz. 12; *Lutter*, in: Kölner Komm. z. AktG, § 202 Rz. 11; Großkomm-*Hirte*, AktG, § 202 Rz. 148.

203) Großkomm-*Hirte*, AktG, § 202 Rz. 148; Geßler/*Hefermehl/Bungeroth*, AktG, § 202 Rz. 14; *Scholz*, in: Münchener Handbuch des Gesellschaftsrechts, Bd. 4, § 58 Rz. 23.

204) Vgl. LG München BB 2001, 748 f., und *Bungert*, BB 2001, 742 ff.

geeignet, erforderlich und verhältnismäßig ist (es reicht z. B. ein Finanzierungsinteresse). Daher reicht es für den nach § 203 Abs. 1, § 186 Abs. 4 S. 2 AktG notwendigen Vorstandsbericht vor der HV aus, wenn der Grund für den Bezugsrechtsausschluss generell-abstrakt umschrieben wird (z. B. „Bezugsrechtsausschluss wegen Erwerb von Beteiligungen gegen Überlassung von Aktien"). Falls allerdings die Ausnutzung des genehmigten Kapitals zum Zeitpunkt der Ermächtigung auf bestimmte Investitionsvorhaben beschränkt ist, sind diese Vorhaben in dem Bericht zu erwähnen.[205] Eine erhöhte Berichtspflicht wegen des Umfangs der Kapitalerhöhung besteht nicht.[206] Die Anforderungen an den Vorstandsbericht sind weniger streng als bei ordentlicher Kapitalerhöhung.[207] Im Rahmen der Durchführung der Kapitalerhöhung ist der Vorstand verpflichtet zu prüfen, ob der Bezugsrechtsausschluss im Gesellschaftsinteresse gerechtfertigt ist. Die Vorstandsentscheidung wiederum unterliegt der Kontrolle des Aufsichtsrats, § 204 Abs. 1 S. 2 AktG.

– In der Satzung kann aber auch der Vorstand ermächtigt werden, das Bezugsrecht der Aktionäre auszuschließen, § 203 Abs. 2 AktG. Auch hier ist ein Vorstandsbericht erforderlich, der nach BGHZ 136, 133 ff. das Vorhaben nur generell-abstrakt umschreiben muss, aber nicht nur aus einer floskelhaften Aneinanderreihung von Allgemeinplätzen bestehen darf.[208] Der Vorstand muss den Bericht aber nicht unbedingt vor Ausnutzung der Ermächtigung zugänglich machen; es reicht das Zugänglichmachen nach Ausnutzung des genehmigten Kapitals.[209] Die Ermächtigung des Vorstands muss bei generell abstrakter Beurteilung im Interesse der Gesellschaft liegen, d. h. in der Satzung sind sog. „Vorratsermächtigungen" zum Bezugsrechtsausschluss (also ohne einen konkreten Anlass für die Notwendigkeit eines Ausschlusses des Bezugsrechts bei einer Kapitalerhöhung aus genehmigtem Kapital) zulässig. Allerdings muss dann der konkrete Ausschluss des Bezugsrechts durch den Vorstand (wozu kein eigener Bericht vorliegen muss)[210] zur Förderung des Gesellschaftszweckes geeignet, erforderlich und verhältnismäßig sein. Falls dem nicht so ist, stehen den Aktionären u. U. Schadensersatzansprüche gegen den Vorstand zu.[211] Die fehlerhafte Erfüllung der Berichtspflicht kann zur Anfechtbarkeit der Entlastungsbeschlüsse führen.[212]

– In der Ermächtigung kann vorgesehen werden, dass Vorzugsaktien ausgegeben werden, die den bereits bestehenden stimmrechtslosen Vorzugsaktien vorgehen oder gleichstehen, § 204 Abs. 2 AktG. Der Ermächtigungsbeschluss bedarf diesbezüglich der Zustimmung der Vorzugsaktionäre, vgl. § 141 Abs. 2 AktG.

– Die Ermächtigung kann Bestimmungen über den Inhalt der Aktienrechte und die Bedingungen der Aktienausgabe enthalten, vgl. § 204 Abs. 1 AktG, z. B. Mindestausgabebetrag.[213]

---

205) LG München BB 2001, 748 f.; *Bungert*, BB 2001, 742 ff.; *Natterer*, ZIP 2002, 1672 ff.
206) LG Heidelberg BB 2001, 1809.
207) OLG Schleswig DB 2004, 1416 ff.
208) OLG München ZIP 2002, 1580 = BB 2002, 1976.
209) OLG Frankfurt/M. BB 2003, 1971.
210) OLG Frankfurt/M. AG 2001, 268.
211) BGH a. a. O.; OLG Frankfurt/M. AG 2002, 352.
212) OLG Frankfurt/M. NZG 2011, 1030.
213) S. dazu *Rodewald*, BB 2004, 613 ff.

– In der Ermächtigung kann der Aufsichtsrat zur Satzungsänderung im Anschluss an die Ausnützung des genehmigten Kapitals ermächtigt werden, § 179 AktG, da dann die Bestimmungen zum Grundkapital und zur Einteilung des Grundkapitals unrichtig sind. Ohne diese Ermächtigung müsste die HV die Satzungsänderung beschließen.

> **Achtung:** Eine solche Ermächtigung ist sehr sinnvoll, da ohne diese Ermächtigung die HV nach Durchführung der Kapitalerhöhung die Satzung bezüglich der Bestimmungen über Grundkapital und Einteilung des Grundkapitals ändern müsste.[214]

– Die Ermächtigung kann vorsehen dass die neuen Aktien an Mitarbeiter ausgegeben werden, § 202 Abs. 4 AktG. Unter „Arbeitnehmer der Gesellschaft" sind auch Arbeitnehmer verbundener Unternehmen gemeint.[215]

c) Aufhebung und Änderung der Satzungsermächtigung, Rechtsfolgen fehlender oder fehlerhafter Ermächtigung

Die Aufhebung der Ermächtigung ist durch einfache Satzungsänderung möglich, da dies nur eine Zurückverlagerung der Kompetenz vom Vorstand auf die HV darstellt.[216] Die Änderung der Ermächtigung ist nur unter Beachtung der §§ 202 ff. AktG möglich.[217]   **4.316**

Bei fehlender oder fehlerhafter Ermächtigung ist eine Durchführung der Kapitalerhöhung nicht möglich. Selbst eine Heilung durch Eintragung kommt nach herrschender Meinung nicht in Betracht.[218]   **4.317**

3. Ausnutzung des genehmigten Kapitals

Der Vorstand entscheidet über die Ausnutzung des genehmigten Kapitals, also über die Durchführung der Kapitalerhöhung und darüber, wie viele Aktien wann ausgegeben werden, allerdings unter Berücksichtigung der Vorgaben in der Satzungsermächtigung und mit Zustimmung des Aufsichtsrats (die auch konkludent in der gemeinsamen Anmeldung der Durchführung der Kapitalerhöhung erteilt werden kann), § 204 AktG.   **4.318**

Die Entscheidung ist eine Maßnahme der Geschäftsführung, für die § 77 AktG gilt. Danach ist grundsätzlich Einstimmigkeit erforderlich. Die Satzung oder Geschäftsordnung kann aber andere Mehrheiten vorsehen.   **4.319**

Der Beschluss des Vorstands ist nicht eintragungsfähig. Weder Vorstands- noch Aufsichtsratsbeschluss können durch Anfechtungs- oder Nichtigkeitsklage angegriffen werden.[219]   **4.320**

Der AR soll der Ausgabe neuer Aktien zustimmen, § 202 Abs. 3 S. 2 AktG; diese Zustimmung kann konkludent in der Anmeldung der Durchführung der Kapitalerhöhung durch den Aufsichtsratsvorsitzenden (§ 203 Abs. 1, § 188 AktG; unten Rz. 4.327) gesehen werden. Bei Fehlen dieser Zustimmung besteht ein Eintragungshindernis. Wird die Durchführung der Kapitalerhöhung trotzdem eingetragen, ist die Kapitalerhöhung wirksam.[220]   **4.321**

---

214) *Hüffer/Koch*, AktG, § 202 Rz. 4.
215) *Lutter*, in: Kölner Komm. z. AktG, § 202 Rz. 23; Geßler/*Hefermehl/Bungeroth*, AktG, § 202 Rz. 22.
216) Vgl. Hüffer/*Koch*, AktG, § 202 Rz. 18.
217) Oben Rz. 4.306 ff.; *Lutter*, in: Kölner Komm. z. AktG, § 202 Rz. 18.
218) *Hüffer/Koch*, AktG, § 202 Rz. 19; Geßler/*Hefermehl/Bungeroth*, AktG, § 202 Rz. 21.
219) OLG Frankfurt/M. DB 2003, 709 (eventuell aber bis zur Eintragung Nichtigkeitsfeststellungsklage nach § 256 ZPO).
220) *Lutter*, in: Kölner Komm. z. AktG, § 202 Rz. 24; Geßler/*Hefermehl/Bungeroth*, AktG, § 202 Rz. 17.

4.322 Die Durchführung der Kapitalerhöhung, insbesondere der Abschluss der Zeichnungsverträge,[221] ist unzulässig, wenn noch Einlagen auf das bisherige Grundkapital ausstehen, § 203 Abs. 3 AktG (Ausnahme: Versicherungen, Mitarbeiteraktien, vgl. § 203 Abs. 4 AktG)

4.323 Bezüglich der Zeichnung der neuen Aktien gelten die § 203 Abs. 1 S. 1, § 185 AktG. Ein Zeichnungsschein ist erforderlich. Zu den Angaben im Zeichnungsschein gelten die obigen Ausführungen (Rz. 4.267 ff.).

4.324 An die Stelle des Tages der Beschlussfassung über die Kapitalerhöhung tritt der Tag der Eintragung der Ermächtigung, § 203 Abs. 1 S. 2 AktG. Zusätzlich ist der wesentliche Inhalt der Ermächtigung anzugeben.[222]

4.325 Die neuen Aktien dürfen nicht vor der Eintragung der Durchführung der Kapitalerhöhung ausgegeben werden (unten Rz. 4.333), §§ 203, 191 AktG.

4. Anmeldung und Eintragung der Durchführung der Kapitalerhöhung und der Satzungsänderung, §§ 203, 188 f., 205 AktG

4.326 Die gleichzeitige Anmeldung der Ermächtigung zur Kapitalerhöhung mit genehmigtem Kapital und der Durchführung dieser Kapitalerhöhung ist nicht möglich, da die Ermächtigung erst mit der Eintragung wirksam wird und daher vor der Durchführung angemeldet und eingetragen werden muss. Die Verweisung des § 203 Abs. 1 AktG auf § 188 Abs. 4 AktG ist insofern ein Redaktionsversehen.[223]

4.327 Die Anmeldung erfolgt durch den Vorstand in vertretungsberechtigter Zahl und durch den AR-Vorsitzenden. Die Anmeldung darf erst erfolgen, wenn der Erhöhungsbetrag vollständig gezeichnet ist.[224]

4.328 Auf jede Aktie ist bei Geldeinlagen mindestens ¼ des geringsten Ausgabebetrages und das gesamte Aufgeld zu leisten, § 203, 188 Abs. 2, § 36 Abs. 2, § 36a Abs. 1 AktG (Ausnahme: Mitarbeiteraktien; hier gilt § 204 Abs. 3 AktG). Für Sacheinlagen gilt über §§ 203, 188 Abs. 2 AktG die Vorschrift des § 36a Abs. 2 AktG.

4.329 In der Anmeldung sind die Erklärungen abzugeben, dass die Voraussetzungen der § 36 Abs. 2 und § 36a AktG erfüllt sind. Weiter ist zu erklären, welche Einlagen auf das bisherige Grundkapital noch nicht geleistet sind und warum sie nicht erlangt werden können, § 203 Abs. 3 S. 4 AktG. Der Grund für die Erforderlichkeit dieser Erklärungen besteht darin, dass die neuen Aktien nicht ausgegeben werden dürfen, solange ausstehende Einlagen auf das bisherige Grundkapital noch erlangt werden können, § 203 Abs. 3 S. 1 AktG (Ausnahme: Versicherungen, § 203 Abs. 3 S. 2 AktG; Mitarbeiteraktien, § 203 Abs. 4 AktG).

4.330 Falls bei Sacheinlagen eine Prüfung nicht erforderlich ist (§ 183a AktG), muss die Versicherung nach § 184 Abs. 1 S. 3 AktG abgegeben werden, § 205 Abs. 6 AktG.

4.331 Gleichzeitig mit der Durchführung der Kapitalerhöhung ist die Änderung der unrichtig gewordenen Satzung anzumelden, wobei streitig ist, ob diesbezüglich eine Anmeldepflicht oder nur ein Anmelderecht besteht.[225]

---

221) *Lutter*, in: Kölner Komm. z. AktG, § 203 Rz. 39.

222) Vgl. *Hüffer/Koch*, AktG, § 203 Rz. 4.

223) H. M.; vgl. *Hüffer/Koch*, AktG, § 203 Rz. 15.

224) *Hüffer/Koch*, AktG, § 203 Rz. 14.

225) Vgl. zum Streitstand *Schüppen*, AG 2001, 127, m. w. N., der sich hier auch zur Anmeldung bei sukzessiver Kapitalerhöhung äußert.

Folgende Anlagen sind der Anmeldung beizufügen: **4.332**

- Verträge und Prüfungsbericht (§ 205 Abs. 5, § 34 Abs. 3 AktG) bei Sacheinlagen. Falls eine Prüfung nach § 183a AktG entbehrlich ist (dann aber Bekanntmachung nach § 205 Abs. 5 S. 3 AktG erforderlich), müssen nach §§ 205 Abs. 6, 184 Abs. 2 die in § 37a Abs. 3 AktG bezeichneten Anlagen vorgelegt werden.

- Bankbestätigung über die Zahlung der Bareinlage und die endgültige freie Verfügbarkeit derselben,

- Berechnung der Kosten,

- Zeichnungsscheine,

- Zustimmungserklärungen des AR zur Ausgabe der Aktien (§ 202 Abs. 3 S. 2 AktG), zu den Bedingungen der Aktienausgabe (§ 204 Abs. 1 S. 2 AktG) und zu einer eventuellen Sacheinlage (§ 205 Abs. 2 S. 2 AktG),

- Verzeichnis der Zeichner mit Angabe der von jedem Zeichner gezeichneten Aktien und geleisteten Einlagen,

- Beschluss des AR zur Fassungsänderung der Satzung (bzgl. der Bestimmungen zum Grundkapital und zur Einteilung des Grundkapitals) oder falls ein solcher Beschluss des AR nicht vorgesehen ist, Beschluss der HV über die Änderung der Satzung (bzgl. der Bestimmungen zum Grundkapital und zur Einteilung des Grundkapitals),

- Neufassung der Satzung, § 181 Abs. 1 S. 2 AktG,

- eventuell erforderlicher Sonderbeschluss,

- bei Mitarbeiteraktien eventuell festgestellter Jahresabschluss mit Bestätigungsvermerk, § 204 Abs. 3 AktG und Erklärung nach § 204 Abs. 3 S. 4 i. V. m. § 210 Abs. 1 S. 2 AktG.

Erst mit der Eintragung der Durchführung ist das Kapital erhöht, § 203 Abs. 1, § 189 AktG. **4.333**

Muster 106: Protokoll der Hauptversammlung (Schaffung eines genehmigten Kapitals) **4.334**

Nr. ... der Urkundenrolle ...

Verhandelt zu Berlin am ... .

Der unterzeichnete Notar

...

mit Amtssitz in Berlin

hat sich heute, den ..., um ... Uhr in die Räume der ... AG in ... begeben, um dort auf Ersuchen des Vorstands das Protokoll über die dorthin einberufene Hauptversammlung aufzunehmen.

Es waren erschienen: ... .

Der Notar wies auf das Mitwirkungsverbot nach § 3 Abs. 1 Nr. 7 BeurkG hin. Die Erschienenen verneinten eine Vorbefassung des Notars im Sinne dieser Vorschrift.

... übernahm als Vorsitzender des Aufsichtsrats den Vorsitz der Hauptversammlung und eröffnete diese um ... Uhr. Der Vorsitzende stellte fest, dass die Hauptversammlung rechtzeitig und ordnungsgemäß einberufen war. Er legte zum Nachweis hierfür den Bundesanzeiger Nr. ... vom ... vor, in welchem auf Seite ..., wie der Notar bestätigt, die Einberufung der Hauptversammlung durch folgende Bekanntmachung veröffentlicht ist: ... .

Der Vorsitzende legte das Verzeichnis der erschienenen bzw. vertretenen Aktionäre vor der ersten Beschlussfassung zur Einsicht aus, machte dieses allen Teilnehmern zugänglich und gab dies auch bekannt. Danach sind insgesamt nominal ... € Aktien vertreten. Dies gab der Vorsitzende bekannt.

Der Vorsitzende gab bekannt, dass die Abstimmungen, wie in § 6 der Satzung vorgesehen, durch Abgabe von Stimmkarten durchgeführt werden.

Danach stellte der Vorsitzende die einzelnen Punkte der Tagesordnung wie folgt zur Diskussion und Beschlussfassung: [→ Rz. 4.306 ff.]

Punkt 1 der Tagesordnung

... (Jahresabschluss)

Punkt 2 der Tagesordnung

... (Gewinnverwendung)

Punkt 3 der Tagesordnung

... (Entlastung)

Punkt 4 der Tagesordnung

... (Aufsichtsrat)

Punkt 5 der Tagesordnung

... (Abschlussprüfer)

Punkt 6 der Tagesordnung

Der Vorsitzende erläuterte anhand des jedem Aktionär bei Betreten des Saals überreichten Berichts des Vorstands die Gründe, die es erforderlich erscheinen lassen, den Vorstand zu ermächtigen, über den Ausschluss des Bezugsrechts zu entscheiden und weshalb ein Ausgabekurs von ... für die neuen Aktien vorgeschlagen wird.

Nach Diskussion beschloss die Hauptversammlung durch Abgabe von Stimmkarten mit ... Stimmen gegen ... Stimmen § ... der Satzung wie folgt zu ergänzen:

„(...) Der Vorstand wird ermächtigt, das Grundkapital für einen Zeitraum bis zum ... [höchstens 5 Jahre seit der Eintragung des genehmigten Kapitals] um bis zu ... € [höchstens 50 % des bei Eintragung des genehmigten Kapitals eingetragenen Grundkapitals] durch einmalige oder mehrmalige Ausgabe von Stückaktien, die auf den Namen lauten, zu erhöhen (Genehmigtes Kapital), und zwar gegen Bar- oder Sacheinlage. Der Vorstand wird ermächtigt, das Bezugsrecht der Aktionäre hinsichtlich dieser Aktien auszuschließen. Über die Ausgabe der neuen Aktien, den Inhalt und die Bedingungen der Aktienrechte und die Bedingungen der Ausgabe der Aktien entscheidet der Vorstand mit Zustimmung des Aufsichtsrats."

Der Vorsitzende stellte die Art und das Ergebnis der Abstimmung fest. Der Beschluss wurde durch den Vorsitzenden festgestellt und verkündet, nämlich dass der Beschluss angenommen/abgelehnt wurde.

Punkt 7 der Tagesordnung

Die Hauptversammlung beschließt durch Abgabe von Stimmkarten mit ... Stimmen gegen ... Stimmen, dass der Aufsichtsrat ermächtigt wird, die Satzung in § ... (Höhe und Einteilung des Grundkapitals) entsprechend der Durchführung der Kapitalerhöhung gemäß der dem Vorstand erteilten Ermächtigung neu zu fassen.

Der Vorsitzende stellte die Art und das Ergebnis der Abstimmung fest. Der Beschluss wurde durch den Vorsitzenden festgestellt und verkündet, nämlich dass der Beschluss angenommen/abgelehnt wurde.

Nachdem die Tagesordnung erledigt war und keine weiteren Anträge gestellt wurden, schloss der Vorsitzende die Hauptversammlung um ... Uhr.

Berlin, den ... ..., Notar L. S.

Muster 107: Anmeldung des Beschlusses (Schaffung eines genehmigten Kapitals)   4.335

An das

Amtsgericht – Registergericht

... AG

HRB ...

In der Anlage überreichen wir die 1. Ausfertigung des Protokolls der Hauptversammlung vom ... (UR-Nr. .../... des Notars ...) und vollständigen Wortlaut der Satzung mit Bescheinigung nach § 181 Abs. 1 S. 2 AktG.

Wir melden zur Eintragung in das Handelsregister an, dass § ... der Satzung um einen Abs. ... (Schaffung eines genehmigten Kapitals) ergänzt ist.

Der Vorstand ...   (Unterschriften)

UR-Nr. .../...

Die vorstehenden Unterschriften der ... beglaubige ich öffentlich als echt und als heute vor mir eigenhändig vollzogen. Ich habe auf das Mitwirkungsverbot nach § 3 Abs. 1 Nr. 7 BeurkG hingewiesen. Die Erschienenen verneinten eine Vorbefassung des Notars im Sinne dieser Vorschrift.

Berlin, den ... ..., Notar L. S.

Muster 108: Anmeldung der Durchführung der Kapitalerhöhung bei genehmigtem   4.336
Kapital und der Änderung der Satzung

An das

Amtsgericht – Registergericht

... AG

HRB ...

Wir melden zur Eintragung in das Handelsregister an: [→ Rz. 4.326 ff.]

1.   Aufgrund der Ermächtigung des Vorstands vom ... (eingetragen im Handelsregister am ...) ist die Erhöhung des Grundkapitals mit Zustimmung des Aufsichtsrats von ... € um ... € auf ... € durchgeführt. Auf das erhöhte Grundkapital sind ... neue auf den Namen lautende Stückaktien gegen Barzahlung zum Ausgabekurs von ... ausgegeben.

2. Die Satzung ist durch Beschluss des Aufsichtsrats vom ... entsprechend geändert in § ... .

Wir versichern, dass das bisherige Grundkapital voll eingezahlt ist. Die neuen Aktien werden zum Kurs von ... ausgegeben. Die auf jede Aktie zu leistende Einzahlung ist durch Gutschrift in Höhe von ... € auf das Konto der Gesellschaft bei der ... erfolgt. Der eingezahlte Betrag steht zur endgültigen freien Verfügung des Vorstands der Gesellschaft. Es wurde und wird nichts zurückgezahlt § 19 Abs. 5 GmbHG-Fall (Alternativ für Fälle des § 27 Abs. 4 AktG wie Rz. 3.388 bzgl. § 19 Abs. 5 GmbH-Fall).

Als Anlagen überreichen wir:

1. Beschluss des Vorstands vom ... über die Kapitalerhöhung aufgrund der ihm erteilten Ermächtigung.

2. Beschluss des Aufsichtsrats vom ... über die Zustimmung zur Erhöhung des Grundkapitals, zu den Inhalten der Aktienrechte und zu den Bedingungen der Ausgabe der Aktien und über die entsprechende Satzungsänderung.

3. Zweitschrift des von ... ausgestellten Zeichnungsscheins über die Zeichnung der ... Stückaktien.

4. Vom Vorstand unterschriebenes Verzeichnis, das den Zeichner, die auf ihn entfallenden Aktien, den Ausgabebetrag und die geleisteten Zahlungen wiedergibt.

5. Berechnung der durch die Kapitalerhöhung anfallenden Kosten, die von der Gesellschaft zu tragen sind.

6. Bestätigung der ..., dass die genannte Einzahlung durch Gutschrift auf das Gesellschaftskonto erfolgt ist und dem Vorstand zur endgütigen freien Verfügung steht.

7. Vollständiger Wortlaut der Satzung mit Notarbescheinigung nach § 181 Abs. 1 S. 2 AktG.

Der Vorstand ... Der Vorsitzende des Aufsichtsrats ... (Unterschriften)

UR-Nr. .../...

Die vorstehenden Unterschriften der ... beglaubige ich öffentlich als echt und als heute vor mir eigenhändig vollzogen. Ich habe auf das Mitwirkungsverbot nach § 3 Abs. 1 Nr. 7 BeurkG hingewiesen. Die Erschienenen verneinten eine Vorbefassung des Notars im Sinne dieser Vorschrift.

Berlin, den ... ..., Notar L. S.

4.337 Muster 109: Beschluss des Vorstands über die Ausnutzung des genehmigten Kapitals

Beschluss des Vorstands über die Ausnutzung des genehmigten Kapitals [→ Rz. 4.318]

Der Vorstand der ... AG beschließt einstimmig aufgrund der ihm von der Hauptversammlung vom ... erteilten Ermächtigung (eingetragen in das Handelsregister am ...), das Grundkapital von ... € um ... € auf ... € zu erhöhen und zwar durch Ausgabe von ... auf den Namen lautender Stückaktien zum Ausgabekurs von ... und mit Gewinnberechtigung ab ... .

Das gesetzliche Bezugsrecht der Aktionäre wird aufgrund der von der Hauptversammlung erteilten Ermächtigung ausgeschlossen.

Als Gegenleistung für die Aktien sind bis zum Tag der Anmeldung der Durchführung der Kapitalerhöhung ... € auf ein Konto der Gesellschaft zur endgültigen freien Verfügung des Vorstands zu zahlen.

Die Gesellschaft trägt die Kosten der Kapitalerhöhung.

Berlin, den ...

Der Vorstand ... (Unterschriften)

Muster 110: Beschluss des Aufsichtsrats über die Ausnutzung des genehmigten Kapitals und die Änderung der Satzung 4.338

Beschluss des Aufsichtsrats über die Ausnutzung des genehmigten Kapitals und die Änderung der Satzung

Der Aufsichtsrat der ... AG beschließt einstimmig: [→ Rz. 4.315, 4.318, 4.321, 4.332]

1. Der Aufsichtsrat stimmt der Erhöhung des Grundkapitals von ... € um ... € auf ... € durch den Vorstandsbeschluss vom ... aufgrund der dem Vorstand von der Hauptversammlung vom ... erteilten Ermächtigung (eingetragen in das Handelsregister am ...) zu. Die Erhöhung soll durch Ausgabe von ... auf den Namen lautender Stückaktien zum Ausgabekurs von ... und mit Gewinnberechtigung ab ... erfolgen.

2. Aufgrund der Ermächtigung gemäß Beschluss der Hauptversammlung vom ... wird die Satzung in § ... (Höhe und Einteilung des Grundkapitals) wie folgt neu gefasst: .... .

Berlin, den ...

Der Aufsichtsrat ... (Unterschriften)

III. Bedingtes Kapital, §§ 192 ff. AktG

1. Zweck

Eine bedingte Kapitalerhöhung dient gem. § 192 Abs. 2 AktG zur Gewährung von Umtausch- oder Bezugsrechten an Gläubiger von Wandelschuldverschreibungen (der Beschluss über die Ausgabe der Wandelschuldverschreibungen sowie eine Erklärung über deren Ausgabe ist vom Vorstand in vertretungsberechtigter Zahl und vom Vorsitzenden des Aufsichtsrats beim Handelsregister zu hinterlegen und in den Gesellschaftsblättern bekannt zu machen, vgl. § 221 Abs. 2 AktG), zur Vorbereitung des Zusammenschlusses mehrerer Unternehmen oder zur Gewährung von Bezugsrechten an Arbeitnehmer und Mitglieder der Geschäftsführung (nicht: AR[226]) der Gesellschaft oder eines verbundenen Unternehmens), „Mitarbeiteraktien", „stock option plans". 4.339

Bedingtes Kapital kennt kein Bezugsrecht der Aktionäre. Daher ist kein Bezugsrechtsausschluss und Vorstandsbericht notwendig (Ausnahme: Wandelschuldverschreibungen, vgl. § 221 Abs. 4 AktG) und findet auch keine materielle Inhaltskontrolle bezüglich des Beschlusses durch das Gericht statt, jedenfalls dann nicht, wenn der Basispreis für die Aus- 4.340

---

226) Vgl. BGH BB 2004, 621; s. dazu auch *Richter*, BB 2004, 949 ff.

übung der Option den im Zeitpunkt ihrer Ausgabe bestehenden Börsenkurs nicht wesentlich unterschreitet.[227]

4.341 Außerhalb des § 192 Abs. 2 AktG gibt es **kein** bedingtes Kapital, z. B. zur Bedienung reiner Optionsrechte.[228]

2. Beschluss

a) Mehrheit

4.342 Für die bedingte Kapitalerhöhung ist ein Beschluss der HV mit einer Mehrheit von ¾ des vertretenen Grundkapitals erforderlich; die Satzung kann eine höhere Mehrheit vorsehen, § 193 Abs. 1 AktG. Zusätzlich ist die einfache Mehrheit der abgegebenen Stimmen erforderlich, § 133 Abs. 1 AktG.

b) Sonderbeschluss

4.343 Eventuell ist ein Sonderbeschluss gem. § 193 Abs. 1 S. 3, § 182 Abs. 2, 138 AktG erforderlich, wenn mehrere Aktiengattungen vorhanden sind. Hierfür ist dieselbe Mehrheit wie für den HV-Beschluss erforderlich.

c) Zwingender Inhalt des Beschlusses

4.344 Der Beschluss muss Folgendes enthalten, § 193 AktG:

- Die Tatsache, dass es sich um eine bedingte Kapitalerhöhung handelt.

- Erhöhungsbetrag, wobei es ausreicht, wenn ein Höchstbetrag genannt ist. Die Angabe eines Mindestbetrags ist unzulässig.[229] Der Nennbetrag des bedingten Kapitals darf die Hälfte des zum Zeitpunkt der Beschlussfassung eingetragenen Grundkapitals nicht übersteigen (bei Mitarbeiteraktien: 10 %), § 192 Abs. 3 AktG.

- Nennbetrag der Aktien bzw. die Zahl der Stückaktien, die Aktienart (Inhaber- oder Namensaktien) und die Aktiengattung (falls verschiedene Gattungen vorhanden sind).

- Ausgabebetrag (mindestens Nennbetrag bzw. bei Stückaktien mindestens anteiliger Betrag des Grundkapitals, § 9 Abs. 1 AktG) der Bezugsaktien und Berechnungsmethode für den Ausgabebetrag.[230] Die Angabe eines Mindestausgabebetrags ist nach § 193 Abs. 2 Nr. 3 AktG für bedingtes Kapital bei Ausgabe von Wandelschuldverschreibungen zulässig.[231]

- Zweck der bedingten Kapitalerhöhung, wobei das Registergericht diesen Zweck inhaltlich nicht kontrolliert und der Vorstand diesbezüglich auch keinen Bericht fertigen muss.[232]

- Kreis der Bezugsberechtigten: Dieser Kreis muss im Beschluss nur bestimmbar sein.

---

227) OLG Stuttgart DB 2001, 1604 ff.

228) „Naked warrants", OLG Stuttgart ZIP 2002, 1807 ff.

229) A. A. *Hüffer/Koch*, AktG, § 193 Rz. 4; vgl. auch *Lutter*, in: Kölner Komm. z. AktG, § 193 Rz. 6, der von „Unpraktikabilität" spricht; Geßler/*Hefermehl/Bungeroth*, AktG, § 193 Rz. 23.

230) Vgl. *Spiering/Grabbe* AG 2004, 91 ff.

231) A. A. vor dem ARUG KG ZIP 2008, 648 ff. und OLG Hamm ZIP 2008, 923 ff., die Bestimmung des endgültigen Ausgabebetrags oder der Berechnungsgrundlagen durch die HV verlangen.

232) Vgl. OLG Stuttgart ZIP 2001, 1367 = DB 2001, 1604, dazu EWiR 2001, 793 (*Leuering*).

– Bei Schaffung bedingten Kapitals zur Gewährung von Mitarbeiteraktien muss im Beschluss zusätzlich Folgendes enthalten sein:

  – Aufteilung der Bezugsrechte: Wer bekommt was?

  – Erfolgsziele, bei deren Erreichen die Bezugsrechte gewährt werden.

  – Erwerbszeitraum: Von wann bis wann können Bezugsberechtigte zeichnen?

  – Ausübungszeitraum: Wann kann die Option erstmals ausgeübt werden? Üblicherweise kann die Option erst nach Bekanntgabe aller relevanten Unternehmensdaten ausgeübt werden, um die Ausnutzung von Insiderwissen zu vermeiden.

  – Wartezeit für erstmalige Ausübung der Option (= mindestens vier Jahre zwischen Begründung des Bezugsrechts und erstmaliger Ausübung), § 193 Abs. 2 Nr. 4 AktG.

– Bei bedingten Kapitalerhöhungen mit Sacheinlagen (z. B. bei Unternehmenszusammenschluss) ist § 194 AktG zu beachten, mit analoger Anwendung des § 27 Abs. 3, allerdings mit der Maßgabe, dass Anrechnungs- und Bewertungszeitpunkt der Tag der Ausgabe der Bezugsaktien ist. Ebenfalls analog gelten § 183a AktG (s. hierzu Rz. 4.289) und § 27 Abs. 4 AktG („Hin- und Herzahlen").

d) Fakultativer Inhalt des Beschlusses

Der Beschluss kann enthalten: **4.345**

– Veräußerungssperren;

– Regelungen zum Verfall des Optionsrechts bei Kündigung;

– Sonderregelungen für Tod und Pensionierung;

– Aufnahme des bedingten Kapitals in die Satzung;

– Ermächtigung des Aufsichtsrats zur Satzungsänderung im Anschluss an die Ausnutzung des bedingten Kapitals, § 179 AktG, da dann die Bestimmungen zum Grundkapital und zur Einteilung des Grundkapitals unrichtig sind. Ohne diese Ermächtigung müsste die HV die erforderliche Satzungsänderung beschließen.

3. Anmeldung des Beschlusses über die bedingte Kapitalerhöhung, § 195 AktG

Die Anmeldung erfolgt durch den Vorstand in vertretungsberechtigter Zahl und durch den **4.346** AR-Vorsitzenden. Falls eine Sacheinlagenprüfung nicht erforderlich ist, muss die Versicherung nach § 184 Abs. 1 S. 3 AktG abgegeben werden, § 195 Abs. 1 S. 2 AktG.

Als Anlagen sind der Anmeldung beizufügen: **4.347**

– HV-Protokoll, § 130 Abs. 5 AktG,

– Verträge und Prüfungsbericht bei Sacheinlagen, aber nur soweit vorhanden,[233] ansonsten reicht wohl Negativattest.[234] Falls eine Prüfung nach § 183a AktG nicht erforderlich ist (wobei dann aber das Datum des Beschlusses und die Angaben nach § 37a Abs. 1 und Abs. 2 AktG bekannt gemacht werden müssen), sind die in § 37a Abs. 3 AktG bezeichneten Anlagen vorzulegen, § 195 Abs. 2 AktG.

---

233) OLG München AG 2013, 811.
234) *Drinhausen/Keinath*, BB 2011, 1738.

- Berechnung der Kosten,

- eventuell erforderlicher Sonderbeschluss,

- eventuell Neufassung der Satzung, § 181 Abs. 1 S. 2 AktG.

4. Bezugserklärung und Ausgabe der Bezugsaktien, §§ 198 ff. AktG

4.348 Das Bezugsrecht ist schriftlich auszuüben. Fehlt die Schriftform, führt dies zur unheilbaren Nichtigkeit. Die Erklärung über die Ausnutzung des Bezugsrechts erfolgt gegenüber der Gesellschaft und hat Folgendes zu enthalten (§ 198 AktG):

- Zahl und Art der bezogenen Aktien, bei Nennbetragsaktien auch den Nennbetrag der Aktien,

- Bei Ausgabe mehrerer Gattungen von Aktien die Gattung der Aktien,

- Festsetzungen nach § 193 Abs. 2 und bei Sacheinlagen nach § 194 AktG,

- Datum der Beschlussfassung über die bedingte Kapitalerhöhung,

- Die Erklärung darf weder Beschränkungen, Bedingungen noch Befristungen enthalten.[235]

4.349 Verstöße gegen diese Inhaltsvorschriften führen zur Nichtigkeit, die aber gem. § 198 Abs. 3 AktG durch Ausüben von Rechten oder Erfüllung von Pflichten als Aktionär unerheblich sein kann.

4.350 Die Aktien können erst nach Eintragung der bedingten Kapitalerhöhung und nach voller Leistung des Gegenwerts ausgegeben werden, § 197 AktG, § 199 Abs. 1 AktG. Sie dürfen nur zur Erfüllung des im Kapitalerhöhungsbeschluss genannten Zwecks ausgegeben werden.

4.351 Mit Ausgabe der Bezugsaktien ist das Grundkapital erhöht, § 200 AktG. Die Eintragung der Ausgabe der Aktien (§ 201 AktG) ist also nur deklaratorisch (Unterschied zum genehmigten Kapital!).

5. Anmeldung und Eintragung der Ausgabe von Bezugsaktien, § 201 AktG

4.352 Die Ausgabe von Bezugsaktien wird durch den Vorstand in vertretungsberechtigter Zahl (nicht durch den AR-Vorsitzenden wie bei anderen Kapitalmaßnahmen!) angemeldet, und zwar normalerweise einen Monat nach Ablauf des Geschäftsjahres, aber auch innerhalb des Geschäftsjahres.[236]

4.353 Die Anmeldenden haben zu erklären, dass die Bezugsaktien nur in Erfüllung des Zwecks der bedingten Kapitalerhöhung und erst nach voller Erfüllung der Gegenleistung ausgegeben wurden, § 201 Abs. 3 AktG.

4.354 Als Anlagen sind der Anmeldung beizufügen:

- Zweitschriften der Bezugserklärungen;

- Verzeichnis der Personen (mit Zahl der Aktien und der geleisteten Einlagen bzw. bei Umtauschrechten Zahl und Nennbetrag der eingereichten Urkunden), die Bezugsrecht ausgeübt haben;

---

235) *Hüffer/Koch*, AktG, § 198 Rz. 11; *Lutter*, in: Kölner Komm. z. AktG, § 198 Rz. 14; Geßler/*Hefermehl/ Bangert*, AktG, § 198 Rz. 37 f.

236) *Krafka/Kühn*, Registerrecht, Rz. 1515; *Hüffer/Koch*, AktG, § 201 Rz. 3; **a. A. (zum alten Recht)** *Lutter*, in: Kölner Komm. z. AktG, § 201 Rz. 2; Geßler/*Hefermehl/Bangert*, AktG, § 201 Rz. 4.

- ein neuer Satzungswortlaut (§ 181 Abs. 1 S. 2 AktG) ist nur dann erforderlich, wenn die Satzung in Grundkapitalziffer und Aufteilung des Grundkapitals geändert wurde, was erst nach Ende des Bezugszeitraums oder nach Ausübung aller Bezugsrechte der Fall ist.[237] Gegebenenfalls ist der Beschluss des AR über die Änderung der Fassung der Satzung beizufügen.

- Verträge und Prüfungsbericht bei Sacheinlagen, falls diese noch nicht vorher bei der Anmeldung des Beschlusses eingereicht wurden; die Werthaltigkeit prüft aber der Vorstand vor oder mit Ausgabe der Aktien.[238]

Die Eintragung der Ausgabe von Bezugsaktien ist nur deklaratorisch (Unterschied zum genehmigten Kapital!), da die Erhöhung bereits mit Ausgabe der Bezugsaktien wirksam wird, § 200 AktG.   **4.355**

Muster 111: Protokoll der Hauptversammlung (bedingtes Kapital)   **4.356**

Nr. ... der Urkundenrolle ...

Verhandelt zu Berlin am ... .

Der unterzeichnete Notar

...

mit Amtssitz in Berlin

hat sich heute, den ..., um ... Uhr in die Räume der ... AG in ... begeben, um dort auf Ersuchen des Vorstands das Protokoll über die dorthin einberufene Hauptversammlung aufzunehmen.

Es waren erschienen: ... .

Der Notar wies auf das Mitwirkungsverbot nach § 3 Abs. 1 Nr. 7 BeurkG hin. Die Erschienenen verneinten eine Vorbefassung des Notars im Sinne dieser Vorschrift.

... übernahm als Vorsitzender des Aufsichtsrats den Vorsitz der Hauptversammlung und eröffnete diese um ... Uhr. Der Vorsitzende stellte fest, dass die Hauptversammlung rechtzeitig und ordnungsgemäß einberufen war. Er legte zum Nachweis hierfür den Bundesanzeiger Nr. ... vom ... vor, in welchem auf Seite ..., wie der Notar bestätigt, die Einberufung der Hauptversammlung durch folgende Bekanntmachung veröffentlicht ist: ... .

Der Vorsitzende legte das Verzeichnis der erschienenen bzw. vertretenen Aktionäre vor der ersten Beschlussfassung zur Einsicht aus, machte dieses allen Teilnehmern zugänglich und gab dies auch bekannt. Danach sind insgesamt nominal ... € Aktien vertreten. Dies gab der Vorsitzende bekannt.

Der Vorsitzende gab bekannt, dass die Abstimmungen, wie in § 6 der Satzung vorgesehen, durch Abgabe von Stimmkarten durchgeführt werden.

Danach stellte der Vorsitzende die einzelnen Punkte der Tagesordnung wie folgt zur Diskussion und Beschlussfassung: [→ Rz. 4.342 ff.]

---

237) *Hüffer/Koch*, AktG, § 201 Rz. 5; a. A. *Geßler/Hefermehl/Bangert*, AktG, § 201 Rz. 13, der eine Pflicht zur Einreichung eines neuen Satzungswortlauts verneint, da § 407 Abs. 2 AktG auch im Fall des § 201 AktG die Erzwingung der Anmeldung der Satzungsänderung ausschließen würde.

238) Vgl. *Schwartkopff/Hoppe*, NZG 2014, 378 und *Drinhausen/Keinath*, BB 2011, 1741.

Punkt 1 der Tagesordnung

... (Jahresabschluss)

Punkt 2 der Tagesordnung

... (Gewinnverwendung)

Punkt 3 der Tagesordnung

... (Entlastung)

Punkt 4 der Tagesordnung

... (Aufsichtsrat)

Punkt 5 der Tagesordnung

... (Abschlussprüfer)

Punkt 6 der Tagesordnung

Der Vorstand schlägt vor, folgenden Beschluss zu fassen:

„Es wird eine mit jährlich ... % verzinsliche Wandelschuldverschreibung im Nennbetrag von ... € ausgegeben, Die Bedingungen der Ausgabe und des Umtauschs der Wandelschuldverschreibung in Aktien lauten wie folgt: ... ."

Nach Diskussion stimmte die Hauptversammlung durch Abgabe von Stimmkarten mit ... Stimmen gegen ... Stimmen dem vorgenannten Beschlussvorschlag zu.

Der Vorsitzende stellte die Art und das Ergebnis der Abstimmung fest. Der Beschluss wurde durch den Vorsitzenden festgestellt und verkündet, nämlich dass der Beschluss angenommen/abgelehnt wurde.

Punkt 7 der Tagesordnung

Der Vorsitzende erläuterte folgenden Beschlussvorschlag: Das Grundkapital der Gesellschaft wird von ... € um bis zu ... € auf bis zu ... € durch Ausgabe von bis zu ... auf den Namen lautenden Stückaktien mit Gewinnberechtigung ab dem ... zum Zwecke der Gewährung von Umtauschrechten an die Gläubiger der ... %igen Wandelschuldverschreibung vom ... bedingt erhöht. Als Ausgabebetrag sind für eine neue auf den Namen lautende Stückaktie ... Wandelschuldverschreibungen unter Zuzahlung von ... vorgesehen. Die bedingte Kapitalerhöhung erfolgt in dem Umfang, wie von dem Umtauschrecht Gebrauch gemacht wird. Der Vorstand wird ermächtigt, mit Zustimmung des Aufsichtsrats weitere Einzelheiten der bedingten Kapitalerhöhung und ihrer Durchführung festzusetzen. Nach Diskussion stimmte die Hauptversammlung durch Abgabe von Stimmkarten mit ... Stimmen gegen ... Stimmen dem vorgenannten Beschluss zu. Der Vorsitzende stellte Art und Ergebnis der Abstimmung fest. Der Beschluss wurde durch den Vorsitzenden festgestellt und verkündet, nämlich dass der Beschluss angenommen/abgelehnt wurde.

Punkt 8 der Tagesordnung

Der Vorsitzende erläuterte folgende Vorschläge:

a. § ... der Satzung wird wie folgt ergänzt:

„Das Grundkapital der Gesellschaft wird von ... € um bis zu ... € auf bis zu ... € durch Ausgabe von bis zu ... auf den Namen lautenden Stückaktien mit Gewinnberechtigung ab dem ... zum Zwecke der Gewährung von Umtauschrechten an die Gläubiger der ... %igen Wandelschuldverschreibung vom ... bedingt erhöht. Die bedingte Kapitalerhöhung wird nur soweit durchgeführt, als die Gläubiger der Wandelschuldverschreibung vom ... von ihrem Umtauschrecht Gebrauch machen."

b. Der Aufsichtsrat wird ermächtigt, die Satzung in § ... (Höhe und Einteilung des Grundkapitals) entsprechend dem Umfang der Ausgabe von Bezugsaktien zu ändern.

Nach Diskussion stimmte die Hauptversammlung durch Abgabe von Stimmkarten mit ... Stimmen gegen ... Stimmen den vorgenannten Vorschlägen zu.

Der Vorsitzende stellte die Art und das Ergebnis der Abstimmung fest. Der Beschluss wurde durch den Vorsitzenden festgestellt und verkündet, nämlich dass der Beschluss angenommen/abgelehnt wurde.

Nachdem die Tagesordnung erledigt war und keine weiteren Anträge gestellt wurden, schloss der Vorsitzende die Hauptversammlung um ... Uhr.

Berlin, den ... ..., Notar L. S.

Muster 112: Anmeldung des Beschlusses (bedingtes Kapital)   4.357

An das

Amtsgericht – Registergericht –

... AG

HRB ...

In der Anlage überreichen wir die 1. Ausfertigung des Protokolls der Hauptversammlung vom ... (UR-Nr. .../... des Notars ...), Berechnung der Kosten, die der Gesellschaft durch Ausgabe der Bezugsaktien entstehen, und vollständigen Wortlaut der Satzung mit Bescheinigung nach § 181 Abs. 1 S. 2 AktG.

Wir hinterlegen hiermit den Beschluss über die Ausgabe der Wandelschuldverschreibung beim Handelsregister.

Das bisherige Grundkapital ist voll eingezahlt.

Wir melden zur Eintragung in das Handelsregister an, dass die Hauptversammlung vom ... die bedingte Erhöhung des Grundkapitals um bis zu ... € und die Ergänzung des § ... der Satzung um einen Abs ... (Schaffung eines bedingten Kapitals) beschlossen hat. [→ Rz. 4.346 f.]

... ... (Unterschriften)

Der Vorstand   Der Vorsitzende des Aufsichtsrats

UR-Nr. .../...

Die vorstehenden Unterschriften der ... beglaubige ich öffentlich als echt und als heute vor mir eigenhändig vollzogen. Ich habe auf das Mitwirkungsverbot nach § 3 Abs. 1 Nr. 7 BeurkG hingewiesen. Die Erschienenen verneinten eine Vorbefassung des Notars im Sinne dieser Vorschrift.

Berlin, den ... ..., Notar L. S.

4.358 Muster 113: Bezugserklärung

Bezugserklärung [→ Rz. 4.348]

Die ordentliche Hauptversammlung der ... AG ... hat am ... beschlossen, das Grundkapital von ... € um ... € auf ... € durch Ausgabe von auf den Namen lautenden Stückaktien mit Gewinnberechtigung ab dem ... zum Zwecke der Gewährung von Umtauschrechten nach Maßgabe der in dem Beschluss genannten Bedingungen an die Gläubiger der ... %igen Wandelschuldverschreibung vom ... bedingt zu erhöhen. Nur die Gläubiger der Wandelschuldverschreibung sind bezugsberechtigt.

Wir zeichnen und übernehmen ... neue Aktien zum Ausgabekurs von ... gegen ... %ige Wandelschuldverschreibung vom ... der vorgenannten Gesellschaft und Zuzahlung von ...

Berlin, den ... ... (Unterschriften)

4.359 Muster 114: Beschluss des Aufsichtsrats über die Änderung der Satzung bei Ausnutzung des bedingten Kapitals

Beschluss

Der Aufsichtsrat der ... AG beschließt einstimmig: [→ Rz. 4.345]

Aufgrund der Ermächtigung gemäß Beschluss der Hauptversammlung vom ... wird die Satzung in § ... (Höhe und Einteilung des Grundkapitals) wie folgt neu gefasst: ... .

Berlin, den ... ... (Unterschriften)

4.360 Muster 115: Verzeichnis der Person, die das Bezugsrecht ausgeübt haben

**Verzeichnis der Personen,
die das Bezugsrecht ausgeübt haben [→ Rz. 4.354]**

Personen	Auf den Aktionär entfallende Aktien	Geleistete Einlagen bzw. bei Umtauschrechten Zahl und Nennbetrag der eingereichten Urkunden und eventuelle Zuzahlung
...	...	...
...	...	...
...	...	...
...	...	...

Berlin, den ...

Der Vorstand ... (Unterschriften)

Muster 116: Anmeldung der Ausgabe von Bezugsaktien und der Änderung der   4.361
Satzung

An das

Amtsgericht – Registergericht –

... AG

HRB ...

Wir melden binnen eines Monats nach Ablauf des Geschäftsjahrs gemäß § 201 AktG zur Eintragung in das Handelsregister an: [→ Rz. 4.352 ff.]

1. Aufgrund der am ... beschlossenen und am ... eingetragenen bedingten Kapitalerhöhung um bis zu ... € sind in dem am ... abgelaufenen Geschäftsjahr Bezugsaktien im Gesamtbetrag von ... € ausgegeben worden.

2. Die Satzung ist durch Beschluss des Aufsichtsrats vom ... entsprechend geändert in § ... (Höhe und Einteilung des Grundkapitals) [nur bei Ausübung aller Bezugsrechte oder nach Ende des Bezugszeitraums].

Wir versichern, dass die Bezugsaktien nur in Erfüllung des im Beschluss über die bedingte Kapitalerhöhung festgesetzten Zwecks und nicht vor der vollen Leistung des Gegenwerts, der sich aus dem Beschluss ergibt, ausgegeben worden sind.

Als Anlagen überreichen wir:

1. Beschluss des Aufsichtsrats vom ...,

2. Doppel der Bezugserklärung,

3. vom Vorstand unterschriebenes Verzeichnis der Personen, die das Bezugsrecht ausgeübt haben.

4. Vollständiger Wortlaut der Satzung mit Notarbescheinigung nach § 181 Abs. 1 S. 2 AktG.

Der Vorstand ... (Unterschriften)

UR-Nr. .../...

Die vorstehenden Unterschriften der ... beglaubige ich öffentlich als echt und als heute vor mir eigenhändig vollzogen. Ich habe auf das Mitwirkungsverbot nach § 3 Abs. 1 Nr. 7 BeurkG hingewiesen. Die Erschienenen verneinten eine Vorbefassung des Notars im Sinne dieser Vorschrift.

Berlin, den ... ..., Notar L. S.

IV. Kapitalerhöhung aus Gesellschaftsmitteln

1. Zweck, Allgemeines

Zweck der Kapitalerhöhung aus Gesellschaftsmitteln ist u. a. die Zuwendung von neuen   4.362
Aktien an die Aktionäre ohne Einsatz von Liquidität. Sie ist auf Änderung der Satzung gerichtet.[239]

---

239) *Hüffer/Koch*, AktG, § 207 Rz. 8; *Lutter*, in: Kölner Komm. z. AktG, § 207 Rz. 4; *Geßler/Hefermehl/Bangert*, AktG, § 207 Rz. 5.

4.363 Die Kapitalerhöhung aus Gesellschaftsmitteln wird mit der Eintragung des Beschlusses wirksam, § 211 AktG, d. h. es sind weder Durchführungsmaßnahmen noch Zeichnungen notwendig. Nach der Eintragung können die Aktionäre die Aktien abholen, falls neue Aktien ausgegeben werden (§§ 214, 219 AktG).

4.364 Man kann nicht in einem Beschluss Kapitalerhöhung gegen Einlagen und Kapitalerhöhung aus Gesellschaftsmitteln beschließen. Getrennte Beschlüsse sind aber möglich.[240]

2. Voraussetzungen

4.365 Nach § 207 Abs. 2, § 182 Abs. 1 AktG analog ist ein HV-Beschluss erforderlich. Für diesen ist eine ¾-Mehrheit des vertretenen Grundkapitals oder die in der Satzung vorgesehene Mehrheit erforderlich, die auch bei Bestehen von Vorzugsaktien niedriger als 75 % sein kann; § 182 Abs. 1 S. 2 AktG ist insoweit nicht anwendbar.[241]

4.366 Weiter ist zusätzlich die einfache Mehrheit der abgegebenen Stimmen erforderlich, § 133 Abs. 1 AktG.

4.367 Der HV-Beschluss muss enthalten:

- Die Art der Erhöhung, § 207 Abs. 2 AktG: Bei voll eingezahlten Nennbetragsaktien erfolgt die Erhöhung durch Ausgabe neuer Aktien, § 207 Abs. 2, § 182 Abs. 1 S. 4 AktG (ausnahmsweise bei Bestehen von voll- und teileingezahlten Nennbetragsaktien alternativ auch durch Erhöhung des Nennbetrags, § 215 Abs. 2 S. 3 AktG), bei teileingezahlten Nennbetragsaktien nur durch Erhöhung des Nennbetrags, § 215 Abs. 2 S. 2 AktG. Bei Stückaktien müssen keine neuen Aktien ausgegeben werden, § 207 Abs. 2 S. 2 AktG.

- Es ist ein exakter Erhöhungsbetrag anzugeben. Die Angabe eines Höchstbetrags („bis zu …") ist nicht zulässig.[242]

- Der Beschluss muss angeben, dass die Erhöhung durch Umwandlung von Rücklagen, die genau zu bezeichnen sind, erfolgt.[243]

- Der Beschluss muss angeben, auf welcher Bilanz die Umwandlung der Rücklagen beruht, § 207 Abs. 3 AktG.

4.368 Der Beschluss ist auch auf die Änderung der Satzung bezüglich Grundkapital und Einteilung des Grundkapitals gerichtet.[244]

4.369 **Achtung:** Bei Kapitalerhöhung aus Gesellschaftsmitteln erhöht sich bedingtes Kapital automatisch, § 218 AktG. Auch diesbezüglich muss die Satzung geändert werden.[245]

---

240) *Hüffer/Koch*, AktG, § 207 Rz. 6, 7; *Geßler/Hefermehl/Bangert*, AktG, § 207 Rz. 35; kritisch Großkomm-*Hirte*, AktG, § 207 Rz. 143 ff.; a. A. *Lutter*, in: Kölner Komm. z. AktG, § 207 Rz. 22.

241) *Hüffer/Koch*, AktG, § 207 Rz. 9 f.; *Lutter*, in: Kölner Komm. z. AktG, § 207 Rz. 5; Großkomm-*Hirte*, AktG, § 207 Rz. 112; *Geßler/Hefermehl/Bangert*, AktG, § 207 Rz. 13, 15; a. A. *Krafka/Kühn*, Registerrecht, Rz. 1432.

242) *Hüffer/Koch*, AktG, § 207 Rz. 12; a. A. Großkomm-*Hirte*, AktG, § 207 Rz. 119.

243) *Hüffer/Koch*, AktG, § 207 Rz. 12a; Großkomm-*Hirte*, AktG, § 207 Rz. 122.

244) *Balser*, Rz. 371; *Hüffer/Koch*, AktG, § 207 Rz. 8.

245) Großkomm-*Hirte*, AktG, § 207 Rz. 135; *Geßler/Hefermehl/Bangert*, AktG, § 207 Rz. 23; *Hüffer/Koch*, AktG, § 218 Rz. 3, und *Lutter*, in: Kölner Komm. z. AktG, § 218 Rz. 4, lassen Berichtigungsantrag durch Vorstand in vertretungsberechtigter Zahl ausreichen.

Dem Beschluss ist eine Bilanz zugrunde zu legen, § 207 Abs. 3, § 209 AktG. Ohne ord- **4.370** nungsgemäße Bilanz ist der Beschluss nichtig.[246] Es kann die letzte Jahresbilanz (§ 209 Abs. 1 AktG) oder eine besondere Erhöhungsbilanz (§ 209 Abs. 2 AktG) verwendet werden.

Der Stichtag der Bilanz darf höchstens acht Monate vor der Anmeldung des Beschlusses **4.371** liegen, § 210 Abs. 2, § 209 AktG. Ein uneingeschränkter Bestätigungsvermerk und eine Prüfung nach §§ 316 ff. HGB sind erforderlich.

Die Bilanz für das letzte Geschäftsjahr bzw. die besondere Erhöhungsbilanz[247] muss fest- **4.372** gestellt sein, § 209 Abs. 1 AktG, und zwar in der Regel vom Aufsichtsrat, vgl. §§ 172 f. AktG.

Umwandlungsfähig sind Kapitalrücklage und gesetzliche Rücklage, soweit sie zusammen **4.373** 10 % oder den durch die Satzung bestimmten höheren Teil des eingetragenen Grundkapitals übersteigen, § 208 Abs. 1 AktG.

Gewinnrücklagen sind in voller Höhe umwandlungsfähig, es sei denn, die Gewinnrück- **4.374** lagen sind zweckbestimmt und die Umwandlung verstößt gegen diesen Zweck, § 208 Abs. 2 S. 2 AktG. Ein Verstoß gegen einen bestimmten Zweck läge z. B. bei Umwandlung von Rücklagen für soziale Zwecke oder Werbemaßnahmen oder bei Umwandlung von Dividendenergänzungsrücklagen vor, nicht aber bei Umwandlung von Werkerhaltungs-, -erweiterungs- und -erneuerungsrücklagen, da bei letzteren die Verwendung der Rücklagen zu einem aktivierungsfähigen Wirtschaftsgut führen würde.[248]

Eine Umwandlung der oben genannten Rücklagen ist nicht zulässig, soweit in der Bilanz ein **4.375** Verlust oder ein Verlustvortrag ausgewiesen ist, § 208 Abs. 2 S. 1 AktG. Umwandlungsfähige Rücklagen sind daher um den ausgewiesenen Verlust bzw. Verlustvortrag zu kürzen.

3. Anmeldung

Anmeldeverpflichtet sind der Vorstand in vertretungsberechtigter Zahl und der Vorsitzende **4.376** des AR, § 207 Abs. 2, § 184 Abs. 1 AktG.

Die Anmeldenden haben zu erklären, dass nach ihrer Kenntnis seit dem Stichtag der **4.377** zugrunde gelegten Bilanz bis zum Tag der Anmeldung keine Vermögensminderung eingetreten ist, die der Kapitalerhöhung entgegenstünde, wenn sie am Tag der Anmeldung beschlossen worden wäre, § 210 Abs. 1 S. 2 AktG.

Als Anlagen sind der Anmeldung beizufügen: **4.378**

– HV-Protokoll (§ 130 Abs. 5 AktG),

– neuer Satzungswortlaut mit Notarbescheinigung, § 181 Abs. 1 S. 2 AktG,

– Bilanz.

Die Eintragung ist konstitutiv, § 211 AktG. Die neuen Aktien stehen den Aktionären ent- **4.379** sprechend ihrer ursprünglichen Beteiligung zu; eine abweichende Regelung durch – auch einstimmigen – Beschluss der HV ist nichtig, § 212 AktG.

---

246) BayObLG ZIP 2002, 1398.
247) Str.; vgl. *Hüffer/Koch*, AktG, § 209 Rz. 11, und Großkomm-*Hirte*, AktG, § 209 Rz. 37, die Prüfung und Billigung der besonderen Erhöhungsbilanz durch den Aufsichtsrat (analog § 171 Abs. 1 AktG) verlangen.
248) *Hüffer/Koch*, AktG, § 208 Rz. 2, 8; *Lutter*, in: Kölner Komm. z. AktG, § 208 Rz. 18; Großkomm-*Hirte*, AktG, § 208 Rz. 49 f.; Geßler/*Hefermehl/Bungeroth*, AktG, § 208 Rz. 36.

4.380 Muster 117: Protokoll der Hauptversammlung (Kapitalerhöhung aus Gesellschaftsmitteln)

Nr. ... der Urkundenrolle ...

Verhandelt zu Berlin am ...

Der unterzeichnete Notar

...

mit Amtssitz in Berlin

hat sich heute, den ..., um ... Uhr in die Räume der ... AG in ... begeben, um dort auf Ersuchen des Vorstands das Protokoll über die dorthin einberufene Hauptversammlung aufzunehmen.

Es waren erschienen: ... .

Der Notar wies auf das Mitwirkungsverbot nach § 3 Abs. 1 Nr. 7 BeurkG hin. Die Erschienenen verneinten eine Vorbefassung des Notars im Sinne dieser Vorschrift.

... übernahm als Vorsitzender des Aufsichtsrats den Vorsitz der Hauptversammlung und eröffnete diese um ... Uhr. Der Vorsitzende stellte fest, dass die Hauptversammlung rechtzeitig und ordnungsgemäß einberufen war. Er legte zum Nachweis hierfür den Bundesanzeiger Nr. ... vom ... vor, in welchem auf Seite ..., wie der Notar bestätigt, die Einberufung der Hauptversammlung durch folgende Bekanntmachung veröffentlicht ist: ... .

Der Vorsitzende legte das Verzeichnis der erschienenen bzw. vertretenen Aktionäre vor der ersten Beschlussfassung zur Einsicht aus, machte dies allen Teilnehmern zugänglich und gab dies auch bekannt. Danach sind insgesamt nominal ... € Aktien vertreten. Dies gab der Vorsitzende bekannt.

Der Vorsitzende gab bekannt, dass die Abstimmungen, wie in § 6 der Satzung vorgesehen, durch Abgabe von Stimmkarten durchgeführt werden.

Danach stellte der Vorsitzende die einzelnen Punkte der Tagesordnung wie folgt zur Diskussion und Beschlussfassung: [→ Rz. 4.365 ff.]

Punkt 1 der Tagesordnung

Der Vorsitzende legte den Jahresabschluss zum 31.12. ... nebst Gewinn- und Verlustrechnung sowie die Berichte von Aufsichtsrat und Vorstand vor. Er gab bekannt, dass dies Unterlagen während der gesetzlich vorgeschriebenen Frist in den Geschäftsräumen der Gesellschaft zur Einsicht der Aktionäre ausgelegen haben und dass der Jahresabschluss unter Einbeziehung der Buchführung und des Geschäftsberichts des Vorstands bestimmungsgemäß von ... in ... geprüft und mit dem uneingeschränkten Prüfungsvermerk versehen worden ist. Der vom Aufsichtsrat gebilligte Jahresabschluss zum 31.12. ... nebst Gewinn- und Verlustrechnung sowie die Berichte von Aufsichtsrat und Vorstand sind dieser Niederschrift als Anlage 1 beigefügt.

Punkt 2 der Tagesordnung

... (Gewinnverwendung)

Punkt 3 der Tagesordnung

... (Entlastung)

Punkt 4 der Tagesordnung

... (Aufsichtsrat)

Punkt 5 der Tagesordnung

... (Abschlussprüfer)

Punkt 6 der Tagesordnung

Der Vorsitzende erläuterte die Gründe, die es erforderlich erscheinen lassen, das Grundkapital aus Gesellschaftsmitteln von ... € um ... € auf ... € zu erhöhen.

Nach Diskussion beschloss die Hauptversammlung durch Abgabe von Stimmkarten mit ... Stimmen gegen ... Stimmen das Grundkapital von ... € auf ... € aus Gesellschaftsmitteln zu erhöhen, und zwar durch Umwandlung eines Teilbetrags von ... € der in dem Jahresabschluss zum 31.12. ... ausgewiesenen Kapitalrücklage und von ... € der in dem Jahresabschluss zum 31.12. ... ausgewiesenen Gewinnrücklage von ... €. Da nur Stückaktien vorhanden sind, ist eine Ausgabe neuer Aktien nicht erforderlich.

Der Vorsitzende stellte die Art und das Ergebnis der Abstimmung fest. Der Beschluss wurde durch den Vorsitzenden festgestellt und verkündet, nämlich dass der Beschluss angenommen/abgelehnt wurde.

Punkt 7 der Tagesordnung

Es wurde durch Abgabe von Stimmkarten mit ... Stimmen gegen ... Stimmen beschlossen § ... der Satzung (Höhe und Einteilung des Grundkapitals) wie folgt zu ändern: ... .

Der Vorsitzende stellte die Art und das Ergebnis der Abstimmung fest. Der Beschluss wurde durch den Vorsitzenden festgestellt und verkündet, nämlich dass der Beschluss angenommen/abgelehnt wurde.

Nachdem die Tagesordnung erledigt war und keine weiteren Anträge gestellt wurden, schloss der Vorsitzende die Hauptversammlung um ... Uhr.

Berlin, den ... ..., Notar L. S.

Muster 118: Anmeldung des Beschlusses über die Kapitalerhöhung aus Gesellschaftsmitteln 4.381

An das

Amtsgericht – Registergericht –

... AG

HRB ...

Wir melden zur Eintragung in das Handelsregister an: [→ Rz. 4.376 ff.]

1. Durch Beschluss der Hauptversammlung vom ... ist das Grundkapital aus Gesellschaftsmitteln von ... € um ... € auf ... € erhöht.

2. Die Satzung ist entsprechend geändert in § ... (Höhe und Einteilung des Grundkapitals).

Wir erklären, dass nach unserer Kenntnis seit dem Stichtag der zugrunde gelegten Bilanz bis zum Tag der Anmeldung keine Vermögensminderung eingetreten ist, die der Kapitalerhöhung entgegenstünde, wenn sie am Tag der Anmeldung beschlossen worden wäre.

Als Anlagen überreichen wir:

1. Ausfertigung des Protokolls der Hauptversammlung vom ... (UR-Nr. .../... des Notars ...) mit der der Kapitalerhöhung zugrunde liegenden Bilanz zum 31.12. ... .

2. Vollständiger Wortlaut der Satzung mit Notarbescheinigung nach § 181 Abs. 1 S. 2 AktG.

Der Vorstand ... Der Vorsitzende des Aufsichtsrats ... (Unterschriften)

UR-Nr. .../...

Die vorstehenden Unterschriften der ... beglaubige ich öffentlich als echt und als heute vor mir eigenhändig vollzogen. Ich habe auf das Mitwirkungsverbot nach § 3 Abs. 1 Nr. 7 BeurkG hingewiesen. Die Erschienenen verneinten eine Vorbefassung des Notars im Sinne dieser Vorschrift.

Berlin, den ... ..., Notar L. S.

V. Kapitalherabsetzung, § 222 ff. AktG

1. Zweck, Allgemeines

4.382 Zweck der Kapitalherabsetzung ist die Rückzahlung von Grundkapital, die Beseitigung einer Unterbilanz, der Ausgleich von Wertminderungen oder die Deckung von Verlusten (vgl. vereinfachte Kapitalherabsetzung, §§ 229 ff. AktG, unten Rz. 4.399).

4.383 Zur Verfügung stehen die ordentliche Kapitalherabsetzung (dazu gleich unten Rz. 4.384 ff.) und die vereinfachte Kapitalherabsetzung (dazu Rz. 4.399 ff. unter 6.). Im Liquidationsstadium oder in der Insolvenz ist eine Kapitalherabsetzung nach h. M. nicht zulässig.[249]

2. HV-Beschluss, Sonderbeschluss

a) Mehrheit

4.384 Für den Beschluss über die Kapitalherabsetzung, der gleichzeitig Satzungsänderung ist,[250] ist eine Mehrheit von ¾ des vertretenen Grundkapitals erforderlich. Die Satzung kann eine größere Mehrheit vorschreiben (§ 222 Abs. 1 AktG). Zusätzlich ist auch die einfache Mehrheit der abgegebenen Stimmen erforderlich, § 133 Abs. 1 AktG.

b) Sonderbeschluss

4.385 Bei Vorhandensein mehrerer Aktiengattungen (mit stimmberechtigten Aktien) ist ein Sonderbeschluss mit der Zustimmung der Aktionäre der jeweiligen Gattung notwendig, § 222 Abs. 2 AktG. Die hierfür erforderliche Mehrheit ist die gleiche wie beim HV-Beschluss.

c) Zwingender Inhalt des Beschlusses

4.386 Der Beschluss der HV über die Kapitalherabsetzung muss enthalten:

– Herabsetzungsbetrag: Dieser muss zumindest bestimmbar sein.[251]

---

249) Vgl. *Lutter*, in: Kölner Komm. z. AktG, § 222 Rz. 51 ff., m. w. N.

250) Vgl. *Hüffer/Koch*, AktG, § 222 Rz. 6; *Lutter*, in: Kölner Komm. z. AktG, § 222 Rz. 3; Geßler/*Hefermehl*, AktG, § 222 Rz. 2.

251) *Hüffer/Koch*, AktG, § 222 Rz. 12; *Lutter*, in: Kölner Komm. z. AktG, § 222 Rz. 14.

– Konkreter Zweck der Herabsetzung, § 222 Abs. 3 AktG. Eine besondere sachliche Rechtfertigung soll für die Herabsetzung aber nicht erforderlich sein.[252]

– Art der Herabsetzung, § 222 Abs. 4 AktG: Bei Nennbetragsaktien erfolgt die Kapitalherabsetzung in der Regel durch Herabsetzung der Nennbeträge, bei Stückaktien nur durch Zusammenlegung von Aktien (vgl. auch Rz. 4.395).

– Das Grundkapital von 50.000 € darf nicht unterschritten werden, es sei denn es wird gleichzeitig durch eine Bar-Kapitalerhöhung auf mindestens 50.000 € erhöht, § 228 AktG. Für diese Kapitalerhöhung gelten die Vorschriften zur Kapitalerhöhung (oben Rz. 4.245 ff.).

> **Achtung:** Der Kapitalherabsetzungs- und der gleichzeitig gefasste Kapitalerhöhungsbeschluss und die Durchführung der Barkapitalerhöhung müssen innerhalb von sechs Monaten seit der Beschlussfassung eingetragen werden, § 228 Abs. 2 AktG. Wird die Frist nicht eingehalten, sind die Beschlüsse nichtig (evtl. Heilungsmöglichkeit nach § 242 Abs. 3 AktG).

Aus der gesellschaftsrechtlichen Treuepflicht ist der Mehrheitsaktionär verpflichtet, den Nennwert der neuen Aktien bei der Kapitalerhöhung so gering zu bemessen, dass möglichst viele Alt-Aktionäre in der Gesellschaft verbleiben können.[253]   **4.387**

Für die (gleichzeitige) Kapitalerhöhung gelten die Vorschriften zur Kapitalerhöhung.   **4.388**

d) Fakultativer Inhalt des Beschlusses

Fakultativ kann der Herabsetzungsbeschluss der HV enthalten: **4.389**

– Einzelheiten der Durchführung der Herabsetzung;

– Ermächtigung des AR zur Fassungsänderung der Satzung (bezüglich Grundkapitalziffer und Einteilung des Grundkapitals). Ohne diese Ermächtigung müsste die HV die Satzung durch Beschluss ändern, da diese unrichtig wird, wenn die Kapitalherabsetzung eingetragen ist, § 224 AktG.[254]

e) Aufhebung und Änderung des Beschlusses

Die Änderung des Herabsetzungsbeschlusses ist bis zum Wirksamwerden der Herabsetzung (= Eintragung) durch HV-Beschluss, der den Voraussetzungen der §§ 222 ff. AktG unterliegt, zulässig.[255]   **4.390**

Die Aufhebung des Herabsetzungsbeschlusses ist vor der Eintragung auch durch Beschluss mit einfacher Mehrheit der abgegebenen Stimmen (§ 133 Abs. 1 AktG) zulässig, da vorher der Beschluss über die Herabsetzung nicht wirksam ist.[256] Nach der Eintragung kann die Herabsetzung nur durch förmliche Kapitalerhöhung rückgängig gemacht werden.[257]   **4.391**

---

252) BGH ZIP 1998, 692 = AG 1998, 284, dazu EWiR 1999, 49 *(Dreher)*; a. A. *Natterer*, AG 2001, 629.
253) BGHZ 142, 167 = ZIP 1999, 1444, wo der Mehrheitsgesellschafter versucht hatte, durch Ausgabe von neuen Aktien mit hohem Nennwert Alt-Aktionäre, die vor der Herabsetzung nur wenige Aktien hielten, herauszudrängen.
254) *Hüffer/Koch*, AktG, § 222 Rz. 6; *Lutter*, in: Kölner Komm. z. AktG, § 222 Rz. 19.
255) *Hüffer/Koch*, AktG, § 222 Rz. 16; *Lutter*, in: Kölner Komm. z. AktG, § 222 Rz. 55.
256) *Lutter*, in: Kölner Komm. z. AktG, § 222 Rz. 55; *Geßler/Hefermehl*, AktG, § 224 Rz. 12; str.; a. A.: *Hüffer/Koch*, AktG, § 222 Rz. 16, der auch bei der Aufhebung des Herabsetzungsbeschlusses § 222 ff. AktG anwendet.
257) *Hüffer/Koch*, AktG, § 222 Rz. 16; *Lutter*, in: Kölner Komm. z. AktG, § 224 Rz. 6; *Geßler/Hefermehl*, AktG, § 224 Rz. 12 f.

3. Anmeldung und Eintragung des Herabsetzungsbeschlusses, § 223 AktG

4.392 Die Anmeldung erfolgt durch den Vorstand in vertretungsberechtigter Zahl und durch den AR-Vorsitzenden, § 223 AktG.

4.393 Als Anlagen sind der Anmeldung beizufügen:

- HV-Protokoll, § 130 Abs. 5 AktG,

- eventuell erforderliche Sonderbeschlüsse,

- eventuell erforderliche staatliche Genehmigungen (bei Versicherungen),

- vollständiger Wortlaut der neuen Satzung mit Notarbescheinigung nach § 181 Abs. 1 S. 2 AktG.

4.394 Mit Eintragung des Herabsetzungsbeschlusses in das Handelsregister wird die Herabsetzung wirksam, § 224 AktG, d. h. die Eintragung ist konstitutiv (anders als bei der ordentlichen Kapitalerhöhung, die erst mit der Eintragung der Durchführung wirksam wird).

4. Durchführung

4.395 Die Kapitalherabsetzung wird durch Herabsetzung der Nennbeträge bzw. durch Zusammenlegung von Aktien durchgeführt (oben Rz. 4.386). Letzteres ist bei Stückaktien nicht erforderlich, solange deren „virtueller Nennwert" größer oder gleich 1 € bleibt.

5. Anmeldung und Eintragung der Durchführung, § 227 AktG

4.396 Die Durchführung der Kapitalherabsetzung ist vom Vorstand in vertretungsberechtigter Zahl anzumelden, § 227 AktG. Die Anmeldung und Eintragung der Durchführung der Kapitalherabsetzung kann mit der Anmeldung und Eintragung des Beschlusses über die Kapitalherabsetzung verbunden werden. Die Eintragung ist nur deklaratorisch (anders als bei der ordentlichen Kapitalerhöhung).

4.397 Muster 119: Protokoll der Hauptversammlung (ordentliche Kapitalherabsetzung)

Nr. ... der Urkundenrolle ...

Verhandelt zu Berlin am ...

Der unterzeichnete Notar

...

mit Amtssitz in Berlin

hat sich heute, den ..., um ... Uhr in die Räume der ... AG in ... begeben, um dort auf Ersuchen des Vorstands das Protokoll über die dorthin einberufene Hauptversammlung aufzunehmen.

Es waren erschienen: ... .

Der Notar wies auf das Mitwirkungsverbot nach § 3 Abs. 1 Nr. 7 BeurkG hin. Die Erschienenen verneinten eine Vorbefassung des Notars im Sinne dieser Vorschrift.

... übernahm als Vorsitzender des Aufsichtsrats den Vorsitz der Hauptversammlung und eröffnete diese um ... Uhr. Der Vorsitzende stellte fest, dass die Hauptversammlung rechtzeitig und ordnungsgemäß einberufen war. Er legte zum Nachweis hierfür den Bundesanzeiger Nr. ... vom ... vor, in welchem auf Seite ..., wie der Notar bestätigt, die Einberufung der Hauptversammlung durch folgende Bekanntmachung veröffentlicht ist: ...

Der Vorsitzende legte das Verzeichnis der erschienenen bzw. vertretenen Aktionäre vor der ersten Beschlussfassung zur Einsicht aus, machte dies allen Teilnehmern zugänglich und gab dies auch bekannt. Danach sind insgesamt nominal ... € Aktien vertreten. Dies gab der Vorsitzende bekannt.

Der Vorsitzende gab bekannt, dass die Abstimmungen, wie in § 6 der Satzung vorgesehen, durch Abgabe von Stimmkarten durchgeführt werden.

Danach stellte der Vorsitzende die einzelnen Punkte der Tagesordnung wie folgt zur Diskussion und Beschlussfassung: [→ Rz. 4.384 ff.]

Punkt 1–5 der Tagesordnung

...

Punkt 6 der Tagesordnung

Der Vorsitzende berichtete über die Geschäftslage und erläuterte die Gründe, die es erforderlich erscheinen lassen, das Grundkapital zwecks Rückzahlung frei werdenden Kapitals von ... € um ... € auf ... € herabzusetzen.

Nach Diskussion beschließt die Hauptversammlung durch Abgabe von Stimmkarten mit ... Stimmen gegen ... Stimmen, das Grundkapital zum Zwecke der Rückzahlung frei werdenden Kapitals von ... € um ... € auf ... € herabzusetzen, und zwar durch Zusammenlegung von jeweils ... Stückaktien.

Der Vorsitzende stellte die Art und das Ergebnis der Abstimmung fest. Der Beschluss wurde durch den Vorsitzenden festgestellt und verkündet, nämlich dass der Beschluss angenommen/abgelehnt wurde.

Punkt 7 der Tagesordnung

Es wurde durch Abgabe von Stimmkarten mit ... Stimmen gegen ... Stimmen beschlossen § ... der Satzung (Höhe und Einteilung des Grundkapitals) wie folgt zu ändern: ... .

Der Vorsitzende stellte die Art und das Ergebnis der Abstimmung fest. Der Beschluss wurde durch den Vorsitzenden festgestellt und verkündet, nämlich dass der Beschluss angenommen/abgelehnt wurde.

Nachdem die Tagesordnung erledigt war und keine weiteren Anträge gestellt wurden, schloss der Vorsitzende die Hauptversammlung um ... Uhr.

Berlin, den ... ..., Notar L. S.

Muster 120: Anmeldung des Beschlusses und der Durchführung der ordentlichen Kapitalherabsetzung 4.398

An das

Amtsgericht – Registergericht –

... AG

HRB ...

Wir melden zur Eintragung in das Handelsregister an: [→ Rz. 4.392, 4.396]

1. Durch Beschluss der Hauptversammlung vom ... ist das Grundkapital von ... € um ... € auf ... € herabgesetzt.

2. Die Kapitalherabsetzung ist durchgeführt.

3. Die Satzung ist entsprechend geändert in § ... (Höhe und Einteilung des Grundkapitals).

Als Anlagen überreichen wir:

1. Ausfertigung des Protokolls der Hauptversammlung vom ... (UR-Nr. .../... des Notars ...).

2. Vollständiger Wortlaut der Satzung mit Notarbescheinigung nach § 181 Abs. 1 S. 2 AktG.

Der Vorstand ... Der Vorsitzende des Aufsichtsrats ... (Unterschriften)

UR-Nr. .../...

Die vorstehenden Unterschriften der ... beglaubige ich öffentlich als echt und als heute vor mir eigenhändig vollzogen. Ich habe auf das Mitwirkungsverbot nach § 3 Abs. 1 Nr. 7 BeurkG hingewiesen. Die Erschienenen verneinten eine Vorbefassung des Notars im Sinne dieser Vorschrift.

Berlin, den ... ..., Notar L. S.

6.   **Sonderfall: Vereinfachte Kapitalherabsetzung § 229 AktG**

4.399 Die vereinfachte Kapitalherabsetzung ist nur zu Sanierungszwecken (= Ausgleich von Wertminderungen, Deckung sonstiger Verluste) oder zur Einstellung des Herabsetzungsbetrags in die Kapitalrücklage zulässig.

4.400 Die gesetzliche Rücklage und die Kapitalrücklage sind vor der vereinfachten Kapitalherabsetzung teilweise aufzulösen, dürfen aber zusammen in einer Höhe bestehen bleiben, die höchstens 10 % des Grundkapitals beträgt, das nach der Kapitalherabsetzung bestehen wird, § 229 Abs. 2 S. 1 AktG.

4.401 Bei (vorübergehender) Herabsetzung des Grundkapitals unter den Mindestbetrag ist nach h. M. vom gesetzlichen Mindestkapital (= 50.000 €) auszugehen, d. h. gesetzliche Rücklage und Kapitalrücklage dürfen nach der Kapitalherabsetzung zusammen höchstens 5.000 € betragen.[258]

4.402 Gewinnrücklagen sind in voller Höhe vor der Kapitalherabsetzung aufzulösen, § 229 Abs. 2 S. 1 a. E. AktG. Die vereinfachte Kapitalherabsetzung ist nicht möglich, solange ein Gewinnvortrag besteht, § 229 Abs. 2 S. 2 AktG.

4.403 Für den Beschluss, die Durchführung und die Anmeldungen gelten die Ausführungen zur ordentlichen Kapitalherabsetzung (oben Rz. 4.384 ff.). Zusätzlich ist der Zweck der vereinfachten Kapitalherabsetzung in dem Beschluss festzusetzen, § 229 Abs. 1 S. 2 AktG, und die Kapitalherabsetzung als „vereinfachte" zu bezeichnen.[259] Zur Prüfung durch das Gericht ist auch die Bilanz einzureichen.

---

258) *Lutter*, in: Kölner Komm. z. AktG, § 229 Rz. 33.
259) *Krafka/Kühn*, Registerrecht, Rz. 1549; *Geßler/Hefermehl*, AktG, § 229 Rz. 8.

Folgendes unterscheidet die vereinfachte Kapitalherabsetzung von der ordentlichen Kapi- **4.404**
talherabsetzung:

– Es ist kein Gläubigeraufruf in der Bekanntmachung der Eintragung (§ 225 AktG) notwendig.

– Nur die vereinfachte Kapitalherabsetzung kann (eventuell zusammen mit einer gleichzeitigen Barkapitalerhöhung, § 235 AktG; für die Barkapitalerhöhung gelten die Vorschriften zur Kapitalerhöhung, oben Rz. 4.245 ff.) mit Rückwirkung für das letzte vor der Beschlussfassung über die Herabsetzung abgelaufene Geschäftsjahr beschlossen werden, d. h. in dem Jahresabschluss (der ausnahmsweise von der HV festgestellt werden muss, § 234 Abs. 2 AktG in Abweichung zu § 172 AktG) für dieses (letzte vor der Beschlussfassung über die Herabsetzung abgelaufene) Geschäftsjahr können das Grundkapital und die Kapital- und Gewinnrücklagen so ausgewiesen sein, als wäre die Kapitalherabsetzung am Bilanzstichtag bereits wirksam gewesen (Ausnahme vom Stichtagsprinzip des § 252 Abs. 1 Nr. 3 HGB); wirksam wird die vereinfachte Herabsetzung aber auch in diesem Fall erst mit der Eintragung des Beschlusses.[260] Aus der gesellschaftsrechtlichen Treuepflicht kann ein Anspruch der Kleinstaktionäre auf möglichst kleine Stückelung der neuen Aktien hergeleitet werden.[261]

> **Achtung:** Die Beschlüsse und die Durchführung der Erhöhung bei gleichzeitiger Kapitalerhöhung müssen in diesen Fällen spätestens drei Monate nach Beschlussfassung in das Register eingetragen werden, § 234 Abs. 3, § 235 Abs. 2 AktG. Wird die Frist nicht eingehalten, sind die Beschlüsse nichtig (eventuell Heilungsmöglichkeit nach § 242 Abs. 3 AktG). Im Fall der gleichzeitigen Kapitalerhöhung ist dem beurkundenden Notar die Zeichnung und die Einzahlung nachzuweisen, § 235 Abs. 1 S. 3 AktG.

Muster 121: Protokoll der Hauptversammlung (vereinfachte Kapitalherabsetzung   **4.405**
            mit gleichzeitiger Kapitalerhöhung)

Nr. ... der Urkundenrolle ...

Verhandelt zu Berlin am ... .

Der unterzeichnete Notar

...

mit Amtssitz in Berlin

hat sich heute, den ..., um ... Uhr in die Räume der ... AG in ... begeben, um dort auf Ersuchen des Vorstands das Protokoll über die dorthin einberufene Hauptversammlung aufzunehmen.

Es waren erschienen: ... .

Der Notar wies auf das Mitwirkungsverbot nach § 3 Abs. 1 Nr. 7 BeurkG hin. Die Erschienenen verneinten eine Vorbefassung des Notars im Sinne dieser Vorschrift.

... übernahm als Vorsitzender des Aufsichtsrats den Vorsitz der Hauptversammlung und eröffnete diese um ... Uhr. Der Vorsitzende stellte fest, dass die Hauptversammlung recht-

---

260) *Hüffer/Koch*, AktG, § 234 Rz. 2.
261) BGH DB 1999, 1747.

zeitig und ordnungsgemäß einberufen war. Er legte zum Nachweis hierfür den Bundesanzeiger Nr. ... vom ... vor, in welchem auf Seite ..., wie der Notar bestätigt, die Einberufung der Hauptversammlung durch folgende Bekanntmachung veröffentlicht ist: ... .

Der Vorsitzende legte das Verzeichnis der erschienenen bzw. vertretenen Aktionäre vor der ersten Beschlussfassung zur Einsicht aus, machte dies allen Teilnehmern zugänglich und gab dies auch bekannt. Danach sind insgesamt nominal ... € Aktien vertreten. Dies gab der Vorsitzende bekannt.

Der Vorsitzende gab bekannt, dass die Abstimmungen, wie in § 6 der Satzung vorgesehen, durch Abgabe von Stimmkarten durchgeführt werden.

Danach stellte der Vorsitzende die einzelnen Punkte der Tagesordnung wie folgt zur Diskussion und Beschlussfassung: [→ Rz. 4.403 ff.]

Punkt 1 der Tagesordnung

Der Vorsitzende legte den Jahresabschluss zum ... nebst Gewinn- und Verlustrechnung sowie die Berichte von Aufsichtsrat und Vorstand vor. Er gab bekannt, dass diese Unterlagen während der gesetzlich vorgeschriebenen Frist in den Geschäftsräumen der Gesellschaft zur Einsicht der Aktionäre ausgelegen haben und dass der Jahresabschluss unter Einbeziehung der Buchführung und des Geschäftsberichts des Vorstands bestimmungsgemäß von ... in ... geprüft und mit dem uneingeschränkten Prüfungsvermerk versehen worden ist. Der Jahresabschluss zum ... nebst Gewinn- und Verlustrechnung sowie die Berichte von Aufsichtsrat und Vorstand sind dieser Niederschrift als Anlage 1 beigefügt. Der Vorsitzende teilte mit, dass der Jahresabschluss zum ... vom Vorstand aufgestellt, vom Aufsichtsrat gebilligt und vom Abschlussprüfer mit einem Bestätigungsvermerk versehen worden ist, in dem darauf hingewiesen wird, dass Kapitalherabsetzung und -erhöhung und deren Durchführung innerhalb von drei Monaten nach der Beschlussfassung eingetragen sein müssen. Das Grundkapital ist in dem Jahresabschluss so ausgewiesen, als ob Kapitalherabsetzung und -erhöhung schon für das Geschäftsjahr ... wirksam bzw. vollzogen gewesen seien. Gemäß § 234 Abs. 2 S. 1 AktG beschließt die Hauptversammlung durch Abgabe von Stimmkarten mit ... Stimmen gegen ... Stimmen, den Jahresabschluss zum ... in der vom Vorstand aufgestellten und vom Aufsichtsrat gebilligten Form festzustellen.

Der Vorsitzende stellte die Art und das Ergebnis der Abstimmung fest. Der Beschluss wurde durch den Vorsitzenden festgestellt und verkündet, nämlich dass der Beschluss angenommen/abgelehnt wurde.

Punkt 2–5 der Tagesordnung

...

Punkt 6 der Tagesordnung

Der Vorsitzende berichtete über die Geschäftslage und erläuterte die Gründe, die es erforderlich erscheinen lassen, das Grundkapital zu Sanierungszwecken in vereinfachter Form von ... € um ... € auf ... € herabzusetzen und anschließend von ... € um ... € auf ... € zu erhöhen.

Nach Diskussion beschließt die Hauptversammlung durch Abgabe von Stimmkarten mit ... Stimmen gegen ... Stimmen, das Grundkapital zum Zwecke der Deckung von Verlusten in vereinfachter Form von ... € um ... € auf ... € herabzusetzen, und zwar durch Zusammenlegung von jeweils ... Stückaktien. Mit derselben Stimmenmehrheit beschließt

die Hauptversammlung durch Abgabe von Stimmkarten, das Grundkapital von ... € um
... € auf ... € zu erhöhen, und zwar durch Ausgabe von ... auf den Namen lautenden
Stückaktien zum Ausgabebetrag von ... € und mit Gewinnberechtigung ab ..., wobei die
Beträge sofort in voller Höhe einzuzahlen sind.

Der Vorsitzende stellte die Art und das Ergebnis der Abstimmung fest. Der Beschluss wurde
durch den Vorsitzenden festgestellt und verkündet, nämlich dass der Beschluss angenom-
men/abgelehnt wurde.

Dem Notar wurden ein Zeichnungsschein, in welchem ... neue auf den Namen lautende
Stückaktien der Gesellschaft gezeichnet sind und eine Bescheinigung der ..., dass der Zeichner einen Betrag von ... € auf ein Konto der Gesellschaft bei der ... Bank zur endgültigen
freien Verfügung des Vorstands eingezahlt hat, vorgelegt.

Punkt 7 der Tagesordnung

Es wurde durch Abgabe von Stimmkarten mit ... Stimmen gegen ... Stimmen beschlossen,
§ ... der Satzung (Höhe und Einteilung des Grundkapitals) wie folgt zu ändern: ... .

Der Vorsitzende stellte die Art und das Ergebnis der Abstimmung fest. Der Beschluss
wurde durch den Vorsitzenden festgestellt und verkündet, nämlich dass der Beschluss ange-
nommen/abgelehnt wurde.

Nachdem die Tagesordnung erledigt war und keine weiteren Anträge gestellt wurden,
schloss der Vorsitzende die Hauptversammlung um ... Uhr.

Berlin, den ... ..., Notar L. S.

Muster 122: Anmeldung des Beschlusses und der Durchführung der vereinfachten   4.406
Kapitalherabsetzung mit gleichzeitiger Kapitalerhöhung

An das

Amtsgericht – Registergericht –

... AG

HRB ...

Wir melden zur Eintragung in das Handelsregister an: [→ Rz. 4.403]

1. Durch Beschluss der Hauptversammlung vom ... ist das Grundkapital in vereinfachter
    Form von ... € um ... € auf ... € herabgesetzt.

2. Die Kapitalherabsetzung ist durchgeführt.

3. Das Grundkapital ist von ... € um ... € auf ... € erhöht.

4. Die Kapitalerhöhung ist durchgeführt.

5. Die Satzung ist entsprechend geändert in § ... (Höhe und Einteilung des Grundka-
    pitals).

Wir versichern, dass das bisherige Grundkapital voll eingezahlt ist. Die neuen Aktien
werden zum Kurs von ... ausgegeben. Die auf jede Aktie zu leistende Einzahlung ist
durch Gutschrift in Höhe von ... € auf das Konto der Gesellschaft bei der ... erfolgt. Der
eingezahlte Betrag steht zur endgültigen freien Verfügung des Vorstands der Gesellschaft.
Es wurde und wird nichts zurückgezahlt. [Alternativ für Fälle des § 27 Abs. 4 AktG wie
Rz. 3.388 bzgl. § 19 Abs. 5 GmbH-Fall.]

Als Anlagen überreichen wir:

1. Ausfertigung des Protokolls der Hauptversammlung vom … (UR.-Nr. …/… des Notars …) mit Jahresabschluss … .

2. Zweitschrift des von … ausgestellten Zeichnungsscheins über die Zeichnung der … Stückaktien.

3. Vom Vorstand unterschriebenes Verzeichnis, das den Zeichner, die auf ihn entfallenden Aktien, den Ausgabebetrag und die geleisteten Zahlungen wiedergibt.

4. Berechnung der durch die Kapitalerhöhung anfallenden Kosten, die von der Gesellschaft zu tragen sind.

5. Bestätigung der … Bank, dass die genannte Einzahlung durch Gutschrift auf das Gesellschaftskonto erfolgt ist und dem Vorstand zur endgütigen freien Verfügung steht.

6. Vollständiger Wortlaut der Satzung mit Notarbescheinigung nach § 181 Abs. 1 S. 2 AktG.

… … (Unterschriften)

Der Vorstand   Der Vorsitzende des Aufsichtsrats

UR-Nr. …/…

Die vorstehenden Unterschriften der … beglaubige ich öffentlich als echt und als heute vor mir eigenhändig vollzogen. Ich habe auf das Mitwirkungsverbot nach § 3 Abs. 1 Nr. 7 BeurkG hingewiesen. Die Erschienenen verneinten eine Vorbefassung des Notars im Sinne dieser Vorschrift.

Berlin, den … …, Notar L. S.

7. Sonderfall: Kapitalherabsetzung durch Einziehung von Aktien, §§ 237 ff. AktG

4.407 Es stehen die Zwangseinziehung oder die Einziehung in Form des Erwerbs der Aktien durch die Gesellschaft zur Wahl.

4.408 Für die Zwangseinziehung ist eine Satzungsgrundlage notwendig, § 237 Abs. 1 AktG. Dabei ist zu unterscheiden:

–   Angeordnete Zwangseinziehung: Die Satzung bestimmt, wann eingezogen werden kann und welche Abfindung gezahlt wird, der Vorstand kann alleine entscheiden, § 237 Abs. 6 AktG.

–   Gestattete Zwangseinziehung: Die Satzung sieht nur die Zwangseinziehung vor, muss aber nicht die Gründe für die Zwangseinziehung nennen. Eine Abfindungsregelung ist hier in der Satzung möglich. Fehlt eine Abfindungsregelung, ist eine angemessene Abfindung (z. B. der Börsenkurs) zu zahlen.[262]

4.409 Grundsätzlich ist für die Einziehung durch Erwerb der Aktien (z. B. gem. § 71 AktG) oder durch gestattete Zwangseinziehung ein ordentliches Einziehungsverfahren mit HV-Beschluss erforderlich. Es gelten bezüglich Beschluss und Anmeldung des Herabsetzungsbeschlusses die Vorschriften über die ordentliche Kapitalherabsetzung, § 237 Abs. 2 S. 1 AktG (siehe

---

262) *Hüffer/Koch*, AktG, § 237 Rz. 18; *Lutter*, in: Kölner Komm. z. AktG, § 237 Rz. 72.

oben Rz. 4.382 ff.). Zusätzlich müssen im Beschluss die Voraussetzungen der Zwangseinziehung und die Einzelheiten ihrer Durchführung festgelegt werden, § 237 Abs. 2 S. 2 AktG.

Ausnahmsweise reicht bei der gestatteten Zwangseinziehung durch HV-Beschluss ein ver- **4.410**
einfachtes Einziehungsverfahren unter den Voraussetzungen des § 237 Abs. 3 und 4 AktG
aus (wonach u. a. nur eine einfache Mehrheit erforderlich ist). § 237 Abs. 3 Nr. 3 AktG
sieht eine Einziehung von Stückaktien ohne Herabsetzung des Kapitals vor.

Bei der angeordneten (nicht: gestatteten) Zwangseinziehung tritt an die Stelle des Beschlus- **4.411**
ses der HV die Entscheidung des Vorstands über die Einziehung unter Beachtung der
Grundsätze der ordentlichen Kapitalherabsetzung, § 237 Abs. 6 AktG, und des § 71 AktG.
Der Vorstand kann verlangen, dass die HV beschließt, § 119 Abs. 2 AktG. Die Vorstandsentscheidung muss wohl nicht zur Eintragung angemeldet werden.[263]

Das Grundkapital ist bei gestatteter Zwangseinziehung und bei Erwerb von Aktien durch **4.412**
die Gesellschaft mit der Eintragung des Herabsetzungsbeschlusses und der Einziehung
herabgesetzt.

Bei angeordneter (nicht: gestatteter) Zwangseinziehung ist das Grundkapital mit der Ent- **4.413**
scheidung des Vorstands (also nicht, wenn der Vorstand den Beschluss der HV verlangt)
und der Einziehung herabgesetzt. Die Eintragung der Herabsetzung in das Register (nach
Anmeldung der Durchführung) hat also hier nur deklaratorische Wirkung, vgl. § 238 AktG.

Die Einziehung erfolgt durch Einziehungserklärung des Vorstands gegenüber dem betrof- **4.414**
fenen Aktionär. Mit Zugang der Einziehungserklärung beim Aktionär ist die Mitgliedschaft vernichtet.

Die Durchführung der Kapitalherabsetzung durch Einziehung von Aktien ist vom Vor- **4.415**
stand in vertretungsberechtigter Zahl anzumelden, wobei die Anmeldung des Herabsetzungsbeschlusses mit der Anmeldung der Durchführung verbunden werden kann, § 239
AktG.

VI. Kapitalmaßnahmen und Euro

1. Allgemeines

Kapitalmaßnahmen bis zum 31.12.2001 konnten bei DM-Gesellschaften noch in DM **4.416**
durchgeführt werden (bei Euro-Gesellschaften nur in Euro).

Ab 1.1.2002 besteht eine begrenzte Registersperre, § 3 Abs. 5 EGAktG. Danach werden **4.417**
Kapitalmaßnahmen (auch Ausnutzung genehmigter Kapitalia)[264] nur eingetragen, wenn
zugleich die Nennbeträge der Aktien auf Euro umgestellt und auf einen § 8 Abs. 2 AktG
entsprechenden Nennwert gestellt werden.

Ab dem 1.1.2002 ist der Aufsichtsrat gem. § 4 Abs. 1 S. 2 EGAktG zur Fassungsänderung **4.418**
der Satzung (d. h. reine Umrechnung der DM-Beträge in der Satzung) ermächtigt.

Im Zuge der Umstellung auf Euro müssen bzw. sollten auch andere Satzungsregelungen, die **4.419**
noch DM enthalten (Genehmigte und bedingte Kapitalia, Vorzugsdividenden, AR-Tan-
tiemen ...), auf Euro umgestellt werden und die Satzung entsprechend geändert werden.[265]

---

263) *Lutter*, in: Kölner Komm. z. AktG, § 237 Rz. 116, mit Verweis auf § 238 S. 2 AktG.
264) Großkomm-*Hirte*, AktG, § 202, Rz. 10.
265) Vgl. *Schürmann*, NJW 1998, 3164.

Wird das genehmigte Kapital nicht umgestellt, ist nach Umstellung des Grundkapitals auf Euro eine Erhöhung aus genehmigtem Kapital nicht mehr möglich.[266]

4.420 Bei gleichzeitiger Umstellung von Nennbetrags- auf Stückaktien und Umstellung auf Euro ist zu beachten, dass die einzelnen Schritte in Beschluss und Anmeldung nachvollziehbar sind.[267]

2. Umstellung von Stückaktien

4.421 Hier muss lediglich das Grundkapital umgestellt werden. Der Umrechnungsfaktor lautet: 1,95583. Bei der Umrechnung ist eine Rundung auf ganze Cent (= zwei Stellen hinter dem Komma) möglich, da das Grundkapital ein zu verbuchender Betrag ist.[268]

4.422 Für die bloße Umstellung auf Euro (besser: „Umrechnung" ohne Kapitalerhöhung/-herabsetzung) reicht bei nicht börsennotierten Gesellschaften ein einfacher Beschluss der HV aus, da hierfür gem. § 4 Abs. 1 EGAktG nur die einfache Mehrheit notwendig ist, vgl. § 130 Abs. 1 S. 3 AktG.

4.423 Eine Glättung des „virtuellen" Werts der Stückaktie auf den nächst höheren vollen Euro-Betrag erfolgt dann durch eine Kapitalerhöhung aus Gesellschaftsmitteln, wobei keine neuen Aktien ausgegeben werden müssen (oben Rz. 4.362 ff.).

4.424 Alternativ kommt auch eine Glättung durch Kapitalherabsetzung in Betracht, die aber in der Regel wegen der Erforderlichkeit des Gläubigeraufrufs und wegen der negativen Besetzung des Begriffs „Herabsetzung" meist nicht gewollt ist. Diskutiert wird auch die Möglichkeit der Glättung durch analoge Anwendung von § 4 Abs. 3 S. 1 letzte Alt. EGAktG zur Glättung durch Neueinteilung.[269]

4.425 Eine Glättung durch ordentliche Kapitalerhöhung scheitert bei Stückaktien an § 182 Abs. 1 S. 5 AktG, wonach bei Stückaktien sich die Zahl der Aktien bei der ordentlichen Kapitalerhöhung proportional erhöhen muss. Dies führt (bis auf zufällige Ausnahmefälle) in aller Regel zu Kapitalerhöhungsbeträgen, die nicht zur Glättung führen. Ob dies auch bei der Ein-Mann-AG gilt, ist fraglich.[270]

3. Umstellung von Nennbetragsaktien

4.426 Zunächst sind Grundkapital und Nennbeträge auf Euro „umzurechnen". Hierfür ist ein einfacher Beschluss der HV mit einfacher Mehrheit gem. § 4 Abs. 1 EGAktG erforderlich. Danach sind die Nennbeträge zu glätten. Hierzu bieten sich folgende Wege an, vgl. § 4 Abs. 3 und 2 EGAktG:

a) Ordentliche Kapitalherabsetzung, §§ 222 ff. AktG

4.427 Eine ordentliche Kapitalherabsetzung zur Glättung (durch notariell beurkundeten Beschluss der HV mit einfacher Mehrheit, falls eine Herabsetzung auf den nächstniedrigeren vollen Euro-Betrag gewollt ist, § 4 Abs. 2 EGAktG) erscheint nicht sinnvoll, da u. U. eine Sicher-

---

266) *Heidinger*, S. 184.
267) OLG Frankfurt/M. ZIP 2001, 1497 = AG 2001, 359.
268) Art. 5 Euro-EinführungsVO Nr. 1103/97.
269) Vgl. *Heidinger*, S. 146, 160.
270) Vgl. *Heidinger*, S. 170.

heitsleistung erforderlich wird (§ 225 AktG), selbst wenn die Erfüllung der Forderungen der Gläubiger nicht konkret gefährdet ist.[271]

b) Kapitalerhöhung aus Gesellschaftsmitteln

Die Kapitalerhöhung aus Gesellschaftsmitteln erfolgt im Wege der Erhöhung der Nenn- **4.428** beträge auf den nächsthöheren vollen Euro-Betrag gem. § 4 Abs. 2–5 EGAktG.

Für den notariell beurkundeten HV-Beschluss reicht die einfache Mehrheit aus. Ob darüber **4.429** hinaus eine (nicht privilegierte) Aufstockung in beliebiger Höhe zulässig ist, ist unklar.[272]

c) Vereinfachte Kapitalherabsetzung

Eine vereinfachte Kapitalherabsetzung ist auch dann zulässig, wenn sie nicht zur Sanierung, **4.430** sondern zu Zwecken der Währungsumstellung beabsichtigt ist, § 4 Abs. 2 und Abs. 5 S. 2 EGAktG. Es ist dabei § 229 Abs. 1 AktG zu beachten, d. h., wenn keine Wertminderungen ausgeglichen oder sonstige Verluste gedeckt werden sollen, ist der Herabsetzungsbetrag in die Kapitalrücklage einzustellen.[273]

Eine vereinfachte Kapitalherabsetzung auf den nächstniedrigeren vollen Euro-Betrag ist dabei **4.431** sogar möglich, wenn Gewinnrücklagen und Gewinnvortrag bestehen (entgegen § 229 Abs. 2 S. 2 AktG). Die vereinfachte Kapitalherabsetzung darf aber nicht dazu führen, dass die Summe von Kapitalrücklage und gesetzlicher Rücklage nach der Einstellung des Herabsetzungsbetrags in die Kapitalrücklage 10 % des (herabgesetzten) Grundkapitals übersteigt (vgl., § 4 Abs. 5 S. 2 EGAktG, § 231 AktG, der auch bei der Umstellung auf Euro gilt).[274]

Die Glättung erfolgt durch Herabsetzung der Nennträge auf den nächst niedrigeren vollen **4.432** Euro-Betrag. Ein notariell beurkundeter Beschluss mit einfacher Mehrheit reicht aus, wenn zumindest die Hälfte des Grundkapitals bei der Beschlussfassung vertreten ist, § 4 Abs. 2 S. 1 EGAktG.

d) Neueinteilung der Aktiennennbeträge und des Grundkapitals, § 4 Abs. 3 S. 1, Alt. 2 EGAktG

Die Neueinteilung, die nur bei volleingezahlten Aktien möglich ist, erfolgt durch eine Ka- **4.433** pitalerhöhung aus Gesellschaftsmitteln auf einen beliebig höheren glatten Euro-Betrag[275] oder durch Kapitalherabsetzung.

Für den notariell beurkundeten Beschluss reicht einfache Mehrheit, falls eine Erhöhung/ **4.434** Herabsetzung auf den nächst höheren/niedrigeren vollen Euro-Betrag erfolgt, § 4 Abs. 2 EGAktG. Sie ist bei kleinem Aktionärskreis sinnvoll. Zunächst ist das Grundkapital „umzurechnen".

Danach erfolgt die Glättung des Grundkapitals auf einen runden Betrag, um anschließend **4.435** Aktien mit glatten Nennwerten zu schneiden. Falls sich der Anteil eines Aktionärs am

---

271) *Heidinger*, DNotZ 2000, 661.
272) Vgl. *Heidinger*, S. 212 f.
273) *Heidinger*, DNotZ 2000, 661.
274) Vgl. *Heidinger*, DNotZ 2000, 661.
275) Vgl. *Heidinger*, S. 137.

Grundkapital verändert oder dieser weniger Aktien erhält als zuvor, muss dieser der Veränderung zustimmen.

4.436 Nach Umrechnung und Glättung erfolgt dann eventuell ein Aktiensplit (= Teilung) der Nennbetragsaktien bis zu einer Höhe von jeweils 1 €.[276] Für diesen (notariellen) Beschluss reicht ebenfalls einfache Mehrheit, § 4 Abs. 2 S. 2 EGAktG.

4.437 Eine Glättung der Nennbeträge durch Kapitalerhöhung gegen Einlagen ist nicht denkbar, da in diesem Falle neue Aktien ausgegeben werden müssten (§ 182 Abs. 1 S. 4 AktG) und deshalb die umgerechneten „krummen" Euro-Nennbeträge nicht geglättet werden.

VII. „Squeeze out"

4.438 Das Herausdrängen eines Minderheitsaktionärs durch den Mehrheitsaktionär wird durch die Vorschriften der §§ 327a ff. AktG[277] unter folgenden Voraussetzungen ermöglicht:

- Verlangen eines Mehrheitsaktionärs (mindestens 95 % der Aktien) auf Übertragung der Aktien der Minderheitsaktionäre, § 327a AktG,

- Angemessene Barabfindung an die Minderheitsaktionäre, § 327b AktG,

- HV-Beschluss, Vorbereitung: vgl. §§ 327b Abs. 3, 327c AktG, insbesondere Bericht und Prüfung durch einen vom Gericht bestellten Prüfer, einfache Mehrheit reicht aus.[278]

- Anmeldung durch Vorstand in vertretungsberechtigter Zahl, § 327e Abs. 1 AktG mit Erklärung nach § 319 Abs. 5 AktG,

- Eintragung in das Handelsregister: erst mit der Eintragung gehen die Aktien der Minderheitsaktionäre auf den Hauptaktionär über, § 327e Abs. 3 AktG.

F. Vorstand

I. Persönliche Eigenschaften des Vorstands

4.439 Jede natürliche, unbeschränkt geschäftsfähige Person, die nicht in Vermögensangelegenheiten mit Einwilligungsvorbehalt betreut ist, nicht wegen vorsätzlich begangener Straftaten bezüglich Insolvenzverschleppung, §§ 283–283d StGB, § 82 GmbHG, §§ 399 f. AktG, § 331 HGB, § 313 UmwG, § 17 PublG, §§ 263–264a oder 265b–266a StGB (bei Freiheitsstrafen von mindestens einem Jahr) oder vergleichbaren ausländischen Straftaten innerhalb der letzten fünf Jahre rechtskräftig verurteilt ist und keinem Berufs-, Berufszweig-, Gewerbe-, Gewerbezweigverbot bezüglich wenigstens eines Teils des Gegenstands des Unternehmens unterliegt, kann Vorstand sein, § 76 Abs. 3 AktG.

4.440 Die Satzung kann spezielle persönliche Voraussetzungen für die Vorstandseigenschaft aufstellen, solange das Auswahlermessen des AR erhalten bleibt.[279]

4.441 Auch Ausländer können Vorstandsmitglieder werden. Bei EU-Ausländern ist keine Arbeitserlaubnis oder Aufenthaltsberechtigung bzw. Aufenthaltserlaubnis erforderlich.

---

276) Vgl. hierzu AG Heidelberg DB 2001, 1481 ff.
277) Verfassungsgemäß, vgl. OLG Düsseldorf DB 2004, 590.
278) *Hüffer/Koch*, AktG, § 327 a, Rz. 14; **a. A.** *Grunewald* ZIP 2002, 18 f.
279) H. M., vgl. *Hüffer/Koch*, AktG, § 76 Rz. 60; *Mertens/Cahn*, in: Kölner Komm. z. AktG, § 76 Rz. 116; *Geßler/Hefermehl*, AktG, § 84 Rz. 19.

Bei Nicht-EU-Ausländern als Vorstandsmitglieder musste früher die jederzeitige Einreise 4.442
nach Deutschland möglich sein,[280] damit das Vorstandsmitglied seine Kontrollfunktionen
ausüben kann. Nach LG Berlin[281] und OLG Dresden[282] soll aber die Einreisemöglichkeit
keine Voraussetzung mehr für die Bestellung (eines Geschäftsführers einer GmbH) sein.
Dies gilt umso mehr, als nach dem MoMiG (§ 5 AktG) der Verwaltungssitz der Gesellschaft auch im Ausland liegen kann.[283]

Es gilt der Grundsatz der Fremdorganschaft. Allerdings kann auch ein Aktionär Vorstand 4.443
sein. Ein Aufsichtsratsmitglied kann grundsätzlich nicht Vorstand sein, § 105 AktG.

Der mit dem Vorstandsmitglied abgeschlossene Anstellungsvertrag ist unabhängig von 4.444
dessen organschaftlicher Bestellung.[284]

II. Bestellung

1. Bestellung des Vorstands durch Aufsichtsratsbeschluss

Grundsätzlich wird der Vorstand durch Beschluss des AR bestellt, § 84 Abs. 1 AktG. Für 4.445
den Beschluss reicht die einfache Mehrheit aus, es sei denn, Satzung oder § 31 Abs. 2, § 27
Abs. 3 MitbestG bestimmen etwas anderes. Auch wenn die Besetzung des Aufsichtsrats
gerichtlich angegriffen ist, kann der Vorstand eingetragen werden.[285]

Eine Delegation der Bestellungsbefugnis an einen AR-Ausschuss ist nicht möglich, § 107 4.446
Abs. 3 S. 4 AktG. Für den Beschluss ist keine besondere Form erforderlich. Fraglich ist,
ob bestimmte Formerfordernisse in der Satzung Wirksamkeitsvoraussetzungen begründen.
Auflösende Bedingungen im Rahmen des Bestellungsbeschlusses sind unzulässig (z. B.
Koppelung des Vorstandsamts an Vorstandsamt bei der Tochtergesellschaft)[286]

Die Bestellung eines Vorstandsvorsitzenden und eines stellvertretenden Vorstands (§ 94 4.447
AktG, wobei der Stellvertreter-Zusatz nicht eingetragen wird[287]) ist möglich. Der bestellte Vorstand muss das Amt annehmen (auch konkludent durch Anmeldung).

2. Bestellung des Vorstands durch das Gericht, § 85 AktG

Ausnahmsweise kann das Gericht einen Notvorstand bestellen. Hierzu muss ein erforder- 4.448
liches Vorstandsmitglied fehlen. Weiter ist ein Antrag eines Beteiligten (Aktionär, Aufsichtsrat, Gläubiger, Schuldner) erforderlich. Die Bestellung durch das Gericht erfolgt nur
in dringenden Fällen. Ein solcher liegt vor, wenn der Gesellschaft Schaden droht oder ein
dringendes Geschäft vorgenommen werden muss.

Die Bestellung durch das Gericht ist immer „ultima ratio", d. h. vorher muss der AR ver- 4.449
suchen, einen Vorstand zu bestellen. Die Glaubhaftmachung der vorgenannten Voraussetzungen zumindest durch eidesstattliche Versicherung ist erforderlich.[288]

---

280) OLG Celle ZIP 2007, 1127; OLG Köln BB1999, 493, dazu EWiR 1999, 461 (Rädert).
281) GmbHR 2004, 951.
282) GmbHR 2003, 537 mit zustimmender Anm. von Wachter.
283) So auch OLG München NZG 2010, 157; OLG Düsseldorf vom 16.4.2009 – I-3Wx85/09.
284) BGH ZIP 2000, 508, dazu EWiR 2000, 381 (Junker).
285) KG ZIP 2017, 617.
286) Mertens/Cahn, in: Kölner Komm. z. AktG, § 84 Rz. 25.
287) BGH FGPrax 1998, 68.
288) KG NZG 2007, 475.

4.450 Vor der Bestellung holt das Gericht Erklärungen des zu bestellenden Vorstands ein, dass dieser das Amt annimmt, dass keine Bestellungshindernisse bestehen und dass er auf Auslagen- und Gebührenersatz gegenüber dem Land verzichtet.

4.451 Weiter wird das Gericht den noch nicht Beteiligten rechtliches Gehör gewähren und einen Kostenvorschuss von 1.332 € verlangen.

4.452 Nach dem gerichtlichen Bestellungsbeschluss wird der bestellte Vorstand von Amts wegen in das Register eingetragen, § 67 Abs. 2 BGB analog. Die Eintragung ist nur deklaratorisch.

4.453 Der Notvorstand kann nicht zur Übernahme des Amts gezwungen werden, es sei denn, er alleine kann den offenen Anspruch erfüllen, z. B. bei Zeugniserteilung.[289]

3. Zahl der zu bestellenden Vorstandsmitglieder

4.454 Bei mehr als 3 Mio. € Grundkapital sind mindestens zwei Vorstandsmitglieder zu bestellen, es sei denn die Satzung bestimmt etwas anderes, § 76 Abs. 2 AktG.

4. Dauer der Bestellung

4.455 Ein Vorstandsmitglied kann höchstens für die Dauer von fünf Jahren bestellt werden, § 84 Abs. 1 S. 1 AktG. Eine Mindestamtszeit ist nicht vorgesehen. Eine Verlängerung der Amtszeit durch AR-Beschluss um weitere fünf Jahre ist möglich, § 84 Abs. 1 S. 2 AktG, bei einvernehmlicher Beendigung auch schon früher als ein Jahr vor Ablauf der ursprünglichen Bestellungsdauer.[290]

4.456 In der Satzung kann nicht vorgeschrieben werden, dass Vorstandsmitglieder auf bestimmte Zeit zu bestellen sind.[291]

5. Vertretungsbefugnis

4.457 Die gesetzlich vorgesehene Vertretungsbefugnis bestimmt sich nach § 78 Abs. 2 AktG. Danach wird die Gesellschaft aktiv durch alle Vorstände gemeinsam vertreten. Passiv ist jedes Vorstandsmitglied allein vertretungsbefugt.

4.458 Fehlt ein Vorstandsmitglied („Führungslosigkeit") sind die Mitglieder des AR (passiv) ersatzzuständig, § 78 Abs. 1 S. 2 AktG. An die Vertreter der Gesellschaft (= Vorstand und im Falle des Fehlens von Vorständern der AR) können unter der eingetragenen Geschäftsanschrift Willenserklärungen abgegeben und Zustellungen bewirkt werden, § 78 Abs. 2 AktG.

4.459 Nach § 39 Abs. 1 AktG ist es auch möglich, einen Empfangs-/Zustellungsbevollmächtigten in das Register eintragen zu lassen, wobei diese Eintragung an der Rechtsscheinwirkung des Registers teilnimmt. An diese Bevollmächtigte ist unter deren eingetragener Anschrift eine Abgabe oder Zustellung von Erklärungen möglich.

4.460 Der Vorteil der Eintragung eines solchen Bevollmächtigten ist, dass eine öffentliche Zustellung verhindert wird. Eine öffentliche Zustellung ist bei juristischen Personen (GmbH, AG, Ltd.) nicht nur für prozessuale Erklärungen (§ 185 ZPO) sondern auch für rechtsge-

---

289) KG GmbHR 2001, 252, zum Nachtragsliquidator bei der GmbH.
290) BGH DB 2012, 2036.
291) *Mertens/Cahn*, in: Kölner Komm. z. AktG, § 84 Rz. 17; Geßler/*Hefermehl*, AktG, § 84 Rz. 24.

schäftliche Willenserklärungen nach § 15a HGB möglich, wenn eine Zustellung an die Vertreter bzw. die Empfangs- und Zustellungsbevollmächtigten (s. oben Rz. 4.114) gescheitert ist und ohne Ermittlungen keine andere inländische Geschäftsanschrift bekannt ist.

In der Satzung kann die Vertretungsbefugnis abweichend geregelt werden. Es kann echte **4.461** Gesamtvertretung (zwei oder mehrere Vorstandsmitglieder vertreten gemeinsam) oder unechte Gesamtvertretung (ein Vorstand vertritt zusammen mit einem Prokuristen) vorgesehen werden.

Achtung: Der einzige Vorstand darf nicht an den Prokuristen gebunden werden, wenn die Gesellschaft nur ein Vorstandsmitglied haben muss. Es muss immer gewährleistet sein, dass der Vorstand/die Vorstände auch ohne Prokuristen vertreten können.[292]

Die Satzung kann auch die Möglichkeit der Erteilung von Alleinvertretungsbefugnis und der **4.462** Befreiung vom Verbot des Doppelkontrahierens (auch nur bzgl. bestimmter Rechtsgeschäfte/Vertragspartner[293]) vorsehen.

Achtung: Keine Befreiung vom Verbot des Selbstkontrahierens möglich, § 112 AktG. Der AR vertritt AG gegenüber Vorstand, auch gegenüber ausgeschiedenen Vorstandsmitgliedern, deren Witwen[294] und Abwicklern.[295] Str. ist, ob dies auch gegenüber Fremdabwicklern gilt.[296] Der AR vertritt die AG auch gegenüber einer GmbH, deren Allein-Gesellschafter und GF früherer Vorstand ist,[297] nicht aber gegenüber einer Gesellschaft, in der der Vorstand Minderheitsgesellschafter ist oder in der Familienangehörige des Vorstands Gesellschafter sind.[298]

Bei der Bestimmung der konkreten Vertretungsbefugnis für das konkret bestellte Vorstands- **4.463** mitglied ist zu beachten, dass die konkrete Vertretungsbefugnis eine Grundlage in der abstrakten, in der Satzung bestimmten, Vertretungsbefugnis findet.

So kann z. B. bei mehreren Vorstandsmitgliedern einem Vorstandsmitglied nur dann Al- **4.464** leinvertretungsbefugnis erteilt werden, wenn eine solche Möglichkeit in der Satzung vorgesehen ist.

6. Eintragung

Die Eintragung des Vorstands ist deklaratorisch: Der Beschluss ist wirksam mit der Be- **4.465** kanntgabe an das bestellte Vorstandsmitglied und dessen Einverständnis mit der Bestellung. Der Stellvertreterzusatz wird wohl nicht eingetragen (vgl. Parallelproblematik beim GF einer GmbH, Rz. 3.533 und Rz. 4.447).

---

292) Vgl. BGHZ 26, 333.
293) Vgl. *Simon*, GmbHR 1999, 588 ff., soweit Reichweite der Befreiung aus dem Register ersichtlich ist, OLG Stuttgart DB 2007, 2422.
294) BGH AG 2007, 86.
295) Schwab ZIP 2006, 1478.
296) Bejahend *Schwab*, a. a. O.; verneinend OLG Brandenburg AG 2003, 44 und OLG Köln NZG 2002, 1062.
297) BGH, Urt. v. 15.1.2019 – II ZR 394/17; OLG Saarbrücken NZG 2012, 1348.
298) BGH ZIP 2012, 1024.

III. Beendigung des Vorstandsamts

1. Abberufung[299]

4.466 Der Widerruf der Bestellung ist nur aus wichtigem Grund möglich (§ 84 Abs. 3 AktG). Ein wichtiger Grund liegt vor, wenn die weitere Zusammenarbeit für die AG unzumutbar ist:

Beispiele:
– Grobe Pflichtverletzung,
– Unfähigkeit zur ordnungsgemäßen Geschäftsführung,
– Vertrauensentzug durch Beschluss der HV,
– Drohender Entzug der Kreditlinie bei Insolvenzreife, wenn der Vorstand nicht abberufen wird.[300]
– Fehlende Offenheit gegenüber AR.[301]
– **Nicht:** Absicht, Vorstand zu verkleinern und Personal abzubauen[302]

4.467 Der Widerruf erfolgt durch Beschluss des AR. Eine Delegation der Widerrufsbefugnis an einen AR-Ausschuss ist nicht möglich, § 107 Abs. 3 S. 4 AktG.

4.468 Die Widerrufserklärung eines Aufsichtsratsmitglieds kann vom Vorstand gem. § 174 BGB zurückgewiesen werden, wenn der Erklärung nicht eine Vollmacht des Gesamt-AR beigefügt ist.[303]

4.469 Der Widerruf wird wirksam mit der Bekanntgabe an das betroffene Vorstandsmitglied, § 84 Abs. 3 S. 4 AktG. Das Registergericht prüft das Vorliegen eines wichtigen Grunds nicht nach.

2. Niederlegung

4.470 Ein Vorstandsmitglied kann sein Amt auch ohne wichtigen Grund niederlegen.[304] Die Niederlegung ist gegenüber dem Aufsichtsrat zu erklären, § 112 AktG, und wird mit Zugang des Niederlegungsschreibens beim AR (i. d. R. beim AR-Vorsitzenden) wirksam, § 84 Abs. 3 S. 4 AktG analog. Die Niederlegung durch das einzige Vorstandsmitglied ist nicht rechtsmissbräuchlich, auch wenn nur noch ein Aufsichtsrat vorhanden ist, da eine Ergänzung des Aufsichtsrats nach § 104 AktG möglich ist.[305]

4.471 Das Gericht verlangt regelmäßig einen Nachweis für den Zugang des Niederlegungsschreibens, z. B. in Form eines Rückscheins oder einer Empfangsquittung.

4.472 Bei Fehlen eines weiteren Vorstands, der die Anmeldung der Niederlegung vornehmen könnte, kommt eine Amtslöschung nach § 395 FamFG in Betracht; die Gesellschaft würde dann gem. § 78 Abs. 1 S. 2 AktG über ihren AR beteiligt.

---

299) Vgl. hierzu *Janzen*, NZG 2003, 468 ff.
300) BGH BB 2007, 174.
301) OLG München GWR 2012, 347.
302) LG Frankfurt/M. NZG 2014, 706.
303) OLG Düsseldorf DB 2004, 920 ff.; s. dazu *Schockenhoff/Topf*, DB 2005, 539.
304) Jetzt h. M., vgl. BGHZ 121, 260, für die GmbH; *Hüffer/Koch*, AktG, § 84 Rz. 36.
305) OLG Düsseldorf NZG 2016, 1068.

3. Einvernehmliche Aufhebung

Das Organverhältnis kann auch ohne wichtigen Grund durch Aufhebungsvertrag aufge-   **4.473**
hoben werden. Der AR muss der Aufhebungsvereinbarung durch Beschluss zustimmen. Eine
Delegation dieser Zustimmungsbefugnis an einen AR-Ausschuss ist nicht möglich.[306]

4. Zeitablauf

Das Amt des Vorstands endet auch durch den vereinbarten oder gesetzlich vorgeschrie-   **4.474**
benen (fünf Jahre, vgl. § 84 Abs. 1 AktG) Zeitablauf.

5. Andere Beendigungsgründe

Andere Beendigungsgründe sind: **4.475**

- Tod des Vorstands,

- Verlust der Geschäftsfähigkeit,

- Umwandlung der AG,

- Löschung der AG,

- Verschmelzung,

- Inhabilitätsgründe (gilt auch für Alt-Vorstände, die durch MoMiG-Änderungen zu § 76
  AktG erst inhabil werden, es sei denn, ein entsprechendes Strafverfahren war vor dem
  Inkrafttreten des MoMiG rechtskräftig abgeschlossen, § 19 EGAktG; es droht Löschung
  nach § 395 FamFG, wobei bei Fehlen eines anderen Vorstands wohl auch AR für die
  Gesellschaft gehört werden kann[307]).

Keine Beendigungsgründe sind: **4.476**

- Beendigung des Anstellungsvertrages,

- Auflösung der AG,

- Insolvenzverfahren über das Vermögen der AG,

- Suspendierung des Vorstands.[308]

IV. Anmeldung

Jede Änderung des Vorstands oder der Vertretungsbefugnis ist vom Vorstand in vertre-   **4.477**
tungsberechtigter Zahl anzumelden, § 81 AktG. Die Vorstände haben Versicherungen abzugeben (§ 81 Abs. 3 AktG; analog wie bei der Gründung).

V. Rechte und Pflichten des Vorstands

Hauptaufgabe des Vorstands ist die Vertretung der Gesellschaft nach außen. Die Vertre-   **4.478**
tungsbefugnis des Vorstands endet aber dort, wo so tief in die Mitgliedschaftsrechte der
Aktionäre eingegriffen wird, dass der Vorstand vernünftigerweise nicht annehmen durfte,
Entscheidungen ohne HV-Beschluss zu treffen (§ 179a AktG analog).[309]

---

306) BGH NJW 1981, 757.
307) Str., vgl. BGH NZG 2011, 26.
308) Str., vgl. *Hüffer/Koch*, AktG, § 84 Rz. 43; *Mertens/Cahn*, in: Kölner Komm. z. AktG, § 84 Rz. 189; **a. A.**
    Geßler/Hefermehl, AktG, § 84 Rz. 62, der zeitlich begrenzten Widerruf annimmt.
309) Vgl. LG Hannover DB 2000, 1607, für den Fall des Verkaufs des Vermögens der einzigen operativen
    Tochtergesellschaft.

4.479 Die Pflichten des Vorstands sind im Wesentlichen in folgenden Vorschriften festgelegt:

- §§ 20, 21, 83, 88, 90–93, 176 Abs. 1, 186 Abs. 4 S. 2, 293a AktG,

- §§ 8, 127, 192 UmwG,

- Mitteilungspflichten nach § 15 WpHG,

- Treuepflicht nach § 242 BGB,

- Anmeldepflichten (vgl. jeweils zu den einzelnen Kapiteln),

- InsO-Antragspflicht: § 15a InsO; auch für AR-Mitglieder bei Führungslosigkeit, es sei denn, diese kannten Führungslosigkeit oder Zahlungsunfähigkeit/Überschuldung nicht. AR (und auch Aktionäre) haben bei Glaubhaftmachung der Führungslosigkeit nach § 15 InsO auch InsO-Antragsrecht.

G. Aufsichtsrat

I. Persönliche Eigenschaften des Aufsichtsrats

4.480 Die gesetzlichen Voraussetzungen, die an die Aufsichtsratsfähigkeit geknüpft sind, finden sich in §§ 100, 105 AktG. In § 96 Abs. 2 AktG ist die Geschlechterquote für Aktiengesellschaften, die börsennotiert und mitbestimmt sind, geregelt. In der Satzung können weitere Voraussetzungen vorgesehen werden, § 100 Abs. 4 AktG, allerdings nur für AR-Mitglieder, die von den Aktionären ohne Bindung an Wahlvorschläge bestimmt werden oder für AR-Mitglieder, die aufgrund Satzungsbestimmung entsandt werden. Für diesen Kreis von AR-Mitgliedern kann die Satzung eine Beschränkung der wählbaren Personen auf Deutsche oder auf Aktionäre vorsehen oder die Wählbarkeit von der Zugehörigkeit zu einer bestimmten Familie abhängig machen.[310]

4.481 Auch die satzungsmäßige Beschränkung auf eine Amtsperiode ist bezüglich dieser AR-Mitglieder zulässig. Es muss aber immer gewährleistet sein, dass die HV ein Wahlrecht zwischen verschiedenen AR-Kandidaten hat.

4.482 Die Mindestzahl der AR beträgt nach § 95 AktG drei Mitglieder. In der Satzung kann eine bestimmte höhere Zahl festgelegt sein, die nur noch bei nach dem Drittelbeteiligungsgesetz mitbestimmten Gesellschaften durch drei teilbar sein muss. Ein Verstoß gegen § 95 AktG führt zur Nichtigkeit der Satzungsbestimmung.[311]

4.483 Falls mehr AR als gesetzlich zulässig vorhanden sind, führt dies dazu, dass die Wahl nach § 250 Abs. 1 Nr. 3 AktG nichtig ist (z. B. bei unwirksamer Niederlegung und gleichzeitiger Neuwahl eines AR[312]).

II. Bestellung

1. Bestellung des Aufsichtsrats durch die HV, § 101 Abs. 1 AktG

4.484 Die Aktionärsvertreter werden ausschließlich durch die HV bestellt. In der Bekanntmachung der Tagesordnung ist anzugeben, nach welchen gesetzlichen Vorschriften sich der

---

310) Letzteres ist str.; vgl. *Hüffer/Koch*, AktG, § 100 Rz. 9; *Mertens*, in: Kölner Komm. z. AktG, § 100 Rz. 28; *Geßler/Geßler*, AktG, § 100 Rz. 46.

311) *Hüffer/Koch*, AktG, § 95 Rz. 7; *Mertens*, in: Kölner Komm. z. AktG, § 95 Rz. 16.

312) Vgl. LG Flensburg DB 2004, 1253.

AR zusammensetzt (§§ 96 ff. AktG, Mitbestimmungsgesetze) und ob die HV an Wahlvorschläge gebunden ist (§§ 6, 8 Montan-Mitbestimmungsgesetz), § 124 Abs. 2 S. 1 AktG.

Gleichzeitig hat der Aufsichtsrat einen Vorschlag zur Beschlussfassung zu machen, falls keine Bindung der HV an Wahlvorschläge besteht, § 124 Abs. 3 AktG. **4.485**

Für die Bestellung reicht die einfache Mehrheit der abgegebenen Stimmen aus, es sei denn die Satzung bestimmt eine höhere Mehrheit (§§ 101 Abs. 1 S. 1, 133 AktG). **4.486**

Es ist auch eine Listenwahl zulässig (Wahl einer Liste, nicht Wahl einzelner AR), wenn vor der Wahl darauf hingewiesen wird, dass der Aktionär, der auch nur einen Vorschlag in der Liste nicht akzeptiert, die ganze Liste ablehnen muss, und dass bei Scheitern des Vorschlags Einzelwahl stattfindet.[313] **4.487**

Die Bestellung von „stellvertretenden" AR ist nicht möglich, § 101 Abs. 3 S. 1 AktG. Die Bestellung von Ersatz-AR ist (mit Ausnahme des neutralen Mitglieds nach dem MontanMitbestG und dem MitbestErgG) möglich und zwar gleichzeitig mit der Bestellung des AR, § 101 Abs. 3 AktG. Der Ersatz-AR tritt automatisch (d. h. ohne weitere Annahme des Amts) mit dem Wegfall des AR an dessen Stelle. Für jedes AR-Mitglied kann höchstens ein Ersatz-AR bestellt werden.[314] **4.488**

Auch die Bestellung eines Ersatz-AR für mehrere AR ist möglich.[315] Das Amt des Ersatz-AR endet mit Ablauf der Amtszeit des weggefallenen AR-Mitgliedes, es sei denn, die Satzung bestimmt etwas anderes, z. B. dass das Amt mit wirksamer Bestellung eines Nachfolgers endet. In diesem Fall ist es aber erforderlich, dass für die Wahl und Abberufung aller AR dieselben Mehrheiten gelten.[316] **4.489**

Die bestellten AR und Ersatz-AR müssen, um wirksam bestellt zu sein, die Wahl annehmen. **4.490**

2. Bestellung des Aufsichtsrats durch Entsenden, § 101 Abs. 2 AktG

In der Satzung kann ein Entsendungsrecht vorgesehen sein und zwar als Entsendungsrecht für namentlich bezeichnete Aktionäre (höchstpersönliches, nicht übertragbares Recht) oder als Entsendungsrecht, das mit dem Besitz einer oder mehrerer bestimmter Aktien verknüpft ist (übertragbares Inhaber-Entsendungsrecht); letzteres kann nur für Inhaber vinkulierter Namensaktien vorgesehen sein, § 101 Abs. 2 S. 2 AktG. **4.491**

Das Entsendungsrecht ist ein Sonderrecht (vgl. § 35 BGB), das nur durch Satzungsänderung und mit Zustimmung des Berechtigten entzogen werden kann. Entsendungsrechte können für höchstens ⅓ der AR-Posten vorgesehen sein, § 101 Abs. 2 S. 4 AktG. Ausgeübt wird das Entsendungsrecht durch Erklärung des Entsendungsberechtigten gegenüber dem Vorstand. **4.492**

3. Bestellung des Aufsichtsrats durch Wahlen der Arbeitnehmer

Es gelten die Mitbestimmungsgesetze. **4.493**

---

313) BGHZ 118, 121 ff.; LG München BB 2004, 958; *Hüffer/Koch*, AktG, § 101 Rz. 6; *Mertens*, in: Kölner Komm. z. AktG, § 101 Rz. 16; a. A. Geßler/*Geßler*, AktG, § 101 Rz. 31.
314) *Mertens*, in: Kölner Komm. z. AktG, § 101 Rz. 72; Geßler/*Geßler*, AktG, § 101 Rz. 112.
315) BGHZ 99, 211 ff. = ZIP 1987, 366, dazu EWiR 1987, 111(*Hüffer*).
316) BGHZ 99, 211 ff.

4. Bestellung des Aufsichtsrats durch das Gericht, § 104 AktG

4.494 Eine Bestellung eines Aufsichtsrats durch das Registergericht kommt erst nach Eintragung der Gesellschaft[317] und auch noch nach InsO-Eröffnung[318] in Betracht. Sie ist nur dann zulässig, wenn die zur Beschlussfähigkeit nötige Zahl von AR-Mitgliedern nicht erreicht wird, § 104 Abs. 1 AktG, oder wenn dem AR länger als drei Monate, in dringenden Fällen (dazu insbesondere § 104 Abs. 3 Nr. 2 AktG) auch vor Ablauf der drei Monate, weniger Mitglieder als die durch Gesetz oder Satzung festgesetzte Zahl angehören, § 104 Abs. 2 AktG. Bei Anfechtung des Bestellungsbeschlusses sinkt die Zahl der AR-Mitglieder erst mit rechtskräftiger Entscheidung über die Anfechtung.[319]

4.495 Das Gericht wird nur auf Antrag tätig. Antragsberechtigte sind insbesondere der Vorstand in vertretungsberechtigter Zahl, ein AR-Mitglied, ein Aktionär und bei mitbestimmten Gesellschaften der Gesamtbetriebsrat, Gesamt- oder Unternehmenssprecherausschuss, 1/10 oder 100 der wahlberechtigten Arbeitnehmer und Spitzenorganisationen der Gewerkschaften und Gewerkschaften, die das Recht haben, AR-Mitglieder der AN vorzuschlagen, § 104 Abs. 1 AktG.

4.496 Das Gericht verlangt vor der Bestellung eine Erklärung des vorgeschlagenen AR, dass er das Amt annimmt, dass keine Hinderungsgründe gegen seine Bestellung vorliegen, dass er eventuell notwendige persönliche Voraussetzungen für das AR-Mandat erfüllt und dass er auf Kosten- und Auslagenersatz gegenüber dem Land verzichtet.

4.497 Vor der Bestellung wird das Gericht dem Gesamtbetriebsrat, dem Vorsitzenden des AR und dem Vorstand der Gesellschaft (falls dieser nicht selbst den Antrag stellt) rechtliches Gehör gewähren und Zahlung eines Kostenvorschusses in Höhe von 1.332 € verlangen. Das Gericht hat bei der Bestellung ein Auswahlermessen.[320]

4.498 Für die Abberufung des durch Gericht bestellten AR gilt § 103 Abs. 3 AktG nur eingeschränkt (dazu unten Rz. 4.509).

4.499 Muster 123: Antrag auf Bestellung eines Aufsichtsratsmitglieds durch das Gericht

An das

Amtsgericht – Registergericht

... AG

HRB ...

In der Handelsregistersache der ... AG in ... (HRB ...) beantragen wir als Spitzenorganisation der Gewerkschaft, die das Recht hat, Aufsichtsratsmitglieder der Arbeitnehmer der Gesellschaft vorzuschlagen, gemäß § 104 Abs. 2 Aktiengesetz

..., geboren am ..., wohnhaft in ..., Beruf ...,

zum Aufsichtsrat zu bestellen. [→ Rz. 4.494 ff.]

---

317) BayObLG ZIP 2000, 1445.
318) KG ZIP 2005, 1553.
319) OLG Köln GWR 2011, 112.
320) OLG Bamberg NZG 2014, 497; OLG Hamm NZG 2013, 1099; *Beyer*, NZG 2014, 61 ff.

Dem Aufsichtsrat gehören länger als drei Monate weniger Mitglieder als die in der Satzung festgesetzte Zahl an. Das Aufsichtsratsmitglied ... ist am ... gestorben. Sterbeurkunde fügen wir bei.

Beigefügt ist eine Erklärung des ..., dass dieser bereit ist, das Amt anzunehmen, dass dieser auf Kosten- und Auslagenersatz gegenüber dem Land ... verzichtet und dass keine Hinderungsgründe gegen seine Bestellung bestehen.

Die Stellungnahme von Gesamtbetriebsrat, Aufsichtsratsvorsitzenden und Vorstand der Gesellschaft und Kostenmarken von 1.332 € fügen wir ebenfalls bei.

Berlin, den ... ... (Unterschriften)

5. Dauer der Bestellung, § 102 AktG

Ein AR kann höchstens für die Zeit bis zur Beendigung der HV bestellt werden, die über **4.500** die Entlastung für das vierte Geschäftsjahr nach dem Beginn der Amtszeit beschließt, also längstens bis acht Monate nach dem Ende des vierten Geschäftsjahres, wobei das Geschäftsjahr des Jahres der Bestellung mitzählt, § 102 AktG.[321] Durch Satzung, HV-Beschluss oder durch den Entsendungsberechtigten kann die Amtsdauer kürzer festgelegt werden, und zwar unter Beachtung des Gleichbehandlungsgrundsatzes.

Für den ersten AR gilt die Sonderregelung des § 30 Abs. 3 S. 1 AktG, d. h. die Amtszeit **4.501** des AR ist zeitlich bis zur Beendigung der HV, die über die Entlastung für das erste Voll- oder Rumpfgeschäftsjahr beschließt, befristet. § 30 Abs. 3 S. 1 gilt nur für die Gründung, nicht für die Umwandlung, § 197 S. 2 UmwG. Das Amt des gerichtlich bestellten AR endet automatisch mit der ordentlichen Bestellung eines neuen AR.

6. Vorsitzender des Aufsichtsrats, § 107 AktG

Der AR wählt aus seiner Mitte einen Vorsitzenden und einen stellvertretenden Vorsit- **4.502** zenden, die vom Vorstand in vertretungsberechtigter Zahl zum Handelsregister anzumelden sind (notarielle Beglaubigung nicht erforderlich).

III. Beendigung des Aufsichtsratsamts

1. Wegfall persönlicher Voraussetzungen

- Tod, **4.503**

- Verlust der Geschäftsfähigkeit,

- Verlust der in der Satzung bestimmten persönlichen Eigenschaften.

2. Niederlegung

Die Niederlegung des AR-Amts ist auch ohne wichtigen Grund möglich. Allerdings darf **4.504** nicht zur Unzeit niedergelegt werden.[322] Die Niederlegung ist auch mündlich möglich.

---

321) OLG München WM 2010, 357.
322) H. M.; vgl. *Hüffer/Koch*, AktG, § 103 Rz. 17, und *Mertens*, in: Kölner Komm. z. AktG, § 103 Rz. 56.

4.505 Zu Beweiszwecken ist aber die Einhaltung der Schriftform angeraten. Die Niederlegung ist gegenüber der AG, vertreten durch den Vorstand, zu erklären.[323] Das Gericht verlangt einen Nachweis des Zugangs der Niederlegungserklärung, z. B. durch Vorlage eines Rückscheins oder einer Empfangsquittung.

3. Abberufung

4.506 Die Abberufung von AR-Mitglieder, die von der HV ohne Bindung an einen Vorschlag bestellt sind, ist jederzeit, auch ohne wichtigen Grund durch Beschluss der HV möglich, § 103 Abs. 1 AktG. Für den Abberufungsbeschluss ist eine ¾-Mehrheit erforderlich.

4.507 In der Satzung kann eine geringere (aber nicht unter 50 %) oder höhere Mehrheit vorgesehen sein, vorausgesetzt, es wird weder nach Abberufungsgründen noch nach Personen differenziert.[324] Die Abberufung wird wirksam mit der Kundgabe des Abberufungsbeschlusses an den abberufenen AR.

4.508 Bei entsandten AR kann der Entsendungsberechtigte jederzeit, auch ohne wichtigen Grund, den entsandten AR abberufen, § 103 Abs. 2 AktG. Die HV kann mit einfacher Mehrheit ein entsandtes AR-Mitglied abberufen, wenn die satzungsmäßigen Voraussetzungen für die Entsendung weggefallen sind (z. B., wenn der Entsendungsberechtigte seine Aktien veräußert hat).

4.509 Ein AR-Mitglied kann durch das Gericht abberufen werden, wenn ein wichtiger Grund (aber nicht bei nach § 104 AktG bestellten AR; dieser kann vom Gericht auch ohne wichtigen Grund abberufen werden[325]) in der Person des abzuberufenden AR gegeben ist und ein Antrag vorliegt, § 103 Abs. 3 AktG.

4.510 Ein solcher Antrag kann vom AR gestellt werden, der mit einfacher Mehrheit über die Antragstellung entscheidet. Bei einem Drei-Mann-AR muss sich aber der betroffene AR der Stimme enthalten.[326]

4.511 Der Antrag kann bei entsandten AR-Mitgliedern auch von Aktionären, die mindestens 10 % der Aktien oder einen anteiligen Betrag von 1 Mio. € halten, gestellt werden, § 103 Abs. 3 S. 3 AktG.

4. Bekanntmachung der Änderungen im Aufsichtsrat

4.512 Der Vorstand in vertretungsberechtigter Zahl hat bei jeder Änderung in der Zusammensetzung des Aufsichtsrats unverzüglich eine neue AR-Liste zum Handelsregister einzureichen (bei neuen AR unter Angabe des ausgeübten Berufs, Wohnorts, Vornamens und Namens), § 106 AktG. Das Handelsregister macht diese Einreichung bekannt.

---

323) *Hüffer/Koch*, AktG, § 103 Rz. 17; *Mertens*, in: Kölner Komm. z. AktG, § 103 Rz. 58, der auch Niederlegung gegenüber dem Aufsichtsrats-Vorsitzenden oder gegenüber der Hauptversammlung ausreichen lässt.

324) BGHZ 99, 211 ff.; *Hüffer/Koch*, AktG, § 103 Rz. 4; *Mertens*, in: Kölner Komm. z. AktG, § 103 Rz. 13.

325) Vgl. AG Charlottenburg DB 2004, 2630.

326) BGH NZG 2007, 516; nach strengerer Auffassung muss in diesem Fall vorher ein weiteres AR-Mitglied nach § 104 AktG bestellt werden, da das betroffene AR-Mitglied vom Stimmrecht ausgeschlossen ist und der AR sonst beschlussunfähig wäre, BayObLG DB 2003, 1265; a. A. *Stadler/Berner* AG 2004, 27 ff. und *Priester* AG 2007, 90.

IV. Pflichten

1. Überwachungsaufgaben

Nach § 111 AktG hat der AR die Pflicht, Leitungsmaßnahmen und auch die wesentlichen [327] Einzelmaßnahmen des Vorstands zu überwachen. Der AR muss wohl aber nicht die untergeordneten Ebenen überwachen. Falls aber untere Ebenen Fehler machen, muss der AR u. U. die Delegation durch den Vorstand auf die unteren Ebenen überwachen. **4.513**

Die Kontrolle durch den AR muss dabei sowohl vergangenheitsbezogen (vgl. § 90 AktG) als auch präventiv sein. Die Überwachung erfolgt in der Regel durch Beratung des Vorstands, nicht durch Weisungen an den Vorstand. **4.514**

Bei kritischer Lage, insbesondere bei Verdacht existenzgefährdender Geschäftspraktiken, ist der AR zum Einschreiten verpflichtet und muss beispielsweise eigene Prüfungen veranlassen, Zustimmungsvorbehalte anordnen oder den Vorstand auswechseln. [328] **4.515**

Die Überwachungspflicht trifft den Gesamt-AR. Eine Delegation auf einen Aufsichtsratsausschuss ist genauso wenig möglich wie eine Aufgabenerfüllung durch Dritte (§ 111 Abs. 6 AktG). [329] **4.516**

Wegen der immer strenger werdenden Rechtsprechung zur Haftung von Aufsichtsräten [330] (und Vorständen) ist es anzuraten, für den AR (und für die Vorstände), vgl. §§ 116, 93 AktG, eine sog. „D&O"-Versicherung (directors and officers liability) abzuschließen. [331] Diesbezüglich ungeklärt ist die Frage, ob der Abschluss dieser Versicherung für die Aufsichtsräte durch die Gesellschaft von der HV genehmigt werden muss, weil sie Teil der Vergütung der AR sein könnte (§ 113 AktG). [332] **4.517**

Zur Sicherheit sollte ein HV-Beschluss herbeigeführt werden, zumal die Prämien für derartige Versicherungen sehr hoch sein können. Nach Plänen der Finanzministerien des Bundes und der Länder sollten die Prämien als geldwerter Vorteil der AR und der Vorstände sogar besteuert werden. [333] Hiervon ist das Bundesministerium für Finanzen aber durch Schreiben vom 24.1.2002 abgerückt. [334] **4.518**

2. Überwachungsinstrumente

Im Rahmen seiner Überwachungsaufgaben hat der AR ein Recht, die Bücher und Schriften der Gesellschaft einzusehen und zu prüfen, § 111 Abs. 2 AktG. **4.519**

Er hat weiter das Recht und die Pflicht, die HV einzuberufen, wenn das Wohl der Gesellschaft gefährdet ist, § 111 Abs. 3 AktG. Weiter müssen als Überwachungsinstrumente Zustimmungsvorbehalte begründet werden (§ 111 Abs. 4 S. 2 AktG), und zwar durch die Satzung oder den AR selbst. **4.520**

---

327) LG Stuttgart DB 1999, 2462, dazu EWiR 1999, 1145 *(Kort)*: Verkauf eines Grundstückes unter Wert; *Hüffer/Koch*, AktG, § 111 Rz. 3.

328) LG Bielefeld ZIP 2000, 20, dazu EWiR 2000, 107 *(v. Gerkan)* („Balsam").

329) BGH AG 2005, 475; *Hüffer/Koch*, AktG, § 111 Rz. 9; *Geßler/Geßler*, AktG, § 111 Rz. 31 ff.

330) Vgl. §§ 116, 147 AktG und OLG Stuttgart NZG 2012, 425, das eigene Risikoanalyse des AR fordert.

331) S. dazu *Kiethe*, BB 2003, 537 ff. und NZG 2003, 559 ff., inbes. bzgl. falscher Erwägungen nach § 161 AktG bezogen auf den Corporate Governance Codex.

332) Bejahend *Kästner*, AG 2000, 113 ff.; verneinend *Mertens*, AG 2000, 447 ff., und *Vetter*, AG 2000, 456 ff.

333) Vgl. *Vetter*, AG 2000, 456 ff.

334) Vgl. DB 2002, 399 und *Schüppen/Sanna*, ZIP 2002, 550.

4.521 Der Zustimmungsvorbehalt muss sich auf bestimmte Arten von Geschäften beziehen (also nicht: „… alle wesentlichen Geschäfte").[335] Der Zustimmungsvorbehalt begründet nur ein Vetorecht des AR, nicht ein aktives Eingriffsrecht,[336] das im Übrigen nur für das Innenverhältnis von Bedeutung ist, nicht aber für die Wirksamkeit der Vorstandsmaßnahme nach außen.[337]

4.522 Für die Begründung des Zustimmungsvorbehalts durch den AR ist der AR selbst zuständig. Diesbezüglich ist keine Delegation auf einen AR-Ausschuss zulässig; die Erteilung der Zustimmung im konkreten Fall kann aber an einen AR-Ausschuss delegiert werden (oben Rz. 4.516).

4.523 Der AR kann für den Vorstand eine Geschäftsordnung erlassen, § 77 Abs. 2 AktG. Weitere Überwachungsinstrumente des AR finden sich in §§ 84, 87, 90, 171 Abs. 2 S. 1, § 172 AktG. Auch über bestimmte Anmeldepflichten (vgl. oben zu den Kapitalmaßnahmen) bestehen Kontrollmöglichkeiten.

3. Beschlussfassung

4.524 Aufsichtsräte müssen immer persönlich ihre Stimme abgeben. Die Erteilung einer Stimmrechtsvollmacht ist nicht zulässig. Abwesende AR können aber über Stimmbotschaft mit abstimmen, § 108 Abs. 3 AktG.

4.525 Schriftliche, fernmündliche oder andere vergleichbare Formen (z. B. Videokonferenz) der Beschlussfassung sind möglich, wenn – vorbehaltlich einer näheren Regelung in der Satzung oder in der Geschäftsordnung – kein AR-Mitglied widerspricht, § 108 Abs. 4 AktG.

4.526 Ein Stimmrechtsauschluss kann analog § 34 BGB gegeben sein, z. B. wenn es um die Einleitung eines Rechtsstreits gegen das AR-Mitglied geht oder wenn der AR sich selbst zum Vorstand wählen will.[338]

H. Unternehmensverträge

I. Arten

4.527 – Beherrschungsvertrag,

– Gewinnabführungsvertrag,

– Gewinngemeinschaft,

– Teilgewinnabführungsvertrag,

– Betriebspacht-/Betriebsüberlassungsvertrag.

---

335) *Hüffer/Koch*, AktG, § 111 Rz. 36; *Mertens*, in: Kölner Komm. z. AktG, § 111 Rz. 65; *Geßler/Geßler*, AktG, § 111 Rz. 65 ff.

336) *Hüffer/Koch*, AktG, § 111 Rz. 33; *Mertens*, in: Kölner Komm. z. AktG, § 111 Rz. 66.

337) Vgl. *Geßler/Geßler*, AktG, § 111 Rz. 78; Großkomm-*Hopt/Roth*, AktG, § 111 Rz. 702.

338) *Hüffer/Koch*, AktG, § 108 Rz. 9; *Mertens*, in: Kölner Komm. z. AktG, § 108 Rz. 49 ff., der zwar grundsätzlich § 34 BGB analog anwendet, aber bei der Wahl des Aufsichtsrats zum Vorstand den betroffenen Aufsichtsrat für stimmberechtigt hält; vgl. auch *Geßler/Geßler*, AktG, § 108 Rz. 29.

Ries

II. Wirksamkeitsvoraussetzungen

1. Unternehmensvertrag

Für den Abschluss des Unternehmensvertrages reicht einfache Schriftform aus, § 293 Abs. 3   **4.528**
AktG. Der Unternehmensvertrag muss zivilrechtlich wirksam sein, um in das Handelsregister eingetragen werden zu können.

2. Zustimmungsbeschluss der HV der „Untergesellschaft", § 293 Abs. 1 AktG

Die HV der Untergesellschaft muss jedem Unternehmensvertrag zustimmen. Für den Be-   **4.529**
schluss ist eine ¾-Mehrheit oder eine satzungsgemäß vorgesehene höhere Mehrheit des
bei Beschlussfassung vertretenen Grundkapitals und zusätzlich die einfache Mehrheit der
abgegebenen Stimmen erforderlich, § 133 Abs. 1 AktG.

Der Unternehmensvertrag, die Jahresabschlüsse und Lageberichte der beteiligten AG für   **4.530**
die letzten drei Jahre, die Berichte der Vorstände über die Unternehmensverträge und der
Prüfungsbericht (dazu gleich unten Rz. 4.535 ff.) sind von der Einberufung an bis zum
Ende der HV bei beiden beteiligten AG auszulegen, auf Verlangen den Aktionären zuzusenden und zu Beginn der HV vom Vorstand mündlich zu erörtern, §§ 293f, 293g AktG.

Auslegung und Zusendung nach § 293f Abs. 1 und Abs. 2 AktG sind entbehrlich, wenn   **4.531**
die Unterlagen auf der Internetseite der Gesellschaft zugänglich waren, § 293f Abs. 3 AktG
und in der HV (elektronisch) zugänglich sind, § 293g Abs. 1 AktG.

Der Zustimmungsbeschluss der HV der Untergesellschaft muss mit dem Unternehmens-   **4.532**
vertrag als Anlage verbunden sein, § 293 g Abs. 2 S. 2 AktG.

3. Zustimmungsbeschluss der Hauptversammlung der „Obergesellschaft", § 293 Abs. 2 AktG

Bei Beherrschungs- und Gewinnabführungsverträgen mit AG oder KGaA als Obergesell-   **4.533**
schaft ist auch die Zustimmung der HV der Obergesellschaft notwendig.

Bezüglich Mehrheit, Vorbereitung und Durchführung der HV gilt gleiches wie bei der HV   **4.534**
der Untergesellschaft. Der Zustimmungsbeschluss der HV der Obergesellschaft muss mit
dem Unternehmensvertrag als Anlage verbunden sein.[339]

4. Bericht über den Unternehmensvertrag und Prüfung des Unternehmensvertrages, §§ 293a ff. AktG

Die Vorstände (alle![340]) der beteiligten AG haben über jeden zustimmungsbedürftigen (bei   **4.535**
der Obergesellschaft also nur bezüglich Beherrschungs- und Gewinnabführungsverträgen,
oben Rz. 4.533) Unternehmensvertrag zu berichten. Der Bericht muss schriftlich und ausführlich abgefasst sein, § 293a Abs. 1 S. 1 AktG, d. h. es ist Abschluss, Inhalt, und Zweck
des Vertrages und Art und Höhe des Ausgleichs nach § 304 AktG und der Abfindung
nach § 305 AktG in den Bericht aufzunehmen.

Nach § 293b ff. AktG ist jeder Unternehmensvertrag auch durch externe Prüfer zu prüfen,   **4.536**
es sei denn die Obergesellschaft hält 100 % der Anteile an der Untergesellschaft.

---

339) BGH ZIP 1992, 395 = BB 1992, 662, dazu EWiR 1992, 423 *(Kort)*.
340) *Hüffer/Koch*, AktG, § 293a Rz. 8; **a. A.** BGH NZG 2007, 714 (Vorstand in vertretungsberechtigter Zahl).

4.537 Bericht und Prüfung sind entbehrlich, wenn alle Anteilsinhaber aller beteiligten Unternehmen in notariell beglaubigter Form auf ihre Erstattung verzichten, § 293a Abs. 3, § 293b Abs. 2 AktG.

III. Anmeldung und Eintragung, § 294 AktG

4.538 Der Unternehmensvertrag wird nur zur Eintragung im Register der Untergesellschaft angemeldet. Anmeldeverpflichtet ist der Vorstand der Untergesellschaft in vertretungsberechtigter Zahl. Die Anmeldung muss enthalten:

– Bestehen, Abschlussdatum und Art des Unternehmensvertrages,

– Namen der Beteiligten mit Angabe des Sitzes,

– Datum der Zustimmungsbeschlüsse.

– Bei Vielzahl von Teilgewinnabführungsverträgen genügt anstelle des Namens des anderen Vertragsteils auch eine projektbezogene individualisierende Bezeichnung.

4.539 Als Anlagen sind der Anmeldung beizufügen:

– Unternehmensvertrag,

– Zustimmungsbeschluss der Untergesellschaft gem. § 130 Abs. 5 AktG, gegebenenfalls mit Vorstandsbericht und Prüfungsbericht,

– eventuell Zustimmungsbeschluss der Obergesellschaft, gegebenenfalls mit Vorstandsbericht und Prüfungsbericht,

– eventuell staatliche Genehmigungen, z. B. Fusionskontrolle.

4.540 Die Eintragung ist konstitutiv, d. h. der Unternehmensvertrag wird erst mit der Eintragung seines Bestehens wirksam.

4.541 Die Vereinbarung eines später liegenden Vertragsbeginnes ist aber möglich. Eine Rückwirkung des mit der Eintragung wirksamen Vertrages ist nur eingeschränkt für Gewinnabführungsverträge (§ 14 Abs. 1 S. 2 KStG) möglich, nicht aber für Beherrschungsverträge, da es eine rückwirkende Unterstellung unter fremde Leitung tatsächlich nicht geben kann.[341]

4.542 Ein mangels Eintragung nichtiger Unternehmensvertrag wird nach den Grundsätzen der fehlerhaften Gesellschaft behandelt, ist also für die Zeit seiner Durchführung als wirksam zu behandeln und kann von den Parteien jederzeit – auch einseitig – beendet werden.[342]

4.543 Muster 124: Beherrschungsvertrag

Die ... AG mit Sitz in ..., vertreten durch ...

– nachfolgend „Obergesellschaft" –

schließt mit der

... AG mit Sitz in ..., vertreten durch ...

– nachfolgend „Untergesellschaft" –

---

341) *Hüffer/Koch*, AktG, § 294 Rz. 19; *Koppensteiner*, in: Kölner Komm. z. AktG, § 294 Rz. 34; Geßler/ Geßler, AktG, § 294 Rz. 29; teilweise a. A. MünchKommAktG/*Altmeppen*, § 294 Rz. 53 ff.
342) BGH ZIP 2002, 35 = AG 2002, 240, dazu EWiR 2002, 51 *(Wilken)*.

Ries

folgenden Beherrschungsvertrag: [→ Rz. 4.528]

1. Die Untergesellschaft unterstellt die Leitung ihrer Gesellschaft der Obergesellschaft.

2. Die Obergesellschaft ist berechtigt, dem Vorstand der Untergesellschaft hinsichtlich der Leitung der Untergesellschaft Weisungen zu erteilen. Der Vorstand der Untergesellschaft ist verpflichtet, den Weisungen der Obergesellschaft nachzukommen.

3. Die Obergesellschaft kann zu den allgemein üblichen Geschäftzeiten die Bücher der Untergesellschaft einsehen und Auskünfte über die geschäftlichen Verhältnisse der Untergesellschaft von deren Vorstand verlangen.

4. Dieser Vertrag kann von jedem Vertragspartner zum Ende eines jeden Geschäftsjahrs der Untergesellschaft, frühestens aber zum ... ordentlich mit einer Frist von sechs Monaten gekündigt werden. Eine fristlose Kündigung aus wichtigem Grund ist jederzeit möglich. Als wichtige Gründe gelten insbesondere ... . Jede Kündigungserklärung bedarf der Schriftform.

5. Dieser Vertrag wird erst wirksam mit Zustimmung der Hauptversammlungen beider Gesellschaften und Eintragung des Vertrages in das Handelsregister der Untergesellschaft.

6. Es gilt § 302 AktG in der jeweils geltenden Fassung.

7. Jede Änderung dieses Vertrages bedarf der Schriftform, insbesondere auch die Änderung dieses Schriftformerfordernisses.

8. Die Unwirksamkeit einer Bestimmung dieses Vertrages hat nicht die Unwirksamkeit der übrigen Bestimmungen zur Folge.

Berlin, den ...

... AG durch ...   ... AG durch ...   ...   (Unterschriften)

Muster 125: Protokoll der Hauptversammlung über die Zustimmung zum Abschluss   4.544
eines Beherrschungsvertrages

Nr. ... der Urkundenrolle ...

Verhandelt zu Berlin am ... .

Der unterzeichnete Notar

...

mit Amtssitz in Berlin

hat sich heute, den ..., um ... Uhr in die Räume der ... AG in ... begeben, um dort auf Ersuchen des Vorstands das Protokoll über die dorthin einberufene Hauptversammlung aufzunehmen.

Es waren erschienen: ... .

Der Notar wies auf das Mitwirkungsverbot nach § 3 Abs. 1 Nr. 7 BeurkG hin. Die Erschienenen verneinten eine Vorbefassung des Notars im Sinne dieser Vorschrift.

... übernahm als Vorsitzender des Aufsichtsrats den Vorsitz der Hauptversammlung und eröffnete diese um ... Uhr. Der Vorsitzende stellte fest, dass die Hauptversammlung rechtzeitig und ordnungsgemäß einberufen war. Er legte zum Nachweis hierfür den Bundesanzeiger Nr. ... vom ... vor, in welchem auf Seite ..., wie der Notar bestätigt, die Einberufung der Hauptversammlung durch folgende Bekanntmachung veröffentlicht ist: ... .

Der Vorsitzende legte das Verzeichnis der erschienenen bzw. vertretenen Aktionäre vor der ersten Beschlussfassung zur Einsicht aus, machte dieses allen Teilnehmern zugänglich und gab dies auch bekannt. Danach sind insgesamt nominal ... € Aktien vertreten. Dies gab der Vorsitzende bekannt.

Der Vorsitzende gab bekannt, dass die Abstimmungen, wie in § 6 der Satzung vorgesehen, durch Abgabe von Stimmkarten durchgeführt werden.

Danach stellte der Vorsitzende die einzelnen Punkte der Tagesordnung wie folgt zur Diskussion und Beschlussfassung: [→ Rz. 4.529 ff.]

Punkt 1 der Tagesordnung

Der Vorsitzende stellte fest, dass der Beherrschungsvertrag zwischen der ... AG und der ... AG, die Jahresabschlüsse und die Lageberichte der vorstehenden Gesellschaften für die letzten drei Geschäftjahre und die Berichte der Vorstände und der Vertragsprüfer vom Zeitpunkt der Einberufung der Hauptversammlung in den Geschäftsräumen und in der Hauptversammlung zur Einsicht der Aktionäre zur Verfügung gestanden haben und stehen. Der Vorsitzende verlas und erörterte den Beherrschungsvertrag. Ein Exemplar dieses Vertrages ist dieser Niederschrift als Anlage 1 beigefügt.

Es wurde sodann durch Abgabe von Stimmkarten einstimmig beschlossen, dem Beherrschungsvertrag der Gesellschaft mit der ... AG zuzustimmen.

Der Vorsitzende stellte die Art und das Ergebnis der Abstimmung fest. Der Beschluss wurde durch den Vorsitzenden festgestellt und verkündet, nämlich dass der Beschluss angenommen wurde.

Nachdem die Tagesordnung erledigt war und keine weiteren Anträge gestellt wurden, schloss der Vorsitzende die Hauptversammlung um ... Uhr.

Berlin, den ... ..., Notar L. S.

4.545 Muster 126: Anmeldung des Abschlusses eines Beherrschungsvertrages

... AG   Berlin, den ...

...

... Berlin

An das

Amtsgericht – Registergericht –

...

... AG

HRB ...

Als Vorstandsmitglieder der ... AG überreichen wir eine Ausfertigung des Protokolls über die Hauptversammlung der ... AG vom ... (UR-Nr. .../... des Notars ...) und eine Ausfertigung des Protokolls über die Hauptversammlung der ... AG vom ... (UR-Nr. .../... des Notars ...), denen jeweils der Beherrschungsvertrag zwischen der ... AG und der ... AG vom ... als Anlage beigefügt ist.

Ries

Wir als Vorstandsmitglieder der beherrschten Gesellschaft melden Folgendes zur Eintragung an: [➔ Rz. 4.538]

Die Gesellschaft hat am ... mit der ... AG mit Sitz in ... als Obergesellschaft einen Beherrschungsvertrag abgeschlossen, dem die Hauptversammlungen der Gesellschaft und der ... AG jeweils am ... zugestimmt haben.

Berlin, den ...

Der Vorstand ... (Unterschriften)

Nr. ... der Urkundenrolle für ...

Ich beglaubige hiermit die Echtheit der vorstehenden, vor mir vollzogenen Unterschriften von ... Diese haben nach Erläuterung der Vorschrift des § 3 Abs. 1 Nr. 7 BeurkG bestätigt, dass ich nicht vorbefasst im Sinne des § 3 Abs. 1 Nr. 7 BeurkG bin.

Berlin, den ... ..., Notar L. S.

Muster 127: Gewinnabführungsvertrag 4.546

Die ... AG

mit Sitz in ...,

vertreten durch ...,

– nachfolgend „Obergesellschaft" –

schließt mit der

... AG

mit Sitz in ...,

vertreten durch ...,

– nachfolgend „Untergesellschaft" –

folgenden

Gewinnabführungsvertrag: [➔ Rz. 4.528]

1. Die Untergesellschaft ist 100 %ige Tochter der Obergesellschaft und organisatorisch und wirtschaftlich in den Konzern der Obergesellschaft eingegliedert. Sie führt den gesamten Gewinn an die Obergesellschaft ab, die im Gegenzug einen etwa bei der Untergesellschaft entstandenen Verlust übernimmt.

2. Die Untergesellschaft führt ihre Geschäfte im eigenen Namen, aber für Rechnung der Obergesellschaft.

3. Die Abrechnung zwischen den Vertragsparteien erfolgt jährlich im Zuge der Aufstellung des Jahresabschlusses der Untergesellschaft. Für die Aufstellung des Jahresabschlusses der Untergesellschaft sind die für die Obergesellschaft geltenden Grundsätze maßgebend.

4. Dieser Vertrag ist auf fünf Jahre abgeschlossen und kann danach von jedem Vertragspartner zum Ende eines jeden Geschäftsjahrs der Untergesellschaft ordentlich mit einer Frist von sechs Monaten gekündigt werden. Eine fristlose Kündigung aus

wichtigem Grund ist jederzeit möglich. Als wichtige Gründe gelten insbesondere ... . Jede Kündigungserklärung bedarf der Schriftform.

5. Dieser Vertrag wird erst wirksam mit Zustimmung der Hauptversammlungen beider Gesellschaften und Eintragung des Vertrages in das Handelsregister der Untergesellschaft.

6. Es gilt § 302 AktG in der jeweils geltenden Fassung.

7. Jede Änderung dieses Vertrages bedarf der Schriftform, insbesondere auch die Änderung dieses Schriftformerfordernisses.

8. Die Unwirksamkeit einer Bestimmung dieses Vertrages hat nicht die Unwirksamkeit der übrigen Bestimmungen zur Folge.

Berlin, den ...

... AG durch ...   ... AG durch ...   ...   (Unterschriften)

IV. Änderungen

1. Fallgruppen

4.547 Als Änderungen des Unternehmensvertrages kommen inhaltliche Änderungen (z. B. Dauer ...), die rechtsgeschäftliche Auswechslung eines Vertragspartners, der Vertragsbeitritt oder die Vertragsübernahme durch einen Dritten in Betracht.

4.548 Keine Änderung des Unternehmensvertrages stellen die Gesamtrechtsnachfolge bei Verschmelzung, Umwandlung oder Ausgliederung dar.[343]

4.549 Bei Verschmelzung der beteiligten AG miteinander tritt Konfusion ein und der Unternehmensvertrag erlischt. Bei Verschmelzung der Obergesellschaft auf eine dritte Gesellschaft wird die dritte Gesellschaft (automatisch) Gesamtrechtsnachfolgerin, § 20 Abs. 1 Nr. 1 UmwG. Bei Verschmelzung der Untergesellschaft auf eine dritte Gesellschaft erlischt der Unternehmensvertrag.[344]

2. Entsprechende Geltung der Vorschriften für den Abschluss von Unternehmensverträgen, § 295 Abs. 1 S. 2, §§ 293–294 AktG

4.550 Für Beschluss, Bericht, Prüfung, Anmeldung und Eintragung der Änderung des Unternehmensvertrages gelten die Vorschriften über den Abschluss von Unternehmensverträgen entsprechend. Diesbezüglich kann nach oben verwiesen werden (Rz. 4.528 ff.).

4.551 Nach h. M. muss bei Vertragsübernahme und Gesamtrechtsnachfolge aufgrund Verschmelzung, Umwandlung bzw. Ausgliederung der neue Vertragspartner angemeldet und eingetragen werden.[345]

---

343) Siehe dazu umfassend *Müller*, BB 2002, 157 ff.
344) LG Mannheim AG 1995, 89.
345) *Hüffer/Koch*, AktG, § 295 Rz. 9; *Koppensteiner*, in: Kölner Komm. z. AktG, § 295 Rz. 27; MünchKommAktG/*Altmeppen*, § 295 Rz. 26.

3. Sonderbeschluss nach § 295 Abs. 2 AktG

Bei Änderung von im Unternehmensvertrag vorgesehenen Ausgleichs- oder Abfindungs- **4.552**
ansprüchen von „außenstehenden" Aktionären, z. B. bei Vertragsübernahme, bei der sich
der Schuldner dieser Ansprüche ändert, ist ein Sonderbeschluss der betroffenen Aktionäre
erforderlich.

Für diesen Beschluss ist dieselbe Mehrheit wie beim Zustimmungsbeschluss erforderlich, **4.553**
also ¾-Mehrheit oder die in der Satzung vorgesehene höhere Mehrheit des bei Beschlussfassung von den „außenstehenden" Aktionären vertretenen Grundkapitals und zusätzlich
die einfache Mehrheit der abgegebenen Stimmen.

„Außenstehende" Aktionäre sind alle Aktionäre mit Ausnahme des anderen Vertragsteils **4.554**
und der Aktionäre, die mit dem anderen Vertragsteil wirtschaftlich eng verflochten sind.

Muster 128: Anmeldung der Änderung eines Beherrschungsvertrages **4.555**

... AG   Berlin, den ...

...

... Berlin

An das

Amtsgericht – Registergericht –

...

... AG

HRB ...

Als Vorstandsmitglieder der ... AG überreichen wir eine Ausfertigung des Protokolls
über die Hauptversammlung der ... AG vom ... (UR-Nr. .../... des Notars ...) und eine
Ausfertigung des Protokolls über die Hauptversammlung der ... AG vom ... (UR-
Nr. .../... des Notars ...), denen jeweils die Änderungsvereinbarung vom ... bezüglich
des Beherrschungsvertrages zwischen der ... AG und der ... AG vom ... als Anlage beigefügt ist.

Wir als Vorstandsmitglieder der beherrschten Gesellschaft melden Folgendes zur Eintragung an:

Der am ... abgeschlossene Beherrschungsvertrag zwischen der Gesellschaft und der ...
AG mit Sitz in ... (Obergesellschaft) ist durch Änderungsvereinbarung vom ... abgeändert worden. Die Hauptversammlungen der Gesellschaft und der ... AG haben jeweils
am ... der Änderungsvereinbarung zugestimmt.

Berlin, den ...

Der Vorstand ...   (Unterschriften)

Nr. ... der Urkundenrolle für ...

Ich beglaubige hiermit die Echtheit der vorstehenden, vor mir vollzogenen Unterschriften von .... Diese haben nach Erläuterung der Vorschrift des § 3 Abs. 1 Nr. 7 BeurkG
bestätigt, dass ich nicht vorbefasst im Sinne des § 3 Abs. 1 Nr. 7 BeurkG bin.

Berlin, den ... ..., Notar L. S.

V. Beendigung[346]

1. Aufhebung, § 296 AktG

4.556 Die Aufhebung eines Unternehmensvertrages ist nur zum Ende des Geschäftsjahrs oder des im Unternehmensvertrag festgesetzten Abrechnungszeitraums, nicht aber unterjährig oder rückwirkend möglich, § 296 Abs. 1 S. 1 und 2 AktG.

4.557 Für eine unterjährige Aufhebung des Unternehmensvertrages bietet es sich an, vor der Aufhebung die entsprechende Änderung des Geschäftsjahrs beschließen und eintragen zu lassen.

4.558 Die Aufhebungsvereinbarung muss schriftlich geschlossen werden, § 296 Abs. 1 S. 3 AktG. Für die Wirksamkeit der Aufhebungsvereinbarung ist ein Sonderbeschluss der außenstehenden, zum Ausgleich berechtigten Aktionäre erforderlich, § 296 Abs. 2 AktG. Bezüglich der Details des Beschlusses: oben Rz. 4.552 ff., bei der Änderung. Ein Beschluss der HV über die Aufhebung ist nicht erforderlich.

2. Ordentliche Kündigung

4.559 Bei Beherrschungs- und Gewinnabführungsverträgen muss die ordentliche Kündigungsmöglichkeit nach h. M. vertraglich vorgesehen sein, für „andere" Unternehmensverträge i. S. d. § 292 AktG kann bei Fehlen einer ordentlichen Kündigungsmöglichkeit auf §§ 723, 594 ff. BGB zurückgegriffen werden.[347]

4.560 Die ordentliche Kündigung ist nur zum Ende des Geschäftsjahres oder des im Unternehmensvertrag festgesetzten Abrechnungszeitraumes, nicht aber unterjährig oder rückwirkend möglich, § 296 Abs. 1 S. 1 und 2 AktG analog.[348]

4.561 Für eine unterjährige ordentliche Kündigung des Unternehmensvertrages bietet es sich an, vor der Kündigung die entsprechende Änderung des Geschäftsjahrs beschließen und eintragen zu lassen.

4.562 Die Kündigung muss schriftlich erfolgen, § 297 Abs. 3 AktG. Für die Wirksamkeit der Kündigung ist ein Sonderbeschluss der außenstehenden, zum Ausgleich berechtigten Aktionäre notwendig, § 297 Abs. 2 AktG. Bezüglich der Details des Beschlusses: oben Rz. 4.552 ff.

4.563 Eine „Teilkündigung" nur des Ergebnisabführungsteils eines Beherrschungs- und Ergebnisabführungsvertrages ist nicht zulässig, da dies inhaltlich eine einseitige Änderung des Beherrschungs- und Ergebnisabführungsvertrages darstellt.[349]

3. Kündigung aus wichtigem Grund

4.564 Eine Kündigung aus wichtigem Grund (z. B. schwere Vertragsverletzungen oder Insolvenz des Vertragspartners, andauernde unzulässige Weisungen der herrschenden Gesellschaft) ist ohne Einhaltung von Fristen zulässig. Die Kündigung bedarf der Schriftform, § 297 Abs. 3 AktG.

---

346) S. dazu *Philippi/Neveling*, BB 2003, 1685 ff.
347) Vgl. *Hüffer/Koch*, AktG, § 297 Rz. 12 ff.; *Koppensteiner*, in: Kölner Komm. z. AktG, § 297 Rz. 4; *Geßler/Geßler*, AktG, § 297 Rz. 11; MünchKommAktG/*Altmeppen*, § 297 Rz. 59.
348) *Koppensteiner*, in: Kölner Komm. z. AktG, § 297 Rz. 5; str.
349) OLG Karlsruhe GmbHR 2001, 523.

Die Veräußerung der Anteile an der beherrschten Gesellschaft wird nicht als „wichtiger **4.565** Grund" für die Kündigung durch die herrschende Gesellschaft anerkannt.[350] Allerdings ist die Vereinbarung eines außerordentlichen Kündigungsgrunds (z. B. im Falle der Veräußerung von Anteilen des beherrschten Unternehmens) zulässig, wobei dann aber bei der Kündigung durch die beherrschte Gesellschaft ein Sonderbeschluss eventuell vorhandener außenstehender Aktionäre analog § 297 Abs. 2 AktG erforderlich ist.[351]

Die Umwandlung der beherrschten Gesellschaft in eine Personenhandelsgesellschaft kann **4.566** einen wichtigen Grund zur vorzeitigen Kündigung des Unternehmensvertrages darstellen.[352]

4. Anmeldung und Eintragung, § 298 AktG

Die Beendigung des Unternehmensvertrages ist vom Vorstand der Untergesellschaft in **4.567** vertretungsberechtigter Zahl anzumelden. Die Anmeldung muss die Beendigung des Unternehmensvertrages und den Grund und den Zeitpunkt der Beendigung beinhalten.

Als Anlagen sind der Anmeldung die Aufhebungsvereinbarung bzw. die Kündigung (mit **4.568** Zugangsnachweis) und ein eventuell gefasster Sonderbeschluss beizufügen. Die Eintragung ist nur deklaratorisch.

Muster 129: Anmeldung der Beendigung eines Beherrschungsvertrages   4.569

... AG Berlin, den ...

...

... Berlin

An das

Amtsgericht – Registergericht –

...

... AG

HRB ...

Wir als Vorstandsmitglieder der beherrschten Gesellschaft melden Folgendes zur Eintragung an: [→ Rz. 4.567]

Der Beherrschungsvertrag vom ... zwischen der Gesellschaft und der ... AG mit Sitz in ... als Obergesellschaft ist durch Aufhebungsvereinbarung vom ... [oder: durch Kündigungserklärung vom ...] zum Ende des Geschäftsjahres unserer Gesellschaft, also zum ... beendet.

Wir fügen in der Anlage die Aufhebungsvereinbarung vom ... [oder: die Kündigungserklärung vom ... samt Nachweis des Zugangs der Kündigungserklärung] bei.

Berlin, den ...

---

350) OLG Düsseldorf ZIP 1994, 1602; *Hüffer/Koch*, AktG, § 297 Rz. 7; MünchKommAktG/*Altmeppen*, § 297 Rz. 30, 38 f., wo ein Kündigungsrecht der beherrschten Gesellschaft bejaht wird.
351) So BGHZ 122, 211; *Hüffer/Koch*, AktG, § 297 Rz. 8; MünchKommAktG/*Altmeppen*, § 297 Rz. 49; *Joussen*, GmbHR 2000, 223 ff. – wohl keine Umgehung von § 296 f AktG; **a. A.** *Koppensteiner*, in: Kölner Komm. z. AktG, § 297 Rz. 1, a. E.
352) *Lutter*, UmwG, § 202 Rz. 43.

Der Vorstand ... (Unterschriften)

Nr. ... der Urkundenrolle für ...

Ich beglaubige hiermit die Echtheit der vorstehenden, vor mir vollzogenen Unterschriften von .... Diese haben nach Erläuterung der Vorschrift des § 3 Abs. 1 Nr. 7 BeurkG bestätigt, dass ich nicht vorbefasst im Sinne des § 3 Abs. 1 Nr. 7 BeurkG bin.

Berlin, den ... ..., Notar L. S.

I. Zweigniederlasssungen

I. Eintragungsfähigkeit

4.570 Eine Zweigniederlassung (nachfolgend „ZN") ist nur dann eintragungsfähig, wenn sie selbständig verwaltet wird und eine gesonderte Buchführung erfordert.[353]

II. Anmeldung

1. Anmeldeverpflichtete

4.571 Die ZN einer inländischen AG und ihre Veränderungen sind vom Vorstand der Gesellschaft in vertretungsberechtigter Zahl beim Gericht der Hauptniederlassung anzumelden, § 13 Abs. 1 HGB.

4.572 Die ZN einer ausländischen AG ist von einem, dem Vorstand nach deutschem Recht entsprechenden, Vertretungsorgan der ausländischen Gesellschaft, und zwar von allen Mitgliedern dieses Vertretungsorgans (da diese Versicherungen zur Person abgeben müssen), beim Gericht der Zweigniederlassung anzumelden, §§ 13d Abs. 1, 13e Abs. 2 S. 1, 13f Abs. 5 HGB.

2. Inhalt

4.573 Bei einer ZN einer inländischen AG muss die Anmeldung Ort, inländische Geschäftsanschrift und Firma und Änderungen der ZN enthalten:

4.574 Bei einer ZN einer ausländischen AG sind die §§ 13d, 13e, insbesondere § 13e Abs. 2 HGB zu beachten.[354] Das Bestehen der ausländischen Gesellschaft und die Vertretungsberechtigung sind nachzuweisen (dazu näher unten Rz. 4.621).

3. Anlagen, die der Anmeldung beizufügen sind

4.575 Bei ZN einer ausländischen AG ist § 13f HGB zu beachten.

4. Aufhebung der Zweigniederlassung

4.576 Für die Aufhebung von Zweigniederlassungen gelten die Vorschriften über die Errichtung von Zweigniederlassungen entsprechend, § 13 Abs. 3 HGB.

---

353) BayObLGZ 1979, 159 ff.

354) Siehe hierzu *Ries*, AnwBl 2005, 53 ff.; *Wachter*, GmbHR 2003, 1273 und NotBZ 2004, 41 ff.; *Seibert*, GmbHR 1992, 738 ff., mit Checkliste für die einzureichenden Nachweise und Unterlagen bei der GmbH.

Muster 130: Anmeldung einer Zweigniederlassung   4.577

... AG   Berlin, den ...

...

... Berlin

An das

Amtsgericht Charlottenburg

Amtsgerichtsplatz

Berlin-Charlottenburg

HRB ...

Als Vorstandsmitglieder der ... AG melden wir zur Eintragung in das Handelsregister an:
[→ Rz. 4.571 ff.]

Wir haben in ... unter der Firma ... AG Zweigniederlassung ... eine Zweigniederlassung errichtet.

... AG Zweigniederlassung ...

Die inländische Geschäftsanschrift der Zweigniederlassung befindet sich in ... .

Berlin, den ...   ...   (Unterschriften)

Nr. ... der Urkundenrolle für ...

Ich beglaubige hiermit die Echtheit der vorstehenden, vor mir vollzogenen Unterschriften von ... und von ... . Diese haben nach Erläuterung der Vorschrift des § 3 Abs. 1 Nr. 7 BeurkG bestätigt, dass ich nicht vorbefasst im Sinne des § 3 Abs. 1 Nr. 7 BeurkG bin.

Berlin, den ...   ..., Notar L. S.

J.   Auflösung, Abwicklung, Fortsetzung, Löschung und Nachtragsabwicklung

I.   Auflösungsgründe, § 262 AktG

Die Gesellschaft kann durch Beschluss der HV aufgelöst werden. Für diesen Beschluss ist   4.578
eine ¾-Mehrheit des bei Beschlussfassung vertretenen Grundkapitals oder die in der Satzung bestimmte höhere Mehrheit (§ 262 Abs. 1 Nr. 2 AktG) und zusätzlich die einfache Mehrheit der abgegebenen Stimmen erforderlich, § 133 Abs. 1 AktG.

Das Auflösungsrecht der HV kann nicht durch die Satzung ausgeschlossen werden. Die Auf-   4.579
lösung wird mit der Beschlussfassung wirksam.

Die Gesellschaft wird auch durch den Ablauf der in der Satzung bestimmten Zeit oder   4.580
durch Eröffnung des Insolvenzverfahrens oder rechtskräftige Abweisung des Antrags auf Eröffnung des Insolvenzverfahrens über das Vermögen der Gesellschaft mangels Masse aufgelöst, § 262 Abs. 1 Nr. 1, 3 und 4 AktG.

Bei Eröffnung des Insolvenzverfahrens erlöschen die Prokuren (§ 117 InsO), was von Amts   4.581
wegen eingetragen wird.[355] Auch die rechtskräftige Feststellung eines Satzungsmangels führt zur Auflösung, § 262 Abs. 1 Nr. 5 AktG, § 399 FamFG.

---

355) *Krafka/Kühn*, Registerrecht, Rz. 1144.

4.582 Weitere gesetzliche Auflösungsgründe sind das Entstehen einer „Kein-Mann-AG",[356] Gemeinwohlgefährdung (§ 396 AktG) und Maßnahmen der Wirtschaftsaufsicht nach § 38 KWG, § 304 VAG.

II. Anmeldung und Eintragung der Auflösung, § 263 AktG

4.583 Die Auflösung ist nur in den Fällen des § 262 Abs. 1 Nr. 1 und 2 AktG anzumelden; in den anderen Fällen erfolgt die Eintragung der Auflösung von Amts wegen.

4.584 Falls eine Anmeldung erforderlich ist, muss der ehemalige Vorstand in vertretungsberechtigter Zahl, nicht aber der Abwickler anmelden (Unterschied zur GmbH!). Als Anlagen sind der Anmeldung bei Auflösung kraft HV-Beschluss das HV-Protokoll beizufügen, § 130 Abs. 5 AktG. Die Eintragung ist nur deklaratorisch.

III. Abwicklung und Fortsetzung, §§ 264 ff. AktG

1. Abwicklungsmaßnahmen

4.585 Nach der Auflösung wird die Gesellschaft abgewickelt, es sei denn, die Gesellschaft ist wegen Eröffnung des Insolvenzverfahrens über das Vermögen der Gesellschaft aufgelöst.

4.586 Im Rahmen der Abwicklung werden die laufenden Geschäfte beendet, Forderungen eingezogen, Verbindlichkeiten erfüllt und das Restvermögen versilbert, § 268 AktG. Gegenstands-/Firmenänderungen und Sitzverlegungen sind im Abwicklungsstadium nur zulässig, wenn sie abwicklungsdienlich sind.[357]

2. Abwickler

4.587 Abwickler sind zunächst die Vorstandsmitglieder als „geborene" Abwickler. Dritte als „gekorene" Abwickler werden als Abwickler grundsätzlich durch Satzung oder HV (nicht durch AR!) bestimmt, § 265 Abs. 2 AktG.

4.588 Ausnahmsweise kommt bei Vorliegen eines wichtigen Grundes eine Bestellung durch das Gericht in Betracht (§ 265 Abs. 3 AktG). Die Abwickler müssen die Voraussetzungen wie Vorstände erfüllen, § 265 Abs. 2 S. 2, § 76 Abs. 3 AktG. Auch juristische Personen können Abwickler sein, § 265 Abs. 2 S. 3 AktG. Die Vertretungsbefugnis der Abwickler bestimmt sich wie beim Vorstand, vgl. § 269 AktG und oben Rz. 3.602 wie bei GmbH-Liquidatoren; bei „Führungslosigkeit" wird § 78 Abs. 1 S. 2 AktG analog gelten (vgl. oben Rz. 4.458).

4.589 Vom Gericht bestellte Abwickler sind von Amts wegen einzutragen, § 266 Abs. 4 AktG. Geborene und gekorene Abwickler und ihre Vertretungsbefugnis sind durch den Vorstand in vertretungsberechtigter Zahl anzumelden, § 266 Abs. 1 AktG, selbst wenn Dritte Abwickler werden.[358]

4.590 Spätere Änderungen in der Person der Abwickler und in ihrer Vertretungsbefugnis sind durch die Abwickler anzumelden, § 266 Abs. 1 AktG. Als Anlagen zu der Anmeldung sind die Bestellungs-/Änderungsbeschlüsse beizufügen, § 266 Abs. 2 AktG. Die Abwickler haben

---

356) Str.; vgl. *Hüffer/Koch*, AktG, § 262 Rz. 24; *Kraft*, in: Kölner Komm. z. AktG, § 262 Rz. 83; *Geßler/Hüffer/Koch*, AktG, § 262 Rz. 75.

357) Vgl. für die GmbH LG Frankfurt/O. DB 2003, 494.

358) H. M.; *Hüffer/Koch*, AktG, § 266 Rz. 3; *Kraft*, in: Kölner Komm. z. AktG, § 266 Rz. 2; *Geßler/Hüffer/Koch*, AktG, § 266 Rz. 9.

Versicherungen entsprechend den Versicherungen des Vorstands abzugeben (und zusätzlich die Versicherung, dass sie nicht in Vermögensangelegenheiten mit Einwilligungsvorbehalt betreut sind), § 266 Abs. 3 AktG. Alle Eintragungen haben nur deklaratorische Wirkung.

Die von den Aktionären bestellten Abwickler können jederzeit von der HV abberufen werden, § 265 Abs. 5 AktG. Die von den Aktionären oder vom Gericht bestellten Abwickler können vom Gericht unter den Voraussetzungen des § 265 Abs. 3 AktG abberufen werden. **4.591**

Die Abwickler können jederzeit (aber nicht zur Unzeit) – auch ohne wichtigen Grund – ihr Amt niederlegen. Die Niederlegung ist im Falle der von den Aktionären bestellten Abwickler gegenüber der Gesellschaft (vertreten durch den AR), im Falle der vom Gericht bestellten Abwickler gegenüber dem Gericht zu erklären.[359] **4.592**

Muster 131: Protokoll der Hauptversammlung (Auflösungsbeschluss) **4.593**

Nr. ... der Urkundenrolle ...

Verhandelt zu Berlin am ...

Der unterzeichnete Notar

...

mit Amtssitz in Berlin

hat sich heute, den ..., um ... Uhr in die Räume der ... AG in ... begeben, um dort auf Ersuchen des Vorstands das Protokoll über die dorthin einberufene Hauptversammlung aufzunehmen.

Es waren erschienen: ...

Der Notar wies auf das Mitwirkungsverbot nach § 3 Abs. 1 Nr. 7 BeurkG hin. Die Erschienenen verneinten eine Vorbefassung des Notars im Sinne dieser Vorschrift.

... übernahm als Vorsitzender des Aufsichtsrats den Vorsitz der Hauptversammlung und eröffnete diese um ... Uhr. Der Vorsitzende stellte fest, dass die Hauptversammlung rechtzeitig und ordnungsgemäß einberufen war. Er legte zum Nachweis hierfür den Bundesanzeiger Nr. ... vom ... vor, in welchem auf Seite ..., wie der Notar bestätigt, die Einberufung der Hauptversammlung durch folgende Bekanntmachung veröffentlicht ist: ...

Der Vorsitzende legte das Verzeichnis der erschienenen bzw. vertretenen Aktionäre vor der ersten Beschlussfassung zur Einsicht aus, machte dieses allen Teilnehmern zugänglich und gab dies auch bekannt. Danach sind insgesamt nominal ... € Aktien vertreten. Dies gab der Vorsitzende bekannt.

Der Vorsitzende gab bekannt, dass die Abstimmungen, wie in § 6 der Satzung vorgesehen, durch Abgabe von Stimmkarten durchgeführt werden.

Danach stellte der Vorsitzende die einzelnen Punkte der Tagesordnung wie folgt zur Diskussion und Beschlussfassung: [→ Rz. 4.578]

---

359) BGHZ 121, 257 ff. für die GmbH; *Hüffer/Koch*, AktG, § 265 Rz. 13; *Kraft*, in: Kölner Komm. z. AktG, § 265 Rz. 29.

Punkt 1 der Tagesordnung

Es wurde durch Abgabe von Stimmkarten einstimmig beschlossen:

1. Die Gesellschaft wird mit sofortiger Wirkung aufgelöst.

2. Herr ..., geboren am ..., wohnhaft ..., wird zum Abwickler bestellt. Er vertritt die Gesellschaft allein, solange er einziger Abwickler ist.

3. Die Bücher und Schriften der Gesellschaft werden nach Beendigung der Abwicklung bei ... in Verwahrung gegeben, welche die Verwahrung übernimmt.

Der Vorsitzende stellte die Art und das Ergebnis der Abstimmung fest. Der Beschluss wurde durch den Vorsitzenden festgestellt und verkündet, nämlich dass der Beschluss angenommen wurde.

Nachdem die Tagesordnung erledigt war und keine weiteren Anträge gestellt wurden, schloss der Vorsitzende die Hauptversammlung um ... Uhr.

Berlin, den ... ..., Notar L. S.

4.594 Muster 132: Anmeldung der Auflösung und des Abwicklers

... AG   Berlin, den ...

...

... Berlin

An das

Amtsgericht – Registergericht –

... AG

HRB ...

Als Vorstandsmitglieder der ... AG überreichen wir eine Ausfertigung des Protokolls über die Hauptversammlung der ... AG vom ... (UR-Nr. .../... des Notars ...) und melden Folgendes zur Eintragung an: [→ Rz. 4.583, 4.589]

1. Die Gesellschaft ist aufgelöst.

2. Herr ... ist zum Abwickler bestellt. Er vertritt die Gesellschaft allein, solange er einziger Abwickler ist. Sind mehrere Abwickler bestellt, vertreten diese gemeinschaftlich.

Der Abwickler versichert, dass ihn der Notar ... über seine unbeschränkte Auskunftspflicht gegenüber dem Registergericht belehrt hat, dass er nicht wegen vorsätzlich begangener Straftaten bezüglich Insolvenzverschleppung, §§ 283–283d StGB, § 82 GmbHG, §§ 399f AktG, § 331 HGB, § 313 UmwG, § 17 PublG, §§ 263–264a, 265b–266a StGB oder vergleichbaren ausländischen Straftaten vorbestraft ist, dass er nicht in Vermögensangelegenheiten mit Einwilligungsvorbehalt betreut ist und dass ihm weder durch gerichtliches Urteil noch durch vollziehbare Entscheidung einer Verwaltungsbehörde die Ausübung eines Berufs, Berufszweigs, Gewerbes oder Gewerbezweigs untersagt ist.

Berlin, den ...

Der Vorstand ... Der Abwickler ... (Unterschriften)

Nr. ... der Urkundenrolle für ...

Ich beglaubige hiermit die Echtheit der vorstehenden, vor mir vollzogenen Unterschriften der ... . Diese haben nach Erläuterung der Vorschrift des § 3 Abs. 1 Nr. 7 BeurkG bestätigt, dass ich nicht vorbefasst im Sinne des § 3 Abs. 1 Nr. 7 BeurkG bin.

Berlin, den ... ..., Notar L. S.

3. Gläubigeraufruf

Die Auflösung der Gesellschaft ist in den Gesellschaftsblättern von den Abwicklern bekannt zu machen, § 267 AktG. **4.595**

Muster 133: Gläubigeraufruf   **4.596**

Gläubigeraufruf

... AG

Durch Beschluss der Hauptversammlung vom ... ist die Gesellschaft aufgelöst. Die Gläubiger der Gesellschaft werden aufgefordert, ihre Ansprüche anzumelden.

Berlin, den ...

Der Abwickler ... (Unterschrift)

4. Fortsetzung der Gesellschaft, § 274 AktG

Eine Fortsetzung der Gesellschaft ist nicht zulässig, falls die Gesellschaft wegen Vermögenslosigkeit gelöscht ist, die Gesellschaft wegen rechtskräftiger Ablehnung des Antrags auf Eröffnung des Insolvenzverfahrens mangels Masse aufgelöst ist,[360] das Insolvenzverfahren nach dem Schlusstermin aufgehoben[361] oder mangels Masse eingestellt ist, die Gesellschaft nach § 396 AktG aufgelöst ist, oder nach Aufhebung des Insolvenzplanverfahrens bei fehlender Fortführungsplanung.[362] **4.597**

Ansonsten ist die Fortsetzung der Gesellschaft zulässig, solange noch nicht mit der Verteilung des Vermögens unter die Aktionäre begonnen worden ist, § 274 AktG, und die Aktiva der Gesellschaft deren Verbindlichkeiten übersteigen. **4.598**

Für die Fortsetzung ist ein HV-Beschluss notwendig. Für den Beschluss ist eine ¾-Mehrheit des bei Beschlussfassung vertretenen Kapitals bzw. die in der Satzung festgelegte höhere Mehrheit (§ 274 Abs. 1 AktG) und zusätzlich die einfache Mehrheit der abgegebenen Stimmen (§ 133 Abs. 1 AktG) erforderlich. Der AR muss einen neuen Vorstand bestellen, es sei denn, der Vorstand war „geborener" Abwickler.[363] **4.599**

Die Fortsetzung ist von den Abwicklern in vertretungsberechtigter Zahl anzumelden und in das Register einzutragen. In der Anmeldung haben die Abwickler (bzw. die Vorstände für den Fall der Fortsetzung nach Insolvenzeröffnung, da hier keine Abwickler bestellt sind) nachzuweisen (z. B. durch Bestätigung eines Wirtschaftsprüfers), dass mit der Verteilung **4.600**

---

360) BGH NZG 2015, 872; OLG Köln NZG 2010, 507.
361) OLG Celle ZIP 2011, 278.
362) OLG Celle ZIP 2019, 611.
363) *Hüffer/Koch*, AktG, § 274 Rz. 9; *Kraft*, in: Kölner Komm. z. AktG, § 274 Rz. 32; *Geßler/Hüffer*, AktG, § 274 Rz. 35.

des Vermögens noch nicht begonnen worden ist und dass die Aktiva die Verbindlichkeiten der Gesellschaft übersteigen.[364]

4.601 Die Eintragung des Fortsetzungsbeschlusses ist im Gegensatz zum GmbH-Recht konstitutiv, § 274 Abs. 4 AktG. Der neue Vorstand muss die entsprechenden Versicherungen abgeben (oben Rz. 4.477).

4.602 Muster 134: Protokoll der Hauptversammlung (Fortsetzungsbeschluss vor Löschung)

Nr. ... der Urkundenrolle ...

Verhandelt zu Berlin am ... .

Der unterzeichnete Notar

...

mit Amtssitz in Berlin

hat sich heute, den ..., um ... Uhr in die Räume der ... AG in ... begeben, um dort auf Ersuchen des Vorstands das Protokoll über die dorthin einberufene Hauptversammlung aufzunehmen.

Es waren erschienen: ... .

Der Notar wies auf das Mitwirkungsverbot nach § 3 Abs. 1 Nr. 7 BeurkG hin. Die Erschienenen verneinten eine Vorbefassung des Notars im Sinne dieser Vorschrift.

... übernahm als Vorsitzender des Aufsichtsrats den Vorsitz der Hauptversammlung und eröffnete diese um ... Uhr. Der Vorsitzende stellte fest, dass die Hauptversammlung rechtzeitig und ordnungsgemäß einberufen war. Er legte zum Nachweis hierfür den Bundesanzeiger Nr. ... vom ... vor, in welchem auf Seite ..., wie der Notar bestätigt, die Einberufung der Hauptversammlung durch folgende Bekanntmachung veröffentlicht ist: ... .

Der Vorsitzende legte das Verzeichnis der erschienenen bzw. vertretenen Aktionäre vor der ersten Beschlussfassung zur Einsicht aus, machte dieses allen Teilnehmern zugänglich und gab dies auch bekannt. Danach sind insgesamt nominal ... € Aktien vertreten. Dies gab der Vorsitzende bekannt.

Der Vorsitzende gab bekannt, dass die Abstimmungen, wie in § 6 der Satzung vorgesehen, durch Abgabe von Stimmkarten durchgeführt werden.

Danach stellte der Vorsitzende die einzelnen Punkte der Tagesordnung wie folgt zur Diskussion und Beschlussfassung:

Punkt 1 der Tagesordnung

Es wurde durch Abgabe von Stimmkarten einstimmig beschlossen: [→ Rz. 4.599]

Der Auflösungsbeschluss vom ... wird aufgehoben. Die Gesellschaft wird als werbende Gesellschaft fortgesetzt.

Der Vorsitzende stellte die Art und das Ergebnis der Abstimmung fest. Der Beschluss wurde durch den Vorsitzenden festgestellt und verkündet, nämlich dass der Beschluss angenommen wurde.

---

364) *Hüffer/Koch*, AktG, § 274 Rz. 7; *Kraft*, in: Kölner Komm. z. AktG, § 274 Rz. 12 ff., 15, 25; Geßler/*Hüffer*, AktG, § 274 Rz. 21 ff., 30.

Nachdem die Tagesordnung erledigt war und keine weiteren Anträge gestellt wurden, schloss der Vorsitzende die Hauptversammlung um ... Uhr.

Berlin, den ... ..., Notar L. S.

Muster 135: Anmeldung der Fortsetzung der Gesellschaft   4.603

... AG Berlin, den ...

...

... Berlin

An das

Amtsgericht – Registergericht –

...

... AG

HRB ...

Als Abwickler und Vorstände der ... AG überreichen wir eine Ausfertigung des Protokolls über die Hauptversammlung der ... AG vom ... (UR-Nr. .../... des Notars ...), eine beglaubigte Abschrift des Beschlusses des Aufsichtsrats über die Bestellung neuer Vorstandsmitglieder und eine Bestätigung der Wirtschaftprüfungsgesellschaft ..., dass noch nicht mit der Verteilung des Vermögens der Gesellschaft begonnen worden ist und die Aktiva der Gesellschaft deren Verbindlichkeiten übersteigen.

Wir als Abwickler und Vorstandsmitglieder der Gesellschaft melden Folgendes zur Eintragung an: [→ Rz. 4.600]

1. Die Gesellschaft wird fortgesetzt.

2. Die Herren ... sind, aufschiebend bedingt durch die Eintragung des Fortsetzungsbeschlusses, zu Vorstandsmitgliedern bestellt. Sie vertreten die Gesellschaft stets alleine und dürfen Rechtsgeschäfte mit sich als Vertreter Dritter abschließen. Sind mehrere Vorstandsmitglieder bestellt, vertreten zwei von Ihnen gemeinschaftlich oder einer zusammen mit einem Prokuristen. Alleinvertretungsbefugnis kann erteilt werden.

Wir, die Vorstandsmitglieder, versichern, dass uns der Notar ... über unsere unbeschränkte Auskunftspflicht gegenüber dem Registergericht belehrt hat, dass wir nicht wegen vorsätzlich begangener Straftaten bezüglich Insolvenzverschleppung, §§ 283–283d StGB, § 82 GmbHG, §§ 399 f. AktG, § 331 HGB, § 313 UmwG, § 17 PublG, §§ 263–264a, 265b–266a StGB oder vergleichbaren ausländischen Straftaten vorbestraft sind und dass uns weder durch gerichtliches Urteil noch durch vollziehbare Entscheidung einer Verwaltungsbehörde die Ausübung eines Berufs, Berufszweiges, Gewerbes oder Gewerbezweiges untersagt ist.

Ich, der Abwickler, versichere unter Vorlage der Bestätigung der Wirtschaftprüfungsgesellschaft ... vom ... weiter, dass mit der Verteilung des Vermögens der Gesellschaft noch nicht begonnen wurde und die Aktiva der Gesellschaft deren Verbindlichkeiten übersteigen.

Berlin, den ...

Der Vorstand ... Der Abwickler ... (Unterschriften)

Nr. ... der Urkundenrolle für ...

Ich beglaubige hiermit die Echtheit der vorstehenden, vor mir vollzogenen Unterschriften von ... Diese haben nach Erläuterung der Vorschrift des § 3 Abs. 1 Nr. 7 BeurkG bestätigt, dass ich nicht vorbefasst im Sinne des § 3 Abs. 1 Nr. 7 BeurkG bin.

Berlin, den ... ..., Notar L. S.

5. Verteilung des Vermögens, §§ 271 f. AktG

4.604 Wird die aufgelöste Gesellschaft nicht fortgesetzt, kann nach Befriedigung der Gläubiger und nach Ablauf des Sperrjahres (zur Ausnahme bei Vermögenslosigkeit vgl. Rz. 3.636 f., wie bei GmbH) das verbleibende Vermögen an die Aktionäre verteilt werden.

IV. Schluss der Abwicklung und Löschung

4.605 Nach Beendigung der Abwicklung und nach dem Legen der Schlussrechnung (die durch Beschluss der HV mit einfacher Mehrheit gebilligt wird)[365] haben die Abwickler den Schluss der Abwicklung anzumelden, § 273 Abs. 1 AktG.

4.606 Die Bücher und Schriften der Gesellschaft sind an einem vom Gericht (von Amts wegen) bestimmten Ort (meist vom Abwickler vorgeschlagen) zu hinterlegen, § 273 Abs. 2 AktG.

4.607 Es wird die Löschung eingetragen. Die Eintragung ist konstitutiv. Nur bei Vermögenslosigkeit und mit Eintragung der Löschung endet die Existenz der Gesellschaft, d. h. reine Vermögenslosigkeit oder die Löschung alleine reichen für die Beendigung der Gesellschaft nicht aus (Lehre von Doppeltatbestand).[366]

4.608 **Muster 136: Anmeldung der Beendigung der Abwicklung und des Erlöschens der Firma**

... AG Berlin, den ...

...

... Berlin

An das

Amtsgericht – Registergericht –

... AG

HRB ...

Als Abwickler der ... AG melde ich unter Beifügung des Protokolls der Hauptversammlung vom ... zur Eintragung an, dass die Abwicklung beendet, Schlussrechnung gelegt und die Firma erloschen ist. In der Nummer ... des Bundesanzeigers vom ..., worüber ich ein Belegexemplar beifüge, wurde die Auflösung bekannt gemacht und wurden die

---

365) Vgl. *Hüffer/Koch*, AktG, § 273 Rz. 3; Geßler/*Hüffer*, AktG, § 273 Rz. 7; zweifelnd *Kraft*, in: Kölner Komm. z. AktG, § 273 Rz. 8 f.

366) Vgl. OLG Stuttgart ZIP 1986, 647 f., für die GmbH; OLG Stuttgart ZIP 1998, 1880 ff., für die AG; vgl. zum Streitstand für die AG *Hüffer/Koch*, AktG, § 262 Rz. 4, 23; *Kraft*, in: Kölner Komm. z. AktG, § 273 Rz. 36 f.; Geßler/*Hüffer/Koch*, AktG, § 273 Rz. 14 ff.

Gläubiger der Gesellschaft aufgefordert, sich bei der Gesellschaft zu melden. Die Bücher und Schriften wurden der ... zur Verwahrung übergeben.

Berlin, den ...

Der Abwickler ... (Unterschrift)

Nr. ... der Urkundenrolle für ...

Ich beglaubige hiermit die Echtheit der vorstehenden, vor mir vollzogenen Unterschrift von Herrn ... . Herr ... hat nach Erläuterung der Vorschrift des § 3 Abs. 1 Nr. 7 BeurkG bestätigt, dass ich nicht vorbefasst im Sinne des § 3 Abs. 1 Nr. 7 BeurkG bin.

Berlin, den ... ..., Notar L. S.

Muster 137: Protokoll der Hauptversammlung über die Schlussrechnung   4.609

[Notarielle Beurkundung nicht erforderlich im Falle des § 130 Abs. 1 S. 3 AktG]

Nr. ... der Urkundenrolle ...

Verhandelt zu Berlin am ... .

Der unterzeichnete Notar

...

mit Amtssitz in Berlin

hat sich heute, den ..., um ... Uhr in die Räume der ... AG in ... begeben, um dort auf Ersuchen des Vorstands das Protokoll über die dorthin einberufene Hauptversammlung aufzunehmen.

Es waren erschienen: ... .

Der Notar wies auf das Mitwirkungsverbot nach § 3 Abs. 1 Nr. 7 BeurkG hin. Die Erschienenen verneinten eine Vorbefassung des Notars im Sinne dieser Vorschrift.

... übernahm als Vorsitzender des Aufsichtsrats den Vorsitz der Hauptversammlung und eröffnete diese um ... Uhr. Der Vorsitzende stellte fest, dass die Hauptversammlung rechtzeitig und ordnungsgemäß einberufen war. Er legte zum Nachweis hierfür den Bundesanzeiger Nr. ... vom ... vor, in welchem auf Seite ..., wie der Notar bestätigt, die Einberufung der Hauptversammlung durch folgende Bekanntmachung veröffentlicht ist: ... .

Der Vorsitzende legte das Verzeichnis der erschienenen bzw. vertretenen Aktionäre vor der ersten Beschlussfassung zur Einsicht aus, machte dieses allen Teilnehmern zugänglich und gab dies auch bekannt. Danach sind insgesamt nominal ... € Aktien vertreten. Dies gab der Vorsitzende bekannt.

Der Vorsitzende gab bekannt, dass die Abstimmungen, wie in § 6 der Satzung vorgesehen, durch Abgabe von Stimmkarten durchgeführt werden.

Danach stellte der Vorsitzende die einzelnen Punkte der Tagesordnung wie folgt zur Diskussion und Beschlussfassung:

Punkt 1 der Tagesordnung

Es wurde durch Abgabe von Stimmkarten einstimmig beschlossen:

1. Der vom Abwickler vorgelegten und vom Aufsichtsrat gebilligten Schlussrechnung, die während der vorgeschriebenen Fristen in den Geschäftsräumen der Gesellschaft zur Einsicht auslag und als Anlage 1 beigefügt ist, wird zugestimmt.

2. Dem Abwickler wird Entlastung erteilt.

3. Es wird vorgeschlagen, die Schriften und Bücher der Gesellschaft in ... aufzubewahren.

Der Vorsitzende stellte die Art und das Ergebnis der Abstimmung fest. Der Beschluss wurde durch den Vorsitzenden festgestellt und verkündet, nämlich dass der Beschluss angenommen wurde.

Nachdem die Tagesordnung erledigt war und keine weiteren Anträge gestellt wurden, schloss der Vorsitzende die Hauptversammlung um ... Uhr.

Berlin, den ... ..., Notar L. S.

V. Nachtragsabwicklung, § 273 Abs. 4 AktG

4.610 Wenn sich nach der Löschung herausstellt, dass noch Vermögen der Gesellschaft oder Abwicklungsbedarf besteht, kann eine Nachtragsabwicklung durchgeführt werden. Eine Nachtragsabwicklung kommt auch in Betracht, wenn das Ende der Abwicklung bewusst falsch angemeldet wurde.[367]

4.611 Hierzu muss vom Registergericht ein Nachtragsabwickler bestellt werden. Voraussetzung für diese Bestellung ist der Antrag (mit genauer Bezeichnung des Gegenstands der Tätigkeit) eines Beteiligten (Gläubiger, Schuldner, ehemaliger Abwickler/Vorstand, Aktionär), der konkrete Vortrag[368] und die Glaubhaftmachung[369] von Vermögen der Gesellschaft oder von Abwicklungsbedarf und die Erklärung des potenziellen Nachtragsabwicklers, dass er das Amt annimmt, keine Hinderungsgründe gegen seine Bestellung bestehen (evtl. Versicherungen notwendig) und er auf Kosten- und Auslagenersatz gegenüber dem Land verzichtet.

4.612 Vor der Bestellung wird das Gericht z. B. im Falle einer Familien-AG noch nicht beteiligten Aktionären rechtliches Gehör gewähren und einen Kostenvorschuss von 1.332 € erfordern.

4.613 Grundsätzlich erfolgen keine Wiedereintragung der Gesellschaft und keine Eintragung des Nachtragsabwicklers in das Register. Es wird vielmehr ein Beschluss erlassen, der den Nachtragsabwickler zu einzelnen Abwicklungsmaßnahmen ermächtigt.[370] Ausnahmsweise erfolgt die „Löschung der Löschung" bei relevanten Verfahrensfehlern im Löschungsverfahren.[371] Der Nachtragsabwickler kann nicht zur Übernahme des Amts gezwungen werden, es sei denn, er alleine kann den offenen Anspruch erfüllen, z. B. bei Zeugniserteil-

---

367) OLG Düsseldorf AG 2013, 469.

368) KG DB 2007, 851.

369) OLG Frankfurt/M. DB 2005, 2185.

370) Str., vgl. *Hüffer/Koch*, AktG, § 273 Rz. 16, 17; Geßler/*Hüffer*, AktG, § 273 Rz. 49 f.; *Kraft*, in: Kölner Komm. z. AktG, § 273 Rz. 32 ff., der die Neueintragung von Nachtragsabwickler und Gesellschaft verlangt, wenn sich die Tätigkeit des Nachtragsabwicklers nicht auf Einzelmaßnahmen beschränkt; auch bei Verstößen gegen wesentliche Verfahrensvorschriften des Löschungsverfahrens ist eine Löschung der Löschung gerechtfertigt, OLG Zweibrücken DB 2002, 1206.

371) KG DB 2004, 1213: bei fehlender Anhörung, die Löschung verhindert hätte; OLG München DB 2005, 2185; OLG Zweibrücken DB 2002, 1206; vgl. auch oben Rz. 3.642 zur GmbH.

Ries

lung.[372] Keine Nachtragsabwicklung findet statt, wenn es einen Prozessbevollmächtigten der AG gibt.[373]

Bezüglich der Abberufung und der Niederlegung gelten die Ausführungen zu den Ab- **4.614** wicklern (vgl. Rz. 4.591 f.).

Muster 138: Antrag auf Bestellung eines Nachtragsabwicklers　　　　　　**4.615**

An das

Amtsgericht – Handelsregister –

... AG

HRB ...

Die ... AG ist im Handelsregister HRB ... gelöscht worden. Es hat sich nach der Löschung herausgestellt, dass der Gesellschaft noch Steuererstattungsansprüche zustehen.

Ich beantrage als ehemaliger Aktionär, ... zum Nachtragsabwickler mit dem Wirkungskreis „Abwicklung Steuererstattungsansprüche" zu bestellen.

Eine Erklärung des ..., dass dieser zur Übernahme des Amts bereit ist, das Amt übernehmen kann und auf Kosten- und Auslagenersatz gegenüber dem Land ... verzichtet, ist beigefügt, genauso wie eine beglaubigte Kopie des Bescheids des Finanzamts .... Kostenmarken in Höhe von 1.332 € füge ich ebenfalls bei.

Berlin, den ... ... (Unterschrift)

K. Auslandsberührung

I. Ausländische Beurkundungen und Beglaubigungen

1. Gründung/Satzung/Anmeldung

Gem. § 23 AktG bedarf die Satzung der notariellen Form in Form der notariellen Beurkun- **4.616** dung. Soll die Satzung im Ausland festgestellt werden, ist fraglich, ob eine Beurkundung im Ausland möglich ist.

Anmeldungen sind nach § 12 HGB zu beglaubigen. Hier ist fraglich, ob im Ausland be- **4.617** glaubigt werden kann. Vergleiche hierzu die Ausführungen bei der GmbH, Rz. 3.654 ff.

2. Satzungsänderungen

Für Satzungsänderungen bei der AG gilt grds. auch das Erfordernis der notariellen Beur- **4.618** kundung (vgl. § 130 AktG). Hierzu gilt das oben Gesagte.

Zweifelhaft ist, ob – im Gegensatz zur Gründung – die Einhaltung der Ortsform ausreicht, **4.619** also ob das Ortsstatut (Art. 11 Abs. 1, Alt. 2 EGBGB) neben dem Wirkungsstatut (Art. 11 Abs. 1, Alt. 1 EGBGB) Anwendung findet.[374]

Die Beurkundung im Ausland kann dann ausreichen, wenn diese Beurkundung gleichwertig **4.620** mit einer Beurkundung durch einen deutschen Notar ist (oben Rz. 3.656 ff.).

---

372) KG GmbHR 2001, 252, zum Nachtragsliquidator bei der GmbH.
373) BayObLG DB 2004, 2258 für die GmbH.
374) Vgl. *Hüffer/Koch*, AktG, § 121 Rz. 16.

II. Nachweis der Existenz und Vertretungsberechtigung bei ausländischen Gesellschaften

4.621 Wenn ausländische Kapitalgesellschaften, die Aktien an einer deutschen AG halten, als Gesellschafter Beschlüsse fassen, oder wenn ausländische Kapitalgesellschaften eine Zweigniederlassung oder Tochtergesellschaft im Inland errichten, wird von den Registergerichten u. U. ein Nachweis verlangt, dass die ausländische Kapitalgesellschaft existiert und von den handelnden Personen ordnungsgemäß vertreten wird. Wie diese Nachweise erbracht werden, ist oben bei der GmbH im Einzelnen erläutert (Rz. 3.668 ff.).

III. Societas Europaea, SE[375]

4.622 Seit 2005 kann die Rechtsform der SE gewählt werden. Diese hat in allen Mitgliedsstaaten der EU dieselbe gesellschaftsrechtliche Grundlage (SE-VO Nr. 2157/2001 Amtsblatt EG Nr. L 294 vom 10.11.2001, S. 1 ff., umgesetzt durch das SEAG). Die Gründer einer SE können sich entweder für eine SE mit einer Führungsebene (Monistisches System, wobei die Führung dann von der HV bestellt wird) oder für eine SE mit einer zweigliedrigen Führungsebene wie bei der deutschen AG (Dualistisches System, für das dann deutsches Aktienrecht gilt) entscheiden.

4.623 Die SE kann nur gegründet werden durch AGs und GmbHs zu folgenden Zwecken:

– Verschmelzung von AGs (zur Aufnahme oder zur Neugründung), wenn mindestens zwei dieser Gesellschaften dem Recht verschiedener Mitgliedsstaaten angehören. Hierfür müssen die Leitungs- und Verwaltungsorgane der beteiligten AGs zunächst einen Verschmelzungsplan aufstellen, der u. a. die Satzung der künftigen SE enthält, und diesen beim Handelsregister einreichen, das die geplante Verschmelzung bekannt macht. Dann müssen die HV der beteiligten AGs dem Verschmelzungsplan zustimmen. Alle Gründer und alle Mitglieder der Leitungs- und Verwaltungsorgane müssen schließlich die Entstehung der SE anmelden. Der Inhalt der Anmeldung entspricht weitgehend dem Inhalt der Anmeldung einer deutschen AG.

– Gründung einer Holding-SE durch AGs und GmbHs, wenn mindestens zwei von ihnen entweder dem Recht verschiedener Mitgliedsstaaten unterliegen oder sie seit mindestens zwei Jahren eine dem Recht eines anderen Mitgliedsstaats unterliegende Tochtergesellschaft oder eine Zweigniederlassung in einem anderen Mitgliedsstaat haben. Hierfür müssen die Leitungs- und Verwaltungsorgane der beteiligten Gesellschaften einen Gründungsplan aufstellen, der u. a. die Satzung der neuen SE und einen Gründungsbericht enthält und veröffentlicht wird, und die Gesellschafterversammlungen der beteiligten Gesellschaften dem Gründungsplan zustimmen.

– Gründung einer Tochter-SE durch Gesellschaften i. S. d. AEUV oder Körperschaften des öffentlichen oder privaten Rechts.

– Umwandlung einer AG, wenn diese seit mindestens zwei Jahren eine dem Recht eines anderen Mitgliedsstaats unterliegende Tochtergesellschaft hat.

4.624 Die SE wird in Deutschland nach den für die AG geltenden Vorschriften eingetragen und muss über ein Mindestgrundkapital von 120.000 € verfügen.

---

375) *Spitzbart*, RNotZ 2006, 369 ff.

Änderungen der Satzung der SE und die Auflösung der SE bestimmen sich weitgehend 4.625
nach deutschem Aktienrecht. Besonderheiten gelten nur bei Sitzverlegung der SE in einen
anderen Mitgliedsstaat der EU. Hier stellen die Leitungs- und Verwaltungsorgane zunächst einen Verlegungsplan auf, der beim Handelsregister zwecks Bekanntmachung eingereicht wird. Frühestens zwei Monate nach Bekanntmachung beschließt die HV der SE
die Verlegung.

Muster 139: Neuanmeldung SE, Verschmelzung zur Aufnahme, dualistisches System 4.626

ABC AG (... SE i. G.) ..., den ...

In der Handelsregistersache

ABC AG (... SE i. G.)

HRB ... .

melden wir, alle Gründer und alle Mitglieder des Leitungsorgans und des Aufsichtsorgans, in
das Handelsregister an.

I.
Allgemeines

Die XYZ S. A., Paris ist aufgrund des Verschmelzungsplans vom ... und der Zustimmungsbeschlüsse der beteiligten Gesellschafen vom ... und vom ... im Wege der Aufnahme
auf die ABC AG, Berlin (HRB ...) verschmolzen.

Die Gesellschaft wird im Rechtsverkehr unter der Firma „... SE" auftreten und ihren Sitz
in ... haben

Die inländische Geschäftsanschrift der Gesellschaft befindet sich in ... .

Zu Mitgliedern des ersten Aufsichtsorgans sind bestellt

... Beruf, Vorname, Name, Wohnort (als Vorsitzender)

... Beruf, Vorname, Name, Wohnort (als stellvertretender Vorsitzender)

... Beruf, Vorname, Name, Wohnort (als einfaches Mitglied des Aufsichtsorgans)

Mitglieder des Leitungsorgans sind ... (Vorname, Name, Geburtsdatum, Wohnort) und
... (Vorname Name, Geburtsdatum, Wohnort).

II.
Kapitalerhöhung

Zum Zwecke der Durchführung der Verschmelzung erhöht die ABC AG ihr Grundkapital von € ... um € ... auf € ... .

III.
Versicherung gemäß § 37 Abs. 2 AktG

Wir, ... und ..., als erste Mitglieder des Leitungsorgans, versichern, dass keine Umstände
vorliegen, die unserer Bestellung nach § 76 Abs. 3 S. 2 Nr. 2 und 3 sowie S. 3 AktG entgegenstehen. Wir sind weder wegen vorsätzlich begangener Straftaten bezüglich § 82
GmbHG, §§ 399 f. AktG, § 331 HGB, § 313 UmwG, § 17 PublG, Insolvenzverschleppung, §§ 283–283d, 263–264a oder 265b–266a StGB (bei Freiheitsstrafen von mindes-

tens einem Jahr) und vergleichbarer ausländischer Straftaten verurteilt worden, noch ist uns die Ausübung eines Berufs, Berufszweigs, Gewerbes oder Gewerbezweigs durch gerichtliches Urteil oder vollziehbare Entscheidung einer Verwaltungsbehörde untersagt worden. Durch den beglaubigenden Notar sind wir über die unbeschränkte Auskunftspflicht gegenüber dem Gericht belehrt worden.

IV.
Vertretungsbefugnis des Leitungsorgans

Abstrakte Vertretungsbefugnis:

Das Leitungsorgan besteht aus einem oder mehreren Mitgliedern. Sind mehrere Mitglieder bestellt, wird die Gesellschaft durch zwei Mitglieder des Leitungsorgans oder durch ein Mitglied des Leitungsorgans gemeinsam mit einem Prokuristen gesetzlich vertreten. Ist nur ein Mitglied als Leitungsorgan bestellt, vertritt es die Gesellschaft allein. Das Aufsichtsorgan kann einzelnen oder mehreren Mitgliedern des Leitungsorgans Alleinvertretungsbefugnis erteilen.

Konkrete Vertretungsbefugnis:

Wir vertreten die Gesellschaft zu zweit. Wir dürfen Rechtsgeschäfte mit uns als Vertreter Dritter abschließen.

V.
Anlagen

Wir fügen der Anmeldung folgende Unterlagen in beglaubigter Ablichtung bei:

1. Verschmelzungsplan vom ... (UR-Nr. ... vom ... des Notars ... in ...) mit der Feststellung der Satzung und der Bestellung der Mitglieder des ersten Aufsichtsorgans und des Abschlussprüfers (Anlage 1)

2. Verschmelzungsbeschluss der Gesellschafter der ABC AG vom ... (UR-Nr. ... vom ... des Notars ... in ..., Anlage 2)

3. Verschmelzungsbeschluss der Gesellschafter der XYZ S. A. vom ... (UR-Nr. ... vom ... des Notars ... in ..., Anlage 3)

4. Bescheinigungen nach Art. 25 Abs. 2 SE-VO, dass die der Verschmelzung vorangegangenen Rechtshandlungen bei der ABC GmbH und der XYZ SA durchgeführt und eingehalten worden sind (Anlage 4).

5. Vereinbarung mit den Arbeitnehmern nach Art. 4 SE-Arbeitnehmerrichtlinie, (Anlage 5)

6. Protokoll der ersten Sitzung des Aufsichtsorgans mit dem Beschluss über die Bestellung des Leitungsorgans vom ... (Anlage 6)

7. Verschmelzungsprüfung vom ... (Anlage 7)

8. Verschmelzungsbericht vom ... (Anlage 8)

9. Bilanz der XYZ S. A. vom ... (Anlage 9)

10. Satzung der SE (Anlage 10)

11. Liste der Mitglieder des Aufsichtsorgans

Wir versichern, dass eine Klage gegen die Wirksamkeit des Verschmelzungsbeschlusses nicht oder nicht fristgemäß erhoben oder rechtskräftig abgewiesen ist.

VI.
Anmeldung von Änderungen

Wir bevollmächtigen den Vorsitzenden des Aufsichtsorgans, ..., etwaige vom Registergericht verlangte Änderungen der Fassung der Satzung allein vorzunehmen und anzumelden.

..., den ...

... (Name) ... (Name)

... (Name) ... (Name) ... (Name) ... (Name)

Urkundenrollennummer ...

Die vorstehenden, vor mir geleisteten Unterschriften von ..., ausgewiesen durch ihre mit Lichtbild versehenen Personalausweise, beglaubige ich hiermit.

Ich habe das Mitwirkungsverbot nach § 3 Abs. 1 Nr. 7 BeurkG erläutert. Meine Frage, ob eine Vorbefassung im Sinne dieser Vorschrift vorliege, wurde verneint.

Berlin, den ... ..., Notar L. S.

Muster 140: Verschmelzungsplan   4.627

Berlin, den ... UR-Nr. ...

Vor mir, dem unterzeichnenden Notar ..., Berlin erschien heute Herr ..., dem Notar persönlich bekannt, handelnd für die ABC AG, Berlin (HRB ...) und Herr ..., dem Notar persönlich bekannt, handelnd für die XYZ S. A., Paris

Die Erschienenen verneinten die Frage des Notars nach einer Vorbefassung im Sinne des § 3 Abs. 1 Nr. 7 BeurkG.

Die Erschienenen erklären:

Wir schließen folgenden Verschmelzungsplan:

1.
Präambel

Mit Vollendung dieses Verschmelzungsplans wird die XYZ S. A., Paris auf die ABC AG, Berlin (HRB ...) im Wege der Aufnahme verschmolzen. Die aufnehmende Gesellschaft nimmt mit der Eintragung die Form einer SE an und hat ein Grundkapital von € ... .

2.
Firma, Sitz

Die aufnehmende Gesellschaft wird als SE ab der Eintragung mit der Firma „... SE" auftreten und ihren Sitz in ... haben.

3.
Vermögensübertragung

Die XYZ S. A. überträgt ihr Vermögen als Ganzes mit allen Rechten und Pflichten unter Auflösung ohne Abwicklung auf die aufnehmende ABC AG. Der Verschmelzung wird die mit dem uneingeschränkten Bestätigungsvermerk des Wirtschaftsprüfers ... versehene Bilanz der übertragenden Gesellschaft zum ... („Stichtag") als Schlussbilanz zugrunde gelegt.

Die Übernahme des Vermögens erfolgt im Innenverhältnis mit Wirkung zum Stichtag. Vom Beginn des Stichtags an gelten alle Handlungen und Geschäfte der XYZ S. A. als für Rechnung der ABC AG vorgenommen.

4.
Gegenleistung

Als Gegenleistung für die Vermögensübertragung gewährt die ABC AG den Gesellschaftern der XYZ S. A. kostenfrei Namensstückaktien. Berechnung der Gegenleistung: ...

Das Recht auf Beteiligung am Gewinn steht den Gesellschaftern der XYZ S. A. ab dem Stichtag zu.

5.
Besondere Rechte und Vorteile

Besondere Rechte und Vorteile werden nicht gewährt.

6.
Kapitalerhöhung, Treuhänder

Zur Durchführung der Verschmelzung erhöht die ABC AG ihr Grundkapital von € ... um € ... auf € ... durch Ausgabe von ... Namensstückaktien zum Ausgabebetrag von € ... je Aktie mit Gewinnberechtigung ab dem Stichtag.

Die XYZ S. A. bestellt ... zum Treuhänder für den Empfang der zu gewährenden Aktien. Die ABC AG wird die zu gewährenden Aktien vor der Eintragung der Verschmelzung übergeben und den Treuhänder anweisen, die Aktien nach der Eintragung der Verschmelzung den Gesellschaftern der XYZ S. A. Zug um Zug gegen Aushändigung ihrer Aktien an der XYZ S. A. zu übergeben

7.
Folgen der Verschmelzung für Arbeitnehmer und Arbeitnehmervertretungen

Mit der Verschmelzung gehen die Arbeitsverhältnisse bei der XYZ S. A. auf die ABC AG über. Die beteiligten Gesellschaften sind nicht mitbestimmt. Arbeitnehmervertretungen existieren nicht.

8.
Kosten

Die Kosten der Verschmelzung trägt die ABC AG.

[9. *Evtl. Regelung zu Stichtagsänderung, Abfindungsangebote, Grundbesitz*]

Wir stellen die Satzung der Gesellschaft in der aus der Anlage zu diesem Protokoll ersichtlichen Fassung fest.

Vorstehende Niederschrift wurde den Erschienenen vorgelesen, von ihnen genehmigt und eigenhändig wie folgt unterschrieben.

... ...

Muster 141: Zustimmungsbeschluss zum Verschmelzungsplan   4.628

Verhandelt zu ... UR. Nr. .../... .

am ...

Der/Die unterzeichnete Notar/in

...

mit Amtssitz in ... hat sich heute, den ..., um ... Uhr in die Räume der ABC AG in ... begeben, um dort auf Ersuchen des Vorstands das Protokoll über die dorthin einberufene Hauptversammlung aufzunehmen.

Es waren erschienen: ...

Der/Die Notar/in wies auf das Mitwirkungsverbot nach § 3 Abs. 1 Nr. 7 BeurkG hin. Die Erschienenen verneinten eine Vorbefassung des/der Notar/in im Sinne dieser Vorschrift.

... übernahm als Vorsitzende/r des Aufsichtsrats den Vorsitz der Hauptversammlung und eröffnete diese um ... Uhr. Der/Die Vorsitzende stellte fest, dass die Hauptversammlung rechtzeitig und ordnungsgemäß einberufen war. Er/sie legt zum Nachweis hierfür den Bundesanzeiger Nr. ... vom ... vor, in welchem auf Seite ..., wie der/die Notar/in bestätigt, die Einberufung der Hauptversammlung durch folgende Bekanntmachung veröffentlicht ist: ... .

Der/Die Vorsitzende legte das Verzeichnis der erschienenen bzw. vertretenen Aktionäre vor der ersten Beschlussfassung zur Einsicht aus, machte dieses allen Teilnehmern zugänglich und gab dies auch bekannt. Danach sind insgesamt nominal EUR ... Aktien vertreten. Dies gab der/die Vorsitzende bekannt.

Der/Die Vorsitzende gab bekannt, dass die Abstimmungen, wie in § ... der Satzung vorgesehen, durch Abgabe von Stimmkarten durchgeführt.

Danach stellte der/die Vorsitzende die einzelnen Punkte der Tagesordnung wie folgt zur Diskussion und Beschlussfassung:

Punkt 1 der Tagesordnung: Zustimmung zum Verschmelzungsplan

Der/Die Vorsitzende stellt fest, dass der Verschmelzungsplan vom ... (Ur-Nr. ...), der die Verschmelzung der XYZ S. A., Paris auf die ABC AG durch Aufnahme regelt, ordnungsgemäß zum Handelsregister eingereicht wurde und seit Einberufung der Hauptversammlung in den Geschäftsräumen der ABC AG zusammen mit den Jahresabschlüssen der beteiligten Gesellschaften der letzten drei Jahre, den Verschmelzungsberichten der Vorstände der beteiligten Gesellschaften vom ... und dem Prüfungsbericht des ... vom ... auslag und auch jetzt noch im Saal eingesehen werden kann.

Nachdem es keine Wortmeldungen gab, schlagen Vorstand und Aufsichtsrat vor, der Verschmelzung zuzustimmen. Daraufhin beschließt die Hauptversammlung mit ... Ja-Stimmen gegen ... Nein-Stimmen der Verschmelzung zuzustimmen.

Der/Die Vorsitzende stellte die Art und das Ergebnis der Abstimmung fest. Der Beschluss wurde durch den/die Vorsitzende festgestellt und verkündet, nämlich dass der Beschluss angenommen/abgelehnt wurde.

Nachdem die Tagesordnung erledigt war und keine weiteren Anträge gestellt wurden, schloss der/die Vorsitzende die Hauptversammlung um ... Uhr.

..., Notar/in L. S.

4.629 Muster 142: Neuanmeldung Tochter-SE, dualistisches System

... SE i. G. ..., den ...

In der Handelsregistersache

... SE

– Neuanmeldung –

melden wir als Gründer und Leitungsorgan sowie als Mitglieder des Aufsichtsorgans die
... SE,

zur Eintragung in das Handelsregister an.

I.
Allgemeines

Die Gesellschaft wurde mit Urkunde des Notars ... in ... am ..., UR-Nr. ... errichtet.

Die Geschäftsräume der Gesellschaft befinden sich in ... .

Zu Mitgliedern des ersten Aufsichtsorgans sind bestellt

... Beruf, Vorname, Name, Wohnort (als Vorsitzender)

... Beruf, Vorname, Name, Wohnort (als stellvertretender Vorsitzender)

... Beruf, Vorname, Name, Wohnort (als einfaches Mitglied des Aufsichtsorgans)

Alleiniges Mitglied des Leitungsorgans ist ... (Vorname, Name, Geburtsdatum, Wohnort).

II.
Ausgabe der Aktien und Zahlung der Einlagen

Das Grundkapital der Gesellschaft beträgt 120.000 €.

Es ist eingeteilt in 120.000 nennwertlose Stückaktien (Namens-Stammaktien) im Ausgabebetrag von je 1,00 €.

Gründer der SE sind die ABC AG, Berlin (HRB ...) und die XYZ S. A., Paris. Die ABC AG und die XYZ S. A. haben jeweils 600.000 Aktien der Gesellschaft gegen Bareinlage übernommen und den Ausgabebetrag von jeweils € 60.000 durch Einzahlung auf das Konto der Gesellschaft mit der Nummer ... bei der ... Bank vollständig geleistet.

Der eingezahlte Betrag steht endgültig zur freien Verfügung des Leitungsorgans der Gesellschaft. Steuern und Gebühren sind von dem eingezahlten Betrag nicht bezahlt worden;

es bestehen bis auf die Gründungskosten keine Vorbelastungen. Es wurde und wird nichts zurückgezahlt (Alternativ für Fälle des § 27 Abs. 4 AktG wie Rz. 3.107 bei § 19 Abs. 5 GmbH-Fall).

III.
Versicherung gemäß § 37 Abs. 2 AktG

Ich, ..., als erstes Mitglied des Leitungsorgans, versichere, dass keine Umstände vorliegen, die meiner Bestellung nach § 76 Abs. 3 S. 2 Nr. 2 und 3 sowie S. 3 AktG entgegenstehen. Ich bin weder wegen vorsätzlich begangener Straftaten bezüglich § 82 GmbHG, §§ 399 f. AktG, § 331 HGB, § 313 UmwG, § 17 PublG, Insolvenzverschleppung, §§ 283–283d, 263–264a, 265b–266a StGB oder vergleichbarer ausländischer Straftaten verurteilt worden, noch ist mir die Ausübung eines Berufs, Berufszweigs, Gewerbes oder Gewerbezweigs durch gerichtliches Urteil oder vollziehbare Entscheidung einer Verwaltungsbehörde untersagt worden. Durch den beglaubigenden Notar bin ich über die unbeschränkte Auskunftspflicht gegenüber dem Gericht belehrt worden.

IV.
Vertretungsbefugnis des Leitungsorgans

Abstrakte Vertretungsbefugnis:

Das Leitungsorgan besteht aus einem oder mehreren Personen. Sind mehrere Personen bestellt, wird die Gesellschaft durch zwei Mitglieder des Leitungsorgans oder durch ein Mitglied des Leitungsorgans gemeinsam mit einem Prokuristen gesetzlich vertreten. Ist nur ein Mitglied als Leitungsorgan bestellt, vertritt es die Gesellschaft allein. Das Aufsichtsorgan kann einzelnen oder mehreren Mitgliedern des Leitungsorgans Alleinvertretungsbefugnis erteilen.

Konkrete Vertretungsbefugnis

... vertritt die Gesellschaft stets allein und darf Rechtsgeschäfte mit sich als Vertreter abschließen.

V.
Anlagen

Wir fügen der Anmeldung folgende Unterlagen in beglaubigter Ablichtung bei:

1. Gründungsurkunde UR-Nr. ... vom ... des Notars ... in ... mit der Errichtung der Gesellschaft, der Feststellung der Satzung, der Übernahme der Aktien durch die Gründer und der Bestellung der Mitglieder des ersten Aufsichtsorgans und des Abschlussprüfers (Anlage 1)

2. Bestätigung der ... Bank vom ... über die Einzahlung des vorerwähnten Betrages von 120.000 € auf das genannte Konto (Anlage 2)

3. Protokoll der ersten Sitzung des Aufsichtsorgans mit dem Beschluss über die Bestellung des Leitungsorgans vom ... (Anlage 3)

4. Gründungsbericht der Gründer vom ... (Anlage 4)

5. Prüfungsbericht der Mitglieder des Leitungsorgans und des Aufsichtsorgans vom ... (Anlage 5).

6. Liste der Mitglieder des Aufsichtsorgans (Anlage 6)

7. Berechnung des der Gesellschaft zur Last fallenden Gründungsaufwands (Anlage 7)

Wir versichern, dass bei der Gesellschaft keine Arbeitnehmer beschäftigt sind.

Die Erstellung eines Gründungsprüfungsberichts gemäß § 33 Abs. 2 AktG ist nicht erforderlich.

VI.
Anmeldung von Änderungen

Wir bevollmächtigen den Vorsitzenden des Aufsichtsorgans, ..., etwaige vom Registergericht verlangte Änderungen der Fassung der Satzung allein vorzunehmen und anzumelden.

... ... (Unterschriften)

Urkundenrollennummer ...

Die vorstehenden, vor mir geleisteten Unterschriften von ..., ausgewiesen durch ihre mit Lichtbild versehenen Personalausweise, beglaubige ich hiermit.

Ich habe das Mitwirkungsverbot nach § 3 Abs. 1 Nr. 7 BeurkG erläutert. Meine Frage, ob eine Vorbefassung im Sinne dieser Vorschrift vorliege, wurde verneint.

..., Notar L. S. Berlin, den ...

4.630 Muster 143: Gründungsverhandlung Tochter-SE, dualistisches System

Berlin, den ... UR-Nr. ... .

Vor mir, dem unterzeichnenden Notar ..., Berlin, erschienen heute Herr ..., dem Notar persönlich bekannt, handelnd für die ABC AG, Berlin (HRB ...) und Herr ..., dem Notar persönlich bekannt, handelnd für die XYZ S. A., Paris

Die Erschienenen verneinten die Frage des Notars nach einer Vorbefassung im Sinne des § 3 Abs. 1 Nr. 7 BeurkG.

Die Erschienenen erklären:

Wir errichten hiermit eine SE mit der Firma ... SE (nachfolgend „Gesellschaft"). Sitz der Gesellschaft ist Berlin. Gründer sind die ABC AG, Berlin (HRB ...) und die XYZ S. A., Paris.

Wir stellen die Satzung der Gesellschaft in der aus der Anlage zu diesem Errichtungsprotokoll ersichtlichen Fassung fest.

Von dem Grundkapital der Gesellschaft in Höhe von 120.000 € übernimmt die ABC AG als Gründerin 60.000 Namensstückaktien und die XYZ S. A. als Gründerin 60.000 Inhaberstückaktien. Der Ausgabebetrag beträgt 1 € je Stückaktie. Der eingezahlte Betrag beträgt EUR 120.000.

Zu Mitgliedern des Aufsichtsorgans werden bestellt: ..., ... und ... . Die Bestellung erfolgt bis zur Beendigung der Hauptversammlung, die über die Entlastung für das erste Voll- oder Rumpfgeschäftsjahr beschließt.

Zum Abschlussprüfer für das erste Voll- oder Rumpfgeschäftsjahr wird ... bestellt.

Die Kosten dieser Verhandlung und ihrer Durchführung trägt die Gesellschaft.

Der Notar wies daraufhin, dass die Gesellschaft erst mit Eintragung in das Handelsregister entsteht.

Diese Niederschrift samt Anlage wurde den Erschienenen vom Notar vorgelesen, von ihnen genehmigt und wie folgt eigenhändig unterschrieben.

...

..., Notar L. S.

Anlage

Satzung der ... SE

§ 1
Firma, Sitz und Geschäftsjahr

(1) Die Gesellschaft führt die Firma

   ... SE

(2) Sitz der Gesellschaft ist ... .

(3) Geschäftsjahr ist das Kalenderjahr.

§ 2
Gegenstand des Unternehmens der Gesellschaft

Gegenstand des Unternehmens der Gesellschaft ist die Verwaltung eigener Vermögenswerte aller Art. Tätigkeiten, die nach der Gewerbeordnung oder dem Kreditwesengesetz einer Erlaubnis bedürfen, sind ausgeschlossen.

§ 3
Grundkapital

Das Grundkapital der Gesellschaft beträgt 120.000 €.

§ 4
Aktien

Das Grundkapital ist eingeteilt in 120.000 Stück nennwertlose Stückaktien. Die Aktien lauten auf den Namen.

Die Form der Aktienurkunden und Gewinnanteilscheine bestimmt der Vorstand.

Die Verbriefung mehrerer Aktien in einer Globalaktienurkunde ist zulässig. Ein Anspruch des Aktionärs auf Einzelverbriefung mehrerer von ihm gehaltener Aktien ist ausgeschlossen.

§ 5
Leitungsorgan

Das Leitungsorgan der Gesellschaft besteht aus einer oder mehreren Personen. Die Anzahl der Mitglieder des Leitungsorgans wird durch das Aufsichtsorgan bestimmt.

(2) Ist nur ein Mitglied als Leitungsorgan bestellt, so vertritt dieses die Gesellschaft allein. Sind mehrere Mitglieder als Leitungsorgan bestellt, wird die Gesellschaft durch zwei Mitglieder oder durch ein Mitglied in Gemeinschaft mit einem Prokuristen vertreten. Das Aufsichtsorgan kann einzelnen oder mehreren Mitgliedern des Leitungsorgans Allein-

vertretungsbefugnis erteilen. Das Aufsichtsorgan kann Mitglieder des Leitungsorgans ermächtigen, Rechtsgeschäfte mit sich als Vertreter Dritter abzuschließen.

§ 6
Hauptversammlung

Die Hauptversammlung kann außer an dem Sitz der Gesellschaft auch an dem Sitz einer deutschen Wertpapierbörse abgehalten werden. Die Abstimmung in der Hauptversammlung erfolgt durch Abgabe von Stimmkarten.

§ 7
Aufsichtsorgan

Die Gesellschaft hat ein Aufsichtsorgan, das aus drei Mitgliedern besteht, es sei denn das Gesetz bestimmt etwas anderes. Folgende Maßnahmen der Geschäftsführung unterliegen der Zustimmung des Aufsichtsorgans: ...

§ 8
Bekanntmachungen der Gesellschaft

Sowohl Pflichtbekanntmachungen als auch freiwillige Bekanntmachungen der Gesellschaft erfolgen nur im elektronischen Bundesanzeiger.

§ 9
Gründungskosten

Die Gründungskosten der Gesellschaft bis zu EUR ... trägt die Gesellschaft.

4.631 Muster 144: Protokoll der ersten Sitzung des Aufsichtsorgans der SE, dualistisches System

... SE

Ort der Sitzung: ...

Zeit der Sitzung: ...

Teilnehmer:

...

...

...

Die Gründer der ... SE, ..., haben in der Gründungsurkunde UR-Nr. ... des Notars ..., ... die oben bezeichneten Personen zu den Mitgliedern des ersten Aufsichtsorgans der Gesellschaft bestellt, die ihre Bestellung angenommen haben.

Dies vorausgeschickt, beschließt das Aufsichtsorgan hiermit was folgt:

Zum Vorsitzenden des Aufsichtsorgans wird ... gewählt.

Zum stellvertretenden Vorsitzenden des Aufsichtsorgans wird ... gewählt.

Der Vorsitzende des Aufsichtsorgans und sein Stellvertreter nehmen die Wahl an.

Zum Leitungsorgan der Gesellschaft wird ... bestellt.

Er vertritt die Gesellschaft stets allein und darf Rechtsgeschäfte mit sich als Vertreter Dritter abschließen.

Die Entscheidungen erfolgten einstimmig.

... ... (Unterschriften)

Beachte: Beim monistischen System besteht keine Trennung zwischen Aufsichtsorgan und Leitungsorgan, sondern es gibt ein gemeinsames Verwaltungsorgan bestehend aus *Verwaltungsrat* (gewählt von der Hauptversammlung) mit Leitungs- und Weisungsrechten und den *Geschäftsführenden Direktoren*, die vom Verwaltungsrat bestellt und abberufen werden, die Tagesgeschäfte führen und die SE nach außen vertreten.

L. Kommanditgesellschaft auf Aktien

I. Allgemeines

Die Kommanditgesellschaft auf Aktien („KGaA") ist nach § 278 AktG eine Gesellschaft **4.632** mit eigener Rechtspersönlichkeit (juristische Person), deren Besonderheit darin besteht, dass es neben mindestens einem persönlich haftenden Gesellschafter einen oder mehrere nicht haftende Kommanditaktionäre gibt.

Sie entsteht mit Eintragung im Handelsregister (§§ 278 Abs. 3, 41 AktG). Nach wohl **4.633** h. M.[376)] ist die KGaA eine Abart der Aktiengesellschaft.

II. Gründung

Die Gründung einer KGaA ähnelt der Gründung einer Aktiengesellschaft, §§ 280 f., 278 **4.634** Abs. 3 AktG. Der einzige persönlich haftende Gesellschafter kann gleichzeitig einziger Kommanditaktionär sein.[377)]

Gesellschafter können auch juristische Personen oder Personengesellschaften sein.[378)] In **4.635** der Satzung müssen Name, Vorname und Wohnort jedes persönlich haftenden Gesellschafters enthalten sein.

Die Firma der KGaA muss die Bezeichnung „Kommanditgesellschaft auf Aktien" oder **4.636** die (einzig allgemein verständliche) Abkürzung „KGaA" enthalten, § 279 Abs. 1 AktG. Wenn kein persönlich haftender Gesellschafter eine natürliche Person ist, muss ein Zusatz, der die Haftungsbeschränkung (z. B. GmbH) kennzeichnet, aufgenommen werden, § 279 Abs. 2 AktG.

Die persönlich haftenden Gesellschafter, Kommanditaktionäre und Aufsichtsräte müssen **4.637** die Gesellschaft zur Eintragung anmelden, §§ 278 Abs. 3, 36 ff. AktG.

Die persönlich haftenden Gesellschafter müssen dabei dieselben Versicherungen zu ihrer **4.638** Person wie Vorstände von Aktiengesellschaften abgeben.[379)] Bei der Anmeldung ist auch die Vertretungsberechtigung der persönlich haftenden Gesellschafter anzugeben, § 282 AktG.

---

376) *Hüffer/Koch*, AktG, § 278 Rz. 3 m. w. N.
377) *Hüffer/Koch*, AktG, § 278 Rz. 5.
378) BGHZ 134, 392 = ZIP 1997, 1027.
379) H. M., vgl., *Krafka/Kühn*, Registerrecht, Rz. 1773.

III. Vertretung

4.639 Die KGaA wird durch die persönlich haftenden Gesellschafter analog KG-Recht vertreten, § 278 Abs. 2 AktG, §§ 161, 170, 125 HGB (s. dazu oben Rz. 2.192). Daneben kann es rechtsgeschäftliche Vertreter, z. B. Prokuristen geben.

IV. Änderungen

4.640 Änderungen der Satzung erfordern einen notariell beurkundeten Gesellschafterbeschluss der Kommanditaktionäre, §§ 285, 278 Abs. 3, 179 AktG. Persönlich haftende Gesellschafter, die gleichzeitig Aktien halten, haben nur ein Stimmrecht für ihre Aktien, also nur, wenn sie gleichzeitig Kommanditaktionäre sind, § 285 Abs. 1 AktG. In den Fällen des § 285 Abs. 2 AktG ist die Zustimmung aller Gesellschafter erforderlich.

4.641 Ein Wechsel der persönlich haftenden Gesellschafter erfolgt entweder durch Satzungsänderung oder auf andere in der Satzung zugelassene Weise (z. B. durch Beschluss). Ein Ausscheiden eines persönlich haftenden Gesellschafters ist auch nach § 289 Abs. 5 AktG, § 131 Abs. 3 HGB möglich, wenn die Satzung dies vorsieht.

4.642 Satzungsänderungen sind von den persönlich haftenden Gesellschaftern in vertretungsberechtigter Zahl zur Eintragung anzumelden, §§ 283 Nr. 1, 181 AktG.

4.643 Das Ausscheiden von persönlich haftenden Gesellschaftern muss von allen persönlich haftenden Gesellschaftern, auch vom ausscheidenden oder dessen Erben, angemeldet werden, § 289 Abs. 6 AktG, § 143 HGB.

V. Auflösung, Abwicklung, Löschung

4.644 Die Auflösung einer KGaA richtet sich nach § 289 AktG, §§ 161 Abs. 2, 131, 145 ff. HGB. Die wichtigsten Auflösungsgründe sind demnach Auflösungsbeschluss (Einstimmigkeit bei persönlich haftenden Gesellschaftern gem. § 119 HGB und ¾ Mehrheit bei Kommanditaktionären nach § 289 Abs. 4 AktG), Auflösung nach § 399 FamG und rechtskräftige Abweisung des Antrags auf Insolvenzeröffnung.

4.645 Abwickler sind die persönlich haftenden Gesellschafter und mindestens ein von der Hauptversammlung bestellter Abwickler, § 290 AktG.

4.646 Sowohl Auflösung als auch Abwickler sind von allen persönlich haftenden Gesellschaftern zur Eintragung anzumelden, soweit sie nicht wie z. B. bei Insolvenz von Amts wegen mitgeteilt werden, vgl. § 289 AktG. Hier gilt dasselbe wie zur Aktiengesellschaft (vgl. Rz. 4.583, 4.589).

4.647 Nach Schluss der Abwicklung wird die Gesellschaft gelöscht. Auch hier gilt dasselbe wie zur Aktiengesellschaft (vgl. Rz. 4.605 ff.).

Teil 5: Inhaberwechsel

Literatur: *Meyer*, Fortführung der Firma einer Personenhandelsgesellschaft durch einen Einzelkaufmann, RNotZ, 2004, 323; *Möller*, Das neue Firmenrecht in der Rechtsprechung – Eine kritische Bestandsaufnahme, DNotZ 2000, 830.

A. Möglichkeiten

Der Inhaber eines Unternehmens kann sich ändern auf Grund (vgl. § 22 HGB)   **5.1**

– Veräußerung

– Verpachtung

– Nießbrauchbestellung

– Erbgang.

Führt eine Erbengemeinschaft das Handelsgewerbe fort, so ist diese als neuer Inhaber an- **5.2**
zumelden.[1]

B. Firma

Bei einem Inhaberwechsel darf die bisherige Firma **fortgeführt** werden, wenn der **bishe-** **5.3**
rige Geschäftsinhaber ausdrücklich einwilligt (§ 22 HGB). Unzulässig ist die Weglassung von Firmenbestandteilen, z. B. des Vornamens des bisherigen Inhabers[2] oder die Aufnahme von neuen Firmenzusätzen. Eine gem. § 22 HGB fortgeführte Firma darf vom neuen Geschäftsinhaber nicht geändert werden. Überträgt die Inhaberin eines im Handelsregister eingetragenen einzelkaufmännisch geführten Unternehmens mit der Firma „P… Schaumstoffverarbeitung Betty M… ." dieses mit dem Recht zur Fortführung der Firma mit oder ohne Beifügung eines das Nachfolgeverhältnis andeutenden Zusatzes, so entspricht die Weiterführung durch den Erwerber unter der Firmenbezeichnung „P… Schaumstoffverarbeitung Bernd M… e. K." nicht den Anforderungen des § 22 HGB.[3] Dieses gilt auch für einen Austausch des Vornamens.[4]

Geboten ist allerdings die Hinzufügung oder Änderung eines Rechtsformzusatzes (§ 19 **5.4**
HGB), wenn die bisherige Firma aufgrund alten Rechts keinen Rechtsformzusatz geführt hat oder der Rechtsformzusatz durch die Rechtsnachfolge wegen einer Täuschungsgefahr unzulässig geworden ist. Die nunmehrige Rechtsform muss durch den Rechtsformzusatz offengelegt werden.[5]

Zulässig ist die Beifügung eines das Nachfolgeverhältnis andeutenden Zusatzes, z. B. In- **5.5**
haber, Nachfolger. Dabei kann der Vorname des Nachfolgers abgekürzt oder weggelassen werden.[6] Ein **Nachfolgezusatz** kann auch wieder gestrichen werden.[7] Nach einer erneuten Weiterveräußerung darf er als täuschend nicht unverändert fortgeführt werden.[8]

---

1) BayObLGZ 1978, 5, 7; RGZ 132, 138, 142.
2) *Möller*, DNotZ 2000, 830, 841; **a. A.** LG Augsburg Rpfleger 1999, 449.
3) OLG Düsseldorf Rpfleger 2007, 611.
4) OLG Hamm NZG 2018, 33.
5) OLG Hamm DNotZ 1999, 839; BayObLG NZG 2000, 641; **a. A.** *Möller*, DNotZ 2000, 830, 838.
6) LG Köln MittRhNotK 1988, 47.
7) Staub/*Burgard*, HGB, § 22 Rz. 73.
8) OLG Hamm DNotZ 1986, 185.

5.6 Die Beifügung eines Nachfolgezusatzes oder die Aufgabe täuschend gewordener Firmenbestandteile ist eine **Firmenänderung**, die zur Eintragung in das Handelsregister angemeldet werden muss.

5.7 Für die Fortführung einer **bisher zulässigen Firma** gem. § 22 HGB ist es unerheblich, ob diese bereits im Handelsregister eingetragen war. Bei einem Inhaberwechsel mit Firmenfortführung durch einen eines bisher nicht im Handelsregister eingetragenen Kaufmann (§ 1 Abs. 2 HGB) mit vollkaufmännischem Umfang müssen zugleich die Firma (§ 29 HGB) und der Inhaberwechsel (§ 31 HGB) zum Handelsregister angemeldet werden. Eine **unzulässige Firma** kann nicht gem. § 22 HGB fortgeführt werden.

5.8 Macht der Erwerber eines Handelsgeschäfts vom Recht zur Firmenfortführung nach § 22 HGB keinen Gebrauch und bildet er eine **neue Firma** gem. §§ 18, 19 HGB, erlischt die bisherige Firma, was vom alten Geschäftsinhaber anzumelden ist (§ 31 Abs. 2 HGB); das bisherige Handelsregisterblatt ist zu schließen. Der neue Geschäftsinhaber hat seine neue Firma anzumelden (§ 29 HGB), die auf einem neuen Handelsregisterblatt gem. § 13 Abs. 1 HRV[9] eingetragen wird.

C. Haftungsfragen

I. Rechtsgeschäftliche Veräußerung des Unternehmens

5.9 Gemäß § 25 Abs. 1 S. 1 HGB haftet der neue Geschäftsinhaber für Verbindlichkeiten des bisherigen Inhabers unter folgenden Voraussetzungen:

- Handelsgeschäft eines Vollkaufmanns;

- Geschäftsverbindlichkeit des Veräußerers;

- Erwerb des Handelsgeschäfts unter Lebenden;

- Fortführung des Handelsgeschäfts mit Firma;

- kein Haftungsausschluss (§ 25 Abs. 2 HGB).

5.10 Eine wirksame rechtsgeschäftliche Übertragung des Unternehmens ist nicht entscheidend, da die vertraglichen Hintergründe für den Rechtsverkehr nicht in Erscheinung treten. Vielmehr kommt es auf die nach außen in Erscheinung tretenden tatsächlichen Umstände an. Ein Erwerb wird deshalb nicht nur dann angenommen, wenn der zugrunde liegende Vertrag nichtig oder anfechtbar ist, sondern auch dann, wenn es an einer rechtsgeschäftlichen Übertragung des Handelsgeschäfts überhaupt fehlt.[10] Maßgeblich ist, ob eine **tatsächliche Übernahme des Geschäftsbetriebs in seinem Kern** stattgefunden hat.[11] Die Tatsache, dass ein zahlungsunfähiges und insolventes Unternehmen fortgeführt wird, steht der Anwendung des § 25 Abs. 1 S. 1 HGB nicht entgegen.[12] Die Haftung nach § 25 Abs. 1 S. 1 HGB tritt unabhängig davon ein, ob das übernommene und fortgeführte Unternehmen noch einen zur Befriedigung seiner Gläubiger ausreichenden Wert verkörpert.[13]

---

9) BayObLG DNotZ 1971, 431; KG OLGZ 1965, 315, 319.

10) BGH NJW 1992, 911; BGH NJW 1986, 581; BGH NJW 1984, 1186; BGHZ 18, 248.

11) BGH NotBZ 2006, 93; BayObLG NJW-RR 1988, 870; OLG Karlsruhe NJW-RR 1995, 1310; OLG Frankfurt/M. NotBZ 2006, 24; OLG Frankfurt/M. Rpfleger 2001, 497; SchlHolst. OLG FGPrax 2012, 126.

12) BGH NotBZ 2006, 93.

13) BGH NotBZ 2006, 93.

Rudolph

Zu der Kontinuität im Betriebsübergang muss als äußeres Anzeichen für diese die **Firmen-** 5.11 **kontinuität** hinzutreten.[14] Auf eine wort- oder buchstabengetreue Gleichheit der beiden Firmen kommt es nicht an. In Zweifelsfällen entscheidet die Verkehrsauffassung, ob noch eine Identität der beiden Firmen angenommen werden kann.[15] Eine Fortführung der Firma liegt auch vor:

- bei Anbringung eines Nachfolgezusatzes (§ 25 Abs. 1 S. 1 HGB);

- bei einer unwesentlichen Änderung, z. B. „Aluminiumwerk Karl Schulze" zu „Aluminiumwerk Schulze & Co."[16] oder

- „Kfz-Küpper, Internationale Transporte, Handel mit Kfz-Teilen und Zubehör aller Art e. K." zu „Kfz-Küpper, Transport und Logistik GmbH";[17]

- bei Zufügung der Angabe einer neuen Rechtsform, z. B. GmbH;[18]

- bei Weglassung täuschend gewordener Zusätze, z. B. „KG" nach Übernahme des Geschäfts einer Gesellschaft durch einen Einzelkaufmann;[19]

- bei Weglassung des Vornamens,[20] jedoch soll bei einer Weglassung des Vornamens des alten Inhabers und gleichzeitiger Hinzufügung des Vornamens des neuen Inhabers bei gleichem Nachnamen keine Fortführung gegeben sein.[21]

Bei einer Verkürzung mehrerer Personennamen („Revisions- und Treuhandgesellschaft 5.12 mbH Gebhard, Müller und Partner, Wirtschaftsprüfungsgesellschaft, Steuerberatungsgesellschaft") auf eine schlagwortähnliche Geschäftsbezeichnung („GMP GmbH Steuerberatungsgesellschaft Treuhandgesellschaft") liegt keine Firmenfortführung i. S. d. § 25 Abs. 1 HGB vor.[22] Das Tatbestandsmerkmal „Fortführung der bisherigen Firma" tritt auch ein, wenn die verwendete Bezeichnung keine nach den §§ 17 ff. HGB zulässige Firma war, z. B. „HS Handelsagentur Lieferant von Additiven für die Lebensmittelindustrie".[23] Die Herbeiführung einer Haftungsbeschränkung nach § 25 HGB ist auch dann zulässig, wenn der Erwerber eines Handelsgeschäfts eine Marke sowie eine Internetadresse des Veräußerers fortführt.[24]

Die Übernahme eines Handelsgeschäfts unter Fortführung einer bloßen Etablissements- 5.13 oder Geschäftsbezeichnung (z. B. „Strandhotel Imperator") oder eines ähnlich einer Marke geführten Namens begründet keine Haftung nach § 25 Abs. 1 HGB.[25]

Ein **Haftungsausschluss** des Erwerbers muss, um Dritten gegenüber wirksam zu sein, ins 5.14 Handelsregister eingetragen und öffentlich bekannt gemacht werden (§ 25 Abs. 2 HGB).

---

14) BGH NotBZ 2006, 93; Oetker/*Vossler*, HGB, § 25 Rz. 25.
15) BGH NotBZ 2006, 93; OLG Düsseldorf FGPrax 2011, 243–244, OLG Düsseldorf Rpfleger 2001, 306; OLG Düsseldorf NJW 1992, 911; Baumbach/Hopt/*Hopt*, HGB, § 25 Rz. 7.
16) RGZ 113, 309.
17) BGH DB 2004, 1204.
18) BGH Rpfleger 2001, 306.
19) RGZ 104, 34.
20) BGH NJW 1982, 578; BGH NJW 1986, 582.
21) OLG Hamm NZG 2018, 33.
22) OLG Köln RNotZ 2007, 162.
23) BGH Rpfleger 2001, 306.
24) Str. OLG Zweibrücken, Beschl. v. 11.11.2013 – 3 W 84/13, juris; **a. A.** OLG Saarbrücken NZG 2018, 349.
25) OLG Saarbrücken NZG 2018, 349; OLG Brandenburg NJW-RR 1999, 395.

Die Anmeldung muss **unverzüglich** nach der Geschäftsübernahme erfolgen, die Handelsregister-Eintragung und Bekanntmachung müssen in angemessener (kurzer) Frist nachfolgen;[26] ansonsten ist die Vereinbarung des Haftungsausschlusses nicht wirksam. Ein Zeitraum zwischen Haftungsausschluss und Bekanntmachung von sechs bis zehn Wochen,[27] vier Monaten,[28] sieben Monaten,[29] acht Monaten[30] und zehn Monaten[31] ist zu lang. Das Registergericht darf und kann jedoch keine abschließende materielle Wertung über die Unverzüglichkeit der Anmeldung und damit die Wirksamkeit des Haftungsausschlusses treffen. Die Wertung obliegt dem Prozessgericht. Das Registergericht muss nur offensichtlich verspätete Anmeldungen zurückweisen.[32] Unzulässig ist auch die „vorsorgliche" Eintragung eines Haftungsausschlusses für einen „möglicherweise" stattfindenden Erwerb eines Handelsunternehmens.[33] Bei unverzüglicher Anmeldung kann eine Handelsregistereintragung des Haftungsausschlusses nach drei oder fünf oder sechs Monaten noch unverzüglich sein, wenn zwischendurch noch Beschwerdeverfahren im nächst höheren Rechtszug durchzuführen waren.[34] Die Haftung kann auch teilweise ausgeschlossen werden. Das kann jedoch nicht durch die allgemeine Begrenzung auf eine bestimmte Höchstsumme geschehen, da jeder Gläubiger aus der Bekanntmachung entnehmen muss, wieweit ihm gegenüber die Haftung ausgeschlossen ist.[35] Ein teilweiser Haftungsausschluss kann gegenüber allen Gläubigern gleichmäßig auf einen bestimmten Bruchteil oder nur gegenüber einzelnen, aber genau aufgeführten Gläubigern bestimmt werden.[36] Die Eintragung eines Haftungsausschlusses in das Handelsregister hat bereits dann zu erfolgen, wenn die ernsthafte Möglichkeit einer Haftung aus Firmenfortführung besteht, z. B. „O-Apotheke e. K." zu „O-Apotheke, Zweigniederlassung der Apotheke am B e. K.[37] Die Anmeldung eines Haftungsausschlusses kann zum Registerblatt des neuen Unternehmensträgers durch das dort anmeldeberechtigte Organ allein erfolgen.[38] Die Eintragung des Haftungsausschlusses kommt auch **nur bei dem** die Firma **erwerbenden Unternehmen** in Betracht; beim veräußernden Unternehmen ist die Eintragung unzulässig.[39]

II. Vererbung des Unternehmens

5.15 Ein Erbe haftet gem. § 1967 BGB für Nachlassverbindlichkeiten grundsätzlich mit dem Nachlass und seinem Privatvermögen. Es besteht jedoch die **Möglichkeit der Haftungs-**

---

26) BGHZ 29, 1; OLG München RNotZ 2007, 226; BayObLG DNotZ 2003, 453; BayObLG Rpfleger 1984, 469; OLG Düsseldorf Rpfleger 2003, 664; OLG Frankfurt/M. NotBZ 2006, 24; OLG Frankfurt/M. Rpfleger 2001, 497; Staub/*Burgard*, HGB, § 25 Rz. 130.

27) RGZ 75, 139.

28) OLG Celle OLGReport Celle 2000, 220.

29) OLG München RNotZ 2007, 226.

30) OLG Hamm NJW-RR 1994, 1119.

31) OLG Frankfurt/M. NJW-RR 2001, 1404.

32) OLG München Rpfleger 2008, 494; BayObLG WM 1984, 1533; OLG Hamm OLGZ 1994, 282; OLG Frankfurt/M. NotBZ 2006, 24; OLG Frankfurt/M. Rpfleger 2001, 497, Staub/*Burgard*, HGB, § 25 Rz. 131.

33) OLG Zweibrücken NZG 2013, 1235.

34) BayObLG DNotZ 2003, 453; OLG Düsseldorf ZNotP 2004, 32; OLG Hamm ZNotP 1999, 167.

35) RGZ 152, 75; OLG Köln NZG 2012, 188.

36) MünchKommHGB/*Thiessen*, § 25 Rz. 94.

37) OLG Jena NotBZ 2007, 298.

38) OLG München Rpfleger 2008, 494.

39) OLG Düsseldorf RNotZ 2008, 424–425.

Rudolph

beschränkung auf den Nachlass durch Anordnung der Nachlassverwaltung oder Eröffnung des Nachlassinsolvenzverfahrens (§ 1975 BGB).

Unter den Voraussetzungen des § 27 HGB ist diese Möglichkeit der Haftungsbeschränkung auf den Nachlass **ausgeschlossen:**   **5.16**

- Handelsgeschäft;

- Geschäftsverbindlichkeit des Erblassers;

- Erbfolge;

- Fortführung des Handelsgeschäfts;

- Keine Einstellung binnen 3 Monaten.

Umstritten ist, ob für die verschärfte Haftung des Erben neben der Fortführung des Handelsgeschäfts auch eine **Firmenfortführung** notwendig ist. Dies wird teilweise aus der Verweisung des § 27 HGB auf § 25 HGB gefolgert.[40] Träfe dies zu, so könnte der Erbe der verschärften Haftung entgehen, wenn er das Unternehmen zwar fortführt, aber eine andere Firma wählt. Diese Auffassung verkennt, dass § 27 HGB nur auf die Rechtsfolge des § 25 HGB verweist. Die Gegenmeinung verlangt daher für die verschärfte Haftung des Erben keine Firmenfortführung.[41] Ändert daher der Erbe die Firma, bleibt es bei der verschärften Haftung, wenn das Unternehmen erhalten bleibt.   **5.17**

Der Erbe kann ferner die **verschärfte handelsrechtliche Haftung** auch entsprechend § 25 Abs. 2 HGB **ausschließen**, da die Verweisung in § 27 HGB auf „die Vorschriften des § 25", auch auf § 25 Abs. 2 HGB, umfasst.[42] Die Haftung für die vom Erblasser begründeten Geschäftsschulden muss dann durch unverzügliche Herbeiführung der Eintragung im Handelsregister und öffentlichen Bekanntmachung erfolgen.   **5.18**

Der Erbe hat für § 27 Abs. 2 S. 1 HGB eine Bedenkzeit von drei Monaten ab Kenntnis vom Anfall der Erbschaft. Bei **Einstellung des Geschäfts** innerhalb dieser Frist hat der Erbe die Möglichkeit der Haftungsbeschränkung nach § 1975 BGB. Für die Einstellung des Unternehmens genügt es, die Liquidation des Unternehmens zu beginnen, d. h. es ist die werbende Tätigkeit einzustellen und die Abwicklung des Unternehmens anzufangen.[43] Ob der Einstellung die Änderung der Firma bzw. eine Fortführung durch einen Dritten gleichsteht, bleibt umstritten,[44] aber im Ergebnis zu bejahen.   **5.19**

Erwirbt ein **Minderjähriger durch Erbfall** ein Unternehmen, ist dafür keine familiengerichtliche Genehmigung nach §§ 1643, 1822 BGB erforderlich, da der erbrechtliche Erwerb ein gesetzlicher Erwerb ist. Nach der Einführung des § **1629a BGB** gilt dies auch für die Fortführung des Unternehmens durch den Minderjährigen.[45] Beim Ausscheiden des Minderjährigen (als Miterbe) aus dem ererbten Unternehmen muss der Minderjährige beim Abschluss des Auseinandersetzungsvertrags durch seine Eltern vertreten werden. Falls   **5.20**

---

40) Oetker/*Vossler*, HGB, § 27 Rz. 14; Baumbach/Hopt/*Hopt*, § 27 Rz. 3; *Canaris*, Handelsrecht, § 7 V 3 c.

41) Staub/*Burgard*, HGB, § 27 Rz. 37 ff.; MünchKommHGB/*Thiessen*, § 27 Rz. 25.

42) KG DR 1940, 2007; LG Koblenz MittRhNotK 1974, 263; Staub/*Burgard*, HGB, § 27 Rz. 60; MünchKommHGB/*Thiessen*, HGB, § 27 Rz. 46 ff.; Baumbach/Hopt/*Hopt*, HGB, § 27 Rz. 8; *Canaris*, Handelsrecht, § 7 V 3 d.

43) Oetker/*Vossler*, HGB, § 27 Rz. 20.

44) Vgl. Oetker/*Vossler*, HGB, § 27 Rz. 21 f.; Staub/*Burgard*, HGB, § 27 Rz. 62 ff.

45) Vgl. früher dazu BVerfG BB 1986, 1248.

diese Miterben sind, ist ein Ergänzungspfleger zu bestellen (§§ 181, 1795, 1909 BGB). Außerdem muss eine familiengerichtliche Genehmigung eingeholt werden (§§ 1643, 1822 Nr. 3 BGB).

D.   Anmeldeverpflichtung

5.21   Bei einem rechtsgeschäftlichen Inhaberwechsel sind der bisherige und der neue Inhaber anmeldeverpflichtet.[46] Der Vorlage der Vereinbarung des Haftungsausschlusses beim Register bedarf es nicht, wenn Veräußerer und Erwerber den Haftungsausschluss gemeinschaftlich anmelden.[47] Bei einem Inhaberwechsel auf Grund Erbfolge sind der Alleinerbe oder bei einer Mehrheit von Erben die Erbengemeinschaft zur Anmeldung verpflichtet.

5.22   **Muster 145: Anmeldung eines Inhaberwechsels beim Einzelkaufmann mit Fortführung der Firma durch den Erwerber und Haftungsausschluss**

Amtsgericht *Registergericht*

Handelsregister

PLZ Ort

zu HRA*

Zur Eintragung in das Handelsregister melden wir an:

Der bisherige Inhaber *Name* hat das von ihm unter der obigen Firma betriebene Handelsgeschäft mit dem Recht, die bisherige Firma mit oder ohne Befügung eines das Nachfolgeverhältnis andeutenden Zusatzes fortzuführen, an ... geboren am ..., veräußert. Dieser führt das Geschäft unter der bisherigen Firma ohne/mit dem Zusatz ... fort.

Die Haftung des Erwerbers für die in dem Betriebe des Handelsgeschäftes begründeten Verbindlichkeiten ist ausgeschlossen.

Die Prokura für ... bleibt bestehen.

Die Geschäftsanschrift

☐ lautet unverändert: *Geschäftsanschrift*

☐ ist geändert und lautet nunmehr: *Geschäftsanschrift*

gez. ...   *Unterschrift*
gez. ...   *Unterschrift*

Unterschriftsbeglaubigung für den bisherigen Inhaber und den Erwerber und Eintragungsfähigkeitsbescheinigung [Muster 1]

Übereinstimmungsvermerk der elektronischen Abschrift mit dem Papierdokument [Muster 1]

---

46)   KG OLGE 43, 202.
47)   OLG München GmbHR 2010, 1039–1040.

Muster 146: Anmeldung eines Inhaberwechsels beim Einzelkaufmann ohne Fortführung der Firma 5.23

Amtsgericht *Registergericht*

Handelsregister

PLZ Ort

Zu HRA*

Zur Eintragung in das Handelsregister melden wir an:

Der bisherige Inhaber *Name* hat das von ihm unter der obigen Firma betriebene Handelsgeschäft an *Vorname, Name, Geburtsdatum, Anschrift* veräußert.

☐ Dieser führt das einzelkaufmännische Unternehmen unter der neuen Firma *Firma* fort.[48] Die neue Firma wird mit einer gesonderten Anmeldung zur Eintragung angemeldet.[49] Die Firma ist erloschen.

☐ Dieser führt das Geschäft als kleingewerbliches Unternehmen fort. Ein in kaufmännischer Weise eingerichteter Geschäftsbetrieb ist nicht mehr erforderlich. Die Firma ist erloschen.[50]

gez. ... *Unterschrift*

gez. ... *Unterschrift*

*Unterschriftsbeglaubigung für den bisherigen Inhaber und den Erwerber und Eintragungsfähigkeitsbescheinigung * [Muster 1]

Übereinstimmungsvermerk der elektronischen Abschrift mit dem Papierdokument [siehe Muster 1]

Muster 147: Anmeldung eines Inhaberwechsels von einer OHG an einen Dritten mit Firmenfortführung 5.24

Amtsgericht *Registergericht*

Handelsregister

PLZ Ort

zu HRA*

Zur Eintragung in das Handelsregister melden wir an:

Der Geschäftsbetrieb der Gesellschaft ist an den Erwerber *Vorname, Name, Geburtsdatum, Anschrift* veräußert worden.

Die Gesellschaft ist aufgelöst. Eine Liquidation findet nicht statt.

Der Erwerber führt die Firma mit dem Rechtsformzusatz ... fort. Die Firma ist entsprechend geändert in ... (Rechtsformzusatz).

---

48) Die bisherige Firma wird nicht beibehalten.
49) Siehe Muster 1.
50) Das Geschäft wird als kleingewerbliches Unternehmen ohne Handelsregistereintragung weiterbetrieben.

Die bisherigen Gesellschafter willigen in die Fortführung der Firma durch den Erwerber ein.

gez. ... *Unterschrift*

gez. ... *Unterschrift*

gez. ... *Unterschrift*

*Unterschriftsbeglaubigung für die bisherigen Gesellschafter und den neuen Inhaber und Eintragungsfähigkeitsbescheinigung * [Muster 1]

Übereinstimmungsvermerk der elektronischen Abschrift mit dem Papierdokument [Muster 1]

5.25 Muster 148: Anmeldung eines Inhaberwechsels von einer OHG an einen Dritten ohne Firmenfortführung

Amtsgericht *Registergericht*

Handelsregister

PLZ Ort

zu HRA*

Zur Eintragung in das Handelsregister melden wir an:

Der Geschäftsbetrieb der Gesellschaft ist an den Erwerber *Vorname Name Geburtsdatum, Anschrift* veräußert worden.

Die Gesellschaft ist aufgelöst. Eine Liquidation findet nicht statt.

☐ Das Geschäft wird von dem Erwerber ... mit allen Aktiven und Passiven übernommen und als einzelkaufmännisches Unternehmen fortgeführt unter der neuen Firma ... . Die neue Firma wird mit einer gesonderten Anmeldung zur Eintragung angemeldet.[51] Die Firma ist erloschen.[52]

☐ Das Geschäft wird von dem verbleibenden Gesellschafter mit allen Aktiven und Passiven übernommen. Ein in kaufmännischer Weise eingerichteter Geschäftsbetrieb ist nicht mehr erforderlich. Die Firma ist erloschen.[53]

Die bisherigen Gesellschafter willigen in die Fortführung der Firma durch den Erwerber ein.

gez. ... *Unterschrift*

gez. ... *Unterschrift*

gez. ... *Unterschrift*

*Unterschriftsbeglaubigung für die bisherigen Gesellschafter und den neuen Inhaber und Eintragungsfähigkeitsbescheinigung * [Muster 1]

Übereinstimmungsvermerk der elektronischen Abschrift mit dem Papierdokument [siehe Muster 1]

---

51) Siehe Muster 1.
52) Die bisherige Firma wird nicht beibehalten.
53) Das Geschäft wird als kleingewerbliches Unternehmen ohne Handelsregistereintragung weiterbetrieben.

Rudolph

Muster 149: Anmeldung eines Inhaberwechsels aufgrund Erwerb des Handelsgeschäfts durch Tod des bisherigen Inhabers   5.26

Amtsgericht *Registergericht*

Handelsregister

PLZ Ort

zu HRA*

Zur Eintragung in das Handelsregister melden wir an:

Der bisherige Inhaber *Vorname, Nachname, Geburtsdatum* ist verstorben.

☐ Geschäft und Firma sind auf mich, *Vorname, Nachname, Geburtsdatum, Wohnanschrift* als Alleinerben übergegangen.[54)]

☐ Er ist beerbt worden von:

1.   *Vorname Nachname, Geburtsdatum, Wohnanschrift*

2.   *Vorname Nachname, Geburtsdatum, Wohnanschrift*

Geschäft und Firma sind auf die Vorgenannten in ungeteilter Erbengemeinschaft übergegangen und werden von diesen fortgeführt.

Die Firma ist geändert in *Firma*.

Die Geschäftsanschrift

☐ lautet unverändert: *Geschäftsanschrift*

☐ ist geändert und lautet nunmehr: *Geschäftsanschrift*

Als Erbnachweis fügen wir bei: ...

gez. ...   *Unterschrift*

gez. ...   *Unterschrift*

gez. ...   *Unterschrift*

gez. ...   *Unterschrift*

*Unterschriftsbeglaubigung von sämtlichen Erben und Eintragungsfähigkeitsbescheinigung * [Muster 1]

Übereinstimmungsvermerk der elektronischen Abschrift mit dem Papierdokument [Muster 1]

---

54) Eintritt des Alleinerben.

Teil 6: Prokura

Literatur: *Bärwaldt*, Mitwirkung des frisch bestellten Prokuristen an der Eintragung der ihm erteilten Gesamtprokura im Handelsregister, GmbHR 2005, 684; *Lohr*, Erteilung einer Prokura, GmbH-StB 2017, 364; *K. Schmidt*, Die Prokura in Liquidation und Konkurs der Handelsgesellschaften, BB 1989, 229; *von Westphalen*, Die Prokura – Erteilung, Umfang, Missbrauch und Erlöschen, DStR 1993, 1186.

A. Erteilung

Die Prokura erteilt der **Inhaber des Handelsgeschäfts** (§ 48 Abs. 1 HGB). Bei der OHG, KG, AG oder GmbH können die persönlich haftenden Gesellschafter, Vorstandsmitglieder oder Geschäftsführer je in vertretungsberechtigter Zahl Prokura erteilen.[1] Bei unechter Gesamtvertretung (§ 125 Abs. 3 HGB, § 78 Abs. 3 AktG) kann auch ein Prokurist in Gemeinschaft mit einem vertretenden Gesellschafter, Vorstandsmitglied oder Geschäftsführer eine andere Person zum Prokuristen bestellen. Die Prokura kann auch **vom gesetzlichen Vertreter** (Eltern, Vormund, Betreuer, Pfleger) erteilt werden (§ 48 Abs. 1 HGB); Er bedarf dazu der Genehmigung des Familien- bzw. Betreuungsgerichts (§ 1822 Nr. 1 BGB). **6.1**

Die Erteilung der Prokura muss **mittels ausdrücklicher Erklärung** erfolgen (§ 48 Abs. 1 HGB). Eine besondere Form ist nicht vorgeschrieben, so dass sie auch schriftlich oder mündlich erteilt werden kann (§ 167 Abs. 1 BGB). Die Prokura kann gegenüber dem Prokuristen erklärt werden (§ 167 Abs. 1 Alt. 1 BGB), aber auch gegenüber einem Dritten.[2] **6.2**

Zum Prokuristen kann jede natürliche Person bestellt werden, auch wenn sie in der Geschäftsfähigkeit beschränkt ist (§ 165 BGB). Dazu gehören u. a.: **6.3**

– ein Kommanditist[3],

– ein nicht vertretungsberechtigter Gesellschafter[4],

– der Geschäftsführer einer Komplementär-GmbH.[5]

Nicht zum Prokuristen kann eine juristische Person bestellt werden,[6] ein Miterbe einer Erbengemeinschaft[7] oder der einzige, mit Einzelvertretungsbefugnis ausgestattete ständige Vertreter einer Zweigniederlassung einer Gesellschaft mit Sitz im Ausland.[8] **6.4**

B. Gesamtprokura

Nach § 48 Abs. 2 HGB kann die Prokura auch an mehrere Personen gemeinschaftlich erteilt werden. Dies bedeutet hinsichtlich der Aktivvertretung, dass Rechtsgeschäfte entweder von allen Gesamtprokuristen gemeinsam abgeschlossen werden oder von einem Gesamtprokuristen mit Zustimmung der anderen. Bei der Passivvertretung genügt analog **6.5**

---

1) BGH DNotZ 1975, 110.

2) Baumbach/Hopt/*Hopt*, HGB, § 48 Rz. 3; Oetker/*Schubert*, HGB, § 48 Rz. 31.

3) BGHZ 17, 392.

4) LG Köln BayNotV 1953, 349.

5) Str. BayObLG DNotZ 1981, 189, *Lohr*, GmbH-StB 2017, 364–365.

6) KG Rpfleger 2002, 84; Baumbach/Hopt/*Hopt*, HGB, § 48 Rz. 2.

7) BGHZ 30, 397; BGHZ 32, 87.

8) OLG München GmbHR 2011, 1043–1044.

§ 125 Abs. 2 S. 3 HGB die Abgabe einer Willenserklärung gegenüber einem Gesamtprokuristen.

I. Echte Gesamtprokura

6.6 Bei ihr wirken mehrere Prokuristen zusammen. **Allseitige** Gesamtprokura bedeutet, dass jeder Prokurist nur gemeinsam mit einem anderen Prokuristen vertretungsberechtigt ist:[9] P1 + P2 oder P2 + P1.

6.7 Bei der **halbseitigen** Gesamtprokura ist ein Gesamtprokurist nur zusammen mit einem Einzelprokuristen vertretungsbefugt: P1 oder P2 + P1.

II. Unechte Gesamtprokura

6.8 Bei ihr sind mehrere Personen nur gemeinschaftlich zur Vertretung berechtigt, deren Vertretungsbefugnis neben der Prokura auf anderen Rechtsgrundlagen beruht. Ein Einzelkaufmann kann Prokura nicht in der Form erteilen, dass der Prokurist nur gemeinsam mit ihm vertretungsberechtigt ist.[10]

6.9 Bei der **allseitigen** unechten Gesamtprokura wird die Vertretungsbefugnis eines Prokuristen an die Mitwirkung eines zur Gesamtvertretung berechtigten persönlich haftenden Gesellschafters[11] oder gesamtvertretungsberechtigten Organs einer GmbH,[12] AG[13] oder Genossenschaft[14] gebunden. Ausgeschlossen ist es aber, den Prokuristen einer KG, deren Komplementär eine GmbH ist, an die Mitwirkung eines Geschäftsführers der GmbH zu binden, weil dies eine Abhängigkeit in der KG an eine rechtlich außenstehende Person begründen würde.[15]

6.10 Bei der **halbseitigen** unechten Gesamtprokura hängt die Vertretungsbefugnis eines Prokuristen von der Mitwirkung eines alleinvertretungsberechtigten organschaftlichen Vertreters ab.[16] Dabei darf aber wegen des Prinzips der Selbstorganschaft nicht die Vertretungsbefugnis des einzigen organschaftlichen Vertreters durch die Mitwirkung eines Prokuristen eingeschränkt werden.[17]

C. Umfang

6.11 Die Prokura ermächtigt zu allen Arten von gerichtlichen und außergerichtlichen Geschäften und Rechtshandlungen, die der **Betrieb eines Handelsgewerbes** mit sich bringt (§ 49 Abs. 1 HGB), z. B.

- Darlehen aufnehmen;
- Grundstücke erwerben;
- Zweigniederlassung errichten;

---

9) Vgl. DNotI-Report 2003, 12.
10) BayObLG NZG 1998, 65 = FGPrax 1998, 27.
11) BGH WM 1961, 321; BayObLG WM 1970, 333.
12) BGHZ 99, 76 = ZIP 1987, 371; OLG Düsseldorf BB 1986, 2089.
13) OLG München HRR 1941 Nr. 37; OLG München HRR 1942 Nr. 113.
14) LG Regensburg Rpfleger 1977, 315; LG Frankental Rpfleger 1975, 137.
15) OLG Frankfurt/M. Rpfleger 2001, 86; Gutachten, in: DNotI-Report 2004, 190.
16) BGHZ 62, 166, 171; BGHZ 99, 76 = ZIP 1987, 371; vgl. auch Gutachten, in: DNotI-Report 2003, 12.
17) Oetker/*Schubert*, HGB, § 48 Rz. 57.

- Verfügung über Grundstücksrechte;

- Sitzverlegung;

- Prozesse führen.

Dagegen hat der Prokurist keine Vertretungsmacht zur   **6.12**

- Veräußerung und Belastung von Grundstücken (vgl. § 49 Abs. 2 HGB);

- Einstellung des Handelsgeschäfts („ kein Betrieb");

- Erteilung einer Prokura (nur Vollkaufmann, vgl. § 48 Abs. 1 HGB);

- Veräußerung des Handelsgeschäfts („ kein Betrieb");

- Handelsregisteranmeldung auf Änderung der inländischen Geschäftsanschrift.[18]

Beim Vorhandensein von Zweigniederlassungen kann die Prokura gem. § 50 Abs. 3 HGB   **6.13**
auf den Betrieb bestimmter Zweigniederlassungen und/oder die Hauptniederlassung beschränkt werden.[19] Eine Filialprokura ist aber nur dann zulässig, wenn die Firma der
Zweigniederlassung nicht identisch mit der Firma der Hauptniederlassung ist.[20]

D. Eintragungsfähigkeit

Zum Handelsregister angemeldet werden müssen (= Eintragungspflicht)   **6.14**

- Erteilung der Prokura (§ 53 Abs. 1 HGB),

- Erlöschen der Prokura (§ 53 Abs. 3 HGB),

- Änderungen einer Prokura.

Ausnahmsweise ist das Erlöschen einer Prokura dann keine eintragungspflichtige Tatsache,   **6.15**
wenn sie aufgrund einer Insolvenzeröffnung erloschen ist (§ 117 Abs. 1 InsO) und die Insolvenzeröffnung bzw. die Rechtsfolge der Auflösung der Gesellschaft (z. B. §§ 60 Abs. 1
Nr. 4, 65 Abs. 1 S. 2 GmbHG) eingetragen ist.[21] Sofern die Prokura infolge einer anderen
anmeldepflichtigen Tatsache erlischt (z. B. Bestellung des Prokuristen zum Geschäftsführer), ist die ausdrückliche Anmeldung zum Erlöschen der Prokura nicht erforderlich.[22]

Zumindest eintragungsfähig sind: **6.16**

- Immobiliarklausel gem. § 49 Abs. 2 HGB[23];

- Befreiung vom Verbot des Selbstkontrahierens nach § 181 BGB[24];

- beim Vorhandensein von Zweigniederlassungen: Die Beschränkung auf die Haupt- bzw.
  einzelne Zweigniederlassungen (§ 50 Abs. 3 HGB).[25]

---

18) KG NZG 2016, 1031–1032.
19) *von Westphalen*, DStR 1993, 1186.
20) Siehe dazu Rz. 2.28.
21) LG Leipzig NotBZ 2008, 315; LG Halle Rpfleger 2005, 93 = RNotZ 2005, 55.
22) OLG Düsseldorf NZG 2012, 957–959.
23) BayObLGZ 1971, 55.
24) BayObLGZ 1980, 195; OLG Hamm OLGZ 1983, 195.
25) Zum Streit, ob die Filialbeschränkung einer Prokura in dem durch das EHUG gem. Art. 61 Abs. 6
    EGHGB abgeschafften Zweigniederlassungsblatt eingetragen werden muss: BGH Rpfleger 1988, 315–
    316. Die Eintragungsfähigkeit einer Beschränkung im Handelsregister der Hauptniederlassung ist da-
    durch bestätigt.

E. Anmeldeverpflichtung

6.17 Die Anmeldungen sind vom **Inhaber des Handelsgeschäfts** vorzunehmen (§ 53 HGB). Bei den Personenhandelsgesellschaften (= OHG, KG) und den juristischen Personen (= GmbH, AG) sind dies die zur Vertretung berechtigten Personen, und zwar jeweils so viele, wie es zur Vertretung erforderlich sind. Auch bei einer Gesamtprokura kann der neu bestellte Prokurist nicht an seiner eigenen Anmeldung mitwirken.[26]

6.18 Muster 150: Anmeldung einer Prokura (ohne Zweigniederlassung)

Amtsgericht *Registergericht*

Handelsregister

PLZ Ort

zu HRA/HRB ...

Zur Eintragung in das Handelsregister wird angemeldet:[27]

Vorname Name, Geburtsdatum, Anschrift

wurde

☐ Einzelprokura erteilt.

☐ Prokura in der Weise erteilt, dass er das Unternehmen gemeinsam mit einem anderen Prokuristen vertritt.

☐ Prokura in der Weise erteilt, dass er das Unternehmen gemeinsam mit einem anderen Prokuristen oder einem persönlich haftenden Gesellschafter[28] vertritt.

Der Prokurist darf Rechtsgeschäfte

☐ mit sich selbst oder mit sich als Vertreter Dritter abschließen.

☐ mit sich selbst abschließen.

☐ mit sich als Vertreter Dritter abschließen.

Der Prokurist ist

☐ zur Veräußerung und Belastung von Grundstücken ermächtigt.

☐ zur Veräußerung von Grundstücken ermächtigt.

☐ zur Belastung von Grundstücken ermächtigt.

Die Geschäftsanschrift

☐ lautet unverändert: *Geschäftsanschrift*

☐ ist geändert und lautet nunmehr: *Geschäftsanschrift*

gez. ... *Unterschrift*

---

26) OLG Düsseldorf GmbHR 2012, 690–691; OLG Frankfurt/M. FGPrax 2005, 135; **a. A.** *Bärwaldt*, GmbHR 2005, 684.

27) Anmeldung von den gesetzlichen Vertretern in vertretungsberechtigter Zahl.

28) bzw. Vorstand, Geschäftsführer.

*Unterschriftsbeglaubigung der gesetzlichen Vertreter und Eintragungsfähigkeitsbescheinigung * [Muster 1]

Übereinstimmungsvermerk der elektronischen Abschrift mit dem Papierdokument [Muster 1]

Muster 151: Anmeldung einer Prokura (mit Zweigniederlassung)   6.19

Amtsgericht *Registergericht*

Handelsregister

PLZ Ort

zu HRA/HRB ...

Zur Eintragung in das Handelsregister wird angemeldet:[29]

Vorname, Name, Geburtsdatum, Anschrift

wurde

☐ Einzelprokura erteilt.

☐ Prokura in der Weise erteilt, dass er das Unternehmen gemeinsam mit einem anderen Prokuristen vertritt.

Prokura in der Weise erteilt, dass er das Unternehmen gemeinsam mit einem anderen Prokuristen oder einem persönlich haftenden Gesellschafter[30] vertritt.

Die Prokura ist beschränkt

☐ auf die Hauptniederlassung.

☐ auf die Zweigniederlassung Nr. ...[31] in *PLZ ORT*.

☐ auf die Hauptniederlassung und die Zweigniederlassung Nr. ...[32] in *PLZ ORT*.

Der Prokurist darf Rechtsgeschäfte

☐ mit sich selbst oder mit sich als Vertreter Dritter abschließen.

☐ mit sich selbst abschließen.

☐ mit sich als Vertreter Dritter abschließen.

Der Prokurist ist

☐ zur Veräußerung und Belastung von Grundstücken ermächtigt.

☐ zur Veräußerung von Grundstücken ermächtigt.

☐ zur Belastung von Grundstücken ermächtigt.

Die Geschäftsanschrift

☐ lautet unverändert: *Geschäftsanschrift*

☐ ist geändert und lautet nunmehr: *Geschäftsanschrift*

---

29) Anmeldung von den gesetzlichen Vertretern in vertretungsberechtigter Zahl.
30) bzw. Vorstand, Geschäftsführer.
31) In der Regel werden Zweigniederlassungen mit einer laufenden Nummer eingetragen.
32) In der Regel werden Zweigniederlassungen mit einer laufenden Nummer eingetragen.

gez. ... *Unterschrift*

*Unterschriftsbeglaubigung der gesetzlichen Vertreter und Eintragungsfähigkeitsbescheinigung * [Muster 1]

Übereinstimmungsvermerk der elektronischen Abschrift mit dem Papierdokument [Muster 1]

6.20 Muster 152: Anmeldung der Änderung einer Prokura (mit oder ohne Zweigniederlassung)

Amtsgericht *Registergericht*

Handelsregister

PLZ Ort

zu HRA/HRB ...

Zur Eintragung in das Handelsregister wird angemeldet:[33]

Die für *Vorname, Name, Geburtsdatum, Anschrift* erteilte Prokura wurde in der Weise geändert, dass er/sie nunmehr

☐ allein vertritt.

☐ gemeinsam mit einem anderen Prokuristen vertritt.

☐ gemeinsam mit einem anderen Prokuristen oder einem persönlich haftenden Gesellschafter[34] vertritt.

Er/Sie darf nunmehr Rechtsgeschäfte

☐ mit sich selbst oder mit sich als Vertreter Dritter abschließen.

☐ mit sich selbst abschließen.

☐ mit sich als Vertreter Dritter abschließen.

Er/Sie ist nunmehr

☐ zur Veräußerung und Belastung von Grundstücken ermächtigt.

☐ zur Veräußerung von Grundstücken ermächtigt.

☐ zur Belastung von Grundstücken ermächtigt.

Die Beschränkung der Prokura auf

☐ die Hauptniederlassung

☐ die Zweigniederlassung Nr. ...[35] in *PLZ ORT*

☐ die Hauptniederlassung und die Zweigniederlassung Nr. ...[36] in *PLZ ORT*

ist aufgehoben[37].

---

33) Anmeldung von den gesetzlichen Vertretern in vertretungsberechtigter Zahl.
34) bzw. Vorstand, Geschäftsführer.
35) In der Regel werden Zweigniederlassungen mit einer laufenden Nummer eingetragen.
36) In der Regel werden Zweigniederlassungen mit einer laufenden Nummer eingetragen.
37) Nur bei der Aufhebung einer Niederlassungsbeschränkung.

Die Prokura ist erweitert auf[38]

☐ die Hauptniederlassung.

☐ die Zweigniederlassung Nr. ...[39] in *PLZ ORT*.

☐ die Hauptniederlassung und die Zweigniederlassung Nr. ...[40] in *PLZ ORT*.

Die Geschäftsanschrift

☐ lautet unverändert: *Geschäftsanschrift*

☐ ist geändert und lautet nunmehr: *Geschäftsanschrift*

gez. ... *Unterschrift*

*Unterschriftsbeglaubigung der gesetzlichen Vertreter und Eintragungsfähigkeitsbescheinigung * [Muster 1]

Übereinstimmungsvermerk der elektronischen Abschrift mit dem Papierdokument [Muster 1]

F. Erlöschen

Die Prokura erlischt durch   **6.21**

– Insolvenzeröffnung (§ 117 Abs. 1 InsO)

– Widerruf (§ 52 Abs. 1 HGB)

– Tod des Prokuristen

– Veräußerung des Handelsgeschäfts

– Einstellung des Geschäftsbetriebs

– Geschäftsunfähigkeit des Prokuristen

– Erwerb des Handelsgeschäfts durch den Prokuristen

– Umwandlung einer Einzelfirma in eine OHG/KG

– Auflösung von OHG oder KG[41]

– Bestellung des Prokuristen zum Geschäftsführer (GmbH) oder Vorstandsmitglied (AG, SE bzw. Genossenschaft)

– Eintritt des Prokuristen als persönlich haftender Gesellschafter einer OHG/KG

Dagegen erlischt die Prokura nicht durch den Tod des Geschäftsinhabers.[42]   **6.22**

---

38) Nur bei der Erweiterung einer Niederlassungsbeschränkung.
39) In der Regel werden Zweigniederlassungen mit einer laufenden Nummer eingetragen.
40) In der Regel werden Zweigniederlassungen mit einer laufenden Nummer eingetragen.
41) Str.; vgl. *K. Schmidt*, BB 1989, 229.
42) § 52 Abs. 3 HGB.

6.23 Muster 153: Anmeldung zur Löschung einer Prokura (ohne oder mit Zweigniederlassung)

Amtsgericht *Registergericht*

Handelsregister

PLZ Ort

zu HRA/HRB ...

Die für *Vorname, Name, Geburtsdatum, Anschrift* erteilte Prokura ist erloschen.

gez. ... *Unterschrift*

*Unterschriftsbeglaubigung der gesetzlichen Vertreter und Eintragungsfähigkeitsbescheinigung * [Muster 1]

Übereinstimmungsvermerk der elektronischen Abschrift mit dem Papierdokument [Muster 1]

Teil 7: Verein

Literatur: *Albrecht*, Zulässigkeit einer Mitgliederversammlung im virtuellen Raum, jurisPR-ITR8/ 2012 Anm. 4; *Beuthien*, Wie ideell muss ein Idealverein sein?, NZG 2015, 449; *ders.*, Was ist ein wirtschaftlicher Verein, was ein nichtwirtschaftlicher?, Rpfleger 2016, 65; *Böttcher*, Die Beendigung des rechtsfähigen Vereins, Rpfleger 1988, 169; *Buchberger*, Zur Anmeldung der ersten Liquidatoren bei Vereinsauflösung, Rpfleger 1991, 24; *ders.*, Zur Vertretung bei der Anmeldung eines Vereins zum Vereinsregister, Rpfleger 1991, 374; *Busch*, Übungsfall aus dem Vereinsrecht, RpflStud 2001, 86; *ders.*, Überblick über Neuerungen im Bereich des Vereinsrechts und Vereinsregisters, RpflStud 2012, 141; *Damas*, Der Referenten-Entwurf eines Gesetzes zur Änderung des Vereinsrechts – Wesentliche Neuerungen und mögliche Folgewirkungen, ZRP 2005, 3; *Eichler*, Der eingetragene Verein – Praxisprobleme des Registergerichts, Rpfleger 2004, 196; *Erdmann*, Die Online-Versammlung im Vereins- und GmbH-Recht, MMR 2000, 526; *Friedel*, Keine Irreführung durch Namenszusatz „Europäischer Fachverband", jurisPR-HaGesR1/2012 Anm. 2; *ders.*, Täuschungsgefahr des Firmenzusatzes „Institut" im Namen eines Vereins, jurisPR-HaGesR 2/2012 Anm. 4; *Fleck*, Die virtuelle Mitgliederversammlung im eingetragenen Verein, DNotZ 2008, 245; *ders.*, Die Inhaltskontrolle von Vereinssatzungen, Rpfleger 2009, 58; *Friedrich*, Grundlagen und ausgewählte Probleme des Vereinsrechts (Teil I), DStR 1994, 61; *ders.*, Grundlagen und ausgewählte Probleme des Vereinsrechts (Teil II), DStR 1994, 100; *Grziwotz*, Die Liquidation von Kapitalgesellschaften, Genossenschaften und Vereinen, DStR 1992, 1404; *ders.*, Vereinsversammlung – Einberufung durch E-Mail trotz satzungsmäßiger Anordnung der Schriftform, MDR 2012, 740; *Hadding*, Zu einer geplanten Änderung des Vereinsrechts, ZGR 2006, 137; *Heinen/Sigloch* Eintragung einer Gesamtvertretung im Vereinsregister, Rpfleger 1982, 477; *Keilbach*, Fragen des Vereinsregisters, DNotZ 2001, 671; *Kirberger*, Registeranmeldung bei mehrgliedrigem Vereinsvorstand, ZIP 1986, 346; *Kniep/Wörtz*, Zulässigkeit der Mehrheitsbeschaffung mittels Stimmrechtsübertragung, Rpfleger, 2004, 466; *Kollhosser*, Der Verzicht des rechtsfähigen Vereins auf seine Rechtsfähigkeit, ZIP 1984, 1434; *Kölsch*, Die Form der Einberufung der Mitgliederversammlung eines eingetragenen Vereins, Rpfleger 1985, 137; *Kogel*, Der Sturz des Gelben Engels oder über den Missbrauch des Idealvereins zu Wirtschaftszwecken, Rpfleger 2014, 569; *Krüger*, Fernabstimmung bei Vereinen, MMR 2012, 85; *Lissner*, Die Erstanmeldung des eingetragenen Vereins, MDR 2012, 1209; *ders.*, Die registerrechtlichen Anforderungen im Vereinswesen, notar 2013, 415; *Mecking*, Mitgliederversammlung 2.0: Zur Zulässigkeit der Willensbildung im Verein über elektronische Medien, ZStV 2011, 161; *Melchior*, Sitz und inländische Geschäftsanschrift: Anmeldung und neues Kostenrecht, GmbHR 2013, 853'; *Noack*, Mitgliederversammlung bei Großvereinen und digitale Teilhabe, NJW 2018, 1345; *ders.*, Mitgliederversammlung bei Großvereinen und digitale Teilhabe, NJW 2018, 1345; *Oestreich*, Öffentliche Bekanntmachungen im „Amtsblatt", Rpfleger 1988, 302; *ders.*, Der Vorstand und die fakultativen Organe im Verein, Rpfleger 2002, 67; *Pauli*, Wesen und Aufgaben der Mitgliederversammlung eines Vereins, ZStV 2010, 167; *Piper*, Virtuelle Mitgliederversammlungen bei Vereinen, NZG 2012, 735; *Röcken*, Prüfungsrecht der Registergerichte in Vereinssachen, ZStV 2011, 105; *ders.*, Die vereinsrechtliche Rechtsprechung im Jahr 2011, Rpfleger 2012, 598; *ders.*, Aktuelle Rechtsprechung und Gesetzgebung zum Vereinsrecht, MDR 2013, 817; *ders.*, Der Vereinszweck, ZStV 2013, 66; *ders.*, Entwicklung des Vereinsrechts, MDR 2014, 879; *ders.*, Entwicklung des Vereinsrechts, MDR 2015, 990; *ders.*, Entwicklungen im Vereinsrecht, MDR 2016, 1001; *ders.*, Entwicklungen im Vereinsrecht, MDR 2016, 1067; *ders.*, Der Idealverein mit wirtschaftlichem Geschäftsbetrieb, MDR 2017, 1036; *ders.*, Entwicklungen des Vereinsrechts, MDR 2017, 1282; *ders.*, Entwicklung des Vereinsrechts, MDR 2017, 1097; *Schad*, E V oder Wirtschaftsverein, Rpfleger 1998, 185; *Schäfer*, Keine Eintragung von Vorstandsbezeichnungen in das Vereinsregister, RNotZ 2005, 481; *ders.*, Der Verzicht auf die Rechtsfähigkeit des eingetragenen Vereins, RNotZ 2008, 22; *Scheffer*, Vereinsrecht: Fallstricke bei der Einberufung und Durchführung von Mitgliederversammlungen, DStR 2011, 2053; *K. Schmidt*, Der Vereinszweck nach dem Bürgerlichen Gesetzbuch, BB 1987, 556; *ders.*, Erlöschen eines eingetragenen Vereins durch Fortfall aller Mitglieder? JZ 1987, 394; *ders.*, Entziehung der Rechtsfähigkeit bei unrechtmäßig eingetragenen Wirtschaftsvereinen, NJW 1998, 1124; *Schöpflin*, Neuerungen im Vereinsrecht, Rpfleger 2010, 349; *ders.*, Die Vereinsklassenabgrenzung auf dem Prüfstand, ZStV 2017, 126; *Schwarz*, Die Publizität der Vertretungsmacht des Vorstands und der Liquidatoren eines Vereins, NZG 2002, 1033; *Schwarz*, Die Mehrheitsvertretung des Vereinsvorstandes und deren Eintragung im Vereinsregister, Rpfleger 2003, 1; *Segna*, Die wirtschaftliche Betätigung von Idealvereinen im Lichte des Entwurfs zur Änderung des Vereinsrechts vom 25. August 2004, Rpfleger 2006, 449; *Stöber*, Anmeldung zum Vereinsregister durch den „Vorstand", Rpfleger 1980, 369; *Terner*, Die Vereinsklassenabgrenzung des Bürgerlichen Gesetzbuchs, Rpfleger 2004, 537; *ders.*, Neues zum Vereinsrecht NJW 2008, 16; *ders.*, Vereinsrechtsreform(en), DNotZ 2010, 5; *Trouet*, Auswirkungen der GmbH Rechtsprechung auf die Stimmenmehrheit nach Vereinsrecht, NJW 1983, 2865; *Wagner*, Die Entwicklungen im Vereinsrecht, NZG 2017, 768; *ders.*, Die Entwicklungen im Vereinsrecht, NZG 2018, 330; *Waldner*, Zur Frage, welche Einladung wirksam ist, wenn sowohl eine dazu ermächtigte Minderheit als auch der Vorstand eines Vereins zu einer Mitgliederversammlung einladen, Rpfleger 2004, 108; *Wentzel*, Auswirkungen des Insolvenzverfahrens auf das Vereinsregister, Rpfleger 2001, 334; *Winheller*, Kindergärten sind Unternehmen, DStR 2012, 1562; *ders.* Idealverein oder Wirtschaftsverein? Kita-Vereine zwischen Eintragungsfähigkeit und Rechtsformverfehlung, DStR 2013, 2009; *Ziegler*, Zur Vorabeintragung einer erst später wirksam werdenden Satzung in das Vereinsregister, Rpfleger 1984, 320.

A. Vereinsregister

7.1 Das Vereinsregisterverfahren ist ein Verfahren der Freiwilligen Gerichtsbarkeit. Neben den allgemeinen Bestimmungen §§ 1–85 FamFG gelten die speziellen Vorschriften §§ 374–401 FamFG.[1]

7.2 Gem. § 374 Nr. 4 FamFG sind Vereinsregistersachen Registersachen. Es gelten die allgemeinen Vorschriften für Registersachen, § 378 FamFG (Antragsrecht der Notare), § 379 FamFG (Mitteilungspflichten der Behörden), § 381 FamFG (Aussetzung des Verfahrens bei streitigen Rechtsverhältnissen), §§ 382, 383 FamFG (Angabe Tag, Eintragung und Bekanntgabe an Antragsteller, Nichtanfechtbarkeit der Eintragung), §§ 384–387 FamFG (Eintragungen, Einsicht, Bescheinigungen, Ermächtigungen), §§ 388–391 (Zwangsgeldverfahren) und § 395 FamFG (Amtslöschungsverfahren). Ergänzende Vorschriften für das Vereinsregister sind in § 400 FamFG (Mitteilungspflichten) und § 401 FamFG (Entziehung der Rechtsfähigkeit/Eintragungsfähigkeit im Vereinsregister) enthalten.

7.3 Gem. § 55a Abs. 1 BGB kann das Vereinsregister in maschineller Form als automatisierte Datei geführt werden.

7.4 Die Einzelheiten der Einrichtung und Führung des Vereinsregisters sind in der auf der Grundlage von § 387 Abs. 4 FamFG erlassenen Vereinsregisterverordnung (VRV)[2] geregelt. Aufbau und Gestaltung des Registerblattes sind in § 2 und § 3 VRV geregelt, die elektronische Registerführung in §§ 19–38 VRV (hier noch „maschinell", entsprechend der HRV sollte aber der Ausdruck „elektronisch" verwendet werden).

7.5 Im elektronischen Vereinsregister wird weder ein Namensverzeichnis noch ein Handblatt geführt, § 26 Abs. 1 VRV. Ausdrucke aus dem elektronisch geführten Vereinsregister sind als „Ausdruck" oder „Amtlicher Ausdruck" (in chronologischer oder aktueller Fassung) zu erteilen, § 32 VRV. Ausdrucke können auch elektronisch übermittelt werden, § 32 Abs. 4 VRV.

7.6 Für jeden eingetragenen Verein wird eine Registerakte angelegt (§ 7 VRV). Sämtliche Schriftstücke können in einer Akte aufbewahrt werden, es ist aber auch möglich und sinnvoll einen Hauptband mit den gerichtsinternen Dokumenten (Verfügungen und Beschlüsse, Kostenrechnungen, etc.) und einen Sonderband mit den zum Vereinsregister eingereichten Schriftstücken (welche für Jedermann einsehbar sind, § 79 Abs. 1 BGB) zu führen.

---

[1] Zu evtl. Reformüberlegungen des FamFG kann die Studie „Die Evaluierung der FGG-Reform" auf der Homepage des BMJV unter https://www.bmjv.de/SharedDocs/Downloads/DE/Service/Fachpublikationen/Evaluierung_FGG_Reform.html?nn=10561602 abgerufen werden.

[2] Ermächtigungsgrundlage des Bundesministeriums der Justiz und für Verbraucherschutz durch Rechtsverordnung, nähere Bestimmungen über die Einrichtung und Führung des Vereinsregisters zu regeln, befindet sich jetzt in § 387 Abs. 4 FamFG. Regelungen über die Einrichtung und Führung des Vereinsregisters vom 10.2.1999 (BGBl I, 147), zuletzt geändert durch Artikel 6 des Gesetzes vom 24.9.2009 (BGBl I, 3145). Die Vereinsregisterverordnung stellt eine in sich geschlossene Regelung über die Einrichtung und Führung des Vereinsregisters dar, ist aber stark an die Handelsregisterverordnung angelehnt (BR-Drucks. 982/98, S. 33).

Die Vereinsregisterakten können elektronisch geführt werden, § 14 FamFG. Ab dem 7.7
1.1.2026 sind die Gerichtsakten elektronisch zu führen.[3]

Durch Änderung durch das Gesetz zur Erleichterung elektronischer Anmeldungen zum 7.8
Vereinsregister und anderer vereinsrechtlicher Änderungen[4] und mit Inkrafttreten des
FGG-Reformgesetzes[5] wurden einheitliche Voraussetzungen für den elektronischen Rechtsverkehr für alle FGG-Sachen geschaffen (§§ 13 ff. FamFG). Die allgemeinen Vorschriften
gelten auch für Vereinsregistersachen.

Bei elektronischer Aktenführung können alle Anmeldungen und Erklärungen weiterhin 7.9
durch die Vorstandsmitglieder auch in Papierform eingereicht werden. Notare, Rechtsanwälte, Behörden oder juristische Personen des öffentlichen Rechts müssen Anträge und
Erklärungen ab dem 1.1.2022 als elektronisches Dokument übermitteln, § 14b FamFG.[6]

Die elektronische Einreichung von Anträgen, Erklärungen, einzureichenden Auskünften,
Aussagen, Gutachten, Übersetzungen und Erklärungen Dritter ist für alle Beteiligten
möglich, § 14 Absatz 2 FamFG. Die Vorschrift des § 39a BeurkG ist zu berücksichtigen.
Das elektronische Dokument muss entweder mit einer qualifizierten elektronischen Signatur
versehen sein oder auf einem sicheren Übermittlungsweg[7] (und einfacher Signatur versehen)
übersandt werden und für die Bearbeitung durch das Gericht geeignet sein,[8] § 130a ZPO.

I. Zuständigkeit

Für die Führung des Vereinsregisters ist das Amtsgericht, in dessen Bezirk der Verein 7.10
seinen (satzungsgemäßen) Sitz hat, zuständig § 55 BGB. Die Führung des Vereinsregisters
kann auch einem Amtsgericht für die Bezirke mehrerer Amtsgerichte zugewiesen sein (z. B.
Amtsgericht, an dem auch die Handelsregister geführt werden),[9] § 1 Abs. 1 VRV i. V. m.
§ 23d GVG.

Die Führung des Vereinsregisters obliegt dem Rechtspfleger, § 3 Nr. 1a RPflG. Die Zu- 7.11
ständigkeit des Urkundsbeamten ist hiervon nicht berührt (zuständig z. B. für die Veröffentlichungen, Abschriftenerteilung, Bescheinigung auszufertigen und teilweise auch für die
Kostenberechnung), § 26 RPflG.

---

3) Eingeführt durch das Gesetz zur Einführung der elektronischen Akte in der Justiz und zur weiteren
   Förderung des elektronischen Rechtsverkehrs vom 5.7.2017 (BGBl I, 2208).
4) BR-Drucks. 179/09.
5) BGBl I 2008, 2586 ff.
6) Eingeführt durch Art. 2 Nr. 4 des Gesetzes zur Förderung des elektronischen Rechtsverkehrs mit den
   Gerichten vom 10.10.2013 (BGBl I, 3786 ff.).
7) Sichere Übermittlungswege sind nach § 130a ZPO: De-Mail mit Absenderauthentifizierung, besonderes elektronisches Anwaltspostfach (beA), besonderes Notarpostfach (beN) und das besondere Be-
   hördenpostfach (beBPo).
8) Die technischen Rahmenbedingungen sind in der Elektronischen-Rechtsverkehrs-Verordnung (ERVV)
   festgelegt.
9) In Berlin ist das AG Charlottenburg zuständig (§ 6 Zuweisungsverordnung vom 8.5.2008 (GVBl, 116),
   zuletzt geändert mit VO v. 30.11.2012 (GVBl, 415), in Brandenburg führen die Amtsgerichte am Sitz
   der Landgerichte das Vereinsregister für den gesamten Landgerichtsbezirk (Amtsgerichte Cottbus,
   Frankfurt (Oder), Neuruppin und Potsdam (VO – Gerichtszuständigkeitsverordnung vom 2.9.2014
   (GVBl II/14, [Nr. 62]).

II. Anmeldung

1. Anmeldeberechtigte

7.12 Anmeldeberechtigt und -verpflichtet ist der Vorstand in vertretungsberechtigter Zahl, §§ 59 Abs. 1, 67 Abs. 1, 71 Abs. 1, 77 BGB.

7.13 Durch das Gesetz zur Erleichterung elektronischer Anmeldungen zum Vereinsregister und anderer vereinsrechtlicher Änderungen vom 24.9.2009[10] wurde nunmehr ausdrücklich geregelt, dass Anmeldungen durch die Mitglieder des Vorstands in vertretungsberechtigter Zahl ausreichend sind.

7.14 Vertreten alle Vorstandsmitglieder gemeinsam, dann müssen auch alle Vorstandsmitglieder anmelden.

7.15 Neue Vorstandsmitglieder sind mit wirksamer Bestellung (Beschluss und Annahme) vertretungsberechtigt und somit auch anmeldeberechtigt.

7.16 Anders ist dies nur, wenn bezüglich der Vertretungsbefugnis eine Satzungsänderung beschlossen wurde, dann sind die „neuen" Mitglieder des Vorstands erst nach Eintragung in das Vereinsregister vertretungs- und somit anmeldeberechtigt.

7.17 Bereits ausgeschiedene Vorstandsmitglieder sind nicht mehr vertretungsberechtigt und somit nicht anmeldeberechtigt.

7.18 Die Anmeldung kann auch durch einen Bevollmächtigten vorgenommen werden, welcher eine öffentlich beglaubigte Vollmacht vorlegen muss (beglaubigte Abschrift der öffentlich beglaubigten Vollmacht ist ausreichend). Der Notar, der die Anmeldung beurkundet oder beglaubigt hat, gilt als ermächtigt, die Eintragung im Namen des zur Anmeldung Berechtigten zu beantragen, § 378 Abs. 2 FamFG. Die Anmeldungen sind vor ihrer Einreichung vom Notar auf ihre Eintragungsfähigkeit zu prüfen, § 378 Abs. 3 FamFG.[11] Dass eine Prüfung der Eintragungsfähigkeit erfolgt ist, muss für das Registergericht aus der Anmeldung selbst ohne weitere Nachforschungen ersichtlich sein (z. B. durch Beifügung eines Prüfvermerks). Eine Einschränkung der Prüfungskompetenzen oder Prüfungspflichten des Registergerichtes ist durch die Prüfung der Eintragungsfähigkeit durch den Notar nicht verbunden. Insbesondere bindet eine Vorprüfung durch den Notar das Registergericht nicht.[12] Die Notare sind ferner dafür zuständig, Bescheinigungen über eine durch Rechtsgeschäft begründete Vertretungsmacht auszustellen (sog. notarielle Vollmachtsbescheinigung), § 21 Abs. 3 BNotO.

7.19 Die Anmeldung kann bis zum Zeitpunkt der Eintragung zurückgenommen werden. Für die Antragsrücknahme ist einfache Schriftform ausreichend.

7.20 Hat der Notar den Eintragungsantrag gestellt, so kann auch durch ihn mittels einer mit Unterschrift und Amtssiegel versehenen Erklärung, die Anmeldung zurückgenommen werden, § 24 Abs. 3 BNotO.

7.21 Der Widerruf des Widerrufs muss öffentlich beglaubigt werden (als erneute Anmeldung).

7.22 Nach Vollzug der Eintragung ist eine Rücknahme nicht mehr möglich.

---

10) BGBl I 2009, 3145 ff.
11) Eingefügt durch Gesetz zur Neuordnung der Aufbewahrung von Notariatsunterlagen und zur Einrichtung des Elektronischen Urkundenarchivs bei der Bundesnotarkammer sowie zur Änderung weiterer Gesetze vom 1.6.2017 (BGBl I, 1396 ff.).
12) Siehe Begründung in BT-Drucks. 18/10607.

Bestand eine Verpflichtung zur Anmeldung und wird die Anmeldung vor Eintragung zurückgenommen, so darf keine Eintragung erfolgen. Es ist ein Zwangsgeldverfahren zur Einreichung einer (erneuten) Anmeldung einzuleiten, § 78 BGB.

7.23

2. Inhalt und Form

Die Anmeldungen sind in öffentlich beglaubigter Form einzureichen, § 77 BGB, § 129 BGB. Die Erklärung kann in Urschrift oder in öffentlich beglaubigter Abschrift beim Gericht eingereicht werden.

7.24

Die Anmeldungen und die zum Vereinsregister einzureichende Dokumente können bereits jetzt elektronisch übermittelt und geführt werden, wenn die Länder dies angeordnet haben, § 55a BGB.

7.25

Auf Grundlage des § 14 FamFG können Rechtsverordnungen für die elektronische Aktenführung und die elektronische Einreichung erlassen werden. Die Gerichtsakten sind ab dem 1.1.2026 elektronisch zu führen, § 14 Abs. 4a FamFG. Anträge und Erklärungen der Beteiligten sowie schriftlich einzureichende Auskünfte, Aussagen, Gutachten, Übersetzungen und Erklärungen Dritter können als elektronische Dokumente übermittelt werden. Für das elektronische Dokument gelten § 130a der Zivilprozessordnung, die auf dieser Grundlage erlassenen Rechtsverordnungen sowie § 298 der Zivilprozessordnung entsprechend.

7.26

Für das Vereinsregister besteht weiterhin (im Unterschied zum Handelsregister) stets die Möglichkeit, Anmeldungen und Unterlagen in Papierform einzureichen.[13]

7.27

Besondere Bestimmungen über das elektronische Vereinsregister sind in §§ 19 ff. VRV enthalten.

7.28

Der Vorstand hat den Verein zur Eintragung anzumelden. In der Anmeldung ist auch die ladungsfähige Anschrift des Vereins anzugeben, § 15 VRV.

7.29

3. Urkunden

Der Anmeldung sind Abschriften der Satzung und der Urkunden über die Bestellung des Vorstands beizufügen. Die Satzung soll von mindestens sieben Mitgliedern unterzeichnet sein und die Angabe des Tages der Errichtung enthalten, § 59 BGB.

7.30

Ist eine Änderung bereits zum Vereinsregister angemeldet, muss jedoch (aufgrund einer Zwischenverfügung des Registergerichts) ein neuer Beschluss gefasst werden, so reicht die Einreichung des geänderten Beschlusses in Abschrift. Die vorliegende öffentlich beglaubigte Anmeldung deckt die Nachreichung dieses Beschlusses.

7.31

III. Prüfungsrecht Registergericht

Das Registergericht prüft, ob die formalen Erfordernisse für eine Eintragung vorliegen.

7.32

Es prüft die Eintragungsfähigkeit der angemeldeten Tatsachen, seine Zuständigkeit, die Legitimation der Anmeldenden, die Einhaltung der vorgeschriebenen Form und die Einhaltung der gesetzlichen Vorschriften über den Inhalt der Anmeldung sowie die Vereinbar-

7.33

---

13) BT-Drucks. 16/12813, S. 9 ff.

keit mit dem Gesetz und der Satzung. Weiter wird die formelle Vollständigkeit und Ordnungsmäßigkeit der Anmeldung geprüft.

7.34 Das Registergericht darf keine Zweckmäßigkeitskontrolle durchführen (Vereinigungsfreiheit Art. 9 Abs. 1 GG, Satzungsautonomie).[14]

7.35 Grundsätzlich ist von der Wahrheit der angemeldeten Tatsachen auszugehen. D. h. es erfolgt nur eine Prüfung dahingehend, ob die angemeldete Eintragung durch den Inhalt der beigefügten Urkunden gerechtfertigt wird oder ob es insoweit Bedenken gibt. Bedenken können sich z. B. ergeben, wenn ein Beschlussprotokoll erst nachträglich erstellt wird.[15] Nur wenn sich Zweifel an der Richtigkeit der Glaubhaftmachung ergeben, ist eine nähere Prüfung der Richtigkeit der Eintragungsvoraussetzungen gerechtfertigt.[16]

7.36 Bei begründeten Zweifeln muss das Registergericht von Amts wegen ermitteln, § 26 FamFG.[17] Nichtigkeitsgründe müssen beachtet werden.

7.37 Es gilt der Beibringungsgrundsatz, d. h. der Vorstand muss beweisen, dass die Beschlüsse wirksam gefasst wurden. Auf Verlangen müssen die erforderlichen Unterlagen eingereicht werden, ansonsten ist die Anmeldung zurückzuweisen. Nicht immer sollte jedoch bürokratisch und „gnadenlos" das Gesetz angewandt werden.[18] Der Einzelfall ist zu prüfen und die Norm auszulegen. Die Entscheidungen des Rechtspflegers sind Gerichtsentscheidungen und Rechtsprechung im weiteren Sinne. Der Rechtspfleger sollte bei seinen Entscheidungen nicht vergessen, nicht nur die Akten zu sehen, sondern auch die Personen, die dahinter stehen.

7.38 Ist die zu erlassende Verfügung von der Beurteilung eines streitigen Rechtsverhältnisses abhängig, so steht es im Ermessen des Gerichts, das Eintragungsverfahren auszusetzen, §§ 21, 381 FamFG.[19] Es hat in diesem Fall einem der Beteiligten eine Frist zur Erhebung der Klage zu bestimmen.

7.39 Zur Prüfungspflicht bei der Ersteintragung des Vereins, siehe Rz. 7.180 ff.

7.40 Bei späteren Beschlüssen ist zu prüfen, ob diese formell ordnungsgemäß zustande gekommen sind (erforderliche Mehrheit).

7.41 Die Einberufung der Mitgliederversammlung ist grundsätzlich nicht zu prüfen.

7.42 Die Feststellung der Beschlussfähigkeit ist ausreichend, nicht erwähnt werden muss, wie viele Mitglieder erschienen sind.[20] Zu prüfen ist, ob die Beschlussurkunde von der nach der Satzung zuständigen Person unterzeichnet wurde (Protokollführer). Der satzungsgemäß be-

---

14) OLG Hamm NJW-RR 2011, 39.
15) OLG Schleswig Rpfleger 2005, 317.
16) KG, Beschl. v. 31.7.2015 – 22 W 12/15, juris.
17) Das Registergericht hat bei begründeten Zweifeln ein materielles Prüfungsrecht und eine entsprechende Prüfungspflicht, OLG Düsseldorf Rpfleger 2013, 539.
18) *Harm*, RPflBl 2013, 35 zur „Berufsethik für Rechtspfleger".
19) KG, Beschl. v. 3.3.2014 – 12 W 73/13, betont, dass eine Aussetzung nur erfolgen dürfe, wenn ein wichtiger Grund hierfür bestehe und stets eine Einzelfallprüfung zu erfolgen habe. Bei der Ermessensentscheidung sei zum einen der Zweck der Aussetzungsvorschriften zu berücksichtigen, nämlich die Vermeidung einer doppelten Prüfung von identischen Fragen und des Weiteren seien die Interessen der Beteiligten gegeneinander abzuwägen. Fallgestaltungen, die per se eine Aussetzung ver- oder gebieten, gäbe es nicht.
20) OLG Düsseldorf, v. 22.8.2008 – I-3 Wx 182/08; Rpfleger 2009, 28: „Wenn und soweit keine Anhaltspunkte für Zweifel an der Richtigkeit und Vollständigkeit der (der Anmeldung gem. § 67 Abs. 1 S. 2 BGB beigefügten) Versammlungsniederschrift vorliegen, kann die Eintragung nicht von der Vorlage einer Bescheinigung gem. § 72 BGB abhängig gemacht werden."

stimmte Funktionsträger trägt die Verantwortung für die Richtigkeit und Vollständigkeit der Niederschrift.

Bei Satzungsänderungen muss geprüft werden, dass die Satzung nicht nichtig ist (§§ 134, 138 Abs. 1 BGB). Ist die Satzung in Teilen nichtig, so ist im Zweifel jedoch nicht die gesamte Satzung nichtig (§ 139 BGB gilt nicht).[21]   **7.43**

Bei einer Neufassung der Satzung erstreckt sich die Prüfung über den gesamten urkundlichen Inhalt der Satzung, unabhängig ob die Vorschriften geändert wurden oder nicht.[22] Es ist zu prüfen, dass kein Gesetzesverstoß vorliegt. Das Registergericht ist nicht befugt, Anmeldungen zu beanstanden oder zurückzuweisen, wenn die Satzungsbestimmungen keine zwingenden Rechtsvorschriften verletzen. Es erfolgt keine Prüfung dahingehend, ob Satzungsbestimmungen für unzweckmäßig, unklar oder redaktionell überarbeitungsbedürftig gehalten werden. Die Satzungsgestaltung ist dem Verein vorbehalten und verfassungsgemäß garantiert (Art. 9 GG). Satzungsbestimmungen, die Außenwirkungen haben (z. B. Vertretungsregelungen) unterliegen aber dem Bestimmtheitsgrundsatz, offensichtliche Unklarheiten oder Unrichtigkeiten hierbei sind vom Registergericht im Drittinteresse zu beanstanden.[23]   **7.44**

IV. Entscheidungen des Registergerichts

1. Zwischenverfügung

Liegt ein behebbares Eintragungshindernis vor, so ist eine Zwischenverfügung unter Angabe des Hindernisses mit Aufführung einer Beseitigungsmöglichkeit und gleichzeitiger angemessener Fristsetzung zur Behebung des Mangels zu erlassen, § 382 Abs. 4 FamFG.[24] Die Zwischenverfügung hat eine Rechtsbehelfsbelehrung zu enthalten (statthaftes Rechtsmittel, Gericht, bei dem dieses Rechtmittel einzulegen ist, dessen Sitz und die einzuhaltende Form und Frist), § 39 FamFG. Die Zwischenverfügung ist zuzustellen (Fristsetzung), § 41 FamFG.   **7.45**

Ein unbehebbares Eintragungshindernis kann nicht Gegenstand einer Zwischenverfügung sein.[25]   **7.46**

Die Zwischenverfügung ist mit der Beschwerde anfechtbar, § 382 Abs. 4 FamFG. Beschwerdeberechtigt ist der Verein vertreten durch den Vorstand in vertretungsberechtigter Zahl[26] und bei Vorstandsänderungen auch der anmeldende Vorstand.[27] Die Beschwerde ist binnen einer Frist von einem Monat einzulegen, § 63 FamFG.   **7.47**

Der Hinweis des Gerichts, eine Anmeldung zurückzunehmen, stellt lediglich eine Meinungsäußerung dar, die nicht anfechtbar ist.   **7.48**

Hält der Rechtspfleger eine eingelegte Beschwerde für begründet, hat er ihr durch Beschluss abzuhelfen; andernfalls ist die Beschwerde unverzüglich dem Beschwerdegericht   **7.49**

---

21) BGHZ 47, 172 ff; *Reichert*, Vereins- und Verbandsrecht, Rz. 218; *Stöber/Otto*, Vereinsrecht, Rz. 58: Der Gründerwille tritt hinter den in der Satzung objektivierten Vereinswillen zurück.
22) BayObLG Rpfleger 1992, 255; *Reichert*, Vereins- und Verbandsrecht, Rz. 658.
23) OLG Celle Rpfleger 2010, 670; OLG Karlsruhe FGPrax 2012, 210.
24) Siehe u. a. OLG Düsseldorf, Beschl. v. 15.9.2017 – I-3 Wx 14/16, juris.
25) Thüringer OLG, Beschl. v. 30.10.2012 – 9 W 415/12, juris.
26) BGHZ 105, 324 = ZIP 1989, 29 für GmbH.
27) BayObLG NJW-RR 2000, 414; OLG Köln Rpfleger 2001, 552 für GmbH.

(OLG § 119 GVG) vorzulegen, § 68 Abs. 1 FamFG. Auch die Nichtabhilfe sollte durch einen Nichtabhilfe- und Vorlagenbeschluss erfolgen.[28] Die Beteiligten sind durch das Gericht erster Instanz von der Vorlage an das Beschwerdegericht zu benachrichtigen. Eine Abhilfeentscheidung wird nach den allgemein für einen Beschluss geltenden Regeln wirksam, §§ 40, 41 FamFG.

2. Zurückweisung

7.50 Liegt ein nicht behebbares Eintragungshindernis vor, so ist die Anmeldung unter Angabe der Gründe durch Beschluss zurückzuweisen, § 382 Abs. 3 FamFG. Der Beschluss ist den Beteiligten bekannt zu geben. Er ist demjenigen zuzustellen, dessen erklärtem Willen er nicht entspricht, also dem Antragsteller, § 41 Abs. 1 FamFG.

7.51 Gegen den Beschluss durch welche die Anmeldung eines Vereins zur Eintragung in das Vereinsregister zurückgewiesen wird, findet die Beschwerde statt, die innerhalb eines Monats einzulegen ist, §§ 58, 63 FamFG.

7.52 Die erneute Anmeldung ist wegen Fehlens eines Rechtsschutzbedürfnisses unzulässig, wenn sie ausdrücklich auf die Tatsachen der früheren Anmeldung gestützt wird und die Beschwerde gegen die Zurückweisung der früheren Anmeldung erfolglos geblieben ist.[29]

3. Androhungsverfügung

7.53 Liegt ein behebbares Eintragungshindernis vor, besteht jedoch eine Anmeldepflicht für diese Eintragung, so muss, falls das Hindernis nicht behoben wird, auf die formgerechte Anmeldung mittels einer Zwangsgeldandrohungsverfügung gedrängt werden, § 78 BGB, §§ 388 ff. FamFG.

7.54 Mittels Festsetzung von Zwangsgeld kann die Anmeldung der Änderung des Vorstands (§ 67 Abs. 1 BGB), Satzungsänderungen (§ 71 Abs. 1 BGB),[30] Einreichung einer Bescheinigung über die Zahl der Mitglieder (§ 72 BGB), Anmeldung der Auflösung des Vereins (§ 74 BGB), die Fortsetzung des Vereins (§ 75 Abs. 2 BGB), die Anmeldung der ersten Liquidatoren und ihrer Vertretungsmacht, Änderungen der Liquidatoren oder ihrer Vertretungsmacht sowie die Beendigung des Vereins nach Liquidation (§ 76 BGB) durchgesetzt werden, § 78 BGB. Das Zwangsgeld ist gegen die Vorstandsmitglieder persönlich anzudrohen und festzusetzen und nicht gegen den Verein.[31]

4. Eintragung

7.55 Die Eintragung in das Vereinsregister erfolgt aufgrund einer Eintragungsverfügung, § 9 VRV. Wird das Vereinsregister elektronisch geführt, kann die Eintragung vom Rechtspfleger selbst vorgenommen werden und bedarf in diesem Fall keiner Eintragungsverfügung, § 27 Abs. 1 VRV. Die Eintragung wird in diesem Fall wirksam, sobald sie in den für die Registereintragungen bestimmten Datenspeicher aufgenommen ist und auf Dauer inhaltlich unverändert in lesbarer Form wiedergegeben werden kann, § 55a Abs. 3 BGB. Durch eine Bestätigungsanzeige oder in anderer geeigneter Weise ist zu überprüfen, ob diese

---

28) OLG Düsseldorf Rpfleger 2010, 271.
29) KG FGPrax 2005, 130.
30) Siehe hierzu aber Rz. 7.288.
31) Thüringer Oberlandesgericht, Beschl. v. 16.3.2015 – 3 W 579/14, juris.

Bauer

Voraussetzungen eingetreten sind. Bei der Überprüfung soll die Eintragung auch auf ihre Richtigkeit, Vollständigkeit und Verständlichkeit überprüft werden.

Die Fassung des Eintragungstextes bestimmt der Rechtspfleger ohne an die Vorschläge **7.56** der Beteiligten gebunden zu sein (keine wörtliche Wiedergabe der Anmeldung).[32]

Die Eintragung soll deutlich, gut lesbar, ohne Abkürzungen und aus sich verständlich ge- **7.57** fasst sein, § 10 VRV.

Eingetragen aufgrund einer Anmeldung werden die Ersteintragung eines Idealvereins, die **7.58** Änderung des Vorstands (Personen, Vertretungsbefugnisse), Satzungsänderungen, Umwandlungen, Auflösung des Vereins (mit Liquidatoren und Vertretungsbefugnis sowie deren Änderungen), Verzicht auf die Rechtsfähigkeit (Eintragung im Vereinsregister), Fortsetzung des aufgelösten Vereins (auch Fortsetzung nach Einstellung/Aufhebung Insolvenzverfahren), Beendigung der Liquidation und das Erlöschen des Vereins.

Von Amts wegen werden in das Vereinsregister die gerichtlich bestellten Vorstandsmit- **7.59** glieder und Liquidatoren (§§ 29, 67 Abs. 2, 76 Abs. 3 BGB), Vermerke nach der Insolvenzordnung, die Entziehung der Rechtsfähigkeit (Eintragungsfähigkeit im Vereinsregister) (§§ 73, 74 BGB), das Verbot eines Vereins nach dem VereinsG und die Löschung bei Wegfall sämtlicher Mitglieder eingetragen.

Die Eintragung ist mit dem Tag der Eintragung zu versehen und zu unterschreiben. In **7.60** Spalte 5b) können die zum Verständnis der Eintragung notwendigen Bemerkungen vermerkt werden, § 3 VRV. Wird das Vereinsregister elektronisch geführt, erscheint die Spalte 5b) – und alle darin enthaltenen Eintragungen – nicht im aktuellen Ausdruck.

Eintragungen sollten hier möglichst sparsam vorgenommen werden. Grundsätzlich soll- **7.61** ten alle notwendigen Bemerkungen direkt in der jeweiligen Spalte eingetragen werden.[33]

Erfolgt eine Eintragung von Amts wegen, so ist der Hinweis auf die gesetzliche Grundlage **7.62** und der Vermerk „Von Amts wegen eingetragen." zu vermerken (dies gilt jedoch nicht für Insolvenzvermerke), § 10 Abs. 4 VRV.

Die Eintragungsverfügung als solche ist nicht anfechtbar. Eine Beschwerde gegen eine er- **7.63** folgte Eintragung ist als Anregung eines Amtslöschungsverfahrens nach § 395 FamFG (mit Wirkung ex nunc) auszulegen.

5. Bekanntmachung an Antragsteller

Die Entscheidungen des Registergerichts sind den Antragstellern bekannt zu machen. **7.64**

6. Veröffentlichung

Lediglich die Ersteintragung eines Vereins wird durch das Registergericht in dem von der **7.65** Landesjustizverwaltung bestimmten elektronischen Informations- und Kommunikationssystem veröffentlicht, § 66 Abs. 1 BGB. In der Veröffentlichung sind der Name und Sitz des Vereins, die Registernummer, das Gericht und der Tag der Eintragung anzugeben,

---

32) Vgl. OLG Köln Rpfleger 2004, 356; KG FGPrax 2000, 248; OLG Düsseldorf MittRhNotK 1997, 437.

33) So sollte bei Sitzverlegungen entgegen § 6 Abs. 1 VRV der Hinweis auf das Registergericht des neuen Sitzes (und umgekehrt) nicht in Sp. 5b) eingetragen werden, sondern unmittelbar an die Stelle der Eintragung der Sitzverlegung in Sp. 4.

§ 14 VRV. Hat der Verein eine eigene Anschrift, kann diese in der Veröffentlichung in Klammern () mit angegeben werden (ohne Gewähr).

7.66 Spätere Änderungen (auch nicht nach Sitzverlegungen) beim eingetragenen Verein werden nicht veröffentlicht.[34]

7. Mitteilungspflichten

7.67 Mitzuteilen sind die Eintragung eines ausländischen Vereins oder die Eintragung der Satzungsänderung eines solchen Vereins (§§ 14, 15 VereinsG, § 400 FamFG) an die zuständige Verwaltungsbehörde; die Eintragung eines Versicherungsvereins an das Bundeszentralamt für Steuern, An der Küppe 1, 53225 Bonn; Eintragungen, die zu einem Wechsel im Grundstückseigentum oder Übergang eines Erbbaurechts führen können (insbesondere Eintragungen nach dem UmwG) an das nach § 17 GrEStG zuständige Finanzamt (dies ist insbesondere das Finanzamt, in dessen Bezirk sich die Geschäftsleitung des Erwerbers befindet); Sitzverlegungen an das neue Gericht und umgekehrt; wurde eine Stellungnahme der IHK oder der nach § 22 BGB zuständigen Stelle für die Entscheidung der Eintragungsfähigkeit eines (Ideal-)vereins eingeholt an diese Stelle, wenn diese um eine Mitteilung der Entscheidung gebeten hat, XXI. 9 MiZi.

7.68 Die Mitteilungen können elektronisch übermittelt werden und müssen dann nicht unterschrieben werden, § 13 VRV. Anstelle der Unterschrift ist der Vermerk „Dieses Schreiben ist maschinell erstellt und auch ohne Unterschrift wirksam" anzubringen.

V. Amtslöschung

7.69 Die Löschung unzulässiger Eintragungen (Eintragungen, die wegen Mangels einer wesentlichen Voraussetzung unzulässig sind) erfolgt nach § 395 FamFG.

7.70 Wurde ein Verein in das Vereinsregister eingetragen, obwohl der satzungsmäßige Zweck auf einen wirtschaftlichen Geschäftsbetrieb gerichtet ist oder liegt eine tatsächliche wirtschaftliche Betätigung vor, so ist der Verein von Amts wegen zu löschen.

7.71 Wie bereits seit langer Zeit von K. Schmidt[35] gefordert, gehört nun jeder Eintragungsmangel (ein versteckter wie ein offener) in die Zuständigkeit des Registergerichts. Jeder wirtschaftliche und damit zu Unrecht eingetragene Verein kann im Register gelöscht werden, gleichgültig ob der Eintragungsmangel aus der Satzung ersichtlich ist oder nicht.[36]

7.72 Eine isolierte Löschung eines unzulässigen Vereinsnamens ist nicht statthaft.

7.73 Ist ein unzulässiger Vereinsname im Register eingetragen, so ist der Verein selbst zu löschen.[37] Wenn sich (nachträglich) herausstellt, dass der Sitz des Vereins völlig willkürlich,

---

34) Siehe hierzu auch *Oestreich*, Rpfleger 1988, 302; **a. A.** *Stöber/Otto*, Vereinsrecht, Rz. 1385 hält eine Veröffentlichung der Sitzverlegung bei dem neuen Registergericht für geboten.

35) *K. Schmidt*, Rpfleger 1988, 45.

36) Änderung des § 43 BGB durch die Vereinsrechtsreform 2009.

37) Ein Firmenmissbrauchsverfahren nach § 37 HGB kann nicht durchgeführt werden. BayObLG NJW-RR 1990, 996; *Sauter/Schweyer/Waldner*, Der eingetragene Verein, Rz. 59h; MünchKommBGB/*Reuter*, § 57 Rz. 5. *Stöber/Otto*, Vereinsrecht, Rz. 136, stellt fest, dass die Löschung des Namens nicht zur Auflösung des Vereins führe und sich ein Amtslöschungsverfahren eines unzulässigen Namens natürlich erledige, wenn ein unbedenklicher neuer Name eingetragen wird.

fiktiv in der Satzung bestimmt ist, ist eine Amtslöschung nicht mehr zulässig, da der Verein nunmehr auch einen fiktiven Sitz bestimmen kann.[38]

Die Einleitung und Durchführung des Löschungsverfahrens steht im pflichtgemäßen Ermessen des Registergerichts. 7.74

Nach einer Entscheidung des OLG Brandenburg[39] eröffnet der Ermessensspielraum auch die Entscheidung, einen Verein nicht zu löschen, obwohl eine wirtschaftliche Betätigung des Vereins vorliegt und eine Eintragung nicht erfolgen hätte dürfen. Es seien auch die Interessen des zu löschenden Beteiligten zu berücksichtigen und ein „Garagenverein", der schon 18 Jahre im Vereinsregister eingetragen ist, könne eingetragen bleiben, bei Abwägung des öffentlichen Interesses an der Bereinigung des Registers und dem Schutz des Rechtsverkehrs gegen das Bestandsinteresse des Beteiligten. Das OLG Brandenburg führt weiter aus, ein Verein, der einen deutlichen Bearbeitungsaufwand erfordere, könne hingegen gelöscht werden. Dieser Argumentation kann nicht gefolgt werden. Der Schutz des Rechtsverkehrs ist gegen das Bestandsinteresse des Vereins im Einzelfall abzuwägen. Nicht entscheidend ist jedoch der Arbeitsaufwand des Registergerichts. Es kann nicht gelten, „der brave wirtschaftliche Verein bleibt eingetragen, der mit Arbeitsaufwand für das Gericht fliegt raus". Es verbietet sich grundsätzlich eine von ökonomischen Vorgaben getragene Aufgabenerledigung! Der Wert des Rechtsstaats kann nicht auf die Größe eines dafür vorgesehenen Haushaltstitels reduziert werden.[40] 7.75

Von der Befugnis der Amtslöschung ist grundsätzlich Gebrauch zu machen, wenn die Eintragung zweifels- und bedenkenfrei unzulässig ist und die Löschung im öffentlichen Interesse oder im schützenswerten Interesse eines Beteiligten liegt.[41] 7.76

Stellt sich die Löschung im Vereinsregister als sachlich unrichtig heraus, kann der Löschungsvermerk wiederum gem. § 395 FamFG gelöscht werden.[42] 7.77

VI. Bescheinigung Mitgliederzahl

Auf Verlangen des Registergerichts hat der Vorstand jederzeit eine schriftliche Bescheinigung über die Zahl der Mitglieder des Vereins einzureichen, § 72 BGB. Die Bescheinigung muss die Anzahl der Mitglieder enthalten, diese müssen aber nicht namentlich aufgeführt werden. 7.78

Die Bescheinigung kann elektronisch eingereicht werden; sie muss nicht mehr vom Vorstand unterschrieben sein.[43] 7.79

Die Einreichung kann mit Hilfe eines Zwangsgeldverfahrens durchgesetzt werden, § 78 BGB. 7.80

---

38) *Reichert*, Vereins- und Verbandsrecht, Rz. 564.
39) Beschl. v. 8.7.2014 – 7 W 124/13.
40) Siehe hierzu *Harm*, RPflBl 2013, 35.
41) KG Rpfleger 2004, 497; OLG Zweibrücken NJW-RR 2004, 34.
42) KG Rpfleger 2011, 674 ff.
43) A. A. *Stöber/Otto*, Vereinsrecht, Rz. 1415: Eine Bescheinigung verlange einen verantwortlichen Aussteller. Sie sei als elektronisches Dokument versehen mit einer qualifizierten elektronischen Signatur nach dem Signaturgesetz oder als elektronisch beglaubigte Abschrift der originalunterschriebenen Erklärung einzureichen.

7.81 Bestehen keine begründeten Zweifel an der Wirksamkeit eines protokollierten Beschlusses der Mitgliederversammlung, kann die Eintragung dieses Beschlusses nicht von der Einreichung einer Bescheinigung über die Mitgliederzahl abhängig gemacht werden.[44]

VII. Negative Publizität des Vereinsregisters

7.82 Nimmt ein bereits abberufenes Vorstandsmitglied mit einem Dritten ein Rechtsgeschäft vor, so muss der Dritte die Vorstandsänderung nur gegen sich gelten lassen, wenn die Änderung zum Zeitpunkt der Vornahme des Rechtsgeschäfts bereits im Vereinsregister eingetragen ist oder dem Dritten bekannt ist.

7.83 Ist die Änderung eingetragen, so braucht der Dritte sie nicht gegen sich gelten zu lassen, wenn er sie nicht kennt, seine Unkenntnis auch nicht auf Fahrlässigkeit beruht.

7.84 Das Gleiche gilt für die Bestimmungen über den Umfang der Vertretungsmacht und vom Gesetz abweichende Vertretungsregelungen, § 70 BGB.

7.85 Es besteht keine positive Publizität des Vereinsregisters. Man kann sich nicht darauf verlassen, dass der Eingetragene tatsächlich vertretungsberechtigt ist. Der Dritte wird nicht vor dem zu Unrecht eingetragenen Vorstand geschützt.

7.86 Eine Unkenntnis des Registerinhalts durch den Dritten ist nur vertretbar, wenn das Rechtsgeschäft unmittelbar nach Änderung des Registerinhalts abgeschlossen wurde.

7.87 Der Vertrauensschutz besteht ausschließlich für den Vertragspartner und nicht für den Verein.

VIII. Einsicht in das Vereinsregister/Registerakten

7.88 Die Einsicht in das Vereinsregister und in die dort eingereichten Dokumente (Anmeldungen, Satzungen, Beschlüsse, Bescheinigung über Mitgliederzahl im Sonderband bzw. Registerordner § 7 Abs. 1 VRV) ist jedem ohne Nachweis eines berechtigten Interesses zu Informationszwecken gestattet, § 79 Abs. 1 BGB, § 16 VRV.

7.89 Wird das Vereinsregister elektronisch geführt, ist ein automatisierter Datenabruf („online-Einsicht") des Vereinsregisters und der eingereichten Schriftstücke (dem Adäquat des Registerordners im Handelsregisterverfahren) möglich und sinnvoll, § 79 BGB, § 31 VRV.

7.90 Die sonstigen Aktenbestandteile (Hauptband) können nur bei Nachweis eines berechtigten Interesses eingesehen werden, § 16 VRV, § 13 FamFG. Akteneinsicht vor Ort gewährt die Geschäftsstelle durch Bereitstellung des Inhalts der Akten zum Abruf, § 299 Abs. 3 ZPO gilt entsprechend.

7.91 Von den Eintragungen und den eingereichten Dokumenten kann eine Abschrift und, bei elektronischer Führung, ein Ausdruck verlangt werden, welche auf Verlangen zu beglaubigen ist (anstelle der beglaubigten Abschrift tritt der amtliche Ausdruck), § 79 Abs. 1 BGB.

7.92 Auf Verlangen wird eine Bescheinigung durch das Amtsgericht erstellt, dass der Vorstand aus den im Register eingetragenen Personen mit der eingetragenen Vertretungsmacht be-

---

44) OLG Düsseldorf, Beschl. v. 22.8.2008 – I-3 Wx 182/08, Rpfleger 2009, 28.

Bauer

steht und weitere Eintragungen bezüglich eines Gegenstands nicht vorhanden sind oder bestimmte Eintragungen nicht erfolgt sind, § 69 BGB, § 386 FamFG.

B. Gründung

I. Definition/Abgrenzung Idealverein – wirtschaftlicher Verein/Gemeinnützigkeit

Der Verein ist ein auf eine gewisse Dauer angelegter, körperschaftlich strukturierter Zusammenschluss einer Anzahl von Personen, die ein gemeinschaftliches Ziel verfolgen. 7.93

Er führt einen Gesamtnamen und ist in seiner Existenz vom Wechsel der Mitglieder unabhängig. Der eingetragene Verein ist eine juristische Person. Er ist parteifähig und grundbuchfähig. 7.94

Der Verein wird zur juristischen Person (früher Erlangung der Rechtsfähigkeit) mit der Eintragung in das Vereinsregister, § 21 BGB. Ein Verein, der nicht eingetragen ist, wird nach § 54 BGB noch als „nicht rechtsfähiger Verein" bezeichnet, obwohl diese Auffassung mittlerweile überholt ist.[45] Besser ist eine Unterscheidung zwischen eingetragenen und nicht eingetragenen Vereinen. 7.95

1. Idealverein

In das Vereinsregister soll nur ein Verein eingetragen werden, dessen Zweck nicht auf einen wirtschaftlichen Geschäftsbetrieb gerichtet ist, sog. Idealverein gem. § 21 BGB. Ein Verein kann nur in das Vereinsregister eingetragen werden, wenn der Zweck des Vereins erlaubt ist.[46] 7.96

Einem Idealverein ist es nicht grundsätzlich untersagt, unternehmerisch tätig zu sein. Wenn der Verein eine unternehmerische Tätigkeit entfaltet, diese aber dem nichtwirtschaftlichen Hauptzweck zu- und untergeordnet und Hilfsmittel zur Erreichung der idealen Ziele ist, so ist dies zulässig (sog. Nebenzweckprivileg).[47] Ob es sich um einen Idealverein handelt, entscheidet der Hauptzweck des Vereins.[48] 7.97

Das Nebenzweckprivileg greift nur, wenn die wirtschaftliche Aktivität im Verhältnis zur ideellen Aktivität eine untergeordnete Bedeutung besitzt, die unternehmerische Tätigkeit also nur zur Erreichung ideeller Ziele erfolgt und nicht dominiert.[49] 7.98

---

45) MünchKommBGB/*Leuschner*, § 54 Rz. 1.

46) Ein studentischer Verein, dessen Zweck die unentgeltliche außergerichtliche Rechtsberatung der Studenten einer Universität und aller Bürger ist, kann z. B. nicht in das Vereinsregister eingetragen werden, weil § 7 RDG dem entgegensteht; OLG Brandenburg, Beschl. v. 10.9.2014 – 7 W 68/14, juris.

47) BGHZ 15, 315; BGHZ 85, 84; OLG Schleswig NJW-RR 2001, 1478; BVerwG NJW 1998, 1166; Zur Unterscheidung wirtschaftlicher Verein und Definition Nebentätigkeitsprivileg siehe auch *K. Schmidt*, Rpfleger 1972, 286; *Hadding*, ZGR 2006, 137; *Schad*, Rpfleger 1988, 185; *Segna*, Rpfleger 2006, 449.

48) Es gab Überlegungen eine gesetzliche Definition der zulässigen wirtschaftlichen Betätigung eines Idealvereins einzufügen, wobei diese vorgeschlagenen Vorgaben strenger als die steuerlichen Vorgaben waren (Steuervergünstigung wegen Gemeinnützigkeit, wenn wirtschaftliche Tätigkeit bei einer Gesamtbetrachtung nicht das Gepräge gibt). Dieser Entwurf wurde jedoch nicht weiter verfolgt. Siehe dazu u. a. *Damas*, ZRP 2005, 3; *Segna*, Rpfleger 2006, 449.

49) BGHZ 85, 84; OLG Frankfurt/M. Rpfleger 2006, 545.

7.99 Entscheidend für die Prüfung eines Idealvereins ist nicht lediglich die Angabe des Zweckes in der Satzung, sondern die Art der Vereinstätigkeit.[50] Grundsätzlich ist die Frage, ob ein Idealverein vorliegt, losgelöst von steuerrechtlichen Fragen der Anerkennung einer Gemeinnützigkeit zu beantworten.[51] Nach neuer Ansicht des BGH kommt der Anerkennung als gemeinnützig jedoch eine entscheidende Bedeutung zu.[52] Auch wenn die Bejahung einer Gemeinnützigkeit nicht Voraussetzung eines Idealvereins ist, wird der Anerkennung als gemeinnützig i. S. d. §§ 51 ff. AO nunmehr eine erhebliche Indizwirkung für die Eintragungsfähigkeit des Vereins zuerkannt. Gleichwohl sei darauf hingewiesen, dass nicht jeder Idealverein die Anerkennung der Gemeinnützigkeit erhält, entscheidend bleibt vielmehr der ideelle Charakter des Vereins.

Ein Hilfsmittel zur Erreichung des Hauptzwecks ist regelmäßig die Verwaltung und Mehrung des Vereinsvermögens zugunsten des nichtwirtschaftlichen Vereinszwecks. Die Grenze der Eintragungsfähigkeit ist aber erreicht, wenn der alleinige Vereinszweck die Vermögensverwaltung ist und die Möglichkeit besteht, Gewinnentnahmen zu beschließen; dann ist der Hauptzweck kein ideeller.[53]

7.100 Ein Verein, der in das Vereinsregister eingetragen wurde, wird durch die konstitutive Eintragung zur juristischen Person (e. V.).

7.101 Der Verein bleibt eingetragener Verein, solange er im Vereinsregister eingetragen ist. Seine Stellung als juristische Person entfällt auch nicht, wenn zu einem späteren Zeitpunkt bei dem Verein die Eintragungsvoraussetzungen nicht mehr vorliegen oder von Anfang an vorhandene Eintragungsmängel erst später offenbar werden (z. B. Eintragung trotz wirtschaftlicher Tätigkeit).[54]

---

50) Maßstab für die Beurteilung ist dabei nicht nur der Wortlaut der Satzung, sondern die tatsächlich ausgeübte bzw. beabsichtigte Tätigkeit, BayObLG Rpfleger 1977, 19. Zur Zulässigkeit von Kita-Vereinen nunmehr BGH, Beschlüsse v. 16.5.2017 – II ZB 6/16, II ZB 7/16 und II ZB 9/16, juris (davor u. a. KG DNotZ 2011, 632; Schleswig-Holsteinisches OLG NZG 2013, 627; Brandenburgisches Oberlandesgericht, Beschl. v. 23.6.2015 – 7 W 23/15, juris; KG, Beschl. v. 3.6.2016 – 22 W 122/15, juris). Der entgeltliche Betrieb einer Kita unterfällt dem Nebenzweckprivileg, wenn diese wirtschaftliche Tätigkeit dem nichtwirtschaftlichen Hauptzweck zugeordnet werden kann. Neuere Entscheidungen: Das OLG Frankfurt/M. (Beschl. v. 24.1.2017 – 20 W 290/14, juris) sieht im Betrieb einer Kletterhalle ein Handelsgewerbe i. S. v. § 1 Abs. 1 HGB. Das KG (Beschl. v. 16.9.2016 – 22 W 65/14, juris) sieht in einem Verein, der als Unterstützungskasse der betrieblichen Altersversorgung tätig werden soll, keinen ideellen Verein. Das VG Augsburg (Urt. v. 14.11.2018 – Au 4 K 18.1400, juris) sieht dagegen die Verwirklichung des ideellen Zweckes der Unterstützungskassen (Schutz von Arbeitnehmerinteressen und Förderung der betrieblichen Vorsorge und existentiellen Absicherung von Arbeitnehmern und Arbeitnehmerinnen) als wirtschaftliche Tätigkeit, die jedoch einen typischen Fall des Nebenzweckprivilegs darstellten. An dieser Beurteilung ändere sich selbst dann nichts, wenn das Vorliegen eines wirtschaftlichen Geschäftsbetriebs ausdrücklich in die Satzung des Vereins (der in diesem Fall die Anerkennung als wirtschaftlich begehrte!) aufgenommen wird.

51) So bislang z. B. KG DStR 2012, 1195. Auch wenn der Grundsatz weitergilt, dass allein der Umstand, dass der Verein ausschließlich steuerbegünstigte Zwecke verfolgt, den Verein nicht per se eintragungsfähig macht, sondern darauf abzustellen ist, dass kein wirtschaftlicher Zweck verfolgt wird. Die Gemeinnützigkeit kann aber nunmehr als Indiz ausreichen, wenn keine weiteren Anhaltspunkte ersichtlich sind, dass es sich nicht um einen Idealverein handelt.

52) BGHZ 215, 69 = NJW 2017, 1943.

53) BGH NJW-RR 2018, 1376.

54) BGHZ 175, 12. Erst die behördliche Entziehung nach § 43 BGB oder die Löschung im Vereinsregister nach § 395 FamFG stellt den erforderlichen Rechtsakt dar, der die Rechtsfähigkeit des Vereins beendet. Allein durch diesen Verlust der Rechtsfähigkeit wird der Verein zu einem nichtrechtsfähigen wirtschaftlichen Verein, für dessen Verbindlichkeiten die Mitglieder von diesem Zeitpunkt an (ex nunc) persönlich haften (§ 54 BGB).

Bauer

2. Wirtschaftlicher Verein

Ein Verein, dessen Zweck auf einen wirtschaftlichen Geschäftsbetrieb gerichtet ist,[55] kann nicht in das Vereinsregister eingetragen werden. Er erlangt Rechtsfähigkeit durch staatliche Verleihung (§ 22 BGB).   **7.102**

Die Zuständigkeit der Verleihung obliegt dem Bundesland, in dessen Gebiet der Verein seinen Sitz hat, § 22 S. 2 BGB.[56]   **7.103**

Grundsätzlich sollte die wirtschaftliche Betätigung in Form einer Kapitalgesellschaft oder einer eingetragenen Genossenschaft erfolgen.[57] Wirtschaftliche Vereine stellen eine Ausnahme dar.[58]   **7.104**

3. Ausländischer Verein

Diese Vorschrift ist aufgehoben worden.[59] Die Vereine, denen nach § 23 BGB bereits die Rechtsfähigkeit verliehen wurde, bleiben weiterhin rechtsfähig.[60]   **7.105**

4. Gemeinnützigkeit

Ein Verein, der ausschließlich und unmittelbar gemeinnützige, mildtätige oder kirchliche Zwecke verfolgt (steuerbegünstigte Zwecke), erhält eine Steuerbefreiung (§§ 51–68 AO). Die Satzung muss festlegen, welche gemeinnützigen Zwecke auf welche Art und Weise verfolgt werden sollen.[61]   **7.106**

Das Finanzamt entscheidet über die Steuerbefreiung und überprüft diese in der Regel alle drei Jahre. Es erstellt einen Freistellungsbescheid, der in vielen Bundesländern[62] (so in Berlin und Brandenburg)[63] u. a. von den Gebühren in Vereinsregistersachen befreit.   **7.107**

5. Vereinsverband/Gesamtverein

Gründen viele Vereine zusammen einen neuen übergeordneten Verein, so spricht man von einem Vereinsverband.   **7.108**

Mitglieder des Vereinsverbandes sind die einzelnen Vereine. Ein Verein kann sich andererseits auch aufteilen und Untergliederungen bilden (Zweigvereine). Die Mitglieder des   **7.109**

---

55) Beispiele siehe *Reichert*, Vereins- und Verbandsrecht, Rz. 148–159.
56) In Berlin: Senatsverwaltung für Justiz (GVBl 302, 472 [1996]); in Brandenburg: Ministerium des Innern (GVBl II/94 S. 318).
57) Die kleine Genossenschaft ist ideal für Projekte bürgerschaftlichen Engagements, gerade auch, wenn ein wirtschaftlicher Geschäftsbetrieb erforderlich ist. Vereinfachungen für Kleinstgenossenschaften wurden eingeführt durch Gesetz zum Bürokratieabbau und zur Förderung der Transparenz bei Genossenschaften vom 17.7.2017 (BGBl I, 2434).
58) Beispiele sind forstwirtschaftliche Vereine und Erzeugergemeinschaften.
59) BGBl I 2009, 3145 ff.
60) Ausländische Vereine und Stiftungen, denen vor dem 30.9.2009 die Rechtsfähigkeit im Inland verliehen wurde, bleiben rechtsfähig. Art. 229 § 24 EGBGB.
61) BFH BStBl II 1997, 794.
62) Landesrechtliche Justizkostengesetze auf der Grundlage des § 2 GNotKG.
63) Berlin: JGebBefrG v. 24.11.1970, GVBl, 1934, zuletzt geändert am 17.3.2014 (GVBl, 70); Brandenburg: JKGBbg v. 3.6.1994, GVBl, 172, zuletzt geändert am 29.6.2018 (GVBl I Nr. 14).

Zweigvereins sind immer auch Mitglieder des Gesamtvereins. Der Zweigverein selbst ist nicht Mitglied des Gesamtvereins.[64]

7.110 Die Zweigvereine können als rechtsfähige (eingetragene) Vereine oder als nichtrechtsfähige (nicht eingetragene) Vereine bestehen. Soll der Zweigverein in das Vereinsregister eingetragen werden, so muss dessen Satzung den Erfordernissen der §§ 57 und 58 BGB entsprechen.

7.111 Dynamische Satzungsverweisungen in der Art, dass eine Satzungsänderung des Gesamtvereins automatisch auch eine Änderung der Satzung des Zweigvereins bewirkt, sind nicht möglich, da eine Satzungsänderung zu ihrer Wirksamkeit immer der Eintragung in das Register (des Zweigvereins) bedarf.[65] Die Auflösung des Gesamtvereins bewirkt auch die Auflösung der Zweigvereine.

II. Mitglieder

1. Person

7.112 In der Satzung eines Vereins kann bestimmt werden, welche Personen die Mitgliedschaft erwerben dürfen (z. B. nur Familienmitglieder bei Familienvereinen, Angehörige bestimmter Berufsgruppen, etc.).

7.113 Enthält die Satzung keine Bestimmung, so können natürliche Personen, juristische Personen, Personenhandelsgesellschaften (OHG, KG), Vereine (auch nicht eingetragene Vereine), Gesellschaften bürgerlichen Rechts, Partnerschaftsgesellschaften und Europäische wirtschaftliche Interessenvereinigungen (EWIV) Mitglieder sein.

7.114 Beschränkt geschäftsfähige Personen bedürfen der Einwilligung ihrer gesetzlichen Vertreter (§ 107 BGB).[66] Will der gesetzliche Vertreter sich gleichfalls an der Vereinsgründung beteiligen, so muss für den Minderjährigen ein Ergänzungspfleger bestellt werden, §§ 1795, 181, 1909 BGB.

7.115 Besteht für einen Betreuten ein Einwilligungsvorbehalt, der sich auf die Gründung und Mitgliedschaft in einem Verein bezieht, so ist die Einwilligung des Betreuers erforderlich, § 1903 BGB.

2. Mitgliederbestand

7.116 Ein Verein darf nur in das Vereinsregister eingetragen werden, wenn mindestens sieben Mitglieder die Satzung unterzeichnet haben (§ 59 Abs. 3 BGB).[67] Im Zeitpunkt der Eintragung soll der Verein aus mindestens sieben Mitgliedern bestehen, § 56 BGB.[68]

---

64) BGHZ 89, 152.

65) BGH NJW 1995, 583; siehe hierzu *Sauter/Schweyer/Waldner*, Der eingetragene Verein, Rz. 329a; offen gelassen: BGHZ 212, 70–89 = NJW 2017, 402.

66) Wobei die Einwilligung zum Vereinsbeitritt normalerweise auch die Einwilligung zur Ausübung der vereinsrechtlichen Rechte und Pflichten mit umfasst.

67) Dies gilt auch, wenn Mitglieder des Vereins ausschließlich juristische Personen sind. Sind Mitglieder des Vereins jedoch natürliche und juristische Personen und werden die juristischen Personen von den natürlichen Personen beherrscht und repräsentiert, so ist lediglich die Zahl der natürlichen Personen maßgebend. OLG Stuttgart Rpfleger 1983, 318; OLG Köln NJW 1989, 173; *Eichler*, Rpfleger 2004, 196; a. A. *Reichert*, Vereins- und Verbandsrecht, Rz. 184, den die konzernrechtliche Zuordnung nicht überzeugt.

68) Hierbei muss es sich nicht notwendig um Gründungsmitglieder handeln, vgl. *Stöber/Otto*, Vereinsrecht, Rz. 1306.

Bauer

Die Mitgliedschaft ist höchstpersönlich, nicht übertragbar, weder pfändbar noch ver- 7.117
pfändbar und auch nicht vererblich (§ 38 S. 1 BGB). Die Satzung kann Abweichendes
bestimmen, also Übertragbarkeit und damit auch Pfändbarkeit, sowie Vererbbarkeit (wobei auch bestimmte Anforderungen an die Erben gestellt werden können, die nur, wenn
sie diese erfüllen (bei mehreren in gesamthänderischer Verbundenheit[69]) mit dem Erbfall
die Mitgliedschaft automatisch erwerben [§ 1922 BGB]), § 40 BGB. Die Vereinsmitglied-
schaft fällt der Erbengemeinschaft zu.[70]

Die Ausübung der Mitgliedschaft darf nicht im Ganzen einem anderen überlassen werden 7.118
(§ 38 S. 2 BGB). Gesetzliche Vertreter dürfen die Mitgliedschaftsrechte ausüben.

Die Satzung kann auch die Übertragung auf ein anderes Vereinsmitglied oder einen Drit- 7.119
ten zulassen, wovon bezüglich Stimmrechtsvollmachten oft Gebrauch gemacht wird.[71]
Ein Wechsel im Mitgliederbestand ist jederzeit möglich. Die Satzung soll die Voraussetzungen dafür bestimmen.

3. Eintritt

Die Satzung soll Bestimmungen über den Eintritt von Mitgliedern enthalten (wie, unter 7.120
welchen Voraussetzungen, in welcher Form), § 58 Nr. 1 BGB. Nach Ansicht des BGH ist
auch ein rückwirkender Beitritt zu einem Verein zulässig, soweit die Satzung dies nicht
ausdrücklich ausschließt.[72]

Nach Auflösung eines Vereins ist ein Eintritt nicht mehr möglich, da der Verein nur für 7.121
den Zweck der Liquidation fortbesteht und ein Eintritt neuer Mitglieder außerhalb dieses
Zweckes liegt.[73] Gleiches gilt für die Auflösung nach Rechtskraft des Beschlusses, durch
den die Insolvenzeröffnung mangels Masse abgelehnt wird und für die Auflösung durch
Eröffnung des Insolvenzverfahrens, wenn der Verein nicht fortgesetzt wird.[74]

4. Austritt

Die Satzung soll Bestimmungen über den Austritt von Mitgliedern (Kündigung der Mit- 7.122
gliedschaft) enthalten (wie, unter welchen Voraussetzungen, in welcher Form), § 58 Nr. 1
BGB.

Das Austrittsrecht der Mitglieder kann durch die Satzung nicht ausgeschlossen werden, 7.123
§ 39 Abs. 1 BGB. Beinhaltet die Satzung eine gegen die Austrittsfreiheit verstoßende Bestimmung, so ist diese nichtig, § 134 BGB.

Die Bestimmung einer Austrittsfrist in der Satzung ist zulässig, § 39 Abs. 2 BGB. Z. B. 7.124
kann bestimmt werden, dass der Austritt nur am Schluss eines Kalenderjahres zulässig ist.

69) *Reichert*, Vereins- und Verbandsrecht, Rz. 735.
70) MünchKommBGB/*Reuter*, § 38 Rz. 48; *Bartodziej*, Vereinsrecht, Rz. 178.
71) *Reichert*, Vereins- und Verbandsrecht, Rz. 728.
72) BGH ZIP 2015, 1067.
73) BGH NJW-RR 1995, 1237; *Reichert*, Vereins- und Verbandsrecht, Rz. 4143.
74) *Stöber/Otto*, Vereinsrecht, Rz. 225.

7.125 Die Kündigungsfrist darf jedoch zwei Jahre nicht überschreiten,[75] § 39 Abs. 2 BGB. Bei Vorliegen eines wichtigen Grundes ist ein Austritt auch ohne Einhalten einer Kündigungsfrist möglich.

7.126 Ein wichtiger Grund ist gegeben, wenn dem Mitglied ein Verbleiben bis zum Ablauf der satzungsmäßigen Frist eine unzumutbare Belastung bedeutet (dies liegt nur im Ausnahmefall vor).[76]

7.127 Nach Auflösung eines Vereins ist ein Austritt möglich, solange die Liquidation noch nicht beendet ist.

5. Vereinsausschluss/Ruhen der Mitgliedschaft

7.128 Auch der Verein kann einzelne Mitglieder ausschließen bzw. ihnen kündigen, wenn ein wichtiger Grund hierfür vorliegt. Die Satzung kann die Ausschließungsgründe und das Ausschließungsverfahren (rechtliches Gehör muss gewährt werden, Zeitpunkt der Wirksamkeit der Ausschließung) regeln.

7.129 Fehlt eine Satzungsbestimmung so kann der Ausschluss aus wichtigem Grund durch die Mitgliederversammlung beschlossen werden.[77] Der Ausschluss wird wirksam mit Erklärung gegenüber dem Betroffenem (§ 130 Abs. 1 BGB).

7.130 In der Satzung kann auch vorgesehen sein, dass die Mitgliedschaft für eine bestimmte Zeit ruht und in dieser Zeit Mitgliedschaftsrechte und -pflichten ganz oder teilweise nicht bestehen (z. B. bis zur Entscheidung über den Ausschluss).[78]

III. Einzelheiten zur Gründung

1. Satzung

a) Bedeutung

7.131 Die Satzung bildet die Grundlage des Vereinslebens. Die Bestimmungen in der Satzung sollen klar formuliert werden und eindeutig sein. Ob eine Verweisung auf die Satzung eines anderen (eingetragenen) Vereins zulässig ist, ist strittig.[79]

7.132 Die Rechtsverhältnisse des Vereins sollen sich unmittelbar durch Eintragung und Offenlegung ermitteln lassen, so dass jedenfalls eine dynamische Verweisung (unter Einbeziehung späterer Satzungsänderungen) nicht möglich ist.[80]

7.133 Erweisen sich (im Nachhinein) dispositive Satzungsbestimmungen als unwirksam oder undurchführbar, greifen anstelle dieser Bestimmungen die Vorschriften des BGB. Eine un-

---

75) LG Berlin Rpfleger 2004, 359: Ist kein Vorstand zur Entgegennahme der Kündigung mehr vorhanden, so ist in der Einstellung der Beitragszahlungen die Erklärung zu sehen, dem Verein nicht mehr angehören zu wollen.

76) BGH BB 1954, 329.

77) OLG Frankfurt/M. NJW-RR 1991, 1276; OLG München, Urt. v. 26.7.2017 – 20 U 5009/16, juris.

78) BayObLG Rpfleger 1980, 15.

79) So soll nach OLG Hamm Rpfleger 1988, 28 eine Verweisung zulässig sein, wenn sie widerspruchsfrei und verständlich gefasst ist und sich nur auf bestimmte einzelne Vorschriften bezieht.

80) Siehe hierzu *Stöber/Otto*, Vereinsrecht, Rz. 51; *Sauter/Schweyer/Waldner*, Der eingetragene Verein, Rz. 329a.

wirksame Satzungsbestimmung wird nicht auf das zulässige Maß herunter geregelt.[81] Die übrige Satzung bleibt grundsätzlich wirksam.[82]

§ 139 BGB ist für vereinsrechtliche Normen nicht anwendbar. Bei ihnen ist die Rechtsfolge der Teilnichtigkeit danach zu beurteilen, ob der verbleibende Teil nach dem Vereinszweck und den satzungsmäßigen Mitgliederbelangen eine in sich sinnvolle Regelung des Vereinslebens darstellt.[83] Verstößt der Vereinszweck gegen gesetzliche Vorschriften (z. B. Tierschutzgesetz), so führt die Teilnichtigkeit der Satzungsbestimmung zur Nichtigkeit der gesamten Satzung.[84]   **7.134**

b) Form

Für die Einhaltung der Form ist Schriftform ausreichend. Die Satzung muss in deutscher Sprache abgefasst sein. Sollte eine Fassung in einer Fremdsprache gewünscht werden, so ist dies nur zusätzlich möglich.   **7.135**

Einzige Ausnahme bilden die Bürger sorbischer Volkszugehörigkeit, die die Satzung eines Vereins in sorbischer Sprache errichten können und alle Anmeldungen zum Vereinsregister in sorbischer Sprache einreichen dürfen.[85]   **7.136**

c) Mindesterfordernisse der Satzung

Gemäß § 57 Abs. 1 BGB muss die Satzung eines einzutragenden Vereins den Namen, den Sitz und den Zweck des Vereins enthalten und es muss sich aus ihr ergeben, dass der Verein in das Vereinsregister eingetragen werden soll.   **7.137**

Erfolgt eine Eintragung, ohne dass diese Bestimmungen enthalten sind, ist die Eintragung nicht unwirksam, es hat jedoch eine Löschung von Amts wegen (§ 395 FamFG) zu erfolgen.   **7.138**

aa) Name und Namenszusatz (Angabe, dass der Verein eingetragen werden soll)

In der Satzung des Vereins muss der Name enthalten sein, § 57 Abs. 1 BGB. In der Auswahl des Namens sind die Vereinsmitglieder grundsätzlich frei. Jeder Verein kann nur einen Namen erhalten, nicht mehrere. Grundsätzlich sind auch Phantasienamen zulässig und auch eine Aneinanderreihung von Buchstabenkombination ist (nunmehr) möglich.[86]   **7.139**

Viele Vereine führen eine Kurzbezeichnung oder eine Ortsbezeichnung. Aus der Satzung muss ersichtlich sein, ob es sich hierbei um einen Namensbestandteil handelt (der in das Vereinsregister einzutragen ist).[87] Der Name soll sich von den Namen der an demselben Ort oder in derselben Gemeinde bestehenden eingetragenen Vereine deutlich unterscheiden (§ 57 Abs. 2 BGB).   **7.140**

---

81) OLG Brandenburg MDR 2005, 640.
82) KG Rpfleger 2007, 82.
83) BGHZ 47, 172.
84) KG Rpfleger 2012, 212 f. Nichtigkeit einer die partnerschaftliche Liebe zu Tieren betreffenden Vereinssatzung.
85) § 184 S. 2 GVG; Kap. III Sachgeb. A Abschn. III Nr. 1 r EinigVtr.
86) BGH ZIP 2009, 168; *Sauter/Schweyer/Waldner*, Der eingetragene Verein, Rz. 58: der Name des Vereins muss nicht aussprechbar, sondern nur „artikulierbar" sein.
87) *Stöber/Otto*, Vereinsrecht, Rz. 125.

7.141 Nach dem Gesetzeswortlaut wird lediglich eine Unterscheidbarkeit von eingetragenen Vereinen verlangt. Somit würde eine fehlende Unterscheidbarkeit von eingetragenen Firmen eine Eintragung in das Vereinsregister nicht hindern. Zu Recht stößt dies teilweise auf Ablehnung.[88] Die Unterscheidbarkeit allein im Rechtsformzusatz („Sonnen e. V." – „Sonnen GmbH") ist nicht ausreichend.

7.142 Aufgrund der teilweisen großen Bedeutung von eingetragenen Vereinen sollte auch eine Unterscheidbarkeit von Firmen verlangt werden.[89] Die Unterscheidbarkeit muss zu allen eingetragenen Vereinen und Firmen bestehen, die in derselben politischen Gemeinde ihren Sitz haben.[90]

7.143 Der Grundsatz der Namenswahrheit aus § 18 Abs. 2 S. 1 HGB wird für den Verein entsprechend angewandt.[91] Der Name darf keine Angaben enthalten, die geeignet sind, über Art, Zweck, Größe oder sonstige Verhältnisse, die für die angesprochenen Verkehrskreise wesentlich sind, in die Irre zu führen. Dabei ist ein objektivierter Maßstab aus Sicht der durchschnittlichen Angehörigen des betroffenen Personenkreises und dessen verständige Würdigung anzulegen.[92]

7.144 Bei einer unzulässigen Namensbildung ist der Eintragungsantrag abzulehnen. Schwierigkeiten können bei folgenden Namensbestandteilen auftreten: Akademie,[93] Kammer,[94] Institut (wenn nicht ein Zusatz zugefügt wird, der den Charakter einer öffentlichen Einrichtung ausschließt bzw. eine Tätigkeitsbeschreibung hinzugefügt wird),[95] Stiftung,[96] Partei. Ist dem Namenszusatz „Verband" keine weitere Bezeichnung beigefügt, die eine besondere Stellung oder Bedeutung innerhalb eines Gebietes oder einer Berufsgruppe suggerieren könnte (z. B. „Bundesverband", „Gesamtverband" oder „Der Deutsche Verband") ist der Zusatz zulässig.[97]

7.145 Bei geografischen Zusätzen kommt es auf die konkrete Täuschungseignung im Einzelfall an (wird durch den Zusatz der unrichtige Eindruck eines Dachverbandes vermittelt, so ist dies unzulässig).[98]

---

88) *Krafka/Kühn*, Registerrecht, Rz. 2134; **a. A.** *Reichert*, Vereins- und Verbandsrecht, Rz. 530 der eine Unterscheidbarkeit lediglich zu eingetragenen Vereinen für ausreichend erachtet.

89) In der Praxis dürfte dies mittlerweile auch nicht mehr bei Vereinsregistern, die nicht am Sitz der Handelsregister geführt werden, auf Schwierigkeiten stoßen, da eine Überprüfung anhand einer Online-Einsicht (www.handelsregister.de) erfolgen kann.

90) *Sauter/Schweyer/Waldner*, Der eingetragene Verein, Rz. 58; *Stöber/Otto*, Vereinsrecht, Rz. 133; **a. A.** *Reichert*, Vereins- und Verbandsrecht, Rz. 531 der eine Unterscheidbarkeit am selben Ort für ausreichend erachtet.

91) OLG Frankfurt/M. ZStV 2012, 25; OLG Köln FGPrax 2006, 129; BayObLG NJW-RR 1990, 996.

92) OLG Frankfurt/M. ZStV 2012, 25.

93) OLG Bremen NJW 1972, 164.

94) Wenn der Eindruck einer öffentlich rechtlichen Organisation erweckt wird, OLG Dresden WRP 2000, 662.

95) BGH NJW-RR 1987, 735; BayObLG NJW-RR 1990, 1125; KG MDR 2012, 237.

96) Zulässig bei stiftungsähnlicher Struktur (ein auf Dauer angelegter Stiftungszweck und eine stiftungsähnliche Organisation). Vor allem im Bereich der parteinahen Organisation ist die Verwendung des Namensbestandteils Stiftung nicht notwendig mit einer Stiftung im engeren und traditionell gewachsenen Sinn verbunden. OLG Brandenburg OLGR Brandenburg 2004, 429; OLG Frankfurt/M. NJW-RR 2002, 176.

97) OLG Frankfurt/M. ZStV 2012, 25.

98) OLG Köln FGPrax 2006, 129.

Die Angabe einer Jahreszahl im Vereinsnamen wird regelmäßig als Gründungsjahr des Ver- **7.146**
eins verstanden.[99] Stimmt die als Bestandteil des Namens eingefügte Jahreszahl nicht mit
dem Gründungsjahr überein, bedeutet dies eine besonders schwerwiegende Irreführung
des Rechtsverkehrs über die Verhältnisse des Vereins, die für die angesprochenen Verkehrskreise wesentlich sind.[100]

Des Weiteren sollte keine Täuschung über die Zusammensetzung der Mitglieder hervor- **7.147**
gerufen werden. Die Namensrechtsverletzung eines Dritten wird dagegen nicht vom Registergericht geprüft.

Die Satzung muss ergeben, dass der Verein in das Vereinsregister eingetragen werden soll. **7.148**
Hierfür ist es ausreichend, dass dem Namen des Vereins in der Satzung der Zusatz „eingetragener Verein" bzw. „e. V." beigefügt ist. Mit der Eintragung erhält der Name des
Vereins den Zusatz „eingetragener Verein" bzw. „e. V." (§ 65 BGB). Dieser Zusatz ist zwingend in deutscher Sprache zu führen.[101]

bb) Sitz

In der Satzung ist der Sitz des Vereins zu bestimmen. Fehlt eine solche Bestimmung, kann **7.149**
der Verein nicht in das Vereinsregister eingetragen werden (§ 60 i. V. m. § 57 Abs. 1 BGB).
Sollte eine Eintragung erfolgt sein, ohne dass die Satzung eine Sitzbestimmung enthält, so
gilt als Sitz der Ort, an dem die Verwaltung geführt wird (§ 24 BGB).

Grundsätzlich kann die Sitzbestimmung in der Satzung frei erfolgen. Auch eine willkürliche **7.150**
Sitzbestimmung in der Art, dass überhaupt kein Bezug zum Ort besteht, ist nunmehr zulässig.[102] Auch eine mindestens postalische Erreichbarkeit am durch die Satzung bestimmten Sitz kann nicht mehr gefordert werden.[103] Bei einer fiktiven Sitzwahl kann das
Registergericht die Eintragung jedoch verweigern, wenn keine Erreichbarkeit des Vereins
sichergestellt ist.[104] Das Registergericht hat den Vorstand zur Mitteilung einer ladungsfähigen Anschrift bei Eintragung des Sitzes oder der Sitzverlegung aufzufordern, § 15 VRV.

In der Satzung kann nur ein Ort als Sitz bestimmt werden.[105] Die Bestimmung eines **7.151**
Gemeindeteils als Sitz ist ausreichend, wenn der Ort unverwechselbar einer politischen
Gemeinde zugeordnet werden kann (nach Gemeindegebietsreformen kann der ursprüng-
liche Ort als Sitz eingetragen bleiben und auch bei Neugründungen als Sitz gewählt werden, solange die Bezeichnung eindeutig ist).[106]

---

99) OLG Jena Rpfleger 1988, 114.
100) OLG Brandenburg Rpfleger 2011, 445.
101) Der Zusatz muss in deutscher Sprache enthalten sein, der Name selbst lediglich in „deutschen" Schrift-
     zeichen (§ 184 S. 1 GVG). *Sauter/Schweyer/Waldner*, Der eingetragene Verein, Rz. 58; *Stöber/
     Otto*, Vereinsrecht, Rz. 138. Ausnahme bilden hier lediglich die Sorben, die berechtigt sind, den Na-
     men des Vereins sorbisch zu schreiben, § 184 S. 2 GVG (doch auch hier muss der Zusatz e. V. deutsch
     geschrieben werden).
102) **A. A.** noch LG Berlin Rpfleger 1998, 476.
103) *Stöber/Otto*, Vereinsrecht, Rz. 153.
104) *Reichert*, Vereins- und Verbandsrecht, Rz. 564a.
105) Die Begründung eines Doppelsitzes ist nicht zulässig. *Reichert*, Vereins- und Verbandsrecht, Rz. 565.
106) BayObLG Rpfleger 1976, 179; *Stöber/Otto*, Vereinsrecht, Rz. 150; **a. A.** *Krafka/Kühn*, Registerrecht,
     Rz. 2135, der bei Errichtung eines Vereins jedenfalls für die Vereinsregistereintragung nur die Eintra-
     gung einer politischen Gemeinde zulassen will (obgleich die Satzungsbestimmung eines Gemeindeteils
     zulässig sein soll).

7.152 Die Bestimmung des Sitzes muss konkret erfolgen. Unzulässig ist beispielsweise eine Bestimmung dahingehend, dass sich der Sitz am Wohnort des jeweiligen ersten Vorsitzenden befindet. Eine solche Bestimmung kann nicht in das Vereinsregister eingetragen werden.[107]

7.153 Die Änderung des Sitzes erfolgt durch eine Änderung der entsprechenden Satzungsbestimmung. Wirksam wird diese Änderung erst mit Eintragung in das Vereinsregister (§ 71 Abs. 1 BGB).

cc) Zweck

7.154 Die Satzung muss den Zweck des Vereins enthalten, § 57 Abs. 1 BGB. Der Zweck soll die „Leitidee" des Vereins zum Ausdruck bringen.[108] Er kann nur mit Zustimmung aller Mitglieder geändert werden, § 33 Abs. 1 BGB.

7.155 Es sollte in der Satzung angegeben werden, dass der Verein keinen wirtschaftlichen Zweck erfüllen soll. Zusätzlich müssen Angaben über die satzungsgemäß zulässigen Tätigkeiten des Vereins enthalten sein. Anhand dieser Angaben muss das Registergericht prüfen, ob es sich um einen eintragungsfähigen Idealverein handelt.

7.156 Der Verein darf keinen gesetzwidrigen Zweck[109] verfolgen, er darf nicht gegen ein gesetzliches Verbot (§ 134 BGB) oder gegen die guten Sitten (§ 138 BGB) verstoßen.

d) Sollinhalt der Vereinssatzung

7.157 Gem. § 58 BGB soll die Satzung Bestimmungen über den Eintritt und Austritt von Mitgliedern, ob und welche Beiträge von den Mitgliedern zu leisten sind, über die Bildung des Vorstands und über die Voraussetzungen, unter denen die Mitgliederversammlung zu berufen ist, die Form der Berufung und über die Beurkundung der Beschlüsse enthalten.

7.158 Die Satzung soll von mindestens sieben Mitgliedern unterzeichnet sein und die Angabe des Tages der Errichtung enthalten, § 59 Abs. 3 BGB.

7.159 Ein Verein darf nicht in das Vereinsregister eingetragen werden, wenn in der Satzung keine Angaben zu diesen Punkten gemacht wurden, § 60 BGB.

aa) Eintritt und Austritt von Mitgliedern

7.160 Die Satzung soll Bestimmungen über den Eintritt und Austritt von Mitgliedern enthalten (Form, Verfahren).

bb) Mitgliedsbeiträge

7.161 Die Satzung soll bestimmen, ob und welche Beiträge von den Mitgliedern zu leisten sind, § 58 Nr. 2 BGB. Beiträge müssen nicht Geldleistungen sein, sondern können z. B. auch Sachleistungen oder Dienstleistungen[110] sein.

---

107) *Sauter/Schweyer/Waldner*, Der eingetragene Verein, Rz. 66.
108) Siehe hierzu auch *K. Schmidt*, Rpfleger 1988, 45.
109) LG Essen Rpfleger 1983, 158.
110) BAG NJW 2003, 161.

cc) Bildung des Vorstands

Die Satzung soll Bestimmungen über die Bildung des Vorstands enthalten, § 58 Nr. 3 BGB.   **7.162**
Die Satzung kann Regelungen zur Vorstandsfähigkeit[111] enthalten, die Zahl der Vorstandsmitglieder[112] festlegen und bestimmen, wie sich der Vorstand zusammensetzt (Vorstandsämter etc.). Bestimmt die Satzung eine Mindest- und oder Höchstzahl von Vorstandsmitgliedern muss sie festlegen, wie viele Vorstandsmitglieder zur Vertretung erforderlich
sind.[113] Die Bestimmungen müssen klar und eindeutig formuliert werden.

dd) Mitgliederversammlung

Die Satzung soll Bestimmungen enthalten über die Voraussetzungen, unter denen die   **7.163**
Mitgliederversammlung zu berufen ist, über die Form der Berufung und über die Beurkundung der Beschlüsse,[114] § 58 Nr. 4 BGB.

ee) Sieben Unterschriften

Die Eintragung eines Vereins in das Vereinsregister darf nur erfolgen, wenn die Zahl der   **7.164**
Mitglieder mindestens sieben beträgt, § 56 BGB. Als Nachweis dieser Eintragungsvoraus-
setzung ist die Satzung von mindestens sieben Mitgliedern zu unterzeichnen, § 59 Abs. 3
BGB.

ff) Tag der Errichtung

Wird ein Verein zur Eintragung in das Vereinsregister angemeldet, so soll die Satzung den   **7.165**
Tag der Errichtung enthalten, § 59 Abs. 3 BGB.

e) Fakultativer Inhalt der Satzung

aa) Zeitliche Beschränkung

In der Satzung eines Vereins kann bestimmt werden, dass der Verein nur für eine be-   **7.166**
stimmte Zeitdauer bestehen soll (z. B. während eines besonderen Ereignisses, einer Messe
o. ä.). Nach Ablauf der Zeitdauer ist der Verein automatisch aufgelöst (vgl. § 74 Abs. 2 BGB).

bb) Sonderpflichten und Sonderrechte

Sollen einzelnen Mitgliedern Sonderpflichten oder Sonderrechte auferlegt werden, so müssen   **7.167**
diese eine Grundlage in der Satzung haben.

---

111) Z. B. dass nur Vereinsmitglieder in den Vorstand gewählt werden dürfen. In diesem Fall bedeutet der
     Austritt aus dem Verein gleichzeitig den Verlust des Vorstandsamts.
112) Es sollte eine bestimmte Anzahl von Vorstandsmitgliedern festgelegt werden. Zulässig ist auch eine
     Mindest- oder Höchstzahl. Die Bestimmung kann die Satzung aber auch der Mitgliederversammlung
     überlassen. Ob eine Formulierung „ein oder mehrere Personen" zulässig ist, ist fraglich. Dafür spricht
     sich aus *Sauter/Schweyer/Waldner*, Der eingetragene Verein, Rz. 224a.
113) *Stöber/Otto*, Vereinsrecht, Rz. 381.
114) Wobei es ausreichend ist, wenn angegeben wird, wer die Niederschrift zu unterzeichnen und damit
     ihre Richtigkeit und Vollständigkeit zu verantworten hat. LG Lübeck Rpfleger 1986, 263.

cc) Weiteres

7.168 Die Mitglieder können weitere Bestimmungen für das Vereinsleben in die Satzung mit aufnehmen.

f) Änderung der Satzung vor Eintragung

7.169 Die Satzung kann noch nach bereits erfolgter Anmeldung und vor einer Eintragung des Vereins geändert werden. Ob für diesen Änderungsbeschluss Einstimmigkeit erforderlich ist, ist umstritten.[115] Eine dreiviertel Mehrheit (bzw. die in der Satzung bestimmte Mehrheit) sollte wohl ausreichend sein.[116]

7.170 Die geänderte Satzung muss wiederum von sieben Mitgliedern unterschrieben werden und zusätzlich den Tag der Änderung enthalten. Eine erneute Anmeldung zum Vereinsregister ist nicht erforderlich, vielmehr genügt es, die geänderte Satzung einzureichen.

2. Anmeldung

a) Anmeldeberechtigte

7.171 Gem. § 59 Abs. 1 BGB i. V. m. § 77 BGB hat der Vorstand in vertretungsberechtigter Zahl den Verein zur Eintragung in das Vereinsregister anzumelden.

7.172 Sieht die Satzung eine erforderliche Zahl von Vorstandsmitgliedern vor, mit der erst der Vorstand als Organ gebildet ist, so ist bei der Anmeldung darauf zu achten, dass der Vorstand mit der nach der Satzung erforderlichen Anzahl von Vorstandsmitgliedern besetzt ist.[117] Sind nicht alle Vorstandsämter besetzt, so ist die Satzung daraufhin auszulegen, ob der Vorstand trotzdem schon gebildet sein soll oder nicht. Ist der Vorstand bereits gebildet (da es nach der Satzung nicht notwendig ist, dass sämtliche Ämter besetzt sind), so kann bereits eine Anmeldung zur Eintragung erfolgen.

b) Inhalt

7.173 Gem. § 59 Abs. 1 BGB ist der Verein zur Eintragung in das Vereinsregister anzumelden. In der Anmeldung sind der Name des Vereins mit Errichtungsdatum und die Vorstandsmitglieder namentlich anzugeben (Angabe mit Namen, Vornamen, Geburtsdatum und Wohnort, sowie Stellung im Vorstand, falls zur Vertretung erforderlich).

7.174 Die weiteren nach § 64 BGB einzutragenden Angaben müssen nicht in der Anmeldung zur Ersteintragung enthalten sein.

7.175 In der Anmeldung ist zusätzlich noch die ladungsfähige Anschrift des Vereins anzugeben, § 15 VRV.

7.176 Gem. § 15 VRV kann das Registergericht bei der Ersteintragung und bei Sitzverlegungen, sowie in anderen Fällen, in denen dies zweckmäßig ist, um die Erreichbarkeit des Vereins

---

115) Einstimmigkeit wird verlangt von BayObLG Rpfleger 1972, 132; *Staudinger/Weick* (2005) § 33 BGB Rz. 21.

116) So *Sauter/Schweyer/Waldner*, Der eingetragene Verein, Rz. 18.

117) OLG Hamm Rpfleger 1983, 487; a. A. *Stöber/Otto*, Vereinsrecht, Rz. 1231: Nicht zu fordern sei ein Nachweis, dass sämtliche Vorstandsämter besetzt sind. Es genüge, dass die zur Vertretung berechtigende Zahl erreicht wird.

Bauer

sicherzustellen, den Verein auffordern, die Änderung der ladungsfähigen Anschrift unverzüglich mitzuteilen.

Teilweise wird vorgeschlagen, es sei eine Zwischenverfügung zu erlassen, wenn die Anschrift nicht angegeben ist, § 382 Abs. 4 FamFG.[118] Lässt sich die Anschrift aus den beigefügten Urkunden ersehen, sollte eine Eintragung vollzogen werden. **7.177**

c) Urkunden

Bei der Erstanmeldung eines Vereins sind die Satzung in Abschrift und eine Abschrift der Urkunden über die Bestellung des Vorstands einzureichen, § 59 Abs. 2 BGB. Bei Einreichung in elektronischer Form reicht eine einfache Aufzeichnung, d. h. Übermittlung einer Scan-Datei (einscannen der in Papierform erstellten Urkunden als PDF genügt, eine elektronische Signatur ist nicht erforderlich). Ein Gründungsprotokoll muss nicht (zusätzlich) eingereicht werden.[119] **7.178**

Ist für die Bestellung des Vorstands ein anderes Vereinsorgan als die Mitgliederversammlung (z. B. Kuratorium) zuständig, so muss auch die Urkunde über die Bestellung dieses Vereinsorgans eingereicht werden.[120] **7.179**

3. Eintragung

a) Prüfung durch das Registergericht

Das Registergericht prüft seine Zuständigkeit (örtlich, sachlich und funktionell), die Einhaltung der notwendigen Form und die wirksame Gründung des Vereins (körperschaftliche Struktur einer Vereinigung). **7.180**

Das Registergericht prüft die Ordnungsmäßigkeit der Gründung in formeller und materieller Hinsicht sowie die gehörige Form der Anmeldung nebst den erforderlichen Unterlagen. Zu prüfen ist, ob die Satzung die nach §§ 57, 58 BGB notwendigen Bestimmungen enthält. Fehlen diese Angaben oder enthält die Satzung nichtige Bestimmungen mit Außenwirkung,[121] so besteht eine Eintragungssperre. **7.181**

Weiterhin ist durch das Registergericht zu prüfen, ob es sich um einen Idealverein handelt, d. h. dass der Verein keine wirtschaftliche Betätigung anstrebt, bzw. nur im Rahmen des sog. Nebenzweckprivilegs. Die Anerkennung einer Gemeinnützigkeit i. S. d. §§ 51 ff. AO reicht als Indiz für die Eintragungsfähigkeit des Vereins aus.[122] Bei Zweifeln hat der anmeldende Vorstand gegenüber dem Registergericht eine Pflicht zur Darlegung aller Umstände, welche die insgesamt nichtwirtschaftliche Betätigung des Vereins begründen sollen, da nur dieser Aussagen dazu treffen kann, was der Verein in Zukunft tun wird.[123] **7.182**

---

118) *Krafka/Kühn*, Registerrecht, Rz. 2153a.
119) Ein Gründungsprotokoll ist nur einzureichen, wenn hier die Vorstandsbestellung enthalten ist, andernfalls genügt die Vorlage des Wahlprotokolls. Siehe auch *Eichler*, Rpfleger 2004, 196.
120) BayObLG Rpfleger 1984, 150.
121) Die Satzung ist nichtig, wenn sie in wesentlichen Teilen gegen ein gesetzliches Verbot (§ 134 BGB) oder gegen die guten Sitten (§ 138 Abs. 1 BGB) verstößt.
122) Siehe hierzu Rz. 7.99.
123) KG DNotZ 2011, 632 ff.

7.183 Im Zweifelsfall kann das Registergericht eine Stellungnahme der nach § 22 BGB zuständigen Behörde,[124] der Industrie- und Handelskammer oder sonst geeigneter Stellen einholen, § 9 Abs. 2 VRV.

7.184 Der Vereinszweck muss erlaubt sein, ansonsten kann keine Eintragung erfolgen. Der Zweck darf keinen Verbotstatbestand nach Art. 9 Abs. 2 GG i. V. m. § 3 VereinsG erfüllen.[125] Grundsätzlich sollte jedoch nur eine Rechtmäßigkeitskontrolle durchgeführt werden und keine Zweckmäßigkeitskontrolle.[126]

7.185 Ein Rechtsschutzbedürfnis für eine erneute Anmeldung eines Vereins ist z. B. zu verneinen, wenn eine vorherige Anmeldung unter Vorlage der gleichen Unterlagen bereits zurückgewiesen wurde und ein Rechtsmittel gegen diese Entscheidung nicht eingelegt worden ist oder keinen Erfolg hatte.[127]

7.186 Zusätzlich erfolgt eine Prüfung der Unterscheidbarkeit des Namens des Vereins gem. § 57 Abs. 2 BGB und ob der Name zulässig gebildet wurde. Zur Frage der Täuschungseignung des Namens eines Vereins kann eine Stellungnahme der IHK eingeholt werden.[128]

b) Eintragungsinhalt

7.187 In das Vereinsregister eingetragen werden gem. § 64 BGB i. V. m. § 3 VRV der Name (mit Namenszusatz „e. V.") und der Sitz des Vereins, die Rechtsform (eingetragener Verein),[129] der Tag der Errichtung der Satzung, die Vorstandsmitglieder und ihre Vertretungsmacht. Wurde die Satzung bereits vor Eintragung geändert, so ist auch das Datum des Änderungsbeschlusses mit einzutragen.[130]

7.188 Die Vertretungsmacht der Vorstandsmitglieder ist immer allgemein anzugeben. Auch wenn die Vertretungsmacht in der Satzung nicht geregelt sein sollte und somit die gesetzliche Vertretungsbefugnis gilt, erfolgt eine Eintragung „Ist nur ein Vorstandsmitglied bestellt, vertritt es allein. Sind mehrere Vorstandsmitglieder bestellt, so wird der Verein durch die Mehrheit der Vorstandsmitglieder vertreten".[131]

7.189 Andernfalls wird die satzungsgemäß bestimmte Vertretungsregelung eingetragen, vor allem auch eine Beschränkung des Umfangs der Vertretungsmacht der Vorstandsmitglieder (Tatsache der Beschränkung und Art), sowie eine evtl. vorhandene generelle Befreiung von den Beschränkungen des § 181 BGB. Eine Beschränkung der Vertretungsmacht muss als Satzungsbestimmung sowohl die Beschränkung als solche als auch den Umfang der Beschränkung klar und eindeutig erkennen lassen, da ansonsten das Zustimmungserfordernis nur im Innenverhältnis gilt und nicht in das Vereinsregister eingetragen wird.[132]

---

124) In Berlin: Senatsverwaltung für Justiz (GVBl 1996, 302, 472); in Brandenburg: Ministerium des Innern (GVBl II/94 S. 318).

125) *Reichert*, Vereins- und Verbandsrecht, Rz. 214 spricht sich für eine Prüfungskompetenz des Registergerichts in dieser Hinsicht aus, da verbotene Vereine eine Satzungsgestaltung haben, die gegen ein gesetzliches Verbot i. S. d. § 134 BGB verstoßen.

126) OLG Köln Rpfleger 1994, 114; OLG Hamm Rpfleger 2000, 70.

127) KG FGPrax 2005, 130.

128) *Reichert*, Vereins- und Verbandsrecht, Rz. 202.

129) Für die Nutzung im Internet ist die Angabe der Rechtsform notwendig (BR-Drucks. 982/98 Anlage). Eine Eintragung der Rechtsform muss immer erfolgen.

130) *Stöber/Otto*, Vereinsrecht, Rz. 1321; *Reichert*, Vereins- und Verbandsrecht, Rz. 250.

131) Neu durch Art. 2 ErJuKoG vom 10.12.2001 (BGBl I, 3422). Siehe hierzu auch *Schwarz*, Rpfleger 2003, 1.

132) OLG Nürnberg Rpfleger 2015, 709.

Ferner sind die vertretungsberechtigten Vorstandsmitglieder mit Familien- und Vornamen, Wohnort und Geburtsdatum sowie (soweit vorhanden) einer besonderen Vertretungsbefugnis (z. B. Befreiung von den Beschränkungen des § 181 BGB für eine bestimmte Person, konkrete Vertretungsbeschränkungen für eine bestimmte Person) einzutragen. **7.190**

Das Vorstandsamt (Vorsitzender, Kassenwart, etc.) sollte nur eingetragen werden, wenn die Vertretungsbefugnis an bestimmte Vorstandsämter geknüpft ist (z. B. nur der Vorsitzende darf allein vertreten, dann ist einzutragen, wer der Vorsitzende ist).[133] **7.191**

Einzutragen ist auch ein etwaiger besondere Vertreter nach § 30 BGB[134] mit Familien- und Vornamen, Wohnort, Geburtsdatum und Wirkungskreis. **7.192**

c) Wirkung der Eintragung

Mit der konstitutiven Eintragung in das Vereinsregister wird der Verein zur juristischen Person „eingetragenen Verein" und führt den Zusatz „e. V.". **7.193**

d) Eintragungsmitteilung

Die Antragsteller erhalten eine Eintragungsmitteilung, § 383 FamFG. **7.194**

Die mit der Anmeldung eingereichten Dokumente werden vom Amtsgericht (im Sonderband bzw. Registerordner) aufbewahrt. **7.195**

Das Gericht hat die Eintragung eines Vereins oder einer Satzungsänderung der zuständigen Verwaltungsbehörde mitzuteilen, wenn Anhaltspunkte bestehen, dass es sich um einen Ausländerverein oder eine organisatorische Einrichtung eines ausländischen Vereins nach den §§ 14 und 15 des Vereinsgesetzes handelt, § 400 FamFG. **7.196**

e) Veröffentlichung

Die Ersteintragung eines Vereins wird unverzüglich durch das Registergericht in dem von der Landesjustizverwaltung bestimmten elektronischen Informations- und Kommunikationssystem veröffentlicht (§ 66 Abs. 1 BGB).[135] **7.197**

In der Veröffentlichung sind der Name und der Sitz des Vereins, die Registernummer und das Registergericht sowie der Tag der Eintragung anzugeben (§ 14 VRV). Der weitere Eintragungsinhalt (Vorstandsmitglieder etc.) sowie spätere Änderungen (auch nicht nach Sitzverlegungen) beim eingetragenen Verein werden nicht veröffentlicht.[136] **7.198**

---

133) *Krafka/Kühn*, Registerrecht, Rz. 2164; *Eichler*, Rpfleger 2004, 196. In der Praxis wird vielerorts stets das Vorstandsamt mit eingetragen. Im Register stehen dann Informationen, die für den Rechtsverkehr nicht von Bedeutung sind. Bei bloßen Änderungen der Ämter (Kassenwart jetzt Stellvertreter o. ä.) handelt es sich dann um einen eintragungspflichtigen Tatbestand, da ansonsten das Vereinsregister unrichtig wäre. Stets eintragungsfähig hält *Stöber/Otto*, Vereinsrecht, Rz. 1332 die Vorstandsämter (Stellung im Vorstand), soweit dies zweckmäßig sei.

134) BR-Drucks. 982/98, S. 36; *Krafka/Kühn*, Registerrecht, Rz. 2174a.

135) Die elektronische Bekanntmachung entspricht der Regelung für die Bekanntmachung von Handelsregistereintragungen. Sie ist für die Registergerichte einfacher und für die Vereine kostengünstiger. BT-Drucks. 16/13542, S. 15. Veröffentlichung erfolgt unter www.handelsregisterbekanntmachungen.de.

136) Siehe hierzu auch *Oestreich*, Rpfleger 1988, 302.

7.199 Muster 154: Neuanmeldung eingetragener Verein

An das

Amtsgericht ...

Vereinsregister

PLZ Ort

In der Vereinsregistersache

... e. V.

– Neuanmeldung –

überreichen wir, die vertretungsberechtigten Vorstandsmitglieder:

die Satzung vom ... in Abschrift

den Beschluss über die Bestellung der Vorstandsmitglieder in Abschrift

und melden den am ... gegründeten Verein ... und den Vorstand:

a)   Name Vorname, Geburtsdatum, Wohnort (Stellung im Vorstand nur, soweit für die Vertretung erforderlich)

b)   Name Vorname, Geburtsdatum, Wohnort (Stellung im Vorstand nur, soweit für die Vertretung erforderlich)

zur Eintragung in das Vereinsregister an.

Der Vorstand besteht aus ... Mitgliedern. Diese vertreten gemeinschaftlich. Die Vertretungsmacht ist in der Weise beschränkt, dass ...

Die Anschrift des Vereins lautet: ...

Berlin, den ... ... (Unterschriften)

Unterschriftsbeglaubigung

7.200 Muster 155: (Kurze) Satzung eingetragener Verein

Satzung

§ 1
Name und Sitz

Der Name des Vereins lautet ... Der Verein soll in das Vereinsregister eingetragen werden. Nach der Eintragung führt er den Zusatz „e. V.“

Der Sitz des Vereins ist in ... .

§ 2
Zweck

Der Zweck des Vereins ist ... .

Der Satzungszweck wird verwirklicht durch folgende Maßnahmen: ... .

Der Verein verfolgt ausschließlich und unmittelbar gemeinnützige Zwecke im Sinne des Abschnitts „Steuerbegünstigte Zwecke" der Abgabenordnung.

Der Verein ist selbstlos tätig; er verfolgt nicht in erster Linie eigenwirtschaftliche Zwecke. Mittel des Vereins dürfen nur für die satzungsmäßigen Zwecke verwendet werden. Die Mitglieder erhalten keine Zuwendungen aus Mitteln des Vereins. Es darf keine Person durch Ausgaben, die dem Zweck des Vereins fremd sind, oder durch unverhältnismäßig hohe Vergütungen begünstigt werden.

§ 3
Eintritt und Austritt von Mitgliedern

Mitglied des Vereins kann jede (volljährige natürliche) Person werden.

Der Aufnahmeantrag ist schriftlich zu stellen. Über den Antrag entscheidet der Vorstand.

Der Austritt aus dem Verein ist nur zum Schluss eines Kalenderjahres unter Einhaltung einer Kündigungsfrist von zwei Monaten zulässig. Der Austritt ist schriftlich gegenüber einem Vorstandsmitglied zu erklären.

Ein Mitglied kann aus dem Verein ausgeschlossen werden, wenn … . Über den Ausschluss entscheidet die Mitgliederversammlung mit einer … Mehrheit der abgegebenen Stimmen.

§ 4
Mitgliedsbeiträge

Der Mitgliedsbeitrag wird jährlich durch die Mitgliederversammlung festgelegt.

§ 5
Bildung Vorstand

Der Vorstand des Vereins besteht aus … .

Die Vorstandsmitglieder vertreten gemeinsam.

Die Vorstandsmitglieder werden für die Dauer von zwei Jahren gewählt. Nach Zeitablauf bleiben sie jedoch im Amt, bis wirksam ein neuer Vorstand gewählt wurde.

§ 6
Mitgliederversammlung

Die ordentliche Mitgliederversammlung findet jährlich am … statt.

Des Weiteren ist die Mitgliederversammlung zu berufen, wenn …

Die Mitgliederversammlung wird vom Vorstand schriftlich unter Einhaltung einer Einladungsfrist von … einberufen. Die Tagesordnung ist in der Einberufung mitzuteilen.

Versammlungsleiter ist der Vorstandsvorsitzende, im Verhinderungsfall … .

Zur Änderung der Satzung ist eine Mehrheit von …/zur Änderung des Vereinszwecks …/zur Auflösung … der abgegebenen Stimmen erforderlich.

Das Protokoll der Mitgliederversammlung ist vom … zu unterzeichnen. Im Protokoll sollen Ort und Zeit sowie das Beschlussergebnis angegeben werden.

§ 7
Bekanntmachungen

Bekanntmachungen des Vereins erfolgen ausschließlich im … .

§ 8

Geschäftsjahr

Das Geschäftsjahr ist das Kalenderjahr.

§ 9

Sonstiges

Tag der Errichtung mindestens sieben Unterschriften

7.201 Muster 156: Vereinsregistereintragung eines eingetragenen Vereins

Chronologischer Ausdruck

Amtsgericht Charlottenburg				VR 1000
1	2	3	4	5
Nr. der Eintragung	a) Name b) Sitz			
	a) Allgemeine Vertretungsregelung b) Vertretungsberechtigte und besondere Vertretungsbefugnis	a) Satzung b) Sonstige Rechtsverhältnisse	a) Tag der Eintragung b) Bemerkungen	
1	a) Verein zur Förderung der Schreibschrift e. V. b) Berlin	a) Jedes Vorstandsmitglied vertritt allein. b) Vorstand: Dr. Heinrich Vordermann, geb. 25.7.1982, Berlin Vorstand: Anne Müller, geb. 1.3.1986, Berlin	a) eingetragener Verein Satzung vom 1.2.2019	a) 1.3.2019 Mustermann

Aktueller Ausdruck

Vereinsregister

des Amtsgerichts Charlottenburg

Wiedergabe des aktuellen Registerinhalts

Verein zur Förderung des Schönschreibens e. V. VR 1000

1.   Anzahl der bisherigen Eintragungen: 1

2.   a)   Name des Vereins

        Verein zur Förderung der Schreibschrift e. V.

     b)   Sitz des Vereins Berlin

3.   a)   Allgemeine Vertretungsregelung

Jedes Vorstandsmitglied vertritt allein.

b)   Vertretungsberechtigte und besondere Vertretungsbefugnis

Dr. Heinrich Vordermann, geb. 25.7.1982, Berlin

Anne Müller, geb. 1.3.1986, Berlin

4.   a)   eingetragener Verein

Satzung vom 1.2.2019

b)   Sonstige Rechtsverhältnisse

5.   Tag der letzten Eintragung: 1.3.2019

Muster 157: Veröffentlichung der Ersteintragung eines Vereins   7.202

Amtsgericht ..., VR ...

In das Vereinsregister wurde am ... „Name Verein" e. V.,

Sitz: ... (Anschrift) eingetragen.

C.   Mitgliederversammlung/Beschlüsse

I.   Grundsatz

Die Mitgliederversammlung ist das notwendige und oberste Organ des Vereins, § 32 Abs. 1   7.203
BGB. Die Zuständigkeiten der Mitgliederversammlung können in der Satzung beschränkt
werden. Stets ist sie jedoch mindestens zuständig für den Auflösungsbeschluss.[137]

Eine Versammlung der Mitglieder, d. h. eine Zusammenkunft, ist erforderlich, damit Be-   7.204
schlüsse gefasst werden können. Ohne Versammlung kann ein Beschluss nur durch schriftliche Zustimmung sämtlicher Mitglieder zustande kommen, § 32 Abs. 2 BGB.

Die Satzung kann Abweichendes bestimmen, z. B. schriftliche Abstimmung für bestimmte   7.205
Angelegenheiten, auch mit dem Einsatz moderner Kommunikationsmittel wie Stimmabgabe per E-Mail oder eine Online-Versammlung.[138] Bei einer virtuellen Versammlung ist

---

137) Verfassungsrechtlich garantiert ist gem. Art. 9 Abs. 1 GG die positive Freiheit der Vereinsbildung.
Daraus folgt auch das Recht, den Verein wieder auflösen zu können. *Reichert*, Vereins- und Verbandsrecht, Rz. 3989.

138) Ob eine telefonische Zuschaltung und Stimmabgabe möglich ist, ist umstritten. Es wird die Meinung
vertreten, Beschlüsse müssten entweder in einer Mitgliederversammlung oder auf schriftlichem Weg
gefasst werden. In der Literatur wird auch zunehmend die virtuelle Mitgliederversammlung für zulässig erachtet (z. B. *Fleck* DnotZ 2008, 245; *Erdmann*, MMR 2000, 526; bei satzungsmäßiger Gestattung
Reichert, Vereins- und Verbandsrecht, Rz. 1961). Auch das OLG Hamm hat die Zulässigkeit einer virtuellen Mitgliederversammlung bejaht, wenn dies in der Satzung vorgesehen ist. OLG Hamm NJW
2012, 940. Bei einer Telefonkonferenz müssen z. B. alle Teilnehmer gleichzeitig sprechen und hören
können. Wichtig ist auch die sichere Feststellung der Identität der Abstimmenden. OLG Hamm
OLGR Hamm 2001, 389.

zu gewährleisten, dass die teilnahmeberechtigten Mitglieder identifiziert und nur diese zur Online-Versammlung (möglich auch per Videokonferenz)[139] zugelassen werden.[140]

II. Kompetenzen

7.206 Soweit die Satzung nichts anderes bestimmt, ist die Mitgliederversammlung zuständig für: die Bestellung und Abberufung des Vorstands, Satzungsänderungen, Beaufsichtigung und Entlastung der Vereinsorgane, Erteilung von Weisungen an den Vorstand, Beitragsfestsetzungen,[141] Entscheidung über wichtige Angelegenheiten, Beschlussfassung über Umwandlungen, Auflösung des Vereins, Bestellung und Abberufung von Liquidatoren, Fortsetzung des Vereins.

III. Formalien der Einberufung

7.207 Zur Gültigkeit von Beschlüssen ist es erforderlich, dass die Mitgliederversammlung ordnungsgemäß einberufen wurde.

1. Regelung in der Satzung

7.208 Die Satzung kann die Formalien der Einberufung regeln. Falls Regelungen fehlen oder unvollständig sind, gelten die Regelungen der §§ 32 ff. BGB.

7.209 Die Mitgliederversammlung ist in den durch die Satzung bestimmten Fällen zu berufen sowie dann, wenn es das Interesse des Vereins erfordert, § 36 BGB.

2. Einberufungsorgan

7.210 Grundsätzlich erfolgt die Einberufung durch die in der Satzung bestimmte Person. Ist in der Satzung das Einberufungsorgan nicht bestimmt, ist für die Einberufung der Vorstand (i. S. d. § 26 BGB) zuständig. Nach h. M. hat die Einberufung durch den Vorstand in vertretungsberechtigter Zahl zu erfolgen.[142]

7.211 Grundsätzlich sind nur Vorstandsmitglieder zur Einberufung berechtigt, die auch vertretungsberechtigt sind.

7.212 Eine besondere Beachtung verdient jedoch das Einberufungsrecht des zu Unrecht im Vereinsregister eingetragenen Vorstands. Hier wird § 121 Abs. 2 S. 2 AktG entsprechend angewandt. Ein im Vereinsregister eingetragener Vorstand kann eine Mitgliederversammlung wirksam einberufen, auch wenn er bereits als Vorstand abberufen ist, seine Amtszeit

---

139) *Noack*, NJW 2018, 1345, hält neben einer Online-Versammlung auch weitere digitale Teilhabe für zulässig: z. B. eine audiovisuellen Übertragung (Livestream); Abstimmung per App; Vertretung (soweit in der Satzung zugelassen) in Form von „Online-Proxy-Voting". Auch eine eingeschränkte Online-Teilnahme komme in Betracht (nur zuhören, kein Rederecht), soweit die Mitglieder darüber informiert wurden. Wer mitdiskutieren möchte, könne an der Präsenz-Versammlung teilnehmen.

140) *Mecking*, ZStV 2011, 164.

141) BGH NJW 2010, 3521 ff. Die Höhe der regelmäßigen Beiträge muss nicht in der Satzung bestimmt sein.

142) So *Stöber/Otto*, Vereinsrecht, Rz. 646; *Eichler*, Rpfleger 2004, 196; *Reichert*, Vereins- und Verbandsrecht, Rz. 1234 spricht sich für ein Einberufungsrecht unabhängig von der Vertretungsbefugnis aus, d. h. ein Einberufungsrecht für jedes Vorstandsmitglied.

abgelaufen ist oder er sein Amt bereits wirksam niedergelegt hat.[143] Dieses Einberufungsrecht besteht auch dann, wenn alle Mitglieder wissen, dass der eingetragene Vorstand nicht mehr im Amt ist.[144]

Ob der zu Unrecht im Vereinsregister eingetragene Vorstand auch zur Einberufung berechtigt ist, wenn noch weitere/neu bestellte Vorstandsmitglieder vorhanden sind, ist umstritten.[145]   **7.213**

Keine Einberufungskompetenz des abgewählten Vorstandes sieht das OLG Brandenburg,[146]   **7.214** wenn ein vertretungsberechtigter beschlussfähiger Restvorstand vorhanden ist, der seinerseits Mitgliederversammlungen einberufen kann; die Einberufung also nicht dazu dient, den Verein wieder handlungsfähig zu machen. Sind noch Vorstandsmitglieder im Vereinsregister eingetragen und bereit, eine Mitgliederversammlung einzuberufen, kommt eine Bestellung eines Notvorstands nicht in Betracht, da der Verein in der Lage ist, selber Vorstandsmitglieder zu bestellen.

Ist das Vorstandsmitglied jedoch bereits im Vereinsregister gelöscht bzw. war es nie im   **7.215** Vereinsregister eingetragen, besteht kein Einberufungsrecht mehr.

Ein Vorstandsmitglied, das bereits wirksam bestellt aber noch nicht im Vereinsregister   **7.216** eingetragen ist, kann natürlich eine Mitgliederversammlung einberufen.[147]

3. Art und Weise der Einberufung

Die Form der Einberufung soll in der Satzung bestimmt sein (schriftlich, mündlich, per Fax   **7.217** oder E-Mail, Zeitungsanzeige, Aushang[148]), Internetseite des Vereins etc.). Ungenaue Regelungen sind unzulässig und müssen bei der Prüfung der Satzung beanstandet werden (z. B. „oder in sonst geeigneter Weise", Einberufung wird dem Vorstand überlassen). Die Einladungsform muss dabei so gewählt werden, dass jedes Mitglied ohne wesentliche Erschwernisse Kenntnis von der Anberaumung einer Mitgliederversammlung erlangen kann. Hierbei ist eine strenge Auslegung geboten, damit alle Mitglieder die Möglichkeit haben, an der Mitgliederversammlung teilzunehmen.[149] „Textform" ist ausreichend, da das Vereinsmitglied nicht im Unklaren darüber gelassen wird, welche eigene Mitwirkung geboten ist, um von einer Ladung Kenntnis zu erlangen; das Mitglied kann untätig bleiben und abwarten, weil es unmittelbar und direkt benachrichtigt wird.[150]

---

143) *Stöber/Otto*, Vereinsrecht, Rz. 650; *Sauter/Schweyer/Waldner*, Der eingetragene Verein, Rz. 157; *Eichler*, Rpfleger 2004, 196.

144) *Stöber/Otto*, Vereinsrecht, Rz. 650; *Sauter/Schweyer/Waldner*, Der eingetragene Verein, Rz. 266.

145) So sieht OLG Brandenburg RNotZ 2007, 343 die (ausnahmsweise) Einberufungszuständigkeit des nicht (mehr) amtierenden, aber eingetragenen Vorstands mit der Wahl eines neuen Vorstands beendet, auch wenn dieser noch nicht eingetragen ist. a. A. *Stöber/Otto*, Vereinsrecht, Rz. 651, kein Einberufungsrecht des zu Unrecht im Vereinsregister eingetragenen, wenn ein gewählter Vorstand existiert.

146) OLG Brandenburg, Urt. v. 11.9.2012 – 11 U 80/09, juris.

147) *Stöber/Otto*, Vereinsrecht, Rz. 651b; *Reichert*, Vereins- und Verbandsrecht, Rz. 1234; *Eichler*, Rpfleger 2004, 196.

148) Aushang im Aushangkasten begegnet keinen Bedenken; Formulierung nur „durch Aushang" ist unzureichend, OLG Celle Rpfleger 2010, 670. Bestimmung „durch Presseveröffentlichung" ist nicht hinreichend bestimmt, OLG Hamm NJW-RR 2011, 395.

149) OLG Celle Rpfleger 2012, 261.

150) Schleswig-Holsteinisches OLG FGPrax 2012, 79; siehe auch OLG Oldenburg, Beschl. v. 13.7.2017 – 12 W 92/17, juris.

7.218 Sieht die Satzung die Einberufung in schriftlicher Form vor, so ist eine Einberufung der Mitgliederversammlung per E-Mail ohne Unterschrift formwirksam, wenn die Satzung nichts anderes bestimmt.[151]

7.219 Ob die Satzung wahlweise eine bestimmte Einberufungsform zulassen kann, ist umstritten, z. B. „ortsübliche Bekanntmachung oder durch Aushang" (wobei angegeben werden muss, wo sich der Aushang befindet).[152] Die alternativen Einberufungsarten müssen für sich betrachtet jedenfalls bestimmt genug und zumutbar sein.[153] In der Einladung soll die Zeit und der Ort der Versammlung bekannt gegeben werden.

7.220 Des Weiteren ist die Tagesordnung (Gegenstand der Beschlussfassung) mitzuteilen. Der Gegenstand ist bestimmt genug anzugeben, da sonst die gefassten Beschlüsse unwirksam sind.[154] Wird beispielsweise lediglich die Beratung über einen bestimmten Gegenstand angekündigt, so ist eine Abstimmung über diesen unzulässig.

7.221 Die Satzung kann eine bestimmte Einberufungsfrist vorsehen. Bestimmt die Satzung eine Frist ohne nähere Angaben zur Fristberechnung, beginnt die Frist regelmäßig mit dem Zeitpunkt, zu dem normalerweise mit dem Zugang bei allen Mitgliedern zu rechnen ist.[155] Enthält die Satzung keine Regelung, so muss eine angemessene Frist eingehalten werden.

4. Einzuladende Personen

7.222 Eingeladen werden müssen alle teilnahmeberechtigten Mitglieder, das sind alle Mitglieder des Vereins, unabhängig von ihrem Stimmrecht, also auch die passiven, fördernden und Ehrenmitglieder.

7.223 Beschränkt Geschäftsfähige sind grundsätzlich selbst teilnahmeberechtigt.[156] Dagegen übt bei Geschäftsunfähigen der gesetzliche Vertreter das Teilnahmerecht aus.

7.224 Die Einladung ist an die letztbekannte Adresse des Vereinsmitglieds zu richten. Für die Aktualität und Erreichbarkeit ist das Mitglied selbst verantwortlich. Das gilt auch in Bezug auf die E-Mail Adresse.[157]

5. Vollversammlung

7.225 Einberufungsmängel werden geheilt, wenn eine Vollversammlung stattfindet.

---

151) Die in der Satzung festgelegte Schriftform kann durch die elektronische Form ersetzt werden, wobei gem. § 127 Abs. 2 BGB eine Unterschrift nicht erforderlich ist. OLG Hamburg Rpfleger 2013, 457; OLG Zweibrücken Rpfleger 2013, 537; OLG Hamm ZIP 2015, 2273.

152) OLG Zweibrücken Rpfleger 1985, 31 hat diese Regelung als unzulässig angesehen. Gegen Alternativbestimmungen spricht sich aus *Krafka/Kühn*, Registerrecht, Rz. 2146.

153) OLG Stuttgart Rpfleger 1986, 262; *Sauter/Schweyer/Waldner*, Der eingetragene Verein, Rz. 171 sprechen sich für alternative Einberufungsmöglichkeiten aus, wenn die Erreichbarkeit aller Mitglieder sichergestellt ist und dem einzelnen Mitglied die Kenntnis von der Einberufung nicht wesentlich erschwert wird. OLG Köln (Beschl. v. 20.4.2016 – 2 Wx 54/16, juris) hält eine Satzungsbestimmung für unzumutbar, wonach die Einladung zur Mitgliederversammlung alternativ schriftlich, per E-Mail oder durch Veröffentlichung auf der Internetseite erfolgen soll.

154) BGH NJW 2008, 69.

155) OLG München NJW-RR 2016, 555.

156) In der Einwilligung zum Vereinsbeitritt ist grundsätzlich die Zustimmung zu allen Handlungen für die Ausübung der Mitgliedschaft zu sehen. *Reichert*, Vereins- und Verbandsrecht, Rz. 1442; *Stöber/Otto*, Vereinsrecht, Rz. 848; *Sauter/Schweyer/Waldner*, Der eingetragene Verein, Rz. 345.

157) *Mecking*, ZStV 2012, 161.

Eine Vollversammlung liegt nur vor, wenn sämtliche Mitglieder (alle teilnahmeberechtigten, **7.226** nicht nur die stimmberechtigten) gleichzeitig anwesend sind und auf die Einhaltung aller Ladungsformalitäten verzichten und vorbehaltlos Beschlüsse fassen (nicht notwendig einstimmig).[158]

6. Entbehrlichkeit der Versammlung/schriftliche Beschlussfassung

Erklären alle Mitglieder schriftlich ihre Zustimmung zu einem Beschluss, dann ist dieser **7.227** auch ohne Versammlung wirksam, § 32 Abs. 2 BGB.

Die Zustimmung kann auch per E-Mail, Fax oder Fernschreiben erfolgen. **7.228**

Dem Registergericht muss die Mitgliederzahl und die einstimmige Beschlussfassung nach- **7.229** gewiesen werden. Sind Vereinsmitglieder vom Stimmrecht ausgeschlossen, zählen ihre Stimmen nicht, der Stimmrechtsausschluss ist jedoch dem Registergericht nachzuweisen.[159]

Ein Schweigen zählt nicht als Stimmabgabe und ist somit nicht ausreichend. **7.230**

7. Terminverlegung/Vertagung

Soll der Termin für eine Mitgliederversammlung vor Versammlungsbeginn verlegt werden, **7.231** so müssen für diese Terminverlegung die Frist und die Formalien für die Einberufung beachtet werden.

Will die Mitgliederversammlung sich auf einen anderen Termin vertagen, so ist ein Verta- **7.232** gungsbeschluss zu fassen. Der Beschluss muss den neuen Termin und den Ort bestimmen.

Die erforderliche Mehrheit für diesen Beschluss ist umstritten.[160] Wird der Beschluss **7.233** einstimmig gefasst, ist wohl keine erneute Einberufung notwendig.[161]

Wird der Beschluss nur mit der erforderlichen Mehrheit gefasst (grds. einfache Mehrheit), **7.234** so ist erneut einzuberufen.[162] Die Vertagung kann nur auf einen nahen anderen Termin beschlossen werden.[163]

8. Eventualeinberufung

Eine Eventualeinberufung (an die Beschlussfähigkeit werden geringere Anforderungen **7.235** gestellt und meist soll diese Versammlung unmittelbar anschließend an die erste Versammlung stattfinden) ist nur zulässig, wenn dies in der Satzung vorgesehen ist.[164]

---

158) OLG Zweibrücken Rpfleger 2006, 658; für GmbH siehe BGHZ 100, 264.

159) *Reichert*, Vereins- und Verbandsrecht, Rz. 1956.

160) *Sauter/Schweyer/Waldner*, Der eingetragene Verein, Rz. 195 lässt eine einfache Mehrheit ausreichen. Eine neue Einberufung sei nicht notwendig, solange der Beschluss den neuen Termin und den Ort enthält. Auch die nicht anwesenden Mitglieder müssten nicht gesondert verständigt werden.

161) So *Reichert*, Vereins- und Verbandsrecht, Rz. 1754; **a. A.** *Stöber/Otto*, Vereinsrecht, Rz. 653, Einberufung durch zuständiges Organ sei stets notwendig.

162) *Reichert*, Vereins- und Verbandsrecht, Rz. 1754.

163) *Reichert*, Vereins- und Verbandsrecht, Rz. 1753, hält ein bis zwei Wochen für zulässig. *Stöber/Otto*, Vereinsrecht, Rz. 653, hält lediglich eine Unterbrechung, die durch die Einladung noch gedeckt ist, für zulässig, eine Vertagung für mehrere Tage bedürfe dagegen einer neuen förmlichen Einberufung durch das zuständige Organ.

164) Sonst sind die gefassten Beschlüsse unwirksam, BGH Rpfleger 1989, 111; BayObLG NJW-RR 2002, 1612.

9. Gerichtliche Ermächtigung zur Einberufung

a) Voraussetzung

7.236 Gem. § 37 Abs. 1 BGB ist eine Mitgliederversammlung zu berufen, wenn dies der zehnte Teil der Mitglieder[165] oder der in der Satzung bestimmte Teil[166] verlangt. Das Verlangen muss schriftlich unter Angabe des Zwecks und der Gründe an das zur Einberufung zuständige Organ gerichtet werden.

7.237 Das Minderheitenrecht nicht stimmberechtigter Mitglieder kann die Satzung nicht beschränken oder ausschließen; sie kann daher nicht vorsehen, dass z. B. fördernden, außerordentlichen, jugendlichen oder Ehrenmitgliedern das Recht nicht zustehen soll, die Einberufung der Mitgliederversammlung zu verlangen.[167]

7.238 Die Minderheit kann auch verlangen, dass ein bestimmter Punkt auf die Tagesordnung gesetzt wird. Wird diesem Verlangen innerhalb einer angemessenen Frist nicht entsprochen, so kann das Amtsgericht die Minderheit, die die Einberufung begehrt hat, selbst zur Berufung einer Versammlung ermächtigen, § 37 Abs. 2 BGB.

b) Verfahren vor dem Registergericht

7.239 Der Antrag an das Registergericht ist durch die gleiche Minderheit zu stellen, die auch das Verlangen an das Einberufungsorgan gerichtet hat (es sind jedoch nicht alle Unterschriften erforderlich). Das Ermächtigungsverfahren regelt sich nach § 37 Abs. 2 BGB.

7.240 Antragsgegner ist der Verein, nicht der Vorstand. Der Vorstand ist (soweit tunlich) anzuhören, Art. 103 Abs. 1 GG. Eine Anhörung darf nur unterbleiben, wenn der Vorstand nicht erreichbar ist.[168]

7.241 Durch das Gericht erfolgt keine Zweckmäßigkeitskontrolle. Liegen die verfahrensrechtlichen Voraussetzungen vor, so ist die Minderheit zur Einberufung zu ermächtigen.

c) Ermächtigungsbeschluss

7.242 Das Registergericht kann im Ermächtigungsbeschluss Anordnungen über die Führung des Vorsitzes in der Versammlung treffen, § 37 Abs. 2 BGB.

7.243 Auch eine Festlegung von Versammlungszeit und Versammlungsort im Beschluss ist bereits möglich, sollte jedoch zweckmäßigerweise dem Ermächtigten überlassen werden. Die Tagesordnung ist bereits im Ermächtigungsbeschluss anzugeben.

---

165) Für diese Berechnung ist auf alle teilnahmeberechtigten Mitglieder abzustellen (nicht nur auf die Stimmberechtigten), *Sauter/Schweyer/Waldner*, Der eingetragene Verein, Rz. 160. OLG München, Urt. v. 24.3.2016 – 23 U 3886/15, juris: „Ein Vereinsmitglied hat einen Anspruch auf Aushändigung einer Liste mit Namen und Anschrift der aktuellen Vereinsmitglieder, wenn es ein berechtigtes Interesse darlegen kann, dem kein überwiegendes Interesse des Vereins oder berechtigte Belange der Vereinsmitglieder entgegenstehen."

166) Es ist strittig, ob das Quorum in der Satzung nur niedriger als 10 % oder auch höher sein darf. Zulässigkeit von 20 % wird gesehen von BayObLG NJW-RR 2001, 1479. Es muss sich aber immer um eine Minderheit handeln.

167) OLG Düsseldorf Rpfleger 2013, 539.

168) BayObLG Rpfleger 1986, 437.

Des Weiteren sind die Antragsteller, die zur Einberufung ermächtigt werden, namentlich 7.244
aufzuführen[169] und es ist eine Kostenentscheidung zu treffen.

Der Ermächtigungsbeschluss sollte befristet werden (Minderheit für einen gewissen Zeit- 7.245
raum ermächtigt). Nach Fristablauf erlischt der Ermächtigungsbeschluss und eine Einberufung durch die Minderheit ist nicht mehr wirksam.

Wirksam wird die Verfügung mit Bekanntgabe an die Beteiligten, §§ 40, 41 FamFG. Die 7.246
förmliche Zustellung ist kein Wirksamkeitserfordernis.[170] Der Beschluss ist auch dem Vorstand des Vereins und, falls vorhanden, dem zur Einberufung zuständigen Organ, bekannt
zu machen.

Der Beschluss, der dem Antrag nicht stattgibt, ist den Antragstellern und dem Vorstand 7.247
zuzustellen, § 41 Abs. 1 S. 2 FamFG.

Gegen die Verfügung findet die Beschwerde statt, § 58 FamFG. Wurde der Ermächtigungs- 7.248
beschluss befristet, erledigt sich eine Beschwerde, wenn die in der Ermächtigung enthaltene Befristung abgelaufen ist.[171]

d) Einberufung

In der Einberufung ist zwingend auf die gerichtliche Ermächtigung Bezug zu nehmen, da 7.249
sonst die gefassten Beschlüsse unwirksam sind, § 37 Abs. 2 S. 3 BGB.

Auch nach Ermächtigung einer Minderheit zur Einberufung bleibt der Vorstand weiter- 7.250
hin berechtigt, eine Mitgliederversammlung selbst einzuberufen. Ruft der Vorstand früher
eine Versammlung mit gleicher Tagesordnung ein, so ist seine Einberufung wirksam.

Erfolgt seine Einberufung zeitgleich[172] mit der Einberufung der Minderheit, sind wohl 7.251
beide Einberufungen unwirksam und es muss erneut einberufen werden.[173]

Muster 158: Ermächtigungsbeschluss zur Einberufung einer Mitgliederversammlung 7.252
gem. § 37 BGB

Amtsgericht ...

VR ... Berlin, den ...

Die Mitglieder ... (Antragsteller), des ... e. V. mit dem Sitz in ... werden auf ihren Antrag vom ... gemäß § 37 Abs. 2 BGB ermächtigt, eine Mitgliederversammlung mit der
Tagesordnung ... einzuberufen. Die Ermächtigung zur Einberufung ist befristet bis zum
... (nicht zu knapp). Die Versammlung hat spätestens am ... stattzufinden.

Den Vorsitz in dieser Versammlung führt: ... .

Gründe: ... .

Rechtsbehelfsbelehrung: ... .

---

169) Dies kann die Minderheit in der Gesamtheit sein oder (sinnvoller) einzelne Personen, *Stöber/Otto*,
Vereinsrecht, Rz. 666.
170) *Stöber/Otto*, Vereinsrecht, Rz. 667.
171) Mit der Erledigung entfällt die Beschwerde, die Beschwerde wird unzulässig. KG NZG 2018, 1315.
172) Entscheidend hierfür ist der Zugang bei den Mitgliedern.
173) So jedenfalls OLG Stuttgart Rpfleger 2004, 106; für GmbH: BGH GmbHR 1985, 256; MünchKomm-
BGB/*Reuter* § 36, Rz. 6; **a. A.** *Waldner*, Rpfleger 2004, 108 der die Einladung der Minderheit als maßgeblich ansieht.

IV. Teilnahmerecht, Vertretung, Organisation

7.253 Jedes Mitglied ist (unabhängig vom Stimmrecht) teilnahmeberechtigt. Eine Teilnahmepflicht besteht grundsätzlich nicht, soweit in der Satzung nichts anderes bestimmt ist. Nichtmitglieder haben kein Teilnahmerecht.

7.254 Die Anwesenheit einer bestimmten Anzahl von Mitgliedern ist gesetzlich nicht vorgesehen. In der Satzung können jedoch solche Regelungen getroffen werden (Anwesenheit bestimmter Anzahl/Prozentsatz Vereinsmitglieder). Die Anforderung an die Anwesenheit einer bestimmten Anzahl von Mitgliedern kann für verschiedene Beschlüsse (Wahlen, Satzungsänderungen, Auflösung etc.) unterschiedlich hoch festgelegt sein.

7.255 Ist nichts Genaueres bestimmt, ist für die Beschlussfähigkeit die Zahl der erschienenen stimmberechtigten Mitglieder im Zeitpunkt der Abstimmung entscheidend (nicht nur bei Versammlungsbeginn).[174] Das Verlassen eines Teils der anwesenden stimmberechtigten Mitglieder kann somit zum Verlust der Beschlussfähigkeit führen. Ist die satzungsgemäß erforderliche Mitgliederzahl nicht anwesend, sind die gefassten Beschlüsse unwirksam.

7.256 Eine Vertretung in der Mitgliederversammlung ist nur zulässig, wenn die Satzung dies ausdrücklich gestattet, §§ 38 S. 2, 40 BGB. Es ist strittig, ob nur andere Vereinsmitglieder[175] oder auch Vereinsfremde bevollmächtigt werden können. Trifft die Satzung keine Bestimmung zur Person des Bevollmächtigten, so ist auch eine Bevollmächtigung von Vereinsfremden möglich.[176]

7.257 Wird ein Vereinsmitglied bevollmächtigt, darf das eigene Stimmrecht abweichend von dem übertragenen Stimmrecht ausgeübt werden.[177]

7.258 In der Satzung sollen Regelungen über die Organisation der Mitgliederversammlungen enthalten sein, insbesondere wer den Vorsitz führt und von wem und in welcher Form das Versammlungsprotokoll erstellt wird.

7.259 Die Satzung soll Bestimmungen über die Beurkundung der Beschlüsse enthalten, § 58 Nr. 4 BGB. Gesetzlich ist die Protokollierung nicht Wirksamkeitsvoraussetzung für die gefassten Beschlüsse, dies kann jedoch so in der Satzung geregelt sein.[178] Bestimmt die Satzung nichts hierzu, so dient die Protokollierung lediglich der Beweiserleichterung. Im Protokoll sollte die Anzahl der Ja- und Nein-Stimmen angegeben werden, nicht lediglich die Prozentzahlen.[179]

7.260 Das Protokoll ist von den zuständigen Personen zu unterschreiben und es ist festzuhalten, in welcher Funktion der Betreffende unterschrieben hat. So ist für das Registergericht erkennbar, ob die richtige Person Protokoll geführt hat. Diese Person trägt die Verantwor-

---

174) *Sauter/Schweyer/Waldner*, Der eingetragene Verein, Rz. 204a.
175) So *Kniep/Wörtz*, Rpfleger 2004, 466. OLG Hamm Rpfleger 1990, 369 bestätigt, dass auch juristische Personen, die Mitglieder eines Vereins sind, nur durch ihre organschaftlichen Vertreter abstimmen dürfen, soweit nichts anderes bestimmt ist. Nur wenn die Satzung eine Bevollmächtigung zulässt, gilt dies auch für die Vertretung der juristischen Person (d. h. nur in diesem Fall zulässige Vertretung durch einen von den gesetzlichen Vertretern des Vereinsmitglieds bevollmächtigten Dritten).
176) *Reichert*, Vereins- und Verbandsrecht, Rz. 1518.
177) *Stöber/Otto*, Vereinsrecht, Rz. 826; *Sauter/Schweyer/Waldner*, Der eingetragene Verein, Rz. 200.
178) Siehe hierzu BGHZ 136, 187.
179) Für AktG: BGHZ 216, 110–136 = Rpfleger 2018, 150.

Bauer

tung für die Richtigkeit und Vollständigkeit der Niederschrift. Ihrer Erklärung darf das Registergericht vertrauen.[180]

Der Feststellung des Abstimmungsergebnisses kommt im Vereinsrecht jedoch (im Gegen- **7.261** satz zum Aktienrecht) keine konstitutive Wirkung zu.[181] Bei bestehenden Zweifeln ist gem. § 26 FamFG zu ermitteln.

V. Beschlussfähigkeit/Abstimmung

1. Stimmrecht

Grundsätzlich verfügt jedes Mitglied über eine Stimme. Die Satzung kann u. U. ein Mehr- **7.262** heitsstimmrecht gewähren, dies kann jedoch nur einheitlich ausgeübt werden. Einem Nichtmitglied kann kein Stimmrecht gewährt werden.

Der Minderjährige benötigt die Einwilligung seiner gesetzlichen Vertreter (die grds. schon **7.263** in der Zustimmung zum Vereinsbeitritt liegt). Stimmt ein Vereinsmitglied selbst ab und zusätzlich aufgrund einer vorliegenden Vollmacht, so kann er für jede Stimme verschieden abstimmen.

Eine bedingte Stimmabgabe ist unzulässig. **7.264**

2. Mehrheit

Die Satzung kann die notwendige Mehrheit für eine Beschlussfassung regeln (Stimment- **7.265** haltungen, einfache Mehrheit/relative Mehrheit, etc.). Fehlt eine Satzungsregelung entscheidet nach § 32 Abs. 1 S. 3 BGB bei der Beschlussfassung die Mehrheit der abgegebenen Stimmen.

Stimmenthaltungen werden nicht mitgezählt, da diese eine Unentschiedenheit, ein Desin- **7.266** teresse und „Heraushalten" aus der zur Abstimmung anstehenden Sache bekunden.[182]

Gesetzlich gelten für folgende Beschlüsse besondere Mehrheitserfordernisse: Satzungsände- **7.267** rungen (drei Viertel Mehrheit gem. § 33 Abs. 1 BGB), Auflösungsbeschluss (drei Viertel Mehrheit gem. § 41 S. 2 BGB), Umwandlungen nach dem UmwG (drei Viertel Mehrheit), Zweckänderung (Zustimmung aller Mitglieder gem. § 33 Abs. 1 S. 2 BGB), Beeinträchtigung Sonderrecht eines Mitglieds (Zustimmung des betroffenen Mitglieds, § 35 BGB),[183] Sitzverlegung ins Ausland (str., wohl Mehrheit für Auflösung). Die Satzung kann Abweichendes regeln.

3. Stimmrechtsausschluss

Ein Mitglied ist nicht stimmberechtigt, wenn die Beschlussfassung die Vornahme eines **7.268** Rechtsgeschäfts mit ihm oder die Einleitung oder Erledigung eines Rechtsstreits zwischen

---

180) OLG Hamm NJW-RR 1997, 484.
181) OLG München NJW-RR 2008, 993; BGH NJW 1975, 2101.
182) BGH Rpfleger 1982, 291.
183) Einem satzungsändernden Beschluss, der einen schwerwiegenden Eingriff in die Rechte der Mitglieder darstellt, da er sich aufgrund des mit ihm verbundenen Erlöschens der Mitgliedschaften wie ein zwangsweiser Vereinsausschluss dieser Mitglieder auswirkt, ohne dass dessen Voraussetzungen vorliegen, müssen alle bisherigen, von dem Erlöschen der Mitgliedschaft betroffenen Vereinsmitglieder zustimmen. OLG Frankfurt/M., Beschl. v. 10.1.2017 – 20 W 162/15, juris.

ihm und dem Verein betrifft, § 34 BGB. Dieser Stimmrechtsausschluss ist zwingend und kann nicht durch die Satzung abbedungen, jedoch erweitert werden.[184]

7.269 Stimmt das betroffene Mitglied trotz Stimmrechtsausschluss bei der Abstimmung mit, so wird seine Stimme nicht gezählt.

VI. Unwirksamkeit von Beschlüssen

7.270 Die Beschlüsse der Mitgliederversammlung können wirksam gefasst sein und somit Gültigkeit besitzen oder sie sind ungültig/nichtig. Anfechtbare Beschlüsse gibt es (im Gegensatz zum Aktienrecht) nicht.[185] Die Vorschriften der §§ 241 ff. AktG sind nicht entsprechend anwendbar.

1. Unwirksamkeitsgründe

7.271 Nichtigkeitsgründe können sein: ein Teil der Mitglieder wurde nicht geladen,[186] Einberufung durch ein unzuständiges Organ,[187] keine Ankündigung des Beschlussgegenstandes (Bezeichnung Tagesordnung nicht genau genug),[188] Verletzung von zwingenden Satzungsvorschriften (keine Angabe von Ort und Zeit, fehlende Anwesenheit der erforderlichen Anzahl von Vereinsmitgliedern, unzulässige Eventualeinberufung, u. a.),[189] Verstoß gegen die guten Sitten oder gegen zwingendes Gesetzesrecht (z. B. Abschaffung des Vorstands).

7.272 Eine von der Satzung nicht vorgesehene Beschlussfassung über die Wahl des Vorstandes in Form einer Blockwahl leidet an einem Einladungsmangel, wenn die Absicht, die Vorstandswahl als Blockwahl durchzuführen, nicht in der Einladung der Mitgliederversammlung angekündigt wird.[190]

2. Heilung

7.273 Einberufungsmängel sind geheilt, wenn alle Mitglieder erscheinen und mit der Beschlussfassung einverstanden sind (Vollversammlung). Einberufungsmängel sind auch geheilt, wenn der Verein beweist, dass der Beschluss nicht auf dem Mangel beruhen kann.[191]

---

184) Gesetzlich sind nur wenige bestimmte Fälle für einen Stimmrechtsausschluss normiert, die abschließend verstanden werden sollten. KG KGR Berlin 2005, 590.

185) BGHZ 59, 369.

186) BayObLG NJW-RR 1997, 289; OLG Schleswig NotBZ 2006, 327.

187) Siehe z. B. BGHZ 11, 231; BGHZ 87, 1; OLG Hamm NJW-RR 1989, 1532.

188) BGH NJW 2008, 69 = Rpfleger 2008, 79: Ist der Gegenstand der Beschlussfassung in der Einladung zu einer Mitgliederversammlung nicht oder so ungenau bestimmt, dass den Mitgliedern eine sachgerechte Vorbereitung der Versammlung und eine Entscheidung, ob sie an der Versammlung teilnehmen wollen, nicht möglich ist, so sind die auf der Versammlung gefassten Beschlüsse nichtig.

189) *Reichert*, Vereins- und Verbandsrecht, Rz. 1982, Ermittlung durch Auslegung, ob es sich um zwingende Satzungsvorschriften handelt oder lediglich um Ordnungsvorschriften, welche eine Nichtigkeit nicht rechtfertigen. a. A. *Sauter/Schweyer/Waldner*, Der eingetragene Verein, Rz. 214, der einen Beschluss als lediglich anfechtbar ansieht bei Verletzung von Satzungsbestimmungen, die lediglich als Schutzbestimmungen zugunsten der Mitglieder vorgesehen sind. Beachtet werden soll dies nur auf Rüge der Mitglieder (z. B. Ort, Zeit und Frist).

190) OLG Bremen NJW-RR 2011, 1192. Das OLG Zweibrücken hält eine Blockwahl des Vorstandes nur für zulässig, wenn sie in der Satzung des Vereins ausdrücklich vorgesehen ist (OLG Zweibrücken Rpfleger 2014, 209).

191) BGHZ 59, 369; BayObLG NJW-RR 1997, 289.

Wurden nicht alle Mitglieder zur Versammlung geladen, wäre der Beschluss bei ordnungs- **7.274** gemäßer Ladung aber ebenso ausgefallen, so ist der Beschluss trotz Ladungsmangel wirksam zustande gekommen.[192] Es ist jedoch zu beachten, dass nicht nur die Stimmen der Nichterschienen zu zählen sind, vielmehr hätten diese ja auch das Abstimmungsverhalten der anderen beeinflussen können. So sieht das OLG Bremen eine Blockwahl des Vorstands, die keine Grundlage in der Satzung hat, als wirksam an, wenn diesem Verfahrensverstoß keine Relevanz für die Ausübung der Mitwirkungsrechte zukommt.[193] Die Blockwahl darf sich nicht auf das Wahlergebnis auswirken.[194]

3. Geltendmachung

Die Gültigkeit eines Beschlusses kann von jedem Vereinsmitglied durch eine Feststel- **7.275** lungsklage gerichtlich geprüft werden.[195] Für die Geltendmachung der Nichtigkeit von Vereinsbeschlüssen besteht keine gesetzliche Frist. Eine Ein-Monats-Frist wie für die Anfechtungsklage von Gesellschaftsbeschlüssen (Genossenschaften, Aktiengesellschaften, GmbHs) gilt hier nicht.[196] Allerdings kann die Nichtigkeitsfeststellungsklage nach dem Ablauf längerer Zeit verwirkt sein.[197]

4. Vorgehen des Registergerichts

Unwirksame Beschlüsse dürfen nicht in das Vereinsregister eingetragen werden. Das Re- **7.276** gistergericht muss in Zweifelsfällen gem. § 26 FamFG ermitteln. Es soll die Eintragung eines Beschlusses jedoch nicht deshalb ablehnen dürfen, weil Ladungsfristen nicht gewahrt sind, wenn dies keines der Mitglieder gerügt hat.[198]

Bei der Rechtmäßigkeitskontrolle ist auf die Relevanz des Verfahrensfehlers für die Aus- **7.277** übung der Mitwirkungsrechte durch ein objektiv urteilendes Verbandsmitglied abzustellen.[199] Wäre die Entscheidung nicht anders ausgefallen, wenn der Vorstand bei der Einberufung die Ladungsfrist eingehalten hätte und die Versammlung zu einem späteren Zeitpunkt stattgefunden hätte, so bleibt der Verfahrensverstoß ohne Folgen.[200]

Grundsätzlich liegt die Darlegungspflicht für die fehlende Relevanz des Mangels beim **7.278** Verein.

D. Satzungsänderungen

I. Definition

Grundsätzlich stellt jede Änderung der Satzung, auch eine bloße Änderung des Wort- **7.279** lauts, eine Satzungsänderung dar. Enthält die Satzung jedoch einen „Fremdkörper", wie beispielsweise die Bestellung des ersten Vorstands, ohne dass diesem ein Sonderrecht ein-

---

192) BGHZ 59, 369.
193) OLG Bremen NZG 2016, 1192.
194) *Otto*, in: Herberger/Martinek/Rüßmann/Weth/Würdinger, jurisPK-BGB, § 32 Rz. 63.
195) BGH Rpfleger 2008, 79.
196) OLG Brandenburg, Urt v. 3.7.2012 – 11 U 174/07, juris.
197) OLG Hamm NJW-RR 1997, 989.
198) LG Bremen Rpfleger 1990, 466; LG Gießen Rpfleger 1998, 523.
199) BGH Rpfleger 2008, 79.
200) OLG Karlsruhe NJW-RR 1998, 684.

geräumt wurde, so kann die Abberufung/Änderung dieses Vorstands auch ohne eine Änderung der Satzung erfolgen.

7.280 Satzungsänderungen können befristet beschlossen werden (z. B. gültig zum 1.1.2030), nicht jedoch unter einer aufschiebenden oder auflösenden Bedingung. Auch nach Auflösung des Vereins können Satzungsänderungen beschlossen werden, sofern diese mit dem Liquidationszweck vereinbar sind.[201]

7.281 Ob und inwieweit Satzungsdurchbrechungen zulässig sind, ist umstritten.[202] Eine Eintragung satzungsdurchbrechender Beschlüsse in das Vereinsregister kann jedenfalls nicht erfolgen (diese müsste sofort wieder gelöscht werden, da Satzungsdurchbrechungen, wenn überhaupt, nur punktuell (auf eine bestimmte Zeit begrenzt) zulässig sind).[203] Satzungsänderungen, die rückwirkend gelten sollen, sind unzulässig.[204]

II. Form der Satzungsänderungen

7.282 Für einen satzungsändernden Beschluss ist eine Mehrheit von drei Vierteln der abgegebenen gültigen Stimmen erforderlich (§ 33 Abs. 1 S. 1 BGB).

7.283 Die erforderliche Mehrheit kann durch die Satzung geändert werden. Ist eine solche Satzungsbestimmung vorhanden und soll diese abgeändert werden, so ist für den Änderungsbeschluss selbst noch die „alte" Mehrheit erforderlich. Die Änderung der Satzung wird erst wirksam mit Eintragung in das Vereinsregister, § 71 Abs. 1 BGB.

7.284 Die Satzung kann auch einem anderen Organ als der Mitgliederversammlung die Zuständigkeit für Satzungsänderungen übertragen (nicht jedoch Vereinsfremden).

7.285 Der Gegenstand der Satzungsänderung ist bei der Einberufung als Tagesordnungspunkt anzukündigen.[205] Der genaue Wortlaut der vorgeschlagenen Satzung muss hierbei nicht enthalten sein.

III. Anmeldung von Satzungsänderungen

1. Anmeldeverpflichtete

7.286 Die Anmeldung von Satzungsänderungen erfolgt durch den Vorstand in vertretungsberechtigter Zahl, § 71 Abs. 1 S. 2 BGB.[206] Die Vertretungsbefugnis richtet sich noch nach der „alten" Satzung, da eventuell beschlossene Änderungen erst mit Eintragung wirksam werden, § 71 Abs. 1 S. 1 BGB.

7.287 Der aufgrund der geänderten Satzung neu gewählte Vorstand ist für die Anmeldung noch nicht zuständig. Ist der alte Vorstand nicht mehr im Amt, ist evtl. ein Notvorstand gem. § 29 BGB für die Anmeldung zu bestellen. Im Regelfall kann jedoch von der Fortdauer

---

201) *Reichert*, Vereins- und Verbandsrecht, Rz. 4147.
202) Nach BGHZ 123, 15 sind diese bei punktuellen Regelungen auch ohne Einhaltung der formellen Voraussetzungen einer Satzungsänderung jedenfalls nicht nichtig. *Stöber/Otto*, Vereinsrecht, Rz. 954, hält punktuelle Satzungsdurchbrechungen nur für zulässig, wenn das Beschlussgremium wirksam entscheiden konnte, die Satzungsdurchbrechung also hinreichend angekündigt war und die Abweichung von der Satzung keine Dauerwirkung entfaltet.
203) Siehe auch BAG DB 2008, 1809; **a. A.** *Sauter/Schweyer/Waldner*, Der eingetragene Verein, Rz. 134, hält satzungsdurchbrechende Beschlüsse für eintragungsfähig (entgegen § ... der Satzung).
204) OLG Hamm NJW-Spezial 2007, 174.
205) Siehe hierzu u. a. Thüringer Oberlandesgericht, Beschl. v. 17.12.2014 – 3 W 198/14, juris.
206) BGHZ 96, 245.

des Amtes des alten Vorstands für die Anmeldung der Satzungsänderung ausgegangen werden; nicht jedoch kann das Amt des neuen Vorstands vorverlegt werden.[207]

Gem. § 78 i. V. m. § 71 Abs. 1 BGB kann das Amtsgericht die Mitglieder des Vorstands durch Festsetzung von Zwangsgeld zur Anmeldung der Satzungsänderung anhalten. Satzungsänderungen werden jedoch erst mit Eintragung in das Vereinsregister wirksam. Bis zu einer Eintragung ist das Vereinsregister nicht unrichtig. Weshalb es Aufgabe des Registergerichts sein soll, den Vorstand zur Anmeldung von beschlossenen (noch nicht wirksamen) Satzungsänderungen anzuhalten, ist fragwürdig.   **7.288**

2. Inhalt der Anmeldung

Wurden die nach § 64 BGB einzutragenden Gegenstände (Name, Sitz, Vertretungsverhältnisse) oder sonstige Änderungen, die direkt in das Vereinsregister eingetragen werden (Stellung im Vorstand, falls zur Vertretung erforderlich) geändert, so ist die geänderte Satzungsbestimmung zu bezeichnen und der betroffene Gegenstand schlagwortartig in der Anmeldung hervorzuheben.[208] Der geänderte Satzungswortlaut muss nicht in der Anmeldung dargestellt werden.[209]   **7.289**

Dies gilt auch bei einer Neufassung der Satzung.   **7.290**

3. Anlagen zur Anmeldung

Der Anmeldung ist der Änderungsbeschluss in Abschrift und eine Abschrift der vollständigen Satzung beizufügen, § 71 Abs. 1 BGB.[210] Die Satzung muss die geänderten Bestimmungen des eingereichten Beschlusses enthalten und im Übrigen mit dem zuletzt eingereichten Wortlaut der Satzung übereinstimmen. Eine sog. Notarbescheinigung ist nicht erforderlich.[211] Die Satzung muss nicht datiert und nicht von den Vorstandsmitgliedern des Vereins in vertretungsberechtigter Zahl unterschrieben werden.[212] Es reicht, dass der Vorstand erklärt, dass der Wortlaut den gültigen Text der ursprünglichen Satzung nebst allen bisherigen Änderungen sowie der nunmehr angemeldeten Änderung darstellt. Die Rechtsprechung sieht bereits dadurch, dass der Vorstand einen bestimmten Wortlaut der geänderten Satzung der Anmeldung beifügt und bei dem Registergericht einreicht, die Erklärung des Vorstandes, dass dieser Wortlaut den gültigen Text der ursprünglichen Satzung nebst allen bisherigen Änderungen sowie der nunmehr angemeldeten Änderung darstellt. Eine nochmalige Erklärung, Versicherung oder Bescheinigung des Vorstands ist überflüssig.[213]   **7.291**

---

207) *Eichler*, Rpfleger 2004, 196.

208) *Krafka/Kühn*, Registerrecht, Rz. 2187a.

209) So auch OLG Nürnberg Rpfleger 2015, 150: keine inhaltliche Wiedergabe des Eintragungsinhalts.

210) Die Abschaffung der Einreichung der Urschrift ermöglicht den elektronischen Rechtsverkehr.

211) OLG Düsseldorf FGPrax 2010, 247.

212) OLG Hamm Rpfleger 2011, 88. Auch die Protokollabschrift, die einzureichen ist, muss nicht noch zusätzlich unterschrieben werden, es reicht, wenn die eingereichte Abschrift die Namen und Funktionen verlautbaren; KG ZIP 2015, 1975.

213) Eine Versicherungserklärung ist systemfremd und kein geeignetes Mittel der Prüfungspflicht des Registergerichts zu genügen. *Röcken*, ZStV 2011, 106.

IV. Prüfungskompetenz des Registergerichts

7.292 Das Registergericht prüft, ob die Anmeldung durch die berechtigten Personen erfolgt ist, der satzungsändernde Beschluss und der vollständige Wortlaut der Satzung in Abschrift eingereicht wurde und der Beschluss in formell ordnungsgemäßer Weise vom zuständigen Vereinsorgan gefasst wurde. Ergibt eine summarische Prüfung, dass der mit der Anmeldung eingereichte Wortlaut die aktuelle Fassung der Satzung nicht korrekt wiedergibt, liegt ein behebbarer Mangel vor, der durch eine Zwischenverfügung zu beanstanden ist.[214] Die einzureichende Satzung soll eine verlässliche Grundlage sowohl für das Gericht als auch den in das Vereinsregister Einsichtnehmenden sein. Eine solche Funktion setzt eine Überprüfung der Satzung voraus, d. h. die „Satzungshistorie" muss korrekt sein und der eingereichte Wortlaut tatsächlich der aktuellen Fassung entsprechen.[215]

7.293 Es hat auch zu prüfen, ob die Muss- und Sollvorschriften nach §§ 57, 58 BGB gewahrt und gesetzesgemäß sind, §§ 71 Abs. 2, 60 BGB.

7.294 Muster 159: Beschluss der Mitgliederversammlung über eine Satzungsänderung

Protokoll der Mitgliederversammlung des ... e. V.

Zeit:

Ort:

Versammlungsleiter:

Protokollführer:

Der Versammlungsleiter eröffnete die Mitgliederversammlung und stellte fest, dass die Versammlung ordnungsgemäß einberufen wurde und beschlussfähig ist. Hierauf gab er die Tagesordnung bekannt: ...

Mit ... Stimmen wurde die Änderung der Satzung in § 4 wie folgt beschlossen: ... .

7.295 Muster 160: Anmeldung einer Satzungsänderung

... e. V. Berlin, den ...

...

... Berlin

An das

Amtsgericht ...

Vereinsregister

PLZ Ort

VR ...

Als Vorstand des ... e. V. überreichen wir eine Abschrift des satzungsändernden Beschlusses und eine Abschrift des vollständigen Wortlauts der aktuellen Satzung vom ... und melden die in dieser Versammlung beschlossenen Änderungen der Satzung, insbesondere

---

214) OLG Hamm Rpfleger 2011, 88.
215) OLG München Rpfleger 2012, 152.

die Änderungen in §§ ... und die Änderung in § ... „Name" in: ... zur Eintragung in das Vereinsregister an.

Wir versichern, dass die Versammlung satzungsgemäß einberufen wurde und beschlussfähig war und dass die gefassten Beschlüsse ordnungsgemäß zustande gekommen sind.[216)

Berlin, den ... ... (Unterschriften)

Unterschriftsbeglaubigung

V. Eintragung von Satzungsänderungen in das Vereinsregister

In das Vereinsregister sind in Spalte 4a die geänderten Satzungsvorschriften und der Gegenstand ihrer Änderung einzutragen, § 3 S. 3 Nr. 4a VRV. Die nach §§ 64, 70 BGB direkt in das Vereinsregister einzutragenden Tatsachen (Name, Sitz, Vertretungsbefugnisse, Mitglieder Vorstand und Vertretungsmacht) sind inhaltlich an der jeweiligen Stelle anzugeben. **7.296**

Die Satzungsänderungen werden mit konstitutiver Eintragung wirksam, § 71 Abs. 1 BGB. Wurde die Satzung unter einer Befristung beschlossen (Wirksamkeit zum 1.1.), so erfolgt eine Eintragung erst nach Fristablauf.[217) **7.297**

Eine Veröffentlichung der Eintragung erfolgt nicht. **7.298**

VI. Beispiele für Satzungsänderungen

1. Änderung des Namens

Die Änderung des Namens des Vereins ist nur durch Änderung der Satzung möglich. Es gelten für die Mehrheit die allgemeinen Voraussetzungen für Satzungsänderungen. Zu beachten ist gem. § 57 Abs. 2 BGB, dass der neue Name „frei" sein muss und entsprechend § 18 Abs. 2 HGB nicht irreführt. **7.299**

2. Zweckänderung

Eine Änderung des Zwecks liegt vor, wenn sich aus Sicht des Vereinsmitglieds der Charakter des Vereins ändert. Ändern sich nur die Mittel zur Erreichung, so handelt es sich nicht um eine Zweckänderung in diesem Sinne.[218) Zur Änderung des Zwecks eines Ver- **7.300**

---

216) Das Registergericht ist nicht befugt, von dem Vereinsvorstand, der eine Satzungsänderung anmeldet, im Wege der Zwischenverfügung eine Erklärung des Inhalts zu verlangen, es werde versichert, dass der eingereichte Wortlaut der Satzung mit dem im Vereinsregister verlautbarten Text der Satzung – Ursprungsfassung und Änderungen – identisch sei. Bereits dadurch, dass der Vorstand einen bestimmten Wortlaut der geänderten Satzung der Anmeldung beifügt, erklärt er, dass dieser Wortlaut den gültigen Text der ursprünglichen Satzung nebst allen bisherigen Änderungen sowie der nunmehr angemeldeten Änderung darstellt (OLG Düsseldorf FGPrax 2010, 247).

217) Bei der elektronischen Registerführung ist dies zwingend, da ansonsten der aktuelle Ausdruck nicht verständlich wäre. Unzulässigkeit sieht auch LG Bonn Rpfleger 1984, 192; a. A. *Ziegler*, Rpfleger 1984, 320 der Eintragung befristeter Satzungsänderungen für zulässig erachtet.

218) Vereinszweck ist der Zweck, der für das Wesen der Rechtspersönlichkeit des Vereins maßgebend ist, also das „Lebensgesetz" des Vereins, um derentwillen sich die Mitglieder zusammengeschlossen haben. OLG Hamm Rpfleger 2012, 86. OLG Nürnberg Rpfleger 2016, 159: „Änderung des den Charakter des Vereins festlegenden obersten Leitsatzes der Vereinstätigkeit, der für das Wesen der Rechtspersönlichkeit des Vereins maßgebend ist und der das Lebensgesetz des Vereins – seine große Linie – bildet, um derentwillen sich die Mitglieder zusammengeschlossen haben und mit dessen Abänderung schlechterdings kein Mitglied bei seinem Beitritt zum Verein rechnen kann."

eins ist die Zustimmung aller Mitglieder erforderlich, § 33 Abs. 1 BGB. Hierbei zählen nur die stimmberechtigten Mitglieder.

7.301 Die Zustimmung kann auch schriftlich (auch per Fax oder elektronisch, § 126a BGB) erfolgen (§ 33 Abs. 2 BGB). Schweigen kann nicht als Zustimmung gewertet werden.

7.302 Die Satzung kann das Erfordernis der Einstimmigkeit mildern oder noch weitere Erschwernisse vorsehen (z. B. Zustimmung eines weiteren Vereinsorgans).

7.303 In der Satzung sollte darauf geachtet werden, dass sich diese Regelung ausdrücklich auf die Zweckänderung bezieht. Regelungen der Satzung für „normale" Satzungsänderungen gelten nicht automatisch für Änderungen des Zwecks.[219]

7.304 Auch ein Auflösungsbeschluss ändert den Zweck des Vereins vom werbenden Verein hin zum Liquidationsverein, hier findet § 33 BGB jedoch keine Anwendung.

3. Satzungsneufassung

7.305 Sollen viele Vorschriften geändert werden oder ist die Satzung unübersichtlich geworden, so wird die Satzung oft neu gefasst. Es ergeben sich hierbei grundsätzlich keine Besonderheiten. Lediglich die Prüfungskompetenz des Registergerichts ist in diesem Fall erweitert, da nicht nur die geänderten Vorschriften, sondern die gesamte Satzung geprüft wird. Es können auch Bestimmungen der Satzung beanstandet werden, die bei einer Voreintragung nicht beanstandet wurden.[220]

4. Sitzverlegung

7.306 Das Verfahren der Sitzverlegung ist in § 6 VRV geregelt. Die Sitzverlegung stellt stets eine Satzungsänderung dar. Sie wird erst mit Eintragung in das Vereinsregister wirksam, § 71 Abs. 1 S. 1 BGB.

7.307 Die Anmeldung durch den Vorstand in vertretungsberechtigter Zahl ist beim bisherigen Registergericht einzureichen, § 71 Abs. 1 S. 2 BGB. In der Anmeldung ist die neue ladungsfähige Anschrift des Vereins mit anzugeben (andernfalls kann der Verein zur Mitteilung aufgefordert werden, § 15 VRV).[221]

7.308 Das bisherige Registergericht prüft die formelle Ordnungsmäßigkeit der Anmeldung (Anmeldung durch die dazu verpflichteten Personen, Form (§ 77 BGB), erforderliche Urkunden). Der satzungsändernde Beschluss muss nicht zwingend das neu zuständige Registergericht benennen; ausreichend ist es, wenn aus der Satzung deutlich wird, dass der Verein eingetragen ist oder eingetragen werden soll.[222]

7.309 Gibt es Beanstandungen in diesem Bereich (die nicht behoben werden), so hat das bisherige Registergericht die Anmeldung zurückzuweisen. Liegt eine formell ordnungsgemäße Anmeldung vor, so hat das bisherige Registergericht dies von Amts wegen dem neuen Registergericht mitzuteilen, § 6 Abs. 1 S. 1 VRV. Es übersendet die Mitteilung, die Anmeldung und die Eintragungen am bisherigen Sitz (beglaubigte Registerabschrift) sowie die Vereinsregisterakten an das neue Registergericht, § 6 Abs. 1 S. 2 VRV.

---

219) BGHZ 96, 245.
220) OLG Köln Rpfleger 1993, 71; BayObLG Rpfleger 1992, 255.
221) *Krafka/Kühn*, Registerrecht, Rz. 2194; § 15 VRV wie vormals § 24 Abs. 2 HRV will die mangelnde Erreichbarkeit von Gesellschaften verhindern (BR-Drucks. 982/98, S. 56).
222) OLG Karlsruhe BB 2013, 2690.

Das Gericht des neuen Sitzes prüft die ordnungsgemäße Sitzverlegung (wirksamer Be-   **7.310**
schluss) und die Namensverschiedenheit nach § 57 Abs. 2 BGB (§ 6 Abs. 1 S. 3 VRV).
Die mitgeteilten Rechtsverhältnisse hat es ohne weitere Nachprüfung einzutragen, § 6 Abs. 1
S. 4 VRV. Bei der Eintragung soll gem. § 6 Abs. 1 S. 7 VRV in Spalte 5 auf das alte Registerblatt verwiesen werden.

Zu beachten ist jedoch, dass die Handelsregisterverordnung für die maschinelle Register-   **7.311**
führung anordnet, dass nicht, wie bisher üblich, die Registerstelle eines eingetragenen
Rechtsträgers in der Bemerkungsspalte eingetragen, sondern diese nun an der jeweiligen
Textstelle vermerkt wird (§ 40 Nr. 7, § 43 Nr. 8 HRV).

So sollte auch im Vereinsregister verfahren werden. Damit wäre der Verweis auf das alte   **7.312**
Registerblatt nicht in Spalte 5 einzutragen, sondern in Spalte 4 b) (z. B. „Der Sitz des Vereins wurde von Potsdam (Amtsgericht Potsdam VR 100 P) nach Berlin verlegt.").

Werden mit der Anmeldung der Sitzverlegung weitere eintragungsbedürftige Vorgänge   **7.313**
angemeldet, so sind sämtliche Anträge vom Registergericht des neuen Sitzes zu bearbeiten,
§ 6 Abs. 2 VRV. Nach erfolgter Eintragung hat das neue Registergericht das bisherige Registergericht hierüber zu informieren (§ 6 Abs. 1 S. 5 VRV). Eine Veröffentlichung der Eintragung ist nicht vorgesehen.[223]

Das bisherige Registergericht trägt nun die Sitzverlegung von Amts wegen in seinem   **7.314**
Register ein, verweist hierbei auf das Registerblatt des neuen Registergerichts (§ 6 Abs. 1
S. 7 VRV, auch hier sollte die Eintragung des Verweises nicht in der Bemerkungsspalte er-
folgen, sondern in Spalte 4b) und schließt das bisherige Registerblatt, § 6 Abs. 1 S. 6 VRV.
Eine Veröffentlichung erfolgt nicht.

Verlegt ein Verein seinen Sitz in das Ausland, so verliert er im Inland die Rechtsfähig-   **7.315**
keit.[224] Andererseits kann z. B. auch nicht ein französischer Idealverein als Verein fran-
zösischen Rechts in das deutsche Vereinsregister eingetragen werden.[225]

Die Verlegung des Sitzes eines Vereins in das Ausland ist gem. § 6 Abs. 3 VRV in den   **7.316**
Spalten 2 (neuer Sitz) und 4 des Registerblattes als Auflösung einzutragen.

---

223) In § 71 Abs. 2 BGB wird nicht auf § 66 Abs. 1 BGB verwiesen. Eine Veröffentlichung ist nur für die
Ersteintragung eines Vereins vorgesehen; a. A. *Stöber/Otto*, Vereinsrecht, Rz. 1385 hält eine Veröffentlichung des Registergerichts des neuen Sitzes für erforderlich, nicht jedoch des bisherigen Registergerichts.

224) OLG Zweibrücken NJW-RR 2006, 42; auch keine Änderung durch das MoMiG (BGBl I 2008, 2026).
Bestätigend auch EuGH NZG 2009, 61 (Cartesio): Rechtsvorschriften eines Mitgliedstaates können
einer nach nationalem Recht gegründeten Gesellschaft verwehren, ihren Sitz in einen anderen Mitgliedstaat zu verlegen und dabei ihre Eigenschaft als Gesellschaft des nationalen Rechts zu behalten.
Siehe aber OLG Frankfurt/M. ZIP 2017, 611, das den „Herausformwechsel" einer deutschen GmbH
nach Italien in die dortige Rechtsform einer S. r. l. unter Zugrundelegung der Rechtsprechung des
EuGH zu Art. 49 und 54 AEUV bzw. vormals Art. 43 und 48 EGV für grundsätzlich zulässig erachtet. *Bartodziej*, Vereinsrecht, Rz. 162: streitig, ob allgemeine Regelung (Sitzverlegung ins Ausland:
Gründungstheorie im neuen Sitzstaat – Verein bleibt bestehen; Sitztheorie im neuen Sitzstaat – Verein
wechselt Personalstatut und ist nach deutschem Recht aufgelöst) für Vereine durch das europäische
Recht für Sitzverlegungen innerhalb EU einschränkt, insbesondere für wirtschaftliche Vereine. Siehe
hierzu auch VG Augsburg (Urt. v. 14.11.2018 – Au 4 K 18.1400, juris) zur Anwendbarkeit von
AEUV auf ideelle Vereine, die aufgrund des Nebenzweckprivilegs einen Erwerbszweck i. S. v. Art. 54
Abs. 2 AEUV verfolgen könnten und damit unionsrechtlich eine Erwerbstätigkeit i. S. d. Art. 49
Abs. 2 AEUV ausübten und deswegen freien Marktzugang erhalten müssten.

225) OLG Zweibrücken NZG 2005, 1019.

E. Vertretung

I. Abgrenzung Geschäftsführung/Vertretung/erweiterter Vorstand

7.317 Gem. § 26 BGB muss der Verein einen Vorstand haben. Der Vorstand vertritt den Verein gerichtlich und außergerichtlich. Er hat die Stellung eines gesetzlichen Vertreters. Die Geschäftsführung hingegen betrifft das Innenverhältnis und muss nicht zwingend durch den Vorstand erfolgen.

7.318 In der Satzung von Vereinen werden oft auch Personen als Vorstand bezeichnet, denen keine Vertretungsbefugnis eingeräumt wird (sog. erweiterter Vorstand o. ä.). Dies ist misslich und sollte, wenn möglich, vermieden werden.[226]

7.319 Anmeldungen zum Registergericht sind von den (vertretungsberechtigten) Mitgliedern des Vorstands zu bewirken, § 77 BGB. Vertretungsberechtigt ist nur der Vorstand i. S. d. § 26 BGB und nur dessen Mitglieder werden in das Vereinsregister eingetragen.

7.320 Haben Geschäftsführer Vertretungsmacht, ist es streitig, ob sie in das Vereinsregister eingetragen werden. Eine Eintragung sollte nur erfolgen, soweit die Vertretungsbefugnis des Vorstandes verändert wird.[227] Hat der Geschäftsführer Vertretungsmacht, ist er als besonderer Vertreter in das Vereinsregister einzutragen.[228]

II. Persönliche Eigenschaften der Vorstandsmitglieder/Vorstandsämter

7.321 Gem. § 58 Nr. 3 BGB soll die Satzung Bestimmungen über die Bildung des Vorstands enthalten. Die Bestimmungen müssen klar und eindeutig sein.

7.322 Die Satzung kann die Zahl der Vorstandsmitglieder festsetzen (bestimmte Zahl, Mindest- und Höchstzahl[229]) und die Vorstandsposten/Vorstandsämter benennen (Vorsitzender, Stellvertreter, Kassenwart, etc.). Die Satzung muss eindeutig festlegen, wie sich der Vorstand zusammensetzt.[230] Bei der Gründung des Vereins müssen alle in der Satzung vorgesehenen Vorstandsposten besetzt werden.[231] Die Satzung kann die personengleiche Besetzung mehrerer Vorstandsämter untersagen. Enthält die Satzung eine solche Bestimmung nicht, kann eine Person mehrere Vorstandsämter ausüben.[232]

---

226) *Oestreich*, Rpfleger 2002, 67 schlägt vor, dass das Registergericht bei der Kontrolle der Satzung darauf hinwirkt, dass nur der Vorstand i. S. d. § 26 BGB als solcher bezeichnet wird. Die Eintragung kann jedoch nicht davon abhängig gemacht werden.

227) OLG Brandenburg NotBZ 2012, 35 spricht sich für eine Eintragung der Geschäftsführer mit den ihm erteilten Vollmachten aus.

228) Ein Geschäftsführer und dessen Berechtigung, den Verein bei einzelnen Geschäften mit Gegenleistung bis zu 2.000 € zu vertreten, sind in das Vereinsregister einzutragen. OLG Zweibrücken NZG 2013, 907.

229) Ob eine Formulierung „ein oder mehrere" Personen zulässig ist, ist fraglich. Dafür *Sauter/Schweyer/Waldner*, Der eingetragene Verein, Rz. 224a; *Stöber/Otto*, Vereinsrecht, Rz. 381, die Satzung muss dann aber zahlenmäßig festlegen, wie viele Vorstandsmitglieder bei der Vertretung mitzuwirken haben. Dagegen OLG Celle NotBZ 2011, 42. Die Bestimmung der Zahl der Vorstandsmitglieder kann nicht der Mitgliederversammlung überlassen werden. *Reichert*, Vereins- und Verbandsrecht, Rz. 2063. Lediglich wenn eine Mindest- und Höchstzahl festgelegt ist, bestimmt die Mitgliederversammlung die konkrete Zahl der Vorstandsmitglieder.

230) Sieht die Satzung einen mehrgliedrigen Vorstand vor, ist jedenfalls die Angabe einer Mindestzahl von Vorstandsmitgliedern in der Satzung erforderlich, OLG Celle NotBZ 2011, 42.

231) OLG Hamm Rpfleger 1983, 487.

232) OLG Hamm NJW-RR 2011, 471.

Bauer

Die Satzung kann Regelungen zur Vorstandsfähigkeit treffen (z. B. nur Vereinsmitglieder).[233] Sind in der Satzung keine Regelungen enthalten, so ist auch eine Drittorganschaft zulässig (auch Nichtmitglieder können in den Vorstand gewählt werden). Zu Vorstandsmitgliedern können natürliche Personen, juristische Personen und Personenhandelsgesellschaften[234] gewählt werden. Eine Gesellschaft bürgerlichen Rechts ist wohl nicht vorstandsfähig.[235]   **7.323**

Minderjährige bedürfen der Einwilligung ihres gesetzlichen Vertreters (§§ 107, 1629 BGB), Betreute mit einem Einwilligungsvorbehalt nach § 1903 Abs. 1 BGB der Genehmigung ihres Betreuers (§§ 1902, 1903 Abs. 3 BGB). Geschäftsunfähige können nicht Vorstandsmitglied werden, da sie keine wirksamen Willenserklärungen abgeben können (§ 105 BGB).   **7.324**

Werden Nicht-EU-Bürger zum Vorstand bestellt, die über keinen Wohnsitz im Inland verfügen, wurde früher verlangt, dass diese jederzeit die Möglichkeit haben, in das Inland einzureisen.[236] Diese Ansicht wird heute überwiegend nicht mehr vertreten, Ausländer können jederzeit zum Vorstand bestellt werden. Wird jedoch im Inland überhaupt keine Vertretung des Vereins mehr gewährleistet, könnten Zweifel am Vorhandensein eines tatsächlichen Verwaltungssitzes im Inland auftreten.[237]   **7.325**

III. Bestellung des Vorstands

1. Bestellungsorgan

Die Bestellung des Vorstands erfolgt durch Beschluss der Mitgliederversammlung, § 27 Abs. 1 BGB. In der Satzung kann die Bestellungsbefugnis einem anderen Organ übertragen werden (z. B. Kuratorium).[238] Die Bestellung hat nach den Bestimmungen der Satzung zu erfolgen. Ob und wieweit auch eine Bestellung durch vereinsfremde Dritte erfolgen kann, ist fraglich.[239]   **7.326**

Eine Global- oder Block-Vorstandswahl ist grundsätzlich nur zulässig, wenn die Satzung dies in der Satzung vorgesehen ist. Die Blockwahl (eine Reihe von Einzelwahlen werden zu einer einzigen Wahl zusammengefasst) ist eine Sonderform des Mehrheitswahlrechts und weicht von der gesetzlichen Regelung ab, da es das Wahlrecht der Vereinsmitglieder einschränkt, weil diese sich nur für oder gegen den Gesamtvorschlag entscheiden bzw. sich enthalten können, nicht aber die Möglichkeit haben, jeden einzelnen Kandidaten zu wählen.[240] Eine solche Blockwahl ist deshalb nur zulässig, wenn die Satzung die Blockwahl ausdrücklich erlaubt. Ist eine solche Möglichkeit in der Satzung nicht enthalten, ist   **7.327**

---

233) In diesem Fall bewirkt der Austritt aus dem Verein gleichzeitig den Verlust des Vorstandsamts.
234) So *Reichert*, Vereins- und Verbandsrecht, Rz. 2072; ablehnend: *Stöber/Otto*, Vereinsrecht, Rz. 406.
235) BGH Rpfleger 2006, 257 hat jedenfalls die Fähigkeit einer GbR Verwalterin einer Wohnungseigentümergemeinschaft zu sein, verneint. a. A. und damit für eine Vorstandsfähigkeit der GbR: Münch-KommBGB/*Leuschner*, § 27 Rz. 5.
236) *Reichert*, Vereins- und Verbandsrecht, Rz. 2071.
237) *Stöber/Otto*, Vereinsrecht, Rz. 403.
238) BayObLG Rpfleger 1984, 150.
239) Möglich nur unter engen Voraussetzungen: Vorhandensein von rechtlichen und tatsächlichen Beziehungen zwischen dem Verein und dem Dritten. Mitgliederversammlung muss Möglichkeit besitzen durch Satzungsänderung Bestellungsbefugnis zu beseitigen und Bestellten mindestens aus wichtigem Grund abberufen können. *Reichert*, Vereins- und Verbandsrecht, Rz. 2091.
240) KG Rpfleger 2012, 550.

ein trotzdem gefasster Beschluss grundsätzlich unwirksam.[241] Wirkt sich die Blockwahl nicht auf das Wahlergebnis aus, so kann sie im Einzelfall (trotzdem) wirksam sein.[242]

2. Dauer Amt

7.328 Das Amt des Vorstands beginnt mit Annahme. Ist nichts weiter geregelt, dauert das Amt bis zu einer Abberufung oder Niederlegung (oder einem sonstigen Beendigungsgrund) an. Die Satzung kann bestimmten Personen das Sonderrecht der Vorstandsbestellung auf Lebenszeit einräumen.[243]

7.329 Die Satzung kann auch Bestimmungen zur Dauer der Bestellung regeln, z. B. befristet auf zwei Jahre. Mit dem satzungsgemäß festgesetzten Fristende erlischt das Amt automatisch und das Vorstandsmitglied ist nicht mehr vertretungsberechtigt.[244] Wenn dies nicht gewünscht ist, sollte die Satzung vorschreiben, dass der Vorstand bis zu einer Neuwahl im Amt bleibt.

7.330 Die Satzung kann vorsehen, dass das Amt befristet ist, jedoch verlängert wird bis zu einer Neuwahl. In diesem Fall ist das Amt mit Fristablauf nicht automatisch beendet, sondern erst mit wirksamer Neuwahl eines anderen Vorstands.

7.331 Enthält die Satzung keine Regelung zur Bestelldauer, so kann das Bestellungsorgan im Bestellungsbeschluss eine Frist festlegen. Eine automatische Verlängerung bis zu einer Neuwahl kann jedoch nur festgelegt werden, wenn dies in der Satzung vorgesehen ist. Die Amtszeit kann für jedes von mehreren Vorstandsmitgliedern gesondert festgelegt werden.[245] Eine Befristung des Vorstandsamtes wird nicht in das Vereinsregister eingetragen.[246]

3. Bestellung durch das Gericht

a) Voraussetzungen

aa) Fehlen von Vorstandsmitgliedern/Handlungsunfähigkeit

7.332 Fehlen die erforderlichen Mitglieder des Vorstands, so ist in dringenden Fällen für die Zeit bis zur Behebung des Mangels auf Antrag eines Beteiligten durch das Registergericht ein Notvorstand zu bestellen, § 29 BGB. Die Vorstandsmitglieder müssen aus tatsächlichen

---

241) OLG Frankfurt/M. Rpfleger 1984, 360. a. A. OLG Bremen NZG 2016, 1192: „Eine in der Satzung eines Vereins nicht vorgesehene Blockwahl des Vorstands durch die Mitgliederversammlung ist wirksam, wenn diesem Verfahrensverstoß keine Relevanz für die Ausübung der Mitwirkungsrechte zukommt."

242) OLG Bremen NZG 2016, 1192; *Otto*, in: Herberger/Martinek/Rüßmann/Weth/Würdinger, jurisPK-BGB, § 32 Rz. 63.

243) *Reichert*, Vereins- und Verbandsrecht, Rz. 2101; a. A. MünchKommBGB/*Reuter* § 27 Rz. 26 der eine Bestellung auf Lebenszeit nicht für möglich erachtet, da den Interessenverbänden eine demokratische Organisation abverlangt werde, wozu auch eine begrenzte Amtsperiode für Vereinsorgane gehöre. Im Eintragungsverfahren solle solch eine Regelung beanstandet werden, bei eingetragenen Vereinen könne eine Amtslöschung des Vereins nach § 395 FamFG erfolgen, wenn der Fehler nicht innerhalb einer angemessenen Frist behoben würde. Orientierungsmaßstab für eine Amtsdauer sei eine fünfjährige Wahlperiode (wie bei demokratischen Wahlen im öffentlichen Bereich).

244) Auch nach Beendigung des Vorstandsamtes kann der noch im Vereinsregister eingetragene Vorstand jedoch eine Mitgliederversammlung für Neuwahlen einberufen.

245) *Stöber/Otto*, Vereinsrecht, Rz. 425; *Sauter/Schweyer/Waldner*, Der eingetragene Verein, Rz. 265.

246) Siehe OLG München Rpfleger 2008, 140 für GmbH: „Eine Eintragung von Befristungen erfolgt insoweit grundsätzlich nicht, da das Register den Ist-Zustand wiedergeben soll und nicht Veränderungen dokumentiert, die erst in der Zukunft erfolgen wie die Beendigung der Geschäftsführerstellung durch Ablauf der festgelegten Frist."

oder rechtlichen Gründen an der Wahrnehmung ihres Amtes gehindert, der Verein handlungsunfähig sein.[247]

Handlungsunfähig kann der Verein z. B. auch sein, wenn die Vereinsvorstände sich gegenseitig bei der Amtsführung „blockieren".[248] Handlungsunfähigkeit besteht nicht bei Unmöglichkeit einer Satzungsbestimmung zur Vorstandsbestellung (z. B. Bestellung durch einen Dritten und Wegfall dieses Dritten). An die Stelle der Satzungsbestimmung tritt die gesetzliche Bestimmung. Die Bestellung eines Notvorstands kommt in diesem Fall nicht in Betracht.[249]   **7.333**

Bei Streitigkeiten zwischen den Vereinsmitgliedern, die dazu führen, dass die erforderliche Mehrheit für die Bestellung eines Vorstands nicht erreicht wird, ist eine Notbestellung fraglich, jedenfalls muss mindestens ein dringender Fall für eine Vertretung gegeben sein.[250]   **7.334**

bb) Dringender Fall

Eine Bestellung kommt nur in dringenden Fällen in Betracht, d. h. es droht Schaden für die Beteiligten oder für den Verein. Es müssen dringende Handlungen vorzunehmen sein, für die der Verein umgehend eines Vertreters bedarf.[251]   **7.335**

Früher wurde teilweise die Meinung vertreten, die Bestellung eines Notvorstands komme in Betracht zur Anmeldung des Erlöschens des noch eingetragenen Vorstands, wenn kein weiterer Vorstand zur Anmeldung vorhanden ist.[252] Dies kann jedoch nicht richtig sein. Eine Bestellung lediglich zur Berichtigung des Vereinsregisters ist nicht möglich. Dies stellt keinen dringenden Fall dar.   **7.336**

cc) Antrag eines Beteiligten

Die Bestellung eines Notvorstands erfolgt grundsätzlich nur auf Antrag.[253] Antragsberechtigt sind Gläubiger des Vereins, der Vorstand, Vereinsmitglieder,[254] vom Verein Verklagte und die nach Auflösung Anfallberechtigten. Nicht antragsberechtigt ist jedoch z. B. das Insolvenzgericht.   **7.337**

---

247) *Stöber/Otto*, Vereinsrecht, Rz. 444. Solange der Verein wirksam vertreten ist, ist er zur Nachbesetzung vakanter Vorstandsämter nicht verpflichtet.

248) So OLG Köln Rpfleger 2002, 569; dagegen spricht sich aus BayObLG Rpfleger 1983, 74. Berufen sich sämtliche Vorstandsmitglieder entweder darauf, sie hätten ihre Ämter wirksam niedergelegt oder verweigern sie jedenfalls faktisch jegliche Vorstandtätigkeit sieht das OLG Schleswig (Rpfleger 2013, 272) darin die Voraussetzung, dass die zur Vertretung erforderlichen Vorstandsmitglieder weggefallen sind.

249) KG Rpfleger 2007, 82.

250) OLG München Rpfleger 2008, 140 für Notgeschäftsführer.

251) OLG München Rpfleger 2008, 140 für Notgeschäftsführer.

252) BayObLG NJW-RR 1989, 765; früher auch *Sauter/Schweyer/Waldner*, Der eingetragene Verein, Rz. 294; jetzt nicht mehr.

253) Ausnahmsweise kommt eine Bestellung von Amts wegen bei Entziehung der Rechtsfähigkeit (Eintragungsfähigkeit im Vereinsregister) nach § 73 BGB in Betracht.

254) Verliert das Vereinsmitglied im Laufe des Bestellungsverfahrens seine Mitgliedschaft, so entfällt sein Antragsrecht und die Hauptsache hat sich erledigt. BayObLG NJW-RR 1994, 832. Mit dem Tod des Antragstellers erlischt dessen Antragsbefugnis und das Antragsverfahren ist erledigt, BGH NJW-RR 2011, 910.

dd) Rechtsschutzbedürfnis

7.338 Es besteht kein Rechtsschutzbedürfnis für die Bestellung eines Notvorstands, wenn die Bestellung eines Prozesspflegers nach § 57 ZPO möglich ist.[255]

b) Person

7.339 Die Antragsteller können eine geeignete Person vorschlagen. Die Amtsannahme ist nicht erzwingbar, das Einverständnis des Vorgeschlagenen ist Voraussetzung für seine Bestellung.[256] Ist eine geeignete Person nicht vorhanden, so muss der Antrag auf Notbestellung abgelehnt werden.[257]

7.340 Grundsätzlich ist das Gericht bei der Auswahl des Notvorstandes frei. Es kann Vorschläge von Vereinsmitgliedern berücksichtigen, entscheidet aber nach pflichtgemäßem Ermessen und unterliegt keinen konkreten Auswahlvorschriften.[258]

7.341 Grundsätzlich muss die zu bestellende Person auch die Voraussetzungen für Vorstandsmitglieder erfüllen, die in der Satzung getroffen wurden. Es ist jedoch gerechtfertigt, eine Person zu bestellen, die die satzungsgemäßen Voraussetzungen nicht erfüllt, wenn keine geeignetere Person vorhanden ist.[259] Erst wenn diese Prüfung erfolgt ist, kann von der Voraussetzung der Satzung abgewichen werden.[260]

7.342 Sieht die Satzung einen mehrgliedrigen Vorstand vor, so sind neben den noch vorhandenen Mitgliedern so viele Vorstandsmitglieder neu zu bestellen, wie an der zur Vertretung erforderlichen Zahl fehlen.[261] Einem Notvorstand kann aber auch in Abweichung der Satzung Einzelvertretungsmacht erteilt werden.[262]

c) Bestellung

7.343 Die Bestellung des Notvorstands erfolgt durch das Amtsgericht, bei dem das für den Verein zuständige Vereinsregister geführt wird (Registergericht), § 29 BGB. Sind noch Vorstandsmitglieder vorhanden, so sind diese anzuhören. Auch Vereinsmitglieder können angehört werden. Das Registergericht prüft, ob die Voraussetzungen für eine Notbestellung vorliegen und eine hierfür geeignete Person vorhanden ist.

7.344 Im Bestellungsbeschluss ist der Aufgabenkreis des Notvorstands festzulegen. Der Aufgabenkreis sollte nur soweit gefasst werden, wie es für die zu besorgenden Aufgaben erforderlich ist. Die Vertretungsmacht wird mit Außenwirkung auf einzelne Bereiche beschränkt. Die Bestellung kann befristet werden. Der Beschluss ist zu begründen.[263]

---

255) OLG Zweibrücken GmbHR 2007, 544; OLG München GmbHR 2007, 1108; OLG Köln OLGR Köln 2005, 684 für Notgeschäftsführer.

256) OLG Frankfurt/M. GmbHR 2006, 204; OLG Hamm NJW-RR 96, 996; KG GmbHR 2000, 660; OLG Düsseldorf, Beschl. v. 22.2.2016 – I-3 Wx 35/16, juris.

257) OLG Frankfurt/M. GmbHR 2006, 204; OLG München Rpfleger 2008, 140 für Notgeschäftsführer.

258) BayObLG Rpfleger 1992, 114.

259) BayObLG Rpfleger 1981, 115.

260) KG Rpfleger 2012, 634.

261) OLG Köln Rpfleger 2002, 569; BayObLGZ 1989, 298.

262) OLG Köln Rpfleger 2002, 569; BayObLGZ 1998, 179.

263) BayObLG Rpfleger 1981, 115.

Bauer

Eine Bekanntmachung des Beschlusses erfolgt formlos an den Bestellten, den Verein und   **7.345** den Antragsteller. Wirksamkeit erlangt der Beschluss mit Bekanntgabe an den Bestellten. Sie ist auch dem Antragsteller bekannt zu machen.[264]

Wird eine Bestellung abgelehnt, ist der Beschluss über die Ablehnung dem Antragsteller   **7.346** zuzustellen, § 41 Abs. 1 S. 2 FamFG.

Die Bestellung bedarf der Annahme durch den Ernannten. Die Bestellung kann von der   **7.347** Zahlung eines Kostenvorschusses abhängig gemacht werden.

d) Wirkung

Nach Bekanntgabe des Bestellungsbeschlusses an den Notvorstand und dessen Amtsan-   **7.348** nahme besitzt dieser Vertretungsbefugnis für den Verein. Der Vergütungsanspruch richtet sich gegen den Verein. Das Registergericht führt keine Aufsicht über die Geschäftsführung des Bestellten. Er ist dem Verein und dessen Organen verantwortlich.

e) Eintragung

Der Notvorstand wird von Amts wegen in das Vereinsregister eingetragen, § 67 Abs. 2   **7.349** BGB. Die Beschränkung der Vertretungsmacht wird ebenfalls vermerkt. Nach Beendigung des Amtes wird der Notvorstand von Amts wegen im Vereinsregister gelöscht.

f) Beendigung Amt

Mit Wegfall des Bestellungsgrundes endet das Amt des Notvorstands automatisch. Eine   **7.350** förmliche Abberufung ist nicht erforderlich. Wurde die Bestellung befristet, endet sie mit Fristablauf. Der Notvorstand kann nicht durch die Mitgliederversammlung abberufen werden.

Bei Vorlage eines wichtigen Grundes (z. B. grobe Pflichtverletzung, Unfähigkeit) ist eine   **7.351** Abberufung durch das Gericht möglich. Die Abberufung erfolgt auf Antrag eines Vorstandsmitglieds oder eines Vereinsmitglieds. Sonstige Beteiligte sind nicht antragsberechtigt.

Eine Abberufung durch das Registergericht ist auch von Amts wegen möglich. Allein eine   **7.352** lange Zeitdauer des Amtes des Notvorstands ist noch kein Grund für eine Abberufung.[265] Die Abberufung wird mit Bekanntgabe an den Notvorstand wirksam. Der Notvorstand kann sein Amt auch gegenüber dem Gericht oder einem vertretungsberechtigten Vorstandsmitglied niederlegen.[266] Nach Beendigung des Amtes ist der Bestellungsbeschluss an das Registergericht zurückzugeben.

IV. Vertretungsbefugnis

1. Vertretungsbefugnis nach dem Gesetz

Enthält die Satzung keine Regelung zur Vertretungsbefugnis des Vorstands, so gilt die   **7.353** gesetzliche Vertretungsbefugnis. Diese ist unbeschränkt. Ist nur ein Vorstandsmitglied

---

264) BGHZ 6, 232; BayObLG Rpfleger 1981, 115.
265) OLG Düsseldorf NJW-RR 1997, 1398 für Notgeschäftsführer einer GmbH.
266) *Reichert*, Vereins- und Verbandsrecht, Rz. 2215.

bestellt, so vertritt dieses allein. Sind zwei Vorstandsmitglieder bestellt, so vertreten diese gemeinsam.

7.354 Besteht der Vorstand aus mehreren Personen, so wird der Verein durch die Mehrheit der Vorstandsmitglieder vertreten, § 26 Abs. 2 S. 1 BGB.

7.355 Ist dem Verein gegenüber eine Willenserklärung abzugeben, so genügt die Abgabe gegenüber einem Vorstandsmitglied, § 26 Abs. 2 S. 2 BGB. Diese passive Vertretungsbefugnis jedes Vorstandsmitgliedes kann durch die Satzung nicht geändert werden.

7.356 Fällt eines von zwei gesamtvertretungsberechtigten Vorstandsmitgliedern weg, so erhält der Verbleibende nicht automatisch Alleinvertretungsbefugnis, vielmehr muss ein weiteres Vorstandsmitglied bestellt werden.[267]

2. Vertretungsbefugnis nach der Satzung

7.357 Die Satzung kann die Vertretungsbefugnis des Vorstands regeln, z. B. Einzelvertretungsbefugnis für einzelne oder alle Vorstandsmitglieder, Vertretung durch zwei von mehreren Vorstandsmitgliedern.

7.358 Eine Klausel dergestalt, dass eine bestimmte Vertretungsbefugnis nur im Verhinderungsfall (des 1. Vorsitzenden) gelten soll, ist unzulässig.[268] Für den Rechtsverkehr muss eindeutig sein, welche Vertretungsregelung gilt. Ein Verhinderungsfall kann nicht geprüft werden. Auch eine Regelung, wonach die Vorstandsmitglieder „gegenseitig vertretungsbefugt" sein sollen, ist unzulässig.

7.359 Eine Befreiung von den Beschränkungen des § 181 BGB für alle oder für einzelne Vorstandsmitglieder ist möglich, wenn eine entsprechende Ermächtigung in der Satzung vorhanden ist.[269]

7.360 Die Regelungen der Satzung zur Vertretungsbefugnis können abweichend gestaltet werden von der Regelung für die Geschäftsführung (interne Beschlussfassung).[270] Für die Geschäftsführung kann auch ein anderes Organ als der Vorstand i. S. d. § 26 BGB bestimmt werden.

3. Beschränkung der Vertretungsmacht

7.361 Der Umfang der Vertretungsmacht kann durch die Satzung mit Wirkung gegen Dritte beschränkt werden, § 26 Abs. 1 S. 3 BGB. Enthält die Satzung keine Bestimmung, so ist die Vertretungsmacht unbeschränkt. Die Bestimmung bezüglich einer Beschränkung der Vertretungsmacht muss klar und eindeutig in der Satzung verankert sein.

7.362 Die Vertretungsmacht kann in sachlicher Hinsicht beschränkt werden, z. B. Verbot bestimmter Geschäfte, Beschränkung der Vertretungsbefugnis auf bestimmte Arten von Geschäften, Formvorschriften, Abhängig machen bestimmter Geschäfte[271] von der Zustimmung der Mitgliederversammlung/anderer Vereinsorgane/bestimmter Einzelpersonen.[272]

---

267) OLG Hamburg NJW-RR 1988, 1182, für GmbH-Geschäftsführer.
268) BayObLG NJW-RR 1992, 802.
269) OLG Brandenburg NotBZ 2012, 35.
270) BGHZ 69, 250.
271) Z. B. Grundstücksgeschäfte. Die Formulierung „Investitionsmaßnahmen über 50.000 Euro" ist nicht ausreichend, BayObLG Rpfleger 1999, 544.
272) Grundsätzlich keine außenstehenden Dritten, es sei denn es handelt sich um kirchliche Vereine. Siehe dazu *Stöber/Otto*, Vereinsrecht, Rz. 454.

Die Beschränkung kann auch in persönlicher Hinsicht dergestalt erfolgen, dass die gene- 7.363
rell erteilte Einzelvertretungsbefugnis nicht bei Grundstücksgeschäften gilt, sondern dass
hier ein Handeln des gesamten Vorstands notwendig ist.

Jedes Vorstandsmitglied muss Vertretungsbefugnis besitzen, ansonsten handelt es sich 7.364
nicht um einen Vorstand i. S. d. § 26 BGB.

4. Eintragung

In Spalte 3 a des Vereinsregisters ist die allgemeine Vertretungsreglung einzutragen, § 3 7.365
S. 3 Nr. 3 VRV. Gibt es keine Satzungsbestimmung, so ist die gesetzliche Vertretungsbefugnis einzutragen: „Ist nur ein Vorstandsmitglied bestellt, vertritt es allein. Sind mehrere
Vorstandsmitglieder bestellt, so wird der Verein durch die Mehrheit der Vorstandsmitglieder vertreten."

Die Vorstandsämter sind nur zu bezeichnen, wenn dies für die Vertretung relevant ist. 7.366
Die in der Praxis übliche Eintragung „Der Vorstand besteht aus dem Vorsitzenden, dem
Stellvertreter, ..." ist im Sinne der Übersichtlichkeit nicht geboten, es sei denn, diese Informationen sind für die Vertretung von Bedeutung. Auch die Anzahl der Vorstandsmitglieder muss nicht im Register vermerkt werden.

Wurde der Umfang der Vertretungsbefugnis aller Vorstandsmitglieder mit Wirkung ge- 7.367
gen Dritte beschränkt, so ist diese Beschränkung in Spalte 3a einzutragen. Die Beschränkung ist unmittelbar einzutragen, eine Bezugnahme auf die Akten ist nicht ausreichend.
Wurde eine generelle Befreiung von den Beschränkungen des § 181 BGB erteilt, ist dies
ebenfalls in Spalte 3 a einzutragen.

Der Vorstand wird mit Vor- und Nachnamen, Geburtsdatum und Wohnort in das Register 7.368
in Spalte 3 b eingetragen. Die Stellung im Vorstand (Vorstandsamt) wird auch hier nur eingetragen, soweit dies zweckmäßig ist, d. h. soweit dies für die Vertretungsbefugnis von Relevanz ist (z. B. nur der 1. Vorsitzende vertritt allein, dann Eintragung des Amtes des 1. Vorsitzenden, der übrigen Vorstandsmitglieder jedoch nicht), § 3 S. 3 Nr. 3 VRV. Wurde einem
Vorstandsmitglied eine besondere Vertretungsbefugnis erteilt, so ist diese mit seiner Person zusammen einzutragen.

Ist ein Vorstandsmitglied bereits vor Eintragung in das Vereinsregister wieder abberufen, 7.369
erfolgt (zum Zweck der Registerpublizität) dennoch dessen Eintragung, jedoch mit gleichzeitiger Löschung („Aus dem Vorstand ausgeschieden ist der nicht eingetragene „Vorname,
Name, Geburtsdatum, Wohnort"). Der Antragsteller erhält eine Eintragungsmitteilung,
eine Veröffentlichung erfolgt nicht.

V. Ausscheiden von Vorstandsmitgliedern

1. Beendigungsgründe

Das Vorstandsamt endet durch Abberufung, Niederlegung, Tod, Geschäftsunfähigkeit, Weg- 7.370
fall satzungsgemäßer Voraussetzungen (z. B. Mitgliedschaft im Verein) oder sonstiger
Ereignisse, die in der Satzung vorgesehen sind.

2. Abberufung

Die Vorstandsbestellung ist jederzeit widerruflich, § 27 Abs. 2 BGB. Die Satzung kann die 7.371
Widerruflichkeit beschränken, ein Widerruf aus wichtigem Grund ist jedoch immer möglich, § 27 Abs. 2 BGB.

7.372 Die Abberufung erfolgt durch das Organ, das für die Bestellung zuständig ist. Ist laut Satzung für die Bestellung von Vorstandsmitgliedern nicht die Mitgliederversammlung zuständig, so kann diese aus wichtigem Grund ein Vorstandsmitglied abberufen soweit die Bestellung einer nicht dem Verein angehörenden Person obliegt oder das zur Abberufung vorgesehene Organ weggefallen oder handlungsunfähig ist.[273] Andernfalls ist das Abberufungsrecht durch Satzungsänderung wieder auf die Mitgliederversammlung zu übertragen.

7.373 Bei einer Abberufung aus wichtigem Grund ist das betroffene Vorstandsmitglied nicht stimmberechtigt („Richter in eigener Sache"), stimmt es trotzdem ab, so ist seine Stimme nicht mit zu zählen.[274]

7.374 Die Abberufung wird wirksam mit Zugang bei dem Betroffenen.

7.375 In der Neuwahl des gesamten Vorstands liegt gleichzeitig der Widerruf des bisherigen Vorstands.

3. Niederlegung

7.376 Ein Vorstandsmitglied kann grundsätzlich jederzeit sein Amt niederlegen. Wirksam wird die Niederlegungserklärung mit Zugang an das Bestellungsorgan oder an ein Vorstandsmitglied (§ 26 Abs. 2 BGB). Der Zugang an ein einzelnes Vereinsmitglied dürfte (im Unterschied zur GmbH) nicht ausreichend sein.[275] Ein Zugang gegenüber dem Gericht ist auch nicht genügend.

7.377 Die Satzung kann das Rücktrittsrecht beschränken. Ein Rücktritt aus wichtigem Grund muss jedoch möglich sein.

7.378 Die Niederlegung kann mündlich erfolgen, als Nachweis empfiehlt sich Schriftform bzw. eine Protokollierung in der Mitgliederversammlung.[276]

7.379 Legt der einzige Vorstand sein Amt erst nach der Ladung zum Termin zur Abgabe der eidesstattlichen Versicherung nieder, ohne dass ein neuer gesetzlicher Vertreter bestellt wurde, so bleibt er weiter verpflichtet, für den Verein die eidesstattliche Versicherung abzugeben, wenn die Berufung auf die Amtsniederlegung rechtsmissbräuchlich wäre.[277]

4. Folgen

7.380 Mit wirksamer Beendigung des Vorstandsamtes ist das betroffene Vorstandsmitglied nicht mehr vertretungsberechtigt.[278] Die Löschung im Vereinsregister ist nur deklaratorisch.

7.381 Scheiden nur einzelne Mitglieder aus dem Vorstand aus, verbleiben die anderen weiterhin in ihrem Amt. Sie sind auch vertretungsberechtigt, wenn noch die nach der Satzung zur Vertretung erforderliche Zahl von Vorstandsmitgliedern vorhanden ist. Das Amt des aus-

---

273) *Stöber/Otto*, Vereinsrecht, Rz. 430.

274) Siehe u. a. BGH WM 1985, 567; BGH NJW 1987, 1189 für GmbH-Geschäftsführer.

275) Zugang an Mitgliederversammlung als Bestellungsorgan. *Stöber/Otto*, Vereinsrecht, Rz. 435; *Sauter/Schweyer/Waldner*, Der eingetragene Verein, Rz. 275.

276) Auch im Fall der mündlichen Amtsniederlegungserklärung ist die Richtigkeit der Anmeldung durch eine entsprechende Abschrift oder das Original einer Urkunde über die Änderung nach § 67 Abs. 1 S. 2 BGB nachzuweisen; OLG Frankfurt/M. NZG 2016, 155.

277) BGH Rpfleger 2007, 86.

278) Zu einer weiterhin bestehenden Einberufungsmöglichkeit siehe oben Rz. 7.212 ff.

Bauer

geschiedenen Vorstandsmitgliedes bleibt unbesetzt (es sei denn in der Satzung sind andere Regelungen enthalten).

Sollte der Verein durch das Ausscheiden von Vorstandsmitgliedern handlungsunfähig ge- **7.382** worden sein, ist in dringenden Fällen durch das Gericht ein Notvorstand gem. § 29 BGB zu bestellen, siehe hierzu oben Rz. 7.332 ff.

VI. Änderung der Vertretungsbefugnis von Vorstandsmitgliedern

Durch Beschluss der Mitgliederversammlung (bzw. durch das für die Bestellung zustän- **7.383** dige Organ) kann auch die Vertretungsbefugnis von Vorstandsmitgliedern geändert wer- den. Eine konkrete Befreiung von den Beschränkungen des § 181 BGB kann zurückge- nommen werden, eine erteilte Einzelvertretungsbefugnis geändert, o. ä.

Diese Änderungen sind zur Eintragung in das Vereinsregister anzumelden. **7.384**

Auch die Vorstandsämter können neu besetzt werden. Der 1. Vorsitzende wird zum Kas- **7.385** senwart oder umgekehrt. In diesem Fall besteht nur eine Anmeldepflicht, wenn die Vor- standsämter auch in das Vereinsregister eingetragen wurden.

VII. Anmeldung der Bestellung/Abberufung von Vorstandsmitgliedern und der Änderung der Vertretungsbefugnis/Beendigung nach Zeitablauf

1. Anmeldepflichtige Tatsachen

Jede Änderung des Vorstands ist von dem Vorstand zur Eintragung anzumelden, § 67 **7.386** Abs. 1 BGB. Auch eine Änderung der Vertretungsbefugnis von bereits eingetragenen Vor- standsmitgliedern ist durch den Vorstand in vertretungsberechtigter Zahl mittels öffent- lich beglaubigter Erklärung anzumelden.

Auch die Änderung bezüglich der persönlichen Angaben wie Wohnort und Nachnamen **7.387** von bereits eingetragenen Vorstandsmitgliedern stellen anmeldepflichtige Tatsachen dar.[279]

Eine Wiederwahl von bereits eingetragenen Vorstandsmitgliedern ist nicht anmeldepflichtig. **7.388**

2. Zeitablauf des Amtes des eingetragenen Vorstands

Endet ein Vorstandsamt laut Satzung nach einer gewissen Zeit automatisch, ergeben sich **7.389** für das Registergericht eine Reihe von Problemen. Es ist nicht klar, ob der eingetragene Vorstand evtl. bereits wiedergewählt wurde oder ob ein neuer Vorstand bestellt wurde. Eventuell hat keine Vorstandswahl stattgefunden und der Verein ist momentan ohne Ver- tretungsorgan.

Das Registergericht ist grundsätzlich dazu gehalten, seine Eintragung richtig zu halten. **7.390** Teilweise wird die Ansicht vertreten, es sei Aufgabe des Registergerichts zu überprüfen, ob eine erneute Vorstandsbestellung erfolgt ist, § 26 FamFG. Ergeben die Ermittlungen, dass der eingetragene Vorstand wiedergewählt wurde, ist nichts zu veranlassen.

Wurde ein neuer Vorstand gewählt, so ist dieser aufzufordern, seine Bestellung sowie die **7.391** Löschung des eingetragenen Vorstands anzumelden, § 67 Abs. 1 S. 1 BGB. Diese Anmel- depflicht kann mit Zwangsgeld gegen den neuen Vorstand durchgesetzt werden, § 78 BGB.

---

279) Veraltete Ansicht war, dass eine formlose Mitteilung in diesem Fall ausreicht. Nach neuer Ansicht ist zum Schutz des Rechtsverkehrs eine eindeutige Identifizierung der Vorstandsmitglieder notwendig. so jetzt auch *Reichert*, Vereins- und Verbandsrecht, Rz. 2350.

7.392 Schwierig gestaltet sich jedoch die Rechtslage, wenn die Amtsermittlungen gem. § 26 FamFG zu keinem Erfolg führen, es nicht geklärt werden kann, ob der eingetragene Vorstand wiedergewählt wurde oder nicht, ob das Register unrichtig ist oder nicht.

7.393 Eine Löschung von Amts wegen des eingetragenen Vorstands kann auf keinen Fall erfolgen, da nicht mit Sicherheit feststeht, dass der eingetragene Vorstand nicht mehr vertretungsberechtigt ist (er könnte auch wiedergewählt worden sein). Aus diesem Grund sollte hier nichts weiter veranlasst werden.[280]

7.394 Ergeben die Ermittlungen, dass der eingetragene Vorstand nicht mehr im Amt ist und ein neuer Vorstand noch nicht bestellt wurde, ist das Register unrichtig. Es gibt aber keine anmeldepflichtige Person, da der Verein momentan ohne Vertretungsorgan ist. Ein Amtslöschungsverfahren kommt nicht in Betracht.[281]

7.395 Auch bei anderen juristischen Personen des Privatrechts[282] kann das Amt der Organmitglieder befristet werden, ohne dass dies zu einem Amtslöschungstatbestand führt.[283]

7.396 In einem Amtslöschungsverfahren hat zwingend eine Anhörung stattzufinden (§ 395 FamFG). Der Verein ist jedoch ohne Vertretungsorgan. Es wird sogar die Ansicht vertreten, dem Verein könne von Amts wegen ein Notvorstand bestellt werden. Wurde ein Notvorstand bestellt, so könne dieser dann gleich das Ausscheiden des eingetragenen Vorstands anmelden.[284]

7.397 Dies kann nicht richtig sein. Die Bestellung eines Notvorstands von Amts wegen für die Durchführung eines Amtslöschungsverfahrens des zu Unrecht noch eingetragenen Vorstands bzw. zur Anmeldung des Erlöschens ist nicht zulässig.[285] Die Bestellung eines Notorgans stellt einen schwerwiegenden hoheitlichen Eingriff dar, der nur nach besonders enger Auslegung der Ermächtigungsvorschrift des § 29 BGB erfolgen darf.

7.398 Die Löschung eines eingetragenen Vorstandsmitgliedes, das nach Fristablauf nicht mehr im Amt ist, erfolgt auf Anmeldung, § 67 Abs. 1 BGB. Ist eine anmeldebefugte Person nicht vorhanden, kann u. U. auf Antrag eines Beteiligten ein Notvorstand gem. § 29 BGB bestellt werden,[286] der die erforderliche Anmeldung vornimmt.

7.399 Stellt kein Beteiligter einen dahingehenden Antrag, kann das Register nicht bereinigt werden.[287] Das Registergericht könnte im gegebenen Fall prüfen, ob die Voraussetzungen

---

280) *Krafka/Kühn*, Registerrecht, Rz. 2185a spricht sich gegen eine Überprüfung durch das Registergericht aus, da es sich hierbei um eine staatliche Einmischung handle, die tunlichst unterlassen werden sollte. Es sei Aufgabe der Beteiligten, die entsprechenden Veränderungen anzumelden (bzw. nichts anzumelden, wenn keine Veränderungen stattgefunden haben).

281) A. A. *Stöber*, Rpfleger 1967, 342 der sich für ein Amtslöschungsverfahren § 395 FamFG des zu Unrecht noch eingetragenen Vorstands ausspricht, da das Vereinsregister als öffentliches Register auf Dauer keine unrichtigen Eintragungen vertrage. So auch *Stöber/Otto*, Vereinsrecht, Rz. 1421.

282) Vgl. nur § 84 AktG, befristete Bestellung aber auch bei der GmbH zulässig.

283) Siehe hierzu ausführlich *Eichler*, Rpfleger 2004, 196.

284) BayObLG NJW-RR 1989, 765 sieht ein öffentliches Interesse für die Bestellung eines Notvorstands von Amts wegen zum Zwecke der Anmeldung des Ausscheidens eines eingetragenen Vorstands, wenn mit Sicherheit von keinem Beteiligten ein Antrag auf Bestellung eines Notvorstands zu erwarten ist.

285) Siehe hierzu *Eichler*, Rpfleger 2004, 196.

286) Sofern die Voraussetzungen vorliegen, d. h. vor allem, der Verein nicht in der Lage ist, sich selbst zu helfen.

287) Es ist zu bedenken, dass der eingetragene Vorstand, dessen Amt beendet ist, dennoch eine Mitgliederversammlung für Neuwahlen einberufen kann (siehe hierzu oben Rz. 7.212 ff.). Nach Löschung des Vorstands im Register besteht diese Möglichkeit nicht mehr.

für einen Entzug der Rechtsfähigkeit (Entzug der Eintragungsfähigkeit) nach § 73 BGB vorliegen.

3. Anmeldeberechtigte

Die Anmeldung erfolgt von den Mitgliedern des Vorstands in vertretungsberechtigter Zahl, 7.400 § 77 BGB. Bereits ausgeschiedene Vorstandsmitglieder sind nicht mehr anmeldeberechtigt.

Das ausgeschiedene Vorstandsmitglied kann sein eigenes Ausscheiden nur anmelden, wenn 7.401 die Beendigung der Organstellung erst mit Eintragung in das Register wirksam wird (Niederlegung mit Zeitpunkt der Eintragung).

4. Form und Inhalt der Anmeldung

Die Anmeldung ist in öffentlich beglaubigter Form einzureichen, § 77 BGB. Es kann die 7.402 Urschrift oder eine beglaubigte Abschrift der öffentlich beglaubigten Anmeldung eingereicht werden.

Ausscheidende und neu gewählte Vorstandsmitglieder sind in der Anmeldung anzugeben. 7.403 Bei den neu gewählten Vorstandsmitgliedern ist die Angabe des Nachnamens, Vornamens, Wohnortes und Geburtsdatums erforderlich. Die Stellung im Vorstand (Vorstandsamt) ist nur zu bezeichnen, wenn diese Angabe für die Vertretungsbefugnis Relevanz besitzt.

5. Einzureichende Unterlagen

Der Anmeldung ist eine Abschrift der Urkunde über die Änderung beizufügen, § 67 Abs. 1 7.404 S. 2 BGB.

Wurde die Zuständigkeit für die Bestellung bzw. Abberufung von Vorstandsmitgliedern 7.405 einem anderen Organ als der Mitgliederversammlung übertragen (Beirat o. Ä.), so ist auch eine Abschrift über die Bestellung dieses Organs einzureichen.[288]

Die Amtsannahme muss nur nachgewiesen werden, wenn das neue Vorstandsmitglied nicht 7.406 in der Mitgliederversammlung, in der die Bestellung beschlossen wurde, anwesend war oder es selbst nicht mit anmeldet.[289]

Die Niederlegung ist durch Einreichung des Niederlegungsschreibens und Nachweis des 7.407 Zugangs zu beweisen. Wurde die Niederlegung in einer Mitgliederversammlung erklärt, so reicht die Einreichung eines Protokolls der Mitgliederversammlung.

Scheidet ein Vorstand durch Tod aus, so ist eine Abschrift der Sterbeurkunde einzureichen. 7.408

6. Prüfung durch das Registergericht

Das Registergericht hat grundsätzlich von der Richtigkeit der angemeldeten Tatsachen 7.409 auszugehen.

---

288) So BayObLG Rpfleger 1984, 150; a. A. *Reichert*, Vereins- und Verbandsrecht, Rz. 2364 der es als ausreichend erachtet, wenn dieses Organ laut Satzung zuständig ist. Ein Nachweis der Bestellung der einzelnen Mitglieder soll entbehrlich sein.

289) Siehe dazu auch KG, Beschl. v. 7.9.2010 – 1 W 198/10: Für eine wirksame Wahl bedarf es der Annahme des Gewählten, weshalb im Zweifel eine Urkunde über die Annahme der Wahl eingereicht werden muss.

7.410 Wird ein neues Vorstandsmitglied angemeldet, so muss die Annahme des Amtes geprüft werden, sofern das betroffene Vorstandsmitglied nicht selbst anmeldet (z. B. Versammlungsprotokoll oder Annahmeerklärung).

7.411 Der Zugang der Abberufung an den Betroffenen muss nicht gesondert nachgewiesen werden, da ein anderes Vorstandsmitglied dies anmeldet.[290]

7.412 Wurde ein Vorstandsmitglied aus wichtigem Grund abberufen, ist das Vorliegen eines wichtigen Grundes nur bei begründeten Zweifeln zu prüfen. Ist ein wichtiger Grund offensichtlich nicht gegeben, so ist die Anmeldung zurückzuweisen.[291]

7.413 Muster 161: Abberufung und Bestellung von Vorstandsmitgliedern

Protokoll der Mitgliederversammlung des ... e. V. am ... in ...:

Anwesend sind (sämtliche) Mitglieder./Es wird festgestellt, dass die Mitgliederversammlung beschlussfähig ist.

Zum Versammlungsleiter wurde ... gewählt/erfolgt laut Satzung durch ... .

Es werden folgende Beschlüsse gefasst:

Die Vorstandsmitglieder ... und ... werden abberufen.

Zum neuen Vorstandsmitglied (Vorstandsvorsitzenden) wird Herr ..., geboren am ..., wohnhaft in ... bestellt. Zum weiteren Vorstandsmitglied (Kassenwart) wird Frau ..., geboren am ..., wohnhaft in ... bestellt.

Die Beschlüsse wurden mit ... Stimmen gegen ... Stimmen gefasst. Die Gewählten nahmen die Wahl an.

Berlin, den ...   ...   (Unterschrift) als Protokollführer

7.414 Muster 162: Anmeldung der Abberufung und Bestellung von Vorstandsmitgliedern

... e. V. Berlin, den ...

...

... Berlin

An das Amtsgericht ...

Vereinsregister

PLZ Ort

VR ...; ... e. V.

Unter Überreichung einer Abschrift des Beschlusses der Mitgliederversammlung vom ... melden wir an, dass die bisherigen Vorstandsmitglieder ... und ... abberufen sind und als neue Vorstandsmitglieder Herr ..., geboren am ..., wohnhaft in ... und Frau ..., geboren am ..., wohnhaft in ... bestellt sind.

Die Vertretungsbefugnis von Frau ... wurde geändert. Sie ist nicht mehr einzelvertretungsberechtigt.

---

290) *Stöber/Otto*, Vereinsrecht, Rz. 1349a.
291) BayObLGZ 1981, 266 für GmbH-Geschäftsführer.

Wir versichern, dass die Versammlung satzungsgemäß einberufen wurde und beschlussfähig war und dass die gefassten Beschlüsse ordnungsgemäß zustande gekommen sind.

Berlin, den ... ... (Unterschriften)

Unterschriftsbeglaubigung

F. Besondere Vertreter

Durch die Satzung kann bestimmt werden, dass neben dem Vorstand für gewisse Geschäfte besondere Vertreter zu bestellen sind, § 30 BGB.   7.415

Der besondere Vertreter ist kein Vorstand i. S. d. § 26 BGB. In dem ihm zugewiesenen Geschäftskreis hat er jedoch die Stellung eines gesetzlichen Vertreters (organschaftliche Vertretungsmacht). Für einen bestimmten, abgegrenzten Geschäftskreis werden die Aufgaben des Vorstands auf ein Sonderorgan übertragen.   7.416

Der Vorstand kann innerhalb des Wirkungskreises des besonderen Vertreters auch (zusätzlich) vertretungsbefugt sein oder aber für diese Aufgaben keine Vertretungsbefugnis besitzen (dann ist dies als Beschränkung der Vertretungsmacht des Vorstands in das Vereinsregister mit einzutragen).   7.417

Der besondere Vertreter darf nur für gewisse Geschäfte bestellt werden. Er darf nicht für alle Vorstandsgeschäfte zuständig sein.[292]   7.418

Es ist auch möglich, bestimmte Vorstandsmitglieder zusätzlich für einen gewissen Geschäftsbereich zu besonderen Vertretern zu bestellen.   7.419

Ist nichts anderes bestimmt, so erfolgt die Bestellung der besonderen Vertreter durch die Mitgliederversammlung nach den Bestimmungen über die Berufung des Vorstands. Die Bestellungsbefugnis kann durch die Satzung aber auch dem Vorstand oder einem anderen Vereinsorgan übertragen werden.[293]   7.420

Der besondere Vertreter ist durch den Vorstand in vertretungsberechtigter Zahl zur Eintragung in das Vereinsregister anzumelden.[294] Die Eintragung erfolgt in Spalte 3b) mit Vor- und Nachnamen, Geburtsdatum, Wohnort und dem Wirkungskreis, § 3 S. 3 Nr. 3 VRV.[295] In Spalte 3a) ist ggfl. die Beschränkung der Vertretungsmacht des Vorstands einzutragen. Allein die Bezeichnung „Geschäftsführer" stellt eine ausreichende Umschreibung des Aufgabenbereichs des besonderen Vertreters dar (Führung der laufenden Geschäfte).[296]   7.421

---

292) Zulässig einen besonderen Vertreter auch für die Wahrnehmung der wirtschaftlichen, verwaltungsmäßigen und personellen Angelegenheiten zu bestellen, sieht OLG München MDR 2013, 46. Sogar für alle Geschäfte könne die Bestellung eines besonderen Vertreters zulässig sein, solange der Wirkungskreis des besonderen Vertreters nicht dem des Vorstands entspricht, weil dieser die Verantwortung für die Wahrnehmung der Aufgaben des Vereins allein trage, im Gegensatz zum besonderen Vertreter, der das „Tagesgeschäft" vollziehe.

293) BayObLG Rpfleger 1999, 332.

294) BayObLG Rpfleger 1981, 310; OLG Köln MittRhNotK 1986, 225; *Sauter/Schweyer/Waldner*, Der eingetragene Verein, Rz. 313; a. A. Keine Eintragung der besonderen Vertreter, sondern nur Eintragung der Beschränkung der Vertretungsmacht des Vorstands, *Stöber/Otto*, Vereinsrecht, Rz. 577 mit Einschränkung in Rz. 578.

295) Besondere Vertretungsbefugnis nach § 30 BGB ist einzutragen. Begründung zu § 3 VRV-E, BR-Drucks. 982/98 S. 36.

296) OLG Zweibrücken NZG 2013, 907.

G. Eintragungen bei Insolvenzen

7.422 Der Verein wird durch die Eröffnung des Insolvenzverfahrens und mit Rechtskraft des Beschlusses, durch den die Eröffnung des Insolvenzverfahrens mangels Masse abgewiesen worden ist, aufgelöst, § 42 Abs. 1 S. 1 BGB. Durch die Satzung kann aber auch bestimmt werden, dass der Verein in diesem Fall als nichtrechtsfähiger (nicht eingetragener) Verein fortbesteht, § 42 Abs. 1 S. 3 BGB.

7.423 Die Verwaltungs- und Verfügungsbefugnis geht ausschließlich auf den Insolvenzverwalter über. Die Anmeldebefugnis zum Vereinsregister verbleibt beim Vorstand. Es findet keine Liquidation nach vereinsrechtlichen Regeln statt.

7.424 In das Vereinsregister werden von Amts wegen eingetragen: die Eröffnung des Insolvenzverfahrens; der Beschluss, durch den die Eröffnung des Insolvenzverfahrens mangels Masse rechtskräftig abgewiesen worden ist; die Aufhebung des Eröffnungsbeschlusses; die Bestellung eines vorläufigen Insolvenzverwalters, wenn zusätzlich dem Schuldner ein allgemeines Verfügungsverbot auferlegt wurde oder angeordnet, dass Verfügungen des Schuldners nur mit Zustimmung des vorläufigen Insolvenzverwalters wirksam sind, sowie die Aufhebung solcher vorläufigen Insolvenzverwaltung; die Anordnung der Eigenverwaltung durch den Schuldner und deren Aufhebung sowie die Anordnung der Zustimmungsbedürftigkeit bestimmter Rechtsgeschäfte des Schuldners; die Einstellung und Aufhebung des Insolvenzverfahrens und die Überwachung der Erfüllung eines Insolvenzplans sowie die Aufhebung solch einer Überwachung, § 75 BGB.

7.425 Die Auflösung als Folge der Eröffnung des Insolvenzverfahrens und bei Ablehnung mangels Masse wird von Amts wegen eingetragen.

7.426 Die Fortsetzung als rechtsfähiger Verein kann durch die Mitgliederversammlung beschlossen werden, wenn das Insolvenzverfahren auf Antrag des Schuldners eingestellt wird oder wenn das Insolvenzverfahren nach Bestätigung des Insolvenzplans, der den Fortbestand des Vereins vorsieht, aufgehoben wird, § 42 Abs. 1 S. 2 BGB.

7.427 Wird der Verein durch Beschluss der Mitgliederversammlung nach § 42 Abs. 1 S. 2 fortgesetzt, so hat der Vorstand die Fortsetzung zur Eintragung anzumelden. Der Anmeldung ist eine Abschrift des Beschlusses beizufügen.

7.428 Sämtliche eintragungspflichtigen Insolvenzvermerke sind in Spalte 4b) von Amts wegen einzutragen, § 3 S. 3 Nr. 4 VRV. Eine Eintragung erfolgt auch, wenn bereits eine Auflösung des Vereins eingetragen sein sollte.

7.429 Nach Eintragung der Einstellung mangels Masse/Aufhebung des Insolvenzverfahrens nach Schlussverteilung oder nach Anzeige der Masseunzulänglichkeit wird nicht das Erlöschen des Vereins eingetragen. Das Registerblatt wird gem. § 4 Abs. 2 VRV geschlossen.[297]

7.430 Eine Veröffentlichung dieser Eintragungen erfolgt nicht. Der Verein erhält eine Eintragungsnachricht.

---

297) So auch *Stöber/Otto*, Vereinsrecht, Rz. 1440.

H. Auflösung/Fortsetzung/Löschung/Nachtragsliquidation/Verlust Rechtsfähigkeit (Eintragungsfähigkeit)

I. Auflösung

1. Auflösungsgründe

Ein Verein wird aufgelöst nach Fassung eines Auflösungsbeschlusses der Mitgliederver- **7.431** sammlung, Zeitablauf (falls eine solche Satzungsbestimmung vorhanden ist), Eintritt eines in der Satzung bestimmten Ereignisses (auflösende Bedingung), Eröffnung des Insolvenzverfahrens, mit Rechtskraft des Beschlusses, durch den die Eröffnung des Insolvenzverfahrens mangels einer das Verfahren deckenden Masse abgewiesen worden ist und durch Beschluss über die Sitzverlegung des Vereins in das Ausland.[298]

2. Insbesondere Auflösungsbeschluss

Durch Beschluss der Mitgliederversammlung kann der Verein aufgelöst werden, § 41 S. 1 **7.432** BGB. Der Beschluss bedarf einer drei Viertel Mehrheit der abgegebenen gültigen Stimmen, sofern die Satzung nichts anderes bestimmt, § 41 S. 2 BGB. Die Satzung kann eine geringere oder eine größere Mehrheit vorsehen.

Das Selbstauflösungsrecht der Mitgliederversammlung kann durch die Satzung nicht aus- **7.433** geschlossen werden.[299]

Sieht die Satzung vor, dass der Verein „unauflöslich" sei, so ist dennoch eine Auflösung **7.434** mit Zustimmung aller Mitglieder möglich.[300]

3. Liquidatoren

Die Liquidation erfolgt durch den Vorstand (geborene Liquidatoren), es sei denn es wer- **7.435** den andere Personen zu Liquidatoren bestellt (gekorene Liquidatoren), § 48 Abs. 1 BGB. Auch in der Satzung können bereits andere Personen (oder nur ein Teil des Vorstands) als Liquidatoren bestimmt sein.

Auch juristische Personen können zu Liquidatoren bestellt werden. **7.436**

Für die Bestellung sind die Vorschriften über die Bestellung des Vorstands maßgebend, § 48 **7.437** Abs. 1 BGB.

Die Liquidatoren sind die gesetzlichen Vertreter und haben die rechtliche Stellung des **7.438** Vorstands, soweit sich nicht aus dem Liquidationszweck ein anderes ergibt, § 48 Abs. 2 BGB. Nach außen ist die Vertretungsmacht nicht beschränkt, es sei denn eine Beschränkung wird ausdrücklich erteilt.[301]

---

298) Siehe BayObLG für GmbH Rpfleger 2004, 425; *Reichert*, Vereins- und Verbandsrecht, Rz. 3978; *Stöber/Otto*, Vereinsrecht, Rz. 161; a. A. *Sauter/Schweyer/Waldner*, Der eingetragene Verein, Rz. 399 die die Eintragung der Sitzverlegung in das Gebiet eines Mitgliedstaates der Europäischen Union für zulässig erachten. Interessant hier auch die Entscheidung des VG Augsburg (Urt. v. 14.11.2018 – Au 4 K 18.1400, juris) zur Anwendbarkeit von Art. 54 AEUV auf ideelle Vereine, die aufgrund des Nebenzweckprivilegs einen Erwerbszweck i. S. v. Art. 54 Abs. 2 AEUV verfolgen könnten und damit unionsrechtlich eine Erwerbstätigkeit i. S. d. Art. 49 Abs. 2 AEUV ausübten und deswegen freien Marktzugang erhalten müssten.

299) Siehe hierzu BayObLG Rpfleger 1979, 416 und OLG Köln Rpfleger 1992, 112 (Genehmigungserfordernis eines außenstehenden Dritten bei kirchlichen Vereinen).

300) *Reichert*, Vereins- und Verbandsrecht, Rz. 3988.

301) *Reichert*, Vereins- und Verbandsrecht, Rz. 4157.

7.439 Ist nur ein Liquidator vorhanden, so vertritt dieser allein. Sind mehrere Liquidatoren vorhanden, so haben sie Gesamtvertretungsbefugnis, sofern nichts anderes bestimmt ist, § 48 Abs. 3 BGB.

7.440 Eine andere Vertretungsbefugnis kann bereits in der Satzung bestimmt sein oder im Bestellungsbeschluss bestimmt werden. Hierfür ist ein einfacher Beschluss ausreichend (sofern keine anderweitige Satzungsregelung vorhanden ist).

7.441 Ob für die geborenen Liquidatoren die Bestimmung der Vertretungsmacht für den Vorstand weiter gilt, ist strittig.[302] Eine Befreiung von den Beschränkungen des § 181 BGB gilt jedenfalls nicht fort.[303] Die Rechtsprechung des BGH[304] zur Vertretungsbefugnis geborener Liquidatoren bei der GmbH sollte auch für den Verein angewandt werden. Die für den Vorstand bestimmte Alleinvertretungsbefugnis endet mit der Auflösung des Vereins.

7.442 Die Vorschrift des § 48 Abs. 3 BGB regelt die Vertretungsbefugnis bei Vorhandensein mehrerer Liquidatoren schlechthin, unabhängig ob es sich um geborene Liquidatoren handelt oder um neu bestellte. Ist in der Satzung oder im Bestellungsbeschluss nichts bestimmt, so vertreten alle Liquidatoren gemeinschaftlich.

4. Anmeldung der Auflösung und der Liquidatoren

7.443 Die Auflösung sowie die Liquidatoren und ihre Vertretungsmacht sind zur Eintragung in das Vereinsregister anzumelden, § 76 BGB. Angemeldet (und eingetragen) werden sollte immer die Vertretungsbefugnis der Liquidatoren, auch wenn sie die gesetzliche ist und auch wenn nur ein Liquidator bestellt wurde.[305]

7.444 Anmeldeberechtigt und -verpflichtet ist nach § 76 Abs. 2 BGB der Vorstand. Erst spätere Änderungen sollen durch die Liquidatoren angemeldet werden. Es bestehe eine (nachwirkende öffentlich-rechtliche) Pflicht des bisher amtierenden Vorstands zur Anmeldung der Auflösung und der ersten Liquidatoren, auch wenn er selbst nicht zum Liquidator bestellt ist.[306]

7.445 Etwas anderes solle nur gelten, wenn der Vorstand bereits vor Fassung des Auflösungsbeschlusses ausgeschieden ist, da sonst ein Notvorstand für die Anmeldung der Auflösung bestellt werden muss. Lediglich in diesem Fall solle der Liquidator bereits anmeldeberechtigt sein.

---

302) Dafür *Reichert*, Vereins- und Verbandsrecht, Rz. 4191.

303) BayObLG Rpfleger 1985, 301; OLG Hamm Rpfleger 1997, 387; OLG Rostock NJW-R 2004, 1109.

304) BGH ZIP 2009, 34 = DB 2009, 59; *Stöber/Otto*, Vereinsrecht, Rz. 1135; a. A. noch *Reichert*, Vereins- und Verbandsrecht, Rz. 4157, der vom Fortbestand der Einzelvertretungsbefugnis für den geborenen Liquidator ausgeht.

305) Siehe hierzu BGH Rpfleger 2007, 550 für GmbH (zur Umsetzung der Richtlinie des Rates der Europäischen Gemeinschaften zur Koordinierung des Gesellschaftsrechts (BGBl I, 1146 – KoordG –), jeder der Geschäftsverbindungen in andere Mitgliedstaaten aufnimmt, sollte sich durch Einsichtnahme in das zuständige Register Kenntnis von den Vertretungsverhältnissen verschaffen können, ohne vollständige Kenntnis der Rechtsvorschriften des anderen Mitgliedstaats zu haben). Dies sollte auch für den Verein angewandt werden.

306) OLG Hamm NJW-RR 1990, 532; *Sauter/Schweyer/Waldner*, Der eingetragene Verein, Rz. 433; *Reichert*, Vereins- und Verbandsrecht, Rz. 4193. Im DNotI-Report 2012, 181 wird sich auch für die Anmeldung der ersten Liquidatoren durch den Vorstand ausgesprochen, mit der Begründung, die Vereinsrechtsreform habe im dahingehenden Willen des Gesetzgebers bestätigt, dass die Vorschrift inhaltlich nicht geändert wurde. Es würde sich für die Praxis empfehlen, die Anmeldung durch Vorstände und Liquidatoren vornehmen zu lassen. Dem kann jedoch nicht gefolgt werden. Eine fehlende Änderung der Vorschrift kann nicht als Bestätigung des Gesetzgebers gesehen werden.

Dies kann jedoch nicht überzeugen.[307] Anmeldungen erfolgen durch die zur Vertretung **7.446** berechtigten Personen. Mit wirksamer Beschlussfassung über die Auflösung ist die Vertretungsbefugnis des Vorstands beendet, er ist dann auch nicht mehr anmeldeberechtigt.[308] Anmeldeberechtigt und -verpflichtet ist der jeweilige gesetzliche Vertreter. Diese sind gem. § 48 Abs. 2 BGB die Liquidatoren.

Es ist nicht überzeugend, dass die Anmeldebefugnis der Liquidatoren davon abhängig sein **7.447** soll, ob im Zeitpunkt des Auflösungsbeschlusses noch ein Vorstandsmitglied vorhanden ist.[309]

Eine Anmeldung hat durch die Liquidatoren in vertretungsberechtigter Zahl zu erfolgen.[310] **7.448** Stellt die Auflösung jedoch zugleich eine Satzungsänderung dar (z. B. Auflösung vor Fristablauf), so wird diese erst mit Eintragung wirksam (§ 71 Abs. 1 BGB) und es hat deshalb noch der Vorstand die Änderungen anzumelden (der bis zur Eintragung auch noch vertretungsbefugt ist).

Der Anmeldung ist der Auflösungsbeschluss und (falls erfolgt) der Beschluss über die Be- **7.449** stellung der Liquidatoren und die Erteilung einer Vertretungsmacht in Abschrift einzureichen, § 76 Abs. 2 S. 4 BGB.

5. Eintragung

Die Auflösung (§ 74 Abs. 1 BGB) und die Liquidatoren, sowie ihre Vertretungsbefugnis **7.450** sind in das Vereinsregister einzutragen.

Die Vertretungsmacht ist stets einzutragen, auch wenn die Liquidatoren gesamtvertretungs- **7.451** berechtigt sind. Die allgemeine Vertretungsbefugnis ist stets anzumelden (§ 76 Abs. 2 S. 2 BGB) und einzutragen, auch die gesetzliche. Dies gebietet die Öffentlichkeit und Aussagefähigkeit des Vereinsregisters. Es kann dem Einsichtnehmenden nicht zugemutet werden, erst anhand gesetzlicher Vorschriften die Vertretungsbefugnis zu recherchieren. Diese muss sich unmittelbar aus dem Register ergeben.

Die Vertretungsbefugnis der Vorstandsmitglieder (allgemein und konkret), sowie alle Vor- **7.452** standsmitglieder sind im Vereinsregister zu röten. In Spalte 3a) ist die allgemeine Vertretungsregelung der Liquidatoren einzutragen.

In Spalte 3b) sind die Liquidatoren (auch die geborenen Liquidatoren müssen neu einge- **7.453** tragen werden unter Bezeichnung als solche) mit Vor- und Nachnamen, Geburtsdatum und Wohnort sowie einer evtl. erteilten konkreten Vertretungsbefugnis einzutragen, § 3 S. 3 Nr. 3 VRV.

Gerichtlich bestellte Liquidatoren werden von Amts wegen in das Vereinsregister einge- **7.454** tragen, § 76 Abs. 3 BGB.

In Spalte 4b) ist die Tatsache der Auflösung einzutragen, § 3 S. 3 Nr. 4 lit b VRV. **7.455**

---

307) Siehe hierzu § 67 Abs. 1 GmbH zu dem einhellig die Auffassung vertreten wird, dass die Anmeldungen nicht durch die bisherigen Geschäftsführer (wie im Gesetz vorgesehen), sondern bereits durch die Liquidatoren zu erfolgen hat.
308) Siehe auch *Pfeifer*, Rpfleger 2008, 408.
309) Siehe auch *Eichler*, Rpfleger 2004, 196.
310) So *Stöber/Otto*, Vereinsrecht, Rz. 1219; *Krafka/Kühn*, Registerrecht, Rz. 2206; *Buchberger*, Rpfleger 1991, 24.

7.456 Muster 163: Auflösungsbeschluss

Protokoll der Mitgliederversammlung des ... e. V. vom ... in ...

Die Mitgliederversammlung ist beschlussfähig.

Zum Versammlungsleiter und Protokollführer wurde bestimmt: ...

Die Mitgliederversammlung wurde ordnungsgemäß einberufen.

Es wurde einstimmig beschlossen:

Der Verein wird mit sofortiger Wirkung aufgelöst.

Herr ..., geboren am ..., wohnhaft in ... wird zum Liquidator bestellt. Jeder Liquidator vertritt den Verein einzeln.

Berlin, den ... ... (Unterschriften) als Protokollführer

7.457 Muster 164: Anmeldung der Auflösung und des Liquidators

... e. V. Berlin, den ...

...

... Berlin

An das Amtsgericht ...

Vereinsregister

PLZ Ort

VR ...

Als Liquidator des ... e. V. überreiche ich eine Abschrift des Protokolls der Mitgliederversammlung vom ... und melde Folgendes zur Eintragung an:

Der Verein ist aufgelöst.

Herr ..., geb. am ..., wohnhaft in ... . und Frau ..., geb. am ..., wohnhaft in ... sind zu Liquidatoren bestellt.

Jeder Liquidator vertritt den Verein einzeln.

Wir versichern, dass die Versammlung satzungsgemäß einberufen wurde und beschlussfähig war und dass die gefassten Beschlüsse ordnungsgemäß zustande gekommen sind.

Die Anschrift des Vereins lautet nunmehr: ... .

Berlin, den ... ... (Unterschrift)

Unterschriftsbeglaubigung

6. Bekanntmachung der Auflösung/Sperrjahr

7.458 Die Auflösung des Vereins ist durch die Liquidatoren öffentlich bekannt zu machen, § 50 Abs. 1 S. 1 BGB. Eine einmalige Bekanntmachung ist genügend.

7.459 In der Bekanntmachung sind die Gläubiger zur Anmeldung ihrer Ansprüche aufzufordern, § 50 Abs. 1 S. 2 BGB (Inhalt der Bekanntmachung ist also die Tatsache der Auflösung und die Aufforderung der Gläubiger zur Anmeldung ihrer Ansprüche).

Die Bekanntmachung erfolgt durch das in der Satzung des Vereins für Veröffentlichun- **7.460**
gen bestimmte Blatt, § 50 Abs. 1 S. 3 BGB.

Hat der Verein in der Satzung kein Blatt für Bekanntmachungen bestimmt oder hat das **7.461**
bestimmte Blatt sein Erscheinen eingestellt, so ist die Auflösung des Vereins in dem Blatt
zu veröffentlichen, welches für die Bekanntmachungen des Registergerichts bestimmt ist,[311]
§ 50a BGB. Die Bekanntmachung gilt mit dem Ablauf des zweiten Tages nach der Einrü-
ckung als bewirkt, § 50 Abs. 1 S. 4 BGB.

Bekannte Gläubiger sind durch besondere Mitteilung zur Anmeldung ihrer Ansprüche **7.462**
aufzufordern, § 50 Abs. 2 BGB.

Das Vermögen darf an den Anfallberechtigten nicht vor Ablauf eines Jahres seit der Be- **7.463**
kanntmachung der Auflösung ausgeantwortet werden (sog. Sperrjahr), § 51 BGB. Die
Frist beginnt mit wirksamer Bekanntmachung (zwei Tage nach Erscheinen, Tag des Er-
scheinens wird nicht mit gerechnet), §§ 187 Abs. 1, 188 Abs. 2 BGB.

Das Sperrjahr ist zwingend einzuhalten. Die Liquidation ist nur beendet, wenn die gesetz- **7.464**
lichen Vorschriften beachtet wurden.

Sollte keinerlei Vereinsvermögen mehr vorhanden sein und auch keine Vermögensüber- **7.465**
tragung an die Anfallberechtigten stattgefunden haben, ist die Liquidation vor Ablauf des
Sperrjahres beendet und der Verein bereits erloschen.[312]

Muster 165: Gläubigeraufruf **7.466**

Gläubigeraufruf

... e. V.

Durch Beschluss der Mitgliederversammlung vom ... ist der Verein aufgelöst. Die Gläubiger des Vereins werden aufgefordert, ihre Ansprüche bis ... bei ... (Anschrift Geschäftsstelle oder Liquidator) schriftlich anzumelden.

Berlin, den ... ... (Unterschrift)

Liquidator

7. Abwicklung

Die Auflösung bedeutet noch nicht das Erlöschen des Vereins. Der Verein erlischt erst **7.467**
nach beendeter Verteilung des Vermögens (Liquidation).

Fällt das Vereinsvermögen nicht an den Fiskus, so hat eine Liquidation stattzufinden, **7.468**
§ 47 BGB.

---

311) Nach § 50a BGB erfolgen die Bekanntmachungen bei dem Amtsgericht, in dessen Bezirk der Verein
seinen Sitz hat. Dies kann ein vom Registergericht abweichendes Gericht sein (bei Konzentration von
Vereinsregistersachen). Für eine Bekanntmachung im Amtsblatt des Gerichtes des Vereinssitzes sprechen sich aus: *Sauter/Schweyer/Waldner*, Der eingetragene Verein, Rz. 413, *Stöber/Otto*, Vereinsrecht,
Rz. 1148; *Reichert*, Vereins- und Verbandsrecht, Rz. 4220 (für Gläubigerschutz). **a. A.** Bekanntmachungen sollten sich nach der Zuständigkeit des Registergerichts richten. § 50a BGB geändert durch
BMJBerG BGBl I 2007, 2614 zur Klarstellung, dass diese Regelung generell für alle Bekanntmachungen des Vereins gilt.
312) OLG Naumburg BB 2002, 1609; OLG Köln FGPrax 2005, 80 (GmbH).

7.469 Die Liquidatoren haben die laufenden Geschäfte zu beenden, die Forderungen einzuziehen, das übrige Vermögen in Geld umzusetzen, die Gläubiger zu befriedigen und den Überschuss den Anfallberechtigten auszuantworten, § 49 Abs. 1 S. 1 BGB. Die Anfallberechtigten sind die in der Satzung bestimmten Personen. An diese Personen erfolgt ein Anfall nicht unmittelbar. Sie besitzen lediglich einen Anspruch.

7.470 Gem. § 49 Abs. 2 BGB gilt der Verein bis zur Beendigung der Liquidation als fortbestehend, soweit der Zweck der Liquidation dies erfordert. Diese Fiktion bewirkt, dass ein Verein in Liquidation auch ohne jegliche Mitglieder bestehen kann (der Wegfall sämtlicher Mitglieder ändert am Fortbestand des Vereins in Liquidation nichts). Während des Liquidationsverfahrens ist ein Beitritt neuer Mitglieder nicht möglich.[313]

7.471 Satzungsänderungen sind während der Liquidation nur zulässig, soweit sie dem Liquidationszweck nicht widersprechen.

7.472 Ist in der Satzung kein Anfallberechtigter bestimmt, so fällt das Vermögen an den Fiskus (im Wege der Gesamtrechtsnachfolge) und es findet keine Liquidation statt. Der Verein erlischt in diesem Fall zugleich mit der Auflösung, § 47 BGB.

II. Fortsetzung

1. Voraussetzungen

7.473 Der Auflösungsbeschluss ist widerruflich, solange der Verein noch nicht erloschen ist, weil die Liquidation noch nicht beendet wurde.[314] Die Fortsetzung ist durch die Mitgliederversammlung zu beschließen. Die hierfür erforderliche Mehrheit ist äußerst strittig und reicht von einfacher Mehrheit[315] bis zu der für die Auflösung vorgesehenen Mehrheit[316] oder Einstimmigkeit.[317]

7.474 Richtig ist, dass der Fortsetzungsbeschluss als Aufhebung des Auflösungsbeschlusses der für die Auflösung vorgesehenen Mehrheit bedarf. Sollte der Auflösungsgrund der Satzung entnommen sein, so bedarf der Beschluss einer satzungsändernden Mehrheit.[318] Für die Fortsetzung ist es erforderlich, dass der Verein noch über mindestens drei Mitglieder verfügt.

7.475 Eine Fortsetzung kann auch als nichtrechtsfähiger (nicht eingetragener) Verein beschlossen werden.

7.476 Ist der Verein bereits erloschen (z. B. zugleich mit Auflösung, wenn der Fiskus anfallberechtigt ist), ist eine Fortsetzung naturgemäß nicht möglich.

2. Anmeldung und Eintragung

7.477 Die Fortsetzung als eingetragener Verein ist durch den neu bestellten Vorstand in vertretungsberechtigter Zahl unter Vorlage der Abschrift des Fortsetzungsbeschlusses und des Beschlusses über die Bestellung der Vorstandsmitglieder zur Eintragung in das Vereinsregister anzumelden.

---

313) *Sauter/Schweyer/Waldner*, Der eingetragene Verein, Rz. 75; *Grziwotz*, DStR 1992, 1404.
314) MünchKommBGB/*Reuter*, § 49 Rz. 17.
315) *Stöber/Otto*, Vereinsrecht, Rz. 1122; *Krafka/Kühn*, Registerrecht, Rz. 2210.
316) *Sauter/Schweyer/Waldner*, Der eingetragene Verein, Rz. 394; *Reichert*, Vereins- und Verbandsrecht, Rz. 4396.
317) RGZ 118, 337.
318) So auch MünchKommBGB/*Reuter*, § 49 Rz. 16.

Bauer

Die Liquidatoren sind zu löschen und der neue Vorstand ist (mit allgemeiner Vertretungs- **7.478**
regelung) einzutragen. Die Auflösung ist zu röten und die Fortsetzung ist in Spalte 4b zu
vermerken, § 3 S. 3 Nr. 4 litb VRV.

Muster 166: Fortsetzungsbeschluss vor Löschung   7.479

Protokoll der Mitgliederversammlung des ... e. V. vom ... in ...:

Es erschienen:

Zum Versammlungsleiter und Protokollführer wurde ... bestimmt:

Es wurde festgestellt, dass die Versammlung ordnungsgemäß einberufen wurde.

Mit der Verteilung des Vermögens des Vereins wurde noch nicht begonnen. Die Aktiva
des Vereins übersteigen dessen Verbindlichkeiten.

Es wurde einstimmig beschlossen:

Der Auflösungsbeschluss vom ... wird aufgehoben. Der Verein wird mit sofortiger Wirkung als rechtsfähiger Verein fortgesetzt.

Der Liquidator ... wird abberufen.

Zum Vorstand wird bestellt, Herr ..., geboren am ..., wohnhaft in ... (als Vorstandsvorsitzender) und Frau ..., geboren am ..., wohnhaft in ... (als Stellvertreter). Sie vertreten
den Verein gemeinschaftlich.

Berlin, den ... ... (Unterschrift) als Protokollführer

Muster 167: Anmeldung der Fortsetzung des eingetragenen Vereins   7.480

... e. V. Berlin, den ...

...

... Berlin

An das Amtsgericht ...

Vereinsregister

PLZ Ort

VR ...

Als Vorstand des ... e. V. überreichen wir eine Abschrift des Protokolls der Mitgliederversammlung vom ... und melden Folgendes zur Eintragung an:

Der Verein wird fortgesetzt.

Herr ... ist als Liquidator abberufen.

Herr ..., geboren am ..., wohnhaft in ... und Frau ..., geboren am ..., wohnhaft in ...
sind als Vorstand bestellt. Sie vertreten satzungsgemäß.

Wir versichern, dass die Versammlung satzungsgemäß einberufen wurde und beschlussfähig war und dass die gefassten Beschlüsse ordnungsgemäß zustande gekommen sind.

Berlin, den ... ... (Unterschriften)

Unterschriftsbeglaubigung

III. Löschung

7.481 Der Verein erlischt mit dem Ende der Liquidation. Er erlischt zugleich mit der Auflösung bei Vermögensanfall an den Fiskus. Weiter erlischt der Verein bei Wegfall sämtlicher Mitglieder[319] und der übertragende Verein erlischt nach einer Verschmelzung.

7.482 Nach erfolgter Abwicklung ist der Verein nur erloschen, wenn diese rechtswirksam beendet wurde, d. h. unter Beachtung der hierfür maßgeblichen gesetzlichen Vorschriften.

7.483 Die Eintragung des Erlöschens in das Vereinsregister hat nur deklaratorische Wirkung, d. h. der Verein ist auch ohne Registereintragung erloschen.

1. Anmeldung

7.484 Die Beendigung des Vereins nach Liquidation ist anmeldepflichtig, § 76 BGB.

7.485 Die Anmeldung erfolgt durch die letzten Liquidatoren. Grundsätzlich ist eine Anmeldung erst nach Ablauf des Sperrjahres zulässig.

7.486 Erfolgt die Anmeldung vor Ablauf des Sperrjahres, so haben die Liquidatoren zu versichern, dass kein Vereinsvermögen mehr vorhanden ist und solches auch nicht an die Anfallberechtigten (oder an andere Personen) verteilt wurde und dass keine Prozesse anhängig sind.[320] Falls ein verteilungsfähiges Vereinsvermögen fehlt und eine Liquidation nicht stattfindet, erfolgt die Anmeldung der Liquidatoren und ihrer Vertretungsmacht durch den Vorstand mit einer entsprechenden Erklärung und gleichzeitiger Anmeldung der Beendigung des Vereins durch die Liquidatoren.[321]

7.487 Die Anmeldung kann durch Festsetzung eines Zwangsgeldes erzwungen werden.

7.488 Ein Belegblatt über den erfolgten Gläubigeraufruf sollte nur im Zweifelsfall angefordert werden, § 26 FamFG.

2. Eintragung

7.489 Das Erlöschen des Vereins ist zur Information des Rechtsverkehrs im Vereinsregister zu verlautbaren. Das Erlöschen nach erfolgter Liquidation kann nur in das Vereinsregister eingetragen werden, wenn auch die Auflösung eingetragen wurde. Sollte eine Eintragung der Auflösung unterblieben sein, so kann die Anmeldung des Erlöschens dahingehend ausgelegt werden, dass auch die Auflösung angemeldet wird. Der Auflösungsbeschluss muss in diesem Fall mit vorgelegt werden.

7.490 Das Erlöschen ist in Spalte 4b) einzutragen, § 3 S. 3 Nr. 4 VRV. Das Registerblatt ist zu schließen, § 4 Abs. 2 S. 1 und 2 VRV. Erfolgt keine Anmeldung der Beendigung der Liquidation, so wird das Registerblatt von Amts wegen geschlossen, wenn mindestens ein Jahr seit der Eintragung der Auflösung verstrichen ist, keine weitere Eintragung erfolgt und eine schriftliche Anfrage des Registergerichts beim Verein unbeantwortet geblieben ist, § 4 Abs. 2 S. 3 VRV. In entsprechender Anwendung kann das Registerblatt geschlossen werden, wenn die Auflösung nicht eingetragen wurde, die Liquidation aber sicher beendet

---

319) Str. Siehe hierzu Rz. 7.506 ff.
320) OLG Düsseldorf Rpfleger 2004, 293; *Sauter/Schweyer/Waldner*, Der eingetragene Verein, Rz. 421; *Böttcher* Rpfleger 1988, 169; **a. A.** *Stöber/Otto*, Vereinsrecht, Rz. 1409 der sagt, dass von der Richtigkeit der Anmeldungen ausgegangen werden kann, auch vor Ablauf des Sperrjahres. Vielfach sei kein Vereinsvermögen vorhanden.
321) OLG Düsseldorf, Beschl. v. 21.8.2013 – I-3 Wx 165/12, juris.

Bauer

ist und keine Personen vorhanden sind, die das Erlöschen anmelden können. Auch das Registerblatt des mitgliederlosen Vereins kann nach Beendigung der Liquidation in entsprechender Anwendung des § 4 Abs. 2 VRV geschlossen werden.

Muster 168: Anmeldung der Beendigung der Liquidation und des Erlöschens des Vereins   7.491

... e. V. Berlin, den ...

...

... Berlin

An das

Amtsgericht ...

Vereinsregister

PLZ Ort

VR ...

Als Liquidator des ... e. V. melde ich an, dass die Liquidation beendet und der Verein erloschen ist.

Das nach Gläubigerbefriedigung verbliebene Vereinsvermögen ist an die Anfallberechtigten ausgeantwortet. Vereinsvermögen ist nicht mehr vorhanden.

(Das Belegblatt über die Bekanntmachung der Auflösung und den Gläubigeraufruf ist beigefügt.)

Berlin, den ... ... (Unterschrift)

Unterschriftsbeglaubigung

IV. Nachtragsliquidation

Ergibt sich nach beendeter Liquidation noch Liquidationsbedarf, so kann ein Nachtragsliquidator gem. § 29 BGB bestellt werden. Sollte die Löschung des Vereins im Vereinsregister zu Unrecht erfolgt sein, besteht der Verein fort (§ 49 Abs. 2 BGB).   7.492

Der Nachtragsliquidator wird in das Vereinsregister eingetragen (und die Löschung des Vereins aufgehoben), es sei denn, der Nachtragsliquidator wurde nur für einen engen Aufgabenkreis bestellt. In diesem Fall dient als Nachweis seiner Vertretungsbefugnis die Bestallungsurkunde.   7.493

V. Verzicht auf die Rechtsfähigkeit/Verzicht auf die Registereintragung

Der eingetragene Verein kann durch Beschluss der Mitgliederversammlung auf die Registereintragung verzichten und als nicht eingetragener Verein fortbestehen[322]. Der Beschluss bedarf einer satzungsändernden Mehrheit.[323] Die Satzung des Vereins muss allein   7.494

---

322) Dazu auch BGH WM 2013, 989 ff.
323) *Stöber/Otto*, Vereinsrecht, Rz. 181; a. A. *Reichert*, Vereins- und Verbandsrecht, Rz. 4093 der die Mehrheit für eine Auflösung als ausreichend betrachtet.

wegen des Zusatzes „e. V." und dem Vermerk, dass der Verein in das Vereinsregister eingetragen werden soll, geändert werden.

7.495 Im Vereinsregister wird der Verzicht in Spalte 4b) eingetragen und danach das Registerblatt geschlossen, § 3 S. 3 Nr. 4b VRV, § 4 Abs. 2 VRV.

VI. Entziehung der Rechtsfähigkeit (Entziehung der Eintragungsfähigkeit im Vereinsregister) nach § 73 BGB

1. Voraussetzungen

7.496 Sinkt die Zahl der Vereinsmitglieder unter drei herab, so hat das Registergericht auf Antrag des Vorstands dem Verein die Rechtsfähigkeit (Eintragungsfähigkeit im Vereinsregister) zu entziehen, § 73 BGB. Wird der Antrag vom Vorstand nicht binnen drei Monaten nach Aufforderung durch das Gericht gestellt, so ist die Rechtsfähigkeit (Eintragungsfähigkeit im Vereinsregister) von Amts wegen nach Anhörung des Vorstands zu entziehen.

7.497 Solange eine Entziehung der Rechtsfähigkeit (Entziehung der Eintragungsfähigkeit im Vereinsregister) nicht erfolgt ist, besteht der eingetragene Verein als juristische Person, wenn mindestens ein Mitglied vorhanden ist. Die Entziehung kann zurückgestellt werden, wenn glaubhaft gemacht wird, dass sich die Zahl der Mitglieder alsbald (ein bis zwei Monate) wieder auf drei erhöht.[324] Nach Entziehung der Rechtsfähigkeit (Entziehung der Eintragungsfähigkeit im Vereinsregister) verliert der Verein seinen Status als juristische Person und wird (identitätswahrend) zum nicht eingetragenen Verein.

7.498 Lässt sich nicht mit Sicherheit ermitteln, dass die Zahl der Vereinsmitglieder wirklich unter drei herabgesunken ist, so kann eine Entziehung der Rechtsfähigkeit (Eintragungsfähigkeit im Vereinsregister) nicht erfolgen.[325]

2. Verfahren

7.499 Das Gericht kann eine Bescheinigung vom Vorstand über die Zahl der Vereinsmitglieder verlangen (§ 72 BGB),[326] um sich über die Zahl der Mitglieder zu vergewissern oder sonstige Ermittlungen anstellen (§ 26 FamFG).

7.500 Ist ein Vorstand nicht vorhanden, so kann das Verfahren nicht ohne Bestellung eines Notvorstands erfolgen, da die Entziehung nur nach Anhörung erfolgen darf (rechtliches Gehör, Zustellung Entziehungsbeschluss). In diesem speziellen Fall ist es zulässig, einen Notvorstand von Amts wegen (d. h. ohne Antrag eines Beteiligten) zu bestellen.[327]

7.501 Der Entziehungsbeschluss ist allen Vorstandsmitgliedern zuzustellen (nicht den Vereinsmitgliedern), wenn sie nicht ihr Einverständnis mit dem Verlust der Rechtsfähigkeit (Eintragungsfähigkeit im Vereinsregister) geäußert haben, § 41 Abs. 1 S. 2 FamFG. Gegen diesen Beschluss ist die Beschwerde gegeben, § 58 FamFG.

7.502 Die Entziehung wird erst mit Rechtskraft wirksam, § 401 FamFG.

---

324) *Sauter/Schweyer/Waldner*, Der eingetragene Verein, Rz. 404; *Reichert*, Vereins- und Verbandsrecht, Rz. 4076; *Böttcher*, Rpfleger 1988, 169.
325) OLG Frankfurt/M. Rpfleger 1992, 28.
326) Siehe hierzu Rz. 7.78 ff.
327) BayObLG NJW-RR 1989, 765; *Stöber/Otto*, Vereinsrecht, Rz. 1431; *Eichler*, Rpfleger 2004, 196.

Bauer

3. Eintragung

Erst nach Rechtskraft wird die Entziehung der Rechtsfähigkeit (Eintragungsfähigkeit im   7.503
Vereinsregister) von Amts wegen in das Vereinsregister in Spalte 4b) eingetragen, § 74
Abs. 1 BGB, § 3 S. 3 Nr. 4 lit b VRV. Es wird lediglich die Tatsache der Entziehung der
Rechtsfähigkeit (Eintragungsfähigkeit im Vereinsregister) eingetragen, nicht jedoch der
Grund der Entziehung.[328]

Die gesetzliche Eintragungsgrundlage und der Hinweis der Amtseintragung sind zu ver-   7.504
merken, § 10 Abs. 4 VRV. Das Registerblatt wird geschlossen (§ 4 VRV) und der Vorstand
erhält eine Eintragungsmitteilung. Eine öffentliche Bekanntmachung erfolgt nicht.

Muster 169: Eintragung der Entziehung der Rechtsfähigkeit (Eintragungsfähigkeit   7.505
im Vereinsregister) nach § 73 BGB

Dem Verein ist durch Beschluss des Amtsgerichts ... vom ... die Rechtsfähigkeit (Eintragungsfähigkeit im Vereinsregister) entzogen. Von Amts wegen eingetragen gemäß
§ 74 Abs. 1 BGB.

VII. Löschung des mitgliederlosen Vereins

1. Voraussetzungen

Umstritten sind die Rechtsfolgen eines Vereins, der über keinerlei Mitglieder mehr verfügt.   7.506

Gewichtige Stimmen im Schrifttum vertreten die Ansicht, der Wegfall sämtlicher Mit-   7.507
glieder stelle lediglich einen Auflösungsgrund dar.[329] Ein faktischer Untergang einer juristischen Person durch Wegfall sämtlicher Mitglieder könne nicht anerkannt werden, der
Verein sei mit Wegfall des letzten Mitglieds faktisch aufgelöst und müsse bei Vorhandensein von Vermögen liquidiert werden.[330]

Die Auflösung des Vereins sei von Amts wegen in das Vereinsregister einzutragen und bei   7.508
Vorhandensein von Vermögen sei ein Notliquidator gem. § 29 BGB zu bestellen.[331] Der
Wegfall sämtlicher Mitglieder beseitige den Verein als Personenverband, nicht jedoch als
Rechtssubjekt.[332]

Der BGH hat allerdings entschieden, dass der Wegfall sämtlicher Mitglieder zum Erlöschen   7.509
des Vereins ohne Liquidation führt.[333] Der Verein bleibt auch nicht durch evtl. noch vor-
handenes Vermögen am Leben. Diese Entscheidung spiegelt sich auch in § 4 Abs. 2 Nr. 1
VRV, wonach das Registerblatt zu schließen ist, wenn der Verein wegen Wegfalls sämtlicher Mitglieder erloschen und das Erlöschen im Register eingetragen ist. Ein rechtsfähiger
Verein, der durch den Verlust aller Mitglieder erlischt, setzt sich weder als nicht rechtsfähiger

---

328) *Sauter/Schweyer/Waldner*, Der eingetragene Verein, Rz. 405.
329) *K. Schmidt*, JZ 1987, 394; *Böttcher*, Rpfleger 1988, 169; *Reichert*, Vereins- und Verbandsrecht, Rz. 4032;
   Münch Komm/*Reuter* BGB § 41 Rz. 5.
330) *K. Schmidt*, JZ 1987, 394; *Reichert*, Vereins- und Verbandsrecht, Rz. 4032.
331) *K. Schmidt*, JZ 1987, 394; *Böttcher*, Rpfleger 1988, 169; *Reichert*, Vereins- und Verbandsrecht, Rz. 4033.
332) *K. Schmidt*, JZ 1987, 394; *Böttcher*, Rpfleger 1988, 169.
333) BGH NJW 1956, 138; BGHZ 19, 51; BVerwG NJW 1997, 474; OLG München JFG 18, 183; OLG
   Köln NJW-RR 1996, 989; OLG Frankfurt/M. Rpfleger 1992, 28; KG Rpfleger 2004, 497.

Verein noch als Gesellschaft bürgerlichen Rechts fort; es fehlt an einem Personenverband.[334]

7.510 Der Verein erlischt durch Wegfall sämtlicher Mitglieder kraft Gesetzes.[335] Ist eine Vermögensabwicklung erforderlich, so ist ein Pfleger nach § 1913 BGB durch das Vormundschaftsgericht zu bestellen.[336]

7.511 Anders ist die Rechtslage jedoch bei einem Liquidationsverein. Hier ändert der Wegfall sämtlicher Mitglieder während der Liquidation am Fortbestand des Vereins nichts. Die gesetzliche Fiktion des § 49 Abs. 2 BGB führt dazu, dass ein Verein im Liquidationsstadium nicht erlischt.

2. Verfahren

7.512 Das Registergericht hat von Amts wegen zu ermitteln, ob ein Verein ohne Mitglieder ist, § 26 FamFG. Bestehen Anhaltspunkte dafür, dass der Verein über keinerlei Mitglieder mehr verfügt, so kann der Vorstand aufgefordert werden, eine Bescheinigung über die Anzahl der Mitglieder einzureichen, § 72 BGB.

7.513 Ist kein Vorstand mehr im Amt bzw. nicht erreichbar, kann ein evtl. gestellter Löschungsantrag allen bekannten Mitgliedern (z. B. Gründungsmitglieder) zur Kenntnis- und Stellungnahme übersandt werden. Eine Stellungnahme der (ehemaligen) Vereinsmitglieder kann jedoch nicht erzwungen werden.[337]

7.514 Ist sicher anzunehmen, dass der Verein über keinerlei Mitglieder mehr verfügt, so ist er im Register zu löschen, auch wenn noch Vermögen vorhanden sein sollte.[338] Der Löschungsvermerk ist in Spalte 4b) einzutragen, § 3 S. 3 Nr. 4 lit b VRV. Das Registerblatt ist zu schließen, § 4 VRV. Eine Mitteilung und Veröffentlichung erfolgt nicht.

7.515 Kann nicht mit der erforderlichen Sicherheit festgestellt werden, dass sämtliche Mitglieder weggefallen sind, erfolgt keine Löschung.[339]

7.516 Stellt sich nach einer erfolgten Löschung des Vereins heraus, dass dieser noch über Mitglieder verfügt, so hat die Löschung im Register in diesem Fall nur zum Verlust der Stellung als eingetragener Verein (juristische Person) geführt, er besteht aber als nicht eingetragener Verein fort.[340] In diesem Fall ist der Löschungsvermerk von Amts wegen gem. § 395 FamFG aufzuheben und die alte Eintragung wieder herzustellen.

7.517 Die lange (freiwillige) Untätigkeit eines Vereins, d. h. die Aufgabe des Vereinszwecks wird dem Ausscheiden sämtlicher Mitglieder gleichgestellt.[341]

---

334) KG Rpfleger 2011, 674 ff.
335) BGHZ 19, 51; OLG Frankfurt/M. Rpfleger 1992, 28; BR-Drucks. 982/98; *Stöber/Otto*, Vereinsrecht, Rz. 1435; *Eichler*, Rpfleger 2004, 196; *Bartodziej*, Vereinsrecht, Rz. 258.
336) BGHZ 19, 51.
337) OLG Frankfurt/M. Rpfleger 1992, 28.
338) *Stöber/Otto*, Vereinsrecht, Rz. 1435.
339) Siehe auch OLG Frankfurt/M. Rpfleger 1992, 28.
340) KG Rpfleger 2007, 82.
341) BGHZ 19, 51; OLG Köln NJW 1996, 989; so auch MünchKommBGB/*Leuschner*, Vor § 41 Rz. 8, der jedoch hierin keinen Erlöschensgrund sondern nur einen Auflösungsgrund sieht.

Teil 8: Partnerschaftsgesellschaft

Literatur: *Heydin*, Die erbrechtliche Nachfolge in Anteile an Partnerschaftsgesellschaften, ZEV 1998, 161; *Krafka/Willer*, Besonderheiten der elektronischen Registerführung, Rpfleger 2002, 411; *Linardatos*, Die Partnerschaftsgesellschaft mit beschränkter Berufshaftung – eine echte Alternative zur Limited Liabiliy Partnership oder eine systemwidrige Implementierung in das Partnerschaftsgesellschaftsgesetz, VersR 2013, 1488; *Leutheusser-Schnarrenberger*, Die Partnerschaftsgesellschaft für die rechtsberatenden Berufe, BRAK-Mitt 1995, 90; *Seibert*, Die Partnerschaftsgesellschaft mit beschränkter Berufshaftung (PartGmbB), DB 2013, 1710.

A. Allgemeines

Die Partnerschaftsgesellschaft ist für die Angehörigen der so genannten freien Berufe bestimmt, welche qua Definition des Gewerbebetriebs **kein** Handelsgewerbe betreiben, und mangels Vorliegen eines solchen auch keine Personenhandelsgesellschaft betreiben konnten. Ihnen war die Möglichkeit einer Registerpublizität nicht gegeben. Für diese Personengruppen wurde mit dem Gesetz zur Schaffung von Partnerschaftsgesellschaften und zur Änderung anderer Gesetze[1] die Rechtsform der Partnerschaftsgesellschaft geschaffen. **8.1**

Eine Reform hat die Partnerschaftsgesellschaft durch das Gesetz zur Einführung einer Partnerschaftsgesellschaft mit beschränkter Berufshaftung und zur Änderung des Berufsrechts der Rechtsanwälte, Patentanwälte, Steuerberater und Wirtschaftsprüfer[2] erfahren. Damit wurde als Variante der Partnerschaftsgesellschaft die Partnerschaftsgesellschaft mit beschränkter Berufshaftpflicht eingeführt, um insbesondere den Angehörigen der rechtsberatenden Berufe eine Alternative zur Rechtsform der englischen bzw. US-amerikanischen Limited Liability Partnership (LLP) zu bieten.[3] **8.2**

B. Entstehen

I. Voraussetzungen

1. Partnerschaftsvertrag

Anders als bei Personenhandelsgesellschaften muss der Gesellschaftsvertrag der Partnerschaft (Partnerschaftsvertrag) in der Schriftform abgefasst sein (§ 3 Abs. 1 PartGG). Ob damit wie vom Gesetzgeber[4] erhofft Rechtsfrieden und Rechtssicherheit erreicht wird, darf indes bezweifelt werden. Der Vertrag muss nicht beim Registergericht eingereicht werden.[5] **8.3**

Das Formerfordernis der Schriftform erstreckt sich auch auf sämtliche Änderungen des Partnerschaftsvertrages bei späteren Änderungen.[6] Dabei wird es nicht als erforderlich erachtet, dass die geänderten Bestimmungen mit dem Ursprungsvertrag „urkundlich verbunden" sein müssen, es genügt vielmehr, wenn in dem Änderungsbeschluss auf den Ursprungsvertrag und ggf. frühere Veränderungen Bezug genommen wird.[7] **8.4**

---

1) v. 25.7.1994, BGBl I, 1744, in Kraft getreten zum 1.7.1995.
2) v. 15.7.2013, BGBl I, 2386, in Kraft getreten zum 19.7.2013.
3) Vgl. Regierungsbegründung BT-Drucks. 17/10487 S. 1.
4) BT-Drucks. 6/2047.
5) Meilicke/von Westphalen/Hoffmann/Lenz/Wolff/*Wolf*, PartGG, § 4 Rz. 54.
6) Henssler/Strohn/*Hirtz*, GesellschaftsR, § 3 PartGG Rz. 4.
7) So bereits zum BGH WM 1988, 271.

2. Angehörige freier Berufe (§ 1 PartGG)

8.5 Die Gründung einer Partnerschaftsgesellschaft steht denjenigen Berufsgruppen offen, denen die Errichtung einer offenen Handelsgesellschaft mangels Betrieb eines Handelsgewerbes (vgl. Rz. 2.2) verwehrt ist.

8.6 Für die Angehörigen der in § 1 Abs. 2 S. 2 PartGG genannten Berufe ist die Partnerschaftsgründung zweifelsfrei möglich; in Grenzfällen gibt § 1 Abs. 2 S. 1 PartGG für „ähnliche Berufe" die Zulassungsvoraussetzung (Beschreibung anhand des Berufstypus).[8]

8.7 Gesellschafter einer Partnerschaftsgesellschaft können nur natürliche Personen sein (§ 1 Abs. 2 S. 3 PartGG). Durch den Verweis in § 1 Abs. 4 PartGG auf das BGB-Gesellschaftsrecht ist zudem normiert, dass es sich um eine Personenmehrheit handeln muss; die „Ein-Personen-Partnerschaft" ist unzulässig.[9]

8.8 Einschränkungen des Berufsrechts gem. § 1 Abs. 3 PartGG der im Katalog des § 1 Abs. 2 S. 2 PartGG genannten Berufe für einen Zusammenschluss der gleichartigen Berufsausübung (monoprofessioneller Zusammenschluss) gibt es derzeit nicht. Bei den „verkammerten Berufen" ist die Ausübung verschiedener freier Berufe innerhalb einer Partnerschaft (interprofessioneller Zusammenschluss) dagegen nur möglich, wenn die beabsichtigte Kombination nach dem Berufsrecht aller Beteiligten zulässig ist.[10]

8.9 Im Bereich der rechts- und wirtschaftsberatenden Berufe finden sich entsprechende Regelungen u. a. in § 59a BRAO, § 52 PAO, § 56 StBerG und § 44b Abs. 1 WPO; im Bereich der Heilberufe sieht die Muster-Berufsordnung der Ärzte[11] die Möglichkeit des Zusammenschlusses mit Zahnärzten, Psychotherapeuten, Diplom-Psychologen, Sozial- und Heilpädagogen, Klinischen Chemikern, Diplom-Sozialpädagogen, Hebammen, Logopäden, Ergotherapeuten, Physiotherapeuten, Medizinisch-technischen Assistenten, Diätassistenten sowie den Angehörigen staatlich anerkannter Pflegeberufe vor.

8.10 Einer näheren verfassungsrechtlichen Untersuchung bedurfte die Frage, ob sich z. B. ein Rechtsanwalt mit einer Ärztin und einer Apothekerin zu einer „interprofessionellen Partnerschaft für das Recht des Arztes und des Apothekers" zusammenschließen kann, wobei die Ärztin und die Apothekerin nach dem Inhalt des Eintragungsantrages nur gutachterlich und beratend tätig sind und in der Partnerschaft weder die Heilkunde am Menschen ausgeübt noch eine Apotheke betreiben soll. Das Grundrecht der Berufsfreiheit (Art. 12 Abs. 1 GG) darf durch die Regelungen des Berufsrechts der Rechtsanwälte nicht unangemessen eingeschränkt werden, sodass auch ein Zusammenschluss von Rechtsanwälten, Ärzten und Apotheken in einer Partnerschaft, die nur gutachterlich und beratend tätig werden soll, zuzulassen ist.[12]

3. Name der Partnerschaft

8.11 Der Name der Partnerschaft (§ 2 Abs. 1 PartGG) muss zwingend den Namen mindestens eines Partners, alle in der Partnerschaft ausgeübten Berufsbezeichnungen sowie einen Zusatz „und Partner" oder „Partnerschaftsgesellschaft" enthalten. Weitere Phantasiezusätze

---

8) *Leutheuser-Schnarrenberger*, BRAK-Mitt 1995, 90.
9) KG DNotZ 2007, 954–957.
10) BT-Drucks. 12/6152, S. 10.
11) MBO-Ä, NJW 1997, 3076 ff., welche der Umsetzung durch die jeweilige Länderärztekammer bedarf.
12) BVerfGE 141, 82–120.

Rudolph

bzw. ein Zusatz zur Kurzbezeichnung einer überörtlichen Sozietät[13] sind zulässig. In den Namen der Partnerschaft kann auch ein von dem namensgeben Partner geführter Doktortitel aufgenommen werden.[14] Ebenso kann der Name einer zuvor (z. B. in der Form einer GbR) geführten Sozietät mit deren Zustimmung als Name der Partnerschaft fortgeführt werden, auch wenn der namensgebende Partner zum Zeitpunkt der Eintragung in das Partnerschaftsregister nicht mehr Gesellschafter der Sozietät war.[15] Zudem muss der Name der Partnerschaft „frei" sein und er muss sich deutlich sowohl von den Namen bereits eingetragener Partnerschaften als auch den Firmen von Handelsgesellschaften unterscheiden (§ 2 Abs. 2 PartGG i. V. m. § 30 HGB). Der Zusatz „Partnerschaft" bzw. „und Partner" – auch in der englischen Abwandlung „partners"[16] – ist nunmehr exklusiv den Partnerschaftsgesellschaften vorbehalten, § 11 Abs. 1 PartGG.

Bei Partnerschaftsgesellschaften, die als Steuerberatungs-, Wirtschaftsprüfungs-, oder Buchprüfungsgesellschaft anerkannt sind, brauchen die Berufsbezeichnungen von den Partnern, die Steuerberater, Steuerbevollmächtigte, Wirtschaftsprüfer oder vereidigte Buchprüfer sind, nicht in den Namen der Partnerschaftsgesellschaft aufgenommen werden (§ 5 Abs. 2 S. 3 PRV). **8.12**

Wenn die neu zu gründende Partnerschaft aus einer Gesellschaft bürgerlichen Rechts oder z. B. einer Anwaltssozietät hervorgeht, kann für den Namen der Partnerschaft mit der Zustimmung desjenigen auch der Name eines ehemaligen Mitglieds dieses „Vorgängers" verwendet werden, auch wenn dieses ehemalige Mitglied selbst gar nicht mehr Partnerschaftsgesellschafter wird. **8.13**

Beispiele:
- Anwaltsnotare können innerhalb einer Partnerschaft nur den Beruf des Rechtsanwalts ausüben, da das Amt als Notar ein öffentliches Amt darstellt. Weder in den Namen und den Unternehmensgegenstand der Partnerschaft, noch in die Berufsbezeichnung des Partners darf daher ein Hinweis auf das Notaramt aufgenommen werden.[17]
- Obwohl Rechtsanwälte nach § 3 StBerG zur unbeschränkten Hilfeleistung in Steuersachen befugt sind, kann eine Partnerschaft aus Rechtsanwälten nicht den Zusatz „und Steuerberatung" in den Namen der Partnerschaft aufnehmen.[18]
- Rechtsdienstleistungen durch registrierte Personen nach § 10 RDG sind nicht automatisch der Partnerschaftsgesellschaft zugänglich. Einschränkungen sind geboten für das Erbringen von Inkassodienstleistungen (§ 2 Abs. 2 RDG) und bei Frachtprüfern und Versicherungsberatern, denen eine Erlaubnis nach Art. 1 § 1 Abs. 1 S. 2 Nr. 2 und 3 RBerG erteilt war und die eine Registrierung im Rechtsdienstleistungsregister aufgrund der Übergangsvorschrift nach § 1 Abs. 3 S. 2 RDGEG erlangt haben, da bei ihnen der gewerbliche Charakter ihrer Tätigkeit überwiegt.[19]
- Apotheker gehören bei Selbstständigkeit zwar aufgrund allgemeiner Definitionen zur Gruppe der freiberuflich Tätigen, fallen aber nicht unter die Berufstypenbeschreibung des § 1 Abs. 2 S. 1 PartGG.[20] Sie üben vielmehr ein Handelsgewerbe aus und können daher nicht

---

13) BGH NJW 2002, 608–609.
14) BGH NZG 2017, 734–736 m. w. N.
15) OLG Hamm DStR 2017, 1231–1232.
16) KG NZG 2018, 1235.
17) BT-Drucks. 12/6151, S. 10; OLG Stuttgart NJW-RR 2006, 1723–1724; OLG Bremen MDR 1997, 1172.
18) OLG Rostock NJW-RR 2006, 784–786; BVerfG NJW 2006, 1499–1500.
19) Zu den Einschränkungen nach dem außer Kraft getretenen RBerG: *Henssler*, PartGG, § 1 Rz. 135.
20) Vgl. OVG Berlin-Brandenburg APR 2007, 17–26.

Partnerschaftsgesellschafter werden.[21] Dieses gilt jedoch nicht für einen „interprofessionellen Zusammenschluss" eines Arztes und eines Apothekers, wenn der Gegenstand der Partnerschaft nicht auf den Betrieb einer Apotheke, sondern z. B. auf die Beratung in medizinischen und pharmazeutischen Fragen gerichtet ist und damit eine Dienstleistung höherer Art im Interesse der Auftraggeber und der Allgemeinheit erbracht werden soll.[22]

– Ein Ingenieurbüro für technische Gebäudeausrüstung und Energieberatung übt eine gewerbliche Tätigkeit aus. Die von den Ingenieuren zu erbringenden Leistungen haben einen vorwiegend gewerblichen Charakter, so dass es sich um keine – dem Partnerschaftsgesellschaftsgesetz zugängliche – freiberufliche Tätigkeit handelt.[23]

– Die Entwicklung von Software und die Verwaltung von Datenbanken mögen durchaus Kreativität, künstlerisches Wirken, technisches Wissen und Ingenieur-Kenntnisse erfordern. Diese Tätigkeiten würden jedoch in der Regel im Rahmen einer gewerblichen Tätigkeit erbracht und stellen keine Tätigkeit im Sinne eines freien Berufs des § 1 PartGG dar.[24]

– Für eine Partnerschaftsgesellschaft von Rechtsanwälten selbst scheidet die Beteiligung an einer Rechtsanwaltsgesellschaft in Form einer GmbH aus.[25]

II. Partnerschaftsgesellschaft mit beschränkter Berufshaftung – PartG mbB

1. Gründung

8.14 Die Gründung einer Partnerschaft mit beschränkter Berufshaftung entspricht zunächst den allgemeinen Voraussetzungen[26] (vgl. Rz. 8.3–8.10). Um eine Haftungsbeschränkung nach § 8 Abs. 4 PartGG zu erreichen, muss es zunächst für den ausgeübten freien Beruf eine Berufsordnung geben, die den Abschluss einer Berufshaftpflichtversicherung vorsieht. Entsprechende Berufshaftpflichtversicherungen für Partnerschaftsgesellschaften sehen u. a. vor:

– § 51a BRAO für Rechtsanwälte;

– § 45a PAO für Patentanwälte;

– § 67 StBerG für Steuerberater und Steuerbevollmächtigte;

– § 54 WiPrO für Wirtschaftsprüfer.

8.15 Bei Partnerschaftsgesellschaften von Ingenieuren ist darauf abzustellen, ob die landesrechtlichen Berufsgesetze eine Berufshaftpflichtversicherung vorsehen. So ist es z. B. in Niedersachsen und Nordrhein-Westphalen möglich, dass beratende Ingenieure eine Partnerschaftsgesellschaft mit beschränkter Berufshaftpflicht eingehen können, „Nicht-Beratende Ingenieure" hingegen nicht.[27] Die Rechtslage in Bundesland Berlin sieht ähnlich aus[28].

8.16 Partnerschaften mit beschränkter Berufshaftpflicht können ausschließlich von Angehörigen der Berufe gegründet und betrieben werden, die entsprechende Berufshaftpflichtversicherungen vorsehen. Der Abschluss dieser Haftpflichtversicherung ist obligatorisch, da die Partnerschaft eine entsprechende Haftpflichtversicherung unterhalten muss. Da die einzelnen Berufsordnungen unterschiedlich hohe Anforderungen an den Versicherungsschutz durch

---

21) BVerwG NJW 1992, 994–996 m. w. N.
22) LG Essen GesR 2009, 557.
23) OLG Zweibrücken Rpfleger 2013, 152.
24) OVG Lüneburg CR 2013, 81–85.
25) BGHZ 214, 235–258.
26) *Seibert*, DB 2013, 1710.
27) OLG Celle MDR 2016, 1216–1217; OLG Hamm NZG 2016, 73–74.
28) § 33 ABKG (Bln).

die Berufshaftpflichtversicherung gestellt haben, stellt sich die Frage, wie hoch der Versicherungsschutz bei interdisziplinären Partnerschaften sein muss. Dabei ist davon auszugehen, dass die (beteiligte) höchste Mindestversicherungssumme maßgeblich ist.[29]

Der Name der Partnerschaft muss nach § 8 Abs. 4 PartGG den Zusatz „mit beschränkter **8.17** Berufshaftung" oder eine Abkürzung (z. B. „PartG mbB") beinhalten.

2. Herbeiführung der Haftungsbeschränkung bei bereits bestehender Partnerschaftsgesellschaft

Auch bereits bestehende Partnerschaftsgesellschaften können eine Änderung in diese **8.18** Rechtsformvariante vornehmen. Hierbei ist zu beachten, dass es sich dabei weder um eine „Umwandlung" (vgl. § 1 UmwG) noch um einen „Rechtsformwechsel" handelt.[30] Die Herbeiführung der Haftungsbeschränkung setzt voraus, dass die berufsrechtlichen Voraussetzungen für eine beschränkte Berufshaftung durch die Berufsordnung gegeben ist, die Berufshaftpflichtversicherung für die Partnerschaftsgesellschaft unterhalten wird und eine Änderung des Gesellschaftsvertrages – hinsichtlich des Namens der Partnerschaft[31] – herbeigeführt wird.

III. Anmeldung

1. Verpflichtung

Die Partnerschaft ist bei dem Gericht, welches nach § 377 FamFG sowie der jeweiligen **8.19** landesrechtlichen Zuständigkeitskonzentrationsverordnung für die Führung des Partnerschaftsregisters zuständig ist, anzumelden.

Die Anmeldung muss von sämtlichen Partnern vorgenommen werden § 4 Abs. 1 S. 1 PartGG **8.20** i. V. m. § 108 Abs. 1 HGB. Es müssen daher alle – und daher auch die von der Vertretung ausgeschlossenen – Partner an der Anmeldung mitwirken.

2. Inhalt

Die Anmeldung muss alle nach § 4 Abs. 1 S. 2 PartGG erforderlichen Angaben enthalten **8.21** sowie die in der Partnerschaft ausgeübten Berufe eines jeden Partners.

Die Zugehörigkeit zu dem freien Beruf ist zu versichern. Ferner müssen die Partner erklären, **8.22** ob es für die Ausübung des Berufes einer staatlichen Zulassung bedarf. Zusätzlich müssen die Partner erklären, ob und welcher Berufskammer sie angehören und versichern, dass der Zusammenschluss zu einer Partnerschaftsgesellschaft berufs- oder standesrechtlich nicht ausgeschlossen ist.

Die inländische Geschäftsanschrift muss nicht zur Eintragung angemeldet werden (§ 5 Abs. 2 **8.23** PartGG), dennoch ist die Lage der Geschäftsräume in der Anmeldung anzugeben (§ 1 PRV i. V. m. § 24 Abs. 2 HRV).

---

29) Vgl. Regierungsbegründung BT-Drucks. 17/13944, S. 21, *Linadartos*, VersR 2013, 1488.
30) OLG Nürnberg BB 2014, 534.
31) Vgl. Rz. 8.60.

3. Form

8.24 Über § 5 PartGG gilt für die Form § 12 HGB, wonach die Anmeldung öffentlich beglaubigt sein muss. Alle zur Eintragung erforderlichen Unterlagen müssen als elektronisches Dokument eingereicht werden.

4. Weitere einzureichende Unterlagen bei Beschränkungen der Berufshaftung

8.25 Bei Partnerschaftsgesellschaften mit beschränkter Berufshaftung muss ferner eine Bescheinigung nach § 113 Abs. 2 VVG über den Abschluss der erforderlichen Berufshaftpflichtversicherung beigefügt werden. Das Registergericht hat zu prüfen, ob die berufsrechtliche Mindestversicherungssumme erreicht ist; sieht das Berufsrecht lediglich den Abschluss einer „angemessenen" Berufshaftpflichtversicherung vor, ist vom Registergericht lediglich der Abschluss der Berufshaftpflichtversicherung überhaupt zu prüfen, die „Angemessenheit" der Versicherung ist das Risiko der Partnerschaftsgesellschafter.[32]

8.26 Da es sich bei Partnerschaften mit beschränkter Berufshaftung um keine eigene Rechtsform handelt, wird im Partnerschaftsregister Spalte 4a als Rechtsform lediglich „Partnerschaftsgesellschaft" eingetragen.[33]

5. Sonstige einzureichende Unterlagen

8.27 Der Partnerschaftsvertrag muss nicht eingereicht werden. § 3 PRV sieht vor, dass Berufszulassungsurkunden in beglaubigter Abschrift zum Nachweis der Berufsausübungsqualifikation vorgelegt werden sollen.

8.28 Das PartGG sieht eine solche Vorlagepflicht nicht vor. Im Übrigen ist eine solche Vorlage nur bei den verkammerten Berufen möglich. Die Vorlage der Berufszulassungsurkunde ist demnach weniger Eintragungsvoraussetzung, sondern Freibeweis i. S. v. § 26 FamFG. Wie bei den nicht-verkammerten Berufen besteht auch die Möglichkeit, in anderer geeigneter Weise die Berufszulassung gegenüber dem Registergericht dazulegen. Hierzu kann auch eine befürwortende Stellungnahme der Berufskammer eingereicht werden.

8.29 Muster 170: Erstanmeldung („normale" Partnerschaftsgesellschaft)

Amtsgericht *Registergericht*

Partnerschaftsregister

PLZ Ort

zu RegNeu (PR)

Zur Eintragung in das Partnerschaftsregister melden wir an:

Wir haben unter dem Namen *Name der Partnerschaft* eine Partnerschaftsgesellschaft nach §§ 1 ff. PartGG gegründet.

Sitz der Partnerschaft ist *Ort*.

Gegenstand der Partnerschaft ist *Bezeichnung der partnerschaftlichen Tätigkeit*.

---

32) Regierungsbegründung, BT-Drucks. 17/10487, S. 13.
33) OLG Nürnberg BB 2014, 534.

Die Geschäftsräume der Partnerschaft befinden sich *Anschrift*.

Partner sind:

1. *Beruf, Vorname, Nachname, Geburtsdatum, Wohnanschrift*

2. *Beruf, Vorname, Nachname, Geburtsdatum, Wohnanschrift*

3. *Beruf, Vorname, Nachname, Geburtsdatum, Wohnanschrift*.

Jeder Partner vertritt die Partnerschaft allein (oder eine andere Vertretungsregelung).

In der Partnerschaft ausgeübter freier Beruf eines jenen Partners: *Berufsbezeichnungen aller Partner*.

Wir versichern die Zugehörigkeit jedes Partners zu dem freien Beruf, den wir in der Partnerschaft ausüben.

Als Nachweis legen wir vor:

☐ Bestallungsurkunden der Zulassung zur Rechtsanwaltschaft in Berlin in beglaubigten Abschriften.

☐ Auszug unserer Registrierung bei unserer Kammer

☐ Bescheinigung unserer berufsständischen Vereinigung

Eine Zusammenarbeit in der Partnerschaft ist berufsrechtlich weder eingeschränkt noch ausgeschlossen. Eine staatliche Zulassung ist nicht erforderlich. Für die in der Partnerschaft ausgeübten Berufe besteht folgende Berufskammer: *Kammer mit Anschrift*

Unterschriftsbeglaubigung für sämtliche Partner [Muster 1]

Übereinstimmungsvermerk der elektronischen Abschrift mit dem Papierdokument [Muster 1]

Muster 171: Erstanmeldung (PartG mbB) 8.30

Amtsgericht *Registergericht*

Partnerschaftsregister

PLZ Ort

zu RegNeu (PR)

Zur Eintragung in das Partnerschaftsregister melden wir an:

Wir haben unter dem Namen *Name der Partnerschaft* eine Partnerschaftsgesellschaft mit beschränkter Berufshaftung gemäß § 8 Abs. 4 PartGG gegründet.

Sitz der Partnerschaft ist *Ort*.

Gegenstand der Partnerschaft ist *Bezeichnung der partnerschaftlichen Tätigkeit*

Die Geschäftsräume der Partnerschaft befinden sich *Anschrift*.

Partner sind:

1. *Beruf, Vorname, Nachname, Geburtsdatum, Wohnanschrift*

2. *Beruf, Vorname, Nachname, Geburtsdatum, Wohnanschrift*

3. *Beruf, Vorname, Nachname, Geburtsdatum, Wohnanschrift*.

Jeder Partner vertritt die Partnerschaft allein (oder eine andere Vertretungsregelung).

In der Partnerschaft ausgeübter freier Beruf eines jenen Partners: *Berufsbezeichnungen aller Partner*.

Wir versichern die Zugehörigkeit jedes Partners zu dem freien Beruf, den wir in der Partnerschaft ausüben.

Als Nachweis legen wir vor:

–   Bestallungsurkunden der Zulassung zur *Rechtsanwaltschaft in Berlin*[34] in beglaubigten Abschriften.

–   Bescheinigung über den Abschlusses einer Berufshaftpflichtversicherung für die Partnerschaftsgesellschaft bei der *Firma der Versicherung*.

Eine Zusammenarbeit in der Partnerschaft ist berufsrechtlich weder eingeschränkt noch ausgeschlossen.

Für die in der Partnerschaft ausgeübten Berufe besteht folgende Berufskammer: *Kammer mit Anschrift*.

Unterschriftsbeglaubigung für sämtliche Partner [Muster 1]

Übereinstimmungsvermerk der elektronischen Abschrift mit dem Papierdokument [Muster 1]

8.31 Muster 172: Partnerschaftsvertrag

M U S T E R

eines Partnerschaftsvertrages für die Errichtung einer Partnerschaftsgesellschaft[35]

Partnerschaftsvertrag

zwischen

1)   *Partner 1*

2)   *Partner 2*

3)   *Partner 3*

Präambel

Zum Zwecke der gemeinsamen Berufsausübung schließen wir uns zu einer Partnerschaftsgesellschaft zusammen und legen den Partnerschaftsvertrag wie folgt fest:

---

34) Ggf. andere Bescheinigung aus der sich die Berufszulassung bei Rechtsanwälten, Patentanwälten, Steuerberatern, Steuerbevollmächtigten, Wirtschaftsprüfern oder vereidigten Buchprüfern ergibt.

35) Achtung: Der Entwurf kann nicht auf Besonderheiten im Recht der verkammerten Berufe eingehen. Hierzu empfiehlt sich die Rücksprache mit der zuständigen Kammer.

§ 1
(Name der Partnerschaft und Sitz)

Der Name lautet: *Name der Partnerschaftsgesellschaft*

Sie hat ihren Sitz in *Ort*

§ 2
(Gegenstand der Partnerschaft)

Gegenstand der Partnerschaft ist*

§ 3
(Geschäftsjahr)

Das Geschäftsjahr der Partnerschaft ist das Kalenderjahr.

Das erste Geschäftsjahr beginnt mit der Gründung der Partnerschaft und endet am 31. Dezember ... (Rumpf-Geschäftsjahr).

§ 4
(Partner)

Partner der Gesellschaft sind:

1) *Partner 1*

2) *Partner 2*

3) *Partner 3*

§ 5
(Anteilsübertragung, Erbfolge)

Die Beteiligung an der Partnerschaft ist nur übertragbar, wenn alle Partner der Übertragung zustimmen und berufsrechtliche Regelungen nicht entgegenstehen. Sie kann nur auf Personen übertragen werden, die gemäß §§ 1 Abs. 1 und 2 PartGG und den Voraussetzung des Berufsrechts Partner sein können.

Die Beteiligung an der Partnerschaft ist nicht vererblich (§ 9 Abs. 4 PartGG).

§ 6
(Geschäftsführung und Vertretung)

(1) Geschäftsführung

Die Geschäftsführung obliegt den Partnern gemeinschaftlich. Bei der Ausübung der Geschäftsführung sind die Bestimmungen des Berufsrechts einzuhalten.

(2) Vertretung

Zur Vertretung der Partnerschaft ist jeder Partner allein berechtigt.

§ 7
(Partnerversammlung und Beschlüsse)

Die Partner entscheiden in den ihnen durch Gesetz oder diesen Vertrag zugewiesenen Angelegenheiten der Partnerschaft durch Beschluss. Beschlussfassungen bedürfen der mehrheitlichen Zustimmung der Partner.

§ 8
(Überschussrechnung)

Innerhalb der ersten drei Monate eines jeden Geschäftsjahres ist eine Überschussrechnung gemäß § 4 Abs. 3 EStG für das abgelaufene Geschäftsjahr aufzustellen, aus der sich der Saldo zwischen den Einnahmen und den Ausgaben (Gewinn oder Verlust) ergibt.

Der Rechnungsabschluss ist allen Partner zu übermitteln und durch Beschluss der Partnerschaft festzustellen. Mit der Feststellung wird der Rechnungsabschluss für die Partner untereinander verbindlich.

§ 9
(Verschwiegenheitspflicht)

Die in der Partnerschaft tätigen Berufsangehörigen sowie die Mitarbeiter sind nach Maßgabe der berufs- und strafrechtlichen Vorschriften gegenüber jedermann zur Verschwiegenheit verpflichtet.

§ 10
(Ausscheiden aus der Partnerschaft)

Im Falle des Todes, der Eröffnung des Insolvenzverfahrens über das Vermögen eines Partners oder der Ablehnung der Verfahrenseröffnung mangels Masse, der Kündigung eines Partners, der Kündigung durch einen Privatgläubiger eines Partners sowie den Verlust der erforderlichen Zulassung zu dem freien Beruf, den der Partner in der Partnerschaft ausübt, scheidet der betroffene Partner mit dem Eintritt des betreffenden Ereignisses aus der Partnerschaft, die zwischen den übrigen Partnern fortgesetzt wird, aus.

§ 11
(Änderung des Partnerschaftsvertrages, Auflösung)

(1) Änderungen des Partnerschaftsvertrages bedürfen der Schriftform.

(2) Beschlüsse über Änderungen des Partnerschaftsvertrages und über die Auflösung der Partnerschaft sind nur gültig, wenn sie in einer ordnungsgemäß einberufenen und beschlussfähigen Partnerversammlung mit einfacher Mehrheit gefasst werden.

(3) Jede Änderung in den partnerschaftlichen Verhältnissen (Änderung des Partnerschaftsvertrages, Partnerwechsel bzw. -aufnahme) ist unverzüglich der Berufskammer anzuzeigen. Wird die Änderung im Partnerschaftsregister eingetragen, ist ein amtlicher Ausdruck nachzusenden.

Ort, Datum

Unterschriften

Muster 173: Partnerschaftsregistereintragung

8.32

Amtsgericht Charlottenburg

Ausdruck Partnerschaftsregister

PR 479 B

Nummer der Eintragung	a) Name b) Sitz, inländische Geschäftsanschrift, Zweigniederlassungen c) Gegenstand	a) Allgemeine Vertretungsregelung b) Partner, Vertretungsberechtigte und besondere Vertretungsbefugnis	a) Rechtsform b) Sonstige Rechtsverhältnisse	a) Tag der Eintragung b) Bemerkungen
1	2	3	4	5
1	a) Friederike Nadig und Partnerinnen - Rechtsanwältinnen b) Berlin c) Die Berufsausübung der Partnerinnen als Rechtsanwältinnen.	a) Jeder Partner vertritt die Gesellschaft allein. b) Partner: 1. Nadig, Friderike, *14.08.1970, Herford, Rechtsanwältin Partner: 2. Seibert, Elisabeth, *09.06.1986, Kassel, Rechtsanwältin Partner: 3. Weber, Helene, *25.06.1962, Bonn, Rechtsanwältin Partner: 4. Wessel, Helene, *13.10.1969, Bonn, Rechtsanwältin	a) Partnerschaft	a) 22.09.2008 ch10016

Amtsgericht Charlottenburg, 22.09.2008 18:27 Uhr

22.09.2008

Seite 1 von 1

C. Änderungen im Gesellschafterberstand

I. Eintritt eines weiteren Partners

8.33 Der Eintritt eines Partners in eine bestehende Partnerschaftsgesellschaft erfolgt durch einen Aufnahmevertrag mit sämtlichen Partnern. Zugleich bedarf es einer Änderung des Partnerschaftsvertrages, vgl. § 3 Abs. 2 Nr. 2 PartGG. Der neue Partner muss die Voraussetzungen nach § 1 Abs. 2 PartGG erfüllen. Übt der neue Partner in der Partnerschaft einen Beruf aus, den bisher kein anderer Partner ausgeübt hat, ist zu beachten, dass es für diesen interprofessionellen Zusammenschluss keine Beschränkungen durch die Berufsordnungen geben darf. Zudem ist dann eine Änderung hinsichtlich des Namens und des Gegenstandes erforderlich, da im Namen der Partnerschaft alle in der Partnerschaft ausgeübten Berufe enthalten sein müssen und der Gegenstand keine unvollständigen Angaben enthalten darf. Der Eintritt eines Partners muss in analoger Anwendung von § 107 HGB von sämtlichen Partnern angemeldet werden.

8.34 Der Eintritt eines Partners ist durch das PartGG nicht geregelt. Es handelt sich dabei um eine durch Analogie zu schließende Regelungslücke, da der Gesetzgeber die Änderung des Gesellschaftsvertrages und die Änderungen im Gesellschafterbestand[36] für möglich gehalten hat, aber keine Norm für die entsprechende Registeranmeldung geschaffen hat. In der Anmeldung müssen Vor- und Familienname, Geburtsdatum, Wohnort sowie der in der Partnerschaft ausgeübte Beruf des neuen Partners enthalten sein. Des Weiteren muss der neue Partner erklären, ob es für die Ausübung des Berufes einer staatlichen Zulassung bedarf erklären, ob und welcher Berufskammer er angehört. Die Zugehörigkeit zu dem freien Beruf, den er in der Partnerschaft ausübt, ist zu versichern.

8.35 Ferner bedarf es der Anmeldung einer Vertretungsbefugnis (§ 4 Abs. 1 S. 2 PartGG). Ist im Register bereits eine allgemeine Vertretungsbefugnis eingetragen und für den neu eintretenden Partner keine abweichende Vertretungsbefugnis bestimmt worden, genügt die Angabe, dass der Partner satzungsgemäß vertritt.

8.36 Die Haftung des Eintretenden richtet sich nach § 8 Abs. 1 S. 2 PartGG, § 130 HGB: Mit dem nach außen wirksam gewordenen Beitritt (z. B. Eintragung im Register, aber auch möglich durch die Aufnahme in den Briefkopf von Geschäftsbriefen bzw. ein Türschild der Partnerschaft) erstreckt sich die Haftung auf alle bereits begründeten Verbindlichkeiten der Partnerschaft, die Möglichkeit der Beschränkung der Berufshaftung bleib dadurch unberührt.

8.37 Die Anmeldung muss öffentlich beglaubigt sein. Es gilt, die Berufsausübungsbefugnis durch Urkunden zu belegen. Alle Unterlagen müssen elektronisch eingereicht werden (hierzu ausführlich Rz. 1.83–1.94).

8.38 Muster 174: Eintritt eines Partners

> Amtsgericht *Registergericht*
>
> Partnerschaftsregister
>
> *PLZ Ort*
>
> zu PR*

---

36) Vgl. BT-Drucks. 7/5413, S. 3.

Zur Eintragung in das Partnerschaftsregister melden wir an:

Beruf, Vorname, Nachname, Geburtsdatum, Wohnanschrift

ist als weiterer Partner eingetreten.

☐ Er vertritt satzungsgemäß.

☐ Er vertritt … .

In der Partnerschaft ausgeübter freier Beruf des neuen Partners: *Berufsbezeichnung*.

Wir versichern die Zugehörigkeit des neuen Partners zu dem freien Beruf.

Als Nachweis legen wir vor:

☐ Bestallungsurkunde der Kammer zur Zulassung zum *Beruf* in *Ort* in beglaubigter Abschrift.

☐ Auszug der Registrierung bei unserer Kammer.

☐ Bescheinigung der berufsständischen Vereinigung.

Eine Zusammenarbeit in der Partnerschaft ist berufsrechtlich weder eingeschränkt noch ausgeschlossen.

Eine staatliche Zulassung ist nicht erforderlich.

Für den in der Partnerschaft ausgeübten Beruf des neuen Partners besteht folgende Berufskammer:

Kammer mit Anschrift

Unterschriftsbeglaubigung für sämtliche Partner [Muster 1]

Übereinstimmungsvermerk der elektronischen Abschrift mit dem Papierdokument [Muster 1]

II. Ausscheiden eines Partners

Folgende Gründe führen zum Ausscheiden eines Partners: 8.39

- Tod;

- Insolvenzeröffnung;

- Kündigung;

- Gesellschafterbeschluss;

- durch Gesellschaftsvertrag vereinbarte Ausscheidensgründe;

- Verlust der erforderlichen Zulassung für den ausgeübten freien Beruf.

Die Gründe zum Ausscheiden aus einer Personenhandelsgesellschaft (§ 131 Abs. 3 HGB, 8.40
§ 9 Abs. 1 PartGG vgl. Rz. 2.62–2.65) werden durch § 9 Abs. 3 PartGG um den Verlust der ggf. für die Berufsausübung erforderlichen Zulassung ergänzt. Dieser Ausscheidensgrund ist zwingend und unterliegt nicht der Disposition der Partner.[37]

Es verbleibt daher bei dem Grundsatz der Personenhandelsgesellschaften, dass die Grün- 8.41
de, die zum Ausscheiden aus der Gesellschaft führen, in erster Linie durch den Gesell-

---

37) Meilicke/von Westphalen/Hoffmann/Lenz/Wolff/*Hoffmann*, PartGG, § 9 Rz. 26.

schaftsvertrag (der Partnerschaft) bestimmt werden. Der Katalog der Ausscheidensgründe des § 131 Abs. 3 HGB kann dabei eingeschränkt, wie auch erweitert werden, z. B. um

- die Ablehnung der Insolvenzverfahrenseröffnung mangels Masse über das Vermögen eines Partners;

- Ausschluss eines Partners durch Gesellschafterbeschluss beim Vorliegen eines wichtigen Grundes in seiner Person ohne dessen Stimmrecht.

8.42 Durch den Partnerschaftsvertrag dürfen die Folgen der Kündigung für einen Partner allerdings nicht derart verschärft werden, dass ihm praktisch die Freiheit, von seinem Kündigungsrecht Gebrauch zu machen, genommen wird. Eine solche Klausel wäre unwirksam.[38)]

8.43 Kommt es bei einem interprofessionellen Zusammenschluss mit dem Ausscheiden des Partners dazu, dass ein bestimmter Beruf von keinem anderen Partner mehr ausgeübt, muss der Name und u. U. der Gegenstand der Partnerschaft ebenfalls geändert und den tatsächlichen Gegebenheiten wieder angepasst werden.

8.44 Mit dem Ausscheiden des Partners steht diesem grundsätzlich ein Auseinandersetzungsanspruch zu; wurden hierfür keine Regelungen im Gesellschaftsvertrag getroffen, erfolgt eine Auseinandersetzung nach Maßgabe von § 1 Abs. 4 PartGG i. V. m. § 738–740 BGB. Der Partnerschaftsanteil wächst den verbliebenen Partner an und dem ausscheidenden Partner bzw. dessen Erben steht u. a. ein Abfindungsanspruch zu, welcher mangels anderweitiger vertraglicher Regelung sofort zu zahlen ist. Durch Abfindungsklauseln im Gesellschaftsvertrag können die Ermittlung des Abfindungsanspruchs und die Zahlungsmodalitäten vereinfachend geregelt werden.

8.45 Das Ausscheiden muss gem. § 9 Abs. 1 PartGG i. V. m. § 143 HGB von sämtlichen Partnern zur Eintragung in das Partnerschaftsregister angemeldet werden, und zwar auch von dem ausscheidenden Partner bzw. dessen Erben. Im Falle des Ausscheidens durch Insolvenzeröffnung tritt an die Stelle des Partners der Insolvenzverwalter (§ 146 Abs. 3 HGB analog). Die Anmeldung muss öffentlich beglaubigt sein und in elektronischer Form vorgelegt werden.

8.46 Muster 175: Ausscheiden eines Partners

Amtsgericht *Registergericht*

Partnerschaftsregister

PLZ Ort

zu PR*

Zur Eintragung in das Partnerschaftsregister melden wir an:

Der Partner *Beruf, Vorname, Nachname, Geburtsdatum, Wohnanschrift*

ist aus der Partnerschaft ausgeschieden.

Der ausscheidende Partner willigt in die Fortführung des Namens der Partnerschaft ein.

Dem ausgeschiedenen Partner ist bekannt, dass er gutgläubigen Dritten für alle Verbindlichkeiten der Partnerschaft haftet, die bis zu seiner Löschung im Partnerschaftsregister entstehen.

---

38) BGH NZG 2008, 834–836.

Unterschriftsbeglaubigung für sämtliche Partner [Muster 1]

Übereinstimmungsvermerk der elektronischen Abschrift mit dem Papierdokument [Muster 1]

III. Übertragung der Gesellschafterstellung

1. Übertragung durch Rechtsgeschäft

Neben dem Eintritt und dem Ausscheiden besteht zudem die Möglichkeit, dass der Anteil eines ausscheidenden Partners an einen neu eintretenden Gesellschafter übertragen wird. Wegen der gesamthänderischen Bindung aus § 1 Abs. 4 PartGG i. V. m. § 719 BGB ist eine Übertragbarkeit grundsätzlich ausgeschlossen. Durch eine entsprechende Bestimmung im Gesellschaftsvertrag und bei deren Fehlen durch einstimmigen Gesellschafterbeschluss kann eine Übertragbarkeit der Gesellschafterstellung zugelassen werden.   8.47

In diesem Fall wächst der Anteil des Ausscheidenden nicht den verbliebenen Partnern an und es kommt zu keiner Auseinandersetzung mit Ermittlung des Abfindungsanspruchs. Der Anteil wird an den Eintretenden übertragen. Er setzt das Rechtsverhältnis mit den übrigen Partnern fort. Möglich ist die Rechtsnachfolge nur, wenn der Eintretende die persönlichen Voraussetzungen nach § 1 Abs. 2 PartGG erfüllt, d. h. einen freien Beruf ausübt.   8.48

Der Eintritt des Rechtsnachfolgers ändert nichts daran, dass der Ausscheidende nach Maßgabe von § 8 Abs. 1 PartGG für die im Zeitpunkt des Ausscheidens begründeten Verbindlichkeiten haftet und eine Nachhaftung nach Maßgabe von § 160 HGB eintritt. Ebenso verbleibt es dabei, dass der Eintretende mit dem nach außen wirksam gewordenen Beitritt für die bereits begründeten Verbindlichkeiten haftet.   8.49

2. Übertragung durch Erbfolge

Ohne abweichende Bestimmung im Gesellschaftsvertrag scheidet der Partner durch Tod aus der Gesellschaft aus und die Gesellschaft wird unter den verbliebenen Partnern fortgesetzt (vgl. Rz. 2.64–2.65). Durch Klauseln im Gesellschaftsvertrag kann jedoch die Vererblichkeit der Beteiligung an einer Partnerschaft zugelassen werden (§ 9 Abs. 4 PartGG). Bei der Gestaltung von Nachfolgeklauseln finden die Grundzüge aus dem Personengesellschaftsrecht Anwendung mit der Einschränkung, dass der Eintretende bzw. Eintrittsberechtigte stets einen freien Beruf i. S. v. § 1 PartGG ausüben muss.[39] § 9 Abs. 4 S. 2 PartGG sieht vor, dass durch den Gesellschaftsvertrag unter der Voraussetzung nach § 1 PartGG ein Dritter als Erbe in die Gesellschaft eintritt. Diese als Nachfolgeklausel ausgestaltete Regelung kann zu erheblichen Schwierigkeiten führen, weil hierbei die Bestimmungen des Berufsrechts zu interprofessionellen Zusammenschlüssen unberücksichtigt bleiben: So wäre es beispielsweise möglich, dass ein Arzt den Anteil einer Rechtsanwaltspartnerschaft erbt.[40]   8.50

---

39) *Heydin*, ZEV 1998, 161.

40) *Michalski/Römermann*, PartGG, § 9 Rz. 28 sieht als weitere Voraussetzung der Rechtsnachfolge die Sozietätsfähigkeit des Eintretenden mit den übrigen Partnern, Henssler/Strohn/*Hirtz*, GesellschaftsR, § 9 PartGG Rz. 32 hält die Vererbbarkeitsregelungen nur für anwendbar, wenn der Beruf des Eintretenden mit den den bereits in der Partnerschaft ausgeübten Berufen vereinbar ist und Meilicke/von Westphalen/Hoffmann/Lenz/Wolff/*Hoffmann*, PartGG, § 9 Rz. 26 billigt den verbliebenen Partnern einen wichtigen Grund für die Hinauskündigung des berufsrechtlich ungeeigneten Partners zu; die verschiedenen Lösungsansätze machen eine eindeutige Regelung durch den Gesellschaftsvertrag umso erforderlicher.

8.51 Die Nachfolgeklausel muss weitergehend qualifizierend sicherstellen, dass im Wege der Erbfolge nur derjenige Partner wird, mit dem ein interprofessioneller Zusammenschluss nach dem Berufsrecht zulässig ist (vgl. hier zu Rz. 8.8–8.10). Möglich ist es auch, darüber hinausgehende Anforderungen an die berufliche Qualifikation (z. B. Ausübung eines bestimmten freien Beruf oder bestimmte Examensergebnisse, Eintritt nur eines Erben) zu formulieren.

8.52 Es können auch mehrere Erben am Anteil des verstorbenen Partners berufen sein. Ihr Anteil an der Partnerschaftsgesellschaft bestimmt sich aus dem Verhältnis ihrer Erbquoten zueinander. Erfüllt nur einer der Miterben die Nachfolgevoraussetzungen, wird nur dieser Partner.[41] Den verbliebenen Miterben steht dann kein Abfindungsanspruch gegen die Partnerschaft zu; die Erbengemeinschaft muss die die Zuwendung des Partnerschaftsanteils vielmehr bei der internen Ausgleichung zwischen den Erben berücksichtigen.

8.53 Anstelle von Nachfolgeklauseln kann es sinnvoller sein, über eine Eintrittsklausel einem Dritten, der nicht Erbe ist, das Recht zum Eintritt in die Partnerschaft einzuräumen. Diese Bestimmung kann nicht als Nachfolgeklausel ausgestaltet werden, weil es sich dabei um einen dem Zivilrecht unbekannten Vertrag zu Lasten eines Dritten handelt.[42]

8.54 Die Eintrittsklausel stellt eine Verfügung unter Lebenden dar; sie ist bedingt durch den Tod des Verfügenden.

8.55 Ebenso wie ein Nicht-Erbe kann aber auch ein Erbe mit einem Eintrittsrecht ausgestattet werden. Dieses hätte z. B. den Vorteil, dass der Erbe nicht automatisch mit dem Erbfall Partner wird. Dem Erben wird die Möglichkeit gegeben, die berufliche Qualifikation noch zu erlangen und erst zu einem späteren Zeitpunkt in die Partnerschaft einzutreten.

8.56 Für den Erben beschränkt sich das Wahlrecht nach § 139 HGB auf das Recht, ohne Einhaltung einer Kündigungsfrist aus der Partnerschaft auszuscheiden (§ 9 Abs. 4 S. 2 PartGG, § 139 Abs. 2 HGB). Die Einräumung der Stellung eines Kommanditisten scheidet aus. Eine Haftungsbeschränkung ist – abgesehen von der Möglichkeit der beschränkten Berufshaftung aus § 8 Abs. 4 PartGG – ist nur nach §§ 1967 ff. BGB möglich. Verbleibt der Erbe in der Partnerschaft oder versäumt er die Kündigungsfrist nach § 139 Abs. 2 i. V. m. Abs. 3 S. 1 HGB, haftet er gleich dem durch Tod ausgeschiedenen Partner.

3. Anmeldung und Eintragung

8.57 Da der Eintritt der Rechtsnachfolge ohne Auswirkung auf die Haftungsfolgen bleibt, muss die Rechtsnachfolge nicht gesondert angemeldet und eingetragen werden. Anmeldung und Eintragung werden als Austritt und Eintritt eines Partners vollzogen, ohne dass es einer Angabe der Rechtsnachfolge bedarf.[43]

---

41) *Heydin*, ZEV 1998, 161.

42) *K. Schmidt*, Gesellschaftsrecht, § 45 V.

43) Vgl. hierzu die Rechtslage bei der OHG Rz. 2.66; **a. A.** Meilicke/von Westphalen/Hoffmann/Lenz/Wolff/*Wolff*, PartGG, § 4 Rz. 39, welche ohne nähere Begründung auf die Rechtslage bei der Übertragung von Kommanditanteilen verweisen und damit die Haftungsfolgen des § 10 Abs. 2 PartGG, § 160 HGB verkennen.

IV. Auswirkungen auf den Namen der Partnerschaftsgesellschaft

Es gelten die im Firmenrecht entwickelten Grundzüge auch für Partnerschaftsgesellschaf- 8.58
ten.[44] Demnach kann der Name eines ausgeschiedenen Partners mit dessen Zustimmung
(im Falle des Todes mit Zustimmung der Erben) fortgeführt werden, § 2 Abs. 2 PartGG
i. V. m. § 22 Abs. 1 HGB. Gleiches gilt für einen in dem Namen der Partnerschaft enthaltenen Doktortitel, wenn der Namensgebende der einzige promovierte Partner war und dieser seine Zustimmung zur Fortführung des Namens der Partnerschaft gegeben hat.[45] Zu
beachten ist ferner, dass der nach dem Ausscheiden des Namensgebenden zunächst fortgeführte, später dann aber geänderte Name der Partnerschaft zu einem noch späteren Zeitpunkt nicht wieder aufgenommen werden kann.[46]

D. Weitere Änderungen

I. Überblick

Die Änderung anderer im Partnerschaftsregister eingetragener Angaben bedarf gem. § 4 8.59
Abs. 1 S. 3 PartGG der Anmeldung zum Partnerschaftsregister. In der Regel setzt dies eine
Änderung des Gesellschaftsvertrages voraus. Sie ist nach den Bestimmungen des Partnerschaftsvertrages herbeizuführen. Andere Änderungen des Partnerschaftsvertrages müssen
nicht angemeldet werden.

Von der Anmeldepflicht sind erfasst:

II. Einzelne Änderungen

1. Änderung des Namens

Hinsichtlich der Namensbildung gilt da zu Rz. 8.11–8.12 gesagte. Der Name darf auch kei- 8.60
ne unzutreffenden Angaben beinhalten. Dies gilt insbesondere für die in der Partnerschaft
ausgeübten Berufe nach Änderungen im Gesellschafterbestand.

2. Änderung des Gegenstandes

Der Gegenstand muss sich auf die Ausübung freier Berufe erstrecken. Bei interprofessionel- 8.61
len Partnerschaften ist dafür Sorge zu tragen, dass durch den Eintritt bzw. Austritt von
Partnern bzw. der Erlangung einer weiteren freiberuflichen (und in der Partnerschaft aus-
zuübenden) Tätigkeit eines eingetragenen Partners der Gegenstand die in der Partnerschaft ausgeübten Berufe vollständig und zutreffend wiedergibt.

3. Änderung des Sitzes

Die Verlegung des Sitzes innerhalb der Bundesrepublik Deutschland ist nach § 5 Abs. 2 8.62
PartGG i. V. m. § 13h HGB beim Registergericht des bisherigen Sitzes anzumelden.

---

44) Vgl. Teil 5 Abschn. B.
45) BGH NZG 2018, 900.
46) OLG Hamm NZG 2018, 1355–1357.

8.63 Ist für den neuen Sitz ein anderes Registergericht zuständig, werden vom bisherigen Registergericht alle Vorgänge an das nunmehr zuständige Registergericht abgegeben. Das bisherige Registergericht hat zu prüfen, ob die Anmeldung ordnungsgemäß bewirkt ist; das Registergericht am neuen Sitz hat zu prüfen, ob dort ein Sitz der Partnerschaft tatsächlich begründet worden ist, und kann bei verkammerten Berufen hierzu eine Stellungnahme der Berufskammer nach § 4 PRV einholen.

8.64 Es kommt zu einer Neueintragung der Partnerschaft unter einer neuen Registernummer beim Registergericht des neuen Sitzes. Damit wird die Sitzverlegung wirksam. Das neue Registergericht übersendet von Amts wegen eine Eintragungsmitteilung an das Registergericht des bisherigen Sitzes, wo das Registerblatt unter Hinweis auf die Sitzverlegung geschlossen wird (§ 1 PRV i. V. m. § 20 HRV)

8.65 Verbleit es für die Zuständigkeit des neuen Sitzes beim bisherigen Registergericht, wird bei Eintragungsreife die Änderung des Sitzes lediglich unter einer neun laufenden Nummer auf demselben Registerblatt eingetragen.

4. Änderung der Vertretungsregelung

8.66 Eine Änderung der Vertretungsregelung ist nach § 4 Abs. 1 PartGG anmeldepflichtig; war die Eintragung vor dem Inkrafttreten des ERJuKoG[47] erfolgt und hat das Registergericht nicht davon Gebrauch gemacht, die Vertretungsbefugnis nach § 11 Abs. 2 PartGG von Amts wegen zu ergänzen, muss eine vom gesetzlichen Regelfall (Einzelvertretungsbefugnis für jeden Partner) abweichende Vertretungsbefugnis zur Eintragung in das Register angemeldet werden.

8.67 Die Vertretungsbefugnis ist grundsätzlich so anzumelden und in das Register einzutragen, dass sie allgemein formuliert ist und auch beim Wechsel von Partnern gültig und verständlich bleibt. Besondere, von der allgemeinen Vertretungsregelung abweichende Bestimmungen sind konkret für den einzelnen Partner zu bezeichnen und als besondere Vertretungsbefugnis einzutragen.[48]

III. Form und Inhalt

8.68 Alle Anmeldungen müssen von sämtlichen Partnern vorgenommen werden (§ 4 Abs. 1 PartGG, § 108 Abs. 1 PartGG). Die Anmeldung muss stets öffentlich beglaubigt sein und in elektronischer Form an das Registergericht übermittelt werden. Nachweise der Beschlussfassung bzw. eine geänderte Fassung des Partnerschaftsvertrags müssen nicht eingereicht werden.

---

47) Gesetz über elektronische Register und Justizkosten für Telekommunikation vom 10.12.2001 (BGBl I, 3422).
48) *Krafka/Willer*, Rpfleger 2002, 411, 412.

Rudolph

| Muster 176: Anmeldung sonstiger Änderungen | 8.69 |

Amtsgericht *Registergericht*

Partnerschaftsregister

PLZ Ort

zu PR*

Zur Eintragung in das Partnerschaftsregister melden wir an:[49]

☐ Der Name der Partnerschaft ist geändert in *Name*

☐ Der Gegenstand der Partnerschaft ist wie folgt geändert: *Bezeichnung der partnerschaftlichen Tätigkeit*

☐ Der Sitz ist verlegt nach *Ort*. Die Geschäftsräume befinden sich in *Geschäftsanschrift*

☐ Die Vertretungsregelung der Partnerschaft lautet nunmehr wie folgt:

Vertretungsregelung

Die Geschäftsräume befinden sich unverändert in *Geschäftsanschrift*[50]

Unterschriftsbeglaubigung für sämtliche Partner [Muster 1]

Übereinstimmungsvermerk der elektronischen Abschrift mit dem Papierdokument [Muster 1]

E. Zweigniederlassungen

Auch Partnerschaften können Zweigniederlassungen errichten, § 5 Abs. 2 PartGG i. V. m. § 13 Abs. 1 HGB; das Berufsrecht kann die Errichtung von Zweigniederlassungen aber zum Beispiel einschränken oder von bestimmten Voraussetzungen abhängig machen kann. **8.70**

Zweigniederlassungen werden beim Register der Hauptniederlassung in Spalte 2 b) vermerkt. Zur Namensführung der Zweigniederlassung gelten die Grundsätze des Firmenrechts (vgl. Rz. 2.28). **8.71**

Bei der Anmeldung einer Zweigniederlassung muss die Geschäftsanschrift der Niederlassung angegeben werden, (§ 1 PRV i. V. m. § 24 Abs. 3 HRV). Wichtig ist insbesondere die Angabe der Postleitzahl, da diese in das Register einzutragen ist, § 5 Abs. 2 S. 1 PRV. **8.72**

Die Errichtung, Änderung (§ 5 Abs. 2 PartGG i. V. m. § 13 Abs. 1 S. 2 HGB) oder Aufhebung (§ 5 Abs. 2 PartGG i. V. m. § 13 Abs. 3 HGB) einer Zweigniederlassung ist von den Partnern in vertretungsberechtigter Zahl zur Eintragung anzumelden. Das Erfordernis der Anmeldung durch sämtliche Partner gilt bei Zweigniederlassungen nicht (§ 5 Abs. 2 PartGG, § 13 HGB). **8.73**

---

49) Jeder der nachfolgend bezifferten Punkte kann allein, oder auch gemeinsam mit anderen Ziffern angemeldet werden.

50) Bei der Anmeldung der Sitzverlegung entfällt dieser Punkt.

8.74 Muster 177: Anmeldung für die Errichtung einer Zweigniederlassung

Amtsgericht *Registergericht*

Partnerschaftsregister

PLZ Ort

zu PR*

Zur Eintragung in das Partnerschaftsregister melden wir an:

Es wurde in *PLZ, Ort* eine Zweigniederlassung errichtet. Die Geschäftsräume der Zweigniederlassung befinden sich in *Anschrift der Zweigniederlassung*.

Der Name der Zweigniederlassung ist

☐ identisch mit dem Namen der Hauptniederlassung.

☐ identisch mit dem Namen der Hauptniederlassung und führt den Zusatz: Zweigniederlassung *Ort*

☐ lautet wie folgt: *Name der Zweigniederlassung

Die Geschäftsräume der Hauptniederlassung befinden sich unverändert in *Geschäftsanschrift*

*Unterschriftsbeglaubigung für die Partner in vertretungsberechtigter Zahl *[Muster ...]

Übereinstimmungsvermerk der elektronischen Abschrift mit dem Papierdokument [Muster ...]

Muster 178: Eintragungsbeispiel

8.75

Amtsgericht Charlottenburg   Ausdruck Partnerschaftsregister   **PR 479 B**

Nummer der Eintragung	a) Name b) Sitz, inländische Geschäftsanschrift, Zweigniederlassungen c) Gegenstand	a) Allgemeine Vertretungsregelung b) Partner, Vertretungsberechtigte und besondere Vertretungsbefugnis	a) Rechtsform b) Sonstige Rechtsverhältnisse	a) Tag der Eintragung b) Bemerkungen
1	2	3	4	5
1	a) Friederike Nadig und Partnerinnen - Rechtsanwältinnen b) Berlin c) Die Berufsausübung der Partnerinnen als Rechtsanwältinnen.	a) Jeder Partner vertritt die Gesellschaft allein. b) Partner: 1. Nadig, Friderike, *14.08.1970, Herford, Rechtsanwältin Partner: 2. Selbert, Elisabeth, *09.06.1986, Kassel, Rechtsanwältin Partner: 3. Weber, Helene, *25.06.1962, Bonn, Rechtsanwältin Partner: 4. Wessel, Helene, *13.10.1969, Bonn, Rechtsanwältin	a) Partnerschaft	a) 22.09.2008 ch10016
2	b) Zweigniederlassung errichtet: 1. Friederike Nadig und Partnerinnen - Rechtsanwältinnen Büro Bonn 53224 Bonn			a) 22.09.2008 ch10016

Amtsgericht Charlottenburg, 22.09.2008 18:29 Uhr

Seite 1 von 1

22.09.2008

8.76 Muster 179: Änderung Zweigniederlassung

Amtsgericht *Registergericht*

Partnerschaftsregister

PLZ Ort

zu PR*

Zur Eintragung in das Partnerschaftsregister melden wir an:[51]

Der Sitz der Zweigniederlassung in *PLZ, Ort* wurde nach *PLZ Ort* verlegt. Die Geschäftsräume der Zweigniederlassung befinden sich nunmehr in *Anschrift der Zweigniederlassung*.

Der Name der Zweigniederlassung wurde geändert. Er

☐ ist nunmehr identisch mit dem Namen der Hauptniederlassung

☐ ist nunmehr identisch mit dem Namen der Hauptniederlassung und führt den Zusatz: Zweigniederlassung *Ort*

☐ lautet nunmehr wie folgt: *Name der Zweigniederlassung*

Die Geschäftsräume der Hauptniederlassung befinden sich unverändert in *Geschäftsanschrift*

*Unterschriftsbeglaubigung für die Partner in vertretungsberechtigter Zahl *[Muster 1]

Übereinstimmungsvermerk der elektronischen Abschrift mit dem Papierdokument [Muster 1]

F. Beendigung der Partnerschaft

I. Auflösung

1. Auflösungsgründe

8.77 Mangels abweichender vertraglicher Vereinbarung führen folgende Gründe zur Auflösung der Partnerschaft, § 9 Abs. 1 PartGG i V. m. § 131 Abs. 1 HGB:

– Zeitablauf;

– Beschluss der Partner;

– Eröffnung des Insolvenzverfahrens über das Vermögen der Partnerschaft.

8.78 Ferner führen folgende Vorgänge zur Auflösung der Partnerschaft

– vertraglich vereinbarte Auflösungsgründe;

– Sitzverlegung ins Ausland.[52]

---

51) Jeder der nachfolgend bezifferten Punkte kann allein, oder auch gemeinsam mit anderen Ziffern angemeldet werden.

52) Allgemeine Auffassung: *Henssler*, PartGG, § 3 Rz. 30 m. w. N.; auch die Änderungen von § 4a GmbHG bzw. § 5 Abs. 2 AktG durch das MoMiG ändern daran nichts, da die Möglichkeit der Verlegung des Verwaltungssitzes ins Ausland nur für Kapitalgesellschaften ermöglicht werden soll. Die Regierungsbegründung zum MoMiG (Entwurf vom 29.5.2006, S. 37) eröffnet die Möglichkeit, dass „in Zukunft die deutsche Rechtsform der Aktiengesellschaft und der GmbH sich mit der Hauptverwaltung an einem Ort unabhängig von dem in der Satzung" niederlassen kann, nicht aber die Rechtsformen der Personengesellschaften.

Die Auflösungsgründe können durch den Partnerschaftsvertrag abweichend bestimmt wer- **8.79** den; es ich auch möglich, den Katalog der Auflösungsgründe einzuschränken oder zu erweitern. Die Ablehnung der Insolvenzverfahrenseröffnung mangels Masse (§ 26 InsO) führt nicht von Gesetzes wegen zur Auflösung; entsprechendes könnte aber durch den Partnerschaftsvertrag vereinbart werden.

2. Liquidatoren

Mit der Auflösung der Partnerschaft erlischt die Vertretungsbefugnis der Partner. Diese **8.80** geht auf die Liquidatoren über. Dieses sind grundsätzlich alle Partner (§ 10 PartGG i. V. m. § 146 Abs. 1 HGB) als „geborene" Liquidatoren in gemeinschaftlicher Vertretungsbefugnis (§ 10 PartGG i. V. m. § 150 HGB).

Im Gesellschaftsvertrag oder durch Beschluss der Partner können ein oder mehrere Li- **8.81** quidatoren „gekoren" werden. Wie bei den Personenhandelsgesellschaften ist es möglich, einen Gesellschafter oder auch einen Dritten, der nicht Partnerschaftsgesellschafter ist, zum Liquidator zu bestellen. Der Grundsatz der Selbstorganschaft wird dabei durchbrochen.

Der Nicht-Partner, der zum Liquidator bestellt wird, muss jedoch die berufsrechtlichen **8.82** Voraussetzungen Vorgaben erfüllen.[53] Als Liquidator kommen demnach auch nur natürliche Personen in Betracht; beispielsweise ist die Bestellung einer Rechtsanwalts-GmbH zum Liquidator einer Rechtsanwaltspartnerschaft demnach nicht möglich, weil die Rechtsanwalts-GmbH selbst nicht die berufsrechtlichen Voraussetzungen für die Beteiligung an einer Partnerschaftsgesellschaft mitbringt.

3. Anmeldung

Die Auflösung der Partnerschaft wird grundsätzlich mit dem der Auflösung zugrunde lie- **8.83** genden Ereignis wirksam, die Eintragung im Register ist nicht Wirksamkeitsvoraussetzung. Die Partner trifft jedoch die Verpflichtung, die Auflösung anzumelden. Die Auflösung (§ 9 Abs. 1 PartGG i. V. m. § 143 Abs. 1 HGB), die Bestellung von Liquidatoren sowie deren Vertretungsbefugnis (§ 10 PartGG i. V. m. § 148 HGB) sind von sämtlichen Partnern anzumelden. Der Grund der Auflösung kann, muss aber grundsätzlich nicht angemeldet werden, da er in der Regel auch nicht in das Register eingetragen wird.[54] Die Vertretungsbefugnis der Liquidatoren muss zudem in einer allgemein verständlichen Form formuliert sein und auch entsprechend eingetragen werden; sie darf nicht nur für den im Einzelfall bestellten Liquidator gelten.[55]

Die Anmeldung muss öffentlich beglaubigt sein und in elektronischer Form eingereicht **8.84** werden.

---

53) *Krafka/Kühn*, Registerrecht, Rz. 2088.
54) A. A. Jansen/*Ries*, FGG, § 160b Rz. 35, zum abweichenden Meinungsstand bei den Personenhandelsgesellschaften z. B. OLG Köln DNotZ 1979, 54.
55) Vgl. zum GmbH-Recht BGH DNotZ 2008, 75–77.

8.85 Muster 180: Anmeldung der Auflösung der Partnerschaft

Amtsgericht *Registergericht*

Partnerschaftsregister

PLZ Ort

zu PR*

Zur Eintragung in das Partnerschaftsregister melden wir an:

Die Partnerschaft ist durch Beschluss der Partner[56] aufgelöst.

Liquidator der Partnerschaft ist:

☐ der bisherige Partner *Beruf Vorname, Nachname*

oder

☐ *Beruf, Vorname, Nachname, Geb. Dat, Anschrift*.

Wir versichern die Zugehörigkeit des Liquidators zu dem freien Beruf.

Als Nachweis legen wir vor:

☐ Bestallungsurkunde der Kammer zur Zulassung zum *Beruf* in *Ort* in beglaubigter Abschrift.

☐ Auszug der Registrierung bei unserer Kammer

☐ Bescheinigung der berufsständischen Vereinigung Eine Zusammenarbeit der Partner mit dem Liquidator ist berufsrechtlich weder eingeschränkt noch ausgeschlossen.

Die Vertretung der Partnerschaft bestimmt sich wie folgt: Die Liquidatoren vertreten die Partnerschaft gemeinschaftlich. Einzelvertretungsbefugnis kann erteilt werden. Der Liquidator *Beruf Vorname Nachname* vertritt allein.

Die Geschäftsräume befinden sich unverändert in *Geschäftsanschrift*

Unterschriftsbeglaubigung für sämtliche Partner [Muster 1]

Übereinstimmungsvermerk der elektronischen Abschrift mit dem Papierdokument [Muster 1]

---

56) Oder ein anderer Auflösungsgrund.

Muster 181: Eintragung der Auflösung   8.86

Amtsgericht Charlottenburg   Ausdruck Partnerschaftsregister   PR 479 B

Nummer der Eintragung	a) Name b) Sitz, inländische Geschäftsanschrift, Zweigniederlassungen c) Gegenstand	a) Allgemeine Vertretungsregelung b) Partner, Vertretungsberechtigte und besondere Vertretungsbefugnis	a) Rechtsform b) Sonstige Rechtsverhältnisse	a) Tag der Eintragung b) Bemerkungen
1	2	3	4	5
1	a) Friederike Nadig und Partnerinnen - Rechtsanwältinnen b) Berlin c) Die Berufsausübung der Partnerinnen als Rechtsanwältinnen.	a) Jeder Partner vertritt die Gesellschaft allein. b) Partner: 1. Nadig, Friderike, *14.08.1970, Herford, Rechtsanwältin Partner: 2. Seibert, Elisabeth, *09.06.1986, Kassel, Rechtsanwältin Partner: 3. Weber, Helene, *25.06.1962, Bonn, Rechtsanwältin Partner: 4. Wessel, Helene, *13.10.1969, Bonn, Rechtsanwältin	a) Partnerschaft	a) 22.09.2008 chi0016
2	b) Zweigniederlassung errichtet: 1. Friederike Nadig und Partnerinnen - Rechtsanwältinnen Büro Bonn 53224 Bonn			a) 22.09.2008 chi0016
3		a) Jeder Liquidator vertritt die Partnerschaft allein. b) Änderung zu Nr. 1: infolge Auflösung:	b) Die Partnerschaft ist aufgelöst.	a) 22.09.2008 chi0016

22.09.2008   Seite 1 von 2

Amtsgericht Charlottenburg   **Ausdruck Partnerschaftsregister**   PR 479 B

Nummer der Eintragung	a) Name b) Sitz, inländische Geschäftsanschrift, Zweigniederlassungen c) Gegenstand	a) Allgemeine Vertretungsregelung b) Partner, Vertretungsberechtigte und besondere Vertretungsbefugnis	a) Rechtsform b) Sonstige Rechtsverhältnisse	a) Tag der Eintragung b) Bemerkungen
1	2	3	4	5
		Partner und Liquidator: Nadig, Friderike, *14.08.1970, Herford, Rechtsanwältin		

Amtsgericht Charlottenburg, 22.09.2008 18:33 Uhr

22.09.2008

II. Änderungen des Liquidators

Die Liquidatoren haben u. a. die laufenden Geschäfte der Partnerschaft zu beenden, ausstehende Forderungen einzuziehen, das Vermögen der Partnerschaft zu verwerten, und Verbindlichkeiten zu begleichen. **8.87**

1. Amtsbeendigung und Neubestellung

Liquidatoren können durch einstimmigen Beschluss der Partner (§ 10 Abs. 1 PartGG i. V. m. § 147 HGB) abberufen werden bzw. ihr Amt niederlegen. Die Amtsniederlegung ist nur zulässig, wenn Sie nicht zur Unzeit erfolgt[57] und dem Liquidator, der zugleich Partner ist, ein wichtiger Grund vorliegt.[58] **8.88**

Sind Liquidatoren nicht mehr oder nicht in der zur Vertretung der Partnerschaft erforderlichen Zahl vorhanden, muss durch Beschluss der Partner die Bestellung eines neuen Liquidators (oder mehrerer) vorgenommen werden. **8.89**

2. Änderung der Vertretungsmacht

Die Änderung der Vertretungsmacht der Liquidatoren kann abweichend von einer Regelung im Partnerschaftsvertrag durch Beschluss der Partner herbeigeführt werden. Sie stellt u. U. eine Änderung des Partnerschaftsvertrages dar. **8.90**

3. Anmeldung

Die Abberufung und Neubestellung von Liquidatoren oder eine Änderung der Vertretungsbefugnis ist durch sämtliche Partner zur Eintragung anzumelden, § 10 PartGG i. V. m. § 148 Abs. 1 S. 2 HGB. Die Anmeldung muss elektronisch und in öffentlich beglaubigter Form erfolgen. Weitere Nachweise (z. B. Bestellungsbeschluss) müssen nicht eingereicht werden. **8.91**

4. Gerichtliche Bestellung von Liquidatoren

Sind die Partner an der Bestellung eines Liquidators tatsächlich gehindert, kann beim Vorliegen eines wichtigen Grundes auf Antrag eines Beteiligten ein Liquidator durch das (für das unternehmensrechtliche Verfahren zuständige) Gericht bestellt werden § 10 Abs. 1 PartGG i. V. m. § 146 Abs. 2 HGB. Dieser ist von Amts wegen in das Handelsregister einzutragen, § 10 Abs. 1 PartGG i. V. m. § 148 Abs. 2 HGB. In diesem Fall bedarf es keiner Anmeldung. **8.92**

Gleiches gilt für die Abberufung gerichtlich bestellter Liquidatoren, § 10 Abs. 1 PartGG i. V. m. § 147 HGB. **8.93**

---

57) Zur GmbH OLG Koblenz GmbHR 1995, 730–732.
58) Meilicke/von Westphalen/Hoffmann/Lenz/Hoffmann/*Hoffmann*, PartGG, § 10 Rz. 17.

8.94 Muster 182: Anmeldung zur Änderung des Liquidators

Amtsgericht *Registergericht*

Partnerschaftsregister

PLZ Ort

zu PR*

Zur Eintragung in das Partnerschaftsregister melden wir an:

Beruf, Vorname, Nachname ist nicht mehr Liquidator.

Neuer Liquidator der Partnerschaft ist:

☐ der bisherige Partner *Beruf Vorname, Nachname*

oder

☐ *Beruf, Vorname, Nachname, Geb. Dat, Anschrift*. Wir versichern die Zugehörigkeit des Liquidators zu dem freien Beruf.

Als Nachweis legen wir vor:

☐ Bestallungsurkunde der Kammer zur Zulassung zum *Beruf* in *Ort* in beglaubigter Abschrift.

☐ Auszug der Registrierung bei unserer Kammer

☐ Bescheinigung der berufsständischen Vereinigung

Eine Zusammenarbeit der Partner mit dem Liquidator ist berufsrechtlich weder einge-schränkt noch ausgeschlossen.

Der Liquidator *Beruf, Vorname, Nachname, Geb. Dat, Anschrift* vertritt

☐ satzungsgemäß

☐ stets allein.

Die Geschäftsräume befinden sich unverändert in *Geschäftsanschrift*

Unterschriftsbeglaubigung für sämtliche Partner [Muster 1]

Übereinstimmungsvermerk der elektronischen Abschrift mit dem Papierdokument [Muster 1]

III. Fortsetzung

1. Voraussetzungen

8.95 Bis zum Beginn der Verteilung des Restvermögens an die Partner können die Partner die Fortsetzung beschließen. Eine Einschränkung der Fortsetzungsmöglichkeit besteht nach § 10 Abs. 1 PartGG i. V. m. § 144 HGB bei der Auflösung durch Insolvenzverfahrenser-öffnung darin, dass das Insolvenzverfahren auf Antrag der Partnerschaft eingestellt (§§ 212, 213 InsO) oder das Insolvenzverfahren aufgehoben sein muss, nach dem ein Insolvenz-plan bestätigt wurde, der den Fortbestand der Partnerschaft vorsieht.[59]

---

59) *Henssler*, PartGG, § 9 Rz. 90.

Mit der Fortsetzung erlischt die Vertretungsbefugnis der Liquidatoren und es lebt die Ver- **8.96** tretungsbefugnis der Partner wieder auf. Durch einen weiteren Gesellschafterbeschluss ist entweder eine neue Vertretungsbefugnis zu beschließen oder klarzustellen, dass die Vertretungsregelung im Partnerschaftsvertrag fortbestehen soll.

2. Anmeldung

Die Anmeldung muss von sämtlichen Partnern vorgenommen werden, § 10 Abs. 1 PartGG **8.97** i. V. m. § 144 Abs. 2 HGB. Die Anmeldung muss elektronisch und in öffentlich beglaubigter Form erfolgen. In der Anmeldung ist anzugeben, dass die Voraussetzungen für eine Fortsetzung vorliegen indem die Partner erklären, dass die Liquidation noch nicht beendet war.

Zugleich ist eine allgemeine und ggf. hiervon abweichende konkrete Vertretungsbefugnis **8.98** zur Eintragung anzumelden (vgl. Rz. 8.66–8.67). Weitere Nachweise (z. B. Fortsetzungsbeschluss) sind nicht einzureichen.

Muster 183: Fortsetzung der Partnerschaft **8.99**

Amtsgericht *Registergericht*

Partnerschaftsregister

PLZ Ort

zu PR*

Zur Eintragung in das Partnerschaftsregister melden wir an:

Die aufgelöste Partnerschaft wird fortgesetzt. Die Liquidation war noch nicht abgeschlossen.

Beruf Vorname Nachname ist nicht mehr Liquidator.

Die Vertretungsregelung der Partnerschaft lautet nunmehr wie folgt:

Vertretungsregelung

Die Geschäftsräume befinden sich unverändert in *Geschäftsanschrift*

Unterschriftsbeglaubigung für sämtliche Partner [Muster 1]

Übereinstimmungsvermerk der elektronischen Abschrift mit dem Papierdokument [Muster 1]

IV. Beendigung der Abwicklung und Erlöschen des Namens der Partnerschaft

1. Beendigung der Partnerschaftsgesellschaft

Ist die Verteilung des Restvermögens der Partnerschaft abgeschlossen, endet die Liquidation **8.100** und es kommt zum Erlöschen des Namens der Partnerschaft. Das Erlöschen des Namens stellt sich mit dem Abschluss der Liquidationsmaßnahmen ein; die entsprechende Registerberichtigung ist lediglich deklaratorischer Natur.

2. Anmeldung

Nach der Beendigung der Liquidation ist das Erlöschen des Namens der Partnerschaft von **8.101** sämtlichen Liquidatoren (§ 10 Abs. 1 PartGG, § 157 HGB) zur Eintragung anzumelden.

8.102 In der Anmeldung ist zudem anzugeben, wer die Bücher und Schriften der Partnerschaft in Verwahrung nimmt, § 10 Abs. 1 PartGG i. V. m. § 157 Abs. 2 und 3 HGB. Dieses kann einer der Partner oder auch ein Dritter sein.

8.103 Kann die Anmeldung auch nicht mit Zwangsgeldverfahren beigebracht werden, kommt eine Löschung von Amts wegen gem. § 2 Abs. 2 PartGG i. V. m. § 31 Abs. 2 HGB nach § 393 FamFG in Betracht.[60]

8.104 Muster 184: Anmeldung des Erlöschens des Namens der Partnerschaft

Amtsgericht *Registergericht*

Partnerschaftsregister

PLZ Ort

zu PR*

Zur Eintragung in das Partnerschaftsregister wird angemeldet:

Die Liquidation ist beendet.

Der Name der Partnerschaft ist erloschen.

Die Bücher und Schriften der Partnerschaft werden von dem Liquidator *Vorname Nachname* verwahrt[61].

Unterschriftsbeglaubigung für sämtliche Liquidatoren [Muster 1]

Übereinstimmungsvermerk der elektronischen Abschrift mit dem Papierdokument [Muster 1]

---

60) Es ist nur möglich, das Erlöschen nach Maßgabe von § 2 Abs. 2 PartGG i. V. m. § 31 Abs. 2 HGB von Amts wegen einzutragen, Jansen/*Ries*, FGG, § 160b Rz. 45; eine Löschung der Partnerschaft wegen Vermögenslosigkeit ist nicht möglich, da die Partnerschaftsgesellschaft nicht von § 394 Abs. 1 bzw. Abs. 4 FamFG erfasst ist, Keidel/*Heinemann*, FamFG, § 394 Rz. 6.

61) Oder eine andere Person, Angabe mit Anschrift.

Muster 185: Eintragung des Erlöschens des Namens der Partnerschaft   8.105

Amtsgericht Charlottenburg   Ausdruck Partnerschaftsregister   PR 479 B

Dieses Registerblatt ist geschlossen.

Nummer der Eintragung	a) Name b) Sitz, inländische Geschäftsanschrift, Zweigniederlassungen c) Gegenstand	a) Allgemeine Vertretungsregelung b) Partner, Vertretungsberechtigte und besondere Vertretungsbefugnis	a) Rechtsform b) Sonstige Rechtsverhältnisse	a) Tag der Eintragung b) Bemerkungen
1	2	3	4	5
1	a) Friederike Nadig und Partnerinnen - Rechtsanwältinnen b) Berlin c) Die Berufsausübung der Partnerinnen als Rechtsanwältinnen.	a) Jeder Partner vertritt die Gesellschaft allein. b) Partner: 1. Nadig, Friederike, *14.08.1970, Herford, Rechtsanwältin Partner: 2. Schmidt, Elisabeth, *09.06.1986, Kassel, Rechtsanwältin Partner: 3. Weber, Helene, *25.06.196?, Bonn, Rechtsanwältin Partner: 4. Weber, Helene, *13.10.1969, Bonn, Rechtsanwältin	a) Partnerschaft	a) 22.09.20.. chi00?6
2	b) Zweigniederlassung errichtet: 1. Friederike Nadig und Partnerinnen - Rechtsanwältinnen Büro Bonn 53224 Bonn			
3			a) Jeder Liquidator vertritt die Partnerschaft allein. b) Die Partnerschaft ist aufgelöst.	a) 22.09.2008 chi0016

22.09.2008

Seite 1 von 2

Amtsgericht Charlottenburg

Ausdruck Partnerschaftsregister

PR 479 B

Dieses Registerblatt ist geschlossen.

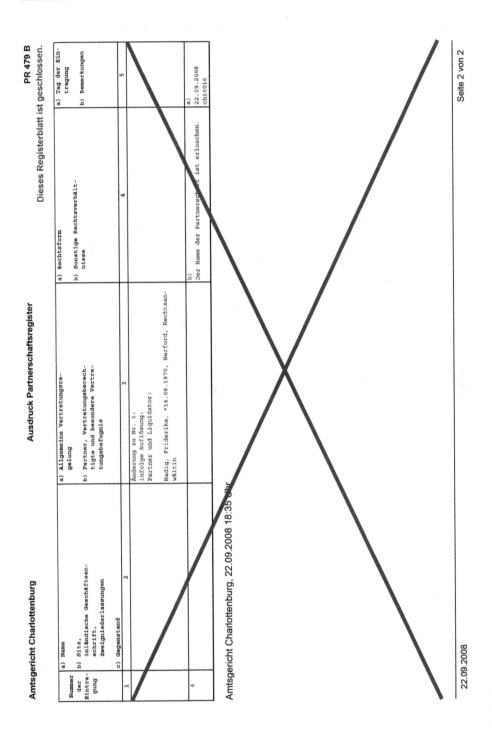

Nummer der Eintragung	a) Name b) Sitz, inländische Geschäftsanschrift, Zweigniederlassungen c) Gegenstand	a) Allgemeine Vertretungsregelung b) Partner, Vertretungsberechtigte und besondere Vertretungsbefugnis	a) Rechtsform b) Sonstige Rechtsverhältnisse	a) Tag der Eintragung b) Bemerkungen
1	2	3	4	5
1		Änderung zu Nr. 1: infolge Auflösung: Partner und Liquidator: Nadig, Friderike, *14.08.1970, Herford, Rechtsanwältin		
4			b) Der Name der Partnerschaft ist erloschen.	a) 22.09.2008 ch10016

Amtsgericht Charlottenburg, 22.09.2008 18:35 Uhr

Seite 2 von 2

22.09.2008

516   *Rudolph*

3. Vollbeendigung durch Ausscheiden der Partner

Die Beendigung der Partnerschaft ohne gesonderte Liquidation tritt auch ein, wenn der **8.106** vorletzte Partner ohne einen Nachfolger ausscheidet.[62] Eine Liquidation findet in diesem Fall nicht statt; es kommt zur Anwachsung im Vermögen des letzten verbliebenen Partners, § 1 Abs. 4 PartGG i. V. m. § 738 BGB. In diesem Fall ist zugleich das Ausscheiden des vorletzten Partners, die Auflösung der Partnerschaft und das Erlöschen des Namens der Partnerschaft zur Eintragung anzumelden. Eine Anmeldung, mit der das Ausscheiden des vorletzten Partners angemeldet wird, kann u. U. der Auslegung dahingehend fähig sein, dass damit auch die Auflösung und das Erlöschen der Partnerschaft gemeint ist; widersprechen die Urkundsbeteiligten jedoch einer entsprechenden Auslegung, ist die Anmeldung, die nur auf das Ausscheiden des vorletzten Gesellschafters gerichtet ist, zurückzuweisen.[63]

Eine Fortsetzung der durch Vermögensanwachsung aufgelösten und namentlich erlo- **8.107** schenen Partnerschaft ist nach Vollzug der Vermögensanwachsung nicht mehr möglich.[64] Der nach der Vermögensanwachsung erfolgte Eintritt von neuen Partnern in das durch nunmehr durch eine einzelne Person freiberuflich geführte Unternehmen ist als Neugründung einer Partnerschaft zu behandeln.

4. Nachtragsliquidation und „Löschung der Löschung"

Findet sich nach der Eintragung des Erlöschens des Namens der Partnerschaft noch Ver- **8.108** mögen an, welches einen weiteren Abwicklungsbedarf erforderlich macht, lebt die Partnerschaft in Liquidation wieder auf. Die Vertretungsbefugnis der Liquidatoren lebt wieder auf, ohne dass es einer gerichtlichen Neubestellung bedarf.[65] Handelt es sich nicht nur um einzelne Abwicklungsmaßnahmen, kommt eine „Löschung der Löschung des Namens" im Register in Betracht. Die Partnerschaft kann als in Liquidation befindlich wieder eingetragen werden.[66]

Hierzu bedarf es keiner Anmeldung, sondern lediglich einer formlosen Anregung, von Amts **8.109** wegen tätig zu werden. Es empfiehlt sich aber, das Vorhandensein des Restvermögens mittels Urkunden belegen zu können.

V. Auflösung durch Insolvenzeröffnung

Die Auflösung durch Eröffnung des Insolvenzverfahrens über das Vermögen der Partner- **8.110** schaft stellt eine Ausnahme von den zuvor dargestellten Grundsätzen dar. Die Eintragung der Auflösung erfolgt von Amts wegen, d. h. ohne dass es einer Anmeldung der Partner bedarf. Eintragungsgrundlage stellt eine Ausfertigung des Beschlusses des Insolvenzgerichts dar, welche das Insolvenzgericht dem Registergericht übermittelt. In diesem Fall wird die Eröffnung des Insolvenzverfahrens und die Auflösung als Rechtsfolge im Register eingetragen (§ 9 Abs. 1 PartGG i. V. m. § 143 Abs. 1 S. 2 und 3 HGB).

---

62) KG DNotZ 2007, 954–957; Jansen/*Ries*, FGG, § 160b Rz. 32.
63) KG DNotZ 2007, 954.
64) So bereits zum OHG-Recht OLG Oldenburg BB 1955, 237.
65) Zum OHG-Recht BGH GmbHR 1979, 251.
66) Jansen/*Ries*, FGG, § 160b Rz. 42.

8.111 Im laufenden Insolvenzverfahren geht die Abwicklungsbefugnis auf den Insolvenzverwalter über; die Partnerschaftsgesellschaft hat als Insolvenzschuldnerin Mitwirkungs- und Überwachungspflichten im Insolvenzverfahren. Eine Eintragung des Insolvenzverwalters erfolgt nicht; die Partner bleiben auch als solche eingetragen und werden keine Liquidatoren.

8.112 Wie die Eröffnung wird auch die Einstellung bzw. Aufhebung des Insolvenzverfahrens von Amts wegen eingetragen. Der Vermerk über die Insolvenzeröffnung wird gerötet, die damit einhergegangene Rechtsfolge der Partnerschaftsauflösung bleibt jedoch eingetragen, da die Rechtsfolge auch nach Beendigung des Insolvenzverfahrens bestehen bleibt.

8.113 Ist eine Fortsetzung nicht möglich (vgl. Rz. 8.95) und endete das Insolvenzverfahren nicht mit einem Überschuss, der noch im Anschluss an das Insolvenzverfahren abzuwickeln ist, haben die Partner das Erlöschen der Partnerschaft (siehe Rz. 8.101–8.105) anzumelden.

Teil 9: Genossenschaft

Literatur: *Goette*, Vor-Genossenschaft – Haftung der Gründer beim Scheitern, DStR 2000, 744; *Hadding*, Zur Haftung der Mitglieder einer Vor-Genossenschaft für Verbindlichkeiten, WuB II D § 13 GenG 1.02; *Hornung*, Die Novelle zum Genossenschaftsgesetz, Rpfleger 1974, 11; *Hornung*, Zehn Jahre Genossenschafts-Novelle, Rpfleger 1984, 293; *Rottnauer*, Zur Kapitalaufbringung bei der Genossenschaft, EWiR 2004, 975.

A. Allgemeines

Nach Angaben des Deutschen Genossenschafts- und Raiffeisenverbandes e. V. gibt es in **9.1** Deutschland 7.500 Genossenschaften und genossenschaftliche Unternehmen.[1] Die wesentlichen Merkmale einer Genossenschaft werden durch § 1 GenG definiert. Die Einhaltung dieser Merkmale ist Voraussetzung einer jeden Genossenschaft im Sinne des Gesetzes. Hierzu zählen:

I. Mitgliederzahl

Die Mitgliederzahl einer Genossenschaft darf nicht geschlossen sein. Dadurch unterscheidet **9.2** sich die Genossenschaft vom Grundtypus der Gesellschaft bürgerlichen Rechts und von den Kapitalgesellschaften, da es kein in einzelne Anteile zerlegbares Grund- oder Stammkapital gibt. Aus der nicht geschlossenen Mitgliederzahl folgt aber auch nicht, dass die Genossenschaft zur Aufnahme neuer Mitglieder stets verpflichtet ist. Sie ist frei, über die Aufnahme neuer Mitglieder zu entscheiden.[2]

II. Zweck der Genossenschaft

Auch die Genossenschaft ist – wie z. B. die Personen- und Personenhandelsgesellschaften **9.3** – auf einen gemeinsamen Zweck ausgerichtet. Er besteht in der Förderung der Mitglieder mit der Besonderheit, dass das zu gründende bzw. gegründete Unternehmen in gemeinschaftlicher Selbsthilfe betrieben wird. Dabei stehen die Mitglieder der Genossenschaft als Kunden gegenüber, um die durch die Satzung festgelegten Förderleistungen, z. B. Waren, Werk- oder Dienstleistungen, zu erhalten. Daraus folgt, dass die Genossenschaft eine zweckgebundene Vereinigungsform ist, welcher in dem Fördergeschäftsverkehr mit den Mitgliedern steht. Ausnahmen davon können durch die Satzung bestimmt werden, indem die Ausdehnung des Geschäftsbetriebes auf Nicht-Mitglieder (§ 8 Abs. 1 Nr. 5 GenG) bzw. die Aufnahme von sog. investierenden Mitgliedern, die die Einrichtungen der Genossenschaft nicht nutzen, aber eine Rendite kapitalistischer oder ideeller Art erzielen wollen (§ 8 Abs. 2 GenG) zugelassen werden kann. Für letztere müssen in der Satzung besondere Bestimmungen zu ihrer Anzahl, ihrer Zulassung und zu der Stimmrechtsausübung festgelegt werden.

III. Gemeinschaftlicher Geschäftsbetrieb

Die Genossenschaft muss den Förderzweck (siehe oben Rz. 9.3) durch einen gemeinschaft- **9.4** lichen Geschäftsbetrieb anstreben. Dabei steht der Begriff des hier erwähnten Geschäftsbetriebes nicht dem nach Art und Weise in kaufmännischer Weise eingerichteten Geschäfts-

---

1) http://www.genossenschaften.de/wir-sind-ein-gewinn-f-r-deutschland.
2) BGH NJW 1961, 172; BGH DWiR 1992, 111 ff.

betrieb des HGB gleich. Denn die Genossenschaft wird nicht aufgrund ihres kaufmännisches Geschäftsbetriebes zum Kaufmann im Sinne des HGB, sondern kraft Eintragung (§ 17 Abs. 2 GenG). Es muss vielmehr von der Genossenschaft selbst ein Unternehmen betrieben werden, welches durch eine nach außen gerichtete Tätigkeit einen bestimmten Unternehmensplan (= Unternehmensgegenstand) verfolgt.[3] Ein Ausschluss freiberuflicher Tätigkeit in einer Genossenschaft ist damit nicht verbunden, so dass sich auch Angehörige freier Berufe, z. B. Architekten oder Ärzte, zu einer Genossenschaft zusammenschließen könnten. Die Normierung des „gemeinschaftlichen" Geschäftsbetriebes ist historisch bedingt und stellt auf die Förderung des Geschäftsbetriebes durch die Genossen ab, ohne die Außenvertretung der Genossenschaft an besondere Gemeinschaftshandlungen zu knüpfen.[4]

IV. Unternehmensgegenstand

9.5 Jede förderwirtschaftliche Tätigkeit zugunsten der Mitglieder kann Gegenstand der Genossenschaft sein. Beschränkungen des öffentlichen Rechts z. B. durch § 7 RDG, § 7 VAG oder § 32 KWG sind zu beachten.

B. Gründung
I. Errichtung und Verabschiedung der Satzung, § 2–9 GenG
1. Mitglieder bei Gründung

9.6 Es bedarf mindestens dreier Gründungsmitglieder (§ 4 GenG). Mitglieder einer Genossenschaft können natürliche und juristische Personen werden. Auch Minderjährige können Mitglied einer Genossenschaft werden.[5] Gleiches gilt für Betreute, wenn sie durch ihren rechtlichen Betreuer mit entsprechendem Aufgabenkreis[6] vertreten werden. Eine Genehmigung des Familien- oder Betreuungsgerichts ist für die Gründung erforderlich. Das Genehmigungserfordernis folgt aus § 1822 Nr. 3 – 3. Alt. – BGB, weil der Gesellschaftsvertrag (= Satzung) nach Eintragung der Genossenschaft zum Betrieb eines Handelsgeschäfts (§ 17 GenG) geeignet ist und die Mitglieder einer Vor-Genossenschaft für deren Verbindlichkeiten wie die Gesellschafter einer Vor-GmbH für die Verbindlichkeiten dieser Gesellschaft haften.[7] Damit ist der Zustand bis zur Eintragung vergleichbar mit dem bei Kapitalgesellschaften, die hierfür ebenfalls eine familien- bzw. betreuungsgerichtliche Genehmigung benötigen.[8]

9.7 Treten der in der Gründung befindlichen Genossenschaft weitere Mitglieder bei, ist es ausreichend, wenn diese weiteren Mitglieder die Satzung mit unterzeichnen.

2. Form der Satzung und Inhalt des Gründungsprotokolls

9.8 Der Gesellschaftsvertrag der Genossenschaft wird als Satzung bezeichnet. Eine schriftliche Abfassung und Unterzeichnung durch alle Gründungsmitglieder ist ausreichend (§ 5 GenG),

---

3) Beuthin/*Beuthin*, GenG, § 1 Rz. 28.
4) Beuthin/*Beuthin*, GenG, § 1 Rz. 30.
5) Zur Problematik der Gründung durch Minderjährige und zugleich ihre gesetzlichen Vertreter vgl. die Ausführungen bei der Gründung einer Aktiengesellschaft unter Rz. 4.2.
6) Bei Gründung einer Genossenschaft kommt der Aufgabenkreis „Vermögenssorge" in Betracht, da es sich hierbei um eine Maßnahme der Vermögensverwaltung handeln dürfte.
7) BGHZ 149, 273–276, BSG NZG 2000, 611–613.
8) *Lafontaine*, in: jurisPK-BGB, § 1822 Rz. 78 m. w. N.

sie bedarf keiner notariellen Beurkundung. Die Unterzeichnung durch einen Vertreter aufgrund mündlicher Vollmacht soll ebenfalls ausreichend sein.[9] Ihr Mindestinhalt umfasst die nachfolgend aufgeführten Punkte.

Für die formgerechte Gründung ist es ferner ausreichend, wenn über die Gründungsver- **9.9** sammlung eine von allen Gründungsmitgliedern unterschriebene Niederschrift erstellt wird und die Satzung als Anlage beigefügt wird.[10]

3. Satzung

a) Notwendiger Inhalt der Satzung, §§ 6 f. GenG

aa) Firma, § 3 GenG

Für die Bildung der Firma gelten die handelsgesetzlichen Grundsätze aus §§ 18 ff. HGB. Sie **9.10** kann demnach als Sach-, Personen- oder Phantasiefirma ausgestaltet sein. Die Firma der Genossenschaft muss sich nach § 30 HGB deutlich nicht nur von den im Genossenschaftsregister, sondern auch von den im Handelsregister eingetragenen Firmen unterscheiden. Die Firma bedarf des Rechtsformzusatzes „eingetragene Genossenschaft" bzw. einer allgemein verständlichen Abkürzung (z. B. „eG"). Eine Differenzierung zwischen Genossenschaft mit beschränkter und mit unbeschränkter Haftpflicht durch Wahl des Rechtsformzusatzes ist mit dem Genossenschaftsänderungsgesetz[11] obsolet geworden.

bb) Sitz

Der Sitz der Genossenschaft wird durch die Satzung bestimmt. Nach ihm bestimmt sich vor **9.11** allem das für die vorgeschriebenen Eintragungen zuständige Registergericht, ferner ist er für den allgemeinen Gerichtsstand maßgebend.[12] Für die Genossenschaft gilt weiterhin, dass sich der Sitz an dem Ort befinden soll, an dem sich die Geschäftsleitung, die Verwaltung oder ein Betrieb der e. G. befindet. Ein fiktiver Sitz führe zur Nichtigkeit der Satzung.[13] Eine Aufgabe der Sitztheorie für Genossenschaften war vom Gesetzgeber offensichtlich auch nicht beabsichtigt, da eine entsprechende Änderung für Genossenschaften durch das MoMiG[14] nicht erfolgt ist und auch die Regierungsbegründung zum MoMiG davon ausgeht, dass es – offenbar nur – „deutschen Gesellschaften in der Rechtsform der GmbH und der AG ermöglicht werden soll, einen Verwaltungssitz zu wählen, der nicht notwendig mit dem Satzungssitz übereinstimmt".[15]

cc) Gegenstand der Genossenschaft

Der Gegenstand der Genossenschaft ist konkretisiert zu bezeichnen. Im Gegenstand sind **9.12** das beabsichtigte Geschäftsfeld und der Umfang der geplanten Tätigkeit darzulegen. Vom

---

9) RGZ JW 1936, 2919.
10) RGZ 125, 156 ff.
11) Gesetz zur Änderung des Gesetzes betreffend die Erwerbs- und Wirtschaftsgenossenschaften vom 9.10.1973, BGBl I, 1451.
12) BGH MDR 1971, 30.
13) Beuthin/*Beuthin*, GenG, § 6 Rz. 5 unter Bezugnahme auf BayObLG DB 1982, 1128 u. w. N. für GmbHG und AG.
14) Gesetz zur Modernisierung des GmbH-Rechts und zur Bekämpfung von Missbräuchen (MoMiG) vom 23.10.2008, BGBl I, 2026.
15) RegBegr, BT-Drucks. 16/6140, S. 29 zu Nr. 4.

Gegenstand der Genossenschaft ist der Zweck der Genossenschaft abzugrenzen (siehe auch Rz. 9.3).

dd) Höhe und Einzahlung des Geschäftsanteils

9.13 Der Geschäftsanteil ist der Betrag, bis zu welchem jedes Mitglied sich an der Genossenschaft beteiligen kann. Seine Höhe wird durch die Satzung bestimmt. Ferner müssen für mindestens 10 % des Geschäftsanteils Angaben zu seiner Einzahlung enthalten sein (§ 7 Nr. 1 GenG). Diese Einlageverpflichtung wird als sog. Mindesteinlage bezeichnet. Ferner kann durch die Satzung das Recht oder die Pflicht zur Übernahme mehrerer Geschäftsanteile sowie eine Bestimmung einer Höchstzahl bestimmt werden (§ 7a GenG). Bestimmt die Satzung die Übernahme mehrerer Geschäftsanteile, wird diese als Pflichtbeteiligung bezeichnet. Geschäftsanteile sind grundsätzlich als Geldeinlage zu erbringen, allerdings kann die Satzung abweichend hiervon die Erbringung von Sacheinlagen zulassen (§ 7a Abs. 3 GenG).

ee) Nachschusspflicht (§ 105 GenG)

9.14 Bei einer Genossenschaft besteht für ihre Mitglieder eine Verpflichtung zur Leistung Nachschüssen auf den Geschäftsanteil, wenn

- im eröffneten Insolvenzverfahren die Massegläubiger nicht vollständig befriedigt werden,

- Insolvenzgläubiger bei der Schlussverteilung nicht vollständig befriedigt werden oder

- ein rechtskräftig bestätigter Insolvenzplan eine Nachschusspflicht vorsieht.

9.15 Die Satzung muss die Höhe der Nachschusspflicht beziffern. Die Nachschusspflicht muss größer als der Geschäftsanteil sein (§ 119 GenG). In der Praxis ist der vollständige Ausschluss der Nachschusspflicht durch die Satzung häufig anzutreffen.

ff) Rücklagenbildung

9.16 Zur Deckung eines sich aus der Bilanz ergebenden Verlustes muss die Genossenschaft eine Rücklage bilden. Die Satzung muss hierzu Bestimmungen enthalten. Es müssen die Art der Rücklagenbildung, der Teil des Jahresüberschusses, welcher in diese Rücklage einzustellen ist, und der Mindestbetrag, bis zu dessen Erreichung die Einstellung zu erfolgen hat, benannt werden.

gg) Generalversammlung

9.17 Hinsichtlich der Generalversammlung müssen in der Satzung zumindest folgende Bestimmungen enthalten sein in Bezug auf:

- die Form der Einberufung,

- die Form der Beurkundung von Beschlüssen,

- auf den Versammlungsvorsitz.

hh) Bekanntmachungsorgan

9.18 Die Satzung muss ferner die Form für Bekanntmachungen der Genossenschaft sowie das Bekanntmachungsblatt bestimmen. Neben Tageszeitungen, Verbandszeitungen oder auch eigenen Publikationen der Genossenschaft kommt auch die Bekanntgabe an die Mitglieder z. B. per E-Mail oder die Bekanntgabe auf der Internetseite der Genossenschaft in Betracht.[16)]

b) Weiterer erforderlicher Satzungsinhalt

aa) Zweck der Genossenschaft

Die Satzung muss ferner Angaben zum Zweck der Genossenschaft erhalten. Das Register- **9.19** gericht (§ 15 GenRegV) hat nämlich die Vereinbarkeit des Zwecks mit den Vorgaben des Genossenschaftsgesetzes (insbesondere § 1 GenG) zu prüfen, vgl. auch Rz. 9.3.

bb) Vorstand und Vertretungsbefugnis

Durch die Satzung werden die Zahl der Vorstandsmitglieder und ihre Vertretungsbefug- **9.20** nis bestimmt. Eine Genossenschaft muss grundsätzlich zwei Vorstandsmitglieder haben (§ 24 Abs. 1 GenG). Ausnahmen gelten für kleine Genossenschaften (vgl. Rz. 9.30). Durch die Satzung können eine gemeinschaftliche Vertretungsbefugnis oder eine Einzelvertretungsbefugnis bestimmt werden. Die Einzelvertretungsbefugnis kann in der Weise ausgestaltet werden, dass sie generell jedem Vorstandsmitglied zusteht oder nur aufgrund eines besonderen Beschlusses der Generalversammlung.

Wird die Vertretungsbefugnis nicht durch die Satzung bestimmt, gilt für die aktive Ver- **9.21** tretung Gesamtvertretungsbefugnis (§ 25 Abs. 1 GenG) und Einzelvertretung für die Passivvertretung. Vorstände müssen zugleich Mitglied der Genossenschaft, einer anderen Genossenschaft, die wiederum Mitglied der Genossenschaft ist, oder gesetzlicher Vertreter einer juristischen Person, die Mitglied der Genossenschaft ist, sein (§ 9 Abs. 2 GenG).

Die Satzung kann ferner vorsehen, dass die Vorstände generell oder auf Beschluss der Ge- **9.22** neralversammlung von den Beschränkungen des § 181 Alt. 2 BGB befreit werden können.[17)] Wegen § 39 GenG, welcher nunmehr inhaltsgleich zu § 112 AktG formuliert ist,[18)] können Vorstandsmitglieder nicht von den Beschränkungen des § 181 Alt. 1 BGB befreit werden.[19)]

Stellvertretende Vorstandsmitglieder stehen ordentlichen Vorstandsmitgliedern gleich (§ 35 **9.23** GenG). Sie treffen daher auch alle Anmeldepflichten. Die Eintragung eines Stellvertreterzusatzes erfolgt nicht,[20)] weil der Fall einer Stellvertretung sich nicht aus der Registereintragung ergeben kann. Hierbei handelt es sich vielmehr um interne Arbeitsaufteilung.

Ähnliches gilt für Beschränkungen in der Vertretungsbefugnis des Vorstandes (§ 27 Abs. 1 **9.24** GenG). Sofern durch die Satzung und/oder das Bestellungsorgan die Vorstandsmitglieder im Innenverhältnis Einschränkungen unterliegen, entfalten solche Einschränkungen keine Außenwirkung (§ 27 Abs. 2 GenG). Daher sind solche Beschränkungen nicht eintragungsfähig.[21)]

Weitere besondere Voraussetzungen müssen Vorstandsmitglieder (vgl. § 6 Abs. 2 GmbHG, **9.25** § 76 Abs. 3 AktG) nicht mitbringen.

---

16) Lang/Weidmüller/*Holthaus/Lehnhoff*, GenG, § 6 Rz. 27.

17) *Krafka/Kühn*, Registerrecht, Rz. 1881.

18) Neufassung des Genossenschaftsgesetzes vom 16.10.2006, BGBl I, 2230 ff.

19) OLG Zweibrücken Rpfleger 2009, 622–623.

20) *Krafka/Kühn*, Registerrecht, Rz. 1880; *Keßler*, in: Berliner Komm. GenG, § 35 Rz. 5; **a. A.** OLG Stuttgart NJW 1960, 2150, Lang/Weidmüller/*Holthaus/Lehnhoff*, GenG, § 35 Rz. 8.

21) *Krafka/Kühn*, Registerrecht, Rz. 1881.

cc) Aufsichtsrat, § 36 GenG

9.26 Ein Aufsichtsrat ist bei einer Genossenschaft grundsätzlich vorgesehen, § 9 GenG. Ausnahmen gelten für kleine Genossenschaften (vgl. Rz. 9.30). Der Aufsichtsrat besteht vorbehaltlich anderer Satzungsregelung aus drei Personen. Aufsichtsräte müssen ebenfalls Mitglied der Genossenschaft sein. Durch die Satzung muss die für Beschlussfassungen des Aufsichtsrates erforderliche Mehrheit geregelt werden.

c) Fakultativer Satzungsinhalt, insbesondere § 8 GenG

9.27 Neben dem durch das Genossenschaftsgesetz zwingend vorgeschriebenen Satzungsinhalt lässt das Genossenschaftsgesetz die Bestimmung weiteren Satzungsinhalts zu. Dieses betrifft insbesondere:

aa) Zeitliche Beschränkung

9.28 – die Knüpfung der Mitgliedschaft an einen bestimmten Wohnort;

– ein vom Kalenderjahr abweichendes Geschäftsjahr;

– höhere Mehrheiten bei zu bestimmenden Generalversammlungsbeschlüssen;

– Ausdehnung des Geschäftsbetriebes auf Nicht-Mitglieder;

– Zulassung von investierenden Mitgliedern;

– Wettbewerbsverbote.

bb) Vertreterversammlung, § 43a GenG

9.29 Bei Genossenschaften mit mehr als 1.500 Mitgliedern kann durch die Satzung bestimmt werden, dass die Generalversammlung nur aus gewählten Vertretern der Mitglieder besteht. Die Vertreter müssen selbst Mitglieder der Genossenschaft bzw. der gesetzliche Vertreter einer als Mitglied beteiligten Handelsgesellschaft sein und dürfen nicht Aufsichtsrat oder Vorstand angehören. Den Umfang der Befugnisse der Vertreterversammlung, die Amtszeit der Vertreter und die Anzahl der Mitglieder, die auf einen Vertreter entfallen, muss die Satzung bestimmen. Die Vertreterversammlung muss aus mindestens 50 Mitgliedern bestehen. Die Vertreter und auch Ersatzvertreter werden durch allgemeine, unmittelbare, gleiche und geheime Wahl gewählt. Das Nähere zur Wahl der Vertreter kann durch eine Wahlordnung bestimmt werden, die vom Vorstand und Aufsichtsrat erlassen wird und der Zustimmung der Generalversammlung bedarf. Zu beachten ist der Grundsatz der allgemeinen und gleichen Wahl insbesondere bei den Modalitäten zum Einbringen von Wahlvorschlägen für die Vertreterversammlung.[22]

cc) Erleichterungen für kleine Genossenschaften

9.30 Als „kleine Genossenschaften" werden Genossenschaften mit weniger als zwanzig Mitgliedern bezeichnet. Kleine Genossenschaften können durch Bestimmung in der Satzung auf einen Aufsichtsrat verzichten (§ 9 Abs. 1 S. 2 GenG) und den Vorstand aus nur einer Person bilden (§ 24 Abs. 2 S. 3 GenG). Die Aufgaben des Aufsichtsrates werden in diesem Fall von der Generalversammlung wahrgenommen. Im Falle der Führungslosigkeit einer solchen

---

22) Zu Einzelheiten vgl. BGH WM 2013, 561–567.

Genossenschaft ist eine Passivvertretung durch jedes Mitglied als Teil der Generalversammlung zu bejahen (vgl. §§ 24 Abs. 1 S. 2; 9 Abs. 1 S. 3; 43 Abs. 1 S. 1 GenG). Bei einem fehlenden Aufsichtsrat sollen die Vorstände von beiden Alternativen des § 181 BGB befreit werden können.[23] Dieses dürfte jedoch unvereinbar mit § 9 Abs. 1 S. 3 GenG sein, da die Aufgaben des Aufsichtsrats nicht entfallen, sondern auf die Generalversammlung übergehen.

Sofern die Zahl der Gründungsmitglieder weniger als zwanzig beträgt, ist es ausreichend, **9.31** wenn die Satzung nur Regelungen für den Fall beinhaltet, dass es sich um eine kleine Genossenschaft handelt. Bei der Aufnahme des 21. Genossenschaftsmitgliedes muss von Rechts wegen der Aufsichtsrat sofort besetzt werden.[24] Es ist empfehlenswert für diesen Fall den Vorstand durch Satzungsbestimmung zu verpflichten, vor der Aufnahme des zwanzigsten Mitgliedes eine Satzungsänderung durch die Generalversammlung durchführen zu lassen.

Es kann daher sinnvoll sein, auch bei kleinen Genossenschaften in die Satzung zugleich **9.32** Regelungen für einen Aufsichtsrat und einen zweigliedrigen Vorstand aufzunehmen.

dd) Mindestkapital (§ 8a GenG)

Durch die Satzung kann zudem ein Mindestkapital für eine Genossenschaft bestimmt **9.33** werden. Das Mindestkapital begründet keine Einzahlungsverpflichtung der Mitglieder, sondern ein Auszahlungsverbot bei deren Ausscheiden, und soll damit u. a. die Kreditfähigkeit der Genossenschaft verbessern.[25] Das Mindestkapital kann als fester Betrag bestimmt werden und auch nur die Berechnungsweise bestimmen, dabei sind insbesondere Quoten zu dem Betrag der gezeichneten Geschäftsanteile oder des eingezahlten Geschäftsguthabens denkbar.[26]

d) Änderungen der Satzung

Änderungen der Satzung sind bis zur Eintragung der Genossenschaft dadurch möglich, dass **9.34** alle Gründungsmitglieder – und ggf. weitere bis dahin beigetretene Mitglieder – einstimmig eine Änderung der Satzung beschließen. Es ist ein Protokoll der Mitgliederversammlung über die Änderung der Satzung sowie eine von allen Mitgliedern unterschriebene geänderte Satzung erforderlich. Sofern die formgerechte Anmeldung der Satzung bereits erfolgt war, kann die Änderung formlos durch die Vorstandsmitglieder in vertretungsberechtigter Zahl oder den nach § 378 FamFG ermächtigten Notar mitgeteilt werden; einer erneuten formgerechten Anmeldung der Änderung bedarf es nicht.[27]

II. Bestellung des Aufsichtsrates, des Vorstandes und ggf. der Mitglieder der Vertreterversammlung

1. Bestellung des Aufsichtsrates

Sofern ein Aufsichtsrat nicht entbehrlich ist, erfolgt die Bestellung des ersten Aufsichtsrates durch die Gründer der Genossenschaft. Eine schriftliche Protokollierung ist ausreichend, **9.35** § 11 Abs. 2 Nr. 2 GenG. Die Amtszeit beginnt und endet mit dem Ablauf der durch die Sat-

---

23) *Krafka/Kühn*, Registerrecht, Rz. 1881.
24) Beuthin/*Beuthin*, GenG, § 9 Rz. 4.
25) Lang/Weidmüller/*Holthaus/Lehnhoff*, GenG, § 8a Rz. 2.
26) BT-Drucks. 16/1025, S. 82.
27) Vgl. zum GmbH-Recht BayObLG DB 1978, 880.

zung oder die Generalversammlung festgelegte Amtszeit,[28] eine Beschränkung der Höchstdauer gibt es nicht.

2. Bestellung des Vorstandes

9.36 Der erste Vorstand wird ebenfalls von den Gründern der Genossenschaft bestellt. Die Bestellung von Vorstandsmitgliedern kann durch entsprechende Satzungsbestimmung auch dem Aufsichtsrat übertragen werden.[29] Die Anzahl der Vorstandsmitglieder und ihre Vertretungsbefugnis müssen mit den entsprechenden Satzungsregelungen übereinstimmen. Bestellung von Mitgliedern der Vertreterversammlung

9.37 Sofern die Genossenschaft bereits bei der Gründung mehr als 1.500 Mitglieder hat und die Satzung eine Vertreterversammlung zulässt, kann zugleich die Wahl der Vertreter durch sämtliche Gründungsmitglieder erfolgen. Soll eine Vertreterversammlung erst zu einem späteren Zeitpunkt eingerichtet werden, ist die Wahl der Vertreter ab dem Zeitpunkt möglich, in dem die Generalversammlung die Vertreterversammlung als Satzungsbestandteil beschlossen hat. Die Befugnisse stehen der Vertreterversammlung aber erst nach Eintragung der entsprechenden Satzungsänderung in das Register zu, zuvor gefasste Beschlüsse sind nicht nichtig und werden auch nicht durch die Registereintragung geheilt.[30]

III. Einzahlung der Mindesteinlage bzw. der Geschäftsanteile

1. Höhe der Einzahlung

9.38 Das Genossenschaftsgesetz bestimmt lediglich, dass durch die Satzung bestimmt sein muss, innerhalb welchen Zeitraums und mit welcher Stückelung die Einzahlungen der Mindesteinlage erfolgt sein müssen (§ 7 Nr. 1 GenG). Damit ist die Regelung der Kapitalaufbringung im Wesentlichen der Bestimmung durch die Genossen selbst überlassen. Dieses bedeutet auch, dass es grundsätzlich keine gesetzlichen Verpflichtungen zur Kapitalaufbringung gibt, solange Regelungen für die 10 %ige Mindestaufbringung in der Satzung enthalten sind. Die Erhebung der restlichen Einlage ist der genossenschaftlichen Selbstverwaltung vorenthalten.[31] Es gibt weder Mindestanforderungen an die Höhe eines jeden Geschäftsanteils noch ein Volleinzahlungsgebot oder ein Stundungsverbot, solange die Stundung keinen Erlass darstellt.[32] Aus der fehlenden Einzahlungsverpflichtung folgt, dass es keine diesbezügliche Prüfungspflicht des Registergerichts gibt.

2. Zeitpunkt der Einzahlung

9.39 Dennoch ist auch bei der Genossenschaft zu beachten, dass die Einzahlung auf die Pflichteinlage der Genossenschaft ihrem Zweck entsprechend tatsächlich zufließen muss.[33] Dazu muss der eingeforderte Betrag endgültig zur freien Verfügbarkeit des Vorstandes gelangen. Die Zahlung des Pflichtanteils unter einem Vorbehalt, einer Bedingung oder der Zusage der Rückführung an den Genossen bewirkt daher keine befreiende Leistung.[34] Ferner kann

---

28) BGHZ 4, 224–227.
29) Beuthin/*Beuthin*, GenG, § 11 Rz. 5.
30) BGHZ 32, 318.
31) RGZ 135, 55, 60.
32) *Rottnauer*, EWiR 2004, 976.
33) Beuthin/*Beuthin*, GenG, § 7 Rz. 9.
34) BGHZ 113, 335, 343 ff. = ZIP 1991, 511.

der eintretende Genosse seinen Pflichteinzahlungsanspruch nicht gegen andere Forderungen aufrechnen (§ 22 Abs. 5 GenG).

Die Einzahlungsfrist der Mindesteinlage darf nicht übermäßig lange ausgedehnt werden. Auf **9.40** keine Bedenken des Kammergerichts ist dabei ein Zeitraum von 17 Jahren gestoßen.[35] Die Satzung kann ferner von vornherein oder nachträglich Regelungen zu weiteren Zahlungen bis zur vollen Höhe des Geschäftsanteils beinhalten.

3. Fälligkeit

Der Anspruch auf die Einzahlung der Pflichteinlage entsteht mit der Eintragung der Ge- **9.41** nossenschaft (§§ 10, 16 Abs. 4 GenG). Besteht nach der Satzung die Möglichkeit, dass die Pflichteinlage bereits vor der Eintragung erbracht werden kann, befreit die Zahlung die Mitglieder von der Einlageverpflichtung.[36]

Der Anspruch auf Einzahlung des Geschäftsanteils entfällt mit der Beendigung der Mit- **9.42** gliedschaft. Ein Mitglied kann aus der Genossenschaft auch wieder vor der vollständigen Einzahlung des Geschäftsanteils ausscheiden, wenn durch die Satzung lediglich die „Auffüllung innerhalb von drei Jahren" vorgesehen ist und das Ausscheiden innerhalb dieser drei Jahre erfolgt.[37]

IV. Gründungsprüfung, Beitritt zu einem Prüfungsverband

1. Gründungsprüfung

Jede Genossenschaft muss Mitglied eines Prüfungsverbandes sein (§ 54 GenG). Bereits **9.43** bei der Gründung, also nach Abhaltung der Gründungsversammlung und vor der Erstanmeldung der Genossenschaft beim Genossenschaftsregister, muss sich die Vor-Genossenschaft einer Gründungsprüfung unterziehen, nach derer der Prüfungsverband der Vor-Genossenschaft in einer gutachterlichen Äußerung bescheinigt, dass nach den persönlichen und wirtschaftlichen Verhältnissen, insbesondere nach der Vermögenslage der Genossenschaft, eine Gefährdung der Belage von Mitgliedern und Gläubigern nicht zu erwarten ist (§ 11 Abs. 2 Nr. 2 GenG). Die Bestellung eines Prüfungsverbandes für die in Gründung befindliche Genossenschaft durch das Registergericht (vgl. § 64b GenG) kommt nicht in Frage.[38] Für die Durchführung der Gründungsprüfung gibt es sowohl branchenspezifische wie auch regional ausgerichtete Prüfungsverbände. Das Prüfungsrecht für Genossenschaften wird einem Verband von der oberen Aufsichtsbehörde des Bundeslandes, in dem der Verband seinen Sitz hat, verliehen. Dies ist in Berlin die Senatsverwaltung für Wirtschaft, Technologie und Forschung.

2. Zulassung zum Prüfungsverband

Die Genossenschaft benötigt ferner eine Bescheinigung eines Prüfungsverbandes, dass sie **9.44** zum Beitritt in den Prüfungsverband zugelassen wird, sofern ihre Eintragung in das Genossenschaftsregister erfolgt. Damit soll sichergestellt werden, dass jede Genossenschaft nach ihrer Gründung zwingend einem Prüfungsverband angehört.

---

35) KGJ 26, 228, 230.
36) BGHZ 15, 66.
37) Schleswig-Holst. OLG OLGR Schleswig 2007, 102–105.
38) BayObLG DB 1990, 2157–2159.

V. Anmeldung

1. Zur Anmeldung Verpflichtete, § 11 GenG

9.45 Die Anmeldung hat von sämtlichen Mitgliedern des Vorstandes – also auch den stellvertretenden – zu erfolgen (§§ 11 Abs. 1, 157 GenG). Eine Stellvertretung ist ausgeschlossen, § 6 Abs. 3 GenRegV.

2. Inhalt der Anmeldung

9.46 Neben der Gründung der Genossenschaft sind die Vorstandsmitglieder mit Vor- und Zunamen, Geburtsdaten und ihren Wohnorten anzugeben. Eine allgemeine Vertretungsbefugnis (vgl. Rz. 9.20–9.25) sowie eine ggf. konkrete Vertretungsbefugnis für die Vorstandsmitglieder ist anzumelden. Die Anmeldung einer inländischen Geschäftsanschrift ist mangels Eintragungsfähigkeit nicht vorgesehen, es genügt eine Mitteilung zur Lage der Geschäftsräume (§ 24 HRV i. V. m. § 1 GenRegV).

3. Form

9.47 Die Anmeldung muss elektronisch in öffentlich beglaubigter Form eingereicht werden. Beizufügende Anlagen sind ebenfalls elektronisch einzureichen, § 11 Abs. 4 GenG i. V. m. § 12 Abs. 2 HGB (vgl. Rz. 1.68–1.94).

4. Beizufügende Unterlagen

9.48 Der Anmeldung sind folgende Dokumente beizufügen:

- von mindestens drei (aber nicht zwingend allen) Mitgliedern unterzeichnete Satzung,[39]

- Beschlüsse über die Bestellung des Vorstandes,

- Beschlüsse über die Bestellung des Aufsichtsrates (sofern Aufsichtsrat erforderlich),

- Bescheinigung des Prüfverbandes, dass die Genossenschaft zum Beitritt zugelassen ist, §§ 11, Abs. 2 Nr. 3; 54 GenG,

- gutachterliche Äußerung des Prüfungsverbandes, dass nach den persönlichen oder wirtschaftlichen Verhältnissen, insbesondere nach der Vermögenslage der Genossenschaft, eine Gefährdung der Belange der Mitglieder oder der Gläubiger der Genossenschaft nicht zu besorgen ist (§ 11 Abs. 2 Nr. 3 GenG),

- öffentlich-rechtliche Genehmigungsurkunden, sofern die Vorlage der Genehmigungsurkunde für die Gründung durch die entsprechende Vorschrift angeordnet ist (vgl. § 43 Abs. 1 KWG). Andernfalls steht das Fehlen einer öffentlich-rechtlichen Genehmigung der Eintragung der Genossenschaft nicht entgegen.[40]

VI. Eintragung

1. Prüfung durch das Gericht § 11a GenG

9.49 Das Registergericht prüft die ordnungsgemäße Errichtung und Anmeldung der Genossenschaft. Für die Zulässigkeit der Firma kann, sofern es sich um firmenrechtliche Fragen aus

---

39) Lang/Weidmüller/*Holthaus/Lehnhoff*, GenG, § 11a Rz. 3.

40) Lang/Weidmüller/*Holthaus/Lehnhoff*, GenG, § 11a Rz. 3.

Rudolph

dem HGB handelt, eine Stellungnahme der Industrie- und Handelskammer gem. § 380 Abs. 1 FamFG eingeholt werden.[41] Die Prüfung der Zulässigkeit der Satzung beschränkt sich auf den zwingenden Satzungsinhalt (vgl. Rz. 9.10–9.26) und auf die Verletzung von Vorschriften, die Gläubiger schützen, im öffentlichen Interesse liegen oder zur Nichtigkeit der Satzung führen.[42]

Ebenso prüft das Gericht, ob alle erforderlichen Unterlagen beigefügt sind und der Prüfverband die nach § 11 Abs. 2 Nr. 3 GenG erforderliche Bestätigung erteilt hat.   **9.50**

2. Eintragungsinhalt

Der Eintragungsinhalt ergibt sich aus § 26 GenRV. Danach sind die Firma, der Sitz und der Gegenstand der Genossenschaft, die Bestimmungen über die Nachschusspflicht, der Tag der Verabschiedung der Satzung und die Personen des Vorstandes sowie ihre Vertretungsbefugnis einzutragen.   **9.51**

Die Eintragung der Vorstände erfolgt unter Angabe von Vornamen, Familiennamen, Geburtsdatum und Wohnort. Eingetragen wird ferner stets die allgemeine Vertretungsbefugnis und eine ggf. erteilte abweichende konkrete Vertretungsbefugnis. Nicht eintragungsfähig ist die Angabe, das im Falle der Passivvertretung die Abgabe gegenüber einem Vorstandsmitglieder ausreichend ist, da es sich hierbei lediglich um die Wiedergabe des Gesetzesinhalt handelt (§ 25 Abs. 1 S. 2 GenG).   **9.52**

Wurde eine zeitliche Beschränkung in der Satzung festgelegt, muss auch diese eingetragen werden. Die Eintragung einer inländischen Geschäftsanschrift bzw. eines Zustellungsbevollmächtigten ist nur bei Europäischen Genossenschaften vorgesehen, nicht jedoch bei „inländischen" Genossenschaften.   **9.53**

3. Wirkungen der Eintragung

Die Eintragung der Genossenschaft hat konstitutiven Charakter (§ 13 GenG). Mit der Eintragung endet die Vor-Genossenschaft. Ansprüche und Verbindlichkeiten der Vor-Genossenschaft gehen auf die Genossenschaft über.[43]   **9.54**

4. Veröffentlichung und Bekanntmachung

Die Eintragung der Genossenschaft ist unter Angabe der Satzung zu veröffentlichen (§§ 12 Abs. 1, 156 GenG, § 4 GenRegV, § 10 HGB). In der Veröffentlichung ist die Lage der Geschäftsräume anzugeben. Der Vorstand der Genossenschaft ist von der Eintragung zu unterrichten, § 3 Abs. 1 GenRegV. Ferner ist der Prüfungsverband sowie das am Sitz der Genossenschaft zuständige Finanzamt zu unterrichten, da Genossenschaften körperschaftssteuerpflichtig sind (§ 1 Abs. 1 Nr. 2 KStG).   **9.55**

5. Haftung in der Gründungsphase

Wenn von den Gründern der Gründungsbeschluss erlassen, die Satzung errichtet und der erste Vorstand bestellt worden ist, entsteht eine Vorgenossenschaft ohne eigene Rechts-   **9.56**

---

41) BayObLGZ 28, 446.
42) Jansen/*Ries*, FGG, § 147 Rz. 25.
43) H. M. BGHZ 20, 281, 286; Beuthin/*Beuthin*, GenG, § 13 Rz. 10; einschränkend *Müller*, GenG, § 13 Rz. 16.

persönlichkeit.[44] Auf die Haftung der Vorgenossenschaft bzw. der Mitglieder wendet der BGH[45] die für die GmbH entwickelten Grundsätze zur unbeschränkten Innenhaftung[46] der Vorgenossen gegenüber der Vorgenossenschaft an, wenn alle Mitglieder mit der Aufnahme der Geschäftstätigkeit einverstanden waren. Dieses ist jedoch nicht kritiklos geblieben.[47]

9.57 Mit der Anwendbarkeit der Theorie von der unbeschränkten Innenhaftung haben die Gläubiger der Vorgenossenschaft keinen direkten Zahlungsanspruch gegen die Gründungsmitglieder, sondern nur gegen die Vorgenossenschaft selbst. Die Gründungsmitglieder haften der Vorgenossenschaft gegenüber unbeschränkt, so dass Gläubiger der Vorgenossenschaft erst den Regressanspruch der Genossenschaft gegen die Gründungsgesellschafter pfänden müssen, um ihre Forderungen gegenüber den Gründungsgenossen geltend machen zu können.

9.58 Eine Haftungsbeschränkung auf das Vermögen der Vorgenossenschaft kann nur durch eine ausdrückliche Vereinbarung des Vorgenossenschaftsgläubigers mit der durch den Vorstand vertretenen Vorgenossenschaft erreicht werden.[48]

9.59 **Muster 186: Erstanmeldung**

Amtsgericht *Registergericht*

Genossenschaftsregister

PLZ Ort

zu RegNeu (GenR)

In der Genossenschaftsregistersache

Firma i. Gr.

überreichen wir, sämtliche Vorstände der Genossenschaft

– von allen Mitgliedern unterzeichnete Satzung

– Beschlüsse über die Bestellung des Vorstandes

– Beschlüsse über die Bestellung des Aufsichtsrates[49]

– Bescheinigung des Prüfverbandes über die Zulassung der Genossenschaft zum Beitritt

– gutachterliche Äußerung des Prüfungsverbandes zu den persönlichen oder wirtschaftlichen Verhältnissen der Genossenschaft

und melde die Genossenschaft und unsere Bestellung zu Vorständen zur Eintragung an.

allgemeine Vertretungsregelung

besondere Vertretungsregelung

Die Geschäftsräume der Genossenschaft befinden sich in *Anschrift*.

---

44) Siehe BGHZ 20, 281, 285; BGHZ 149, 273 = ZIP 2002, 353.
45) BGHZ 149, 273 = ZIP 2002, 353.
46) Einzelheiten hierzu siehe Rz. 3.119–3.125.
47) Beuthin/*Beuthin*, GenG, § 13 Rz. 7; *Hadding*, WuB II D § 13 GenG 1.02.
48) Beuthin/*Beuthin*, GenG, § 13 Rz. 8.
49) Sofern Aufsichtsrat gebildet.

Unterschriftsbeglaubigung für sämtliche Vorstände [Muster 1]

Übereinstimmungsvermerk der elektronischen Abschrift mit dem Papierdokument [Muster 1]

Muster 187: Satzung (mit Aufsichtsrat)

9.60

§ 1
Name, Sitz, Gegenstand

Die Firma der Genossenschaft lautet [Firma].

Die Genossenschaft hat ihren Sitz in [Ort].

Gegenstand der Genossenschaft ist [...].

Die Genossenschaft kann sich an anderen Unternehmen beteiligen und Zweigniederlassungen errichten

Geschäftsjahr ist das Kalenderjahr. Das erste Geschäftsjahr beginnt mit der Eintragung der Genossenschaft und endet mit Ablauf des Kalenderjahres.

§ 2
Geschäftsanteil, Zahlungen, Rücklagen, Nachschüsse, Rückvergütung, Verjährung

(1) Der Geschäftsanteil beträgt ... EUR. Er ist [in welcher Höhe und bis wann] einzuzahlen. Der Vorstand kann auf Antrag eines Mitgliedes eine Ratenzahlung von bis [Zeitraum] zulassen.

(2) Die Mitglieder können bis zu [Anzahl] Geschäftsanteile übernehmen.

(3) Durch Beschluss der Generalversammlung kann ein Eintrittsgeld festgelegt werden, das den Rücklagen zugeführt wird.

(4) Die Mitglieder [sind nicht zur Leistung von Nachschüssen verpflichtet/haben einen Nachschuss von ... EUR je Geschäftsanteil zu leisten].

§ 3
Generalversammlung

(1) Die Generalversammlung wird vom Vorstand durch unmittelbare Benachrichtigung sämtlicher Mitglieder in Textform einberufen. Die Einladung muss mindestens zwei Wochen, Ergänzungen und Änderungen der Tagesordnung müssen mindestens eine Woche vor der Generalversammlung erfolgen. Die Mitteilungen gelten als zugegangen, wenn sie zwei Werktage vor Beginn der Frist abgesendet worden sind.

(2) Die Generalversammlung wird vom Versammlungsleiter geleitet, der auf Vorschlag des Aufsichtsrates von der Generalversammlung bestimmt wird

(3) Jedes Mitglied hat eine Stimme.

(4) Jede ordnungsgemäß einberufene Generalversammlung ist unabhängig von der Zahl der Teilnehmer beschlussfähig.

(5) Die Generalversammlung kann sich eine Geschäftsordnung geben.

(6) Beschlüsse werden gemäß § 47 GenG protokolliert.

(7) Die Generalversammlung beschließt über die nach dem Gesetz und der Satzung vorgesehenen Gegenstände. Sie wählt die Mitglieder des Aufsichtsrates. Sie bestimmt ihre Anzahl und Amtszeit.

§ 4
Vorstand

(1) Der Vorstand besteht aus zwei Mitgliedern. Er wird vom Aufsichtsrat bestellt.

(2) Die Vorstandsmitglieder vertreten die Genossenschaft gemeinschaftlich. Der Aufsichtsrat kann bestimmen, dass ein Vorstandsmitglied die Genossenschaft gemeinschaftlich mit einem anderen Vorstandsmitglied oder einem Prokuristen vertreten darf.

(3) Dienstverträge mit Vorstandsmitgliedern werden vom Aufsichtsrat im Rahmen der Richtlinien der Generalversammlung abgeschlossen.

(4) Der Vorstand führt die Genossenschaft in eigener Verantwortung. Er kann sich eine Geschäftsordnung geben, die der Zustimmung des Aufsichtsrates bedarf. In den nach Gesetz, Satzung oder Geschäftsordnung vorgesehenen Fällen bedarf der Vorstand der Zustimmung des Aufsichtsrates. Die Zustimmung kann für gleichartige Geschäfte generell erteilt werden.

(5) Der Vorstand bedarf der Zustimmung des Aufsichtsrates für alle Arten von Grundstücksgeschäften, für den Erwerb oder die Veräußerung von Unternehmen und Beteiligungen sowie für Investitionen von mehr als [...] Euro oder Dauerschuldverhältnisse mit einer jährlichen Belastung von mehr als [...] Euro.

§ 5
Aufsichtsrat

(1) Der Aufsichtsrat besteht aus mindestens drei Mitgliedern. Er wird einzeln vertreten durch den Vorsitzenden oder dessen Stellvertreter.

(2) Der Aufsichtsrat ist beschlussfähig, wenn mindestens die Hälfte der Mitglieder an der Beschlussfassung teilnimmt. Der Aufsichtsrat kann schriftlich, telefonisch und auf elektronischem Wege Beschlüsse fassen, wenn kein Aufsichtsratsmitglied der Beschlussfassung widerspricht.

(3) Der Aufsichtsrat überwacht die Leitung der Genossenschaft, berät den Vorstand und berichtet der Generalversammlung.

§ 6
Beendigung der Mitgliedschaft, Ausschluss, Auseinandersetzung

(1) Die Kündigungsfrist beträgt ein Jahr zum Schluss des Geschäftsjahres.

(2) Mitglieder, die die Leistungen der Genossenschaft nicht nutzen oder die Genossenschaft schädigen, können ausgeschlossen werden.

(3) Die Mitglieder sind verpflichtet, der Genossenschaft ihre Anschrift mitzuteilen. Nicht erreichbare Mitglieder können ausgeschlossen werden.

(4) Über den Ausschluss eines Mitgliedes entscheidet der Vorstand. Gegen den Ausschlussbeschluss kann binnen [...] Wochen nach Absendung beim Aufsichtsrat Widerspruch eingelegt werden (Ausschlussfrist). Erst nach der Entscheidung des Auf-

sichtsrats kann der Ausschluss gerichtlich angefochten werden. Über Ausschlüsse von Mitgliedern des Vorstandes oder Aufsichtsrats entscheidet die Generalversammlung.

(5) Beim Auseinandersetzungsguthaben werden Verlustvorträge anteilig abgezogen. Das Guthaben haftet der Genossenschaft als Pfand für etwaige Ansprüche gegenüber dem betreffenden Mitglied.

§ 7
Bekanntmachungen

Bekanntmachungen der Genossenschaft erfolgen im [Bundesanzeiger].

Muster 188: Gründungsverhandlung (mit Aufsichtsrat) 9.61

A.
Gründungsversammlung

Auf Einladung von *Name* haben sich heute, am *Datum* in *Ort und Anschrift* zur Gründung der Genossenschaft *Firma* eingefunden:

1. *Name, Vorname, Geburtsdatum, Anschrift*

2. *Name, Vorname, Geburtsdatum, Anschrift*

3. *Name, Vorname, Geburtsdatum, Anschrift*

... ggf. weitere Personen

Die Eröffnung der Versammlung erfolgt durch *Name*.

Die Anwesenden wählen zum Versammlungsleiter: *Name*

Die Anwesenden wählen zum Schriftführer *Name*.

Der Versammlungsleiter erläutert den Anwesenden den wesentlichen Inhalt der Satzung und gibt Gelegenheit zur Aussprache.

Anschließend wird die Satzung von den Anwesenden eigenhändig unterschrieben.

B.
Generalversammlung

Die Unterzeichner der Satzung treten nunmehr zur ersten Generalversammlung zusammen. Der Versammlungsleiter und der Schriftführer der Gründungsversammlung werden beibehalten.

Der Versammlungsleiter stellt fest, dass alle Gründungsmitglieder anwesend sind und die Beschlussfähigkeit der Generalversammlung gegeben ist.

Die Generalversammlung beschließt, dass der Aufsichtsrat aus ... Personen besteht.

... JA-Stimmen, ... NEIN-Stimmen, ... Enthaltungen

Die Generalversammlung beschließt, dass die Amtszeit der Aufsichtsratsmitglieder ... Jahre beträgt und bis Neuwahl von Aufsichtsratsmitgliedern andauert.

... JA-Stimmen, ... NEIN-Stimmen, ... Enthaltungen

Es werden zu Aufsichtsräten gewählt:

Name, Vorname, Geburtsdatum, Wohnort

... *JA-Stimmen,* ... *NEIN-Stimmen,* ... *Enthaltungen*

Name, Vorname, Geburtsdatum, Wohnort

... *JA-Stimmen,* ... *NEIN-Stimmen,* ... *Enthaltungen*

Name, Vorname, Geburtsdatum, Wohnort

... *JA-Stimmen,* ... *NEIN-Stimmen,* ... *Enthaltungen*

Die Gewählten erklären, die Wahl anzunehmen.

Der Versammlungsleiter schließt die Generalversammlung, nachdem keine weiteren Wortmeldungen gab.

Ort, Datum

... (Unterschrift Versammlungsleiter)

... (Unterschrift Schriftführer)

9.62 Muster 189: Satzung (kleine Genossenschaft)

Mustersatzung (kleine Genossenschaft)

§ 1
Name, Sitz, Gegenstand

(1) Die Firma der Genossenschaft lautet [Firma].

(2) Die Genossenschaft hat ihren Sitz in [Ort].

(3) Gegenstand der Genossenschaft ist [...].

(4) Die Genossenschaft kann sich an anderen Unternehmen beteiligen und Zweigniederlassungen errichten

(5) Geschäftsjahr ist das Kalenderjahr. Das erste Geschäftsjahr beginnt mit der Eintragung der Genossenschaft und endet mit Ablauf des Kalenderjahres.

§ 2
Geschäftsanteil, Zahlungen, Rücklagen, Nachschüsse, Rückvergütung, Verjährung

(1) Der Geschäftsanteil beträgt ... EUR. Er ist [in welcher Höhe und bis wann] einzuzahlen. Der Vorstand kann auf Antrag eines Mitgliedes eine Ratenzahlung von bis [Zeitraum] zulassen.

(2) Die Mitglieder können bis zu [Anzahl] Geschäftsanteile übernehmen.

(3) Durch Beschluss der Generalversammlung kann ein Eintrittsgeld festgelegt werden, das den Rücklagen zugeführt wird.

(4) Der gesetzlichen Rücklage sind mindestens [...] % des Jahresüberschusses zuzuführen, bis mindestens [...] % der Summe der Geschäftsanteile erreicht sind.

(5) Die Mitglieder [sind nicht zur Leistung von Nachschüssen verpflichtet/haben einen Nachschuss von ... EUR je Geschäftsanteil zu leisten].

§ 3
Generalversammlung

(1) Die Generalversammlung wird vom Vorstand durch unmittelbare Benachrichtigung sämtlicher Mitglieder in Textform einberufen. Die Einladung muss mindestens zwei Wochen, Ergänzungen und Änderungen der Tagesordnung müssen mindestens eine Woche vor der Generalversammlung erfolgen. Die Mitteilungen gelten als zugegangen, wenn sie zwei Werktage vor Beginn der Frist abgesendet worden sind.

(2) Die Generalversammlung wird vom Bevollmächtigten geleitet. Bei dessen Verhinderung bestimmt die Generalversammlung die Versammlungsleitung.

(3) Jedes Mitglied hat eine Stimme.

(4) Jede ordnungsgemäß einberufene Generalversammlung ist unabhängig von der Zahl der Teilnehmer beschlussfähig

(5) Die Generalversammlung kann sich eine Geschäftsordnung geben.

(6) Beschlüsse werden gem. § 47 GenG protokolliert.

(7) Die Generalversammlung beschließt über die nach dem Gesetz und der Satzung vorgesehenen Gegenstände, insbesondere auch über alle Arten von Grundstücksgeschäften, den Erwerb oder die Veräußerung von Unternehmen und Beteiligungen sowie über Investitionen von mehr als [...] EUR oder Dauerschuldverhältnisse mit einer jährlichen Belastung von mehr als [...] EUR.

§ 4
Vorstand

(1) Der Vorstand besteht aus mindestens einem Mitglied.

(2) Ist nur ein Vorstandsmitglied bestellt, vertritt es die Genossenschaft allein. Sind mehrere Vorstandsmitglieder bestellt, vertreten sie die Genossenschaft gemeinschaftlich. Die Generalversammlung kann bestimmen, dass jedes Vorstandsmitglied die Genossenschaft allein vertreten darf oder dass jeweils ein Vorstandsmitglied die Genossenschaft gemeinschaftlich mit einem anderen Vorstandsmitglied oder einem Prokuristen vertreten darf.

(3) Dienstverträge mit Vorstandsmitgliedern werden von dem Bevollmächtigten (§ 5) mit Zustimmung der Generalversammlung abgeschlossen.

(4) Der Vorstand führt die Genossenschaft in eigener Verantwortung. Er kann sich eine Geschäftsordnung geben, die der Zustimmung der Generalversammlung bedarf. In den nach Gesetz, Satzung oder Geschäftsordnung vorgesehenen Fällen bedarf der Vorstand der Zustimmung der Generalversammlung. Die Zustimmung kann für gleichartige Geschäfte generell erteilt werden.

(5) Der Vorstand bedarf für die Aufnahme des 21. Mitglieds der Zustimmung der Generalversammlung. Bei der Einladung zu dieser Generalversammlung hat der Vorstand vorsorglich Wahlen zum Vorstand und Aufsichtsrat sowie entsprechende Satzungsänderungen auf die Tagesordnung zu setzen.

§ 5
Bevollmächtigter, Revisionskommission

(1) Die Genossenschaft hat keinen Aufsichtsrat. Die gesetzlichen Rechte und Pflichten des Aufsichtsrats nimmt die Generalversammlung wahr.

(2) Die Generalversammlung wählt für die Dauer von [...] Jahren einen Bevollmächtigten.

(3) Der Bevollmächtigte vertritt die Genossenschaft gegenüber den Vorstandsmitgliedern und nimmt die übrigen ihm nach dem Gesetz zugewiesenen Aufgaben wahr.

(4) Die Generalversammlung bestimmt eine Revisionskommission, die aus dem Bevollmächtigten und mindestens einem weiteren Revisor besteht. Im Rahmen der Prüfung des Jahresabschlusses übernimmt die Revisionskommission die Aufgaben des Aufsichtsrats nach § 38 Abs. 1 S. 3 GenG.

§ 6
Beendigung der Mitgliedschaft, Ausschluss, Auseinandersetzung

(1) Die Kündigungsfrist beträgt ein Jahr zum Schluss des Geschäftsjahres.

(2) Mitglieder, die die Leistungen der Genossenschaft nicht nutzen oder die Genossenschaft schädigen, können ausgeschlossen werden.

(3) Die Mitglieder sind verpflichtet, der Genossenschaft ihre Anschrift mitzuteilen. Nicht erreichbare Mitglieder können ausgeschlossen werden.

(4) Über den Ausschluss eines Mitgliedes entscheidet der Vorstand. Gegen den Ausschließungsbeschluss kann binnen [...] Wochen nach Absendung bei der Generalversammlung Widerspruch eingelegt werden (Ausschlussfrist). Erst nach der Entscheidung der Generalversammlung kann der Ausschluss gerichtlich angefochten werden. Über den Ausschluss von Vorstandsmitgliedern oder des Bevollmächtigten entscheidet die Generalversammlung.

(5) Beim Auseinandersetzungsguthaben werden Verlustvorträge anteilig abgezogen. Das Guthaben haftet der Genossenschaft als Pfand für etwaige Ansprüche gegenüber dem betreffenden Mitglied.

§ 7
Bekanntmachungen

Bekanntmachungen der Genossenschaft erfolgen im [Bundesanzeiger].

9.63 **Muster 190: Gründungsprotokoll (kleine Genossenschaft)**

A.
Gründungsversammlung

Auf Einladung von *Name* haben sich heute, am *Datum* in *Ort und Anschrift* zur Gründung der Genossenschaft *Firma* eingefunden:

1. *Name, Vorname, Geburtsdatum, Anschrift*

2. *Name, Vorname, Geburtsdatum, Anschrift*

3. *Name, Vorname, Geburtsdatum, Anschrift*

... ggf. weitere Personen

Die Eröffnung der Versammlung erfolgt durch *Name*.

Die Anwesenden wählen zum Versammlungsleiter: *Name*.

Die Anwesenden wählen zum Schriftführer *Name*.

Der Versammlungsleiter erläutert den Anwesenden den wesentlichen Inhalt der Satzung und gibt Gelegenheit zur Aussprache.

Anschließend wird die Satzung von den Anwesenden eigenhändig unterschrieben.

B.
Generalversammlung

Die Unterzeichner der Satzung treten nunmehr zur ersten Generalversammlung zusammen. Der Versammlungsleiter und der Schriftführer der Gründungsversammlung werden beibehalten.

Der Versammlungsleiter stellt fest, dass alle Gründungsmitglieder anwesend sind und die Beschlussfähigkeit der Generalversammlung gegeben ist.

1. Die Generalversammlung wählt zu ihrem Bevollmächtigten

    Name, Vorname, Geburtsdatum, Wohnort

    ... *JA-Stimmen,* ... *NEIN-Stimmen,* ... *Enthaltungen*

2. Die Generalversammlung beschließt, dass die Amtszeit des Bevollmächtigten ... Jahre beträgt und bis Neuwahl eines Bevollmächtigten andauert.

    ... *JA-Stimmen,* ... *NEIN-Stimmen,* ... *Enthaltungen*

3. Neben dem Bevollmächtigten werden zu Mitgliedern der Revisionskommission gewählt

    Name, Vorname, Geburtsdatum, Wohnort

    ... *JA-Stimmen,* ... *NEIN-Stimmen,* ... *Enthaltungen*

    Name, Vorname, Geburtsdatum, Wohnort

Die Gewählten erklären, die Wahl anzunehmen.

Der Versammlungsleiter schließt die Generalversammlung, nachdem es keine weiteren Wortmeldungen gab.

Ort, Datum

... (Unterschrift Versammlungsleiter)

... (Unterschrift Schriftführer)

9.64 Muster 191: Protokoll der ersten Aufsichtsratssitzung

Protokoll der ersten Sitzung des Aufsichtsrats der *Firma*

Ort der Sitzung: ... .

Zeit der Sitzung: ... .

Teilnehmer:

1. *Name, Vorname, Geburtsdatum, Anschrift*

2. *Name, Vorname, Geburtsdatum, Anschrift*

3. *Name, Vorname, Geburtsdatum, Anschrift*

In der ersten Generalversammlung der *Firma* sind die oben bezeichneten Personen zu den Mitgliedern des ersten Aufsichtsrats der Genossenschaft bestellt worden. Die haben ihre Bestellung angenommen.

Dies vorausgeschickt, beschließt der Aufsichtsrat hiermit was folgt:

1. Zum Vorsitzenden des Aufsichtsrats wird *Name, Vorname* gewählt.

2. Zum stellvertretenden Vorsitzenden des Aufsichtsrats wird *Name, Vorname* gewählt.

   Der Aufsichtsratsvorsitzende und sein Stellvertreter nehmen die Wahl an.

3. Zum Vorstand der Genossenschaft werden *Name, Vorname, Geburtsdatum, Anschrift* und *Name, Vorname, Geburtsdatum, Anschrift* bestellt.

4. Jeder Vorstand vertritt die Gesellschaft stets allein und darf Rechtsgeschäfte mit sich als Vertreter Dritter abschließen.

Die Entscheidungen erfolgten einstimmig.

Ort, Datum

Der Aufsichtsrat ...

Unterschriften aller Aufsichtsräte

Muster 192: Eintragung 9.65

Amtsgericht Charlottenburg · Ausdruck Genossenschaftsregister · GnR 1007 B

1	2	3	4	5	6	7
Nummer der Eintragung	a) Firma b) Sitz, Niederlassung, inländische Geschäftsanschrift, empfangsberechtigte Person der Europäischen Genossenschaft, Zweigniederlassungen c) Gegenstand des Unternehmens	Nachschusspflicht, Mindestkapital, Grundkapital der Europäischen Genossenschaft	a) Allgemeine Vertretungsregelung b) Vorstand; Leitungsorgan oder geschäftsführende Direktoren der Europäischen Genossenschaft; Vertretungsberechtigte und besondere Vertretungsbefugnis	Prokura	a) Rechtsform und Satzung b) Sonstige Rechtsverhältnisse	a) Tag der Eintragung b) Bemerkungen
1	a) carpe tempus eG b) Berlin c) Die Entwicklung und Durchführung von sozialen und kulturellen Projekten und Dienstleistungen zur besseren Nutzung der Zeit in Haushalt, Handel, Industrie und öffentliche Verwaltung.	keine Nachschusspflicht	a) Der Vorstand besteht aus mindestens zwei Personen. Jedes Vorstandsmitglied vertritt die Genossenschaft allein. b) Vorstand: 1. Klein, Claudius, *29.07.1976, Berlin Vorstand: 2. Groß, Georg, *25.09.1976 Berlin		a) Eingetragene Genossenschaft Die Satzung ist errichtet am 27.09.2013.	a) 20.01.2014 - Unterschrift -

C. Veränderungen bei eingetragenen Genossenschaften

I. Eintritt (§§ 15, 15a GenG)

9.66 Der Eintritt in eine bestehende Genossenschaft erfolgt durch Beitrittserklärung und die Zulassung des Beitritts durch die Genossenschaft. Das Mitglied ist nach Zulassung in die Liste der Genossen einzutragen und ihm ist eine Abschrift der Satzung auszuhändigen. Lehnt die Genossenschaft die Neuaufnahme des Mitgliedes ab, ist dieses ebenfalls mitzuteilen.

9.67 Die Beitrittserklärung muss die ausdrückliche Verpflichtung des Mitgliedes enthalten, die geschuldeten Einlagen bzw. die durch die Satzung vorgesehenen Fälle für Nachschüsse auf den Geschäftsanteil einzuzahlen. Sieht die Beitrittserklärung vor, dass die Leistung auf den Geschäftsanteil in Raten erbracht werden kann, ohne dass dieses durch die Satzung zugelassen ist, kann der Beitritt nichtig sein, da es sich um eine unzulässige Kreditgewährung der Genossenschaft handeln könnte.[50].

9.68 Eine Meldung an das Registergericht über den Eintritt von Mitgliedern (vgl. § 40 GmbHG) ist nicht erforderlich.

II. Übernahme weiterer Geschäftsanteile

9.69 Die Beteiligung eines Mitgliedes mit weiteren Geschäftsanteilen ist nach Maßgabe der Satzung zulässig. Sie setzt eine neuerliche, unbedingte Beitrittserklärung voraus; ferner dass die bisher übernommenen Geschäftsanteile voll einbezahlt sind (§ 15b GenG).

III. Beendigung der Mitgliedschaft

9.70 Die Mitgliedschaft kann von dem Genossen durch eine Kündigung bzw. von der Genossenschaft durch einen Ausschluss des Mitgliedes beendet werden.

9.71 Mit dem Tod eines Genossen geht die Mitgliedschaft auf die Erben über, § 77 Abs. 1 GenG. Die Mitgliedschaft endet jedoch mit dem Geschäftsjahr, in dem der Erbfall eingetreten ist. Durch die Satzung kann abweichend bestimmt werden, dass die Genossenschaft mit einem oder mehreren Erben fortgesetzt werden soll, § 77 Abs. 2 GenG.

D. Vorstand

9.72 Jede Veränderung in den Personen bzw. in der Vertretungsbefugnis des Vorstands ist zur Eintragung in das Genossenschaftsregister anzumelden, § 28 GenG. Die Anmeldepflichten entsprechenden im Wesentlichen denen bei den Geschäftsführern von GmbH.[51] Die Anmeldepflicht erfasst auch stellvertretende Vorstandsmitglieder.[52]

9.73 Die Änderung des Vorstandes ist in vertretungsberechtigter Zahl (§ 157 GenG) zur Eintragung in das Genossenschaftsregister anzumelden. Aus dem Verweis von § 7 Abs. 3 GenRV auf § 12 Abs. 2 HGB wird allgemein abgeleitet, dass der Anmeldung eine Aufzeichnung des entsprechenden Beschlusses der General-/Vertreterversammlung o. Ä. (z. B. Amtsniederlegungserklärung oder Sterbeurkunde) beizufügen ist.[53] Eine dem § 39 Abs. 2 GmbHG vergleichbare Regelung gibt es allerdings nicht. Die Wiederwahl von Vorständen bedarf keiner Anmeldung.

---

50) OLG Hamm OLGR 2008, 417–418.
51) Vgl. Rz. 3.485–3.488; 3.540–3.552.
52) Vgl. Rz. 9.23.
53) H. M. vgl. *Krafka/Kühn*, Registerrecht, Rz. 1895.

Muster 193: Anmeldung eines Wechsels im Vorstandes 9.74

Amtsgericht *Registergericht*

Genossenschaftsregister

PLZ Ort

GnR

In der Genossenschaftsregistersache

Firma

überreichen wir

– Beschluss der Generalversammlung/Vertreterversammlung/des Aufsichtsrats[54] vom …

und melden zur Eintragung in das Genossenschaftsregister an:

Name, Vorname ist nicht mehr Vorstandsmitglied

Zum Vorstand wurde bestellt:

Name, Vorname, Geburtsdatum, Wohnort

Er/Sie vertritt die Genossenschaft satzungsgemäß* oder eine besondere Vertretungsregelung*

Die Geschäftsräume der Genossenschaft befinden sich in *Anschrift*.

Unterschriftsbeglaubigung für anmeldende Vorstände [Muster 1]

Übereinstimmungsvermerk der elektronischen Abschrift mit dem Papierdokument [Muster 1]

Muster 194: Protokoll der Generalversammlung über Vorstandswahl 9.75

Protokoll der (außer)ordentlichen Generalversammlung der *Firma* am *Datum* in *Ort*

Top 1: Eröffnung der Generalversammlung durch Vorstands vorsitzenden/Vorsitzenden des Aufsichtsrates/Bevollmächtigten

Die Generalversammlung beginnt um … Uhr.

Der Vorsitzende des Vorstandes begrüßt die erschienenen Genossenschaftsmitglieder. Er stellt die fest, dass die dass die Generalversammlung form- und fristgerecht mit Schreiben vom … einberufen worden ist und die Generalversammlung beschlussfähig ist.

Top 2: Wahl des Versammlungsleiters und Feststellung der Beschlussfähigkeit

Der Vorsitzende des Aufsichtsrates schlägt vor, *Name, Vorname* zum Versammlungsleiter zu bestellen.

… JA-Stimmen, … NEIN-Stimmen, … Enthaltungen

Der Versammlungsleiter schlägt vor, *Name, Vorname* zum Schriftführer zu bestellen.

… JA-Stimmen, … NEIN-Stimmen, … Enthaltungen

---

54) Je nachdem, wer für die Bestellung des Vorstandes lt. Satzung zuständig ist.

Top 3: Wahl von Vorstandsmitgliedern

* Name, Vorname* und sind (turnusmäßig) aus dem Vorstand ausgeschieden.

Zum Vorstand der Genossenschaft wird bestellt:

a)   *Name, Vorname, Geburtsdatum, Anschrift*

   … JA-Stimmen, … NEIN-Stimmen, … Enthaltungen

b)   *Name, Vorname, Geburtsdatum, Anschrift*

   … JA-Stimmen, … NEIN-Stimmen, … Enthaltungen

Die Gewählten erklären, die Wahl anzunehmen.

Der Versammlungsleiter gab bekannt, dass damit *Name, Vorname* (und …) zu Vorstandsmitgliedern gewählt sind.

Der Versammlungsleiter schließt die Generalversammlung, nachdem es keine weiteren Wortmeldungen gab.

Ort, Datum

…   (Unterschrift Versammlungsleiter)

…   (Unterschrift Schriftführer)

E.   Aufsichtsrat

9.76 Die Neuwahl von Aufsichtsratsmitgliedern erfolgt durch Generalversammlung. An ihre Stelle kann bei entsprechender Satzungsbestimmung unter den Voraussetzungen des § 43a GenG die Vertreterversammlung treten. Es gibt keine Anzeige- oder Bekanntmachungspflichten gegenüber dem Genossenschaftsregister.[55]

F.   Satzungsänderungen

I.   Überblick

9.77 Die Änderung der nach § 16 GenG festgestellten Satzung erfolgt durch Beschluss der Generalversammlung (ggf. der Vertreterversammlung[56]). Satzungsänderungen bedürfen zumeist einer Mehrheit von ¾ der Stimmen (§ 16 Abs. 2 und 4 GenG). Für die in § 16 Abs. 3 GenG genannten Änderungen bedarf es sogar einer Mehrheit von 9/10 der Stimmen.

9.78 Betreffen die Änderungen die Aufhebung satzungsmäßig eingeräumter Sonderrechte oder übersteigen die Änderungen die Grenze der genossenschaftlichen Duldungspflicht, sind solche Änderungen nur mit Zustimmung aller Mitglieder (100 %) möglich. Ein Sonderrecht stellt z. B. eine Satzungsbestimmung dar, die den Mitgliedern das Recht einräumt, eine zu Wohnzwecken selbst genutzte Wohnung als Eigentum zu erwerben; die genossenschaftliche Duldungspflicht hat dort ihre Grenze, „wo das Mitglied beim Eintritt in die eG – auch unter Berücksichtigung langfristig zu erwartender oder möglicher Veränderungen – mit solchen Regelungen nicht rechnen brauchte".[57] Die Aufnahme einer Bestimmung in der Satzung, wonach die Genossenschaftsmitglieder Änderungen ihrer Anschrift und/oder

---

55) Beuthin/*Beuthin*, GenG, § 11 Rz. 5.

56) Vgl. Rz. 9.29.

57) Lang/Weidmüller/*Holthaus/Lehnhoff*, GenG, § 18 Rz. 51.

auch ihrer E-Mail-Adresse der Genossenschaft gegenüber anzuzeigen haben, übersteigt hingegen die genossenschaftliche Duldungspflicht nicht und kann mit der für allgemeine Satzungsänderungen erforderlichen Mehrheit (in der Regel ¾) beschlossen werden. Die Aufnahme einer solchen Bestimmung in die Satzung stellt vielmehr die schriftliche Fixierung einer bereits bestehenden Treuepflicht des Mitglieds gegenüber der Genossenschaft dar.

Bei Abstimmungen auf der General- oder Vertreterversammlung sind Stimmenenthaltungen grundsätzlich nicht zuzählen, d. h. sie sind wie ungültige Stimmen zu behandeln und zählen bei der Zahl der abgegebenen Stimmen nicht mit (vgl. § 43 Abs. 2 GenG). **9.79**

II. Ausgewählte Änderungen

1. Änderung der Firma

Hinsichtlich der Firmenbildung gilt das zu Rz. 9.10 gesagte. Die Firma darf auch nach der Änderung keine unzutreffenden Angaben beinhalten. **9.80**

2. Änderung des Sitzes

Die Verlegung des Sitzes innerhalb der Bundesrepublik Deutschland stellt ebenfalls eine Satzungsänderung i. S. d. § 16 GenG dar. **9.81**

Ist für den neuen Sitz ein anderes Registergericht zuständig, werden vom bisherigen Registergericht alle Vorgänge an das nunmehr zuständige Registergericht abgegeben (vgl. § 16h HGB). Das bisherige Registergericht hat zu prüfen, ob die Anmeldung ordnungsgemäß bewirkt ist. Das Registergericht am neuen Sitz hat die Begründung des neuen Sitzes hat zu prüfen, ob der Sitz tatsächlich begründet worden ist. Einer neuerlichen Vorlage einer Prüfbescheinigung bedarf es nicht. **9.82**

Es kommt zu einer Neueintragung der Genossenschaft unter einer neuen Registernummer beim Registergericht des neuen Sitzes. Damit wird die Sitzverlegung wirksam. Das neue Registergericht übersendet von Amts wegen eine Eintragungsmitteilung an das Registergericht des bisherigen Sitzes, wo das Registerblatt unter Hinweis auf die Sitzverlegung geschlossen wird (§ 1 GenRegV i. V. m. § 20 HRV). **9.83**

Verbleit es für die Zuständigkeit des neuen Sitzes beim bisherigen Registergericht, wird bei Eintragungsreife die Änderung des Sitzes lediglich unter einer neun laufenden Nummer auf demselben Registerblatt eingetragen. **9.84**

3. Änderung der Vertretungsregelung

Abweichungen von der gesetzlichen bzw. der durch die Satzung bestimmten Vertretungsregelung sind nur durch neuerliche Änderung der Satzung möglich. **9.85**

Die Vertretungsbefugnis sollte grundsätzlich so beschlossen, angemeldet und eingetragen werden, dass sie allgemein formuliert ist und auch beim Wechsel von Vorstandsmitgliedern gültig und verständlich bleibt.[58] **9.86**

---

58) Näheres zur Vertretungsregelung Rz. 9.20–9.25.

III. Form und Inhalt der Anmeldung

1. Anmeldung

9.87 Die Änderung der Satzung ist gemäß § 157 GenG von den Vorstandsmitgliedern in vertretungsberechtigter Zahl anzumelden. Die Anmeldung muss stets öffentlich beglaubigt sein und in elektronischer Form an das Registergericht übermittelt werden.

9.88 Umfasst die Satzungsänderung Tatsachen, die nach § 15 Abs. 3 und 4 GenRegV einzutragen sind, müssen diese schlagwortmäßig in der Anmeldung bezeichnet werden.[59] Dieses gilt auch bei vollständigen Neufassungen.

2. Beizufügende Unterlagen

9.89 Der Anmeldung ist eine Abschrift des Beschlusses der General/Vertreterversammlung über die Satzungsänderung beizufügen. In Anlehnung an § 54 Abs. 1 S. 2 GmbHG ist der Anmeldung ferner eine vollständige Fassung der neuen Satzung beizufügen (§ 16 Abs. 5 S. GenG). Da die Satzungsänderung (anders als bei der GmbH) nicht notariell beurkundet wird, ist die neue Satzung mit einer Bescheinigung des Vorstandes (anstelle des Notars) zu versehen, dass die geänderten Bestimmungen der Satzung mit dem Beschluss über die Satzungsänderung und die unveränderten Bestimmungen mit dem zuletzt eingereichten vollständigen Wortlaut der Satzung übereinstimmen. Die Beifügung der Satzung mit „Vollständigkeitsbescheinigung" ist erst durch das Bilanzrechtsmodernisierungsgesetz[60] mit Wirkung zum 29.5.2009 eingefügt worden. Daher muss für „Alt-Fälle", bei denen noch gar keine vollständige Satzungsfassung vorliegt, der Vorstand versichern, dass der eingereichte Wortlaut mit dem zuletzt zum Register eingereichten Wortlaut *und allen seither beschlossenen Änderungen* übereinstimmt.

9.90 Ein Teilnehmerverzeichnis (§ 47 Abs. 3 GenG) muss grundsätzlich nicht eingereicht werden. Belege über die Einberufung der General/Vertreterversammlung müssen nur dann eingereicht werden, wenn das Protokoll keine Feststellung über die ordnungsgemäße Einberufung enthält.[61]

> **Beispiel:** *Versicherung zur Vollständigkeit der Satzung – letzte Anmeldung einer Satzungsänderung nach dem 29.5.2009 (unter die neue Satzung zu setzen):*

9.91 Hiermit erklären wir, dass die geänderten Bestimmungen der Satzung mit dem Beschluss über die Satzungsänderung und die unveränderten Bestimmungen mit dem zuletzt zum Register eingereichten vollständigen Wortlaut der Satzung übereinstimmen.

> **Beispiel:** *Versicherung zur Vollständigkeit der Satzung – letzte Anmeldung einer Satzungsänderung vor dem 29.5.2009 (unter die neue Satzung zu setzen):*

9.92 Hiermit erklären wir, dass der eingereichte Wortlaut der Satzung mit dem zuletzt zum Register eingereichten vollständigen Wortlaut der Satzung und allen seither beschlossenen Änderungen übereinstimmt.

---

59) *Krafka/Kühn*, Registerrecht, Rz. 1911.
60) Gesetz zur Modernisierung des Bilanzrechts – BilMoG vom 25.5.2009, BGBl I, 1102 ff.
61) *Hornung*, Rpfleger 1974, 11.

IV. Behandlung durch das Registergericht

1. Prüfung

Das Registergericht prüft die Einhaltung der formellen Eintragungsvoraussetzungen. Materiell-Rechtliche Mängel sind dann beachtlich, wenn sie zur Nichtigkeit des Versammlungsbeschlusses führen. Ist der gefasste Beschluss anfechtbar und die Anfechtungsfrist noch nicht abgelaufen, kann (muss nicht) das Registergericht den Vollzug der Eintragung bis zum Ablauf der Anfechtungsfrist von einem Monat (§ 51 GenG) aussetzen. Wurde Anfechtungsklage erhoben, kann das Registergericht bei Ausübung des dabei verbundenen Ermessens in schwierigen Rechtsfragen das Eintragungsverfahren gem. § 381 FamFG aussetzen. **9.93**

Folgende Mängel bewirken im allgemeinen Anfechtbarkeit **9.94**

- Nichteinhaltung der Form für die Ladung;[62]

- Nichteinhaltung der Ladungsfrist (§ 46 Abs. 1 GenG);

- unvollständige Bekanntgabe der Verhandlungsgegenstände (§ 46 Abs. 1 GenG).

Anfechtungsgründe entfallen, wenn in einer Vollversammlung keiner der Anwesenden der Abstimmung widersprochen hat. **9.95**

Folgende Mängel können in entsprechender Anwendung von § 241 Nr. 1 AktG zur Nichtigkeit führen: **9.96**

- Einberufung der General/Vertreterversammlung durch eine unzuständige Person;

- Nicht-Ladung einzelner Genossen (Vertreter), sofern keine Heilung eingetreten ist.[63]

2. Eintragung

Die Eintragung im Register erfolgt nach Maßgabe des § 16 GenRegV unter einer neuen laufenden Nummer. Die Eintragung erfolgt unter Angabe des Beschlussdatums und der schlagwortmäßigen Angabe der geänderten Bestimmungen. Werden Angaben geändert, die selbst Inhalt der Registereintragung sind (z. B. Vertretungsregelung des Vorstandes) erfolgt die Eintragung der neuen Bestimmungen in der entsprechenden Spalte. **9.97**

3. Veröffentlichung und Bekanntmachung

Eine Veröffentlichung der Satzungsänderung erfolgt nur bei Änderungen der Firma, des Sitzes, des Unternehmensgegenstandes oder der Vertretungsbefugnis des Vorstandes (§§ 16 Abs. 5 S. 4, 12 Abs. 2, § 4 GenRegV, § 10 HGB). Der Vorstand der Genossenschaft ist von der Eintragung zu unterrichten, § 3 Abs. 1 GenRegV. Ferner ist der Prüfungsverband sowie das am Sitz der Genossenschaft zuständige Finanzamt zu unterrichten. **9.98**

---

62) RGZ 141, 230, 233.
63) BGHZ 59, 369; OLG Jena OLG-NL 1994, 233.

9.99   Muster 195: Anmeldung einer Satzungsänderung

Amtsgericht *Registergericht*

Genossenschaftsregister

PLZ Ort

GnR

In der Genossenschaftsregistersache

Firma

überreichen wir

Beschluss der Generalversammlung/Vertreterversammlung[64] vom ...

vom Vorstand unterzeichnete Satzung mit Vollständigkeitsbescheinigung

und melden zur Eintragung in das Genossenschaftsregister an:

Die Satzung wurde geändert in § 4 (Vorstand) und in § 6 (Beendigung der Mitgliedschaft, Ausschluss, Auseinandersetzung). Die Vertretungsbefugnis lautet nunmehr wie folgt:

Die Genossenschaft wird durch zwei Mitglieder des Vorstands gemeinschaftlich oder durch ein Vorstandsmitglied in Gemeinschaft mit einem Prokuristen vertreten.

Die Geschäftsräume der Genossenschaft befinden sich in *Anschrift*. Dies ist auch die inländische Geschäftsanschrift.

Unterschriftsbeglaubigung für anmeldende Vorstände [Muster 1]

Übereinstimmungsvermerk der elektronischen Abschrift mit dem Papierdokument [Muster 1]

9.100   Muster 196: Protokoll der Generalversammlung über Satzungsänderung

Protokoll der (außer)ordentlichen Generalversammlung der *Firma* am *Datum* in *Ort*

Top 1: Eröffnung der Generalversammlung durch den Vorstands vorsitzenden/Vorsitzenden des Aufsichtsrates/Bevollmächtigten

Die Generalversammlung beginnt um ... Uhr.

Der Vorsitzende des Vorstandes begrüßt die erschienenen Genossenschaftsmitglieder. Er stellt die fest, dass die dass die Generalversammlung form- und fristgerecht mit Schreiben vom ... einberufen worden ist und die Generalversammlung beschlussfähig ist.

Top 2: Wahl des Versammlungsleiters und Feststellung der Beschlussfähigkeit

Der Vorsitzende des Aufsichtsrates schlägt vor, *Name, Vorname* zum Versammlungsleiter zu bestellen.

... JA-Stimmen, ... NEIN-Stimmen, ... Enthaltungen

Der Versammlungsleiter schlägt vor, *Name, Vorname* zum Schriftführer zu bestellen.

... JA-Stimmen, ... NEIN-Stimmen, ... Enthaltungen

---

64) Je nach Satzungsausgestaltung.

Top 3: Satzungsänderung

Der Versammlungsleiter stellt den Vorschlag des Vorstandes vor, die Satzung wie folgt abzuändern:

§ 4
Vorstand

Der Absatz 2 wird wie folgt neu gefasst:

„Die Genossenschaft wird durch zwei Mitglieder des Vorstands gemeinschaftlich oder durch ein Vorstandsmitglied in Gemeinschaft mit einem Prokuristen vertreten."

§ 6
Beendigung der Mitgliedschaft, Ausschluss, Auseinandersetzung

Es wird ein neuer Abs. 6 angefügt:

„Ist ein Mitglied durch Tod aus der Genossenschaft ausgeschieden, kann der Vorstand von den Erben des Mitgliedes vor der Auszahlung eines Auseinandersetzungsguthabens die Vorlage eines Erbscheins verlangen. Dies gilt nicht, wenn das Mitglied zu seinen Lebzeiten eine dritte Person zur Entgegennahme des Auseinandersetzungsguthabens bevollmächtigt hat und diese Vollmacht bei der Genossenschaft hinterlegt hat:"

Der Versammlungsleiter stellt den Vorschlag nach Diskussion zur Abstimmung.

... *JA-Stimmen*, ... *NEIN-Stimmen*, ... *Enthaltungen*

Der Versammlungsleiter stellt fest, dass die Satzungsänderung damit angenommen ist.

Der Versammlungsleiter schließt die Generalversammlung, nachdem es keine weiteren Wortmeldungen gab.

Ort, Datum

... (Unterschrift Versammlungsleiter)

... (Unterschrift Schriftführer)

G. Zweigniederlassungen

Auch Genossenschaften können Zweigniederlassungen errichten, § 14 GenG. Eine Zweigniederlassung wird im Register der Hauptniederlassung in Spalte 2 b) vermerkt. Zur Namensführung der Zweigniederlassung gelten die Grundsätze des Firmenrechts (vgl. Rz. 2.28). **9.101**

Bei der Anmeldung einer Zweigniederlassung muss für die Niederlassung die Lage der Geschäftsräume angegeben werden, (§ 1 GenRegV i. V. m. § 24 Abs. 3 HRV). Wichtig ist insbesondere die Angabe der Postleitzahl, da diese in das Register einzutragen ist, § 26 Nr. 2 GenRegVO. Eine weitergehende Prüfung zur wirksamen Errichtung ist nicht vorgesehen, vgl. § 14 Abs. 2 letzter Halbs. GenG. **9.102**

Die Errichtung, Änderung (§ 14 Abs. 1 S. 2 GenG) oder Aufhebung (§ 14 Abs. 3 GenG) einer Zweigniederlassung ist vom Vorstand in vertretungsberechtigter Zahl[65] zur Eintragung anzumelden. Weiterer Unterlagen bedarf es bei der Anmeldung nicht. **9.103**

---

65) A. A. Beuthin/*Beuthin*, GenG, § 14 Rz. 7: sämtliche Vorstände.

9.104 Muster 197: Anmeldung einer Zweigniederlassung

Amtsgericht Registergericht

Genossenschaftsregister

PLZ Ort

zu GnR*

Zur Eintragung in das Genossenschaftsregister melden wir an:

Es wurde in *PLZ, Ort* eine Zweigniederlassung errichtet. Die Geschäftsräume der Zweigniederlassung befinden sich in *Anschrift der Zweigniederlassung*

Die Firma der Zweigniederlassung

☐ ist identisch mit der Firma der Hauptniederlassung

☐ ist identisch mit der Firma der Hauptniederlassung und führt den Zusatz: Zweigniederlassung *Ort*

☐ lautet wie folgt: *Name der Zweigniederlassung*

Die inländische Geschäftsanschrift der Hauptniederlassung befinden sich unverändert in *Geschäftsanschrift*

Unterschriftsbeglaubigung für anmeldende Vorstände [Muster 1]

Übereinstimmungsvermerk der elektronischen Abschrift mit dem Papierdokument [Muster 1]

9.105 Muster 198: Anmeldung von Änderungen einer Zweigniederlassung

Amtsgericht Registergericht

Genossenschaftsregister

PLZ Ort

zu GnR*

Zur Eintragung in das Genossenschaftsregister melden wir an:[66]

1. Der Sitz der Zweigniederlassung in *PLZ Ort* wurde nach *PLZ Ort* verlegt. Die Geschäftsräume der Zweigniederlassung befinden sich nunmehr in *Anschrift der Zweigniederlassung*.

2. Die Firma der Zweigniederlassung ist geändert Sie

☐ ist nunmehr identisch mit der Firma der Hauptniederlassung

☐ ist nunmehr identisch mit der Firma der Hauptniederlassung und führt den Zusatz: Zweigniederlassung *Ort*

☐ lautet nunmehr wie folgt: *Name der Zweigniederlassung*

---

[66] Jeder der nachfolgend bezifferten Punkte kann allein, oder auch gemeinsam mit anderen Ziffern angemeldet werden.

Die inländische Geschäftsanschrift der Hauptniederlassung befinden sich unverändert in
Geschäftsanschrift

Unterschriftsbeglaubigung für anmeldende Vorstände [Muster 1]

Übereinstimmungsvermerk der elektronischen Abschrift mit dem Papierdokument
[Muster 1]

Muster 199: Anmeldung zur Aufhebung einer Zweigniederlassung 9.106

Amtsgericht Registergericht

Genossenschaftsregister

PLZ Ort

zu GnR*

Zur Eintragung in das Genossenschaftsregister melden wir an:[67]

1. Die unter der Nr. eingetragene Zweigniederlassung in *PLZ Ort* ist aufgehoben.

Die inländische Geschäftsanschrift der Hauptniederlassung befinden sich unverändert in
Geschäftsanschrift

Unterschriftsbeglaubigung für anmeldende Vorstände [Muster 1]

Übereinstimmungsvermerk der elektronischen Abschrift mit dem Papierdokument
[Muster 1]

H. Beendigung der Genossenschaft

I. Auflösung

1. Anmeldepflichtige Auflösung

Folgende Ereignisse führen zu einer anmeldepflichtigen Auflösung einer Genossenschaft: 9.107

– Beschluss der Generalversammlung mit ¾ Mehrheit bzw. höherer durch Satzung be-
    stimmter Quote (§ 78 Abs. 1 GenG);

– Zeitablauf (§ 79 Abs. 1 GenG);

– Sitzverlegung ins Ausland.[68]

a) Liquidatoren

Mit der Auflösung der Genossenschaft erlischt die Vertretungsbefugnis der Vorstandsmit- 9.108
glieder. Diese geht auf die Liquidatoren über. Dieses sind die bisherigen Vorstandsmitglieder
(§ 83 Abs. 1 GenG) als „geborene" Liquidatoren. Die Liquidatoren sind gemeinschaftlich
vertretungsbefugt (§ 85 Abs. 1 S. 2 GenG), wenn die die Satzung keine Vertretungsbefugnis
für den Fall der Genossenschaftsauflösung bestimmt. Durch Beschluss der Generalversammlung können ein oder mehrere Liquidatoren „gekoren" werden. Soweit die Satzung keine
besonderen Bestimmungen enthält, kann ein Liquidator selbst Mitglied der Genossenschaft

---

67) Jeder der nachfolgend bezifferten Punkte kann allein, oder auch gemeinsam mit anderen Ziffern ange-
    meldet werden.

68) H. M. Beuthin/*Beuthin*, GenG, § 6 Rz. 6.

sein, allerdings wäre es auch möglich, dass der Liquidator nicht Mitglied der Genossenschaft ist bzw. Liquidator eine juristische Person wird (§ 83 Abs. 2 GenG).

b) Anmeldung

9.109 Die Auflösung der Genossenschaft wird grundsätzlich mit dem der Auflösung zugrunde liegenden Ereignis wirksam, die Eintragung im Register ist nicht Wirksamkeitsvoraussetzung. Sämtliche Liquidatoren – und entgegen des Wortlauts von § 84 GenG, nicht die Vorstandsmitglieder – trifft die Verpflichtung, die Auflösung anzumelden.[69] Die Auflösung (§ 82 GenG), die Bestellung von Liquidatoren sowie deren Vertretungsbefugnis (§ 84 GenG) sind zur Eintragung anzumelden (vgl. § 20 Abs. 1 Nr. 1 GenRegV). Die Vertretungsbefugnis der Liquidatoren muss zudem in einer allgemein verständlichen Form formuliert sein und auch entsprechend eingetragen werden; sie darf nicht nur für den im Einzelfall bestellten Liquidator gelten.[70]

9.110 Die Anmeldung muss öffentlich beglaubigt sein und in elektronischer Form eingereicht werden.

9.111 Der Anmeldung sollen die Urkunden beizufügen sein, aus der sich die Auflösung ergibt. Dieses wird aus dem Verweis von § 7 Abs. 3 GenRegV auf § 12 Abs. 2 HGB abgeleitet, dass der Anmeldung eine Aufzeichnung des entsprechenden Beschlusses der Generalversammlung o. Ä. beizufügen ist.[71] Für die Beifügung des Beschlusses über die Bestellung der Liquidatoren ergibt sich dieses aus § 84 Abs. 1 S. 2 GenG.

c) Veröffentlichung

9.112 Die Eintragung der anmeldepflichtigen Auflösung ist vom Registergericht bekanntzumachen, § 82 Abs. 1 GenG i. V. m. § 156 Abs. 1 GenG.

2. Auflösung von Amts wegen

9.113 Folgende Ereignisse bewirken eine von Amts wegen einzutragende Auflösung der Genossenschaft:

- Beschluss des Gerichts bei weniger als drei Mitgliedern (§ 80 GenG);
- Beschluss des Gerichts, wenn die Genossenschaft keinem Prüfverband mehr angehört (§§ 54, 54a, 80 GenG);
- Beschluss der nach Landesrecht für die Genossenschaftsaufsicht zuständigen Verwaltungsbehörde (§ 81 Abs. 1 GenG);
- rechtskräftiger Beschluss des Insolvenzgerichts über die Ablehnung der Insolvenzeröffnung mangels Masse (§ 81a Nr. 1 GenG);
- Eintragung der Nichtigkeit durch das Registergericht beim Vorliegen der Voraussetzungen für die Nichtigkeitsklage gem. §§ 94, 95 GenG[72];

---

69) *Krafka/Kühn*, Registerrecht, Rz. 1924; *Jansen*/Ries, FGG, § 147 Rz. 35; **a. A.** Beuthin/*Wolff*, GenG, § 78 Rz. 10; *Müller*, GenG, § 78 Rz. 8.

70) Vgl. zum GmbH-Recht BGH DNotZ 2008, 75–77 = ZIP 2007, 1367.

71) *Krafka/Kühn*, Registerrecht, Rz. 1924; Jansen/*Ries*, FGG, § 147 Rz. 36.

72) Siehe § 397 FamFG.

- Eintragung der Nichtigkeit der Genossenschaft (§ 94 GenG) aufgrund eines rechtskräftigen Urteils (§ 97 Abs. 1 GenG);

- Eröffnung des Insolvenzverfahrens (§ 101 GenG);

- Löschung nach § 394 FamFG;

- Bei Genossenschaften, die dem Anwendungsbereich von § 32 KWG unterliegen: Erlöschen der Erlaubnis für Bankgeschäfte durch der Bundesanstalt für Finanzdienstleistungsaufsicht (§ 38 KWG).

a) Eintragung

In diesen Fällen erfolgt die Eintragung der Auflösung von Amts wegen. Der Beschluss bzw. die Entscheidung des Gerichts bzw. der Verwaltungsbehörde über die Auflösung ist dem Genossenschaftsregister zu übermitteln und dient als Eintragungsgrundlage. Mit Ausnahme der Auflösung infolge der gerichtlichen Feststellung der Nichtigkeit gem. § 97 GenG findet keine Veröffentlichung der Eintragung statt, § 156 Abs. 1 GenG.
9.114

b) Liquidation

Die Liquidation erfolgt grundsätzlich durch die bisherigen Vorstandsmitglieder als „geborenen" Liquidatoren. Keine Abwicklung durch die Liquidatoren erfolgt bei der Eröffnung des Insolvenzverfahrens (Die Verfügungs- bzw. Abwicklungsbefugnis geht auf den Insolvenzverwalter über) und bei der Löschung wegen Vermögenslosigkeit (= liquidationsloses Erlöschen).
9.115

Weitere Eintragungen im Register, die durch die von Amts wegen herbeigeführte Eintragung zu Unrichtigkeiten führen, können gem. § 384 FamFG auch von Amts wegen gelöscht werden. Dieses betrifft insbesondere die Eintragungen zur Vertretungsbefugnis durch den Vorstand.
9.116

Sofern die Liquidation nicht durch die geborenen Liquidatoren erfolgen soll, bedarf es eines Beschlusses der Generalversammlung sowie einer entsprechenden Anmeldung.[73]
9.117

c) Weiteres Verfahren

Erfolgte die Eröffnung des Insolvenzverfahrens, werden von Amts wegen auch weitere Beschlüsse des Insolvenzgerichts (z. B. über die Einstellung oder die Aufhebung des Insolvenzverfahrens) von Amts wegen eingetragen.[74] Nach der Beendigung des Insolvenzverfahrens und in allen anderen Fällen der von Amts wegen eingetragenen Auflösung schließt sich die Liquidation (ggf. die Fortsetzung) an.
9.118

---

73) Vgl. Rz. 9.73–9.76.
74) Zur Eintragungspflicht von Entscheidungen des Insolvenzgerichts beachte ferner § 21 Abs. 2 GenregV.

9.119 Muster 200: Anmeldung der Auflösung

Amtsgericht *Registergericht*

Genossenschaftsregister

PLZ Ort

zu GnR

In der Genossenschaftsregistersache

Firma

überreichen wir

– Beschluss der Generalversammlung/Vertreterversammlung[75] vom …

und melden zur Eintragung in das Genossenschaftsregister an:

Durch Beschluss der Generalversammlung/Vertreterversammlung vom … ist die Genossenschaft aufgelöst.

Liquidatoren sind:

Vorname, Name, Geburtsdatum, Wohnort

und

*Vorname, Name, Geburtsdatum, Wohnort

Die Vertretung der Genossenschaft erfolgt wie folgt: Die Liquidatoren vertreten die Genossenschaft gemeinschaftlich. Durch Beschluss der Generalversammlung kann Liquidatoren Einzelvertretungsbefugnis erteilt werden. Den Liquidatoren *Vorname Name* und *Vorname Name* sind einzelvertretungsbefugt.

Die Geschäftsräume der Genossenschaft befinden sich in *Anschrift*. Dies ist auch die inländische Geschäftsanschrift.

Unterschriftsbeglaubigung für anmeldende Liquidatoren [Muster 1]

Übereinstimmungsvermerk der elektronischen Abschrift mit dem Papierdokument [Muster 1]

9.120 Muster 201: Protokoll der Generalversammlung über Satzungsänderung

Protokoll der (außer)ordentlichen Generalversammlung der *Firma* am *Datum* in *Ort*

Top 1: Eröffnung der Generalversammlung durch den Vorstands vorsitzenden/Vorsitzenden des Aufsichtsrates/Bevollmächtigten

Die Generalversammlung beginnt um … Uhr.

Der Vorsitzende des Vorstandes begrüßt die erschienenen Genossenschaftsmitglieder. Er stellt die fest, dass die dass die Generalversammlung form- und fristgerecht mit Schreiben vom … einberufen worden ist und die Generalversammlung beschlussfähig ist.

---

75) Je nach Satzungsausgestaltung.

Top 2: Wahl des Versammlungsleiters und Feststellung der Beschlussfähigkeit

Der Vorsitzende des Aufsichtsrates schlägt vor, *Name, Vorname* zum Versammlungsleiter zu bestellen.

... JA-Stimmen, ... NEIN-Stimmen, ... Enthaltungen

Der Versammlungsleiter schlägt vor, *Name, Vorname* zum Schriftführer zu bestellen.

... JA-Stimmen, ... NEIN-Stimmen, ... Enthaltungen

Top 3: Auflösung

Der Versammlungsleiter erteilt dem Vorstandsvorsitzenden und dem Aufsichtsratsvorsitzenden nacheinander das Wort. Der Vorstand und der Aufsichtsrat schlagen der Generalversammlung die Auflösung der Genossenschaft vor.

Der Versammlungsleiter stellt den Vorschlag nach Diskussion zur Abstimmung.

... JA-Stimmen, ... NEIN-Stimmen, ... Enthaltungen

Der Versammlungsleiter stellt fest, dass damit die Auflösung der Genossenschaft beschlossen ist.

Top 4: Bestellung von Liquidatoren und Festlegung der Vertretungsbefugnis

Die Vertretungsbefugnis der Liquidatoren soll allgemein wie folgt lauten:

„Die Liquidatoren vertreten die Genossenschaft gemeinschaftlich. Durch Beschluss der Generalversammlung kann Liquidatoren Einzelvertretungsbefugnis erteilt werden."

Der Aufsichtsrat schlägt die Liquidatoren vor. Der Versammlungsleiter stellt die Liquidatoren zur Abstimmung

Name, Vorname, Geburtsdatum, Anschrift. Er hat Einzelvertretungsbefugnis.

... JA-Stimmen, ... NEIN-Stimmen, ... Enthaltungen

Name, Vorname, Geburtsdatum, Anschrift. Er hat Einzelvertretungsbefugnis.

... JA-Stimmen, ... NEIN-Stimmen, ... Enthaltungen

Die Gewählten erklären, die Wahl anzunehmen.

Der Versammlungsleiter gibt bekannt, dass damit *Name, Vorname* (und ...) zu Liquidatoren bestellt sind.

Der Versammlungsleiter schließt die Generalversammlung, nachdem es keine weiteren Wortmeldungen gab.

Ort, Datum

... (Unterschrift Versammlungsleiter)

... (Unterschrift Schriftführer)

II. Aufgaben der Liquidatoren

9.121 Die Liquidatoren haben u. a. die laufenden Geschäfte der Genossenschaft zu beenden, ausstehende Forderungen einzuziehen, das Vermögen der Genossenschaft zu verwerten, und Verbindlichkeiten zu begleichen. Sie haben zum Zeitpunkt des Liquidationsbeginns eine Eröffnungsbilanz zu erstellen (§ 89 GenG) den nach § 90 GenG vorgesehenen Gläubigeraufruf zu veranlassen. Die Verteilung des Restvermögens an die Mitglieder darf erst ein Jahr nach der Veröffentlichung des Gläubigeraufrufs erfolgen.

1. Amtsbeendigung und Neubestellung

9.122 Die Liquidatoren können durch Beschluss der Generalversammlung (§ 84 Abs. 1 S. 2 GenG) abberufen werden bzw. ihr Amt niederlegen. Die Amtsniederlegung ist nur zulässig, wenn Sie nicht zur Unzeit erfolgt.[76] Es kommt die Bestellung von neuen Liquidatoren durch die Generalversammlung in Betracht.

2. Anmeldung

9.123 Die Abberufung und Neubestellung von Liquidatoren oder eine Änderung der Vertretungsbefugnis der Liquidatoren ist durch die Liquidatoren in vertretungsberechtigter Zahl (§ 157 GenG) vorzunehmen, § 84 Abs. 1 S. 1 GenG. Die Anmeldung muss elektronisch und in öffentlich beglaubigter Form erfolgen. Der Anmeldung ist eine Abschrift des entsprechenden Beschlusses beizufügen, § 84 Abs. S. 2 GenG.

9.124 Bereits abberufene Liquidatoren sind nach dem Wirksamwerden des Beschlusses nicht zur Anmeldung der Veränderung berechtigt, ferner ist es nicht erforderlich, dass ein neu bestelltet Liquidator seine eigene Anmeldung vornimmt.

3. Gerichtliche Bestellung von Liquidatoren

9.125 Sind die Mitglieder der Genossenschaft an der Bestellung eines Liquidators tatsächlich gehindert, kann beim Vorliegen eines wichtigen Grundes auf Antrag des Aufsichtsrates oder des zehnten Teils der Genossenschaftsmitglieder ein oder – soweit erforderlich – mehrere Liquidatoren durch das Gericht bestellt werden.[77] Ferner kann auf Antrag eines Beteiligten oder einzelner Mitglieder ein Liquidator in entsprechender Anwendung von §§ 29, 48 GenG erfolgen.[78] Gerichtlich bestellte Liquidatoren sind von Amts wegen in das Genossenschaftsregister einzutragen, § 84 Abs. 2 GenG. In diesem Fall bedarf es keiner Anmeldung.

9.126 Gleiches gilt für die Abberufung gerichtlich bestellter Liquidatoren, § 83 Abs. 4 GenG.

9.127 Muster 202: Anmeldung zur Änderung von Liquidatoren

Amtsgericht *Registergericht*

Genossenschaftsregister

PLZ Ort

GnR

---

76) Zur GmbH OLG Koblenz GmbHR 1995, 730–732.

77) KG JW 1931, 2996, 2997.

78) BayObLG WM 1977, 408; Beuthin/*Wolff*, GenG, § 83 Rz. 5.

In der Genossenschaftsregistersache

Firma

überreichen wir

–   Beschluss der Generalversammlung vom …

und melden zur Eintragung in das Genossenschaftsregister an:

Name, Vorname ist nicht mehr Liquidator

Zum Liquidator wurde nunmehr bestellt:

Name, Vorname, Geburtsdatum, Wohnort

Für den Liquidator gilt

☐   die allgemeine Vertretungsregelung*

☐   folgende besondere Vertretungsregelung: … .

Die Geschäftsräume der Genossenschaft befinden sich in *Anschrift*. Dies ist zugleich die inländische Geschäftsanschrift.

Unterschriftsbeglaubigung für anmeldende Liquidatoren [Muster 1]

Übereinstimmungsvermerk der elektronischen Abschrift mit dem Papierdokument [Muster 1]

Muster 203: Protokoll der Generalversammlung über Liquidatorenwechsel   9.128

Protokoll der (außer)ordentlichen Generalversammlung der *Firma* am *Datum* in *Ort*

Top 1: Eröffnung der Generalversammlung durch den Liquidator

Die Generalversammlung beginnt um … Uhr.

Der Liquidator begrüßt die erschienen Genossenschaftsmitglieder. Er stellt die fest, dass die dass die Generalversammlung form- und fristgerecht mit Schreiben vom … einberufen worden ist und die Generalversammlung beschlussfähig ist.

Top 2: Wahl des Versammlungsleiters und Feststellung der Beschlussfähigkeit

Der Liquidator schlägt vor, *Name, Vorname* zum Versammlungsleiter zu bestellen.

… JA-Stimmen, … NEIN-Stimmen, … Enthaltungen

Der Versammlungsleiter schlägt vor, *Name, Vorname* zum Schriftführer zu bestellen.

… JA-Stimmen, … NEIN-Stimmen, … Enthaltungen

Top 3: Wahl eines neuen Liquidators

Name, Vorname ist nicht mehr Liquidator (hat sein Amt niedergelegt, ist verstorben/ ist turnusmäßig aus dem Amt geschieden).

Zum neuen einzelvertretungsberechtigten[79] Liquidator wird bestellt:

Name, Vorname, Geburtsdatum, Anschrift

… JA-Stimmen, … NEIN-Stimmen, … Enthaltungen

---

79) Oder eine andere Vertretungsbefugnis.

Der Gewählte erklärt, die Wahl anzunehmen.

Der Versammlungsleiter gibt bekannt, dass damit *Name, Vorname* zum Liquidator gewählt ist.

Der Versammlungsleiter schließt die Generalversammlung, nachdem es keine weiteren Wortmeldungen gab.

Ort, Datum

... (Unterschrift Versammlungsleiter)

... (Unterschrift Schriftführer)

III. Fortsetzung

1. Voraussetzungen

9.129 Bis zum Beginn der Verteilung des Restvermögens an die Mitglieder der Genossenschaft kann die Generalversammlung die Fortsetzung beschließen, wenn die Auflösung durch Beschluss der Generalversammlung oder durch Zeitablauf erfolgte, §§ 78 f. GenG. Hierzu ist eine Mehrheit von ¾ der Stimmen erforderlich, oder ein durch die Satzung bestimmtes höheres Quorum. Eine Einschränkung der Fortsetzungsmöglichkeit besteht nach § 79a Abs. 1 GenG für den Fall, dass die Genossenschaftsmitglieder zur Zahlung von Nachschüssen herangezogen worden sind. Im Falle der Auflösung durch Insolvenzeröffnung ist eine Fortsetzung nur dann möglich, wenn dass das Insolvenzverfahren auf Antrag der Genossenschaft eingestellt (§§ 212, 213 InsO) oder das Insolvenzverfahren aufgehoben sein muss, nach dem ein Insolvenzplan bestätigt wurde, der den Fortbestand der Genossenschaft vorsieht.[80]

9.130 Mit der Fortsetzung erlischt die Vertretungsbefugnis der Liquidatoren. Es bedarf der Neubestellung von Vorstandsmitgliedern.[81] Ohne Bestimmung einer konkreten Vertretungsbefugnis lebt die in der Satzung bestimmte allgemeine Vertretungsbefugnis wieder auf. Änderungen der Vertretungsbefugnis stellen eine Satzungsänderung (s. o. Rz. 9.79–9.80) dar.

9.131 Vor der Eintragung der Fortsetzung bedarf es grundsätzlich einer zustimmenden Stellungnahme des Prüfungsverbandes, § 79a Abs. 2–4 GenG.

2. Anmeldung

9.132 Die Anmeldung muss von den neu bestellten Vorständen in vertretungsberechtigter Zahl vorgenommen werden, § 79a Abs. 5 GenG.[82] Die Anmeldung muss elektronisch und in öffentlich beglaubigter Form erfolgen (§ 157 GenG). In der Anmeldung haben die Vorstandsmitglieder zu versichern, dass zum Zeitpunkt der Beschlussfassung der Generalversammlung noch nicht mit der Verteilung des nach der Berichtigung von Verbindlichkeiten bereinigten Vermögens an Mitglieder begonnen worden war.

9.133 Neben der Anmeldung der neuen Vorstandsmitglieder ist eine allgemeine und ggf. hiervon abweichende konkrete Vertretungsbefugnis zur Eintragung anzumelden (vgl. Rz. 9.47).

---

80) Beuthin/*Schöpflin*, GenG, § 117 Rz. 2.
81) Beuthin/*Wolff*, GenG, § 79a Rz. 11.
82) Anmeldeerfordernis durch sämtliche Vorstandsmitglieder Jansen/*Ries*, FGG, § 147 Rz. 37.

Muster 204: Anmeldung der Fortsetzung   9.134

Amtsgericht *Registergericht*

Genossenschaftsregister

PLZ Ort

zu GnR

In der Genossenschaftsregistersache

Firma

überreichen wir

–   Beschluss der Generalversammlung/Vertreterversammlung[83] vom ...

und melden zur Eintragung in das Genossenschaftsregister an:

Die aufgelöste Genossenschaft wird durch Beschluss der Generalversammlung vom ... fortgesetzt.

Vorname, Name, Geburtsdatum, Wohnort

und

Vorname, Name, Geburtsdatum, Wohnort

sind nicht mehr Liquidatoren.

Zu Vorstandsmitgliedern wurden bestellt:

Name, Vorname, Geburtsdatum, Wohnort

und

Name, Vorname, Geburtsdatum, Wohnort

Sie vertreten die Genossenschaft

☐ satzungsgemäß

☐ mit folgender besonderen Vertretungsregelung: ...

Die allgemeine satzungsgemäße Vertretungsregelung lautet:

allgemeine Vertretungsregelung

Die Geschäftsräume der Genossenschaft befinden sich in *Anschrift*. Dies ist auch die inländische Geschäftsanschrift.

Unterschriftsbeglaubigung für anmeldende Vorstände [Muster 1]

Übereinstimmungsvermerk der elektronischen Abschrift mit dem Papierdokument [Muster 1]

---

83)   Je nach Satzungsausgestaltung.

9.135 Muster 205: Protokoll der Generalversammlung zur Fortsetzung

Protokoll der (außer)ordentlichen Generalversammlung der *Firma* am *Datum* in *Ort*

Top 1: Eröffnung der Generalversammlung durch den Vorstands vorsitzenden/Vorsitzenden des Aufsichtsrates/Bevollmächtigten

Die Generalversammlung beginnt um … Uhr.

Der Liquidator begrüßt die erschienen Genossenschaftsmitglieder. Er stellt die fest, dass die dass die Generalversammlung form- und fristgerecht mit Schreiben vom … einberufen worden ist und die Generalversammlung beschlussfähig ist.

Top 2: Wahl des Versammlungsleiters und Feststellung der Beschlussfähigkeit

Der Liquidator schlägt vor, *Name, Vorname* zum Versammlungsleiter zu bestellen.

… JA-Stimmen, … NEIN-Stimmen, … Enthaltungen

Der Versammlungsleiter schlägt vor, *Name, Vorname* zum Schriftführer zu bestellen.

… JA-Stimmen, … NEIN-Stimmen, … Enthaltungen

Top 3: Fortsetzung

Der Versammlungsleiter erteilt dem Liquidator das Wort. Der Liquidator schlägt der Generalversammlung die Fortsetzung der Genossenschaft vor.

Der Versammlungsleiter stellt den Vorschlag nach Diskussion zur Abstimmung.

… JA-Stimmen, … NEIN-Stimmen, … Enthaltungen

Der Versammlungsleiter stellt fest, dass damit die Fortsetzung der Genossenschaft beschlossen ist.

Top 4: Bestellung von Vorstandsmitgliedern und Festlegung der Vertretungsbefugnis

Der Aufsichtsrat schlägt die Vorstandsmitglieder vor. Der Versammlungsleiter stellt die Vorstandsmitglieder zur Abstimmung

Name, Vorname, Geburtsdatum, Anschrift

… JA-Stimmen, … NEIN-Stimmen, … Enthaltungen

Name, Vorname, Geburtsdatum, Anschrift

… JA-Stimmen, … NEIN-Stimmen, … Enthaltungen

Die Gewählten erklären, die Wahl anzunehmen.

Der Versammlungsleiter gibt bekannt, dass damit *Name, Vorname* (und …) zu Vorständen bestellt sind.

Der Versammlungsleiter schließt die Generalversammlung, nachdem es keine weiteren Wortmeldungen gab.

Ort, Datum

… (Unterschrift Versammlungsleiter)

… (Unterschrift Schriftführer)

IV. Schluss der Abwicklung

1. Beendigung der Genossenschaft

Ist die Verteilung des Restvermögens an die Mitglieder der Genossenschaft abgeschlossen, 9.136
ist die Liquidation abgeschlossen und es kommt zum Erlöschen der Genossenschaft. Das
Erlöschen der Firma stellt sich mit dem Abschluss der Liquidationsmaßnahmen ein; die
entsprechende Registerberichtigung ist lediglich deklaratorischer Natur.

2. Anmeldung

Nach der Beendigung der Liquidation ist der Schluss der Abwicklung zur Eintragung an- 9.137
zumelden, § 21 Abs. 1 GenRegV. Die Anmeldung ist erst nach Ablauf des Sperrjahres (§ 90
GenG) möglich.

Muster 206: Anmeldung zum Schluss der Liquidation 9.138

Amtsgericht *Registergericht*

Genossenschaftsregister

PLZ Ort

GnR

In der Genossenschaftsregistersache

Firma

melden wir zur Eintragung in das Genossenschaftsregister an:

Die Liquidation der Genossenschaft ist beendet.

Die Vertretungsbefugnis der Liquidatoren ist erloschen.

Unterschriftsbeglaubigung für anmeldende Liquidatoren [Muster 1]

Übereinstimmungsvermerk der elektronischen Abschrift mit dem Papierdokument
[Muster 1]

V. Löschung wegen Vermögenslosigkeit

Stellt sich heraus, dass die Genossenschaft (vor oder nach der Auflösung) vermögenslos 9.139
ist, kommt die Einleitung und ggf. Durchführung eines Amtslöschungsverfahrens in Betracht.[84] Dieses erübrigt die Durchführung eines Zwangsgeldverfahrens zum Erzwingen
der nicht gesetzlich vorgesehenen Anmeldung zum Schluss der Abwicklung. Vor der Löschung von Amts wegen ist der Prüfungsverband anzuhören.

---

84) Vgl. hierzu die Ausführungen bei der GmbH, Rz. 3.642–3.651.

VI. Nachtragsliquidation und „Löschung der Löschung"

9.140 Findet sich nach der Eintragung des Schlusses der Abwicklung bzw. der „Amtslöschung" noch Vermögen an, welches einen weiteren Abwicklungsbedarf erforderlich macht, wird die Bestellung eines Nachtragsliquidators in analoger Anwendung von § 273 Abs. 4 AktG erforderlich.[85] Die Bestellung erfolgt auf Antrag eines Beteiligten (z. B. Gläubiger, Genosse, Aufsichtsrat, ehemaliger Liquidator). Handelt es sich nicht nur um einzelne Abwicklungsmaßnahmen, kommt eine „Löschung der Löschung" im Register in Betracht. Die Genossenschaft kann als in Liquidation befindlich wieder eingetragen werden.[86]

9.141 Hierzu bedarf es keiner Anmeldung, sondern lediglich einer formlosen Anregung, von Amts wegen tätig zu werden. Es empfiehlt sich aber, das Vorhandensein des Restvermögens mittels Urkunden belegen zu können.

---

85) AG Charlottenburg NZG 2018, 948–950.
86) Jansen/*Ries*, FGG, § 147 Rz. 39; *Krafka/Kühn*, Registerrecht, Rz. 1937.

Teil 10: Umwandlungsrecht

Spezielle Literatur zum Umwandlungsrecht: Beck'sche Online-Formulare, Vertrag, 47. Edition 2019, Stand 1.1.2019; *Gustavus*, Handelsregister-Anmeldungen, 9. Aufl., 2017; Formularbuch Recht und Steuern, 9. Aufl., 2017; *Habersack/Wicke/Henssler*, Kommentar zum Umwandlungsgesetz, 2019; *Heckschen*, Die Novelle des Umwandlungsgesetzes – Erleichterungen für Verschmelzungen und Squeeze-Out, NJW 2011, 2390; *Kallmeyer*, Umwandlungsgesetz, Kommentar, 6. Aufl., 2017; *Leitzen, Mario*, Die Änderungen des Umwandlungsgesetzes durch das Dritte Gesetz zur Änderung des Umwandlungsrechts, DNotZ 2011, 526 ff.; *Lutter/Winter*, Umwandlungsgesetz, Kommentar Band I, 4. Aufl., 2009; *Melchior*, Vollmachten bei Umwandlungsvorgängen – Vertretungshindernisse und Interessenkollisionen, GmbHR 1999, 520 ff.; *Melchior/Schulte*, Handelsregisterverordnung, Kommentar, 2. Aufl., 2009; *Mörsdorf*, Oliver, Der Entwurf einer Richtlinie für grenzüberschreitende Umwandlungen – Meilenstein oder Scheinriese?, EuZW 2019, 141 ff.; *Münchener* Handbuch des Gesellschaftsrechts, Band 8, Umwandlungsrecht, Gesellschaftsrecht, Insolvenzrecht, Steuerrecht, Bilanzrecht, Arbeitsrecht, Kartellrecht, Öffentliches Recht, 5. Aufl., 2018; *Reul/Heckschen/Wienberg*, Insolvenzrecht in der Gestaltungspraxis, 2. Aufl., 2018; *Schmitt/Hörtnagl/Stratz*, UmwG/UmwStG, 8. Aufl., 2018; *Schulte, Christian*, Die notarielle Fachprüfung im Handels- und Gesellschaftsrecht, 6. Aufl., 2018; *Schwerdtfeger*, Kompaktkommentar Gesellschaftsrecht, 2007; *Teichmann*, Christoph, Grundlinien eines europäischen Umwandlungsrechts: Das „EU-Company Law Package 2018", NZG 2019, 241 ff.; *Würzburger Notarhandbuch*, 3. Aufl., 2012

A. Allgemeines

Das Recht der Umwandlungen, sofern es im Umwandlungsgesetz (UmwG) geregelt ist, unterfällt in die großen Gruppen der Verschmelzungs- und Spaltungsvorgänge[1] auf der einen und den Formwechsel in eine andere Rechtsform auf der anderen Seite. **10.1**

Im Rahmen dieses Werkes sollen keinesfalls ein umfassender Überblick oder gar eine auch nur im Entferntesten den Anspruch auf Vollständigkeit erhebende Formularsammlung bezüglich der möglichen Formwechsel, Verschmelzungs- und Spaltungsvorgänge dargeboten werden. Die Darstellung soll sich insoweit an der Handelsregisterpraxis orientieren, nach der die nachfolgend behandelten Umwandlungsvorgänge etwa 95 % des „Tagesgeschäfts" abdecken. **10.2**

Der restliche Anteil splittet sich in eine Vielzahl der insgesamt ca. 200 denkbaren Umwandlungskonstellationen auf und würde den Umfang dieses Kapitels im Rahmen des Gesamtwerkes sprengen. Insoweit kann auf die sämtliche nach dem Umwandlungsgesetz möglichen Vorgänge beinhaltende Spezialliteratur verwiesen werden, welcher auch insoweit nicht vorgegriffen werden soll. Auch wurde im Rahmen dieser Darstellung auf Mustersätze zur grenzüberschreitenden innereuropäischen Verschmelzung nach den §§ 122a ff. UmwG verzichtet, da die tägliche Praxis bislang noch durch äußerst wenige dieser grenzüberschreitenden Verschmelzungsvorgänge geprägt ist. **10.3**

Eine besondere Bedeutung für das „Tagesgeschäft" der Registergerichte und damit auch der anmeldenden Notare/innen und rechtlichen bzw. steuerlichen Berater/innen der Gesellschaften haben die Verschmelzung einer GmbH auf eine andere GmbH, vor allem in der Richtung Tochtergesellschaft – Muttergesellschaft (sog. „upstream-Merger") und die Verschmelzung von im „Schwesterverhältnis" stehenden Gesellschaften mit beschränkter Haftung („side-stream-merger"). **10.4**

---

1) „Spaltung" im Sinne des UmwG ist dabei neben den Untergruppen der Abspaltung und der Aufspaltung (in der Praxis selten) auch die „Ausgliederung".

10.5 Letzterer Verschmelzungsvorgang hat insbesondere seit der Änderung des § 68 Abs. 1 UmwG[2] im Jahr 2007, wonach eine Verschmelzung von Schwester-GmbH's ohne Kapitalerhöhung beim aufnehmenden Rechtsträger möglich ist, eine zunehmende Bedeutung erlangt.

10.6 Weiterhin ist bei den Verschmelzungsvorgängen nach dem UmwG auch die Verschmelzung einer Gesellschaft mit beschränkter Haftung auf eine Aktiengesellschaft in der Praxis von größerer Bedeutung, so dass auch für diese Fallkonstellation im Folgenden ein Muster vorgestellt werden soll.

10.7 Im Bereich des Formwechsels ist mit entsprechender Häufigkeit in der Handelsregisterpraxis vor allem der Wechsel von Gesellschaften mit beschränkter Haftung in die Rechtsform der Aktiengesellschaft zu beobachten, so dass auch hierfür ein entsprechendes Muster vorzuhalten ist.

10.8 Im Bereich der Ausgliederung/Spaltung kommt in der Praxis vor allem die Ausgliederung aus dem Vermögen eines Einzelkaufmanns, welcher als eingetragener Kaufmann im Handelsregister A eingetragen ist, vor. Auch hierfür wird ein entsprechendes Muster zur Verfügung gestellt.

10.9 Für den Bereich des Vereinsregisters ist exemplarisch ein Muster für die Verschmelzung eines eingetragenen Vereins mit einem anderen eingetragenen Verein zur Neugründung eines dritten Vereins bereitgestellt werden.

B. Kurze Einführung in die Entstehung und den Aufbau des Umwandlungsgesetzes (UmwG)

I. Entstehungsgeschichte (Abriss)

10.10 Die Wurzeln des Umwandlungsgesetzes (UmwG) in der heutigen Fassung liegen einerseits in den Empfehlungen des Rechtsausschusses des Deutschen Bundestags aus dem Jahr 1980, welcher um eine Vereinheitlichung und Zentralisierung des gesamten Umwandlungsrechts, welches zuvor in mehreren Fachgesetzen disloziert geregelt war, bemüht war.[3]

10.11 Andererseits kamen auch initiative Vorstöße zur Vereinheitlichung des Umwandlungsrechts von Seiten der Europäischen Union (EU), zunächst jedoch stets beschränkt auf Fallgruppen, bei denen eine Aktiengesellschaft beteiligt ist.[4]

10.12 Weitere Meilensteine auf dem Weg zum UmwG in heutiger Fassung waren die notwendig gewordenen Änderungen und Ergänzungen durch das Handelsrechtsreformgesetz (HRefG vom 22.6.1998),[5] das Stückaktiengesetz (StückAG) vom 25.3.1998[6] sowie das die Umstellung der Stamm- und Grundkapitalia etablierende Euro-Einführungsgesetz (Einführungsgesetz – EG) vom 9.6.1998.[7]

---

2) Zuletzt geändert durch Gesetz vom 19.4.2007 (BGBl I, 542).

3) Vgl. BT-Drucks. 8/3908, S. 77 und dazu die Darstellung bei *Neye*, in: Limmer, Rz. 1–59.

4) Vgl. *Limmer*, Teil 1 Rz. 6 unter Hinweis auf die Dritte gesellschaftsrechtliche Richtlinie vom 9.10.1978 (ABl EG Nr. L 295 v. 20.10.1978), die Sechste Richtlinie vom 10.12.1982 (ABl EG Nr. L 378 v. 31.12.1982) sowie die Zweite Richtlinie vom 13.12.1976 (ABl EG Nr. L 26 v. 31.1.1977), erlassen als Sekundärrecht der damaligen Europäischen Gemeinschaft (EG).

5) BGBl I, 1474.

6) BGBl I, 590.

7) BGBl I, 1474; vgl. hierzu *Limmer*, a. a. O., Rz. 29.

Wiederum in Umsetzung unionsrechtlicher Vorgaben (Richtlinie 2005/56/EG über die **10.13** Verschmelzung von Kapitalgesellschaften aus verschiedenen Mitgliedstaaten) ist dann am 24.4.2007 das „Zweite Gesetz zur Änderung des UmwG" in Kraft getreten,[8] welches Regelungen bezüglich der Arbeitnehmer-Mitbestimmung bzw. Änderungen in den Vorschriften über die Prüfung von Verschmelzungsverträgen und vor allem die umfassende Regelung der grenzüberschreitenden Verschmelzung von Kapitalgesellschaften (§§ 122a–122l UmwG) beinhaltete.[9]

Weitere kleinere Änderungen hat das Umwandlungsgesetz in der Folgezeit durch das „Ge- **10.14** setz zur Einführung der Europäischen Genossenschaft" vom 14.8.2006[10] und durch das „Gesetz über elektronische Handelsregister und Genossenschaftsregister sowie das Unternehmensregister" vom 10.11.2006 (EHUG) erfahren. Das EHUG hat dabei die Vorschriften des UmwG, welche die Bekanntmachung von Handelsregistereintragungen bzw. isolierte Bekanntmachungen betrifft, den Erfordernissen des elektronischen Rechtsverkehrs angepasst.[11] Eine für die Praxis bedeutende Neuerung im Umwandlungsgesetz hat in der Folgezeit die Einführung des umwandlungsrechtlichen „Squeeze-Out" (§ 62 Abs. 5 UmwG) mit sich gebracht. Die Novelle insoweit betrifft die Fallgruppe des „upstream-mergers"[12] von zwei Aktiengesellschaften unter der Voraussetzung, dass die aufnehmende Aktiengesellschaft mindestens 90 % des Grundkapitals der übertragenden Aktiengesellschaft hält. Insoweit beachtlich ist das gegenüber dem aktienrechtlichen „Squeeze-Out" (§§ 327a ff. AktG) abgesenkte Quorum.[13] Dies hat in der Literatur zur Diskussion von Missbrauchsrisiken zu Lasten der betroffenen Minderheitsaktionäre geführt.[14] Nach der dritten Novelle besteht weiterhin die Möglichkeit, seitens einer an einem Verschmelzungsvorgang beteiligten Aktiengesellschaft unter den Voraussetzungen des § 63 Abs. 2 UmwG auf die Einreichung einer Zwischenbilanz zu verzichten, nach der Neufassung des § 69 Abs. 1 UmwG können Sacheinlage- und Verschmelzungsprüfer, nach neuer Fassung des § 75 Abs. 1 UmwG Verschmelzungs- und Gründungsprüfer identisch sein.[15] Eine Erweiterung der Berichtspflichten ist in § 64 Abs. 1 UmwG in der Weise erfolgt, dass eine sog. „Nachberichtspflicht" der zur Berichterstattung verpflichteten Organe für solche Umwandlungsvorgänge eingeführt wurde, an denen Aktiengesellschaften, SE's oder Kommanditgesellschaften auf Aktien beteiligt sind. Dies betrifft die Pflicht zur Erläuterung wesentlicher Veränderungen im Gesellschaftsvermögen, die zeitlich nach Abschluss eines Verschmelzungsvertrages oder der Aufstellung eines Verschmelzungsplans eingetreten sind. Dies gilt über die Verweisungen in § 125 UmwG auch für Spaltungsvorgänge sowie Vermögensübertragungen gem. §§ 176, 177 UmwG.[16] Schließlich hat die dritte Novelle Erleichterungen bei der gem. § 143 UmwG erfolgenden verhältniswahrenden Spaltung zur Neugründung mit sich gebracht. In dieser Fallgruppe sind danach Bericht und Prü-

---

8) BGBl I, 542.
9) Vgl. hierzu die Darstellung bei *Limmer*, Teil 1 Rz. 34 ff., 37.
10) BGBl I, 1911.
11) Siehe hierzu Art. 8 des Gesetzes über elektronische Handelsregister und Genossenschaftsregister sowie das Unternehmensregister vom 10.11.2006 (EHUG).
12) Also der Verschmelzung einer Tochtergesellschaft auf ihre Muttergesellschaft.
13) Der aktienrechtliche „Squeeze-Out" gem. §§ 327a ff. AktG verlangt von dem Mehrheitsaktionär ein Quorum von 95 %.
14) Vgl. *Leitzen*, DNotZ 2011, 526, 537; vgl. *Heckschen* NJW 2011, 2390, 2393.
15) Zu den Neuregelungen insoweit vgl. auch *Heckschen*, NJW 2011, 2390 ff.
16) Siehe hierzu etwa *Heckschen*, NJW 2011, 2390.

fung gem. §§ 8–12 UmwG entbehrlich und für die Durchführung der Hauptversammlung wird auf die Auslagepflichten gem. § 63 Abs. 1 Nrn. 3–5 UmwG verzichtet.[17]

II. Aufbau des Gesetzes

10.15 Das erste Buch des Umwandlungsgesetzes definiert zunächst die möglichen Umwandlungen, welche sich in die folgenden Vorgänge untergliedern: Verschmelzung, Spaltung, Vermögensübertragung und Formwechsel, wobei die Spaltung in die Untergruppen der Aufspaltung, der Abspaltung und der Ausgliederung unterfällt.[18]

10.16 Durch das in § 1 Abs. 2 UmwG enthaltene Analogieverbot, welches nicht im ersten Buch des UmwG enthaltene Umwandlungen untersagt, sofern diese nicht in anderen spezialgesetzlichen Vorschriften ausdrücklich zugelassen werden, kommt der „gesellschaftsrechtliche Typenzwang" des Umwandlungsgesetzes zum Ausdruck.[19]

10.17 Die folgenden Abschnitte des Umwandlungsgesetzes, also das zweite bis fünfte Buch folgen einer „Klammertechnik", wie sie auch das BGB verwendet, auch als sog. „Baukastentechnik" beschrieben.[20]

10.18 Dies stellt sich so dar, dass alle einzelnen Fallgruppen zulässiger Umwandlungsvorgänge in diesen Büchern geregelt werden, wobei für jede Umwandlungsart (also Verschmelzung, Spaltung, Formwechsel, Vermögensübertragung) geltende, also gewissermaßen dafür „allgemeine" Vorschriften in einem allgemeinen Teil vorangestellt werden und die für die spezielle Fallkonstellation jeweils geltenden Spezialvorschriften dann in einem besonderen Teil folgen.

10.19 Bei der Beteiligung verschiedenartiger Rechtsträger an einem Umwandlungsvorgang[21] kann demnach zunächst auf die Vorschriften des jeweiligen Allgemeinen Teils und sodann für jeden an dem entsprechenden Umwandlungsvorgang beteiligten Rechtsträger separat auf die besonderen Vorschriften abgestellt werden.[22]

10.20 Das „zweite Buch" des Umwandlungsgesetzes regelt die Verschmelzung der verschiedenen Rechtsträger aufeinander, während das „dritte Buch" die Vorschriften über die Spaltung der verschiedenen Rechtsträger enthält und in seinem zweiten Teil die Ausgliederung als Sonderfall der Spaltung behandelt.

10.21 Das „vierte Buch" beinhaltet die Vermögensübertragung von Vermögensteilen einer Kapitalgesellschaft auf die öffentliche Hand sowie die Vermögensübertragung unter Versicherungsunternehmen. Beide Fallkonstellationen spielen in der Praxis des Handelsregisters eine eher untergeordnete Rolle.

10.22 Von größerer Relevanz ist dann das den Formwechsel von Rechtsträgern verschiedener Rechtsform beinhaltende „fünfte Buch", welches wieder der dem Umwandlungsgesetz insgesamt immanenten „Klammertechnik" folgend in die für alle Formwechselvorgänge

---

17) Vgl. *Leitzen*, DNotZ 2011, 527, 528; *Heckschen*, NJW 2011, 2390, 2395.

18) Vgl. hierzu und zum Aufbau des UmwG insgesamt die Darstellung bei *Neye*, in: Limmer, Teil 1 Rz. 89 ff.

19) *Limmer*, Teil 1 Rz. 96.

20) *Limmer*, Teil 1 Rz. 98, hier ist von der „Baukastentechnik" die Rede.

21) Gemeint ist hier der weitergehende Begriff der „Umwandlung", also außerhalb des Formwechsels auch die Verschmelzung, Spaltung und Vermögensübertragung.

22) *Limmer*, a. a. O.

geltenden allgemeinen Vorschriften, gefolgt von den besondere Formwechselvorgänge betreffenden Vorschriften unterteilt ist.

Das „sechste Buch" schließlich enthält Vorschriften über Strafvorschriften und Zwangs- **10.23**
gelder sowie die Übergangs- und Schlussvorschriften.

C. Praxisrelevante Verschmelzungsvorgänge

Im folgenden Teil sollen exemplarisch ausgewählte, für die Praxis besonders bedeutsame **10.24**
Umwandlungsvorgänge dargestellt werden.

I. Aufbau der ausgewählten Muster

Nachfolgend sollen für die in der anwaltlichen, notariellen und auch registergerichtlichen **10.25**
Praxis quantitativ am häufigsten vorkommenden Vorgänge Muster mit Erläuterungen zur
Verfügung gestellt werden. Die nachfolgenden Abschnitte sind gegliedert nach Verschmelzungsvorgängen von Kapitalgesellschaften untereinander (II.), Verschmelzungen im Vereinsrecht (III.) sowie einer Verschmelzung einer GmbH mit dem Vermögen ihres Alleingesellschafters (IV).

II. Verschmelzung von Gesellschaften mit beschränkter Haftung untereinander

Der in der Praxis der Handelsregistergerichte häufigste Umwandlungsvorgang nach dem **10.26**
UmwG ist die Verschmelzung einer Gesellschaft mit beschränkter Haftung (GmbH) auf
eine andere GmbH durch Aufnahme.

Dabei spielt der nach der Gesetzessystematik des UmwG vorgesehene „Regelfall" der **10.27**
Verschmelzung einer GmbH mit dem Gesellschafterbestand X auf eine nicht konzern-
rechtlich mit dieser verbundene zweite GmbH mit dem Gesellschafterbestand Y praktisch
kaum eine Rolle.

Die Handelsregisterpraxis wird vielmehr beherrscht von Verschmelzungsvorgängen inner- **10.28**
halb eines Konzerns, d. h. bei Bestehen eines Mutter-Tochter oder Schwesterverhältnisses
der beteiligten GmbH's. Im Mutter-Tocher-Verhältnis werden je nach Zielrichtung des
Verschmelzungsvorgangs der sog. „upstream"-merger, d. h. die Verschmelzung der Tochtergesellschaft auf die Muttergesellschaft und der so bezeichnete „downstream-merger",
d. h. die Verschmelzung der Muttergesellschaft auf die Tochtergesellschaft unterschieden.

Diese Verschmelzungen innerhalb eines Konzerns sind regelmäßig so ausgestaltet, dass die **10.29**
Gesellschaft, auf welche als Zielrechtsträger verschmolzen werden soll, alle Geschäftsanteile der verschmelzenden Gesellschaft hält („upstream"-merger). Dies bringt – wie die
folgenden Muster zeigen – eine Reihe von Erleichterungen bei der Beschlussfassung und
der Erfüllung der verschiedenen Formalia in Zusammenhang mit der Durchführung des
Verschmelzungsvorgangs mit sich.

Oftmals ist in der handelsregistergerichtlichen Praxis auch zu beobachten, dass u. a. auch **10.30**
zwecks Inanspruchnahme dieser Erleichterungen das Mutter-Tochter-Verhältnis zwischen
verschmelzendem Rechtsträger und Zielrechtsträger erst zum Zweck der Verschmelzung
hergestellt wird, etwa durch den vollständigen Erwerb der Geschäftsanteile bzw. sämtlicher
Aktien. War dies vor Inkrafttreten der zweiten Novelle zum UmwG noch zur Ermögli-
chung einer Verschmelzung ohne vorausgehende Kapitalerhöhung zwingend, kann dieses
„Hemmnis" jedoch inzwischen durch einen Verzicht der Gesellschafter der übertragen-

den Gesellschaft auf die Gewährung von Geschäftsanteilen an der übernehmenden Gesellschaft gem. § 54 Abs. 1 S. 3 UmwG umgangen werden.

10.31 In materiell-rechtlicher Hinsicht sind der Abschluss eines Verschmelzungsvertrags seitens der beiden beteiligten Rechtsträger sowie zustimmende Beschlüsse hierzu durch beide Gesellschafterversammlungen erforderlich.

10.32 Der Verschmelzungsvertrag muss den Mindestinhalt gem. § 5 Abs. 1 Nrn. 1–9 UmwG aufweisen, wobei § 5 Abs. 2 UmwG Erleichterungen für die Fallgruppen der Verschmelzung der Tochtergesellschaft auf die Muttergesellschaft („upstream merger") beinhaltet. In dieser Fallgruppe sind die Regelungsinhalte gem. § 5 Abs. 1 Nrn. 2–5 UmwG entbehrlich.

10.33 Fehlen die als „essentialia negotii" zu betrachtenden Bestandteile gem. § 5 Abs. 1 Nrn. 1–3 UmwG, ohne dass bezüglich der Ziffern 2–5 der Privilegierungstatbestand gem. § 5 Abs. 2 UmwG vorliegt, soll der Verschmelzungsvertrag insgesamt nichtig sein, wobei die Nichtigkeit auch durch eine dennoch erfolgende Handelsregistereintragung nicht geheilt werden kann.[23]

10.34 Die Nummern 1–3 des § 5 UmwG betreffen die genaue Bezeichnung der an dem Vorgang beteiligten Rechtsträger mit Namen, Firma und Sitz (§ 5 Abs. 1 Nr. 1 UmwG), die Inhalte der Vermögensübertragung gegen Gewährung von Anteilen (§ 5 Abs. 1 Nr. 2 UmwG), das Umtauschverhältnis sowie etwaige bare Zuzahlungen (§ 5 Abs. 1 Nr. 3 UmwG), Einzelheiten zur Anteilsübertragung und zum Mitgliedschaftserwerb bei dem übernehmenden Rechtsträger (§ 5 Abs. 1 Nr. 4 UmwG) sowie den Zeitpunkt, von dem an die Anteile oder Mitgliedschaften einen Anspruch auf einen Anteil am Bilanzgewinn gewähren sowie Besonderheiten bezüglich dieses Anspruchs (§ 5 Abs. 1 Nr. 5 UmwG).

10.35 Gem. § 5 Abs. 1 Nr. 6 UmwG muss der Verschmelzungsvertrag einen Verschmelzungsstichtag beinhalten, wobei hier regelmäßig der Stichtag der Verschmelzungsbilanz gem. § 17 UmwG genommen wird, jedoch auch eine variable Stichtagsregelung für zulässig gehalten wird.[24]

10.36 Nach § 5 Abs. 1 Nr. 7 UmwG sind die im Rahmen der Verschmelzung eingeräumten Sonderrechte für Anteilsinhaber und Inhaber besonderer Rechte wie Anteile ohne Stimmrecht, Vorzugsaktien und Mehrstimmrechtsaktien aufzuführen.

10.37 Eine „Negativerklärung" dergestalt, dass derartige Sonderrechte nicht gewährt wurden, kann im Hinblick auf den Wortlaut der Vorschrift nicht verlangt werden,[25] wird aber in der Praxis durchgängig in den Verschmelzungsvertrag aufgenommen und ist aus Klarstellungsgründen auch empfehlenswert, nicht zuletzt, um im nachfolgenden Handelsregisterverfahren weitere Verfahrensverzögerungen durch Nachfragen etc. zu vermeiden.

10.38 § 5 Abs. 1 Nr. 8 UmwG schreibt vor, dass der Verschmelzungsvertrag Angaben zu Sondervorteilen an Mitglieder eines Vertretungs- oder Aufsichtsorgans bzw. Gesellschaftern oder Partnern etc. eines an der Verschmelzung beteiligten Rechtsträgers sowie an Abschluss- oder Verschmelzungsprüfer enthalten muss.

10.39 Als Sondervorteil in diesem Sinne ist jeder finanzielle Vorteil zu betrachten, welcher einer Person aus dem genannten Kreis zugesprochen wird, ohne dass diese den Vorteil als an-

---

23) OLG Frankfurt/M. DB 1998, 917; so auch Semler/Stengel/*Schröer*, UmwG, § 5 Rz. 126 welcher auf die Regelungsinhalte gem. § 5 Abs. 1 Nrn. 1–3 abstellt.
24) Semler/Stengel/*Schröer*, UmwG, § 5 Rz. 51 f. m. w. N.; OLG Frankfurt/M. NZG 2011, 1278.
25) Semler/Stengel/*Schröer*, UmwG, § 5 Rz. 69.

Schulte

gemessene Kompensation unabhängig von dem Verschmelzungsvorgang beanspruchen könnte.[26]

Da dies in der Praxis im Regelfall nicht der Fall sein wird, genügt insoweit dann die in den Verschmelzungsvertrag aufgenommene Formulierung, dass Vorteile i. S. d. § 5 Abs. 1 Nr. 8 UmwG nicht gewährt wurden.   **10.40**

Im Hinblick auf § 5 Abs. 1 Nr. 9 UmwG muss der Verschmelzungsvertrag Regelungen zu den rechtlichen Folgen der Verschmelzung für die Arbeitnehmer/innen und deren Vertretungen, im Wesentlichen also die Betriebsräte der beteiligten Rechtsträger beinhalten.   **10.41**

Dies gilt nicht für den Fall, dass die beteiligten Rechtsträger außer ihren Organen[27] keine weiteren Arbeitnehmer/innen beschäftigen. Darüber hinaus soll eine bloße Bezugnahme auf gesetzliche Vorschriften, also etwa eine alleinige Bezugnahme auf § 613a BGB, nicht ausreichen.[28]   **10.42**

Verfahrensrechtlich wird § 5 Abs. 1 Nr. 9 UmwG flankiert durch § 5 Abs. 3 UmwG, wonach der Verschmelzungsvertrag oder sein Entwurf einen Monat vor Beschlussfassung der beteiligten Gesellschafterversammlungen dem jeweils zuständigen Betriebsrat zugeleitet werden muss.   **10.43**

Diese Frist ist verzichtbar, da der Zweck der Vorschrift, eine umfassende Information des Betriebsrats sicherzustellen, auch dann nicht beeinträchtigt wird, wenn der Betriebsrat sich mit einer kürzeren bzw. abgekürzten Frist zufrieden gibt.[29]   **10.44**

Vom Umfang her, sind sämtliche Unterlagen, die (auch als Anlagen) zum Gegenstand der Anmeldung gemacht werden sollen, dem Betriebsrat zuzuleiten. Insoweit darf nicht zwischen „wichtigen" und „unwichtigen" Bestandteilen unterschieden werden.[30]   **10.45**

Eine in der Praxis nicht unbedeutende Frage ist die nach den Auswirkungen einer Änderung des Vertrags zu einem Zeitpunkt nach der Zuleitung an den Betriebsrat. Dies soll nicht in jedem Fall eine erneute Zuleitungspflicht mit der Folge des erneuten Laufes der Monatsfrist auslösen, sondern sich nur auf diejenigen Fälle beschränken, in denen die nachträglichen Änderungen Auswirkungen auf die Unternehmensstruktur oder die Belegschaft des Betriebs haben.[31]   **10.46**

Neben den notwendigen Regelungsinhalten des § 5 Abs. 1 UmwG kann der Verschmelzungsvertrag auch fakultative Regelungen enthalten (vgl. § 5 Abs. 1 S. 3 UmwG), etwa[32]   **10.47**

- besondere schuldrechtliche Verpflichtungen gegenüber den Arbeitnehmern/innen eines beteiligten Rechtsträgers,
- aufschiebende Bedingungen und Befristungen; die Vereinbarung einer aufschiebenden Bedingung ist dabei möglich im Hinblick auf § 7 UmwG; in der Praxis oftmals zu beobachten ist die aufschiebende Bedingung der Zustimmung der Anteilseignerversamm-

---

26) Semler/Stengel/*Schröer*, UmwG, § 5 Rz. 72.
27) Bei der Verschmelzung von GmbH's also deren Geschäftsführer.
28) So OLG Düsseldorf ZIP 1998, 1190; a. A. hingegen LG Stuttgart DNotZ 1996, 701, wonach Angaben zu den Folgen des Umwandlungsvorgangs für die Arbeitnehmer nur dann im Vertrag erforderlich sein sollen, wenn ein Betriebsrat vorhanden ist.
29) LG Stuttgart GmbHR 2000, 622 f.; ebenso *Melchior*, GmbHR 1996, 833 ff.
30) OLG Naumburg GmbHR 2003, 1433.
31) Semler/Stengel/*Simon*, UmwG, § 5 Rz. 147 m. w. N.
32) Vgl. hierzu die Aufzählung bei Semler/Stengel/*Schröer*, UmwG, § 5 Rz. 107 ff.

lungen;[33] obwohl dogmatisch zwischen dem Wirksamwerden des Verschmelzungsvertrags und der Wirksamkeit der Verschmelzung zu differenzieren ist, entfaltet dies allerdings insoweit keine eigenständige Bedeutung, als damit lediglich die gesetzliche Regelung des § 20 Abs. 1 UmwG (Wirksamwerden der Verschmelzung durch Eintragung in das Handelsregister) wiedergegeben wird; anders gelagert ist die Situation im Bereich der sog. „Kettenverschmelzungen", bei denen der jeweils nachgelagerte Verschmelzungsvorgang von der Wirksamkeit des vorangehenden Verschmelzungsvorgangs abhängen soll; hier empfiehlt es sich, mit entsprechenden Bedingungen zu arbeiten und dies auch bei der Stellung der Eintragungsanträge zu berücksichtigen,[34]

– auflösende Bedingungen; die prinzipielle Zulässigkeit von auflösenden Bedingungen ist umstritten;[35] man wird einer auflösenden Bedingung dabei nicht von vornherein die Wirksamkeit absprechen dürfen, eine auflösende Bedingung kann allerdings im Hinblick auf § 20 Abs. 2 UmwG jedenfalls zeitlich nach einer in das Handelsregister eingetragenen Verschmelzung keine Wirksamkeit mehr entfalten;[36] praxisrelevant ist hier die auflösende Bedingung dergestalt, dass der Verschmelzungsvertrag unter die auflösende Bedingung gestellt wird, dass bis zu einem bestimmten Datum ein zustimmender Beschluss der Anteilseignerversammlungen vorliegt; die Wirksamkeit des Verschmelzungsvertrags als solchem würde dann mit Zeitablauf entfallen, wenn nicht bis dahin die Anteilseignerversammlungen zugestimmt haben,

– einen fakultativen Bestandteil des Verschmelzungsvertrages kann auch ein vertragliches Rücktrittsrecht bilden, etwa eine Erweiterung des gesetzlich in § 7 UmwG geregelten Rücktrittsrechts,[37] wobei sich hieran sofort die Frage anschließt, ob der Rücktritt seitens des Vertretungsorgans mit oder ohne Zustimmungsbeschluss der Anteilsinhaber erklärt werden kann; nach überwiegender Meinung soll dieses Rücktrittsrecht möglich sein,[38]

– eine Regelung der Pflicht zur Tragung der Kosten der Verschmelzung empfiehlt sich im Rahmen des Verschmelzungsvertrages nur für den Fall des Scheiterns der Verschmelzung; denn bei Zustandekommen der Verschmelzung werden die Kosten ohnehin von dem übertragenden Rechtsträger getragen.[39]

10.48 Für die Praxis des Handelsregisterverfahrens in Zusammenhang mit Verschmelzungsvorgängen von großer Bedeutung sind die Regelungen der § 16, 17 UmwG.

10.49 Von dem Grundsatz des § 16 Abs. 1 S. 1 UmwG, dass die Vertretungsorgane der beteiligten Rechtsträger in vertretungsberechtigter Formation die Verschmelzung zur Eintragung in das Handelsregister anzumelden haben, sofern nicht wegen der zeitgleichen Anmeldung einer Kapitalerhöhung und der damit verbundenen Abgabe der notwendigen Versicherungen ohnehin die nach dem AktG oder GmbHG vorgesehene Formation anmelden muss,[40]

---

33) Hier also der jeweiligen Gesellschafterversammlung der GmbH-Gesellschafter.

34) Etwa gem. § 78 FamFG.

35) Zum Streitstand vgl. Semler/Stengel/*Schröer*, UmwG, § 5 Rz. 113 ff. m. w. N.

36) Ebenso Semler/Stengel/*Schröer*, UmwG, § 5 Rz. 114 f. m. w. N.

37) Vgl. hierzu Semler/Stengel/*Schröer*, UmwG, § 5 Rz. 119.

38) Zum Streitstand insoweit vgl. *Limmer*, Teil 2 Rz. 77 ff.

39) Vgl. hierzu Semler/Stengel/*Schröer*, UmwG, § 5 Rz. 125.

40) Für die GmbH hätte dann nach § 78 GmbHG eine Anmeldung durch sämtliche Geschäftsführer zu erfolgen, bei der Aktiengesellschaft müsste der Vorstand in vertretungsberechtigter Formation zusammen mit dem/der Vorsitzenden des Aufsichtsrats zusammen anmelden.

enthält § 16 Abs. 1 S. 2 UmwG eine Ausnahme. Nach dieser Vorschrift können die Vertretungsorgane des übernehmenden Rechtsträgers den Verschmelzungsvorgang auch zum Register des übertragenden Rechtsträgers anmelden. Der Gesetzgeber trägt damit dem Umstand Rechnung, dass nicht immer eine personelle Kontinuität bei der Besetzung der Vertretungsorgane der am Verschmelzungsvorgang beteiligten Rechtsträger gegeben ist und seitens der ausscheidenden Mitglieder des Vertretungsorgans des infolge der Verschmelzung erlöschenden übertragenden Rechtsträgers oftmals keine Motivation zur Durchführung der notwendigen Anmeldung mehr besteht.

Liegt ein Fall der Verschmelzung zur Neugründung vor, hat gem. § 38 Abs. 2 UmwG eine **10.50** Anmeldung durch die Vertretungsorgane aller übertragenden Rechtsträger zu erfolgen. Eine Bedingung oder Befristung in der Anmeldung soll nicht möglich sein,[41] man wird jedoch eine Steuerung des Antragsvollzuges über § 378 FamFG seitens des/der beurkundenden Notars/in in jedem Fall zulassen müssen, denn es besteht in der Praxis oftmals die Notwendigkeit, dass aufeinander aufbauende oder rechtlich von einander abhängige Verschmelzungsvorgänge in einer bestimmten Reihenfolge und in Abhängigkeit von bestimmten Voreintragungen vollzogen werden müssen, um deren Wirksamkeit nicht zu gefährden. Hier kommt den die jeweilige Anmeldung einreichenden Notaren/innen eine besondere Verantwortung zu, gerade wenn es sich um überregionale „Ketten-Umwandlungen" handelt, bei denen mehrere Registergerichte am Vollzug der jeweils konstitutiven und im Hinblick auf § 20 Abs. 2 UmwG irreversiblen Umwandlungsvorgänge beteiligt sind und wo unbedingt vermieden werden muss, dass durch eine Verletzung der zwingend notwendigen Eintragungsreihenfolge ein übertragender Rechtsträger quasi „in der Luft hängt".

Zum Register des/der übertragenden Rechtsträger/s ist gem. § 17 Abs. 2 UmwG (jeweils) **10.51** eine den inhaltlichen Anforderungen der §§ 242 ff. HGB entsprechende Verschmelzungsbilanz einzureichen.

Erfolgt eine Verschmelzung in Zusammenhang mit einer Kapitalerhöhung auf Seiten des **10.52** aufnehmenden Rechtsträgers, hat das Registergericht im Handelsregisterverfahren die Werthaltigkeit der Kapitalerhöhung bei dem aufnehmenden Rechtsträger zu prüfen.

Eine Kapitalerhöhung bei der übernehmenden Gesellschaft ist nach § 54 Abs. 1 S. 3 **10.53** UmwG nicht erforderlich, wenn sämtliche Gesellschafter der übertragenden Gesellschaft auf die Gewährung von Geschäftsanteilen an der übernehmenden Gesellschaft verzichten. In den übrigen Fallgruppen des § 54 GmbHG kann eine Erhöhung des Stammkapitals bei dem aufnehmenden Rechtsträger zum Zwecke der Verschmelzung auch unzulässig sein, etwa bei der Verschmelzung der Tochtergesellschaft auf die Muttergesellschaft („upstream merger").

Da dieser Wert dem Wert des übertragenden Rechtsträgers entspricht, wird die Verschmel- **10.54** zungsbilanz zugleich für die entsprechende Werthaltigkeitsprüfung zu verwenden sein, womit es sich empfiehlt, diese dann auch zugleich[42] zum Handelsregister des aufnehmenden Rechtsträgers einzureichen.

---

41) Vgl. BayObLG DNotZ 1993, 197.

42) Um Zeitverzögerungen im Eintragungsverfahren zu vermeiden, weil sonst die Verschmelzungsbilanz erst seitens des Registergerichts von dem Handelsregister des übertragenden Rechtsträgers angefordert werden müsste (bedeutsam vor allem bei Ortsverschiedenheit von dem jeweils übertragenden und dem übernehmenden Rechtsträger).

10.55 Neben dem Verschmelzungsvertrag sind als weitere Anlagen die jeweiligen Verschmelzungs-beschlüsse einschließlich der etwa erforderlichen Zustimmungserklärungen einzelner oder nicht erschienener Anteilsinhaber (§ 17 Abs. 1 UmwG), der/die Verschmelzungsbericht/e, Prüfungsberichte, Nachweise über den Eintritt bestimmter Bedingungen und etwaige Verzichtserklärungen nach §§ 8 Abs. 3, 9 Abs. 3 und 12 Abs. 3 beizufügen.

10.56 Die nach § 16 Abs. 2 UmwG erforderliche Negativerklärung kann – sofern kein wirksamer Verzicht auf eine Anfechtung der Verschmelzungsbeschlüsse vorliegt (damit sowohl Anfechtungs- als auch Nichtigkeitsklage von der Verzichtserklärung umfasst werden, sollte umfassend auf eine „Klage gegen die Wirksamkeit der Beschlussfassung" verzichtet werden) – erst nach Ablauf der Anfechtungsfrist erfolgen und ist durch die Vertretungsorgane in vertretungsberechtigter Formation abzugeben. Im Fall eines Verzichts auf Klageerhebung ist die Abgabe einer Erklärung hierzu durch § 16 Abs. 2 UmwG nicht vorgeschrieben. Aus Klarstellungsgründen sollte aber der Klageverzicht und damit die Entbehrlichkeit der Negativerklärung nach § 16 Abs. 2 UmwG kurz in der Handelsregisteranmeldung erwähnt werden.

10.57 In der Praxis wird das Registergericht mit dem Vollzug der Eintragung – wenn kein Anfechtungsverzicht vorliegt – noch eine weitere „Sicherheitsfrist" von ca. zwei Wochen abwarten und ggfs. bei den beteiligten Rechtsträgern noch einmal nachfragen, ob eine Anfechtung erfolgt ist, um sich nicht durch einen vorzeitigen Vollzug einer erfolgreich angefochtenen Verschmelzung der Gefahr eines Regresses auszusetzen.[43]

10.58 Die in der Praxis manchmal zu beobachtende vorschnelle Abgabe der Negativerklärung nach § 16 Abs. 2 UmwG durch die Anmeldenden unmittelbar nach erfolgter Beschlussfassung – manchmal wohl auch in der Vorahnung, dass eine Anfechtung noch erfolgen wird und man dann die Negativerklärung nicht mehr wahrheitsgemäß abgeben könnte – ist jedenfalls insoweit nicht zielführend und für das Registergericht völlig unbeachtlich. Zudem besteht auch die Verpflichtung, eine während des Registerverfahrens unrichtig gewordene Negativerklärung nach § 16 Abs. 2 UmwG zu korrigieren.

10.59 Eine besondere Problematik bringt in der Praxis auch die für die Verschmelzungsbilanz geltende Acht-Monats-Frist des § 17 Abs. 2 S. 4 UmwG[44] mit sich. Grundsätzlich gilt diese nur für die Anmeldung zum Register des übertragenden Rechtsträgers,[45] also nicht für die Funktion eines Werthaltigkeitsnachweises in Zusammenhang mit einer bei dem aufnehmenden Rechtsträger durchzuführenden Kapitalerhöhung zum Zwecke der Verschmelzung.

10.60 Die Rechtsprechung ist hinsichtlich der Frist des § 17 Abs. 2 UmwG relativ streng; wenn nicht verlangt wird, dass innerhalb dieser Frist eine insgesamt vollumfänglich vollzugsreife Anmeldung vorgelegt wird, so wird doch die Anforderung gestellt, dass bestehende Mängel sofort behoben werden können, um nicht Gefahr zu laufen, dass die Anmeldung durch das Registergericht wegen Fristüberschreitung abzulehnen ist mit der Folge, dass die Verschmelzung jedenfalls so wie angemeldet nicht mehr zum Vollzug gelangen kann.[46] Die

---

43) Vgl. hierzu OLG Hamm DB 2006, 36 und BGH NJW 2007, 224 ff.
44) Deren Berechnung nach § 187 ff. BGB erfolgt.
45) Vgl. LG Frankfurt/M. GmbHR 1996, 542.
46) Vgl. hierzu KG NZG 1999, 174; OLG Köln GmbHR 1998, 1085 f.; LG Dresden NotBZ 1997, 138; großzügiger insoweit wohl Semler/Stengel/*Schwanna*, UmwG, § 17 Rz. 20; die Entscheidung des OLG Schleswig DNotZ 2007, 957, womit bei Einreichung der Bilanz per TELEFAX keine Fristwahrung möglich sei, dürfte durch das Erfordernis der Einreichung der Anmeldung nebst Anlagen per EGVP überholt sein.

Frist ist nach den §§ 186 ff. BGB zu berechnen, so dass für den Einreichungsstichtag § 188 Abs. 2 BGB gelten soll, nicht jedoch § 193 BGB.[47] Für die Jahresendbilanz zum 31.12. ist Stichtag also regelmäßig der 31.8. des Folgejahres.

Allerdings wird es für die Wahrung der Acht-Monats-Frist ausreichen, wenn die Bilanz **10.61** innerhalb dieser Frist wirksam aufgestellt wurde und nach Fristablauf zeitnah nachgereicht wird;[48] dies wird man auch dann ausreichen lassen müssen, wenn die Bilanz prüfungspflichtig ist und der Prüfvermerk für die vor Fristablauf aufgestellte Bilanz erst nach Fristablauf erteilt und dann nachgereicht wird.[49]

Beanstandungen der Anmeldung in formeller Hinsicht sollen hinsichtlich der Frist des **10.62** § 17 Abs. 2 UmwG ebenfalls unschädlich sein.[50] Im Rahmen des § 17 UmwG zu beachten ist noch, dass eine Bilanz verwendet wird, welche den Bilanzierungsvorschriften der §§ 242 ff. HGB entspricht.[51]

1. Verschmelzung einer Gesellschaft mit beschränkter Haftung (GmbH) auf eine weitere Gesellschaft mit beschränkter Haftung zur Aufnahme ohne Kapitalerhöhung

Ausgangslage: Die X-GmbH hält alle Geschäftsanteile an der Y-GmbH, die Y-GmbH **10.63** soll als übertragender Rechtsträger auf die X-GmbH verschmolzen werden (Verschmelzung der hundertprozentigen Tochter-GmbH auf die Mutter-GmbH = „**up-stream-merger**").

Zusammen mit der Handelsregisteranmeldung, welche gem. § 16 Abs. 1 S. 2 UmwG durch **10.64** die Organe des aufnehmenden Rechtsträgers zugleich mit Wirkung für die Organe des übertragenden Rechtsträgers erfolgen kann, sind der Verschmelzungsvertrag sowie die Zustimmungsbeschlüsse der Gesellschafterversammlungen beider beteiligter Gesellschaften zum Handelsregister einzureichen.

Ein Kapitalerhöhungsbeschluss bei der aufnehmenden Gesellschaft entfällt in dieser Kon- **10.65** stellation, womit auch die Werthaltigkeit einer Kapitalerhöhung nicht im Handelsregisterverfahren belegt werden muss (vgl. § 54 Abs. 1 Nr. 1 UmwG).

Muster 207: Verschmelzungsvertrag **10.66**

Verhandelt am ... in ... B-Stadt.

Vor mir, der unterzeichnenden Notarin[52] A in B-Stadt erschienen:

Zu 1) für die Y-GmbH mit Sitz in Berlin (AG Charlottenburg HRB 123456) deren alleinvertretungsberechtigter Geschäftsführer Prof. Werner Haberle (pers. Daten),

zu 2) für die X-GmbH mit Sitz in Berlin (AG Charlottenburg HRB 456789) deren zusammen mit einem weiteren Geschäftsführer oder einem Prokuristen vertretungsberech-

---

47) OLG Oldenburg, Beschl. v. 7.11.2011 – 12 W 270/11, BeckRS 2012, 00122.
48) Vgl. OLG Jena NZG 2003, 43 = MittBayNot 2003, 303.
49) So für diesen Fall auch Semler/Stengel/*Schwanna*, UmwG, § 17 Rz. 20.
50) Vgl. insoweit *Krafka/Kühn*, Registerrecht, Rz. 1177.
51) Zu den Einzelheiten insoweit vgl. Semler/Stengel/*Schwanna*, UmwG, § 17 Rz. 22.
52) Der Verschmelzungsvertrag bedarf gem. § 6 UmwG der notariellen Beurkundung.

tigter Geschäftsführer Johann Maier (pers. Daten) und der zusammen mit einem Geschäftsführer vertretungsberechtigte Prokurist Paolo Panthera (pers. Daten).[53]

Die beurkundende Notarin hat das elektronische Handelsregister des AG Charlottenburg am heutigen Tage im Rahmen der online-Auskunft eingesehen und bescheinigt die vorstehend genannten Vertretungsverhältnisse hiermit gemäß § 21 BNotO.[54]

Die Erschienenen schlossen zum Protokoll der beurkundenden Notarin den nachfolgenden Verschmelzungsvertrag:[55]

§ 1
(Übertragung des Vermögens, Bilanzstichtag)

Die Y-GmbH (übertragender Rechtsträger) überträgt ihr Vermögen als Ganzes mit allen Rechten und Pflichten unter Auflösung ohne Abwicklung gemäß § 2 Nr. 1 des Umwandlungsgesetzes auf die X-GmbH (übernehmender Rechtsträger).

Dieser Verschmelzung wird die mit dem uneingeschränkten Bestätigungsvermerk der Wirtschaftsprüferin Dr. Meier in Berlin versehene Stichtagsbilanz zum 31.12. ... als Schlussbilanz gemäß § 17 UmwG zugrunde gelegt.

§ 2
(Gegenleistung)[56]

Ein Ausgleich in Form der Gewährung von Geschäftsanteilen erfolgt nicht, weil sämtliche Geschäftsanteile an dem übertragenden Rechtsträger sich in der Hand des übernehmen-

---

53) Die an dem Verschmelzungsvertrag beteiligten Gesellschaften werden jeweils vertreten durch ihre Organe in vertretungsberechtigter Formation, wobei im Rahmen des § 49 Abs. 1 HGB zu berücksichtigen ist, dass es sich um ein Grundlagengeschäft handelt, welches die Mitwirkung von Prokuristen nur in der Form der unechten Gesamtvertretung zulässt, sofern die Satzung eine unechte Gesamtvertretungsbefugnis vorsieht; vgl. hierzu Semler/Stengel/*Schröer*, UmwG, § 4 Rz. 8; nicht ausgeschlossen ist hingegen ein Vertragsschluss durch rechtsgeschäftliche Vertreter, sofern diese ihre Vertretungsmacht von den organschaftlichen Vertretern der Gesellschaft ableiten können, vgl. Semler/Stengel/*Schröer*, UmwG, § 4 Rz. 9 ff.

54) Diese Bescheinigung nach § 21 BNotO ist hier nicht zwingend; da aber ohnehin die notarielle Dienstpflicht besteht, sich die Vertretungsverhältnisse der zu der Urkunde erscheinenden Personen offen legen zu lassen bzw. im anderen Fall einen entsprechenden Vorbehalt in die Urkunde aufzunehmen, empfiehlt sich die hier vorgestellte diesbezügliche Praxis aus Gründen der Beschleunigung; denn das Registergericht wird insoweit davon entlastet, „nochmals" die Vertretungsverhältnisse in eigener Zuständigkeit prüfen zu müssen. Mag dies innerhalb des eigenen Handelsregisters des entscheidenden Registergerichts noch relativ unproblematisch zu sein, damit dies bei gerichtsbezirksüberschreitenden Verschmelzungen eine eigene Einsichtnahme seitens des Registergerichts über das elektronische Registerportal schon mit einem zeitverzögernden Aufwand verbunden, der dem Registergericht durch die Ausstellung der Bescheinigung nach § 21 BNotO vollumfänglich erspart wird. Dieser Umstand wird in der handelsregistergerichtlichen Praxis durch die Anmeldenden oftmals nicht hinreichend berücksichtigt. Stetes erforderlich ist im Rahmen des § 21 BNotO allerdings eine Offenlegung der Erkenntnisquelle, welche der Bescheinigung nach § 21 BNotO zugrunde gelegt wurde.

55) Der Verschmelzungsvertrag muss grundsätzlich den zwingenden Mindestinhalt gem. § 5 Abs. 1 Nrn. 1–9 UmwG enthalten, wobei hier auf Grund des Mutter-Tochter-Verhältnisses der Regelungsinhalt des § 5 Abs. 1 Nrn. 2–5 UmwG entfallen kann; dies ergibt sich aus § 5 Abs. 2 UmwG.

56) Formulierungsvorschlag insoweit folgt dem Vorschlag von *Limmer*, Teil 2 Kap. 2 Rz. 1034.

Schulte

den Rechtsträgers befinden.[57] Eine Erhöhung des Stammkapitals des übernehmenden Rechtsträgers findet nicht statt (§ 54 Abs. 1 Nr. 1 UmwG).

§ 3
(Folgen der Verschmelzung für die Arbeitnehmer und deren Vertretungen)

Alternativ: Die Gesellschaften beschäftigen keine Arbeitnehmer, so dass sich insoweit die Verschmelzung nicht auswirken kann[58]

oder

es ergeben sich für die Arbeitnehmerinnen und Arbeitnehmer die folgenden Auswirkungen: ...

Die übertragende Gesellschaft beschäftigt insgesamt ... Arbeitnehmer/innen, deren Arbeitsverhältnisse gemäß § 613a BGB auf die übernehmende Gesellschaft übergehen.

Diese bestehenden Arbeitsverhältnisse können weder durch den bisherigen Arbeitgeber noch durch den neuen Arbeitgeber aus Anlass der Verschmelzung gekündigt werden; den jeweiligen Arbeitnehmern der Y-GmbH steht bezüglich des Übergangs des Arbeitsverhältnisses ein Widerspruchsrecht zu; sofern ein Arbeitnehmer hiervon Gebrauch macht, endet das betroffene Arbeitsverhältnis in dem Zeitpunkt des Wirksamwerdens der Verschmelzung.[59]

Der Entwurf dieses Verschmelzungsvertrags ist dem Betriebsrat der übertragenden Gesellschaft und dem Betriebsrat des übernehmenden Rechtsträgers im Sinne des § 5 Abs. 3 UmwG rechtzeitig zugeleitet worden.

Alternativ:

Bei den beteiligten Gesellschaften besteht kein Betriebsrat ...

§ 4
(Besondere Rechte und Vorteile in Zusammenhang mit der Verschmelzung).[60]

Weder bestehen bei dem übertragenden Rechtsträger (Y-GmbH) besondere Rechte gemäß § 5 Abs. 1 Nr. 7 UmwG, noch gewährt der übernehmende Rechtsträger (X-GmbH) im Zusammenhang mit der Verschmelzung solche Rechte. Den Mitgliedern der Vertretungs-

---

57) Sofern es sich bei dem übertragenden Rechtsträger nicht um eine 100 %ige Tochtergesellschaft des aufnehmenden Rechtsträgers handeln sollte, muss der Verschmelzungsvertrag zwingend eine Vorschrift bezüglich der Gewährung von Anteilen des übernehmenden Rechtsträgers an die Anteilseigner des übertragenden Rechtsträgers enthalten (vgl. § 5 Abs. 1 Nr. 2 UmwG), welche auch das Umtauschverhältnis diesbezüglich beinhaltet (§ 5 Abs. 1 Nr. 3 UmwG). Dies gilt allerdings nicht, sofern gem. § 54 Abs. 1 S. 3 UmwG wirksam auf eine Kapitalerhöhung bei der übernehmenden Gesellschaft verzichtet wurde.

58) Für den Fall, dass außer den Organen selbst, die nicht unter den Arbeitnehmerbegriff des UmwG fallen, keine weiteren Arbeitnehmer beschäftigt werden.

59) Vgl. insoweit den Formulierungsvorschlag von *Kiem*, Muster 11.

60) Hier soll bewusst der Weg gewählt werden, die notwendigen Bestandteile nach § 5 Abs. 1 Nr. 7 UmwG und § 5 Abs. 1 Nr. 8 UmwG in einem gemeinsamen Passus abzuhandeln, da es sich – wie die Praxis zeigt – bei beiden Regelungsinhalten oftmals um „Leerformeln" handelt, da eben keine besonderen Rechte oder Vorteile bestehen oder gewährt werden. Wurden keine besonderen Rechte und Pflichten gewährt, bedarf dies eigentlich keiner Erwähnung im Verschmelzungsvertrag; aus Gründen der Klarstellung sollte allerdings die Information darüber, ob derartige Rechte gewährt wurden oder nicht in den Vertragstext aufgenommen werden.

oder Aufsichtsorgane der übertragenden Y-GmbH sowie der übernehmenden X-GmbH bzw. den Abschlussprüfern wurden ebenfalls keine Vorteile i. S. d. § 5 Abs. 1 Nr. 8 BGB im Zusammenhang mit dieser Verschmelzung gewährt.

§ 5
(Stichtag der Verschmelzung)

Im Innenverhältnis erfolgt die Übernahme des gesamten Vermögens der Y-GmbH (übertragender Rechtsträger) durch die X-GmbH (übernehmender Rechtsträger) mit Wirkung zum Ablauf des 31.12. .... . Beginnend vom 1.1. ... an gelten alle Geschäfte und Handlungen der übertragenden Y-GmbH als für Rechnung der übernehmenden X-GmbH vorgenommen.

Die X-GmbH wird die in der zugrunde liegenden Schlussbilanz der Y-GmbH angesetzten Werte der übergehenden Aktiva und Passiva in ihrer Rechnungslegung fortführen.[61]

§ 6
(Kosten)

Die Kosten, welche durch diesen Vertrag und seine Durchführung den beteiligten Rechtsträgern entstehen trägt die X-GmbH als übernehmender Rechtsträger.[62]

§ 7
(Zustimmungsbeschlüsse/Bedingung)

Dieser Verschmelzungsvertrag bedarf zu seiner Wirksamkeit der Zustimmung der Gesellschafterversammlungen der beiden beteiligten Rechtsträger. Werden bis zum ... keine entsprechenden Zustimmungsbeschlüsse gefasst, gilt dieser Vertrag als nicht zustande gekommen.[63]

[Beurkundungsvermerk]

– Unterschriften der die beteiligten Rechtsträger vertretenden Personen und der beurkundenden Notarin –

---

61) Formulierungsvorschlag insoweit nach *Bungert*, in: Münchener Vertragshandbuch, Bd. 1, Muster XI.10; es handelt sich insoweit um die Ausübung des Wahlrechts nach § 24 UmwG; die konkrete steuerliche Ausgestaltung ist jedoch von den Bedürfnissen der beteiligten Rechtsträger und ihrer Gesellschafter abhängig, vgl. hierzu im Einzelnen §§ 11–13 UmwStG.

62) Dies würde sie – vorausgesetzt die Verschmelzung wird wirksam, ohnehin tun müssen; aus Klarstellungsgründen empfiehlt sich aber eine entsprechende Formulierung.

63) Die Formulierung bezüglich der Erforderlichkeit einer Zustimmung beider Gesellschafterversammlungen gibt lediglich deklaratorisch die insoweit zwingende Rechtslage wieder (§ 13 Abs. 1 S. 1 UmwG); erforderlich ist aber nicht eine Beschlussfassung in zwei getrennten Gesellschafterversammlungen, es kann vielmehr auch in einer Universalversammlung der beiden beteiligten Rechtsträger beschlossen werden (§ 13 Abs. 1 S. 2 UmwG); hinsichtlich der auflösenden Bedingung folgt der Formulierungsvorschlag dem Vorschlag von *Bungert*, in: Münchener Vertragshandbuch, Bd. 1, Muster XI.11.; diese Bedingung ist rein fakultativ, verhindert und beendet aber notfalls den sonst bestehenden Schwebezustand hinsichtlich des Verschmelzungsvertrags, wenn die erforderlichen Zustimmungsbeschlüsse der Gesellschafterversammlungen unrealistisch geworden sind.

Muster 208: Zustimmungsbeschluss der Gesellschafterversammlung des übernehmenden Rechtsträgers (X-GmbH)[64]   10.67

Verhandelt am[65] ... in ... B-Stadt.

Vor mir, der unterzeichnenden Notarin A in B-Stadt erschien:

Herr GF1, geb. am, wohnhaft ..., handelnd als alleinvertretungsberechtigter Geschäftsführer der Z-GmbH mit dem Sitz in Hannover (AG Hannover HRB 123456).

Die beurkundende Notarin hat das elektronische Handelsregister des AG Hannover am heutigen Tage im Rahmen der online-Auskunft eingesehen und bescheinigt die vorstehend genannten Vertretungsverhältnisse hiermit gemäß § 21 BnotO.[66]

Die Z-GmbH ist alleinige Gesellschafterin der X-GmbH mit Sitz in Berlin (AG Charlottenburg HRB 456789) mit einem Geschäftsanteil von 25.000 €,[67] der voll eingezahlt ist.[68]

Die durch den Erschienenen vertretene Alleingesellschafterin hält nunmehr unter Verzicht auf sämtliche Ladungsformalitäten und Fristen eine Gesellschafterversammlung der X-GmbH ab und beschließt wie folgt:

Dem zur UR Nr. ... der beurkundenden Notarin geschlossenen Verschmelzungsvertrag zwischen der Y-GmbH mit Sitz in Berlin (AG Charlottenburg HRB 123456) als übertragendem Rechtsträger und dieser Gesellschaft als übernehmendem Rechtsträger vom ... wird zugestimmt.

[§ 1 des Gesellschaftsvertrages (Firma) wird geändert und wie folgt neu gefasst ...[69]]

---

64) Die Zustimmungsbeschlüsse der Gesellschafterversammlungen der beteiligten Rechtsträger können auch zusammen mit dem Verschmelzungsvertrag selbst in derselben Urkunde beurkundet werden; dies ist in der Praxis bei Verschmelzungen innerhalb eines Konzerns nicht ungewöhnlich und aus Praktikabilitätsgründen zu empfehlen; gem. § 13 Abs. 3 UmwG ist als Form die notarielle Beurkundung des Zustimmungsbeschlusses vorgeschrieben.

65) Der Zustimmungsbeschluss kann bereits zeitlich vor dem Verschmelzungsstichtag gem. § 5 Abs. 1 Nr. 6 UmwG und damit vor dem Vorliegen der Verschmelzungsbilanz i. S. d. § 17 UmwG gefasst werden, da eine Zustimmung zum Vertragsentwurf ausreicht, vgl. § 4 Abs. 2 UmwG.

66) Wie bereits bei der notariellen Beurkundung des Verschmelzungsvertrags ist auch bei der Beurkundung des Zustimmungsbeschlusses die Bescheinigung nach § 21 BNotO durch die beurkundende Notarin nicht zwingend, kann jedoch zur Beschleunigung des Handelsregisterverfahrens beitragen. Erfolgt eine solche notarielle Bescheinigung, ist die diesbezügliche Erkenntnisquelle im Rahmen der Bescheinigung offen zu legen.

67) Das Registergericht wird zur Überprüfung dieser Gesellschafterverhältnisse die im elektronischen Registerordner des Handelsregisters aktuellste Gesellschafterliste nach § 16 GmbHG einsehen, da die Aufnahme eines Gesellschafters in diese Liste (Verschiebung der Liste nach Eingang in den elektronischen Registerordner seitens des Registergerichts) die relative Gesellschafterstellung des dort bezeichneten Gesellschafters begründet; es sollte also darauf geachtet werden, dass insoweit Kongruenz besteht und im anderen Fall unverzüglich auf die Einreichung einer aktuellen Gesellschafterliste hingewirkt werden.

68) Sollte dies nicht der Fall sein und der Gesellschafterbestand mehr als einen Gesellschafter ausmachen, ist § 51 UmwG zwingend zu beachten.

69) Die Änderung der Firma des übernehmenden Rechtsträgers ist rein fakultativ und wird i. d. R. nur dann erfolgen, wenn der übernehmende Rechtsträger die Firma des übertragenden Rechtsträgers fortführen möchte; seitens des Registergerichts wird in diesem Fall dann darauf zu achten sein, dass in der bei dem übertragenden Rechtsträger erfolgenden Handelsregistereintragung die Firma nicht als „erloschen" bezeichnet wird, da dies angesichts der Firmenfortführung nicht den tatsächlichen Gegebenheiten entspricht. Hier wird dann z. T. mit der Formulierung „hier gelöscht" gearbeitet, woraus auf eine Firmenfortführung geschlossen werden kann.

Der Erschienene verzichtet namens der von ihm vertretenen Alleingesellschafterin auf die Erstellung eines Verschmelzungsberichts sowie eine Prüfung der Verschmelzung.[70]

Weiterhin erklärt der Erschienene seinen Verzicht auf jegliche Möglichkeit einer Anfechtung des vorstehend gefassten Zustimmungsbeschlusses.

Als Anlage, auf deren Verlesung verzichtet wird, ist beigefügt:

Eine Elektronisch beglaubigte Abschrift des zur UR Nr. … von der amtierenden Notarin beurkundeten Verschmelzungsvertrags[71] zwischen der X-GmbH und der Y-GmbH, auf dessen Verlesung der Erschienene ausdrücklich verzichtet.

– vorgelesen, genehmigt und eigenhändig in Gegenwart der Notarin wie folgt unterzeichnet –

10.68 Muster 209: Zustimmungsbeschluss der Gesellschafterversammlung des übertragenden Rechtsträgers (Y-GmbH)

Verhandelt am … in … B-Stadt.

Vor mir, der unterzeichnenden Notarin A in B-Stadt erschienen:

Für die X-GmbH mit Sitz in Berlin (AG Charlottenburg HRB 456789) deren zusammen mit einem weiteren Geschäftsführer oder einem Prokuristen vertretungsberechtigter Geschäftsführer Johann Maier (pers. Daten) und der zusammen mit einem Geschäftsführer vertretungsberechtigte Prokurist Paolo Panthera (pers. Daten).

Die X-GmbH ist alleinige Gesellschafterin der Y-GmbH mit einem Geschäftsanteil von 25.000 €,[72] der voll eingezahlt ist.[73]

Die durch die beiden Erschienenen vertretene Alleingesellschafterin hält nunmehr unter Verzicht auf sämtliche Ladungsformalitäten und Fristen eine Gesellschafterversammlung der Y-GmbH ab und beschließt wie folgt:

Dem zur UR Nr. … der beurkundenden Notarin geschlossenen Verschmelzungsvertrag zwischen dieser Gesellschaft als übertragendem Rechtsträger und der X-GmbH mit Sitz

---

70) Gemäß § 8 Abs. 2 UmwG ist in der hiesigen Fallkonstellation („upstream-merger") die Erstattung eines Verschmelzungsberichts deshalb gem. § 8 Abs. 3 UmwG entbehrlich, weil sich sämtliche Geschäftsanteile der übertragenden Gesellschaft in der Hand des übernehmenden Rechtsträgers befinden; die Erklärung des Verzichts ist zur Klarstellung in der Praxis jedoch ungeachtet dessen üblich und sehr häufig zu beobachten; eine Prüfung der Verschmelzung ist gem. § 48 UmwG nur erforderlich, wenn ein Gesellschafter dies verlangt; ein solches Verlangen ist durch die Verzichtserklärung dann ausgeschlossen.

71) Die Beifügung in Form einer Anlage zur notariellen Urkunde ist deshalb erforderlich, weil im anderen Fall nicht hinreichend klar gestellt wäre, auf welchen konkreten Verschmelzungsvertrag sich der Zustimmungsbeschluss der Gesellschafterversammlung beziehen soll.

72) Das Registergericht wird zur Überprüfung dieser Gesellschafterverhältnisse die im elektronischen Registerordner des Handelsregisters aktuellste Gesellschafterliste nach § 16 GmbHG einsehen, da die Aufnahme eines Gesellschafters in diese Liste (Verschiebung der Liste nach Eingang in den elektronischen Registerordner seitens des Registergerichts) die relative Gesellschafterstellung des dort bezeichneten Gesellschafters begründet; es sollte also darauf geachtet werden, dass insoweit Kongruenz besteht und im anderen Fall unverzüglich auf die Einreichung einer aktuellen Gesellschafterliste hingewirkt werden, nicht zuletzt um in den Genuss der gesetzlichen Fiktionswirkung gem. § 16 Abs. 1 S. 3 GmbHG zu kommen.

73) Sollte dies nicht der Fall sein und der Gesellschafterbestand mehr als einen Gesellschafter ausmachen, ist § 51 UmwG zwingend zu beachten.

in Berlin (AG Charlottenburg HRB 456789) als übernehmendem Rechtsträger vom ... wird zugestimmt.

Die Erschienenen verzichten namens der von ihnen vertretenen Alleingesellschafterin auf die Erstellung eines Verschmelzungsberichts sowie eine Prüfung der Verschmelzung.[74]

Weiterhin erklären die Erschienenen ihren Verzicht auf jegliche Möglichkeit einer Anfechtung des vorstehend gefassten Zustimmungsbeschlusses.

Als Anlage, auf deren Verlesung verzichtet wird, ist beigefügt:

Eine elektronisch beglaubigte Abschrift des zur UR Nr. ... von der amtierenden Notarin beurkundeten Verschmelzungsvertrages[75] zwischen der X-GmbH und der Y-GmbH, auf dessen Verlesung die Erschienenen ausdrücklich verzichten.

– vorgelesen, genehmigt und eigenhändig in Gegenwart der Notarin wie folgt unterzeichnet –

10.69 Hinsichtlich der Handelsregisteranmeldungen dieses Vorgangs kann auf die Anmeldungsmuster zu unten II. (Verschmelzung einer Gesellschaft mit beschränkter Haftung (GmbH) auf eine weitere Gesellschaft mit beschränkter Haftung zur Aufnahme mit Kapitalerhöhung) verwiesen werden. Es entfällt insoweit lediglich der die Kapitalerhöhung bei dem aufnehmenden Rechtsträger beinhaltende Teil der Anmeldung. Aus Klarstellungsgründen kann insoweit die Formulierung aufgenommen werden, dass eine Kapitalerhöhung deshalb nicht erforderlich ist, weil sich alle Anteile an dem übertragenden Rechtsträger in der Hand des übernehmenden Rechtsträgers befinden.

2. Verschmelzung einer Gesellschaft mit beschränkter Haftung (GmbH) auf eine weitere Gesellschaft mit beschränkter Haftung zur Aufnahme mit Kapitalerhöhung

10.70 **Ausgangslage:** Die X-GmbH als übernehmender Rechtsträger hält keine Geschäftsanteile an der übertragenden Y-GmbH, welche auf die X-GmbH verschmolzen werden soll. Eine Kapitalerhöhung bei dem übernehmenden Rechtsträger soll auch nicht infolge eines Ausnahmetatbestandes gem. § 54 Abs. 1 S. 1–3 UmwG entfallen können oder müssen und ist daher erforderlich.[76]

10.71 Zusammen mit der Handelsregisteranmeldung, welche gem. § 16 Abs. 1 S. 2 UmwG durch die Organe des aufnehmenden Rechtsträgers zugleich mit Wirkung für die Organe des übertragenden Rechtsträgers erfolgen kann, sind der Verschmelzungsvertrag sowie die Zustimmungsbeschlüsse der Gesellschafterversammlungen beider beteiligter Gesellschaften beizufügen.

---

74) Gemäß § 8 Abs. 2 UmwG ist in der hiesigen Fallkonstellation („upstream-merger") die Erstattung eines Verschmelzungsberichts deshalb gem. § 8 Abs. 3 UmwG entbehrlich, weil sich sämtliche Geschäftsanteile der übertragenden Gesellschaft in der Hand des übernehmenden Rechtsträgers befinden; die Erklärung des Verzichts ist zur Klarstellung in der Praxis jedoch ungeachtet dessen üblich und sehr häufig zu beobachten; eine Prüfung der Verschmelzung ist gem. § 48 UmwG nur erforderlich, wenn ein Gesellschafter dies verlangt; ein solches Verlangen ist durch die Verzichtserklärung dann ausgeschlossen.

75) Die Beifügung in Form einer Anlage zur notariellen Urkunde ist deshalb erforderlich, weil im anderen Fall nicht hinreichend klar gestellt wäre, auf welchen konkreten Verschmelzungsvertrag sich der Zustimmungsbeschluss der Gesellschafterversammlung beziehen soll.

76) Ebenso soll keine Fallkonstellation vorliegen, in welcher gem. § 54 Abs. 1 S. 2 UmwG sämtliche Anteilsinhaber der übertragenden GmbH auf die Gewährung von Geschäftsanteilen an der übernehmenden Gesellschaft in notariell beurkundeter Form verzichten.

10.72 Der Zustimmungsbeschluss bei der aufnehmenden Gesellschaft enthält in dieser Konstellation zugleich den Kapitalerhöhungsbeschluss.

10.73 Muster 210: Verschmelzungsvertrag

Verhandelt am ... in ... B-Stadt.

Vor mir, der unterzeichnenden Notarin[77] A in B-Stadt erschienen:

zu 1) für die Y-GmbH mit Sitz in Berlin (AG Charlottenburg HRB 123456) deren alleinvertretungsberechtigter Geschäftsführer Prof. Werner Haberle (pers. Daten),

zu 2) für die X-GmbH mit Sitz in Berlin (AG Charlottenburg HRB 456789) deren zusammen mit einem weiteren Geschäftsführer oder einem Prokuristen vertretungsberechtigter Geschäftsführer Johann Maier (pers. Daten) und der zusammen mit einem Geschäftsführer vertretungsberechtigte Prokurist Paolo Panthera (pers. Daten).[78]

Die beurkundende Notarin hat das elektronische Handelsregister des AG Charlottenburg am heutigen Tage im Rahmen der Online-Auskunft eingesehen und bescheinigt die vorstehend genannten Vertretungsverhältnisse hiermit gemäß § 21 BNotO.[79]

Die Erschienenen schlossen zum Protokoll der beurkundenden Notarin den nachfolgenden Verschmelzungsvertrag:[80]

§ 1
(Übertragung des Vermögens, Bilanzstichtag)

Die Y-GmbH (übertragender Rechtsträger) überträgt ihr Vermögen als Ganzes mit allen Rechten und Pflichten unter Auflösung ohne Abwicklung gemäß § 2 Nr. 1 des Umwandlungsgesetzes auf die X-GmbH (übernehmender Rechtsträger).

---

77) Der Verschmelzungsvertrag bedarf gem. § 6 UmwG der notariellen Beurkundung.

78) Die an dem Verschmelzungsvertrag beteiligten Gesellschaften werden jeweils vertreten durch ihre Organe in vertretungsberechtigter Formation, wobei im Rahmen des § 49 Abs. 1 HGB zu berücksichtigen ist, dass es sich um ein Grundlagengeschäft handelt, welches die Mitwirkung von Prokuristen nur in der Form der unechten Gesamtvertretung zulässt, sofern die Satzung eine unechte Gesamtvertretungsbefugnis vorsieht; vgl. hierzu Semler/Stengel/*Schröer*, UmwG, § 4 Rz. 8; nicht ausgeschlossen ist hingegen ein Vertragsschluss durch rechtsgeschäftliche Vertreter, sofern diese ihre Vertretungsmacht von den organschaftlichen Vertretern der Gesellschaft ableiten können, vgl. Semler/Stengel/*Schröer*, UmwG, § 4 Rz. 9.

79) Diese Bescheinigung nach § 21 BNotO ist hier nicht zwingend; da aber ohnehin die notarielle Dienstpflicht besteht, sich die Vertretungsverhältnisse der zu der Urkunde erscheinenden Personen offen legen zu lassen bzw. im anderen Fall einen entsprechenden Vorbehalt in die Urkunde aufzunehmen, empfiehlt sich die hier vorgestellte diesbezügliche Praxis aus Gründen der Beschleunigung; denn das Registergericht wird insoweit davon entlastet, „nochmals" die Vertretungsverhältnisse in eigener Zuständigkeit prüfen zu müssen. Mag dies innerhalb des eigenen Handelsregisters des entscheidenden Registergerichts noch relativ unproblematisch zu sein, so ist dies bei gerichtsbezirksüberschreitenden Verschmelzungen eine eigene Einsichtnahme seitens des Registergerichts über das elektronische Registerportal schon mit einem zeitverzögernden Aufwand verbunden, der dem Registergericht durch die Ausstellung der Bescheinigung nach § 21 BNotO vollumfänglich erspart wird. Dieser Umstand wird in der handelsregistergerichtlichen Praxis durch die Anmeldenden oftmals nicht hinreichend berücksichtigt.

80) Der Verschmelzungsvertrag muss grundsätzlich den zwingenden Mindestinhalt gem. § 5 Abs. 1 Nrn. 1–9 UmwG enthalten.

Dieser Verschmelzung wird die mit dem uneingeschränkten Bestätigungsvermerk der Wirtschaftsprüferin Dr. Meier in Berlin versehene Stichtagsbilanz zum 31.12. ... als Schlussbilanz gemäß § 17 UmwG zugrunde gelegt.

§ 2
(Gegenleistung)[81]

Ein Ausgleich in Form der Gewährung von Geschäftsanteilen erfolgt wie folgt: Die X-GmbH als übernehmender Rechtsträger gewährt den Gesellschaftern G1 und G2 der übertragenden Y-GmbH als Gegenleistung für die Übertragung des Vermögens der Y-GmbH Geschäftsanteile, wobei der Gesellschafter G1 einen Geschäftsanteil im Nennbetrag von 50.000 € und der Gesellschafter G2 einen Geschäftsanteil im Nennbetrag von 100.000 € an der übernehmenden X-GmbH erhält.

Die Geschäftsanteile werden den Gesellschaftern des übertragenden Rechtsträgers kostenfrei und eine Gewinnberechtigung ab dem 1.1. ... beinhaltend gewährt.

Die übernehmende X-GmbH wird zur Durchführung der Verschmelzung ihr Stammkapital um 150.000 € auf 175.000 € erhöhen, dadurch, dass sie einen Geschäftsanteil im Nennbetrag von 50.000 € und einen weiteren Geschäftsanteil im Nennbetrag von 100.000 € bildet.[82]

§ 3
(Folgen der Verschmelzung für die Arbeitnehmer und deren Vertretungen)

Alternativ: Die Gesellschaften beschäftigen keine Arbeitnehmer, so dass sich insoweit die Verschmelzung nicht auswirken kann

oder

Es ergeben sich für die Arbeitnehmerinnen und Arbeitnehmer die folgenden Auswirkungen: ...

Die übertragende Gesellschaft beschäftigt insgesamt 21 Arbeitnehmer/innen, deren Arbeitsverhältnisse gemäß § 613a BGB auf die übernehmende Gesellschaft übergehen.

Diese bestehenden Arbeitsverhältnisse können weder durch den bisherigen Arbeitgeber noch durch den neuen Arbeitgeber aus Anlass der Verschmelzung gekündigt werden; den jeweiligen Arbeitnehmern der Y-GmbH steht bezüglich des Übergangs des Arbeitsverhältnisses ein Widerspruchsrecht zu; sofern ein Arbeitnehmer hiervon Gebrauch macht, endet das betroffene Arbeitsverhältnis in dem Zeitpunkt des Wirksamwerdens der Verschmelzung.[83]

Der Entwurf dieses Verschmelzungsvertrags ist dem Betriebsrat der übertragenden Gesellschaft und dem Betriebsrat des übernehmenden Rechtsträgers im Sinne des § 5 Abs. 3 UmwG rechtzeitig zugeleitet worden ...

Alternativ:

bei den beteiligten Gesellschaften besteht kein Betriebsrat ...

---

81) Formulierungsvorschlag insoweit folgt dem Vorschlag von *Bungert*, in: Münchener Vertragshandbuch, Bd. 1, Muster XI.10.

82) Eine Übernahmeerklärung nach § 55 GmbHG ist hier nicht erforderlich, wird jedoch in der Praxis oftmals überflüssiger Weise mit beurkundet.

83) Vgl. insoweit den Formulierungsvorschlag von *Kiem*, Muster 11.

§ 4
(Besondere Rechte und Vorteile in Zusammenhang mit der Verschmelzung)[84]

Weder bestehen bei dem übertragenden Rechtsträger (Y-GmbH) besondere Rechte gemäß § 5 Abs. 1 Nr. 7 UmwG, noch gewährt der übernehmende Rechtsträger (X-GmbH) im Zusammenhang mit der Verschmelzung solche Rechte. Den Mitgliedern der Vertretungs- oder Aufsichtsorgane der übertragenden Y-GmbH sowie der übernehmenden X-GmbH bzw. den Abschlussprüfern wurden ebenfalls keine Vorteile i. S. d. § 5 Abs. 1 Nr. 8 BGB im Zusammenhang mit dieser Verschmelzung gewährt.

§ 5
(Stichtag der Verschmelzung)

Im Innenverhältnis erfolgt die Übernahme des gesamten Vermögens der Y-GmbH (übertragender Rechtsträger) durch die X-GmbH (übernehmender Rechtsträger) mit Wirkung zum Ablauf des 31.12. … . Beginnend vom 1.1. … an gelten alle Geschäfte und Handlungen der übertragenden Y-GmbH als für Rechnung der übernehmenden X-GmbH vorgenommen.

Die X-GmbH wird die in der zugrunde liegenden Schlussbilanz der Y-GmbH angesetzten Werte der übergehenden Aktiva und Passiva in ihrer Rechnungslegung fortführen.[85]

§ 6
(Kosten)

Die Kosten, welche durch diesen Vertrag und seine Durchführung den beteiligten Rechtsträgern entstehen trägt die X-GmbH als übernehmender Rechtsträger.

§ 7
(Zustimmungsbeschlüsse/Bedingung)

Dieser Verschmelzungsvertrag bedarf zu seiner Wirksamkeit der Zustimmung der Gesellschafterversammlungen der beiden beteiligten Rechtsträger. Werden bis zum … keine entsprechenden Zustimmungsbeschlüsse gefasst, gilt dieser Vertrag als nicht zustande gekommen.[86]

---

84) Hier soll bewusst der Weg gewählt werden, die notwendigen Bestandteile nach § 5 Abs. 1 Nr. 7 UmwG und § 5 Abs. 1 Nr. 8 UmwG in einem gemeinsamen Passus abzuhandeln, da es sich – wie die Praxis zeigt – bei beiden Regelungsinhalten oftmals um „Leerformeln" handelt, weil eben keine besonderen Rechte oder Vorteile bestehen oder gewährt werden.

85) Formulierungsvorschlag insoweit nach *Bungert*, in: Münchener Vertragshandbuch, Bd. 1, Muster XI.10; es handelt sich insoweit um die Ausübung des Wahlrechts nach § 24 UmwG; die konkrete steuerliche Ausgestaltung ist jedoch von den Bedürfnissen der beteiligten Rechtsträger und ihrer Gesellschafter abhängig, vgl. hierzu im Einzelnen §§ 11–13 UmwStG.

86) Die Formulierung bezüglich der Erforderlichkeit einer Zustimmung beider Gesellschafterversammlungen gibt lediglich deklaratorisch die insoweit zwingende Rechtslage wieder (§ 13 Abs. 1 S. 1 UmwG); erforderlich ist aber nicht eine Beschlussfassung in zwei getrennten Gesellschafterversammlungen, es kann vielmehr auch in einer Universalversammlung der beiden beteiligten Rechtsträger beschlossen werden (§ 13 Abs. 1 S. 2 UmwG); hinsichtlich der auflösenden Bedingung folgt der Formulierungsvorschlag dem Vorschlag von *Bungert*, in: Münchener Vertragshandbuch, Bd. 1, Muster XI.10; diese Bedingung ist rein fakultativ, verhindert und beendet aber notfalls den sonst bestehenden Schwebezustand hinsichtlich des Verschmelzungsvertrags, wenn die erforderlichen Zustimmungsbeschlüsse der Gesellschafterversammlungen unrealistisch geworden sind.

Schulte

– Unterschriften der die beteiligten Rechtsträger vertretenden Personen und der beurkundenden Notarin –

Als Anlagen zur Anmeldung bei der übernehmenden Gesellschaft (= aufnehmender Rechtsträger) sind zusätzlich der die Kapitalerhöhung zur Aufnahme beinhaltende Beschluss, gemäß § 57 Abs. 3 Nr. 2 GmbHG die Liste der Übernehmer der neuen Geschäftsanteile sowie ggfs. ein geeigneter Nachweis bezüglich der Werthaltigkeit des in Form des übertragenden Rechtsträgers übergehenden Vermögens bezogen auf die Kapitalerhöhung erforderlich.[87]

Muster 211: Zustimmungsbeschluss der Gesellschafterversammlung des übernehmenden Rechtsträgers (X-GmbH) mit Kapitalerhöhungsbeschluss und Änderung des GmbH-Gesellschaftsvertrags 10.74

Verhandelt am[88] ... in ... B-Stadt.

Vor mir, der unterzeichnenden Notarin A in B-Stadt erschien:

Herr GF1, geb. am, wohnhaft ..., handelnd als alleinvertretungsberechtigter Geschäftsführer der Z-GmbH mit dem Sitz in Hannover (AG Hannover HRB 123456).

Die beurkundende Notarin hat das elektronische Handelsregister des AG Hannover am heutigen Tage im Rahmen der online-Auskunft eingesehen und bescheinigt die vorstehend genannten Vertretungsverhältnisse hiermit gemäß § 21 BNotO.[89]

Die Z-GmbH ist alleinige Gesellschafterin der X-GmbH mit Sitz in Berlin (AG Charlottenburg HRB 456789) mit einem Geschäftsanteil von 25.000 €,[90] der voll eingezahlt ist.[91]

Die durch den Erschienenen vertretene Alleingesellschafterin hält nunmehr unter Verzicht auf sämtliche Ladungsformalitäten und Fristen eine Gesellschafterversammlung der X-GmbH ab und beschließt wie folgt:

Dem zur UR Nr. ... der beurkundenden Notarin geschlossenen und dieser Urkunde als Anlage beigefügten Verschmelzungsvertrag vom ... zwischen der Y-GmbH mit Sitz in

---

87) Wenn *Kroiß/Everts/Poller*, Rz. 549 hierzu feststellen, dass die Registergerichte ... in aller Regel aufgrund der eingereichten Bilanz die Werthaltigkeit nicht zu beurteilen vermögen ...", so erscheint diese Ansicht insoweit etwas zu weitgehend zu sein; gerade in größeren Registergerichten in Vollpensen beschäftigten Registerrichterinnen sind diese in der Regel auch im Bilanzwesen entsprechend ausgebildet und damit in der Lage, jedenfalls in gewissem Umfang eine Werthaltigkeitsprüfung anhand einer Bilanz vornehmen zu können.

88) Der Zustimmungsbeschluss kann bereits zeitlich vor dem Verschmelzungsstichtag gem. § 5 Abs. 1 Nr. 6 UmwG und damit vor dem Vorliegen der Verschmelzungsbilanz i. S. d. § 17 UmwG gefasst werden, da eine Zustimmung zum Vertragsentwurf ausreicht, vgl. § 4 Abs. 2 UmwG.

89) Aus Gründen der Praktikabilität empfehlenswert, vgl. oben Fn. 58.

90) Das Registergericht wird zur Überprüfung dieser Gesellschafterverhältnisse die im elektronischen Registerordner des Handelsregisters aktuellste Gesellschafterliste nach § 16 GmbHG einsehen, da die Aufnahme eines Gesellschafters in diese Liste (Verschiebung der Liste nach Eingang in den elektronischen Registerordner seitens des Registergerichts) die relative Gesellschafterstellung des dort bezeichneten Gesellschafters begründet; es sollte also darauf geachtet werden, dass insoweit Kongruenz besteht und im anderen Fall unverzüglich auf die Einreichung einer aktuellen Gesellschafterliste hingewirkt werden.

91) Sollte dies nicht der Fall sein und der Gesellschafterbestand mehr als einen Gesellschafter ausmachen, ist § 51 UmwG zwingend zu beachten.

Berlin (AG Charlottenburg HRB 123456) als übertragendem Rechtsträger und dieser Gesellschaft als übernehmendem Rechtsträger vom ... wird zugestimmt.

Die von dem Erschienenen Vertretene fasst sodann die folgenden Gesellschafterbeschlüsse:[92]

Das Stammkapital der Gesellschaft in Höhe von 25.000 € wird zur Durchführung der Verschmelzung der Y-GmbH mit Sitz in Berlin (AG Charlottenburg HRB 123456) auf diese Gesellschaft um 150.000 € auf 175.000 € erhöht.

Es werden zwei neue Geschäftsanteile mit den laufenden Nummern 2 und 3[93] in Höhe von 50.000 € und 100.000 € gebildet, welche wie folgt an die Gesellschafter des übertragenden Rechtsträgers als Gegenleistung für die Übertragung des Vermögens der Y-GmbH ausgegeben werden:

Der Gesellschafter G1 erhält einen Geschäftsanteil im Nennbetrag von 50.000 € (laufende Nr. 2) und der Gesellschafter G2 einen Geschäftsanteil im Nennbetrag von 100.000 € (laufende Nr. 3) an der übernehmenden X-GmbH.

Die Gegenleistung für die gewährten Geschäftsanteile erfolgt durch Übertragung des Vermögens der Y-GmbH nach Maßgabe des zur UR Nr. ... der amtierenden Notarin geschlossenen Verschmelzungsvertrages vom ...

Der Vermögensübertragung liegt die dieser Urkunde als Anlage II beigefügte und auf den ... aufgestellte Verschmelzungsbilanz des übertragenden Rechtsträgers zugrunde.

Die neu gewährten Geschäftsanteile sind ab dem ... gewinnbezugsberechtigt.

Mit der Durchführung der Verschmelzung gelten die auf die neuen Geschäftsanteile zu leistenden Einlagen als bewirkt.

[§ 1 des Gesellschaftsvertrages (Firma) wird geändert und wie folgt neu gefasst ... .[94]]

§ 3 des Gesellschaftsvertrages (Stammkapital und Geschäftsanteile) wird wie folgt neu gefasst:

Abs. 1 „Das Stammkapital der Gesellschaft beträgt 175.000 €."

Abs. 2 „An der Gesellschaft sind beteiligt:

a. Z-GmbH mit dem Sitz in Hannover (AG Hannover HRB 123456) mit einem Geschäftsanteil von 25.000 € (Nr. 1),

---

92) Formulierungsvorschlag insoweit z. T. folgend dem Vorschlag von *Limmer*, Teil 2 Rz. 1037.

93) Eine Nummerierung der neu gebildeten GmbH-Geschäftsanteile muss nicht zwingend bereits in die entsprechende Beschlussfassung zur Kapitalerhöhung des aufnehmenden Rechtsträgers integriert werden; spätestens die gem. § 40 GmbHG dann im Hinblick auf die erfolgte Kapitalerhöhung nach deren Wirksamwerden einzureichende neue Gesellschafterliste muss indessen diese Nummerierung enthalten, so dass es sich auch zur Vermeidung evtl. Gesellschafterstreitigkeiten und zum Zweck der Vermeidung von Konflikten zwischen Gesellschaftern und der die neue Gesellschafterliste nach § 40 GmbHG in eigener Zuständigkeit erstellenden Notarin andererseits empfiehlt, die Nummerierung bereits in der Urkunde vorzunehmen, auch wenn hier die neuen Gesellschafter noch nicht an dem Kapitalerhöhungsbeschluss beteiligt sind.

94) Die Änderung der Firma des übernehmenden Rechtsträgers ist rein fakultativ und wird i. d. R. nur dann erfolgen, wenn der übernehmende Rechtsträger die Firma des übertragenden Rechtsträgers fortführen möchte; seitens des Registergerichts wird in diesem Fall dann darauf zu achten sein, dass in der bei dem übertragenden Rechtsträger erfolgenden Handelsregistereintragung die Firma nicht als „erloschen" bezeichnet wird, da dies angesichts der Firmenfortführung nicht den tatsächlichen Gegebenheiten entspricht. Hier wird dann z. T. mit der Formulierung „hier gelöscht" gearbeitet, woraus auf eine Firmenfortführung geschlossen werden kann.

Schulte

b.   Gesellschafter G1 mit einem Geschäftsanteil von 50.000 € (Nr. 2),

c.   Gesellschafter G2 mit einem Geschäftsanteil von 100.000 € (Nr. 3)".[95]

Der Erschienene verzichtet namens der von ihm vertretenen Alleingesellschafterin auf die Erstellung eines Verschmelzungsberichts sowie eine Prüfung der Verschmelzung.[96]

Weiterhin erklärt der Erschienene seinen Verzicht auf jegliche Möglichkeit einer Anfechtung des vorstehend gefassten Zustimmungsbeschlusses.

Die Gesellschaft trägt die Kosten dieser Urkunde.

Als Anlage, auf deren Verlesung verzichtet wird, ist beigefügt:

Eine elektronisch beglaubigte Abschrift des zur UR Nr. ... von der amtierenden Notarin beurkundeten Verschmelzungsvertrages[97] zwischen der X-GmbH und der Y-GmbH, auf dessen Verlesung der Erschienene ausdrücklich verzichtet.

– vorgelesen, genehmigt und eigenhändig in Gegenwart der Notarin wie folgt unterzeichnet –

Muster 212: Zustimmungsbeschluss der Gesellschafterversammlung des übertragenden Rechtsträgers (Y-GmbH)   10.75

...

Verhandelt am[98] ... in ... B-Stadt

Vor mir, der unterzeichnenden Notarin A in B-Stadt erschien:

zu 1) Herr G1, geb. am ..., wohnhaft ..., von Person bekannt,

zu 2) Herr G2, geb. am ..., wohnhaft ..., von Person bekannt;

die Erschienenen erklärten, alleinige Gesellschafter der Y-GmbH mit Sitz in Berlin (AG Charlottenburg HRB 123456) zu sein und zwar mit de folgenden Geschäftsanteilen:

a.   G1 mit einem Geschäftsanteil von 50.000 €

b.   G2 mit einem Geschäftsanteil von 100.000 €.

Auf die Geschäftsanteile sind keine Einlagen rückständig.[99]

---

95) Es muss hinsichtlich der nach Wirksamwerden der Verschmelzung mit Handelsregistereintragung bei dem übernehmenden Rechtsträger eintretenden Änderung im Gesellschafterbestand darauf geachtet werden, dass dann zeitnah eine neue Gesellschafterliste gem. § 40 GmbHG zum Handelsregister des übernehmenden Rechtsträgers eingereicht wird.

96) Eine Prüfung der Verschmelzung ist gem. § 48 UmwG nur erforderlich, wenn ein Gesellschafter dies verlangt; ein solches Verlangen ist durch die Verzichtserklärung ausgeschlossen.

97) Die Beifügung in Form einer Anlage zur notariellen Urkunde ist deshalb erforderlich, weil im anderen Fall nicht hinreichend klar gestellt wäre, auf welchen konkreten Verschmelzungsvertrag sich der Zustimmungsbeschluss der Gesellschafterversammlung beziehen soll.

98) Der Zustimmungsbeschluss kann bereits zeitlich vor dem Verschmelzungsstichtag gem. § 5 Abs. 1 Nr. 6 UmwG und damit vor dem Vorliegen der Verschmelzungsbilanz i. S. d. § 17 UmwG gefasst werden, da eine Zustimmung zum Vertragsentwurf ausreicht, vgl. § 4 Abs. 2 UmwG. Voraussetzung ist dann allerdings, dass der Vertrag später auch in der Fassung abgeschlossen wird, welcher die Gesellschafterversammlungen zugestimmt haben.

99) Klarstellende Feststellung im Hinblick auf § 51 UmwG; vgl. hierzu auch *Limmer*, Teil 2 Kap. 2 Rz. 1038.

Die erschienenen Alleingesellschafter halten nunmehr unter Verzicht auf sämtliche Ladungs-formalitäten und Fristen eine Gesellschafterversammlung der Y-GmbH ab und beschlie-ßen einstimmig wie folgt:

Die Gesellschafterversammlung stellt die dieser Urkunde beigefügte und auf den … auf-gestellte Verschmelzungsbilanz fest.[100]

Dem zur UR Nr. … der beurkundenden Notarin geschlossenen und dieser Urkunde als Anlage beigefügten Verschmelzungsvertrag vom … zwischen der X-GmbH mit Sitz in Berlin (AG Charlottenburg HRB 456789) als übertragendem Rechtsträger und dieser Gesellschaft als übernehmendem Rechtsträger vom … wird zugestimmt.

Die Kosten dieser Urkunde trägt die Gesellschaft.[101]

Die Erschienenen verzichten auf die Erstellung eines Verschmelzungsberichts sowie eine Prüfung der Verschmelzung.[102]

Weiterhin erklären die Erschienenen ihren Verzicht auf jegliche Möglichkeit einer An-fechtung des vorstehend gefassten Zustimmungsbeschlusses.

Als Anlage, auf deren Verlesung verzichtet wird, ist beigefügt:

Eine elektronisch beglaubigte Abschrift des zur UR Nr. … von der amtierenden Notarin beurkundeten Verschmelzungsvertrages[103] zwischen der X-GmbH und der Y-GmbH, auf dessen Verlesung die Erschienenen ausdrücklich verzichten.

10.76 Muster 213: Handelsregisteranmeldung zum Register des übertragenden Rechtsträgers[104]

An das Amtsgericht Charlottenburg

– Handelsregister –

Hardenbergstraße 31

10623 Berlin

Az: HRB 123456 b

In der Registersache der Y-GmbH mit Sitz in Berlin melde ich als deren alleinvertre-tungsberechtigter Geschäftsführer[105] zur Eintragung in das Handelsregister an:

---

100) Erforderlich ist dies allerdings nur, wenn nicht die Verschmelzungsbilanz bereits zu einem früheren Zeitpunkt festgestellt worden ist, was in der Praxis die häufigere Fallgruppe ausmachen dürfte.

101) Hinsichtlich der im Verschmelzungsvertrag für die Übernahme der Verbindlichkeiten des übertragen-den Rechtsträgers im Innenverhältnis getroffenen Regelung werden die Kosten insoweit bereits de facto von dem übernehmenden Rechtsträger getragen.

102) Eine Prüfung der Verschmelzung ist gem. § 48 UmwG nur erforderlich, wenn ein Gesellschafter dies verlangt; ein solches Verlangen ist durch die Verzichtserklärung ausgeschlossen.

103) Die Beifügung in Form einer Anlage zur notariellen Urkunde ist deshalb erforderlich, weil im anderen Fall nicht hinreichend klar gestellt wäre, auf welchen konkreten Verschmelzungsvertrag sich der Zu-stimmungsbeschluss der Gesellschafterversammlung beziehen soll.

104) Vgl. hierzu auch Gustavus, Handelsregister-Anmeldungen, Muster A 125.

105) Die Anmeldung hat durch die/den Geschäftsführer des übertragenden Rechtsträgers in vertretungsbe-rechtigter Formation zu erfolgen gem. § 16 Abs. 1 UmwG ist dies auch durch die Vertretungsorgane des übernehmenden Rechtsträgers möglich; wegen Abgabe der Negativerklärung gem. § 16 Abs. 2 UmwG scheidet eine Anmeldung durch rechtsgeschäftliche Vertreter aus (ebenso Semler/Stengel/*Schwanna*, UmwG, § 16 Rz. 7).

Die Gesellschaft ist zum Stichtag ... als übertragender Rechtsträger unter Auflösung ohne Abwicklung verschmolzen im Wege der Aufnahme durch Vermögensübertragung im Ganzen auf die bereits bestehende Gesellschaft mit beschränkter Haftung in Firma X-GmbH mit Sitz in Berlin (AG Charlottenburg HRB 456789).

Ich erkläre, dass eine Klage gegen die Wirksamkeit des Verschmelzungsbeschlusses nicht innerhalb eines Monats nach der Beschlussfassung erhoben wurde.[106]

Alternativ:

Ich erkläre, dass – wie sich aus dem beigefügten Zustimmungsbeschluss zum Verschmelzungsvertrag ergibt – alle Gesellschafter auf die Beschlussanfechtung verzichtet haben.[107]

Als Anlage füge ich bei:

- elektronisch beglaubigte Abschrift der notariellen Urkunde über den Verschmelzungsvertrag vom ... (UR Nr. ... der Notarin ...),

- auf den Stichtag ... aufgestellte Verschmelzungsbilanz in elektronisch beglaubigter Abschrift,

- elektronisch beglaubigte Abschrift der notariellen Urkunde über den Verschmelzungsbeschluss des übertragenden Rechtsträgers vom ... (UR Nr. ... der Notarin ...),

- elektronisch beglaubigte Abschrift der notariellen Urkunde über den Verschmelzungsbeschluss des übernehmenden Rechtsträgers vom ... (UR Nr. ... der Notarin ...),

- (falls erforderlich): elektronisch beglaubigte Abschrift des Verschmelzungsberichts sowie des Berichts über die Verschmelzungsprüfung,[108]

- elektronisch beglaubigte Abschrift des Nachweises über die Zuleitung des Entwurfs des Verschmelzungsvertrages an den Betriebsrat der an der Verschmelzung beteiligten Rechtsträger.

– Beglaubigungsvermerk: Prof. Werner Haberle; pers. Daten –

Muster 214: Handelsregisteranmeldung zum Register des übernehmenden Rechtsträgers   10.77

An das Amtsgericht Charlottenburg

– Handelsregister –

Hardenbergstraße 31

10623 Berlin

Az: HRB 456789 b

---

106) Dies setzt allerdings voraus, dass nicht die Anmeldung selbst binnen der Monatsfrist eingereicht wird, denn dann kann diese Erklärung (noch) nicht abgeben werden; ein in der Praxis oft zu beobachtender Fehler, den es zu vermeiden gilt; es sollte daher für eine Anmeldung jedenfalls in den Fällen, in denen nicht auf die Erhebung der Anfechtungsklage im Nachgang zur Beschlussfassung verzichtet wurde, stets die Monatsfrist abgewartet werden, vorsichtshalber noch mit einem nicht unerheblichen zeitlichen Sicherheitszuschlag, da entsprechende Klagen auch erst kurz vor Fristablauf erhoben werden könnten.

107) In diesem Fall kann eine Anmeldung bereits vor Ablauf der Anfechtungsfrist erfolgen, da eine Anfechtung des Zustimmungsbeschlusses zum Verschmelzungsvertrag von vornherein ausgeschlossen ist.

108) Sofern nicht gem. § 8 Abs. 3 UmwG darauf verzichtet worden ist bzw. eine Verschmelzungsprüfung entbehrlich ist.

In der Registersache der X-GmbH mit Sitz in Berlin melden wir als gemeinschaftlich vertretungsberechtigte Geschäftsführer zur Eintragung in das Handelsregister an:

Die Y-GmbH mit dem Sitz in Berlin (AG Charlottenburg HRB123456 b) ist zum Stichtag ... als übertragender Rechtsträger unter Auflösung ohne Abwicklung im Wege der Aufnahme durch Vermögensübertragung im Ganzen auf diese Gesellschaft verschmolzen.

Das Stammkapital der Gesellschaft ist zum Zweck der Durchführung der Verschmelzung von 25.000 € um 150.000 € auf 175.000 € erhöht und der Gesellschaftsvertrag geändert in § 3 (Stammkapital und Geschäftsanteile) [sowie in § 1 (Firma)].

Wir erklären, dass eine Klage gegen die Wirksamkeit des Verschmelzungs-Beschlusses nicht innerhalb eines Monats nach der Beschlussfassung erhoben wurde.[109]

Alternativ:

Wir erklären, dass – wie sich aus dem beigefügten Zustimmungsbeschluss zum Verschmelzungsvertrag ergibt – alle Gesellschafter auf die Beschlussanfechtung verzichtet haben.[110]

Es wird beantragt, zunächst die Kapitalerhöhung und danach die Verschmelzung durch Eintragung im Handelsregister zu vollziehen.[111]

Als Anlage fügen wir bei:

- elektronisch beglaubigte Abschrift der notariellen Urkunde über den Verschmelzungsvertrag vom ... (UR Nr. ... der Notarin ...),

- auf den Stichtag ... aufgestellte Verschmelzungsbilanz in elektronisch beglaubigter Abschrift,

- elektronisch beglaubigte Abschrift der notariellen Urkunde über den Verschmelzungsbeschluss des übertragenden Rechtsträgers vom ... (UR Nr. ... der Notarin ...),

- elektronisch beglaubigte Abschrift der notariellen Urkunde über den Verschmelzungsbeschluss des übernehmenden Rechtsträgers vom ... (UR Nr. ... der Notarin ...),

- (falls erforderlich): elektronisch beglaubigte Abschrift des Verschmelzungsberichts sowie des Berichts über die Verschmelzungsprüfung,[112]

- elektronisch beglaubigte Abschrift des Nachweises über die Zuleitung des Entwurfs des Verschmelzungsvertrages an den Betriebsrat der an der Verschmelzung beteiligten Rechtsträger.

– Beglaubigungsvermerk: Johann Maier, Werner Schwertner; pers. Daten –

---

109) Dies setzt allerdings voraus, dass nicht die Anmeldung selbst binnen der Monatsfrist eingereicht wird, denn dann kann diese Erklärung (noch) nicht abgeben werden; ein in der Praxis oft zu beobachtender Fehler, den es zu vermeiden gilt; es sollte daher für eine Anmeldung jedenfalls in den Fällen, in denen nicht auf die Erhebung der Anfechtungsklage im Nachgang zur Beschlussfassung verzichtet wurde, stets die Monatsfrist abgewartet werden.

110) In diesem Fall kann eine Anmeldung bereits vor Ablauf der Anfechtungsfrist erfolgen, da eine Anfechtung des Zustimmungsbeschlusses zum Verschmelzungsvertrag von vornherein ausgeschlossen ist.

111) Dies wird in der Praxis das Registergericht auch ohne besonderen Antrag tun, jedoch empfiehlt sich die Aufnahme einer solchen Formulierung in den Text der Anmeldung aus Klarstellungsgründen.

112) Sofern nicht gem. § 8 Abs. 3 UmwG darauf verzichtet worden ist bzw. eine Verschmelzungsprüfung entbehrlich ist.

3. Verschmelzung von zwei oder mehr Gesellschaften mit beschränkter Haftung (GmbH) auf eine neu zu gründende GmbH (Verschmelzung zur Neugründung)

Auf die Verschmelzung einer GmbH zur Neugründung (§§ 36–38 UmwG) sind gem. **10.78** § 36 Abs. 1 UmwG die Vorschriften des Zweiten Abschnitts des UmwG mit Ausnahme des § 16 Abs. 1 UmwG (Anmeldung durch die Vertretungsorgane des übernehmenden Rechtsträgers auch zum Register des/der übertragenden Rechtsträger) und des § 27 UmwG (Schadensersatzpflicht der Verwaltungsträger des übernehmenden Rechtsträgers) entsprechend anwendbar. Eine Verschmelzung zur Neugründung setzt stets das Vorhandensein von mindestens zwei übertragenden Gesellschaften voraus (§ 2 Nr. 2 UmwG). Unanwendbar zu lassen sind die §§ 51, 52 Abs. 1, 53, 54 Abs. 1–3 und 55 UmwG, wie sich aus der Regelung in § 56 UmwG ergibt. Es kann daher insoweit auf die vorstehenden Formulare verwiesen werden, wenn die folgenden Besonderheiten der Verschmelzung zur Neugründung beachtet werden:[113]

Kernvorschrift der §§ 36–38 UmwG hinsichtlich der Verschmelzung zur Neugründung **10.79** ist § 36 Abs. 2 S. 1 UmwG, wonach auf die Gründung des neuen Rechtsträgers die Gründungsvorschriften anwendbar sind. Hintergrund dieser Regelung ist, dass der Weg, durch eine Verschmelzung zur Neugründung zwingende Gründungsvorschriften der Rechtsform des neu entstehenden Rechtsträgers umgehen zu können, „verstellt" werden soll.

Durch den Ausschluss einer Anwendung des § 16 Abs. 1 UmwG soll sichergestellt werden, **10.80** dass eine Anmeldung auch durch die Organe des übertragenden Rechtsträgers erfolgt, wobei durch den Verweis auf die Gründungsvorschriften zugleich eine Anmeldung durch sämtliche[114] Organmitglieder des neuen Rechtsträgers erfolgt.

Gem. § 57 UmwG sind in dem Gesellschaftsvertrag des neu zu gründenden Rechtsträgers **10.81** (hier also der neuen GmbH) alle Festsetzungen über Sondervorteile, Gründungsaufwand, Sacheinlagen und Sachübernahmen, die in dem Gesellschaftsvertrag des übertragenden Rechtsträgers enthalten waren, in den neuen Gesellschaftsvertrag zu übernehmen.

Der in § 58 UmwG bei der Verschmelzung zur Neugründung stets vorgesehene Sach- **10.82** gründungsbericht ist hier nicht erforderlich, da übertragender Rechtsträger eine GmbH und damit eine Kapitalgesellschaft ist (vgl. § 58 Abs. 2 UmwG).

Es sind weiterhin Verschmelzungsbeschlüsse gem. § 59 UmwG bei dem/den übertragenden **10.83** Rechtsträgern erforderlich, da der Gesellschaftsvertrag der neuen Gesellschaft erst damit wirksam wird (§ 59 S. 1 UmwG), was gem. § 59 S. 2 UmwG entsprechend für die Bestellung der Geschäftsführer der neuen GmbH gilt.

Das Registergericht wird bei der Verschmelzung zur Neugründung einer GmbH im Re- **10.84** gisterverfahren zu prüfen haben, ob das Stammkapital des neu gegründeten Rechtsträgers durch das Vermögen des/der übertragenden Rechtsträgers hinreichend gedeckt ist. Dazu wird im Regelfall auf die Verschmelzungsbilanz/en zurückgegriffen werden und im Einzelfall bei Zweifeln an der Werthaltigkeit ergänzend das Gutachten eines/r Wirtschaftsprüfers/in einzuholen sein.

---

113) Vgl. hierzu die Aufzählung bei *Kroiß/Everts/Poller*, Rz. 599 ff.
114) Neu zu bestellenden.

4. Verschmelzung der Gesellschaft mit beschränkter Haftung (GmbH) auf die Aktiengesellschaft (AG)

10.85 Bei der Verschmelzung einer Gesellschaft mit beschränkter Haftung (GmbH) auf eine bestehende Aktiengesellschaft handelt es sich um eine Verschmelzung mit Beteiligung einer GmbH als übertragender Rechtsträger, so dass die §§ 46–55 UmwG insoweit anwendbar sind.

10.86 Ein Verschmelzungsbericht ist nach § 8 UmwG erforderlich, eine Prüfung der Verschmelzung für die GmbH hingegen nur, wenn es seitens eines GmbH-Gesellschafters verlangt wird. Denkbar und in der Praxis vor allem bei der konzerninternen Verschmelzung häufig zu beobachten ist die Erstattung eines gemeinsamen Verschmelzungsberichts durch die Organe der übertragenden GmbH und der aufnehmenden AG.

10.87 Für die aufnehmende Aktiengesellschaft sind ergänzend die §§ 60–72 AktG anwendbar, was eine zwingende Prüfung der Verschmelzung nach den §§ 9–12 UmwG zur Folge hat.

10.88 Zu beachten ist weiter, dass der Verschmelzungsvertrag bzw. der Entwurf vor der Hauptversammlung, welche über die Zustimmung beschließt, zum Handelsregister der übernehmenden Aktiengesellschaft einzureichen ist (§ 61 UmwG).

10.89 Das insoweit zuständige Registergericht wird sodann den Beschluss bzw. Entwurf isoliert gem. § 10 HGB bekannt zu machen haben, was der Information der Aktionäre und vor allem auch der Gläubiger der beteiligten Rechtsträger dienen soll (dazu auch unten).

10.90 Die Fehlerfolgen eines Verstoßes gegen § 61 UmwG stellen sich recht vielschichtig dar, scheitern aber hinsichtlich der dann möglichen Anfechtungsklage in der Regel an der Kausalität des Mangels für den nachfolgend durch die Hauptversammlung gefassten Verschmelzungsbeschluss.[115]

10.91 Dabei ist jeweils zwischen fehlender, fehlerhafter oder verspäteter Einreichung oder Bekanntmachung zu differenzieren, immer im Hinblick auf die Kausalitätsfrage aber zu berücksichtigen, dass der Verschmelzungsvertrag in der Praxis auch mit der Einladung versandt wird oder bei der Gesellschaft eingesehen werden kann bzw. die Aktionäre auch über die Tagesordnung bzw. das Auslegen der entsprechenden Unterlagen hinreichend informiert sein werden.[116]

10.92 Bei der Vorbereitung und der Durchführung der Hauptversammlung der Aktiengesellschaft sind die Besonderheiten der §§ 62–65 UmwG zu beachten. Der Zustimmungsbeschluss der Hauptversammlung der übernehmenden AG ist gem. § 65 Abs. 1 UmwG mindestens mit einer ¾-Mehrheit zu fassen, sofern die Satzung hierfür keine höhere Kapitalmehrheit vorsieht. Eine privilegierende Ausnahmeregelung für die Beschlussfassung bei der aufnehmenden Aktiengesellschaft sieht § 62 UmwG bei Konzernverschmelzungen vor.

10.93 Bei Vorhandensein mehrerer Aktiengattungen können Sonderbeschlüsse erforderlich sein (§ 65 Abs. 2 UmwG). Hinsichtlich des Zustimmungsbeschlusses der Hauptversammlung der Aktiengesellschaft ist umstritten, ob in dem Fall, dass die übernehmende Aktiengesellschaft Gesellschafterin der übertragenden GmbH ist, diese als GmbH-Gesellschafterin gem. § 47 Abs. 4 S. 2 GmbH vom Stimmrecht ausgeschlossen ist.[117]

---

115) Vgl. Semler/Stengel/*Diekmann*, UmwG, § 61 Rz. 19 ff.

116) Zu den Einzelheiten der fehlenden, fehlerhaften oder verspäteten Bekanntmachung nach § 61 UmwG vgl. Semler/Stengel/*Diekmann*, UmwG, a. a. O.

117) Zum Streitstand vgl. *Bungert*, in: Münchener Vertragshandbuch, Bd. 1, Muster XI.8. Ziff. 11.

Für den Regelfall einer Verschmelzung mit Kapitalerhöhung ordnet § 66 UmwG an, dass **10.94**
die Verschmelzung erst dann in das Handelsregister eingetragen werden darf, wenn zuvor
die Erhöhung des Grundkapitals der aufnehmenden Aktiengesellschaft eingetragen wurde.

§ 68 UmwG bestimmt die Fallgruppen, in denen eine Kapitalerhöhung bei der aufneh- **10.95**
menden Aktiengesellschaft zum Zweck der Verschmelzung entweder ausgeschlossen ist
oder fakultativ davon abgesehen werden kann.[118]

Erfolgt eine Verschmelzung mit Kapitalerhöhung bei der aufnehmenden Aktiengesellschaft **10.96**
(vgl. § 69 UmwG), ist zum Schutz der Rechtsposition der Gesellschafter der übertragenden GmbH von dieser Gesellschaft gem. § 71 UmwG ein Treuhänder zu bestellen, der von
den beteiligten Gesellschaften unabhängig sein muss.[119]

Nach § 71 Abs. 1 S. 2 UmwG darf die Verschmelzung erst dann im Handelsregister voll- **10.97**
zogen werden, wenn dieser Treuhänder dem Registergericht gegenüber angezeigt hat, dass
er sich im Besitz der den Gesellschaftern der übertragenden GmbH zu gewährenden Aktien und der im Verschmelzungsvertrag festgesetzten baren Zuzahlungen befindet. Diese
Anzeige gegenüber dem Registergericht ist damit Eintragungsvoraussetzung.

Der bestellte Treuhänder hat gem. §§ 71 Abs. 2, 26 Abs. 4 UmwG Anspruch auf eine an- **10.98**
gemessene Vergütung.

Die Entschädigung der GmbH-Gesellschafter für den Verlust ihrer GmbH-Geschäfts- **10.99**
anteile hat zwingend in Aktien der übernehmenden Aktiengesellschaft zu erfolgen.

Außerhalb der in § 68 Abs. 3 UmwG geregelten baren Zuzahlungen, die nach oben hin auf **10.100**
den zehnten Teil des auf die ihnen gewährten Aktien der übernehmenden Aktiengesellschaft entfallenden anteiligen Betrages am Grundkapital begrenzt sind, dürfen den GmbH-
Gesellschaftern keine Entschädigungen in Geld oder in sonstiger Weise gewährt werden.[120]

Sofern die aufnehmende AG nicht mindestens zwei Jahre besteht, sind gem. § 67 UmwG die **10.101**
Nachgründungsvorschriften des AktG, d. h. vor allem § 52 AktG entsprechend anwendbar.

Der Verschmelzungsvertrag kann unter einer Bedingung oder befristet abgeschlossen **10.102**
werden, was sich aus der Regelung in § 7 UmwG ergibt.[121]

a) Verschmelzungsvertrag

Muster 215: Verschmelzungsvertrag **10.103**

Verhandelt am ... in ... B-Stadt.

Vor mir, der unterzeichnenden Notarin[122] A in B-Stadt erschienen:

zu 1) für die Y-GmbH mit Sitz in Berlin (AG Charlottenburg HRB 123456) deren alleinvertretungsberechtigter Geschäftsführer Prof. Werner Haberle (pers. Daten),

---

118) Die früher umstrittene Frage, ob bei der „Schwesterverschmelzung" von einer Kapitalerhöhung und
 damit von einer Gewährung von Anteilen der übernehmenden Gesellschaft an die Gesellschafter des
 übertragenden Rechtsträgers abgesehen werden konnte, stellt sich nach der Neufassung des § 68
 UmwG durch das Gesetz vom 19.4.2007 (BGBl I, 542) nicht mehr, da nach § 68 Abs. 1 S. 3 UmwG im
 Fall eines notariell beurkundeten Anteilsverzichts der Gesellschafter der übertragenden GmbH die
 übernehmende Aktiengesellschaft von einer Erhöhung ihres Grundkapitals absehen kann. Dies ist bei
 „Schwesterverschmelzungen" innerhalb eines Konzerns inzwischen in der Praxis der Regelfall.

119) Vgl. hierzu *Bungert*, a. a. O.

120) Siehe hierzu auch *Bungert*, a. a. O. Ziff. 4.

121) So auch *Bungert*, in: Münchener Vertragshandbuch, Bd. 1, Muster XI.9. Ziff. 9, Muster XI.6. Ziff. 16.

122) Der Verschmelzungsvertrag bedarf gem. § 6 UmwG der notariellen Beurkundung.

zu 2) für die X-AG mit Sitz in Berlin (AG Charlottenburg HRB 456789) deren zusammen mit einem weiteren Vorstand oder einem Prokuristen vertretungsberechtigten Vorstandsmitglied Johann Maier (pers. Daten) und der zusammen mit einem Vorstandsmitglied vertretungsberechtigte Prokurist Paolo Panthera (pers. Daten).[123]

Die beurkundende Notarin hat das elektronische Handelsregister des AG Charlottenburg am heutigen Tage im Rahmen der Online-Auskunft eingesehen und bescheinigt die vorstehend genannten Vertretungsverhältnisse hiermit gemäß § 21 BNotO.[124]

Die Erschienenen schlossen zum Protokoll der beurkundenden Notarin den nachfolgenden Verschmelzungsvertrag:[125]

§ 1
(Übertragung des Vermögens, Bilanzstichtag)

Die Y-GmbH (übertragender Rechtsträger) überträgt ihr Vermögen als Ganzes mit allen Rechten und Pflichten unter Auflösung ohne Abwicklung gemäß § 2 Nr. 1 des Umwandlungsgesetzes auf die X-AG (übernehmender Rechtsträger).

Dieser Verschmelzung wird die mit dem uneingeschränkten Bestätigungsvermerk der Wirtschaftsprüferin Dr. Meier in Berlin versehene Stichtagsbilanz zum 31.12. ... als Schlussbilanz gemäß § 17 UmwG zugrunde gelegt.

§ 2
(Gegenleistung)[126]

Ein Ausgleich in Form der Gewährung von Geschäftsanteilen erfolgt wie folgt: Die X-AG als übernehmender Rechtsträger gewährt den Gesellschaftern G1 und G2 der übertragenden Y-GmbH als Gegenleistung für die Übertragung des Vermögens der Y-GmbH

---

123) Die an dem Verschmelzungsvertrag beteiligten Gesellschaften werden jeweils vertreten durch ihre Organe in vertretungsberechtigter Formation, wobei im Rahmen des § 49 Abs. 1 HGB zu berücksichtigen ist, dass es sich um ein Grundlagengeschäft handelt, welches die Mitwirkung von Prokuristen nur in der Form der unechten Gesamtvertretung zulässt, sofern die Satzung eine unechte Gesamtvertretungsbefugnis vorsieht; vgl. hierzu Semler/Stengel/*Schröer*, UmwG, § 4 Rz. 8; nicht ausgeschlossen ist hingegen ein Vertragsschluss durch rechtsgeschäftliche Vertreter, sofern diese ihre Vertretungsmacht von den organschaftlichen Vertretern der Gesellschaft ableiten können, vgl. Semler/Stengel/*Schröer*, UmwG, § 4 Rz. 9; zu beachten ist jedoch, dass die nach § 16 Abs. 2 UmwG vorgesehene Negativerklärung eine Wissenserklärung ist, die stets die Mitwirkung eines Organs bei einer Anmeldung der Verschmelzung in der Formation grundsätzlich zulässiger (vgl. auch Semler/Stengel/*Schwanna*, UmwG, § 16 Rz. 7) unechter Gesamtvertretung erforderlich macht.
124) Diese Bescheinigung nach § 21 BNotO ist hier nicht zwingend; da aber ohnehin die notarielle Dienstpflicht besteht, sich die Vertretungsverhältnisse der zu der Urkunde erscheinenden Personen offen legen zu lassen bzw. im anderen Fall einen entsprechenden Vorbehalt in die Urkunde aufzunehmen, empfiehlt sich die hier vorgestellte diesbezügliche Praxis aus Gründen der Beschleunigung; denn das Registergericht wird insoweit davon entlastet, „nochmals" die Vertretungsverhältnisse in eigener Zuständigkeit prüfen zu müssen. Mag dies innerhalb des eigenen Handelsregisters des entscheidenden Registergerichts noch relativ unproblematisch zu sein, ist bei gerichtsbezirksüberschreitenden Verschmelzungen eine eigene Einsichtnahme seitens des Registergerichts über das elektronische Registerportal schon mit einem zeitverzögernden Aufwand verbunden, der dem Registergericht durch die Ausstellung der Bescheinigung nach § 21 BNotO vollumfänglich erspart wird. Dieser Umstand wird in der handelsregistergerichtlichen Praxis durch die Anmeldenden oftmals nicht hinreichend berücksichtigt.
125) Der Verschmelzungsvertrag muss grundsätzlich den zwingenden Mindestinhalt gem. § 5 Abs. 1 Nrn. 1–9 UmwG enthalten.
126) Formulierungsvorschlag insoweit folgt dem Vorschlag von *Bungert*, in: Münchener Vertragshandbuch, Bd. 1, Muster XI.8.

Aktien, wobei der Gesellschafter G1 50.000 Inhaberaktien[127] zum Nennbetrag[128] von je 1 €, mithin im Gesamtnennbetrag von 50.000 € und der Gesellschafter G2 100.000 Inhaberaktien zum Nennbetrag von je 1 €, mithin im Gesamtnennbetrag von 100.000 € an der übernehmenden X-AG erhält.

Die Inhaberaktien werden den Gesellschaftern des übertragenden Rechtsträgers kostenfrei und eine Gewinnberechtigung ab dem 1.1. ... beinhaltend gewährt.

Die übernehmende X-AG wird zur Durchführung der Verschmelzung ihr Grundkapital um 150.000 € auf ... € erhöhen, dadurch, dass sie neue Inhaberaktien im Nennbetrag von jeweils 1 €, mithin insgesamt 150.000 € ausgibt.

§ 3
(Folgen der Verschmelzung für die Arbeitnehmer und deren Vertretungen)

Alternativ: Die Gesellschaften beschäftigen keine Arbeitnehmer, so dass sich insoweit die Verschmelzung nicht auswirken kann.

oder

Es ergeben sich für die Arbeitnehmerinnen und Arbeitnehmer die folgenden Auswirkungen: ...

Die übertragende Gesellschaft beschäftigt insgesamt 21 Arbeitnehmer/innen, deren Arbeitsverhältnisse gemäß § 613a BGB auf die übernehmende Gesellschaft übergehen.

Diese bestehenden Arbeitsverhältnisse können weder durch den bisherigen Arbeitgeber noch durch den neuen Arbeitgeber aus Anlass der Verschmelzung gekündigt werden; den jeweiligen Arbeitnehmern der Y-GmbH steht bezüglich des Übergangs des Arbeitsverhältnisses ein Widerspruchsrecht zu; sofern ein Arbeitnehmer hiervon Gebrauch macht, endet das betroffene Arbeitsverhältnis in dem Zeitpunkt des Wirksamwerdens der Verschmelzung.[129]

Der Entwurf dieses Verschmelzungsvertrages ist dem Betriebsrat der übertragenden Gesellschaft und dem Betriebsrat des übernehmenden Rechtsträger im Sinne des § 5 Abs. 3 UmwG rechtzeitig zugeleitet worden.

Alternativ:

bei den beteiligten Gesellschaften besteht kein Betriebsrat ... .

§ 4
(Besondere Rechte und Vorteile in Zusammenhang mit der Verschmelzung)[130]

Weder bestehen bei dem übertragenden Rechtsträger (Y-GmbH) besondere Rechte gemäß § 5 Abs. 1 Nr. 7 UmwG, noch gewährt der übernehmende Rechtsträger (X-AG) im Zusammenhang mit der Verschmelzung solche Rechte. Den Mitgliedern der Vertretungs-

---

127) Hier sind die für die Zulässigkeit von Inhaberaktien bestehenden Voraussetzungen gemäß § 10 AktG zu beachten. Liegen diese nicht vor, können nur Namensaktien begeben werden.

128) Die Gewährung der Aktien hat sich an der Einteilung des Grundkapitals der aufnehmenden Aktiengesellschaft zu orientieren; zerfällt dieses in Inhaber-Stückaktien, sind den Gesellschaftern der übertragenden GmbH ebenfalls Inhaber-Stückaktien zu gewähren.

129) Vgl. insoweit den Formulierungsvorschlag von *Kiem*, Muster 11.

130) Hier soll bewusst der Weg gewählt werden, die notwendigen Bestandteile nach § 5 Abs. 1 Nr. 7 UmwG und § 5 Abs. 1 Nr. 8 UmwG in einem gemeinsamen Passus abzuhandeln, da es sich – wie die Praxis zeigt – bei beiden Regelungsinhalten oftmals um „Leerformeln" handelt, da eben keine besonderen Rechte oder Vorteile bestehen oder gewährt werden.

oder Aufsichtsorgane der übertragenden Y-GmbH sowie der übernehmenden X-AG bzw. den Abschlussprüfern sowie dem bestellten Treuhänder wurden ebenfalls keine Vorteile i. S. d. § 5 Abs. 1 Nr. 8 BGB im Zusammenhang mit dieser Verschmelzung gewährt.

§ 5
(Stichtag der Verschmelzung/Treuhänder)

Im Innenverhältnis erfolgt die Übernahme des gesamten Vermögens der Y-GmbH (übertragender Rechtsträger) durch die X-AG (übernehmender Rechtsträger) mit Wirkung zum Ablauf des 31.12. ... Beginnend vom 1.1. ... an gelten alle Geschäfte und Handlungen der übertragenden Y-GmbH als für Rechnung der übernehmenden X-AG vorgenommen.

Die X-AG wird die in der zugrunde liegenden Schlussbilanz der Y-GmbH angesetzten Werte der übergehenden Aktiva und Passiva in ihrer Rechnungslegung fortführen.[131]

Die übertragende Y-GmbH bestellt ... als Treuhänder für den Empfang der ihren Gesellschaftern zu gewährenden Aktien und deren Aushändigung an die GmbH-Gesellschafter.

Die X-AG wird die zu gewährenden Aktien dem bestellten Treuhänder zeitlich vor der Eintragung der Verschmelzung in das Handelsregister der Y-GmbH übergeben und ihm die Anweisung erteilen, die Aktien erst nach Eintragung der Verschmelzung in das Handelsregister der aufnehmenden X-AG den Gesellschaftern der übertragenden GmbH auszuhändigen.[132]

§ 6
(Kosten)

Die Kosten, welche durch diesen Vertrag und seine Durchführung den beteiligten Rechtsträgern entstehen trägt die X-AG als übernehmender Rechtsträger.

§ 7
(Zustimmungsbeschlüsse/Bedingung)[133]

Dieser Verschmelzungsvertrag bedarf zu seiner Wirksamkeit der Zustimmung der Gesellschafterversammlungen der übertragenden Y-GmbH sowie der Hauptversammlung der übernehmenden X-AG. Werden bis zum ... keine entsprechenden Zustimmungsbeschlüsse gefasst, gilt dieser Vertrag als nicht zustande gekommen.[134]

---

131) Formulierungsvorschlag insoweit nach *Bungert*, in: Münchener Vertragshandbuch, Bd. 1, Muster XI; es handelt sich insoweit um die Ausübung des Wahlrechts nach § 24 UmwG; die konkrete steuerliche Ausgestaltung ist jedoch von den Bedürfnissen der beteiligten Rechtsträger und ihrer Gesellschafter abhängig, vgl. hierzu im Einzelnen §§ 11–13 UmwStG.

132) Formulierung in Anlehnung an *Bungert*, in: Münchener Vertragshandbuch, Bd. 1, Muster XI.8.

133) Möglich ist es auch, als zusätzliche Bestimmung die Regelung vorzusehen, dass die aufnehmende Aktiengesellschaft die Zahl der Aufsichtsratsmitglieder aufstockt, um etwa den Gesellschaftern der übertragenden GmbH die Möglichkeit einer Repräsentanz im Aufsichtsrat des übernehmenden Rechtsträgers einzuräumen.

134) Die Formulierung bezüglich der Erforderlichkeit einer Zustimmung beider Gesellschafterversammlungen gibt lediglich deklaratorisch die insoweit zwingende Rechtslage wieder (§ 13 Abs. 1 S. 1 UmwG); erforderlich ist aber nicht eine Beschlussfassung in zwei getrennten Gesellschafterversammlungen, es kann vielmehr auch in einer Universalversammlung der beiden beteiligten Rechtsträger beschlossen werden (§ 13 Abs. 1 S. 2 UmwG), dabei dürften allerdings die unterschiedlichen Beurkundungsvorschriften (für die AG vgl. § 130 AktG) oftmals nicht ganz unproblematisch sein. Hinsichtlich der auflösenden Bedingung folgt der Formulierungsvorschlag dem Vorschlag von *Bungert*, in: Münchener Vertragshandbuch, Bd. 1, Muster XI.8; diese Bedingung ist rein fakultativ, verhindert und beendet aber notfalls den sonst bestehenden Schwebezustand hinsichtlich des Verschmelzungsvertrages, wenn die erforderlichen Zustimmungsbeschlüsse der Gesellschafterversammlungen unrealistisch geworden sind.

– Unterschriften der die beteiligten Rechtsträger vertretenden Personen und der beurkundenden Notarin –

Als Anlagen zur Anmeldung bei der übernehmenden Gesellschaft (= aufnehmender Rechtsträger) sind neben dem Zustimmungsbeschluss zur Verschmelzung zusätzlich der die Kapitalerhöhung zur Aufnahme beinhaltende Beschluss sowie ggfs. ein geeigneter Nachweis bezüglich der Werthaltigkeit des in Form des übertragenden Rechtsträgers übergehenden Vermögens bezogen auf die Kapitalerhöhung beizufügen.[135]

b) Zustimmungsbeschluss der übertragenden Gesellschaft

Muster 216: Zustimmungsbeschluss der übertragenden Y-GmbH 10.104

Vor mir, der unterzeichnenden Notarin A in B-Stadt erschien:

zu 1) Herr *G1*, geb. am ..., wohnhaft ..., von Person bekannt,

zu 2) Herr *G2*, geb. am ..., wohnhaft ..., von Person bekannt;

die Erschienenen erklärten, alleinige Gesellschafter der Y-GmbH mit Sitz in Berlin (AG Charlottenburg HRB 123456) zu sein und zwar mit den folgenden Geschäftsanteilen:

G1 mit einem Geschäftsanteil von 50.000 €.

G2 mit einem Geschäftsanteil von 100.000 €.[136]

Die erschienenen Alleingesellschafter halten nunmehr unter Verzicht auf sämtliche Ladungsformalitäten und Fristen eine Gesellschafterversammlung der Y-GmbH ab und beschließen einstimmig wie folgt:[137]

Dem zur UR Nr. ... der beurkundenden Notarin geschlossenen und dieser Urkunde als Anlage beigefügten Verschmelzungsvertrag vom ... zwischen der X-AG mit Sitz in Berlin (AG Charlottenburg HRB 456789) als aufnehmendem Rechtsträger und dieser Gesellschaft als übertragendem Rechtsträger vom ... wird zugestimmt.

Die Gesellschafterversammlung stellt die dieser Urkunde beigefügte und auf den ... aufgestellte Verschmelzungsbilanz fest.[138] Der ausgewiesene Bilanzgewinn wird an die Gesellschafter entsprechend ihrem Beteiligungsverhältnis ausgeschüttet.

Den Geschäftsführern ... wird für das abgelaufene Geschäftsjahr Entlastung erteilt.

---

135) Wenn *Kroiß/Everts/Poller*, Rz. 549 für den Bereich der GmbH-Verschmelzung hierzu feststellen, dass die Registergerichte ... in aller Regel aufgrund der eingereichten Bilanz die Werthaltigkeit nicht zu beurteilen vermögen ...", so erscheint diese Ansicht insoweit etwas zu weitgehend zu sein; gerade in größeren Registergerichten mit Vollpensen beschäftigte Registerrichter/innen sind in der Regel auch im Bilanzwesen entsprechend ausgebildet und damit in der Lage, jedenfalls in gewissem Umfang eine Werthaltigkeitsprüfung anhand einer Bilanz vornehmen zu können, etwa in Form einer Plausibilitätskontrolle.

136) Die Angabe der genauen Beteiligung der beschließenden Gesellschafter ist hier irrelevant, da es auf die genaue Stückelung der von den Beschließenden gehaltenen Geschäftsanteile nicht ankommt; erfahrungsgemäß sind sich die beschließenden Gesellschafter allerdings nicht immer im Klaren darüber, wie sich der aktuelle Gesellschafterbestand darstellt, so dass schon aus diesem Grunde immer eine einleitende Formulierung zum aktuellen Gesellschafterbestand gewählt werden sollte.

137) Formulierung in Anlehnung an *Bungert,* in: Münchener Vertragshandbuch, Bd. 1, Muster XI.8.

138) Erforderlich ist dies nur, wenn nicht die Verschmelzungsbilanz bereits zu einem früheren Zeitpunkt festgestellt worden ist, was in der Praxis die häufigere Fallgruppe ausmachen dürfte.

Die Kosten dieser Urkunde trägt die Gesellschaft.[139]

Die Erschienenen verzichten auf die Erstellung eines Verschmelzungsberichts sowie eine Prüfung der Verschmelzung.[140]

Weiterhin erklären die Erschienenen ihren Verzicht auf jegliche Möglichkeit einer Anfechtung des vorstehend gefassten Zustimmungsbeschlusses.

Als Anlage, auf deren Verlesung verzichtet wird, ist beigefügt:

Eine elektronisch beglaubigte Abschrift des zur UR Nr. ... von der amtierenden Notarin beurkundeten Verschmelzungsvertrages[141] zwischen der X-AG und der Y-GmbH, auf dessen Verlesung die Erschienenen ausdrücklich verzichten.

c) Zustimmungsbeschluss der Hauptversammlung der aufnehmenden X-AG (Auszug aus dem Hauptversammlungsprotokoll)

10.105 Da die Wiedergabe des vollständigen, in Übereinstimmung mit den Anforderungen des § 130 AktG zu errichtenden Hauptversammlungsprotokolls den Rahmen dieser Darstellung sprengen würde, beschränkt sich der nachfolgende Formulierungsvorschlag auf die den Zustimmungsbeschluss zum Verschmelzungsvertrag beinhaltende Passage.

10.106 Für die Vorbereitung und die Durchführung der Hauptversammlung einer an einem Verschmelzungsvorgang beteiligten Aktiengesellschaft gelten die §§ 60 ff. UmwG. Von den Erleichterungen des § 62 UmwG bei Konzernverschmelzungen soll bei nachfolgenden Mustern (unabhängig vom Vorliegen der Voraussetzungen gem. § 62 UmwG) kein Gebrauch gemacht werden, um hier die „klassische" Vorgehensweise zu dokumentieren.

10.107 § 60 UmwG ordnet in diesem Zusammenhang eine Verschmelzungsprüfung nach den §§ 9–12 UmwG an. Zudem ist ein Verschmelzungsbericht nach § 8 UmwG unabdingbar; ist dieser defizitär und/oder werden die Rechtswirkungen der Verschmelzung in der Hauptversammlung nicht ausreichend erläutert, kann dies zur Anfechtung des Zustimmungsbeschlusses berechtigen.[142] Durch den uneingeschränkten Verweis auf diese Vorschriften ist auch ein Verzicht auf die Prüfung und auch auf die Berichterstattung (§ 8 UmwG) gem. §§ 9 Abs. 3, 8 Abs. 3 UmwG denkbar. Dies wird allerdings nur dann ernsthaft in Betracht kommen, wenn der Aktionärskreis überschaubar ist und die Aktionärsstruktur keinerlei Konfliktpotenzial beinhaltet, da insoweit die Verzichtserklärungen sämtlicher Anteilseigner erforderlich sind.

10.108 In der Praxis wird in den Fällen, in denen bei kleineren Aktiengesellschaften auf die Erstattung des Verschmelzungsberichts und der Verschmelzungsprüfung durch alle Anteilsinhaber verzichtet wird, oft der Fehler begangen, dass dies durch Erklärungen innerhalb des nach § 130 AktG errichteten Hauptversammlungsprotokolls geschieht.

---

139) Hinsichtlich der im Verschmelzungsvertrag für die Übernahme der Verbindlichkeiten des übertragenden Rechtsträgers im Innenverhältnis getroffenen Regelung werden die Kosten insoweit bereits ohnehin de facto von dem übernehmenden Rechtsträger getragen.

140) Eine Prüfung der Verschmelzung ist gem. § 48 UmwG nur erforderlich, wenn ein Gesellschafter dies verlangt; ein solches Verlangen ist durch die Verzichtserklärung ausgeschlossen.

141) Die Beifügung in Form einer Anlage zur notariellen Urkunde ist deshalb erforderlich, weil im anderen Fall nicht hinreichend klargestellt wäre, auf welchen konkreten Verschmelzungsvertrag sich der Zustimmungsbeschluss der Gesellschafterversammlung beziehen soll.

142) OLG Saarbrücken ZIP 2011, 469.

Dies erfüllt aber nicht die Beurkundungserfordernisse nach § 8 Abs. 3 UmwG, da eine nach § 130 AktG durchgeführte Beurkundung nicht die Form der gem. § 8 Abs. 3 UmwG erforderlichen Beurkundung von Willenserklärungen umfasst. In der Praxis sollte daher eine separate notarielle Beurkundung der Verzichtserklärungen nach den für die Beurkundung von Willenserklärungen geltenden Vorschriften (§§ 8 ff. BeurkG) erfolgen.[143]   **10.109**

Gem. § 8 Abs. 3 UmwG ist die Erstattung eines Verschmelzungsberichts dann nicht erforderlich, wenn sich alle Anteile des übertragenden Rechtsträgers in der Hand des übernehmenden Rechtsträgers befinden, also im Fall des „upstream-mergers". Eine vergleichbare Regelung für die Fallkonstellation des „upstream-mergers" findet sich auch in § 9 Abs. 2 UmwG hinsichtlich der Entbehrlichkeit einer Verschmelzungsprüfung.   **10.110**

Keine Sonderregelung ist für den Fall der „Schwesternverschmelzung" vorgesehen, d. h. den Fall, dass beide verschmelzenden Rechtsträger mit einer Beteiligungsquote von 100 % einer gemeinsamen Muttergesellschaft gehören.[144] Insoweit kann dasselbe Ergebnis allerdings auch durch die Verzichtserklärungen der gemeinsamen Obergesellschaft gem. §§ 8 Abs. 3, 9 Abs. 3 UmwG erzielt werden.   **10.111**

Nach § 61 UmwG ist der Verschmelzungsvertrag bzw. sein Entwurf vor der Hauptversammlung, welche den Zustimmungsbeschluss fassen soll, bei dem Registergericht der Gesellschaft einzureichen. Das Registergericht muss diesen dann gem. § 61 S. 2 UmwG in seinen amtlichen Bekanntmachungsorganen (vgl. § 10 HGB) bekannt machen, wobei es sich um einen der wenigen Fälle der „isolierten Bekanntmachung", also der Bekanntmachung ohne vorangegangene Handelsregistereintragung handelt.   **10.112**

Der Zustimmungsbeschluss der Hauptversammlung bedarf gem. § 65 UmwG der qualifizierten Mehrheit von mindestens drei Vierteln des bei der Beschlussfassung vertretenen Grundkapitals, sofern nicht ein darüber hinausgehendes Mehrheitserfordernis in der Satzung enthalten ist. Ein Zustimmungsbeschluss der aufnehmenden Aktiengesellschaft ist unter den Voraussetzungen des § 62 UmwG[145] entbehrlich. Dabei sind insbesondere die Formalia gem. § 62 Abs. 3 UmwG zu beachten.   **10.113**

Muster 217: Auszug aus dem gem. § 130 AktG[146] zu errichtetenden Hauptversammlungsprotokoll der aufnehmenden Gesellschaft:[147]   **10.114**

„... folgende Tagesordnungspunkte:

1. Erläuterung des Verschmelzungsvertrages vom ... mit der Y-GmbH ... durch den Vorstand,

2. Beschlussfassung über die Zustimmung zu dem Verschmelzungsvertrag mit der Y-GmbH vom ...

3. Beschlussfassung über die Erhöhung des Grundkapitals zur Durchführung der Verschmelzung der Y-GmbH auf diese Gesellschaft von ... um 150.000 € auf nunmehr ... durch Ausgabe von 150.000 neuen Inhaberaktien im Nennbetrag von jeweils 1 €,

---

143) Ebenso Semler/Stengel/*Gehling*, UmwG, § 8 Rz. 71.

144) Vgl. hierzu Semler/Stengel/*Zeidler*, UmwG, § 9 Rz. 50.

145) Die Vorschrift sieht entsprechende Erleichterungen für konzerninterne Verschmelzungsvorgänge vor.

146) Für Konzernverschmelzungen gelten Erleichterungen gem. § 62 UmwG.

147) Vgl. insoweit zum folgenden Text die Formulierungsvorschläge von *Limmer*, Teil 2 Rz. 1180 ff. und *Bungert*, in: Münchener Vertragshandbuch, Bd. 1, Muster XI.4.

mithin insgesamt 150.000 € an die bisherigen Gesellschafter der übertragenden Y-GmbH. Die neuen Aktien haben eine Gewinnbezugsberechtigung ab dem … . Sie werden als Gegenleistung für die Übertragung des Vermögens der Y-GmbH auf diese Gesellschaft im Verhältnis der bisherigen Beteiligung an dem übertragenden Rechtsträger an dessen Gesellschafter begeben. Der Vorstand wird ermächtigt, die Einzelheiten der vorstehenden Kapitalerhöhung sowie ihrer Durchführung festzulegen.[148]

4. Beschlussfassung über die Änderung der Satzung in § 5 (Grundkapital und Aktien): „Das Grundkapital der Gesellschaft beträgt … €. Es zerfällt in … auf den Inhaber lautende Aktien zum Nennbetrag von je 1 €."

– Es folgen Feststellungen des Versammlungsleiters zur Einreichung des Verschmelzungsvertrages zum Handelsregister gemäß § 61 UmwG, zur Bekanntmachung und Auslage des Vertrages zur Einsichtnahme in den Geschäftsräumen und während der Hauptversammlung[149] sowie zur Erläuterung des Verschmelzungsvertrages durch den Vorstand –

„Es wurde im Substraktionsverfahren wie folgt abgestimmt … . Der Vorsitzende stellte fest, dass … Stammaktien mit … Stimmen vertreten sind. Vorstand und Aufsichtsrat schlagen vor, dem Verschmelzungsvertrag vom … mit der Y-GmbH mit dem Sitz in Berlin (AG Charlottenburg HRB …) zuzustimmen … .

Der Vorsitzende gab das Ergebnis der Abstimmung wie folgt bekannt … und stellte hierzu fest, dass die Verschmelzung der Y-GmbH auf diese Gesellschaft nach Maßgabe des Verschmelzungsvertrages vom … mit einer Mehrheit von über ¾ des in der Hauptversammlung vertretenen Grundkapitals beschlossen ist … .[150]

Erhöhung des Grundkapitals der Gesellschaft zum Zwecke der Verschmelzung der Y-GmbH auf diese Gesellschaft: Vorstand und Aufsichtsrat der Gesellschaft schlagen den folgenden Kapitalerhöhungsbeschluss vor.

„Das Grundkapital der Gesellschaft wird zur Durchführung der Verschmelzung der Y-GmbH mit dem Sitz in Berlin (AG Charlottenburg HRB …)[151] auf diese Gesellschaft von … € um 150.000 € auf … € erhöht durch Ausgabe von 150.000 neuen Inhaberaktien[152] im Nennbetrag von jeweils 1 €, mithin insgesamt 150.000 € an die bisherigen Gesellschafter der übertragenden Y-GmbH.

Die neuen Aktien haben eine Gewinnbezugsberechtigung ab dem … . Sie werden als Gegenleistung für die Übertragung des Vermögens der Y-GmbH auf diese Gesellschaft im Verhältnis der bisherigen Beteiligung an dem übertragenden Rechtsträger an dessen Gesellschafter begeben. Der Vorstand wird ermächtigt, die Einzelheiten der vorstehenden Kapitalerhöhung sowie ihrer Durchführung festzulegen.

---

148) So auch *Limmer*, Teil 2 Rz. 1180.

149) Hier sind die Neuerungen zu beachten, welche die durch das „ARUG" erfolgende Novelle des Aktienrechts hinsichtlich der elektronischen Bekanntmachungen und Informationen auf der Homepage der Gesellschaft mit sich gebracht hat.

150) Vgl. hierzu auch *Limmer*, Teil 2 Rz. 1180.

151) Zur Vermeidung von Missverständnissen und zur jederzeitigen eindeutigen Identifizierbarkeit jedes der beteiligten Rechtsträger sollte stets auf die Verwendung der korrekten Handelsregisterbezeichnung geachtet werden.

152) Das Formular geht an dieser Stelle davon aus, dass die Satzung ein in Inhaberaktien und nicht in Namensaktien zerfallendes Grundkapital festlegt.

Schulte

Die Satzung wird in § 5 (Grundkapital und Aktien) zur Anpassung an die Kapitalerhöhung wie folgt geändert und neu gefasst: „Das Grundkapital der Gesellschaft beträgt ... €. Es zerfällt in ... auf den Inhaber lautende Aktien zum Nennbetrag von je 1 €."[153]

Der Vorsitzende gab das Abstimmungsergebnis zu den vorgenannten Punkten wie folgt bekannt ... . Er stellte daraufhin fest, dass die Verschmelzung der Y-GmbH auf diese Gesellschaft durch Zustimmung der Hauptversammlung zu dem zwischen den beteiligten Gesellschaften geschlossenen Verschmelzungsvertrag vom ... sowie die vorbezeichnete Kapitalerhöhung zum Zwecke der Verschmelzung mit einer Mehrheit von mehr als ¾ des vertretenen Grundkapitals, nämlich ... beschlossen worden ist.

Zur Änderung der Satzung in § 5 (Grundkapital und Aktien) beschloss die Hauptversammlung mit einer Mehrheit von ... Stimmen gegen ... Stimmen entsprechend dem Vorschlag des Vorstands und des Aufsichtsrats die folgende Fassung des § 5 (Grundkapital und Aktien) in Abs. 1:

„Das Grundkapital der Gesellschaft beträgt ... €. Es zerfällt in ... auf den Inhaber lautende Aktien zum Nennbetrag von je 1 €."

Der Vorsitzende gab das Ergebnis der Abstimmung wie folgt bekannt ... . Er stellte fest, dass die Satzungsänderung mit der erforderlichen Mehrheit beschlossen worden ist.[154]

...

Keine/r der anwesenden Aktionäre/innen erhob gegen einen der vorstehenden Beschlüsse Widerspruch zur Niederschrift.

Nach vollständiger Erledigung der Tagesordnung schloss der Vorsitzende die Hauptverhandlung um ... Uhr ... .

...

– weitere Protokollierung nach § 130 AktG –

d) Handelsregisteranmeldung der Verschmelzung sowie der Kapitalerhöhung bei der aufnehmenden Aktiengesellschaft

Muster 218: Handelsregisteranmeldung   10.115

An das Amtsgericht Charlottenburg

– Handelsregister –

Hardenbergstraße 31

10623 Berlin

Az: HRB ...

In der Registersache der X-AG mit Sitz in Berlin melden wir als gemeinschaftlich vertretungsberechtigte Vorstandsmitglieder der Gesellschaft zur Eintragung in das Handelsregister an:

a.   Die Y-GmbH mit dem Sitz in Berlin (AG Charlottenburg HRB ...) ist zum Stichtag ... als übertragender Rechtsträger unter Auflösung ohne Abwicklung verschmol-

---

153) So in etwa auch der Formulierungsvorschlag bei *Bungert*, in: Münchener Vertragshandbuch, Bd. 1, Muster XI.4.

154) Vgl. zum Vorstehenden auch *Limmer*, Teil 2 Rz. 1180.

zen im Wege der Aufnahme durch Vermögensübertragung im Ganzen auf diese Gesellschaft.

b.   Die Hauptversammlung vom ... hat zum Zweck der Durchführung der Verschmelzung die Erhöhung des Grundkapitals um 150.000 € auf ... € durch Ausgabe von 150.000 neuen Inhaberaktien im Nennbetrag von jeweils 1 €, mithin insgesamt 150.000 € an die bisherigen Gesellschafter der übertragenden Y-GmbH beschlossen.

c.   Die Kapitalerhöhung ist mit den Zustimmungsbeschlüssen der Gesellschafterversammlung der Y-GmbH vom ... und der Hauptversammlung dieser Gesellschaft vom ... durchgeführt.[155]

d.   Durch Beschluss der Hauptversammlung vom ... ist zugleich die Satzung geändert in § 5 (Grundkapital und Aktien).

Wir erklären, dass eine Klage gegen die Wirksamkeit des Verschmelzungsbeschlusses nicht innerhalb eines Monats nach der Beschlussfassung erhoben wurde.[156]

Alternativ:

Ich erkläre, dass – wie sich aus dem beigefügten Zustimmungsbeschluss zum Verschmelzungsvertrag ergibt – alle Aktionäre auf die Beschlussanfechtung verzichtet haben.[157]

Der bestellte Treuhänder gemäß § 71 UmwG wird die notwendigen Erklärungen direkt gegenüber dem Registergericht abgeben.[158]

Es wird beantragt, zunächst die Kapitalerhöhung und deren Durchführung sowie nachfolgende die Verschmelzung im Register der übertragenden Y-GmbH und abschließend im Register dieser Gesellschaft zu vollziehen.

Als Anlagen fügen wir dieser Anmeldung bei:[159]

–   elektronisch beglaubigte Abschrift der notariellen Urkunde über den Verschmelzungsvertrag vom ... (UR Nr. ... der Notarin ...),

–   elektronisch beglaubigte Abschrift der notariellen Urkunde über den Verschmelzungsbeschluss des übertragenden Rechtsträgers vom ... (UR Nr. ... der Notarin ...),

–   elektronisch beglaubigte Abschrift der notariellen Urkunde über den Verschmelzungsbeschluss des übernehmenden Rechtsträgers vom ... (UR Nr. ... der Notarin ...),

---

155)   Aufgrund der dem Aktienrecht immanenten grundsätzlichen Aufteilung der Kapitalerhöhung in Beschlussfassung und deren Durchführung sollte auch hier eine Anmeldung in zwei getrennten Punkten erfolgen.

156)   Dies setzt allerdings voraus, dass nicht die Anmeldung selbst binnen der Monatsfrist eingereicht wird, denn dann kann diese Erklärung (noch) nicht abgeben werden; ein in der Praxis oft zu beobachtender Fehler, den es zu vermeiden gilt; es sollte daher für eine Anmeldung jedenfalls in den Fällen, in denen nicht auf die Erhebung der Anfechtungsklage im Nachgang zur Beschlussfassung verzichtet wurde, stets die Monatsfrist abgewartet werden. Auch wenn die Negativerklärung gem. § 16 UmwG unmittelbar nach Ablauf der Monatsfrist wirksam abgegeben werden kann, wird eine Handelsregistereintragung auch im Hinblick auf deren Irreversibilität gem. § 20 Abs. 2 UmwG stets erst nach Ablauf einer weiteren „Sicherheitsfrist" von mindestens zwei weiteren Wochen erfolgen können, da die gewöhnliche Zustellungsfrist für am letzten Tag der Klagefrist eingereichte Klagen gegen die Wirksamkeit eines Verschmelzungsbeschlusses zu berücksichtigen ist.

157)   In diesem Fall kann eine Anmeldung bereits vor Ablauf der Anfechtungsfrist erfolgen, da eine Anfechtung des Zustimmungsbeschlusses zum Verschmelzungsvertrag von vornherein ausgeschlossen ist; dies wird in der Praxis allerdings nur bei kleinen und kleinsten Aktiengesellschaften mit einem überschaubaren Aktionärskreis der Fall sein.

158)   Dies ist aus Praktikabilitätsgründen empfehlenswert.

159)   Vgl. hierzu auch den Anlagenkatalog bei auch *Limmer*, Teil 2 Rz. 1183.

– (falls erforderlich): elektronisch beglaubigte Abschrift des Verschmelzungsberichts sowie des Berichts über die Verschmelzungsprüfung,[160]

– elektronisch beglaubigte Abschrift des Nachweises über die Zuleitung des Entwurfs des Verschmelzungsvertrages an den Betriebsrat der an der Verschmelzung beteiligten Rechtsträger,

– Kostenberechnung bezüglich der Ausgabe der neuen Aktien,

– bescheinigter Satzungswortlaut gemäß § 181 AktG.

– Beglaubigungsvermerk: anmeldende Vorstandsmitglieder; pers. Daten –

e) Handelsregisteranmeldung der Verschmelzung bei der übertragenden GmbH

Muster 219: Handelsregisteranmeldung   10.116

An das Amtsgericht Charlottenburg

– Handelsregister –

Hardenbergstraße 31

10623 Berlin

Az: HRB ...

In der Registersache der Y-GmbH mit Sitz in Berlin melde ich als alleinvertretungsberechtigter Geschäftsführer der Gesellschaft zur Eintragung in das Handelsregister an:

Die Y-GmbH mit dem Sitz in Berlin (AG Charlottenburg HRB ...) ist zum Stichtag ... als übertragender Rechtsträger unter Auflösung ohne Abwicklung verschmolzen im Wege der Aufnahme durch Vermögensübertragung im Ganzen auf die X-AG mit dem Sitz in Berlin (AG Charlottenburg HRB ...).

Ich erkläre dazu, dass eine Klage gegen die Wirksamkeit des Verschmelzungsbeschlusses nicht innerhalb eines Monats nach der Beschlussfassung erhoben wurde.[161]

Alternativ:

Ich erkläre, dass – wie sich aus dem beigefügten Zustimmungsbeschluss zum Verschmelzungsvertrag ergibt – alle Aktionäre auf die Beschlussanfechtung verzichtet haben.[162]

Der bestellte Treuhänder gemäß § 71 UmwG wird die notwendigen Erklärungen direkt gegenüber dem Registergericht abgeben.[163]

---

160) Sofern nicht gem. § 8 Abs. 3 UmwG darauf verzichtet worden ist bzw. eine Verschmelzungsprüfung entbehrlich ist.

161) Dies setzt allerdings voraus, dass nicht die Anmeldung selbst binnen der Monatsfrist eingereicht wird, denn dann kann diese Erklärung (noch) nicht abgeben werden; ein in der Praxis oft zu beobachtender Fehler, den es zu vermeiden gilt; es sollte daher für eine Anmeldung jedenfalls in den Fällen, in denen nicht auf die Erhebung der Anfechtungsklage im Nachgang zur Beschlussfassung verzichtet wurde, stets die Monatsfrist zuzüglich eines „Sicherungsabschlages" von etwa zwei Wochen für die mögliche Klagezustellung abgewartet werden.

162) In diesem Fall kann eine Anmeldung bereits vor Ablauf der Anfechtungsfrist erfolgen, da eine Anfechtung des Zustimmungsbeschlusses zum Verschmelzungsvertrag von vornherein ausgeschlossen ist; dies wird in der Praxis allerdings nur bei kleinen und kleinsten Aktiengesellschaften mit einem überschaubaren Aktionärskreis der Fall sein; auf die Einhaltung der für die Verzichtserklärungen erforderlichen Form (nicht: § 130 AktG, da es um Willenserklärungen geht) ist zu achten.

163) Aus Praktikabilitätsgründen zu empfehlen.

Es wird beantragt, zunächst die Kapitalerhöhung und deren Durchführung sowie nachfolgende die Verschmelzung im Register der übertragenden Y-GmbH und abschließend im Register dieser Gesellschaft zu vollziehen.

Als Anlagen füge ich dieser Anmeldung bei:[164]

– elektronisch beglaubigte Abschrift der notariellen Urkunde über den Verschmelzungsvertrag vom … (UR Nr. … der Notarin …),

– elektronisch beglaubigte Abschrift der notariellen Urkunde über den Verschmelzungsbeschluss des übertragenden Rechtsträgers vom … (UR Nr. … der Notarin …),

– elektronisch beglaubigte Abschrift der notariellen Urkunde über den Verschmelzungsbeschluss des übernehmenden Rechtsträgers vom … (UR Nr. … der Notarin …),

– (falls erforderlich): elektronisch beglaubigte Abschrift des Verschmelzungsberichts sowie des Berichts über die Verschmelzungsprüfung,[165]

– elektronisch beglaubigte Abschrift des Nachweises über die Zuleitung des Entwurfs des Verschmelzungsvertrages an den Betriebsrat der an der Verschmelzung beteiligten Rechtsträger,

– Schlussbilanz der übertragenden Y-GmbH zum Verschmelzungsstichtag.

– Beglaubigungsvermerk: Prof. Werner Haberle (pers. Daten) –

III. Verschmelzung eines eingetragenen Vereins (e. V.) mit einem anderen eingetragenen Verein (e. V.) zur Gründung eines neuen eingetragenen Vereins

10.117 Die Verschmelzung bzw. Umwandlung von rechtsfähigen Vereinen nach dem UmwG ist in verschiedenen Konstellationen vorstellbar. So ist es denkbar, dass ein Verein auf einen anderen bestehenden Verein zur Aufnahme verschmilzt oder eine Teilsparte aus dem Verein zur Neugründung ausgegliedert wird.

10.118 Für das nachfolgende Muster soll jedoch eine Variante gewählt werden, die in der Praxis eine gewisse Bedeutung zu haben scheint, nämlich die Verschmelzung von zwei Idealvereinen auf einen neu zu gründenden Verein im Wege der Verschmelzung zur Neugründung.

10.119 Die Verschmelzungsfähigkeit von Vereinen folgt einigen speziellen Regeln und ist insbesondere gekennzeichnet durch das sog. „Verbot der Mischverschmelzung", d. h. etwa die Konstellation, dass ein eingetragener Verein mit einem Rechtsträger einer anderen Rechtsform einen neuen eingetragenen Verein gründet.[166]

10.120 Nach § 99 Abs. 2 UmwG sind auch andere Formen der „Mischverschmelzung" auf einen eingetragenen Verein als aufnehmender Rechtsträger oder die Verschmelzung eines Rechtsträgers anderer Rechtsform auf einen Verein zur Neugründung ausgeschlossen.[167]

10.121 Es werden daher allgemein nur die folgenden Verschmelzungskonstellationen unter Beteiligung von Vereinen für zulässig erachtet:[168]

---

164) Vgl. hierzu auch den Anlagenkatalog bei auch *Limmer*, Teil 2 Rz. 1199, 1182.
165) Sofern nicht gem. § 8 Abs. 3 UmwG darauf verzichtet worden ist bzw. eine Verschmelzungsprüfung entbehrlich ist.
166) Vgl. hierzu § 99 Abs. 2 Alt. 2 UmwG und *Limmer*, Teil 2 Rz. 1312 ff.
167) Siehe hierzu *Limmer*, a. a. O.
168) Aufstellung nach *Limmer*, Teil 2 Rz. 1316 ff.

– Verschmelzung eines e. V. auf einen anderen e. V. bzw. Verschmelzungsvorgänge unter Beteiligung mehrerer eingetragener Vereine, auch zur Neugründung eines Idealvereins,

– Verschmelzung eines Vereins auf eine Personengesellschaft oder eine Kapitalgesellschaft zur Aufnahme,

– Verschmelzung von zwei oder auch mehreren Vereinen auf Rechtsträger in anderer Rechtsform, auch zur Neugründung,

– Eine „Mischverschmelzung" dergestalt, dass ein Verein und ein anderer Rechtsträger auf einen weiteren Rechtsträger zur Neugründung oder zur Aufnahme verschmelzen.

Darüber hinaus wird man auch die Ausgliederung aus dem Vermögen eines Vereins zur **10.122** Aufnahme oder zur Neugründung für zulässig erachten.

Ein wirtschaftlicher Verein kann nach § 3 Abs. 2 Nr. 1 UmwG nur als übertragender, **10.123** nicht aber als aufnehmender Rechtsträger an einer Verschmelzung beteiligt sein.

Die Verschmelzung von Vereinen nach den Vorschriften des UmwG folgt dabei grund- **10.124** sätzlich erst einmal denselben Anforderungen und Verfahrensabläufen wie die Verschmelzung von Personen- oder Kapitalgesellschaften, wobei einige Besonderheiten zu beachten sind, die nachfolgend kurz skizziert werden sollen.

Ebenso wie bei der Verschmelzung anderer Rechtsträger ist die Erstattung eines Ver- **10.125** schmelzungsberichtes nach § 8 UmwG erforderlich, solange nicht sämtliche Vereinsmitglieder auf die Berichterstattung durch den Vorstand bzw. die beteiligten Vereinsvorstände in notariell beurkundeter Form auf eine Berichterstattung verzichten.

Gem. § 100 UmwG ist eine obligatorische Verschmelzungsprüfung vorgesehen, sofern **10.126** hier nicht ebenfalls ein notariell beurkundeter Verzicht durch sämtliche Vereinsmitglieder vorgelegt wird, der sich sicherlich ab einer mittleren Größe des Vereins erfahrungsgemäß kaum erzielen lassen wird.

Bei der Vorbereitung der Mitgliederversammlungen sind die Auslagefristen, insbesondere **10.127** § 101 UmwG zwingend zu beachten.

Muster 220: Verschmelzungsvertrag **10.128**

Verhandelt am ... in ... B-Stadt

Vor mir, der unterzeichnenden Notarin[169] A in B-Stadt erschienen:

– für den X-Verein (= übertragender Rechtsträger zu 1) mit dem Sitz in Berlin (AG Charlottenburg VR 345 Nz) dessen gesamtvertretungsberechtigte Vorstandsmitglieder Hubertus A. und Michael B., – weitere Personalien –

– für den Y-Verein (= übertragender Rechtsträger zu 2) mit dem Sitz in Berlin (AG Charlottenburg VR 1002 Nz) dessen gesamtvertretungsberechtigte Vorstandsmitglieder Martina C. und Martin D., – weitere Personalien –

– die beurkundende Notarin bescheinigt auf Grund heutiger Einsichtnahme in das Vereinsregister des AG Charlottenburg gemäß § 21 BNotO die vorstehend geschilderten Vertretungsverhältnisse.[170]

---

169) Der Verschmelzungsvertrag bedarf gem. § 6 UmwG der notariellen Beurkundung.

170) Die notarielle Bescheinigung ist an dieser Stelle nicht zwingend, jedoch empfehlenswert.

Vorbemerkungen: Durch die nachfolgenden Vereinbarungen sollen der X-Verein (= übertragender Rechtsträger zu 1) und der Y-Verein (= übertragender Rechtsträger zu 2) auf den neu zu gründenden Z-Verein (= Zielverein) zur Neugründung verschmolzen werden.[171]

Es wird festgestellt, dass die Satzungen der beteiligten übertragenden Vereine der Verschmelzung nicht entgegenstehen.[172]

Die übertragenden Rechtsträger zu 1) und 2) übertragen jeweils ihr Vermögen als Ganzes mit allen Rechten und Pflichten unter Ausschluss der Abwicklung auf den zu gründenden Neuverein mit Sitz in ... durch Verschmelzung zur Neugründung.

Den Mitgliedern der übertragenden Vereine, die in den als Anlage zu dieser Urkunde genommenen Mitgliederlisten[173] enthalten sind, wird als angemessene Gegenleistung die Mitgliedschaft in dem neuen Verein gewährt.

Der Inhalt des gewährten Mitgliedschaftsrechts richtet sich auch nach der als vorgelesen und genehmigt dieser Niederschrift als Anlage beigefügten Satzung des neuen Vereins. Doppelmitgliedschaften bei dem neuen Verein werden nicht eingeräumt.[174] Die Mitgliedschaft in dem neu gegründeten Verein, mit der keine Gewinnansprüche am Vereinsvermögen verbunden sind[175], entsteht für die Mitglieder der beiden übertragenden Rechtsträger mit dessen Eintragung in das Vereinsregister. Die in den beiden übertragenden Vereinen geltenden Regelungen über die Aufnahme neuer Vereinsmitglieder[176] sind nicht anwendbar.

Der Verschmelzung liegen die Schlussbilanzen beider übertragender Rechtsträger zum ... zugrunde.[177]

Die Übernahme des Vermögens der beiden übertragenden Rechtsträger durch den neu gegründeten Verein erfolgt im Innenverhältnis mit Wirkung auf den ... Vom ... an bis zum Zeitpunkt des Erlöschens beider übertragender Rechtsträger gelten alle Handlungen und Rechtsgeschäfte der übertragenden Rechtsträger als für Rechnung des neu gegründeten Vereins vorgenommen.

Für den durch die Neugründung entstehenden Verein wird die in der Anlage befindliche Vereinssatzung festgestellt.[178]

Zum Vorstand werden bestellt: ... (Name und Funktionsbezeichnung)

---

171) Nachfolgende Formulierungsmuster in Anlehnung an den Vorschlag von *Heckschen*, in: *Widmann/Mayer*, Umwandlungsrecht, M. 79.1 Mustersatz 11a.

172) Vgl. insoweit § 99 UmwG.

173) Obwohl diese Aufstellung vom Gesetzgeber bei der Vereinsverschmelzung im Gegensatz zur Verschmelzung von Genossenschaften nicht zwingend verlangt wird (vgl. dazu § 80 Abs. 1 S. 2 UmwG), empfiehlt sich die Aufstellung der Listen auch deshalb, damit etwaige Doppelmitgliedschaften transparent gemacht werden; vgl. hierzu auch den Vorschlag von *Heckschen*, in: *Widmann/Mayer*, Umwandlungsrecht, M. 79.1 Mustersatz 11a Anm. 6.

174) So auch der Vorschlag von *Heckschen* in: *Widmann/Mayer*, Umwandlungsrecht, M. 79.1 Mustersatz 11a.

175) Es wird vom Vorliegen eines Idealvereins ausgegangen.

176) Dies betrifft etwa die Zahlung von Aufnahmegebühren o. Ä.

177) Die an eine Schlussbilanz i. S. d. § 17 Abs. 2 S. 1 UmwG zu stellenden Anforderungen müssen auch dann erfüllt sein, wenn die Vereine bisher nicht bilanzierungspflichtig sind; keinesfalls reichen etwaige Einnahme-Überschussrechnungen o. ä. aus, die in der Praxis manchmal unter Hinweis auf die fehlende Bilanzierungspflicht in Zusammenhang mit derartigen Verschmelzungsvorgängen verwendet werden.

178) Diese bedarf im Fall der Entstehung des neuen Vereins im Wege der Verschmelzung der notariellen Beurkundung (vgl. §§ 6, 37 UmwG; ebenso *Heckschen* in: *Widmann/Mayer*, Umwandlungsrecht, M. 79.1 Mustersatz 11a Anm. 13.

Der Verein wird durch jeweils zwei Vorstandsmitglieder gemeinschaftlich im Außenverhältnis vertreten.[179]

Es werden den Mitgliedern des neu gegründeten Vereins von keinem der an dem Verschmelzungsvorgang Beteiligten Sonderrechte gemäß §§ 5 Abs. 1 Nr. 7 UmwG, 38 BGB gewährt, was auch für Mitgliederrechte gilt.

Besondere Vorteile i. S. d. § 5 Abs. 1 Nr. 8 UmwG wurden weder einem Mitglied eines Organs der beteiligten Rechtsträger noch einem Abschluss- oder Verschmelzungsprüfer gewährt.

Die Folgen der Verschmelzung für die Arbeitnehmerinnen und Arbeitnehmer stellen sich wie folgt dar:

- Die bestehenden Arbeitsverhältnisse bei den beiden übertragenden Rechtsträgern werden von dem neu gegründeten Rechtsträger übernommen (§ 613a BGB); getroffene Betriebsvereinbarungen behalten ihre Gültigkeit.

- Die Kosten des Vertrages und seiner Durchführung trägt der neu gegründete Verein.

- Der Verschmelzungsvertrag bedarf zu seiner Wirksamkeit der Zustimmung der Mitgliederversammlungen jedes der beiden übertragenden Vereine. Sollte diese nicht binnen sechs Monaten seit Vertragsschluss erfolgen, ist jeder Vertragspartner zum Rücktritt berechtigt.[180]

(für den Fall, dass nicht auf einen Verschmelzungsbericht bzw. die Verschmelzungsprüfung verzichtet wird)

- Der von den Vertretungsorganen der beteiligten Vereine zu erstattende Verschmelzungsbericht[181] ist vor und während der Mitgliederversammlungen, welche über die Zustimmung zum Verschmelzungsvertrag beschließen, auszulegen.[182]

– Unterschriften, Beurkundungsvermerk d. Notars/in –

Anlage: Die im Rahmen des Verschmelzungsvertrages festgestellte Vereinssatzung des neu gegründeten Vereins.[183]

Wie sich aus § 13 Abs. 1 S. 2 UmwG ergibt, bedarf es der Beschlussfassung der Mitgliederversammlung, wobei hier die Zustimmungsbeschlüsse beider Mitgliederversammlungen der übertragenden Rechtsträger erforderlich sind.   **10.129**

Exemplarisch soll im Folgenden der Zustimmungsbeschluss für die Mitgliederversammlung eines der beiden übertragenden Vereine dargestellt werden; der Zustimmungsbeschluss der anderen erforderlichen Mitgliederversammlung kann entsprechend abgefasst werden.   **10.130**

---

179) Neben dem hier gewählten Beispiel sind auch alle anderen gesetzlich zulässigen (vgl. auch § 26 BGB) Vertretungskonstellationen denkbar.

180) Die jeweiligen Zustimmungsbeschlüsse sind für die Wirksamkeit des Verschmelzungsvertrages schon von Gesetzes wegen erforderlich, so dass die Formulierung hier insoweit nur deklaratorisch ist; die Rücktrittsmöglichkeit ist hier nicht als auflösende Bedingung, sondern als vertraglich eingeräumtes Rücktrittsrecht konstruiert.

181) Insoweit ist auch ein gemeinsamer Verschmelzungsbericht der jeweiligen Vorstände möglich.

182) Hier folgend dem Vorschlag von *Heckschen* in: *Widmann/Mayer*, Umwandlungsrecht, M. 79.1 Mustersatz 11a.

183) Vom Abdruck wurde abgesehen; insoweit wird auf den vereinsrechtlichen Teil dieser Darstellung verwiesen, da sich hier keine Unterschiede zur Feststellung einer Gründungssatzung ergeben.

10.131 Muster 221: Zustimmungsbeschluss bei einem der übertragenden Rechtsträger

... fertigte die unterzeichnende Notarin ...

mit dem Amtssitz in Musterstadt die folgende notarielle Niederschrift über die außerordentliche Mitgliederversammlung des X-Vereins mit dem Sitz in Berlin (AG Charlottenburg VR 345 Nz) und begab sich dazu am ... um ... Uhr in das Vereinslokal ...

Die Notarin traf dort an ...

Die gesamtvertretungsberechtigten Vorstandsmitglieder Hubertus A. und Michael B., sowie die in dem als Anlage zu dieser Niederschrift genommenen Teilnehmerverzeichnis aufgeführten Vereinsmitglieder.

Der Vorstandsvorsitzende Michael B. begrüßte die Anwesenden und eröffnete die außerordentliche Mitgliederversammlung um 18:00 Uhr, wobei er die Versammlungsleitung übernahm.

Der Versammlungsleiter stellte zunächst die ordnungsgemäße Ladung zu dieser außerordentlichen Mitgliederversammlung und die Beschlussfähigkeit der Versammlung bei einer Präsenz von ... der ... Vereinsmitglieder/sämtlicher Vereinsmitglieder fest. Eine Kopie der ... Zeitung ... vom ... wird als Bekanntmachungsnachweis dieser Urkunde als Anlage beigefügt.[184]

Der Versammlungsleiter wies auf das im Eingangsbereich ausgelegte Teilnehmerverzeichnis zur heutigen Mitgliederversammlung hin.

Er stellte fest, dass vom Zeitpunkt der Einberufung der Mitgliederversammlung an in den Geschäftsräumen des Vereins die folgenden Unterlagen ausgelegt waren:

Der Verschmelzungsvertrag, die Jahresabschlüsse mit Lageberichten für die letzten drei Jahre für alle beteiligten Rechtsträger sowie Zwischenbilanz vom ... und der gemeinsame Verschmelzungsbericht aller Vorstände der beteiligten Vereine vom ...,[185] wobei der Verschmelzungsvertrag dem heutigen notariellen Protokoll als Anlage beigefügt wird.[186]

Gegen sämtliche vorstehenden Feststellungen erhob sich kein Widerspruch. Der Versammlungsleiter stellte weiterhin fest, dass von keinem Mitglied eine Prüfung des Verschmelzungsvertrages verlangt worden ist.[187]

Sodann verkündete der Versammlungsleiter die Tagesordnung wie folgt:

Punkt 1 ...

Punkt 2 ...

Punkt 3: Erläuterung des Verschmelzungsvertrages mit dem ... e. V. zur Neugründung des ... e. V. durch den Vorstand.

---

184) Dies ist nicht zwingend, empfiehlt sich jedoch zu Dokumentationszwecken und zur Vermeidung späterer Nachfragen im Vereinsregisterverfahren.

185) Hier folgend *Heckschen* in: *Widmann/Mayer*, Umwandlungsrecht, M. 79.2 Mustersatz 11a.

186) Eine urkundliche Verbindung von Verschmelzungsvertrag und dem sich darauf beziehenden Zustimmungsbeschluss ist erforderlich, um einen unzweideutigen Bezug zwischen Vertragsschluss und Zustimmung herzustellen; dies schließt nicht aus, dass die Zustimmung zu einem bloßen Entwurf eines Verschmelzungsvertrages erteilt wird.

187) Insoweit und im nachfolgenden Abschnitt folgend *Heckschen* in: *Widmann/Mayer*, Umwandlungsrecht, M. 79.2 Mustersatz 11a; gem. § 100 S. 2 UmwG ist bei einem eingetragenen Verein eine Prüfung der Verschmelzung nur dann erforderlich, wenn zehn Prozent der Mitglieder dies schriftlich verlangen.

Punkt 4: Beschlussfassung über die Zustimmung zum Verschmelzungsvertrag mit dem ... e. V. zur Neugründung des ... e. V. beinhaltend die Bestellung des ersten Vorstands sowie der Feststellung der Satzung des neu gegründeten Vereins.

Im Anschluss daran wurde in die Tagesordnung wie folgt eingestiegen:[188]

Punkt 5: Erläuterung des Verschmelzungsvertrages mit dem ... e. V. zur Neugründung des ... e. V. durch den Vorstand.

Der Versammlungsleiter erläuterte zugleich in seiner Funktion als Vorstandsvorsitzender des Vereins[189] den zur Urkunde Nr. ... der Notarin ... mit dem ... e. V. geschlossenen und in beglaubigter Abschrift als Anlage zu dieser Urkunde genommenen Verschmelzungsvertrag. Der Vorsitzende machte Ausführungen zur Zweckmäßigkeit der Verschmelzung, den weiteren Hintergründen dieses Vorgangs sowie zur Inhalt der neu festgestellten Satzung des Zielrechtsträgers sowie zu der personellen Zusammensetzung des ersten Vorstands.

Der Vorsitzende beantwortete alle aus dem Kreis der Mitglieder hierzu gestellten Fragen und beendete, als keine Fragen mehr gestellt wurden, im allseitigen Einvernehmen diesen Tagesordnungspunkt, wogegen sich kein Widerspruch erhob.

Punkt 6: Beschlussfassung über die Zustimmung zum Verschmelzungsvertrag mit dem ... e. V. zur Neugründung des ... e. V. beinhaltend die Bestellung des ersten Vorstands sowie der Feststellung der Satzung des neu gegründeten Vereins.[190]

Der Versammlungsleiter und Vorsitzende des Vorstands beantragte nunmehr, über den zum Tagesordnungspunkt 3 erörterten Verschmelzungsvertrag abzustimmen und diesem die Zustimmung zu erteilen. Er erläuterte den Mitgliedern, dass mit einer Zustimmung zum Verschmelzungsvertrag zugleich auch der neuen Gründungssatzung sowie der Bestellung des ersten Vorstands des neu gegründeten Vereins zugestimmt werde. Er stellte nochmals fest, dass keines der Vereinsmitglieder eine Prüfung der Verschmelzung verlangt habe und ließ nach vorangegangener Erläuterung durch Handaufheben abstimmen.

Der Versammlungsleiter stellte daraufhin fest, dass die Zustimmung zum Verschmelzungsvertrag einschließlich Feststellung der Satzung des neu gegründeten Vereins und der Bestellung ... zu Vorstandsmitgliedern des neuen Vereins einstimmig ohne Gegenstimmen beschlossen wurde.

(bzw. abweichend: mit der erforderlichen **Dreiviertelmehrheit**)

Es wurde gegen diesen Beschluss kein Widerspruch erhoben.

Weitere Anträge zur Tagesordnung wurden nicht gestellt.

Die Mitgliederversammlung wurde um ... Uhr geschlossen.

– Beurkundungsvermerk d. Notars/in –

---

188) Hier folgend *Heckschen* in: *Widmann/Mayer*, Umwandlungsrecht, M. 79.2 Mustersatz 11a.

189) Diese Klarstellung ist ratsam, weil das Amt des Versammlungsleiters nicht zwingend mit der Funktion als Vorstandsmitglied des Vereins verbunden sein muss.

190) Nachfolgender Formulierungsvorschlag in Anlehnung an *Heckschen* in: *Widmann/Mayer*, Umwandlungsrecht, M. 79.2 Mustersatz 11a.

10.132 Muster 222: Vereinsregisteranmeldung für die beiden übertragenden Vereine (Auszug)

An das

Amtsgericht Charlottenburg

Vereinsregister

Amtsgerichtsplatz 1

14057 Berlin

VR. ...

Zum Vereinsregister des ... e. V. melden wir als gemeinschaftlich vertretungsberechtigte Vorstandsmitglieder an:

Der X-Verein e. V. und der Y-Verein e. V. sind als übertragende Rechtsträger auf Grund des Verschmelzungsvertrages vom ... und der Zustimmungsbeschlüsse ihrer Mitgliederversammlungen vom ... auf den neu gegründeten Z-Verein e. V. im Wege der Verschmelzung zur Neugründung verschmolzen.[191]

Wir erklären gemäß § 16 Abs. 2 UmwG, dass keine Klage gegen die Wirksamkeit der Verschmelzungsbeschlüsse erhoben wurde. (Alternativ: die Mitglieder beider übertragenden Vereine auf eine Klage gegen die Wirksamkeit des Beschlusses verzichtet haben).

Eine Prüfung der Verschmelzung nach § 100 UmwG haben die Mitglieder beider übertragender Vereine nicht verlangt; darüber hinaus wurde auf einen Verschmelzungsbericht verzichtet.[192]

... (Antrag, die Verschmelzung im Vereinsregister zu vollziehen, ggfs. Registervollmachten)

Als Anlagen fügen wir dieser Anmeldung bei:

–   Verschmelzungsvertrag vom ... (UR Nr. ... der Notarin ...),

–   Elektronisch beglaubigte Abschrift der Niederschrift über die Mitgliederversammlung des X-Vereins vom ... (übertragender Rechtsträger zu 1),

–   Elektronisch beglaubigte Abschrift der Niederschrift über die Mitgliederversammlung des Y-Vereins vom ... (übertragender Rechtsträger zu 2),

–   [gemeinschaftlicher Verschmelzungsbericht der Vorstände beider übertragender Vereine vom ...],[193]

–   Schlussbilanz, aufgestellt auf den ...,[194]

–   Verzichtserklärungen aller Vereinsmitglieder der beteiligten Vereine bezüglich einer Anfechtung der Verschmelzung (Ur-Er. ... der Notarin ...).

– notariell beglaubigte Unterschriften der anmeldenden Vorstandsmitglieder –

---

191) Denkbar ist hier auch die flexible Stichtagsgestaltung, vor allem dann, wenn Verzögerungen im Eintragungsverfahren zu befürchten sind.

192) Vgl. insoweit *Heckschen* in: *Widmann/Mayer*, Umwandlungsrecht, M. 79.1 Mustersatz 11a.

193) Sofern nicht darauf verzichtet wurde.

194) Es muss sich um eine Bilanz gem. § 17 Abs. 2 UmwG handeln, nicht bloß um eine Einnahmen-Überschuss-Rechnung o. ä., was in der Praxis manchmal nicht beachtet wird.

Schulte

Muster 223: Vereinsregisteranmeldung des neu gegründeten Vereins   10.133

An das

Amtsgericht Charlottenburg

Vereinsregister

Amtsgerichtsplatz 1

14057 Berlin

VR ... (neu) Z-Verein

Zum Vereinsregister des ... e. V. (neu) melden wir als gemeinschaftlich vertretungsberechtigte Vorstandsmitglieder des X-Vereins e. V. (VR ...) und des Y-Vereins e. V. (VR ...) jeweils an:

Der X-Verein e. V. und der Y-Verein e. V. sind als übertragende Rechtsträger auf Grund des Verschmelzungsvertrages vom ... und der Zustimmungsbeschlüsse ihrer Mitgliederversammlungen vom ... auf den neu gegründeten Z-Verein e. V., welcher hiermit zur Eintragung in das Vereinsregister angemeldet wird, im Wege der Verschmelzung zur Neugründung verschmolzen.

Zu Vorstandsmitgliedern des neu gegründeten Vereins wurden bestellt ... .

Die Vorstandsmitglieder vertreten den Verein gemäß der festgestellten Satzung in folgender Weise: ...

Die Anschrift des Z-Vereins lautet: ... .

Wir erklären gemäß § 16 Abs. 2 UmwG, dass keine Klage gegen die Wirksamkeit der Verschmelzungsbeschlüsse erhoben wurde. (Alternativ: die Mitglieder beider übertragenden Vereine auf eine Klage gegen die Wirksamkeit des Beschlusses verzichtet haben).

Eine Prüfung der Verschmelzung nach § 100 UmwG haben die Mitglieder beider übertragender Vereine nicht verlangt; darüber hinaus wurde auf einen Verschmelzungsbericht verzichtet.[195]

... (Antrag, die Verschmelzung im Vereinsregister zu vollziehen, ggfs. Registervollmachten)

Als Anlagen fügen wir dieser Anmeldung bei:

– Verschmelzungsvertrag vom ... (UR Nr. ... der Notarin ...),

– Elektronisch beglaubigte Abschrift der Niederschrift über die Mitgliederversammlung des X-Vereins vom ... (übertragender Rechtsträger zu 1),

– Elektronisch beglaubigte Abschrift der Niederschrift über die Mitgliederversammlung des Y-Vereins vom ... (übertragender Rechtsträger zu 2),

– [gemeinschaftlicher Verschmelzungsbericht der Vorstände beider übertragender Vereine vom ...],[196]

– Schlussbilanz, aufgestellt auf den ...,[197]

---

195) Vgl. insoweit *Heckschen* in: *Widmann/Mayer*, Umwandlungsrecht, M. 79.1 Mustersatz 11a.

196) Sofern nicht darauf verzichtet wurde.

197) Es muss sich um eine Bilanz gem. § 17 Abs. 2 UmwG handeln, nicht bloß um eine Einnahmen-Überschuss-Rechnung o. ä., was in der Praxis manchmal nicht beachtet wird.

– Verzichtserklärungen aller Vereinsmitglieder der beteiligten Vereine bezüglich einer Anfechtung der Verschmelzung (UR-Nr. ... der Notarin ...) –

– Notariell beglaubigte Unterschriften der anmeldenden Vorstandsmitglieder beider übertragender Vereine –

IV. Verschmelzung einer GmbH mit dem Vermögen ihres Alleingesellschafters

10.134 Als eine **in der Praxis häufig zu beobachtende** Variante der finalen Abwicklung einer GmbH und Alternative zur Durchführung des Liquidationsverfahrens **(wenn alle Forderungen gegen die Gesellschaft befriedigt wurden)** kann die Verschmelzung einer GmbH mit dem Vermögen ihres Alleingesellschafters betrachtet werden, **wodurch die GmbH als übertragender Rechtsträger mit Wirksamwerden des Vorgangs erlischt.**

10.135 **Ausgangslage:** Die Verschmelzung einer Gesellschaft mit beschränkter Haftung (GmbH) mit dem Vermögen des Alleingesellschafters wird in der Praxis oftmals als Alternative zur Liquidation der GmbH gewählt, wenn keine Forderungen mehr gegen die Gesellschaft bestehen (obwohl auch in diesem Fall die Liquidation ohne Abwarten des „Sperrjahres" gem. § 58 Abs. 1 Nr. 3 GmbHG für zulässig gehalten wird) und nur (noch) ein Gesellschafter vorhanden ist. Welche Variante im Einzelfall sinnvoll erscheint, ist letztlich immer auch eine Frage des Steuerrechts, welche in der Praxis unabhängig von der gesellschaftsrechtlichen Problemstellung gesehen werden muss.

10.136 Grundsätzlich ist der Vorgang der Verschmelzung einer GmbH mit dem Vermögen ihres Alleingesellschafters nicht anders zu betrachten als ein üblicher „upstream merger", also die Verschmelzung einer 100 %igen Tochtergesellschaft auf ihre Muttergesellschaft gem. § 2 Nr. 1 UmwG, wegen § 54 Abs. 1 Nr. 1 UmwG ohne Anteilsgewährung am aufnehmenden Rechtsträger. Die §§ 3 Abs. 2 Nr. 2, 120 UmwG stellen für diesen Fall Spezialvorschriften dar.

10.137 Erforderlich ist zunächst wie in allen Verschmelzungsfällen ein notariell beurkundeter (vgl. § 6 UmwG) Verschmelzungsvertrag. Bei dessen Abschluss stellt sich dann die Problematik des § 181 Alt. 1 BGB, wenn der Alleingesellschafter, mit dessen Vermögen die Gesellschaft verschmolzen werden soll, zugleich Geschäftsführer der Gesellschaft ist. Hier ist darauf zu achten, dass dieser in seiner Funktion als Geschäftsführer von den Beschränkungen des § 181 BGB befreit ist. Man wird allerdings den Zustimmungsbeschluss des Alleingesellschafters in der Konstellation der „Einmann"-GmbH stets als uneingeschränkte Genehmigung des vorausgegangenen Organhandelns ansehen können, womit (sollte diese bei Abschluss des Verschmelzungsvertrages noch nicht wirksam erfolgt sein) eine Befreiung von den Beschränkungen des § 181 BGB als konkludent erfolgt anzusehen sein würde.

10.138 Der Inhalt des Vertrages richtet sich nach § 5 UmwG. Der Vertrag beinhaltet den Übergang des Vermögens auf den Gesellschafter gem. § 5 Abs. 2 Nr. 2 UmwG; die Angaben gem. § 5 Abs. 1 Nr. 9 UmwG (Folgen für die Arbeitnehmer/innen) sowie eine Betriebsratszuleitung gem. § 5 Abs. 3 UmwG werden regelmäßig mangels Beschäftigung von Arbeitnehmer/innen in den Fällen entfallen, in denen die Verschmelzung der Gesellschaft auf ihren Alleingesellschafter als Alternative zur Liquidation der (inzwischen) vermögenslosen GmbH gewählt wird. Ebenso entbehrlich sind die sich auf den Tausch der Anteile beziehenden Angaben gem. § 5 Abs. 1 Nr. 2–5 UmwG.

Unter diesen Voraussetzungen muss der Verschmelzungsvertrag in dieser speziellen Kon- **10.139**
stellation die folgenden Angaben enthalten:

– Name bzw. Firma und Sitz der beteiligten Rechtsträger;

– die Vereinbarung über eine Übertragung des Vermögens der GmbH als Ganzes auf
ihren Alleingesellschafter;

– Angaben zu gewährten besonderen Rechten und/oder Vorteilen;

– Angaben zu den Folgen für die Arbeitnehmer/innen und den Arbeitnehmervertretungen (falls vorhanden).

Wenn nach Wirksamwerden der Verschmelzung und dem damit einhergehenden Übergang **10.140**
des von der übertragenden Gesellschaft betriebenen Unternehmens auf den Alleingesellschafter dieser die Kaufmannseigenschaft (vgl. § 1 HGB) erlangt, kann dies eine entsprechende Anmeldpflicht als eingetragene/r Kaufmann/Kauffrau auslösen. In diesem Fall sind
zwei Handelsregistereintragungen erforderlich, einmal die Anmeldung des Verschmelzungsvorgangs zum Handelsregister der übertragenden GmbH zum Handelsregister B,
andererseits die Eintragung des Alleingesellschafters als e. k./e. Kffr. zum Handelsregister A
(vgl. §§ 19, 20, 122 UmwG). In dem Fall der Erlangung der Kaufmannseigenschaft des
Alleingesellschafters tritt die konstitutive Wirkung des Verschmelzungsvorgangs erst mit
Eintragung im Register des aufnehmenden Alleingesellschafters ein. Erlangt dieser keine
Kaufmannseigenschaft, etwa weil das Handelsgewerbe nicht fortgeführt wird, ist zur Herbeiführung der konstitutiven Wirkung nur die Handelsregistereintragung beim übertragenden Rechtsträger – also der GmbH – erforderlich, um die konstitutive Wirkung herbeizuführen (§ 122 Abs. 2 UmwG).

Auf der Ebene der übertragenden GmbH ist ein Zustimmungsbeschluss zum Verschmel- **10.141**
zungsvertrag erforderlich (§ 13 UmwG). Dieser wird aber auf Grund der Alleingesellschaf-
terstellung der aufnehmenden natürlichen Person immer unproblematisch als einstimmig
gefasst zu betrachten sein, so dass auch das Mehrheitserfordernis gemäß § 50 Abs. 1 UmwG
unproblematisch erfüllt ist.

Soll als Beispiel die X-GmbH mit dem Sitz in Berlin (AG Charlottenburg HRB 123456 b) **10.142**
mit dem Vermögen ihres Alleingesellschafter, Herrn Y aus Berlin, verschmolzen werden,
könnten Verschmelzungsvertrag und Zustimmungsbeschluss sowie nachgelagert die entsprechende Handelsregisteranmeldung wie in den nachfolgenden Mustern gestaltet werden:

Muster 224: Verschmelzungsvertrag   10.143

Verhandelt in Berlin ... am ... vor mir ..., Notar/in, erschienen

Herr Y ... [Beruf/Wohn- bzw. Geschäftsadresse], handelnd als einzelvertretungsberechtigter Geschäftsführer der X-GmbH mit Sitz in Berlin, eingetragen im Handelsregister des
Amtsgerichts Charlottenburg unter HRB ... (nachfolgend genannt: X-GmbH) und zugleich Alleingesellschafter der Gesellschaft und erklärte zu Protokoll den nachfolgenden:

Verschmelzungsvertrag

Ich halte alle voll eingezahlten Geschäftsanteile an der Gesellschaft Y ... mit beschränkter Haftung mit Sitz in Berlin (AG Charlottenburg 123456 b) (nachfolgend genannt: Y-
GmbH) mit einem Stammkapital von € 25.000. Mit diesem Vertrag soll die Y-GmbH (als
übertragende Gesellschaft) mit meinem Vermögen zur Aufnahme verschmolzen werden.

Die Y-GmbH überträgt ihr Vermögen als Ganzes mit allen Rechten und Pflichten im Wege der Verschmelzung ohne Abwicklung auf mich als Alleingesellschafter im Wege der Verschmelzung zur Aufnahme. Sollte das Vermögen nicht bereits kraft Gesetzes auf den übernehmenden Rechtsträger übergehen, überträgt die Gesellschaft die entsprechenden Vermögensgegenstände hilfsweise im Wege der Einzelrechtsnachfolge an den dies annehmenden übernehmenden Alleingesellschafter. Dem Verschmelzungsvorgang wird die auf den ... aufgestellte Jahresbilanz als Schlussbilanz zugrunde gelegt, wobei die Übernahme des Vermögens im Innenverhältnis mit Wirkung zum [Verschmelzungsstichtag] als für meine Rechnung als Alleingesellschafter vorgenommen gilt.

Der Alleingesellschafter als aufnehmender Rechtsträger erlangt mit Wirksamwerden der Verschmelzung nicht die Kaufmannseigenschaft im Sinne des § 1 HGB.

Es bestehen bei der übertragenden Gesellschaft weder besonderen Rechte im Sinne des § 5 Abs. 1 Ziffer 7 UmwG noch werden mir oder einer anderen Person in Zusammenhang damit besondere Vorteile gemäß § 5 Abs. 1 Nr. 8 UmwG gewährt.

Für die Arbeitnehmer/innen ergeben sich die folgenden Auswirkungen: [§ 613 a BGB etc.] Ein Betriebsrat besteht bei der Gesellschaft nicht.

Zustimmungsbeschluss der Gesellschafterversammlung

Ich halte sodann als Alleingesellschafter unter Verzicht auf alle gesetzlich vorgeschriebenen Form- und Fristerfordernisse eine Gesellschafterversammlung der übertragenden Gesellschaft ab und fasse einstimmig den folgenden Beschluss:

–   Dem vorstehend beurkundeten Verschmelzungsvertrag wird unter Verzicht auf jegliche Klage gegen die Wirksamkeit des vorstehenden Verschmelzungsvertrages sowie auf die Beachtung der §§ 47, 49 UmwG zugestimmt.

–   Die Kosten dieser Urkunde trägt der Alleingesellschafter.

[notarielle Belehrungen und Hinweise, Unterschriften]

10.144 Muster 225: Handelsregisteranmeldung der übertragenden GmbH
(auf Alleingesellschafter)

An das Amtsgericht Charlottenburg

– Handelsregister –

Hardenbergstraße 31

10623 Berlin

Az: HRB 123456 b

In der Registersache der Y-GmbH mit Sitz in Berlin melde ich als deren alleinvertretungsberechtigter Geschäftsführer zur Eintragung in das Handelsregister an:

Die Gesellschaft ist zum Stichtag ... als übertragender Rechtsträger unter Auflösung ohne Abwicklung mit dem Vermögen ihres Alleingesellschafters ... verschmolzen im Wege der Aufnahme ohne Abwicklung durch Übertragung ihres Vermögens im Ganzen auf den Alleingesellschafter.

[Der Alleingesellschafter führt das Handelsgeschäft der Gesellschaft unter der Firma ... in ... (Ort) fort. Die mit der Lage der Geschäftsräume identische inländische Geschäftsanschrift lautet: ... Der Gegenstand des Handelsgeschäfts umfasst ...]

Ich erkläre, dass eine Klage gegen die Wirksamkeit des Verschmelzungsbeschlusses infolge Klageverzichts ausgeschlossen ist.

Als Anlagen werden beigefügt:

– elektronisch beglaubigte Abschrift der notariellen Urkunde des Verschmelzungsvertrages vom ... und des Zustimmungsbeschlusses der Gesellschafterversammlung vom selben Tage (UR Nr. ... d. Not. ...),

– die Verschmelzungsbilanz, welche auf den Stichtag ... aufgestellt worden war in elektronisch beglaubigter Abschrift,

– Beglaubigungsvermerk: Notar; Daten des unterzeichnenden Geschäftsführers und Alleingesellschafters –

Nach Vollzug bitten wir um Eintragungsnachricht und um Übermittlung je eines beglaubigten Handelsregisterausdrucks zu Händen des beurkundenden Notars.

D. Praxisrelevante Formwechselvorgänge

Als in der Praxis besonders bedeutsame Formwechsel-Vorgänge sollen die Formwechsel einer GmbH in die Rechtsform einer Aktiengesellschaft (unten I.) sowie der Formwechsel einer GmbH in eine GmbH & Co. KG (unten II.) anhand der entsprechenden Formularmuster dargestellt werden. **10.145**

I. Formwechsel einer Gesellschaft mit beschränkter Haftung (GmbH) in eine Aktiengesellschaft (AG)

Eine Variante möglicher Umwandlungen nach dem UmwG ist der sog. „Formwechsel". Dabei wechselt der betroffene Rechtsträger gewissermaßen sein „gesellschaftsrechtliches Etikett", ohne dass dadurch die Identität des Rechtsträgers tangiert würde. Diese uneingeschränkte Identität des Rechtssubjekts beim Formwechsel wird in der Praxis oft verkannt, obwohl sie nach höchstrichterlicher Rechtsprechung auch über den Bereich des Gesellschaftsrechts hinaus bei Formwechselvorgängen anzuerkennen ist.[198] **10.146**

Der Formwechsel stellt demnach keine Neugründung einer Gesellschaft dar,[199] auch wenn die Registergerichte „aktentechnisch" dies oftmals so abwickeln, etwa durch temporäre Vergabe eines Gründungsaktenzeichens und Zuteilung einer neuen Handelsregisternummer. **10.147**

Aus § 191 Abs. 3 UmwG ergibt sich, dass auch aufgelöste Rechtsträger grundsätzlich umwandlungsfähig sein können, jedoch nur dann, wenn ihre Fortsetzung in der bisherigen Rechtsform beschlossen werden könnte.[200] **10.148**

---

198) BGH ZIP 2010, 311 = NZG 2010, 314 = DStR 2010, 284 f., dazu EWiR 2010, 481 *(Binkowski)* unter Fortführung von BGHZ 150, 365 = ZIP 2002, 1490; dazu EWiR 2003, 255 *(Blaurock)*.
199) Vgl. OLG Frankfurt/M. DB 1999, 733.
200) Insofern sind Rechtsträger, die infolge einer rechtskräftigen Abweisung eines Insolvenzantrags aufgelöst wurden nicht umwandlungsfähig.

10.149 Dadurch, dass § 197 UmwG die für die neue Rechtsform geltenden Gründungsvorschriften für anwendbar erklärt, wird in der Praxis, vor allem auch bei Angehörigen der steuer- und wirtschaftsberatenden Berufe davon ausgegangen, bei der formwechselnden Umwandlung handele es sich de facto um eine Sachgründung, wobei der „alte" Unternehmensträger gewissermaßen als Sacheinlage eingebracht wird. Dies kann man auch als ein gewisses „Spannungsverhältnis" zum „Identitätsprinzip"[201] bezeichnen, da eigentlich bei Fortbestand des Rechtsträgers („Rechtsträgeridentität") kein Raum für die Anwendung der Gründungsvorschriften besteht.[202]

10.150 Die grundsätzliche Annahme einer Sacheinlage ist jedoch mit dem Grundsatz der Rechtsträgeridentität bei der formwechselnden Umwandlung nicht kompatibel. Richtig ist es allerdings, wenn bei der Prüfung der Kapitalaufbringung, soweit diese bei einem Formwechsel in die Rechtsform einer Kapitalgesellschaft erforderlich sein sollte, ein entsprechender Prüfungsmaßstab gewählt wird. Über das der formwechselnden Umwandlung immanente „Identitätsprinzip" darf auch nicht hinwegtäuschen, wenn bisweilen von „Ausgangsrechtsträger" und „Zielrechtsträger" die Rede ist.[203] Richtigerweise wären hier die Begriffe „Ausgangs"-Rechtsform und „Ziel"-Rechtsform zu verwenden.

10.151 Eine kontrovers diskutierte Frage in diesem Zusammenhang ist diejenige nach der Kontinuität des Gesellschafterbestandes. Muss also der Gesellschafter- bzw. Anteilsinhaberkreis von Ausgangs- und Zielrechtsträger, wenn man diese leicht missverständlichen Begriffe verwenden möchte, identisch sein? Während die h. M. in der Literatur grundsätzlich eine Identität auch im Gesellschafterbestand bzw. im Kreis der Anteilseigner sieht, wird dies in der Rechtsprechung durchaus weniger streng gesehen.[204]

10.152 Unterprobleme dieses Problemkreises sind dabei der „nicht verhältniswahrende" oder gar „quotenverschiebende Formwechsel".[205] Eine Folge des Identitätsgrundsatzes ist es, dass keine Veränderungen in denjenigen Rechtsverhältnissen eintreten, die zu dem formwechselnden Rechtsträger in seiner ursprünglichen Rechtsform bestanden.[206] Ein wichtiger, praxisrelevanter Fall ist der Formwechsel von der Rechtsform einer GmbH in die Rechtsform einer Aktiengesellschaft (AG).

10.153 Hinsichtlich des Formwechsels von der GmbH zur Aktiengesellschaft, demnach von einer Kapitalgesellschaft in eine Kapitalgesellschaft anderer Rechtsform[207] stellt § 197 UmwG durch den Verweis auf die Gründungsvorschriften des Rechtsträgers in neuer Rechtsform die zentrale Norm dar.

10.154 Damit soll sichergestellt werden, dass nicht für eine Gründung der Zielrechtsform geltende strengere Gründungsvorschriften im Wege des Formwechsels umgangen werden können.[208] Dies führt bei dem Formwechsel in die Rechtsform der Aktiengesellschaft hinein zur An-

---

201) So zutreffend Semler/Stengel/*Schlitt*, § 218 UmwG Rz. 8.

202) So auch Semler/Stengel/*Schlitt*, § 218 UmwG Rz. 8.

203) Vgl. hierzu *Limmer*, Teil 4 Rz. 7 ff.

204) Vgl. hierzu etwa BGH ZIP 1995, 422, wieder einschränkend aber wohl BGH BB 1999, 1450; siehe hierzu *Limmer*, Teil 4 Rz. 7 ff.

205) Vgl. hierzu *Limmer*, Teil 4 Rz. 31; insoweit wird mangels Informationen über Verschmelzungsbeschlüsse auf die entsprechende umwandlungsrechtliche Spezialliteratur verwiesen.

206) Vgl. *Limmer,* Teil 4 Rz. 7 ff.

207) Insoweit sind die Spezialvorschriften der §§ 238 ff. UmwG neben den allgemein für den Formwechsel geltenden §§ 190 ff. UmwG anwendbar.

208) Ebenso *Schwedhelm*, Rz. 639; vgl. hierzu auch die Gesetzesbegründung BT-Drucks. 12/6699.

wendbarkeit der strengen aktienrechtlichen Gründungsvorschriften, die auch relativ umfangreiche Berichts- und Prüfungserfordernisse enthalten.[209]

Diese Art des Formwechsels kann vielschichtige Gründe haben und muss nicht stets der Vorbereitung eines Börsengangs („going public") dienen. Auch bei „kleinen" Unternehmen erfreut sich die Rechtsform der Aktiengesellschaft zunehmender Beliebtheit. Da der „Unternehmensstart" aber selten in der Rechtsform der Aktiengesellschaft erfolgt, ist dann ein späterer Formwechsel auch bei diesen „kleinen" Unternehmen zu beobachten. **10.155**

Mit der Eintragung des Rechtsträgers unter der neuen Rechtsform „Aktiengesellschaft" in das Handelsregister wird der Formwechsel wirksam,[210] das Stammkapital des bisher in der Rechtsform der GmbH bestehenden Rechtsträgers wird nach § 247 Abs. 1 UmwG zum Grundkapital der Aktiengesellschaft. Insoweit wird in der Praxis oftmals die Frage gestellt, ob denn nicht der Umwandlungsbeschluss, der bei der formwechselnden GmbH als GmbH-Gesellschafterbeschluss den Regeln über die Beurkundung von Willenserklärungen folgt, auf der Ebene der entstehenden Aktiengesellschaft nach § 130 AktG beurkundet werden muss. **10.156**

Dabei ist jedoch zu berücksichtigen, dass die Handelsregistereintragung für die Rechtsform „Aktiengesellschaft" konstitutive Wirkung hat (§ 202 UmwG), so dass auch erst ab diesem Zeitpunkt § 130 AktG Anwendung finden kann. **10.157**

Die Handelsregistereintragung des Formwechsels wird – falls für den Rechtsträger in alter und neuer Rechtsform dasselbe Registergericht zuständig ist – gleichzeitig erfolgen.[211] Bei zeitlich auseinander fallendem Vollzug der Handelsregistereintragungen (bei gleichzeitig erfolgender Sitzverlegung) wird zunächst die Eintragung im Handelsregister des Rechtsträgers in alter Rechtsform zusammen mit dem sog. „Vorläufigkeitsvermerk" erfolgen. **10.158**

Ist dann die Eintragung im Register des Rechtsträgers in neuer Rechtsform erfolgt, wird das Register der alten Rechtsform mit einem sog. „Schlussvermerk" versehen, aus dem sich die Tatsache der konstitutiven Eintragung der neuen Rechtsform sowie deren Datum entnehmen lässt. **10.159**

Da eine Rechtsträgeridentität vorliegt, bleiben Unternehmensverträge ebenso weiter bestehen[212] wie Prokuren.[213] **10.160**

Zu beachten ist, dass wegen der insoweit eintretenden Fiktionswirkung des § 245 Abs. 1 UmwG diejenigen Gesellschafter der GmbH, die für den Formwechsel gestimmt haben,[214] die aktienrechtliche Gründerhaftung trifft.[215] **10.161**

Schließlich hat der handelsregistergerichtliche Vollzug des Umwandlungsvorgangs gem. § 202 Abs. 1 Nr. 3 UmwG bezüglich eines Mangels der notariellen Beurkundung des Umwandlungsbeschlusses sowie des Erfordernisses von Zustimmungs- oder Verzichtserklärungen einzelner Anteilsinhaber heilende Wirkung. **10.162**

---

209) Vgl. insoweit §§ 32 ff. AktG.
210) Vgl. § 202 UmwG; die Eintragung hat insoweit konstitutive Wirkung.
211) Eine Abweichung von diesem Grundsatz wird etwa nur dann in Betracht kommen, wenn zugleich mit dem Formwechsel eine Verlegung des statuarischen Sitzes beschlossen und zur Eintragung in das Handelsregister angemeldet wird.
212) Dies folgt aus § 202 Abs. 2 S. 2 UmwG.
213) Vgl. OLG Köln GmbHR 1996, 773 f.
214) Diese gelten nach § 245 Abs. 1 UmwG als Gründer einer Aktiengesellschaft.
215) Vgl. hierzu auch *Schwedhelm*, Rz. 646.

10.163 Der Formwechsel von Kapitalgesellschaften ist gem. §§ 235 Abs. 2, 246 UmwG von den Vertretungsorganen des formwechselnden Rechtsträgers in vertretungsberechtigter Anzahl zur Eintragung anzumelden, wenn die Rechtsform in eine andere Kapitalgesellschaft oder in eine Gesellschaft bürgerlichen Rechts (GbR) gewechselt wird.

10.164 In den übrigen Fällen muss eine Anmeldung durch *sämtliche* Vertretungsorgane erfolgen (§§ 222, 198 Abs. 1 UmwG).

10.165 Entgegen der in der Praxis weit verbreiteten Ansicht gilt die Acht-Monats-Frist des § 17 UmwG nicht für die Schlussbilanz des formwechselnden Rechtsträgers. Das gilt insoweit allerdings nur in umwandlungsrechtlicher Hinsicht, da nach dem Umwandlungssteuergesetz die steuerlichen Rückwirkungen einer gesonderten Frist unterliegen,[216] bzw. hierbei zusätzliche Voraussetzungen zu beachten sind.

10.166 Die Anmeldung hat zu dem Registergericht zu erfolgen, bei dem der formwechselnde Rechtsträger in das Handelsregister eingetragen ist,[217] sofern nicht gleichzeitig mit dem Formwechselbeschluss eine Sitzverlegung in den Bezirk eines anderen Registergerichts hinein beschlossen wird (vgl. § 198 Abs. 2 UmwG).

10.167 Sofern ein Formwechsel in eine Rechtsform beschlossen wird, welche nicht in das Handelsregister einzutragen ist, erfolgt eine Anmeldung nur zum Register des formwechselnden Rechtsträgers.[218]

10.168 Hinsichtlich des Ablaufs eines Formwechselvorgangs aus der Sicht des/der anwaltlichen Berater/s ist zu berücksichtigen, dass verschiedene vorbereitende Maßnahmen rechtzeitig einzuleiten sind:

10.169 Maßnahmen in Zusammenhang mit einem beabsichtigten Formwechsel, welche einen gewissen zeitlichen Vorlauf erfordern, sind etwa:[219]

– Vorbereitung des Umwandlungsberichts, §§ 192, 8 Abs. 1 und 2 UmwG,

– Kontaktaufnahme mit dem Betriebsrat sowie Zuleitung des Umwandlungsbeschlusses an diesen unter Wahrung der Monatsfrist gem. § 194 Abs. 2 UmwG (hier ist auch an einen geeigneten Zugangsnachweis zu denken, welcher im Rahmen der nachfolgenden Handelsregisteranmeldung mit vorzulegen ist),

– form- und fristgerechte Ladung zur Gesellschafterversammlung, sofern nicht eine einstimmige Beschlussfassung mit erfolgendem Verzicht auf die Einberufungsformalia zu erwarten steht,

– Prüfung, ob hinsichtlich des zu fassenden Umwandlungsbeschlusses Genehmigungserfordernisse oder Gesellschaftersonderrechte bestehen (vgl. § 193 Abs. 2 UmwG).

10.170 Für den Formwechsel von der Rechtsform der Aktiengesellschaft in die Rechtsform der Gesellschaft mit beschränkter Haftung sind neben dem Umwandlungsbeschluss nach § 193 UmwG ein Gründungsbericht (§ 245 Abs. 1 i. V. m. §§ 220 Abs. 2, 197 UmwG), die Grün-

---

216) Insofern sollte allein aus diesem Gesichtspunkt heraus zu jedem Formwechsel ein/e steuerliche/r Berater/in hinzugezogen werden.

217) § 198 Abs. 1, Abs. 2 S. 3 UmwG.

218) Vgl. § 235 UmwG.

219) Vgl. insoweit die Checkliste bei *Arens/Tepper*, § 21 Rz. 42.

dungsprüfung (§ 245 Abs. 1 i. V. m. § 220 Abs. 3 UmwG) sowie die nachfolgende Handelsregisteranmeldung erforderlich.[220]

Für die erforderlichen internen bzw. externen Gründungs(prüfungs)berichte gelten über den Verweis in § 220 Abs. 3 UmwG die §§ 33 Abs. 2 und 52 AktG entsprechend und sind daher hinsichtlich der Erfüllung der Berichtspflichten zu beachten.[221] **10.171**

Die Erstellung eines Umwandlungsberichts ist dabei dann verzichtbar, wenn es sich entweder um eine Einmann-GmbH handelt oder alles Gesellschafter in notarieller Form[222] auf die Berichtserstellung verzichten. Dies gilt jedoch nur für den Umwandlungsbericht als solchen, nicht etwa für die bei dem Formwechsel in die Rechtsform der Aktiengesellschaft zusätzlich erforderlichen weiteren Berichte.[223] **10.172**

Der Umwandlungsbeschluss, welcher einer Mehrheit von mindestens drei Vierteln der abgegebenen Stimmen bedarf (§ 240 UmwG) muss den folgenden Inhalt haben:[224] **10.173**

- Bestimmungen, dass die Gesellschaft die Rechtsform einer Aktiengesellschaft erhalten soll (§ 194 Abs. 1 Nr. 1 UmwG),

- die Firma einer Aktiengesellschaft, bei Beibehalten der bisherigen Firma demnach ein bloßer Wechsel des Rechtsformzusatzes,[225]

- die Beteiligungsverhältnisse der bisherigen GmbH-Gesellschafter an der Aktiengesellschaft (§ 194 Abs. 1 Nr. 3 UmwG), wobei gem. § 243 Abs. 3 UmwG der Nennbetrag der Aktien abweichend vom Nennbetrag der bisherigen GmbH-Geschäftsanteile festgesetzt werden kann;[226] gem. § 194 Abs. 1 Nr. 4 UmwG bedarf der Beschluss darüber hinaus der Festsetzung von Zahl, Art und Umfang der Anteile oder der Mitgliedschaften, welche die bisherigen GmbH-Gesellschafter an der Aktiengesellschaft erhalten sollen; insoweit sind die Angaben, ob Nennbetrags- oder Stückaktien entstehen sollen und ob diese auf den Inhaber oder auf den Namen[227] lauten sollen, unabdingbar, was sich auch bereits daraus ergibt, dass die gem. §§ 243 Abs. 1, 218 UmwG festzustellende Satzung dieser Bestandteile bedarf,

- die Feststellung einer vollständigen und den Gründungsvorschriften entsprechenden AG-Satzung (§§ 243 Abs. 1, 218 UmwG), wobei § 243 Abs. 1 S. 2 UmwG zu beachten ist,[228]

- Regelungen bezüglich einer Fortgeltung, Änderung oder Aufhebung etwaiger Sonderrechte (§ 194 Abs. 1 Nr. 5 UmwG),

---

220) Vgl. zu den einzelnen Voraussetzungen auch die Darstellung bei *Schwedhelm*, Rz. 609 ff.

221) Hinsichtlich der Einzelheiten der Erstellung und des Inhalts dieser Berichte wird auf die entsprechende Darstellung im aktienrechtlichen Teil dieses Werkes verwiesen.

222) Dies ist gem. § 192 Abs. 2 S. 2 UmwG durch notariell beurkundete Willenserklärungen möglich, wobei beachtet werden sollte, dass der Verzicht nicht etwa nach § 130 AktG beurkundet wird; denn insoweit sind die Anforderungen an eine Beurkundung von Willenserklärungen nicht erfüllt.

223) Gründungsbericht sowie interner und externer Gründungsprüfungsbericht.

224) Vgl. hierzu auch *Schwedhelm*, Rz. 613 ff.

225) § 194 Abs. 1 Ziff. 3 und 4 UmwG; vgl. *Schwedhelm*, Rz. 613.

226) Ein nicht verhältniswahrender Formwechsel ist jedoch nur unter der Voraussetzung möglich, dass alle Gesellschafter zustimmen, vgl. *Schwedhelm*, Rz. 621.

227) Gem. § 10 Abs. 1 AktG stellt dies bei nicht-börsennotierten Gesellschaften den Regelfall dar.

228) Danach sind Festsetzungen über Sondervorteile, Gründungsaufwand, Sacheinlagen und Sachübernahmen, welche in dem bisherigen GmbH-Gesellschaftsvertrag enthalten sind, in die neu festzustellende Satzung aufzunehmen; über den Verweis in § 243 Abs. 1 S. 3 UmwG gelten die Fristen gem. § 26 Abs. 4 und 5 AktG entsprechend.

- eine etwaige, im Hinblick auf das Mindest-Grundkapital des § 7 AktG erforderliche Kapitalerhöhung,[229]

- ein Abfindungsangebot gem. §§ 207, 194 Abs. 1 Nr. 6 UmwG,

- eine Regelung bezüglich der Folgen des Formwechsels für die Arbeitnehmer/innen (§ 194 Abs. 1 Nr. 7 UmwG).

10.174 Hinsichtlich einer Belehrung der Urkundsbeteiligten sollte nicht übersehen werden, dass diejenigen Gesellschafter, welche dem Formwechsel in dem Formwechselbeschluss zugestimmt haben, die aktienrechtliche Gründerhaftung nach § 245 Abs. 1 UmwG trifft.

10.175 Zusätzlich zu der nach § 240 Abs. 1 S. 1 UmwG erforderlichen Mehrheit können weitere Mehrheitserfordernisse erforderlich sein, etwa wenn sich die Beteiligungsverhältnisse der Anteilsinhaber im Zuge der Umwandlung ändern sollen oder Sonderrechte einzelner Anteilsinhaber durch den Formwechsel beeinträchtigt werden.[230]

10.176 Den Umwandlungsbericht (§ 192 UmwG) haben sämtliche Vertretungsorgane des formwechselnden Rechtsträgers zu erstellen,[231] wobei dieser höchstpersönlich zu errichten ist.

10.177 Der Bericht ist schriftlich abzufassen und hat die rechtlichen und wirtschaftlichen Gründe des Formwechsels sowie dessen Auswirkungen zu beschreiben, Barabfindungen zu erläutern und auch Bewertungsfragen zu diskutieren, wobei die Grenze der Offenlegungspflicht, d. h. das Eingreifen eines berechtigten Geheimhaltungsinteresses der Gesellschaft in den Details umstritten ist.[232]

10.178 Der Bericht muss über den Verweis in § 192 Abs. 1 S. 2 UmwG die für Verschmelzungsberichte geltenden Erfordernisse gem. § 8 Abs. 1 S. 2–4 und Abs. 2 UmwG erfüllen.

10.179 In der Handelsregisteranmeldung ist von den Anmeldenden höchstpersönlich zu versichern, dass keine Klage gegen den Umwandlungsbeschluss erhoben wurde (§§ 198 Abs. 3, 16 Abs. 2 UmwG), es sei denn, es wurde in notariell beurkundeter Form auf eine Anfechtung des Beschlusses verzichtet. In diesem Fall ist nach dem Gesetzeswortlaut die Abgabe der „Negativerklärung" insgesamt entbehrlich; aus Gründen der Klarstellung und um Nachfragen im Handelsregisterverfahren zu vermeiden, sollte in diesem Fall die Formulierung in die Anmeldung aufgenommen werden, dass auf eine Klage gegen die Wirksamkeit des Beschlusses in er gesetzlich vorgeschriebenen Form verzichtet wurde.

10.180 Die Versicherung kann naturgemäß erst nach Ablauf der Anfechtungsfrist von einem Monat zuzüglich eines „Sicherheitszuschlages" von ca. zwei Wochen für die Klagezustellung erfolgen.

10.181 Eine zu einem früheren Zeitpunkt durch die Anmeldenden abgegebene Erklärung gem. §§ 198 Abs. 3, 16 Abs. 2 UmwG ist unbeachtlich und steht einer Handelsregistereintragung entgegen.

10.182 Etwas Anderes kann nur dann gelten, wenn formgerecht durch sämtliche Anfechtungsberechtigten auf eine Anfechtung des Formwechselbeschlusses verzichtet wurde; denn in

---

229) Eine Änderung des (Grund-)kapitals des formwechselnden Rechtsträgers ist insbesondere dann erforderlich, wenn das bisherige Stammkapital der GmbH den Betrag von 50.000 € unterschreitet und die Rechtsform der Aktiengesellschaft deshalb sonst nicht gewählt werden könnte.

230) Vgl. hierzu §§ 241 Abs. 2, 50 Abs. 2 UmwG.

231) So LG Berlin ZIP 2003, 2027 = NZG 2004, 337 = AG 2003, 646.

232) Siehe hierzu umfassend Semler/Stengel/*Bärwaldt*, UmwG, § 192 Rz. 6 ff., 21 ff.

diesem Fall kommt es auf den ereignislosen Ablauf der Anfechtungsfrist nicht an, da eine erfolgreiche Anfechtung von Anfang an ausgeschlossen ist.

Im Zuge der Anmeldung sollte auch daran gedacht werden, klarstellende Ausführungen zum Schicksal der bisher bestehenden Prokuren und der etwa errichteten Zweigniederlassungen zu machen, auch wenn dies im Hinblick auf § 202 Abs. 1 Nr. 2 UmwG nicht zwingend erforderlich ist. **10.183**

Die Vorstandsmitglieder der neuen Rechtsform „Aktiengesellschaft" sind mit der Angabe der abstrakten und konkreten Vertretungsbefugnis anzumelden, wobei diese die gem. § 37 Abs. 2 und 3 AktG erforderlichen Versicherungen abzugeben haben. **10.184**

Notwendige Anlagen der Anmeldung des Formwechsels sind neben dem Formwechselbeschluss und ggfs. erforderlichen Zustimmungserklärungen besonderer Anteilsinhaber, der Nachweis über die rechtzeitige Zuleitung des Beschlusses an den Betriebsrat,[233] eine ggfs. erforderliche staatliche Genehmigungsurkunde sowie der Umwandlungsbericht bzw. die entsprechenden Verzichtserklärungen sowie bei dem hier dargestellten Formwechsel von der Rechtsform der GmbH in diejenige der Aktiengesellschaft alle diejenigen Unterlagen, welche auch für die Gründung einer Aktiengesellschaft erforderlich wären.[234] **10.185**

Die Vorlage einer Umwandlungsbilanz ist im Regelfall nur dann erforderlich, wenn diese zugleich als Nachweis der Werthaltigkeit bezüglich der Aufbringung des nach neuer Rechtsform erforderlichen Haftungsfonds (hier also des Grundkapitals der AG) erforderlich ist (vgl. § 220 UmwG). **10.186**

1. Formwechselbeschluss

Muster 226: Umwandlungsbeschluss des formwechselnden Rechtsträgers **10.187**

Vor mir, der unterzeichnenden Notarin A in B-Stadt erschien:

zu 1) Herr G1, geb. am, … wohnhaft …, von Person bekannt,

zu 2) Herr G2, geb. am, … wohnhaft …, von Person bekannt;

die Erschienenen erklärten, alleinige Gesellschafter der Y-GmbH mit Sitz in Berlin (AG Charlottenburg HRB 123456) zu sein und zwar mit den folgenden voll eingezahlten Geschäftsanteilen:

a.   G1 mit einem Geschäftsanteil von 50.000 €

b.   G2 mit einem Geschäftsanteil von 100.000 €.

Die erschienenen Alleingesellschafter halten nunmehr unter Verzicht auf sämtliche Ladungsformalitäten und Fristen eine Gesellschafterversammlung der Y-GmbH ab und beschließen einstimmig wie folgt:[235]

Die Gesellschaft wird nach Maßgabe der §§ 190 ff. formwechselnd in eine Aktiengesellschaft umgewandelt. Der Zielrechtsträger hat seinen Satzungssitz in Berlin, die inländische Geschäftsanschrift ist: Benediktinerstraße 118, 12345 Berlin.

Die neue Firma lautet „Y-Innovation-Aktiengesellschaft".

---

233) Falls dieser vorhanden ist, § 199 UmwG.
234) Insofern wird auf den aktienrechtlichen Teil dieses Werkes verwiesen.
235) Formulierung in Anlehnung an *Bungert*, in: Münchener Vertragshandbuch, Bd. 1, Muster XI.8.

Das Grundkapital der Aktiengesellschaft zerfällt in 150.000 auf den Namen lautende nennwertlose Stückaktien.[236]

Am Grundkapital sind die bisherigen Gesellschafter und künftigen Aktionäre wie folgt beteiligt:

G1 mit 50.000 auf den Namen lautende nennwertlosen Stückaktien im rein rechnerischen[237] Nennbetrag von 50.000 €.

G2 mit 100.000 auf den Namen lautende nennwertlosen Stückaktien im rein rechnerischen Nennbetrag von 100.000 €.

Mit Wirksamwerden des Formwechsels[238] wird das bisherige Stammkapital der Gesellschaft mit beschränkter Haftung zum Grundkapital der Aktiengesellschaft, wobei sich der Umfang und die Art der Beteiligung der bisherigen GmbH-Gesellschafter an der Aktiengesellschaft nach der zusammen mit diesem Beschluss festgestellten neuen Satzung[239] richten, die als Anlage zu diesem Beschluss vollumfänglich zum Beschlussinhalt gemacht wird.[240]

Es werden in Zusammenhang mit dem Formwechsel einzelnen Gesellschaftern keinerlei Sonderrechte oder Vorzüge gewährt.[241]

Sollte der Fall eintreten, dass ein Gesellschafter gegen diesen Formwechselbeschluss Widerspruch erklärt, bietet die Gesellschaft hiermit an, die in Zusammenhang mit dem Formwechsel neu geschaffenen Aktien des widersprechenden Gesellschafters an der Aktiengesellschaft gegen Zahlung einer Barabfindung in Höhe von … % des Nennwerts der Aktien zu erwerben.

Sollte auf Antrag des oder der widersprechenden Gesellschafter das zuständige Gericht eine abweichende Barabfindung bestimmen, so gilt diese als angeboten. Die Barabfindung ist zahlbar gegen Übertragung der Aktien des widersprechenden Gesellschafters auf die Gesellschaft. Der Abfindungsbetrag ist nach Ablauf des Tages, an dem der Formwechsel als durch das Registergericht bekannt gemacht gilt[242] mit 2 % über dem Basiszinssatz gemäß § 247 BGB zu verzinsen. Ein solches Angebot ist annehmbar lediglich binnen zwei Monaten seit dem Tag, an dem die Eintragung der neuen Rechtsform durch das Registergericht amtlich bekannt gemacht wurde. Sollte nach § 212 UmwG ein Antrag auf gericht-

---

236) Da durch den Verweis in § 197 UmwG hier die Gründungsvorschriften der Aktiengesellschaft entsprechend anwendbar sind, finden insoweit die §§ 6 ff. AktG Anwendung. Es ist daher – dies stellt einen nicht seltenen Fehler in der Praxis des Formwechsels dar – sorgfältig darauf zu achten, dass die Festsetzungen nach § 8 Abs. 1 AktG bezüglich der Festlegung auf Nennbetrags- oder Stückaktien sowie nach § 10 Abs. 1 AktG bezüglich der Festlegung, ob Inhaber- oder Namensaktien bestehen sollen, beachtet werden und vollständig in der neuen Satzung enthalten sind. Hier wurden dem gesetzlichen Regelfall (vgl. § 10 Abs. 1 AktG) entsprechend Namensaktien gebildet.

237) Zur Klarstellung im Hinblick auf § 8 Abs. 3 S. 3 AktG; dies stellt in der Praxis eine häufige Fehlerquelle dar, wenn nicht eindeutig unterschieden wird zwischen Nennbetragsaktien und Stückaktien mit einem lediglich virtuellen Nennbetrag.

238) Mit Eintragung der neuen Rechtsform (nicht etwa eines neuen Rechtsträgers!) in das Handelsregister, § 202 UmwG.

239) Die Satzung muss wie bei einer Neugründung den Erfordernissen des § 23 AktG genügen.

240) Gemäß §§ 243 Abs. 1, 218 UmwG muss die neu festzustellende Satzung Bestandteil des Umwandlungsbeschlusses sein.

241) Erforderlich im Hinblick auf §§ 194 Abs. 1 Nr. 5, 243 Abs. 1 UmwG.

242) Gemeint ist hier die amtliche Bekanntmachung nach § 10 HGB seitens des Registergerichts, inzwischen i. d. R. nur noch im elektronischen Bundesanzeiger.

liche Bestimmung der Höhe der Barabfindung gestellt werden, so kann das Angebot binnen zwei Monaten nach dem Tag angenommen werden, an dem die Entscheidung im Bundesanzeiger bekannt gemacht worden ist. Die Gesellschaft trägt im Fall der Angebotsannahme die Kosten für die notwendige Übertragung der Aktien.[243]

Der Formwechsel hat die folgenden Auswirkungen auf die Arbeitnehmer/innen und ihre Vertretungen:[244]

– Der Rechtsträger neuer Rechtsform setzt die bestehenden Arbeitsverhältnisse fort.[245]

– Darüber hinausreichende Maßnahmen sind für die Arbeitnehmerinnen und Arbeitnehmer nicht vorgesehen, wobei sich auch keinerlei Auswirkungen mitbestimmungsrechtlicher oder tarifvertraglicher Art ergeben. Da die Gesellschaft lediglich 200 Arbeitnehmer/innen beschäftigt, werden dem neu zu bildenden Aufsichtsrat keine Vertreter der Arbeitnehmer/innen angehören.[246]

– Die Organe, Ausschüsse und sonstigen Institutionen nach dem Betriebsverfassungsgesetz bleiben durch diesen Beschluss unberührt, der Betriebsrat bleibt im Amt. Bestehende Betriebsvereinbarungen und Tarifverträge bleiben von dem Formwechsel unberührt.[247]

Der neu einzurichtende Aufsichtsrat[248] wird wie folgt gebildet:

a. Herr X, geb. am ..., Köln, Kaufmann,

b. Frau Y, geb. am ..., Hamburg, Immobilienkauffrau,

c. Herr Z, geb. am ..., Berlin, Bankkaufmann.

---

243) Formulierung nach: *Moszka/Hübner*, in: Münchener Vertragshandbuch, Bd. 1, Muster XIII. 48; das Abfindungsangebot ist nach § 194 Abs. 1 Nr. 6 UmwG notwendiger Bestandteil des Umwandlungsbeschlusses und auch nicht per se entbehrlich, wenn alle Gesellschafter zustimmen; in diesem Fall kommt jedoch ein Verzicht auf das Barabfindungsgebot in Betracht, der analog §§ 208, 30 Abs. 2 UmwG der notariellen Beurkundung bedarf, Semler/Stengel/*Bärwaldt*, UmwG, § 194 Rz. 29 ff.; bedarf der Umwandlungsbeschluss jedoch zwingend der Zustimmung sämtlicher Gesellschafter oder ist an dem formwechselnden Rechtsträger nur ein Anteilsinhaber beteiligt, ist ein Barabfindungsangebot nach § 194 Abs. 1 Nr. 6 UmwG von vornherein entbehrlich.

244) Der insoweit gem. § 194 Abs. 1 Nr. 7 UmwG zwingende Inhalt des Formwechselbeschlusses dient der Arbeitnehmerinformation unabhängig von deren betriebsverfassungsrechtlicher Organisation, wobei die Arbeitnehmer/innen auch bei fehlender Zuleitung des Beschlusses an den Betriebsrat ein entsprechendes Einsichts- und Informationsrecht haben sollen, vgl. Semler/Stengel/*Bärwaldt*, UmwG, § 194 Rz. 30 ff.; das Registergericht führt hinsichtlich des Inhalts nach § 194 Abs. 1 Nr. 7 UmwG eine Plausibilitätskontrolle durch, vgl. *Melchior*, GmbHR 1996, 833; Semler/Stengel/*Bärwaldt*, UmwG, a. a. O.

245) Zum Teil wird insoweit formuliert, dass die mit der GmbH bestehenden Arbeitsverhältnisse von der Aktiengesellschaft übernommen werden; dies ist nach hier vertretener Ansicht insoweit missverständlich, als dass vor dem Hintergrund der Kontinuität des Rechtsträgers, also der Identität des Rechtsträgers neuer Rechtsform mit dem Rechtsträger alter Rechtsform eine „Übernahme" nicht erforderlich und auch nicht vorstellbar ist.

246) Formulierungsvorschlag insoweit nach *Limmer*, Teil 4 Rz. 674.

247) Formulierungsvorschlag insoweit nach *Moszka/Hübner*, in: Münchener Vertragshandbuch, Bd. 1, Muster XIII. 48.

248) § 197 Abs. 1 S. 2 UmwG erklärt im Interesse einer Verfahrensbeschleunigung die den Gründungsaufsichtsrat betreffenden Vorschriften des Aktienrechts für unanwendbar; eine Ausnahme bildet hingegen § 31 AktG, der für den Formwechsel in die Rechtsform einer Aktiengesellschaft ausdrücklich für anwendbar erklärt wird.

Die Bestellung dieses ersten Aufsichtsrates erfolgt für den Zeitraum bis zur Beendigung derjenigen Hauptversammlung, die über die Entlastung des Aufsichtsrates für das vierte Geschäftsjahr nach Beginn der Amtszeit des Aufsichtsrates beschließt.[249]

Zum Abschlussprüfer für das am ... endende Geschäftsjahr/Rumpfgeschäftsjahr bestellen wir hiermit einstimmig die ABC-Wirtschaftsprüfungsgesellschaft mbH mit dem Sitz in ...

Die Kosten dieser Urkunde und die darüber hinausgehenden Kosten des Formwechsels sowie die Kosten und Auslagen eines gerichtlich bestellten Gründungsprüfers[250] werden von der formwechselnden Gesellschaft bis zu einem Höchstbetrag von ... € übernommen.

Es wird festgestellt, dass Widerspruch gegen den einstimmig beschlossenen Formwechsel nicht erhoben wurde und dass alle im Eingang dieser Urkunde bezeichneten Erschienenen für den Formwechsel gestimmt haben.[251]

Sämtliche Erschienenen verzichten[252] hiermit ausdrücklich auf die Unterbreitung eines Abfindungsgebotes[253] sowie die Erstellung eines Umwandlungsberichtes.[254]

– Schlussbestimmungen, elektronisch beglaubigte Abschriften, Ausfertigungserteilung, Unterschriften, Beurkundungsvermerk[255] der Notarin –

Anlage zur Ur-Er ...

– *auszugsweise* Darstellung der festgestellten Satzung –

§ 3
(Grundkapital und Aktien)

Abs. 1: Das Grundkapital beträgt 150.000 €.

Abs. 2: Das Grundkapital zerfällt in 150.000 nennbetragslose Stückaktien.

Abs. 3: Die Aktien lauten auf den Namen.

---

249) Insoweit folgend dem Formulierungsvorschlag von *Limmer*, a. a. O.; gem. § 197 Abs. 1 S. 2 UmwG ist § 30 Abs. 1 AktG unanwendbar, wonach sich die Befugnis der Gründer zur Bestellung des ersten Aufsichtsrates auf den Zeitraum des ersten Voll- bzw. Rumpfgeschäftsjahres beschränkt, um der Kompetenz der ordentlichen Hauptversammlung nicht vorzugreifen; hinsichtlich der Amtszeit der bestellten Aufsichtsratsmitglieder ist jedoch § 102 Abs. 1 AktG zwingend zu beachten.

250) Erforderlich gem. §§ 245 Abs. 1 S. 2, 220 Abs. 3 UmwG, 33 Abs. 2 AktG.

251) Diese klarstellende Formulierung ist im Hinblick auf §§ 245 Abs. 1, 244 Abs. 1 UmwG zwingend erforderlich, weil diejenigen Personen, die für den Formwechsel gestimmt haben, den Gründern einer Aktiengesellschaft gleichgestellt werden.

252) In der Praxis ist vor allem innerhalb von Konzernen zugleich auch der Verzicht auf eine Klage gegen die Wirksamkeit des Umwandlungsbeschlusses üblich; in diesem Fall darf das Registergericht auch vor Ablauf der Klagefrist den Formwechsel durch Eintragung vollziehen, da die Negativerklärung gem. §§ 198 Abs. 3, 16 Abs. 2 UmwG dann bereits vor diesem Zeitpunkt wirksam in der Handelsregisteranmeldung abgegeben werden darf (die Formulierung im Anmeldetext dann entsprechend zu modifizieren ... verzichtet haben ..."; obwohl im Fall des Klageverzichts nach dem Gesetzeswortlaut keine Negativerklärung abgegeben werden muss, sollte dies aber auch in diesen Fällen aus dem Gesichtspunkt der Klarstellung heraus erfolgen.

253) Vgl. § 207 UmwG.

254) Auf die Erstattung dieses vom Vertretungsorgan des formwechselnden Rechtsträgers zu erstellenden Berichts kann gem. § 192 Abs. 3 UmwG durch notariell beurkundete Erklärung aller Anteilsinhaber verzichtet werden; ist nur ein Anteilsinhaber beteiligt, so ist die Berichterstattung nach § 192 Abs. 3 UmwG von vornherein entbehrlich.

255) Dieser muss sich auch auf die in der mitverlesenen Anlage befindliche Satzung der Aktiengesellschaft erstrecken.

Schulte

Abs. 4: → *Ausführungen zur Form der Aktienurkunde.*

Abs. 5: Das Grundkapital wird durch die formwechselnde Umwandlung der bisher in der Rechtsform der Gesellschaft mit beschränkter Haftung bestehenden Gesellschaft mit allen Aktiva und Passiva[256] erbracht.[257]

... weitere Protokollierung nach § 130 AktG ...

2. Handelsregisteranmeldung des Formwechsels in eine AG

Muster 227: Handelsregisteranmeldung   10.188

An das Amtsgericht Charlottenburg

– Handelsregister –

Hardenbergstraße 31

10623 Berlin

A: HRB ...

In der Registersache der Y-GmbH mit Sitz in Berlin melden wir als alleinvertretungsberechtigter Geschäftsführer[258] und zusammen als zukünftige zur gemeinschaftlichen Vertretung der Gesellschaft befugte Vorstandsmitglieder zur Eintragung in das Handelsregister an:

Die Y-GmbH mit dem Sitz in Berlin (AG Charlottenburg HRB ...) ist im Wege der formwechselnden Umwandlung in eine Aktiengesellschaft gleicher Firma[259] umgewandelt worden. Für die Gesellschaft in neuer Rechtsform der Aktiengesellschaft ist die beigefügte Satzung festgestellt worden.

Als Gründer der Aktiengesellschaft gelten gemäß § 245 Abs. 1 UmwG die folgenden bisherigen Gesellschafter:

... (Angabe mit Namen und Wohnorten)

Den ersten Aufsichtsrat bilden die folgenden Personen ...

Die abstrakte Vertretungsbefugnis lautet wie folgt:

Die Gesellschaft hat einen oder mehrere Vorstandsmitglieder, deren Anzahl der Aufsichtsrat bestimmt.[260] Ist mehr als ein Vorstandsmitglied bestellt, wird die Gesellschaft vertreten durch jeweils zwei Vorstandsmitglieder gemeinschaftlich oder ein Vorstandsmitglied in Gemeinschaft mit einem Prokuristen.

---

256) Diese Festsetzung ist nach § 245 Abs. 1 UmwG i. V. m. § 27 Abs. 1 AktG zwingend erforderlich und wird in der Praxis teilweise übersehen.

257) Vgl. hierzu auch *Limmer*, in: Limmer, Teil 4 Rz. 650.

258) Die Anmeldung hat gem. § 246 Abs. 1 durch das Vertretungsorgan des formwechselnden Rechtsträgers, d. h. durch die Geschäftsführung in vertretungsberechtigter Formation zu erfolgen; ergeben sich hinsichtlich der neu bestellten Vorstandsmitglieder hierzu personelle Veränderungen, haben auch diese neuen Organe gem. § 246 Abs. 2 UmwG den Formwechsel mit anzumelden.

259) Zwingend ist insoweit lediglich die Änderung des Rechtsformzusatzes von „GmbH" auf „AG", welche keine Änderung der Firma i. S. d. § 17 HGB darstellt; denkbar ist jedoch, dass zugleich mit der formwechselnden Umwandlung auch die Firma geändert wird, was aber eine entsprechende Berücksichtigung in der neu festzustellenden Satzung voraussetzt und was dann als separater Punkt anzumelden wäre.

260) Diese Festsetzung ist gem. §§ 197 UmwG, 23 Abs. 3 Ziff. 6 AktG zwingend erforderlich, wird aber in der Praxis leider oftmals übersehen, was die Unwirksamkeit der festgestellten Satzung zur Folge haben kann.

Einzelvertretungsbefugnis kann erteilt werden. Die Vorstandsmitglieder können von den Beschränkungen des § 181 Alt. 2 BGB befreit werden.[261]

Zu Vorstandsmitgliedern wurden bestellt: ...

Die Vorstandsmitglieder ... und ... vertreten die Gesellschaft gemeinschaftlich oder jeweils in Gemeinschaft mit einem Prokuristen.

– Versicherung der Vorstandsmitglieder gemäß § 37 Abs. 2 AktG –

Die inländische Geschäftsanschrift der Gesellschaft ist unverändert: ...[262]

Wir erklären zu vorstehender Anmeldung, dass eine Klage gegen die Wirksamkeit des Umwandlungsbeschlusses nicht erhoben worden ist.[263]

Alternativ:[264]

Wir erklären, dass – wie sich aus dem beigefügten Umwandlungsbeschluss ergibt – alle Gesellschafter auf eine Beschlussanfechtung ausdrücklich verzichtet haben.[265]

Als Anlagen fügen wir dieser Anmeldung bei:[266]

– elektronisch beglaubigte Abschrift der notariellen Urkunde über den Umwandlungsbeschluss mit festgestellter Satzung vom ... (UR Nr. ... der Notarin ...),

– elektronisch beglaubigte Abschrift des Nachweises über die Zuleitung des Entwurfs des Umwandlungsbeschlusses an den Betriebsrat am ...,

– elektronisch beglaubigte Abschrift des Aufsichtsratsbeschlusses vom ..., welcher die Bestellung der Vorstandsmitglieder enthält,

– Gründungsbericht der bisherigen Gesellschafter, die nach § 245 Abs. 1 UmwG als Gründer gelten,

– Prüfungsbericht der Mitglieder des Vorstandes und des Aufsichtsrates,[267]

– Prüfungsbericht des bestellten Gründungsprüfers bezüglich des Formwechsels,[268]

– tabellarische Aufstellung bezüglich der Berechnung des Gründungaufwandes,[269]

– Umwandlungsbericht nach § 192 UmwG.[270]

---

261) Die oftmals in der Praxis zu beobachtende Befreiung der Vorstandsmitgliedern von § 181 BGB auch in der ersten Alternative (also der vollumfänglichen Befreiung von § 181 BGB) ist wegen § 112 AktG unzulässig; möglich ist insoweit lediglich die Gestattung von Rechtsgeschäften mit sich als Vertreter Dritter (§ 181 Alt. 2 BGB).

262) Auch bei fehlender Veränderung der inländischen Geschäftsanschrift sollte diese sicherheitshalber mit angemeldet werden.

263) Gemäß §§ 198 Abs. 3, 16 Abs. 2 UmwG zwingend erforderlicher Bestandteil der Anmeldung.

264) Falls die materiell-rechtlichen Voraussetzungen insoweit vorliegen.

265) In diesem Fall kann eine Anmeldung bereits vor Ablauf der Anfechtungsfrist erfolgen, da eine Anfechtung des Umwandlungsbeschlusses von vornherein ausgeschlossen ist.

266) Vgl. hierzu auch den Anlagenkatalog bei *Limmer*, Teil 4 Rz. 675.

267) Erforderlich nach §§ 197 UmwG, 33 Abs. 1 AktG.

268) Erforderlich gem. § 197 UmwG i. V. m. §§ 33 Abs. 2, 34 AktG, sog. „externe Gründungsprüfung" im Gegensatz zur „internen" Gründungsprüfung durch die Organe der Gesellschaft gem. § 33 Abs. 1 AktG.

269) Erforderlich nach § 197 UmwG i. V. m. § 37 Abs. 4 Ziff. 2 AktG.

270) Soweit nicht gem. § 192 Abs. 2 UmwG in der erforderlichen Form (notarielle Beurkundung) seitens aller Anteilseigner darauf verzichtet wird.

– Beglaubigungsvermerk: Prof. Werner Haberle (pers. Daten) Heinrich Meyer (pers. Daten) –

– als Anlagen sind die in der Anmeldung bezeichneten Berichte und Prüfungsberichte, auf deren Musterabdruck hier verzichtet und insoweit auf den die Gründung der Aktiengesellschaft betreffenden Teil des Werkes verwiesen wird, beizufügen –

II. Formwechsel einer Gesellschaft mit beschränkter Haftung (GmbH) in eine GmbH & Co. KG

Eine in der Praxis häufig zu beobachtende Variante des Formwechsels ist der Formwechsel der GmbH in die GmbH & Co. KG, welche als umwandlungsrechtliche Option neben der Variante der Neugründung einer Kommanditgesellschaft durch den Beitritt eines oder mehrerer Kommanditisten unter Entstehung einer GmbH & Co. KG existiert. **10.189**

Umwandlungsfähig ist zunächst jede – auch eine überschuldete – GmbH mit dem Satzungssitz in Deutschland, sofern nicht innerhalb der Europäischen Union oder des EWR eine grenzüberschreitende formwechselnde Sitzverlegung unter Formwechsel in eine inländische GmbH & Co. KG erfolgen soll. Im Hinblick auf § 191 Abs. 3 UmwG ist der Formwechsel auch bei aufgelösten möglich, so dass auch eine sich im Liquidationsstadium befindliche KG im Wege des Formwechsels in eine GmbH & Co. KG umgewandelt werden könnte. **10.190**

Der Formwechsel in eine GmbH & Co. KG setzt gem. § 228 Abs. 1 UmwG zusätzlich voraus, dass bezüglich des Unternehmensgegenstandes die Voraussetzungen für die Gründung einer Handelsgesellschaft nach § 105 Abs. 1 HGB erfüllt werden, weil sonst mit dem Wirksamwerden des Formwechsels erreicht werden könnte, dass Gesellschaften ohne den Betrieb eines Handelsgewerbes gem. § 105 Abs. 2 HGB zur OHG werden könnten. Da das Umwandlungsgesetz bei Formwechsel der Kapitalgesellschaft in die Rechtsform der Personenhandelsgesellschaft grundsätzlich davon ausgeht, dass die Gesellschafter der formwechselnden Kapitalgesellschaft auch nach Wirksamwerden des Formwechsels Gesellschafter der neuen Rechtsform werden, müssen diese auch die an die Gesellschaftereigenschaft einer Personenhandelsgesellschaft zu stellenden Kriterien erfüllen. Dies trifft für sämtliche natürlichen und juristischen Personen sowie darüber hinaus auch für die Personenhandelsgesellschaften des HGB und die Gesellschaft bürgerlichen Rechts (BGB-Gesellschaft), nicht aber etwa für die Erbengemeinschaft zu. **10.191**

Für den Formwechsel einer GmbH in eine GmbH & Co. KG erforderlich sind neben dem Umwandlungsbeschluss gem. § 193 UmwG auch der Umwandlungsbericht nach § 192 UmwG, sofern auf den Bericht nicht allseits verzichtet wird. Der Umwandlungsbericht muss neben dem Entwurf des Umwandlungsbeschlusses (vgl. § 192 Abs. 1 S. 3 UmwG) Angaben zur künftigen Beteiligung der Gesellschafter an dem Rechtsträger in neuer Rechtsform enthalten sowie auch auf Bewertungsfragen eingehen, soweit dies für den zu fassenden Formwechselbeschluss relevant werden kann. **10.192**

Der Formwechselbeschluss muss den Mindestinhalt gem. §§ 194, 234 UmwG und den Gesellschaftsvertrag der neuen Rechtsform enthalten. Bis auf den Rechtsformzusatz darf die bisherige Firma beibehalten werden, wobei bei Fortführung einer den Namen eines ausscheidenden Gesellschafters enthaltenden Firma dessen Zustimmung zur Firmenfortführung nach § 200 Abs. 3 UmwG erforderlich ist. Zur Vorbereitung der Beschlussfassung gehören neben der Ladung nach den Vorschriften des GmbH-Gesetzes die Zugänglichmachung eines erstatteten Umwandlungsberichts in der Gesellschafterversammlung gem. **10.193**

§ 232 Abs. 1 UmwG und – falls ein solcher vorhanden ist – die Zuleitung eines Entwurfs des Umwandlungsbeschlusses an den Betriebsrat gem. § 194 Abs. 2 UmwG. Die Mehrheitserfordernisse in der Gesellschafterversammlung, welche den Formwechselbeschluss fassen soll, richten sich nach § 233 Abs. 2 UmwG, die Beschlussfassung muss nach § 193 Abs. 3 UmwG notariell beurkundet werden. Der Formwechsel wird wirksam mit seiner Handelsregistereintragung gem. § 202 UmwG.

1. Formwechselbeschluss

10.194 **Muster 228: Formwechsel: Umwandlung einer GmbH in GmbH & Co. KG – Formwechselbeschluss**

Heute, den ..., erschien vor mir, ..., Notarin ... in ..., in meinen Amtsräumen in Potsdam

1) Frau X ... [Name/Geburtsdatum/Anschrift]

Frau X erklärte, nachfolgend als alleinvertretungsberechtigte und von den Beschränkungen des § 181 BGB befreite Geschäftsführerin der Y-GmbH mit dem Sitz in Berlin (AG Charlottenburg HRB 12345 b) sowie zugleich als Mit-Gesellschafterin der Y-GmbH sowie als alleinvertretungsberechtigte und von den Beschränkungen des § 181 BGB befreite Geschäftsführerin der Y & Z Verwaltungs GmbH mit dem Sitz in Berlin (AG Charlottenburg HRB 987654 b) zu handeln.

2) Herr Z-... [Name/Geburtsdatum/Anschrift], erklärend, als Mit-Gesellschafter der Y-GmbH mit dem Sitz in Berlin (AG Charlottenburg HRB 12345 b) im eigenen Namen handeln zu wollen.

Die von den Erschienenen zu 1) und 2) abgegebenen Erklärungen werden nachfolgend wie folgt beurkundet.

Vorbemerkungen:

Die Erschienenen sind am 31.000 EUR betragenden Stammkapital der Y-GmbH mit dem Sitz in Berlin (AG Charlottenburg HRB 12345 b) als Gesellschafter wie folgt mit jeweils vollständig eingezahlten Geschäftsanteilen beteiligt:

a.   Die Erschienene zu 1) mit einem Geschäftsanteil von 15.000 EUR (Geschäftsanteil Nr. 1),

b.   Der Erschienene zu 2) mit einem Geschäftsanteil von 15.000 EUR (Geschäftsanteil Nr. 2),

c.   Die von der Erschienenen zu 1) vertretene Y & Z Verwaltungs GmbH mit einem Geschäftsanteil von 1.000 EUR (Geschäftsanteil Nr. 3).

Die Erschienenen treten als vollständige Gesellschafter unter Verzicht auf die Einberufungsfrist und sämtliche Einberufungsformalia zu einer Gesellschafterversammlung zusammen und fassen einstimmig den folgenden Umwandlungsbeschluss nach Maßgabe der §§ 190 ff., 226 f., 228 ff. UmwG.

Die Y-GmbH wird im Wege des Formwechsels umgewandelt in einer Kommanditgesellschaft in Firma Y & Z GmbH & Co. KG mit dem Sitz in Berlin. Komplementärin der Gesellschaft in neuer Rechtsform ohne eigenen Kapitalanteil ist die Y & Z Verwaltungs GmbH mit dem Sitz in Berlin (AG Charlottenburg HRB 987654 b). Kommanditisten der neuen Rechtsform werden, jeweils mit einer der Haftsumme entsprechenden Kommanditeinlage i. H. v. jeweils 15.000 EUR

a)   Die Erschienene zu 1)

b)   Der Erschienene zu 2).

Den Gesellschaftern werden die folgenden Kapitalkonten zugewiesen, wobei die gesellschaftsvertragliche Gewinnverteilung dem Verhältnis der Kapitalkonten zueinander entsprechen soll: ...

Die Kommanditeinlagen gelten als durch das von den Gesellschaftern repräsentierte Eigenkapital der formwechselnden Gesellschaft erbracht.

Die Erschienenen bzw. von diesen vertretenen Gesellschafter der neuen Rechtsform stellen den in der Anlage befindlichen Gesellschaftsvertrag, welcher als mit beurkundete Anlage zum Bestandteil dieses Beschlusses gemacht wird, fest.

Besondere Rechte oder Vorteile gem. § 194 Abs. 1 Nr. 5 UmwG werden nicht gewährt.

Bei der GmbH bestehen weder Arbeitsverhältnisse noch ein Betriebsrat. [alternativ: es bestehen die folgenden Arbeitsverhältnisse, welche durch den Formwechsel nicht berührt und davon unbeeinträchtigt fortgeführt werden. Ein Betriebsrat besteht nicht.]

Alle Erschienenen und die von den erschienenen Vertretenen stimmen der vorstehenden Beschlussfassung einschließlich der mit beurkundeten Anlage zu. Sie verzichten sogleich auf die Erstattung eines Umwandlungsberichts sowie auf die Erhebung einer Klage gegen die Wirksamkeit des vorstehenden Beschlusses.

Die mit dieser Urkunde verbundenen Kosten (geschätzter Umfang ... EUR) trägt die Gesellschaft.

– Notarielle Beurkundungsvermerke, Belehrungen, Unterschriften –

– mit beurkundete Anlage: Gesellschaftsvertrag der GmbH & Co. KG –

2.   Handelsregisteranmeldung des Formwechsels in GmbH & Co. KG

Muster 229: Formwechsel: Umwandlung einer GmbH in GmbH & Co. KG –   10.195
Handelsregisteranmeldung:

An das Amtsgericht Charlottenburg

– Handelsregister –

Hardenbergstraße 31

10623 Berlin

HRB 12345 b

In der Registersache der Y-GmbH mit Sitz in Berlin melden wir als alleinvertretungsberechtigte und von den Beschränkungen des § 181 BGB befreite Geschäftsführerin der Gesellschaft sowie zusammen als zur Eintragung in das Handelsregister an:

Die Y-GmbH mit dem Sitz in Berlin (AG Charlottenburg HRB ...) ist infolge des Umwandlungsbeschlusses vom ... (UR Nr. ... der Notarin ... in Potsdam im Wege der formwechselnden Umwandlung in eine GmbH & Co. KG in Firma Y & Z GmbH & Co. KG mit dem Sitz in Berlin umgewandelt worden. Für die Gesellschaft in neuer Rechtsform ist der beigefügte und zusammen mit dem Formwechselbeschluss beurkundete Gesellschaftsvertrag festgestellt worden.

Persönlich haftende Gesellschafterin ist die Y & Z Verwaltungs GmbH mit dem Sitz in Berlin (AG Charlottenburg HRB 987654 b).

Kommanditisten sind die folgenden Personen, jeweils mit den genannten Kommanditeinlagen (Haftsummen):

a.   Frau X [Name, Vorname, Geburtsdatum, Wohnort]

b.   Herr Z [Name, Vorname, Geburtsdatum, Wohnort].

Die inländische Geschäftsanschrift, welche mit der Lage der Geschäftsräume gem. § 24 HRV identisch ist, befindet sich unverändert in …

Die abstrakte Vertretungsbefugnis lautet wie folgt: Jede Komplementärin vertritt die Gesellschaft allein.

Die konkrete Vertretungsbefugnis lautet: Die Komplementärin Y & Z Verwaltungs GmbH mit dem Sitz in Berlin (AG Charlottenburg HRB 987654 b) sowie deren jeweilige Geschäftsführer vertreten die Gesellschaft stets allein und sind auch im Verhältnis zur Kommanditgesellschaft von den Beschränkungen des § 181 BGB vollumfänglich befreit.

Gegenstand der Kommanditgesellschaft ist: …

Wir erklären ergänzend, dass eine Klage gegen die Wirksamkeit des Umwandlungsbeschlusses infolge wirksamer, formgerecht abgegebener Verzichtserklärungen ausgeschlossen ist.

Wir überreichen zu der vorstehenden Handelsregisteranmeldung die folgende Anlage:

–   elektronisch beglaubigte Abschrift der notariellen Urkunde betreffend den Formwechselbeschluss einschließlich des festgestellten Gesellschaftsvertrages neuer Rechtsform als mit beurkundeter Anlage (UR Nr. … der Notarin …).

Nach erfolgter Handelsregistereintragung um Übersendung eines beglaubigten chronologischen Handelsregisterausdrucks zu Händen der beglaubigenden Notarin gebeten.

[Unterschriften/notarieller Beglaubigungsvermerk]

E.   Ausgewählte Spaltungsvorgänge

10.196 Neben den Verschmelzungsvorgängen[271] spielen auch die Spaltungsvorgänge in der umwandlungsrechtlichen Praxis eine bedeutende Rolle. „Spaltung" ist insoweit der vom Umwandlungsgesetz verwendete Oberbegriff (vgl. § 123 UmwG) der drei Spaltungsvarianten „Aufspaltung", Abspaltung" und „Ausgliederung". Wie bei den Verschmelzungsvorgängen werden auch bei der Spaltung die Begriffe „übertragender Rechtsträger" und „übernehmender Rechtsträger"[272] (oder „neuer Rechtsträger")[273] verwendet, wobei es bei den Spaltungsvorgängen im Gegensatz zu den Verschmelzungsvorgängen nicht zu einer vollständigen Universalsukzession, sondern zu einer „partiellen Gesamtrechtsnachfolge"[274] seitens des übernehmenden Rechtsträgers im Verhältnis zum übertragenden Rechtsträgers kommt. Zentrale Norm für den jeweiligen Spaltungs- und Übernahmevertrag ist § 126

---

271) Siehe oben Abschnitt C.
272) Dies können auch mehrere übernehmende Rechtsträger sein.
273) Sofern es sich um eine Verschmelzung zur Neugründung handelt.
274) Hierzu ausführlich etwa Habersack/Wicke/*Henssler*/*Verse*, UmwG, § 123 Rz. 4 ff.

UmwG, welcher zugleich den notwendigen Mindestinhalt normiert. Ist zunächst nur ein Rechtsträger an einem Spaltungsvorgang beteiligt (etwa eine Spaltung zur Neugründung), spricht man statt von einem „Spaltungs- und Übernahmevertrag" von einem „Spaltungsplan".

Bei der **„Aufspaltung"** (vgl. § 123 Abs. 1 UmwG) handelt es sich um den in der Praxis **10.197** eher selten zu beobachtenden Fall, dass das Vermögen des übertragenden Rechtsträgers vollständig aufgeteilt im Rahmen partieller Gesamtrechtsnachfolge auf mindestens zwei (bestehende oder neu zugründende) Rechtsträger übergeht, wobei der übertragende Rechtsträger mit Wirksamwerden dieses Vorgangs erlischt.[275] Es kommt zu einer Übertragung des Vermögens in mindestens zwei Teilen,[276] wobei die Gesellschafter der übertragenden Gesellschaft als Kompensation für das Erlöschen der übertragenden Gesellschaft Anteile an den übernehmenden bzw. neuen Rechtsträgern erhalten, sofern insoweit keine Ausnahme von der Pflicht zur Anteilsgewährung vorliegt. Dies sind vor allem die Fallgruppen, dass ein übernehmender Rechtsträger Inhaber sämtlicher Anteile am übertragenden Rechtsträger ist (vgl. §§ 125 S. 1, 54 Abs. 1 S. 1 Nr. 1, 68 Abs. 1 S. 1 Nr. 1, 131 Abs. 1 Nr. 3 UmwG) oder – was im Bereich von Konzernen häufig zu beobachten ist – dass sämtliche Anteilsinhaber des übertragenden Rechtsträgers auf eine Gewährung von Anteilen an den aufnehmenden bzw. neuen Rechtsträgern verzichten (vgl. §§ 125 S. 1, 54 Abs. 1 S. 3, 68 Abs. 1 S. 3 UmwG).[277] Ein Verzicht auf Anteilsgewährung wird üblicherweise dann in Betracht gezogen, wenn die Struktur der Beteiligungsverhältnisse bei dem übertragenden Rechtsträger derjenigen bei den übernehmenden bzw. neuen Rechtsträgern entspricht.[278] Die Frage, welche Vermögensteile auf welchen übernehmenden Rechtsträger übergehen, wird durch die exakte Zuordnung des jeweiligen Vermögensteils im Spaltungs- und Übernahmevertrag bzw. Spaltungsplan geklärt (vgl. §§ 126 Abs. 1 Nr. 9, Abs. 2, 135 Abs. 1, 136 S. 2 UmwG).[279]

Bei der **„Abspaltung"** werden seitens des übertragenden Rechtsträgers Vermögensteile auf **10.198** einen (oder mehrere) aufnehmende oder neu zu gründende Rechtsträger übertragen, wobei der übertragende Rechtsträger bestehen bleibt. Die Zuordnung der einzelnen Vermögensteile, also die Fragestellung, welcher Teil des Gesellschaftsvermögens bei dem übertragenden Rechtsträger verbleibt und welcher Teil auf welchen übernehmenden oder neu zu gründenden Rechtsträger übergeht ist wie bei der Aufspaltung zwingender Gegenstand des Spaltungs- und Übernahmevertrages bzw. des Spaltungsplans (vgl. §§ 126 Abs. 1 Nr. 9, Abs. 2, 135, 136 S. 2 UmwG).[280] Die Gewährung von Anteilen an dem übernehmenden Rechtsträger (bzw. den übernehmenden Rechtsträgern) oder dem/den neu zu gründenden Rechtsträger/n erfolgt in vergleichbarer Weise wie bei der Aufspaltung (siehe oben). Bei der Abspaltung zur Neugründung (§ 123 Abs. 1 Nr. 2 UmwG) werden die an dem neu zu gründenden Rechtsträger entstehenden Anteile an die Gesellschafter des übertragenden Rechtsträgers gewährt, bei der Abspaltung zur Aufnahme an dem aufnehmenden Rechtsträger, wobei diese bei der aufnehmenden Kapitalgesellschaft durch eine Kapitalerhöhung geschaffen werden. Ausnahmen bestehen auch in dieser Konstellation dann, wenn eine Abspaltung auf die Muttergesellschaft vorliegt (vgl. §§ 125 S. 1, 54 Abs. 1 S. 1 Nr. 1, 68 Abs. 1, 131 Abs. 1 Nr. 3 UmwG), soweit eine nicht-verhältniswahrende „Spaltung zu Null" (vgl.

---

275) § 123 Abs. 1 UmwG „... *unter Auflösung ohne Abwicklung* ..."; § 131 Abs. 1 Nr. 2 UmwG.
276) Habersack/Wicke/*Henssler/Verse*, UmwG, § 123 Rz. 55.
277) Siehe hierzu Habersack/Wicke/*Henssler/Verse*, UmwG, § 123 Rz. 60.
278) Habersack/Wicke/*Henssler/Verse*, a. a. O.
279) Vgl. hierzu etwa Habersack/Wicke/*Henssler/Verse*, UmwG, § 123 Rz. 55.
280) Vgl. hierzu etwa Habersack/Wicke/*Henssler/Verse*, UmwG, § 123 Rz. 66.

zur Zulässigkeit der nicht-verhältniswahrenden Spaltung etwa §§ 126 Abs. 1 Nr. 10 und 128 UmwG) vorliegt, soweit der übertragende Rechtsträger nicht voll eingezahlte Anteile am übernehmenden Rechtsträger besitzt (§§ 125 S. 1, 54 Abs. 1 S. 1 Nr. 3, 68 Abs. 1 S. 1 Nr. 3 UmwG) oder etwa und soweit[281] ein Verzicht seitens der Gesellschafter des übertragenden Rechtsträgers auf Gewährung von Anteilen gegeben ist (vgl. hierzu etwa §§ 125 S. 1, 54 Abs. 1 S. 3, 68 Abs. 1 S. 3 UmwG für den Bereich der Kapitalgesellschaften als übertragender Rechtsträger). Ist bei dem übertragenden Rechtsträger der durch die übergehenden Teile seines Vermögens entstehende Kapitalverlust so groß, dass eine Unterbilanz droht, muss dieser zwingend im Zuge der Abspaltung eine Kapitalherabsetzung durchführen (vgl. §§ 145, 139 UmwG).[282]

10.199 Bei der „**Ausgliederung**" erfolgt die Übertragung der Vermögensteile zur Aufnahme oder Neugründung zunächst in gleicher Weise wie bei der Abspaltung zur Aufnahme/Neugründung. Im Unterschied zur Abspaltung erhalten jedoch nicht die Gesellschafter des übertragenden Rechtsträgers zur Kompensation des übergehenden Gesellschaftsvermögens Anteile an dem übernehmenden oder dem neuen Rechtsträger, sondern der übertragende Rechtsträger erhält diese selbst, diese gehen damit also in dessen Vermögen über. Man spricht bei der Ausgliederung im Gegensatz zur Abspaltung auch von einer „vertikalen Spaltung" (im Gegensatz zur „horizontalen" Spaltung), da das ausgegliederte Vermögen im Normalfall „eine Ebene nach unten" verlagert wird.[283]

10.200 Ausgliederungen außerhalb des Umwandlungsrechts im Wege der Einzelrechtsnachfolge sind neben der umwandlungsrechtlichen Ausgliederung zulässig, da § 123 Abs. 3 UmwG insoweit keine abschließende Regelung enthält.[284] Insoweit haben die Beteiligten ein Wahlrecht.[285]

10.201 Aufgrund der Vielzahl der einzelnen Spaltungsvarianten soll sich die nachfolgende Darstellung auf die beiden in der Praxis besonders häufig zu beobachtenden Vorgänge der Abspaltung zur Aufnahme im GmbH-Bereich[286] sowie die Ausgliederung aus dem Vermögen eines Einzelkaufmanns (e. K.) zur Neugründung einer Gesellschaft mit beschränkter Haftung (GmbH) beschränken.

I. Abspaltung von Vermögensteilen einer GmbH auf eine andere GmbH durch Aufnahme

10.202 Bei den Spaltungsvorgängen ist im GmbH-Bereich als in der Praxis am Häufigsten zu beobachtender Vorgang die Abspaltung aus dem Vermögen des übertragenden Rechtsträgers zur Aufnahme auf eine bestehende GmbH zu beobachten. Aus dem Vermögen der

---

281) Nach der h. M. soll nicht zwingend ein Universalverzicht sämtlicher Anteilsinhaber notwendig sein, sondern es soll auch möglich sein, dass nur einzelne Anteilsinhaber auf die Gewährung von Anteilen verzichten (siehe hierzu *J. Schmidt*, in: Münchener Hdb. des Gesellschaftsrechts, Bd. 8, § 22 Rz 19 m. umfangreichen w. N.

282) Habersack/Wicke/*Henssler/Verse*, UmwG, § 123 Rz. 68, 68.1., auch zu der Frage nach den Folgen der möglichen Notwendigkeit einer Auflösung der „eisernen 10 %-Reserve" gem. §§ 58a Abs. 2 GmbHG und § 229 Abs. 2 AktG.

283) Habersack/Wicke/*Henssler/Verse*, UmwG, § 123 Rz. 72.

284) Siehe hierzu etwa *J. Schmidt*, in: Münchener Hdb. des Gesellschaftsrechts, Bd. 8, § 20 Rz. 16 m. w. N. auch zur Frage einer von der h. M. abgelehnten analogen Anwendung umwandlungsrechtlicher Vorschriften auf die Einzelrechtsnachfolge.

285) *J. Schmidt*, a. a. O.

286) Sowohl die abspaltende als auch die aufnehmende Gesellschaft sollen Gesellschaften mit beschränkter Haftung (GmbH's) sein.

übertragenden Gesellschaft werden Vermögensteile[287] zur Aufnahme auf die übernehmende GmbH übertragen (vgl. §§ 125 ff. UmwG).

Erforderlich ist zunächst ein Spaltungs- und Übernahmevertrag gem. § 126 UmwG zwischen der spaltenden GmbH und der übernehmenden GmbH auf der Grundlage einer Schlussbilanz nach §§ 125, 17 Abs. 2 UmwG. Der Vertrag ist durch die Vertretungsorgane der beteiligten Rechtsträger abzuschließen und bedarf der notariellen Beurkundung gem. §§ 125, 6 UmwG. Da die Spaltung auf der Grundlage einer Spaltungsbilanz erfolgt, ist zur Vorbereitung der Beschlussfassung eine Bilanz des übertragenden Rechtsträgers aufzustellen (§§ 125, 17 Abs. 2 UmwG), welche dann prüfungspflichtig ist, wenn der übertragende Rechtsträger auch bezüglich seiner turnusgemäß zu erstellenden Bilanz der Prüfungspflicht unterliegt. Die Bilanz wird in der Regel so zu wählen sein, dass der Bilanzstichtag dem Spaltungsstichtag gem. § 126 Abs. 1 Nr. 6 UmwG um einen Tag vorhergeht. Wird – was in der Praxis den Regelfall darstellt – als Spaltungsbilanz des übertragenden Rechtsträgers dessen letzte Jahresbilanz gewählt, welche auf den 31.12. des ablaufenden Kalenderjahres aufgestellt wird,[288] so wird dann der 1.1. des neuen Geschäftsjahres als Spaltungsstichtag gewählt. **10.203**

Der Spaltungs- und Übernahmevertrag muss den Mindestinhalt gem. §§ 125, 126, 46, 29 Abs. 1 UmwG haben.[289] Der Vertrag wird im Regelfall zeitlich vor den zustimmenden Beschlüssen der Gesellschafterversammlungen der beteiligten Rechtsträger abgeschlossen, so dass diese dann dem vorliegenden Vertrag zustimmen können; denkbar ist es aber gem. §§ 125, 4 UmwG auch, dass die Gesellschafterversammlungen zunächst einem Entwurf des Spaltungs- und Übernahmevertrages zustimmen und der eigentliche Vertragsschluss dann später erfolgt. Wird letztere Variante gewählt, so darf der geschlossene Vertrag inhaltlich nicht von dem Entwurf, welcher Gegenstand der Zustimmungsbeschlüsse gewesen ist, abweichen. **10.204**

Eine zentrale Bestimmung zum notwendigen Inhalt des Spaltungs- und Übernahmevertrages, womit sich dieser Vorgang in erheblicher Weise von den Verschmelzungsvorgängen abgrenzt, stellt die Regelung gem. § 126 Abs. 1 Nr. 9 UmwG dar. Hiernach ist eine genaue Bezeichnung und die Aufteilung der Gegenstände des Aktiv- und Passivvermögens der jeweils im Rahmen des Spaltungsvorgangs übertragenden Gegenstände erforderlich, was deren Bezeichnung in einer Weise erfordert, die dem sachenrechtlichen Bestimmtheitsgrundsatz entspricht. Dasselbe gilt auch für die Zuordnung von Betrieben und Betriebsteilen entweder als bei dem übertragenden Rechtsträger verbleibend oder auf den übernehmenden Rechtsträger übergehend. **10.205**

Grundstücke müssen gem. § 126 Abs. 2 S. 2 UmwG, § 28 GBO unter Hinweis auf das jeweilige Grundbuchblatt in Übereinstimmung mit den nach der GBO vorgesehenen Angaben übertragen werden.[290] **10.206**

Sofern der Spaltungs- und Übernahmevertrag auf andere Urkunden Bezug nimmt, sind diese nach Maßgabe des § 126 Abs. 2 UmwG dem beurkundeten Vertrag als Anlagen beizufügen.[291] **10.207**

---

287) Bzw. Unternehmensteile oder Teilbetriebe.
288) Hierbei soll vorausgesetzt werden, dass das satzungsgemäße Geschäftsjahr mit dem Kalenderjahr identisch ist.
289) Siehe hierzu *Schwedhelm*, Rz. 749 ff.
290) *Schwedhelm*, Rz. 51.
291) Siehe hierzu *Schwedhelm*, a. a. O.

10.208 Im Sonderfall der §§ 125, 29 Abs. 1 S. 2 UmwG ist den widersprechenden Anteileignern ein Abfindungsangebot zu unterbreiten.

10.209 Die nach § 126 Abs. 1 Nr. 4 UmwG erforderliche Regelung zu den „Einzelheiten der Übertragung der Anteile" kann auch die steuerrechtlichen Rechtsfolgen beinhalten.[292]

10.210 Die Aufnahme einer Schiedsklausel in den Spaltungs- und Übernahmevertrag ist zulässig.[293]

10.211 Der Spaltungs- und Übernahmevertrag kann gem. §§ 125, 7 UmwG unter einer aufschiebenden Bedingung abgeschlossen und zeitlich bis zum jeweiligen Zustimmungsbeschluss der Gesellschafterversammlungen der beteiligten Rechtsträger formfrei aufgehoben oder unter Beachtung der erforderlichen Form[294] geändert werden.[295]

10.212 In arbeitsrechtlicher Hinsicht muss der Spaltungs- und Übernahmevertrag gem. § 126 Abs. 1 Nr. 11 UmwG die Folgen des Spaltungvorgangs für die Arbeitnehmer/innen[296] beschreiben. Gemäß § 126 Abs. 3 UmwG ist der Vertrag oder (in der Variante der Entwurfs-Zustimmung nach §§ 125, 4 UmwG) sein Entwurf spätestens ein Monat vor dem Zustimmungsbeschluss der Anteilsinhaber (§§ 125, 13 UmwG) dem Betriebsrat des jeweils beteiligten Rechtsträgers zuzuleiten. Dabei ist die Zuleitung selbst nicht verzichtbar, auf die Fristeinhaltung kann allerdings seitens des Betriebsrates verzichtet werden. Besteht kein Betriebsrat, entfällt diese Verpflichtung naturgemäß.

10.213 Seitens der Vertretungsorgane der am Spaltungsvorgang beteiligten Rechtsträger ist grundsätzlich ein Spaltungsbericht zu erstellen (§ 127 UmwG), sofern nicht gem. §§ 127 S. 2, 8 Abs. 3 UmwG seitens sämtlicher Anteilsinhaber aller beteiligten Rechtsträger in notariell beurkundeter Form verzichtet wird.[297]

10.214 Prüfungspflichtig ist der Spaltungs- und Übernahmevertrag nur dann, wenn dies seitens eines Gesellschafters binnen einer Woche nach erfolgter Vorlage von Spaltungsbericht und Vertrag verlangt wird.[298]

10.215 Die Zustimmung der Gesellschafterversammlungen der beteiligten Rechtsträger erfolgt nach Maßgabe der §§ 125, 13 Abs. 1 UmwG mit der erforderlichen Mehrheit gem. §§ 125, 50 UmwG.[299]

10.216 Die übernehmende Gesellschaft führt im Zuge des Abspaltungsvorgangs regelmäßig eine Kapitalerhöhung durch, da die Gesellschafter der übertragenden Gesellschaft zum Ausgleich für die übergehenden Vermögensteile Geschäftsanteile an der übernehmenden Gesellschaft erhalten.[300]

---

292) *Schwedhelm*, Rz. 757.

293) Kallmeyer/*Sickinger*, UmwG, § 126 Rz. 63a.

294) Notarielle Beurkundung gem. §§ 125, 6 UmwG.

295) Lutter/*Priester*, UmwG, § 126 Rz. 96; *Schwedhelm*, Rz. 761.

296) Dies betrifft etwa die Regelung zum Übergang der Arbeitsverhältnisse nach § 613a BGB.

297) Die Abgabe einer solchen Verzichtserklärung, welche eine Willenserklärung darstellt, ist allerdings nicht im Rahmen eines Tatsachenprotokolls nach § 130 AktG bzw. §§ 36 ff. BeurkG möglich; sollten diese Beurkundungsformen gewählt werden müssen (vgl. § 130 AktG) oder fakultativ gewählt werden sollen (§§ 36 ff. BeurkG im GmbH-Bereich), so muss die Verzichtserklärung separat hiervon notariell beurkundet werden.

298) §§ 125, 48 UmwG; *Schwedhelm*, Rz. 805.

299) Zu den Einzelheiten hierzu vgl. etwa *Schwedhelm*, Rz. 811 ff.

300) Im Gegensatz etwa zur Ausgliederung, bei welcher nicht die Gesellschafter der übertragenden Gesellschaft, sondern die übertragende Gesellschaft selbst Geschäftsanteile an der übernehmenden Gesellschaft erhält, welche dann gewissermaßen im Gesellschaftsvermögen der übertragenden Gesellschaft an Stelle der übergehenden Vermögensteile treten.

Schulte

II. Abspaltung aus dem Vermögen einer GmbH zur Aufnahme auf eine weitere GmbH mit Kapitalerhöhung bei dem aufnehmenden Rechtsträger

Sachverhalt: Für das nachfolgende Muster eines Verschmelzungsvorgangs zur Aufnahme unter Beteiligung von zwei Gesellschaften mit beschränkter Haftung (GmbH's) soll der nachfolgende Sachverhalt gewählt werden: **10.217**

Der Gesellschafter X ist Alleingesellschafter und alleinvertretungsberechtigter sowie von den Beschränkungen des § 181 BGB befreiter Geschäftsführer der X-GmbH mit einem Stammkapital von 1,0 Mio. EUR., welche ein Grundstück im Wert von 1 Mio. EUR auf die Y-GmbH, deren Alleingesellschafter der Y ist, im Wege der Abspaltung zur Aufnahme abspaltet. Y ist zugleich alleinvertretungsberechtigter und vollständig von § 181 BGB befreiter Geschäftsführer der Y-GmbH. X erhält im Gegenzug einen Geschäftsanteil am aufnehmenden Rechtsträger in Höhe von 1,0 Mio. EUR, welcher durch eine Kapitalerhöhung bei diesem geschaffen werden soll. Das bei der übertragenden Gesellschaft nach Wirksamwerden des Spaltungsvorgangs noch bilanziell verbleibende Eigenkapital übersteigt das nominelle Stammkapital von 1,0 Mio. EUR um ein Vielfaches, so dass bei der übertragenden Gesellschaft keine Kapitalherabsetzung erforderlich ist. **10.218**

1. Spaltungs- und Übernahmevertrag

Muster 230: Spaltungs- und Übernahmevertrag mit Zustimmungsbeschlüssen der Gesellschafterversammlungen der übertragenden und der aufnehmenden Gesellschaft einschließlich Kapitalerhöhung beim aufnehmenden Rechtsträger:[301] **10.219**

[notarielle Eingangsvermerke]

Vor dem unterzeichnenden Notar *** in ... erschienen:

a) Herr X ... [Personalien]

Der Erschienene zu a) erklärte, er sei alleiniger Gesellschafter der im Handelsregister des AG Charlottenburg zu HRB 12345 b eingetragenen X-GmbH mit dem Sitz in Berlin und handele sogleich als deren alleinvertretungsberechtigter und vollumfänglich von § 181 BGB befreiter Geschäftsführer,

b) Herr Y ... [Personalien]

Der Erschienene zu b) erklärte, er sei alleiniger Gesellschafter der im Handelsregister des AG Charlottenburg zu HRB 54321 b eingetragenen Y-GmbH mit dem Sitz in Berlin und handele zugleich als deren alleinvertretungsberechtigter und vollumfänglich von § 181 BGB befreiter Geschäftsführer.

Die Erschienenen erklärten zum Gesellschafterbestand das Folgende:

Herr X ist Alleingesellschafter der X-GmbH mit einem voll eingezahlten Geschäftsanteil von 1,0 Mio. EUR (Geschäftsanteil Nr. 1),

Herr Y ist Alleingesellschafter der Y-GmbH mit einem voll eingezahlten Geschäftsanteil von 1,0 Mio. EUR (Geschäftsanteil Nr. 1).

---

301) Muster in Anlehnung an *Limmer*, Teil 3 Kap. 2 Rz. 508 und *Krauß*, in: Beck'sche Online-Formulare Vertrag, 47. Edition 2019, Stand 1.1.2019, Muster Nr. 7.14.1.1.

Der vorstehend geschilderte Gesellschafterbestand entspricht der letzten in den elektronischen Registerordner der beiden beteiligten Gesellschaften aufgenommenen Gesellschafterliste.[302]

Die X-GmbH beabsichtigt, mit diesem Vertrag aus ihrem Vermögen ein Grundstück auf die Y-GmbH im Wege der Spaltung zur Aufnahme abzuspalten.

Die X-GmbH überträgt daher hiermit das nachfolgend beschriebene, in ihrem alleinigen Eigentum stehende Grundstück im Wege der Abspaltung zur Aufnahme auf die Y-GmbH:[303]

„Amtsgericht XY, Grundbuch von A-Dorf Band 110 Blatt 1234, Gemarkung X, Flur 4, Flurstück 112/10, C-Straße Nr. 12, 12345 A-Dorf mit einer Größe von 20.000 qm."

Der Verkehrswert des Grundstücks beträgt zum Spaltungsstichtag 1.000.000 EUR.

Beide am Spaltungsvorgang beteiligte Rechtsträger bewilligen und beantragen nach Wirksamwerden der Abspaltung das Grundbuch bei dem vorstehend beschriebenen Grundstück sowie den dinglichen Rechten zu berichtigen.[304]

Sollte für eine Übertragung des übergehenden Gegenstandes die Abgabe weiterer Erklärungen oder die Vornahme weiterer Rechtshandlungen erforderlich sein, verpflichten sich alle Vertragsbeteiligten, diese Erklärungen abzugeben bzw. die erforderlichen Handlungen vorzunehmen, um den beabsichtigten Vermögensübergang im Wege der Abspaltung zu ermöglichen.

Soweit bis zum Wirksamwerden der Abspaltung bei dem abspaltenden Rechtsträger das übergehende Aktivvermögen ganz oder teilweise im regelmäßigen Geschäftsgang veräußert worden ist, wird das entsprechende Surrogat übertragen.[305]

Die Y-GmbH gewährt dem Erschienenen zu a) als Alleingesellschafter der X-GmbH zum Ausgleich der Vermögensübertragung einen Geschäftsanteil in Höhe von 1,0 Mio. (Geschäftsanteil Nr. 2) welcher durch eine Kapitalerhöhung der Y-GmbH zum Zwecke der Abspaltung zur Aufnahme geschaffen wird. Zu diesem Zweck erhöht die Y-GmbH ihr Stammkapital um 1,0 Mio. EUR auf 2,0 Mio. EUR durch Bildung des neuen Geschäftsanteils Nr. 2.

Die auf den neuen Geschäftsanteil zu leistende Stammeinlage wird durch die Übertragung des vorstehend bezeichneten Grundstücks erbracht, wobei der Gesamtwert der erbrachten Sacheinlage dem Buchwert des übertragenen Vermögens zum Spaltungsstichtag

---

302) Nur die Eintragung als „Listengesellschafter" in diese Gesellschafterliste vermittelt in den nachfolgend dem Spaltungs- und Übernahmevertrag gem. §§ 125, 13 UmwG zustimmenden den abstimmenden Gesellschaftern das Stimmrecht, vgl. § 16 Abs. 1 GmbHG; es empfiehlt sich für den/die beurkundende/n Notar/in dringend, die von den Erschienenen geschilderte Gesellschaftersituation anhand der elektronisch einsehbaren letzten Gesellschafterliste zu verifizieren; zudem wird das beurkundende Notariat nach Wirksamwerden der Kapitalerhöhung bei dem aufnehmenden Rechtsträger zum Zwecke der Abspaltung ohnehin eine aktuelle Gesellschafterliste nach § 40 Abs. 2 GmbHG einreichen müssen, die auf der zuvor im elektronischen Registerordner befindlichen Gesellschafterliste aufbaut.

303) Hier ist die korrekte Grundbuchbezeichnung nach § 28 GBO zu verwenden, vgl. § 126 Abs. 2 S. 2 UmwG mit dem Verweis auf § 28 GBO.

304) *Limmer*, Teil 3 Kap. 2 Rz. 508.

305) Die sog. „Surrogatklausel" trägt dem Umstand Rechnung, dass zwischen dem Spaltungsstichtag und der konstitutiven Handelsregistereintragung des Vorgangs geraume Zeit vergeht und der Geschäftsbetrieb fortgeführt wird.

entspricht;[306] ein den handelsrechtlichen Buchwert übersteigender Differenzbetrag wird in die Kapitalrücklage der aufnehmenden Gesellschaft eingestellt.[307]

Eine Herabsetzung des Stammkapital der übertragenden Gesellschaft nach § 139 UmwG ist nicht erforderlich, da das bei dieser verbleibende Gesellschaftsvermögen das nominelle Stammkapital deckt.[308]

Der Übergang der im Rahmen der Abspaltung übergehenden Aktiva und Passiva erfolgt im Innenverhältnis mit Wirkung zum ... [Bilanzstichtag]. Ab dem [Folgetag] gelten alle Handlungen und Geschäfte des einzelkaufmännischen Unternehmens als für Rechnung der aufnehmenden Gesellschaft vorgenommen.

Es bestehen keine besonderen Rechte (§ 126 Abs. 1 Nr. 7 UmwG) und keine besonderen Vorteile im Sinne des § 126 Abs. 1 Nr. 8 UmwG.

Für die Arbeitnehmer/innen der ... hat die Abspaltung zur Aufnahme die folgenden Wirkungen: *** [Sonderkündigungsrecht, Verweis auf § 613a BGB]. Ein Betriebsrat besteht bei keinem der beteiligten Rechtsträger, so dass eine Zuleitung des Spaltungs- und Übernahmevertrages nach § 126 Abs. 3 UmwG entbehrlich war.

Der Spaltungs- und Übernahmevertrag steht unter der aufschiebenden Bedingung der Zustimmung der Gesellschafterversammlungen beider beteiligter Rechtsträger sowie der Durchführung einer Kapitalerhöhung bei der aufnehmenden Y-GmbH.[309]

Die Unwirksamkeit einzelner Inhalte und Bestimmungen dieses Vertrages berührt nicht dessen Wirksamkeit im Ganzen.[310]

Die Kosten der Spaltung trägt die aufnehmende Gesellschaft.[311]

2. Zustimmungsbeschluss der übernehmenden Gesellschaft mit Kapitalerhöhung

Der Erschienene zu b) als Alleingesellschafter der übernehmenden Y-GmbH hält unter Verzicht auf alle Ladungsformalia und Fristen eine Gesellschafterversammlung im Wege der Vollversammlung ab und beschließt wir folgt: 10.220

Dem vorstehend beurkundeten Spaltungs- und Übernahmevertrag wird vollinhaltlich zugestimmt.

Zur Durchführung der vorstehend beurkundeten Abspaltung zur Aufnahme[312] wird das Stammkapital der Y-GmbH als aufnehmendem Rechtsträger um 1,0 Mio. EUR durch Bildung des neuen Geschäftsanteils Nr. 2, zu dessen Übernahme der Erschienene zu a) als Alleingesellschafter des übertragenden Rechtsträgers zugelassen wird.

---

306) Die steuerrechtlichen Rechtsfolgen sollten stets separat von der hier rein unter gesellschaftsrechtlichem Blickwinkel gewählten Formulierung geprüft werden.

307) Vgl. *Limmer*, Teil 3 Kap. 2 Rz. 508.

308) Sofern dies nicht der Fall sein sollte, ist bei der übertragenden Gesellschaft eine Kapitalherabsetzung im vereinfachten Verfahren gem. § 139 S. 1 UmwG, § 58a GmbHG durchzuführen. Dies ist allerdings nur insoweit möglich, als dass nicht das Mindest-Stammkapital einer GmbH von 25.000 EUR unterschritten wird.

309) Vgl. *Limmer*, a. a. O.

310) Die Einfügung einer salvatorischen Klausel bietet sich stets an.

311) Hier sind auch anderslautende Festlegungen möglich.

312) §§ 125, 55 UmwG.

Die auf den neuen Geschäftsanteil zu erbringende Einlage wird geleistet durch die Übertragung des abgespaltenen Vermögensgegenstandes auf den übernehmenden Rechtsträger; der Spaltung liegt die dieser Urkunde beigefügte, auf den … aufgestellte Spaltungsbilanz[313] des übertragenden Rechtsträgers zugrunde. Der neue Geschäftsanteil ist ab … gewinnberechtigt. Die Einlage gilt mit dem Zeitpunkt als bewirkt, zu dem der Spaltungsvorgang Wirksamkeit erlangt.[314]

Der Gesellschaftsvertrag wird in § 3 (Stammkapital) wie folgt abgeändert: Das Stammkapital beträgt … EUR.

Der Erschienen zu b) verzichtet als Alleingesellschafter des übernehmenden Rechtsträgers auf die Erstellung eines Spaltungsberichts, eine Prüfung des Spaltungsvorgangs[315] sowie auf die Erhebung einer Klage gegen die Wirksamkeit[316] der vorstehenden Beschlussfassung.

3. Zustimmungsbeschluss der übertragenden Gesellschaft

10.221 Der Erschienene zu a) als Alleingesellschafter der übertragenden X-GmbH hält unter Verzicht auf alle Ladungsformalia und Fristen eine Gesellschafterversammlung im Wege der Vollversammlung ab und beschließt wir folgt:

Dem vorstehend beurkundeten Spaltungs- und Übernahmevertrag wird vollinhaltlich zugestimmt.

Eine Kapitalherabsetzung gem. § 139 UmwG bei der übertragenden X-GmbH ist nicht erforderlich, da das bei dieser nach Wirksamwerden des Spaltungsvorgangs verbleibende Gesellschaftsvermögen das nominelle Stammkapital deckt.

Der Erschienen zu a) verzichtet als Alleingesellschafter des übertragenden Rechtsträgers auf die Erstellung eines Spaltungsberichts, eine Prüfung des Spaltungsvorgangs sowie auf die Erhebung einer Klage gegen die Wirksamkeit der vorstehenden Beschlussfassung.

Notarielle Hinweise/Unterschriften/Beurkundungsvermerk/Mitarbeitervollmacht

4. Handelsregisteranmeldung der Spaltung zum übertragenden Rechtsträger

10.222 Muster 231: Handelsregisteranmeldung der abspaltenden Gesellschaft:

An das Amtsgericht Charlottenburg

– Handelsregister –

Hardenbergstraße 31

10623 Berlin

Az: HRB 12345 b X-GmbH

---

313) Vgl. §§ 125, 17 UmwG.

314) Formulierungsvorschlag in Anlehnung an *Limmer*, a. a. O. Rz. 509.

315) Vgl. §§ 125, 8 Abs. 3, 9 Abs. 3 UmwG; da der Beschluss nach den Vorschriften über die Beurkundung von Willenserklärungen beurkundet wird, sind die Formerfordernisse der §§ 8 Abs. 3, 9 Abs. 3 UmwG erfüllt.

316) Dieser Verzicht beinhaltet sowohl den Verzicht auf eine Nichtigkeitsklage als auch den Verzicht auf eine Anfechtungsklage.

Schulte

In der Registersache der X-GmbH mit Sitz in Berlin melde ich als alleiniger und einzelvertretungsberechtigter Geschäftsführer der Gesellschaft zur Eintragung in das Handelsregister an:

Die X-GmbH mit dem Sitz in Berlin (AG Charlottenburg HRB 12345 b) hat zum Stichtag ... Teile ihres Vermögens als Gesamtheit als übertragender Rechtsträger auf die Y-GmbH mit dem Sitz in Berlin (AG Charlottenburg HRB 54321 b) als aufnehmende Gesellschaft mit Spaltungs- und Übernahmevertrag vom ... im Wege der Abspaltung zur Aufnahme abgespalten.

Es wird gemäß § 140 UmwG erklärt, dass bezüglich der übertragenden Gesellschaft die durch Gesetz und Gesellschaftsvertrag bestehenden Voraussetzungen für die Gründung dieser Gesellschaft auch unter Berücksichtigung der Abspaltung zum Zeitpunkt der Anmeldung vorliegen.

Die Gesellschafterversammlungen beider beteiligter Gesellschaften haben der Abspaltung durch Gesellschafterbeschluss vom selben Tage zugestimmt.

Die Angabe einer Negativversicherung gemäß §§ 125, 16 Abs. 2 UmwG ist entbehrlich, da die Gesellschafter aller beteiligten Gesellschaften auf die Erhebung einer Klage gegen die Wirksamkeit der Zustimmungsbeschlüsse in notariell beurkundeter Form verzichtet haben.

– Unterschrift, Beglaubigungsvermerke, Verweis auf Anlagen –

5. Handelsregisteranmeldung der Spaltung zum aufnehmenden Rechtsträger

Muster 232: Handelsregisteranmeldung der aufnehmenden Gesellschaft: 10.223

An das Amtsgericht Charlottenburg

– Handelsregister –

Hardenbergstraße 31

10623 Berlin

Az: HRB 54321 b Y-GmbH

In der Registersache der Y-GmbH mit Sitz in Berlin melde ich als alleiniger und einzelvertretungsberechtigter Geschäftsführer der Gesellschaft zur Eintragung in das Handelsregister an:

Die X-GmbH mit dem Sitz in Berlin (AG Charlottenburg HRB 12345 b) hat zum Stichtag ... Teile ihres Vermögens als Gesamtheit als übertragender Rechtsträger auf die Y-GmbH mit dem Sitz in Berlin (AG Charlottenburg HRB 54321 b) als aufnehmende Gesellschaft mit Spaltungs- und Übernahmevertrag vom ... im Wege der Abspaltung zur Aufnahme abgespalten.

Die Y-GmbH hat zum Zweck der Durchführung der Spaltung zur Aufnahme die Erhöhung des Stammkapitals um 1.000.000 € auf 2.000.000 € durch Schaffung eines neuen Geschäftsanteils (Nr. 2) sowie die Änderung des Gesellschaftsvertrages in § 3 (Stammkapital) beschlossen.

Die Angabe einer Negativversicherung gemäß §§ 125, 16 Abs. 2 UmwG ist entbehrlich, da die Gesellschafter aller beteiligten Gesellschaften auf die Erhebung einer Klage gegen die Wirksamkeit der Zustimmungsbeschlüsse in notariell beurkundeter Form verzichtet haben.

– Unterschrift, Beglaubigungsvermerke, Verweis auf Anlagen –

III. Ausgliederung aus dem Vermögen eines Einzelkaufmanns (e. K.) zur Neugründung einer Gesellschaft mit beschränkter Haftung (GmbH)

10.224 Eine in der Praxis häufig zu beobachtende Umwandlungsvariante ist der Wechsel aus der Rechtsform des eingetragenen Kaufmanns/der eingetragenen Kauffrau in diejenige der GmbH. Möglich ist dies nur im Wege der Ausgliederung.

10.225 Der/die in das Handelsregister A eingetragene Kaufmann/Kauffrau bleibt auch nach erfolgter Eintragung selbstverständlich eine natürliche Person und kann daher nicht in eine Gesellschaft mit beschränkter Haftung „formwechselnd umgewandelt werden".

10.226 In Betracht kommt insoweit die Neugründung einer GmbH im Wege der Ausgliederung von Vermögensgegenständen aus dem Vermögen eines Einzelkaufmanns auf die neu zu gründende GmbH. Eine solche Ausgliederung gem. §§ 123 Abs. 2, 153, 158 UmwG setzt allerdings voraus, dass es sich um einen eingetragenen Kaufmann/eine eingetragene Kauffrau handelt (e. K.).

10.227 Möchte ein Gewerbetreibender eine solche Ausgliederung vornehmen, ohne im Handelsregister eingetragen zu sein, ist daran zu denken, ggfs. vorher eine solche Eintragung herbeizuführen, sofern dafür die übrigen Voraussetzungen vorliegen.[317]

1. Ausgliederungserklärung

10.228 **Muster 233: Ausgliederungserklärung**[318]

Vor mir, der unterzeichnenden Notarin A in B-Stadt erschien:

Herr Bert Mustermann, geb. am, ... wohnhaft ..., von Person bekannt.

Der Erschienene erklärte, er sei alleiniger Inhaber des im Handelsregister des AG Charlottenburg zu HRA 123456 eingetragenen einzelkaufmännischen Unternehmens in Firma Bert Mustermann e. K.[319]

Die beurkundende Notarin bescheinigt gemäß § 21 BnotO die Richtigkeit des vorstehend wiedergegebenen Handelsregisterinhalts auf der Grundlage der Online-Einsichtnahme am ... .[320]

Der vorstehend Erschienene gliedert das vorbezeichnete Unternehmen aus seinem Vermögen aus durch Neugründung der nachfolgend bezeichneten Gesellschaft mit beschränkter Haftung in Firma Mustermann Homeservice GmbH mit Sitz in Berlin.

---

317) Vgl. dazu die Ausführungen in dem das Handelsregister A betreffenden Teil dieses Werkes.

318) Da bei der Ausgliederung zur Neugründung aus dem Vermögen des Einzelkaufmanns heraus nur eine einzige Person beteiligt ist, wird insoweit allgemein nicht von einem Ausgliederungsplan mit anschließendem Zustimmungsbeschluss gesprochen; der Einzelkaufmann gibt, wie auch der Gründer einer Einmann-GmbH eine „Erklärung" ab; so auch *Schwedhelm*, Rz. 197 ff.

319) Zum Erfordernis der Handelsregistereintragung im Fall der Ausgliederung vgl. oben.

320) Diese Bescheinigung ist nicht zwingend, empfiehlt sich allerdings zur Verfahrensbeschleunigung und trägt auch dem Umstand Rechnung, dass es eine Dienstpflicht der Notare/innen zu Feststellung der Vertretungsverhältnisse der Erschienenen zu Beginn der Beurkundung gibt; vgl. oben.

Für die neu gegründete Gesellschaft mit beschränkter Haftung wird der als Anlage 1 zu dieser Urkunde genommene und mit zu verlesende Gesellschaftsvertrag festgestellt.

Der Erschienene überträgt alle Vermögensgegenstände des betriebenen Einzelunternehmens auf die neu gegründete Gesellschaft mit beschränkter Haftung mit sämtlichen Aktiva und Passiva.[321] Der Ausgliederung liegt die auf den ... aufgestellte Schlussbilanz, welche Bestandteil der Ausgliederungserklärung ist, zugrunde. Diese Bilanz ist als Anlage 2 Bestandteil dieser Urkunde und wurde unter Verzicht auf Verlesung von dem Erschienenen nach Durchsicht genehmigt und eigenhändig unterzeichnet.

Die Übertragung der Aktiva und Passiva des bisherigen einzelkaufmännischen Unternehmens soll in der Weise erfolgen, dass die Vermögensübertragung alle Sachen, Gegenstände, materiellen und immaterielle Rechte, Verbindlichkeiten und sonstigen Rechtsbeziehungen umfasst, die dem bisherigen Einzelunternehmen und dessen Betrieb ohne Rücksicht auf die Bilanzierungsfähigkeit zuzurechnen sind. Die Vermögensübertragung soll auch unabhängig davon erfolgen, ob die betreffenden Gegenstände, Forderungen oder Rechte in den Unterkonten bzw. in Anlagen zur verwendeten Ausgliederungsbilanz verzeichnet sind. Soweit bis zum Wirksamwerden der Ausgliederung durch Handelsregistereintragung bei dem ausgliedernden Rechtsträger[322] Teile des Aktiv- oder Passivvermögens im regelmäßigen Geschäftsgang veräußert worden sind, werden die entsprechenden Surrogate übertragen. Ebenso gehen bis zum Zeitpunkt der Wirksamkeit im Rahmen des Geschäftsbetriebes erworbene Rechtspositionen im Rahmen der Ausgliederung über.

[z. T. wird an dieser Stelle eine Klausel vorgeschlagen, dass in Zweifelsfällen bzw. einer nicht eindeutig möglichen Zuordnung die entsprechenden Positionen bei dem übertragenden Rechtsträger verbleiben sollen;[323] ob dies wirklich gewollt ist, also auch in dem Fall, dass das gesamte Vermögen des einzelkaufmännischen Unternehmens ausgegliedert wird, sollte mit dem/den Beteiligten abgeklärt werden]

Soweit dem Geschäftsbetrieb des einzelkaufmännischen Unternehmens zuzuordnende Vermögensgegenstände und Verbindlichkeiten nicht kraft Gesetzes übergehen, wird der Inhaber des ausgliedernden einzelkaufmännischen Unternehmens diese auf die neue Gesellschaft mit beschränkter Haftung übertragen[324] sowie notwendige Schritte veranlassen, die zur Wirksamkeit einer solchen Übertragung erforderlich sind.[325]

Bei den im Rahmen der Ausgliederung auf den neuen Rechtsträger übergehenden Gegenständen handelt es sich im Einzelnen um.

[es folgt eine tabellarische Aufstellung, die aber auch als Anlage zum wirksamen Bestandteil der Urkunde gemacht werden kann]

Der Übergang der im Rahmen der Ausgliederung übergehenden Aktiva und Passiva erfolgt im Innenverhältnis mit Wirkung zum .... Ab dem ...[326] gelten alle Handlungen und

---

321) Formulierungsbeispiel insoweit und nachfolgend in Anlehnung an den Formulierungsvorschlag von *Limmer*, Teil 3 Rz. 648.

322) Gemäß §§ 135, 131 UmwG.

323) So auch *Limmer*, Teil 3 Rz. 699.

324) Hier insoweit folgend dem Vorschlag von *Limmer*, Teil 3 Rz. 699.

325) Z. T. wird insoweit noch eine im Innenverhältnis wirksame Klausel aufgenommen, dass sich die Parteien bei Fehlschlagen der Bemühungen um die Zustimmung Dritter, um eine Genehmigung bzw. um sonst erforderliche externe Maßnahmen so stellen, als sei die Übertragung zum Stichtag erfolgt; vgl. *Limmer*, Teil 3 Rz. 699.

326) Hier wird der auf den Stichtag der Ausgliederungsbilanz folgende Tag zu bestimmen sein.

Geschäfte des einzelkaufmännischen Unternehmens als für Rechnung des neu gegründeten Rechtsträgers vorgenommen.

Es bestehen keine besonderen Rechte (§ 126 Abs. 1 Nr. 7 UmwG); solche werden auch ebenso wie etwaige besondere Vorteile im Sinne des § 126 Abs. 1 Nr. 8 UmwG nicht gewährt. Auf das Stammkapital des neuen Rechtsträgers übernimmt der Erschienene einen Geschäftsanteil in Höhe von 25.000 € (Geschäftsanteil Nr. 1). Ein Aufgeld hierauf ist nicht vorgesehen.

Der Erschienene bestellt sich selbst zum stets alleinvertretungsberechtigten und von den einengenden Beschränkungen des § 181 BGB vollumfänglich befreiten Geschäftsführer der neu gegründeten GmbH.

Für die Arbeitnehmer/innen des einzelkaufmännischen Unternehmens des Erschienenen hat die Ausgliederung die folgenden Wirkungen:

...

Die Kosten der Ausgliederung trägt die neue GmbH bis zu einem Höchstbetrag von ..., darüber hinausgehend der Erschienene.

[Anlage: Gesellschaftsvertrag der GmbH, durch die beurkundende(n) Notar/in mit zu verlesen]

– Vermerk zur notariellen Beurkundung –

2. Handelsregisteranmeldungen der Ausgliederung

10.229 Die Ausgliederung aus dem Vermögen des/der in das Handelsregister A eingetragenen Kaufmanns/Kauffrau zur Neugründung einer GmbH erfordert zwei Anmeldungen. Zum einen muss die Ausgliederung zum Handelsregister A angemeldet werden. Zum anderen erfordert die Neugründung einer Gesellschaft mit beschränkter Haftung aus dem ausgegliederten Vermögen des Einzelkaufmanns/der Einzelkauffrau eine entsprechende Anmeldung zum Handelsregister B.

10.230 Muster 234: Anmeldung zum Handelsregister A
(ausgliederndes einzelkaufmännisches Unternehmen)

Der eingetragene Kaufmann/die eingetragene Kauffrau haben als Inhaber des einzelkaufmännischen Handelsgeschäfts zum Handelsregister A den Umwandlungsvorgang wie folgt anzumelden:

An das Amtsgericht Charlottenburg

– Handelsregister –

Hardenbergstraße 31

10623 Berlin

Az: HRA 123456 Bert Mustermann e. K.

In der Handelsregistersache Bert Mustermann e. K. (HRA 123456) wird angemeldet, dass der eingetragene Kaufmann Bert Mustermann, geb. am 14.12.1969, Berlin, gemäß den §§ 123 Abs. 3 Nr. 2, 153, 158 UmwG zum Stichtag ... auf der Grundlage der zu diesem Stichtag erstellten Bilanz einen Teil aus seinem Vermögen zur Neugründung der Gesellschaft mit beschränkter Haftung in Firma ... ausgegliedert hat. Es wird versichert,[327] dass die verbliebenen Verbindlichkeiten des Einzelkaufmanns sein Vermögen nicht übersteigen.[328]

Dieser Anmeldung werden beigefügt:[329]

– elektronische beglaubigte Abschrift der notariellen Urkunde über den Ausgliederungsbeschluss mit Spaltungsplan,[330]

– Gesellschaftsvertrag der neu gegründeten GmbH in elektronisch beglaubigter Abschrift,

– elektronisch beglaubigte Abschrift des Bestellungsbeschlusses des Geschäftsführers,

– elektronisch beglaubigte Abschrift der auf den ... erstellten Stichtagsbilanz,

– Sachgründungsbericht in elektronisch beglaubigter Abschrift,

– Nachweis der Zuleitung des Entwurfs des Ausgliederungsplans an den Betriebsrat des ausgliedernden Rechtsträgers,[331]

– ggfs. weitere für die Prüfung der Kapitalaufbringung erforderliche Nachweise.

– Beglaubigungsvermerk: Notarin ..., Bert Mustermann (pers. Daten) –

Muster 235: Anmeldung zum Handelsregister B (Ersteintragung der durch Ausgliederung zur Neugründung entstehenden GmbH) 10.231

An das Amtsgericht Charlottenburg

– Handelsregister –

Hardenbergstraße 31

10623 Berlin

Az: HRB (neu)

In der neuen Handelsregistersache der Bert Mustermann Homeservice GmbH i. G. mit dem satzungsmäßigen Sitz in Berlin wird angemeldet, dass der eingetragene Kaufmann Bert Mustermann, geb. am 14.12.1969, Berlin, gemäß den §§ 123 Abs. 3 Nr. 2, 153, 158 UmwG zum Stichtag ... auf der Grundlage der zu diesem Stichtag erstellten Bilanz aus seinem Vermögen einen Teil zur Neugründung der Gesellschaft mit beschränkter Haftung mit dem Sitz in Berlin in Firma ... durch Übertragung dieses Vermögensteils als Gesamtheit auf die damit neu gegründete Gesellschaft mit beschränkter Haftung in Firma ... ausgegliedert hat.[332]

---

327) Die Versicherung ist gem. § 154 UmwG zwingend erforderlich; fehlt diese, hat das Registergericht eine Handelsregistereintragung der Ausgliederung abzulehnen.

328) Text in Anlehnung an die Formulierung bei *Gustavus*, Handelsregister-Anmeldungen, Muster A 92 a.

329) Vgl. insoweit auch den Katalog bei *Gustavus*, Handelsregister-Anmeldungen, Muster A 92 a.

330) Da die Ausgliederung einen Unterfall der Spaltung darstellt, könnte man auch korrekt von dem Ausgliederungsplan statt dem Spaltungsplan sprechen; beide Formulierungsvarianten sind an dieser Stelle denkbar.

331) Dies wird bei der Ausgliederung aus dem einzelkaufmännischen Vermögen in eine GmbH in der Praxis oftmals deshalb nicht nötig sein, weil nur sehr selten bei einem ausgliedernden Einzelunternehmen ein Betriebsrat eingerichtet sein wird.

332) Vgl. zu diesem Anmeldungsmuster *Gustavus*, Handelsregister-Anmeldungen, Muster A 92 a.

Die Geschäftsräume der neuen Gesellschaft befinden sich in der ... Straße in ..., was zugleich die inländische Geschäftsanschrift gemäß § 10 Abs. 1 S. 1 GmbHG darstellt.[333]

Fakultativ: Als empfangsberechtigte Person für Zustellungen und gegenüber der Gesellschaft abzugebenden Willenserklärungen im Sinne des § 10 Abs. 2 S. 2 GmbHG wird Herr ... (Anschrift) zur Eintragung in das Handelsregister angemeldet.[334]

Die abstrakte Vertretungsbefugnis der Gesellschaft lautet wie folgt:

Die Gesellschaft hat einen oder mehrere Geschäftsführer. Ist nur ein Geschäftsführer bestellt, so vertritt dieser die Gesellschaft allein. Sind mehrere Geschäftsführer bestellt, so wird die Gesellschaft durch zwei Geschäftsführer gemeinschaftlich oder durch einen Geschäftsführer gemeinschaftlich mit einem Prokuristen vertreten.

Alleinvertretungsbefugnis und Befreiung von den einengenden Beschränkungen des § 181 BGB kann durch Beschluss der Gesellschafterversammlung erteilt werden.

Zum ersten Geschäftsführer der Gesellschaft wurde bestellt:

Herr Bert Mustermann ... geb. am ..., wohnhaft ... .

Die konkrete Vertretungsbefugnis des neu bestellten Geschäftsführers ist wie folgt geregelt:

Der Geschäftsführer Mustermann ist berechtigt, die Gesellschaft stets allein zu vertreten und kann als Geschäftsführer mit sich selbst oder mit sich als Vertreter eines Dritten Geschäfte abschließen (vollumfängliche Befreiung von den einengenden Bestimmungen des § 181 BGB).

(Es folgt die persönliche Versicherung des neu bestellten Geschäftsführers bezüglich des Nichtvorliegens von Inhabilitätsgründen gemäß § 6 GmbHG)

Der übertragende Inhaber des bisherigen einzelkaufmännischen Unternehmens versichert, dass seine Verbindlichkeiten sein Vermögen nicht übersteigen.

Weiterhin erklärt der Unterzeichner, dass eine Anfechtung des Ausgliederungsbeschlusses ausgeschlossen ist, so dass es einer Negativerklärung nach § 16 Abs. 2 UmwG nicht bedarf.

Dieser Anmeldung werden beigefügt:[335]

– elektronische beglaubigte Abschrift der notariellen Urkunde über den Ausgliederungsbeschluss mit Spaltungsplan,[336]

– Gesellschaftsvertrag der neu gegründeten GmbH in elektronisch beglaubigter Abschrift,

– elektronisch beglaubigte Abschrift des Bestellungsbeschlusses des Geschäftsführers,

---

333) Hier sollte schon wegen der möglichen negativen Rechtsfolge einer öffentlichen Zustellung unbedingt klargestellt werden, ob es sich um eine „inländische Geschäftsanschrift" oder lediglich um eine „Mitteilung der Lage der Geschäftsräume" gem. § 24 HRV handeln soll.

334) Die Anmeldung eines besonderen Empfangs- und Zustellungsbevollmächtigten gem. § 10 Abs. 2 S. 2 GmbHG ist nicht zwingend erforderlich, sollte aber zwecks Abwendung oder Minimierung eines für die Gesellschaft bestehenden Risikos der öffentlichen Zustellung von Schriftstücken und dergl. erfolgen; vgl. hierzu die §§ 15a HGB, 185 ZPO.

335) Vgl. insoweit auch den Katalog bei *Gustavus*, Handelsregister-Anmeldungen, Muster A 92 a.

336) Da die Ausgliederung einen Unterfall der Spaltung darstellt, könnte man auch korrekt von dem Ausgliederungsplan statt dem Spaltungsplan sprechen; beide Formulierungsvariante sind an dieser Stelle denkbar.

- elektronisch beglaubigte Abschrift der auf den … erstellten Stichtagsbilanz,

- Sachgründungsbericht in elektronisch beglaubigter Abschrift,

- Nachweis der Zuleitung des Entwurfs des Ausgliederungsplans an den Betriebsrat des ausgliedernden Rechtsträgers,[337)]

- ggfs. Wertnachweise für die Prüfung der Kapitalaufbringung.

- Beglaubigungsvermerk: Notarin, B. Mustermann (pers. Daten) –

F. Grenzüberschreitende Umwandlungsvorgänge (aktuelle Entwicklungen/Ausblick)

Bezüglich grenzüberschreitender Vorgänge im EU-Gebiet muss unterschieden werden zwischen der grenzüberschreitenden Verschmelzung von Kapitalgesellschaften und einer grenzüberschreitenden Verlegung des Satzungssitzes in einen anderen EU-Mitgliedstaat bzw. grenzüberschreitender Spaltungsvorgänge. Im Gleichklang mit der Entscheidung „Sevic" des EuGH (C-411/03) wurde die EU-Verschmelzungsrichtlinie erlassen, die seit 2007 durch die Regelungen der §§ 122a ff. UmwG in nationales Recht transformiert worden ist. Auf der Grundlage der §§ 122a ff. UmwG können damit grenzüberschreitende Verschmelzungen von Kapitalgesellschaften rechtssicher vorbereitet und umgesetzt werden. Entsprechende Regelungen fehlen jedoch nach wie vor für die Bereiche der grenzüberschreitenden Sitzverlegung sowie der grenzüberschreitenden Spaltung von Kapitalgesellschaften. 10.232

Die Verlegung des Satzungssitzes in das Nicht-EU-Ausland ist nach wie vor nicht in das Handelsregister eintragbar und führt nach h. M. bei Gesellschaften zur Auflösung der Gesellschaft. Der EuGH hat in der Entscheidung „VALE Epitesi kft" (C-378/10) die Zulässigkeit einer grenzüberschreitenden Sitzverlegung von Gesellschaften innerhalb des Unionsgebietes allein aus dem Gesichtspunkt der Niederlassungsfreiheit (Art. 49, 54 AEUV) heraus gefordert. Der „Zuzugsstaat" soll dabei verlangen können, dass bei einer grenzüberschreitenden Sitzverlegung zugleich ein Formwechsel in eine nach dem Recht des Zuzugsstaates zulässige Gesellschaftsform gewählt und die entsprechenden Gründungsvorschriften des Zuzugsstaates hierfür eingehalten werden. Da die „Vale"-Entscheidung des EuGH keine Vorgaben zu den einzuhaltenden „Formalia", Beschlüssen, Bekanntmachungen und Verfahrenshandlungen im Rahmen der „grenzüberschreitenden formwechselnden Sitzverlegung" (im Originaltext der Vale-Entscheidung „transformation transfrontalière") macht, waren und sind diese „technischen Details" in Rechtsprechung und Literatur umstritten. Nach einer Entscheidung des OLG Düsseldorf (ZIP 2017, 2057) muss eine grenzüberschreitende „VALE"-Sitzverlegung auch dann von den beteiligten Registergerichten bearbeitet werden, wenn noch keine Verfahrensvorschriften hierzu existieren. In einem „VALE"-Wegzugsfall (Rs „Polbud" C-106/16) hat der EuGH Art. 49, 54 AEUV auch für „Wegzugsfälle" uneingeschränkt angewendet. Der „Wegzug" einer Kapitalgesellschaft von einem Mitgliedstaat der Union in einen anderen Mitgliedstaat darf seitens des Wegzugsstaates insbesondere nicht von einer vorherigen Durchführung des Liquidationsverfahrens abhängig gemacht werden. Eine Verlegung des Verwaltungssitzes in den Zielstaat ist nicht zwingend geboten. Diese sehr weit gehende Interpretation der Reichweite der Niederlas- 10.233

---

337) Dies wird bei der Ausgliederung aus dem einzelkaufmännischen Vermögen in eine GmbH in der Praxis oftmals deshalb nicht nötig sein, weil nur sehr selten bei einem ausgliedernden Einzelunternehmen ein Betriebsrat eingerichtet sein wird.

sungsfreiheit in der „Polbud"-Entscheidung des EuGH wird jedoch mit dem Inkrafttreten entsprechenden Sekundärrechts wieder etwas eingeschränkt werden.

10.234 Inkrafttreten der Regelungen des „EU-Company-Law-Package" auf der Ebene des Sekundärrechts von ihrer Wirkung her wieder eingeschränkt werden. Die EU Kommission hat angesichts der bestehenden Rechtsunsicherheit bei der Durchführung von grenzüberschreitenden formwechselnden Sitzverlegungen und bei den von §§ 122a ff. UmwG nicht erfassten grenzüberschreitenden Spaltungsvorgängen sekundärrechtlichen Handlungsbedarf für eine harmonisierende Kodifizierung gesehen und einen Vorschlag zur Ergänzung der gesellschaftsrechtlichen Richtlinie um Vorschriften über die grenzüberschreitende Sitzverlegung unterbreitet. Der entsprechende Richtlinienentwurf betrifft eine Ergänzung der im Jahre 2017 neu gefassten gesellschaftsrechtlichen EU-Richtlinie 2017/1132. Die „Grenzüberschreitende Umwandlung" = „formwechselnde grenzüberschreitende Sitzverlegung" = „transformation tranfrontalière" soll nunmehr bezüglich des technischen Ablaufs in den Art. 86 a ff. der Richtlinie geregelt werden. Dabei soll die grundsätzliche Möglichkeit dazu eröffnet werden für nach dem Recht eines Mitgliedstaates gegründete Kapitalgesellschaften, wozu auch Kommanditgesellschaften auf Aktien (KGaA) gehören sollen. Für Genossenschaften soll dies ebenfalls möglich sein, das nationale Recht der einzelnen Mitgliedstaaten kann diese aber davon ausnehmen. Die Verfahrensformalia des Entwurfs zur grenzüberschreitenden Sitzverlegung sind vergleichbar mit denjenigen gemäß §§ 122 a ff. UmwG, womit im Ergebnis ein relativ „formalistisches" Verfahren etabliert werden soll. Der Entwurf beinhaltet neben den reinen „Sitzverlegungsformalia" einen erhöhten Arbeitnehmerschutz Darüber hinaus soll auch eine umfangreich ausgestaltete „Missbrauchsprävention" im Verfahrensverlauf sichergestellt werden. Eine formwechselnde grenzüberschreitende Sitzverlegung soll dann untersagt werden, wenn sich eine beteiligte Gesellschaft im Auflösungsstadium, Abwicklungsstadium, Insolvenzverfahren oder Restrukturierungsverfahren wegen drohender Insolvenz befindet. Darüber hinaus sollen auch die vorläufige Zahlungseinstellung und die Einleitung entsprechender Maßnahmen durch die nationalen Behörden einer Zulässigkeit entgegen stehen. Asus Sicht der Praxis besonders problematisch erscheint eine Regelung im Richtlinienentwurf der EU-Kommission, welche eine Unzulässigkeit des Vorgangs annimmt, wenn es sich dabei um eine so genannte „künstliche Gestaltung" (vgl. Art. 86 c Abs. 3 Entwurf-RiLi) handelt. Dies soll die nach dem Recht des Wegzugstaates zuständige Behörde unter dem Gesichtspunkt Rechtsmissbräuchlichkeit prüfen, wobei noch unklar erscheint, wie und in welcher Form diese Prüfung im einzelnen durchgeführt werden soll. Bezüglich grenzüberschreitender Spaltungen enthält der Richtlinienvorschlag synchron zu den Regelungen der grenzüberschreitenden formwechselnden Sitzverlegung gelagerte Regelungen, die aber die für die Praxis bedeutende Fallgruppe der grenzüberschreitenden Abspaltung zur Aufnahme nicht beinhalten.

10.235 Es bleibt abzuwarten, in welcher Form bzw. mit welchen Änderungen der Entwurf tatsächlich verabschiedet wird und in welcher Weise der Richtlinieninhalt in das Umwandlungsgesetz integriert werden wird.

Stichwortverzeichnis

Zusätzlicher Service im Internet

Die Vertragsmuster sind unter der Internetadresse
http://www.rws-verlag.de/BR-Registerrecht
für Sie abrufbar.